U0896286
OBACCO
BOOK
中国烟草年鉴 2016

中国烟草年鉴

·2016·

CHINA TOBACCO YEARBOOK

国家烟草专卖局 编

·北 京·

国家局 总公司党组成员、局长、总经理、副局长、纪检组长

凌成兴

工业和信息化部党组成员
国家烟草专卖局局长、党组书记
中国烟草总公司总经理

李克明

国家烟草专卖局副局长、党组成员
（—2015.3）

杨培森

国家烟草专卖局副局长、党组成员

赵洪顺

国家烟草专卖局副局长、党组成员

高 林

中央纪委驻国家烟草专卖局纪检组组长（—2015.11）①
国家烟草专卖局党组成员

徐 瑺

国家烟草专卖局副局长、党组成员

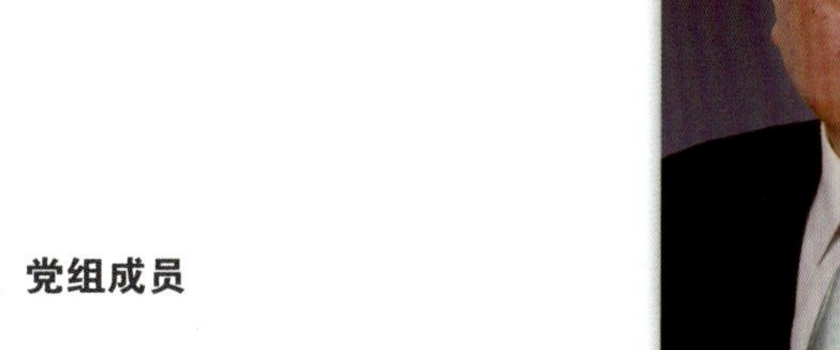

段铁力

国家烟草专卖局副局长、党组成员
（2015.4—）

①2015年11月20日，中共中央办公厅印发《关于全面落实中央纪委向中央一级党和国家机关派驻纪检机构的方案》（中办发〔2015〕55号），撤销中央纪委驻国家烟草专卖局纪检组，撤销监察部驻国家烟草专卖局监察局，由中央纪委驻工业和信息化部纪检组对国家烟草专卖局实行综合监督。高林同志11月以后不再担任中央纪委驻国家烟草专卖局纪检组组长。

国家局 总公司领导考察

2015年6月13日，凌成兴局长在深圳烟草调研，与卷烟零售客户亲切交谈

深圳市局 蔡丽虹 摄

2015年1月9日，李克明副局长（右二）在上海烟草集团有限责任公司天津卷烟厂调研

上海烟草集团天津卷烟厂 供稿

2015年10月26日，杨培森副局长（中）在贵州中烟贵定卷烟厂调研

贵州中烟 供稿

2015年7月8日，赵洪顺副局长在山东烟草调研

山东省局 供稿

2015年1月8日，高林组长（左二）在新疆乌鲁木齐市局（公司）卷烟物流配送中心调研

新疆区局 齐嫣雯 摄

2015年5月14日，徐瑶副局长（中）在江苏中烟调研

江苏中烟 供稿

2015年6月29日，段铁力副局长（前排中）在陕西宝鸡市局（公司）调研

陕西省局 供稿

2015年3月24日，张玉霞总会计师（右）在深圳烟草工业有限责任公司调研

深圳烟草工业 供稿

2015年1月15日，全国烟草工作会议在北京召开

《中国烟草》杂志社 陈兴杰 摄

2015年2月4日，全国烟草专卖管理工作会议在北京召开

《中国烟草》杂志社 高 龙 摄

2015年2月12日，全国烟草行业财务审计工作会议在北京召开

《中国烟草》杂志社 武玉军 摄

2015年2月27日，全国烟草行业规范管理工作会议在北京召开

《中国烟草》杂志社 颉虎平 摄

2015年3月17日，全国烟草行业法规体改工作会议在北京召开

《中国烟草》杂志社 郑旭南 摄

2015年3月25日，全国烟草行业信息化工作会议在北京召开

《中国烟草》杂志社 张 燕 摄

2015年全国卷烟销售工作会议暨省级卷烟营销平台建设推广会

2015年3月26日，全国卷烟销售工作会议暨省级卷烟营销平台建设推广会在河北石家庄召开

《中国烟草》杂志社 杨 悦 摄

2015年4月17日，全国烟草行业多元化投资管理工作会议在北京召开

《中国烟草》杂志社 沙 鑫 摄

2015年4月19日，行业经济运行工作会议在北京召开

《中国烟草》杂志社 黄雪琴 摄

2015年4月22日，全国烟草行业人事工作会议在北京召开

《中国烟草》杂志社 王学仕 摄

2015年11月19日，行业思想政治工作会议暨中国烟草职工思想政治工作研究会第八届年会在北京召开

《中国烟草》杂志社 张 燕 摄

【“三严三实”专题教育】

2015年6月3日，天津西青区局（分公司）开展“三严三实”专题教育党课活动

天津西青区局 黄宝春 摄

2015年7月3日，张家口卷烟厂有限责任公司开展“党章学习日”活动

张家口卷烟厂 高 毅 摄

2015年11月3日，内蒙古自治区烟草行业“五讲五树”活动交流报告会在呼和浩特举办

内蒙古区局 关晓勇 摄

2015年6月16日，江苏省局（公司）机关召开“三严三实”专题研讨会

江苏省局 王 丰 摄

2015年3月10日，贵州中烟邀请专家到遵义卷烟厂做《贵州经济新常态解读》专题讲座

贵州中烟 王维洪 摄

2015年9月8日，云南中烟党员干部到保山市施甸县杨善洲干部学院开展“学习善洲精神、践行三严三实”专题教育活动

云南中烟 供稿

2015年7月24日，宁夏区局（公司）举办“践行‘三严三实’做‘五有’干部”学习交流活动

宁夏区局（公司） 王玥 摄

2015年7月17日，新疆区昌吉州局（公司）开展“三严三实”专题教育党课培训

新疆昌吉州局 秦文超 摄

2015年6月6日，山西昆明烟草有限责任公司召开“三严三实”专题教育启动大会

山昆公司 供稿

2015年7月2日，中国烟草实业发展中心在井冈山革命教育基地组织党性锻炼培训班

中烟实业 供稿

2015年7月21日，河北衡水市局（公司）与衡水市检察院联合开展廉政警示教育活动

河北衡水市局 骆汉卿 摄

2015年11月3日，张家口卷烟厂有限责任公司组织干部职工参观党风廉政建设暨预防职务犯罪教育展览

张家口卷烟厂 高毅 摄

2015年4月24日，山西晋城市局（公司）开展“双学双严”党纪党规警示教育专题党课活动

山西晋城市局 许鑫 摄

2015年7月1日，吉林白山市局（公司）组织全体党员开展重温入党誓词活动

吉林白山市局 崔剑辉 摄

2015年7月10日，江苏省局（公司）开展预防职务犯罪教育活动

江苏省局 王丰 摄

2015年3月16—20日，江苏中烟团委在革命圣地井冈山举办2015年度第一期团干部培训班

江苏中烟 供稿

2015年7月20日，浙江舟山普陀区局（分公司）开展"学廉规、知廉纪、促廉洁"廉政知识竞赛

浙江舟山市局 吕霞萍 摄

2015年6月30日，安徽蚌埠市局（公司）组织员工到小岗村开展"学习沈浩精神 争当岗位先锋"活动

安徽蚌埠市局 供稿

2015年10月9日，福建中烟机关党委举行庆祝建党94周年暨“两先两优”表彰大会

福建中烟 曹达海 摄

2015年5月12—16日，江西南昌市局（公司）在井冈山举办首期党员干部理想信念教育培训班

江西南昌市局 陈先高 摄

2015年12月14日，江西中烟举办《中国共产党廉洁自律准则》和《中国共产党纪律处分条例》专题讲座

江西中烟 供稿

2015年4月16日，山东东营市局（公司）举办全市系统“扬清风正气 促廉洁从业”主题演讲比赛

山东东营市局 刘耀辉 摄

2015年7月15日，河南驻马店市局（公司）联合市检察院开展“送法进机关”活动

河南驻马店市局 供稿

2015年4月14日，湖北十堰市局（公司）举办落实中央八项规定精神专题报告会

湖北十堰市局 供稿

2015年11月23日，贵州中烟毕节卷烟厂业余党校组织首期入党积极分子知识测试

贵州中烟　供稿

2015年10月16日，新疆区局（公司）组织机关干部员工参观“在祖国的怀抱中——新疆维吾尔自治区成立60周年成就展”

新疆区局　韩敏　摄

2015年1月12日，新疆区吐鲁番市局（公司）开展“我是中国公民”宣誓活动

新疆吐鲁番市局　李纬　摄

【纪念抗日战争胜利70周年】

2015年7月24日，国家局党组理论学习中心组（扩大）成员在中国人民抗日战争纪念馆观看“伟大胜利 历史贡献”主题展览

《中国烟草》杂志社 陈兴杰 摄

2015年8月29日，国家局领导为国家局原副局长马尔赤（中）送上抗日战争胜利70周年纪念章

《中国烟草》杂志社 李大鹏 摄

2015年8月24日，甘肃省局（公司）领导慰问抗战老兵史池（中）并送上纪念章

甘肃省局 供稿

2015年8月27日，辽宁沈阳市局（公司）领导看望抗战老兵张汉卿（中）

辽宁沈阳市局 杨勇 摄

2015年9月1日，黑龙江双鸭山市局（公司）领导慰问宝清县局抗战离退休干部徐文先（右）

黑龙江双鸭山市局 李松阳 摄

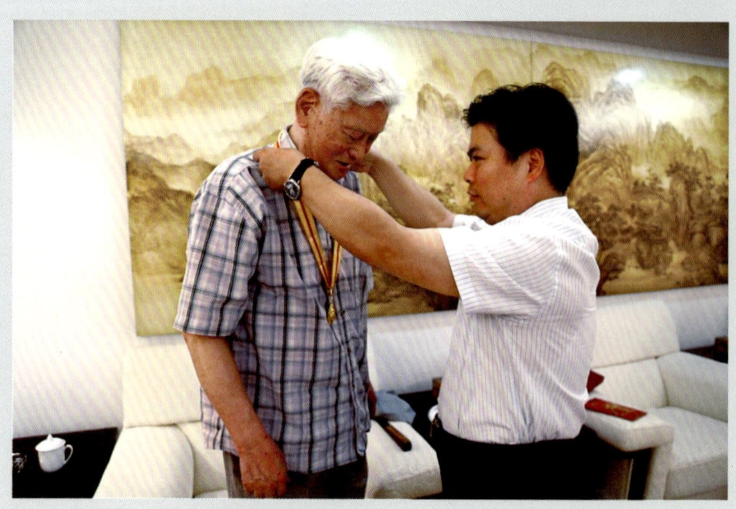

2015年8月26日，江苏省局（公司）领导为抗战老战士代表徐立宇（左）佩戴纪念章

江苏省局 王丰 摄

2015年9月7日，贵州中烟遵义卷烟厂领导为抗战老兵毕信章（左）送上抗日战争胜利70周年纪念章

贵州中烟 王维洪 摄

2015年9月2日，红塔集团领导慰问抗战老兵张天福（左二）并送上抗日战争胜利70周年纪念章

红塔集团 供稿

2015年8月31日，陕西咸阳市局（公司）领导看望慰问92岁的抗战老兵薛生旺（左一）并送上纪念章

陕西咸阳市局 魏锋 摄

2015年9月1日，内蒙古区局（公司）举办中国人民抗日战争暨世界反法西斯战争胜利70周年纪念活动

内蒙古区局 关晓勇 摄

2015年10月22日，安徽宣城烟草开展老干部“迎金秋 缅先烈”爱国主义教育活动

安徽宣城市局 供稿

2015年9月1日，新疆区哈密地区局（公司）参加“庆祝抗日战争胜利70周年暨新疆维吾尔自治区成立60周年”经典歌曲传唱活动

新疆哈密地区局 谢金贵 摄

2015年6月，第十三届全国烟草行业职业技能竞赛暨第六届烟叶分级职业技能竞赛在河南郑州举办

《中国烟草》杂志社 高 龙 摄

2015年7月6日，在国家局政务服务大厅中，工作人员热情服务

《中国烟草》杂志社 陈兴杰 摄

2015年5月19日，北京市局（公司）开展《北京市控制吸烟条例》培训讲座

北京市局 王智誉 摄

2015年5月4日，河北廊坊市局（公司）举办“我在烟草的这些年”“五四”青年节访谈活动

河北廊坊市局 张 星 摄

2015年6月11日，河北白沙烟草有限责任公司保定卷烟厂举办安全管理主题演讲比赛

河北白沙 张昊 摄

2015年10月22日，内蒙古自治区烟草行业首届物流知识技能竞赛西部区预赛在包头举办

内蒙古包头市局 张若帆 摄

2015年10月10日，辽宁辽阳市局（公司）开展通讯员摄影培训

辽宁辽阳市局 张 良 摄

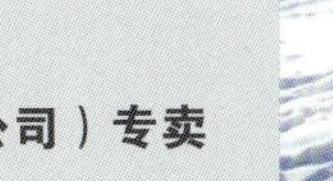

2015年12月8日，吉林市局（公司）专卖管理人员冬训

吉林省吉林市局 袁 雷 摄

2015年12月，黑龙江省局（公司）举办全省卷烟鉴别检验技能培训活动

黑龙江省局　王守国　摄

2015年6月16日，上海烟草集团开展平板支撑比赛

上海烟草集团　俞帆　摄

2015年11月，江苏省烟草商业系统卷烟物流配送中心第六届技能竞赛在苏州举行

江苏省局　金俊　摄

2015年5月10日，浙江台州市局（公司）开展“点燃激情 放飞梦想”团员青年素质拓展活动

浙江台州市局 泮 涛 摄

2015年6月23日，浙江中烟员工进行消防演习

浙江中烟 陈开拓 摄

2015年3月3日，安徽宿州市局（公司）邀请消防支队专业人员对物流中心卷烟仓库进行模拟消防演习

安徽宿州市局 杨 阳 摄

2015年10月30日，安徽蚌埠市局（公司）举办“身手不凡”真假烟鉴别技能电视大赛

安徽蚌埠市局 供稿

2015年10月20日，山东青岛市局（公司）在青岛电视台举办首届卷烟营销知识竞赛

山东青岛市局 供稿

2015年12月3日，山东中烟举办第一届烟机设备电气修理职业技能竞赛

山东中烟 任景良 摄

2015年10月15日，河南烟草第二届“感动行业十大人物”颁奖活动在郑州举行

河南省局 供稿

2015年10月29日，湖北恩施州局（公司）开展消防安全演练

湖北恩施州局 供稿

2015年10月，湖南省烟草公司工会第一届一次会员代表大会在长沙举行

湖南省局 供稿

2015年7月27日，广西区鹿寨县局（营销部）“雄鹰”QC小组成员探讨“卷烟市场智能化信息监督app”研发工作

广西柳州市局 曾剑锋 摄

2015年8月26日，四川省局（公司）举办首届全省烟草商业系统财务会计知识竞赛

四川省局 雷 波 摄

2015年8月20日，红云红河集团在庆来学校举办2015年度财务管理职业技能竞赛

红云红河集团 李 钰 摄

2015年6月9日，宁夏区银川市局（公司）开展“守纪律 讲规矩”暨“我为专卖执法添光彩”主题演讲比赛

宁夏银川市局 刘 昕 摄

2015年6月30日，新疆区局（公司）开展内训师技能提升培训暨区级内训师选拔活动

新疆区局 李金鑫 摄

红塔辽宁烟草有限责任公司推行“师带徒”制度，加强优秀技术人员培养

红辽公司 供稿

2015年10月13日，《中国烟草》杂志社有限公司工作座谈会暨《中国烟草》杂志创刊30周年座谈会在北京召开

《中国烟草》杂志社 陈兴杰 摄

2015年8月10日，中国烟草博物馆工作人员为参观人员讲解烟草行业抗战历史

《中国烟草》杂志社 黄雪琴 摄

2015年7月9日，河北石家庄市局（公司）开展公司成立三十周年“凝心聚力 共铸辉煌”职工文艺作品展演活动

河北石家庄市局 张剑锋 摄

2015年10月17日，河北白沙烟草有限责任公司举办第五届职工运动会

河北白沙 尹智欣 摄

2015年5月26日，上海烟草集团举办“唱响中华梦”五月歌会

上海烟草集团 俞 帆 摄

2015年8月27日，江苏中烟企业文化提升项目启动大会在南京召开

江苏中烟　顾　锋　摄

2015年10月29日，江苏中烟“身边的榜样”微电影大赛展播活动在南京举行

江苏中烟　顾　锋　摄

2015年1月18日，安徽黄山市局（公司）选手参加黄山市好故事大赛，获得一等奖

安徽黄山市局 供稿

2015年10月29日，福建省局（公司）职工参加省直机关公共礼仪小品比赛

福建省局 供稿

2015年10月，中央驻赣媒体和江西省级主流媒体等6家新闻单位到抚州黎川县采访烟草行业对口援建工作

江西抚州市局 宁俊 摄

2015年6月14日，江西抚州市局（公司）举办全市系统首届职工运动会

江西抚州市局 宁 俊 摄

2015年10月9日，河南驻马店市局（公司）举办感恩文化宣贯暨“四个三”践行观摩交流会

河南驻马店市局 熊 伟 摄

2015年7月，新华社记者走进四川凉山，实地采访四川烟草推进现代烟草农业建设情况

《中国烟草》杂志社 李 可 摄

2015年9月23日，四川省局（公司）举办“歌颂伟大祖国 共创美好川烟”庆“国庆”职工歌咏比赛

四川省局 雷波 摄

2015年12月29日，贵州安顺市局（公司）举办“传递正能量 共筑两山梦”职工文艺汇演

贵州安顺市局 供稿

2015年12月18日，红云红河集团全程支持的“云南好人”颁奖晚会在云南广播电视台举行

红云红河集团 供稿

2015年1月30日，西藏区拉萨市局（公司）举办2015年迎新春、藏历新年联欢会

西藏拉萨市局 供稿

2015年10月21日，陕西中烟旬阳卷烟厂举办“九九重阳节 浓浓敬老情”联谊活动

陕西中烟旬阳卷烟厂 程新忠 摄

2015年4月24日，深圳烟草工业有限责任公司与深圳龙华新区局（公司）等单位共同举办迎“五四”青年节联欢晚会

深圳烟草工业 供稿

发行电话：高建国 010—63605464　张　洁 010—63605646

姚　媛 010—63606745

广告电话：丁广达 010—68535568

2011 年，《中国烟草年鉴》荣获第五届

全国年鉴编校质量检查评比特等奖

2012 年，《中国烟草年鉴》荣获第六届

全国年鉴编校质量检查评比一等奖

2015 年，《中国烟草年鉴》荣获第五届

年鉴编纂出版质量评比综合一等奖

编写说明

一、《中国烟草年鉴》是由国家烟草专卖局组织编纂，全面反映中国烟草行业改革和发展情况以及所属各企业发展概貌的专业性、权威性行业综合年鉴。《中国烟草年鉴》自1996年创刊以来，已先后编纂出版了1991－1995年、1981－1990年、1996－1997年、1998－1999年、2000年、2001年、2002年、2003年、2004年、2005年、2006年、2007年、2008年、2009年、2010年、2011－2012年、2013年、2014年、2015年卷等19期。从《中国烟草年鉴》2004年卷起，由《中国烟草》杂志社有限公司《中国烟草年鉴》编辑部具体负责年鉴的编辑工作。

二、《中国烟草年鉴2016》设有特载，行业概览，国家烟草专卖局、中国烟草总公司组织结构，“三严三实”专题教育，专卖管理与“两烟”经营，烟草工业，科研和教育培训，经济统计，新闻宣传，公益活动，控烟履约，大事记，重要政策法规与文件，附录，索引共计15个栏目。本年鉴“栏目”下设“分目”和“条目”。

三、年鉴主要收录了2015年全国烟草行业发展的主要工作情况。各栏目内容充实，信息量大，特别突出了资料的权威性、延续性，反映行业改革发展的历程。以彩图配合相关栏目，生动、直观、全面地反映了行业各方面发展情况，彩图涉及面宽，内容丰富。

四、总体结构上，年鉴积极适应烟草行业发展“新常态”和行业类年鉴编撰要求，在内容上进行了精简。编辑过程中，加强了对行业总体情况的把握，力求全面呈现烟草产业各发展环节的情况，精简了常规性内容。

五、新增《“三严三实”专题教育》栏目，介绍2015年国家局机关及全国烟草行业开展“三严三实”专题教育的情况。《文件法规》栏目更名为《重要政策法规与文件》，刊登国家、国务院主管部委制定的与烟草行业有关的法律、法规，以及颁布的对烟草行业有重大影响的政策文件；并选登行业重要文件法规，以及部分文件法规名录，便于读者总体把握烟草行业2015年发展情况。

六、本年鉴中，“国家烟草专卖局、中国烟草总公司”简称“国家局、总公司”；

“××烟草专卖局（公司）”简称“××局（公司）”，“××中烟工业有限责任公司”简称“公司”或“××中烟”。

计量单位标准为：卷烟计量单位1万件=1亿支，1万箱=5亿支；烟叶计量单位1万吨=20万担。

专用名词“高端卷烟”特指含税调拨价171元/条［统一批发价247.8元/条（含）］以上价位卷烟，“高价位卷烟”特指含税调拨价414元/条［统一批发价600元/条（含）］以上价位卷烟。“‘双十五’品牌”特指三类以上卷烟销量排名前15位的品牌和销售收入（含税）排名前15位的品牌。“低焦油卷烟”在未特别说明的情况下，特指焦油量8毫克/支及以下卷烟。“重点卷烟品牌”，2015年共有29个全国重点卷烟品牌，含“双十五”品牌和鼓励培育品牌，其中“双十五”品牌为：“双喜·红双喜”“云烟”“红塔山”“利群”“芙蓉王”“黄金叶”“南京”“黄鹤楼”“白沙”“玉溪”“中华”“泰山”“七匹狼”“娇子”“黄山”“苏烟”；鼓励培育品牌为“红河”“红金龙”“兰州”“钻石”“贵烟”“长白山”“真龙”“金圣”“好猫”“中南海”“延安”“都宝”“金桥”。

此外，2015年川渝中烟工业有限责任公司进行体制改革，在不同栏目中，根据不同情况，或按川渝中烟工业有限责任公司存续期间进行撰稿，或按重组后四川中烟工业有限责任公司、重庆中烟工业有限责任公司分别撰稿。

七、年鉴的各种资料、数据主要由国家烟草专卖局机关各部门、各单位和行业各直属单位提供，条目内容、数据均由各撰稿单位审阅，并由国家烟草专卖局办公室最后审定确认，资料可靠。

八、年鉴中的各种资料、数据，除先进人物和先进集体名单外，截止时间为2015年12月31日。

九、年鉴终审人员：张修连、刘杰、王献生、赵百东、任静、汪为民、姜泓海、郑素平；三审人员：刘杰、王献生、赵百东、任静；二审人员：余莉。一审编辑：谢争艳、周佳、王东旭、李昂；校订人员：丁勇、余莉；校对人员：谢争艳、周佳、王东旭、李昂；编务人员：李跃、樊璟祎。

编　者

2016年12月

简目

Concise Contents

国家局机关、行业各直属单位审稿人员名单

赵百东　办公室（外事司）副主任、副司长
王志江　发展计划司司长
王劲栋　专卖监督管理司司长
张一峰　经济运行司副司长
王玉麟　政策法规与体制改革司司长
万里明　财务管理与监督司（审计司）司长
雷樟泉　科技司副司长
俞进祥　人事司副司长
高兴智　直属机关党委常务副书记
刘　忠　中央纪委、监察部驻国家局纪检组、监察局（中国烟草总公司监察局）副局长（正司级）
赵国臣　规范管理办公室主任
张本甫　董事会工作办公室主任
闫亚明　国家局职工培训中心主任、中共国家烟草专卖局党校副校长（正厅级）
汪世贵　烟草经济研究所所长
付久海　离退休干部办公室主任
綦振平　机关服务中心（机关服务局）副主任（副局长）
胡新华　烟草经济信息中心主任
王建雪　中国烟草学会办事机构秘书长
陈江华　中国烟叶公司总经理
崔　萍　中国卷烟销售公司副总经理
于明芳　中国烟草投资管理公司总经理
沈云龙　中国烟草机械集团有限责任公司副总经理、党组成员
邵　岩　中国烟草国际有限公司总经理、党组书记
吕忠信　中烟商务物流有限责任公司总经理
秦　燕　中国烟草实业发展中心副巡视员
郝和国　中国双维投资有限公司总经理、党组书记
刘　杰　《中国烟草》杂志社有限公司董事长、总经理
胡清源　中国烟草总公司郑州烟草研究院党组成员
葛　波　中国烟草总公司合肥设计院副院长、党委委员
杨保吉　中国烟草总公司职工进修学院副院长、党组成员
茅　俊　南通醋酸纤维有限公司副总经理、党委委员
温　明　昆明醋酸纤维有限公司副总经理、党委书记

赵树春　珠海醋酸纤维有限公司维修副总经理、工会主席、党委委员、纪委书记
臧卫东　北京市烟草专卖局（公司）纪检组长
周金超　天津市烟草专卖局（公司）副巡视员
俞关勇　河北省烟草专卖局（公司）副总经理、党组成员
宋政峰　山西省烟草专卖局（公司）局长、总经理、党组书记
郑子林　内蒙古自治区烟草专卖局（公司）副巡视员
陈　彤　辽宁省烟草专卖局（公司）副总经理、党组成员
杨　俊　吉林省烟草专卖局（公司）局长、总经理、党组书记
李捍红　黑龙江省烟草专卖局（公司）纪检组长、党组成员
唐　煦　中国烟草博物馆常务副馆长，上海烟草集团有限责任公司副总经理、党组成员
朱亚涛　江苏省烟草专卖局（公司）纪检组长、党组成员
于政雄　浙江省烟草专卖局（公司）纪检组长、党组成员
董建江　安徽省烟草专卖局（公司）副总经理、党组成员
尤清河　福建省烟草专卖局（公司）副总经理、党组成员
魏　平　江西省烟草专卖局（公司）副总经理、党组成员
宋新忠　山东省烟草专卖局（公司）纪检组长、党组成员
付晖华　河南省烟草专卖局（公司）副巡视员
杨　树　湖北省烟草专卖局（公司）副总经理、党组成员
徐文军　湖南省烟草专卖局（公司）副总经理、党组成员
周伟兵　广东省烟草专卖局（公司）纪检组长、党组成员
陈可忠　广西壮族自治区烟草专卖局（公司）副总经理、党组成员
徐丽芬　海南省烟草专卖局（公司）总会计师
冉幕寿　重庆市烟草专卖局（公司）副总经理、党组成员
李恩华　四川省烟草专卖局（公司）局长、总经理、党组书记
陈卫东　贵州省烟草专卖局（公司）局长、总经理、党组书记
邓小刚　云南省烟草专卖局（公司）副总经理、党组成员
旺　啦　西藏自治区烟草专卖局（公司）副局长、纪检书记、党委委员
吉应城　陕西省烟草专卖局（公司）副局长、党组成员
何绍青　甘肃省烟草专卖局（公司）副总经理、党组成员
秦　刚　青海省烟草专卖局（公司）副总经理、党组成员
罗增平　宁夏回族自治区烟草专卖局（公司）副总经理、党组成员
孙　勇　新疆维吾尔自治区烟草专卖局（公司）副总经理、党组成员
刘　宁　大连市烟草专卖局（公司）局长、总经理、党组书记
吴镇丰　深圳市烟草专卖局（公司）副局长、党组成员
杜为红　河北中烟工业有限责任公司副巡视员
宣晓泉　江苏中烟工业有限责任公司副总经理、党组成员

杨柳军　浙江中烟工业有限责任公司副总经理、党组成员
王志彬　安徽中烟工业有限责任公司总经理、党组书记
伍达明　福建中烟工业有限责任公司副总经理、党组成员
王迪汗　江西中烟工业有限责任公司副总经理、党组成员
王众声　山东中烟工业有限责任公司副总经理、党组成员
李彦伟　河南中烟工业有限责任公司副总经理、党组成员
倪　华　湖北中烟工业有限责任公司副总经理、党组成员
李　立　湖南中烟工业有限责任公司副总经理、党组成员
区广安　广东中烟工业有限责任公司副总经理、党组成员
王　全　广西中烟工业有限责任公司巡视员、副总经理、纪检组长、党组成员
易从宽　重庆中烟工业有限责任公司副总经理、党组成员
汤柱国　四川中烟工业有限责任公司副巡视员
白云峰　贵州中烟工业有限责任公司总经理、党组书记
朱绍明　云南中烟工业有限责任公司总经理、党组书记
曹兴浪　陕西中烟工业有限责任公司副总经理、党组成员

国家局机关、行业各直属单位主要撰稿人员名单

石昌盛　国家局科技司
马钰淏　中国烟草机械集团有限责任公司
曹建平　中国烟草实业发展中心
张敬一　中国烟草总公司郑州烟草研究院
何　为　中国烟草总公司合肥设计院
陈其海　中国烟草总公司职工进修学院
刘静静　南通醋酸纤维有限公司
李如音　昆明醋酸纤维有限公司
万　顷　珠海醋酸纤维有限公司
王智誉　北京市烟草专卖局（公司）
高栓龙　天津市烟草专卖局（公司）
苏维民　河北省烟草专卖局（公司）
李　静　河北省烟草专卖局（公司）
赵　钰　山西省烟草专卖局（公司）
关晓勇　内蒙古自治区烟草专卖局（公司）
董春亮　辽宁省烟草专卖局（公司）
王兴谦　吉林省烟草专卖局（公司）
吴　畏　黑龙江省烟草专卖局（公司）
胡剑平　上海烟草集团有限责任公司
张　华　江苏省烟草专卖局（公司）
黄　凯　浙江省烟草专卖局（公司）
张庆娜　浙江省烟草专卖局（公司）
李　胜　安徽省烟草专卖局（公司）
傅积恩　福建省烟草专卖局（公司）
王　萱　江西省烟草专卖局（公司）
蔡世龙　山东省烟草专卖局（公司）
范素娟　河南省烟草专卖局（公司）
李菲菲　湖北省烟草专卖局（公司）
张　仕　湖南省烟草专卖局（公司）
宋　夏　湖南省烟草专卖局（公司）
张　慧　广东省烟草专卖局（公司）
黄祥进　广西壮族自治区烟草专卖局（公司）
孙　云　海南省烟草专卖局（公司）
王凌容　重庆市烟草专卖局（公司）

张羽翔　四川省烟草专卖局（公司）
邹正军　四川省烟草专卖局（公司）
李　聪　贵州省烟草专卖局（公司）
杨海林　云南省烟草专卖局（公司）
王佳敏　西藏自治区烟草专卖局（公司）
王　玉　陕西省烟草专卖局（公司）
毕耜栋　甘肃省烟草专卖局（公司）
马世亮　青海省烟草专卖局（公司）
潘　亮　宁夏回族自治区烟草专卖局（公司）
韩　敏　新疆维吾尔自治区烟草专卖局（公司）
贾效伟　大连市烟草专卖局（公司）
陈　兰　深圳市烟草专卖局（公司）
张　彬　河北中烟工业有限责任公司
徐　璐　江苏中烟工业有限责任公司
孙　琦　浙江中烟工业有限责任公司
朱要文　安徽中烟工业有限责任公司
卢金德　福建中烟工业有限责任公司
李前进　江西中烟工业有限责任公司
郭　勇　山东中烟工业有限责任公司
张　宇　河南中烟工业有限责任公司
黄　帅　湖北中烟工业有限责任公司
周腾浪　湖南中烟工业有限责任公司
何小凡　湖南中烟工业有限责任公司
郑泽敏　广东中烟工业有限责任公司
周丽霞　广西中烟工业有限责任公司
张　凡　重庆中烟工业有限责任公司
冯　林　四川中烟工业有限责任公司
高　雕　贵州中烟工业有限责任公司
王宏先　云南中烟工业有限责任公司
曹晓军　云南中烟工业有限责任公司
朱　懿　云南中烟工业有限责任公司
张建华　陕西中烟工业有限责任公司

国家局机关各部门、各单位提供资料人员名单

郑素平　办公室（外事司）
杨　翼　办公室（外事司）
朱　槿　办公室（外事司）
李全宇　发展计划司
宋启航　专卖监督管理司
郑月兰　经济运行司
汪　洋　政策法规与体制改革司
童冠华　财务管理与监督司（审计司）
沈启超　人事司
马　超　直属机关党委
王光明　中央纪委、监察部驻国家局纪检组、监察局（中国烟草总公司监察局）
崔　萌　规范管理办公室
高雨竹　董事会工作办公室
杨飞飞　国家局职工培训中心、中共国家烟草专卖局党校
耿春磊　烟草经济研究所
杨丹妍　离退休干部办公室
邓永红　机关服务中心（机关服务局）
桑运良　烟草经济信息中心
黄　慧　烟草经济信息中心
王文静　中国烟草学会办事机构
范志新　中国烟叶公司
张　溦　中国卷烟销售公司
姚佳希　中国烟草投资管理公司
段瓔珊　中国烟草国际有限公司
陈圆媛　中烟商务物流有限责任公司
徐　瑾　中国双维投资有限公司
唐　敏　《中国烟草》杂志社有限公司

目 录

特 载

行业概览

国家烟草专卖局、中国烟草总公司组织结构

“三严三实”专题教育

专卖管理与“两烟”经营

烟草工业

境内卷烟和雪茄烟生产

境外卷烟生产

烟草机械工业

卷烟辅助材料生产

烟叶加工

科研和教育培训

科研院所

授权专利

教育培训

经济统计

总表部分

工业部分

其他

新闻宣传

公益活动

控烟履约

大事记

重要政策法规与文件

重要政策法规与文件选登

综　合

发展计划

专卖管理

经济运行

烟草科技

人事政工

法制建设

信息化建设

烟叶生产

2015 年烟草行业部分重要政策法规与文件名录

附　录

香港烟草

澳门烟草

台湾烟草

国际烟草

抗战胜利纪念章获得者名单

先进人物名单

先进集体名单

2015年行业获评高级专业技术资格人员名单

索　引

特　载

工业和信息化部部长苗圩在2016年全国烟草工作会议上的讲话

（2016年1月15日）

这次全国烟草工作会议，在“十二五”规划胜利收官、“十三五”规划开局起步之际召开，是烟草行业全面贯彻党的十八大和十八届三中、四中、五中全会，以及中央经济工作会议精神，落实全国工业和信息化工作会议部署的重要会议。刚才，成兴同志宣读了李克强总理，张高丽、马凯副总理的重要批示，充分表明了党中央、国务院对烟草工作的重视、肯定和关怀，全行业上下要认真贯彻落实各位领导同志的重要批示精神，进一步增强使命感、责任感、紧迫感，坚定信心决心，踏实做好各项工作，继续为稳增长、调结构、增效益作出应有的贡献。

刚刚过去的一年，面对经济下行压力持续加大的困难与挑战，全国工业和信息化系统认真贯彻落实党中央、国务院决策部署，突出抓好《中国制造2025》、工业稳增长、调结构、增效益系列重大措施、宽带网络提速降费、“互联网+”行动等一批事关全局、影响长远的重点工作，工业运行缓中趋稳、稳中有进，转型升级迈出坚实一步。预计全年，全国规模以上工业增加值增长6%左右、能耗降低6%，单位工业增加值用水量降低5%；软件和信息技术服务业收入增长16%左右，电信业务总量、业务收入同比增长25%和2%左右。

具体到烟草行业，一年来，烟草行业积极应对经济发展新常态，冷静面对增长速度回落、工商库存增加、结构空间变窄、需求拐点逼近四大难题，加强调控、主动作为、扎实工作，顺利完成年度确定的各项目标任务，为稳增长、调结构尤其是财政增收作出了重要贡献，成绩显著，亮点很多。在贯彻卷烟提税顺价重大决策方面，坚决执行国务院批准的卷烟消费税新政，加大调控力度，减缓生产进度，均衡商业批发，实现卷烟零售价格顺价到位、市场销量平稳、零售毛利率保持平稳，确保政策平稳落地。在税利增长方面，全年行业实现税利总额11436亿元，同比增长8.73%，上缴财政总额10950亿元，同比增长20.2%，在国家财政收入压力加大，税收增速明显下滑的特殊时期，烟草行业作出了特殊贡献，充分体现了行业的责任和担当。在烟叶生产方面，顺利完成“三年调控”目标，全年收购烟叶4400万担，比2012年调减1000余万担，精准实施产业扶贫，实现减量不减收、减量不减税。在科技创新方面，大力实施创新驱动发展战略，不断健全创新体系，全面推动卷烟工业企业精益研发，稳步推进降焦和减害工作，卷烟焦油含量和危害性指数持续降低。在控烟履约方面，认真履行世界卫生组织《烟草控制框架公约》，强化卷烟包装标识警示，持续保持打击烟草制品非法贸易高压态势，稳步推进控烟履约各项工作。在作风建设方面，扎实开展“三严三实”专题教育，巩固和扩大党的群众路线教育实践活动成果，加大履行党风廉政建设主体责任和监督责任力度，开展行业执行中央八项规定精神专项检查，狠抓问题整改工作，全行业会议费、业务招待费分别下降34.44%和49.95%。这些成绩，是在党中央、国务院坚强领导下，国家局①团结和带领全行业干部职工攻坚克难、奋勇拼搏的结果。在此，我代表工业和信息化部党组，向全行业干部职工表示亲切的问候和衷心的感谢！

回顾“十二五”，烟草行业紧紧围绕“卷烟上水平”基本方针和战略任务，积极谋划“三大课题”、努力提升“五个形象”，保持稳中求进的良好发展态势。特别是行业经济效益取得大幅提升，累计实现工商税利47680亿元，年均增长13.6%，并在过去两年先后实现工商税利总额跨越1万亿元、上缴财政总额跨越1万亿元两个大台阶，这些成绩来之不易。

2016年是“十三五”规划的开局之年，是《中国制造2025》的全面实施年，也是工业稳增长、调结构、增效益的关键一年。中央经济工作会议强调，要适应经济发展新常态，坚持稳增长、调结构、惠民生、防风险，实行宏观政策要稳、产业政策要准、微观政策要活、改革政策要实、社会政策要托底的总体思路，保持经济运行在合理区

① 国家烟草专卖局、中国烟草总公司在本年鉴简称为国家局、总公司。

间，着力加强结构性改革，在适度扩大总需求的同时，提高供给体系的质量和效率，提高投资有效性，加快培育新的发展动能，改造提升传统比较优势，增强持续增长动力。为贯彻落实中央经济工作会议精神，去年年底，部里召开了全国工业和信息化工作会议，提出今年全系统要立足制造强国、网络强国战略全局，坚持稳增长与调结构、扩内需、促改革、强管理、减负担相结合，着力推进供给侧结构性改革，深入实施《中国制造2025》，推进两化深度融合、军民深度融合和信息通信业转型发展，强化互联网管理和网络信息安全保障，提升供给体系的质量、效率和层次，实现工业通信业平稳增长和提质增效。

在全力推进工业稳增长、调结构、增效益这个大背景下，做好烟草行业工作，对促进经济社会持续健康发展意义重大，对支撑部机关有关工作意义重大。关于今年烟草行业工作，成兴同志稍后将作全面部署，稿子我认真看过表示赞同，全行业要认真学习领会，全面抓好贯彻落实。这里，我强调五点意见。

*一是积极谋划行业发展，确保“十三五”良好开局。*十八届五中全会确定了“十三五”时期我国经济社会发展的指导思想、目标任务和重大举措。烟草行业要深刻把握全面建成小康社会新的目标要求，准确研判行业发展机遇和面临的严峻挑战，把创新、协调、绿色、开放、共享五大理念全面落实到行业“十三五”各项任务中，积极谋划发展思路举措，加快转变发展方式，不断提高发展质量效益。要加大深化改革力度，进一步简政放权，深化人事、薪酬和国资管理体制改革，持续释放改革红利，为行业发展注入新的动力和活力。要充分发挥好资金优势，继续加大科技创新力度，推进两化深度融合，不断提升行业数字化、信息化、智能化水平，培育发展新的行业增长点，充分挖掘、发挥行业发展的潜力。要加快“走出去”步伐，加强国际市场开发，尤其是加大对消费、文化相近的周边国家市场的开发，提高中国烟草品牌的国际市场占有率。

*二是重视供给侧结构性调整，大力提高产品质量和水平。*中央经济工作会议指出，稳定经济增长，要更加注重供给侧结构性改革，着力提高供给体系质量和效率。针对卷烟销量下滑、库存高企的严峻形势，烟草行业要更加强化市场导向，促进企业竞争，优化资源配置模式，增加有效货源供应，加强和改善宏观调控。要更加注重营销网络建设，积极开拓农村和境外市场，着力控产能、去库存、降成本，切实提高卷烟供给的适应性、针对性和有效性。要更加强化创新驱动，落实好《中国制造2025》，积极应用“互联网+”、大数据、云计算等现代技术和管理手段，提升品牌建设和工业制造水平，努力创新产品，满足消费者个性化、多样化需求。

*三是推动企业精益管理提质增效，提高行业发展质量和效益。*中央经济工作会议提出，2016年主要任务之一是降低企业成本，全行业要牢牢树立节约集约的发展理念，继续紧紧围绕行业“精益管理做除法”，深入开展全员参与、全程覆盖、全面立体的精益管理，切实推动降本增效取得积极进展。着力点是努力降低卷烟和烟叶生产成本、降低卷烟营销成本、降低管理成本，努力提高劳动生产率、提高货币资金收益率、提高国有资产保值增值率，着力消除生产、营销、研发和物流等经营环节的各种浪费，继续推进循环利用、节能减排，加强节能环保技术、工艺、装备推广应用，构建绿色制造体系。

*四是着力推进控烟履约，强化行业责任担当。*烟草行业是特殊行业，既承担着保证国家财税收入、满足社会需求的职责，又承担着推进控烟履约、维护消费者利益的职责。世界卫生组织《烟草控制框架公约》在我国生效十年来，在履约工作部际协调领导小组各成员单位的共同努力下，我国控烟履约工作取得了积极进展。新时期，烟草行业要继续从党和国家的工作大局出发，积极履行《公约》的责任和义务，向社会展现负责任的行业形象。当前重点是要深入贯彻落实中办、国办印发的《关于领导干部带头在公共场所禁烟有关事项的通知》，坚持严格控制卷烟产量增幅，不断强化卷烟包装标识警示，持续通过科技创新推进降焦减害，重视并推动电子烟等新型烟草制品的监管，继续严厉打击烟草制品非法贸易。与此同时，针对控烟工作中出现的片面化、绝对化、扩大化倾向，要采取积极措施稳妥应对，进一步做好宣传引导，争取社会各界的理解和支持。

*五是落实全面从严治党要求，持续推进行业作风建设。*各级党组织要进一步增强管党治党的自觉性，切实担当和落实好全面从严治党的主体责任，做到守土有责、守土负责、守土尽责，努力营造良好的政治生态。要不断巩

固“三严三实”专题教育成果，锲而不舍落实中央八项规定精神，持续深入抓好作风建设，坚决防止“四风”反弹回潮。要坚持把纪律和规矩挺在前面，认真执行《中国共产党廉洁自律准则》和《中国共产党纪律处分条例》两部党内法规，自觉做到在廉洁自律上追求高标准，在严守党纪上远离红线，坚决以零容忍态度惩治腐败，把党风廉政建设和反腐败斗争引向深入。要坚决落实中央纪委派驻机构全覆盖的重大决策部署，充分认识派驻机构全覆盖是党的纪检体制一次内涵深刻的改革，是落实全面从严治党要求的重要保障，要按照党中央和中央纪委的要求，全力支持、配合综合性派驻，加强协调，搞好衔接，积极稳妥地做好各项工作，确保改革平稳有序推进。

同志们，今年烟草行业发展改革任务依然艰巨繁重，我们肩负的责任十分重大。让我们更加紧密地团结在以习近平同志为总书记的党中央周围，坚定信心、创新进取、真抓实干，扎实做好各项工作，推动行业发展迈出新步伐，实现“十三五”良好开局。

（据《国烟办通报》2016 年第 2 期）

贯彻发展新理念　再上卷烟新水平
努力实现烟草行业“十三五”良好开局

凌成兴

（2016 年 1 月 15 日）

这次全国烟草工作会议的主要任务是，深入学习贯彻党的十八大和十八届三中、四中、五中全会精神，深入学习贯彻习近平总书记系列重要讲话精神，认真传达贯彻中央经济工作会议以及全国工业和信息化工作会议精神，总结 2015 年工作，谋划“十三五”规划，部署 2016 年任务。刚才，传达了国务院领导同志的重要批示，听取了苗圩部长的重要讲话，我们要认真抓好贯彻落实。下面，我讲三个问题。

一、认真总结 2015 年和“十二五”期间全国烟草工作

2015 年，烟草行业认真贯彻落实党中央、国务院的重大决策部署，在工信部的直接领导下，以“三严三实”专题教育为动力，积极应对经济下行的巨大压力、积极应对卷烟提税顺价的巨大压力、积极应对控烟过激的巨大压力，行业经济运行稳中有进、稳中有好，呈现出“两增长、三下降”的主要特点。

两增长：一是税利总额增长。全年实现税利总额 11436 亿元，同比增加 919 亿元，增长 8.73%。二是上缴财政总额增长。全年上缴税收和利润 10950 亿元，同比增加 1840 亿元，增长 20.2%。

三下降：一是卷烟销量下降。全年销售卷烟 24895 亿支（4979 万箱），同比减少 600.5 亿支（120.1 万箱），下降 2.36%，好于下降 2.73% 的调控指标。二是卷烟产量下降。全年生产卷烟 25621.5 亿支（5124.3 万箱），同比减少 228.5 亿支（45.7 万箱），下降 0.88%，好于下降 4.25% 的调控指标。三是工商企业利润下降。全年实现利润 3032 亿元，同比减少 82 亿元，下降 2.63%。

我们主要狠抓了“三个精心调控”，保持了“五个持续向好”。

三个精心调控：

一是精心调控提税顺价。全行业认真执行经国务院批准的卷烟提税顺价重大决策，按照兼顾财政增收和烟农脱贫致富、兼顾控烟履约、兼顾行业承受能力和可持续发展的原则，科学制定实施方案，及时调整考核指标，在营销管理、专卖管理、价格管理、自律管理上精准发力，通过减缓生产进度，均衡商业批发，减少社会库存，做到了卷烟提税和顺价无缝衔接，保持了市场价格总体平稳、访销配送总体平稳、批零走势总体平稳、工商调拨总体平稳、社会反响总体平稳。全年卷烟产销下降幅度均在预期调控范围内，单箱卷烟批发均价 2.86 万元，

增加 1900 元/箱，增长 7.2%；全国卷烟批发销售额 14223.1 亿元，增加 632.7 亿元，增长 4.7%；卷烟零售毛利率总体保持在 10% 左右。

二是精心调控烟叶生产。烟叶产区紧紧围绕国家局 2013 年作出的“三年调控”战略部署，牢固树立大局意识、责任意识，坚持以合同管理为主线，抓住落实面积这个根本措施，加强生产过程控制，加大执纪问责力度，守住总量规模红线，烟叶调控成效显著。全年烤烟移栽面积 1609.9 万亩，烤烟收购总量 220 万吨（4400 万担）左右。同时，提升基础设施综合配套水平，推进水源工程援建工作，创新烟叶生产组织形式，提高专业化服务水平和机械化作业率，推广先进适用技术，精准实施产业扶贫，千方百计增加烟农收入和促进烟区经济社会发展，做到了减量不减收、减量不减税。全年烤烟收购均价 27.0 元/千克，提高 1.48 元/千克；烟农总收入 685 亿元（含生产投入补贴），增加 6 亿元；烟农户均收入 4.49 万元，增加 0.41 万元；种烟亩均收入 4124 元，增加 429 元；烟叶税 130 亿元，增加 4 亿元。

三是精心调控财税任务。全行业紧扣税利总额核心指标，精准安排生产，加大工业调拨，增加商业备货，严控成本费用，强化考核奖惩，确保各月税利增幅处于合理区间，全年税利目标圆满实现。尤其是对卷烟提税后新增加的消费税和国家新下达的上缴任务，全行业顾全大局、勇于担当，不讲条件、不打折扣，在缴纳各项税收之外，上缴国有资本收益 477 亿元，上缴专项税后利润 855 亿元，补缴消费税政策调整增收目标缺口 580 亿元，在国家财政需要行业作特殊贡献的关键时期，烟草行业讲政治、顾大局，保任务、不偷懒。

五个持续向好：

第一，重点品牌①发展持续向好。全行业坚持以品牌为核心，促进资源优化配置，在计划指标、优质原料、营销渠道、合作生产、考核导向等方面，全力支持重点品牌“做大做强”。全国在产卷烟品牌 89 个，其中 29 个重点品牌销量占比 83.7%，商业销售额占比 93.9%，同比都有所提高。商业销售额名列前茅的品牌是：“中华”1674.1 亿元，增长 10.2%；“云烟”1143.8 亿元，增长 6.8%；“芙蓉王”1105.3 亿元，增长 8.2%；“利群”1098.2 亿元，增长 12.5%；还有“双喜·红双喜”941 亿元、“黄鹤楼”890 亿元、“玉溪”819 亿元、“南京”605 亿元。在重点品牌中，主导规格呈现“强者趋强”良好发展态势，销量最大的 30 个规格市场占比 47.2%，提高 1.65 个百分点；销售额最大的 30 个规格市场占比 55.8%，提高 1.3 个百分点。此外，雪茄烟发展也持续向好，全国雪茄烟产量 10.0 亿支，增长 9.5%；销量 9.7 亿支，增长 43.3%；商业销售额 9.5 亿元，增长 27.4%。

第二，细支卷烟发展持续向好。全行业坚持把细支卷烟作为减耗降本、减害提质和产品升级的战略重点，改善技术装备，推进产品研发，加强市场培育，有效促进细支卷烟加快发展。全国在销细支卷烟规格 67 个，产量 385.5 亿支（77.1 万箱），增长 148.6%；销量 354.5 亿支（70.9 万箱），增长 153.6%；商业销售额 290.0 亿元，增长 147.0%；单箱批发均价 4.09 万元，高于全国平均水平 1.23 万元。销量前五名的细支卷烟中，“南京”160.5 亿支（32.1 万箱），增长 132.0%；“黄鹤楼”58.5 亿支（11.7 万箱），增长 49.9%；“红金龙”30 亿支（6.0 万箱），增长 447.0%；“黄金叶”23.0 亿支（4.6 万箱），增长 826.4%；“长白山”新上市，销量达到 22.5 亿支（4.5 万箱）。分地区销量看，山东 57.5 亿支（11.5 万箱），增长 74.6%；辽宁 50.0 亿支（10.0 万箱），增长 161.5%；黑龙江 36.5 亿支（7.3 万箱），增长 168.7%；吉林 34.5 亿支（6.9 万箱），增长 123.4%；内蒙古 25.0 亿支（5.0 万箱），增长 143.3%。大连、吉林、辽宁、黑龙江细支卷烟占比分别为 7.47%、7.05%、6.87% 和 6.49%，大大高于全国平均水平。

第三，卷烟打假打私持续向好。充分发挥烟草与公安、海关、工商等部门联合打假打私工作机制作用，保持高压态势，强化综合治理，部署开展专项整治“百日行动”，坚决遏制假烟和走私烟反弹势头。全年查处案值 5 万元以上案件 2966 起，破获国标网络案件 992 起，收缴制假烟机 293 台，查获烟丝烟叶 1.42 万吨、假烟 15.72 万件、走私烟 7.62 万件，依法拘留 7486 人、追究刑事责任

① 2015 年全国有 29 个重点卷烟品牌（含“双十五”品牌和鼓励培育品牌），分别为：“双喜·红双喜”“云烟”“红塔山”“白沙”“利群”“芙蓉王”“黄山”“黄金叶”“南京”“黄鹤楼”“七匹狼”“玉溪”“中华”“泰山”“娇子”“红河”“红金龙”“兰州”“钻石”“贵烟”“长白山”“真龙”“苏烟”“金圣”“好猫”“中南海”“延安”“都宝”“金桥”。

4187 人。高度重视和加强专卖内管，坚决遏制真烟非法流通，严肃查处违规经营行为 594 起、处理 281 人。切实加强卷烟零售市场监管特别是互联网涉烟监管工作，组织开展有针对性的零售市场专项清理行动，有效遏制利用互联网进行涉烟违法犯罪行为逐步蔓延的势头。

第四，控烟履约进展持续向好。全行业严格执行烟草专卖法律法规，认真履行《烟草控制框架公约》规定的责任和义务，坚决执行中办、国办《关于领导干部带头在公共场所禁烟有关事项的通知》，稳步实施《中国烟草控制规划（2012—2015 年）》，在法治轨道上和职责范围内有序推进控烟履约各项工作。特别是认真执行卷烟提税顺价重大决策，对控烟履约产生了积极影响；坚决支持公共场所禁烟；加强对新修订《广告法》的宣传培训和贯彻落实，同工商部门密切配合、依法行政；强化卷烟包装警示，对 6 个卷烟规格实行扩大警语占用面积、加大警语字体、增强颜色对比度并印制“请勿在禁烟场所吸烟”警示标识；稳步推进降焦减害工作，卷烟焦油加权平均值和卷烟危害性指数持续降低。

第五，干部作风建设持续向好。组织行业处级以上领导干部深入开展“三严三实”专题教育，深入学习习近平总书记关于党员领导干部践行“三严三实”的新思想新观点新要求，全面加强党性修养，切实改进工作作风。贯彻全面从严治党要求，强化“两个责任”落实，深入开展行业执行中央八项规定精神情况专项检查，实现国家局、总公司机关和 55 家行业直属单位全覆盖，对检查发现的办公用房、公务用车、公务接待等方面存在问题在全行业通报，督促抓好整改落实，全行业会议费、业务招待费分别下降 34.44% 和 49.95%。加强纪检监察和巡视工作，聚焦监督执纪问责，行业各级纪检监察机构接受信访举报 2475 件次，函询 272 人次，初核 1268 件，立案 381 件，给予党纪政纪处分 675 人，给予组织处理 210 人，涉嫌犯罪被移送司法机关 23 人。加大干部选拔交流力度，行业 12 名直属单位正职领导、6 名纪检组长、9 名副职领导异地交流任职。重视机关党建工作，“爱整洁、守纪律、办实事”成效明显。落实领导干部个人有关事项报告、因私出国（境）审批，严格执行领导干部到龄离（退）休制度。加强专业技术资格评定、岗位评聘和高层次科技人才培养使用工作，全年通过高级专业技术资格评审 484 人，卷烟高级调香师等关键技术领域创新人才不断涌现。加大简政放权力度，规范行政审批行为，内部管理事项减少至 99 项，国家局设立政务服务大厅，可公开的 12 项许可事项均实现“一口受理、限时办结、规范办理、透明办理、网上办理”，并在行业开展行政审批改革试点工作。

在实现行业持续健康发展过程中，卷烟营销市场化取向改革深入推进，工商零共同面向市场的营销体系进一步确立；物流非法人实体化建设稳步推进，卷烟包装箱循环利用和托盘联运工作超额完成年度目标任务；国产超高速卷接包设备运行效率稳定提高，细支卷烟高速生产设备成功研发并投入使用；“走出去”发展取得新成效，境外卷烟销量 900 万件①，增长 14.3%；公开招标工作和保障机制建设取得新进展，行业规范管理水平进一步提升；多元化企业管理监督有效加强，存量资产整合工作有序推进；新一代信息技术与烟草产业融合发展持续深化，行业数字化、信息化、智能化水平稳步提高；“六五”普法顺利推进，行业法律风险防控体系初步形成；董事会工作、新闻宣传、安全维稳、双维转型、丝束生产、教育培训、经济研究、学术交流、后勤保障、老干部工作等都取得了新的成绩。

2015 年，云南、上海、湖南 3 个省（市）工商税利超过 1000 亿元，“中华”品牌工商税利超过 1000 亿元；广东、浙江商业卷烟销售额超过 1000 亿元，“中华”“云烟”“芙蓉王”“利群”4 个品牌销售额超过 1000 亿元；广东、重庆、贵州、云南、河南、福建、湖北、浙江、广西、青海、海南、深圳、宁夏等 28 家省级公司卷烟销量超额完成任务，浙江、广东、湖北、云南、湖南、江苏、上海、江西等 8 家工业公司税利增长超额完成任务，为圆满完成行业年度目标作出了重要贡献。

取得上述成绩，确实来之不易。这是党中央、国务院亲切关怀的结果，这是工信部直接领导的结果，这是有关部委和地方各级党委、政府大力支持的结果，这是全行业干部职工奋发进取、攻坚克难的结果。借此机会，我代表国家局、总公司，向全行业干部职工和所有关心支持烟草改革发展稳定的同志们表示衷心的感谢！

2015 年是“十二五”规划收官之年。“十二五”期

---

① 本年鉴中卷烟计量单位 1 万件 =1 亿支。

间，全行业紧紧围绕“卷烟上水平”基本方针和战略任务，实践“三大课题”、提升“五个形象”，坚持“一个制度”、狠抓“三件大事”，“卷烟上水平”主要目标顺利实现。五年累计实现工商税利47680亿元，年均增加1078.4亿元，年均增长13.6%；累计上缴国家财政41323亿元，年均增加1212.2亿元，年均增长17.5%。中式卷烟知名品牌稳健成长，全国卷烟品牌由133个减少到89个，商业销售额超过400亿元的品牌由6个增加到13个，“461”品牌发展目标全面超额完成，“532”品牌培育取得重大进展。烟叶生产规模调控得力，由2012年274.4万吨（5488万担）调减到2015年220万吨（4400万担）。同时，现代烟草农业建设、创新型烟草行业建设、现代卷烟营销和物流配送体系建设、“走出去”发展和企业基础管理工作等都出色完成规划目标。

三个重要标志是：2014年税利总额跨越1万亿元的重要标志，2015年单箱卷烟批发均价比2010年增加1万元的重要标志，2015年上缴财政总额超过1万亿元的重要标志，中国烟草整体竞争实力迈上了一个大台阶。

六条宝贵经验是：品牌培育的宝贵经验，坚持中式卷烟发展方向，推动重点品牌规模扩张、质量提高和价值提升，促进产品结构优化升级；合作生产的宝贵经验，发挥重点品牌带动作用，提高要素资源配置效率，支持老少边穷地区烟草产业共同发展；稍紧平衡的宝贵经验，加强和改善宏观调控，严格控制总量，精准安排产销，保持卷烟市场供求平衡、价格稳定；烟叶调控的宝贵经验，落实严控面积根本措施，加强合同管理，守住规模红线，执行超产抵扣、欠产递补的政策，坚决把库存调整到合理水平；科技减害的宝贵经验，加强科技攻关，改进配方工艺，有效降低卷烟焦油含量、有效降低其他有害成份含量、有效减少烟草吸入量；打假摘帽的宝贵经验，聚焦制假重灾区，强化源头治理，防止扩散转移，全国非法卷烟占国内市场的比重控制在4%以内，保持全球领先水平。这六条经验弥足珍贵，全行业在“十三五”期间要继续传承、继续创新、继续发扬！

二、精心谋划“十三五”期间行业发展理念和基本定位

“十三五”时期是全面建成小康社会的决胜阶段。根据党的十八届五中全会精神，国家局党组围绕贯彻发展新理念、再上卷烟新水平的主题，研究提出了《烟草行业“十三五”规划（征求意见稿）》，提请会议讨论和征求意见。谋划好、制定好、实施好“十三五”规划，对引领烟草行业持续健康发展具有十分重要的意义。这里，我就学习贯彻五中全会精神讲几点意见。

（一）认清行业发展形势

党的十八届五中全会指出，“十三五”期间我国发展仍处于可以大有作为的重要战略机遇期，也面临诸多矛盾叠加、风险隐患增多的严峻挑战。作为国民经济的一个组成部分，烟草行业在“十三五”期间既有难得发展机遇和有利条件，又面临严峻挑战和巨大压力。

从烟草消费需求看，在经济发展新常态下，我国经济长期向好的基本面没有改变，到2020年全面建成小康社会和“两个翻番”计划，国民经济将保持中高速增长，城乡居民收入将稳步增加。因此，全社会烟草消费支出还有持续扩大的潜力、卷烟消费结构还有持续提升的潜力。对照浙江省的单箱结构水平、对照嘉兴市的单箱结构水平，全国烟草行业未来五年、十年甚至更长时间仍将处于可以有所作为的平稳发展期。从行业外部环境看，烟草税利对财政收入贡献的重要地位没有改变，烟草行业对老少边穷地区脱贫致富的重要作用没有改变，广大消费群体对卷烟工业民族品牌的高度认同没有改变。从行业自身能力看，国家实行烟草专卖制度，通过长期努力构建的完整产业体系、现代技术装备、知名卷烟品牌、优秀员工队伍，将为行业持续健康发展提供可靠的体制保障和坚实的物质支撑、技术支撑、人才支撑。

同时，也要清醒地看到，“十三五”时期，烟草行业面临控烟履约的艰巨任务和“片面化、绝对化、扩大化”的过激倾向，潜在的市场风险、法律风险、政策风险不断增多。在增长速度回落、工商库存增加、结构空间变窄、需求拐点逼近“四大难题”不断凸显基础上，当前，突出面临卷烟销量下滑的严峻形势、突出面临生产成本上升的严峻形势、突出面临商业利润透支的严峻形势。2015年，全国卷烟销量比上年减少120万箱，这是自2000年以来全国卷烟销量首次出现下降，尽管下降幅度控制在国际认可的“负0.4～负0.7价格弹性系数”的低限，但对行业的可持续发展带来巨大压力；在销量下滑的同时，主要受烟叶成本上升的推动，全国卷烟单箱成本增加289.3元，

占工业单箱收入增加额的40.68%；商业企业为完成财政上缴任务，不仅当年实现利润全部上缴，而且还有29个省级公司透支利润180多亿元。面对压力和挑战，全行业必须增强忧患意识、风险意识、责任意识，坚持问题导向，用改革的办法、创新的思路、务实的举措，提振精气神、挖掘新潜力、培育增长点。

（二）贯彻“五大发展理念”

党的十八届五中全会提出了创新、协调、绿色、开放、共享的发展理念，这是制定和实施“十三五”规划的主线和灵魂。我们要紧密结合烟草行业实际，学习五大理念、树立五大理念、贯彻五大理念。

贯彻创新发展的理念，我们要进一步把科技创新、科技减害、科技增效具体到重大课题、重大专项、重大工程上来，加快形成创新驱动发展的新模式、新机制。

贯彻协调发展的理念，我们要进一步处理好“两烟”大省同老少边穷地区烟草协调发展的关系，处理好全国性知名品牌同区域性优势品牌、创新型特色品牌协调发展的关系，处理好行业品牌竞争同地产品牌培育协调发展的关系，处理好烟叶生产同卷烟生产协调发展的关系，全面增强行业发展的协调性。

贯彻绿色发展的理念，我们要进一步抓好降焦减害、节能减排、循环利用、烟田轮作、生物防控、土壤保育、烟基工程和水源工程等工作，坚决遏制卷烟产品过度包装、项目建设贪大求洋等现象，努力建设资源节约型、环境友好型行业。

贯彻开放发展的理念，我们要进一步抓住国家实施“一带一路”重大战略的机遇，树立“三个雄心壮志”，在烟叶生产实体化运作、卷烟出口基地化运作、并购重组资本化运作、烟机制造引智创新国产化运作、原辅材料自主化运作上有新的突破和跨越，推动“走出去”发展不断迈出新步伐。

贯彻共享发展的理念，我们要进一步改善职工生产条件，提高职工收入水平，维护职工合法权益，支持和服务老少边穷地区“两烟”生产，落实对口帮扶工作任务，争做“六个精准”的典范，全面树立和谐烟草、责任烟草良好形象。

（三）明确“一个发展目标”

“十三五”期间，全行业要明确和坚定“两个略高于”的发展目标，即：努力保持行业税利总额增长速度略高于全国国内生产总值增长速度、略高于全国财政收入增长速度。确定这一发展目标，这是我们履行法定职责、保证财政收入的根本任务，这是我们坚持专卖制度、提升行业形象的重要标志，这是我们增进职工福祉、实现成果共享的内在动力。要以税利总额这一核心指标为牵引，实现三个总体稳定、三个持续增长、三个不断降低，即：保持卷烟销量总体稳定、卷烟产量总体稳定、烟叶生产总体稳定，实现国有资产持续增长、单箱税利持续增长、职工收入持续增长，推动卷烟成本不断降低、烟叶成本不断降低、卷烟焦油和其他有害成份含量不断降低，全面促进品牌建设、烟叶生产、技术创新、市场营销、基础管理再上新水平。

“十三五”期间主要预期指标是：全国烟叶生产稳定在4300万担左右，现代烟草农业建设水平全面提升；卷烟销量按照“前两年抓恢复（每年60万箱）、后三年抓增长（每年增1%）”的要求，力争到2020年达到5260万箱，其中细支卷烟比重超过8%；中式卷烟品牌发展再上新台阶，到2020年全国单箱卷烟批发均价达到3.8万元，单箱税利（工商合计）超过3万元，培育形成5个工商税利达到400亿元、3个工商税利达到600亿元、6个工商税利达到1000亿元乃至超过2000亿元的知名品牌，争创2个工商税利超过2000亿元、4个工商税利超过1000亿元的“两烟”大省；中式雪茄烟和雪茄型卷烟加快发展，贡献度大幅提升；“走出去”发展步伐加快，力争跻身跨国公司卷烟出口的前三名；成本控制、资源节约、金融合作取得显著成效。

（四）把握“五个基本定位”

第一，开拓市场稳定销路是根本。保持卷烟销量的总体稳定和适度增长，是烟草行业持续健康发展的前提条件。“十三五”期间，要坚持向创新产品要销量，适应个性化、多样化消费发展趋势，积极开拓细支卷烟、异型卷烟、低焦油卷烟、雪茄烟和其他新型烟草制品市场，最大限度地激活烟草消费需求潜力；坚持向农村市场要销量，抓住农村消费的梯度追赶趋势，提升中低档卷烟品质品味，增加适销对路货源供应，积极拓展农村市场发展空间；坚持向国际市场要销量，统筹国内国际两个大局，加大境外市场拓展力度，千方百计增加境外卷烟销量和市场占有率；坚持向强化专卖要销量，保持卷烟打假打私高压态势，提升烟草系统市场控制力和占有率，力争“十三五”期间全国卷烟市场净化率提高1~2个百分点，最大限度地夺回被非法卷烟挤占的市场空间；坚持向消费环境建设要销量，各省级局要像辽宁省局等单位那样，守土有责、守土尽责，争取领导支持、坚持理性控烟、疏导过激行为、营造宽松环境。同时，引导和增设吸烟区、吸烟点，努力为消费者创造便利、和谐、文明的吸烟环境，依法维护消费者尊严。

第二，创新驱动提升结构是核心。创新驱动是引领行业发展的第一动力，提升结构是实现行业税利增长的第一源泉。必须紧紧围绕创新驱动提升结构这一核心，努力推动卷烟单箱均价、单箱税利不断增加，确保一、二类卷烟和高价、高端卷烟市场规模稳步扩展、市场份额稳步提高。强化技术创新，深入实施重大专项带动战略，积极研发和培育一批技术含量高、风格特色鲜明、受消费者欢迎的创新型特色产品，引领卷烟产品持续升级；强化品牌创新，通过内在品质的提升、外观设计的优化、目标市场的聚焦、品牌文化的丰富，持续提升品牌形象，不断增加品牌附加价值、提高品牌溢价能力；强化工业创新，推进设施装备智能化改造，推动生产方式向数字化、精细化、柔性化转变，满足消费者个性化、多样化需求，推动消费结构优化升级；强化营销创新，精准实施“一地一策”“一店一品”战略，积极发展体验式营销，密切零售客户、消费者与烟草企业的关系，提高客户对行业的依赖度和忠诚度。

第三，精益管理降本增效是内功。依靠管理进步推动节约发展，是提高行业发展质量和效益的必由之路。必须苦练内功，扎实推进“精益管理做除法”，积极运用现代管理手段和工具，把精益管理的要求落实到每个岗位、每个环节、每个员工。坚持抓好源头管控，注重从产能布局、项目设计、工程投资抓起，防止重复建设、产能过剩和成本虚高等问题；坚持以价值链为基础，推动烟草产业链关键业务流程持续优化，整合内部生产经营要素和相关资源，最大限度地降低成本费用，最大限度地提高产出效率；坚持节约优先，推动低碳循环发展，在研发、采购、生产、流通、仓储各环节精打细算、杜绝浪费，提高资源循环利用水平，减少单位产出物质消耗；坚持盘活存量与做优增量并举，提高物质资产配置使用效率，提高货币资金保值增值能力。

第四，降焦减害提高品质是责任。统筹烟草控制与行业发展的关系，必须坚持以维护消费者利益为着力点，认真履行好降焦减害提高品质的行业责任。坚持以降低焦油和其他有害成份含量、减少烟草吸入量为主攻方向，加强科技创新，强化源头和过程控制，着力提升卷烟设计水平，提升卷烟工艺水平，提升烟叶和原辅材料质量水平；坚持以满足和适应消费者对卷烟品质品味的需求为发展导向，把握“稳定上限标准、形成梯次结构、扩大中焦比重、实现总体降焦”的原则，着力提升卷烟工业控焦、稳焦、降焦水平，在不断推进低焦油和低有害成份释放量的同时，培育高品质、保持满足感；坚持以履行《烟草控制框架公约》关于加强烟草制品成份管制和披露的规定为工作指向，全面落实新修订的卷烟包装标识规定，强化烟草制品质量监督，提高对添加剂、原辅材料和烟草制品内在成份、燃烧释放物的检测检验能力，切实防范潜在的市场风险和法律风险。

第五，敢于担当强化责任是关键。烟草行业是倍受社会关注的特殊行业，保持行业稳定发展，回应各种社会关切，关键在于坚持烟草专卖制度，强化责任担当，规范内部管理，实现自律自强。强化社会责任，找准行业在全面建成小康社会中的定位点、贡献点和结合点，始终坚持“国家利益至上、消费者利益至上”共同价值观，切实关爱烟农、关爱卷烟零售户，积极支持社会公益事业和新农村建设，认真落实“回报社会、扶贫济困”的行业使命，利用行业媒体大力宣传好声音、弘扬正能量；强化主体责任，坚决把全面从严治党的主体责任担起来、压下去，建立健全行业各级党组织党风廉政建设责任分解、责任落实、责任追究机制，形成压力层层传导、责任层层落实的工作格局，加大问责力度，真正让失责必问成为常态；强化监督责任，切实增强纪检监察和巡视的监督作用，健全完善审计监督体系，扎实推进内部规范管理各项工作，锲而不舍落实中央八项规定精神，充分体现监督的严肃性、权威性、时效性，努力建设烟草行业干事创业、风清气正、廉洁从政的政治生态。

三、认真落实2016年烟草工作主要任务和关键举措

2016年是全面建成小康社会决胜阶段的开局之年，

也是推进结构性改革的攻坚之年。做好今年烟草工作的总体要求是：认真贯彻落实党的十八大和十八届三中、四中、五中全会精神以及中央经济工作会议精神，以邓小平理论、“三个代表”重要思想、科学发展观为指导，认真贯彻习近平总书记系列重要讲话精神，适应经济发展新常态，坚持改革开放，坚持稳中求进工作总基调，坚持烟草专卖制度，贯彻发展新理念，再上卷烟新水平，围绕“一个发展目标”“五个基本定位”，继续实践“三大课题”，提升“五个形象”，落实“加减乘除”四则运算，突出“去产能、去库存、去杠杆、降成本、补短板”的重点任务，努力实现“十三五”时期烟草行业持续健康发展的良好开局。

主要预期指标是：烤烟种植面积1611万亩，收购4300万担；卷烟保持产销平衡，销量确保5000万箱、力争5030万箱；工商税利增幅高于7%，实现税利总额12230亿元、增收800亿元。为此，要提振“三个信心”，强化“五项举措”。

（一）提振“三个信心”

一是坚持市场化取向改革，提振稳定卷烟销量的信心。全行业要牢牢牵住卷烟销量这个“牛鼻子”，按照前两年抓恢复的要求，今年卷烟销量任务是：确保5000万箱、力争5030万箱。更加注重增加有效货源供应，继续深化卷烟营销市场化取向改革，以应用省级卷烟营销平台为抓手，突出精准发力，突出关键节点，突出自律管理，用好“行业监管平台”，强化监管机制、纠错机制、问责机制，坚决杜绝捆绑销售、做单改单、卖大户、货源倾斜等问题，保持良好市场状态，努力提高卷烟供给的适应性、针对性、有效性，下决心把零售价格卖到位；更加注重加强和改善宏观调控，坚持“总量控制、产销协调、稍紧平衡”的调控方针，对生产计划基数和年度实际产量分开管理，保留基数，减少产量，全年压缩工商库存100万箱，为减少社会库存创造条件；更加注重提升营销网络建设水平，把网建工作重点从行业内部向零售环节、消费环节延伸，加快建立以自营终端为标杆、现代终端为支撑、普通终端为基础的金字塔型卷烟零售终端体系，充分发挥零售终端对卷烟销量的拉动作用；更加注重细支卷烟和异型卷烟生产自动化、包装自动化、分拣自动化，成为开拓市场的增长点、降低成本的增长点、提高效率的增长点；更加注重县级局（营销部）建设，俗话说“基础不牢、地动山摇”，县级局（营销部）是专卖管理的基础、市场营销的基础、烟叶生产的基础，要改善条件、发挥作用，进一步拓展农村卷烟市场，改善农村配送服务，提升农村营销水平。同时，要鼓励自有品牌弱小的工商企业密切合作，精心培育专销品牌，落实责任、走出困境。

二是坚持创新驱动，提振优化产品结构的信心。从注重量的满足向追求质的提升、从注重有形物质产品向追求无形品牌价值、从模仿型排浪式消费向个性化多样化消费转变，这是当前我国居民消费结构加快升级的大趋势，也是企业提升产品结构的好时机。全行业要主动顺应时代潮流，认真落实《中国制造2025》，积极应用“互联网+”、大数据、云计算等现代技术和管理手段，不断提高信息化水平，努力通过创新供给满足消费需求、创造消费热点，推动卷烟产品供给侧结构性改革。坚持以品牌建设引领结构升级，按照“合作生产为主、计划置换为辅、个别有偿调剂”的思路，加大奖惩力度，推进资源整合，稳定合作生产。持续提高重点品牌集中度，持续提高主导规格集中度，力争行业“双十五”品牌产销比重超过70%，每个品牌前三位主导规格销量和销售收入所占比重超过75%；坚持以技术创新支撑产品创新，有效应用新技术、新材料、新方法，更好适应、满足、激发消费需求，系统优化配方、调香、工艺、辅料、包装的整体设计，注重叶组配方的创新、注重醋纤嘴棒的创新、注重“爆珠添加”的创新，促进卷烟产品升级换代；坚持以细支卷烟拉升产品结构，坚持“高品质、高技术、高结构、低成本、低危害”发展导向，提高细支卷烟研发、设计、生产、营销水平，规范和促进细支卷烟健康发展，不断丰富卷烟品类结构，拉动卷烟价位稳步上移。

三是坚持精益管理，提振企业降本增效的信心。精益管理是座不竭的金矿，是行业税利增长的重要来源。近年来烟草工商企业在精益管理上取得了显著成效，但仍有很大潜力。帮助企业降成本，是中央经济工作会议确定的五项重点任务之一，具体有七条措施。全行业要抓住这一难得机遇，牢固树立“管理就是生产力、节约就是竞争力”的理念，继续深化全员、全过程、全方位的精益管理，抓好源头管控，力争通过精益管理、降本增效，为今年行业税利增长贡献一个百分点、力争总量上百亿元。紧盯降低制度性交易成本和内部运行成本，着力优化业务流程，理顺管理链条，减少管理层级，提高管理效率，坚决防止重点费用反弹；紧盯降低烟叶成本，着力优化烟叶资源配置方式，加大模块加工力度，拓宽原料使用范围，确保卷烟单箱烟叶成本稳中有降；紧盯降低包装成本，着力加强采购管理，治理过度包装，减少损失浪费，确保一、二类卷烟包装成本不高于生产成本的35%；紧盯降低物流成本，着力加强卷烟吨公里运价管理，建立阶梯运价及油价运价联动机制，力争实现工业卷烟运输费用下降5%；紧盯降低财务成本，着力提高资金调度的科学性、准确性、流动性，优化存量资产结构，推动工商企业之间、主业之间的委托贷款，积极参与金融企业战略投资，不断提高资金收益率。同时，继续关心云南中烟“两统一、两整合”工作，认真总结评估，加紧完善提高，增强“两红集团”的内生动力；继续推进资源节约和循环利用，今年全行业卷烟包装箱循环利用任务1350万箱，卷烟托盘联运任务1000万箱；继续搞好节能减排，不断淘汰落后工艺，持续降低物耗能耗。

（二）强化“五项举措”

第一，强化专卖管理的关键举措，在卷烟打假打私中要市场、要销量、要效益。始终把卷烟打假打私放在突出重要的位置，加强领导，加大力度，精心组织，精准打击，提高打假打私工作科学化、法治化、常态化水平，力争今年全国卷烟市场净化率提高0.5个百分点，努力夺回20～30万箱卷烟销量。切实加大重点地区源头治理力度，一手抓严厉打击，一手抓综合治理，坚决遏制重点地区制假反弹；高度重视沿海走私、边境走私问题，完善与海关、公安联合协作机制，突破一批大案要案；高度重视出口回流问题，对回流品牌的代理商加大约谈力度，对问题比较严重的代理商坚决采取减量、停供直至取消代理资格等措施；制定免税市场经营卷烟、雪茄烟管理办法，加大对免税卷烟、雪茄烟经营企业的监管；联合有关执法部门，对物流货运场（站）进行集中整治，密切关注互联网涉烟违法犯罪新动态，组织开展专项行动，打击利用微信、QQ等自媒体售假售私行为；加大规范卷烟经营的力度，坚决守住专卖管理的底线，对主观故意、组织参与、内外勾结的真烟非法流通案件，以最坚决的态度、最严厉的措施，发现一起，处理一起，对负有直接责任的营销负责人和负有监督责任的内管负责人严肃问责，直至追究主要领导责任，绝不姑息，确保卷烟生产经营秩序根本性好转。

第二，强化烟叶调控的关键举措，在烟叶减量压库中强基础、提质量、增收入。按照“稳定规模、优化结构、降本增效、完善体系”的总体要求，促进烟叶生产平稳发展，进一步打牢烟草行业持续健康发展的根基。坚守烟叶收购红线不动摇，在过程管理上下功夫。下决心守住4300万担收购红线，严格合同管理，抓好执纪问责，保护好烟区党政领导、广大烟农和行业干部职工的积极性，坚决实现“三年调控”目标。稳定烟叶价格和补贴政策，在提质增效上下工夫。今年烟叶价格总水平基本不变，按照烟叶供求关系，适度调整小等级价格；烟叶生产投入补贴政策保持稳定，适当调整补贴项目，将50元/亩的下部烟叶优化结构补贴纳入收购价格，增加50元/亩的烟用地膜回收专项补贴，增加25元/担的专业化烘烤专项补贴；国家局预算安排烟田基础设施建设资金50亿元，水源工程援建资金50亿元。在价格和补贴保持稳定的同时，坚持把“节约一个工、增收一百元”作为家喻户晓的动员令和着力点，继续深入推进现代烟草农业建设，减轻烟农劳动强度，降低种烟技术难度，提高种烟比较效益。完善烟叶生产组织形式，在夯实基础上下工夫。持续加强烟农合作社建设，扎实做好现场管理、技术管理、收购管理、加工管理、基地单元管理、队伍管理等工作，加强和巩固烟叶生产持续稳定发展的基础。

第三，强化“走出去”发展的关键举措，在境外市场拓展中出实招、谋实绩、求实效。抓住国家实施“一带一路”重大战略给中国烟草“走出去”发展带来的新机遇，坚定“树立三个雄心壮志”，着力补好境外市场发展短板。扎实推进境外烟叶生产实体化运作，以提升水平、提升形象、提升实力为重点，努力将境外烟叶企业打造成集合同种植、收购、加工、科研、销售为一体的国际化实体公司；扎实推进卷烟出口基地化运作，以提高市场占有率、提高品牌竞争力为重点，积极探索“三保一激励”（保销量、保利润、保增长，年薪激励）营销包干体制，整合烟草资源、发挥侨领优势，巩固完善东南亚、东北亚、中东、中南美洲、欧洲基地市场布局，积极推动建设新的卷烟出口基地；扎实推进并购重组资本化运作，搭建资本运作平台，打通国际融资渠道，努力实现并购资金多元化、运行机制市场化、治理结构规范化；扎实推进烟机制造引智创新国产化运作，积极推动技术合作，继续坚持“拜师学艺、以我为主”的技术发展路径，大力开展自主创新，重点抓好“日产三班200箱”和“日产三班300箱”卷接包成线产品，重点抓好超高速卷接包设备的升级定型、价格优惠和推广应用，重点抓好细支卷烟高速卷接包生产线的研制生产，着力补齐国产烟机产品线；扎实推进原辅材料自主化运作，探索国产醋纤丝束“区域化、基地化”供应模式，实现醋纤丝束与卷烟生产有效对接、协调发展。同时，严控重复投资、严控规模扩张、严控进口总量。

第四，强化对口帮扶的关键举措，在助力扶贫攻坚中尽责任、当典范、树形象。打赢脱贫攻坚战，是党中央发出的动员令，烟草行业要责无旁贷地贯彻落实。要按照“六个精准”“五个一批”的总体要求，继续用好计划资源，为老少边穷地区经济发展尽责出力；继续用好烟叶政策，为老少边穷地区烟农脱贫致富尽责出力；继续用好捐赠资金，为对口支援地区增强内生动力尽责出力。在对口帮扶上，要紧紧围绕“一个依托，四个带动”，即依托烟草产业扶贫，带动异地扶贫搬迁建设、带动新农村建设、带动小城镇建设、带动公益项目建设，打造烟草行业扶贫工作新亮点。加大对湖北省十堰市竹溪县、竹山县的对口扶贫力度，继续做好“支持赣南原中央苏区振兴发展”“恩施烟区综合扶贫开发工程”“湘西州异地办厂和烟基工程”等扶贫开发项目，支持云南烟草做好保山市布朗族聚居区、德宏州阿昌族聚居区整乡推进、整族帮扶工作，增加宁夏吴忠市红寺堡区对口扶贫任务。开好行业对口援藏工作会议，继续采取特殊扶持政策，帮助西藏烟草、帮助西藏经济、帮助西藏人民。加大对新疆和田地区扶贫搬迁工程的支持力度。

第五，强化领导班子建设的关键举措，在带领干事创业中正风气、强本领、勇担当。建设坚强有力的领导班子和高素质干部队伍，是推动烟草行业改革发展稳定的根本保证。着力巩固“三严三实”教育成果，各级党员领导干部要向中央看齐，向中央学习，做政治上的明白人、做落实的带头人，自觉把“三严三实”要求体现到坚持坚定正确的政治方向上、体现到落实党中央重大决策部署上、体现到对分管工作的管理上、体现到严格要求自己上，做到时时铭记、事事坚持、处处上心，用“四个铁一般”的要求，增强攻坚克难、履职尽责的信心和决心；着力把党的纪律和规矩挺在前面，坚决落实中央八项规定精神，认真学习贯彻新修订的廉洁自律准则和纪律处分条例，把党纪党规刻印在自己心上，全面落实“两个责任”，牢记“四大规矩”，坚持“五个必须”，防止“七个有之”，强化“一岗双责”，带好班子、带好队伍，确保自己干净、家属子女干净、身边工作人员干净；着力推进法治烟草建设，落实简政放权、放管结合、优化服务的举措，以政务服务大厅为平台，以12项行政许可和99项内部管理为内容，规范和改进行政审批和内部管理工作，进一步减少环节、优化流程、提高效率、防止腐败；着力落实“三个全覆盖”，不断强化巡视、审计、规范管理三项监督，保持威慑常在、警钟长鸣，认真执行行业《应招尽招实施指南》等“三个保障机制”文件，强化约束、节约投资、保护干部；着力选好配强各级领导班子，加大干部交流轮岗力度，重视培养选拔年轻干部，关心重视女干部、民族地区和艰苦地区工作的干部、高科技人才，关心重视党校工作，关心重视老干部工作，树立和落实“能者上、庸者让、劣者汰”的用人导向，加大对不胜任干部的调整力度；着力完善经营业绩考评体系，继续加大稳定销量、优化结构、降低成本、增加税利的导向作用，完善商业卷烟营销、工业税利增幅的奖惩措施，形成考核结果既与省级公司负责人薪酬挂钩、又与各单位工资总额浮动比例挂钩的收入分配机制，层层传导压力、人人分担责任，充分调动行业干部职工的积极性、主动性和创造性。

同志们，烟草行业上缴财政总额已经跨越了1万亿元大台阶，我们站在一个新的发展平台上，任务更艰巨、责任更重大、使命更光荣。我们要紧密团结在以习近平同志为总书记的党中央周围，坚定信心、振奋精神、敢于担当、务求实效，努力实现全年税利总额增速高于7%的良好开局，为全面建成小康社会、实现中华民族伟大复兴的中国梦作出新的贡献！

（据《国烟办通报》2016年第2期）

2015 年部分领导讲话名录

【全国烟草工作会议】

工业和信息化部部长苗圩在 2015 年全国烟草工作会议上的讲话
（2015 年 1 月 15 日）……………………………… 苗圩 《国烟办通报》2015 年第 2 期

坚持稳中求进总基调 适应经济发展新常态 努力实现烟草行业上缴财政总额接近万亿元年度目标
（2015 年 1 月 15 日）……………………………… 凌成兴 《国烟办通报》2015 年第 2 期

【专卖管理】

在全国卷烟打假工作电视电话会议上的讲话
（2015 年 5 月 29 日）……………………………… 凌成兴 《国烟办通报》2015 年第 23 期

在全国烟草专卖管理工作会议上的讲话
（2015 年 2 月 4 日）……………………………… 赵洪顺 《国烟办通报》2015 年第 5 期

在全国卷烟打假工作电视电话会议上的讲话
（2015 年 5 月 29 日）……………………………… 赵洪顺 《国烟办通报》2015 年第 23 期

【生产经营】

健全安全体系 强化工作落实 努力实现行业安全发展
——在 2015 年烟草行业安全生产工作电视电话会议上的讲话
（2015 年 2 月 3 日）……………………………… 赵洪顺 《国烟办通报》2015 年第 4 期

在 2015 年全国烟草行业多元化投资管理工作会议上的讲话
（2015 年 4 月 17 日）……………………………… 赵洪顺 《国烟办通报》2015 年第 18 期

在全国卷烟销售工作会议暨省级卷烟营销平台建设推广会上的讲话
（2015 年 3 月 27 日）……………………………… 徐瑾 《国烟办通报》2015 年第 13 期

坚定信心 明确方向 进一步加强雪茄烟营销工作
——在中式雪茄烟品牌推介会暨终端营销现场会上的讲话
（2015 年 11 月 25 日）……………………………… 徐瑾 《国烟办通报》2015 年第 34 期

在 2015 年全国烟草行业物流工作现场会上的讲话
（2015 年 9 月 22 日）……………………………… 徐瑾 《国烟办通报》2015 年第 26 期

振奋精神 主动作为 调整状态 扎实工作 努力实现经济运行持续健康发展
——在 2015 年行业经济运行工作会议上的讲话
（2015 年 4 月 19 日）……………………………… 段铁力 《国烟办通报》2015 年第 16 期

稳定规模 提升效益 互利双赢 共同发展 努力开创合作生产新局面
——在省级工业公司卷烟品牌合作生产工作协调会议上的讲话
（2015 年 11 月 28 日）……………………………… 段铁力 《国烟办通报》2015 年第 31 期

在2015 年行业设备管理精益化推进现场会上的讲话
（2015 年 11 月 24 日）……………………………… 段铁力 《国烟办通报》2015 年第 32 期

深挖潜力 降本增效 扎实推动行业精益管理再上新台阶
——在 2015 年全国烟草行业企业管理现场会上的讲话
（2015 年 12 月 18 日）……………………………… 段铁力 《国烟办通报》2015 年第 36 期

在烟草行业领导干部电视电话会议上的讲话
（2015 年 5 月 8 日） …………………………………………………………… 凌成兴 《国烟办通报》2015 年第 19 期
在全国烟草行业 2015 年人事工作会议上的讲话
（2015 年 4 月 22 日） …………………………………………………………… 凌成兴 《国烟办通报》2015 年第 20 期
认识重要意义 创新开展探索 努力为行业改革发展增添正能量
——在烟草行业离退休干部先进集体和先进个人表彰大会暨离退休干部工作会上的讲话
（2015 年 4 月 14 日） …………………………………………………………… 杨培森 《国烟办通报》2015 年第 17 期
落实全面从严治党要求 认真抓好行业人事工作
——在全国烟草行业 2015 年人事工作会议上的讲话
（2015 年 4 月 22 日） …………………………………………………………… 杨培森 《国烟办通报》2015 年第 20 期
认真落实全面从严治党要求 为行业改革发展提供思想政治保证
——在烟草行业思想政治工作会议暨中烟政研会第八届年会上的讲话
（2015 年 11 月 19 日） …………………………………………………………… 杨培森 《国烟办通报》2015 年第 30 期

【党风廉政建设】

在 2015 年全国烟草行业纪检监察工作会议上的讲话
（2015 年 2 月 5 日） …………………………………………………………… 凌成兴 《国烟办通报》2015 年第 6 期
扎实开展“三严三实”专题教育 努力实现烟草行业上缴财政总额超过万亿元年度目标
——在烟草行业“三严三实”专题教育党课上的讲话
（2015 年 5 月 12 日） …………………………………………………………… 凌成兴 《国烟办通报》2015 年第 21 期
严明党纪党规 强化责任担当 坚定不移推进行业党风廉政建设和反腐败斗争
——在 2015 年全国烟草行业纪检监察工作会议上的讲话
（2015 年 2 月 5 日） …………………………………………………………… 高林 《国烟办通报》2015 年第 6 期

全国烟草行业“十二五”总结回顾

【行业“十二五”发展简述】 “十二五”时期，在党中央、国务院的正确领导下，全国烟草行业紧紧围绕“卷烟上水平”基本方针和战略任务，实践“三大课题”、提升“五个形象”，坚持“一个制度”、狠抓“三件大事”，“卷烟上水平”主要目标顺利实现。五年累计实现工商税利 47680 亿元①，年均增加 1078.4 亿元，年均增长 13.6%；累计上缴国家财政 41323 亿元，年均增加 1212.2 亿元，年均增长 17.5%。中式卷烟知名品牌稳健成长，全国卷烟品牌由 133 个减少到 89 个，商业销售额超过 400 亿元的品牌由 6 个增加到 13 个，“461”品牌发展目标全面超额完成，“532”品牌培育取得重大进展。烟叶生产规模调控得力，由 2012 年 274.4 万吨（5488 万担）调减到 2015 年 220 万吨（4400 万担）左右。同时，现代烟草农业建设、创新型烟草行业建设、现代卷烟营销和物流配送体系建设、“走出去”发展和企业基础管理工作等都出色完成规划目标。

【行业“十二五”发展成就总结】 三个重要标志。2014 年税利总额跨越 1 万亿元的重要标志。2015 年单箱卷烟批发均价比 2010 年增加 1 万元的重要标志。2015 年上缴财政总额超过 1 万亿元的重要标志。中国烟草整体竞

① 数据来源于凌成兴局长在 2016 年全国烟草工作会上的讲话《贯彻发展新理念 再上卷烟新水平 努力实现烟草行业“十三五”良好开局》。

争实力迈上了一个大台阶。

六条宝贵经验。一是品牌培育的宝贵经验，坚持中式卷烟发展方向，推动重点品牌规模扩张、质量提高和价值提升，促进产品结构优化升级。二是合作生产的宝贵经验，发挥重点品牌带动作用，提高要素资源配置效率，支持老少边穷地区烟草产业共同发展。三是稍紧平衡的宝贵经验，加强和改善宏观调控，严格控制总量，精准安排产销，保持卷烟市场供求平衡、价格稳定。四是烟叶调控的宝贵经验，落实严控面积根本措施，加强合同管理，守住规模红线，执行超产抵扣、欠产递补的政策，坚决把库存调整到合理水平。五是科技减害的宝贵经验，加强科技攻关，改进配方工艺，有效降低卷烟焦油含量、有效降低其他有害成份含量、有效减少烟草吸入量。六是打假摘帽的宝贵经验，聚焦制假重灾区，强化源头治理，防止扩散转移，全国非法卷烟占国内市场的比重控制在4%以内，保持全球领先水平。

【专卖管理开创新局面】 “十二五”时期，行业始终保持打假打私的高压态势，假烟生存空间明显缩小，“两烟”生产经营更加规范，市场秩序总体良好，在“五个结合”上积累宝贵经验。

维护专卖制度与保障行业发展的结合。将巩固完善专卖制度作为专卖管理各项工作的出发点和落脚点，提出“三个理念”“三个结合”，牢牢把握严格规范这一行业持续健康发展的生命线，强化内管，依法治烟，打牢基础，为行业发展营造更加良好的生产经营和市场秩序。

构建监管体系与注重整体推进的结合。构建内部监管、市场监管和打假打私有机结合、相互支撑的“三大体系”，与公安、海关等多部门间的联合打假打私工作协作机制更加完善，健全委派框架下的逐级监督、同级监督有机结合的专卖内管制度体系，依靠精准分析判断、注重疏导服务在市场监管体系中发挥更加重要的作用。

打牢工作基础与提升工作水平的结合。打牢许可管理、队伍建设、信息化“三个基础”，健全许可制度体系和管理模式，提升专卖基层建设和基础管理水平，推进专卖管理综合信息系统建设。

完善工作机制与创新监管方式的结合。打假摘帽、综合治理，推动重点地区打假形势的重大转折。理顺机制、联合执法，解决长期制约烟草打私的瓶颈问题。思路更新、方式创新，推动市场监管模式的改变和监管质量的提升。

改进工作作风与提升执法形象的结合。各级专卖管理人员树立法治意识、大局意识、服务意识，推进作风转变，落实严格执法、规范执法、文明执法的要求，落实简政放权、放管结合、优化服务的要求，进一步树立讲奉献、负责任、敢担当的形象。

【烟叶生产持续稳定发展】 “十二五”时期，面对复杂多变的形势，全国烟草行业围绕“原料保障上水平”工作目标，认真落实“坚守一条红线、提高三个水平、夯实两大基础”的工作思路，狠抓烟叶规模调控，全面推进现代烟草农业建设，烟叶生产保持持续稳定发展态势，有力支撑“卷烟上水平”战略任务实施，为烟区经济社会发展和烟农增收致富作出重要贡献。

坚决贯彻控制总量基本方针，烟叶宏观调控取得突出成效。坚持烟叶生产与卷烟品牌协调发展，加强烟叶宏观调控，积极推进市场化资源配置方式改革。2013 年以来，针对烟叶库存高位运行的严峻形势，国家局作出烟叶“三年调控”战略部署，决定用3年时间将全国烟叶库存总量调整到合理水平，连续3年对5万吨（100万担）计划按工业需求进行市场化配置，严格执行超产抵扣、欠产补足政策，建立重点产区联系责任制，加大执纪问责力度，确保烟叶生产平稳发展。

产区各级烟草部门贯彻国家局决策部署，牢固树立大局意识、责任意识和市场意识，坚持以合同管理为主线，牢牢把握落实面积这个根本措施，切实加强生产过程控制，思想统一、态度坚决、措施得力、作风扎实、效果显著，真正做到“全国一盘棋”。通过烟叶战线上下的共同努力，年度烟叶收购量由 2012 年最高峰时的 274.4 万吨（5488 万担），调减到2015年的220万吨（4400万担）左右，4年时间调减50万吨（1000万担）；工商库存总量得到有效控制。产区市场化资源配置力度进一步加大，烟叶种植布局进一步优化，工业适用性不断增强，烟叶“三年调控”取得显著成效。

在抓好烟叶规模调控的同时，行业坚持把促进烟农增收致富作为烟叶工作的重要职责和突出重点，抓好扶持烟农各项政策措施落实。收购均价从2011年的17.47元/千克，提高到2015年的27元/千克，增长54.55%。面对自然灾害常态化的趋势，大力加强防灾减灾设施建设，建立自然灾害救助工作机制，对烟农因灾受损给予最高1200元/亩的专项救助，云南省局、四川省局、湖南省局、河南省局等形成省局统一招标，市（州）局分别投保，政府、烟农、烟草部门共同出资的农业保险工作机制。响应党中央关于加大农业扶贫开发的号召，实施烟叶产业扶贫，支持老少边穷地区发展，相继开展“支持赣南原中央苏区振兴发展”“恩施烟区综合扶贫开发工程”“湘西机耕路工程”等扶贫开发项目，关爱烟农、关心烟区成为烟草企业文化的重要内容，成为烟区干部职工的自觉行动。

“十二五”期间，全国烟农总收入由2011年的506亿元增加到2015年的685亿元，增长35.38%，年均增长7.87%；户均收入由3.63万元增加到4.49万元，增长23.69%，年均增长5.46%；亩均收入由2726元增加到4124元，增长51.29%，年均增长10.91%。

持续推进基础设施建设，烟区生产条件明显改善。坚持把基础设施作为现代烟草农业的重要物质基础，稳定补贴投入政策，着重在“完善、配套、提升”上下工夫，抓好烟田水利、机耕道路、育苗设施、密集烤房等常规项目建设。逐步将工作重点转移到水源工程、土地整理和田间机械化等方面，建设内容不断丰富，管理水平不断提升，综合效益不断显现。

2005—2015年，行业累计投入烟基建设补贴资金878.27亿元，建设各类项目469.22万件，改善近5000万亩基本烟田的生产条件。“十二五”期间投入补贴资金509.47亿元，建设项目200.64万件，为提高烟区综合生产能力和抗御自然灾害能力发挥重要作用。

2011年，行业作出在全国重点烟区全面开展水源工程建设的重要部署。五年来，行业始终坚持科学合理规划，不断完善政策制度体系，严格加强项目与资金管理，先后出台《烟草行业水源工程建设项目管理办法》《烟草行业水源工程建设项目补贴资金管理办法》等一系列政策文件，并专门成立水源工程建设办公室，促进援建工作的规范有序开展，水源工程成为烟叶基础设施建设的新亮点。截至2015年底，国家局评审通过12个省（自治区、直辖市）水源工程援建项目216件，核定援建资金178.16亿元，拨付援建资金79.98亿元，开工建设142件，工程完成总体进度90%以上的40件，完工22件。援建政策的实施，有效改善烟区生产生活条件，充分展现行业对烟农负责、对国家负责、对社会负责的良好形象，赢得广大烟农和各级政府的高度评价，得到中央领导的关注和肯定，成为行业的“民心工程”和“德政工程”。

加快转变烟叶生产方式，现代烟草农业建设水平稳步提升。坚持把发展现代烟草农业作为行业重大历史任务，因地制宜探索符合不同烟区实际的发展模式，现代烟草农业建设取得可喜成绩和成功经验，“种植在户、服务在社，机械作业、专业服务”的现代化大生产方式初步形成。

适度规模种植水平大幅提升。各地从集中连片种植和户均规模两个方面着手，积极推进适度规模种植，2015年全国百亩以上集中连片种植达到1144万亩，占比71%，万担以上种烟乡镇达到1428个；户均种烟面积达到11亩。

生产组织形式持续创新。以适度规模种植为基础，加快烟农合作社建设，着力构建“种烟农户+合作社”的生产组织形式。截至2015年底，全国组建烟农合作社1884家，入社烟农112.5万户，烟农入社率74.9%，涌现出云南华叶、贵州金叶、湖南冯发、湖北柏杨、福建同兴、重庆喜润、山东孟友、安徽黄渡、江西新庄、陕西惠农等一批烟农合作社建设典型，75家合作社被评定为行业示范社。

生产方式加快转变。稳步提升机械作业水平，着力提升专业化服务覆盖率，2015年机耕比例达到87%，机械起垄达到77%，机械中耕达到21%，机械移栽、覆膜提高到16%以上；合作社专业化育苗、机耕、植保、烘烤、分级比例分别达到96.6%、62.9%、39.7%、47.5%、76.5%。基地建设取得重大进展。充分发挥基地单元统筹作用，全面落实《基地单元建设工作规范（试行）》，注重“三化”有机结合和深度融合，全国累计建成基地单元592个，工商基地化率达到68%，重点品牌工业基地布局基本完成，原料供应基地化初步实现。专分散收模式基本形成。健全完善烟叶收购模式，全面推行专业化分级散叶收购，2015 年全国散叶收购量达到 181.65 万吨（3633 万担），占计划收购量的 79%，烟叶收购等级合格率从 2011 年的 79.1%，提高到 2015 年的 81.38%，专分散收已成为提高烟叶纯度、增加烟农收益、促进减工降本的一条重要措施。

适应行业改革发展新要求，推进烟叶流通环节改革创新。在 11 个省（自治区、直辖市）开展原收原调试点 39.875 万吨（797.5 万担），在 21 个基地单元安排全收全调试点 5.29 万吨（105.8 万担），试点工作进展顺利。信息化管理水平迈上新台阶。通过推动市级以上烟叶管理信息系统的集成整合和烟站（单元）烟叶信息管理系统的全面部署，初步形成覆盖烟叶各级管理，支撑烟叶生产、收购、调拨、复烤全过程业务的烟叶信息管理体系，行业烟叶生产经营业务实现同平台一体化应用，信息化对业务管理的支撑作用明显增强。

*不断推进烟叶科技进步，优质原料供给能力明显增强。*各产区把提高烟叶质量摆在更加突出位置，风格特色、科技进步、等级质量受到关注。先进适用技术加快推广。土壤改良、壮苗培育、平衡施肥、病虫害综合防治、密集烘烤等先进适用技术得以全面推广，有机肥应用、生物防治、散叶烘烤等技术推广范围进一步扩大。

特色品种种植规模大幅上升，2015 年，“K326”“红花大金元” “翠碧 1 号”3 个特色优质品种种植规模 535.51 万亩，占比 33.26%。小苗膜下深栽、蚜茧蜂防治蚜虫两项新技术推广取得突破性进展。

2015 年，全国推广小苗深栽 965 万亩，占比 60%；投放烟蚜茧蜂 1153.92 万亩，占比 71.67%，云南省蚜茧蜂技术推广比例 90.4%。全面推广烟叶 GAP 管理，更加注重环境保护与土壤保育、安全生产与清洁作业，有机生态、低碳环保等先进理念得到更好体现。

优化烟叶结构成效显著。出台优化烟叶结构专项补贴政策，开展不适用烟叶田间处理工作，烟叶等级结构明显改善，全国烟叶收购上等烟比例从 2010 年的 45.04%，提高到 2015 年的 58.17%，下低等烟比例从 15.4% 下降到 5.79%，优化烟叶结构成为广大烟农的自觉行动。

推进订单烟叶发展模式，烟叶订单生产由 2012 年的 21 个单元 4.415 万吨（88.3 万担），快速增加到 2015 年的 88 个单元 20.717 万吨（414.34 万担），有效增强优质原料供给能力。特色优质烟叶开发取得积极进展。充分发挥工业主导作用，深化特色优质烟叶研究开发，基本完成烤烟八大香型风格区划，全国特色烟叶单元 161 个，收购烟叶 40.25 万吨（805 万担），云南黄金走廊、贵州乌江河谷、湖北清江源、湖南郴州浓香、四川凉山清甜香、安徽皖南焦甜香等一批特色优质烟区加快发展，为知名卷烟品牌发挥重要支撑作用。

*持续加强烟叶基层建设，基层基础管理水平显著提升。*全面落实“重心下移、着眼基层、突出服务、加强基础”方针，着力抓基层、打基础、强素质、增活力，烟叶基层基础管理水平明显提升。

站点布局进一步优化。按照一个基地单元对应一个中心站的要求，加快站点整合、建设步伐，完善烟站基础配套设施，“十二五”期间全国新建收购站 388 个，新建收购点 449 个。适应专分散收的新要求，改扩建收购站 572 个，改扩建收购点 1297 个。

基层队伍素质不断提高。持续开展基层人员教育培训和职业技能鉴定，完善考评机制，提高队伍整体素质，调动基层员工积极性。截至 2015 年 6 月，累计培训基层烟站站长 3000 余人次，开展烟叶分级技能鉴定 8.98 万人次；全面启动烟叶分级高级技师培训鉴定，40 人通过鉴定；举办第五届、第六届烟叶分级职业技能竞赛，78 人获得“全国烟草技术能手”称号，3 人获得“全国技术能手”称号，1 人获得“全国五一劳动奖章”。

基础管理水平明显提升。着力完善基层组织管理体系，优化烟叶业务流程，扎实推进组织扁平化、岗位专业化，单元组织、片区管理、网格实施的运行模式基本形成。

持续开展优秀基层单位创建工作，41 家单位被评为“烟草行业烟叶工作站标兵单位”。

加强烟叶生产规范化管理，围绕基础设施建设、生产投入补贴、烟用物资采购、基层烟站管理 4 个重点环节，制定《烟叶物资采购供应管理办法》等10个规范性管理文件，有效保证烟叶生产的规范发展。

【卷烟营销快速发展】 “十二五”期间，全行业营销战线实施“稳价是前提、销量是基础、结构是关键、创新是动力”的营销策略，促销量、提结构、育品牌、抓规范，实现卷烟营销的快速发展。

市场规模实现快速扩张。五年来，行业营销战线顶住宏观经济下行压力，顺应市场需求变化，努力扩大卷烟销售。卷烟销量从2010年的23420亿支（4684万箱）增加到2014年的25495亿支（5099万箱），四年间销量增加2075亿支（415万箱），增长8.86%。特别是2015年，面对提税顺价的挑战，通过挖掘市场潜力，最大限度减轻提价因素的影响，实现卷烟销量24895亿支（4979万箱）。“十二五”期间，除个别单位销量下降外，绝大部分单位销量呈现较快增长，其中广东、河南增量超过100亿支（20万箱），西藏、海南、新疆增幅超过20%。

结构调整取得标志性进展。把结构提升作为营销工作的着力点和增长点，促进转型升级，推动结构不断优化，取得单箱卷烟批发均价五年增加1万元的重要标志。五年间全国卷烟单箱批发均价从2010年的1.81万元增长到2015年的2.86万元，增加1.05万元，增长57.87%；年均增加0.21万元，年均增长9.6%。重视高端市场培育，坚持高端引领、顶端拉动，推进协同营销、精准营销，探索文化营销、事件营销，持续优化销售结构。一、二类卷烟快速发展，销量分别从2010年的2298.5亿支（459.7万箱）和1108亿支（221.6万箱）增长到2015年的5336亿支（1067.2万箱）和2917亿支（583.4万箱），五年间分别增加3037.5亿支（607.5万箱）和1809亿支（361.8万箱），分别增长132.2%和163.3%。高端卷烟和高价位卷烟销量分别从2010年的685.5亿支（137.1万箱）和26.2亿支（5.24万箱）增长到2015年的1483.5亿支（296.7万箱）和114亿支（22.8万箱），五年间分别增加797.5亿支（159.5万箱）和88亿支（17.6万箱），分别增长116.3%和335.1%。五年间，卷烟销售额从2010年的8478.5亿元增长到2015年的14232.5亿元，累计增长67.86%，年均增长10.9%。2015年广东、浙江商业卷烟销售额超过1000亿元，江苏、河南、山东超过800亿元。

重点品牌培育成效明显。持续加大品牌培育力度，重点品牌保持持续较快发展的态势，“全国性知名品牌为主导、区域性优势品牌为依托、创新型特色品牌为引领”的品牌竞争发展格局基本形成。五年间，29个重点卷烟品牌销量从2010年的13520亿支（2704万箱）增长到2015年的20845亿支（4169万箱），累计增长54.2%，年均增长9%；批发销售额从6438.1亿元增长到13354.7亿元，累计增长107.4%，年均增长15.7%。规模品牌快速扩张，“532”品牌培育取得重大进展，“双喜·红双喜”销量达到2055.5亿支（411.1万箱），“云烟”销量达到1927.5亿支（385.5万箱），“红塔山”“白沙”“利群”销量超过1000亿支（200万箱），销量前十位品牌规模集中度达到52.4%，“中华”“芙蓉王”“玉溪”3个纯一类烟品牌销量均超过150万箱。品牌价值持续提升，“461”品牌发展目标全面超额完成，13个品牌销售额超过400亿元，其中“中华”达到1674亿元，“云烟”“芙蓉王”“利群”超过1000亿元，“双喜·红双喜”“黄鹤楼”“玉溪”超过800亿元。坚持高端低焦的发展方向，以降焦减害为主体的创新型特色产品迅速成长，低焦油卷烟销量从2010年的444亿支（88.8万箱）增长到2015年的3483亿支（696.6万箱），累计增长684%，年均增长51%；细支卷烟销量从2010年的6.35亿支（1.27万箱）增长到2015年的354.5亿支（70.9万箱），累计增长54.8倍，年均增长124%。

网络建设水平全面提升。2011年在柳州召开的全国卷烟销售网络建设现场会全面启动现代终端建设，现代终端数量从2013年的29.1万户发展到2015年的57.7万户，累计增长98.3%，年均增长25.6%，现代终端的品牌培育能力不断提升，窗口形象、示范引领作用更加凸显。营销信息化加快发展，“四网合一”持续推进，截至2015年底，全国卷烟零售客户网上订货率88.3%、网上配货率2.9%、网上结算率5.4%，五年间均有较大幅度的提升。广西中烟、湖南中烟、浙江中烟和四川省局（公司）积极探索“互联网＋卷烟营销”的新模式，利用二维码、微信等手段，搭建与卷烟零售客户和消费者有效沟通的平台，扩大品牌的影响力和带动力。各单位积极开展面向卷烟零售客户的亲情服务、增值服务，不断提升客户服务水平，维护客户合理利益。五年间，卷烟零售客户毛利率总体保持在合理水平，卷烟零售客户满意度连年同比提升，2015 年达到 85.0 分，较 2010 年提高 2.6 分。

营销改革创新积极推进。2013 年开始的卷烟营销市场化取向改革，经过在北京率先突破，到京津冀连片联动，再到 36 个重点城市加河北、江苏、湖北全省，试点范围不断扩大，覆盖 9630 亿支（1926 万箱）的卷烟市场。“按订单组织货源、按需求衔接计划、按价格调整策略”的卷烟营销模式稳步推进，试点单位初步完成货源组织、订单采集、品牌培育、客户服务等业务流程再造，搭建工、商、零共同面向消费者的营销体系，形成贯通工、商、零、消各环节的营销价值链，有力推动“推销”向“拉销”的转变。试点单位普遍建立省级集中订单采集模式，29 家单位完成行业统一的省级卷烟营销平台建设，初步做到实时生成订单、实时削减库存，支持实时跨行结算，保障适销货源供应，有效提升客户服务水平。以省级卷烟营销平台推广为依托，行业营销监管平台顺利上线，订单采集集中化、业务流程标准化、营销过程可视化基本实现，为各级卷烟营销部门实时把握销售动态、加强营销过程监管提供有效手段。

【企业管理工作回顾】 “十二五”期间行业企业管理工作主要是围绕“基础管理上水平”展开，通过加强预算管理、实施质量管理体系建设、引入对标管理、开展基层创优活动、推进精益管理等工作不断推进和落实。大致可分为“打基础”“上台阶”和“创一流”三个阶段。

“打基础”阶段。全国烟草行业企管工作重点是质量管理体系建设和基层单位创优工作。自 2006 年行业新一轮贯标工作开展以来，全行业贯彻落实“突出应用，突出创新，突出解决企业管理工作中的实际问题”贯标工作要求，搭建平台，策划目标，完善标准，梳理流程，继续深入加强“有效的规章制度、清晰的岗位职责、健全的标准体系、顺畅的信息传递、严格的绩效管理”五项基础工作，解决部分企业制度不健全、流程不顺畅等管理问题。按照“重心下移、着眼基层、突出服务、加强基础”的原则开展基层单位创优工作，随着基层创优活动的逐步深入和创优主体的扩大，主要解决部分基层企业活力不足、创新热情不高的问题，为下一步管理升级打下坚实的基础。

“上台阶”阶段。2010 年，湖北现场会提出“体系目标化、管理流程化、流程信息化、基础规范化、改进持续化”的“五化”体系建设目标任务。“十二五”期间通过加强“五化”建设，全面提升企业管理水平。同时，加强对标管理，每季度公布对标指标完成情况，并逐步完善对标指标体系，对标范围逐步扩大到 99 家工厂和 36 个重点城市，通过“树标杆、找差距、补短板”，形成“比、学、赶、帮、超”的行业管理氛围，一些关键指标不断提升，成本费用有效控制，绩效目标不断攀升，企业效益明显提升。连续五年的对标，标杆值和平均值不断提升，行业管理了台阶。

“创一流”阶段。2011 年，在云南企业管理现场会上提出，在切实加强“五项”工作、推进“五化”建设基础上，深入开展“管理创一流”活动，明确争创一流的基础管理、争创一流的体系建设、争创一流的目标管理、争创一流的创新机制、争创一流的管理团队的“五个一流”工作要求，进一步促进企业管理迈上新台阶、再上新水平。2013 年全国烟草工作会议明确提出要全面推行精益管理。随后下发《国家烟草专卖局关于全面推进企业精益管理的意见》，拉开在全行业以推进精益管理为切入点推进“管理创一流”活动的序幕。近三年来，先后在湖南、广东、安徽召开企业管理现场会，相续下发《国家烟草专卖局办公室关于开展争创“精益十佳”活动的通知》《国家烟草专卖局办公室关于印发精益管理工作评价暨“精益十佳”标兵单位评选办法的通知》，行业各单位迅速行动、积极响应。基层单位围绕建立精益生产组织体系、工艺质量保障体系、成本管控体系、设备保障体系、物料管控体系推进精益制造；围绕精心培育品牌，实现精准投放和对市场的精准调控推进精益营销；围绕精益市场定位，精益研发流程设计，关键技术突破推进精益研发；围绕

"精化流程、精确核算、精准运营、精到服务、精细管理"推进精益物流，精益管理渗透到生产经营的各个领域，精益管理得到持续推进。对比 2010 年至 2015 年前三季度对标数据，全国卷烟工业企业销售收入成本率由 27.29% 下降到 24.09%，年均下降 0.64 个百分点；三项费用率由 7.55% 下降到 5.87%，年均下降 0.34 个百分点；万元工业增加值综合能耗由 34.34 千克下降到 17.36 千克，年均下降 3.4 千克。商业企业三项费用率由 5.77% 下降到 4.37%，年均下降 0.3 个百分点；物流费用占卷烟销售收入的比重由 0.93% 下降到 0.73%，年均下降 0.04 个百分点。

【财务审计取得满意成绩】 "十二五"期间，面对严峻复杂的国内外环境，全行业财务审计战线始终坚持"两个至上"行业价值观，以满足国家财政积累和市场需求为己任，围绕"当好大管家，当好创业者，当好排雷兵"的要求，狠抓税利目标，狠抓政策研究，狠抓财务监管，完成各年度任务，取得满意的成绩，为保障行业发展，特别是为跨越上缴财政过万亿元的大台阶作出重要贡献。

完成财政增收。五年累计实现税利 4.76 万亿元，年均增长 13.6%，各年度都完成年度预定目标，累计上缴财政 4.13 万亿元，年均增长 17.5%，比全国财政收入年均增幅 12.8% 高出 4.7 个百分点。特别是 2015 年，在国有企业效益大幅下滑，国家财政收入困难的情况下，行业上缴财政超万亿元，增长 20%。贯彻落实国务院批准的提税顺价重大决策，保持政策执行的平稳顺利，完成财政增收预期 1000 亿元的目标。实现重大资金调度筹措，落实货币资金保值增值任务，规范"两烟"资金结算，调整银行存款结构，推动工商委托贷款，置换存量银行贷款，投资优质企业股权，五年来全行业货币资金增长 30%，行业内委托贷款置换银行贷款累计超过 600 亿元，实现资金收益累计 770 亿元。

落实政策保障。保障烟叶生产投入，制定系列烟叶扶持政策，"十二五"期间累计投入资金 993 亿元，其中烟田基础设施投入 878 亿元，改善烟区的生产条件。保障品牌合作生产，出台系列促进品牌合作生产的财务政策，累计注入资金 132 亿元，并在工效挂钩、年度考核方面对合作生产给予政策倾斜。保障企业资金扶持，累计对工业企业技改注资 231 亿元，对商业企业注资 26 亿元，对拓展国际市场注资 32 亿元，对国产烟机研发注资 20 亿元，对复烤企业注资 168 亿元，对雪茄烟发展注资 9 亿元。

强化资产监管。强化财务管理，加强财务制度建设，规范预算管理、国有资产监管、会计核算及财务收支审批行为。严格预算管理，严控重点费用，"十二五"期间行业业务招待费下降 89%，年均降幅 35%；会议费下降 78%，年均降幅 26%；涉外费下降 18%，年均降幅 4%；办公费下降 11%，年均降幅 2%。坚持"四个严禁"，严把资产处置关，修订《中国烟草总公司国有资产管理办法》，规范资产处置行为，依法依规妥善处理职工入股、多元化清退等历史遗留问题，初步建立资产处置全过程动态工作机制；全面执行企业会计准则，规范会计核算行为。开展税收风险自查，建立税务风险管理制度。

强化审计监督，贯彻实施审计委派制，开展经济责任审计，推进工程项目、物资采购、烟叶生产投入等专项审计，加强审计信息化建设，推进审计整改落实，按照审计决定逐项整改。"十二五"期间，全行业完成各类审计项目 41.5 万项，发现问题 12.3 万个，提出审计建议 15.5 万条。

创新管理方法，将行业主业之间委托贷款审批权限等部分管理权限下放到省级公司，围绕烟叶生产、水源工程、合作生产、金融资产、费用控制等行业中心工作开展系列调研。提升信息化建设水平，推广实施资金监管系统和审计信息系统，出台财务管理信息系统项目建设工作指导意见，启动财务管控分析平台建设。

履行社会责任。"十二五"期间，行业积极帮扶援建、回馈社会。支持水源性工程援建，累计批复 205 个水源性项目资金 172 亿元，实际拨付 99 亿元。支持老少边穷地区发展，从财务政策和资金安排上特殊照顾，在烟叶生产投入、投资收益收取、合作生产考核、工效挂钩、企业注资等方面给予政策倾斜。支持社会灾害救助和扶贫，累计拨付捐赠资金约 140 亿元，其中，中国烟草总公司捐赠 23

亿元，用于灾后重建、扶贫、援藏、烟叶救灾、妇女基金等方面。

提高队伍素质。注重提高财务审计队伍业务能力和综合素质，完善高层次复合型人才培养机制，广泛开展学习培训，连续举办两届财务审计高级管理人员培训班，开展多种形式的财务、会计、预算、税务、国有资产及信息化培训，审计以审代培深入开展。截至“十二五”末，全行业财务审计人员近14000人，其中拥有高级职称的人数超过580人，占比4.2%，较“十一五”末提升近3个百分点，注册会计师人数超过290人，注册工程造价师近40人。

【财务审计工作“四个出色”】 出色地完成财政增收。烟草行业是国民经济的组成部分，是国家财政收入的重要来源。“十二五”期间，每年都不折不扣地完成了财政增收任务，特别是2015年，在国有企业效益大幅下滑，国家财政收入困难的情况下，上缴财政超万亿元，增长20%，充分体现对国家财政收入的“蓄水池”作用。一是顺利实现各年度税利目标。税利是行业经营成果的核心体现，是行业贡献财政的坚实基础。五年累计实现税利47680亿元，年均增长13.6%，各年度都很好地完成年度预定目标，累计上缴财政4.13万亿元，年均增长17.5%，比全国财政收入年均增幅12.8%高出4.7个百分点。二是提税顺价政策落实。卷烟提税顺价是国务院批准的重大决策，是对行业财税政策的重大调整，是行业的重大政治任务。全行业认真贯彻落实，保持政策执行的平稳顺利，完成财政增收预期1000亿元的目标。三是顺利实现重大资金调度筹措。资金是企业的血液，是财政的关键，全行业精心安排调度，既满足生产经营需要，又兼顾资金收益，及时足额完成财政缴库。五年来，全行业货币资金增长30%，行业内委托贷款置换银行贷款累计超过600亿元，实现资金收益累计770亿元。特别是2014年，在行业部分单位资金周转困难的情况下，国家局、总公司周密安排，合理筹措，按时完成多交1912亿元的财政上缴任务。

出色地落实了政策保障。一是充分保障烟叶生产投入。为扶持烟叶生产，制定系列烟叶扶持政策，累计投入资金993亿元，其中烟田基础设施投入878亿元，极大地改善了烟区的生产条件，提高抵御自然灾害的能力，有力地促进了老少边穷地区的经济发展，得到中央有关领导同志及地方政府的高度肯定。二是充分保障品牌合作生产。出台系列促进品牌合作生产的财务政策，规范合作行为，累计注入资金132亿元，并在工效挂钩、年度考核方面对合作生产给予政策倾斜。合作生产的稳定发展促进大品牌、大市场格局的形成，促进共同进步，实现多赢的发展局面。三是充分保障企业资金扶持。五年来累计对工业企业技改注资231亿元，对商业企业注资26亿元，对拓展国际市场注资32亿元，对国产烟机研发注资20亿元，对复烤企业注资168亿元，对雪茄烟发展注资9亿元，充分发挥资金扶持的导向性作用，增强企业实力，保障企业发展后劲。

出色地强化资产监管。一是进一步强化财务管理。加强财务制度建设，拾遗补缺，制度体系更加完善成熟。全面预算管理逐步深入人心，预算管理与生产经营更加紧密结合，预算管理成为企业实现发展战略的重要抓手。实施应用企业会计准则，会计核算与国内、国际接轨，进一步提高会计信息质量。修订烟草行业《国有资产管理办法》，资产管理更加扎实到位。大力开展税收风险自查，建立税务风险管理制度，降低涉税风险。二是进一步强化审计监督。全面贯彻实施审计委派制。集中力量，上下联动，大力开展经济责任审计。围绕中心工作，大力推进工程项目、物资采购、烟叶生产投入等专项审计。大力推进审计信息化建设，审计效能大幅提升。大力推进审计整改落实，按照审计决定逐项整改，特别是云南“两烟”市场“高尔夫球场”等一些行业重大问题得以彻底规范。三是进一步创新管理方法。加大简政放权力度，减少管理事项，精减办事程序，将行业主业之间委托贷款审批权限等部分管理权限下放到省级公司，充分发挥基层企业的自主经营活力。提升调查研究水平，围绕行业中心工作，开展一系列高水平调研，涉及烟叶生产、水源工程、合作生产、金融资产、费用控制等方面，提升财务信息化水平，全面完成会计核算系统建设，大力推进预算、资产、资金监管系统应用，逐步推进财务与业务系统的深度融合，启动行业财务管理平台建设，信息化建设成为财务管理的重要支撑，提升了管理决策效率。

出色地履行社会责任。烟草行业是国家垄断行业，应该承担力所能及的社会责任。五年来全行业积极帮扶援建、回馈社会，传递正能量，体现社会价值。一是全力支持水源性工程援建。累计批复205个水源性项目资金172亿元，实际拨付99亿元，既支持烟叶发展，也改善烟区人民的生活条件，特别是对于西部地区及艰苦山区，现实意义更为重要。二是全力支持老少边穷地区发展。响应国家号召，从财务政策和资金安排上特殊照顾，在烟叶生产设入、投资收益收取、合作生产考核、工效挂钩、企业注资等方面对老少边穷地区的烟草企业给予了政策倾斜。三是全力支持社会灾害救助和扶贫。全行业累计拨付捐赠资金约140亿元，其中总公司拨付23亿元，用于云南和四川等地灾后重建、江西和湖北等地扶贫、援藏、烟叶救灾、妇女基金等方面，充分履行央企的社会责任。

【科技创新能力全面提升】 “十二五”是行业科技工作快速发展并取得显著成就的关键时期。行业自主创新能力全面提升，关键技术研究迈向战略高端，烟草科技创新诸多领域形成独特优势，产业发展重大瓶颈取得突破，科技成果不断涌现，创造一批行业急需、技术领先、填补空白的创新成果。

突破九项关键技术。“十二五”期间，全行业获得各类科技成果7390余项，其中省部级768项；获得省部级奖励科技成果376项，其中总公司奖励成果139项，“全国烟草有害生物调查研究”获得中国烟草总公司2015年度科学技术进步奖特等奖，“烟草介质花粉的研究及在种子生产中的规模化应用”获得首届中国烟草总公司技术发明奖一等奖。全行业获得授权专利13266件，是“十一五”时期的5.59倍，其中湖北中烟突破1800件，居行业首位；授权发明专利2834件，占21.36%，其中郑州院532件。九项关键技术的突破，使行业科技创新成就迈上新台阶。

卷烟调香关键技术。创建中式卷烟风格、烟叶质量风格评价体系，实现由质量评价向品质风格评价的升级，奠定中式卷烟香型品类创新的技术基础；香精复配自主调香迈向香精掌控自主调香、核心香原料自主调香，香精香料公开招标比例从不足5%提升到88%以上，实现“以我为主、由我掌控”的调香主体地位。

卷烟制丝关键技术。开发叶丝加料、新型烟梗膨胀成丝等一批原创性的特色工艺技术和装备，提升烟叶原料适用范围和使用价值；打造一批高品质、特色化、专属性的重点品牌制丝专线，增强品牌核心制造力。

再造烟叶关键技术。成功研制具有国际水准的造纸法再造烟叶生产线，实现与国际先进水平接轨。再造烟叶生产制造、清洁生产、质量稳定能力大幅提升，车速、水耗、得率、能耗等主要工艺指标达到国际水准；理化调控性、产品功能性、配方适用性大幅提升，在部分高档卷烟中的使用比例超过10%。

细支卷烟关键技术。细支卷烟“求新、求变、求异”创新能力持续提升，产品开发和品牌培育实现卷烟工业企业全覆盖。江苏中烟细支卷烟研发、设计和生产走在行业前列，湖南、河南等工业企业细支高价位卷烟实现突破。研制细支卷烟卷接包机组、滤棒成型机组、装封箱机组等成套装备，形成细支卷烟设备国产化能力。

烟草基因组关键技术。成功绘制国际上第一套、也是植物基因组体量最大的一套涵盖绒毛状烟草、林烟草、栽培烟草基因组序列的精细图谱，构建烟草表达谱和栽培烟草单体型图，占据并持续保持国际领先地位。逐步破解烟草优良性状与不良性状的遗传连锁，获得抗病、抗逆、品质、低害、农艺关键性状功能基因230余个，育成品种或品系18个，打通从基因到品种的分子育种创新链条。

超高速设备关键技术。研制升级重点卷烟品牌专用制丝生产线。国产卷接包机组实现由高速向超高速的跨越，在引进消化吸收的基础上，成功研制16000支/分钟卷接机组、800包/分钟硬盒包装机组、600包/分钟软盒包装机组和1000米/分钟滤棒成型机组，形成超高速系列化产品，打破国外烟机企业对超高速设备的垄断。

降焦减害关键技术。构建涵盖形成机理、影响因素、释放规律、降低技术、品牌应用等5个方面的综合技术体系。焦油量与欧盟、美国等发达国家水平接近，以7种成分为代表的卷烟危害性指数显著降低并形成比较优势，卷烟盒标焦油限量从2010年的13毫克/支降至2015年的11毫克/支，危害性评价指数从9.3降至8.5；盒标焦油不超过8毫克/支卷烟、危害性指数不超过8.0卷烟销量分别达到3483亿支（696.6万箱）和3690.5亿支（738.1万箱），比2010年分别增长7.3倍和4.7倍。甘肃烟草工业有限责任公司实现低焦油产品全覆盖。

烟叶绿色生产关键技术。云南突破蚜茧蜂高密度繁育和大规模“收储运放”关键技术及产业化、商品化瓶颈。蚜茧蜂防治蚜虫技术实现在全国范围的推广，覆盖植烟面积72%，并在大农业推广应用。湖北恩施创新研发烟草秸秆发酵技术，贵州遵义创新研发酒糟和秸秆发酵技术，实现生物有机肥规模化开发和产业化应用。

特色优质烟叶开发关键技术。研究建立全国烤烟生态特征区划和香型风格区划，打破传统浓、中、清香型局限。各产区建立彰显烟叶风格特色的关键技术体系，形成特色优质烟叶的风格定位、区域定位、品种定位、技术定位，提升优质烟叶原料供给能力。云南、贵州开发介质花粉、井窖式移栽、小苗膜下移栽、散叶烘烤等先进适用技术并得到大面积推广应用。全行业新培育品种48个，累计审定通过的品种145个。

打造三大平台集群。增强原始创新能力，打造知识创新平台集群。坚持稳定支持与竞争择优相结合，强化郑州烟草研究院的源头创新和支撑行业发展能力。坚持技术、平台、人才一体化发展，新建国家烟草基因研究中心、基因工程研究中心和7个生物技术研究平台，夯实烟草生物技术研究基础。坚持行业需求和学科发展相结合，注重特色突破和统筹布局，新认定16家行业重点实验室，涵盖烟草主要学科领域。

增强共性关键技术研发能力，打造技术创新平台集群。强化烟叶生产企业技术创新主体地位，新建重庆、湖南、河南等5家省级烟草研究所，实现年产烟叶20万吨（100万担）以上省级局全覆盖；烟叶生产技术中心建设实现30万担以上地市级公司全覆盖，其中8家通过行业认定。强化科技成果与产业应用的有效对接，建设3家行业工程研究中心，打造行业应用技术研究、科研成果转移转化、工程技术人才集聚和培养的重要基地。强化工业企业技术中心在行业创新中的核心作用，云南中烟技术中心面向全球布局研发体系，福建中烟技术中心通过国家认定。

增强行业科技信息支撑能力，打造技术服务平台集群。构建共享开放的行业信息资源体系，知识产权服务信息平台面向全行业开放。科技文献类资源用户群实现工业企业和年产烟叶1.5万吨（30万担）以上地市级公司全覆盖。《烟草科技》《中国烟草学报》成为EI收录期刊。构建农业技术服务网络，依托青州烟草研究所、云南省烟草农业科学研究院、贵州省烟草科学研究院建立行业烟草种质资源平台，为烟草品种培育提供资源保障。完善全国烟草病虫害预测预报和综合防治网络，监测预警的数字化与信息化水平明显提升。

强化产品质量管控能力。构建产品质量安全标准体系，行业技术标准体系进一步完善。牵头制定国际标准1项，制修订国家标准18项、行业标准220项、总公司企业标准89项。截至“十二五”期末，现行有效的烟草类国家标准90项、行业标准595项、总公司企业标准97项。发布许可使用797种、临时许可184种添加剂名单以及烟用材料、再造烟叶许可使用物质名单，基本涵盖烟叶、卷烟、烟用材料、烟用添加剂等产品，产品质量安全指标得到有效监控。18家省级局质检机构和11家工业公司内控质检机构以及国家质检中心获得中国实验室认可。组建13家行业重点标准研究室，认定12家行业商业标准化示范企业，成立打叶复烤和卷烟营销2个分技术委员会。落实《中国烟草控制规划（2012—2015年）》，推进卷烟包装警示标识和成分释放物检测方法验证工作。完善质量安全风险管控工作机制，卷烟产品未发生质量安全事件，产品质量保障能力显著增强。

完善“四大创新机制”。完善开放式协同创新机制。国家局加强与地方政府科技合作，与郑州轻工业学院、浙江大学、贵州大学在卷烟调香、吸烟与健康等领域开展合作研究和人才联合培养。强化创新主体的开放联动和创新资源的融合共享，行业工商企业、科研机构和大专院校共同承担重大研究课题，产学研合作研究项目占比50%以上。郑州烟草研究院、青州烟草研究所等与工商企业协同创新由单一的科研项目合作转变为平台共建、项目共研、人才交流等全方位深度合作。以卷烟品牌发展需求为导向，通过共建现代烟草农业科技示范园等方式，推动烟叶生产的工商研农全面合作。全行业建成院士工作站2个，博士后科研工作站16个，联合研发平台110个。各企业内部建立跨领域、跨部门的协同创新机制。深化对外科技合作和科技交流，持续拓展与美国北卡罗来纳州立大学、中国科学院和中国农业科学院等国内外科研院所合作。

完善人才发展机制。全行业突出“高精尖缺”导向，持续优化创新型人才队伍结构，有中国工程院院士1名，行业科技领军人才2名、学科带头人30名。首席专家制在行业全面推行，行业重大专项首席科学家和首席专家33名。培养卷烟高级调香师和卷烟调香师65名，调香工程硕士96名。烟草生物技术研究领域形成260人的团队规模。打通科技人才职业发展通道，营造良好环境。云南中烟建立技术、管理、技能人才发展通道，聘任专业技术人员128人；湖南省局（公司）建立从初级、中级、高级到首席的专业技术职务聘任制度，全系统选聘400余人。

完善创新激励机制。建立由总公司、省级公司、地市级公司奖励组成的多层次行业科技奖励制度体系。浙江中烟每年从工资总额中计提1000万元左右用于创新成果奖励。贵州、云南省局（公司）建立涵盖突出贡献奖、科技进步奖、标准创新奖、成果转化奖等类别的科技奖励体系。江苏、浙江、安徽、山东、福建、江西、广西等省级局（公司）以QC成果、合理化建议专项奖励为抓手，激发全员创新活力。

完善科技投入机制。全行业形成以国家局投入为引导、企业投入为主体的创新投入机制。国家局持续加大对郑州烟草研究院的稳定支持力度，“十二五”期间科技研发投入10.4亿元。各工商企业建立保证研发活动有序开展的投入机制，云南中烟、上海烟草集团、湖南中烟等卷烟工业企业年均研发投入超过2亿元，贵州、云南省局（公司）超过1亿元。烟叶主产区地市级公司开始成为烟草农业技术创新投入的主体，遵义、毕节、黔西南、玉溪、临沂等地市级公司研发投入占烟叶销售收入的比例达到1%。“十二五”期间，全行业累计投入研发经费287.17亿元，其中研究开发项目经费165.18亿元。

【行业科技创新成就集中体现】 一是中式卷烟发展迈上新台阶。产品创新、品类创新、品牌创新更加深入，中式卷烟风格特色和口味特征持续强化，细支卷烟、低焦油卷烟、低有害成分释放量卷烟、低焦高端卷烟迅速成长，全国性知名品牌为主导、区域性优势品牌为依托、创新型特色品牌为引领的发展格局更加凸显，中式卷烟牢牢掌控国内市场，在国际市场影响力进一步增强。

二是卷烟生产制造迈上新台阶。实现卷烟精细化加工、均质化生产、敏捷化制造、智能化控制、信息化管理水平全面提升。研制升级重点卷烟品牌专用制丝生产线；国产卷接包机组实现由高速向超高速的跨越；成功研制高速、高效、清洁、低耗具有国际水准的造纸法再造烟叶生产线，实现与国际先进水平接轨。

三是卷烟降焦减害迈上新台阶。有效降低卷烟焦油及其他有害成分含量，减少烟草吸入量，焦油含量与欧盟、美国等发达国家水平接近，以7种成分为代表的卷烟危害性指数显著降低并形成比较优势，卷烟单箱耗烟叶进一步降低。

四是现代烟草农业发展迈上新台阶。加速推进烟叶精益生产和特色烟叶开发，支撑传统烟叶生产向以规模化种植、集约化经营、专业化分工、信息化管理为特征的现代烟草农业转变。烟草研究进入基因时代，使中国成为掌握烟草基因资源最多的国家，占据国际前沿。蚜茧蜂防治蚜虫技术全面推广，成为中国农业病虫害生物防治的成功案例，并在国际上形成影响力。在国内主要农作物品种主导权面临国际严峻挑战的形势下，自育烟草品种栽培面积占据主导地位。

五是科技创新体系建设迈上新台阶。推进研发链、技术链、产业链一体化升级发展，构建企业技术中心、科研院所、行业重点实验室等研究平台分工协作、互为支撑的发展格局。烟叶生产技术中心和省级烟草研究所覆盖烟叶主产区，行业重点实验室建设覆盖烟草主要学科领域，在新型烟草制品战略新兴领域和烟草生物技术前沿领域系统布局高水平研究平台，在重要学科领域和创新方向造就一支以工程院院士、科技领军人才、学科带头人、首席科学家和首席专家、卷烟高级调香师为代表的梯次化高端人才队伍和一批高水平创新团队。

六是产品质量安全保障迈上新台阶。行业标准化工作体系更加完善，构建起较全面的质量安全标准体系和适应行业需求、与国际基本接轨的风险评估体系；行业质量监督体系更加扎实有力，检测能力和水平不断提升，实现对烟叶、卷烟、烟用材料、烟用添加剂等质量安全指标的全面、有效监控。

【行业科技创新工作的宝贵经验】 一是始终坚持创新驱动发展战略不动摇。把创新放在行业改革发展全局的核心位置，坚持用创新的理念、创新的思路、创新的举措开展工作，打造发展新引擎，培育发展新的增长点，提升发展质量和效益。

二是始终坚持科技创新在全面创新中的引领作用不动摇。推动以企业为主体、以市场为导向、产学研相结合的技术创新，推动全员创新，以科技创新为核心带动全面创新。

三是始终坚持中式卷烟发展方向不动摇。全方位、系统提升中式卷烟区别于美式、英式、日式卷烟的特色优势，持续适应和满足中国消费者需求，并不断开拓国际市场。

四是始终坚持重大专项带动的创新方式不动摇。紧扣发展主题，坚持问题导向，面向科技前沿的重大挑战，面向行业发展的紧迫需求，面向品牌竞争力提升的核心关键，集中行业优势科技资源，实施重大专项“大兵团”联合攻关，实现技术、人才、平台一体化发展。

五是始终坚持持续增加创新投入不动摇。切实加大对基础性、战略性、共性关键技术和科研院所创新平台稳定支持力度，引导企业成为技术创新投入的主体，“十二五”全行业累计投入研发费用超过287亿元，投入效率和效益不断提升。

六是始终坚持把人才作为创新的第一资源不动摇。人才是创新实践的主体和主导者，把人才开发作为战略基点，放在科技创新的优先位置，坚持在创新实践中发现人才，在创新活动中培育人才，在创新事业中凝聚人才，建设一支规模较大、富于创新精神的创新型人才队伍。

【信息化工作成效显著】 “十二五”期间，行业信息化工作按照“整合兼容、互联互通、先进适用、改造升级”的工作要求，围绕一体化数字烟草建设，以深度融合为主题，加强支撑环境、服务效能和技术体系建设，探索应用新一代信息技术，努力推动集成整合、协同共享方式的创新，为行业改革发展提供有力支撑。

统筹规划取得实质性成果。重视规划工作，编制印发《烟草行业信息化发展规划（2014—2020年）》，明确行业信息化发展目标、思路、重点。行业各单位把规划作为推动工作的重要抓手，以规划指导建设取得明显成效。

集成整合取得创新性成果。“十二五”时期，行业各单位以破解集成整合这一难题为重点，按照“一中心、一平台、一标准”的总体技术要求，推进统一平台建设，行业数据中心基本建成，为实现行业“三流合一”奠定了坚实基础。各单位按照“平台+应用”的建设思路，创新集成整合新路径、新模式和新方法，推动技术、业务、管理“三位一体”的同步提升。

信息服务取得突破性成果。“十二五”时期，行业坚持把信息共享作为信息化建设的落脚点，重视信息资源开发利用，信息共享水平和服务能力明显提高。国家局依托卷烟生产经营决策管理系统及统计应用项目，实现行业卷烟生产经营数据全面实时准确的采集和应用，提升为行业提供生产经营决策服务的能力。各单位重视数据的共享应用，利用行业“两打三扫”和卷烟订单等下行数据，为企业管理决策提供数据支持。

安全保障取得阶段性成果。“十二五”时期，行业积极推动网络安全与信息化建设协调同步发展。创新开展“三全”工作法和“三进”检查法，公安部专门印发简报向中央国家机关进行经验介绍；完成总公司上海容灾中心建设，实现行业35个关键业务应用系统的异地容灾。“十二五”期间，全行业未发生重大网络安全事故。

【信息化工作经验】 领导重视是前提。行业各级领导高度重视信息化建设，把信息化作为技术支撑工具和行业整体战略组成部分，与业务和管理的发展统筹考虑，在项目建设的关键节点，明方向、出思路、解难题，为“十二五”行业信息化工作取得丰硕成果起到至关重要作用。

顶层设计是关键。国家局把顶层设计作为信息化建设的关键环节，从行业战略出发，自顶层向下进行统筹规划和系统设计，充分承接战略意图，确保建设的前瞻性和体系化。突出规划的引领作用，采用科学方法论指导规划编制，按照规划出方案、方案立项目、项目抓落实的工作步骤，明确信息化项目施工图，稳妥推进规划的落实落地，为行业信息化建设取得实效发挥重要促进作用。

创新发展是核心。各单位积极探索新技术应用，准确把握信息技术发展方向，坚持把尊重规律与解决实际问题相结合，推动管理体系整合与信息系统集成有机结合，创新以用户为中心推动集成协同共享的应用建设新模式，为实现烟草产业与信息化深度融合起到重要推动作用。

技术架构是重点。国家局围绕“一中心、一平台、一标准”的总体技术架构，按照组件化、服务化、平台化的建设思路，大力推进基础技术平台和数据中心建设，从数据和技术层面，解决以数据为核心的信息共享问题和以流程为核心的业务协同问题。从标准层面，国家局按照“缺什么、补什么”“重在哪、抓在哪”“难在哪、破在哪”的原则分类开展基础性、前沿性和前瞻性标准建设，为行业集成整合、协同共享水平的不断提升发挥重要支撑作用。

重点项目是抓手。国家局准确把握信息化重点项目的内涵和要求，坚持把带有全局性、基础性、集成性特征的信息化建设项目作为重点项目抓紧抓好，系统性地推进建设，带动行业信息化从单项业务应用向多项业务综合集成的转变，从单一部门应用向业务流程优化再造的转变，从单一企业应用向产业链上下游协同应用的转变，为行业信息化实现技术、业务与管理“三位一体”同步推进起到重要带动作用。

规范管理是保障。国家局以狠抓短板、解决问题为出发点，高度重视网络安全工作，抓“三全”工作落实、抓检查方式创新、抓应急演练实效，推动网络安全与运维服务一体化建设。各单位按照“想干事、会干事、干成事、不出事”的要求，增强廉政意识，从严管理队伍，严格项目规范管理，确保项目建设质量，为行业信息化持续健康发展发挥重要保障作用。

【规范管理水平不断提高】 “十二五”期间，全行业紧紧围绕建设和巩固严格规范“生命线”“全面提升行业规范管理形象”，扎实开展工作，其阶段性成果可以概括为“五项重要成果”“四条宝贵经验”。

五项重要成果。一是规范管理意识显著提高，依法经营、依规管理成为行业共识。二是实现用制度管权管事管人。重点突破，建立起烟草企业采购管理和办事公开民主管理两项工作制度规范。三是实现用规范化、制度化、程序化运行机制确保制度有效管用。围绕“规范权力运行”，实现“公开公平公正”重大使命，构建起“三个保障机制”，打造行业采购和办事公开民主管理工作监管的升级版。四是实现“应招尽招”的历史性跨越。尤其是《中国烟草总公司关于印发烟草企业采购管理规定的通知》（中烟办〔2012〕313 号）文件实施后，行业公开招标金额占比从 2013 年的 82.82% 跃升至 2015 年的 94.76%，提升 11.94 个百分点。五是实现由自主招标采购向全面委托代理招标的重要跨越。

四条宝贵经验。一是筑牢严格规范“生命线”，必须始终坚持领导高度重视，列入议程，紧抓不放，保持压力，把监管主体责任和责任传导同步落实到位。二是加强采购工作监管，必须始终瞄准“规范权力运行”，健全制度、强化机制，把采购监管制度和办事公开民主管理的“笼子”同步编密、编实、编牢。三是“全面提升行业规范管理形象”，必须始终坚定不移瞄准“公平公正”，公开透明，把对内落实干部职工“四权”、对外阳光运作同步落实到位。四是防治“三个顽疾”、防范管理风险，必须始终不断强化规范管理机构建设，强化督办落实职责，“敢唱黑脸”、动真碰硬，防治腐败、保护干部，把“底线”“红线”“高压线”同步布设接通到位。

【大力推进法治烟草建设】 “十二五”期间，全行业各级法规体改部门按照中央关于“全面深化改革”和“全面推进依法治国”的战略部署，围绕“卷烟上水平”基本方针和战略任务，实践“三大课题”、提升“五个形象”，始终坚持与国家法治进程同步，大力推进法治烟草建设；始终坚持以烟草专卖制度为基础，不断深化行业体制改革；始终坚持围绕中心服务大局，持续强化法规体改工作职能，烟草行业法规体改工作取得新的进展。

四个显著提升。干部职工法治意识显著提升。行业各单位从转变观念入手，通过开展“法律六进”“三创三征”等普法活动，干部职工法治意识显著提升，遇事主动找法、解决问题用法的意识大大增强。

各项业务活动规范化程度显著提升。建立起一整套较为完备的制度体系，为各项工作纳入法治化轨道奠定制度基础。在依法决策方面，建立重大决策合法性审查制度；在专卖执法方面，建立执法人员资格考试制度；在生产经营领域，建立物资采购及合同管理相关制度。

法律风险防控能力显著提升。2013 年，国家局正式提出法律风险防控体系建设。经过试点先行、总结经验、全国推广，行业法律风险防控体系建设初见成效，事前防范的意识明显增强，风险防控的机制更加完善，风险防控的能力得到提升。

法律服务保障能力显著提升。深化法规工作与业务活动的融合，在实施“走出去”发展战略过程中，吃透目标市场所在国家或地区有关外资准入、产业政策、烟草控制、劳动用工等方面的法律规定，有效防控潜在法律风险。法律监督工作向事前、事中监督进一步延伸，在合同审核上，通过提供格式合同文本或者直接参与项目谈判、合同起草实现关口前移。加强法规战线的组织保障工作，法规体改机构基本健全，法规体改干部的专业化、年轻化水平逐年提高，法规体改培训工作逐年加强，外聘法律顾问制度基本形成。

推进企业组织结构调整。优化卷烟生产点布局。“十二五”初期，具有法人资格的卷烟工业企业大幅减少至 31 家，但卷烟生产点仍然过百。国家局加强政策引导，鼓励支持有条件的企业调整生产力布局。贵州中烟、广东中烟、江西中烟、河南中烟等工业公司通过合并搬迁、关闭转型等方式，进一步调整卷烟生产格局，打造品牌生产基地。到“十二五”期末，行业卷烟生产点减少至 94 个。

推进打叶复烤企业重组整合。“十二五”期间，安徽、湖南、河南、四川、黑龙江、广东、重庆、山东等省市的打叶复烤企业重组整合相继完成，全国烟叶主产区打叶复烤企业重组整合工作基本完成。

微观层面开展各项改革。坚持因地制宜、因企施策、实事求是地推进部分企业根据实际需要在微观层面开展改革探索。“十二五”期间，宁夏区局（公司）调整卷烟营销模式，云南中烟实施“两统一、两整合”，川渝卷烟工业企业进一步深化改革等。

推进现代企业制度建设。深化公司制改革，现代企业制度在烟草企业逐步推进。2011 年，行业 17 家省级工业公司建立董事会，设立监事，构建法人治理结构，标志着卷烟工业企业从公司治理上完成从传统工厂制向现代企业制度的转变。同时，总公司所属专业性公司、打叶复烤企业、省级烟草投资管理公司、多元化经营企业在企业改制、联合重组中也都先后进行公司制改革。

完善法人治理结构制度体系，逐步建立现代公司管理模式。总公司层面，围绕董事会职责、董事监事管理、机构职能设置等问题，制定一系列规章制度；各省级工业公司层面，建立决策程序、人事薪酬、财务管理、经济运行和监督机制等五大类制度，涵盖企业生产经营管理的各个方面。

开展现代企业制度调研。“十二五”期间，行业开展一系列关于专卖体制下现代企业制度建设的专题调研，包括烟草商业企业建立现代企业制度、工业企业董事会多种实现形式，以及省级工业公司、省级投资管理公司法人治理结构运作情况等，探讨坚持烟草专卖制度和政企合一体制下建立现代企业制度的途径、方式和方法。

推进行政审批制度改革。改革行政审批制度，实施简政放权。2013 年初，行业有 18 项行政审批事项；到 2015 年，分 3 批减少到 12 项。对保留的 12 项行政审批事项，国家局要求“一口受理、限时办结、规范办理、透明办理、网上办理”，烟草专卖行政审批工作模式进一步升级。同步推进内部管理事项改革，编制内部管理事项权力清单，并逐项制定管理办法、服务指南、办理流程图等配套文件，做到权力有据可查、条件清晰明确、办理时限公开。

【法规体改工作主要经验】 坚持和维护烟草专卖制度，是做好行业法规体改工作的首要前提。行业改革发展的实践证明，“统一领导、垂直管理、专卖专营”的国家烟草专卖制度符合中国现阶段经济、社会发展的基本国情，是烟草行业平稳健康发展的制胜法宝。行业所推进的一系列改革都是在坚持专卖制度的前提下进行的，都是在专卖体制框架内的调整和革新。行业推进的理顺资产管理体制、推动工业企业联合重组、现代企业制度建设以及多元化投资管理体制调整等一系列改革，进一步巩固和发挥了专卖体制的优势，也推进了行业快速健康发展。烟草专卖制度和管理体制本身既是改革的产物，又在改革中不断自我完善和发展。实践证明，发展难题可以通过行业全面深化改革、内部完善、自我创新加以解决。推进行业改革，必须立足于坚持和维护烟草专卖制度这个首要前提。

培养和树立法治意识，是建设法治烟草的根本要求。培养和树立全行业广大干部职工的法治意识是法治烟草建设的根本要求。牢固树立公平正义的理念，做到法律面前人人平等。牢固树立“法治首先是治权”的理念，法治的关键就在于对权力运行的监督与制约。尊重法律的权威，提高尊法守法的自觉性，将自觉接受监督作为一种品德、一种责任、一种思想境界。

适应形势服务大局，是法规体改工作的基本定位。行业的法规体改工作聚焦中心，坚持法规体改工作始终围绕行业改革发展的实际需要，服务大局，清醒地认识、把握法治和改革对于行业健康发展的引领、规范和保障作用；找准定位，坚持法规体改部门始终是行业改革发展的服务保障部门。改革于法有据，与时俱进，为业务部门提供合法的制度依据、有效的法制监督和专业的法律服务，为行业改革发展积极营造良好的法治环境。

建设一支政治强、业务精、纪律严、作风硬的专业队伍，是法规体改工作的重要保证。五年来，行业高度重视法规体改工作，地市级局（公司）的法规体改机构基本健全，法规体改干部的专业化、年轻化水平逐年提高，法规体改培训工作逐年加强，外聘法律顾问制度基本形成。工作在各级法规体改战线的同志们不辱使命，勇于担当，尽职履责，奋发有为，想干事、多干事、干好事，创造性地开展工作。实践证明，法规体改工作向前进，队伍建设是保证。

【多元化投资管理良性发展】 “十二五”时期，行业多元化投资管理工作贯彻落实“稳健经营、规范运作”方针，实现管理水平、经济效益、竞争能力“三个提升”。

“十二五”时期，行业多元化投资总额由459.2亿元增至741.5亿元，增加282.3亿元，增幅61.4%。资产总额由“十一五”末的798.5亿元上升到“十二五”末1826.8亿元。年度实现利润由2010年的43.8亿元增至2015年的73.8亿元，年均增幅11%。总体上看，多元化资产质量和投资收益明显提高。

一是坚持“瘦身”与“强身”并举。通过盘活存量资产，适度新增投资，逐步退出非重点领域，进一步优化投资结构，优化资源配置，提高投资收益，助力主业发展。

二是坚持加强管理监督。通过建立健全多元化投资监管体系，加强法人治理结构建设，管理制度更加健全，企业运作更加规范，管理监督更加到位。

三是坚持推进体制改革。有效理顺多元化资产和管理关系，压缩投资层级，提高实体化运作水平和运营效率。

四是坚持推进资源整合。以酒店整合为切入点，通过搭建行业整合平台，培育优秀多元化企业，探索多元化资产整合的有效途径和方式。同时，在其他产业领域通过省内整合，进一步优化资源配置，提高经济效益。

五是坚持维护和谐稳定的发展环境。认真贯彻国家局政策制度，严格依法依规办事，运用法治思维和法治方式，妥善解决发展中的各类矛盾和问题，依法合规处理历史遗留问题。

经过“十二五”时期的共同努力，多元化投资管理工作步入规范、良性的发展轨道。

数说“十二五”[①]

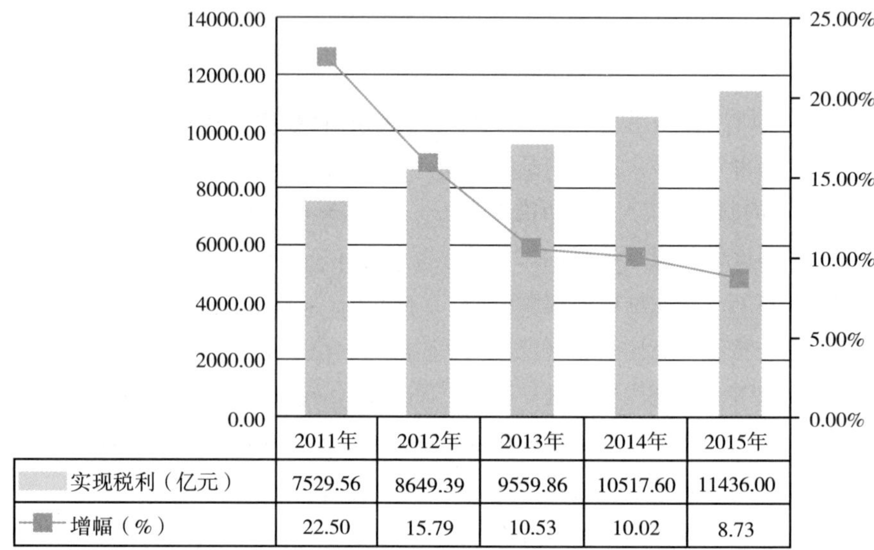

	2011年	2012年	2013年	2014年	2015年
实现税利（亿元）	7529.56	8649.39	9559.86	10517.60	11436.00
增幅（%）	22.50	15.79	10.53	10.02	8.73

图1 “十二五”期间行业税利情况

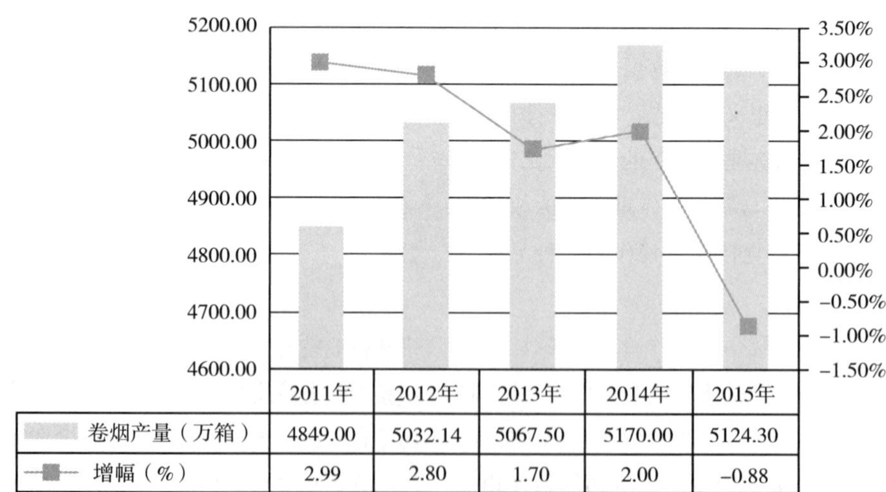

	2011年	2012年	2013年	2014年	2015年
卷烟产量（万箱）	4849.00	5032.14	5067.50	5170.00	5124.30
增幅（%）	2.99	2.80	1.70	2.00	−0.88

图2 “十二五”期间卷烟产量情况

① 数说“十二五”数据出自2011—2015年全国烟草工作会议工作报告，为快报数据。

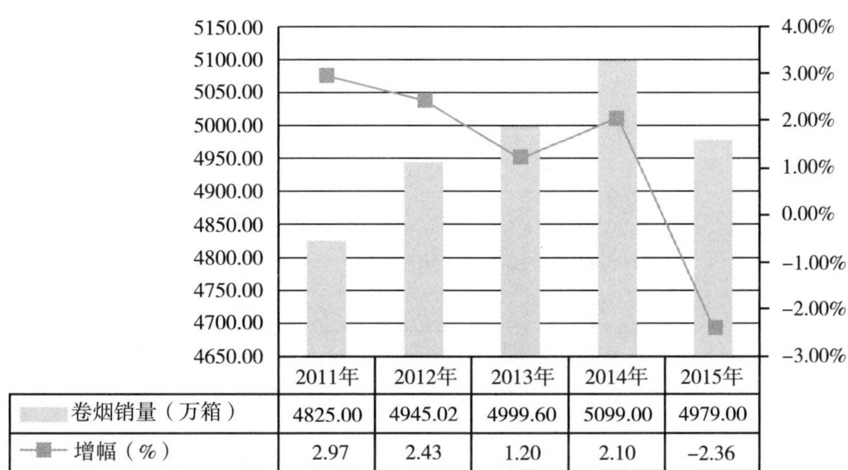

	2011年	2012年	2013年	2014年	2015年
卷烟销量（万箱）	4825.00	4945.02	4999.60	5099.00	4979.00
增幅（%）	2.97	2.43	1.20	2.10	-2.36

图 3 “十二五”期间卷烟销量情况

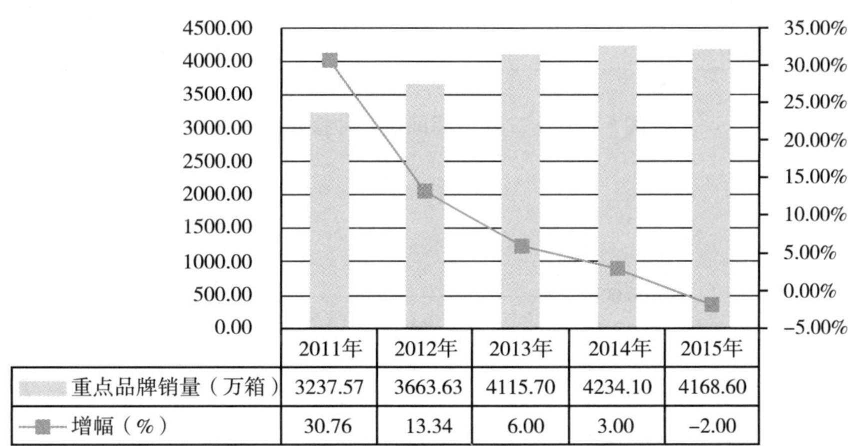

	2011年	2012年	2013年	2014年	2015年
重点品牌销量（万箱）	3237.57	3663.63	4115.70	4234.10	4168.60
增幅（%）	30.76	13.34	6.00	3.00	-2.00

图 4 “十二五”期间重点品牌销量情况

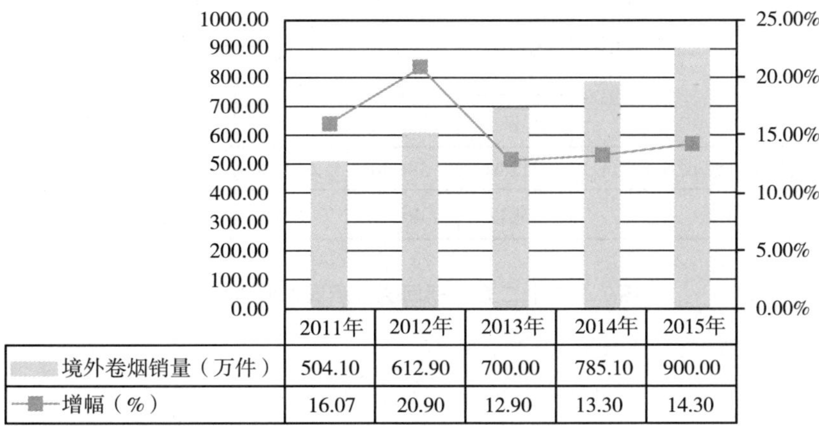

	2011年	2012年	2013年	2014年	2015年
境外卷烟销量（万件）	504.10	612.90	700.00	785.10	900.00
增幅（%）	16.07	20.90	12.90	13.30	14.30

图 5 “十二五”期间境外卷烟销量情况

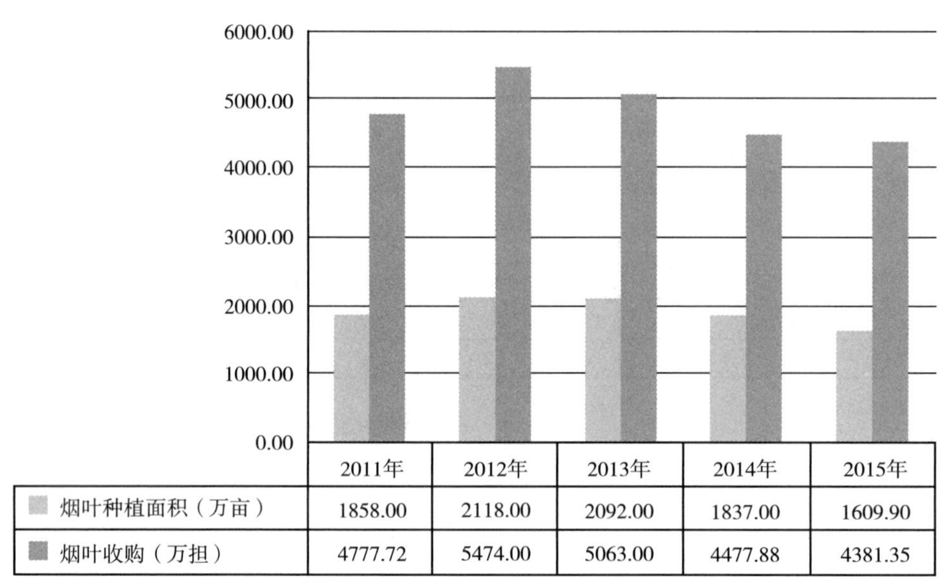

	2011年	2012年	2013年	2014年	2015年
烟叶种植面积（万亩）	1858.00	2118.00	2092.00	1837.00	1609.90
烟叶收购（万担）	4777.72	5474.00	5063.00	4477.88	4381.35

图 6　“十二五”期间烟叶种植收购情况

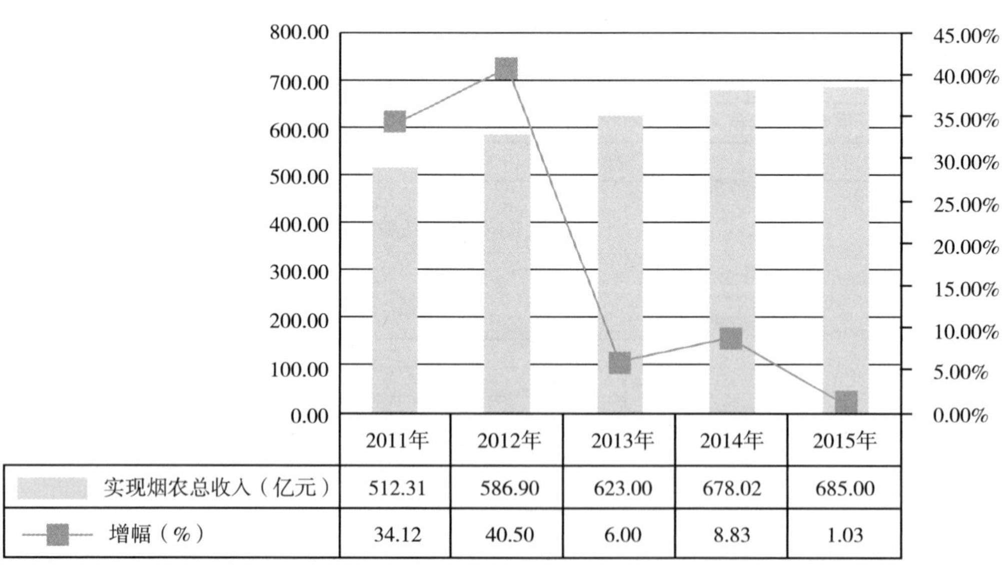

	2011年	2012年	2013年	2014年	2015年
实现烟农总收入（亿元）	512.31	586.90	623.00	678.02	685.00
增幅（%）	34.12	40.50	6.00	8.83	1.03

图 7　“十二五”期间实现烟农总收入情况

（编辑：谢争艳）

行业概览

2015 年行业改革发展亮点

【“两增长”】 2015 年，烟草行业积极应对经济下行的巨大压力、积极应对卷烟提税顺价的巨大压力、积极应对控烟过激的巨大压力，行业经济运行稳中有进、稳中有好，在卷烟销量、卷烟产量、工商企业利润下降的情况下，税利总额与上缴财政总额均保持了同比增长。实现税利总额 11436 亿元，同比增加 919 亿元，增长 8.73%；上缴税收和利润 10950 亿元，同比增加 1840 亿元，增长 20.2%。

【卷烟提税顺价①无缝衔接】 全行业认真执行经国务院批准的卷烟提税顺价重大决策，按照兼顾财政增收和烟农脱贫致富、兼顾控烟履约、兼顾行业承受能力和可持续发展的原则，科学制定实施方案，及时调整考核指标，在营销管理、专卖管理、价格管理、自律管理上精准发力，通过减缓生产进度、均衡商业批发、减少社会库存，做到卷烟提税和顺价无缝衔接，保持市场价格总体平稳、访销配送总体平稳、批零走势总体平稳、工商调拨总体平稳、社会反响总体平稳。

【烟叶调控成效显著】 烟叶产区紧紧围绕国家局 2013 年作出的“三年调控”战略部署，坚持以合同管理为主线，抓住落实面积这个根本措施，加强生产过程控制，加大执纪问责力度，守住总量规模红线，烟叶调控成效显著。千方百计增加烟农收入和促进烟区经济社会发展，做到减量不减收、减量不减税。

2015 年，烤烟移栽面积 1609.9 万亩，烤烟收购总量 220 万吨（4400 万担）左右；烤烟收购均价 27.0 元/千克，提高 1.48 元/千克；烟农总收入 685 亿元（含生产投入补贴），增加 6 亿元；烟农户均收入 4.49 万元，增加 0.41 万元；种烟亩均收入 4124 元，增加 429 元；烟叶税 130 亿元，增加 4 亿元。

【财税目标圆满实现】 全行业紧扣税利总额核心指标，精准安排生产，加大工业调拨，增加商业备货，严控成本费用，强化考核奖惩，确保各月税利增幅处于合理区间，全年税利目标实现。尤其是对卷烟提税后新增加的消费税和国家新下达的上缴任务，全行业在缴纳各项税收之外，上缴国有资本收益 477 亿元，上缴专项税后利润 855 亿元，补缴消费税政策调整增收目标缺口 580 亿元。

【重点品牌发展持续向好】 全行业坚持以品牌为核心，全力支持重点品牌“做大做强”。全国在产卷烟品牌 89 个，其中 29 个重点品牌销量占比 83.7%，商业销售额占比 93.9%，同比都有所提高。商业销售额名列前茅的品牌是：“中华”1674.1 亿元，同比增长 10.2%；“云烟”1143.8 亿元，同比增长 6.8%；“芙蓉王”1105.3 亿元，同比增长 8.2%；“利群”1098.2 亿元，同比增长 12.5%。在重点品牌中，主导规格呈现“强者趋强”良好发展态势，销量最大的 30 个品牌规格市场占比 47.2%，提高 1.65 个百分点；销售额最大的 30 个品牌规格市场占比 55.8%，提高 1.3 个百分点。

【细支卷烟加快发展】 全行业坚持把细支卷烟作为减耗降本、减害提质和产品升级的战略重点，有效促进细支卷烟加快发展。全国在销细支卷烟规格 67 个，产量 385.5 亿支（77.1 万箱），同比增长 148.6%；销量 354.5 亿支（70.9 万箱），同比增长 153.6%；商业销售额 290.0 亿元，增长 147.0%；单箱批发均价 4.09 万元，高于全国平均水平 1.23 万元。销量前五名的细支卷烟中，“南京”160.5 亿支（32.1 万箱），同比增长 132.0%；“黄鹤楼”58.5 亿支（11.7 万箱），同比增长 49.9%；“红金龙”30.0 亿支（6.0 万箱），同比增长 447.0%；“黄金叶”23.0 亿支（4.6 万箱），同比增长 826.4%；“长白山”新上市，销量 22.5 亿支（4.5 万箱）。

【卷烟打假打私维持高压态势】 充分发挥烟草与公安、海关、工商等部门联合打假打私工作机制作用，保持卷烟打假打私高压态势。全年查处案值 5 万元以上案件 2966 起，破获国标网络案件 992 起，收缴制假烟机 293 台，查获烟丝烟叶 1.42 万吨、假烟 15.72 万件、走私烟 7.62 万件，依法拘留 7486 人、追究刑事责任 4187 人。

① 提税顺价：2015 年 5 月 8 日，经国务院批准，财政部、国家税务总局联合下发《关于调整卷烟消费税的通知》，自 2015 年 5 月 10 日起，卷烟批发环节从价税税率由 5% 提高到 11%，并按 0.005 元/支加征从量税。提税后，国家局同步调整并适当提高卷烟批发价格和建议零售价，实现烟草调税与调价的同步推进。

【控烟履约有序推进】 严格执行烟草专卖法律法规，认真履行《烟草控制框架公约》规定的责任和义务，在法治轨道上和职责范围内有序推进控烟履约各项工作。认真执行卷烟提税顺价重大决策，对控烟履约产生积极影响；坚决支持公共场所禁烟；加强对新修订《广告法》的宣传培训和贯彻落实，同工商部门密切配合、依法行政；强化卷烟包装警示，对6个卷烟规格实行扩大警语面积、加大警语字体、增强颜色对比度并印制“请勿在禁烟场所吸烟”警示标识；稳步推进降焦减害工作，卷烟焦油加权平均值和卷烟危害性指数持续降低。

【深入开展“三严三实”专题教育】 组织行业处级以上领导干部深入开展“三严三实”专题教育，深入学习习近平总书记关于党员领导干部践行“三严三实”的新思想、新观点、新要求，全面加强党性修养，切实改进工作作风。

【执行中央八项规定专项检查】 贯彻全面从严治党要求，强化“两个责任”落实，深入开展行业执行中央八项规定精神情况专项检查，实现国家局、总公司机关和55家行业直属单位全覆盖，对检查发现的办公用房、公务用车、公务接待等方面存在的问题在全行业通报，督促抓好整改落实，全行业会议费、业务招待费分别下降34.44%和49.95%。

【加大“简政放权”力度】 加大“简政放权”力度，规范行政审批行为，内部管理事项减少至99项，国家局设立政务服务大厅，可公开的12项许可事项均实现“一口受理、限时办结、规范办理、透明办理、网上办理”，并在行业开展行政审批改革试点工作。

【“走出去”发展取得新成效】 2015年，行业“走出去”发展取得新成效，境外卷烟销量900万件，增长14.3%。

【完成“1000亿元”目标任务】 2015年，云南、上海、湖南3个省（直辖市）工商税利超过1000亿元；“中华”品牌工商税利超过1000亿元；广东、浙江商业卷烟销售额超过1000亿元；“中华”“云烟”“芙蓉王”“利群”4个品牌销售额超过1000亿元。

【“十二五”规划圆满收官】 “十二五”期间，全行业紧紧围绕“卷烟上水平”基本方针和战略任务，实践“三大课题”、提升“五个形象”，坚持“一个制度”、狠抓“三件大事”，“卷烟上水平”主要目标顺利实现。五年累计实现工商税利47680亿元，年均增加1078.4亿元，年均增长13.6%；累计上缴国家财政41323亿元，年均增加1212.2亿元，年均增长17.5%。中式卷烟知名品牌稳健成长，全国卷烟品牌由133个减少到89个，商业销售额超过400亿元的品牌由6个增加到13个，“461”品牌发展目标全面超额完成，“532”品牌培育取得重大进展。烟叶生产规模调控得力，由2012年274.4万吨（5488万担）调减到2015年220万吨（4400万担）。同时，现代烟草农业建设、创新型烟草行业建设、现代卷烟营销和物流配送体系建设、“走出去”发展和企业基础管理工作等都出色完成规划目标。

（据凌成兴局长在2016年全国烟草工作会议上的讲话摘编；编辑：谢争艳）

2015年全国烟草行业发展概况

2015年，烟草行业认真贯彻落实党中央、国务院的重大决策部署，在工业和信息化部的直接领导下，以“三严三实”专题教育为动力，积极应对经济下行、卷烟提税顺价等巨大压力，行业经济运行稳中有进、稳中有好。2015年，实现税利总额11436亿元，比上年增加919亿元，同比增长8.73%，其中，实现工商税金（不含企业所得税）8404亿元，同比增加1000亿元，增长13.51%；实现工商利润3032亿元，同比减少82亿元，下降2.63%。2015年上缴财政总额10950亿元，比上年增加1840亿元，同比增长20.2%。在经济下行压力加大的情况下，烟草行业为国家财政增收作出特殊贡献。

【完成烟叶调控年度目标，现代烟草农业建设水平稳步提升】 烟叶生产保持稳定发展。全国烟叶产区落实国家局提出的“力争用三年左右时间将烟叶库存总量调整到合理水平”目标任务，严控种植面积，严控收购总量，优化烟叶结构，圆满完成年度烟叶调控目标，烟叶生产连续18年保持稳定发展。2015年，烤烟移栽面积1609.9万亩，比计划减少19.1万亩，比上年减少227万亩。烤烟收购总量219.07万吨（4381.35万担），比国家局下达的计划减少10.75万吨（214.95万担）。全国烟叶收购上等烟比例为58.14%，下低等烟比例为5.8%，烟叶等级结构明显改善。在抓好烟叶总量调控的同时，烟叶产区精准实施产业扶贫，千方百计增加烟农收入和促进烟区经济社会发展，做到减量不减收、减量不减税。2015年烤烟收购均价27.0元/千克，同比提高1.48元/千克；烟农总收入685亿元（含生产投入补贴），同比增加6亿元；烟农户均收入4.49万元，同比增加0.41万元；种烟亩均收入4124元，同比增加429元；烟叶税130亿元，同比增加4亿元。

*烟叶生产基础设施建设水平持续提升。*继续稳定烟叶生产基础设施建设投入政策，强化基础设施建设的规范管理，以推进土地整理和田间机械化为重点，2015年，投入补贴资金67.52亿元，涉及烟田水利设施、机耕路、烟用农机、土地整理等项目29.11万件；投入资金41.03亿元，援建水源工程项目53件，强化援建资金监管，开展重点项目督导，水源工程援建工作稳步推进，极大地提高烟区综合生产能力和抵御自然灾害能力，改善农民生产生活条件。

*现代烟草农业建设持续推进。*推进适度规模种植，2015年全国百亩以上烟田集中连片种植1144万亩，占比71%，同比提高1.1个百分点；万担以上种烟乡镇达到1428个，同比增加32个；户均种烟面积稳定在11亩，培训职业烟农3.4万户。机械作业水平稳步提升，机耕比例达到87%，同比提升2.8个百分点；机械起垄达到77%，同比提升7个百分点，机械中耕达到21%，机械移栽、覆膜提高到16%以上。发挥烟农合作社专业服务、技术推广和组织烟农三大功能，烟农合作社建设加快发展。截至2015年底，全国组建烟农合作社1884家，入社烟农112.5万户，烟农入社率74.9%，75家烟农合作社被评定为行业示范社。烟农合作社专业育苗、机耕、植保、烘烤、分级比例分别达到96.6%、62.9%、39.7%、47.5%、76.5%。烟叶基地建设取得重大进展，全国累计建成烟叶生产基地单元592个，工商基地化率达到68%，重点品牌工业基地布局基本完成，原料供应基地化初步实现。全面推行专业化分级散叶收购，2015年全国散叶收购量达到181.7万吨（3633万担），占计划收购量的79%，烟叶收购等级合格率达到81.38%，“专分散收”成为提高烟叶纯度、增加烟农收益、促进减工降本的一条重要措施。推进烟叶流通环节改革创新，在11个省安排原收原调试点39.88万吨（797.5万担），在21个基地单元安排全收全调试点5.29万吨（105.8万担），试点工作进展顺利。

*深化烟叶生产适用技术推广。*调整优化品种布局，2015年，“K326”“红花大金元”“翠碧1号”3个特色优质品种种植规模535.51万亩，占比33.26%。着力提高实用技术落实到位率，全国推广绿肥种植336万亩，同比增加166万亩；施用有机质肥1134万亩，同比增加56万亩；推广小苗深栽965万亩，占比60%，同比提高4个百分点。绿色生产、生态维护得到进一步重视，全国投放烟蚜茧蜂1153.92万亩，占比71.67%，同比增加300多万亩，云南省推广比例90.4%；云南、贵州、福建等地探索开展烟用地膜回收和资源化利用；四川等地以控制烟叶农残和重金属为核心，开展生态减害技术试点，烟叶可持续发展理念成为产区共识。

【执行卷烟提税顺价重大决策，行业经济运行保持平稳】 *卷烟提税顺价政策平稳实施。*全国烟草行业认真执行国务院批准的卷烟提税顺价重大决策，按照兼顾财政增收和烟农脱贫致富、兼顾控烟履约、兼顾行业承受能力和可持续发展的原则，科学制定实施方案，及时调整考核指标，在营销管理、专卖管理、价格管理、自律管理上精准发力，通过减缓生产进度，均衡商业批发，减少社会库存，做到卷烟提税和顺价无缝衔接，保持市场价格总体平稳、访销配送总体平稳、批零走势总体平稳、工商调拨总体平稳、社会反响总体平稳。

2015年，生产卷烟25621.5亿支（5124.3万箱），同比减少228.5亿支（45.7万箱），下降0.88%，其中，一类烟5624.15亿支（1124.83万箱），占21.95%，同比上升1.67个百分点；二类烟3034.35亿支（606.87万箱），占11.84%，同比上升1.1个百分点；三类烟11171.85亿支（2234.37万箱），占43.6%，同比下降1.12个百分点；四类烟4337.95亿支（867.59万箱），占16.93%，同比下降1.02个百分点；五类烟1453.2亿支（290.64万箱），占5.67%，同比下降0.63个百分点。2015年，卷烟合作生产累计产量为3814.7亿支（762.94万箱），同比增加17.7亿支（3.54万箱），增长0.47%。合作生产量占行业总产量比重为14.9%，同比提高0.2个百分点。

2015年，销售卷烟24895亿支（4979万箱），同比减少600.5亿支（120.1万箱），下降2.36%，其中，一类烟5324.85亿支（1064.97万箱），占21.39%，同比上升1.29个百分点；二类烟2917亿支（583.4万箱），占11.72%，同比上升1.35个百分点；三类烟10970.6亿支（2194.12万箱），占44.07%，同比下降0.88个百分点；四类烟4245.3亿支（849.06万箱），占17.05%，同比下降1.15个百分点；五类烟1437.45亿支（287.49万箱），占5.77%，同比下降0.6个百分点。

年末全国卷烟工商库存3333亿支（666.6万箱），同比增加626.05亿支（125.21万箱），其中，工业库存1729.15亿支（345.83万箱），商业库存1603.85亿支（320.77万箱）。工商存销比为2.03。年末卷烟在途总量306.5亿支（61.3万箱）。

单箱卷烟批发均价2.86万元，同比增加1900元/箱，增长7.2%；全国卷烟批发销售额14223.1亿元，同比增加632.7亿元，增长4.7%。卷烟零售毛利率总体保持在10%左右。

重点品牌发展持续向好。全行业坚持以品牌为核心，促进资源优化配置，在计划指标、优质原料、营销渠道、合作生产、考核导向等方面，全力支持重点品牌“做大做强”。2015年全国在产卷烟品牌89个，其中29个重点品牌。2015年重点品牌产量21526.5亿支（4305.3万箱），同比减少124亿支（24.8万箱），下降0.6%，占全国总产量比重84%，同比上升0.3个百分点；重点品牌销量20843亿支（4168.6万箱），同比减少424.45亿支（84.89万箱），下降2%，高于全国水平0.4个百分点，占全国总销量比重83.7%，同比上升0.3个百分点。销量居前三位的品牌及销量分别为“双喜·红双喜”2055.5亿支（411.1万箱）、“云烟”1927.5亿支（385.5万箱）、“红塔山”1464.5亿支（292.9万箱）。

重点品牌商业销售额13352.4亿元，同比增加614.7亿元，增长4.8%，占全国比重93.9%，同比上升0.2个百分点。商业销售额居名列的品牌分别为：“中华”1674.1亿元，同比增长10.2%；“云烟”1143.8亿元，同比增长6.8%；“芙蓉王”1105.3亿元，同比增长8.2%；“利群”1098.2亿元，同比增长12.5%；此外，“双喜·红双喜”941亿元、“黄鹤楼”890亿元、“玉溪”819亿元、“南京”605亿元。在重点品牌中，主导规格呈现“强者趋强”良好发展态势，销量最大的30个规格市场占比47.2%，提高1.65个百分点；销售额最大的30个规格市场占比55.8%，提高1.3个百分点。

细支卷烟加快发展。2015年，全国在销细支卷烟规格67个，产量385.5亿支（77.1万箱），同比增长148.6%；销量354.5亿支（70.9万箱），同比增长153.6%；商业销售额290.0亿元，同比增长147.0%；单箱批发均价为4.09万元，高于全国平均水平1.23万元。细支卷烟销量居前五位的品牌分别为：“南京”160.5亿支（32.1万箱），同比增长132.0%；“黄鹤楼”58.5亿支（11.7万箱），同比增长49.9%；“红金龙”30亿支（6.0万箱），同比增长447%；“黄金叶”23亿支（4.6万箱），同比增长826.4%；“长白山”新上市，销量22.5亿支（4.5万箱）。

促进低焦油卷烟发展。2015年，焦油量8毫克/支（含）及以下低焦油卷烟产量3544.95亿支（708.99万箱），同比减少87.8亿支（17.56万箱），下降2.42%；销量3482.8亿支（696.56万箱），同比减少143亿支（28.6万箱），下降3.94%。其中，焦油量6毫克/支（含）及以下低焦油卷烟产量478.2亿支（95.64万箱），同比增加45.95亿支（9.19万箱），增长10.62%；销量为462.4亿支（92.48万箱），同比增加27.8亿支（5.56万箱），增长6.4%。

雪茄烟发展持续向好。全国雪茄烟产量10.0亿支，同比增长9.5%；销量9.7亿支，同比增长43.3%；商业销售额9.5亿元，同比增长27.4%。

深入推进卷烟营销市场化取向改革。2015年，卷烟营销市场化改革试点扩展到36个重点城市和河北、江苏、湖北全省，覆盖到2000万箱卷烟市场。各试点单位以市场需求为导向，以“按订单组织货源、按需求衔接计划、按状态调整策略”为总体要求，以“尊重市场、遵循规律、遵守规则”为基本原则，初步完成以需求预测为起点，覆盖货源组织、货源投放、订单采集、品牌培育、客户服务等工、商、零、消各环节的营销流程再造。有29家省级单位、66家地市级公司实现行业统一的省级卷烟营销平台上线运行，基本建立省级集中订货模式，基本实现订单采集集中化、业务流程标准化、营销过程可视化，初步构建市场化取向运作的卷烟营销新模式。

【强化各项管理工作，企业基础管理水平持续提升】 全面加强资金管理。行业各单位全面执行新《企业会计准则》，实现新旧《企业会计准则》的顺利衔接和平稳过渡。执行新的工商企业会计核算办法、实务操作手册和基础工作规范，加快开展财务管控平台建设，举办“管理会计的中国实践——走进烟草企业系列论坛”活动，着力推进先进管理工具在烟草企业生产经营和内部管理中的运用。分析日常资金流动规律，将年度资金总计划细化分解落实为月度资金计划，强化资金预算管理。开展协定存款业务，最大限度降低活期存款额度，调整存款期限分布，科学优化存款结构，争取银行利率最优浮动政策，最大限度提高利息收益。在中国人民银行存款基准利率连续五次下调的背景下，2015 年行业实现货币资金净收益 218 亿元，同比增加 26 亿元，增长 13.5%，年均货币资金收益率接近 3%，全面超额完成既定目标。行业重点费用中业务招待费、会议费同比分别降低 49.95%、34.44%；涉外费、市场营销费同比分别增长 2.04%、7.46%。卷烟工业企业销售收入成本率为 24.94%，同比增加 0.67 个百分点；工业企业三项费用率为 6.88%，同比增加 0.15 个百分点，商业企业三项费用率为 6.25%，同比降低 0.40 个百分点。

持续加强精益管理。行业企业管理工作按照“精益管理做除法”的要求，推进精益管理渗透到行业生产经营的各个领域。全国各卷烟工厂和 36 个重点城市烟草专卖局（公司），以创建“精益十佳”标兵单位为契机，进一步发挥对标工作的引领和导向作用，理顺业务流程，提升经营效益。2015 年，卷烟工厂在岗职工人均劳动生产率同比上升 1.40%；卷接设备和包装设备运行效率同比分别上升 0.76 和 1.15 个百分点。卷烟工厂业务招待费总额同比下降 3335.75 万元，降幅 43.50%。单箱卷烟综合能耗平均值 13.69 千克标煤/箱，同比下降 3.68%；单箱化学需氧量排放量平均值为 8.48 克/箱，同比下降 9.76%。全国 36 个重点城市烟草专卖局（公司）卷烟人均销售收入 851.17 万元/人，同比增长 3.0%。成本费用利润率平均值 17.97%，同比下降 1.32 个百分点；业务招待费总额同比下降 3759.2 万元，降幅 50.88%。

安全生产工作。全行业认真贯彻党中央、国务院关于加强安全生产工作的指示精神及国家局党组关于安全生产工作的决策部署，切实落实新《安全生产法》，不断完善安全生产责任体系和隐患排查治理体系，重点抓好安全评估、安全标准化岗位达标工作，持续强化重点场所管理和安全设施建设、安全管理信息系统建设、安全事故应急处置、安全文化引领等“四项工作”，有效防范各类重大安全责任事故的发生，保持行业安全生产形势的总体平稳。

【实施创新驱动发展战略，行业科技创新迈上新台阶】 科技创新体系建设形成新格局。积极谋划创新驱动发展战略顶层设计，制定行业“十三五”科技创新规划。成立海南雪茄研究所，新认定 7 家行业重点实验室、2 家烟叶生产技术中心，分别依托颐中烟草（集团）有限公司和云南省烟草公司玉溪市公司成立新型烟草制品装备、烟草病虫害生物防治应用技术等行业工程研究中心，创新体系总体布局进一步优化。

科技攻关取得明显进步。开发一批风格特色多样、质量水平显著提升的细支卷烟，爆珠技术在细支卷烟上实现突破，细支卷烟在高价位和高端卷烟上实现突破，逐步被市场接受。国产造纸法再造烟叶首次在“中华”品牌实现对进口再造烟叶的部分替代。新型烟草制品新增公开/公告专利 476 件，同比增长 25%。构建行业共享的基因大数据和云计算平台，烟草基因组数据库升级为 4.0 版。蚜茧蜂防治蚜虫技术在全国 16 个烟叶主产区全面推广，面积 1154 万亩，减少蚜虫防治农药 60%；河南、云南、贵州、四川推广比例超过 80%；大农业作物上推广 548 万亩。新培育烟草品种 12 个。国产超高速卷接包设备运行效率稳定提高，细支卷烟高速生产设备成功研发并投入使用。

推进产品质量监督和履约工作。产品质量监督实现主要产品和重要指标全覆盖，卷烟产品和主要烟用材料质量保持稳定。2015 年，配合专卖执法完成 125 万条真假烟和 102 台（套）烟机设备的鉴别检验。完善烟叶工商交接等级质量监督抽查工作机制，实现检查地点随机抽取、人员随机抽调、标准明确统一和原收原调试点单位全覆盖。陕西、湖南、江西、海南、内蒙古等 5 家质检机构通过国家局复评审并获得授权。青海、新疆、西藏等 3 省（自治区）质检人员对口培养工作取得积极成效。强化产品质量安全标准体系和风险评估体系建设，出台《卷烟生产使用物质安全风险评估管理办法》，推进标准清理工作，2015 年发布行业标准 19 项、总公司企业标准 23 项。评选总公司标准创新贡献奖 8 项，认定行业商业标准化示范企业 5 家。

严格执行烟草专卖法律法规，履行《烟草控制框架公约》规定的责任和义务，坚决执行中共中央办公厅、国务院办公厅下发的《关于领导干部带头在公共场所禁烟有关事项的通知》，稳步实施《中国烟草控制规划（2012—2015 年）》，在法治轨道上和职责范围内有序推进控烟履约各项工作。特别是认真执行卷烟提税顺价重大决策，对控烟履约产生了积极影响。新出台《中华人民共和国境内卷烟包装标识的规定》，在 6 个卷烟规格的包装上加强包装警示效果。稳步推进降焦减害工作，卷烟焦油加权平均值和卷烟危害性指数持续降低。

新一代信息技术与烟草产业融合发展持续深化。按照“整合兼容、互联互通、先进适用、改造升级”的工作要求，推进《烟草行业信息化发展规划（2014—2020 年）》落实落地，完善优化设计，狠抓实施成效；探索新技术创新应用，根据国务院下发的《关于积极推进“互联网 +”行动的指导意见》《中国制造 2025》等系列文件要求，对云计算、大数据、物联网、移动互联等新技术进行跟踪研究，初步提出行业云架构和云模式的顶层设计方案，一体化数字烟草的建设合力进一步增强。行业数据中心项目建设任务基本完成，统一平台传输环境和数据环境全面落地，专卖管理项目试点、烟叶基础软件调整项目、财务管控平台项目等行业性重点应用系统建设有效推进，行业经营管理业务与信息技术进一步融合。大力加强数据资源开发利用和规范管理，数据资源共享服务水平和网站服务能力不断提升。狠抓网络安全管理，对全行业信息系统进行梳理和逐级审核备案，以“零事件”报告制度为抓手，完善行业重要系统重点保障工作机制和行业网络信息安全信息通报机制，组织开展 3 次行业网络安全检查，完成公安部国家级重要信息系统和重点网站安全执法抽查。2015 年未发生重大网络安全事故。

【严格行业规范管理工作，内部监管和市场监管持续强化】 *卷烟打假打私持续向好*。充分发挥烟草与公安、海关、工商等部门联合打假打私工作机制作用，保持高压态势，强化综合治理，部署开展专项整治“百日行动”，坚决遏制假烟和走私烟反弹势头。2015 年查处案值 5 万元以上的涉烟违法案件 2966 起，破获符合国家局标准的网络案件 992 起，收缴制假烟机 293 台，查获非法烟丝烟叶 1.42 万吨、假烟 15.72 万件、走私烟 7.62 万件，依法拘留 7486 人、追刑 4187 人。高度重视和加强专卖内管，坚决遏制卷烟非法流通，查处违规经营行为 594 起、处理 281 人。加强卷烟零售市场监管特别是互联网涉烟监管工作，组织开展有针对性的零售市场专项清理行动，有效遏制利用互联网进行涉烟违法犯罪行为逐步蔓延的势头。

提升行业内部规范管理水平。按照更严更实的要求，全面推进采购规范管理“四个全覆盖”（即所属单位全覆盖、应招项目全覆盖、责任主体全覆盖、考评问责全覆盖），将 808 家行业所属单位以及全资或控股的下属企业全部纳入采购规范管理覆盖范围，实现“全方位监管采购工作”的新突破。全行业以公开招标作为主要采购方式，实现公开招标“量”的新突破。公开招标金额占比 94.76%，同比提高 3.3 个百分点，其中，工程类项目保持稳定在 97%；物资类项目和服务类项目达到 95.92%、89.46%，同比分别提高 2.86 个百分点、8.67 个百分点。建成“应招尽招”保障机制、“真招实招”保障机制和办事公开民主管理同业务工作深度融合保障机制，明确各环节节点责任主体的权责边界，统一关键要素的规定动作和操作程序。按照“突出重点、连带问责、严格整改、形成震慑”的原则，持续加大审计监督力度，严格专项审计、工程审计问责，开展卷烟营销审计试点，2015 年完成各类审计项目 2.94 万项，审计发现问题近 3 万个，提出审计建议超过 2.6 万条，促进了行业生产经营和内部管理的规范。加大简政放权力度，规范行政审批行为，内部管理事项减少至 99 项，设立国家烟草专卖局政务服务大厅，可公开的 12 项行政许可事项均实现“一口受理、限时办结、规范办理、透明办理、网上办理”，并在行业开展行政审批改革试点工作。

推进法治烟草建设。以“三创三征”“法律六进”为抓手，贴近行业实际，突出烟草特色，行业“六五”普法工作圆满收官。全行业创建法治烟草讲堂 2948 个，创建法治烟草专版专栏 3425 个（块），创建“依法行政示范单位”和“诚信守法示范企业”345 家；征集专卖执法典型案例 1873 个，征集涉诉仲裁典型案例 2523 个，征集法治烟草论文 2544 篇。同时，排查法律风险点，层层制定法律风险防控制度，探索重点领域法律风险防控的新思路、

新措施。2015年，行业各直属单位组织法律风险防控试点83个，制定风险防控制度275个，制定风险防控预案1420个，行业法律风险防控体系初步形成。在贯彻落实新修订的《商标法》《广告法》等法律法规的过程中，各单位及时组织宣传贯彻工作，开展自查自纠，加强协调沟通，基本做到平稳有序过渡，体现行业较高的风险防控能力。

【加强队伍建设，干部作风建设持续向好】 推进思想政治和作风建设。2015年，组织行业处级以上领导干部深入开展"三严三实"专题教育，深入学习习近平总书记关于党员领导干部践行"三严三实"的新思想新观点新要求，全面加强党性修养，切实改进工作作风。贯彻全面从严治党要求，强化"两个责任"落实，深入开展行业执行中央八项规定精神情况专项检查，实现国家局、总公司机关和55家行业直属单位全覆盖，对检查发现的办公用房、公务用车、公务接待等方面存在问题在全行业通报，督促抓好整改落实，全行业会议费、业务招待费分别下降34.44%和49.95%。

加大干部管理监督力度。加强纪检监察和巡视工作，聚焦监督执纪问责，行业各级纪检监察机构接受信访举报2475件次，函询272人次，初核1268件，立案381件，给予党纪政纪处分675人，给予组织处理210人，涉嫌犯罪被移送司法机关23人。加大干部选拔交流力度，行业12名直属单位正职领导、6名纪检组长、9名副职领导异地交流任职。重视机关党建工作，"爱整洁、守纪律、办实事"成效明显。落实领导干部个人有关事项报告、因私出国（境）审批，严格执行领导干部到龄离（退）休制度。

人才队伍建设统筹推进。加强专业技术资格评定、岗位评聘和高层次科技人才培养使用工作，2015年通过高级专业技术资格评审484人，卷烟高级调香师等关键技术领域创新人才不断涌现。推进高技能人才工作，实施371批次行业特有职业（岗位）技能鉴定，鉴定总量4.9万人次，获证2.1万人次，其中高技能人才鉴定1.8万人次；行业新增技师915人、高级技师74人。完善人才工作制度，推进行业鉴定机构质量管理体系建设，截至2015年底，行业53所鉴定机构全部通过人社部验收，烟草行业成为全国首个所属鉴定机构全部通过质量管理体系验收的行业，成为全国央企质量控制标杆行业。稳步提升教育培训工作水平，启动"互联网+教育培训"工程，大力推进行业统一网络培训平台建设。发挥中国烟草学会教育培训专业委员会作用，试办行业培训项目合作交流会，线上线下结合开展培训师培训班，有效促进培训交流。

（供稿：国家烟草专卖局办公室；编辑：谢争艳）

发展计划和经济运行

【"十三五"规划编制】 全国烟草行业坚持以中央精神指导规划编制，认真学习贯彻党的十八届五中全会精神，深入领会五大发展理念，明确"一个发展目标"，把握"五个基本定位"，提升规划的战略性、全局性和前瞻性。1月，印发《国家烟草专卖局办公室关于做好烟草行业"十三五"规划编制工作的通知》（国烟办综〔2015〕56号），明确烟草行业"十三五"规划编制工作的总体要求、主要任务等。

坚持目标导向和问题导向相统一，立足行业发展中存在的实际问题，提出打基础、利长远的措施和办法。通过开展前期课题研究和数据资料分析，广泛征求国家局、总公司机关各部门各单位意见，召开行业计划管理部门负责人座谈会，不断充实完善规划内容，并于12月向国家发展改革委报送《国家烟草专卖局关于烟草行业"十三五"规划编制情况的报告》（国烟计〔2015〕341号）。

【提高计划资源配置效率】 按照"破解计划增量两难命题"的要求，搞好综合平衡，用足用好计划资源。严格落实烟叶三年调控目标，2015年安排烤烟种植面积1616万亩，烤烟生产收购计划229.82万吨（4596.3万担）。实际种植烤烟1609.9万亩。在普遍减产的基础上，根据工业需求进行差异化调节，做到"减量不减税、减量不减收"。

坚持"总量控制、稍紧平衡"的调控方针，2015年初国家局下达年卷烟生产计划25900亿支（5180万箱），配合卷烟提税顺价实行计划基数与实际产量分离，将年度实际产量计划普减为24800亿支（4960万箱）。在此基础上，考虑市场状态和税利目标要求，调增实际产量计划821.5亿支（164.3万箱）。盘活计划资源，加强省际间内销卷烟生产计划调剂工作，支持重点品牌发展。

【价格管理】 按照“打赢卷烟提税顺价攻坚战”总体部署，对卷烟的价量关系进行精心测算，充分征询工商企业意见，科学制定顺价方案，合理确定卷烟价格调整目录，并认真组织实施顺价方案，确保各项措施落实到位。

计划司会同中国烟叶公司深入开展烟叶产区调研，研究制定2016年度烟叶收购价格政策，稳定烟叶价格总水平，优化烟叶等级价格结构，促进烟农稳定增收。

改革烟机价格管理模式，取消对行业外烟机产品的价格审批，利用市场机制促进国产烟机健康发展。

加强卷烟价格日常管理，持续完善市场监测体系。9—10月，国家局组成8个小组对32个省级市场进行卷烟价格管理专项检查，走访各类业态卷烟零售客户1000余家，准确把握真实市场状态，有效提升卷烟价格管理的总体水平。

【压缩复烤产能】 压缩复烤产能，推动实施延长作业周期。1月，印发《关于压缩烟草行业打叶复烤产能的通知》（国烟计〔2015〕11号），根据各省（自治区、直辖市）烟叶生产实际及打叶复烤产能现状，对烟草行业打叶复烤产能规划作出压缩调整，研究制定复烤产能调整规划。

优化河南天昌、四川泸州等已批复项目总体规划设计，核减红河复烤、湘西鹤盛等新项目的立项规模，合计调减产能约20万吨（400万担），核减投资约20亿元。

【依法行政简政放权】 积极与国家发展改革委、商务部等部门沟通协调，把握政策、坚守底线、争取支持，研究制订烟草行业市场准入负面清单（草案）以及“中美双边投资协定”“区域全面经济伙伴关系（RCEP）”“跨境服务贸易负面清单制度”等外商投资烟草专卖品经营领域负面清单，相关草案意见得到有关部门认可。全面落实国家局深化改革的各项要求，修订行政许可管理制度和内部管理事项管理办法，较大幅度简政放权，提高多元化投资、境外投资等直属单位投资项目审批额度，下放总公司审批投资项目初步设计、竣工验收审批权限。推进计划管理方式改革，按商业提报需求安排卷烟调入计划，适度扩大工业调出计划，支持卷烟工业企业“打擂台”。

【加强和改善运行调控】 *密切关注市场。*加强预测预警，国家局办公室下发《关于做好2015年经济运行分析工作的通知》（国烟办综〔2015〕20号），要求行业各单位及时发现行业经济运行中倾向性和苗头性问题，准确把握行业运行总体走势。运行司先后在春节前和卷烟提税顺价后组织3次卷烟市场调研和1次合作生产专题调研。1月，针对卷烟销售态势、零售价格、社会库存、品牌表现、货源供需等问题对北京等7个地区进行实地调研。5月，为及时准确了解提税顺价对消费市场的影响，对湖北省局（公司）等6家单位进行调研。9月，在济南组织召开工商企业20家单位经济运行座谈会，就各单位当前经济运行情况，特别是提税顺价后卷烟市场动态，主要包括卷烟销售态势、价格波动、社会库存等情况进行交流。

*加强对行业经济运行调控工作的指导。*4月，国家局召开2015年行业经济运行工作会议，总结2014年行业经济运行工作，分析2015年一季度行业经济运行形势，并对下一步行业经济运行工作提出明确要求。10月、11月分别对上海烟草集团、云南中烟、湖南中烟等3家单位就合作生产情况以及存在的问题进行调研，并形成专题调研报告。10月，在郑州举办经济运行分析培训班，就宏观经济形势和大数据应用进行培训，进一步提高行业运行分析人员素质。

*加强和改善产销指导。*1月，下发《关于加强2015年经济运行调控工作的通知》（国烟运〔2015〕37号），在加强和改善存销比调控、深入推进卷烟品牌合作生产、认真落实低端卷烟品牌专项计划三方面施行有效的政策措施。为保持节后卷烟市场价格稳定，确保行业经济运行平稳发展，产品结构与市场需求相适应，于3月初对一、二月部分存销比偏高的一、二类卷烟品牌（规格）实施限产限调调控，其中，对10个一类烟品牌（规格）、4个二类烟品牌（规格）下达限产调度令，涉及5家工业公司；对27个一、二类烟品牌（规格）下达限调调度令，涉及18家省级商业公司。按照“减缓生产进度、加大工业调拨、均衡商业批发、稳定税利增长”的调控措施，6月，组织安排商业备货货源805亿支（161万箱），其中工业备货码段620.5亿支（124.1万箱）。

为了保障低档卷烟市场供给，保持合理工商库存，于年中和年末分别对年初下达的四、五类烟生产、销售基数进行调整。调整后，2015年行业四、五类烟销售计划基数调减为5265亿支（1053万箱），降幅为1.13%。同时，鼓励企业生产低档烟，2015年分两次下达低档卷烟专项生产计划17.5亿支（3.5万箱）。

加强运行考核。依据全国烟草行业2015年宏观调控目标任务，及时修改完善省级工业公司经济运行考核指标。加大对合作生产的考核力度，促进行业合作生产工作有效推进。

【品牌培育】 *推进品牌合作生产*。在国内合作方面，加强共同发展。继续深化合作生产改革，优化资源配置，实时跟踪任务完成情况。2015年，全行业完成合作生产3883.5亿支（776.7万箱），占全行业产量的15%，同比提高2.3%。参与合作生产的品牌14个，规格59个，基本维持稳定。合作生产实现工业税利近770亿元，对品牌输入企业税利贡献度达到30%，其中，“红塔山”“白沙”“利群”品牌合作生产规模超过500亿支（100万箱），合作生产产量在品牌总产量中的占比均超过40%。

在国际合作方面，加强品牌协作。有序推进中国烟草总公司与菲莫国际公司之间的“万宝路”许可生产项目。2015年，生产“万宝路”21.65亿支（4.33万箱），销售23.8亿支（4.76万箱），超出21.45亿支（4.29万箱）的年度产销目标2.35亿支（0.47万箱）；合作推出新品“万宝路（冰爵）”。继续协调支持上海烟草集团与日本烟草公司、云南中烟与帝国烟草集团、四川中烟与阿塔迪斯公司、四川中烟与阿吉奥公司的国际合作项目。

优化资源配置。制定品牌发展规划，以市场为导向，做好分类指导，推进形成品牌的有序竞争发展格局。10月，提出加强培育“全国性知名品牌”“全国性大品牌”“区域性优势品牌”和“创新型特色品牌”的品牌发展思路，在原有品牌规划的基础上增加“全国性知名品牌”，进一步细化全国性品牌分类。

加强产品创新。面对经济下行压力加大的局面，鼓励企业加强产品创新，促进销量增长。截至2015年底，在产卷烟规格数比2014年增加34个，主要用于支持老少边穷地区发展，支持云南中烟“两统一、两整合”工作，支持川渝烟草工业企业深化改革工作，支持细支卷烟发展。组织专家对部分牌号（规格）卷烟进行评吸检测，形成产品质量分析报告。推进新型烟草制品政策研究。对在产卷烟规格进行梳理，下发“2016年度准产卷烟品牌规格目录”。

促进产品质量提升。在第九届全国评烟委员会成立大会上，集中行业专家团队的力量对部分牌号（规格）卷烟在感官质量、外在质量、烟气指标3个方面进行评吸检测并形成产品质量分析报告。推进新型烟草制品品牌生产政策研究。开展新版《卷烟工艺规范》修订工作，并形成初稿。全面开展新版《卷烟工艺规范》修订工作。深入推进重大专项实施，年初下发《中式卷烟制丝生产线重大专项2015年度工作要点》（国烟办综〔2015〕175号）和《卷烟增香保润重大专项2015年工作要点》（国烟办综〔2015〕90号），明确重大专项工作进度要求。以“黄金叶”品牌专线综合评审为标志，完成重大专项全部9条品牌专线的综合评审工作。卷烟增香保润重大专项进入收尾阶段，各试点企业在提高物理保润性能、新型香料开发与应用和提高烟叶使用价值三大技术领域陆续取得一批研究成果。

【企业管理】 2015年，烟草行业企业管理工作紧紧围绕“精益管理做除法”的工作要求，以“更科学、更精准、上水平”为目标，以全面开展行业“精益十佳”标兵单位评选为工作载体，以推进精益生产、精益研发、精益营销和精益物流为主要内容，将精益管理工作持续引向深入，引向实效。

精益管理。5月26—29日，国家局组织召开工商2期精益管理暨质量管理体系建设培训班，并要求行业各单位高度重视“精益十佳”创建活动开展，将精益管理与日常经营紧密结合，在精益管理的活动内容上大力扩展，在活动形式上力求创新，以精益诊断深挖短板瓶颈，以对标管理发现差距不足，以体系建设夯实工作基础，以典型引路带动全面改进，促进企业管理水平稳步提升。

7月，国家局办公室印发《烟草行业精益管理工作评价暨“精益十佳”标兵单位评选办法的通知》（国烟办综〔2015〕313号），明确行业“精益十佳”标兵单位评选办法和评价标准。9月，在上海举办第八期工厂厂长培训班，培训班第一次采取现场培训的方式，通过现场观摩，促进各卷烟厂与先进单位“对标”。12月，在上海组织举办2015年全国烟草行业企业管理现场会，会议总结“十二五”以来行业企业管理工作以及行业推进精益管理总体情况，交流江苏、上海工商以及行业先进单位精益管理工作的好做法和好经验，并表彰55家“精益十佳”标兵单位。

同时，对下一步行业精益管理降本增效做了全面部署。

对标工作。2015 年，每季度公布省级局（公司）、工业公司对标指标，每半年公布重点城市及卷烟厂对标指标，促进行业各单位认清自我，找准差距，推进降本增效工作有力实施。2015 年，省级工业公司 34 个指标中有 23 个指标同比水平提升，20 项标杆值同比提高；省级局（公司）23 个指标中有 11 个指标同比水平提升，13 项标杆值同比提高。工业企业卷烟三项费用率为 6.83%，同比提高 0.16 个百分点；商业企业卷烟三项费用率平均值为 5.1%，同比下降 0.27 个百分点。

QC 小组活动。2015 年，全国烟草行业有 51 个省级单位组织开展 QC 小组活动，43 个单位召开成果发布会。有 8980 个小组开展 QC 活动，取得 7766 项成果，创造直接经济效益 5.04 亿元。8 月，在行业第 26 届优秀 QC 小组成果发布会上推选出 14 项精益管理和精益创新成果。

节能减排。"十二五" 期间，国家确定的行业重点节能单位及行业内年耗能 3000 吨以上的企业建立和实施《能源管理体系》国家标准。2015 年，行业万元工业增加值 17.36 千克，同比下降 6.8%，万元工业增加值二氧化碳排放量 26.5 千克，同比下降 7.9%；二氧化硫、COD、氨氮、氮氧化物排放量同比分别下降 17.2%、10.2%、6.5%、45.2%（因南纤公司大幅减排），完成"十二五" 节能减排目标任务。

【物资管理】 2015 年，下发《烟草行业 2015 年物资管理工作要点》，要求全面推行精益采购，探索精益采购方法；实现精益采购目标，包括合理保持库存、产品质量提高、采购成本有效降低。有效规范采购行为，全面实现网上交易，持续开展公开招标，并进一步提高香精香料公开招标比例，力争 2015 年香精香料公开招标金额占香精香料采购总金额的比例达到 80%。加强醋纤丝束管理，大力推进醋纤丝束打码系统工作。

2015 年，全国烟草行业降低采购成本 20 亿元左右，同比下降 3%。物资网上交易全面实现，行业烟用材料网上总交易金额 746 亿元，同比增加 37 亿元，增长 5%。"应招尽招" "真招实招" 取得一定成效，2015 年烟用物资公开招标采购金额 559 亿元，公开招标比例 95.79%，其中香精香料公开招标比例 89.76%，同比增长 37%。香精香料公开招标工作取得实质性进展。

【安全生产】 2015 年，全国烟草行业认真贯彻党中央、国务院关于加强安全生产工作的指示精神及国家局党组关于安全生产工作的决策部署，切实落实新《安全生产法》，不断完善"两个体系"、持续强化"四项工作"，安全生产各项工作取得积极进展，有效防范各类重大安全责任事故的发生，保持行业安全生产形势的总体平稳。

加强检查和隐患治理。开展隐患排查和整改工作，行业各单位持续健全隐患排查治理体系，根据"烟草企业安全事故隐患排查重点部位现场安全检查表"，开展一系列安全检查和隐患排查治理，及时消除事故隐患。2015 年，国家局先后组织 24 个检查组和 5 个危险化学品专项督查组，对 33 家省级局（公司）、17 家省级工业公司及醋纤、煤炭等 180 余家重点企业进行安全检查，排查各类管理漏洞和事故隐患 500 余项，提出整改意见和建议 200 余条；对行业 25 家企业的安全基础设施建设、安全评估、岗位达标、安全信息化等工作落实和事故隐患整改情况，开展专项巡查和督导。

加强安全评估。2015 年，全国烟草行业各单位以自身力量为主，以安全风险高、潜在隐患突出的设施设备和区域场所为重点，持续推进消防系统、特种设备、电气系统和库房仓储等专业安全评估工作，及时发现并消除隐蔽性、深层次隐患，促进企业本质安全水平的提升。

加强队伍建设。2015 年，举办 2 期安全管理培训班，培训行业安全技术委员会成员、安全标准化评审专家以及企业安全业务骨干 450 余人；协助国家安监总局分批组织行业 40 家企业主要负责人和安全管理人员，参加安全标准化一级企业达标现场评审、复审培训；会同湖南中烟制作《烟草行业安全生产事故警示教育》专题片。

行业各单位开展主要负责人、安全管理负责人的安全培训和特种作业人员持证上岗工作，不断强化专业安全培训，提高安全队伍和员工整体安全素质。中国烟草总公司职工进修学院分 8 批次对行业注册安全工程师、基层安全管理人员等 1140 余人开展分类培训和专题研讨工作。截至 2015 年底，全国烟草行业有安全技术委员会成员 108 人，一级企业安全标准化评审专家 45 人，职业健康安全管理体系审核员近 1500 人，具有注册安全工程师资格人员近 3000 人，其中聘任到岗 740 余人。

【董事会工作】 完善公司治理，促进科学决策。构建“各司其职、规范运作、有效制衡、协调运转”的现代企业法人治理结构，进一步完善公司治理，健全董事会工作机制。一是理顺工作关系，完善工作机制。一方面董事会工作办公室积极协调与国家局各职能部门之间的工作关系，做到事项上报有决议，变更调整有沟通；另一方面充分发挥各专业委员会的决策咨询作用，为董事会科学决策提供有效支撑。二是落实换届机制，加强机构建设。有效落实董事、监事委派及董事会换届机制的工作要求，配合有关部门，对各省级工业公司董事会届期、董事任职和调整情况进行梳理，完成2家公司的董事会设立、8家公司的董事会换届、9家公司的董事调整和1家公司的监事调整工作。三是开展经验交流，加强队伍建设。组织各省级工业公司，南通、昆明、珠海纤维有限公司的董事长集中调研和各公司董事会秘书、董事会办公室工作人员经验交流，明确工作重点、提出工作要求、相互借鉴提高。

组织召开会议，切实有效履职。董事会工作办公室切实履行职责，严格规范流程，精心拟定会议议题及相关要求，组织召开董事会会议。一是完成各公司董事会会议的组织召开。2015年召开董事会现场会议37次，书面董事会会议111次，参加各专业委员会会议176次，审议议案727个，形成决议368个。审议批准各公司的生产经营目标方案、投资计划与项目方案、采购计划方案、预算方案、薪酬分配方案、利润分配方案、资产处置方案，保证公司各项管理工作的规范、有序运行。二是董事会工作办公室密切关注税利目标实现情况，推动国家局、总公司重点关注事项的落地实施。完成《2015年上半年17家省级工业公司董事会工作情况报告》和《2015年下半年17家省级工业公司董事会工作情况报告》，向国家局、总公司全面、客观、及时反映各公司面临的主要问题和需要支持解决的有关事项，促进各公司年度生产经营目标的顺利实现。

加强管理监督，严格规范运行。发挥董事会在规范公司生产经营行为、重大投资项目、预算和重点控制费用、薪酬分配等方面的管理监督作用，进一步突出监管重点，明确监管要求，提升监管水平，持续推动各公司依法依规组织生产经营。一是严格审议公司年度投资计划及调整方案，加强对投资项目计划和重点投资项目执行情况的跟踪检查。二是严格审议公司年度预算及调整方案，重点管控会议费、业务接待费、涉外费、车辆运行费、市场营销费、对外捐赠以及福利费支出情况，切实压缩一般性支出。三是严格审议公司年度薪酬分配方案，重点关注公司的薪酬管理办法是否符合国家局有关薪酬管理规定，薪酬发放总额是否控制在国家局核定的总额范围内，公司经理层和高管薪酬发放是否严格执行国家局的核定标准。

深化采购管理，提高工作效率。董事会工作办公室推进公司“采购目录”的制定和管理制度的建立，推动各公司贯彻落实行业采购规范管理工作要求。一是指导各公司制定标准统一、分类分级、详细清晰、界定明确的“采购目录”和管理办法，经董事会审议通过并实施。二是在建立健全“采购目录”的基础上，推进各公司采购信息化管理平台建设。通过采购工作目录化管理和信息化管理平台建设，提高采购管理工作的效率和采购管理工作体系化、规范化、标准化水平。三是全面落实“应招尽招”“真招实招”制度的有关要求，严格遵循董事会议事规则，从严审定采购方式，提高公开招标比例。

开展调查研究，提升工作水平。围绕行业发展的战略方针和中心工作，以提升决策水平、推进重点工作、解决实际问题为出发点，组织开展专题调研、集中调研等多种形式的调查研究，把调查研究作为董事会科学决策的基础前提、改进工作作风的措施保障、提升工作水平的有效途径。2015年，形成《省级工业公司成本费用管理情况的调研报告》《省级工业公司电子商务采购情况的调研报告》《多元化投资决策管理制度建设的调研报告》等调研报告。同时，指导各省级工业公司董事会办公室开展调查研究，形成《进一步完善云南中烟董事会工作建设的调研报告》《卷烟市场化取向改革的调研报告》《雪茄烟的市场与展望》等专题调研报告。

（编辑：王东旭）

烟叶生产经营

2015年，烟叶工作经受住烟叶价格取消政府定价的重大考验，在规模调控、烟农增收、规范管理三方面取得显著成效。各烟叶产区贯彻国家局决策部署，围绕“坚守一条红线、提高三个水平、夯实两大基础”的工作思路，按照做好“加减乘除”四则运算总体要求，狠抓严控规模工作落实，全面推进现代烟草建设，加大烟叶生产提质增效力度，烟叶工作取得积极进展。

【烟叶种植与收购】 2015 年，全国签订烟叶种植收购合同 147.9 万份，同比减少 18.6 万份；实际移栽面积 1609.9 万亩，比计划面积减少 19.1 万亩，同比减少 227.5 万亩。根据国家局烤烟生产收购计划进行合同分解，合同约定收购总量为 227.675 万吨（4553.5 万担），较实际下达收购计划减少 2.195 万吨（43.9 万担）。全国烟叶工商库存总量 513.55 万吨（10271 万担）（把片混算），同比减少 6.971 万吨（139.42 万担），烟叶“三年调控”取得阶段性胜利。各产区收购秩序良好，收购质量平稳。顺利实现严控总量、坚守红线工作目标。

在抓好烟叶生产各项工作的同时，各地狠抓促进烟农增收各项政策措施落实。2015 年，行业投入烟叶生产补贴 90 亿元，实现烟农总收入 685 亿元（含生产投入补贴），同比增加 6 亿元。户均收入 4.49 万元，同比增加 0.41 万元。亩均收入 4124 元，同比增加 429 元。上缴烟叶税 130 亿元。

【烟叶生产基础设施建设】 继续稳定基础设施建设投入政策，以推进土地整理和田间机械化为重点，安排行业补贴资金 66.56 亿元，涉及项目 29 万件。下发《关于进一步加强烟叶生产基础设施建设项目管理的意见》，进一步强化基础设施建设的规范管理，推进烟基项目管理的改革。全面修订《烟草行业水源工程援建项目及资金管理办法》，下发《关于进一步加强援建项目及资金管理的通知》，优化项目评审流程，强化援建资金监管，开展重点项目督导，水源工程援建工作稳步推进。

国家局组织评审 13 个省（自治区、直辖市）提报的水源工程援建项目 244 件，审查通过 216 件，核定援建资金 178.16 亿元，复函同意 182 件，复函援建资金 156.41 亿元，拨付援建资金 79.98 亿元，开工建设 142 件，工程完成总体进度 90% 以上的 40 件，完工 22 件。

【现代烟草农业建设】 积极推进适度规模种植，百亩以上集中连片种植 1144 万亩，占比 71%，同比提高 1.1 个百分点；万担以上种烟乡镇 1428 个，同比增加 32 个；户均种烟面积稳定在 11 亩，培育职业烟农 3.4 万户。

机械作业水平稳步提升，机耕比例 87%，同比提高 2.8 个百分点；机械起垄 77%，同比提高 7 个百分点，机械中耕 21%，机械移栽、覆膜提高到 16% 以上。

发挥烟农合作社专业服务、技术推广和组织烟农三大功能，合作社建设加快发展。截至 2015 年底，全国组建烟农合作社 1884 家，入社烟农 112.5 万户，烟农入社率 74.9%，合作社专业育苗、机耕、植保、烘烤、分级比例分别达到 96.6%、62.9%、39.7%、47.5%、76.5%。

烟叶精益生产试点。14 个精益生产单元在育苗、烘烤、分级 3 个工场和耕整地、起垄移栽、施肥、植保 4 个环节开展工序化操作、班组制作业试点，亩均节省用工 7 个左右。稳步开展原收原调和全收全调试点工作，在 11 个省安排原收原调试点 39.875 万吨（797.5 万担），在 21 个基地单元安排全收全调试点 5.29 万吨（105.8 万担）。

【烟叶生产技术】 适用技术推广进一步深化。调整优化品种布局，云烟系列以及“K326”“红花大金元”“翠碧 1 号”等主栽品种种植比例 85%，同比提高 5 个百分点。提高实用技术落实到位率，全国推广绿肥种植 336 万亩，同比增加 166 万亩；施用有机质肥 1134 万亩，同比增加 56 万亩；推广小苗深栽 965 万亩，占比 60%，同比提高 4 个百分点。

绿色生产、生态维护得到进一步重视。2015 年，全国投放烟蚜茧蜂 1153.92 万亩，同比增加 300 余万亩；云南、贵州、福建等地探索开展烟用地膜回收再利用；四川等地以控制烟叶农残和重金属为核心，开展生态减害技术试点，烟叶可持续发展理念成为产区共识。

【调研分析】 2015 年，中国烟叶公司围绕烟叶重点工作，深入基层烟区、工业企业和复烤企业，开展调查研究，涌现出一大批优秀调研成果，为烟叶生产科学决策奠定坚实基础。1—6 月，围绕烟叶工作中亟需解决的关键性问题，组织开展“加快转变发展方式，深入推进现代烟草农业建设”等 6 个专项课题调研，根据调研成果起草《关于深入推进现代烟草农业建设的意见》等 6 个文件，提出下一步烟叶重点工作的政策措施和意见，并于 7 月份组织召开全国烟叶工作专题研讨会。

6—12 月，针对“严控面积前提下如何实现烟农收入增长”课题，组织专题调研，并组织召开烟农增收座谈会，总结近年来烟农增收工作成效，交流各地先进经验与做法，研究探讨促进烟农增收政策措施。

组织开展工业市场需求调研，通过对18家工业企业分产区小等级需求情况摸底调查，详细掌握烟叶市场真实需求状况，为烟叶计划市场化调控提供有效依据。组织开展烟叶价格政策调研和烟叶原收原调试点工作调研，掌握大量第一手基础数据，在数据资料分析基础上，对下一步工作提出建议。组织开展基础设施建设、水源工程援建项目与资金管理调研，强化项目建设过程监督，进一步推动项目建设规范有序运行。组织开展“烟叶产业扶贫”专题调研，展示行业投身社会主义新农村建设、大力实施烟叶产业扶贫所取得的巨大成就。

【打叶复烤】 2015年，全国有33家打叶复烤企业（含工业企业复烤车间），63个生产点，78条打叶复烤生产线，分布在全国17个省（自治区、直辖市），年设计加工能力199.5万吨（3990万担）。其中，独立法人打叶复烤企业26家68条生产线，年设计加工能力171万吨（3420万担），有原烟仓库294.08万平方米，成品仓库136.76万平方米，烟叶挑选车间30.69万平方米。卷烟工业企业打叶复烤车间7家10条生产线，年设计加工能力28.5万吨（570万担）。

全国33家打叶复烤企业（含工业企业复烤车间）加工烟叶218.036万吨（4360.72万担），较2014年240.879万吨（4817.58万担）减少22.843万吨（456.86万担），同比下降9.49%，其中，26家独立法人打叶复烤企业委托加工烟叶197.794万吨（3955.88万担），华环公司、天昌公司、云南烟叶复烤公司加工自营烟叶7.61万吨（152.21万担），7家卷烟工业企业委托加工烟叶20.24万吨（404.83万担），大理、楚雄、玉溪、昭通卷烟厂复烤车间加工烟叶15.173万吨（303.46万担），分别占加工总量的90.72%、3.49%、9.29%和6.96%。另外，5个生产点存在片烟回烤业务，回烤量共计2.87万吨片烟。42个生产点存在片烟返箱复烤业务，返箱复烤量共计0.12万吨，占成品量比例0.12%。

2015年，26家独立核算打叶复烤企业上缴税金总额21.54亿元，同比增加1.48亿元，增长7.38%；实现净利润18.71亿元，同比增加3.11亿元，增长19.94%。26家独立核算打叶复烤企业共实现加工费收入（含价外费用）78.75亿元，同比增加3.36亿元，增长4.46%；平均吨烟加工费收入（含价外费用）6047.80元。

（编辑：李　昂）

卷烟生产经营

2015年，行业营销战线深入贯彻党的十八大和十八届三中、四中、五中全会精神，全面落实全国烟草工作会议重要部署，紧紧围绕“保七争十缴万亿”年度目标，继续实践“三大课题”、着力提升“五大形象”，坚持按照“稳价是前提、销量是基础、结构是关键、创新是动力”的营销策略，推进卷烟营销市场化取向改革，坚决执行卷烟提税顺价重大决策，顺利完成年度各项销售工作任务。全国卷烟市场呈现出总体销售保持稳定、单箱结构较快提升、销售收入稳步增长、重点品牌价值持续提升、细支烟市场迅速扩容的良好局面。

【卷烟产销情况】① 2015年，全国烟草行业累计生产卷烟25621.5亿支（5124.3万箱），同比减少228.5亿支（45.7万箱），下降0.88%，其中，一类烟5624.15亿支（1124.83万箱），占21.95%，同比提高1.67个百分点；二类烟3034.35亿支（606.87万箱），占11.84%，同比提高1.1个百分点；三类烟11171.85亿支（2234.37万箱），占43.6%，同比下降1.12个百分点；四类烟4337.95亿支（867.59万箱），占16.93%，同比下降1.02个百分点；五类烟1453.2亿支（290.64万箱），占5.67%，同比下降0.63个百分点。

全年累计销售卷烟24895亿支（4979万箱），同比减少600.5亿支（120.1万箱），下降2.36%，其中，一类烟5324.85亿支（1064.97万箱），占21.39%，同比提高1.29个百分点；二类烟2917亿支（583.4万箱），占11.72%，同比提高1.35个百分点；三类烟10970.6亿支（2194.12万箱），占44.07%，同比下降0.88个百分点；四类烟4245.3亿支（849.06万箱），占17.05%，同比下降1.15个百分点；五类烟1437.45亿支（287.49万箱），

① 卷烟生产经营数据为快报数据，2015年决算数据参见《经济统计》栏目。

占5.77%，同比下降0.6个百分点。

全年卷烟批发销售额14223.1亿元，同比增加632.7亿元，增长4.7%。单箱卷烟批发均价2.86万元，同比增加1900元/箱，增长7.2%。

【卷烟销售总体平稳】 2015年，卷烟营销工作不仅面临需求萎缩、库存增加、价格低迷的严峻形势，而且经历提税顺价挑战。行业营销战线坚决落实国家局下达的销售任务，确保年度目标的顺利完成。

销量规模保持稳定。全年销售卷烟24895亿支（4979万箱），同比下降2.36%，实现国家局提出的提税顺价弹性系数“防止最大数、控制平均数、争取最小数”的目标，其中，一、二类烟销量占比33.1%。有19个省级市场销量表现好于全国平均水平，其中，重庆、深圳、贵州、广东、西藏、海南等6家省级烟草专卖局（公司）销量同比增长。

单箱结构持续提升。全年实现批发销售收入1.42万亿元，同比增加632.7亿元，增长4.7%。单箱批发均价2.86万元，同比增加1913元，增长7.2%。32个省级市场单箱结构同比提高。

市场状态基本可控。由于多种不利因素叠加，卷烟库存全年高位运行，市场价格相对疲软。卷烟工商企业主动把调状态放在重要位置，注重产品投放节奏，着力维护主销规格，市场状态保持总体稳定。

【品牌发展基本向好】 *重点品牌稳定发展*。2015年，卷烟工商企业持续加强品牌培育，不断深化营销协同，卷烟品牌总体保持较好发展势头。行业重点品牌全年销售20843亿支（4168.6万箱），同比下降2%；实现批发销售收入1.34万亿元，同比增长4.8%；单箱结构3.2万元，同比增长7%。“中华”“云烟”“芙蓉王”“利群”“黄鹤楼”“南京”实现销量、结构双提升，有效发挥引领带动作用。“贵烟”“兰州”“真龙”“好猫”“都宝”“金桥”等鼓励培育品牌也保持销量增长、结构提升的良好态势。

高端卷烟保持增长。2015年，高端卷烟销售1482.5亿支（296.5万箱），同比增长3.1%。有11个品牌高端销量超过25亿支（5万箱），其中，“中华”销售767亿支（153.4万箱），“利群”销售132亿支（26.4万箱），“黄鹤楼”“芙蓉王”“苏烟”销量超过50亿支（10万箱）。高价位卷烟销售114亿支（22.8万箱），同比增长9.7%，其中，“白沙”“黄鹤楼”销量超过20亿支（4万箱），“云烟”超过15亿支（3万箱），“黄金叶”超过10亿支（2万箱），“南京”“利群”超过5亿支（1万箱）。

细支卷烟加速成长。2015年，细支卷烟继续呈现爆发式增长态势，共销售354.5亿支（70.9万箱），同比增长153.6%；销售额290亿元，同比增长147%。“南京”销售160.5亿支（32.1万箱），“黄鹤楼”销售58.5亿支（11.7万箱），“红金龙”“黄金叶”“长白山”“泰山”销量超过20亿支（4万箱）。此外，全国焦油量6毫克/支及以下低焦油卷烟销售462.5亿支（92.5万箱），同比增长6.4%。

推进雪茄烟营销。举办中式雪茄烟品牌推介会暨终端营销现场会，探索雪茄烟特色营销模式，进一步扩大雪茄烟影响力。定期分析雪茄烟产销数据，修订2015版国产雪茄烟品牌名录。起草《关于推进雪茄烟营销模式改革的意见》（征求意见稿），对雪茄烟营销模式改革提出建议。全年雪茄烟销售9.7亿支，同比增长43.3%。

【营销改革逐步深入】 *市场化取向改革试点取得初步成效*。国家局办公室印发《2015年卷烟营销市场化取向改革试点工作实施方案》（国烟办综〔2015〕70号），明确改革试点的指导思想、工作目标和九项任务。卷烟营销市场化取向改革试点范围扩展到36个重点城市和河北、江苏、湖北全省。坚持把卷烟营销市场化取向改革试点作为营销工作的重中之重，以市场为导向，以“按订单组织货源、按需求衔接计划、按状态调整策略”为总体要求，再造业务流程，升级营销模式，改革试点取得初步成效。

加快建设省级卷烟营销平台，国家局办公室印发《烟草行业省级卷烟营销平台推广方案》（国烟办综〔2015〕142号），明确平台建设的基本原则、主要功能和技术要求。截至2015年底，有29家省级单位完成省级卷烟营销平台建设任务，实现平台顺利上线，其中，山东省公司将试点范围扩展到全省，贵州省公司扩展到7个地市。全年平台上线单位合计实现卷烟销量9005亿支（1801万箱），批发销售收入5117亿元，覆盖卷烟零售客户174万户。

增强卷烟市场活力。全国36个重点城市平均引入新品规格42个、退出不适销规格31个，品牌优胜劣汰机制初步形成。14个重点城市协议变更率在10%以上，30个重点城市协议变更率同比提高，“按需求衔接计划”机制

初步建立。在有省产烟的27个重点城市中，16家单位省际间交易比重同比提高，卷烟市场更加开放。

改进客户服务质量。卷烟营销市场化取向改革试点单位普遍建立省级集中订单采集模式，初步做到实时形成订单、实时削减库存，支持实时跨行结算，有力保障零售客户的自主订货权，有效满足市场需求，进一步优化客户体验。2015年，36个重点城市卷烟零售客户综合满意度同比提高0.3分，其中，客户服务满意度、卷烟供应满意度分别同比提高0.6分、0.5分，满意度增加值均高于全国平均水平。

优化营销业务模式。卷烟营销市场化取向改革试点单位初步完成涵盖货源组织、订单采集、品牌培育、客户服务等各方面的业务流程再造，建立新的营销规则，并固化到省级卷烟营销平台，基本统一地市级商业企业的营销流程，初步构建市场化取向运作的营销新模式。

健全营销监管机制。省级卷烟营销平台的统一推广，实现订单采集集中化、业务流程标准化、营销过程可视化。加强行业营销业务监管，采用业务、管理、监督一体化设计思路，与省级卷烟营销平台同步开发行业卷烟营销监管平台，平台主要围绕需求预测、货源采购、货源投放、订单采集、市场调控等8个业务流程，设置35个监管环节，对试点工作措施落实不到位的情况进行红、橙、黄三级预警。行业卷烟营销监管平台的顺利上线，为国家局、省级局（公司）实时把握销售动态、加强营销过程监管提供有力抓手。中国卷烟销售公司建立电话沟通、发函督办、公文通报、专题约谈等四级处置机制，强化对卷烟营销市场化取向改革试点工作的指导和监督。

【卷烟销售网络建设纵深开展】 推进现代终端建设。截至2015年底，全国建成现代终端57.7万户，同比增加20.8万户，占零售终端总数的11.9%。湖南、上海、浙江、广东、广西、云南等省级公司用好“零售终端建设费”政策，加大专项资金投入，引领客户自主投入、自主提升，促进零售终端良性发展。现代终端成为行业展示形象、培育品牌、推介新品不可替代的重要平台。

客户服务水平持续提高。继续推广“四项服务”、推进“四网合一”，加强货源供应监管，维护客户合理利益，提高客户服务水平。2015年卷烟零售客户综合满意度85分，同比提高0.1分，连续五年保持增长。新疆维吾尔自治区公司发挥卷烟零售客户自律小组作用，有效稳定市场价格。福建漳州市公司坚持状态为先、以价促量，根据社会库存、商业存销比、市场价格、订足率、订足面“五要素”有效调控市场，均衡货源投放，保障卷烟零售客户利益。上海市公司把服务重心聚焦中小客户，增加优质货源供应，提升中小客户的盈利水平。大连市公司打造集卷烟订购、客户服务、品牌营销为一体的微信平台，增强客我互动，改善客户体验。

消费者营销初见成效。四川省公司应用大数据思维，探索商业企业“互联网+卷烟营销”的新方式，面向消费者营销工作取得新进展。山东青岛市公司以满足消费需求为导向，加大对商务、旅游、渔业等特色市场开发力度，进一步挖掘市场潜力。广西中烟建立多平台联动的消费者营销体系，增强品牌黏性。浙江中烟开展浙商营销、圈层营销，发挥意见领袖作用，扩大品牌影响力。

启动消费环境建设。北京市公司开展调查研究，制定吸烟设施的设计方案和采购标准。河北省公司提出吸烟区、吸烟设施的建设思路，并将唐山市公司作为试点，开展消费环境建设。海南省公司主动沟通协调，得到地方党委政府及有关部门的支持。

【营销管理持续加强】 发挥需求预测作用。2015年，国家局办公室下发《关于进一步加强需求预测工作的通知》（国烟办综〔2015〕281号），取消季度预测，增加月度预测，进一步优化预测流程。年度、半年预测成为国家局制定年度销售计划和半年交易计划的主要依据，月度预测为商业企业增补调入计划、工业企业安排生产提供有效支撑。卷烟商业企业年度需求预测准确率99.1%，继续保持较高水平。

提高信息采集分析质量。加强市场价格和社会库存监测，完成8家市场信息自动采集试点单位的数据对接工作，针对提税顺价适应期以及节日市场、一类烟市场开展专题研究，全国1%零售样本点监测网络平稳运行，进一步提升市场分析水平。

推进营销标准化工作。2015年，《烟草商业企业标准化建设指南》《卷烟零售终端订货业务规范》等行业标准正式发布。成立卷烟营销分标委，建立分标委组织架构，确定第一届分标委委员名单，卷烟营销标准化建设迈入新阶段。

提升营销队伍建设水平。召开2015年卷烟流通学术交流会议，开展“互联网+营销”学术研讨，邀请国家工商总局权威专家解读新《广告法》，提高学术研究水平。构建五级营销师（卷烟商品营销）职业技能鉴定体系，推动队伍建设深入开展。截至2015年底，行业有37人获得一级营销师资格，1483人获得二级营销师资格，营销人员持证上岗率达到81.4%。

【卷烟市场变化】 卷烟总体销售平稳。分月看，全国卷烟销售走势上半年波动较大。2月，销量同比增长28.58%。3月，增速迅速回落至-2.70%。4月，有所回升，同比增长5.01%。5月10日，提税顺价政策正式实施，行业各级营销部门措施得当，当月销量同比持平，未出现大幅度波动。6月，全国仍处于提税顺价的适应期，卷烟销量回落较为明显，同比下降6.59%。下半年，面对卷烟市场出现的新变化，各级卷烟营销部门采取有效措施，加快走出调税顺价适应期。从7月开始，卷烟销售势头有所回升，销量降幅逐月缩窄。9月，销量同比增长0.95%。11月再次发力，销量同比增长0.32%。至12月，卷烟销量任务完成。

从区域分布上看，销量同比增长的省份集中在中南地区及西南地区，其余地区的各省份销量均有不同程度的下降。2015年，在全国33个省级单位中，重庆、深圳、贵州、广东、西藏、海南等6个省（自治区、直辖市）销量同比增长，其中，重庆、广东、贵州位列销售增量前三位。27个省（自治区、直辖市）销量同比下降，比2014年同期多24个，其中黑龙江、山东销量降幅超过5%，下降较为明显。

单箱结构较快速提升。2015年，全国卷烟单箱结构2.86万元/箱，同比增加1900元/箱，增长7.2%，比2014年提升0.48个百分点。分省看，在全国33个省级单位中，除山东的单箱结构略有下降外，其余省份均有不同程度的增长。其中，宁夏、湖北、江苏、江西、上海、深圳、安徽等7个省（自治区、直辖市）同比增长10%以上；西藏、上海、深圳、江苏、湖北、安徽、海南、四川、贵州等9个省（自治区、直辖市）单箱结构均超过3万元/箱，比2014年多5个；浙江省单箱结构突破4万元/箱，达到4.03万元/箱。

销售收入稳步增长。2015年，全国累计实现销售收入14223.1亿元，同比增加623.7亿元，增长4.7%。分省看，有29个省（自治区、直辖市）的销售收入同比增长，其中广东、浙江2个省销售收入突破1000亿元。从近五年的走势看，销售收入增速从2011年起有所下降，经2014年略微回升后，2015年回落至4.66%。分月看，2月以后，全国卷烟销售收入走势基本平稳，但受销量同比下降影响，6月、7月、8月、10月、12月的销售收入仅在4%以下低位增长，增长势头明显趋缓。

重点品牌价值持续提升。2015年，行业29个重点品牌合计销量为20843亿支（4168.6万箱），同比减少424.45亿支（84.89万箱），下降2%，其中，“双喜·红双喜”品牌销量排名第一，达到2055.5亿支（411.1万箱）；“云烟”“红塔山”“白沙”“利群”4个品牌销量均超过1000亿支（200万箱）。

行业29个重点品牌的平均单箱结构3.20万元/箱，同比增加2084元/箱，增长7%，比全国平均水平高出3465元/箱，其中，除“苏烟”单箱结构略降0.93%外，其余28个重点品牌的单箱结构均同步增长。“中华”单箱结构10.90万元/箱，居第一位，“苏烟”“芙蓉王”“玉溪”3个品牌单箱结构均超过5万元/箱。

销售收入方面，行业29个重点品牌实现销售收入1.34万亿元，同比增加614.7亿元，增长4.8%，其中，“中华”销售收入1674.1亿元，居第一位，“云烟”“芙蓉王”“利群”3个品牌销售收入均超过1000亿元。有7个重点品牌销售收入增幅超过10%，最高“南京”达到23.94%。

2015年，重点品牌销量比重83.72%，同比增长0.68个百分点；销售收入比重93.88%，同比增长0.27个百分点，品牌集中度进一步提高。

重点品牌结构持续提升。随着销量增长空间日渐缩窄，从2011年起，重点品牌销售收入增长走势逐步趋缓，2015年重点品牌增长率4.8%，同比下降4.65个百分点。面对经济发展的新常态，各重点品牌从原来“增规模、缓结构”“控规模、提结构”各有侧重的发展态势，基本转向以“稳规模、提结构”为主导的发展方向。2015年，表现为“销量增长、结构提升”状态的重点品牌数量12个，同比增加1个，“销量下降、结构提升”的重点品牌数量16个，同比增加8个。

一类烟增长势头明显趋缓。2015年，一类烟销量

5324.85 亿支（1064.97 万箱），同比增长3.89%，比2014年下降12.92个百分点。从对结构提升的贡献度看，一类烟的贡献度经历2012—2014年连续3年的较快提升后，2015年首次出现回落，贡献度64.89%，比2014年下降26.92个百分点。全国10个省一类烟销量同比下降。行业29个重点品牌中一类烟在销的有26个，其中“长白山”“红河”“好猫”“延安”4个品牌的一类烟同比降幅超过10%。

*高价位和高端卷烟销量增长势头下降明显。*2015年，高价位及高端卷烟销量虽然总体保持增长，但销量增长势头下降明显，增幅均在10%以下，其中，高端卷烟2015年销量同比增长3.1%，增幅与2014年相比下降12.58个百分点。

*细支卷烟市场分化。*2015年，全国细支卷烟在销品牌有30个，同比增加19个，在销规格75个，同比增加25个。全年细支卷烟实现销售收入290亿元，同比增加172.63亿元，增长147%，单箱结构4.07万元/箱。细支卷烟市场迅速扩容。

分品牌看，在销的30个细支卷烟品牌中，8个品牌销量超过万箱，同比增加4个，销量前五位品牌为“南京”“黄鹤楼”“红金龙”“黄金叶”“长白山”。前五位品牌销量占比81.99%，集中度较高。

从区域分布上看，细支卷烟区域发展有所分化。华北、东北地区发展较好，两地区中9个省级单位销量全部超过万箱，最高的为辽宁省，销量50.25亿支（10.05万箱），销量同比增幅均超过100%。华东地区的7个省级单位销量增幅均高于100%。中南地区与西南地区发展相对较缓，两个地区12个省级单位中，仅有河南、四川2个省销量规模超过万箱。西南地区的5个省级单位中，仅西藏增幅超过100%。

【卷烟包装箱循环利用】 2015年，行业卷烟包装箱循环利用在完成“第一个50%”目标任务［即同省（自治区、直辖市）内循环利用达到50%以上］的基础上，明确要实现“第二个50%”目标任务［即毗邻省（自治区、直辖市）循环使用达到50%以上］，年度任务核定总量由1000万箱提升到1350万箱。围绕年度目标任务，行业进一步规范卷烟包装箱循环利用数据统计工作，于2015年初开发完成卷烟包装箱循环利用数据统计系统并组织行业应用培训；落实定期通报制度，逐周统计数据、逐月公布进度、逐季通报完成情况；组织召开卷烟包装箱循环利用工作座谈会并借助行业物流工作现场会，持续加强工作督导。

行业各省级局（公司）、工业公司进一步加强工商协同，完善协作机制；不断优化工作流程，严格作业标准，加强质量控制，卷烟包装箱商业返还率、回收完好率和工业使用率不断提升。全行业卷烟包装箱循环利用工作体系全面建立，业务流程逐步固化，标准规范日益健全，工商协同日渐顺畅，考核机制趋于完善。

截至2015年底，商业企业累计向工业企业返还卷烟包装箱12030.13万只，工业企业累计使用循环利用包装箱包装生产卷烟1561.66万箱，超过年度任务总量211.66万箱，任务完成率115.68%。2015年10月，国家局办公室以《专报信息》（2015年第15期）的形式，将行业开展卷烟包装箱循环利用工作的情况作为行业工作亮点向中共中央办公厅、国务院办公厅进行专题报告。

【工商卷烟托盘联运工作打开新局面】 工商卷烟托盘联运是工商物流一体化建设的重要组成部分。2015年，行业坚持“先同城后省内再省际”的工作原则和要求，首次提出工商卷烟托盘联运1000万箱的年度目标任务，要求注重激发“两个积极性”，强调加强“两个工作保障”。截至年2015底，工商企业卷烟托盘联运累计完成1138.24万箱，比年度目标任务超额完成138.24万箱，任务完成率113.8%。

*激发“两个积极性”。*一是充分发挥浙江中烟、上海烟草集团、安徽中烟、江苏中烟等工业公司标杆和“领头羊”作用，确保其在同城、同省工商卷烟托盘联运的基础上，鼓励其向毗邻省份拓展，进一步扩大托盘联运规模。二是着力帮扶同城卷烟销量较大的工商企业率先打通同城工商物流托盘联运对接环节，推进同城工商企业卷烟仓库共建、共享、共用，有效减少中间环节，提高工商物流对接效率，其中，原川渝中烟与重庆市局（公司）以“同址同库”“异址同库”的形式，实现不同模式下的工商共库管理，并通过信息共享、储运联动、标准对接、营销协同构建基于客户需求的拉动式物流模式，实现从“按订单组织货源”到“按订单组织生产”的无缝衔接；红云红河集团利用信息化手段，将片烟纳入物流一体化管理体

系，实现片烟从复烤到存储直至投料生产的全过程跟踪和全流程追溯。

加强“两个工作保障”。一是加强工商企业托盘联运相关设备改造，改善工商物流对接的软硬件环境。截至2015年底，行业18家省级工业公司的53家卷烟厂、29家省级局（公司）的219家地市级公司完成卷烟托盘联运系统建设或改造，具备卷烟托盘联运的基础条件。二是加强工作引导、指导和督导，通过月度统计、季度通报、重要会议再强调和再部署，加强基层企业卷烟托盘联运的工作主动性，在省级工商企业层面消灭空白点，实现全覆盖。卷烟托盘标准及相关信息标准的强化和统一，工商卷烟托盘联运体系的基本建立，使“长距离件烟运输”和“短距离托盘联运”相结合的卷烟干线运输方式得到普遍共识和广泛应用。

【卷烟运输管理】 规范业务运行。为切实降低行业运输成本，国家局把规范工业企业运输费用作为行业物流的一项重要改革内容，印发《中国烟草总公司关于加强烟草工业企业卷烟运输管理工作的通知》（中烟办〔2015〕178号），对工业企业加强卷烟运输管理工作提出明确要求并作出具体部署。组织对工业企业卷烟运输管理状况进行普查，全面掌握全行业卷烟运输计重方式、吨公里价格、里程核定规则、招投标办法以及现行管理制度等方面的情况，理清各企业对卷烟运输管理的理念、方式和手段，梳理存在的问题和漏洞；组织召开卷烟吨公里运价管理工作座谈会；研究开发行业工业企业卷烟运输服务系统，为工业企业加强卷烟运输管理提供信息服务和管理支撑。

各工业企业制定落实方案，研究对策措施，狠抓工作落实，以统一计重标准、核定运输里程、建立阶梯运价和运费油价联动机制、规范公开招标、开展合作运输等工作为重点，加强和优化卷烟运输管理，在降低卷烟运输成本费用方面取得初步成效。河南中烟、广东中烟、浙江中烟等工业公司以准确到货和规范运输为核心，以基础管理、运输质量、运输安全等为主要考评内容，制定卷烟承运商管理考评办法，建立日常考核和年度评价相结合的承运商准入、评价和退出机制，切实加强卷烟承运商资质管理，促使承运商不断提高服务水平。陕西中烟、江苏中烟、湖南中烟、原川渝中烟、湖北中烟、福建中烟、山东中烟等工业公司以运输规范化、标准化、一体化为重点，以省级公司为主体，对卷烟、原辅料运输承运商实行统一招标和统一管理。云南中烟将卷烟运输费用和运输保险费用分开单独招标，有效降低费用。

探索储运统筹。推动合作加工企业间减少重复运输工作，疏通原有政策中存在的壁垒和障碍，力求破解基层企业实际运营中存在的现实困难，以云南中烟、湖南中烟、上海烟草集团、安徽中烟、原川渝中烟为试点单位，国家局批复同意试点单位开展省外生产厂跨省移库工作。

各试点单位抓住契机，探索创新工作模式，整合和共享省外仓库仓储资源、卷烟干线运输资源，卷烟运输费用明显降低，提升市场响应速度，进一步优化物流网络布局和物流资源配置，提升物流综合管理水平，更好地适应卷烟营销市场化取向改革。其中，云南中烟、湖南中烟开展合作生产卷烟减少重复运输试点工作，在合作加工企业所在地设置省外仓库集中发货，有效整合共享省内、省外两部分物流资源，初步形成企业大物流格局，大大减少卷烟重复运输；安徽中烟与原川渝中烟按照“前置安全库存、省外直发调拨”模式开展“工—工”合作，通过互用对方仓储资源、互为对方发货运输的办法，将小批量订单卷烟集中前移至对方仓库，随对方卷烟运输车辆配载运输，较好地解决小批量订单运输费用居高不下的问题。2015年，试点单位横向发运和就地配货直发量累计29.7万箱，节省运输费用7600万元，到货时间提前3天左右。

强化信息化手段应用。各工业公司综合运用信息化手段，进一步降低卷烟运输费用。福建中烟、安徽中烟、江苏中烟、原川渝中烟、广东中烟、湖南中烟、浙江中烟等工业公司研发上线卷烟运输管理系统，并将卷烟运输计重、计价和计程标准全部固化到信息系统之中，实现卷烟运费自动计算，一单一费，按单结算。陕西中烟、湖南中烟等单位应用卷烟运输管理系统不断优化运输调度，加强对运输计划、车辆安排、货物装卸、在途行驶等过程的实时监控和痕迹化管理，形成卷烟运输的闭环监控管理体系。浙江中烟、安徽中烟在物流综管系统中设置卷烟运费预算管理和核算管理功能模块，强化运输成本管理，加强运费核算与考核。

【推进物流非法人实体化建设】 2015年，物流非法人实体化建设继续在“固基础、求突破、见实效”上下功夫，整合行业物流资源，提高运行效率，成本费用进一步管控。6月，国家局印发《烟草商业企业物流非法人实体化运行管理规范》，对商业企业物流体系运作进行全面系统规范，明确卷烟物流配送中心在非法人实体化模式下“干什么”和“怎么干”，进一步确保物流非法人实体化见成效、出效益。

截至2015年底，行业335个卷烟物流配送中心，有278个实行非法人实体化运作，通过改革配送中心管理机制、深入推进精益管理，行业商业企业全年共取消卷烟配送中转站、对接点24个，压减在用送货车辆667台，物流从业人员减少803人，人均配送效率提升0.23%；卷烟物流费用增长率控制在6%以内，低于商业企业卷烟销售费用增长率8.59个百分点；批零送货时间间隔平均7.39天，缩短0.94%，平均送货响应时间36.89小时，同比缩短2.17%。

“固基础”。编制《烟草商业企业物流非法人实体化运行管理规范》《卷烟工业企业物流中心非法人实体化运行规范》行业标准，通过举办现场培训和网络学习进行宣传贯彻和引导。大部分基层企业编制本省物流非法人实体化运行规范实施细则，对物流非法人实体化的运行模式、工作机制和管理标准进行更为明确的界定。同时，加大物流资源和业务整合力度，明晰物流资源归属和业务边界，将原来分散在各个环节的物流资源和业务集中到物流中心统一管理，优化顺畅业务流程，整合盘活物流资源。

“求突破”。重点是实现物流配送中心从职能部门向分支机构的转变。发挥陕西、四川、山西、湖北省局（公司）等单位的典型示范和标杆引领作用，加大宣传、交流、学习力度，特别是在中转站的管理模式、财务账户的设置方式、人员管理的授权程度等方面均有创新和突破。其中，湖北省局（公司）以武汉为中心探索“1+5”区域物流模式，实现跨地市的物流资源共享。

“见实效”。将物流非法人实体化与精益物流相结合，通过企业物流改制进一步激发组织和员工的活力。基层物流“小改小革”层出不穷，在全国烟草行业第26届优秀质量管理小组成果发布会上，物流领域获奖16项。

【物流建设项目审查论证】 2015年，行业严格执行《卷烟物流配送中心建设控制指标》，严控项目建设规模和投资，中烟商务物流有限责任公司协助申建单位不断优化技术方案，完成长治、郑州、聊城、保山、楚雄、西双版纳、百色市（州）公司卷烟物流配送中心等7个新建、调整项目的联合审查论证，联合工房建筑面积压减3718平方米，物流业务相关建设投资核减5736万元；研究制定《烟草行业物流建设项目前置性审核管理办法》等系列规范性文件；分析提出《卷烟物流配送中心建设控制指标》调整建议。

【提升物流技术和信息化水平】 物流综合监管调度系统。行业物流综合监管调度系统建设项目通过验收。该项目搭建行业物流信息交互平台，全面整合行业八大类物流信息资源，实现国家局、省级工商企业、地市级公司和卷烟生产厂3个层面的数据贯通，打通工商4个物流环节和14个物流节点，为烟草行业物流信息化整体水平的提升奠定重要基础。项目包含资源台账、管控调度、分析服务三大板块，具备资源管理、视频监控、运行管理、规划建设、信息服务、运维监管等六大功能，实现对行业物流运行全程监控跟踪、投资项目前置性审查对比、系统运维实时监控、物流通报实时获取。同时，项目实现与行业生产经营决策管理、工商在途、视频监控、数字化仓储等系统的数据对接，为行业物流管理的综合调度和宏观分析提供依据。提供多媒体演示环境，实时获取全行业物流数据。

卷烟生产经营决策管理系统。制定《决策管理系统运维工作指南》，确保卷烟生产经营决策管理系统运维工作高效有序开展。行业各单位积极配合做好系统运行维护各项工作。湖北省局（公司）、云南省局（公司）、辽宁省局（公司）的全省配送中心实行7S管理，将7S理念贯彻到日常维护操作之中。上海烟草集团、福建省局（公司）、江西省局（公司）等全省配送中心针对打扫码设备养护，制定管理制度和规范要求，部分配送中心设置专职岗位负责设备清洁、检查与维修保养，降低硬件故障率。湖南省局（公司）、江苏省局（公司）、青海省局（公司）等单位所属的物流部门定期安排配送中心操作及维护人员集中培训，按照不同岗位、业务类型划分培训专题并组织技能考试，形成长效培训机制。

2015年，卷烟生产经营决策管理系统累计处理运维事件12575个，其中主动监控发现5723个，全部在约定时间内解决；受理各类变更355个，完成351个；完成现场巡检3031次、现场应急服务364次、现场保障服务1213次、现场培训226次和建议报告3186份。

“新商盟”系统。通过国家局公开招标采购流程，与浪潮软件股份有限公司签订运维服务合同，搭建运维工作规范体系和安全保障方案，不断加强“新商盟”系统运维工作的监管力度。截至2015年底，直接使用“新商盟”进行订货的卷烟零售客户数量315.8万户，通过“新商盟”统一登陆后转入本地订货系统的用户数量38.9万户。系统月均访客数3430万人次。

片烟物流追踪系统。以红云红河集团为试点单位，建设片烟物流追踪系统。采用RFID电子标签和一维条码技术，对每件成品片烟箱赋予唯一身份标识，在复烤厂生产下线、销售出库、工业企业片烟入库和备料出库4个环节完成打扫码过程，完成片烟物流流转与质量信息采集。通过建立原料物流和质量追踪体系，实时反映原料物流流向、流量、流速状态，形成以原料生命周期为主线的质量追踪与评估体系，为原料养护、卷烟配方提供信息支撑。截至2015年底，平台验收工作结束，初步完成前期试点工作。

【“两烟”交易服务保障】 *加强平台维护*。坚持交易平台每日巡检、定期维护、高效监控，完成对老化严重的精密机房空调及相关配套设施的更新改造工作。研究制定《烟叶网上交易系统及相关系统升级改造方案》，完成相应调整。坚持会员信息及时更新、产品信息及时维护、合同用纸及时发放，“两烟”交易会员密钥完成更换，系统产品库维护工作零误差。2015年，签订卷烟合同60.2万份，分解烟叶合同22.32万份，卷烟成交量5158.29万箱。全年调整卷烟协议9483份、29053次，特殊协议调整功能开通1332次。卷烟产品信息维护4000余次，核发会员密钥1564个，各类合同纸发放85.98万张。

拓展服务内容。根据扩大卷烟营销市场化取向改革试点的工作要求，对卷烟交易系统进行相关改造，协议调整比例限制由10%扩大到20%。做好交易数据分析报告，为宏观决策及企业生产经营提供信息服务。针对市场新变化和品牌新特点，对细支卷烟的交易情况和发展趋势进行研究。调整合同签订流程中与发展现状不适应的环节，切实解决企业的现实困难和问题。针对行业信息系统容灾演练过程中，“两烟”交易IC卡证书不能达到行业数字证书技术要求的问题，将“两烟”交易IC卡证书升级替换为UsbKey式行业数字证书，同时依此建立全新的会员管理信息数据库。建立并发布行业卷烟仓库代码标准。

【异型卷烟自动化分拣工作】 2015年，为适应异型卷烟尤其是细支卷烟的快速发展，国家局提出要逐步实现异型卷烟分拣、包装的自动化，解决好异型卷烟分拣包装效率偏低的问题，为工业企业产品创新服好务、为卷烟市场营销服好务、为满足客户需求服好务。组织开展异型卷烟分拣情况行业普查；对西安市公司异型卷烟自动分拣设备和运行情况开展实地调研；组织筹备行业异型卷烟自动化分拣工作现场会。

全年全国烟草行业商业企业分拣异型卷烟671.45亿支（134.29万箱），占全年卷烟分拣总量的2.69%，其中，细支卷烟分拣总量382.9亿支（76.58万箱），占全年卷烟分拣总量的1.54%。

在全国33家省级烟草公司中，山东、辽宁、黑龙江、吉林、江苏、内蒙古、四川、河北、福建等9家省级烟草公司异型卷烟分拣量均高于全国平均水平，其中，山东省公司71.1亿支（14.22万箱），辽宁省公司57.7亿支（11.54万箱）。

在335家卷烟物流配送中心中，从异型卷烟分拣的绝对数量上看，年分拣量3万箱以上的卷烟物流配送中心有4家，5000～10000箱有52家，500箱以下的有30家。从异型卷烟分拣的相对数量上看，异型卷烟分拣占比小于1%的有66家，占比1%～2%的125家，占比10%以上的8家。从异型卷烟分拣的品牌规格数量上看，分拣品牌规格数量小于30个的59家，最小品规数量5个；50～80个的117家；110个以上的16家。

（编辑：谢争艳）

专卖监督管理

2015年是“十二五”规划收官之年，卷烟打假打私持续向好。专卖管理不断适应行业改革发展新形势，各级烟草专卖管理部门贯彻落实国家局决策部署，以“三严三实”专题教育为动力，继续实践“三大课题”、提升“五个形象”。专卖内管、市场监管、打假打私“三大体系”建设成效显著，许可管理、队伍建设、专卖信息化“三个基础”稳步推进。专卖战线沉着应对各种风险和挑战，坚决维护《专卖法》的尊严，坚决维护专卖专营的底线，坚决维护良好的生产经营秩序，为保持行业经济平稳运行、持续健康发展作出积极贡献。

【专卖内管】 各级烟草专卖局以遏制卷烟非法流通蔓延为目标，一方面强化外打、坚决查办卷烟非法流通案件，一方面狠抓内管、严肃查处违规经营行为，积极推进内部监管体系建设，努力维护行业良好生产经营秩序。

*卷烟非法流通治理。*针对卷烟非法流通新形势新情况，国家局加大对卷烟非法流通的考核权重，出台对流出地和查扣地按卷烟外流和查获数量的10倍扣减和增加销售完成量的奖惩政策，发挥较好的导向、激励、约束作用。进一步完善罚没烟后续处理措施，确立对可查清来源地的罚没卷烟由查案单位指定外流单位进行回购的处理方式，遏制违规经营冲动。国家局落实卷烟非法流通重大案件通报督办制度，及时对外流严重单位启动约谈机制，进一步推动卷烟非法流通治理。江苏省局态度坚决、敢抓敢管，查堵打击卷烟非法流通措施有力、成绩突出。湖北省局强化省际毗邻地区、交通要道管控，破获一批大案要案。

国家局加强对重点单位调研督导，分析问题原因，总结治理经验。湖南省局主要领导对治理工作亲自过问、亲自部署、亲自督导，严格落实“未退前三、一票否决”考核规定，加大对非渠道烟贩卖网络的打击力度，查获非渠道烟网络案件46起，逮捕判刑121人，逐步扭转卷烟非法流通的不利局面。

*违规经营问题查处。*国家局对严令禁止的销售卷烟不打码问题进行重点督办，责成有关省级局对涉案地市级公司“一把手”作出严肃处理，并在全行业进行通报，引起强烈反响。各级局认真履行监管职责，加强事前、事中监管；强化执纪监督，查处各类违规经营行为594起，处理281人。

【市场监管】 *卷烟零售市场监管。*各级专卖管理部门坚持守土有责，积极推进市场监管体系建设，不断完善烟草专卖品生产经营企业日常监管机制，切实加强属地监管，有效维护良好市场秩序。国家局总结APCD工作法试点经验，完成全国统一工作平台的方案设计，在实现APCD工作法全面落地、推动零售市场监管模式转变上迈出关键步伐，监管水平不断提升。国家局组织对“12313”市场监管举报电话抽查，及时通报整改有关问题。各地认真组织开展零售市场整治专项行动，河北“护航一号”、江苏“冬季会战”、浙江“天网一号”、广西“利剑”、四川“天府金剑”等专项整治行动取得良好效果。

*互联网涉烟监管。*国家局继续加大对利用互联网非法经营烟草专卖品的打击力度，加强与互联网主管部门的沟通、与互联网龙头企业的协作，建立定期交流、信息互通、案件协作办理的合作机制；组织淘宝网店专项清理行动，相继督办浙江丽水“9·25”、广东佛山“4·15”、河南濮阳“11·18”、辽宁朝阳“5·20”等15起互联网涉烟重大案件。行业2015年破获互联网涉烟案件170起，同比增长133%。

【打假打私】 各级专卖管理部门推进打假打私体系建设，发挥联合打假打私工作机制作用，保持高压态势，强化综合治理，部署开展专项整治“百日行动”，严厉打击制售假烟和走私烟草专卖品违法活动。2015年，查处案值5万元以上假烟案件2966起，收缴制假烟机293台（套），查获烟丝烟叶1.42万吨，查获假烟15.7万件、走私烟7.6万件，拘留7486人，追究刑事责任4187人。

*重点地区整治。*针对2015年部分地区假烟走私烟大幅反弹的严峻形势，国家局在广东、广西、福建、河南等重点地区部署开展打假打私专项整治“百日行动”，有效压制粤东、防城港等重点地区制售假烟和走私卷烟反弹势头。福建省局完善举报制度，实施综治考核，进一步巩固云霄地区的打假成果。广东省局突出政府主导，加强组织协调，泛粤东、珠三角、惠州等地区在生产、分销、物流等环节的打假取得明显效果。河南省局坚持严打、严防、严惩不动摇，大力推进防控体系建设，进一步压缩制假生存空间。广西、浙江、江西、深圳、黑龙江等地相继打掉一批立足未稳的制假窝点，有效防止制假活动转移扩散。

*重大案件督办。*各地高度重视打击制售假烟网络工作，集中破获一批重大制售假烟网络案件，较好完成每个地市打掉1～2个较大规模制售假烟网络的目标任务，其

中，山东省局、广东省局、浙江省局、福建省局、湖南省局、江苏省局等单位在办案数量、判刑人数上居前列。公安部、国家局继续加大对重大制售假烟网络案件的督导力度，直接督办河南信阳“1·14”、浙江金华“4·22”等65起假烟网络案件，通报表彰广东“粤北一号”、广西玉林“6·17”等8起特大假烟网络案件。全国破获国标网络案件992起，同比增长14%。

*运输环节整治。*国家局、公安部集中调研推动物流寄递涉烟违法问题的整治。湖北省局联合公安、邮政、交通、铁路等五部门建立联合工作机制，深圳市局联合铁路公安局严厉打击利用铁路非法运输烟草专卖品行为，广州市局协调政府打假办突出对物流中转分销假烟活动的治理。全国在运输中转环节查获假烟7.12万件，同比增长75%。

*非法经营烟机和烟用原辅料整治。*国家局密切关注烟机、烟用原辅料非法经营活动的新动向，加强对系统外烟草专卖品生产经营企业的属地监管。云南省局、贵州省局、广东省局、广西区局、福建省局、浙江省局、河南省局等单位加强对非法经营烟机、烟叶违法活动的打击，不断完善区域协作机制，加强线索收集。通过源头治理、案件查办、加大运输环节封堵拦截等方式，切断非法烟机、烟叶烟丝向地下窝点的供应。云南省局对呈贡县回回营地区和泸西县白水镇“三元地区”非法加工、经营烟叶活动进行有效治理，有效打击卷烟制假原材料供应链。广西玉林市“6·17”打假行动一次查获非法加工、销售烟叶烟丝1713吨，卷烟纸、滤棒、烟用丝束等制假原辅材料一批，现场抓获33人，批捕25人，现场货值逾亿元。浙江宁波市镇海区“5·12”跨国贩卖烟机、烟辅材料案件涉及全国十多个省（自治区、直辖市）和印尼、阿联酋等多个国家，涉案人员20余人，案值6000万元。

*打私工作机制建设。*国家局积极协调海关总署，推动制定《反走私综合治理条例》，为烟草部门参与反走私综合治理提供法律依据，解决多年来的执法困境；针对部分沿海口岸水客携带大量雪茄烟入境，集中销售到内地的突出问题，向海关部门提出修改进境旅客携带烟草制品数量规定的建议。为进一步加强免税出口和境外生产卷烟监管，国家局印发《国家烟草专卖局关于印发加强免税出口和境外生产卷烟监管的规定（试行）的通知》（国烟专〔2015〕134号）。国家局联合公安部、海关总署以泛珠三角区域反走私合作为基础，协调推动广西、广东两省（自治区）建立政府牵头的联合打私工作机制。广东、广西等重点地区海关、公安、边防、海警等部门与烟草密切协作配合，开展拦截运输和捣毁仓储等专项治理工作，有效遏制烟草专卖品走私活动。国家局联合公安部、海关总署督办广东湛江“7·16”走私卷烟案件、浙江金华“4·22”跨国走私假烟案件、广东中山非法经营雪茄烟案件、广西防城港“2·26”跨国走私卷烟案件等8起重大走私卷烟案件，其中，广东湛江“7·16”特大走私案列为2015年全国海关缉私十大典型案例之首，产生良好的社会影响。

【许可管理】 各级专卖管理部门严格依法审批，完善制度措施，转变管理理念与监管方式，强化监督检查与后续监管。2015年，办理生产经营类许可证1109份，审批签发准运证90.93万份。截至2015年底，全国有效持证卷烟零售客户545万户，同比增加9万户。

*探索零售许可管理改革。*国家局在重庆、深圳试点零售许可管理改革工作，探索实行零售点合理布局负面清单制度，取消不符合法律法规的限制性办证规定，规范准入条件，简化办证流程，提高工作效率，缓解办证矛盾。山东省局、内蒙古区局、海南省局主动创新零售许可管理方式，制定实施零售许可证退出清单、优化简化流程等制度措施，取得良好效果。

*专卖证件管理制度建设。*按照简政放权、放管结合、优化服务的总体要求，国家局下发通知，明确基层证件管理人员配备、办证场所、办证人员仪容举止、办证服务、工作纪律等要求。北京市局、河南省局试点零售许可证网上办理，在规范许可审批、改善行政服务上取得积极成效。

*加强许可管理监督检查。*针对“罗城事件”暴露的零售许可证办理方面的突出问题，国家局第一时间作出反应，要求在全国范围内进行许可证管理工作专项检查。国家局加强对专项检查情况的跟踪督导，推动有关问题的整改落实。国家局组织开展对9个省（自治区、直辖市）许可管理工作抽查，浙江、广东、河北、广西等省（自治区）局认真组织自查整改，各级局以检查促规范，进一步提升许可管理工作水平。

【专卖信息化建设】 行业全面启动专卖管理综合信

息系统建设，“三统一、两完善、两整合”稳步推进。国家局系统梳理业务需求，组织调研论证，“三统一”需求规格说明书通过行业评审。开展试点单位业务培训，启动“三统一”试点上线运行。国家局总结各地实践经验，推进市场监管系统建设；分析前期行业内管系统运行情况，完善进一步整合方案，“两完善”取得积极进展。各单位将信息化建设作为一项重要工作，梳理业务流程规范，准备全面上线运行。北京市局、山西省局、安徽省局等单位作为“三统一”首批试点单位，全程参与；陕西省局、山东省局、四川省局等单位主动介入，建言献策，为行业专卖管理综合信息系统建设作出积极贡献。

【专卖队伍建设】 各级局继续以专卖管理岗位技能鉴定和专卖管理基层建设为抓手，推动专卖队伍执法能力和综合素质提升。2015 年，行业开展 5 批专卖管理师全国统一鉴定，累计参加鉴定 1.18 万人次，获证 4636 人。首次开展高级专卖管理师正式鉴定，专卖技能人才培养迈上新台阶。国家局组织开展地市级局专卖科长执法能力管理素质提升培训、专卖证件管理人员业务培训、互联网办案专题培训，进一步加强基层专卖执法能力建设，提升基层专卖队伍综合素质。评选表彰第二批 32 家优秀县级局标兵单位，全面总结前期基层创建活动。各级局多措并举，在加强基层建设、组织开展培训、提升业务技能等方面做了大量工作。安徽省局积极探索标准化队所建设；云南省局在基础管理中引入信息化管理手段，专卖基层建设不断深入；湖北省局开展文明执法教育整顿，专卖队伍执法形象进一步树立；黑龙江、广西、海南、天津等省级局通过技能培训、知识竞赛等形式，推动专卖队伍素质水平进一步提升。

（编辑：李　昂）

政策法规与体制改革

2015 年是全面深化改革的关键之年，是全面推进依法治国的开局之年，是“六五”普法的收官之年。烟草行业各级法规体改部门认真贯彻落实国家局决策部署，全面推进法治烟草建设、全面深化行业改革，为保持行业持续健康发展作出积极贡献。

【法制宣传】 2015 年，国家局深入贯彻党的十八届四中全会精神，结合行业实际制定印发《国家烟草专卖局关于印发贯彻落实〈中共中央关于全面推进依法治国若干重大问题的决定〉实施方案的通知》（国烟法〔2015〕69 号），从八方面明确烟草行业法治建设的具体任务；从“一年工作目标”“三年工作目标”两个维度明确路线图和时间表；同时明确牵头部门和配合部门。

“六五”普法收官。7 月，国家局印发《关于组织开展烟草行业“六五”普法总结验收工作的通知》（国烟法〔2015〕197 号），各直属单位按照通知要求对本单位“六五”普法工作情况进行自查，天津市局、河南省局、湖南省局、广东省局、广西区局、云南省局、深圳市局等直属单位通过国家局抽查。福建、江西两省烟草行业通过全国普法办的检查，工作成果得到全国普法办的充分肯定。

为表彰先进，经过认真评选，北京市局（公司）等 90 家单位被评为烟草行业“六五”普法先进单位，崔燕等 65 人被评为烟草行业“六五”普法先进个人。中国烟草总公司、浙江中烟、天津市局（公司）、杭州市局（公司）等 4 家单位被中央宣传部、司法部、全国普法办公室评为 2011—2015 年全国法治宣传教育先进单位，河南中烟张超、重庆市局范涛、湖南中烟陈湘龙、江西永修县局熊文、河北白沙王玉立、福建中烟沈吉等 6 人被中央宣传部、司法部、全国普法办公室评为 2011—2015 年全国法治宣传教育先进个人或先进工作者。“六五”普法工作顺利结束。

普法宣传教育。2015 年，行业各单位围绕普法工作，贴近行业实际，突出烟草特色，普法工作取得新成效。2015 年，行业开办法治烟草讲堂 2948 个，开设法治烟草专版专栏 3425 个（块），创建“依法行政示范单位”和“诚信守法示范企业”345 个；征集专卖执法典型案例 1873 个，征集涉诉仲裁典型案例 2523 个，征集法治烟草论文 2544 篇。国家局在此基础上组织专家精选 100 个专卖执法典型案例、100 个涉诉仲裁典型案例和 100 篇优秀法治烟草论文，分别编辑成册，作为行业“六五”普法成果的集中展现。

【法律风险防控】 2015 年是法律风险防控体系建设的攻坚之年，也是见效之年。行业各级单位继续排查风险点，层层制定法律风险防控制度，结合实际，探索重点领域法律风险防控的新思路、新措施。

*进一步加强制度建设。*围绕依法行政、依法管理、依法组织生产经营的工作要求，国家局印发《国家烟草专卖局关于印发烟草行业规范性文件备案审查办法的通知》（国烟法〔2015〕54号）、《国家烟草专卖局关于印发烟草专卖执法资格管理办法的通知》（国烟法〔2015〕240号）等制度性文件。天津市局、江苏省局、青海省局等单位结合具体工作情况制定本单位的实施细则，为防控风险打好制度基础。

*加大推广典型经验的工作力度。*山东省局、河南省局等单位召开法律风险防控体系建设推进会，介绍省内试点单位的工作经验，就有关法律风险防控体系建设的方法、步骤和注意事项等方面进行现场交流。2015年，行业各直属单位组织试点83个，制定风险防控制度275个，制定风险防控预案1420个。

*有效处置法律纠纷和争议。*随着法律的修改和外部形势变化，行业法律风险明显增多，工作难度明显增大。2015年，行业发生行政复议案件59起，行政诉讼案件61起，其他涉烟涉诉案件424起。烟草广告查处、反垄断调查和公共场所控烟成为法律风险高度集中的领域。为防控相关法律风险，各级单位开展一系列工作，保障相关工作的平稳运行。福建、北京、湖南、上海等省（直辖市）烟草行业为了保障《广告法》修改后烟草广告监管政策平稳落地，领导亲自带队，与本级工商行政管理部门进行沟通，在烟草广告监管问题上达成一致意见，有效防范法律风险。

【案卷评查】 2015年，国家局完成对最后一批13个省级局的案卷评查，历时三年的案卷评查工作实现对所有省级局的全覆盖。在总结前两年案卷评查经验的基础上，国家局印发《国家烟草专卖局关于印发烟草专卖行政处罚文书（试行）的通知》（国烟法〔2015〕9号），对立案、调查取证、审理决定、送达执行、结案归档等5个阶段的54种文书格式进行统一规范；对北京市局等13个省级局在2014年办理的205份行政处罚案卷进行抽查，并对2014年案卷评查中排名靠后的省级局进行再次抽查；通过案卷评查，专卖、法规两部门形成工作合力，促使行政执法机关提高执法规范化水平和自我纠错能力，对规范专卖执法工作起到较好的推动作用。

【深化改革】 为全面贯彻落实党的十八届三中全会全面深化改革精神，国家局党组确立“两坚持、八加大”的改革思路，立足行业发展，深化行业改革。

明方向定重点，为深化改革工作提供指南。根据2015年中央改革要点精神，国家局研究制定2015年全面深化改革工作要点及任务细化表，明确12项重点改革任务和36项具体改革措施的路线图、时间表、责任人。2015年，国家局组织召开3次全面深化改革领导小组全体会议和1次专题改革会议，研究分析深化改革中存在的问题，及时作出部署并狠抓落实。

【行政审批制度改革】 按照《国务院关于规范国务院部门行政审批行为改进行政审批有关工作的通知》（国发〔2015〕6号）以及《国务院审改办关于贯彻落实〈国务院关于规范国务院部门行政审批行为改进行政审批有关工作的通知〉的指导意见》（审改办发〔2015〕1号）要求，国家局及时启动行政审批制度改革工作。截至2015年底，99项内部管理事项中，68项管理办法等规范性文件已制定印发，从国家局到省、市、县级局行政审批制度改革工作基本完成。从实际效果看，改革后行政审批的规范性和时效性明显提高，大大方便行政相对人。

国家局印发《国家烟草专卖局关于印发规范和改进行政审批有关工作实施方案的通知》（国烟法〔2015〕78号）及工作细化表，对行业保留的12项行政审批项目，按照“一口受理、限时办结、规范办理、透明办理、网上办理”的总体要求，进行规范和改进。制定完善行政审批事项的管理办法、审查工作细则、服务指南和流程图等规范性文件，确保行政审批事项依法依规操作。

国家局安排北京市局、河南省局作为行政审批改革试点单位，按照统一部署，认真组织实施，较好完成试点任务。在总结试点经验的基础上，国家局提出全行业推进行政审批改革的具体任务和要求。

开展实体性窗口、行政审批改革信息化系统建设工作。7月，国家局政务服务大厅正式对外开放，网上办理平台于8月中旬正式上线。各直属单位对行政审批改革工作高度重视，实体性窗口建设效果明显，社会影响面较大的卷烟零售许可证审批工作更加规范，更加便捷，更加透明。

【内部管理事项改革】 国家局比照行政审批事项工作要求，推进内部管理事项改革。国家局、总公司机关各部门、各单位对内部管理事项进行全面清理，在取消和下放部分内部管理事项的基础上，对保留的99项内部管理事项，制成清单，印发至行业接受监督，并逐项制定管理办法、服务指南、审查工作细则及办理流程图等规范性文件。

【企业管理体制改革】 优化资源配置，推进企业组织结构调整。根据川渝两地卷烟生产规模、行政区划以及原川渝中烟深化内部改革的需要，国家局经过慎重考虑，2015年分别组建四川中烟工业有限责任公司和重庆中烟工业有限责任公司，撤销原川渝中烟工业有限责任公司，同时妥善处理原川渝中烟资产、债权债务、品牌分配和人员安置等问题。截至2015年底，川渝卷烟工业企业管理体制改革基本到位，四川中烟工业有限责任公司和重庆中烟工业有限责任公司正式挂牌运行。

实地调研反复论证，继续加强专业性公司的管理。研究上海烟草集团关于上海新型烟草制品研究院及上海研究院有限公司设立的有关问题，积极推进新型烟草制品的开发与研究；研究设立河南焦作金叶醋酸纤维有限公司。

【法规体改队伍建设】 2015年，行业法规培训工作立足实际工作需求，按照学以致用、精准培训的原则，针对各级法规部门普遍关注的问题，举办《中华人民共和国反垄断法》《中华人民共和国反不正当竞争法》专题培训班和法治烟草建设培训班。国家局首次开办地市级局（公司）法规科长能力提升培训班，全年举办3期，累计培训地市级局法规科长399名，切实将行业政策法规工作的指导理念、工作目标和工作要求传递到地市级局层面，对提升行业法规战线的协同工作能力、提升基层法规工作的专业化水平起到积极的推动作用。

行业各级法规部门结合实际工作情况，开展一系列法规培训工作。北京市局（公司）组织专家对新出台的《北京市控制吸烟条例》进行逐条解读，促使相关工作人员做好控烟准备工作，增强控烟责任意识。江苏省局（公司）组织各市局合同管理人员和法规部门人员开展合同管理工作培训和规范性文件备案工作培训，提升合同管理和备案审查工作的效率。湖南中烟结合规范业务外包重点工作，开展法治烟草与企业用工法律风险专题培训，都起到很好的效果。

（编辑：李　昂）

财务与审计

【加强前期测算，分解落实行业税利目标】 继2014年行业税利总额跨越万亿元大台阶后，国家局党组对2015年行业税利目标提出“保七争十缴万亿”的更高要求。总公司预算委员会严格审核各单位预算方案，及时分解下达税利目标任务，并针对提税顺价政策、产销计划调整及成本费用变化对行业实现税利的影响，适时调整、重新分解落实税利目标。各省级公司严格按照国家局、总公司要求，财务部门与相关业务部门建立跨部门协调联动工作机制，及时采取有效措施开展税利测算和调控各项工作。尤其是在下半年税利任务完成的关键阶段，国家局、总公司与基层企业上下联动，密切沟通，及时掌握产销计划、提税顺价、成本变化等对税利目标的影响，提出贯彻落实的意见并逐一对接。2015年，全行业实现税利总额11436亿元，同比增加919亿元，增长8.73%，圆满实现行业年度税利目标。

【全力协调配合，提税顺价政策平稳实施】 2015年卷烟提税顺价政策是继2009年国务院对行业实施“价税财”联动消费税政策调整后的又一次重大税价调整，这次调税政策不同于以往的特点在于，提高卷烟批发消费税税率的同时，加征一道从量计征的消费税，销售价格相应提高6%。

全国烟草行业各级财务部门群策群力，全力配合。国家局财务管理与监督司（审计司）在政策实施前认真做好消费税、利转税等相关测算分析，及时向财政部、工业和信息化部、国家税务总局等部门沟通汇报有关情况，书面提出相关意见和建议，积极争取有利政策。在提税顺价方案初步确定后，按照方案中明确的“三兼顾”原则及中央财政收入增收1000亿元的目标，从提税幅度、顺价幅度和价格弹性变化对实现税利的影响等方面测算72套提税顺价工作方案，为提税顺价政策最终平稳出台提供有力的决策依据。

政策出台后，国家局财务管理与监督司（审计司）密切跟踪政策调整对实现税利的影响，及时掌握市场动销状态，会同业务部门多次测算分析，不断完善调控措施，适时调整考核指标，同时积极协调财政部研究财务列支问题，配合国家税务总局明确卷烟计税价格核定政策，加强与地方财税机关沟通，做好各阶段税率调整及税收上缴工作，保障卷烟提税顺价政策的平稳实施。

【加强资金运营，按时足额完成财政上缴任务】 2015年行业财政上缴工作任务重，时间紧，压力大。除各项税收任务外，还须从税后利润中上缴国有资本收益、铁路补亏专项税后利润、解决中央财政困难的专项税后利润，消费税政策调整增收1000亿元目标差额补缴部分，合计1912亿元。

为满足上缴财政资金及时均衡入库要求，部分工业企业申请流动资金贷款，商业企业当年实现利润透支184亿元。国家局、总公司在行业投资收益未及时上缴的情况下，通过合理调度资金、申请短期流动资金贷款等方式垫支入库资金，按时足额完成各项上缴任务。全年上缴财政总额10950亿元，同比增加1840亿元，增长20.2%，顺利完成“缴万亿”的年度目标任务。

【加强政策研究，行业扶持政策积极落实】 2015年，全国烟草行业各级单位积极开展财税政策调研，配合财政部、国家税务总局等部门，深入研究“十三五”烟叶生产扶持政策，推动恢复卷烟指标有偿调剂政策，有效促成烟叶税单独立法改革方向。

针对品牌合作生产的状况，国家局财务管理与监督司（审计司）提交有关卷烟品牌合作生产的调研报告；撰写并上报聚焦烟叶扶持政策的《“十二五”烟叶政策执行回顾和“十三五”烟叶政策建议》调研报告，聚焦存量资产结构质量优化的《行业金融资产报告》和聚焦工业企业成本的《烟草工业企业卷烟成本调研分析报告》等对行业宏观决策具有一定参考价值的调研报告，部分报告建议纳入行业经济运行调控政策中，促进行业精益管理、降本增效工作的开展。

落实行业扶持资金，在烟叶生产基础设施建设、卷烟品牌合作生产、拓展国际市场、国产雪茄烟发展、打叶复烤企业和工业企业技改等方面，总公司合计安排240.64亿元资金，行业各级单位积极落实配套资金，大力支持企业改革发展。同时，积极履行央企社会责任，在水源工程援建、抗灾救灾及对外捐赠等领域，及时安排相关资金，助力行业扶贫攻坚，树立良好社会形象。

【强化资金管理，货币资金收益稳步提升】 2015年，烟草行业各级财务部门与业务部门紧密配合，深入分析日常资金流动规律，合理确定资金头寸，将年度资金总计划细化分解落实为月度资金计划，强化资金预算管理。江西省公司针对资金管理的实际情况，积极探索通过完善和融合原有资金监管系统，用信息化手段实现数据集中，进而统一监管省公司及所属各单位资金，实现对资金安全的适时管控和监管约束。湖北中烟不断完善资金管理制度，细分付款业务类别，用足付款周期，合理调配资金，提高资金使用效率；优化资金管理模式，将公司资金收付行为集中统一管控，确保公司资金安全和收支平衡，进一步提高资金流转效率；构建资金收支预警模型，借助信息化手段，将公司资金收支情况动态地反映在各个时间节点，为公司资金决策提供有效支持。

行业各单位全面开展协定存款业务，最大限度地降低活期存款额度，调整存款期限分布，科学优化存款结构，争取银行利率最优浮动政策，最大限度地提高利息收益。在中国人民银行存款基准利率连续五次下调的背景下，2015年行业实现货币资金净收益218亿元，同比增加26亿元，增长13.5%，年均货币资金收益率接近3%，全面超额完成既定目标。同时，金融投资领域取得新的突破，完成中国农业银行和中国工商银行185.7亿元的优先股报批和认购工作，取得中信股份和中国银行共10.5亿元的投资分红和股利收入。

【推进准则实施，会计核算基础不断夯实】 2015年是全国烟草行业全面执行新企业会计准则的第一年。行业各单位根据国家局、总公司制定的实施方案，精心筹备，周密部署，实现新旧企业会计准则的顺利衔接和平稳过渡。

行业各单位认真执行新的工商企业会计核算办法、实务操作手册和基础工作规范，有效指导所属企业规范会计核算，会计信息的准确性、可比性进一步提高。进一步落实《中国烟草总公司关于推进行业财会管理信息系统建设工作的指导意见》，财务管控平台建设工作加快开展，各单位信息化建设稳步推进。

国家局组织开展“管理会计的中国实践——走进烟草企业系列论坛”活动，着力推进先进管理工具在烟草企业生产经营和内部管理中的运用，有16家企业的先进经验在《中国会计报》刊登，并获得《中国会计报》颁发的“烟草行业管理会计实践创新奖”。

【突出审计重点，监督管理水平持续提高】 2015年，全国烟草行业审计工作按照“突出重点、连带问责、严格整改、形成震慑”的原则，持续加大监督管理力度，完成各类审计项目2.94万项，审计发现问题近3万个，提出审计建议超过2.6万条，有力促进行业生产经营和内部管理的规范。

持续加大专项审计力度，部分省级公司开展现代烟草农业投入专项审计和科研经费专项审计，着力发现和整改专项经费在项目申报、过程管理、费用列支和考核评价等方面存在的问题。

持续加大工程审计力度，强化审计问责，对工程招投标过程中标底泄露、材料招标被承包人操纵等违法违纪行为，及时编制审计要情上报国家局并将有关线索移交纪检监察部门。2015年完成工程项目专项审计31项，其中工程概算审查15项、竣工结决算审查16项，审计发现问题并提出整改意见540余条，累计审减金额超过1.36亿元。

持续加大审计试点力度，结合卷烟营销市场化取向改革，全国烟草行业内11家地市级单位开展卷烟营销审计试点，市场秩序进一步规范。

（编辑：王东旭）

烟草科技

【行业科技工作概况】 2015年，行业科技创新工作认真贯彻落实国家局党组的决策部署，成效显著。一是卷烟产品升级创新成效明显，卷烟降焦减害、提质增效取得新进展，细支卷烟发展迅速，爆珠卷烟制造技术取得突破，产品附加值和市场认可度提升。二是新型烟草制品形成全产业链发展的新格局，搭建技术、装备研发平台，与卷烟工业企业为主体的产品研发“三位一体”共同推进。三是蚜茧蜂防治蚜虫实现跨越式发展，全国16个烟叶主产区全面推广并向大农业推广延伸。四是烟草基因组研究实现向产业应用迈进，分子育种定向改良的“红花大金元”抗黑胫病新品种、“K326”抗TMV和CMV新品种完成田间试验。五是履约工作稳步推进，在6个规格的包装上加强包装警示效果，完成卷烟包装标识调整方案。六是行业标准体系建设进一步加强，行业标准化工作机制更加健全，标准清理工作深入推进，产品质量安全标准体系和风险评估体系建设进一步完善，产品质量安全管控更加有力。

【行业创新体系建设】 积极谋划创新驱动发展战略顶层设计，制定行业“十三五”科技创新规划。2015年，成立海南雪茄研究所，新认定7家行业重点实验室、2家烟叶生产技术中心，分别依托颐中烟草（集团）有限公司和云南省烟草公司玉溪市公司成立新型烟草制品装备、烟草病虫害生物防治应用技术等2家行业工程研究中心，创新体系总体布局进一步优化。强化科技奖励激励引导，经国家局与科技部多次沟通，行业重大科技成果可以再次申报国家科技奖励。

【科技重大专项攻关和关键技术】 2015年，行业开发一批风格特色多样、质量水平显著提升的细支卷烟，爆珠技术在细支卷烟上实现突破，细支卷烟在高价位和高端卷烟上实现突破。2015年，低焦高档卷烟、盒标焦油6毫克/支以下卷烟销量实现“十二五”期间的“五连增”。进一步深化卷烟自主调香，在数字化调香技术等关键领域创新突破，辨香、仿香、创香水平全面提升。全面完成造纸法再造烟叶技术升级重大专项主体任务，国产再造烟叶生产用量增长至10.9万吨，产品功能性、配方可用性以及在重点品牌使用比例大幅提升，并首次在“中华”品牌实现对进口再造烟叶的部分替代，有力缓解了烟叶原料结构性矛盾。

从战略高度布局新型烟草制品研发工作，形成技术、装备、产品全面推进的、全产业链发展的研发格局。努力抢占发展技术制高点，整体推进行业专利布局，2015年新型烟草制品新增公开/公告专利476件，同比增长25%。抢占装备发展先机，组建烟草行业新型烟草制品装备工程研究中心，解决各企业存在的技术试验、产品打样、装备保障难题，开发出电子烟试验线、口含烟中试线等关键装备。以中式口味和提升产品竞争力为目标，开发系列化口含烟产品，预计2016年在国际市场投放。

完成烟草基因组计划重大专项“十二五”目标任务，

烟草基因信息研究持续保持国际领先地位。构建行业共享的基因大数据和云计算平台，烟草基因组数据库升级为4.0版。构建分子育种技术体系，开创从功能基因出发、从突变体出发、从大数据分析出发的3条分子育种技术路径并全面实施。推动烟草基因资源优势向生产力优势转化，截至2015年底，定向改良的“红花大金元”抗黑胫病新品种、“K326”抗TMV和CMV新品种进入小区试验和工业验证阶段，2016年将推出第一批运用分子育种技术定向改良的烟草品种。成功获取烟草抗PVY、钾富集、重金属吸收转运等重要基因并申请专利保护。积极推进烟碱、腋芽、低苯并芘等调控基因和抗青枯病、抗旱等抗性基因的功能验证和应用研究。蚜茧蜂防治蚜虫推广实现里程碑意义的新跨越，2015年覆盖全国植烟面积的72%，同比增加30个百分点，防治蚜虫农药用量平均减少58%。同时，“走出烟草、走向大农业”，全国在大农业作物上推广548万亩，成为中国农业病虫害绿色防控的成功案例。2015年培育新烟草品种12个。

【产品质量监督】 *产品质量监督监测工作*。产品质量监督实现主要产品和重要指标全覆盖，2015年完成20次抽检，卷烟产品和主要烟用材料质量保持稳定。组织完成对125万余条真假烟和102台（套）烟机设备的鉴别检验工作。按照国家关于检验检测认证机构整合工作的部署和要求，继续完善行业检验检测资源整合方案。陕西、湖南、江西、海南、内蒙古等5家省级局质检机构通过国家局复评审并获得授权。开展首期针对新疆、青海、西藏等3家省级局质检人员的定向培养工作并取得成效。稳步推进履约工作，积极参与履约国际交流，完成《中华人民共和国境内卷烟包装标识的规定》的制定工作。

烟叶工商交接等级质量监督工作。完善烟叶工商交接等级质量监督抽查工作机制，实现检查地点随机抽取、人员随机抽调、标准明确统一和原收原调试点单位全覆盖。按照“完善制度、规范程序、严格标准”的原则，系统研究烟叶等级质量监督抽查流程，研究制定《2015年度原收原调烟叶工商交接等级质量监督抽查工作方案》，并在工作中加以落实，严格做到检查地点随机抽取、检验人员随机抽调、检验标准明确统一、试点单位全面覆盖。

【标准化工作】 强化产品质量安全标准体系和风险评估体系建设，出台卷烟生产使用物质安全风险评估管理办法，发布《烟草制品许可使用和临时许可使用的添加剂名单》《烟用接装纸、烟用内衬纸安全卫生要求》等标准，初步构建起较全面的质量安全标准体系和适应行业需求、与国际通行做法一致的风险评估体系。按照国家标准化制度改革的有关要求，开展烟草类国家、行业标准清理工作，2015年发布行业标准19项、总公司企业标准23项。截至2015年底，现行有效的烟草类国家、行业标准达675项，总公司企业标准89项。评选出中国烟草总公司标准创新贡献奖8项，认定行业商业标准化示范企业5家。

【中国烟草学会】 *组织建设*。2015年5月，中国烟草学会组织召开第七届常务理事会第三次会议，完成部分理事和负责人的增补、上报、备案以及专业委员会主任委员的调整工作。召开行业烟草学会秘书长工作座谈会，各省市烟草学会秘书长32人出席会议。6月，卷烟材料专业委员会开展委员重新推荐及聘任工作。9月，教育培训专业委员会开展委员和学组成员重新推荐和聘任工作。

中国烟草学会2015年学术年会。12月21日，在北京举行。会议总结学术交流工作，安排部署2016年学术交流活动。国家局副局长赵洪顺出席会议并讲话。会议通报中国烟草学会2015年度优秀论文获奖情况。2015年收到省级学会、专业委员会、行业科技期刊推荐和个人申报的学术论文近千篇，评选出一、二、三等奖论文279篇。中国烟草学会各专业委员会秘书、各省级烟草学会秘书长、学术年会优秀论文作者及年度优秀论文作者等150人参加会议。

国内外学术交流。研究制定《中国烟草学会优秀论文评选办法》，进一步规范论文申报、优秀论文的评选程序。推动郑州烟草研究院、上海烟草集团、浙江中烟等单位广泛参与烟草科学研究合作中心（CORESTA）共同课题研究。在杭州承办CORESTA分学组2015年上半年会议，来自美国、英国、韩国等11个国家100余位烟草界专家和研究人员参加会议。2015年选派行业优秀科技工作者34人次参加CORESTA等国际组织学术活动，共有15篇行业论文入选大会宣读论文，5篇入选CORESTA大会墙报论文。

科普宣传。围绕绿色烟草农业建设，中国烟草学会联合云南省烟草学会完成“蚜茧蜂生物病虫害防治”科普宣传片的制作工作。充分利用新媒体、新渠道，开通官方微

博、微信订阅号，与“百度百科”建立百科词条合作编辑关系，借助学会各领域专家聚集优势，2015年撰写、发送科普宣传内容300余条，计12万余字。9月，中国烟草学会与中国烟叶公司、中国农业科学院烟草研究所及潍坊烟草有限公司诸城市分公司联合主办的“2015年中国烟草学会全国科普日活动——烟草病虫害绿色防控技术培训会”在山东省诸城市召开，为烟区300余名烟技员和烟农现场答疑解惑。活动紧扣“科普惠农”主题，针对潍坊市当地烟农和相关技术人员，进行烟草病虫害绿色防控技术与应用、烟草主要病虫害识别与鉴定、烟蚜茧蜂控蚜技术、绿色防控主推技术与管理模式等4个方面的理念技术培训与现场示范。烟草行业学科带头人、中国农业科学院烟草研究所烟草病虫害防控创新团队首席科学家王凤龙研究员应邀作主题报告。培训会覆盖烟草病虫害绿色防控技术体系构建、管理模式探索、主推技术的应用、防控效果和劳动力成本比较、烟叶品质的提升、环境安全效应提高等方面，通过课堂式专题报告、病虫害识别标本模型、室内与田间示范展示等多种形式，促进烟草行业科学素质与病虫害绿色防控水平提升，为绿色防控理念和技术的推广奠定坚实的基础。7—10月，中国烟草学会联合中国烟草博物馆进行第一次全国烟草文物普查，协助进行文物征集联络员队伍建设，协调对河北、福建、贵州、广东等省近20家单位开展烟草文物普查、征集工作。

学科发展研究。3月，中国烟草学会梳理烟草学科30年的发展脉络和经验成果，联合行业主要科研单位在河南郑州召开《中国烟草科学技术与学科发展30年》撰写研讨会，启动编写工作，讨论写作大纲并进行编写工作分工，会上邀请中科院科技史研究所罗兴波教授作关于如何撰写科技史的学术报告。5月，建立资料共享平台供编写人员参考使用。

CORESTA分学组联合会议。4月，中国烟草学会联合浙江中烟工业有限责任公司在杭州举办，会议由4个分学组会议组成，分别是常规分析化学分学组会议（RAC）、无烟气烟草分学组会议（STS）、物理检测方法分学组会议（PTM）和特种分析物分学组会议（SPA），各分学组对近期阶段性共同实验研究的结果进行汇报讨论，以期完善实验方案，确定下一步研究计划。

“CNKI烟草发展创新知识服务平台”通过验收。1月，“CNKI烟草发展创新知识服务平台”通过烟草行业特邀专家验收。该平台是由中国知网针对烟草行业“两化融合、科技创新”需求开发。开发过程中充分吸收中国烟草学会、行业信息管理部门、企业以及学术期刊代表的意见，以“一网四库”（战略新闻网，战略实务知识库、产业技术知识库、经营管理知识库、学习园地知识库）为框架，满足决策层、技术人员、管理人员、基层骨干的知识需求。平台整合中国知网的海量知识资源，涵盖烟草行业所涉及的期刊、博硕论文、会议论文、报纸、年鉴、工具书、专利、标准、科技成果、政策法规等45万篇专业资源，致力于构建具有完整性和系统性的一站式知识服务窗口。

教育培训专业委员会活动。7—11月，为加快行业统一网络培训平台课程资源建设，调动干部职工参与行业课程资源建设的积极性和创造性，中国烟草学会教育培训专业委员会举办网络课件竞赛，面向各直属单位征集行业各类岗位的网络培训课件，包括SCORM标准课件与微课，内容涉及烟叶生产、烟草物流、烟机设备等多方面，征集作品1287个，评选出优秀课件184个。

（编辑：周　佳）

信息化建设

2015年，行业各级信息化部门按照“整合兼容、互联互通、先进适用、改造升级”的工作要求，聚焦重点、突出实效，加快一体化数字烟草建设，为实现行业上缴财政总额超万亿元年度目标提供信息化支撑。

【信息化规划】 2015年，推进行业和企业信息化规划落实，完善优化设计，狠抓实施成效，探索新技术创新应用，一体化数字烟草的建设合力进一步增强。

规划落实。行业在规划宣传贯彻、“十二五”总结、“十三五”谋划上有行动，出成效，规划落实取得新进展。国家局把《烟草行业信息化发展规划（2014—2020年）》的宣传贯彻作为一项重点工作，对信息化管理干部开展集中培训，对业务骨干分批开展专题培训，在更大范围内达到明确方向、统一思想、形成共识、推动工作的目标。

“十二五”期间，各单位系统思考信息化工作，编制信息化规划，有42家工商企业信息化规划获国家局批复。

2015年考核评比结果显示，绝大部分单位较好地完成企业信息化规划确定的建设任务。江西省局结合企业实际编制信息化规划，体现“像自己”的特点，为各单位制定规划提供经验。湖南省局在“十二五”中期对规划进行“回头看”和滚动调整，持续完善系统设计，有效推动规划落实落地。福建中烟、广东中烟等单位在完成“十二五”目标任务基础上，启动“十三五”规划编制，提前谋划下一阶段信息化工作。

应用创新。根据国务院下发的《关于积极推进“互联网+”行动的指导意见》《中国制造2025》等系列要求，国家局对云计算、大数据、物联网、移动互联等新技术进行跟踪研究，初步提出行业云架构和云模式的顶层设计方案。

行业部分单位从企业实际出发，在新技术与业务融合应用方面，积极探索、试点示范。浙江中烟坚持以市场驱动管理模式智慧化升级，实现信息化与企业发展、业务运营、技术研发、生产制造和市场化营销模式的深度融合。浙江省局以“一朵云、两张网、四个平台、三个支撑”为基本框架，重构企业信息化架构，驱动企业经营管理模式转型升级。贵州省局利用互联网技术，开展烟叶平台化经营、扁平化管理、精准化决策、个性化服务四大模式研究，探索建立高效、精准、规范的新型烟草农业。云南中烟曲靖卷烟厂应用虚拟现实技术，构建数字化虚拟卷烟工厂，被工业和信息化部列为《中国制造2025》示范企业。上海烟草集团围绕企业创新发展战略，持续提升信息化水平，成为首批通过全国“两化”融合管理体系贯标评定单位。烟机集团下属企业开展人工智能等新技术研究应用，探索智能制造发展路径。

【信息化集成整合】 2015年，行业围绕平台、应用和标准化建设，着力推动业务、管理与技术的融合应用，信息化技术支撑能力进一步提高。

统一平台建设。2015年，行业数据中心项目建设任务基本完成，统一平台传输环境和数据环境全面落地。行业基础环境升级改造项目有序进行，国家局制定标准作业流程规范，大多数单位完成设备采购备货任务，部分单位完成虚拟化集成工作。其中，天津市局、河北中烟等单位配合国家局完成前置环境网络建设试点；安徽中烟、深圳市局、河北省局等单位完成虚拟化集成、系统迁移等项目试点工作，为创新行业应用标准作业流程及实施方法作出积极贡献。

部分单位按照行业统一平台技术要求，不断提升企业基础平台建设水平。甘肃省局应用新技术强化技术支撑能力建设，实现应用集成、软件开发、用户使用模式的转变，为快速适应业务发展提供技术支撑。

北京市局按照建管用一体化模式，升级改造企业基础资源环境，实现资源统一有效供给。安徽省局制定移动互联网建设路线图，按照“1+2+N”的建设思路，构建工商零销一体化综合信息服务和移动应用管理平台。江苏省局以移动应用为突破口，搭建面向企业内外部用户的2个移动平台，从用户视角推动集成整合。广西中烟、原川渝中烟、大连市局等单位探索实践“二维码”、微信等新技术应用，搭建企业微信营销平台，构建面向消费者的营销新模式。

重点项目建设。国家局按照功能组件化、组件服务化、服务平台化的应用系统开发模式，系统设计、重点推进行业性应用系统建设。

行业专卖管理项目试点取得积极进展，形成行业统一开发系统和省级现有专卖系统两种实施模式，从技术上保证既满足行业管控要求，又满足企业实际需要。

烟叶基础软件调整项目实现阶段性建设目标，基本完成行业层面业务管理平台开发和实施，强化行业烟叶生产、收购、调拨、复烤业务一体化管理。

行业财务管控平台项目建设全面启动，在构建国家局财务管控平台以及合并报表处理、财务分析系统的基础上，建立业务信息与账务结算信息的关联，实现商流、物流与账表资金信息的关联。

行业上下联动及时调整卷烟提税顺价相关信息系统，保证提税顺价工作顺利进行，体现信息化多年建设成果。

行业电视会议系统改造和应用使电视会议“多样、异地、远程”的服务水平进一步提升。

各单位深入开展企业应用系统建设，积极探索新技术与业务的融合创新。四川省局全域推动政务、业务、数据的移动化应用，实现政务事务并联办理、卷烟品牌精准培育、数据服务实时多样。河南中烟依托“金叶制造、金叶营销、金叶研发”应用平台，促进信息化与精益管理、精准营销、流程管理、业务管控的深度融合，推动企业管理升级。湖南中烟从企业战略高度，以“三大系统”“三大专项”“四项优化”为重点，全面推进生态型应用系统建设。重庆市局按照“要素整合、平台搭建、系统集成”的建设路径，持续推进资源整合。河北省局按照“平台＋应用”方式搭建省局卷烟营销平台，将规则、流程固化，支撑市场化取向改革有序推进。内蒙古区局建成三级视频系统，实现全区110个会场互联互通。

技术标准建设。2015年，国家局完成对现行有效的58项信息化标准清理工作，保留行业推荐性标准10项，另找出口38项，废止6项。落实新印发的标准制修订管理办法，紧紧抓住标准立项、合同签订和专家论证等关键环节，开展有针对性的管理工作，标准化工作水平得到提升。国家局发布数据元、统一平台传输环境、卷烟仓库代码和信息化工程监理等4项行业标准；技术审查通过主数据、互联网接入安全、安全基线、应用集成等7项行业标准和中国工控网安全技术规范预研标准。

【信息共享和资源利用】 2015年，行业大力加强数据资源开发利用和规范管理，数据资源共享服务水平和网站服务能力不断提升。

数据应用服务。面对经济下行的严峻形势，国家局每日数据审验时间由近3小时缩短为40分钟左右，保证每日7点向行业提供数据服务持续不间断；为11家中烟公司新拓展卷烟订单数据库级下行服务；密切关注行业经济运行中的热点，拓宽分析形式，以图表结合的方式制作专题分析报告。

各单位运用行业下行数据，持续提升数据应用与分析能力。云南省局利用下行数据资源建设指挥决策系统，拓展数据服务领域，支持“两烟”生产经营。江苏中烟利用下行数据深化营销大数据分析，不断扩展订单数据应用的深度和广度，为企业全员营销战略提供支撑。中烟实业推动所属企业挖掘下行数据资源，深化数据分析应用，为企业推进精益管理和市场化取向改革提供数据支持。

数据质量管理。国家局完成行业统计数据口径调整，整合历史数据，保证行业统计数据口径的一致性；坚持每日统计数据动态核查，不断完善控制手段，确保数据质量。

各单位采取多种措施，持续提升数据质量控制能力。四川省局多维度整合行业下行数据和企业数据，开展数据质量核对工作，保证数据准确可靠。山西省局、黑龙江省局、青海省局、广西中烟、陕西中烟等33个省级局和公司密切监控决策管理系统运行状态，保持全年统计数据“零重报”。行业各单位上报数据操作不规范或错报等情况明显减少，数据质量稳步提升。

网站管理应用。国家局正式成立网站管理处，修订印发《国家烟草专卖局办公室关于印发烟草行业网站管理办法的通知》（国烟办综〔2015〕625号），加强行业网站组织和制度建设。组织各单位完成第一次全国政府网站普查工作，网站合格率由原来的48%提高到95%，被国务院办公厅抽检到的行业5家网站全部合格。

各单位围绕中心，服务大局，按照行业宣传工作要求，不断强化组织保障，夯实网站管理基础，规范网站建设，各项工作取得新成效。贵州中烟高度重视网站建设和管理，成立专职站点，配备4名专职人员，在行业网站考核评比中多次获得工业企业第一名。福建省局积极推进省集中的外部网站群建设，实现全省“一站式”服务。山东省局、广东省局、河南省局等单位注重宣传稿件质量，强化宣传稿件创新意识，精心做好行业中心工作的宣传报道。

【安全运维】 2015年，行业以“三全”工作法（全面梳理、全面诊断、全面加固）为抓手，狠抓网络安全管理，持续完善行业安全运维管理体系。网络安全既是信息化建设的重大课题，也是信息化发展的战略问题。

网络安全管理。按照国家和行业等级保护管理制度，国家局对全行业信息系统进行梳理和逐级审核备案，摸清行业2459个信息系统基本情况。以“零事件”报告制度为抓手，完善全行业重要系统重点保障工作机制和行业网络信息安全信息通报机制，较好完成各重大活动期间的网络安全保障工作。国家局突出针对性、实效性，组织开展3次行业网络安全检查，完成公安部国家级重要信息系统和重点网站安全执法抽查。组织完成行业4次和国家局12次应急演练工作，完善国家局局域网和行业骨干网安全防护策略，2015年未发生重大网络安全事故。

湖南省局创新“四不两直”安全检查方式，保障网络安全无事故。江西省局从管理、技术与业务“三位一体”完善系统应急预案，围绕不同主题开展应急演练38次。

广东中烟被评为“2015年广东省信息安全等级保护示范单位”。吉林、新疆、海南等省级局以“三全”工作为抓手，健全安全保障体系，企业信息安全防护能力有效提升。

运维管理体系。国家局坚持抓问题抓流程抓测试，切实做好日常运维；坚持抓制度抓培训抓改进，着力推进运维制度体系建设。国家局以信息系统容灾实战化演练为重点，开展持续3个月的2次双向容灾演练；加强容灾中心建设管理，组织开展行业信息系统容灾备份及容灾演练培训，建设完成行业容灾服务平台，探索实践为行业提供灾备服务的模式方法。

安徽中烟以安全运维管理平台为依托，以信息系统全生命周期流程化管理为切入点，创新等级保护制度与安全管理和运维管理有机结合的新方式。

湖北中烟结合现有ITIL系统，建立运维服务微信公众号，提升运维人员解决问题效率。湖北省局、广西区局等单位强化集中运维，合理划分运维范围，提高运维服务能力，保障系统安全稳定运行。

【信息化队伍建设】 2015年，行业各单位以“三严三实”专题教育为契机狠抓队伍建设，不断提高信息化队伍的综合素质、业务能力和技术水平。

国家局举办7个专题培训班，近2000人次参加。中国烟草学会信息化专业委员会开展论文征集活动。贵州省局精心组织，报送多篇高质量的调研报告。辽宁省局在所属各市局信息中心设置工程师聘用岗位，打通技术人员晋升通道。山东中烟针对企业66名处级干部开展应用系统使用培训和考核，提升全员信息化应用水平。江西中烟创建“以学讲学”全员培训模式，为员工开设学习交流专题讲座。安徽省局、宁夏区局建立地市级公司信息化工作评价机制，制定符合企业实际的评价指标。职工进修学院积极推进数字化教学基础环境建设和行业网络学院建设，为创新培训教学模式提供技术支持。

国家局组织开展“十二五”信息化考核评比工作，评出16个先进单位和60名先进个人。各单位以考评工作为契机，认真总结和梳理“十二五”信息化工作取得的成绩和存在的问题，系统研究并思考“十三五”时期的信息化工作。

（编辑：李　昂）

纪检监察

2015年，全国烟草行业认真学习贯彻十八届中央纪委五次全会和国务院第三次廉政工作会议精神，贯彻全面从严治党要求，夯实管党治党责任，强化党内监督，持之以恒纠正“四风”，坚定不移惩治腐败，行业党风廉政建设和反腐败斗争不断深入，取得新的成效。

【贯彻全面从严治党要求，督促落实主体责任】

及时传达部署，确保将中央要求传导到全行业。中央纪委五次全会召开后，驻国家局纪检组及时组织召开全国烟草行业纪检监察工作会议，学习贯彻习近平总书记重要讲话精神和全会报告，研究部署行业党风廉政建设和反腐败工作，层层传递压力，层层落实责任。3月底之前，行业55家直属单位向驻国家局纪检组报告贯彻落实会议情况。

国家局印发《关于贯彻落实国务院第三次廉政工作会议精神任务分工的意见》（国烟监〔2015〕145号），提出要放权限权，坚决打掉寻租空间；加强国有资产管理，确保资金安全运行；勤政有为，推动重大决策落实；标本兼治，坚定不移惩治腐败，并将任务分解到各职能部门和单位。

坚持以上率下，强化责任担当。国家局党组将党风廉政建设摆在更加重要议事日程。党组会议多次对党风廉政建设和反腐败工作进行专题研究部署，多次听取中央八项规定专项检查、巡视工作、纪律审查等情况汇报；落实从严治党责任制，完善机关党建工作格局；严肃党内生活，营造良好从政环境；坚持从严管理，建设高素质党员干部队伍；持续深入改进作风，推进作风建设常态化长效化；加强党的纪律建设，推进反腐倡廉建设。

组织落实党风廉政建设主体责任培训班，分批集中轮训国家局机关、基层党组织负责人，进一步明确管党治党责任。驻国家局纪检组组长通过会议、调研、座谈、约谈、任职廉政谈话等方式，不断强化行业直属单位党组（党委）书记党风廉政建设“第一责任人”的意识。

实行责任追究，倒逼责任落实。认真落实中央纪委五次全会关于强化问责的决策部署，驻国家局纪检组建议国家局党组部署开展行业执行中央八项规定精神情况专项检查，督促各直属单位党组（党委）落实主体责任，自查自纠，对检查发现问题落实不到位的公开通报，追究责任，督促整改。驻国家局纪检组会同中国烟草机械集团就许昌烟机公司11名干部被司法机关追究刑事责任的贪腐窝案，对许昌烟机公司党委、纪委进行问责，追究主体责任和监督责任，分别给予许昌烟机公司党委书记、总经理、纪委书记、分管领导等4名责任人相应的党政纪处分和组织处理。综合运用批评教育、诫勉谈话、组织处理、纪律处分等多种方式，督促指导云南中烟对红云红河集团会泽卷烟厂就地技术改造项目有关问题责任人进行问责，给予党政纪处分6人，组织处理3人，诫勉谈话10人。行业有89名党员领导干部因落实“两个责任”不力受到责任追究。

【推动中央八项规定精神落地生根】 开展专项检查。3—4月，驻国家局纪检组监察局牵头会同国家局办公室等有关部门，组织10个检查组对行业63家直属单位和部门贯彻执行中央八项规定精神情况开展专项检查，重点检查办公用房、公务用车、公务接待、公款旅游等情况。检查组坚持问题导向，及时督促整改，查出各类问题452项。行业各单位高度重视、积极配合、立行立改，专项检查起到正风肃纪、排除隐患作用。

狠抓整改落实“回头看”。驻国家局纪检组监察局用好检查成果，采取5项措施深化问题整改：一是通报检查情况，要求行业各直属单位举一反三，自查自纠；二是向63家被检查单位逐一下发问题清单，要求限期整改；三是驻国家局纪检组监察局负责人约谈6家存在突出问题单位的“一把手”和纪检组长，指出问题，督促整改；四是督促指导有关纪检监察部门认真核实检查中发现涉嫌违纪违规典型问题；五是要求各单位细化配套措施，清理修订与国家局要求不相符的制度。10月，组织8个检查组赴25家单位开展“回头看”。

强化执纪监督。始终保持强有力的工作态势，坚持在元旦春节、五一端午、中秋国庆等重要节点向全行业发出通知，开通举报热线和举报信箱，国家局办公室印发《关于进一步规范烟草行业内部公务接待的通知》（国烟办综〔2015〕322号），严防“四风”反弹。针对媒体曝光个别卷烟规格名称不当，迎合送礼文化等情况，督促国家局有关部门开展全面排查和专项治理，印发《关于进一步规范工商企业经营行为的通知》（国烟办〔2015〕238号），要求各工商企业树立正确经营理念，切实担负起国有企业的社会责任，倡导良好的社会消费文化。对顶风违纪行为从严执纪，2015年，行业各级纪检监察机构查处违反中央八项规定精神问题12起，给予党政纪处分12人，部分在中央纪委监察部网站通报曝光。

【探索实践监督执纪“四种形态”】 保持纪律审查力度。坚决落实中央纪委关于纪律审查工作的要求，转变执纪方式，探索监督执纪的“四种形态”，即：党内关系要正常化，批评和自我批评要经常开展，让咬耳扯袖、红脸出汗成为常态；党纪轻处分和组织处理要成为大多数；对严重违纪的重处分、作出重大职务调整应当是少数；而严重违纪涉嫌违法立案审查的只能是极极少数。驻国家局纪检组监察局初核21件，对涉案的3名厅级干部问题开展核查；重点核查中央纪委转交反映行业有关厅级领导干部问题线索。对问题较严重的作出党政纪处分和组织处理，全年立案9起，给予5名厅级干部、4名处级干部党政纪处分。其中，4名干部同时被给予组织处理；2名正厅级干部涉嫌犯罪移送司法机关处理。

2015年，行业各级纪检监察机构接受信访举报2475件次，初核1268件，立案381件，给予党政纪处分675人，给予组织处理210人，涉嫌犯罪被移送司法机关23人，收缴违纪所得344.3万元，挽回经济损失1552.6万元。

规范管理和处置问题线索。将监督执纪“四种形态”运用到线索处置、纪律审查、执纪审理各环节。扩大约谈、函询、诫勉范围，2015年，驻国家局纪检组监察局共谈话函询76人次，行业纪检监察机构函询204人次。驻国家局纪检组监察局研究制定问题线索处置和管理工作规程、谈话函询工作暂行办法等规定，严格按照五类处置方式动态清理、规范处置问题线索，把监督的触角延伸到前端，全年受理信访举报464件，完成反映行业副厅级以上领导干部问题线索起底工作，梳理374件。

注重日常教育监督。2015年，驻国家局纪检组组长对行业16名新任职“一把手”、监察局长对31名国家局机关新任职司处级领导干部进行廉政谈话；驻国家局纪检组监察局领导在国家局党校和部分直属单位给党员领导干部授课，宣讲党纪条规，开展廉政教育。对160名拟提拔的国家局党组管理干部、137名申请因私出国（境）干部进行廉政审核。严把干部廉政关，对5名不适宜提拔、重用的干部明确提出意见。

【落实中央巡视工作条例，不断加强和改进巡视工作】 学习贯彻《中国共产党巡视工作条例》。新修订的《中国共产党巡视工作条例》颁布实施后，结合近几年行业开展巡视工作的实践经验，国家局党组制定印发《中共国家烟草专卖局党组贯彻〈中国共产党巡视工作条例〉实施办法》（国烟党〔2015〕239号），明确国家局党组承担行业巡视工作的主体责任，以及5年内实现巡视全覆盖，规范巡视工作各方职责、工作方式和程序，为行业巡视监督提供遵循和制度保障。

扩大巡视覆盖面。突出重点、增加频次，上半年对山东省局、广东省局、黑龙江省局等3家单位开展巡视；下半年采取“一托二”（一个巡视组巡视两家单位）的工作模式，对广东中烟、深圳市局，山东中烟、天津市局，辽宁省局、大连市局等6家单位开展巡视。巡视组向驻国家局纪检组监察局移交问题线索17条，提出整改建议14条；完成上年巡视发现问题整改目标35项，督促上年被巡视单位核查移交线索，收缴违纪金额237.7万元。推进省级直属单位巡视工作，35个单位探索开展巡视工作。

巡视作用进一步凸显。贯彻落实《中国共产党巡视工作条例》，对巡视监督定位认识更加明晰，政治巡视的指向更加聚焦，巡视工作不断深入。巡视前，驻国家局纪检组组长开展动员，提出明确要求，巡视组准备充分、有备前往；巡视中紧盯重点、强化震慑，反馈问题见人见事、直指问题；巡视后限定时间、督促整改。驻国家局纪检组对巡视移交问题分类处置、优先办理，处置反映厅、处级干部问题线索10条。被巡视单位党组织认真整改，公开发布整改情况，接受监督。

【深化体制机制改革，加强对直属单位纪检监察工作的领导】 不断深化“三转”①。截至2015年6月底，直属单位纪检组长不再分管除纪检监察和巡视工作以外其他工作的要求基本落实到位，纪检监察机构不再参加工程招标、物资采购等生产经营具体业务监督，继续清理清退议事协调机构。进一步健全完善纪检监察机构组织建设，明确地市级局（公司）配备专职纪检组长；推动中国烟草国际有限公司、中国烟草机械集团有限责任公司、中国双维投资有限公司等3家单位成立纪检监察机构，配备编制，统一名称，明确职责，增强监督力量。

实行线索处置和案件查办情况报告制度。按照“查办腐败案件以上级纪委领导为主”的要求，明确从2015年8月起，行业各直属单位纪检组（纪委）对正处长级领导干部（含离退休人员）问题线索处置和案件查办向同级党组（党委）报告的同时必须向驻国家局纪检组报告。加强对各直属单位纪律审查工作的指导，委托直属单位核查问题线索113件，一律要求查报结果，并全程督办、认真审核核查报告；重要问题线索当面交办或由驻国家局纪检组牵头核实，驻国家局纪检组监察局领导班子经常听取进展情况汇报，帮助各直属单位纪检组分析情况、研究对策。

完善直属单位纪检组长提名考察工作。按照“各级纪委书记、副书记的提名和考察以上级纪委会同组织部门为主”的要求，严格把好纪检组长人选关，驻国家局纪检组会同人事司提名考察12名纪检组长。各直属单位纪检组有序推进地市级局（公司）、卷烟厂纪检组长（纪委书记）提名考察以直属单位纪检组会同人事部门为主。

【加强自我监督，提高干部队伍履职能力】 强化纪律约束。驻国家局纪检组监察局积极参加“三严三实”专题教育，深入学习《中国共产党章程》和习近平总书记系列重要讲话。7月，组织观看王岐山同志以“三严三实”为专题的党课视频，并围绕党课内容进行讨论。9月，召开行业纪检组长会议传达学习王岐山同志在纪检监察干部监督工作座谈会上的重要讲话精神，听国家局党组书记讲党课，查摆和解决“不严不实”问题。

提高履职能力。驻国家局纪检组组长及时组织传达学习王岐山同志和中纪委监察部领导重要讲话精神，组织全体干部学习巡视工作条例、廉洁自律准则、纪律处分条例等3部党内法规。驻国家局纪检组监察局有5人被抽调到中央巡视办和中央巡视组参加有关工作，在实践中学习中央巡视工作的要求、程序和方式，促进能力的提升和经验的积累。组织行业100余名纪检监察干部参加中国纪检监察学院案件审查业务培训班，重点培训新任职纪检组长和监察处长，增强在新形势下履行监督责任的本领。

（编辑：王东旭）

---

① “三转”即“转职能、转方式、转作风”。

规范管理

2015 年是烟草行业全面深化规范管理的攻坚年。行业各级规范管理部门以党的十八届三中、四中、五中全会精神和习近平总书记系列重要讲话精神为指导，围绕“全面提升行业规范管理形象”战略任务，按照“三严三实”要求，奋力攻坚、扎实工作，实现“两个新突破”（全方位监管采购工作实现新突破、公开招标实现“量”的新突破）、建成“三个保障机制”（“应招尽招”保障机制建设、“真招实招”保障机制建设、办事公开民主管理同业务工作深度融合保障机制建设）、深化“四个推进”（推进配套制度建设、推进定向督办落实、推进外树干净形象、推进“三个三”教育），顺利完成各项既定目标任务。

【全方位监管采购工作实现新突破】 2015 年，行业各直属单位首次参照“清单管理”模式，全面推进“四个全覆盖”（所属单位全覆盖、应招项目全覆盖、责任主体全覆盖、考评问责全覆盖），实现全方位监管采购工作的新突破。一是紧盯采购规范制度“适用范围”不打折扣，行业各单位将下辖的 808 家直属单位以及全资或控股的下属企业全部纳入采购规范管理覆盖范围，首次实现烟草企业采购规范管理无遗漏、无盲区。二是紧盯采购项目“进笼子”不打折扣，监控所有采购项目未进“采购目录”不得实施。三是紧盯责任主体“到岗尽责”不打折扣，凭借采购管理“关键关口”，步步为营，将申报、决策、执行、监督、公开等各主体在每个关口的权责和操作要求，以制度规则形式予以固化，明确各类主体守关责任，留下运作痕迹便于考评追溯。四是紧盯定向“考评问责”不打折扣，启动指向“应招尽招”“真招实招”、办事公开民主管理的定向考评，倒逼“主体责任”落实，通过考评，将年度考评结果纳入各部门、各单位的绩效管理和目标责任制管理的方式，强化对制度、责任执行落地的督办检查，确保制度“管用”。

【公开招标实现“量”的新突破】 坚决遏制“自由裁量”行为，采取“对号入座”办法，全行业严格按照有关制度规定确定采购方式，坚守采购方式底线，确保“把公开招标作为主要采购方式”，实现 2015 年公开招标量的新突破。凡是选择其他采购方式的，申请理由必须充分，经得起时间和历史的检验，经得住公正和清廉的考验。

2015 年，行业公开招标金额占比 94.76%，再创历史新高，同比提高 3.3 个百分点。其中，工程类项目稳定在近 97% 的高位；物资类项目达到 95.92%，同比提高 2.86 个百分点；公开招标难度最大的服务类项目达到 89.46% 的历史最高点，同比提高 8.67 个百分点。各直属单位公开招标金额占比 95% 以上的有 22 家，同比增加 8 家；低于 90% 的为 4 家，同比减少 14 家。

【夯实“三个保障机制”基础】 化繁为简，切实有效用好“三个思路”。一是以简约配置各方监督资源的思路为基层减负，把招标采购操作关键环节运作与同步监督、全程公开这“三条线”，整合到同向展开的“一条轴线”上，减少不必要的繁琐手续，提高工作效率；二是以问题倒逼的思路找准定位，有什么问题就重点解决什么问题，力戒空谈、确保“管用”；三是以固化运作规程的思路规范统一动作，明确每一关的守关实体性要求和必经程序，保障重要关口内容同步公开，强化信息化运用和痕迹化保存，防止随意操作。

明确主体，强化责任，较好实现“三落实”，即落实主体责任，坚持权责对等，做实集体决策，在关键节点上，界定“谁来做”；落实守关措施，以分关设卡办法，强化各关口、过程的规范运作要求，明确“做什么”“怎么做”；落实考评责任，对重要关口、节点明确痕迹化要求和权力边界，通过定向考评强化责任到位。

注重效果，找准关键。进一步强化源头防治，着眼有效推进“不能违规”目标，坚持“两手抓”“两手都要硬”。一手抓步步为营、守关设卡、界定权责办法，积极预防“治未病”；一手抓深入基层调研、深究细访，了解对症施治实际效果，奠定建成“三个保障机制”的良好基础。7 月 14 日，国家局组织举办“应招尽招”“真招实招”与办事公开民主管理同业务工作深度融合 3 个保障机制专题培训班。先后到广西区局（公司）、安徽省局（公司）、广西中烟、浙江省局（公司）、浙江中烟等多家单位，深入调研“三个保障机制”的建设情况。

【“三个保障机制”建设】 “应招尽招”保障机制

建设。“应招尽招”统一实行“三关三审”制度，切实强化责任传导。行业共制定保障“三关三审”（归口管理部门“初审”，商业企业采购办、工业企业管委会“复审”，商业企业管委会、工业企业董事会“终审”具体项目采购方式）的细化制度581项，做到用制度保障“应招尽招”。突出落实“两个全面”，即全面实施“采购目录”制度，通过“采购目录”固化采购方式，坚守5种采购方式适用条件，最大限度避免自由裁量；全面落实采购方式“三关三审”制度，明确每一关的责任主体和集体研究决定的要求，有效预防“一个人说了算”，形成“有关慎用权”“用权必有责”的责任传导机制。

“真招实招”保障机制建设。建成“真招实招”保障机制。“真招实招”设定监管的“六关”（“采购方案关”“代理公司关”“招标关”“评标关”“签约履约关”“考评问责关”），固化守关办法。全行业围绕落实“真招实招”的“六关”，制定645项制度，建立招标代理机构库556个，内部评标专家库1558个，定点供应商库3361个。坚持问题倒逼，对症施治，做到“三个针对”：针对“买卖资质”，统一实行“三严审查制度”，严格审查招标条件、投标资质、预中标人；针对“串标围标”，统一实行“三套组合拳”，切实构建“不敢串”“不能串”“不易围”机制；针对“转包分包”，统一实行“严控两节点”，严格监督审核合同签订节点、合同履约节点。在防治“三个顽疾”过程中，全行业不断加强督办落实，及时发现并坚决纠正解决相关问题。

办事公开民主管理同业务工作深度融合保障机制建设。办事公开民主管理统一落实了采购事项的“八个明确”，促进深度融合。一方面，重点在采购规范工作中实行“八个明确”。通过完善实施办法、管理细则、考评问责等配套管理制度，做到必须公开的范围固化、节点固化、动作固化、渠道固化、反馈的渠道畅通，推动办事公开民主管理工作实现常态化。另一方面，全面推进办事公开民主管理规范的五类事项全覆盖。加强“公开目录”管理，按照“五大类别”业务进行一一对应，推动全面覆盖、同步公开。全行业制定办事公开民主管理工作制度1342个，办事公开民主管理同业务工作融合逐步深入，干部职工“四权”落实进一步得到全面保障。

【推进“三个保障机制”配套制度建设】 明确各环节节点责任主体的权责边界，统一关键要素的规定动作和操作程序，划清“底线”。由国家局主导并组织专题论证研讨，将“三个保障机制”制度化规范确定为“指导性文件”，形成“征求意见稿”。明确各个重点关口的关键性规定动作，将规定动作具体执行的“子规程”留给企业创新发挥。针对“应招尽招”“真招实招”，吸收浙江省局（公司）、湖北中烟等6家试点单位经验和15家直属单位探索做法；针对办事公开民主管理与业务工作深度融合，由广东中烟、重庆市局（公司）领题，深度探索，将研究成果吸收进保障机制。分别向行业54家直属单位和国家局整顿和规范市场经济秩序领导小组15家成员单位征询意见，收到意见建议200多条，形成审议稿。12月30日，国家局召开全面深化改革领导小组全体会议，审议《烟草企业“应招尽招”实施指南》《烟草企业“真招实招”实施指南》《烟草行业推进办事公开民主管理同业务工作深度融合指导意见》等“三个保障机制”文件，为制定《中国烟草总公司关于印发三个保障机制文件的通知》打下坚实基础。

行业各直属单位充分借鉴有关试点单位探索成果，按照权责对等、协调制衡原则，调整健全制度规则体系，从而构成比较完备的机制化配套制度体系。制定董事会议事规则163个，管委会议事规则678个，采购办工作规则607个；健全重要专项管理办法，制定五类采购方式实施细则624个，“三库”管理办法1259个，考评问责办法481个，“一项一卷”管理办法475个；建成“规程化模板”1438个。其中，上海烟草集团将规范管理工作制度纳入集团管控制度体系，按周期进行审核监控，取得较好的实效。福建中烟研究制定52个招标文件范本，制定《招标文件编审办法》，强化对招标环节的规范监督。广西中烟制定招标文件模板，并固化到办公平台的标书审批表中，减少业务部门的自由裁量空间。

【推进定向督办落实】 国家局局长凌成兴结合行业规范管理工作进展，先后3次作出针对性批示，对规范管理工作攻坚克难、问题倒逼、标本兼治提出更严、更高要求。对此，国家局规范管理办公室分别印发通知，提出贯彻落实要求，传达出“保持高压”“绝不松劲”的强烈信号。全行业广泛深入传达学习贯彻国家局领导讲话精神，结合实际工作加以落实。

国家局规范管理办公室2015年实地靠前督办直属单位38家，占总数的69%；先后40次赴地市级公司、卷烟厂、多元化企业调研督办，对所有被督办单位提出补课、改进的具体意见。各直属单位加强日常督办，全年督办调研1295次，发现并整改问题2562个。其中，北京市局（公司）设定关键环节10个重要指标，每月抽查不少于20个采购项目，通过督查及时发现问题，以查促改。浙江省局（公司）将规范管理工作列入巡视重点内容，组成联合检查组督办检查，对查出的问题点名通报，强化规范制度的权威性。

督办落实“三个坚决”要求，即坚决刹住委托第三方开展宣传促销活动，坚决禁止违反规定送钱送物，坚决防止“天价烟”和卷烟过度包装出现反弹。2015年，派出3个调研督查组，抽查20家单位的执行情况。全行业开展督办调研1069次。

发现有益探索及时培育、推广，发现落后单位及时跟进、指导，按季度集中通报采购招标情况，编发《规范管理工作动态》28期。

【推进外树干净形象】 2015年，行业全面实行公开招标项目委托社会代理机构招标，自觉接受社会监督，得到全社会广泛赞许和支持，逐步树立起规范干净办事的形象。3月，中央纪委监察部网站在首页《要闻》栏目，刊登《国家烟草专卖局：强化对采购权力运行监管》专题文章。中国政府网、新华网、中国新闻网、经济网等一系列重要媒体即时原文转载。该文专题报道国家局党组在工程投资、物资和服务采购等领域履行主体责任、加大廉政风险防控力度，特别是强化对烟草企业采购权力运行的规范和监督工作，为树立行业良好形象积聚“正能量”。

【推进“三个三”教育】 行业开展以解决“不想违规”为目的的“三个三”教育活动，即三个敬畏：敬畏权力、敬畏法纪、敬畏制度；三个新常态：内部职能部门全程监督新常态、社会广泛监督新常态、企业干部职工“四权”监督新常态；三类警典：兴亡警典、官德警典、修身警典，使“严格按规矩管理，按规矩办事”的意识更加深入人心。开展培训引导，年初和年中，国家局先后两次举办300多人次的行业规范管理培训班。全年全行业举办大型、集中培训活动1852次，培训6.81万人次，推动“三个三”教育工作深入开展。所属各单位及时推广典型，以丰富多彩、干部群众喜闻乐见的形式广泛开展宣传教育。其中，安徽省局（公司）自下而上层层举办“三个三”演讲比赛，并结合工作特点和目标群体自导自演“微电影”。山东中烟将规范管理有关规定作为本部人员应知应会的主要内容之一，组织全员参加闭卷考试，强化全员规范意识和规范能力。重庆市局（公司）及所属企业形成各具特色的活动方案，制定活动质量评价标准，开展各类活动100多次，汇编专题教育成果2部。

【规范管理工作重心实现深化转轨】 2015年11月，国家局党组下发《中共国家烟草专卖局党组关于整顿规范办公室更名及内设机构调整的通知》（国烟党〔2015〕225号），决定将国家局整顿和规范市场经济秩序领导小组办公室（简称整顿办）更名为规范管理办公室，并进一步明确工作职责、内设机构、人员编制。在全国烟草行业落实全面从严治党主体责任工作会议上，明确把规范管理同巡视、审计监督并列为“三种内部监督”，并进一步要求发挥规范管理的防腐作用，要求各级规范管理机构要落实职责、发现问题、提供线索、严格考评。

自2001年整顿办成立以来，先后组织落实烟叶生产经营秩序专项整顿、财经秩序专项整顿、卷烟体外循环专项治理、“两项检查”（专卖内管检查和同级审计检查）、“三项检查”（工程投资、物资采购和宣传促销项目检查）以及“两项工作”（采购管理和办事公开民主管理工作）等专项治理任务，为行业严格规范、持续健康发展发挥重要作用。

名称变更的深层含义是工作重心的深化转轨，主要是从专项治理转向常态化、长效化的制度建设。规范管理办公室名称调整，标志着行业的规范管理工作的方向目标、战略任务发生深刻变化，及时把规范管理的重心调整到适应社会进步和发展要求的“规范权力运行”、推动实现“公开公平公正”上面来。

（编辑：谢争艳）

人事与劳资

2015年，行业各级党组（党委）和人事部门坚决贯彻国家局党组决策部署，坚持从严要求，坚持从实为本，行业干部人事工作取得新进展。深入学习习近平总书记系列重要讲话精神，认真开展党的十八届三中、四中、五中全会精神学习培训，推动党员干部用党的理论创新成果武装头脑；扎实开展“三严三实”专题教育，推动党员干部在思想、作风、党性上“补钙”“加油”；坚持用好干部标准选拔任用干部，推动树立正确选人用人导向；深入开展专项整治、专项清理，规范机构编制管理，推动从严管理监督干部常态化；不断加强人才队伍建设，规范收入分配秩序，推动形成积极向上、干事创业、风清气正的政治生态。

【思想政治和作风建设】 *深入学习习近平总书记系列重要讲话精神。*行业各单位把学习习近平总书记系列重要讲话精神作为重中之重，国家局机关坚持每季度开展党组中心组集中学习，班子成员带头读原著、学原文、悟原理。行业70名副厅级以上领导干部参加党校培训、7600余名基层党组织书记参加集中轮训，深入学习领会习近平总书记系列重要讲话尤其是关于“三严三实”的重要论述。广大党员干部认真学习《中国共产党章程》和党纪党规，学习党的十八届五中全会精神，进一步内化深化理想信念，全面提升党性修养，努力把牢思想和行动的“总开关”。

*扎实开展“三严三实”专题教育。*按照中央统一部署，国家局党组率先垂范，行业各级领导干部讲党课2600余次，开展专题研讨1900余次，注重联系思想工作实际，注重联系正反两方面典型，质量普遍较高。各单位开好民主生活会，做到会前有周密方案、会上有严肃批评、会后有情况报告。开展行业执行中央八项规定精神情况专项检查，通报发现问题，督促整改落实。各级领导干部在思想、作风、党性上“补钙”“加油”，巩固群众路线教育实践活动成果。

*大力推进基层党组织、工会和政研会建设。*选定行业8家单位试点，以点带面、典型引路，有序推进基层服务型党组织建设。召开行业工会组织建设推进会，举办第二期工会干部培训班，行业地市级局（公司）、卷烟厂等基层工会实现培训全覆盖。开展全国劳动模范、先进工作者和模范职工之家推荐工作，行业21人被评为“全国劳动模范”。召开行业思想政治工作会暨中烟政研会第八届年会，完成“基层服务型党组织建设”等3个专题调研报告，评选优秀课题25个，编发优秀论文集，有效促进行业思想政治工作交流。

【行业干部人事工作】 *加大领导班子建设力度。*按照中央组织部要求，组织开展行业党组清理规范工作，修订国家局党组工作规则。按照好干部“五条标准”“三严三实”要求，以《党政领导干部选拔任用工作条例》作为重要遵循，贯彻落实《关于进一步加强行业直属单位领导班子建设的意见》，严把动议提名关、考察考核关、程序步骤关，完成行业12名直属单位“一把手”、6名纪检组长、9名副职领导异地交流任职，调整副职领导干部67人，行业领导班子建设明显加强，素质结构进一步优化。

*加大干部交流锻炼力度。*坚持把干部交流作为推进干部队伍建设的重要举措，加强直属单位与国家局机关之间、国家局机关各部门之间的干部交流。组织直属单位4名厅级干部、国家局机关5名司级干部双向交流任职，选调来自基层单位的67名干部到国家局机关挂职，组织国家局机关14名干部跨部门交流任职。加强在扶贫攻坚一线锻炼干部，国家局机关遴选2名干部到贫困县挂职，选派1名干部到贫困县任村第一书记。加强年轻干部培养锻炼，开展新一轮后备干部工作，组织行业直属单位推荐报送领导班子副职后备干部和中长期培养对象初步人选。

*加大干部管理监督力度。*组织完成行业8600余名处级以上领导干部个人有关事项的填报录入和汇总统计工作；完善个人有关事项抽查核实工作机制，组织对行业907名领导干部进行随机抽查，对628名拟提拔干部进行重点抽查，对67名干部报告中家庭财产合法性进行组织验证。组织开展行业干部人事档案专项审核工作，应审25.1万份，截至2015年底，完成初审14.2万份。组织开展直属单位领导班子2014年度考核和“一报告两评议”工作，汇总分析情况并书面反馈结果。制定下发《烟草行业机构编制管理办法的通知》，进一步明确行业机构编制、系统外人员调入、新进人员备案等管理要求。开展违规办理和持有因私出国（境）证件专项治理，发现瞒报持有证件、未经批准和未按要求因私出国（境）22例，按照干部管理权限对其中21名干部进行组织处理，领导干部出国（境）管理进一步加强。

【收入分配管理】 *加强企业负责人薪酬管理。*认真贯彻《关于深化中央管理企业负责人薪酬制度改革的意见》

精神，配合工业和信息化部、财政部开展中国烟草总公司负责人薪酬制度改革工作。严格规范省级公司负责人薪酬管理，完成省级公司负责人2014年度工作业绩考核，制订薪酬核定方案；修订印发2015年度省级公司工作业绩考核细则，围绕行业年度工作目标，精炼考核指标，优化权重分配。

*加强工资总额管理。*制定2015年行业工资总额发放管理办法，结合各单位税利实现情况实施总额调控；组织开展2015年度“工效挂钩”工作，行业绩效工资兑现向经营业绩优良的单位倾斜、向基层干部倾斜、向一线员工倾斜。落实人力资源和社会保障部、财政部等主管部门要求，严格规范工资性支出列支渠道，加大工资外收入清理力度。针对行业相关单位负责人经济责任审计中发现的收入分配问题，提出明确要求，布置督促整改，收入分配秩序进一步规范。

*加强劳动用工管理。*在全行业开展“吃空饷”问题集中治理，明确工作要求，明确情形认定，明确处理措施，组织各单位认真开展自查自纠和整改落实。对部分单位报备的劳动规章制度等规范性文件进行审查和完善，依法加强劳动合同和劳动用工管理。做好涉及劳动关系方面的信访稳定工作，对重点案件进行协调督办。

【人才队伍建设】 *推进专业技术人才队伍建设。*开展行业专业技术人员管理业务培训，规范高级资格评审材料申报工作。对专业技术资格证书实行统一登记、统一发放、统一管理，2015年发放证书6389本。组织开展各系列、各等级专业技术资格评定工作，2015年新增高级资格484人、中级资格2025人。截至2015年底，行业在岗专业技术人员10.1万人，高、中、初级比例为1∶9∶15，专业技术人才队伍规模持续扩大、结构进一步优化。组织行业专业技术岗位聘任工作交流，指导部分单位制定聘任办法，工程技术岗位聘任工作取得明显进展。参加国家级科技人才评选活动，组织推荐行业3人参加第14届中国青年科技奖评选。启动行业科技领军人才和学科带头人科研项目专项资助计划并对7个项目实施资助。

*推进高技能人才工作。*2015年，实施371批次行业特有职业（岗位）技能鉴定，鉴定总量4.9万人次，通过鉴定2.1万人次，其中高技能人才鉴定1.8万人次；行业新增技师915人、高级技师74人。构建行业特有职业体系，推进职业标准和题库开发，探索开展职业资格证书复核，加大鉴定质量监管力度。举办第十三届全国烟草行业职业技能竞赛，2015年举办省级二类以上竞赛17届次，78人获得“烟草行业技术能手”称号，3人获得“全国技术能手”称号，1人获“全国五一劳动奖章”。

*推进人才工作制度建设。*印发行业《人力资源管理信息系统使用管理规范》，加强系统数据维护、数据交互、数据使用管理。印发《中级专业技术资格评定工作若干规定》，明确评审组织机构、评定程序、认定原则、纪律监督要求。印发《职业技能鉴定违规行为处理办法》，探索实施鉴定质量督导员异地派遣制度，提升鉴定质量管控水平。改进技能竞赛管理方式，取消竞赛审批制，实行竞赛备案制。继续推进行业鉴定机构质量管理体系建设，截至2015年底，行业53所鉴定机构全部通过人力资源和社会保障部验收，烟草行业成为全国首个所属鉴定机构全部通过质量管理体系验收的行业，成为全国央企质量控制标杆行业。

【教育培训工作】 *启动“互联网+教育培训”工程。*落实国家局提出的“一年打基础、两年上台阶、三年全覆盖”工作要求，按照“共商、共建、共享”建设思路，运用“众筹、众包、众创”等互联网思维，充分调动各方面积极性和创造性，顺利完成“打基础”目标任务。截至2015年底，平台基本搭建完成，上线通用课程和烟草特色课程2500余门，国家局机关和行业20家单位、近8万名注册学员加入平台学习。

*加强研讨交流。*发挥中国烟草学会教育培训专业委员会作用，围绕培训机构标准化建设等5个课题举办多次研讨会，形成一批研究成果。培训机构标准化课题研究论文获中国烟草学会2015年度优秀论文二等奖。试办行业培训项目合作交流会，组织行业6家培训机构、38家省级公司作为供需双方参加洽谈，就卷烟品牌营销等近百个培训项目进行对接，达成56个合作意向，有效促进行业培训供需信息的交流互通。

*强化基础工作。*贯彻落实《2013—2017年全国干部教育培训规划》，组织编制行业教育培训“十三五”规划，修订印发行业教育培训工作考核评价办法。持续加强师资队伍和教材建设。举办2期高级培训师培训班，采用线上线下结合形式，培训国家局师资库内训师90人。组织培

训教材审定会议13次、出版印刷教材43种。2015年行业共举办各级各类培训班2.8万个，培训学员127万人次；国家局机关举办培训班125期，培训员工1.6万人次。

【离退休干部管理】 至2015年，全行业有离退休人员22.16万人，其中离休干部1781人。国家局机关本级离退休干部334人，其中离休干部7人；为机关干部遗属提供服务26户。

学习贯彻“双先”表彰大会精神。4月，行业召开烟草行业离退休干部“双先”表彰大会暨离退休干部工作会议，52个先进集体和88名先进个人受到表彰。离退休干部工作部门组织老同志和工作人员，深入学习会议精神并及时举办行业离退休干部工作政策业务培训班，对《学习贯彻习近平总书记等中央领导同志在“双先”表彰大会上重要讲话精神宣传提纲》《为党的事业增添正能量活动宣传提纲》进行学习宣讲。行业各单位利用各种媒体和阵地，宣传会议精神和离退休干部“双先”事迹。

离退休干部思想政治建设和党支部建设。组织离退休干部全面系统地学习党的路线方针政策，使行业的老同志保持良好的思想政治风貌。国家局机关、河南省局（公司）在井冈山传统教育基地分别举办离退休支部书记、委员和基层党组织骨干培训班，现场教学；湖南中烟创新党课形式，采取观看纪录片、制作专题讲义等多媒体教学形式，增加互动环节；湖北省局（公司）定期邀请党校教授为离退休干部作辅导报告；山西省局（公司）灵活开展组织生活，积极探索社区、单位相结合的工作机制和属地就近管理模式。

开展纪念抗战胜利70周年系列活动。慰问行业抗战老战士、老同志，为行业15名抗战及以前参加革命工作的离休干部办理提高医疗待遇手续，为行业257名参加抗战的老战士、老同志送去以中共中央、国务院、中央军委名义颁发的纪念章和慰问金，对抗战及以前参加工作的老同志普遍进行走访慰问。开展采访行业抗战老战士、老同志活动，并推出《纪念中国人民抗日战争暨世界反法西斯战争胜利70周年特刊》。举办第二届“中华杯”烟草行业离退休人员书画作品大赛，全行业749名离退休人员参与，征集作品1284件，产生一、二、三等奖和优秀奖150幅。安徽省局（公司）组织老同志收看抗战胜利纪念大会实况转播，召开主题座谈会；四川省局（公司）组织老同志参观抗战纪念馆，开展“铭记抗战历史，弘扬中国精神”主题活动；山东省局（公司）组织参加全省离退休干部纪念抗战胜利70周年文艺汇演；浙江省局（公司）组织参观爱国主义教育示范基地——侵浙日军投降仪式旧址和千人坑遗址。

离退休干部各项政治待遇。坚持情况通报制度，及时传达中央文件精神，通过召开座谈会，邀请运行司的同志通报行业经济运行情况，组织机关老同志参观北京卷烟厂、北京市烟草公司物流中心。坚持阅文制度，安排国家局老领导每月到机关阅文，为离退休干部订阅“一报一刊”，为机关离退休干部8个活动站订阅适合老年特点的报刊13种130份。坚持走访慰问制度，行业各单位坚持做到重大节日必访、生病住院必访、家庭困难必访，全年全行业共走访慰问老同志21万余人次，国家局机关走访慰问512人次。

离退休干部生活待遇保障。为行业16位离休干部办理提高享受按副省（部）长级标准报销医疗费待遇。国家局离退休干部办公室与机关医务室坚持每月到活动站为老同志送药，组织集中体检；为离休干部办理医药费报销；改变退休干部药费报销方式，由过去老同志个人到机关报销改为医保公司每季度上门服务。湖南省局（公司）建立“青帮老、老带青”结对扶助机制，让青年志愿者与70岁以上老同志结成对子，及时了解老同志的困难并帮助解决；云南中烟开展“心手相连、结对共建”的爱心帮扶活动，对60~90岁以上各年龄段的老同志实行分类服务管理。

丰富精神文化生活。国家局机关加强老年活动站建设，对部分活动站进行修缮改造，2015年组织各种歌舞、乐队、太极、摄影等文体活动200余次，5000余人次参与；组织春游、秋游等7次大型活动。河南中烟坚持把老年大学建设成广大离退休职工吸收、凝聚、发挥正能量的重要阵地，增加科目设置、优化课程组织、丰富教学内容；福建省局（公司）在对原有活动中心进行全面装修改造的基础上，又增加400余平方米的面积用于增加老同志文体活动场所；吉林省局（公司）新建老年活动中心，设有多媒体教室和阅览室，安装无线网络，建立QQ群和微信群，用多媒体组织学习教育和文体活动；内蒙古区局（公司）在老同志各居住区分别建立老年活动室，方便离退休人员就近参加活动。

（编辑：周　佳）

党建工作

2015年，全国烟草行业各单位深入学习贯彻党的十八大和十八届三中、四中、五中全会以及习近平总书记系列重要讲话精神，紧紧围绕行业工作的总体部署，牢牢把握服务中心、建设队伍核心任务，以落实全面从严治党要求为主线，扎实开展“三严三实”专题教育，持续改进工作作风，实践“三大课题”，提升“五个形象”，全面加强全行业党的思想、组织、作风、制度和党风廉政建设，不断增强党组织的凝聚力和战斗力。

【思想政治建设】 *深入学习贯彻习近平总书记系列重要讲话精神。*坚持把思想建党放在首位，深化理论武装工作，深入学习贯彻习近平总书记系列重要讲话精神，教育引导机关党员干部坚定“三个自信”。组织学习《习近平谈治国理政》《习近平关于党风廉政建设和反腐败斗争论述摘编》《习近平关于协调推进“四个全面”战略布局论述摘编》《习仲勋与群众路线》等著作，采取专家授课、学习交流、个人自学等方式组织党员干部读原著、学原文、悟原理，做到学而信、学而用、学而行。

*抓好党的十八届四中、五中全会精神的学习贯彻。*深入学习宣传贯彻党的十八届四中全会精神，组织参加宪法实施报告会，向中央国家机关工委报送行业法制人物与法制故事，组织学习《法治热点面对面》，切实增强行业党员干部法治观念和法治意识，提高党员干部运用法治思维和法治方式依法行政、依法管理、依法组织生产经营的能力和水平，积极营造“尊法学法守法用法”的机关法治环境。组织行业党员干部深入学习贯彻党的十八届五中全会精神和全国“两会”精神。党的十八届五中全会召开后，制定学习贯彻党的十八届五中全会精神工作计划，召开干部大会，原原本本传达学习习近平总书记在五中全会上的重要讲话精神和国家局党组学习贯彻五中全会精神意见，统一配发并组织学习《中共中央关于制定国民经济和社会发展第十三个五年规划的建议》单行本，切实把思想和行动统一到中央精神上来。深入开展形势任务教育，扎实做好全国“两会”精神的学习宣传贯彻工作。

*推进学习型党组织建设。*一是发挥国家局党组中心组龙头示范作用，2015年国家局党组中心组学习22次，参加人员扩大到国家局机关各部门、各单位主要负责人。开展“走出去”、学习十八届五中全会等专题的学习研讨，观看《作风建设永远在路上》教育片，充分发挥中心组的示范带动作用。二是坚持定期举办专题讲座，邀请中央党校党建部教授作《全面落实党风廉政建设主体责任和监督责任》《坚持全面从严治党，加强党的建设》等专题讲座。参加中央国家机关工委学习宣传贯彻十八届五中全会精神系列报告会、“党的优良传统和作风大讲堂”报告会。参加由《紫光阁》杂志社主办的中央国家机关媒体融合发展研讨会。三是坚持开展主题读书活动。开展“践行核心价值观、树立机关良好形象”主题读书活动，统一配发《社会主义核心价值观经典名句实用手册》《曾文正公嘉言钞》，组织参加中央国家机关“强素质、做表率”读书主题讲坛活动。四是抓好党员教育培训工作，认真贯彻执行中央《干部教育培训工作条例》《2013—2017年全国干部教育培训规划》，坚持处以上党员干部进党校学习培训制度，组织国家局机关21名司处级干部参加国家局党校专题班和进修班的学习。选派机关青年参加中央国家机关青年科级干部培训班。组织机关党员干部参加行业网络学习平台学习，改进培训方式，提升培训效果。

【“三严三实”专题教育】 *扎实开展“三严三实”专题教育。*从2015年4月开始，“三严三实”专题教育在行业处级以上领导干部中同步开展，各单位按照中央统一部署及国家局党组要求同步进行。此次专题教育，涵盖行业56家直属单位、100家卷烟工业企业、446家地市级公司、88家专业性公司，8700余名处级以上领导干部参加。行业各单位围绕“严以修身”“严以律己”“严以用权”3个专题，紧密联系思想和工作实际，深入开展学习研讨，其中各直属单位开展专题研讨139次，地市级公司、卷烟工业企业开展专题研讨1814次。12月，行业56家直属单位的领导班子召开“三严三实”专题民主生活会，近400名党员领导干部参加。专题教育期间，行业各级党组（党委）认真开展学习研讨、验身正己、氛围浓厚，取得实实在在的成效。

国家局制定下发机关开展“三严三实”专题教育工作方案，及时传达学习习近平等中央领导同志重要讲话，组织党员干部研读教育活动指定书目。在国家局、总公司机关组织开展“爱整洁、守纪律、办实事”活动。观看电影《杨善洲》《旗帜》，以及《正能量的聚集》专题片，组织参观《伟大胜利 历史贡献》抗战胜利70周年主题展览。学习《优秀领导干部先进事迹选编》《领导干部违纪违法典型案例警示录》等材料，用好正反两方面的“活教材”。开展“严以修身”“严以律己”“严以用权”3个专题研讨。在深入学习研讨、广泛征求意见和谈心谈话基础上，查摆“三严三实”方面存在的突出问题，国家局机关征集意见建议128条。及时向国务院办公厅、中央组织部、中央国家机关工委报送国家局“三严三实”专题教育开展情况和专题民主生活会召开情况。

*深入推进教育实践活动整改落实工作。*巩固群众路线教育实践活动成果，按照抓常、抓细、抓长的要求，着力在建立作风建设长效机制上下功夫，持续抓好“两方案一计划”整改落实工作。深入贯彻落实中央八项规定和国务院“约法三章”要求，继续紧盯重要时间节点，向党员干部发送廉政短信，推进机关作风转变。组织相关部门人员对机关各部门各单位的纪律、卫生、安全进行检查，确保“爱整洁、守纪律、办实事”活动取得实效。

【基层党组织建设和党员队伍建设】 *切实加强党建基础工作。*贯彻落实《中国共产党党和国家机关基层组织工作条例》，进一步推广运用支部工作法，参加2期中央国家机关工委新任党支部书记培训班，组织机关30名党支部委员赴杨善洲干部学院开展党性教育培训，加强党务干部队伍建设，提升党支部的整体工作水平。

*严格党的各项组织生活制度。*认真贯彻《中央国家机关贯彻落实全面从严治党要求实施方案》，严格落实“三会一课”制度和民主集中制的各项具体制度。严肃党内组织生活，指导和检查各党支部开好“三严三实”专题民主生活会和专题组织生活会，认真落实双重组织生活会。

*做好党员管理、服务和发展工作。*及时健全组织，对缺额的机关党委（纪委）、机关妇工委、党总支、党支部委员及时补选，积极慎重做好党员发展工作，2015年增补5名党委委员、1名纪委委员，增补2名妇工委委员，成立1个党总支，对2个党总支和9个党支部进行改选，有4个党支部进行换届，从组织上保证基层党的工作正常开展。认真落实《中国共产党发展党员工作细则》，按照坚持标准、保证质量、改善结构、慎重发展的方针，国家局机关发展新党员7人，有7名预备党员按期转为正式党员。认真负责地做好党员转正、函调、组织关系接转、党费的收缴和管理、党内统计等工作。积极做好离退休干部党的工作，并根据离退休干部的特点指导党支部开展活动和服务工作。按照建立健全党内激励、关怀、帮助机制的要求，在元旦、春节、“七一”和国庆期间，开展走访慰问生活困难党员和老党员活动。

【党风廉政建设】 *认真落实党建工作责任制。*制定《关于国家局 总公司机关贯彻落实全面从严治党要求的实施意见》，并抓好文件的学习贯彻，成立党建工作领导小组。认真贯彻落实国家局党组《关于深化行业党的建设制度改革的实施意见》《关于落实党风廉政建设主体责任的实施意见》，进一步强化党的意识，严格履行管党治党的政治责任，举办国家局、总公司机关落实党风廉政建设主体责任培训班，对机关各部门各单位党支部书记（主要负责人）和副司级以上130余名党员领导干部进行为期3天的专题培训。组织参加中央国家机关部门机关党委书记培训班和纪检组织落实监督责任专题研讨班，把全面从严治党要求落到实处。

*抓好《中国共产党廉洁自律准则》《中国共产党纪律处分条例》的学习贯彻。*认真组织机关党员干部学习贯彻《准则》《条例》两项重要的党内法规，将其作为全面从严治党主体责任的重要内容。加强纪律教育，把纪律挺起来、规矩严起来，特别要把严守政治纪律和政治规矩摆在首要位置。推进廉政文化创建活动，参加中央国家机关家庭助廉行动暨“清风正气传家远”家风展示活动。利用行业近年来发生的腐败案件，开展警示教育活动。对反映党员干部的问题早发现、早报告、早处置，及时进行谈话提醒、诫勉、约谈，防止小问题拖成大问题。认真对待，及时处理群众来信来访。参加中国纪检监察学院第35期纪检监察案件审理业务提高班学习、中央国家机关纪工委举办的中央国家机关纪检干部监督执纪业务培训班、中央国家机关工委宣传部党支部第四次专题学习。

【党建教育培训工作】 2015年，国家局党校（培训中心）举办行业司局级基本理论进修班2期，处级基本理论进修班2期，机关科级干部培训班1期，培训学员366

人次，累计教学 57 周，总计 2280 学时。

突出党的理论教育和党性教育主课地位。2015 年，开展理论教育课程 60 节，党性教育课程 22 节，专题讲座 6 节。教学内容突出中国特色社会主义理论体系，突出马克思主义中国化最新成果，突出学习习近平总书记系列重要讲话，突出党的理想信念、优良作风、宗旨教育。教学方法采取专题辅导、经典导读、专家答疑、研讨交流等形式。特别引导学员深入学习党的十八届五中全会精神和习近平总书记系列重要讲话精神，推动理论学习向广度深度拓展。组织学员赴中国烟草井冈山传统教育基地进行党性教育，现场感受红色历史，深入开展党性分析，切实加强党性修养。

突出围绕现实问题提高思维能力。引导学员围绕党组中心工作，聚焦行业重大现实问题思考研究。春季学期班围绕“经济新常态与烟草经济新特征”“税制调整对行业的影响与对策”“创新驱动发展的特征、机制与制度支持”“培养忠诚、干净、担当的领导干部队伍”“新时期行业改革发展的路径选择”等 5 个子课题，秋季学期班围绕“行业进一步深化改革的重点难点问题”“如何振奋精神、攻坚克难，破解行业发展难题”“新形势下如何维护好专卖专营体制”等 3 个子课题，结合理论学习，深入研讨，形成研究成果。

突出理论研究，提升教学水平。关注行业发展形势和趋势，国家局党校撰写《重视和发展行业基本理论》《深刻把握‘总体考虑’面对的形势要求》《深入探索‘总体考虑’践行的规律趋向》理论文章，在《东方烟草报》发表，据此形成“深刻领会国家局谋划‘三大课题’，提升‘五个形象’总体考虑”专题课程，在党校进修班上进行宣讲。参与中国烟草学会和中央国家机关分校课题研究，其中《烟草行业省级培训机构标准化建设研究》获得中国烟草学会论文评比二等奖，《党校教学改革途径研究》获得分校暑期教学研讨会优秀论文奖。发挥党校校刊的思想交流和教学辅助作用，2015 年精选高质量理论文章 50 余篇，编辑出刊 5 期《学习与交流》。

【精神文明建设】 开展社会主义核心价值观宣传教育。邀请中央党校教授作《培育核心价值观 树立良好形象》专题辅导讲座，开展“践行核心价值观、树立机关良好形象”主题读书活动，组织参加中央国家机关“强素质、做表率”读书主题讲坛活动，引导党员干部积极践行核心价值观。深化爱国主义教育，做好参加出席纪念抗日战争胜利 70 周年纪念大会相关工作。组织机关党员参观赣南苏区振兴发展图片展和观看赣南采茶歌舞剧《八子参军》。

做好工青妇工作。认真落实《中共中央关于加强和改进党的群团工作的意见》，不断推进机关精神文明建设。机关工会组织参加中央国家机关“心理健康大篷车”活动。开展“送温暖、献爱心”活动，2015 年看望慰问职工 75 人次，送温暖 220 人次。举办机关第十二届职工运动会。组织参加中央国家机关第四届职工运动会和“天天健步走每天一万步”健步走活动。机关妇工委积极开展纪念“三八”国际劳动妇女节系列活动，组织电影欣赏、举办中医健康知识讲座、健康咨询活动。组织参加中央国家机关“恒爱行动——百万家庭亲情一线牵”活动和中央国家机关红娘大会及培训。机关团委结合纪念中国共青团成立 93 周年、“五四”运动 96 周年，开展“守纪律、讲规矩、促成长”主题活动，组织机关青年参加中央国家机关“守纪律、讲规矩、促成长”主题征文活动，并有 4 人获奖。组织机关青年赴江西赣州龙南县和广东珠海港珠澳大桥工程参加中央国家机关青年干部“根在基层”调研实践活动。组织单身青年参加“青春之梦”和中央国家机关专场公益相亲嘉年华活动。

（编辑：周　佳）

外事管理与国际拓展

【外事管理】 2015 年，烟草行业严格遵守中共中央办公厅、国务院办公厅印发的《关于进一步加强因公出国（境）管理的若干规定》《关于坚决制止公款出国（境）旅游的通知》《外交部、中央外办、中央组织部、财政部关于进一步规范省部级以下国家工作人员因公临时出国的意见》，做好因公出国（境）管理工作。

按照“提高质量、讲究实效、保证重点、避免重复、精简节约”的原则和国家局《关于进一步规范烟草行业工作人员因公临时出国的意见》，编制国家局机关和行业出国（境）计划。2015 年，国家局、总公司机关出国（境）

团组计划63个，比2014年实际执行团组增加5个，全部为合同类技术培训。国家局党组管理干部出国计划52个，比2014年出国计划减少5个。2015年经国家局批准的出国（境）人员共862人次，比2014年增加10人次。出国（境）团组和人员略有增加的原因主要是围绕推进“一带一路”建设和加强对毗邻国家市场拓展部署，相关单位增加出访团组。

*中日、中韩技术交流工作。*2015年是中日烟草技术交流实施31周年、中韩烟草技术交流实施14周年，接待和出访团组分别为24人次、32人次，分别就发展计划、现场管理、低焦油卷烟市场、质量控制、市场需求、新型烟草制品、烟机设备管理等业务进行交流座谈。

*参加《烟草控制框架公约》相关国际会议。*2015年6月，国家局参加在世界贸易组织（WTO）总部召开的澳大利亚烟草素包装措施世贸争端案专家组听证会。参会前，多次配合商务部就案件第三方陈述立场进行法律问题研究，大部分意见得到采纳，并在听证会中得以阐述。

【拓展卷烟国际市场】 加强对行业拓展卷烟国际市场工作的规划和指导。根据“十二五”期间卷烟国际市场拓展工作完成情况，对中国烟草在国际市场面临的机遇、挑战及中国烟草自身优劣势进行认真分析研究基础上，编制“十三五”品牌和市场发展规划。按照“聚焦重点品牌”的总体方针，加大品牌整合力度，启动第一阶段品牌整合工作，对免税出口的卷烟品牌进行整合，计划在2016年底将现有的39个免税出口卷烟品牌整合到25个左右，进一步促进优势品牌做强做大。在对国际市场新型烟草制品发展情况进行多种方式调研的基础上，与各有关工业企业进行沟通，编制《新型烟草制品国际市场拓展规划》（初稿）。2015年初和年中，分别召开2015年卷烟国际市场拓展业务衔接会和经济运行分析会，与各有关工业企业和进出口企业共同分析问题、研究对策、探索路径，推进全年境外产销目标完成。

*境外卷烟产销量。*2015年，全国烟草行业卷烟实现境外销量902.4亿支，同比增加114.8亿支，增长14.6%，其中境外企业实现销量401.7亿支，同比增加65.3亿支，增长19.4%，占总销量比例为44.51%；境外合作项目实现销量238.5亿支，同比增加42.4亿支，增长21.6%，占总销量比例为26.43%；一般贸易出口262.2亿支，同比增加7.1亿支，增长2.8%，占总销量比例为29.06%。

*境外产销基地建设。*威尼顿集团有限公司（简称威尼顿公司）的异地技改工程于2015年1月22日正式竣工投产，其主要生产管理指标达到国际先进水平，成为东南亚领先、国际一流的现代化卷烟厂。按照“立足柬埔寨，辐射东南亚”的指导思想，不断加大国际业务拓展力度，一方面，威尼顿公司探索通过加工出口、境外代理销售、渠道互换等方式，开展与国际公司的合作，努力拓展周边国际市场；另一方面威尼顿公司易地改造后的新工厂在满足公司自身生产需求的同时，积极与中烟工业公司开展合作，为其开拓海外市场提供有力的支持。在卷烟营销方面：一是大力疏通渠道，规范统一产品批发价格，稳定产品零售价格，保证产品健康流动；二是加大“吴哥”产品的陈列展示宣传力度，通过配置多种陈列展示物料，提高品牌的曝光率，提升品牌的知名度；三是进一步加大渠道拓展力度，不断开发餐厅、超市等零售终端，扩大产品的铺货率；四是持续做好“吴哥”产品的助销推广工作，不断提升客户经营“吴哥”产品的热情与信心，进一步刺激消费需求，促进产品销量。

吉林烟草工业有限责任公司根据平壤白山烟草有限责任公司的实际销售情况，重新组建销售科，加强销售力度，明确销售科的职责，建立奖罚制度。在对朝鲜卷烟市场和竞争企业、竞争产品做详细分析的基础上，重新修改制定年度营销方案，采取多种促销手段，并通过与代理商签订销售目标合同、根据业绩动态管理代理商等方法，第三季度销售大幅下滑势头有所遏制，出现恢复性增长。大同江烟草有限公司还通过多方努力，在元山、咸兴等重点城市建立卷烟自营店，探索建立以我为主的销售渠道。

蒙古烟草有限责任公司完成“中华”品牌在蒙古销售的商标注册，并推进进口许可等相关手续的办理。7月，在蒙古那达慕节期间，公司采取多种方法促销，基本稳定了整体市场销售状况；8—9月，一方面继续推进乌兰巴托的宣传促销，稳定城市市场；一方面加大周边市场工作力度，开展走访向下市场活动。通过上述措施，基本稳定市场销售，保持市场占有率不变。

中国烟草在印度尼西亚的实体化项目——科伦印象有限责任公司，于2015年7月完成商务部备案工作，并正式获得商务部批准证书；出口设备及试机原辅料在8月运抵印度尼西亚的泗水港。科伦印象有限责任公司的合作双方完成落地生产产品的开发工作。

环球烟草有限责任公司推进二期易地技改项目，在完成关于工艺路线和设备选型技术洽谈的基础上，11月，浙江中烟和瓦达尼亚贸易有限责任公司就制丝工艺和设备输出方案进行详细沟通与商讨，确定环球烟草有限责任公司易地技改制丝工艺路线。

巴拿马项目方面。浙江中烟的委托加工于4月启动，代加工“摩登”6.1亿支。巴拿马工厂全年生产湖南中烟的“白沙（元帅）”“白沙（银象）”“白沙（NISE）”等规格的卷烟，产销量达到14.55亿支。为延续并深化巴拿马项目，湖南中烟与泰路公司就合作协议续展进行谈判、协商，并重新续签协议。

重点品牌销量增长。2015年，境外销量前五位品牌依次为“都宝”“长白山”“摩登”“SE555”“TS”，销量合计378亿支，比上年前五位品牌合计销量增加70.5亿支，增长22.9%；前五位品牌合计占境外销量的41.9%，同比增加2.9个百分点。

俄罗斯市场由于烟草提税和控烟严厉，市场容量萎缩，“金鹿”受此影响，销量同比下降。“红塔山”由于产品升级换代和销售渠道梳理、完善方面的因素，暂时控制了销售规模。湖北中烟2015年对业务进行梳理和调整，部分市场的销售处在恢复期，“R. G. D”销量因此同比下降。

重点市场拓展。2015年，东南亚市场卷烟销量249.9亿支（占总销量的27.7%），同比增长17.4%。老挝寮中红塔好运烟草有限公司加大对老挝本土市场的拓展力度，销量同比增长。云南中烟在缅甸设立营销机构，派驻人员与当地经销商共同开展工作，加大对缅甸市场营销工作的参与度，推动销量同比增长。

中东市场卷烟销量139.9亿支（占总销量的15.5%），同比增长17.0%。“摩登”“TS”品牌通过在中东地区实体化运作，销量同比增长。CTIEC积极拓展中东市场，销往伊拉克、叙利亚等国的卷烟数量同比增长。“阿诗玛”细支产品投放中东市场，拉动销量增长。

东欧市场卷烟销量140.7亿支（占总销量的15.6%），同比增长48.2%。中烟菲莫国际有限公司（简称中烟菲莫公司）合作“Dubliss-Next”联合品牌项目在俄罗斯不断扩大市场覆盖面，同时针对细分市场推出适销对路的新产品上市。云南中烟在乌克兰和摩尔多瓦积极开拓销售渠道，加大拓展力度，销量同比增长。

东北亚市场卷烟销量115.3亿支（占总销量的12.8%），同比下降7.9%。主要是朝鲜市场销量同比下降。蒙古市场销量有所下降。韩国市场由于中烟菲莫公司合作“Lark-Baisha”品牌联合项目的持续推进，销量有所增长。

中南美市场卷烟销量104.4亿支（占总销量的11.6%），同比增长19.4%。云南中烟一方面阿根廷项目运作较好，产品除在当地销售，出口到伯利兹、巴拿马等国，销量同比增长；另一方面与当地经销商合作，加大市场拓展力度，2015年以来开拓哥斯达黎加、圭亚那、洪都拉斯、萨尔瓦多、多米尼加、巴拉圭等市场。中烟菲莫公司合作“Luxor-Harmony”联合品牌项目在巴西市场持续推进，销量同比增长。“摩登”品牌通过多种方式拓展中南美市场，浙江中烟增设常驻工作团队，推动销量同比增长。

表1　2015年全国烟草行业卷烟出口排名

排名	商标名称	数量（万支）	出口总量占比（%）	同比增长（%）
1	Taishan	477750.00	18.22	34.96
2	中　华	332135.00	12.67	30.78
3	摩　登	179000.00	6.83	-35.61
4	阿诗玛	158450.00	6.04	18.25
5	芙蓉王	155250.00	5.92	23.46
6	玉　溪	138680.00	5.29	-13.21
7	云　烟	128540.00	4.90	1.98
8	中南海	125005.00	4.77	-5.66
9	利　群	115650.00	4.41	15.13
10	金　鹿	113058.00	4.31	-25.90
11	FARSTAR	108980.00	4.16	26.60
12	红双喜	80029.00	3.05	-16.19
13	白　沙	57300.00	2.19	1.24
14	黄金叶	41941.20	1.60	51.30
15	R. G. D	41940.26	1.60	-61.81
16	小熊猫	35500.00	1.35	7.94
17	MARSHAL	34000.00	1.30	41.67

续表

排名	商标名称	数量（万支）	出口总量占比（%）	同比增长（%）
18	熊　猫	30410.00	1.16	19.10
19	马　宝	28000.00	1.07	29.63
20	NISE	23000.00	0.88	155.56
21	好日子	22770.00	0.87	-30.62
22	都　宝	22464.00	0.86	22.75
23	新　兴	20000.00	0.76	300.00
24	红塔山	18700.00	0.71	-37.98
25	金　桥	17485.00	0.67	-0.13
26	SILVER ELEPHANT	17000.00	0.65	-48.48
27	钓鱼台	14975.00	0.57	40.35
28	苏　烟	14650.00	0.56	64.61
29	黄鹤楼	8740.00	0.33	-62.21
30	帝　豪	7920.00	0.30	-14.29
31	特美思	7440.00	0.28	-50.00
32	人民大会堂	6990.00	0.27	66.43
33	贵　烟	6950.00	0.27	465.04
34	真　龙	6900.00	0.26	58.26
35	南　京	6200.00	0.24	65.33
36	妙　香	5400.00	0.21	3.05
37	CRAZYHORSE	3000.00	0.11	200.00
38	娇　子	2657.00	0.10	40.29
39	罗曼蒂克	2500.00	0.10	0.00
40	红杉树	2500.00	0.10	31.58
41	好　猫	1154.00	0.04	0.00
42	S丨X	960.00	0.04	-4.95
43	长城雪茄	113.28	0.00	-15.62
44	五叶神	0	0.00	-100.00
45	黄果树	0	0.00	-100.00
46	GEM	0	0.00	-100.00
47	红河	0	0.00	-100.00
总计		2622086.70	100.00	2.79

资料来源：中国烟草国际有限公司

【境外烟叶实体化运作和进口烟叶工作】 2015年，境外烟叶实体化运作围绕“原料保障上水平”这一核心要务，坚持以工业企业和重点品牌需求为导向，以中国烟草国际有限公司（简称中烟国际）为主体，以不断增强进口优质烟叶“基地、资源、定价”话语权为目标，严格采购计划，推进精益管理，加强作风建设，提升公司规范运作水平。

境外烟叶实体化运作。在津巴布韦，天泽烟草有限责任公司（简称天泽公司）合同种植规模稳步扩大，2015年，天泽公司合同种植面积14.95万亩，合同收购烟叶2.67万吨，同比增加3954吨，创历史新高，其中适合中国烟草使用类型的烟叶（FC2）2.18万吨，占合同收购量的82%。一是拍卖场采购水平不断提升，2015年天泽公司采购原烟7513吨，同比下降23.98%；拍卖市场采购均价4.18美元/千克，与上年持平。二是自营烟叶比例大幅增长。2015年，天泽公司合同收购和拍卖场收购的原烟总量从2014年的3.26万吨增加到3.41万吨，给中国烟草提供的成品烟由2014年的1.89万吨上升到1.98万吨，占津巴布韦采购量的31.43%，同比提高1.09个百分点，占整个南部非洲采购量的26.77%。三是南部非洲烟叶采购质量提高。2015年，天泽公司在非洲四国烤烟采购7.39万吨，其中，与津巴布韦12家烟草供应商签订销售确认书，采购烤烟6.29万吨；采购赞比亚2家烟草供应商烤烟6475吨；采购马拉维4家烟草供应商烤烟2989吨；采购坦桑尼亚3家烟草供应商烤烟1485吨。四是加工水平不断增强。2015年，天泽公司烟叶加工质量持续稳定，出片率68.84%，同比提高0.8个百分点；提供给中国烟草的成品烟等级中有3个等级进入共同等级，共8444吨，占成品烟总量的42.7%。

2月10日，中烟国际巴西有限公司（简称中烟巴西公司）第五次股东会暨第一届董事会第五次会议在湖南长沙举行，经调整后的中烟巴西公司全体股东代表及董事出席会议。会议审议并原则通过《中烟国际巴西有限公司2014年财务收支决算和2015年财务收支预算》《中烟国际巴西有限公司2014年度利润分配方案》。

中烟国际（北美）股份有限公司（简称中烟北美公司）在美国通过3种模式开展业务工作。第一种模式是直接与农户签订原烟收购合同，开展烟叶收购，委托加工、销售。中烟北美公司从2014年开始农户签约工作，2014年集中在北卡罗来纳州，2015年扩展到北卡罗来纳和弗吉尼亚两个州，其烤烟产量占美国烤烟总产量的90%以上。第二种模式是与联一公司、美国烤烟合作社开展合作项目，中烟北美公司按照采购团谈判成交价格与中烟国际签订销售合同，与联一公司、美国烤烟合作社在谈判成交价基础上扣除一定比例的折让签订采购合同。第三种模式是向供应商直接采购成品烟叶（传统采购）。2013年与4家供应商签订差价合同，2014年与7家供应商签订差价合同，2015年与8家供应商签订差价合同。

烟叶进口。中烟国际及时向国外供应商通报进口总量调减意向，控制市场预期，进口均价同比下降8%。精心组织进口烟叶制样、监督加工和植物检疫工作，定向等级和共同等级数量稳中有升，满足工业企业的共同和个性化原料需求。理顺进口业务流程，制定《进口雪茄烟叶、香料烟采购流程》，规范与供应商关系，排除到货出现质量问题的供应商，确保产品质量，提高服务水平。协调质检总局开通墨西哥雪茄烟叶进口许可，扩充中国烟草的采购国别，为保障工业企业进口原料的多样化供应奠定基础。完成2016—2018年烟季进口烟叶海运服务招标工作。

【与跨国烟草公司合作】 2015年，中国烟草进一步推进跨国并购并积极探索国际业务发展新体制。一是协调中烟菲莫国际有限公司及相关方，促进合资公司发展，提前2个月完成董事会确定的销量目标。二是与中烟英美烟草国际有限公司的关联方多次沟通，充分交换意见，并就进一步做好有关工作提出建设性意见。三是推进与帝国烟草合作项目，双方经过多轮谈判，就“合资协议”主要条款达成一致意见。四是与日本烟草公司多次沟通，探讨与日本烟草公司进一步深化合作的方案。与韩国烟草签订“合作意向书”，与韩国烟草就合作的具体形式进行多次沟通。五是启动撒哈拉以南泛非项目。

【进出口贸易】 2015年，全国烟草行业实现进出口商品总值37.8亿美元，同比下降11.78%，其中进口总值为24.39亿美元，同比下降17.29%；出口总值13.41亿美元，同比增长0.37%。

表2　2015年全国烟草行业主要进口商品情况

进口商品	数量	同比增长（%）	金额（万美元）	同比增长（%）
烟叶	15.70万吨	-12.13	145214	-9.80
卷烟	44.40万支	-6.43	10310	-5.11
丝束	6.34万吨	-38.96	35304	-39.73
滤棒	22.4亿支	-52.81	2952	-30.98
卷烟纸	1.72万吨	18.66	6179	21.68
烟机	186台	5.22	38682	-16.64

资料来源：中国烟草国际有限公司

表3　2015年全国烟草行业主要出口商品情况

进口商品	数量	同比增长（%）	金额（万美元）	同比增长（%）
烟叶	11.35万吨	-7.89	52456	-9.07
烟叶副产品	2.55万吨	-25.11	1242	-32.80
卷烟	262.2亿支	2.79	60386	12.70
烟丝	1.98万吨	-14.07	15332	4.71
烟机	21台	—	667	-40.64

资料来源：中国烟草国际有限公司

烟叶出口。2015年，烟叶出口面临市场低迷、供大于求的严峻形势，中国烟草寻求新烟出口备货稳定和出口工业不适用烟叶库存间市场、数量和价格的平衡。一方面有序推进工业库存出口，深入开展工商互动，降低商业库存水平；一方面加强“三统一”管理，积极推动科技项目和农艺合作，提升管理服务水平和产品质量完整性。2015年，各省进出口公司出口烟叶2万吨。工业库存市场流向明确可控。

新烟出口方面，在国际市场填充料型烟叶价格普遍下滑的情况下，主要最终用户从各省进出口公司采购的新烟等级数量基本稳定，与菲莫国际公司、日本烟草公司达成FOB签约均价下降9%的协议。工商烟叶置换经过2年的探索，程序理顺，全年新烟置换规模15万担。

【基础管理】 完善相关制度建设。为进一步规范内部管理，对中烟国际原有的规章制度进行了部分修订。同时新制订并印发《中国烟草国际有限公司党组议事规则》《中国烟草国际有限公司境外企业财务管理办法》《关于加强驻外工作人员因公及因私出国（境）管理的通知》等规章制度。推进境外机构信息化管理平台建设工作，完成中烟北美公司和天利公司行业外贸管理系统的推广实施。

强化预算管理。财务管理从预算“源头”抓起，加强预算编制和审核工作，特别是加大对境外企业的预算审核力度，增加收入、控制费用、确保盈利。

保障海外实体化运作。积极协调相关方面解决天泽公司资金问题，进一步理顺津巴布韦烟叶结算方式，有效防范关联交易风险，直接为天泽公司办理“内保外贷”1亿美元，协调天利公司为天泽公司提供融资1亿美元，保证天泽公司烟叶采购资金需求。加大与中资银行的协作力度，将担保费率由上年的1%降低为0.5%，有效降低的财务成本。为中烟巴西公司办理进口烟叶“预付款”2369万美元、为中烟国际阿根廷有限责任公司办理进口烟叶“预付款”1548万美元，为烟叶采购提供资金支持。协调中资金融机构，由中烟巴西公司出面担保，为中巴合资公司办理贷款融资1.10亿美元，保证中巴合资公司资金运作顺畅。

加强审计和财务监督。按照牢固树立内审服务意识，保障“走出去”战略稳步推进的有关要求，中烟国际所有境外公司和代表处对项目经营管理关键环节进行一次全面的财务自查。5月，中烟国际重新修订并印发《中国烟草国际有限公司境外企业财务管理办法》，为境外机构财务管理工作提供制度保障，同时要求境外机构相应修订本单位内控制度。

完善服务保障。稳步构建“走出去”法律服务平台，出台《烟草行业涉外法律事务管理暂行办法》。根据国家局《贯彻落实〈中共中央关于全面推进依法治国若干重大问题的决定〉实施方案》有关要求，构建“走出去”法律服务平台，并起草《构建“走出去”法律服务平台实施方案》。

附一：

中国烟草国际有限公司成员企业及驻外机构

中国烟草国际有限公司（简称中烟国际）于2008年8月7日正式挂牌，是由原中国烟草进出口（集团）公司改制而成的经济实体，注册资本11.53亿元。中烟国际按照“改制、转型、整合”的要求，稳步推进烟叶境外采购实体化运作和境外卷烟生产企业建设。

主要经营业务：卷烟（含雪茄烟）的进出口业务，烟叶的进出口业务，烟草专用设备和烟用辅料的进出口业务，境外投资及经贸合作，国家允许或总公司委托的其他业务。

中烟国际以控股方式管理深圳烟草进出口有限公司，直接管理10个驻外机构。

深圳烟草进出口有限公司

深圳烟草进出口有限公司成立于1997年12月，是经原对外贸易经济合作部和国家烟草专卖局批准成立的深圳特区唯一经营烟草进出口业务的经贸公司。公司工商注册资本1000万元。深圳烟草进出口有限公司是中烟国际的控股子公司，实行董事会领导下的总经理负责制。股东方为中烟国际、中国烟草总公司深圳市公司。主要经营烟草、烟草制品及卷烟行业机械设备、卷烟原辅材料的进口业务（具体按外经贸部〔1996〕外经贸政审函第3081号文执行）；国内商业、物资供销业（不含专营、专控、专卖商品）。

2015年，深圳烟草进出口有限公司实现出口商品总值2437万美元。实现商品销售收入3.44亿元，同比下降0.19%。实现税利2.36亿元，其中利润7277万元，同比下降11.98%。

天利国际经贸有限公司

天利国际经贸有限公司是中烟国际的全资子公司，经原对外贸易经济合作部批准，于1989年在香港注册成立。主要职责是经营烟草及其制品、烟草机械设备及零部件、烟用辅料等进出口业务，开展烟草经济技术合作及交流活动，负责烟草行业海外机构的管理工作，负责国际烟草商情信息的收集、汇编工作，承担有关出国团组的接待安排工作。

中国烟草国际有限公司驻津巴布韦代表处天泽烟草有限责任公司

代表处设立于1990年，注册地点为津巴布韦哈拉雷，前身为中国烟草进出口（集团）公司驻津巴布韦代表处，2008年8月更名为中国烟草国际有限公司驻津巴布韦代表处。代表处主要任务是收集、了解津巴布韦及周边国家烟叶种植、收购、加工、销售情况，协助中国烟叶采购、监督加工验货团组开展工作，协调、解决中国进口烟叶过程中的有关问题，接待国内团组。2005年4月1日，津巴布韦公司注册局颁发了天泽烟草有限责任公司注册证书。英文名称TIAN ZE TOBACCO COMPANY（PRIVATE）LIMITED，中文名称为天泽烟草有限责任公司。公司主要经营烟叶采购，烟草合同种植、烟草合同收购，烟叶加工、包装、出口等业务。

2015年，天泽烟草有限责任公司合同种植面积14.95万亩，合同收购总量2.67万吨，同比增长17.62%。在保证总量的前提下，合理控制拍卖场采购比例，进一步提高采买质量，2015年在拍卖场采购原烟7513吨，同比下降2371吨，拍卖场采购均价为4.18美元/千克。

中国烟草国际有限公司驻莫斯科代表处

中国烟草国际有限公司驻莫斯科代表处设立于1992年，注册地点为俄罗斯莫斯科，前身为中国烟草进出口（集团）公司驻莫斯科代表处，2008年8月更名为中国烟草国际有限公司驻莫斯科代表处。主要任务是收集、了解俄罗斯及独联体国家的烟草商情信息，宣传、推销中国烟草制品及烟草机械，协助开展中外烟草合作项目。

迪拜瑞世达贸易有限责任公司

迪拜瑞世达贸易有限责任公司成立于1997年，注册地点为阿联酋迪拜，注册资本30万美元。主要职责是开拓中东市场，经营中国卷烟、烟叶、烟梗在中东地区的销售业务。

中国烟草日本株式会社

中国烟草日本株式会社成立于2001年4月21日，注册地点为日本东京，注册资本20万美元，其中，天利国际经贸有限公司占60%的股份，日本泰丰通商株式会社占40%的股份。主要任务是经营中国卷烟在日本市场的销售业务。

中烟国际巴西有限公司

中烟国际巴西有限公司成立于2002年6月6日，注册地点为巴西圣克鲁斯，注册资本40万美元。经过2次增资扩股后，注册资本达到1650万美元。主要工作是收集、了解巴西烟叶种植、收购、加工、销售信息，协助中国烟叶采购、监督加工验货团组开展工作，协调、解决中国进口烟叶过程中的有关问题，研究探索公司改革、开展实质性经营业务的方案。

2月，中烟国际巴西有限公司第五次股东会暨第一届董事会第五次会议在湖南长沙举行，经调整后的中烟巴西公司全体股东代表及董事出席会议。会议审议并原则通过《中烟国际巴西有限公司2014年财务收支决算和2015年财务收支预算》《中烟国际巴西有限公司2014年度利润分配方案》。

2015年，中烟国际巴西有限公司投资的中巴烟草出口股份有限公司（即合资公司，中烟国际巴西有限公司占

51% 的股份）有签约合同农户 1.1 万户，烤烟种植面积 32.06 万亩。合资公司收购原烟 3.94 万吨，完成签约产量的 90%；加工烟叶 3.93 万吨，产出片烟 2.6 万吨，出片率为 66.1%。

中烟菲莫国际有限公司

中烟菲莫国际有限公司成立于 2006 年，注册地点为瑞士洛桑，前身是中国烟草进出口（集团）公司和菲莫国际公司的合资公司，2008 年变更为中国烟草国际有限公司和菲莫国际公司的合资公司。

中烟菲莫国际有限公司利用菲莫国际公司的渠道在国际市场经营中国卷烟品牌，在符合《烟草专卖法》规定的前提下，菲莫国际公司的“万宝路”在中国实现许可生产并销售。

中烟国际阿根廷有限责任公司

中烟国际阿根廷有限责任公司成立于 2009 年，注册地点为阿根廷萨尔塔省。主要工作是收集、了解阿根廷烟叶种植、收购信息，协助开展中外烟草合作项目。

2015 年，阿根廷公司自营烟叶产区在萨尔塔省和胡胡伊省，在萨尔塔省种植面积 30 万亩，种植品种为“K326”“K394”，收购烟叶 3.4 万吨；在胡胡伊省种植面积 2.4 万亩，种植品种主要为“K394”，收购烟叶 4.4 万吨。

中烟国际（北美）股份有限公司

中烟国际（北美）股份有限公司成立于 2012 年 7 月 16 日，注册地在美国北卡罗来纳州罗利市。主要代表中国烟草开展北美及加勒比海地区的烟草业务，包括烟叶采购、烟草合同种植和收购、烟叶加工、对外贸易、技术交流、培训等，以及全面搜集北美地区烟叶种植体系和市场信息，推进公司实体化经营。

2015 年，中烟国际（北美）股份有限公司签约 132 家农户，同比增长 78%。签约原烟数量 5125 吨，同比增长 46%。实际收购数量 4545 吨，完成签约量的 89%。加工成品 3029 吨，销售 3027.6 吨。

中烟英美烟草国际有限公司

中烟英美烟草国际有限公司成立于 2012 年 10 月 31 日，注册地在香港，由总公司和英美烟草共同成立，双方各持股 50%。中烟英美烟草国际有限公司在全球范围内拥有和管理“State Express 555（SE555）”品牌卷烟，并将在中国以外市场拥有和管理“双喜”品牌卷烟。

2015 年，中烟英美烟草国际有限公司生产卷烟 73.48 亿支，同比增长 240.5%。销售卷烟 73.76 亿支，同比增长 242.4%。

附二：

国家局领导重要外事活动

1 月 20 日，国家局局长凌成兴、副局长李克明在北京会见意大利 G.D 公司总经理保罗·克雷莫尼尼（Paolo Cremonini）一行。

1 月 20 日，国家局局长凌成兴，副局长李克明、杨培森在北京会见荷兰联一国际公司总裁兼首席执行官薛钧（Pieter Sikkel）一行。

1 月 22 日，国家局副局长杨培森在北京会见日本烟草产业株式会社常务执行董事兼中国事业部长山下和人（Yamashita Kazuhito）一行。

1 月 26 日，国家局局长凌成兴，副局长李克明、杨培森在北京会见美国雷诺公司总裁兼首席执行官苏珊·卡麦隆（Susan Cameron）一行。

1 月 29 日，国家局局长凌成兴在北京会见埃森哲全球副总裁、大中华区主席李纲一行。

2 月 4 日，国家局副局长徐瓘在北京会见伊士曼化工有限公司首席国际项目执行官钟汉杰一行。

3 月 6 日，国家局副局长徐瓘在北京会见英美烟草集团管理委员会董事兼亚太区总裁杰克·鲍尔斯（Jack Bowles）一行。

3 月 17 日，国家局局长凌成兴、副局长杨培森在北京会见美国烟草合作社首席执行官斯图尔特·汤普森（Stuart Thompson）一行。

3 月 19 日，国家局局长凌成兴、副局长徐瓘在北京会见菲莫国际公司首席执行官谭崇博（Andre Calantzopoulos）一行。

3 月 19 日，国家局局长凌成兴、副局长徐瓘在北京会见伊士曼化工有限公司董事长兼首席执行官马克·科斯达（Mark Costa）一行。

3 月 23 日，国家局局长凌成兴，副局长杨培森、徐瓘在北京会见韩国烟草公司社长闵泳珍（Min Youngjin）一行。

4 月 7 日，国家局局长凌成兴、副局长段铁力在北京会见埃森哲公司全球董事长兼首席执行官南佩德（Pierre Nanterme）一行。

4 月 13 日，国家局局长凌成兴、副局长段铁力在北京会见安姆科集团执行董事兼全球首席执行官麦克文（Ken Mackenzie）一行。

4 月 13 日，国家局副局长徐瓘在北京会见美国北卡罗来纳州农业厅厅长查克斯勒（Steve Troxler）一行。

4 月 13 日，国家局副局长徐瓘在北京会见菲莫国际公司中国战略合作部总裁安德杰（Andrzej Dabrowski）一行。

4 月 20 日，国家局副局长赵洪顺在北京会见日本烟草产业株式会社常务执行董事兼中国事业部部长山下和人（Yamashita Kazuhito）一行，会见结束后，双方签署“中日烟草技术交流 2015 年度执行计划”。

4 月 21 日，国家局局长凌成兴、副局长赵洪顺在北京会见津巴布韦驻华大使保罗·奇卡瓦（Paul Chikawa）一行。

4 月 24 日，国家局局长凌成兴、副局长杨培森在北京会见益升华集团公司首席执行官柯林·戴（Colin Day）一行。

5 月 4 日，国家局局长凌成兴、副局长赵洪顺在北京会见塞拉尼斯公司董事会主席兼首席执行官罗慕科（Mark Rohr）一行。

5 月 19 日，国家局副局长杨培森在北京会见益升华集团公司过滤产品业务亚洲区销售总监保罗·毛瑞斯（Paul Morris）一行。

5 月 27 日，国家局副局长徐瓘在北京会见帝国烟草集团副总裁康拉德·塔特（Conrad Tate）一行。

6 月 16 日，国家局副局长徐瓘会见菲莫国际公司中国战略合作部总裁安德杰（Andrzej Dabrowski）一行。

7 月 14 日，国家局副局长徐瓘在北京会见保加利亚烟草公司首席执行官乔拉科夫（Vencilav Zlatkov Cholakov）一行。

7 月 16 日，国家局副局长徐瓘在北京会见日本烟草产业株式会社常务执行董事兼中国事业部部长山下和人（Yamashita Kazuhito）一行。

7 月 17 日，国家局局长凌成兴在北京会见虹霓机械制造股份公司董事长索姆（Christopher Somm）一行。

9 月 14 日，国家局局长凌成兴、副局长段铁力在北京会见越南工商部副部长胡氏金钗、越南烟草总公司董事长武文强一行。

9 月 14 日，国家局副局长徐瓘在北京会见阿根廷胡胡伊烟农合作社主席赛萨尔·厄内斯托·巴托莱利（Cesar Ernesto Bartoletti）一行。

9 月 26 日，国家局局长凌成兴在北京会见施伟策—摩迪国际集团董事长兼首席执行官弗雷德里克·维卢泰（Frederic Villoutreix）一行。

10 月 21 日，国家局局长凌成兴、副局长赵洪顺在北京会见津巴布韦驻华大使保罗·奇卡瓦（Paul Chikawa）一行。

11 月 11 日，国家局副局长杨培森在北京会见菲莫国际公司中国战略合作部总裁安德杰（Andrzej Dabrowski）一行。

11 月 16 日，国家局副局长赵洪顺在北京会见日本烟草产业株式会社常务执行董事兼中国事业部部长山下和人（Yamashita Kazuhito）一行。

11 月 21 日，国家局局长凌成兴、副局长徐瓅在北京会见菲莫国际公司首席执行官谭崇博（Andre Calantzopoulos）一行。

12 月 1 日，国家局副局长徐瓅在北京会见英美烟草集团管理委员会董事兼亚太区总裁杰克·柏尔士（Jack Bowles）一行。

12 月 8 日，国家局局长凌成兴、副局长徐瓅在北京会见环球烟叶公司主席、总裁兼首席执行官乔治·佛亦民（George Freeman）一行。

12 月 15 日，国家局局长凌成兴在北京会见伊士曼化工有限公司首席国际项目执行官钟汉杰一行。

12 月 15 日，国家局局长凌成兴在北京会见荷兰联一国际公司总裁兼首席执行官薛钧（Pieter Sikkel）一行。

（编辑：王东旭）

多元化经营

全国烟草行业多元化经营发展概况

2015 年，全行业各级多元化管理部门认真贯彻落实国家局“经济发展做加法、改革创新做乘法、烟草控制做减法、精益管理做除法”的总体要求，以降本提质增效为主线，进一步优化资产结构，提升资产质量，实现经济效益持续增长。

截至 2015 年底，行业多元化投资 741.5 亿元（不含总公司、双维公司及中维地产），投资企业 522 家，其中全资、控股企业 359 家。多元化资产总额 1826.8 亿元，其中全资控股企业资产 1675.1 亿元。投资主要集中在金融证券、配套材料、宾馆旅业、房地产、卷烟零售、交通能源、服务贸易、物业管理等 14 个行业领域。按投资额排序，前三位是：金融类、房地产、宾馆酒店。按企业数量排序，前三位是：配套材料类、宾馆酒店、卷烟零售。

在严把投资关口的同时，坚持不懈清退弱势企业。2015 年行业清退 9 家企业，其中，山东省公司清退 4 家，云南、江西、福建、浙江中烟及浙江省公司各清退 1 家。2015 年全资控股多元化企业累计实现营业收入 299.5 亿元，实现利润总额 73.8 亿元，同比增长 33%。

【“五个积极探索”课题研究】 2015 年，中国烟草投资管理公司围绕“积极探索多元化投资监管模式、决策模式、管理机制、整合方式、用人机制”的“五个积极探索”组织 5 个课题组，通过发放调查问卷、查阅相关文献资料、行业内外调研考察等形式开展研究。11 月，在郑州举行的行业多元化企业法人治理结构培训班上召集部分单位多元化管理部门负责人进行研讨，并在此基础上组织开展行业“十三五”多元化投资指导意见编制工作。云南中烟、福建省公司、上海烟草集团等单位高度重视多元化发展战略研究，专门组织人员研究发展定位和目标思路。云南中烟以云南中维酒店管理公司为试点，率先研究将探索思路落到实处，着重围绕树立市场化意识，从组织架构、薪酬体系、用人机制、考核机制和培训机制等五方面展开积极探索。

【酒店整合优化】 自 2012 年正式启动行业酒店整合以来，按照“品牌导向、标准先行、试点总结、复制推广”的工作思路，各项工作有序推进。2015 年，以品牌落地为标志，整合工作取得突破性进展。

*品牌落地推广取得突破。*2015 年 5 月，在昆明召开中维标准推广委员会第一次会议，为首批 6 家成员酒店授牌；8 月，在济南中维中豪大酒店召开“维笙”品牌建设研讨会，研究制定“维笙”品牌标准和专属产品。随着整合工作成效的逐步显现，各地加入品牌整合的积极性明显提高。截至 2015 年底，长沙神农大酒店等 7 家中维酒店及大理古榕会馆等 6 家维笙酒店完成品牌申请和标准导入工作，将分别加入“中维”和“维笙”品牌，其中包括 2 家行业外委托管理的酒店。山东、湖南、浙江省公司以品牌标准导入为契机，进一步提升酒店集约化经营水平。

*统一信息平台建设扎实推进。*中央预订系统建设是

酒店整合工作的一项中心任务，不仅关系资源和信息的整合共享，也有利于提升酒店科学化管理水平。2015年10月，国家局办公室印发《关于推进中维酒店中央预订系统建设的通知》（国烟办综〔2015〕494号），对下一步系统接入及营销整合、信息整合等相关工作作出安排。行业四星级以上酒店原则上将于2016年6月底前接入中央预订系统。同时，在广西中烟等单位的支持下，探索“互联网+酒店”融合思路，研究开展中维会员计划建设。

酒店人才队伍建设积极开展。逐步建立“中维”品牌教材体系，按照《中维酒店品牌及运营管理培训纲要》要求，组织编制完成4本专属教材，涉及品牌概念、标准、运作、应用等方面。正式确定苏州维笙中华园饭店和昆明维笙望湖宾馆作为第一批中维酒店品牌培训基地。围绕酒店运营机制和中央预订系统建设组织2期专题培训。以品牌导入为契机，对10家拟挂牌酒店开展品牌标准培训。随着行业整合平台的搭建，各省之间交流学习互动频繁，开展管理培训、跟班学习、业务合作、调研考察等多形式、多层次交流。行业培养、涌现一批优秀的酒店管理人才。云南中维酒店管理有限责任公司研究制定《职业经理人制度实施办法》，变任命制为聘用制，探索实行市场化用人机制。

【投资管理体制改革】 “十二五”期间，烟草行业省级投资管理公司由10家增加到25家，实体化运作管理的多元化资产占行业多元化总资产的90%以上，实体化、专业化运作水平明显提升。2015年1月，云南合和（集团）股份有限公司（简称合和集团）挂牌成立，实现云南中烟多元化企业及股权的集团化整合和统一经营管理，标志着行业多元化投资管理体制改革进入深入推进、全面市场化的新阶段。

成立合和集团是云南中烟实施“两统一、两整合”内部管理体制改革的重要举措之一，目的是释放多元化资产红利，培育云南中烟新的经济增长点。合和集团的成立，逐步理顺内部多元化投资和管理关系，减少管理层级，缩短管理链条。同时，深入研究企业发展战略，以“资产资本化、资本证券化”为发展方向，探索逐步由管企业为主到管资本为主转变，为下一步体制创新、产业转型升级夯实基础。

为进一步激发经营活力，行业相关单位积极围绕机制创新下功夫、促成效。湖南中烟从多元化企业管控模式入手，制定投资企业管理办法，对涉及多元化企业的八大项18个子项的管理内容、权限予以明确，基本厘清内部权责关系，基本解决多年来多元化企业的多重管理与分散管理的制度障碍。福建省公司加强国有资本管理与调控，借鉴“银行委贷模式”探索内部资金调剂机制，资金运作效率得到有效提升。山东中烟借鉴主业“模拟利润中心”运行机制，推进定额管理体系建设，加大成本费用、消耗、库存、劳动等定额管理，有效提高成本管控水平。

【投资监管】 2015年，行业各单位上报多元化企业重大事项68项，涉及企业改制、投资、股权调整、机构人事变动、对外捐赠等。在项目审批程序方面，根据国家局规范和改进行政审批工作的要求，编制多元化投资项目、资产处置等前置性审核事项规范文件。2015年，国家局办公室印发《烟草行业烟标印刷企业与宾馆酒店企业对标指标及说明》（国烟办综〔2015〕632号），进一步加强指标设立的科学性、合理性、实用性。各单位进一步重视多元化经营管理评价和对标工作，针对查找出的问题，制定管理措施。云南省公司、湖北省公司、山东中烟等单位专门印发文件，落实具体措施。福建省公司研究修订多元化企业考核评价办法，为推进企业市场化改革和建立市场化激励机制奠定基础。上海烟草集团以对标为切入点，在配套材料企业中全面推进精益管理，形成28项成本控制类别，104项具体指标，发挥绩效评价正面引导和激励作用。

经过多年努力，行业各单位多元化企业基础管理制度基本建立健全，更加重视管理创新。湖南中烟围绕法人治理、制度体系、用工薪酬、人员素质和作风建设等五方面的内容开展一系列的管理制度创新，制定《薪酬总额管控办法》等14个新制度。福建中烟进一步完善采购、投资、合同、审计监察等内控内审风险管理制度。山东中烟鼓励多元化企业围绕市场创新产品、技术、服务，加大成果转化的考核比重。浙江省公司全面提升多元化企业预算管控能力，强化预算系统应用，提升预算工作效率，引导实施经营目标。浙江中烟进一步加强财务分析工作，研究利用财务数据，剖析生产经营过程中存在的问题，提出管理建议。陕西省公司按照建设现代企业制度新样板的工作要求，积极研究开展管理创新。山东省公司在所属5家酒店中全面推行“五步螺旋管理法”，实现后台管理流程标准化，提高工作效率，节约成本费用。湖南省公司围绕打造“636零售连锁”品牌，构建市场化、功能化、多元化经营体系，实行品牌、采购、配送、营销、核算、培训“六统一”，发挥连锁经营的规模效应。

【中国双维投资有限公司】 2015年，中国双维投资有限公司（简称双维公司）本级实现税利总额6.88亿元，比上年3.92亿元增加2.96亿元，增长75.51%。实现净利润6.52亿元，比上年3.6亿元增加2.92亿元，增长81.11%。实现投资收益7.99亿元，比上年2.74亿元增加5.25亿元，增长191.61%。上缴国有资本收益和税后专项利润共计3.47亿元，比上年2.04亿元增加1.43亿元，同比增长70.1%。

上海庙能源化工基地项目。内蒙古上海庙矿业有限责任公司限产减亏、减员减亏、提质减亏、挖潜减亏成效明显。通过对榆树井煤矿停产维护，采取停薪留岗、竞聘上岗、内部退养等方式进行人员分流，对榆树井、新上海一号两矿实行“一矿两井”资源共享管理等措施，上海庙矿业公司2015年亏损1.78亿元（其中折旧1.38亿元），较上年亏损2.31亿元减亏5300万元，同比下降22.94%。

维华公司如期推进前期工作，完成鹰骏一号、鹰骏二号井田钻探工程，以及水文地质和矿井井筒检查孔等工程结算的一审审核。

煤电一体化进程有所突破，维华公司与内蒙古能源发电投资集团公司签署“合作框架协议”，奠定探索煤电合作一体化建设模式的基础。国电双维公司高质量完成内蒙古区政府和国家能源局组织的二次评优，均荣获第一名。12月，国家发改委下发《上海庙至山东特高压直流输电工程项目核准批复》（发改能源〔2015〕2822号），上海庙至山东输电通道获批并正式开工建设。

房地产建设项目。2015年，中维地产公司坚持“以转股方式退出对子公司控股地位、简政放权”的工作思路，开展相关子公司股权转让和股权调整工作。2015年，双维公司完成中维杭州公司股权全部转让浙江省公司工作；完成河北省公司对中维河北公司控股调整工作；完成湖北省公司对中维武汉公司的控股调整工作；完成福建中烟对中维福建公司控股调整工作；中维重庆公司南山印象土地项目拟由重庆地产集团收储；积极与浙江省政府协商，办理中维浙江公司之江项目开发延期，努力推进中维浙江公司公开挂牌转让工作，与国内多家房地产企业洽商，维护烟草行业利益。

行业配套项目。2015年，双维伊士曼公司加大生产改进、质量提升的工作力度，纺丝断头平均值由2014年的2.1下降到1.1，废丝率由3.19%下降到1.48%。2015年完成销售3.05万吨，在克服汇率变化产生1321万元损失的基础上，实现利润5288万元，比上年3350万元增加1938万元，增长57.8%。

双维公司逐步面向金融保险、面向行业辅料选择投资项目，对金融保险项目领域进行探索，初步建立金融控股公司的雏形。

一是红塔证券增资扩股项目，出资20亿元认购红塔证券股份有限公司5.33亿股，持股比例16.31%，为第三大股东。

二是玉溪银行增资扩股项目，出资10.11亿元认购玉溪银行6.2亿股，持股比例10.34%，为第五大股东。

三是参股基金，参与国资委直属的国新集团发起设立的50亿元规模的国新创投基金，投资10亿元参与国新科创股权投资基金，并占有国新基金管理有限公司9.9%股权；投资10亿元，参与中国退役士兵就业创业促进会发起设立的30亿元规模的中军金控基金，并占有中军金控投资管理有限公司10%股权。

四是与清华控股有限公司签署战略合作框架协议。

省级公司多元化经营发展概况

【黑龙江烟草投资管理有限公司】 2013年7月，国家局、总公司批复设立黑龙江烟草投资管理有限公司（国烟法〔2013〕292号）。2013年10月进行工商注册并正式挂牌成立。注册资本1亿元，是中国烟草总公司黑龙江省公司的全资子公司。经营范围包括：实业投资、投资咨询、房地产开发、物业管理、自有房产经营、酒店管理、建筑工程施工、装饰工程施工、软件开发、货物进出口（除国家禁止的项目、国营贸易或国家限制项目取得授权或许可证后方可经营）。截至2015年底，黑龙江烟草投资管理有限公司拥有总资产1.72亿元，资产负债率3.26%。2015年，中国烟草总公司黑龙江省公司多元化企业实现营业收入2.43亿元，实现税利3889万元。实现利润3768万元，其中黑龙江烟草投资管理有限公司本级实现税利310万元。

【上海海烟投资管理有限公司】 上海海烟投资管理有限公司于2009年10月进行工商注册并挂牌成立，是上海烟草集团有限责任公司的全资子公司，经营范围为实业投资（除股权投资和股权投资管理）、投资管理（除股权投资和股权投资管理）、工程项目管理、资产管理（除股权投资与股权投资管理）、企业管理咨询（除经纪）、国内贸易（除专控）。截至2015年底，上海海烟投资管理有限公司注册资本33亿元，拥有上海烟草集团苏州中华园大饭店有限责任公司、上海白玉兰烟草材料有限公司、上海烟草集团房地产开发经营公司、上海海烟烟行连锁企业管理有限公司等4家全资子公司，上海王宝和大酒店有限公司1家控股企业，并参股中国太平洋保险（集团）股份有限公司、中国太平洋人寿保险股份有限公司、中国太平洋财产保险股份有限公司、交通银行股份有限公司、东方证券股份有限公司、海通证券股份有限公司、上海金枫酒业股份有限公司、上海锦江国际实业投资有限公司、上海友谊集团股份有限公司、佛山东林包装材料有限公司，涉及酒店、金融、房地产等三大业务。截至2015年底，上海海烟投资管理有限公司拥有总资产371.23亿元，净资产303.39亿元，资产负债率18.2%。2015年，实现投资收益6.46亿元，实现利润7.07亿元。有本级员工15人、所属企业员工1420人。

【浙江烟草投资管理有限责任公司】 浙江烟草投资管理有限责任公司成立于2007年5月25日，是中国烟草总公司浙江省公司的全资子公司，经营范围为实业投资、项目管理、房地产开发、商业贸易、进出口贸易、酒店管理、典当服务、保险经纪等。截至2015年底，浙江烟草投资管理有限责任公司拥有浙江香溢房地产开发有限公司、中维房地产（杭州）有限公司、杭州香溢酒店管理有限公司、杭州香溢浣纱宾馆有限责任公司、舟山香溢普陀宾馆等5家全资子公司，杭州香溢大酒店股份有限公司1家控股企业，香溢融通控股集团股份有限公司1家相对控股企业，湖州、台州、舟山等3家市公司所属的投资公司，涉及房地产、酒店、金融三大业务。截至2015年底，浙江烟草投资管理有限责任公司总资产98.84亿元，净资产82.18亿元。2015年，实现营业总收入18.96亿元，实现利润总额2.86亿元，净利润2.16亿元。有本级员工14人、所属企业员工468人。

【浙江中烟投资管理有限公司】 浙江中烟投资管理有限公司于2014年5月经国家局、总公司批复设立（国烟法〔2014〕220号），同年6月，进行工商注册，并挂牌成立。注册资本2亿元，是浙江中烟工业有限责任公司全资子公司，经营业务范围为投资管理、实业投资、投资咨询、经营进出口业务等。2015年，浙江中烟投资管理有限公司先后完成宁波三润公司受让湖州天外绿色包装印刷有限公司、宁波上游包装实业有限公司、杭州三润保险代理有限公司、杭州三润实业投资有限公司、杭州利群经贸有限公司等的股权转让工作。截至2015年底，浙江中烟投资管理有限公司拥有宁波大红鹰投资有限公司、宁波大红鹰运输有限公司、杭州歌德大酒店、杭州三润保险代理有限公司、杭州三润实业投资有限公司、杭州利群经贸有限公司等6家子公司，中维地产浙江有限公司、浙江伟博包装印刷品有限公司、上海中臣烟草机械配件有限责任公司、浙江天外包装印刷股份有限公司、宁波三润投资实业有限公司、杭州利群环保纸业有限公司等14家参股企业。截至2015年底，浙江中烟投资管理有限公司拥有总资产19.05亿元，净资产15.32亿元，资产负债率为19.58%。有本级员工25人、所属企业员工526人。

【福建烟草海晟投资管理有限公司】 福建烟草海晟投资管理有限公司前身是成立于1993年的厦门海晟实业发展有限公司，位于福建省厦门市。2007年改制更名为福建烟草海晟投资管理有限公司，注册资本26.47亿元，是中国烟草总公司福建省公司的全资子公司，专门负责福建省烟草商业系统多元化投资管理工作。福建烟草海晟投资管理有限公司以资本经营、投资管理为主线，投资范围涵盖金融投资、房地产开发、信息技术开发、连锁经营、文化传媒、旅游酒店、物业管理等领域。公司对外投资控（参）股企业有14家，其中控股企业有厦门海晟房地产开发有限公司、福州海晟房地产开发有限公司、泉州海晟房地产开发有限公司、武夷山海晟国际大酒店管理有限公司、福建海晟连锁营销发展有限公司、福建海晟信息技术有限公司、福建省海晟文化传媒有限公司、福建省海晟物业管理有限公司、武夷山市通仙茶业有限责任公司、厦门烟草海晟物业服务有限公司等10家，参股企业有兴业银行股份有限公司、厦门中软海晟信息技术有限公司、福建华橡自控技术股份有限公司、三明海晟房地产开发有限公司等4家。截至2015年底，福建烟草海晟投资管理有限公司拥有总资产112.4亿元，其中固定资产22亿元、流动资产28.6亿元。2015年，实现经营收入18.6亿元，实现利润6.65亿元。有本部员工88人、所属企业员工约1500人。

【福建鑫叶投资管理集团有限公司】 2009年12月，国家局、总公司批复设立福建鑫叶投资管理集团有限公司（国烟法〔2009〕518号）。2009年底，福建鑫叶投资管理集团有限公司通过更名改制成立，主要负责经营管理福建卷烟工业系统多元化投资和企业，注册资本4.09亿元，是福建中烟工业有限责任公司下辖的多元化经营企业。主要经营印刷包装业、酒店、房地产开发等业务。截至2015年底，福建鑫叶投资管理集团有限公司拥有总资产18.95亿元。拥有13家子公司，其中全资子公司9家。2015年，公司实现销售收入11.08亿元，实现税利3.90亿元，其中净利润2.23亿元。有员工总数2000余人。

【江西省锦峰投资管理有限责任公司】 2011年12月，国家局、总公司批复设立（国烟法〔2011〕525号）。2012年2月进行工商注册，同月挂牌成立，是中国烟草总公司江西省公司的全资子公司。经营范围为酒店经营管理、卷烟包装箱循环回收整理、烟叶包装物采供、物业管理服务、信息软件开发及服务、汽车租赁、金融领域投资等业务。截至2015年底，江西省锦峰投资管理有限责任公司拥有江西省锦峰物业管理有限公司、江西省锦峰软件科技有限公司和江西省锦峰汽车服务有限公司等3家全资子公司和锦峰大酒店1家非法人企业；持有国盛证券有限责任公司、江西大厦股份有限公司、江西银行股份有限公司3家企业的股份。截至2015年底，江西省锦峰投资管理有限责任公司拥有总资产8.74亿元，净资产8.56亿元，资产负债率2.06%。2015年，公司实现营业收入1.03亿元，实现利润0.08亿元。有本级员工26人、所属企业员工483人。

【山东烟草投资管理有限公司】 2010年3月，国家局、总公司批复设立山东烟草投资管理有限公司（国烟法〔2010〕3号）。2010年3月进行工商注册，同月挂牌成立。山东烟草投资管理有限公司注册资本12.4亿元，是中国烟草总公司山东省公司的全资子公司，共有本级员工74人、所属企业员工1675人。经营范围为对外投资及管理、企业管理咨询，计算机系统服务及数据处理，应用软件服务，房地产开发、销售，房屋出租。截至2015年底，山东烟草投资管理有限公司下辖济南、青岛、烟台、潍坊、日照等5个区域化公司，1个酒店管理集团（包括中维酒店管理公司、济南中豪、潍坊东方、临沂荣华、安丘新东方、维笙雪野等6家酒店），2家肥业公司（包括黑龙江金博世纪肥业有限公司和绥化齐鲁隆福肥业有限公司），持有山东省融资担保有限公司、山东泰山壹伍叁贰物联供应链有限公司、交通银行股份有限公司部分股份，涉及房地产、酒店、金融、肥业等业务。截至2015年底，山东烟草投资管理有限公司拥有总资产66.82亿元，资产负债率为88.19%。2015年，公司实现营业收入4.48亿元，同比增加7270.71万元，增长17.66%，较2014年减亏2.8亿元，同比减亏48%。

【河南烟草投资管理有限公司】 2013年5月，国家局、总公司批复设立河南烟草投资管理有限公司（国烟法〔2013〕205号）。2013年7月进行工商注册，同年8月挂牌成立。注册资本2亿元，是中国烟草总公司河南省公司的全资子公司，经营范围包括项目投资、投资管理、投资咨询；物业管理、房屋租赁；烟用配套物资经营；卷烟、雪茄烟零售等。截至2015年底，河南烟草投资管理有限公司拥有总资产3.08亿元，净资产2.84亿元，长期股权投资3359万元，资产负债率为8.08%，公司本级共有从业人员15人。2015年，河南烟草商业系统多元化经营企业实现营业收入4.34亿元，同比增长13.32%；实现税利2634万元，同比下降7.02%，其中利润924.8万元，同比下降49.38%。河南烟草投资管理有限公司本级实现营业收入1.94亿元，实现税利1132万元，实现利润总额1094万元。

【河南黄金叶投资管理有限公司】 2014年5月，国家局、总公司批复设立河南黄金叶投资管理有限公司（国烟法〔2014〕223号）。2014年8月成立，9月进行工商注册，注册资本2亿元，是河南中烟工业有限责任公司的全资子公司，经营范围为项目投资、投资管理、所属企业资产经营、装卸搬运服务、包装服务、清洁服务等。截至2015年底，河南中烟下属的多元化企业股权和资产尚未划转至河南黄金叶投资管理有限公司，注册资本亦未到位。2015年，河南中烟下属的多元化企业14家，其中，集体性质的多元化企业8家，全资多元化企业2家，控股多元化企业3家，参股多元化企业1家，涉及卷烟材料、物业服务、烟用香精香料等业务。截至2015年底，公司有本级员工10人。

【湖北烟草投资管理有限责任公司】 2006年11月，国家局、总公司批复成立（国烟法〔2006〕794号）。2007年4月，湖北省烟草公司正式成立湖北烟草投资管理有限责任公司（鄂烟法〔2007〕7号）。2007年5月进行工商注册，同月挂牌成立。2007年原始注册资本800万元，后经多次资产划转，2015年底注册资本增至14.99亿元，是中国烟草总公司湖北省公司的全资子公司，经营范围为投资管理、资产经营及投资咨询（不含证券投资）；日用百货、服装、皮革、鞋帽、洗涤用品（不含危化品）、化妆品、工艺品、办公用品的批零兼营；摄影器材、音响设备、五金交电、电子产品、通信设备、通讯设备、机电机械设备、计算机软硬件及配件的批零兼营；塑料制品、金属制品、建筑材料、装潢材料、化工原料及产品（不含危化品）、酒店用品、家具的批零兼营；国内各类广告代理、设计、制作和发布；自有房租租赁、设备租赁；预包装食品批发兼零售。截至2015年底，湖北烟草投资管理有限责任公司拥有9家全资子公司，2家控股子公司，业务涉及烟草肥料生产经营、建筑装饰、软件开发、信息设备销售、卷烟零售、商业写字楼出租、酒店管理、物业管理、房地产开发等领域。截至2015年底，湖北烟草投资管理有限责任公司拥有总资产28.12亿元，其中，固定资产89.32万元、流动资产12.21亿元，长期股权投资8.45亿元，所有者权益26.07亿元，资产负债率7.28%。2015年，湖北烟草投资管理有限责任公司及其子公司实现营业收入7.35亿元。有本级员工25人、所属企业员工752人。

【红金龙（集团）有限公司】 红金龙（集团）有限公司1990年12月完成工商注册，注册资本1.01亿元，是湖北中烟工业有限责任公司的全资子公司，经营业务范围为瓦楞纸箱、材料回收加工，封口；金属结构件加工；销售百货、纺织品、五金交电、工艺美术品、土产品、家具、民用建材、文化用纸、印刷机械配件、烟机配件、食品添加剂、香精与香料；柜台出租；仓储服务（不含化学危险品的仓储服务）；机械设备安装及租赁；土石方工程、装饰工程、市政工程、园林工程施工；烟草行业管理咨询；IT规划服务；计算机硬件维护、运行维护及IT培训服务；提供企业信息化项目实施、监理服务；建筑智能化工程设计施工。截至2015年底，红金龙（集团）有限公司拥有全资子公司4家。2015年，红金龙（集团）有限公司实现营业收入3.67亿元，同比下降9.26%；利润总额（不含投资收益）0.91亿元，同比下降8.91%；所有者权益27.01亿元，同比增长13.6%，资产总额27.38亿元。

【湖南中烟投资管理有限公司】 2011年7月27日，国家局、总公司批复设立湖南中烟投资管理有限公司（国烟法〔2011〕351号）。2011年10月进行工商注册，12月挂牌成立。注册资本2亿元，是中国烟草总公司湖南中烟工业有限责任公司的全资子公司，经营范围为国家法律法规允许的项目投资、投资管理及投资咨询服务（不含金融、证券、期货咨询）、纸张销售、供应链管理等。2015年，湖南中烟投资管理有限公司有所属多元化企业19家，其中与主业配套的印刷企业3家，辅料企业8家，其他企业8家，总投资额5.99亿元（不含本级）。2015年，18家所属多元化企业（不含兴业银行股份有限公司）实现收入32.9亿元，实现利润总额7.27亿元。多元化产业国有资本保值增值率为123.87%。

【广西天成投资管理有限责任公司】 2012年6月，国家局、总公司批复设立广西天成投资管理有限责任公司（国烟法〔2012〕164号）。2012年12月挂牌成立。注册资本3800万元。广西天成投资管理有限责任公司是广西中烟工业有限责任公司的全资子公司。截至2015年底，广西中烟工业有限责任公司直接、间接投资多元化企业12家（不含参股的烟叶复烤公司），其中，2家全资子公司为广西中烟天成投资管理有限责任公司、广西真龙物流有限责任公司，10家控股公司为广西真龙实业有限责任公司、广西海韵之友物业服务有限责任公司、柳州海韵之友物业服务有限责任公司、北海永丰房地产有限公司、北海真龙国际大酒店有限责任公司、广西天海互联网产品二维码有限公司、广西真龙彩印包装有限公司、广西真龙天瑞彩印包装有限公司、广西天海信息科技有限公司、深圳市科炬互联网有限公司，经营范围涉及卷烟辅料、物流、投资管理、物业、酒店、互联网等。2015年，广西中烟所属多元化企业实现营业收入16.11亿元，实现税利4.38亿元，实现利润2.75亿元。

【重庆市烟草投资管理有限公司】 重庆市烟草投资管理有限公司成立于2000年2月，前身为重庆渝叶实业（集团）有限公司，是重庆市局（公司）的全资子公司，负责全市烟草多元化企业投资和经营管理，经营业务涉及卷烟连锁、有机肥产销、“两烟”物流、烟用配套物资产销、酒店经营及物业餐饮服务等。2010年11月，更名为重庆市烟草投资管理有限公司，注册资金由3000万元增至5.12亿元。截至2015年底，公司拥有总资产7.05亿元，其中，固定资产2260万元、流动资产1.72亿元，资产负债率5.88%。截至2015年底，重庆市烟草投资管理有限公司有1家分公司、6家全资子公司、1家控股子公司，其中，酉阳渝叶金汇宾馆由于被鉴定为危房，经报请市局（公司）后，处于清算关闭中。2015年，重庆市烟草投资管理有限公司实现营业收入5.12亿元。实现税利4101万元，其中利润2709万元。有员工1028人。

【贵州烟草投资管理有限公司】 2010年12月，国家局、总公司批复设立贵州烟草投资管理有限公司（国烟法〔2010〕461号）。同月15日进行工商注册，正式挂牌成立。注册资本5000万元，是中国烟草总公司贵州省公司的全资子公司，承担全省烟草商业多元化投资经营归口管理，经营范围包括卷烟零售、保险代理、食品经营、酒店投资、房地产开发、农用物资、物业管理、旅游开发、广告开发、日杂用品等。贵州烟草投资管理有限公司拥有贵州烟草投资管理有限公司卷烟销售分公司1家非法人企业，贵州科泰房地产开发有限公司1家全资子公司，参股贵州赤天化集团遵义大兴复合肥有限责任公司、湖北香青化肥有限公司、贵阳海天园殡葬有限公司等3家企业。截至2015年底，公司拥有总资产1.74亿元，净资产1.6亿元，资产负债率为8.17%。2015年，实现营业收入2.42亿元，实现利润3405万元。

【贵州福贵投资管理有限公司】 2013年3月，国家局、总公司正式批复设立贵州福贵投资管理有限公司（国烟法〔2013〕77号）。2013年10月，完成工商登记注册。公司注册资本5793.87万元，是贵州中烟工业有限责任公司的全资子公司，经营范围为项目投资和经营管理、商业贸易、包装印刷、绿色产业开发、房屋租赁、矿泉水生产等。截至2015年底，贵州福贵投资管理有限公司拥有台江矿泉水分公司和房屋租赁分公司2家分公司，贵州福贵传媒有限公司、贵州新贵物业管理有限公司、遵义银江生态农业开发有限公司等3家全资子公司，控股贵阳黄果树纸业有限公司，参股贵州西牛王印务有限公司和贵州银行，投资企业涉及广告传媒、包装印刷、物业管理、金融、农业种养殖等业务。截至2015年底，贵州福贵投资管理有限公司拥有总资产1.56亿元，净资产1.43亿元，资产负债率为8%。2015年，实现营业收入0.41亿元，实现利润0.18亿元。有本级员工41人、所属企业员工167人。

【云南华叶投资有限责任公司】 2013年6月，国家局、总公司批复设立云南华叶投资有限责任公司（国烟法〔2013〕263号）。2013年9月进行工商注册，10月正式挂牌成立。注册资本3亿元。云南华叶投资有限责任公司是中国烟草总公司云南省公司的全资子公司。截至2015年底，云南省烟草商业系统有多元化投资企业（项目）共41家（含云南华叶投资有限责任公司），投资总额96.94亿元，其中，全资企业15家，投资总额21.77亿元，占总投资的21.77%；控股资企业4家，投资总额8523元，占总投资的0.88%；参股资企业（项目）22家，投资总额74.99亿元，占总投资的77.35%。19家全资和控股企业中，有1家是股权投资及运营企业、11家是宾馆酒店类企业、1家是商业贸易类企业、3家是物流服务类企业、3家是生产经营类企业（其中2家停业），主要有两大板块业务，烟用化肥经营业务及宾馆酒店经营管理业务。22家参股企业（项目）中，由云南中烟控股的企业有5家、金融保险类投资有8家、其他类企业有9家。

【云南合和（集团）股份有限公司】 云南合和（集团）股份有限公司（简称合和集团）是以云南中烟、红塔集团、红云红河集团所属140余家多元化经营企业为基础，整合重组成立的国有大型股份有限公司。经国家局、总公司批准（国烟法〔2014〕408号），合和集团于2014年12月31日在云南省工商局注册，2015年1月22日正式挂牌成立，注册资本10亿元，注册地址为云南省玉溪市凤凰路116号。截至2015年底，合和集团拥有总资产1102.42亿元，净资产847.88亿元。2015年，合和集团直接投资企业75家，投资领域涉及金融、交通、能源、烟草配套、酒店宾馆、房地产、生物制药等，投资总额286.16亿元，其中全资、控股企业32家，占总投资额的48.21%。合和集团75家投资企业分属金融资产、配套产业、基础产业和酒店地产四大专业板块。2015年，合和集团实现营业总收入65.01亿元，投资收益40.19亿元。实现利润46.28亿元，其中净利润38.04亿元。

【陕西烟草投资管理有限公司】 2014年10月，国家局、总公司批复设立陕西烟草投资管理有限公司（国烟法〔2014〕252号）。2015年4月10日由中国烟草总公司陕西省公司以货币方式出资注册成立，注册资本2亿元。经营范围为项目投资、投资管理、投资咨询（仅限以自有资产投资，金融、证券、期货、基金投资咨询除外）；系统内业务培训；房地产开发；酒店经营及管理；物流配送；汽车租赁；物业管理；卷烟连锁零售；烟用配套物资机械、农业开发、高科技产品研制、开发；农业开发；烟草种子、农药（危险化学品除外）、肥料、农地膜、预包装食品的销售；旅游文化产业开发。2015年，陕西省烟草商业系统多元化经营企业实现营业收入1.77亿元，实现税利612.58万元。

【陕西中烟投资管理有限公司】 2012年8月，国家局、总公司批复设立陕西中烟投资管理有限公司（国烟法〔2007〕192号）。陕西中烟投资管理有限公司是陕西中烟工业有限责任公司的全资子公司。2015年，陕西中烟投资管理有限公司向陕西卷烟材料厂异地搬迁扩建项目增资1亿元。截至2015年底，陕西中烟投资管理有限公司拥有总资产11.3亿元，其中流动资产4.4亿元，资产负债率12.3%。2015年，陕西中烟投资管理有限公司所属的全资、控股、参股企业实现合并利润0.57亿元，其中陕西中烟投资管理有限公司本级实现利润648万元，全资企业实现利润1643万元。

（编辑：周　佳）

国家烟草专卖局
中国烟草总公司
组织结构

国家局、总公司机关各部门、各单位

办公室（外事司）

【主要职责】

1. 拟订并组织实施机关政务管理的制度和工作规范，协调机关政务工作；负责国家局召开会议的计划管理和组织筹备工作；负责督办工作；负责全国人大代表建议和全国政协委员提案办理工作；负责国家局、总公司机关总值班工作。

2. 负责起草国家局、总公司的重要文件、会议报告及领导讲话；组织、协调行业重大问题调研工作；组织、协调行业电子政务建设；负责编发行业重要信息；负责国家局、总公司新闻、信息发布工作；组织、协调行业履行《烟草控制框架公约》有关工作。

3. 负责国家局、总公司机关公文核稿、收发传递和文件印制工作；指导行业公文处理工作；管理国家局党组、国家局、总公司印章；负责国家局、总公司机关各部门、各单位和行业各直属单位印章管理工作；指导、协调行业档案管理工作；承担国家局保密委员会的日常工作。

4. 负责烟草系统外事管理工作。

5. 负责行业信访、稳定和应急管理工作；负责国家局、总公司机关安全、保卫工作；指导行业社会治安综合治理工作。

6. 承办国家局、总公司交办的其他事项。

【负责人】

主任、司长：张修连

副主任、副司长：赵百东、徐　丹、汪世贵、张　政（2015. 12—）

副巡视员：王　红、车殿文（2015. 12—）

【内设机构】　设综合调研处、秘书处（值班室）、文秘档案处、新闻联络处（行政审批协调处①）、信访保卫处、外事处等6个内设处室。

发展计划司

【主要职责】

1. 拟订并组织实施行业发展战略、发展规划；拟订行业生产布局规划；编制行业投资规划，拟订并组织实施投资年度计划；拟订行业技术装备政策。

2. 拟订并组织实施烟草专卖品产供销、进出口的年度计划。

3. 拟订烟草专卖品管理名录；核定全国烟草专卖品生产、经营企业的生产规模。

4. 审核烟草系统投资项目和外资投资项目；负责行业投资项目管理和招投标工作；编制烟草专用机械设备分配计划；负责国家局定点扶贫工作。

5. 拟订烟草专卖品价格政策，管理烟草专卖品价格；收集、整理、分析、发布烟草专卖品价格信息。

6. 承办国家局、总公司交办的其他事项。

【负责人】

司长：秦前浩（—2015. 7）、王志江（2015. 8—，之前任副司长）

巡视员兼副司长：郭齐贵

副司长：袁　超（2015. 12—）、周兴国（挂职）（2015. 3—11）

副巡视员：刘　融、杨　宁（—2015. 1）

【内设机构】　设综合处、计划处、投资处、价格处等4个内设机构。

专卖监督管理司

【主要职责】

1. 监督检查《中华人民共和国烟草专卖法》及《中华人民共和国烟草专卖法实施条例》的执行情况。

2. 拟订烟草专卖管理监督制度，监督检查烟草专卖品

① 根据《国家烟草专卖局关于调整机关部分部门（单位）主要职责内设机构和人员编制的通知》（国烟人〔2015〕335号）文件，办公室（外事司）增设行政审批协调处，与新闻联络处合署办公。行政审批协调处的主要职责是：承担国家局政务服务大厅总体协调工作；负责国家局行政审批事项和国家局、总公司内部管理事项的咨询、受理、督办和答复等工作；承办领导交办的其他事项。

的生产经营活动。

3. 组织、指导并承办违反烟草专卖法律法规案件的查处，查禁、关停计划外烟厂，保护合法经营；会同国家有关部门取缔非法烟厂和烟草专卖品自由交易市场，打击假冒和走私烟草专卖品等违法活动。

4. 拟订烟草专卖许可证、烟草专卖品准运证管理制度；参与拟订名晾晒烟名录和烟草专卖机械名录。

5. 指导专卖行政执法和专卖队伍建设工作。

6. 承办国家局、总公司交办的其他事项。

【负责人】

司长：程佳华（—2015.8）、王劲栋（2015.8—）

副司长：张全在、张亚宾

巡视员：蔡建文（—2015.1）

副巡视员：白　明、周　瑛（2015.12—）

司长助理：拉　果（2015.3—）

【内设机构】　设综合处、内部监督管理处、市场监督管理处、打假打私处、证件管理处等5个内设处室。

经济运行司

【主要职责】

1. 承担行业生产、经营的统一调度工作，协调产供销的衔接；负责行业生产、经营的综合分析和预测监控；拟订并组织实施行业经济运行调控政策和方案。

2. 参与拟订烟草专卖品产供销年度计划，拟订并组织实施卷烟季度、月度生产进度计划；负责行业经济运行考核工作。

3. 负责行业产品结构调整工作；拟订并组织实施卷烟品牌发展规划，指导行业品牌维护与培育工作，组织开展品牌定向整合；依法实施烟草制品商标管理工作；组织开展中外烟草企业间生产技术合作工作。

4. 承担烟草专卖品卷烟材料供应管理工作；承担省级公司之间烟草专用机械设备的有偿转让、无偿划转、租借等管理事项。

5. 指导行业企业管理工作；承担行业质量管理工作，负责推行ISO 9000系列标准；组织开展行业节能减排工作；指导行业安全生产工作，依法处理重大安全事故；协调行业抗灾救灾工作。

6. 承办国家局、总公司交办的其他事项。

【负责人】

司长：徐维华

副司长：刘　艳、张一峰（2015.6—）、谢广军（挂职）（—2015.3）

副巡视员：孙姝军

【内设机构】　设综合处、生产经营管理处、企业管理处、安全处等4个内设处室。

政策法规与体制改革司

【主要职责】

1. 组织起草行业相关法律法规、规章草案和重大政策；审查行业生产经营管理的重要制度、重大经济合同和国家局、总公司机关各部门、各单位拟订的规范性文件；建立和完善专卖管理法规体系和行业管理法规体系。

2. 拟订并组织实施行业体制改革和企业组织结构调整规划和工作方案；指导企业和专业性公司改革工作；承办行业企业设立、分立、合并与撤销工作；指导建立现代企业制度。

3. 调查研究《中华人民共和国烟草专卖法》及《中华人民共和国烟草专卖法实施条例》、国家有关法律法规在行业的执行情况和改革中存在的问题；监督检查行业依法行政，组织实施行政执法责任制工作；承担烟草专卖执法徽章、检查证的申领和批准工作；负责行业普法依法治理工作。

4. 承担行业法律咨询工作，指导行业行政机关和企业法律顾问工作；组织推动行业法制建设工作；参与研究和审议行业对外经济技术合作的有关政策和制度；组织开展烟草专卖法规、政策方面的国际交流。

5. 指导、协调行业行政复议工作，承办相关行政复议、行政应诉工作。

6. 承办国家局、总公司交办的其他事项。

【负责人】

司长：李　鸣

副司长：王玉麟、曹松林、夏振林（挂职）（—2015.3）

【内设机构】　设综合处、政策法规处（行政复议处）、体制改革处等3个内设处室。

财务管理与监督司（审计司）

【主要职责】

1. 研究提出行业有关经济政策建议；拟订并组织实施行业财务管理、资产经营管理、会计核算、审计监督的制度、办法。

2. 拟订并组织实施行业国有资产管理规定和国有资产保值增值考核办法、标准。

3. 监督管理行业资金，实施并管理重大金融投资项目；拟订行业税后利润分配政策及方案；拟订行业重大事项资金计划；编制并组织实施行业年度预算；组织行业所属企业上缴国有资本收益和财政专项税后利润，编报行业国有资本经营预算。

4. 负责行业各类财务会计报告的汇总、审核和编报工作；监督检查行业会计信息质量；参与拟订行业财务会计、审计信息化建设发展规划。

5. 负责行业内部审计工作；拟订并组织实施行业内部审计工作规定、办法，拟订行业内部审计发展规划和年度审计项目计划。

6. 承办国家局、总公司交办的其他事项。

【负责人】

司长：万里明

巡视员兼副司长：张书东

副司长：罗明德、韩敬文、陈哲平

【内设机构】 设综合处、财务处、预算处、会计处、国有资产管理处、审计一处、审计二处、审计三处、机关财务处等9个内设处室。

科技司

【主要职责】

1. 承担烟草制品减害降焦工作；拟订行业科技发展政策及战略规划、年度计划；参与拟订行业技术装备政策，参与技术引进和技术改造论证工作；组织国内外科技交流与合作。

2. 承担国家局、总公司科技创新工作领导小组、科学技术委员会、全国烟草标准化技术委员会的日常工作；负责行业创新体系建设及创新能力考核工作；负责行业科技成果评价、推广、奖励；负责科技信息、科技统计及有关知识产权管理工作；研究提出科技经费预算建议。

3. 拟订并组织实施行业科技项目年度计划；组织管理行业重大科技项目；审核烟草新品种和烟草基因工程事项。

4. 负责行业产品质量评价和监督工作；负责行业质量技术监督检验机构建设、审查和认定工作；负责烟草专卖品、烟用材料和相关产品的质量技术监督及质量市场准入工作。

5. 负责行业标准化管理工作；编制并组织实施行业标准制订项目年度计划，管理行业用标准物质和标准样品的制作与发布；组织开展烟草专用仪器计量检定工作。

6. 承办国家局、总公司交办的其他事项。

【负责人】

司长：张　虹

副司长：雷樟泉、李莲娜（挂职）（2015.3—）

【内设机构】 设综合处、科技开发处、技术监督处、标准化处等4个内设机构。

人事司

【主要职责】

1. 拟订烟草系统人事、劳动工资、思想政治、教育培训工作相关政策和制度；指导烟草系统人事、用工、分配制度改革工作。

2. 负责国家局党组管理干部、机关各部门、各单位干部的管理工作；组织、指导、监督检查烟草系统各级领导班子建设工作；指导烟草系统人事档案管理工作。

3. 负责烟草系统机构编制、人才队伍建设工作；审核各级烟草专卖局的设立、分立、合并与撤销。

4. 负责烟草系统劳动、工资、保障工作；编制烟草系统教育培训规划，指导烟草系统教育培训工作。

5. 指导烟草系统党的建设、思想政治、企业文化建设工作；负责中国烟草职工思想政治工作研究会的日常工作。

6. 承办国家局、总公司交办的其他事项。

【负责人】

司长：孙晓莹（—2015.2）、张　文（2015.8—，之前任副司长）

副司长：俞进祥

巡视员：史惠民（2015.12—，之前任副巡视员）

副巡视员：刘　宁（2015.12—）

【内设机构】 设综合处、系统干部处、机关人事处、劳动工资处、教育培训处、思想政治工作处、干部监督处①等7个内设处室。

直属机关党委②

【主要职责】

1. 负责组织国家局、总公司机关政治理论、科学知识学习，宣传和贯彻党的路线、方针、政策。

2. 负责国家局、总公司机关党风廉政建设和纪律检查的相关工作；负责国家局、总公司机关思想政治工作，组织协调精神文明建设工作。

3. 领导机关各部门、各单位党组织开展各项组织活动。

4. 负责各部门、各单位党组织和党员的管理，开展党员表彰奖励工作；负责各部门、各单位党组织换届选举的指导工作，任免各部门、各单位党组织的负责人。

5. 指导国家局、总公司机关工会、共青团、妇女工作委员会工作。

6. 承办国家局、总公司交办的其他事项。

【负责人】

直属机关党委书记：李克明（兼）（—2015.4）、杨培森（兼）（2015.4—）

直属机关党委常务副书记：王劲栋（—2015.8）、高兴智（2015.8—）

直属机关党委副书记、纪委书记：李　安

【内设机构】 设办公室。

中央纪委、监察部驻国家烟草专卖局纪检组、监察局（中国烟草总公司监察局）③

【主要职责】 中央纪委、监察部驻国家烟草专卖局纪检组、监察局是中央纪委、监察部派驻国家局的纪检监察机构，直接受中央纪委、监察部领导，与中国烟草总公司监察局合署办公。根据《驻国家烟草专卖局纪检组、监察局关于实行统一管理的实施方案》的规定，确定其主要职责。

1. 监督检查国家局及所属系统贯彻党的路线、方针、政策和决议，遵守国家法律、法规，执行国务院决定、命令的情况。

2. 监督检查国家局党组和行政领导班子及其成员维护党的政治纪律，贯彻执行民主集中制，选拔任用领导干部，贯彻落实党风廉政建设责任制和廉政勤政的情况。

3. 经中央纪委、监察部批准，初步核实国家局党组和行政领导班子及其成员违反党纪政纪的问题；参与调查国家局党组和行政领导班子及其成员违反党纪政纪的案件；调查国家局及所属系统司局级领导干部违反党纪政纪的案件及其他重要案件。

4. 受国家局党组和行政领导班子委托，继续履行组织协调国家局及所属系统党风廉政建设和反腐败工作的职责，管理和指导国家局所属系统各单位纪检监察机构及国家局直属机关纪委的业务工作，协助国家局人事司管理所属系统纪检监察机构和纪检监察干部。

5. 受理对国家局机关及所属系统党组织、党员和行政监察对象的检举、控告，受理国家局机关及所属系统党员和行政监察对象不服处分的申诉。

6. 承办中央纪委、监察部，国家局、总公司交办的其他事项。

【负责人】

驻局纪检组组长：高　林（—2015.11）

驻局纪检组副组长、监察局局长：薛建平（—2015.11）

驻局监察局副局长：刘　忠（—2015.11）（正司级）

巡视员：冯京安（2015.12—，之前任国家局党组巡视组副组长）

中国烟草总公司监察局副局长：蔡振华

国家局党组巡视组副组长：郁　毅

---

① 根据《国家烟草专卖局关于调整机关部分部门（单位）主要职责内设机构和人员编制的通知》（国烟人〔2015〕335号）文件，人事司增设干部监督处。干部监督处的主要职责是：负责研究制定有关干部监督的制度、规定；承担对领导干部的监督工作；承担对领导干部选拔任用工作的监督检查；负责受理和查核用人方面的信访举报；配合中组部干部监督局做好“一报告两评议”工作；做好领导干部报告个人有关事项收集、汇总、查核等工作；承办领导交办的其他事项。

② 国家烟草专卖局直属机关党委与国家局人事司合署办公，内设机构为办公室。

③ 2015年11月20日，中共中央办公厅印发《关于全面落实中央纪委向中央一级党和国家机关派驻纪检机构的方案》（中办发〔2015〕55号），撤销中央纪委驻国家烟草专卖局纪检组，撤销监察部驻国家烟草专卖局监察局，由中央纪委驻工业和信息化部纪检组对国家烟草专卖局实行综合监督。

【部门设置】 设一室（综合室）、二室（案件检查室）、三室（案件检查室）、四室（信访审理室）、巡视办等5个内设机构。

规范管理办公室[①]

【主要职责】[②]

1. 按照国家局党组有关行业规范管理的战略任务和工作部署，针对各个阶段的重点工作事项，制定计划，研究措施，推动落实；组织规范管理制度贯彻落实情况的督办督查。

2. 负责谋划、研究健全完善行业规范管理制度，深入调查研究，组织科学论证，及时提出工作建议，构建规范管理保障机制。

3. 组织烟草行业规范管理工作会议，负责指导协调烟草行业规范管理工作信息化建设。

4. 承办国家局、总公司交办的其他事项。

【负责人】

主任：赵国臣

巡视员兼副主任：马　宁（—2015.4）

副主任：庄怀成、胡炳辉

副巡视员：郭秀云

【内设机构】 设综合处、业务一处、业务二处等3个内设处室。

董事会工作办公室

【主要职责】

1. 协调省级工业有限责任公司董事会的工作。

2. 负责国家局、总公司派任省级工业有限责任公司，南通醋酸纤维有限公司、昆明醋酸纤维有限公司和珠海醋酸纤维有限公司董事长、副董事长、董事的日常联络服务工作。

3. 承办国家局、总公司交办的其他事项。

【负责人】

主任：姜　凯

董事长（部门正职）：姜　凯、李根基（正厅级）、陈　晖（正厅级）（2015.10—，2015年6至10月任副董事长）、卢瑞刚、吴建明、李德义（—2015.10）

董　事（部门副职）：舒　明、秦　剑、黄翠萍、马伶燕、朱湘海、王超英、郭　勤、张弘毅

【内设机构】 设综合处、秘书处2个内设处室。

国家烟草专卖局职工培训中心（中共国家烟草专卖局党校）

【主要职责】 国家烟草专卖局职工培训中心（党校）是国家局直属的事业单位。

1. 负责行业司、处级党员领导干部党校教育，承担有关素质能力培训工作；组织开展相关教学课题研究。

2. 承办国家局、总公司组织的会议及业务培训。

3. 负责教育、培训、会议等服务保障工作。

4. 承办国家局、总公司交办的其他事项。

【负责人】

党校校长：赵洪顺

党校副校长、培训中心主任：何秀群（—2015.10）、闫亚明（正厅级）（2015.10—）

党校副校长、培训中心副主任：曾晓三、王丹丹

【内设机构】 设办公室、教务处、总务处等3个内设处室。

烟草经济研究所

【主要职责】 烟草经济研究所是国家局直属的事业单位。

1. 研究行业改革发展的经济理论和行业经济政策、重大产业政策、发展战略。

2. 参与行业有关重大问题的调研工作。

3. 分析研究国际烟草经济与科技信息、国际烟草市场动态及有关国家烟草政策。

4. 分析研究国家经济体制改革和国民经济运行信息；承担行业软科学研究工作。

---

① 根据《中共国家烟草专卖局党组关于整顿规范办公室更名及内设机构调整的通知》（国烟党〔2015〕225号）文件，整顿规范办公室更名为规范管理办公室，仍作为国家局、总公司机关非常设临时机构，参照机关内设部门（单位）进行管理。

② 根据《国家烟草专卖局关于调整机关部分部门（单位）主要职责内设机构和人员编制的通知》（国烟人〔2015〕335号）文件，国家局对规范管理办公室的主要职责进行调整。

5. 承担《烟草控制框架公约》履约情况和我国烟草控制法律、法规、政策跟踪研究。

6. 承办国家局、总公司交办的其他事项。

【负责人】

所长：汪世贵

巡视员：李印美（2015.12—，之前任副所长）

副所长：李保江

副巡视员：左　红（—2015.4）

【内设机构】 设办公室、政策研究室、产业研究室、控烟履约研究室①等4个内设处室。

离退休干部办公室

【主要职责】

1. 拟订烟草系统离退休干部工作有关制度、规定，指导系统离退休干部工作。

2. 组织开展离退休干部工作人员业务培训；负责离退休干部统计工作。

3. 研究提出国家局、总公司机关离退休干部工作经费预算建议；负责机关离退休干部的服务管理工作；组织机关离退休干部的政治学习、文件传阅以及参加重大政治活动。

4. 承办国家局、总公司交办的其他事项。

【负责人】

主任：付久海

副主任：杨章锁、高崇峰

副巡视员：宋永华

【内设机构】 设综合处、机关离退休干部处2个内设处室。

机关服务中心（机关服务局）

【主要职责】 机关服务中心（机关服务局）是国家局直属的事业单位。

1. 负责机关及广安门办公楼行政后勤管理工作，拟订并组织实施内部管理制度；负责内部聘用人员的人事、劳动工资管理工作；管理北京金叶园会议中心。

2. 负责机关及广安门办公楼固定资产的管理；负责机关办公用品的采购、保管和供应工作；负责机关及广安门职工食堂的管理及食品的采购供应工作。

3. 负责机关及广安门办公楼交通运输、机动车辆管理、使用及安全工作；负责机关及广安门职工的医疗、保健、计划生育工作；负责机关及广安门办公楼门前三包、绿化、美化工作。

4. 负责机关及广安门办公楼的基本建设、房地产、房改及相关物业管理工作。

5. 负责广安门办公楼的消防、安全保卫工作。

6. 承办国家局、总公司交办的其他事项。

【负责人】

副主任（副局长）：何绍青（—2015.11）、綦振平、李卫东

副巡视员：王连旺（—2015.8）

【内设机构】 设办公室、综合服务处、财务处、生活福利处、基建房产处、广安门管理处等6个内设处室。

烟草经济信息中心

【主要职责】 烟草经济信息中心是国家局直属的事业单位，承担一定的行业宏观管理职能。

1. 拟订并组织实施行业信息化发展规划和管理制度、办法；拟订行业电子政务和电子商务建设的技术方案。

2. 拟订并组织实施行业信息化规范和标准；审核行业直属单位信息化规划和实施方案。

3. 负责行业统计工作；负责行业数据中心建设和管理工作。

4. 负责建设和管理行业网络通信系统；监督检查行业网络信息安全工作。

5. 承担行业信息系统运行维护管理工作；负责总公司上海容灾中心业务管理工作。

6. 承担国家局机关信息化项目建设工作，办理设备购

---

① 根据《国家烟草专卖局关于调整机关部分部门（单位）主要职责内设机构和人员编制的通知》（国烟人〔2015〕335号）文件，烟草经济研究所增设控烟履约研究室。控烟履约研究室的主要职责是：承担《烟草控制框架公约》履约进展和我国烟草控制法律、法规、政策跟踪研究；分析控烟履约对烟草行业的影响；研究烟草行业控烟履约的措施和要求；承办领导交办的其他事项。

置等有关事项；承担行业网络安全和信息化领导小组的日常工作。

7. 负责国家局、总公司内、外网站建设、日常管理和内容保障工作；指导、协调行业各单位网站的建设和管理。

8. 承办国家局、总公司交办的其他事项。

【负责人】

主任：胡新华

副主任：高一军、潘　红

总工程师：江　涛

副巡视员：张雪峰（2015. 12—）

【内设机构】　设综合处、信息统计分析处、系统运行处、网络通信安全处、运行维护管理处、网站管理处①等6个内设处室。

中国烟草学会及其办事机构

【主要职责】　中国烟草学会是依法登记的全国性非营利性具有法人地位的学术性社会团体。

中国烟草学会办事机构在国家局、总公司领导下开展工作，接受民政部、中国科协的监督管理和业务指导，执行中国烟草学会理事会决议，处理日常事务。

1. 根据行业发展需要，组织行业科技工作者开展学术交流、科学普及和科技咨询活动，编印学术刊物。

2. 承担中国烟草学会的日常工作；负责协调上海中国烟草博物馆的业务工作。

3. 承办国家局、总公司交办的其他事项。

【负责人】

中国烟草学会理事长：赵洪顺

副理事长：王建雪（部门正职）、张　虹（2015. 4—）、杨先杰（2015. 4—）、谢剑平、刘建福、杨　俊、王元英

中国烟草学会办事机构秘书长：王建雪（兼）

副秘书长：韩希昌

副巡视员：哈君利

【内设机构】　设办公室、学术部、编辑部等3个专业处室。

中国烟叶公司（水源工程建设办公室）

【主要职责】　中国烟叶公司是国家局、总公司直属的专业性公司，承担一定的行业宏观管理职能。

1. 组织、指导、协调、管理全国烟叶工作。

2. 研究提出并组织实施现代烟草农业的政策和发展规划；参与拟订烟叶种植、收购、储备、调拨和进口计划；参与拟订烟叶收购、调拨价格及打叶复烤加工费用标准。

3. 指导全国烟叶生产、收购和复烤加工工作；参与拟订烟叶国家标准、生产技术标准和打叶复烤技术标准；核准烟叶收购基准样品，组织烟草新品种审定工作；组织全国烟叶购销交易。

4. 研究提出行业水源工程、基础设施建设总体规划、年度计划；监督和指导补贴资金和援建资金的使用与管理；指导烟叶基层建设和打叶复烤企业管理；参与拟订打叶复烤企业技术改造规划；参与组织烟叶信息化工作。

5. 参与进口烟叶工作，负责进口烟叶国内流通管理，负责烟叶中外技术交流与合作工作。

6. 承办国家局、总公司交办的其他事项。

【负责人】

总经理兼水源工程建设办公室主任：陈江华

巡视员：包　勤

副总经理：刘建利、关博谦

总会计师：赵永红

水源工程建设办公室副主任：吴践志、赵素芬

副巡视员：卞　卡、刘　昉、郑　安（2015. 12—）

【内设机构】　设办公室、综合计划部、生产管理部（技术推广部）、收购管理部、复烤企业管理部、财务部、经营部、水源工程建设办公室综合组、水源工程建设办公室基础组、水源工程建设办公室水源组等10个内设部门。

---

① 根据《国家烟草专卖局关于调整机关部分部门（单位）主要职责内设机构和人员编制的通知》（国烟人〔2015〕335号）文件，烟草经济信息中心设立网站管理处。网站管理处的主要职责是：拟订行业网站工作管理制度、办法；负责国家局、总公司内、外网站建设、日常管理和内容保障工作；指导、协调行业各单位网站的建设和管理，承担行业各单位网站开办审核和备案工作；组织开展行业网站通讯员和编辑员业务培训；承担国家局舆情信息日常监测机构相关工作；承办领导交办的其他事项。

中国卷烟销售公司

【主要职责】 中国卷烟销售公司是国家局、总公司直属的专业性公司，承担一定的行业宏观管理职能。

1. 组织、指导、协调、管理全国卷烟销售工作，研究提出全国卷烟销售工作的政策和相关制度。

2. 指导全国卷烟销售网络建设和商业企业卷烟现代流通建设工作；拟订卷烟销售网络运行规范，参与拟订卷烟销售网络管理标准。

3. 组织实施全国卷烟市场需求预测工作，参与拟订卷烟销售计划；参与组织卷烟产销衔接和品牌定向整合工作，参与拟订卷烟品牌发展规划。

4. 组织、指导全国卷烟市场调查工作，采集、分析、发布卷烟市场信息；参与组织卷烟销售信息化工作，负责卷烟销售信息网络的管理与维护。

5. 组织、指导全国卷烟交易工作，拟订卷烟营销规则，监督、检查卷烟促销工作；参与拟订进口卷烟销售计划，拟订进口卷烟的国内销售管理办法；组织、协调中外合作国内生产卷烟品牌的市场销售工作；依法对公司的全资企业、参股企业行使出资人权利，经营和管理国有资产，承担保值增值的责任。

6. 承办国家局、总公司交办的其他事项。

【负责人】

总经理：曹华青（—2015.8）、李春滨（2015.8—，之前任副总经理）

副总经理：王　宏、崔　萍

【内设机构】 设办公室、财务部、网建部、信息部、市场管理部、交易管理部等6个内设部门。

中国烟草投资管理公司

【主要职责】 中国烟草投资管理公司是国家局、总公司直属的专业性公司，承担一定的行业宏观管理职能。

1. 负责行业多元化投资经营工作的归口管理；参与编制行业多元化投资规划，参与审核多元化投资项目；参与审核多元化经营企业国有产权转让、国有资产无偿划转等事项。

2. 拟订行业多元化经营管理规定和企业退出机制，指导建立现代企业制度，完善公司治理结构；建立和完善行业多元化经营企业国有资产保值增值指标体系和目标考核制度。

3. 根据总公司的授权，对总公司直接投资及本公司投资的多元化企业行使出资人权利，履行出资人职责。

4. 负责行业战略性投资项目的规划、论证及组织实施工作。

5. 负责国产醋纤丝束经营，依法经营其他烟用材料；参与拟订醋纤丝束分配计划与价格。

6. 承办国家局、总公司交办的其他事项。

【负责人】

总经理：孙桂芳（—2015.8）、于明芳（2015.8—）

巡视员：吴　益（2015.12—，之前任副总经理）

副总经理：张建华

总会计师：刘秋明

副巡视员：刘中华、杨伟生（—2015.4）

【内设机构】 设办公室、企业管理部、行业指导管理部、事业发展部、财务管理部、经营部等6个内设部门。

中国烟草机械集团有限责任公司

【主要职责】 中国烟草机械集团有限责任公司是国家局、总公司直属的专业性公司，承担一定的行业宏观管理职能。

1. 参与拟订并组织实施烟草机械工业的发展规划、年度计划；参与拟订行业技术装备政策及烟草机械生产企业的生产布局、企业定点方案；拟订并组织实施行业设备管理制度，组织、协调行业生产设备的日常管理工作；负责推广新设备、新技术，发布淘汰设备目录。

2. 参与拟订国产烟草机械设备分配计划和价格政策；组织、协调全国烟草机械的购销管理工作；拟订并组织实施烟草机械产品生产经营业务的管理制度。

3. 负责行业设备大修理（翻修）的定点及布局工作，指导定点企业的生产经营和技术管理，拟订并组织实施设备大修理的年度计划；负责行业烟草机械零配件管理工作。

4. 负责烟草机械产品的技术管理工作；负责国内外烟草机械的技术交流、技术合作、对外技术谈判、技术培训和技术咨询服务工作；负责烟草机械引进技术的消化吸收和国产化工作；参与组织烟草机械新产品技术鉴定工作；拟订烟草机械产品的质量标准；参与拟订烟草机械设备进出口年度计划；参与组织烟草机械出口工作，负责组织货源和售后服务，参与组织国际市场开发工作。

5. 依法对控股企业行使出资人权利，经营和管理国有资产，承担保值增值的责任；按照国家局的授权，管理本公司及控股企业的人事、劳动工资及纪检监察工作。

6. 承办国家局、总公司交办的其他事项。

【负责人】①

董事长、总经理、党组书记：王建法

副总经理、党组成员：于明芳（—2015.8）、沈云龙、曲　伟

纪检组长、党组成员：吴　伟

副巡视员：凌卫民、赵美燕、廖默然、王　珩

【内设机构】②　中国烟草机械集团有限责任公司本部设办公室、综合计划部、人力资源部、生产管理部、市场部、财务资产部、技术合作部、设备管理部、审计部、监察室等10个内设部门。

中国烟草国际有限公司

【主要职责】　中国烟草国际有限公司是国家局、总公司直属的专业性公司，承担一定的行业宏观管理职能。

1. 按照集中统一对外原则，组织、指导、协调、管理中国烟草的国际业务；研究提出行业国际业务工作总体规划，拟订并组织实施开拓国际市场战略规划。

2. 统一经营和管理烟草类国营贸易业务，拟订相关规章制度，规范经营秩序；参与拟订烟草进出口产品的年度计划并负责组织实施；参与拟订烟草进出口产品价格；组织实施进口烟叶境外实体化运作。

3. 拟订行业境外企业的发展规划、生产布局；指导、协调、管理行业境外企业及境外卷烟销售网络的生产经营工作；参与拟订开拓国际市场的奖励政策，研究提出相关奖励方案。

4. 统一管理烟草行业境外投资及经贸合作；审查、评估行业境外投资项目和境外企业的设立、分立、合并与撤销，报国家局审批；协调解决对外贸易中的法律纠纷。

5. 依法对公司的全资企业、控股企业、参股企业行使出资人权利，经营和管理国有资产，承担保值增值的责任；根据国家局的授权，管理公司及境外投资控股企业和驻外机构的人事、劳动工资工作。

6. 承办国家局、总公司交办的其他事项。

【负责人】

总经理、党组书记：张本甫（—2015.12）、邵　岩（2015.12—）

副总经理、党组成员：高学林（部门正职级）

巡视员兼副总经理、党组成员：梁占华（—2015.2）、潘肖勇（—2015.12）

副总经理、党组成员：谭小燕

总会计师、党组成员：张宏实

副总经理、党组成员：熊　斌、张　浩（2015.12—）

纪检组长、党组成员：甘　宁

【内设机构】　设公共事务部、企划投资部、国营贸易部、烟叶运营部、市场拓展部、财务管理部、法律事务部、人力资源部等8个内设部门。

【驻外机构】　公司以控股方式管理深圳烟草进出口有限公司。公司还直接管理10个驻外机构：天利国际经贸有限公司（所在地：中国香港）、中国烟草国际有限公司驻津巴布韦代表处（所在地：津巴布韦哈拉雷）/天泽烟

---

① 此处仅列中国烟草机械集团有限责任公司本部的领导成员。

② 中国烟草机械集团有限责任公司全资子公司、控股企业、参股企业及专业公司详见《烟草工业》栏目“烟草机械工业”分目。

根据《国家烟草专卖局关于调整机关部分部门（单位）主要职责内设机构和人员编制的通知》（国烟人〔2015〕335号）文件，中国烟草机械集团有限责任公司恢复设立审计部。审计部的主要职责是：拟订公司内部审计工作规定，组织实施公司确定的审计项目；对公司的财务工作实施监督；承办领导交办的其他事项。

根据《国家烟草专卖局关于调整机关部分部门（单位）主要职责内设机构和人员编制的通知》（国烟人〔2015〕335号）文件，中国烟草机械集团有限责任公司、中国烟草国际有限公司、中国双维投资有限公司内部设立单独的纪检监察机构，机构名称统一为“监察室”。监察室的主要职责是：监督检查公司遵守和执行国家法律、法规以及国家局总公司决定、命令的情况；受理对公司部门和监察对象违反行政纪律行为的控告、检举，调查处理监察对象违反行政纪律的行为；受理监察对象不服行政处分决定的申诉；开展行政问责工作，调查处理监察对象的重大行政过错行为；监督检查部门和所属单位作风建设情况，查处不正之风行为；督促有关部门建立廉政、勤政方面的制度、办法，组织、指导所属单位的监察工作；贯彻执行上级监察机构的工作部署；承办领导交办的其他事项。

草有限责任公司、中国烟草国际有限公司驻莫斯科代表处（所在地：俄罗斯莫斯科）、迪拜瑞世达贸易有限责任公司（所在地：阿联酋迪拜）、中国烟草日本株式会社（所在地：日本东京）、中烟国际巴西有限公司（所在地：巴西圣克鲁斯）、中烟菲莫国际有限公司（所在地：瑞士洛桑）、中烟国际阿根廷有限责任公司（所在地：阿根廷萨尔塔省）、中烟国际（北美）股份有限公司（所在地：美国北卡罗来纳州）、中烟英美烟草国际有限公司（所在地：中国香港）。

中烟商务物流有限责任公司

【主要职责】 中烟商务物流有限责任公司是国家局、总公司直属的专业性公司，承担一定的行业宏观管理职能。

1. 拟订行业电子商务发展规划，负责烟草电子商务平台建设工作。

2. 组织、指导、协调、管理行业物流建设工作，拟订行业物流标准；承担行业现代物流工作领导小组的日常工作。

3. 负责烟草电子商务平台、行业卷烟生产经营决策管理系统和物流信息系统的运行维护、安全管理和技术支持工作；负责有关数据汇总、分析，提供信息服务。

4. 承办国家局、总公司交办的其他事项。

【负责人】

总经理：吕忠信

副总经理：董传国、范建治

总工程师：王金亮

副巡视员：李卫国

【内设机构】 设办公室、综合管理部、交易部、物流规划建设部、物流管理运行部、技术部（物流信息化部）、财务部等7个内设部门。

中国烟草实业发展中心①

【主要职责】 中国烟草实业发展中心是国家局、总公司直属的专业性公司。

1. 指导、协调、管理所属企业的生产经营活动；指导所属企业安全生产工作。

2. 组织实施所属企业组织结构调整，指导企业改革。

3. 依法对所属企业的国有资产行使出资人权利，承担国有资产保值增值责任，管理监督所属企业财务资金，组织实施内部审计工作。

4. 管理所属企业人事、劳动工资工作，指导所属企业精神文明建设，负责所属企业纪检监察工作。

5. 承办国家局、总公司交办的其他事项。

【负责人】

总经理、党组书记：董晓民

副总经理（副厅级）、党组成员：王殿贵（2015. 5—）

纪检组长（副厅级）、党组成员：李东梅（2015. 11—）

副总经理、党组成员：赵　琦、刘　龙、孔庆峰

纪检组长、党组成员：马保军（—2015. 5）

总会计师：汪利华

副巡视员：秦　燕、陈玉秋

【内设机构】 设办公室（外事办公室）、人力资源部、生产部、安全监督管理部、企业管理部、财务部、审计部（监事室）、法律与改革部、市场营销部、物资供应部、纪检监察部等11个内设部门。

【所属企业】 下辖黑龙江烟草工业有限责任公司、红塔辽宁烟草有限责任公司、吉林烟草工业有限责任公司、甘肃烟草工业有限责任公司、内蒙古昆明卷烟有限责任公司、深圳烟草工业有限责任公司、山西昆明烟草有限责任公司、海南红塔卷烟有限责任公司等8家卷烟工业企业，以及吉林烟草进出口有限责任公司。

中国双维投资有限公司

【主要职责】 中国双维投资有限公司是国家局、总公司直属的专业性公司。

① 中国烟草实业发展中心（简称中烟实业）成立于1999年1月。2004年11月，根据国烟法〔2004〕734号文件，国家局将原由省级局（公司）管理的兰州卷烟厂等4家卷烟生产企业调整为中烟实业管理，将原由省级公司持有的红塔辽宁烟草有限责任公司等4家卷烟工业企业的股权调整为中烟实业持有，调整后，中烟实业下辖8家卷烟生产企业。内容详见《烟草工业》栏目。

1. 负责烟草行业重大战略性投资项目的规划、论证和可行性研究工作。

2. 组织实施经中国烟草总公司批准的投资项目。

3. 承担本公司直接投资企业和投资项目的经营管理工作。

4. 参与整合中国烟草总公司确定的行业多元化投资项目的优质资产。

5. 根据国家烟草专卖局授权，管理本公司的人事、劳动工资工作。

6. 承办国家局、总公司交办的其他事项。

【负责人】

董事会①

董事长：徐　瑝

董　事：郝和国、秦前浩（2015.3—9）、王志江（2015.9—）、李　鸣、万里明、张　文、翟　旭

经理层

总经理、党组书记：郝和国

巡视员：栗新华（—2015.1）

副总经理、党组成员：王卫平（挂职）

纪检组长、党组成员：成协科

副总经理、党组成员：肖淑英、翟　旭

部门副职：徐晓新

总经理助理：周武庆

【内设机构】　设办公室、法律部、投资管理部、企业管理部、财务部、监察室等6个内设部门。

【分支机构】　设中国双维投资有限公司银川分公司1个分支机构。

《中国烟草》杂志社有限公司

【主要职责】　《中国烟草》杂志社有限公司是中国烟草总公司的全资子公司，具有独立的企业法人资格。

1. 编辑、出版、发行国家局的机关刊物《中国烟草》杂志（半月刊）。

2. 建设、维护、管理中国烟草资讯网。

3. 在国家局办公室指导下负责《中国烟草年鉴》编纂发行工作。

4. 编辑出版发行《新烟草》杂志（旬刊）。

5. 承办《烟草企业文化》杂志（月刊）编辑工作。

6. 管理和经营中烟广告公司。

7. 开展图书音像出版业务等。

【负责人】

董事会

董事长：刘　杰

董　事：王献生、任　静、赵百东、王劲栋（—2015.10）、俞进祥（2015.10—）

监　事：张书东

经理层

总经理、法人代表：刘　杰

总编辑（部门正职）：王献生

副总经理：任　静

【内设机构】　设总编室、编辑一部、编辑二部、记者部、美术摄影编辑部、网络部、《中国烟草年鉴》编辑部、《新烟草》编辑部、《烟草企业文化》编辑部、综合办公室、中烟广告公司（广告部）、财务部、发行部、市场部、考评部等15个内设部门。

直属机构

中国烟草总公司郑州烟草研究院

【主要职责】　综合性从事烟草科学研究与开发，是国际标准化组织烟草及烟草制品技术委员会（ISO/TC126）国内技术归口单位。主要从事烟草基因、烟草栽培调制及贮保、卷烟加工工艺和卷烟配方、烟草化学、烟用香精香

---

① 3月，国家局、总公司下发《关于中国双维投资有限公司董事人选调整的通知》（国烟人〔2015〕96号），委派徐瑝为中国双维投资有限公司董事、董事长；委派郝和国、秦前浩、李鸣、万里明、张文、翟旭为中国双维投资有限公司董事，孙晓莹、栗新华不再担任中国双维投资有限公司董事。9月，国家局、总公司下发《关于中国双维投资有限公司董事人选调整的通知》（国烟人〔2015〕262号），委派王志江为中国双维投资有限公司董事；秦前浩不再担任中国双维投资有限公司董事。

料、卷烟减害降焦、再造烟叶等方面的应用基础研究和共性技术研究，卷烟厂和烟叶复烤厂的工程设计，行业相关检测仪器的研制、开发等。其学科范围覆盖烟草基因到卷烟生产的全过程。

【负责人】

院长、党组书记：闫亚明（—2015.10）

党组书记、副院长：宋亚强①（2015.12—）

院长、党组副书记：谢剑平（2015.12—，之前任副院长、党组成员）

巡视员：赵继先

副院长、党组成员：张建勋、罗登山

党组成员：胡清源

纪检组长、党组成员：裴　丽（2015.11—）

【内设机构】　设院长办公室、机关党委（人事处）、科研开发处、财务管理处等4个职能部门，烟草农业研究室、烟草工艺研究开发中心（烟草工艺重点实验室）、烟草化学重点实验室、烟草香料基础研究重点实验室等4个科研部门，国家烟草基因研究中心、中国烟草科技信息中心、中国烟草标准化研究中心等3个行业中心，河南新桥烟草科技服务有限公司、郑州嘉德机电科技有限公司2家多元化经营企业。

中国烟草总公司合肥设计院

【主要职责】　受国家局、总公司委托，承担烟草行业固定资产投资工程项目的技术审查职责，负责组织行业固定资产重大投资工程项目总体规划、项目申请报告、初步设计文件、工程超支分析报告等技术审查以及对重大项目和课题的专家论证、评估。在完成国家局委托的工程项目技术审查任务的基础上，保留部分经营职能，利用其技术优势，承接行业打叶复烤厂、烟用原料仓库和部分项目施工图审查及设计咨询工作。

【负责人】

院　长、党委书记：卢安宁（正厅级）

副院长、党委委员：陆　敏、葛　波

【内设机构】　设技术审查处、生产设计处、经营处、人力资源处、财务处、办公室等6个内设处室。

中国烟草总公司职工进修学院

【主要职责】　承担烟草行业高技术、高技能人才培训，承担行业远程培训任务，具体承办行业培训师资库和培训教材库的建设与管理；培训师资的培训，开展远程教育培训和职业技能竞赛，并为企业提供职业技能鉴定、培训开发设计、培训评估、培训师资、培训教材和培训案例建设、培训信息资源、培训业务和生产技术咨询及成人学历教育服务。

【负责人】

院长、党组成员：路鹏翔

副院长、党组副书记：连　飞

副院长、党组成员：杨保吉、刘学义、李广才

纪检组长、党组成员：陈卫华

【内设机构】　设办公室、人事处、财务管理处、审计处（监察处）、安全保卫处（政策法规处）等5个行政管理部门，设教务处、教研处、远程培训处、对外合作处、学员处、信息中心等6个教学服务部门，设后勤处、物业部2个后勤服务部门，以及综合管理处、鉴定考核处、标准命题处等3个职业技能鉴定部门。

南通醋酸纤维有限公司

【概　况】　南通醋酸纤维有限公司（简称南纤公司）成立于1987年3月，由中国烟草总公司与美国塞拉尼斯公司合资经营，是集化工、化纤、热电为一体的大型工业企业。南纤公司占地面积1190亩，总投资7.59亿美元，其中中方投资占69.32%，美方占30.68%。南纤公司主要产品为烟用二醋酸纤维丝束（简称醋纤丝束）及其配套原料二醋酸纤维素片（简称醋片），其中，醋纤丝束销售到全国近60家卷烟生产企业；醋片作为醋纤丝束的生产原

① 宋亚强任职时间从党组决定之日起计算。

料，除公司自用外，同时供应昆明和珠海两家醋酸纤维有限公司以及海外市场。截至2015年底，总资产43.07亿元，其中，固定资产22.11亿元、流动资产16.56亿元，资产负债率9.9%。在岗员工827人。

【领导机构】 南纤公司实行董事会领导下的总经理负责制，主要领导成员有：

董事长：卢瑞刚

副董事长：卢沛荣（Louis Eugene Purvis）（—2015.8）

副董事长：萨韦博（Scott MC Dougald Sutton）（2015.8—）

总经理、党委书记：孙桂泉

副总经理、党委委员：杨占平

副总经理、党委委员：茅　俊

副总经理、党委委员：张　杰

副总经理、党委委员：江建军

副总经理：王文庭（Wen Wang）

副总经理：雷明思（Erik Lamers）（—2014.12）

副总经理：罗莫斯（Enrique Ramos）（2015.1—）

工会主席、党委委员：韩振武

昆明醋酸纤维有限公司

【概　况】 昆明醋酸纤维有限公司（简称昆纤公司）成立于1993年5月，由中国烟草总公司和美国塞拉尼斯公司共同投资兴建，占地面积19万平方米，总投资9171.3万美元，中方投资比例占70%，美方占30%。公司主要产品为烟用二醋酸纤维丝束，年生产能力为3.5万吨。截至2015年底，总资产9.74亿元，其中，固定资产1.23亿元、流动资产8.35亿元，资产负债率16.32%。在岗员工338人。

【领导机构】 昆纤公司实行董事会领导下的总经理负责制，主要领导成员有：

董事长：卢瑞刚

副董事长：卢沛荣（Louis Eugene Purvis）（—2015.8）

副董事长：萨韦博（Scott MC Dougald Sutton）（2015.8—）

总经理：汪若泉（Bill Wang）

副总经理、党委书记：温　明

副总经理、党委委员：夏　吕

总会计师、党委委员：陆晓红

副总经理：刘伦光（LK Liu）（—2015.6）

副总经理：乐海思（JRojas）（2015.6—）

副总经理：艾德利（Detlev Alm）

党委委员、工会主席：严　峰

珠海醋酸纤维有限公司

【概　况】 珠海醋酸纤维有限公司（简称珠纤公司）成立于1993年5月20日，由中国烟草总公司和美国塞拉尼斯公司合资兴建。珠纤公司占地面积16万平方米，总投资2.23亿美元，其中中方投资比例占70%、美方占30%。珠纤公司专业生产烟用二醋酸纤维素丝束，年生产能力为3.5万吨。截至2015年底，总资产11.5亿元，其中，固定资产2.8亿元、流动资产8.7亿元，资产负债率22%。在岗员工356人。

【领导机构】[①] 珠纤公司实行董事会领导下的总经理负责制，主要领导成员有：

董事长：卢瑞刚

副董事长：卢沛荣（Louis Eugene Purvis）（—2015.8）

副董事长：萨韦博（Scott MC Dougald Sutton）（2015.8—）

总经理、党委书记：王　军

生产副总经理：查擎美（Charles Zha）（—2015.4）

生产副总经理：刘伦光（Lun - Kuang Liu）（2015.4—）

工程副总经理、党委委员：刘　强

维修副总经理、工会主席、党委委员、纪委书记：赵树春

总会计师、党委委员：武晓虹

财务副总经理：叶志全（Marcus Yip）

党委委员：吴超平（2015.11—）

① 2014年12月，国家局党组下发国烟党〔2014〕196号文件，免去潘定益珠纤公司副总经理、党委委员职务，办理退休手续。

省级烟草专卖局（公司）

北京市烟草专卖局（公司）[①]

【概　况】　北京市烟草专卖局、北京市烟草公司成立于1986年1月。1985年12月31日，北京市经济委员会与中国烟草总公司共同签署“关于北京市烟草公司上划交接协议书”；同日，北京市政府办公厅下发京政办发〔1985〕148号文件，决定北京市烟草专卖局、北京市烟草公司从1986年1月1日正式成立，上划并开展工作，北京市烟草公司更名为中国烟草总公司北京市公司。2015年，北京市局（公司）下辖东城、西城、朝阳、海淀、丰台、石景山、通州、顺义、延庆、怀柔、大兴、昌平、密云、门头沟、房山、平谷等16家区烟草专卖局（公司）［2015年，延庆、密云县烟草专卖局（公司）分别更名为延庆、密云区烟草专卖局（公司）］，北京烟草营销中心，北京烟草物流中心，以及北京京烟卷烟零售连锁有限公司、金健恒通商贸有限公司和北京通大家园物业管理有限公司等3家全资子公司，北京黎马敦太平洋包装有限公司1家合资公司。市局（公司）机关下设11个职能处室、15个专业部门。截至2015年底，总资产127.38亿元，其中，固定资产11.75亿元、流动资产109.33亿元，资产负债率7.93%。从业人员3403人。

【领导成员】

局长、总经理、党组书记：徐　瑳（—2015.1）

局长、总经理、党组书记：段铁力（2015.1—5）

局长、总经理、党组书记：秦前浩（2015.5—）

副局长、党组成员：刘根甫（—2015.6）

副局长、党组成员：赵文智（2015.4—）

纪检组长、党组成员：周　宾

副总经理、党组成员：殷　刚

副总经理、党组成员：江　涛

副巡视员：李东梅（—2015.12）

副巡视员：刘进民

副巡视员：臧卫东

天津市烟草专卖局（公司）

【概　况】　天津市烟草专卖局、天津市烟草公司成立于1985年10月。1985年10月29日，天津市政府与中国烟草总公司共同签署“关于天津市烟草行业上划交接协议书”，决定自协议书签订之日起上划中国烟草总公司，更名为中国烟草总公司天津市公司。2015年，天津市局（公司）下辖天津市区第一、第二、第三烟草专卖局（分公司），以及东丽区、津南区、西青区、北辰区等4家区烟草专卖局（分公司），滨海新区烟草专卖局塘沽、汉沽、大港等3家区烟草专卖分局（分公司），武清区烟草专卖局（有限公司）、宝坻区烟草专卖局（有限公司）、宁河县烟草专卖局（天津芦台烟草有限公司）、静海县烟草专卖局（有限公司）、蓟县烟草专卖局（天津渔阳烟草有限公司）等5家县级烟草专卖局（有限公司），以及天津市滨海新区烟草专卖局、天津烟草卷烟营销中心、天津烟草物流中心、天津市恒大实业公司、天津市津烟卷烟自营总店。市局（公司）机关下设11个职能处室、6个专业部门。截至2015年底，总资产76.92亿元，其中，固定资产6.26亿元、流动资产69.98亿元，资产负债率14.46%。从业人员2136人。

【领导成员】

局长、总经理、党组书记：孙晓莹

副总经理、党组成员：李加春

党组成员：张立海

纪检组长、党组成员：宁书成

副局长、党组成员：徐小波

总经济师：刘　群（2015.3—）

副巡视员：周金超

副巡视员：王志涛（—2015.8）

副巡视员：赵洪义（2015.7—）

① 《国家烟草专卖局、中国烟草总公司组织结构》栏目中，“××烟草专卖局（公司）”简称“××局（公司）”。

河北省烟草专卖局（公司）

【概　况】 河北省烟草专卖局成立于1984年3月，河北省烟草公司成立于1982年11月。1985年1月，河北省政府与中国烟草总公司签署协议，决定河北省烟草公司自签字之日起上划中国烟草总公司，更名为中国烟草总公司河北省公司。2015年，河北省局（公司）下辖石家庄、邯郸、保定、张家口、承德、唐山、廊坊、沧州、衡水、邢台、秦皇岛等11家地市级烟草专卖局（公司）、134家县级烟草专卖局，涿州、雄县2个烟草稽查大队，136家县级卷烟营销机构，以及河北平山温泉烟草职工培训中心、中维地产河北有限公司、河北步润商贸有限公司、葫芦岛市万家经济开发区实业开发总公司等4个多元化经营企业（廊坊开发区中天供水有限公司于2015年7月对持有股份进行处置），22个派驻机构［分别为派驻11个市局（公司）的审计办公室和内部专卖管理监督办公室］。省局（公司）机关下设14个职能处室、6个专业部门，以及整顿和规范市场经济秩序领导小组办公室与烟草学会。截至2015年底，总资产200.11亿元，其中，固定资产14.17亿元、流动资产179.65亿元，资产负债率17.02%。从业人员1万人。

【领导成员】

局长、总经理、党组书记：钱　江

副总经理、党组成员：马学雷

副总经理、党组成员：俞关勇

副局长、党组成员：戴　勇

副总经理、党组成员：王志涛（2015.8—）

巡视员：杨子辛（—2015.10）

副巡视员：王　辉

副巡视员：张宝月

副巡视员：贾立业

山西省烟草专卖局（公司）

【概　况】 山西省烟草专卖局成立于1983年7月，山西省烟草公司成立于1982年4月。1984年6月，山西省烟草公司上划中国烟草总公司，改制更名为中国烟草总公司山西省公司。2015年，山西省局（公司）下辖太原、大同、阳泉、长治、晋城、朔州、忻州、吕梁、晋中、临汾、运城等11家地市级烟草专卖局（公司），112家县级烟草专卖局（营销部）。省局（公司）机关下设16个职能处室、11个专业部门和机构。截至2015年底，总资产163.36亿元，其中，固定资产23.89亿元、流动资产131.92亿元，资产负债率10.82%。从业人员7520人。

【领导成员】

局长、总经理、党组书记：宋政峰

副局长、党组成员：杜毓志（—2015.4）

副局长、党组成员：张亚林（2015.10—，之前任副总经理、党组成员）

副总经理、党组成员：冯小云

纪检组长、党组成员：张国宾

副巡视员：董文彦

副巡视员：闫　杰（—2015.4）

内蒙古自治区烟草专卖局（公司）

【概　况】 内蒙古自治区烟草专卖局、内蒙古自治区烟草公司成立于1984年1月1日。1984年9月，内蒙古自治区烟草公司上划中国烟草总公司，更名为中国烟草总公司内蒙古自治区公司。2015年，内蒙古自治区局（公司）下辖呼和浩特、满洲里、呼伦贝尔、兴安、通辽、赤峰、锡林郭勒、二连浩特、乌兰察布、包头、鄂尔多斯、巴彦淖尔、乌海、阿拉善等14家地市级烟草专卖局（公司）、107家县级烟草专卖局、6家分公司、77家营销部。自治区局（公司）机关下设15个职能处室、7个专业部门和1个临时机构（2015年，专卖监督管理处与烟草专卖治安办公室合署办公）。截至2015年底，总资产120.56亿元，其中，固定资产12.39亿元、流动资产101.16亿元，资产负债率19.34%。从业人员5818人。

2015年，内蒙古自治区局（公司）被内蒙古自治区政府授予“依法行政实绩突出单位”称号。

【领导成员】

局长、总经理、党组书记：王志毅

副总经理、党组成员：王文忠

副局长、党组成员：赵德国

纪检组长、党组成员：董建华

巡视员：乌力吉（—2015.9，2015年7月之前任副总经理、党组成员，7月至9月任巡视员）

副巡视员：郑子林

副巡视员：于小芹（—2015.1）

辽宁省烟草专卖局（公司）

【概　况】　辽宁省烟草专卖局成立于1983年7月，辽宁省烟草公司成立于1983年5月。1984年9月2日，辽宁省政府与中国烟草总公司签署协议，决定辽宁省烟草公司自签字之日起上划中国烟草总公司，更名为中国烟草总公司辽宁省公司。2006年，完成母子公司体制改革。2015年，辽宁省局（公司）下辖沈阳、鞍山、抚顺、本溪、丹东、锦州、营口、阜新、辽阳、铁岭、朝阳、盘锦、葫芦岛等13家地市级烟草专卖局（公司）、53家营销部、9家县级烟叶分公司，15个审计派驻办公室，13个内部专卖管理监督派驻办公室，以及中国烟草辽宁进出口公司，丹东辽东烟草发展有限责任公司①。省局（公司）机关下设14个职能处室、8个专业部门，以及整顿和规范市场经济秩序领导小组办公室。截至2015年底，总资产135.95亿元，其中，固定资产11.30亿元、流动资产120.50亿元，资产负债率8.8%。从业人员8618人。

【领导成员】

局长、总经理、党组书记：孙世夫（—2015.5）②

局长、总经理、党组书记：王志富（2015.5—）

副总经理、党组成员：刘　宁（—2015.6）

副总经理、党组成员：陈　彤

副总经理、党组成员：蒋全波（2015.3—）

副局长、党组成员：刘　涛（2015.5—）

纪检组长、党组成员：张宝月（2015.12—）

党组成员：李德贤

巡视员：韩永斌（2015.3—，之前任纪检组长，党组成员）

副巡视员：朱炳文

吉林省烟草专卖局（公司）

【概　况】　吉林省烟草专卖局、吉林省烟草公司成立于1983年7月。1984年9月，吉林省政府与中国烟草总公司签署协议，决定吉林省烟草公司自签字之日起上划中国烟草总公司，更名为中国烟草总公司吉林省公司。2015年，吉林省局（公司）下辖长春、吉林、四平、辽源、通化、白城、白山、松原、延边等9家地市级烟草专卖局（公司）。省局（公司）机关下设14个职能处室、9个专业部门，以及金叶烟草有限责任公司、顺达房地产开发有限公司、金叶嘉园物业服务有限责任公司等3家直属公司。截至2015年底，总资产91.75亿元，其中，固定资产22.63亿元、流动资产65.63亿元，资产负债率22.35%。从业人员5760人。

【领导成员】③

局长、总经理、党组书记：宋亚强（—2015.12）

局长、总经理、党组书记：杨　俊（2015.12—）

副总经理、党组成员：何　成

副局长、党组成员：聂树忠

纪检组长、党组成员：关宏梅

副总经理、党组成员：牛　千

副总经理、党组成员：吴家伟（2015.12—）

副巡视员：杨永贤

副巡视员：范忠顺（2015.11—）

---

① 丹东辽东烟草发展有限责任公司详见《烟草工业》栏目“烟叶加工”分目。

② 2015年6月，国家局党组下发《中共国家烟草专卖局党组关于王志富、孙世夫等同志职务任免的通知》（国烟党〔2015〕125号），王志富任辽宁省烟草专卖局局长、中国烟草总公司辽宁省公司总经理、中共辽宁省烟草专卖局（公司）党组书记。王志富、孙世夫任免时间自2015年5月党组决定之日起计算。

③ 2016年1月，国家局党组下发《中共国家烟草专卖局党组关于杨俊、宋亚强同志职务任免的通知》（国烟党〔2016〕16号），杨俊任吉林省烟草专卖局局长、中国烟草总公司吉林省公司总经理、中共吉林省烟草专卖局（公司）党组书记。杨俊、宋亚强任免时间自2015年12月党组决定之日起计算。2014年11月，国家局党组下发国烟党〔2014〕182号文件，免去徐智吉林省局（公司）巡视员职务，办理退休手续。

黑龙江省烟草专卖局（公司）

【概　况】　黑龙江省烟草专卖局成立于1983年4月，黑龙江省烟草公司成立于1982年7月。1984年4月，黑龙江省政府与中国烟草总公司签署协议，决定自1984年1月1日起，黑龙江省烟草公司上划中国烟草总公司，更名为中国烟草总公司黑龙江省公司。2015年，黑龙江省局（公司）下辖哈尔滨、齐齐哈尔、大庆、牡丹江、佳木斯、绥化、鸡西、双鸭山、伊春、七台河、鹤岗、黑河、大兴安岭、绥芬河等14家地市级烟草专卖局（公司）、93家县级烟草专卖局、90家县级营销部，以及哈尔滨烟叶公司、牡丹江烟叶公司、中国烟草黑龙江进出口有限责任公司、黑龙江烟叶复烤有限公司①和黑龙江烟草投资管理有限公司②。省局（公司）机关下设15个职能处室、11个专业部门。截至2015年底，总资产150.02亿元，其中，固定资产12.06亿元、流动资产121.65亿元，资产负债率23.47%。从业人员1.05万人。

【领导成员】

局长、总经理、党组书记：迟焕发（—2015.5）③

局长、总经理、党组书记：刘根甫（2015.5—）

党组成员：王殿贵（—2015.5）

副总经理、党组成员：李　健

纪检组长、党组成员：李捍红

党组成员：马保军（2015.4—）

上海市烟草专卖局、上海烟草集团有限责任公司

【概　况】　上海市烟草专卖局成立于1984年2月。上海烟草集团有限责任公司（简称集团公司）的前身是上海烟草（集团）公司，于1993年11月由原上海市烟草公司及所属企业改制而成；2011年1月，根据《国家烟草专卖局 中国烟草总公司关于上海烟草（集团）公司更名改制和完善公司法人治理结构的批复》（国烟法〔2010〕405号），正式更名为上海烟草集团有限责任公司。2015年，上海市烟草专卖局、上海烟草集团有限责任公司下辖黄浦分局和黄浦烟草糖酒有限公司一公司、二公司，虹口、静安、徐汇、杨浦、闸北、普陀、长宁、闵行、宝山、浦东新区、松江、青浦、嘉定、奉贤、金山、崇明等区（县）烟草专卖局（有限公司）④，驻上海铁路专卖局（有限公司），上海烟草贸易中心有限公司、中国烟草上海进出口有限责任公司、上海卷烟厂、北京卷烟厂、天津卷烟厂、上海高扬国际烟草有限公司、上海烟草储运公司、上海海烟物流发展有限公司、上海烟草集团太仓海烟烟草薄片有限公司⑤、上海烟草集团苏州中华园大饭店有限公司、上海王宝和大酒店有限公司，并控股上海烟草包装印刷有限公司，上海白玉兰烟草材料有限公司、上海牡丹香精香料有限公司等多家企业。市局、集团公司机关下设30个处室（部门）。受国家局、总公司委托管理中国烟草博物馆。截至2015年底，集团公司总资产1217.44亿元，其中，固定资产78.58亿元、流动资产918.09亿元，资产负债率11.7%。从业人员3966人。

【领导机构】

董事会

董事长：施　超

副董事长：吴建明

董　事：黄翠萍、张弘毅、吴菊民（—2015.9）、董秀明（—2015.9）、周永森（2015.9—）、姜立功（2015.9—）、刘晓晴（职工董事）（—2015.9）、胡勤伟（职工董事）（2015.9—）

---

① 黑龙江烟叶复烤有限公司详见《烟草工业》栏目“烟叶加工”分目。

② 黑龙江烟草投资管理有限公司详见《行业概览》栏目“多元化经营”。

③ 2015年6月，国家局党组下发《中共国家烟草专卖局党组关于刘根甫、迟焕发同志职务任免的通知》（国烟党〔2015〕124号），刘根甫任黑龙江省烟草专卖局局长、中国烟草总公司黑龙江省公司总经理、中共黑龙江省烟草专卖局（公司）党组书记。刘根甫、迟焕发任免时间自2015年5月党组决定之日起计算。

④ 根据《国家烟草专卖局关于上海市烟草专卖局所属部分机构更名的批复》（国烟人〔2015〕252号），自2015年9月15日起，上海市烟草专卖局黄浦、虹口、静安、徐汇、杨浦、闸北、普陀、长宁、闵行、宝山、松江、青浦、嘉定、奉贤、金山分局分别更名为上海市黄浦、虹口、静安、徐汇、杨浦、闸北、普陀、长宁、闵行、宝山、松江、青浦、嘉定、奉贤、金山区烟草专卖局，上海市烟草专卖局崇明分局更名为崇明县烟草专卖局。

⑤ 上海烟草集团太仓海烟烟草薄片有限公司详见《烟草工业》栏目“烟叶加工”分目。

监　事：解建伟

班子成员

局长、总经理、党组书记：施　超

副局长、党组副书记：杨桂选（2015.9—）

副总经理、党组成员：周永森

副总经理、党组成员：郜　强（—2015.6）

纪检组长、党组成员、工会主席：解建伟

党组成员：曲志刚

党组成员：李钢成

副总经理、党组成员：姜立功

中国烟草博物馆常务副馆长、副总经理、党组成员：唐　煦

党组成员：陆　捷

党组成员：朱洪武（2015.11—）

总会计师：陈宣民（2015.11—）

巡视员：吴菊民

副巡视员：孙　平

副巡视员：杨伟康（—2015.12）

江苏省烟草专卖局（公司）

【概　况】　江苏省烟草专卖局成立于1983年7月，江苏省烟草公司成立于1982年11月。1984年11月26日，江苏省政府与中国烟草总公司签订协议，决定自协议签署之日起，江苏省烟草公司上划中国烟草总公司，更名为中国烟草总公司江苏省公司。2015年，江苏省局（公司）下辖南京、苏州、无锡、常州、镇江、南通、扬州、泰州、盐城、淮安、宿迁、徐州、连云港等13家地市级烟草专卖局（公司）、68家县级烟草专卖局（分公司）和江苏金丝利集团公司。省局（公司）机关下设18个处室（部门）。截至2015年底，总资产664亿元，其中，固定资产31亿元、流动资产519亿元，资产负债率4.59%。从业人员1.13万人。

【领导成员】

局长、总经理、党组书记：董秀明

巡视员、副总经理、党组成员：杨兴泉

副总经理、党组成员：刘加荣

纪检组长、党组成员：朱亚涛

副局长、党组成员：刘培峰（2015.11—）

副巡视员：潘立慧

副巡视员：秦立华

总会计师：余慧强

浙江省烟草专卖局（公司）

【概　况】　浙江省烟草专卖局、浙江省烟草公司成立于1984年3月。1984年12月30日，浙江省计划经济委员会与中国烟草总公司签署协议，决定浙江省烟草公司自1985年1月1日起上划中国烟草总公司，更名为中国烟草总公司浙江省公司。2003年7月，浙江烟草完成工商分设。2008年底，完成母子公司体制改革。2015年，浙江省局（公司）下辖杭州、宁波、温州、嘉兴、湖州、绍兴、金华、衢州、丽水、台州、舟山等11家地市级烟草专卖局（公司）、64家县级烟草专卖局（分公司）［2015年6月，富阳市烟草专卖局更名为杭州市富阳区烟草专卖局（国烟人〔2015〕168号）］，以及浙江烟草投资管理有限责任公司①、浙江烟草进出口有限公司（烟叶生产经营管理办公室）。省局（公司）机关下设13个职能处室、6个专业部门。截至2015年底，总资产661.79亿元，其中，固定资产32.39亿元、流动资产532.13亿元，资产负债率12.33%。从业人员1.05万人。

【领导成员】

局长、总经理、党组书记：邱　萍

副局长、党组成员：于政雄

纪检组长、党组成员：王德源

副总经理、党组成员：李定晓

副总经理、党组成员：包诚善（2015.1—）

副巡视员：孙佳华

安徽省烟草专卖局（公司）

【概　况】　安徽省烟草专卖局成立于1984年5月，安徽省烟草公司成立于1980年10月。1983年10月，安徽省政府与中国烟草总公司签署协议，安徽省烟草公司上划中国烟草总公司，更名为中国烟草总公司安徽省公司。

① 浙江烟草投资管理有限责任公司详见《行业概览》栏目“多元化经营”。

2006年，省公司完成母子公司体制改革。2015年，安徽省局（公司）下辖合肥、淮北、亳州、宿州、蚌埠、阜阳、淮南、滁州、六安、马鞍山、芜湖、宣城、铜陵、池州、安庆、黄山等16家地市级烟草专卖局（公司）、89家县级烟草专卖局、85家县级卷烟营销部，以及华环国际烟草有限公司①和安徽皖南烟叶有限责任公司。省局（公司）机关下设15个职能处室、4个专业部门和1个非常设机构。截至2015年底，总资产299.59亿元，其中，固定资产35.6亿元、流动资产243.37亿元，资产负债率15.24%。从业人员1.13万人。

【领导成员】

局长、总经理、党组书记：问　武

巡视员兼副总经理、党组成员：卓俭华

纪检组长、党组成员：鹿　军（—2015.3）

副总经理、党组成员：董建江

副局长、党组成员：张靖江

纪检组长、党组成员：李柏林（2015.12—）

总会计师：贾零霓

副巡视员：陈爱群

副巡视员：时玉玲

福建省烟草专卖局（公司）

【概　况】　福建省烟草专卖局、福建省烟草公司成立于1984年1月1日。1984年12月31日，福建省政府与中国烟草总公司签订协议，决定自协议签署之日起，福建省烟草公司上划中国烟草总公司，更名为中国烟草总公司福建省公司。2006年，完成母子公司体制改革。2015年，福建省局（公司）下辖福州、厦门、宁德、莆田、泉州、漳州、龙岩、三明、南平等9家地市级烟草专卖局（公司）、76家县级烟草专卖局（分公司）［2015年5月，撤销永定县烟草专卖局（分公司），设立永定区烟草专卖局（分公司）；7月，撤销建阳市烟草专卖局（分公司），设立建阳区烟草专卖局（分公司）］，福建省三明金叶复烤有限公司②、福建武夷烟叶有限公司③，以及福建烟草海晟投资管理有限公司④和中国烟草福建进出口有限责任公司。省局（公司）机关下设15个职能处室、8个专业部门。截至2015年底，总资产427亿元，其中，固定资产36.3亿元、流动资产281亿元，资产负债率11.3%。从业人员1.44万人，实行全员聘用制。

2015年，福建省局（公司）被福建省委、省政府授予“福建省创建文明行业工作先进行业”称号。

【领导成员】

局长、总经理、党组书记：张永军⑤

副总经理、党组成员：揭柏林（巡视员待遇）（—2015.11）

副局长、党组成员：黄星光（2015.11—，之前任纪检组长、党组成员）

副总经理、党组成员：林则森

副总经理、党组成员：孔祥统（2015.9—）

副总经理、党组成员：尤清河（2015.9—）

纪检组长、党组成员：纪任德（2015.9—）

江西省烟草专卖局（公司）

【概　况】　江西省烟草专卖局、江西省烟草公司成立于1984年1月。1984年12月，江西省政府与中国烟草总公司签署协议，决定江西省烟草公司自签字之日起上划中国烟草总公司。2004年，实行工商管理体制分设。2006年，完成母子公司体制改革。2015年，江西省局（公司）下辖南昌、九江、上饶、抚州、宜春、吉安、赣州、景德镇、萍乡、新余、鹰潭等11家地市级烟草专卖局（公司），以及驻南昌铁路烟草专卖局、中国烟草井冈山传统教育基地、江西省锦峰投资管理有限责任公司⑥、江西赣

---

① 华环国际烟草有限公司详见《烟草工业》栏目“烟叶加工”分目。

② 福建省三明金叶复烤有限公司详见《烟草工业》栏目“烟叶加工”分目。

③ 福建武夷烟叶有限公司详见《烟草工业》栏目“烟叶加工”分目。

④ 福建烟草海晟投资管理有限公司详见《行业概览》栏目“多元化经营”。

⑤ 2015年1月，国家局党组下发《中共国家烟草专卖局党组关于张永军、卢金来同志职务任免的通知》（国烟党〔2015〕1号），张永军任福建省烟草专卖局局长、中国烟草总公司福建省公司总经理、中共福建省烟草专卖局（公司）党组书记。张永军、卢金来任免时间自2014年12月8日党组决定之日起计算。

⑥ 江西省锦峰投资管理有限责任公司详见《行业概览》栏目“多元化经营”。

南烟叶复烤有限责任公司①。省局（公司）机关下设26个处室（部门）。截至2015年底，总资产196.3亿元，其中，固定资产45.3亿元、流动资产149.5亿元，资产负债率15.63%。从业人员1.05万人，实行全员聘用制。

【领导成员】

局长、总经理、党组书记：魏　平

副总经理、党组成员：顾厚武

副总经理、党组成员：徐素珍

副局长、党组成员：胡义强

纪检组长、党组成员：章建华

副总经理、党组成员：李　民

总会计师：陈建辉

副巡视员：熊也农

山东省烟草专卖局（公司）

【概　况】　山东省烟草专卖局成立于1983年10月，山东省烟草公司成立于1982年4月。1985年12月，山东省烟草公司正式上划中国烟草总公司，更名为中国烟草总公司山东省公司。2015年，山东省局（公司）下辖济南、青岛、淄博、枣庄、东营、烟台、潍坊、济宁、泰安、威海、日照、莱芜、临沂、德州、聊城、滨州、菏泽等17家地市级烟草专卖局（有限公司）、137家县级烟草专卖局（分公司、营销部），以及《东方烟草报》社有限公司、中国烟草山东进出口有限责任公司、中国烟草总公司青州中等专业学校、山东烟草投资管理有限公司②（2015年9月，注销山东烟草汽车租赁公司，将其股权转让至山东烟草投资管理有限公司）、山东烟叶复烤有限公司③、山东烟草研究院④、山东泰山壹伍叁贰物联供应链有限公司，17家专卖内管派驻机构，17家审计派驻办。省局（公司）机关下设29个处室（部门）。截至2015年底，总资产376.77亿元，其中，固定资产58.92亿元、流动资产255.18亿元，资产负债率22.45%。从业人员2.26万人。

【领导成员】

局长、总经理、党组书记：吴洪田⑤

副总经理、党组成员：王永平（—2015.1）

副总经理、党组成员：王卫平

副总经理、党组成员：宋新忠

纪检组长、党组成员：许　萍（2015.12—）

巡视员：刘云生（—2015.10，2015年7月之前任副总经理、党组成员）

巡视员：张克强（2015.12—，2015年2月之前任纪检组长、党组成员，2月至12月任副总经理、党组成员）

副巡视员：邓志坚

副巡视员：韩春曦（—2015.7）

河南省烟草专卖局（公司）

【概　况】　河南省烟草专卖局成立于1983年7月，河南省烟草公司成立于1982年11月。1984年8月，河南省政府和中国烟草总公司签订协议，决定河南省烟草公司及所辖工商企业全部上划中国烟草总公司，更名为中国烟草总公司河南省公司。2006年，取消县级烟草公司法人资格，完成母子公司体制改革。2015年，河南省局（公司）下辖郑州、开封、洛阳、平顶山、安阳、鹤壁、新乡、焦作、濮阳、许昌、漯河、三门峡、南阳、商丘、信阳、周口、驻马店、济源等18家地市级烟草专卖局（公司）、134家县级烟草专卖局（分公司），以及天昌国际烟草有限公司⑥、河南烟草投资管理有限公司⑦、中国烟草河南进出口有限责任公司和河南省烟草职工培训中心。省局（公司）机关下设16个职能处室、

---

① 江西赣南烟叶复烤有限责任公司详见《烟草工业》栏目“烟叶加工”分目。

② 山东烟草投资管理有限公司详见《行业概览》栏目“多元化经营”。

③ 山东烟叶复烤有限公司详见《烟草工业》栏目“烟叶加工”分目。

④ 山东烟草研究院详见《科研和教育培训》栏目“科研院所”分目。

⑤ 2015年1月，国家局下发《国家烟草专卖局关于吴洪田、孙公准同志职务任免的通知》（国烟人〔2015〕33号），吴洪田任山东省烟草专卖局局长、中国烟草总公司山东省公司总经理。吴洪田、孙公准任免时间自2014年12月8日党组决定之日起计算。

⑥ 天昌国际烟草有限公司详见《烟草工业》栏目“烟叶加工”分目。

⑦ 河南烟草投资管理有限公司详见《行业概览》栏目“多元化经营”。

11个专业部门（2015年，新增河南省烟草科学研究所①）、1个常设临时性机构。截至2015年底，总资产331.75亿元，其中，固定资产39.71亿元、流动资产277.31亿元，资产负债率21.57%。从业人员2.51万人，其中聘用员工5897人。

【领导成员】

局长、总经理、党组书记：李孟顺

副总经理、党组成员：王志富（—2015.6）

纪检组长、党组成员：程春节

副局长、党组成员：卢俊良

副总经理、党组成员：赵建州（2015.7—）

副总经理、党组成员：王泽宗（2015.11—）

巡视员：李俊成（—2015.2）

巡视员：徐德全（—2015.4）

副巡视员：杨宇熙（—2015.3）

副巡视员：付晖华（2015.7—）

湖北省烟草专卖局（公司）

【概　况】 湖北省烟草专卖局成立于1984年3月，湖北省烟草公司成立于1983年8月。1984年11月12日，湖北省政府与中国烟草总公司签署协议，决定湖北省烟草公司自协议书签订之日起上划中国烟草总公司，更名为中国烟草总公司湖北省公司。2006年，完成母子公司体制改革。2015年，湖北省局（公司）下辖武汉、黄冈、襄阳、荆州、十堰、孝感、恩施、宜昌、咸宁、随州、黄石、荆门、鄂州等13家地市级烟草专卖局（公司），仙桃、天门、潜江等3家直管市烟草专卖局（公司）和神农架林区烟草专卖局（公司），以及湖北烟草金叶复烤有限责任公司②、中国烟草湖北进出口有限责任公司和湖北烟草投资管理有限责任公司③。省局（公司）机关下设16个职能处室（2015年4月，单独设立中共湖北省烟草专卖局直属机关党委，不再与思想政治工作处合署办公）、5个专业部门，以及湖北省烟草学会、整顿办和巡视办[2015年3月，单独设立中共湖北省烟草专卖局（公司）党组巡视工作办公室（简称巡视办）；4月，撤销基建办公室]。截至2015年底，总资产258.03亿元，其中，固定资产35.78亿元、流动资产201.14亿元，资产负债率17.86%。从业人员1.42万人，其中聘用员工3556人。

【领导成员】

局长、总经理、党组书记：赵全意

副总经理、党组成员：杨　树

副局长、党组成员：徐述舟

副总经理、党组成员：夏汉林（2015.12—，之前任纪检组长、党组成员）

副总经理、党组成员：黄树立

副总经理、党组成员：梁　斌（2015.12—）

巡视员：刘裕堂（2015.6—，之前任副总经理、党组成员）

总会计师：周玉平

副巡视员：钟存高（—2015.5）

副巡视员：杜建平（—2015.5）

副巡视员：曾照强（2015.6—12）

湖南省烟草专卖局（公司）

【概　况】 湖南省烟草专卖局成立于1983年10月，湖南省烟草公司成立于1983年7月。1985年1月，湖南省烟草公司正式上划中国烟草总公司，更名为中国烟草总公司湖南省公司。2015年，湖南省局（公司）下辖长沙、株洲、湘潭、衡阳、邵阳、岳阳、常德、张家界、益阳、郴州、永州、怀化、娄底、湘西等14家地市级烟草专卖局（公司）、90家县级烟草专卖局（分公司），以及湖南烟叶复烤有限公司④和湖南省烟草职工培训中心（湘潭烟草中专学校）。省局（公司）机关下设19个职能处室（2015年8月，成立湖南省烟草科学研究所；12月，成立中国烟草总公司湖南省公司工会）、4个专业部门和1个专业公司。截至2015年底，总资产375.67亿元，其中，固

---

① 河南省烟草科学研究所详见《科研和教育培训》栏目“科研院所”分目。

② 湖北烟草金叶复烤有限责任公司详见《烟草工业》栏目“烟叶加工”分目。

③ 湖北烟草投资管理有限责任公司详见《行业概览》栏目“多元化经营”。

④ 湖南烟叶复烤有限公司详见《烟草工业》栏目“烟叶加工”分目。

定资产 52.17 亿元、流动资产 268.3 亿元，资产负债率 14.71%。从业人员 2.27 万人。

【领导成员】

局长、总经理、党组书记：樊剑峰

副总经理、党组成员：程晓邵

副总经理、党组成员：李民灯

副总经理、党组成员：徐文军

巡视员：张志刚（2015.5—，之前任巡视员兼副局长、党组成员）

巡视员：罗高社（2015.9—，之前任纪检组长、党组成员）

副巡视员：郑则豪（2015.10—）

副巡视员：柏承知

广东省烟草专卖局（公司）

【概　况】　广东省烟草专卖局、广东省烟草公司成立于1983年。1985年11月20日，广东省政府和中国烟草总公司签署协议，决定广东省烟草公司自协议签订之日起上划中国烟草总公司，更名为中国烟草总公司广东省公司。2015年，广东省局（公司）下辖广州、中山、珠海、东莞、佛山、肇庆、江门、惠州、茂名、阳江、云浮、湛江、汕头、潮州、汕尾、揭阳、韶关、梅州、河源、清远等20家地市级烟草专卖局（公司），广东梅州烟叶复烤有限责任公司①、广东韶关烟叶复烤有限责任公司②。省局（公司）机关设15个职能处室、9个专业部门，以及2个专业公司、1个临时机构（2015年8月，撤销珠江城基建办公室）。截至2015年底，总资产421.19亿元，其中，固定资产20.47亿元、流动资产357.95亿元，资产负债率8.44%。从业人员1.46万人。

【领导成员】

局长、总经理、党组书记：郑　伟（2015.1—）

局长、总经理、党组书记：户春河（—2015.1）

副局长、党组成员：刘依平（—2015.1）

纪检组长、党组成员：周伟兵

副总经理、党组成员：何传国（—2015.10）

副总经理、党组成员：张　力

巡视员：陈焕平（—2015.10，2015年7月之前任副总经理、党组成员，7月至10月任巡视员）

副巡视员：黄　方

副巡视员：傅　斌

副巡视员：董志刚

广西壮族自治区烟草专卖局（公司）

【概　况】　广西壮族自治区烟草专卖局成立于1984年1月，广西壮族自治区烟草公司成立于1983年5月。1984年12月1日，广西区政府与中国烟草总公司签署协议，决定自1985年1月1日起，广西壮族自治区烟草公司上划中国烟草总公司，更名为中国烟草总公司广西壮族自治区公司。2015年，广西壮族自治区局（公司）下辖南宁、柳州、桂林、梧州、北海、防城港、钦州、贵港、玉林、百色、贺州、河池、来宾、崇左等14家地市级烟草专卖局（公司）、94家县级烟草专卖局（营销部）和伊灵烟叶复烤有限责任公司③。自治区局（公司）机关下设23个处室（部门）。截至2015年底，总资产128.22亿元，其中，固定资产20.27亿元、流动资产97.12亿元，资产负债率17.25%。从业人员8264人。

【领导成员】

局长、总经理、党组书记：赵同军

副总经理、党组成员：席亮文

副局长、党组成员：叶青峰

副总经理、党组成员：霍文义

纪检组长、党组成员：赵江波

副总经理、党组成员：陈可忠（2015.7—）

巡视员：张克勤

副巡视员：何文丹（—2015.8）

副巡视员：覃敏良

---

① 广东梅州烟叶复烤有限公司详见《烟草工业》栏目“烟叶加工”分目。

② 广东韶关烟叶复烤有限公司详见《烟草工业》栏目“烟叶加工”分目。

③ 伊灵烟叶复烤有限责任公司详见《烟草工业》栏目“烟叶加工”分目。

海南省烟草专卖局（公司）

【概　况】 海南省烟草专卖局、中国烟草总公司海南省公司成立于1988年6月。2015年，海南省局（公司）下辖海口、三亚、琼海、儋州等4家地市级烟草专卖局（公司），14家县级烟草专卖局（营销部），持有海南金沙岛卷烟销售有限责任公司30%的股份。省局（公司）机关下设13个职能处室、8个专业部门。截至2015年底，总资产53.26亿元，其中，固定资产3.79亿元、流动资产46.49亿元，资产负债率10.02%。从业人员1276人，实行全员聘用制。

【领导成员】

局长、总经理、党组书记：金忠理

副局长、党组成员：林先德（正厅级）（2015.10—）

副局长、党组成员：闫玉岗

纪检组长、党组成员：梁开朝（2015.11—）

总会计师：徐丽芬

重庆市烟草专卖局（公司）

【概　况】 重庆市烟草专卖局、重庆市烟草公司成立于1983年。1984年7月14日，重庆市政府与中国烟草总公司签署协议，决定自1985年1月1日起，重庆市烟草公司上划中国烟草总公司，更名为中国烟草总公司重庆市公司。2015年，重庆市局（公司）下辖万州、涪陵、黔江、渝中、大渡口、江北、沙坪坝、九龙坡、南岸、北碚、万盛经济技术开发区、渝北、巴南、长寿、江津、合川、永川、南川、綦江、大足、璧山、铜梁、潼南、荣昌、梁平、城口、丰都、垫江、武隆、忠县、开县、云阳、奉节、巫山、巫溪、石柱、秀山、酉阳、彭水等39家区（县）烟草专卖局（分公司），中国烟草总公司重庆市公司销售分公司、物流分公司、烟叶分公司等3家专业分公司，以及重庆市烟草投资管理有限公司①、重庆烟叶复烤有限公司②和重庆烟草科学研究所③。市局（公司）机关下设20个处室（部门）。截至2015年底，总资产152.15亿元，其中，固定资产13.01亿元、流动资产126.48亿元，资产负债率18.32%。从业人员1.04万人。

【领导成员】④

局长、总经理、党组书记：王永平

副总经理、党组成员：李　江

副总经理、党组成员：冉幕寿

纪检组长、党组成员：智　力

巡视员：高兴华

巡视员：刘光洋（—2015.6，2015年3—6月任巡视员，3月之前任副局长、党组成员）

副巡视员：李纯林

副巡视员：刘　劲

四川省烟草专卖局（公司）

【概　况】 四川省烟草专卖局成立于1983年3月，四川省烟草公司成立于1982年10月。1984年7月9日，中国烟草总公司与四川省政府签署“关于四川省烟草公司上划交接协议书”，规定自签订之日起，全省烟草工商企业上划中国烟草总公司，更名为中国烟草总公司四川省公司。2015年，四川省局（公司）下辖成都、自贡、攀枝花、泸州、德阳、绵阳、广元、遂宁、内江、乐山、南充、宜宾、广安、达州、巴中、雅安、眉山、资阳、凉山、阿坝、甘孜、都江堰等22家地市级烟草专卖局（公司），以及中国烟草四川进出口有限责任公司、四川烟叶

---

① 重庆市烟草投资管理有限公司详见《行业概览》栏目“多元化经营”。

② 重庆烟叶复烤有限公司详见《烟草工业》栏目“烟叶加工”分目。

③ 重庆烟草科学研究所详见《科研和教育培训》栏目“科研院所”分目。

④ 2015年1月，国家局党组下发《中共国家烟草专卖局党组关于王永平、李恩华同志职务任免的通知》（国烟党〔2015〕11号），王永平任重庆市烟草专卖局局长、中国烟草总公司重庆市公司总经理、中共重庆市烟草专卖局（公司）党组书记。王永平、李恩华任免时间自2014年12月党组决定之日起计算。2014年9月，国家局党组下发国烟党〔2014〕151号文件，免去刘建利重庆市局（公司）副总经理、党组成员职务。2014年11月，国家局党组下发国烟党〔2014〕185号文件，高兴华任重庆市局（公司）巡视员，免去重庆市局（公司）副总经理、党组成员职务。

复烤有限责任公司①。省局（公司）机关下设14个职能处室、12个专业部门和2个社团。截至2015年底，总资产421.79亿元，其中，固定资产51.85亿元、流动资产353.83亿元，资产负债率13.47%。从业人员1.42万人。

【领导成员】

局长、总经理、党组书记：胡存忠（—2015.1）
局长、总经理、党组书记：李恩华（2015.1—）
副总经理、党组成员：陈　霖
副局长、党组成员：陈　章
副总经理、党组成员：肖　瑞
总会计师、党组成员：石　磊
纪检组长、党组成员：唐　强
副总经理、党组成员：麻世强
副巡视员：商　波
副巡视员：陈东风

贵州省烟草专卖局（公司）

【概　况】　贵州省烟草专卖局成立于1983年9月，贵州省烟草公司成立于1981年11月。1985年11月13日，贵州省政府与中国烟草总公司签署协议，决定自1986年6月1日起，贵州省烟草公司上划中国烟草总公司，更名为中国烟草总公司贵州省公司。2004年1月，贵州烟草实行工商分设。2006年，取消县级公司法人资格，确立地市级公司市场经营主体地位，建立母子公司体制。2015年，贵州省局（公司）下辖贵阳、遵义、六盘水、安顺、毕节、铜仁、黔东南、黔南、黔西南等9家地市级烟草专卖局（公司）、87家县级烟草专卖局、75家县级烟草分公司，以及中国烟草贵州进出口有限责任公司、贵州烟草投资管理有限公司②、贵州烟叶复烤有限责任公司③和贵州省烟草科学研究院④。省局（公司）机关下设24个处室（部门）。截至2015年底，总资产283.54亿元，其中，固定资产48.43亿元，流动资产219.81亿元，资产负债率10.43%。从业人员1.82万人。

【领导成员】

局长、总经理、党组书记：陈卫东
副局长、副总经理、党组成员：杨　俊（正厅级）
巡视员、副总经理、党组成员：李智勇
副局长、党组成员：任　林
纪检组长、党组成员：钟　勇
副总经理、党组成员：沈　宏
副巡视员：赵建忠
副巡视员：陈　军（—2015.5）

云南省烟草专卖局（公司）

【概　况】　云南省烟草专卖局成立于1983年11月，云南省烟草公司成立于1982年4月。1985年1月，云南省政府与中国烟草总公司签署“关于云南省烟草公司上划交接协议书”，决定自1985年1月1日起，云南省烟草公司上划中国烟草总公司，更名为中国烟草总公司云南省公司。2015年，云南省局（公司）下辖昆明、玉溪、曲靖、楚雄、昭通、红河、大理、文山、保山、德宏、丽江、临沧、普洱、西双版纳、怒江、迪庆等16家地市级烟草专卖局（公司）、128家县级烟草专卖局（分公司），云南省烟草烟叶公司⑤、云南省烟草实业公司、中国烟草云南进出口有限公司、云南烟叶复烤有限责任公司⑥、云南华叶投资有限责任公司⑦、云南香料烟有限责任公司（2015年2月9日，成立云南香料烟有限责任公司）等6个直属企业和云南省烟草农业科学研究院⑧、云南省烟草质量监督检测站、云南省烟草专卖局机关服务中心等3个直属事业单位。省局（公司）机关下设15个职能处室、8个专业部门（2015年，调研督察室更名为巡视督察办公室）、

---

① 四川烟叶复烤有限责任公司详见《烟草工业》栏目“烟叶加工”分目。

② 贵州烟草投资管理有限公司详见《行业概览》栏目“多元化经营”。

③ 贵州烟叶复烤有限责任公司详见《烟草工业》栏目“烟叶加工”分目。

④ 贵州省烟草科学研究院详见《科研和教育培训》栏目“科研院所”分目。

⑤ 云南省烟草烟叶公司详见《烟草工业》栏目“烟叶加工”分目。

⑥ 云南烟叶复烤有限责任公司详见《烟草工业》栏目“烟叶加工”分目。

⑦ 云南华叶投资有限责任公司详见《行业概览》栏目“多元化经营”。

⑧ 云南省烟草农业科学研究院详见《科研和教育培训》栏目“科研院所”分目。

2个特设部门。截至2015年底，总资产983.68亿元，其中，固定资产71.53亿元、流动资产772.68亿元，资产负债率16.9%。从业人员1.8万人。

【领导成员】

局长、总经理、党组书记：余云东

副总经理、党组成员：高体仁

副局长、党组成员：赵　全

副总经理、党组成员：邵　岩

纪检组长、党组成员：许力为

副总经理、党组成员：邓小刚

总农艺师：杨荣生①

巡视员：郑天一

副巡视员：段应泽

副巡视员：包　毅

副巡视员：付昆生

副巡视员：杨世田

西藏自治区烟草专卖局（公司）

【概　况】　西藏自治区烟草专卖局、西藏自治区烟草公司成立于1998年1月，实行合署办公。2001年1月，西藏自治区烟草公司正式上划中国烟草总公司，更名为中国烟草总公司西藏自治区公司。2015年，西藏自治区局（公司）下辖拉萨、山南、日喀则、林芝、昌都、那曲、阿里等7家地市级烟草专卖局（公司）②，其中，那曲地区烟草专卖局（公司）体制尚未上划。自治区局（公司）机关下设12个职能处室、5个专业部门以及2个临时驻外机构（2015年，撤销上海办事处）。截至2015年底，总资产23.8亿元，其中，固定资产3.34亿元、流动资产18.71亿元，资产负债率25.38%。从业人员963人。

【领导成员】

局长、总经理、党委书记：杨桂选（—2015.8）③

局长、总经理、党委书记：宋　俊（2015.8—，2015年1—8月任副局长、副总经理、党委副书记）

副局长、纪委书记、党委委员：旺　啦

副总经理、党委委员：乔建民

副总经理、党委委员：洛　桑

副局长、党委委员：白向群（2015.10—）

副巡视员：王永长

陕西省烟草专卖局（公司）

【概　况】　陕西省烟草专卖局成立于1984年9月，陕西省烟草公司成立于1984年7月，实行合署办公。1985年4月3日，陕西省政府与中国烟草总公司签署协议，决定自1985年1月1日起，陕西省烟草公司上划中国烟草总公司，更名为中国烟草总公司陕西省公司。2007年实施母子公司体制改革。2015年，陕西省局（公司）下辖西安、咸阳、宝鸡、渭南、铜川、商洛、汉中、安康、延安、榆林、杨凌示范区等11家地市级烟草专卖局（公司）、106家县级烟草专卖局（分公司），以及陕西烟草进出口有限责任公司、陕西烟草投资管理有限公司④和西安铁路烟草专卖分局。省局（公司）机关下设15个职能处室、7个专业部门、2个临时机构及驻北京办事处。截至2015年底，总资产150.22亿元，其中，固定资产20.82亿元、流动资产102.43亿元，资产负债率19.32%。从业人员1万人，实行全员聘用制。

【领导成员】

局长、总经理、党组书记：张天峰

副局长、党组成员：吉应城

副总经理、党组成员：梁培荣

副总经理、党组成员：姚宗东

---

① 2014年9月，国家局党组下发国烟党〔2014〕162号文件，杨荣生任云南省局（公司）总农艺师。

② 根据《国家烟草专卖局　中国烟草总公司关于调整西藏自治区烟草专卖局（公司）所属部分机构的批复》（国烟人〔2015〕56号），撤销日喀则地区烟草专卖局（公司）、昌都地区烟草专卖局（公司）。设立日喀则市烟草专卖局、西藏自治区烟草公司日喀则市公司，以及昌都市烟草专卖局、西藏自治区烟草公司昌都市公司。

③ 2015年9月，国家局党组下发《中共国家烟草专卖局党组关于宋俊和杨桂选同志职务任免的通知》（国烟党〔2015〕188号），宋俊任西藏自治区烟草专卖局局长、中国烟草总公司西藏自治区公司总经理、中共西藏自治区烟草专卖局（公司）党委书记。宋俊、杨桂选任免时间自2015年8月党组决定之日起计算。

④ 陕西烟草投资管理有限公司详见《行业概览》栏目“多元化经营”。

纪检组长、党组成员：赵启斌（2015.3—）

副巡视员：胡金宝（—2015.5）

甘肃省烟草专卖局（公司）

【概　况】 甘肃省烟草专卖局、甘肃省烟草公司成立于1984年9月，实行合署办公。1985年5月15日，甘肃省经济委员会与中国烟草总公司签署协议，决定从协议签定之日起甘肃省烟草公司上划中国烟草总公司，更名为中国烟草总公司甘肃省公司。2006年，完成母子公司体制改革。2015年，甘肃省局（公司）下辖兰州、天水、定西、酒泉、武威、张掖、庆阳、平凉、陇南、白银、金昌、嘉峪关、临夏、甘南等14家地市级烟草专卖局（公司）、82家县级烟草专卖局（营销部）［2015年，成立甘南州合作市局（营销部）］和1家县级烟草专卖局（公司），以及驻北京办事处、驻兰州铁路烟草专卖局2家派驻机构。省局（公司）机关下设15个职能处室、5个专业部门和1个临时机构，以及甘肃省烟草学会秘书处、审计派驻办和内管派驻办。截至2015年底，总资产75.25亿元，其中，固定资产6.59亿元、流动资产53.39亿元，资产负债率5.51%。从业人员4579人，实行全员聘用制。

【领导成员】

局长、总经理、党组书记：武卫东

副总经理、党组成员：张　威

副总经理、党组成员：杨　洪

副局长、党组成员：藺志宏

党组成员：刘　震

党组成员：田　成

副总经理、党组成员：何绍青（2015.11—）

副巡视员：杨　卫

副巡视员：王永毅（2015.11—）

青海省烟草专卖局（公司）

【概　况】 青海省烟草专卖局、青海省烟草公司成立于1984年。1986年1月27日，青海省政府与中国烟草总公司签署协议，决定自1986年1月1日起，青海省烟草公司上划中国烟草总公司，更名为中国烟草总公司青海省公司。2007年，完成母子公司体制改革。2015年，青海省局（公司）下辖西宁、海东、海西、格尔木、海北、海南、黄南、玉树、果洛等9家地市级烟草专卖局（公司）、35家县级烟草专卖局和33家县级营销部。省局（公司）机关下设12个职能处室、1个常设机构和4个专业部门（2015年，撤销物流管理处，成立物流中心）。截至2015年底，总资产33.54亿元，其中，固定资产2.11亿元、流动资产31.09亿元，资产负债率20%。从业人员1305人。

【领导成员】

局长、总经理、党组书记：林先德（—2015.10）

副局长、副总经理、党组副书记：李德义（主持工作）（2015.10—）

副局长、党组成员：张超凡

副总经理、党组成员：秦　刚

巡视员：侯国昆

副巡视员：刘海宁

宁夏回族自治区烟草专卖局（公司）

【概　况】 宁夏回族自治区烟草专卖局、宁夏回族自治区烟草公司经宁夏回族自治区人民政府批准于1983年10月成立，1984年4月挂牌。1986年1月上划中国烟草总公司，更名为中国烟草总公司宁夏回族自治区公司。2015年，宁夏回族自治区局（公司）下辖银川、石嘴山、吴忠、固原、中卫等5家地市级烟草专卖局（公司）、15家县级烟草专卖局（分公司）以及宁夏润维商贸有限责任公司。自治区局（公司）机关下设12个职能处室（2015年12月，撤销物流管理处，成立中国烟草总公司宁夏回族自治区公司物流中心）、3个专业部门。截至2015年底，总资产27.23亿元，其中，固定资产1.34亿元、流动资产22.86亿元，资产负债率8.18%。从业人员1300人，实行全员聘用制。

【领导成员】

局长、总经理、党组书记：师增建（—2015.12）

局长、总经理、党组书记：姜　凯[①]（2015.12—）

副局长、党组成员：李光荣

副总经理、党组成员：罗增平

纪检组长、党组成员：李文辉

副总经理、党组成员：虎治富（2015.6—）

副巡视员：姜　涛

副巡视员：荆　仲

副巡视员：张树山

副巡视员：郑学义

副巡视员：张　力

副巡视员：陈跃敏

新疆维吾尔自治区烟草专卖局（公司）

【概　况】　新疆维吾尔自治区烟草专卖局、新疆维吾尔自治区烟草公司成立于1986年1月1日，同年，新疆维吾尔自治区烟草公司上划中国烟草总公司，更名为中国烟草总公司新疆维吾尔自治区公司。2011年，自治区局将各地、州、市烟草专卖局所属县级烟草专卖行政主管部门名称统一为“某某地、州、市某某县（市、区）烟草专卖局”，原县级卷烟经营机构主要任务是市场服务，不再具体从事卷烟的批发与零售及其他经营活动。2015年，新疆维吾尔自治区局（公司）下辖乌鲁木齐、昌吉、博尔塔拉、伊犁、克拉玛依、塔城、阿勒泰、吐鲁番、哈密、巴音郭楞、阿克苏、喀什、和田等13家地（州、市）烟草专卖局（公司）［2015年，自治区局（公司）下发新疆烟人〔2015〕12号文件，吐鲁番地区烟草专卖局（公司）更名为吐鲁番市烟草专卖局（公司）］，新疆维吾尔自治区烟草专卖局石河子市局、克孜勒苏柯尔克孜自治州烟草专卖局2家地（州、市）烟草专卖局[②]及新疆烟草进出口有限责任公司，92家县级烟草专卖局（2015年，新增博尔塔拉州双河市局，伊犁州霍尔果斯市局、可克达拉市局，和田地区民丰县局等4家县级烟草专卖局；克拉玛依市白碱滩区局、乌尔禾区局合署办公）。自治区局（公司）机关下设10个职能处室、4个专业部门。截至2015年底，总资产68.7亿元，其中，固定资产4.97亿元、流动资产58.45亿元，资产负债率15.31%。从业人员3074人。

【领导成员】

局长、总经理、党组书记：邱永春

副局长、纪检组长、党组成员：多里坤·阿西木

副总经理、党组成员：刘建昌

副局长、党组成员：曲卫东

副总经理、党组成员：孙　勇

大连市烟草专卖局（公司）

【概　况】　大连市烟草专卖局、大连市烟草公司成立于1984年，1994年上划国家烟草专卖局，在烟草行业内计划单列，是国家局、总公司直接管理的省级烟草专卖局（公司）。2006年10月，国家局印发《关于大连市烟草公司建立母子公司体制改革的批复》（国烟法〔2006〕754号），批复同意将大连市烟草公司的名称变更为中国烟草总公司大连市公司。2015年，大连市局（公司）下辖旅顺口、金州、瓦房店、普兰店、庄河等5家区（市）级烟草专卖局（分公司），1家市区分公司、大连经济技术开发区东方大厦有限公司1家全资子公司和大连春天物业管理有限公司1家控股子公司。市局（公司）机关下设14个职能处室、5个专业部门。截至2015年底，总资产58.39亿元，其中，固定资产3.24亿元、流动资产54.22亿元，资产负债率7.85%。从业人员745人，实行全员聘用制。

【领导成员】

局长、总经理、党组书记：王卫东（—2015.6）

局长、总经理、党组书记：刘　宁（2015.6—）

巡视员：潘洪革

副总经理、党组成员：康　锵

副总经理、党组成员：杨际明

副局长、党组成员：顾　建

① 2016年1月，国家局党组下发《中共国家烟草专卖局党组关于姜凯、师增建同志职务任免的通知》（国烟党〔2016〕26号），姜凯任宁夏回族自治区烟草专卖局局长、中国烟草总公司宁夏回族自治区公司总经理、中共宁夏回族自治区烟草专卖局（公司）党组书记。姜凯、师增建任免时间自2015年12月党组决定之日起计算。

② 喀什地区烟草专卖局与克孜勒苏柯尔克孜自治州烟草专卖局合署办公。新疆烟草兵团石河子有限公司是兵团国资公司下属企业，人、财、物属兵团国资公司，自治区公司仅对其经营管理工作进行指导。

深圳市烟草专卖局（公司）

【概　况】　深圳市烟草专卖局、深圳市烟草公司成立于1986年。1995年4月，深圳市烟草公司正式上划中国烟草总公司，更名为中国烟草总公司深圳市公司，享有省级烟草专卖管理权、经营权。2015年，深圳市局（公司）下辖福田、罗湖、南山、盐田、宝安、龙岗、光明、坪山、龙华、大鹏等10家区烟草专卖局（公司），中深烟草贸易中心1家直属公司，以及深圳烟草进出口有限公司1家联营公司。市局（公司）机关下设13个职能处室、5个专业部门。截至2015年底，总资产112.38亿元，其中，固定资产6.1亿元、流动资产101.96亿元，资产负债率3.35%。从业人员1276人，实行全员聘用制。

2015年，深圳市局（公司）在深圳市企业联合会和《深圳商报》联合主办的“2015年度深圳企业100强”评选活动中位列第17位，同比提升2位。

【领导成员】①

局长、总经理、党组书记：吴建荣（—2015.12）

局长、总经理、党组书记：张亚宾（2015.12—）

副总经理、党组成员：王　军

副局长、党组成员：吴镇丰

副总经理、党组成员：李新忠

纪检组长、党组成员：洪美宣

副巡视员：陈雪慧

（编辑：谢争艳）

省级中烟工业公司

河北中烟工业有限责任公司

【概　况】　河北中烟工业有限责任公司前身为河北烟草工商分设后成立于2003年6月的河北中烟工业公司。2010年12月，国家局、总公司批复同意河北中烟工业公司更名改制为河北中烟工业有限责任公司，并于2011年7月正式挂牌成立。公司下辖张家口卷烟厂有限责任公司、河北白沙烟草有限责任公司（下辖保定卷烟厂）2家具有独立法人资格的卷烟生产企业。2015年，公司撤销基建办、成立技改办，增设企业管理部。公司本部下设20个部门，以及北方烟机配件有限公司、河北烟草工业教育培训中心。截至2015年底，总资产154.01亿元，其中，固定资产32.10亿元、流动资产115.56亿元，资产负债率14.46%。从业人员5096人，均为在岗员工。

【领导机构】

董事会

董事长：姜　凯

董　事：段铁力（—2015.1）、刘依平（2015.1—）、杨　军、严金虎（—2015.9）、师进辉（2015.9—）、马伶燕、朱湘海、贾保军（职工董事）（—2015.10）、李　刚（职工董事）（2015.10—）

监　事：王海峰

班子成员

总经理、党组书记：刘依平

巡视员兼副总经理、党组成员：杨　军

巡视员兼副总经理、党组成员：严金虎（—2015.6）

副总经理、党组成员：李金祥（—2015.12）

副总经理、党组成员：师进辉

纪检组长、党组成员：王海峰

副总经理、党组成员：陈昌鸿

副巡视员：李建新（—2015.3）

副巡视员：杜为红

副巡视员：史雨民

江苏中烟工业有限责任公司

【概　况】　江苏中烟工业有限责任公司前身为江苏烟草工商分设后于2003年9月成立的江苏中烟工业公司。2008年5月，经国家局、总公司批复同意，改制更名为江苏中

① 2016年1月，国家局党组下发《中共国家烟草专卖局党组关于张亚宾、吴建荣同志职务任免的通知》（国烟党〔2016〕27号），张亚宾任深圳市烟草专卖局局长、中国烟草总公司深圳市公司总经理、中共深圳市烟草专卖局（公司）党组书记。张亚宾、吴建荣任免时间自2015年12月党组决定之日起计算。

烟工业有限责任公司。2009年9月，成立董事会，12月举行挂牌仪式。公司下辖南京卷烟厂、徐州卷烟厂、淮阴卷烟厂等3家不具有法人资格的卷烟生产厂，以及南通烟滤嘴有限责任公司、江苏鑫源烟草薄片有限公司①2家全资子公司。公司本部下设22个部门。截至2015年底，总资产561.62亿元，其中，固定资产53.32亿元、流动资产452.05亿元，资产负债率11.09%。从业人员5503人。

【领导机构】

董事会

董事长：吴建明

董　事：曾献兵、俞惠梅、黄翠萍、宣晓泉、张弘毅、李　鸣

监　事：马　健

班子成员

总经理、党组书记：曾献兵

巡视员：俞惠梅

副总经理、党组成员、工会主席：马　健（2015.12—，之前任纪检组长、党组成员、工会主席）

副总经理、党组成员：宣晓泉

副总经理、党组成员：周　涛

副总经理、党组成员：王轩庭（2015.11—，之前任总会计师）

副总经理、党组成员：王海龙（2015.11—，之前任副巡视员）

副巡视员：余宗迎

浙江中烟工业有限责任公司

【概　况】 浙江中烟工业有限责任公司最初为浙江烟草工商分设后于2003年7月成立的浙江中烟工业公司。2007年11月，浙江中烟工业公司改制更名为浙江中烟工业有限责任公司。公司下辖杭州卷烟厂、宁波卷烟厂和浙江中烟投资管理有限公司②，参股甘肃烟草工业有限责任公司和环球烟草有限责任公司③。公司本部下设15个部门。截至2015年底，总资产445.56亿元，其中，固定资产44.44亿元、流动资产320.55亿元，资产负债率23.57%。从业人员3492人。

【领导机构】

董事会

董事长：李根基

董　事：刘建设、孟伟刚、许明忠、秦　剑、郭　勤、韩春宁（职工董事）（—2015.7）、王良君（职工董事）（2015.7—）

监　事：潘志刚（—2015.4）

班子成员

总经理、党组书记：刘建设

巡视员、副总经理、党组成员：孟伟刚

副总经理、党组成员：许明忠

副总经理、党组成员：杨柳军

纪检组长、党组成员：潘志刚（—2015.4）

副总经理、党组成员：娄晓平

副总经理、党组成员：张思荣

副巡视员：洪树义（2015.7—）

总工程师：储国海（2015.7—，之前任总经理助理）

安徽中烟工业有限责任公司

【概　况】 安徽中烟工业有限责任公司最初为安徽烟草工商分设后于2003年4月成立的安徽中烟工业公司。2010年，经国家局、总公司批复同意，更名改制为安徽中烟工业有限责任公司。2011年6月15日，安徽中烟工业有限责任公司成立董事会。同年6月27日，正式挂牌成立。公司下辖蚌埠卷烟厂、芜湖卷烟厂、合肥卷烟厂、阜阳卷烟厂、滁州卷烟厂等5家不具有法人资格的卷烟生产厂，安徽中烟再造烟叶科技有限责任公司④1家全资子公司、中烟国际欧洲有限公司⑤1家控股公司，以及华环国际烟草有限公司⑥、双

---

① 江苏鑫源烟草薄片有限公司详见《烟草工业》栏目“烟叶加工”分目。

② 浙江中烟投资管理有限公司详见《行业概览》栏目“多元化经营”。

③ 环球烟草有限责任公司详见《烟草工业》栏目“境外卷烟生产”分目。

④ 安徽中烟再造烟叶科技有限责任公司详见《烟草工业》栏目“烟叶加工”分目。

⑤ 中烟国际欧洲有限公司详见《烟草工业》栏目“境外卷烟生产”分目。

⑥ 华环国际烟草有限公司详见《烟草工业》栏目“烟叶加工”分目。

维伊士曼纤维有限公司2家参股公司。公司本部下设20个部门（含合署办公），以及1个营销中心、1个技术中心和1个物流中心（2015年，公司成立巡视办）。截至2015年底，总资产303.83亿元，其中，固定资产46.77亿元、流动资产235.75亿元，资产负债率33.06%。在岗员工6333人。

【领导机构】

董事会

董事长：姜　凯①

董　事：朱建华、王志彬（2015.8—）、卢安宁（—2015.3）、赵　辉（—2015.3）、马伶燕、周恩海（2015.3—8）、张　力（2015.3—）、朱湘海、姜亚维（2015.8—）、朱化凤（职工董事）（—2015.3）、李甲林（职工董事）（2015.3—）

监　事：张会廷

班子成员

总经理、党组书记：朱建华（—2015.5）②

总经理、党组书记：王志彬（2015.5—）

副总经理、党组成员：卢安宁（—2015.1）

副总经理、党组成员：周恩海（—2015.6）

副总经理、党组成员：张　力

总经济师：姜亚维③

巡视员：赵　辉（—2015.5）

巡视员：张会廷（2015.7—11，2015年7月前任纪检组长、党组成员、工会主席）

副巡视员：杜　进

福建中烟工业有限责任公司

【概　况】　福建中烟工业有限责任公司最初为福建烟草工商分设后于2003年11月成立的福建中烟工业公司。2010年12月，经国家局、总公司批复同意更名改制为福建中烟工业有限责任公司，2011年7月8日正式挂牌成立。公司下辖龙岩、厦门烟草工业有限责任公司2家具有独立法人资格的卷烟生产企业，福建省龙岩金叶复烤有限责任公司④1家打叶复烤企业，福建金闽再造烟叶发展有限公司⑤1家烟草薄片生产企业，以及福建鑫叶投资管理集团有限公司⑥1家多元化经营企业。公司本部下设19个部门。截至2015年底，总资产283.75亿元，其中，固定资产56.51亿元、流动资产190.36亿元，资产负债率29.86%。从业人员4724人。

【领导机构】

董事会

董事长：吴建明

董　事：李跃民、王建勇、邱全胜、黄翠萍、张弘毅、张　伟（职工董事）

监　事：郭香灼（—2015.1）

班子成员

总经理、党组书记：李跃民

纪检组长、党组成员：郭香灼（—2015.1）

副总经理、党组成员：王建勇

副总经理、党组成员：王道宽

副总经理、党组成员：邱全胜

副总经理、党组成员：伍达明

副总经理、党组成员：林荣欣

纪检组长、党组成员：林建红（2015.9—）

江西中烟工业有限责任公司

【概　况】　江西中烟工业有限责任公司最初为江西烟草工商分设后于2004年10月成立的江西中烟工业公司。2007年12月，经国家局、总公司批复同意，江西中烟工业公司与所属南昌卷烟总厂合并重组为一个法人实体，企业名称为江西中烟工业公司。2009年10月，江西中烟工业公司更名改制为江西中烟工业有限责任公司。下辖南昌卷烟厂、赣州卷烟厂、广丰卷烟厂、井冈山卷烟厂等4家不具有法人资格的卷烟生产厂。公司本部下设20个部门。

① 2014年3月，国家局下发国烟人〔2014〕116号文件，免去汪世贵安徽中烟董事长职务。同月，国家局下发国烟人〔2014〕140号文件，姜凯任安徽中烟董事长。

② 2015年6月，根据《中共国家烟草专卖局党组关于王志彬、朱建华等同志职务任免的通知》（国烟党〔2015〕127号），王志彬任安徽中烟工业有限责任公司总经理、中共安徽中烟工业有限责任公司党组书记。王志彬、朱建华任免时间自党组决定之日起计算。

③ 2014年11月，国家局党组下发国烟党〔2014〕213号文件，姜亚维任安徽中烟总经济师，免去其安徽中烟副巡视员职务。

④ 福建省龙岩金叶复烤有限责任公司详见《烟草工业》栏目“烟叶加工”分目。

⑤ 福建金闽再造烟叶发展有限公司详见《烟草工业》栏目“烟叶分工”分目。

⑥ 福建鑫叶投资管理集团有限公司详见《行业概览》栏目“多元化经营”。

截至2015年底，总资产154.37亿元，其中，固定资产26.45亿元、流动资产114.82亿元，资产负债率27.75%。从业人员4755人，其中在岗员工4630人。

【领导机构】

董事会

董事长：李根基

董　事：郑　伟（—2015.3）、王志彬（—2015.8）、王迪汗、秦　剑、郭　勤、叶华英（—2015.3）、姚庆艳（2015.3—）、廖新尧（职工董事，2015.3—）、周恩海（2015.8—）

监　事：任用镨

班子成员

总经理、党组书记：郑　伟（—2015.1）

总经理、党组书记：姚庆艳［2015.5—，2015年1至5月任副总经理、党组成员（主持全面工作）］

副总经理、党组成员：王志彬（—2015.6）

副总经理、党组成员：周恩海（2015.6—）

纪检组长、党组成员：任用镨

副总经理、党组成员：王迪汗

副总经理、党组成员：张胜健

副总经理、党组成员：赵明强

总会计师：罗丽珍

副巡视员：张志勇

山东中烟工业有限责任公司

【概　况】　山东中烟工业有限责任公司最初为山东烟草工商分设后于2004年2月成立的山东中烟工业公司。2009年9月，国家局、总公司批复同意山东中烟更名改制和建立董事会。2010年4月20日，山东中烟工业有限责任公司挂牌成立。下辖济南卷烟厂、青岛卷烟厂、青州卷烟厂、滕州卷烟厂等4家不具有法人资格的卷烟生产厂，将军烟草集团有限公司、颐中烟草（集团）有限公司、山东省烟草物资设备有限公司等3家全资子公司。公司本部下设16个部门和5个相对独立运行中心［2015年，公司文化宣传中心更名为《山东中烟报》编辑部］。截至2015年底，总资产321.73亿元，其中，固定资产43.65亿元、流动资产220.78亿元，资产负债率32.50%。从业人员5724人，其中在岗员工5697人。

【领导机构】

董事会

董事长：吴建明

董　事：韩　林、王众声、刘青文、黄翠萍、张弘毅、叶　逊

监　事：鹿广瑞

班子成员

总经理、党组书记：韩　林

副总经理、党组成员：王众声

纪检组长、党组成员：鹿广瑞

副总经理、党组成员：刘青文

副总经理、党组成员：周　健

副总经理、党组成员：丛亮滋

副总经理、党组成员：蒋海岩

总会计师：李万灵

副巡视员：刘　伟

副巡视员：卜晓东

河南中烟工业有限责任公司

【概　况】　河南中烟工业有限责任公司，最初为河南烟草工商分设后于2003年10月成立的河南中烟工业公司。2009年8月，河南中烟工业公司改制更名为河南中烟工业有限责任公司。2011年8月，河南中烟工业有限责任公司挂牌成立。公司下辖黄金叶生产制造中心，许昌卷烟厂、安阳卷烟厂、南阳卷烟厂、驻马店卷烟厂、漯河卷烟厂、洛阳卷烟厂等7家不具有法人资格的卷烟生产厂，河南卷烟工业烟草薄片有限公司①1家薄片生产企业，河南金瑞香精香料有限公司、河南金芒果印刷有限公司、汕头龙华印务有限公司、驻马店发时达工贸有限公司、许昌永昌印务有限公司、河南省新郑金芒果实业总公司、许昌帝豪实业公司、郑州黄金叶实业总公司、安阳市红旗渠集团、南阳双龙实业公司、洛阳烟草服务中心、漯河沙河实业有限公

① 河南卷烟工业烟草薄片有限公司详见《烟草工业》栏目“烟叶加工”分目。

司等12家卷烟辅助材料生产企业，1个行业级技术中心，1个博士后科研工作站。公司本部下设22个部门（2015年11月，公司离退休管理办公室与人力资源部分设，不再合署办公；职工教育培训中心于2015年10月成立，同时与技能鉴定站合署办公，技能鉴定站不再与人力资源部合署办公；千日营销办公室于2015年10月撤销）。截至2015年底，总资产411.65亿元，其中，固定资产86.55亿元、流动资产304.42亿元，资产负债率33.31%。在岗员工1.1万人。

【领导机构】

董事会

董事长：姜　凯

董　事：杨自业、杨志忠、吴明山、马伶燕、朱湘海、肖　洪（职工董事）

监　事：刘学鲁（2015.8—）

班子成员

总经理、党组书记：杨自业

副总经理、党组成员：杨志忠

副总经理、党组成员：吴明山

副总经理、党组成员：付顺卿

副总经理、党组成员：孙志强（2015.1—，之前任副总经理、党组成员、工会主席）

纪检组长、党组成员：刘学鲁

副总经理、党组成员：许廷选（2015.7—，之前任副巡视员）

副总经理、党组成员：李彦伟（2015.7—）

副巡视员：王志远

湖北中烟工业有限责任公司

【概　况】　湖北中烟工业有限责任公司最初为湖北烟草工商分设后于2004年1月18日成立的湖北中烟工业公司。2006年，湖北中烟工业公司与武汉烟草（集团）有限公司、武汉卷烟厂实行双向合署办公，重组整合为一个法人实体。2007年11月28日，湖北中烟工业公司正式更名改制为湖北中烟工业有限责任公司。公司下辖武汉卷烟厂、襄阳卷烟厂、三峡卷烟厂、广水卷烟厂、红安卷烟厂、恩施卷烟厂等6家不具有企业法人资格的卷烟生产厂，以及湖北中烟卷烟材料厂、襄阳市鸿琰实业有限责任公司、宜昌金叶工贸有限责任公司、湖北龙乡印刷包装股份有限公司、湖北宜昌金丝烟草有限公司、统一联邦国际有限公司、红金龙（集团）有限公司等7家子公司，其中，控股湖北龙乡印刷包装股份有限公司，其余6家为全资子公司。本部下设15个部门。截至2015年底，总资产430.79亿元，其中，固定资产28.21亿元、流动资产326.85亿元，资产负债率30.64%。从业人员5637人。

【领导机构】①

董事会

董事长：李德义（—2015.10）

董事长：陈　晖（2015.10—，2015年6至10月任副董事长）

董　事：彭明权（—2015.7）、吴　俊（—2015.3）、谢伯卿（—2015.3）、吕有农（职工董事）（—2015.4）、郜　强（2015.7—）、倪　华（2015.3—）、聂广军（2015.3—）、舒　明、王超英、程思军（职工董事）（2015.4—）

监　事：姚　萌

班子成员

总经理、党组书记：彭明权（—2015.5）

总经理、党组书记：郜　强（2015.5—）

副总经理、党组成员：彭传新（—2015.6）

副总经理、党组成员：倪　华

副总经理、党组成员：姚　萌（2015.10—，之前任纪检组长、党组成员）

副总经理、党组成员：聂广军（2015.7—，之前任党组成员）

纪检组长、党组成员：马超纯（2015.12—）

巡视员：吴　俊（2015.2—，之前任副总经理、党组成员）

巡视员：谢伯卿（2015.6—9，之前任副总经理、党组成员）

副巡视员：张桂珍

副巡视员：李　卫（—2015.4）

① 2015年6月，国家局党组下发《中共国家烟草专卖局党组关于郜强、彭明权等同志职务任免的通知》（国烟党〔2015〕129号），郜强任湖北中烟工业有限责任公司总经理、中共湖北中烟工业有限责任公司党组书记。郜强、彭明权任免时间自2015年5月党组决定之日起计算。2014年2月，国家局下发国烟人〔2014〕58号文件，李晓兵退休。

湖南中烟工业有限责任公司

【概　况】　湖南中烟工业有限责任公司最初为湖南烟草工商分设后于2003年成立的湖南中烟工业公司。2006年10月，湖南中烟工业公司与所属长沙卷烟厂、常德卷烟厂合并重组为一个企业法人，取消长沙卷烟厂、常德卷烟厂法人资格；2007年11月，湖南中烟工业公司改制更名为湖南中烟工业有限责任公司。下辖长沙卷烟厂、常德卷烟厂、郴州卷烟厂、零陵卷烟厂、四平卷烟厂、吴忠卷烟厂等6家不具有法人资格的卷烟生产厂，控股常德芙蓉烟叶复烤有限责任公司、湘西鹤盛原烟发展有限责任公司、浏阳天福打叶复烤有限责任公司等3家具有独立法人资格的烟叶加工企业，以及湖南金叶烟草薄片有限责任公司①1家具有独立法人资格的烟草薄片加工企业，并持有河北白沙烟草有限责任公司50%的股权。公司下设23个部门，以及湖南中烟投资管理有限公司②、湖南中烟物流有限责任公司。截至2015年底，总资产759.49亿元，其中，固定资产92.17亿元、流动资产561.37亿元，资产负债率16.02%。从业人员10934人，其中在岗员工10934人。

【领导机构】

董事会

董事长：李德义（—2015.10）

董事长：陈　晖（2015.10—，2015年6至10月任副董事长）

董　事：卢　平、杨智敏、刘　兴、舒　明、王超英、熊丽萍（职工董事）　（—2015.4）、龚道国（职工董事）（2015.4—）

监　事：高青松（2015.4—）

班子成员

总经理、党组书记：卢　平

副总经理、党组成员：杨智敏

副总经理、党组成员：刘　兴

副总经理、党组成员：栾永亮

副总经理、党组成员：刘建福（2015.9—，之前任总工程师）

副总经理、党组成员：李　立（2015.9—）

副总经理、党组成员：张孝堂（2015.9—）

纪检组长、党组成员：高青松③

副巡视员：郑则豪（2015.2—10，之前任总会计师）

副巡视员：白玉琦

副巡视员：涂清明

副巡视员：孔　敏（—2015.8）

广东中烟工业有限责任公司

【概　况】　广东中烟工业有限责任公司前身是成立于2003年的广东中烟工业公司。2007年，改制更名为广东中烟工业有限责任公司，是全国烟草行业首家建立董事会的省级工业公司。公司下辖广州卷烟厂、韶关卷烟厂、梅州卷烟厂、湛江卷烟厂等4家不具有法人资格的卷烟生产厂，以及广东双喜投资管理有限公司1家全资子公司。公司本部下设21个部门。截至2015年底，总资产438.84亿元，其中，固定资产46.44亿元、流动资产326.74亿元，资产负债率25.68%。从业人员5153人。

【领导成员】④

董事会

董事长：李根基

董　事：秦　剑、郭　勤、王　全、陈仲良、唐　健、廖中浩（—2015.7）、张穗强、区广安（2015.7—）、王文祥（职工董事）（—2015.7）、李　斌（职工董事）（2015.7—）

监　事：王国飞

班子成员

总经理、党组书记：唐　健

巡视员、副总经理、党组成员：廖中浩

副总经理、党组成员：张穗强（2015.11—，之前任总会计师、党组成员）

副总经理、党组成员：林孟昌

副总经理、党组成员：区广安

---

① 常德芙蓉烟叶复烤有限责任公司、湘西鹤盛原烟发展有限责任公司、浏阳天福打叶复烤有限责任公司和湖南金叶烟草薄片有限责任公司详见《烟草工业》栏目“烟叶加工”分目。

② 湖南中烟投资管理有限公司详见《行业概览》栏目“多元化经营”。

③ 2014年12月，国家局党组下发国烟党〔2014〕209号文件，高青松任湖南中烟纪检组长、党组成员。

④ 2014年7月，国家局党组下发国烟党〔2014〕99号文件，免去邵卫国广东中烟副巡视员职务，办理退休手续。

副总经理、党组成员：袁汉辉

纪检组长、党组成员：王国飞

党组成员：张赤兵

副总经理、党组成员：温东奇（2015.11—）

副巡视员：李显万

副巡视员：符　敏（—2015.11）

广西中烟工业有限责任公司

【概　况】　广西中烟工业有限责任公司最初为2003年广西烟草工商分设后成立的广西中烟工业公司。2008年9月26日，广西中烟工业公司完成公司制改造，更名为广西中烟工业有限责任公司。公司下辖南宁卷烟厂、柳州卷烟厂两家不具有法人资格的卷烟生产厂，广西中烟天成投资管理有限责任公司①、广西真龙物流有限责任公司2家全资子公司，以及广西真龙彩印包装有限公司、广西真龙实业有限责任公司等10家控股公司。公司本部下设26个部门（2015年，原料供应部、物资供应部合并为物资采购中心，新设立投资管理部）。截至2015年底，总资产189.36亿元，其中，固定资产23.95亿元、流动资产130.46亿元，资产负债率26.63%。从业人员3466人，其中在岗员工3051人。

【领导机构】

董事会

董事长：李根基

董　事：张雨夏、刘湘源、覃　荣、廖中浩（—2015.7）、张穗强、区广安（2015.7—）、秦　剑、郭　勤、唐格莲（职工董事）

监　事：王　全

班子成员

总经理、党组书记：张雨夏

巡视员、副总经理、纪检组长、党组成员：王　全

副总经理、党组成员：刘湘源

副总经理、党组成员：覃　荣

副总经理、党组成员：陈　峰

副总经理、党组成员：张赤兵

副总经理、党组成员：阮泽锋

总会计师：陈仲良

副巡视员：陆建南

副巡视员：邓志忠

重庆中烟工业有限责任公司②

【概　况】　重庆中烟工业有限责任公司于2015年11月10日挂牌成立。改组拆分原川渝中烟，组建成立重庆中烟，是国家局考虑到川渝两地卷烟生产规模越来越大和两地行政区划的实际，为进一步深化两地烟草工业内部改革、实施扁平化管理、推进持续健康发展，在充分征求四川、重庆两省市党委政府意见的基础上而作出的重大改革决定。新成立的重庆中烟，系中国烟草总公司全资子公司。公司下辖重庆卷烟厂、涪陵卷烟厂、黔江卷烟厂等3家不具有独立法人资格的卷烟生产厂。公司本部下设10个管理部门、8个专业部门。截至2015年底，总资产107.33亿元，其中，固定资产21.95亿元、流动资产80.57亿元，资产负债率55.89%。从业人员2947人。

【领导机构】

董事会

董事长：姜　凯

董　事：易从宽、马伶燕、朱湘海、籍　涛、程晓苏、樊宣刚

班子成员

---

① 广西中烟天成投资管理有限责任公司详见《行业概览》栏目“多元化经营”。

② 2015年10月23日，根据《国家烟草专卖局 中国烟草总公司关于进一步深化川渝烟草工业企业改革的批复》（国烟法〔2015〕280号），撤销原川渝中烟工业有限责任公司，四川烟草工业有限责任公司重组更名为四川中烟工业有限责任公司，同时将股权由原川渝中烟工业有限责任公司划转至中国烟草总公司（划转基准日为2014年12月31日），为中国烟草总公司的全资子公司，管理成都卷烟厂、什邡卷烟厂、绵阳卷烟厂、西昌卷烟厂、长城雪茄烟厂、四川三联卷烟材料有限公司；重庆烟草工业有限责任公司重组更名为重庆中烟工业有限责任公司，同时将股权由原川渝中烟工业有限责任公司划转至中国烟草总公司（划转基准日为2014年12月31日），作为中国烟草总公司的全资子公司，管理重庆卷烟厂、涪陵卷烟厂、黔江卷烟厂。《批复》进一步明确了原川渝中烟工业有限责任公司撤销后，四川中烟工业有限责任公司和重庆中烟工业有限责任公司人力资源、资产、信息资源分配、卷烟计划及合作生产、品牌、知识产权等方面的分配问题。由于原川渝中烟工业有限责任公司已撤销，本栏目将分别按照重组后的四川中烟工业有限责任公司和重庆中烟工业有限责任公司进行撰稿，四川中烟工业有限责任公司和重庆中烟工业有限责任公司的有关数据同比口径参照原四川烟草工业有限责任公司和原重庆烟草工业有限责任公司。

副总经理、党组成员（主持工作）：易从宽

副总经理、党组成员：籍　涛

总会计师：程晓苏

副巡视员：胡晓明

四川中烟工业有限责任公司

【概　况】 四川中烟工业有限责任公司成立于2015年11月8日，是按照国家局党组关于进一步深化川渝烟草工业企业改革的决定和批复意见，在原川渝中烟四川板块基础上组建的。公司下辖成都卷烟厂、什邡卷烟厂、绵阳卷烟厂、西昌卷烟厂等4家不具有法人资格的卷烟生产厂，以及长城雪茄烟厂、四川三联卷烟材料有限公司。公司本部下设13个职能部门、10个专业部门。截至2015年底，拥有总资产161.26亿元，其中，固定资产39.71亿元、流动资产113.44亿元，资产负债率57.01%。从业人员5540人。

【领导机构】

董事会

董事长：姜　凯

董　事：彭传新、崔建华、吴　钢、马伶燕、朱湘海、陆　伟（职工董事）

班子成员

总经理、党组书记：彭传新

党组成员、副总经理：崔建华

党组成员、副总经理：吴　钢

副巡视员：汤柱国

贵州中烟工业有限责任公司

【概　况】 贵州中烟工业有限责任公司最初为贵州烟草工商分设后于2003年7月成立的贵州中烟工业公司。2008年7月，国家局、总公司批复同意改制更名为贵州中烟工业有限责任公司。公司下辖贵阳卷烟厂、遵义卷烟厂、毕节卷烟厂、贵定卷烟厂、铜仁卷烟厂等5家不具有法人资格的卷烟生产厂，以及市场营销中心、兴义烟叶储运站和贵州福贵投资管理有限公司①。公司本部下设17个部门。截至2015年底，总资产245.95亿元，其中，固定资产38.71亿元、流动资产190.40亿元，资产负债率29.98%。从业人员8950人，其中在岗员工7964人。

【领导机构】

董事会

董事长：李德义（—2015.10）

董事长：陈　晖（2015.10—，2015年6月至10月任副董事长）

董　事：白云峰、徐东泰、方　静、舒　明、王超英、王光举（职工董事）

监　事：冯力勤

班子成员

总经理、党组书记：白云峰

副总经理、党组成员：徐东泰

副总经理、党组成员：杨　东

副总经理、党组成员：方　静

纪检组长、党组成员：冯力勤

副总经理、党组成员：关　培（2015.3—）

副总经理、党组成员：胡世龙（2015.3—）

副巡视员：王礼昌

云南中烟工业有限责任公司

【概　况】 云南中烟工业有限责任公司最初为2003年10月云南烟草工商分设后成立的云南中烟工业公司。2004年1月1日，云南中烟工业公司举行挂牌仪式。2010年12月28日，国家局、总公司批复同意云南中烟工业公司更名改制为云南中烟工业有限责任公司。2011年1月27日，云南中烟工业有限责任公司挂牌成立。公司集卷烟生产销售、烟草物资配套供应、科研以及多元化经营等为一体，是目前全国卷烟产销规模最大的省级中烟公司。公司拥有卷烟产量规模位居行业前两位的红塔烟草（集团）有限责任公司（下辖玉溪卷烟厂、楚雄卷烟厂、大理卷烟厂、昭通卷烟厂等4家不具有法人资格的全资卷烟生产厂）和红云红河烟草（集团）有限责任公司（下辖昆明卷烟厂、红河卷烟厂、曲靖卷烟厂、会泽卷烟厂、新疆卷烟厂、乌兰浩特卷烟厂等6家不具有法人资格的全资卷烟生产厂），以及营销中心、技术中心（云南

① 贵州福贵投资管理有限公司详见《行业概览》栏目“多元化经营”。

烟草科学研究院①）、云南合和（集团）股份有限公司②、云南中烟物资（集团）有限责任公司、云南烟草国际有限公司、云南烟草教育培训中心（云南烟草学校）、云南中烟特有职业（工种）职业技能鉴定站、云南中烟新材料科技有限公司等多家直属单位，并参控股云南烟草机械有限责任公司、云南中烟再造烟叶有限责任公司等多家企业。截至2015年底，总资产2832.19亿元，其中，固定资产327.88亿元、流动资产1543.92亿元，资产负债率21.74%。从业人员2.21万人，其中在岗员工2.17万人。

【领导机构】

董事会

董事长：夜礼斌

副董事长：姜　凯

董　事：朱绍明、李光林、夏开元、武　怡、马伶燕、朱湘海、许　泽（职工董事）

监事：温宁军

班子成员

总经理、党组书记：朱绍明

党组副书记：夜礼斌

巡视员、纪检组长、党组成员：温宁军

副总经理、党组成员：姚庆艳（—2015.1）

副总经理、党组成员：李穗明

副总经理、党组成员：李天飞

副总经理、党组成员：顾　波

副总经理、党组成员：李光林

副总经理、党组成员：谢昆或

副总经理、党组成员：高兴智（—2015.8）

副巡视员：许　泽

副巡视员：赵子敏

副巡视员：赵　勇

副巡视员：陆　琪（—2015.8）

副巡视员：程永照

副巡视员：李光斗（—2015.12）

陕西中烟工业有限责任公司

【概　况】　陕西中烟工业有限责任公司最初为陕西烟草工商分设后于2003年12月成立的陕西中烟工业公司。2009年9月，经国家局、总公司批复同意，更名改制为陕西中烟工业有限责任公司。公司下辖宝鸡卷烟厂、延安卷烟厂、汉中卷烟厂、澄城卷烟厂和旬阳卷烟厂等5家不具有法人资格的卷烟生产厂，以及具有独立法人资格的陕西中烟投资管理有限公司③。公司本部下设19个部门。截至2015年底，拥有总资产149.78亿元，其中，固定资产30.76亿元、流动资产105.26亿元，资产负债率15.12%。从业人员8513人，其中在岗员工5529人。

【领导机构】

董事会

董事长：李德义（—2015.10）

董事长：陈　晖（2015.10—，2015年6至10月任副董事长）

董　事：严金虎（2015.11—）、曹兴浪、赵德学、王乃志（—2015.11）、韩占奎（职工董事）（2015.11—）、舒　明、王超英

监　事：奚柏龙（2015.11—）

班子成员

总经理、党组书记：陈　晖（—2015.6）④

总经理、党组书记：严金虎（2015.5—）

副总经理、党组成员：曹兴浪

副总经理、党组成员：赵德学

副总经理、党组成员：任　立

副总经理、党组成员：李　强

纪检组长、党组成员：奚柏龙（2015.3—）

总会计师：吴建玲

副巡视员：马文卷

副巡视员：李宝新

（编辑：王东旭　谢争艳　李　昂）

---

① 云南烟草科学研究院详见《科研和教育培训》栏目“科研院所”分目。

② 云南合和（集团）股份有限公司详见《行业概览》栏目“多元化经营”。

③ 陕西中烟投资管理有限公司详见《行业概览》栏目“多元化经营”。

④ 2015年6月，国家局党组下发《中共国家烟草专卖局党组关于严金虎、陈晖同志职务任免的通知》（国烟党〔2015〕132号），严金虎任陕西中烟工业有限责任公司总经理、中共陕西中烟工业有限责任公司党组书记。严金虎、陈晖任免时间自党组决定之日起计算。

烟草行业组织结构图

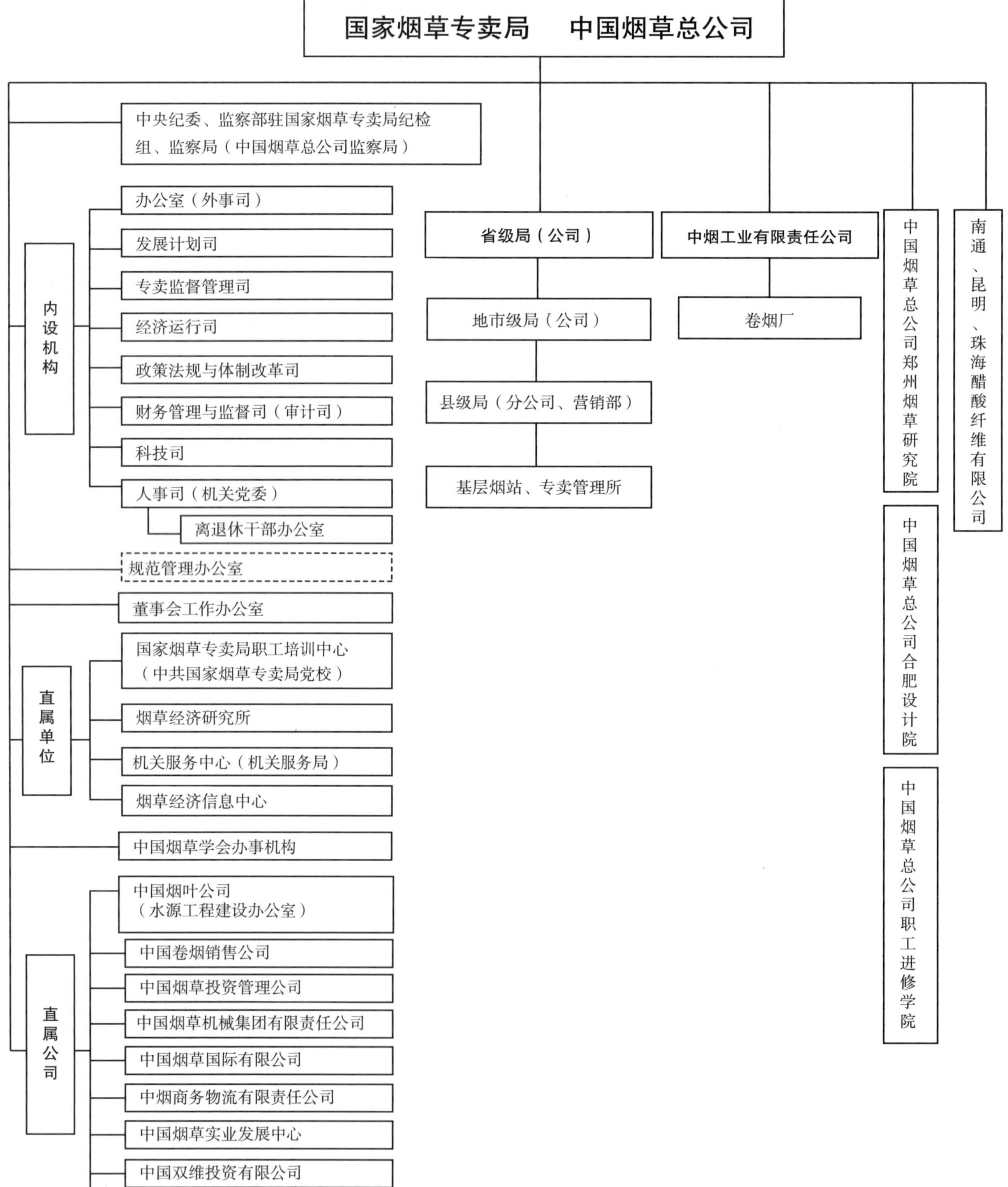

“三严三实”专题教育

行业深入开展"三严三实"专题教育概况

按照中央统一部署，2015年4月底开始，国家局党组在行业处级以上领导干部中开展“三严三实”专题教育。此次专题教育，涵盖行业56个直属单位、100家卷烟工业企业（厂）、446家地市公司、88家专业性公司，8700余名处级以上领导干部参加。12月，行业56个直属单位的领导班子全部召开“三严三实”专题民主生活会，近400名党员领导干部参加。专题教育期间，行业各级党组（党委）认真开展学习研讨、验身正己、氛围浓厚，取得实实在在的成效，为实现上缴财政总额超万亿元年度目标任务提供坚强的政治保证。

【基本情况】 *领导带头示范，专题党课质量较高。*行业各级党组（党委）主要负责人认真履行职责，主动把自己摆进去、把职责摆进去、把思想和工作摆进去，从自身学习体会讲起，带头讲好专题党课。5月12日，国家局局长、党组书记凌成兴结合自身学习体会，通过视频为行业全体处级以上领导干部讲了专题党课。行业各直属单位，各地市公司、卷烟工业企业、烟机制造企业等单位党组（党委）主要负责人主动把自己摆进去，亲自起草党课报告，带头讲好专题党课。截至2015年底，各直属单位领导干部讲党课212次，地市公司、卷烟工业企业领导干部讲党课2418次。有的党组（党委）书记说，带头讲党课让自己深刻感受到“第一责任人”沉甸甸的责任；有的局长、经理谈到，讲党课是对自己“党员”身份、“党员领导干部”身份的一次郑重、严肃提醒，是落实党建“一岗双责”、严肃党内政治生活的有效抓手。

*紧扣教育主题，专题研讨逐步深入。*各单位围绕“严以修身”“严以律己”“严以用权”3个专题，紧密联系思想和工作实际，持续深入开展学习研讨，截至2015年底，各直属单位开展专题研讨139次，地市公司、卷烟工业企业共开展专题研讨1814次。各单位在专题研讨中突出“四个注重”。一是注重学习习近平总书记系列重要讲话精神，研读原著原文，打牢思想基础。各单位充分发挥党组（党委）中心组学习主阵地作用，始终把学习好、领悟好习近平总书记系列重要讲话精神作为学习研讨的重中之重，逐篇研读《习近平谈治国理政》《习近平关于党风廉政建设和反腐败斗争论述摘编》，认真学习《中国共产党章程》和党的纪律规定，读原著、学原文、悟原理，增强践行“三严三实”的思想自觉和行动自觉。二是注重“三个摆进去”，交流互动，碰撞思想，开展研讨。各单位党组（党委）落实把自己摆进去、把职责摆进去、把思想和工作摆进去的要求，书记带头、班子成员跟进，讲自己、摆问题、谈体会、聚共识。天津市局（公司）党组明确专题研讨要切实做到“三讲三不讲”，只讲问题、不讲成绩，只讲自己、不讲他人，只讲主观、不讲客观。三是注重查摆剖析不严不实问题，以研讨促整改，在解决问题中受教育。各单位党组（党委）带着问题研讨，通过查找问题、剖析根源，深化对严以修身、严以律己、严以用权重要意义、丰富内涵和途径措施的认识，认清不严不实的具体表现和严重危害。山东省局（公司）党组开展专题研讨突出问题导向，结合自身实际，深入开展“九查九看”专题研讨，查摆问题见真见底。四是注重对照正反典型，见贤思齐、见不贤而自省，增强针对性与实效性。一方面，行业各级领导干部以焦裕禄、谷文昌、杨善洲、沈浩等先进典型为镜，深学、细照、笃行，把牢思想和行动的“总开关”，从先进典型中汲取正能量；另一方面，以周永康、薄熙来、徐才厚、郭伯雄、令计划、苏荣等反面典型为镜，以案明纪、以案释法、以案为鉴，对照案件分析自己、警醒自己、把牢自己，深刻认识到家教不严是腐败的祸根，官商勾结是腐败的祸根，用人歪风是腐败的祸根，增强慎独慎微、防微杜渐的意识和能力。

*发扬整风精神，严肃党内政治生活。*按照中央统一部署及国家局党组要求，2015年12月，行业56个直属单位的领导班子全部召开“三严三实”专题民主生活会，近400名党员领导干部参加，专题民主生活会质量较高、效果较好。主要体现在以下五方面。一是持续深化学习研讨

成果。各单位领导班子和班子成员深入学习习近平总书记关于党员领导干部践行"三严三实"的新思想新观点新要求，学习《中国共产党章程》《中国共产党党员领导干部廉洁从政若干准则》《中国共产党纪律处分条例》等规章制度，全面系统回顾梳理参加专题党课、专题学习研讨情况，为开好专题民主生活会打牢了思想基础。二是广泛征求意见建议。各单位主要负责人和其他班子成员深入基层一线，通过座谈会、走访调研等多种方式，认真听取下级组织、分管领域和烟农、卷烟零售客户、企业职工的意见建议，发放征求意见问卷17607份，梳理汇总不严不实方面的问题3124项，领导干部开展走访调研649次，召开座谈会548场。三是深入开展谈心谈话。专题民主生活会前，各单位认真落实"三必谈"要求，做到党组（党委）主要负责人同班子成员必谈，班子成员相互之间必谈，班子成员与分管部门主要负责人必谈，谈透问题、谈通思想、增进团结，开展谈心谈话1228次。四是认真撰写发言提纲。各单位领导班子和班子成员坚持问题导向，主动把自己摆进去，认真查找自身存在的不严不实问题；从理想信念、党性分析、权力观地位观利益观和道德品行等方面，进行党性分析，深入剖析根源、认清问题实质，整改措施具体实在。五是严肃认真开展批评。各单位坚持"严"字当头，大胆运用批评和自我批评这一武器，自我批评见人、见事、见思想，相互批评直截了当、有的放矢、切中要害。参加专题民主生活会的党员、干部普遍经受严格的党内政治生活锻炼，思想受到洗礼，灵魂受到触动，咬耳扯袖、红脸出汗、加油鼓劲渐成常态。

坚持立行立改，从严从实抓好整改。各单位从专题教育一开始，坚持立说立行、边学边改，突出抓好教育实践活动的深入整改、持续整改，突出抓好专项整治任务的落实，突出抓好新出现问题的整改。主要做法：一是列出清单、专项整改。把不严不实的问题梳理清楚，有什么问题就解决什么问题。云南中烟梳理整顿工作纪律、会议纪律、值班纪律等规范条文，组织开展专项检查，大力纠正党员干部存在的突出问题。二是建立机制、督促整改。建立整改跟踪督查机制，对整改不力的约谈提醒，对态度消极、虚以应付的严肃批评。贵州中烟党组强化整改落实的主体责任，针对征求到的群众意见建议，党组会认真研究，明确班子成员为牵头责任人，督促责任部门推进整改落实。河北中烟党组将查找到的问题在一定范围内公开，实行销号管理，促进问题整改。三是上下结合、联动整改。利用专题教育上下各级同步进行的契机，分清责任、上下联动，以上带下、以下促上，把整改措施落到实处。上海烟草集团以国家局组织开展的落实中央八项规定精神专项检查为契机，成立3个联合检查组，通过听取汇报、查阅资料、实地察看、抽查账目等方式，对集团本部、所属企业进行专项检查，推动集团上下联动整改。四是立规执纪、刚性整改。加大对会议、培训、公务接待、公车使用以及"三重一大"等制度规定落实情况的监督检查力度，强化制度的刚性执行，防止打折扣、搞变通，防止"破窗效应"。内蒙古区局（公司）在"三严三实"专题教育中，紧密联系自身实际，扎实开展"五讲五树"全面工作，严查工作落实不力、制度执行不严的问题，解决突出问题186个。

【主要特点与成效】 紧扣教育主题。各单位从一开始就把"三严三实"贯穿于专题教育的始终，党课报告、专题研讨、专题民主生活会、整改落实等各个环节工作均围绕"三严三实"要求来开展。行业各级领导干部通过学习"三严三实"、践行"三严三实"，深入把握"三严三实"的基本内涵和实践要求，聚焦对党忠诚、个人干净、敢于担当，切实做到心中有党不忘恩，心中有民不忘本，心中有责不懈怠，心中有戒不妄为。

突出问题导向。各单位把问题意识、问题导向贯穿专题教育全过程，把发现问题、解决问题作为出发点和落脚点。着力解决三大问题。一是着力解决理想信念动摇、信仰迷茫、精神迷失，宗旨意识淡薄、忽视群众利益、漠视群众疾苦，党性修养缺失、不讲党的原则等问题。二是着力解决滥用权力、设租寻租，官商勾结、利益输送，不直面问题、不负责任、不敢担当，顶风违纪还在搞"四风"、不收敛不收手等问题。三是着力解决无视党的政治纪律和政治规矩，对党不忠诚、做人不老实，阳奉阴违、自行其是，心中无党纪、眼里无国法等问题。

贯彻从严要求。各单位以从严从实作风开展专题教育，发扬讲认真的精神，贯穿严的标准、严的措施、严的纪律，以严促深入、以严求实效，防止形式主义，把各项工作做扎实、做细致、做到位。陕西省局（公司）坚持思想教育从严、权力监督从严、追究问责从严，做到问题解决流程“全公开”，确保有反馈、有痕迹、有结果。

坚持以上率下。国家局党组成员带头把自己摆进去，带头讲党课，带头交流研讨，带头查摆问题，带头践行“三严三实”要求，为行业各级领导干部作出示范。行业各级领导干部特别是党组（党委）主要负责人，认真履行“第一责任人”的责任，以身作则、率先垂范，带头讲好党课，带头查找问题，带头开展批评与自我批评，带头抓好整改落实。

注重讲求实效。各单位开展专题教育紧扣“三个见实效”，在解决具体问题上持续用力，教育引导各级领导干部坚定理想信念，加强作风建设，强化责任担当，推动行业改革发展。一是在深化“四风”整治、巩固拓展教育实践活动成果上见实效。各单位把“三严三实”专题教育作为教育实践活动的延展深化，既坚持整改劲头不松、工作不断、力度不减，又从严从实推进专题教育，努力推动新老问题一起解决，提振精气神，凝聚正能量，行业作风建设不断深入。二是在守纪律讲规矩、营造良好政治生态上见实效。行业各级领导干部通过认真学习习近平总书记在中央纪委五次全会上的重要讲话精神，学习《中国共产党章程》《中国共产党党员领导干部廉洁从政若干准则》《中国共产党纪律处分条例》等党内法规，严肃认真参加专题民主生活会和组织生活会，深入查摆是否严守“四大规矩”，深入查摆是否做到“五个必须”，深入查摆是否严防“七个有之”，进一步强化党章党规党纪意识，严明党的政治纪律和政治规矩。三是在真抓实干、推动改革发展稳定上见实效。各单位坚持学以致用、知行合一，围绕实践“三大课题”、提升“五个形象”，结合本单位的重点工作，努力把“三严三实”要求贯穿于行业改革发展各项工作之中。特别是在经济下行压力较大的新常态下，行业各级领导干部通过参加各个环节的学习教育，认清不严不实的严重危害，克服“为官不为”的错误思想，更加明确自己的职责所在，强化了敢抓敢管敢担责敢挑战的责任意识，切实把责任记在心上、扛在肩上、落实到行动上。

各省级公司开展“三严三实”专题教育概况

从2015年4月开始，“三严三实”专题教育在行业处级以上领导干部中同步开展，各单位按照中央统一部署及国家局党组要求同步进行。行业各单位围绕“严以修身”“严以律己”“严以用权”3个专题，紧密联系思想和工作实际，深入开展学习研讨。

北京市烟草专卖局（公司）①

2015年4月底开始，北京市烟草专卖局（公司）在全市烟草商业系统处级以上领导干部中开展“三严三实”专题教育。

专题教育期间，北京市局（公司）深入学习习近平总书记系列重要讲话精神，坚持学思并重，围绕“严以修身”“严以律己”“严以用权”3个专题开展学习研讨。坚持以正反两方面典型为鉴，开展主题教育活动，通过开展专题党课、警示教育、支部书记培训以及组织参观纪念中国人民抗日战争暨世界反法西斯战争胜利70周年主题展览等活动，各级领导干部接受一次党性、党风、党纪、党规教育。北京市局（公司）紧扣教育主题，开好专题民主生活会，制定工作方案，征求意见建议，开展谈心谈话，撰写发言提纲，开展批评与自我批评，确保专题民主生活会的高质量。

① 《“三严三实”专题教育》栏目中，“××烟草专卖局（公司）”简称“××局（公司）”，“××中烟工业有限责任公司”简称“公司”或“××中烟”。

天津市烟草专卖局（公司）

从2015年5月开始，天津市烟草专卖局（公司）在全市烟草商业系统处级以上领导干部中开展“三严三实”专题教育。

此次专题教育分为“严以修身”“严以律己”“严以用权”3个专题。专题教育期间，全市烟草行业商业系统处级以上领导干部对《习近平谈治国理政》《习近平关于党风廉政建设和反腐败斗争论述摘编》等书目进行研读，集中观看影片《杨善洲》；组织开展党组（党委）书记、支部书记讲党课活动。天津市局（公司）党组、所属各单位领导班子及市局（公司）机关各支部分别组织召开“三严三实”专题民主生活会，并广泛征求意见和建议，共收到意见建议230条。经认真梳理、归纳总结，最终形成意见建议42条，并制定整改措施，确保各项意见建议整改落实到位。

河北省烟草专卖局（公司）

从2015年4月开始，河北省烟草专卖局（公司）在全省烟草商业系统处级以上领导干部中开展“三严三实”专题教育。

专题教育期间，河北省局（公司）及所属市局（公司）先后组织集中学习35次，深入学习习近平总书记关于践行“三严三实”的新思想、新观点、新要求。组织党组书记上党课12次、党支部书记上党课10次；组织“严以修身”“严以律己”“严以用权”专题研讨活动36次，各党组成员带头发言，44人作现场发言；召开专题民主生活会12次，召开组织生活会10次，每名党员积极开展批评和自我批评、互评和领导点评。河北省局（公司）及所属市局（公司）领导班子成员以普通党员身份参加所在支部的专题组织生活会。坚持边学边查边改，广泛征求到有效意见建议56条，制定改进措施，明确完成时限。

通过开展“三严三实”专题教育，省、市两级党组巩固深化党的群众路线教育实践活动成果，形成河北省烟草商业系统“转作风、谋发展、强落实”的浓厚氛围。

河北中烟工业有限责任公司

从2015年4月开始，河北中烟工业有限责任公司在全省烟草工业系统处级以上领导干部中开展“三严三实”专题教育。

公司党组结合公司发展形势和特点，制定“三严三实”专题教育实施方案。6月，公司总经理、党组书记带头上专题党课，重点就“三严三实”的主要内容、结合实际落实“三严三实”要求及“三严三实”专题教育关键动作进行宣讲。在3次党组中心组集中学习会上，分专题组织学习和研讨，并请专家学者开展专题讲座，解疑释惑。12月底，公司党组召开民主生活会，开展批评和自我批评，对公司领导班子和成员在“三严三实”方面的不足和问题进行深刻反省，并提出改进举措。

在做好规定动作的同时，为强化专题教育效果，公司还开展“三强化、三做到”（严格管理以强化执行意识，严细要求以强化责任意识，严明纪律以强化规矩意识；忠实企业以做到敬业爱岗，务实工作以做到真抓实干，诚实做人以做到襟怀坦白）活动，把“精、严、细、实”体现在公司各个层面、各个环节和各项工作中。通过专题教育，公司党员领导干部的作风得到进一步改进，思想认识得到进一步提高，实务苦干的精神得到进一步激发。

山西省烟草专卖局（公司）

从2015年5月开始，山西省烟草专卖局（公司）在全省烟草商业系统处级以上领导干部中开展“三严三实”专题教育。

专题教育期间，省局（公司）严格落实“党组书记带头讲‘三严三实’专题党课、党组中心组开展‘三严三实'专题学习研讨、召开'三严三实'专题民主生活会和组织生活会、列出'两个清单'整改落实、严格执行党纪党规"等5个关键动作。省、市两级党组成员开展62期专题党课辅导，集中开展学习研讨48次，撰写心得体会180余篇，开展专题研讨38次，交流谈心420余次，撰写调研报告232篇，并汇编发放《"三严三实"专题教育优秀学习成果汇编》。

通过扎实有效推进"三严三实"专题教育，山西省烟草商业系统各级领导干部的严实工作作风、纪律规矩意识明显增强，在守纪律讲规矩、营造良好政治生态上见到实效。

内蒙古自治区烟草专卖局（公司）

从2015年5月开始，内蒙古自治区烟草专卖局（公司）在全自治区烟草商业系统处级以上领导干部中开展"三严三实"专题教育。

专题教育期间，自治区局（公司）建立"三项保障机制"。一是建立定期会议机制，召开党组专题会议部署"三严三实"专题教育5次、领导小组办公室会议4次。二是建立党组成员联系点机制，每个党组成员确定一个盟市局（公司）为"三严三实"联系点，在重要环节进行指导。三是建立信息传递机制，做到"一周一小结、一周一安排、一环节一总结"。自治区局（公司）党组书记为全自治区处级以上干部上专题党课，自治区局（公司）其他党组成员以"三严三实"为主要内容为处级以上干部讲授专题党课4次，各盟市局（公司）主要负责人讲专题党课14次；机关各党支部书记围绕"三严三实"开展专题辅导8次。开展"严以修身""严以律已""严以用权"3个专题学习，印制资料汇编280册，发放书籍350册；组织副处级以上党员观看《作风建设永远在路上》《焦裕禄》《杨善洲》等影像资料7部，并参观廉政教育基地；组织副处级以上干部研讨交流27次，撰写心得体会210篇。

通过"三严三实"专题教育，广大党员深化对马克思主义群众观点的认识，转变工作作风。2015年，自治区局（公司）公务接待费、职工教育费、会议费、办公费同比分别下降72.63%、35.35%、36.67%、21.51%。

辽宁省烟草专卖局（公司）

从2015年5月开始，辽宁省烟草专卖局（公司）在全省烟草商业系统处级以上领导干部中开展"三严三实"专题教育。

专题教育期间，辽宁省烟草商业系统各单位开展专题研讨和主题党日教育活动，各单位以党组中心组为主要平台，采取集体学习、专家辅导、警示教育等方式，分3个专题开展研讨，每2个月研讨1个专题，每位处级以上领导干部在每个专题研讨过程中交流发言1次以上，开展专题研讨50余次，领导干部撰写学习体会400余篇。组织各单位开展党员进社区义务服务，专题讲座，参观廉政教育警示基地和纪念馆等多种类型的教育活动。在开展专题民主生活会和组织生活会方面，省局（公司）政工处参加部分市局（公司）领导干部专题民主生活会，并指导各单位严格落实要求。各单位借鉴运用党的群众路线教育实践活动的经验做法，发扬整风精神，认真开展批评和自我批评，切实达到统一思想、增进共识、加强团结的目的。

吉林省烟草专卖局（公司）

从2015年5月开始，吉林省烟草专卖局（公司）在全省烟草商业系统处级以上领导干部中开展"三严三实"专题教育。

专题教育期间，吉林省烟草商业系统认认真真、原原本本地学习《习近平总书记系列重要讲话读本》《习近平谈治国理政》《习近平关于党的群众路线教育实践活动论述摘编》等学习材料；省局（公司）党组书记为机关全体党员干部做专题党课；党组中心组在个人自学基础上，以每2个月1个专题的进度，对3个专题开展学习研讨。

12月，党组召开“三严三实”专题民主生活会，认真开展批评和自我批评。通过开展“三严三实”专题教育，吉林省烟草商业系统各级领导干部进一步加强党性修养，切实增强践行“三严三实”的思想自觉和行动自觉。

黑龙江省烟草专卖局（公司）

从2015年5月开始，黑龙江省烟草专卖局（公司）在全省烟草商业系统处级以上领导干部中开展“三严三实”专题教育。

专题教育期间，省局（公司）总经理、局长、党组书记带头讲专题党课，各级党组（党委）中心组在个人自学基础上，重点分3个专题开展学习研讨。省局机关和各直属单位分别组织行业干部职工集中观看《正能量的聚集》《旗帜》专题教育片，并聘请地方党校教授开展专题辅导讲座，组织党员干部到黑龙江省廉政教育基地、侵华日军第七三一部队罪证陈列馆、大庆市铁人纪念馆开展廉政教育、爱国主义教育和优良传统教育。12月，省局（公司）党组召开“三严三实”专题民主生活会，对照正反两方面典型，对照会前征求的五大类37条意见建议，查摆不严不实问题，确定整改时限，确保整改实效。

通过开展“三严三实”专题教育，全省烟草商业系统形成依法治企、从严管理，按制度办事、按规矩办事、按程序办事的工作机制，一些遗留问题得到有效解决。

上海市烟草专卖局、上海烟草集团有限责任公司

从2015年4月开始，上海市烟草专卖局、上海烟草集团有限责任公司在全省烟草工商系统处级以上领导干部中开展“三严三实”专题教育。

在专题教育中，党组坚持做到“自我学”与“集中学”并重、“抓关键”与“全覆盖”并重、“抓重点”与“面上推”并重。党组成员深入基层调研124次，召开座谈会31场，发放调查问卷215份，从政治规矩、组织纪律、廉洁自律、服务群众及作风转变等8个方面进行满意度评价，汇总征求意见33条。党组成员之间开展66次深入的谈心谈话，指导下一级单位专题民主生活会32场次，在此基础上汇总各方意见归纳为修身做人、用权律己、谋事创业方面十条不严不实问题。对照“三严三实”要求，党组成员进行深刻的党性分析，在专题民主生活会上开展严肃认真的批评和自我批评。专题民主生活会后，对照民主生活会查摆出的问题，党组梳理三大类16项整改项目，逐一提出整改措施。

“三严三实”专题教育抓住党员干部做人从政的根本，明确干事创业的准则，划定为官律己的红线。其间，上海烟草各级领导干部坚持带头上党课，举办专题党课90场，听党课党员3171人，充分发挥带学、促学作用；坚持把从严从实贯穿始终，使各级领导干部在思想上、作风上、党性上补充“精神之钙”；坚持把推动发展贯穿始终，开展专题研讨68次，着力改革创新，补短板、破难题、求突破，科学谋划“十三五”发展，切实把专题教育成效体现到推动集团持续健康发展上。

江苏省烟草专卖局（公司）

从2015年4月开始，江苏省烟草专卖局（公司）在全省烟草商业系统处级以上领导干部中开展“三严三实”专题教育。

8月，省局（公司）总经理、局长、党组书记通过视频为全省系统2300余名党员干部、业务骨干作专题党课，要求党员干部认真践行“三严三实”，做到“对党忠诚、个人干净、敢于担当”。省局（公司）其他党组成员、各市局（公司）党组主要负责人在不同层面上专题党课，江苏省烟草商业系统累计开展讲党课活动157次。在专题学习研讨中，围绕“严以修身，加强党性修养，坚定理想信念，把牢思想和行动的‘总开关’”“严以律已，严守党的政治纪律和政治规矩，自觉做政治上的‘明白人’”和

“严以用权，真抓实干，实实在在谋事创业做人，树立忠诚、干净、担当的新形象”3个专题，高质量组织好专题学习研讨。专题教育开展以来，江苏省烟草商业系统共开展专题研讨42次。12月，省局（公司）党组召开“三严三实”专题民主生活会。

通过“三严三实”专题教育，党员干部在思想、作风、党性上进行又一次集中“补钙”和“加油”，增强践行“三严三实”的思想自觉和行动自觉。

江苏中烟工业有限责任公司

从2015年5月开始，江苏中烟工业有限责任公司在全省烟草工业系统处级以上领导干部中开展“三严三实”专题教育。

专题教育期间，公司党组、5家直属企业党委领导班子成员先后为党员干部上专题党课17场次，公司党组、企业党委围绕“严以修身”“严以律己”“严以用权”3个专题，组织开展集中学习研讨19次，江苏省烟草工业系统处级及以上领导干部撰写“三严三实”专题学习体会100余篇。公司党组、企业党委、基层党组织坚持问题导向，组织召开专题民主生活会和组织生活会，深刻进行党性分析，深入开展批评和自我批评。针对个人查找、面向群众征集和相互批评指出的问题，制定整改措施，积极落实整改，自觉接受群众监督。

通过“三严三实”专题教育，全省烟草工业系统各级领导干部对“三严三实”的精神实质、丰富内涵和内在要求，认识更加到位，干部队伍作风建设持续加强。

浙江省烟草专卖局（公司）

从2015年4月开始，浙江省烟草专卖局（公司）在全省烟草商业系统处级以上领导干部中开展“三严三实”专题教育。

在学习研讨方面：围绕“严以修身”“严以律己”“严以用权”3个专题开展270次学习研讨。通过党组中心组学习、专题讲座等形式，集中组织学习《中国共产党章程》、党的十八届四中和五中全会精神、习近平总书记系列重要讲话精神等内容，读原文，悟原理，与时俱进强化思想理论武装。重温焦裕禄、杨善洲等典型的感人事迹，举办行业劳动模范先进事迹报告会；组织处级以上干部到省法纪教育基地接受廉政警示教育，通过以案说法汲取行业内外反面典型的深刻教训，发挥正反典型的“镜鉴”作用，“三严三实”观念更加入脑入心。

在取得成效方面：对专题民主生活会查摆出来的6方面22个不严不实的问题，进行全面整治；对综合巡视、审计以及八项规定“回头看”检查发现的各类问题进行再梳理、再聚焦，对具有普遍性的问题，追根溯源，健全了制度规定，对存在不严不实、违法乱纪的党员干部进行诫勉谈话。

浙江中烟工业有限责任公司

从2015年5月开始，浙江中烟工业有限责任公司在全省烟草工业系统处级以上领导干部中开展“三严三实”专题教育。

专题教育紧扣学习和践行“三严三实”主题，公司领导讲授专题党课2次，围绕“严以修身”“严以律己”“严以用权”组织3次集中学习、研讨活动，召开1次高质量的“三严三实”专题民主生活会和组织生活会，并带头列出问题清单，强化整改落实和立规执纪。处级以上领导干部重点研读《中国共产党章程》《习近平谈治国理政》《中国共产党纪律处分条例》等书籍，集中学习相关文件、领导讲话等20余份，收听专题辅导讲座3次，观看《生死牛玉儒》等教育片，组织现场警示教育1次，撰写心得体会150余篇。做到专题教育与学习贯彻习近平总书记系列重要讲话精神有机结合、与抓好教育实践活动整改落实有机结合、与谋划“十三五”战略布局有机结合、与推进落实2015年度主要目标任务有机结合，做到专题教育与日常工作有机融合。

安徽省烟草专卖局（公司）

从2015年开始，安徽省烟草专卖局（公司）在全省烟草商业系统处级以上领导干部中开展"三严三实"专题教育。

专题教育期间，省局（公司）总经理、局长、党组书记带头讲专题教育党课。坚持"一学一议、一听一讲、一观一感"，做好"三严三实"专题学习研讨活动，先后开展集中学习21次。采取"二走访二查看一汇报"，即实地专题教育情况，现场查看痕迹化资料，走访市场和卷烟零售客户、烟农，走访基层烟站和县局、所队，听取工作情况汇报的方式，集中开展领导综合调研活动。按照要求，高标准组织召开专题民主生活会。针对专题民主生活会前征集的意见建议和查摆出来的问题，进行再梳理，建立问题整改清单，做到"整改目标、内容、标准、时限"四明确，责任到人。开展专项整治，坚持分类施策，做好"对账盘点"，整改一件销号一件，防止问题悬空、整改走样，推动践行"三严三实"制度化、常态化、长效化。

安徽中烟工业有限责任公司

从2015年6月开始，安徽中烟工业有限责任公司在全省烟草工业系统处级以上领导干部中开展"三严三实"专题教育。

围绕"严以修身""严以用权""严以律己"3个专题，公司"一把手"讲专题党课11次，副处级以上干部做专题研讨发言112人次，普通党员发言700余人次。公司领导、各单位党委、各支部重点学习习近平总书记关于党员领导干部践行"三严三实"的新思想新观点新要求，学习《中国共产党章程》《中国共产党廉洁自律准则》等规章制度。公司和所属各单位领导班子、班子成员广泛征求党组织、党员群众等各方面的意见，先后召开67场次征求意见座谈会，征集各类问题、意见、建议515条。12月，公司党组和所属各单位党委分别召开专题民主生活会，两级领导班子分别作对照检查，最后提出下一步整改落实的思路与措施涉及33个方面。

在整改落实期间，遵循先易后难、循序渐进、逐步落实的原则，对现阶段能够解决的问题，立即着手进行逐项整改；对暂不能解决的问题，说明原因，切实做好解释工作；对需要多个部门共同解决的问题，各司其职、各负其责、团结协作，着力解决。

福建省烟草专卖局（公司）

从2015年5月开始，福建省烟草专卖局（公司）在全省烟草商业系统处级以上领导干部中开展"三严三实"专题教育。

专题教育期间，福建省烟草商业系统结合省局（公司）党组中心组学习，组织"严以修身""严以律己""严以用权"3个专题的学习研讨。每次学习安排3天，充分保证学习时间；安排1名党组成员上专题党课，时间不少于1个小时；安排7~8名机关部门负责人重点发言，每人不少于30分钟。组织学习党的十八届五中全会精神、《中国共产党廉洁自律准则》等，收看焦裕禄、杨善洲等先进人物事迹电影，开展3场专题辅导讲座。组织开好"三严三实"专题民主生活会，组织召开12场征求意见座谈会，发放征求意见表116份，征求到意见建议99条，经过梳理，归类为6个方面65条意见。针对不严不实问题，省局（公司）相继印发《关于进一步加强省局机关作风建设的通知》《党风廉政建设责任追究实施办法》等文件，推动践行"三严三实"制度化、常态化、长效化。

福建中烟工业有限责任公司

从2015年4月开始，福建中烟工业有限责任公司在全省烟草工业系统处级以上领导干部中开展"三严三实"

专题教育。

专题教育期间，公司深入开展“严以修身”“严以律己”“严以用权”学习研讨，突出问题导向，紧密结合实际查找解决不严不实问题。采取集中学习、专家授课、个人自学等方式，重点研读《习近平谈治国理政》《习近平关于党风廉政建设和反腐败斗争论述摘编》等规定书目。认真组织学习焦裕禄、杨善洲、沈浩等先进典型事迹，从周永康、薄熙来、徐才厚、令计划、苏荣等违纪违法案件中汲取教训。2015 年，福建省烟草工业系统各级领导干部讲党课 6 人次，开展专题学习 21 次、专题研讨 18 次，参与研讨 161 人，撰写心得体会 351 篇。召开公司党组和直属企业领导班子专题民主生活会 6 场，55 个党（总）支部先后召开专题组织生活会，1900 余名党员参加。

江西省烟草专卖局（公司）

从 2015 年 4 月开始，江西省烟草专卖局（公司）在全省烟草商业系统处级以上领导干部中开展“三严三实”专题教育。

省局（公司）机关和各直属单位开展集中学习，把深入学习习近平总书记系列重要讲话精神作为重中之重，每季度开展党组（党委）中心组集中学习，班子成员带头研读原著、原文，用讲话精神武装头脑、指导实践、推动工作。省局（公司）总经理、局长、党组书记带头讲党课，各领导班子成员作学习辅导，系统各直属单位党组（党委）主要负责人亲自起草党课报告，讲好党课，江西省烟草商业系统各级领导干部共讲党课 56 次。党组中心组学习成员围绕“严以修身”“严以律己”“严以用权”3 个专题开展学习研讨 42 次。12 月，举办专题民主生活会，开展批评与自我批评。江西省烟草商业系统以开展中央八项规定专项检查和“回头看”活动为契机，坚持上下联动，严格正风肃纪。

江西中烟工业有限责任公司

从 2015 年 5 月开始，江西中烟工业有限责任公司在全省烟草工业系统处级以上领导干部中开展“三严三实”专题教育。

专题教育期间，先后召开 2 次党组会议、1 次机关党委会研究部署工作会议。公司总经理、党组书记带头讲党课，各级领导干部讲授党课 20 余人次。利用党组（党委）中心组理论学习开展专题研讨 15 次，公司领导分别挂点活动单位，开展调研和参加专题民主生活会 8 次。12 月，公司党组召开专题民主生活会，8 位公司领导结合分管工作和个人实际，以“三严三实”要求为标尺，深入查摆自身存在的不严不实问题。根据公司党组所存在的不严不实问题，梳理后形成党组“三严三实”整改清单，29 项问题，并逐一明确责任部门及整改时间。

山东省烟草专卖局（公司）

从 2015 年 6 月开始，山东省烟草专卖局（公司）在全省烟草商业系统处级以上领导干部中开展“三严三实”专题教育。

专题教育期间，省局（公司）提出 2 个“九查九看”，即在“三严”和“三实”中各“查”三个方面，“看”三个方面。确立查看重点和路径方法，确立各自“查”“看”内容，建立查摆问题清单，逐项制定落实整改措施。结合党组中心组集中学习，开展 2 次集中研讨；召开 2 次专题教育调度会，对各直属单位进展情况进行调度；9 月底，部署开展专题教育“回头看”；11 月下旬，制定督查方案，组成 6 个督查组，分赴 24 个直属单位及 17 个县级单位进行专项督查，并在全省烟草商业系统通报督查情况。组织召开专题民主生活会和组织生活会，落实意见建议收集、谈心交心、材料撰写及会议组织、意见建议整改、情况报告和通报等各环节工作，省、市两级单位专题民主生活会征集意见建议 881 条，确立整改任务 565 项。

山东中烟工业有限责任公司

从2015年4月开始，山东中烟工业有限责任公司在全省烟草工业系统处级以上领导干部中开展"三严三实"专题教育。

专题教育期间，公司深入学习习近平总书记系列重要讲话精神、《中国共产党章程》和党的纪律规定，组织参观山东省"三严三实"专题教育展。对照党章、先进典型、腐败案件、纪律规矩"四面镜子"，逐条梳理分析不严不实问题的具体表现，征集到涉及生产经营、品牌培育、作风建设等7个方面67条意见和建议。讲求工作实效，注重与党的群众路线教育实践活动相结合，挂牌成立山东中烟党性教育、爱国主义教育基地，在山东省烟草工业系统处级干部和各单位中层管理人员中，组织开展"创业绩比实效、履职尽责敢担当"特色活动，在全省烟草工业系统倡导"敢于担当"精神，推动工作作风转变、工作水平提升。狠抓整改落实，对梳理出的问题，坚持边学边查边改，建制度、立规矩，强化刚性执行；完善整改内容和整改措施，从严从实推进整改，不断巩固扩大整改成果。公司业务招待费、车辆运行费、会议费分别同比下降82%、25%、59%。

河南省烟草专卖局（公司）

从2015年4月开始，河南省烟草专卖局（公司）在省局（公司）机关、18个地市级局（公司）、4个直属单位处级以上领导干部中开展"三严三实"专题教育。

专题教育期间，省局（公司）及所属地市局（公司）印发实施方案，成立活动领导小组和专题教育办公室，把深化"四个三"教育（三感：感恩制度、感激组织、感谢同志；三珍：珍惜行业、珍惜岗位、珍惜待遇；三追：追求信念、追求实干、追求业绩；三提：提升自身素质、提升工作水平、提升精神情趣）和"坚决做到'五个不'"（不做"两面人"、不搞小圈子、不做"大嘴巴"、不写诬告信、不当"老好人"）作为"三严三实"专题教育的载体，开展省局、市局（公司）领导干部讲"三严三实"专题党课93次，组织"严以修身""严以用权""严以律己"3个专题学习研讨88次，撰写学习心得体会631篇。召开"三严三实"专题民主生活会21次、专题组织生活会16次，查摆问题246个，制定整改措施745项。

河南中烟工业有限责任公司

从2015年5月开始，河南中烟工业有限责任公司在全省烟草工业系统处级以上领导干部中开展"三严三实"专题教育。

公司采取集中学习、个人自学、专家辅导、专题研讨等方式，认真学习规定书目和学习材料。公司党组成员、各单位领导干部分别讲党课9次和85次，围绕"严以修身""严以律己""严以用权"3个专题开展研讨，其中公司本部开展专题研讨3次，各基层单位开展专题研讨31次。采取召开座谈会、发放征求意见表、网上征求意见、谈心谈话等形式，征集意见建议158条，经整理归纳为八类50条，内容涉及"三严三实"、落实党风廉政建设主体责任和监督责任、党的建设、品牌发展、市场营销、技术创新、队伍建设及其他方面。

公司以"三严三实"专题教育作为履行党建主体责任的重要任务，将弘扬红旗渠精神、强化创业意识作为深化专题教育的生动教材，组织公司党组中心组成员到安阳红旗渠干部学院学习。将"树旗帜、立标杆、做榜样""知感恩、守规矩、敢担当"主题教育实践活动作为"三严三实"专题教育的自选动作，通过举办先进事迹报告会、演讲赛、座谈会、开展明星示范点评选、与河南省局（公司）联合评选河南烟草第二届"感动行业"十大人物等，树立标杆，弘扬正气，提振精神。

湖北省烟草专卖局（公司）

从2015年4月开始，湖北省烟草专卖局（公司）在全省烟草商业系统处级以上领导干部中开展“三严三实”专题教育。

省局（公司）机关和系统各直属单位围绕“严以修身”“严以律己”“严以用权”3个专题，深刻领会习近平总书记系列重要讲话精神，深入学习《中国共产党章程》和党的纪律规定，对照正反两方面典型深查细找、剖析研讨。全面开展自学研读，主动撰写读书笔记，邀请专家教授作专题辅导报告，党组（党委）主要负责人带头讲授专题党课。高质量召开专题民主生活会，收集梳理关于省局（公司）领导班子的意见建议8个方面41条、关于领导个人的意见建议103条，省局（公司）领导、各市级公司班子成员分别带头参加所属单位专题组织生活会。开辟工作专栏，定期发布上级最新精神、工作部署、做法经验等，各单位累计更新信息2000余条。通过专题教育，各级领导干部在读原著、学原文、悟原理中锤炼党性修养，在对照检查中规范自身言行，在学习研讨中增强全面从严治党的信心。

湖北中烟工业有限责任公司

从2015年5月开始，湖北中烟工业有限责任公司在全省烟草工业系统处级以上领导干部中开展“三严三实”专题教育。

公司党组书记及党组成员带头讲专题党课，认真学习《中国共产党章程》《中国共产党廉洁自律准则》，深入贯彻习近平总书记系列重要讲话精神，特别是关于“三严三实”专题教育的重要指示，按照“严以修身”“严以律己”“严以用权”3个专题扎实开展研讨。在召开专题民主生活会之前，收集五大类203条意见和建议。12月，召开专题民主生活会，开展严肃认真的批评与自我批评，明确努力方向和改进措施。

湖南省烟草专卖局（公司）

从2015年4月开始，湖南省烟草专卖局（公司）在全省烟草商业系统处级以上领导干部中开展“三严三实”专题教育。

专题教育期间，省局（公司）党组带头示范，湖南省烟草商业系统各级党组书记及班子成员讲专题党课120场次，各支部书记讲党课270场次；组织10名处级干部开展理论学习研讨与集中交流，举办县级局（含复烤厂）党组（党委）书记和全省烟草商业系统党支部书记培训班，培训360余人。聚焦不严不实突出问题和具体表现，征集到对省局党组班子意见建议127条、局级领导意见建议37条。加强对专题民主生活会的指导，省局（公司）党组成员和有关部门负责人分头全程参加并点评16个直属单位党组专题民主生活会；各基层党组织认真召开专题组织生活会。坚持边学边查边改，省局（公司）党组整改项目12项，机关各部门整改项目107项。组织开展专项检查和审计、巡视监督、制度执行检查监督。根据查摆和解决不严不实问题情况，省局（公司）制定下发《关于进一步加强直属单位领导班子建设的实施意见》等6个文件。

湖南中烟工业有限责任公司

从2015年6月开始，湖南中烟工业有限责任公司在全省烟草工业系统处级以上领导干部中开展“三严三实”专题教育。

公司总经理、党组书记讲授党课，动员和部署湖南省烟草工业系统“三严三实”专题教育，并同步开展“作风建设永远在路上”专题讨论。2015年内，修订完善《公务接待管理办法》《差旅费管理办法》《公务用车管理办法》等规章制度；出台《关于进一步规范公司管理及其特定关系人参与公司业务活动的暂行规定》等制度；牢记“三大教训”（家教不严是腐败祸根的深刻教训、官商勾结是腐败祸根的深刻教训、用人歪风是腐败祸根的深刻教训）；严格规范企业生产经营，切割涉案的卷烟辅助材料供应商；坚持正确的用人导向，提高选人用人的透明度和公信力；坚持“上医治未病”的原则，认真履行“两个责任”（主体责任、监督责任），印发《党风廉政建设责任制实施办法》。加强纪检监察队伍建设，所属6家卷烟厂的纪委书记全部异地交流任职；调整和新提拔一批干部充实到纪检监察队伍，“三个中心”和两个全资子公司派驻了专职纪检监察员；与湖南省人民检察院建立遏制和预防职务犯罪的联席会议机制，探索“不敢腐、不能腐、不想腐”长效机制建设；“六五”普法工作顺利通过行业验收，企业基本走上制度化、常态化、法制化道路。

广东省烟草专卖局（公司）

从2015年4月开始，广东省烟草专卖局（公司）在全省烟草商业系统处级以上领导干部中开展“三严三实”专题教育。

省局（公司）开展“三严三实”专题教育，着重抓好三项关键动作。一是讲好专题党课，省局（公司）总经理、局长、党组书记作专题党课。二是搞好专题研讨，分别以“严以修身”“严以律己”“严以用权”为主题，组织3次专题研讨，学习书目32个篇章，发放学习辅导书籍700余册。三是召开好专题民主生活会和组织生活会，省局（公司）党组班子以践行“三严三实”为主题，召开专题民主生活会，机关各支部也召开专题组织生活会。

在开展学习教育过程中，省局（公司）始终把学习习近平总书记系列重要讲话精神摆在首位，认真对照正反典型深刻剖析，严肃党内政治生活，聚焦不严不实问题认真整改，促进领导干部持续改“四风”转作风，为改革发展稳定提供了强大正能量。

广东中烟工业有限责任公司

从2015年5月开始，广东中烟工业有限责任公司在全省烟草工业系统处级以上领导干部中开展“三严三实”专题教育。

一方面加强理论学习和专题研讨，公司党组成员认真研读《习近平谈治国理政》《习近平关于党风廉政建设和反腐败斗争论述摘编》等重要学习材料，并以视频教学、专题讲座等形式，将有关学习扩展到所属单位和部门负责人；另一方面对照检查，立行立改。2—3月开展“吃空饷”自查清理；9—11月对韶关卷烟厂和原料供应中心开展为期3个月的公司内部巡视；11—12月开展“守纪律、爱整洁、办实事”机关工作作风专项整治活动。党组重点围绕“两个责任”落实情况、中央八项规定精神和国家局党组九条要求贯彻执行情况、选人用人情况、审计整改情况，进行自我诊断、自我完善、自我提高。

通过开展为期3个月的“内部巡视”“回头看”“再整改”，反“四风”取得阶段性成效，基本作到符合中央八项规定的各项要求。

广西壮族自治区烟草专卖局（公司）

从2015年5月开始，广西壮族自治区烟草专卖局（公司）在全自治区烟草商业系统处级以上领导干部中开展“三严三实”专题教育。

自治区局（公司）和各直属单位分别成立专题教育领导小组，以党组中心组学习为载体，通过原原本本学原文原著、听取辅导讲座、观看典型教育片、实地开展红色教育、专题研讨等活动，拓宽学习内容，创新学习形式，增强学习实效。全省烟草商业系统处级以上领导干部带头讲授专题党课89次，开展专题学习48次。自治区局（公司）领导干部每人撰写体会文章2～3篇。对照群众意见建议，深入查摆领导干部在修身做人、律己用权、谋事创业方面存在的不严不实问题，召开高质量的专题民主生活会。自治区局（公司）党组将群众意见建议归纳整理为83条，以表格形式建立整改台账，明确责任领导、责任部门，持续整改推进。

坚持边学边查边改，先后3次开展贯彻落实中央八项规定专项检查和“回头看”工作。2015年，行业会议费同比下降18.99%，业务招待费同比下降45.35%，车辆运行费同比下降18.26%。

广西中烟工业有限责任公司

从2015年5月开始，广西中烟工业有限责任公司在全省烟草工业系统处级以上领导干部中开展“三严三实”专题教育。

在专题教育中，公司各级领导干部全面学习习近平总书记系列重要讲话、党史国史、反面典型、《中国共产党廉洁自律准则》等内容，组织开展“严以修身，加强党性修养，坚定理想信念，把牢思想和行动的总开关”“严以律已，严守党的政治纪律和政治规矩，自觉做政治上的明白人”“严以用权，真抓实干，实实在在谋事创业做人，树立忠诚、干净、担当的新形象”3个专题研讨会。公司党组成员在研讨会上分别作专题交流发言，公司副巡视员、总会计师及27个部门主要负责人作了重点发言。收到副处以上干部学习心得257篇。其间，公司领导班子成员分别深入所分管的党委（党总支）各个领域进行深入调研，给党员上专题党课，听课党员1300人次。12月，在“三严三实”专题民主生活会上，公司领导班子围绕“修身做人、律己用权、干事创业”方面存在的问题进行认真查摆，对民主生活会前征集的13条意见和建议进行认真分析，明确整改措施和时限要求。通过“三严三实”专题教育，党员干部在坚定理想信念，增强政治自觉、宗旨观念上有新的提高。

海南省烟草专卖局（公司）

从2015年4月开始，海南省烟草专卖局（公司）在全省烟草商业系统处级以上领导干部中开展“三严三实”专题教育。

专题教育期间，省局（公司）组织专题学习3次、专题党课1次，开展警示教育活动2次，开展“守纪律、讲规矩、做表率”主题教育活动1次，邀请革命前辈作专题报告1次，开展专题研讨3次，征集到党务管理、基层管理、人事用工、干部培养、薪资待遇等11个方面的意见和建议65条。针对存在的问题和群众提出的意见，列出问题清单、坚持边学边查边改，办公用房、公务用车、公务接待等方面存在的问题得到有效整改。

重庆市烟草专卖局（公司）

从2015年4月开始，重庆市烟草专卖局（公司）在全市烟草商业系统处级以上领导干部中开展“三严三实”专题教育。

专题教育期间，市局（公司）各级领导干部累计讲专题党课140余场次，各单位举行集体讨论、分组讨论450余次，党员干部撰写理论研讨文章和心得体会360余篇。重庆市烟草商业系统深入学习习近平总书记关于党员和干部践行“三严三实”的新思想新观点新要求，坚持问题导向，认真开展落实中央八项规定精神情况的专项检查，持续抓好“四风”问题整改。2015年，重庆市烟草商业系统办公用房、公务用车、公务接待等方面存在的问题全部整改到位，业务招待费、会议费、涉外费同比分别下降37.81%、34.9%和46.9%。市局（公司）党组和纪检组约谈直属单位领导班子2家，诫勉约谈11人，党纪政纪处分2人。通过专题教育，党员干部党性修养全面加强，工作作风更加扎实。

重庆中烟工业有限责任公司①

2015年，重庆中烟工业有限责任公司在全市烟草工业系统处级以上领导干部中开展"三严三实"专题教育。

一是精心组织，确保活动有序开展。重庆中烟成立后，尽管改革发展任务繁重，公司党组始终强化政治意识、牢记主体责任，多次召开会议，就"三严三实"专题教育作出研究部署。二是带学促学，确保活动规范推进。通过自学和中心组集中学习等方式，认真学习习近平总书记系列重要讲话、《中国共产党廉洁自律准则》《中国共产党纪律处分条例》等重要材料。同时，开展集中学习和专题讨论。三是查找整改，确保活动取得实效，公司、卷烟厂领导班子及时召开"三严三实"专题民主生活会，其他副处级以上领导干部参加所在党支部的组织生活会，大家对照党纪法规和正反两个方面典型，联系个人思想、工作、生活和作风实际，深入查摆不严不实问题，严肃开展批评与自我批评。

四川省烟草专卖局（公司）

从2015年5月开始，四川省烟草专卖局（公司）在全省烟草商业系统处级以上领导干部中开展"三严三实"专题教育。

省局（公司）各单位党组高度重视、精心组织，以主要领导党课报告为开局，以党组中心组学习为平台，以专题学习研讨为抓手，坚持以上率下，坚持问题导向。一是深入学习研讨，组织副科以上党员干部，系统学习《中国共产党章程》《习近平谈治国理政》等规定读本，开展专家辅导41次，组织观看专题影片69场次，撰写心得体会1123篇。二是广泛征求意见，省局（公司）党组共查找出不严不实问题15个，征集意见35条，为专题民主（组织）生活会奠定坚实基础。三是真诚交心谈心，各级党员干部按照"三必谈、四谈到"要求，坦诚谈心、真诚交心，认真开展党性分析、撰写对照检查材料。四是坚持边学边改，四川省烟草商业系统整改各类问题1049个，2015年全省行业业务招待费、会议费、车辆运行费分别同比下降22.01%、15.97%、24.22%。

四川中烟工业有限责任公司②

2015年，四川中烟工业有限责任公司在全省烟草工业系统处级以上领导干部中开展"三严三实"专题教育。

公司开展专题学习研讨，通过公司党组和各级班子带头，个人自学与集中学习相结合，认真开展专题学习研讨。公司主要领导带头作"三严三实"专题党课辅导报告，各直属单位党委书记联系本单位实际讲党课，各级班子成员深入联系点讲党课，较好地发挥带学促学作用。开好民主生活会，通过多种形式，广泛征求广大党员和职工群众的意见建议，班子成员之间、班子成员与部门负责人之间进行普遍深入的谈心谈话，党组班子和各位成员都认真撰写对照检查材料，"高标准、严要求、高质量"开好党组民主生活会。抓好整改落实，针对存在的问题，制定整改落实清单，明确责任人和时限要求。

贵州省烟草专卖局（公司）

2015年，贵州省烟草专卖局（公司）在1个厅级领导班子、13个处级领导班子、170名处级以上领导干部、40余名纪检监察干部中开展"三严三实"专题教育。

专题教育期间，贵州省烟草商业系统实现专题党课全覆盖，省局（公司）党组书记率先带头为贵州省烟草商业

---

① 2015年10月，根据《国家烟草专卖局 中国烟草总公司关于进一步深化川渝烟草工业企业改革的批复》（国烟法〔2015〕280号），撤销在原川渝中烟工业有限责任公司，原重庆烟草工业有限责任公司重组更名为重庆中烟工业有限责任公司，原四川烟草工业有限责任公司重组更名为四川中烟工业有限责任公司。本栏目按照重组后的重庆中烟工业有限责任公司和四川中烟工业有限责任公司进行撰稿。

② 参照重庆中烟工业有限责任公司注释。

系统党员上专题党课，以高质量专题党课启动贵州省烟草商业系统“三严三实”专题教育。省局（公司）其他领导主动跟进，陆续在分管部门或联系单位讲党课，11 名直属单位党委书记分别讲专题党课。理论学习更透彻，处级以上干部原原本本认真研读《习近平谈治国理政》等书籍，紧密联系正反两面典型，深刻反思，仔细对照，明底线、知敬畏、守规矩、定标杆。省局（公司）领导以上率下，164 名处级干部分别围绕研讨主题，紧密联系个人思想、工作和生活实际，谈践行“三严三实”中存在的问题。省局（公司）党组成员深入联系点调研，收集基层需要帮助协调解决的问题 85 个。各直属单位立足基层实际，结合各级班子调研收集的意见建议，解决群众关心的问题 160 余个。

贵州中烟工业有限责任公司

从 2015 年 4 月开始，贵州中烟工业有限责任公司在全省烟草工业系统处级以上领导干部中开展“三严三实”专题教育。

4 月，公司成立专题教育领导小组，明确责任，制定方案。专题教育期间，公司总经理、党组书记为党员干部上党课。各单位采取辅导报告、干部自学、支部学习讨论、集中学习、主要领导上党课、观看主题影片、开展读书比赛等方式开展学习教育，实现党员教育全覆盖，参加党课教育党员干部 3800 余人。公司组织开展“严以修身”“严以律己”“严以用权”3 个专题研讨，参加研讨副处以上干部 160 余人次；组织 3 次专题辅导，接受教育的党员 700 余人次。公司党组班子成员结合正反两方面典型，针对思想、工作、作风方面存在的不严不实问题，深入剖析产生的根源，深刻反思，提出整改的方向和措施，形成交流发言提纲 7 个，处级以上干部撰写发言材料和体会 60 余个。公司梳理出六方面的不严不实问题，建立台账，结合教育实盘点梳理教育实践活动各项整改任务措施，以问题为导向逐项完成整改。

云南省烟草专卖局（公司）

从 2015 年 5 月开始，云南省烟草专卖局（公司）在全省烟草商业系统处级以上领导干部中开展“三严三实”专题教育。

专题教育期间，省局（公司）党组多次召开专题会议研究部署，5 月 4 日出台《“三严三实”专题教育实施方案》，5 月 8 日召开专题教育推进会，扎实开展“三严三实”专题教育。一是讲好专题党课。省局（公司）党组书记带头讲授专题教育党课，党组成员分别深入玉溪、曲靖、楚雄、红河、迪庆等 5 家州市局（公司）讲授专题教育党课，全省烟草商业系统各单位各级领导干部带头讲授专题党课 163 次 330 余课时。二是抓好专题调研。采取党组中心组学习、集中辅导、专题讲座、个人自学等方法，省局（公司）党组分别围绕“严以修身”“严以律己”“严以用权”3 个专题开展专题研讨 3 次，各单位共开展专题研讨 38 次。三是开好民主生活会和组织生活会。召开专题民主生活会 24 次、专题组织生活会 168 次，收集整理到对省局领导班子和党组成员意见建议 27 条，认真组织交心谈心、开展党性分析、撰写对照检查材料，深入查摆不严不实问题，严格整改落实。四是做好专题活动：积极开展学习理论教材、学习先进典型、反思违纪违法案例、观看教育影片和参观焦裕禄纪念园、善洲林场等专题学习活动，促进云南省烟草商业系统各级领导干部在思想、作风、党性上持续“补钙”“加油”。

云南中烟工业有限责任公司

从 2015 年 4 月开始，云南中烟工业有限责任公司在全省烟草工业系统处级以上领导干部中开展“三严三实”专题教育。

公司党组以开展领导党课、党性教育、现场教学、警示教育、专题研讨“五个一”系列学习活动为载体，不断强化学习教育和理论武装。积极组织全系统处级以上党员干部认真学习领会党的十八大和十八届三中、四中、五中全会精神，以及《中国共产党章程》等规章制度。云南省烟草工业系统各单位主要领导带头讲党课56次，举办基层党组织书记集中轮训班5期，组织云南省烟草工业系统处级以上党员领导干部51人到杨善洲干部学院开展现场学习教育。同时，围绕"严以修身""严以律已""严以用权"3个专题，开展学习研讨。广泛征求意见，收集到对公司领导班子的意见建议145条，其中涉及民主生活会的意见建议15条。12月，召开专题民主生活会，明确6个方面的努力方向。针对"三严三实"专题民主生活会查找出的问题与不足，提出19条具体整改措施，并逐一明确整改责任领导、牵头部门、配合部门和完成时限，确保整改落实工作取得实效。

在"三严三实"专题教育中，公司切实把"三严三实"的要求转化为具体行动，转化为推进云南中烟"两统一、两整合"改革的不竭动力，为云南中烟持续改革发展奠定了坚实的思想基础。

西藏自治区烟草专卖局（公司）

从2015年4月开始，西藏自治区烟草专卖局（公司）在全自治区烟草商业系统处级以上领导干部中开展"三严三实"专题教育。

专题教育期间，自治区局（公司）采取班子成员到各自联系点讲党课、自学、集体学习、专家讲座、观看教育影片、警示片和集体交流研讨等方式开展活动。坚持发扬民主、敞开大门，采取以党委书记参加地市局（公司）座谈会征求意见建议，班子其他成员参加部分地市单位座谈会征求意见建议；在避开监控探头的办公大楼外设置征求意见建议箱；在信息平台开设征求意见建议栏的形式。此次活动征求到意见建议132条，梳理归纳为86条，其中对自治区局（公司）党委的意见建议58条，对班子成员的意见建议28条。通过开展"三严三实"专题教育，西藏自治区烟草商业系统业务招待费和会议费分别同比下降17.74%和75.18%。

陕西省烟草专卖局（公司）

从2015年5月开始，陕西省烟草专卖局（公司）在全省烟草商业系统处级以上领导干部中开展"三严三实"专题教育。

省局（公司）总经理、局长、党组书记主讲专题党课，省局（省局）党组中心组集中学习，组织开展"三严三实"主题党日教育活动。省局（公司）机关各支部安排集中学习普遍在3次以上，全体党员干部特别是党员领导干部深研细读《习近平谈治国理政》，撰写读后感。在3个专题研讨环节中，每位党组（党委）成员抓实"四个对照"、做到"三个体现"、坚持"三个从严"，全方位检查不严不实的种种表现，查找问题的症结，形成书面发言提纲，深刻反思，立说立行，带头示范。陕西省烟草商业系统领导干部讲党课34次，开展专题研讨36次，并将处级以上党员领导干部"三严三实"学习心得汇编成册，开辟内网学习专栏，发布学习报道136次。省、市两级局（公司）党组（党委）和省局（公司）机关各党支部召开以"三严三实"为主题的民主生活会和组织生活会，体现"红红脸、出出汗"的要求，激发干事创业的新动力。

陕西中烟工业有限责任公司

从2015年4月开始，陕西中烟工业有限责任公司在全省烟草工业系统处级以上领导干部中开展"三严三实"专题教育。

公司党组（党委）书记带头讲"三严三实"专题党课，党组（党委）中心组开展"三严三实"专题学习研讨，即"严以修身，加强党性修养，坚定理想信念，把牢思想和行动的'总开关'""严以律已，严守党的政治纪律和政治规矩，自觉做政治上的'明白人'""严以用权，真抓实干，实实在在谋事创业做人，树立忠诚、干净、担当的新形象”。召开“三严三实”专题民主生活会和组织生活会，强化整改落实和立规执纪。陕西烟草工业系统党员领导干部通过开展“三严三实”专题教育，增强思想自觉和行动自觉，认真查摆和解决自身“三严三实”问题，真正从思想上、工作上、作风上严起来、实起来，把“三严三实”要求体现到履职尽责、做人做事的方方面面。

甘肃省烟草专卖局（公司）

从2015年4月开始，甘肃省烟草专卖局（公司）在全省烟草商业系统处级以上领导干部中开展“三严三实”专题教育。

省局（公司）采取集中学习、个人自学、视频教育、先进事迹、案例警示等方式，加强日常学习教育。累计组织集中学习109次，处级以上干部带头讲党课86场次，举办专家讲座39场次，观看视频128场次。联系思想和工作实际，注重对照反面典型，深入开展3个专题交流研讨，累计开展集中研讨50次，参加人员743人次，交流处级以上干部研讨文章420篇。以践行“三严三实”为主题，组织召开专题民主生活会，广泛听取意见建议，认真开展有辣味的批评和自我批评。强化整改落实。坚持即知即改、边查边改、集中整治，2015年甘肃省烟草商业系统发文数、简报数、会议数同比分别下降24.8%、30.4%、22.1%，业务招待费、会议费、车辆购置及运行费同比分别下降36.14%、8.79%、18.63%，出国（境）费为零。

青海省烟草专卖局（公司）

2015年，青海省烟草专卖局（公司）在全省烟草商业系统处级以上领导干部中开展“三严三实”专题教育。

省局（公司）坚持以严的态度来谋划，以严的标准来把握，严的措施来推进，以严的纪律来保证，推动党员干部进一步坚定理想信念，把“三严三实”专题教育融入经常性学习教育之中，抓好高质量讲党课、深入进行专题学习研讨、开好专题民主生活会和组织生活会等关键动作，建立完善相关管理制度，持续以制度规范促进党风廉政建设责任制有效落实，以“三严三实”专题教育深化廉洁自律教育，以正反典型警示引导全员廉洁从政意识，青海省烟草商业系统党风廉政建设和反腐败工作取得新成效。

宁夏回族自治区烟草专卖局（公司）

从2015年4月开始，宁夏回族自治区烟草专卖局（公司）在全自治区烟草商业系统处级以上领导干部中开展“三严三实”专题教育。

宁夏回族自治区局（公司）坚持把思想教育放在首位，重点学习习近平总书记系列重要讲话精神，突出学习中国传统文化经典著作，注重从焦裕禄、杨善洲先进事迹中汲取榜样力量，从周永康、徐才厚案件中接受警示教育，教育引导各级领导干部加强党性修养，改进工作作风。宁夏回族自治区烟草商业系统组织集中学习19次，开展专题研讨19场，各级领导班子成员讲党课24人次；组织30名处级干部到井冈山开展革命传统和理想信念教育，举办“践行‘三严三实’、做‘五有’干部”讨论交流会1次，召开“三严三实”领导班子专题民主生活会6场次。坚持边学边查边改，主要领导干部带头，列出问题清单，一项一项整改，开展专项整治。通过开展专题教育，党员领导干部在坚定理想信念、增强宗旨观念、改进工作作风上有了新提高。

新疆维吾尔自治区烟草专卖局（公司）

从2015年5月开始，新疆维吾尔自治区烟草专卖局（公司）在全自治区烟草商业系统处级以上领导干部中开展“三严三实”专题教育。

新疆维吾尔自治区局（公司）机关、所属各单位各级党组书记带头对"三严三实"的重大意义和丰富内涵、不严不实的具体表现和严重危害、"三严三实"的实践要求等内容进行详细讲解，讲党课46次。各单位党组中心组开展"三严三实"专题学习研讨，深入学习习近平总书记系列重要讲话精神，学习《中国共产党章程》和党的纪律规定，重点研讨《习近平谈治国理政》《习近平关于党风廉政建设和反腐败斗争论述摘编》等书目，学习焦裕禄、杨善洲、沈浩等先进典型事迹。在个人自学基础上，围绕"严以修身""严以律己""严以用权"3个专题开展学习研讨。召开自治区局（公司）领导班子、各单位领导班子"三严三实"专题民主生活会，并在专题民主生活会正式召开前，收集针对领导班子和班子成员的意见建议。针对专题民主生活会上收集到的意见建议，各单位班子立即进行梳理，列出问题清单，纳入整改内容。经过梳理，"两方案一计划"确定的整改任务569项，均进行整改。

大连市烟草专卖局（公司）

从2015年5月开始，大连市烟草专卖局（公司）在全市烟草商业系统处级以上领导干部中开展"三严三实"专题教育。

5月，市局（公司）总经理、局长、党组书记作党课报告。5—10月，以"严以修身""严以律己""严以用权"为主题，采取自主学习、集中学习、交流研讨、专家授课、观看影片等形式，学习习近平总书记系列重要讲话精神，温习《中国共产党章程》和党的纪律规定，研读《习近平谈治国理政》《习近平关于党风廉政建设和反腐败斗争论述摘编》等重要著作，学习焦裕禄、谷文昌、杨善洲、沈浩等先进典型事迹，汲取周永康、薄熙来、徐才厚、令计划、苏荣等违纪违法案件教训，深化思想认识，提高政治修养。对照《中国共产党章程》《中国共产党纪律处分条例》和党的优良传统，对照正反两方面典型，联系个人实际开展批评和自我批评，剖析问题产生根源，狠抓问题整改成效，党员干部党的意识、看齐意识和纪律规矩意识进一步增强。

深圳市烟草专卖局（公司）

2015年，深圳市烟草专卖局（公司）在全市烟草商业系统处级以上领导干部中开展"三严三实"专题教育。

市局（公司）开展学习教育，突出抓好习近平总书记系列重要讲话精神的学习，注重读原著、学原文、悟原理；坚持以知促行、知行合一，把学习教育和解决问题结合起来，组织党组中心理论学习组到中国井冈山干部学院进行"三严三实"专题培训，增强思想自觉和行动自觉，认真查摆和解决不严不实问题；坚持以上率下、发挥领导干部的示范带动作用，行业两级领导干部讲党课51次，开展专题研讨37次，形成践行"三严三实"要求的浓厚氛围。通过专题教育，进一步教育引导行业党员领导干部加强党性修养，推动领导干部巩固群众路线教育实践活动成果，坚持实事求是，改进工作作风，做到"心中有党不忘恩、心中有民不忘本、心中有责不懈怠、心中有戒不妄为"。

中国烟草实业发展中心

从2015年4月底开始，中国烟草实业发展中心（简称中烟实业）在机关和所属单位处级以上领导干部中开展"三严三实"专题教育。

中烟实业机关共组织党组中心组理论集中学习10次，通读《习近平谈治国理政》全书。专题学习研讨3次，征集机关和企业意见建议33条。针对发现问题，制定方案，抓好整改落实。同时，指导企业开展好专题教育，组织中烟实业系统58名处级干部到井冈山革命传统教育基地进行为期3天的党性锻炼培训。通过开展专题教育，进一步加强党员干部思想政治建设和作风建设，巩固拓展群众路线教育实践活动成果，推动企业持续健康发展。

黑龙江烟草工业有限责任公司：根据国家局和中烟实

业部署，公司在处级以上党员干部中开展“三严三实”专题教育。公司组织党委中心组集中学习6次30学时，各党支部组织集中学习36次，组织观看专题教育片61场次，开展学习讨论交流26次，班子成员讲党课16次、学习辅导20次，组织专题研讨3次。专题教育期间，共征集意见建议40条，制定方案，抓好整改落实。组织专题民主生活会，班子成员坦诚开展批评与自我批评。各基层党委认真组织本单位专题教育，查摆不严不实问题188项，制定问题清单，明确整改措施和时限，形成严以修身、务实干事的良好氛围。

红塔辽宁烟草有限责任公司：根据国家局和中烟实业部署，公司在处级以上党员干部中开展“三严三实”专题教育。公司党组成员深入两厂，召开民主对话会，征集职工意见建议21条，明确责任部门，抓好整改落实。按要求开好专题民主生活会和组织生活会，认真进行批评与自我批评。组织中层管理人员和党支部书记49人，分2期到井冈山革命传统教育基地进行党性锻炼。认真学习贯彻新的《中国共产党廉洁自律准则》《中国共产党纪律处分条例》。严格落实中央八项规定精神。公司全年业务招待费同比下降42.4%、会议费同比下降49.3%。

吉林烟草工业有限责任公司：根据国家局和中烟实业部署，公司在处级以上党员干部中开展“三严三实”专题教育。公司总经理、党组书记亲自讲专题党课。认真组织理论学习，深入学习习近平总书记系列重要讲话精神，组织专题研讨3次。认真组织专题民主生活会，领导班子成员坦诚地开展批评与自我批评。广泛征求各方面意见建议，制定整改落实方案。成立由党群工作部和纪检监察部组成的调研组，对公司直属党委所属各基层党组织、延吉和长春两厂党委专题教育开展情况进行调研督导，确保重要节点有人盯、重要工作有人管、查出问题及时改。

甘肃烟草工业有限责任公司：根据国家局和中烟实业部署，公司在处级以上党员干部中开展“三严三实”专题教育。公司抓好理论学习，深入学习习近平总书记系列重要讲话精神和关于践行“三严三实”的新思想新观点新要求。按照“三严三实”要求，坚持以知促行、知行合一，把学习教育和解决问题结合起来，把专题教育和落实“三个保持”目标任务、推动甘肃烟草工业持续健康发展结合起来，弘扬严的精神、实的作风，倡导务实谋事、踏实干事、扎实成事的实干精神，营造愿意担当、敢于担当、能够担当的良好环境，激发干部职工的积极性、主动性。

内蒙古昆明卷烟有限责任公司：根据国家局和中烟实业部署，公司在处级以上党员干部中开展“三严三实”专题教育。公司制定实施方案和整改落实方案。组织讲党课8次，党委中心组学习4次，召开各党支部组织生活会12次，组织专题研讨3次。通过专题教育，使公司全体党员特别是领导干部，接受宗旨意识的再教育，经历党性锻炼的再洗礼，进行作风建设的再检查，实现改革发展的再动员。

深圳烟草工业有限责任公司：根据国家局和中烟实业部署，公司在处级以上党员干部中开展“三严三实”专题教育。公司召开党内外群众座谈会征求意见。领导班子认真撰写对照检查材料，开好民主生活会，着力解决不严不实的问题。通过专题教育进一步加强领导班子建设，培养党员干部脚踏实地的作风，增强干事创业的能力。

山西昆明烟草有限责任公司：根据国家局和中烟实业部署，公司在处级以上党员干部中开展“三严三实”专题教育。公司副处级以上干部赴太原市委党校进行3天脱产专题培训。组织党务干部19人赴井冈山接受为期5天的党性锻炼，参观清徐廉政教育基地，接受警示教育，组织专题研讨3次，撰写学习心得400余篇。召开“专题组织生活会”“整改落实分析会”2个生活会，班子成员相互进行谈话交心，开展批评与自我批评，班子成员民主测评满意率达到98%。在建章立制、整改落实分析会上，现场解决职工关心的问题23项。对照查摆出的问题，制定整改落实清单240条，修订办公用房、业务接待、婚丧嫁娶、因私出国、和谐稳定等相关制度11项，形成务实干事的氛围。

海南红塔卷烟有限责任公司：根据国家局和中烟实业部署，公司在处级以上党员干部中开展“三严三实”专题教育。公司通过组织党员干部集中观看廉政教育电教片、开展“三个敬畏、三个监督新常态、三类警典”

专题教育、党委书记讲授专题党课、党委理论学习中心组学习、党支部支委会等多种形式，组织学习研讨。领导班子成员认真撰写对照检查材料，开好专题民主生活会，坦诚地进行批评与自我批评。并通过多种途径征求职工群众的意见建议，制定整改措施，营造干事创业的良好氛围。

吉林烟草进出口有限责任公司：根据国家局和中烟实业部署，公司在处级以上党员干部中开展"三严三实"专题教育。一是加强学习，建立公司微信群，组织党员干部认真学习习近平总书记系列重要讲话精神。二是认真自我剖析，公司班子成员和所有党员都认真撰写自我剖析材料，并在召开的组织生活会上进行认真发言。通过专题教育形成严实的作风和干事创业的良好氛围。

中国烟草总公司郑州烟草研究院

2015年，中国烟草总公司郑州烟草研究院（简称郑州院）在处级以上领导干部中开展"三严三实"专题教育。

专题教育期间，郑州院严格落实学习内容，研读《"三严三实"干部教育读本》等学习资料，认真开展自学和集中学习。郑州院党组书记为全体党员、领导干部讲党课。党组其他成员分别到各自联系点讲党课。认真开展"三严三实"专题教育学习研讨，分3个主题深入开展学习讨论，6名领导班子成员，28位处级干部每人撰写学习体会。通过研讨发言，统一思想认识，提升思想水平和境界。

中国烟草总公司合肥设计院

从2015年4月开始，中国烟草总公司合肥设计院（简称合肥院）在处级以上领导干部中开展"三严三实"专题教育。

7月，合肥院院长、党委书记讲授"三严三实"专题党课，院党委其他成员也相继在各自联系的党支部讲授专题党课。同时，院党委组织中层以上干部开展"三严三实"教育"严以修身""严以律己""严以用权"3个专题的学习研讨。在此基础上，院领导班子成员在专题民主生活会前深入基层走访调研征求意见，征求对设计院领导班子及成员的意见和建议。12月，合肥院党委围绕主题，认真开展"三严三实"专题民主生活会。随着"三严三实"专题教育的深入开展，全院上下形成践行"三严三实"要求的浓厚氛围，党员干部思想认识进一步提高。

中国烟草总公司职工进修学院

从2015年4月开始，中国烟草总公司职工进修学院（简称进修学院）在处级以上领导干部中开展"三严三实"专题教育。

进修学院采取多种措施，推动"三严三实"专题教育扎实开展。一是到焦裕禄干部学院学习，学习弘扬焦裕禄精神，践行"三严三实"。二是党组中心组集中学习，召开党组中心组"三严三实"专题学习会，原原本本学习《习近平谈治国理政》等专题学习教材，组织观看专题片《旗帜》《正能量的聚集》；围绕"严以修身""严以律己""严以用权"3个专题开展专题学习研讨。三是讲"三严三实"专题党课，进修学院院长以《深入扎实践行"三严三实"推动学院新一轮高层级飞跃式发展》为题，作"三严三实"专题党课。四是举办"践行'三严三实'，为学院出彩争当先锋"的演讲比赛活动，进一步教育引导教职工深刻领会"三严三实"内涵。自开展"三严三实"专题教育以来，进修学院对照"四面镜子"，逐条梳理分析不严不实问题的具体表现，征集到20条意见和建议，随后逐一进行整改。

南通醋酸纤维有限公司

从2015年5月开始，南通醋酸纤维有限公司（简称南纤公司）在处级以上领导干部中开展“三严三实”专题教育。

南纤公司党委研究制定《南纤公司开展“三严三实”专题教育实施方案》和工作分解计划表，坚持知行合一。党委中心组深入学习习近平总书记系列重要讲话精神，学习《中国共产党章程》和党的纪律规定，重点研读《习近平谈治国理政》《习近平关于党风廉政建设和反腐败斗争论述摘编》等教材，开展“严以修身，加强党性修养，坚定理想信念，把牢思想和行动的‘总开关’”“严以律已，严守党的政治纪律和政治规矩，自觉做政治上的‘明白人’”“严以用权，真抓实干，实实在在谋事创业做人，树立忠诚、干净、担当的新形象”3个专题学习研讨。先后在一定范围讲党课6次，支部书记讲党课5次；全年先后开展调研课题7个，召开座谈会6次，梳理意见18条，整理答复员工建议128条。12月，南纤公司召开专题民主生活会，查摆在“三严三实”方面存在的16个问题。班子成员对照“三严三实”查摆出自身“四风”方面存在的68个问题，提出相互批评意见36条。针对存在问题和员工意见建议，党委坚持“立行立改”，制定整改方案。通过“三严三实”专题教育，南纤公司以班子建设为重点，提升政治、大局、责任意识，以全球领先为愿景，推进实现安全、绿色、品牌、效益四项发展。

昆明醋酸纤维有限公司

2015年，昆明醋酸纤维有限公司（简称昆纤公司）在处级以上领导干部中开展“三严三实”专题教育。

活动期间，昆纤公司坚持把学习贯穿专题教育的始终，认真学习习近平总书记系列重要讲话精神，以及《中国共产党廉洁自律准则》《中国共产党纪律处分条例》等党内规章。昆纤公司党委书记做题为《践行“三严三实”，做忠诚干净担当的模范》的专题党课。昆纤公司公司党委班子成员在学习的基础上，分别在7、8、10月进行3次学习研讨，并对参加专题党课、专题学习研讨情况进行回顾梳理，强化对“三严三实”核心要义的掌握。用好批评和自我批评武器，昆纤公司召开2015年度“三严三实”专题民主生活会。会前，公司党委广泛征求意见，深入开展交心谈心活动，认真撰写对照检查材料；会上，党委领导班子成员认真查摆存在的问题，分析产生问题的根源，明确整改方向和措施。通过此次专题教育，进一步增强党员干部“严以修身、严以律己、严以用权，谋事要实、创业要实、做人要实”的原动力。

珠海醋酸纤维有限公司

从2015年5月开始，珠海醋酸纤维有限公司（简称珠纤公司）在处级以上领导干部中开展“三严三实”专题教育。

珠纤公司结合专题教育部署工作，总经理、党委书记作专题党课，党委其他领导班子成员也安排在所联系党支部讲党课；组织党委中心组成员深入学习习近平总书记系列重要讲话精神，学习《中国共产党章程》和党的纪律规定，开展“三严三实”专题学习研讨；12月，召开“三严三实”专题年度民主生活会和组织生活会，对征集到的10条员工意见建议认真研究并落实整改措施，党委班子成员和中层干部分别在民主生活会和组织生活会上深入查摆不严不实问题，严肃认真开展批评和自我批评，达到“团结—批评—团结”的目的。通过开展“三严三实”专题教育，加强公司管理队伍的作风建设，特别是促进搬迁扩建工程管理等人员行为规范和公司利益不受损害，参与工程的各级管理人员做到工程推进与廉政建设两促进、两不误。

（编辑：周　佳）

2015年6月9日，内蒙古区乌海市局与乌海市公安局巡逻防爆分局召开卷烟打假联席会议。图为卷烟知识鉴别交流现场

内蒙古乌海市局 赵 旭 摄

2015年3月9日，辽宁盘锦市局举行“3·15”公开销毁假冒卷烟活动

辽宁盘锦市局 乔丽娜 摄

在浙江金华“4·22”特大走私卷烟案件中，查获大量走私卷烟

浙江金华市局 供稿

2015年1月17日，河南平顶山市局捣毁制假烟机窝点

河南平顶山市局 郭浩旭 摄

2015年12月18日，“鄂豫陕”三省八县（市、区）卷烟打假联席会在十堰市召开

湖北十堰市局 供稿

2015年1月17日，广东广州增城分局查处一起非法运输烟草专卖品案件

广东广州市局 供稿

2015年11月20日，广东广州番禺分局、南沙分局联合番禺打假办，在“11·9”网络案件制假窝点现场召开打假工作现场会

广东广州市局 供稿

2015年6月17日，广西区局和自治区公安联合执法，成功捣毁博白县龙潭镇大安村的卷烟制假窝点

广西玉林市局 供稿

法律法规宣传

2015年3月15日，天津津南区局以“3·15”消费者权益日活动为契机，开展卷烟打假宣传活动

天津津南区局 刘震坤 摄

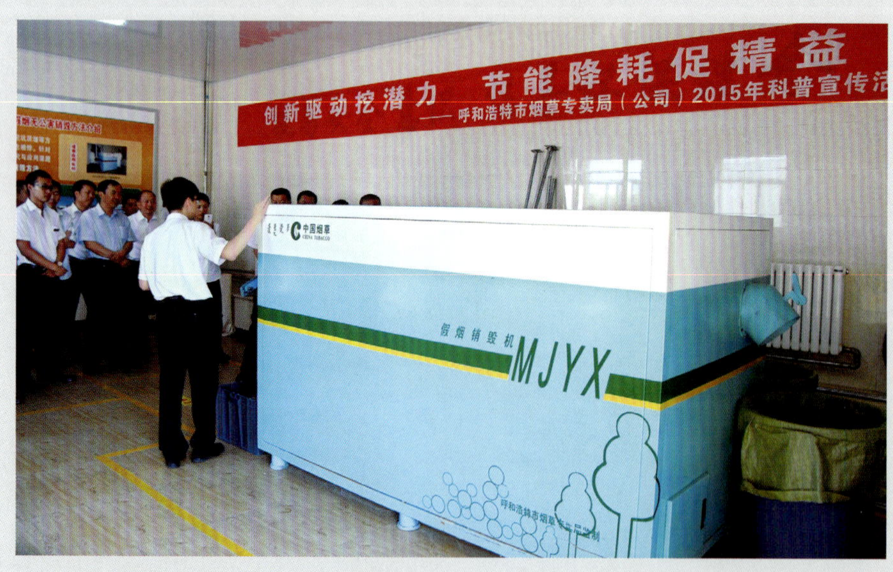

2015年8月14日，内蒙古区呼和浩特市局开展科普宣传活动。图为工作人员介绍假烟销毁无公害设备

内蒙古区局 张 晶 摄

2015年3月15日，吉林通化市局启动“携手共治 畅享消费”活动，在集贸市场设立宣传台、咨询台进行宣传

吉林通化市局 崔 岩 摄

2015年3月15日，黑龙江牡丹江市局开展以“携手共治 畅享消费”为主题的法治宣传活动

黑龙江牡丹江市局 供稿

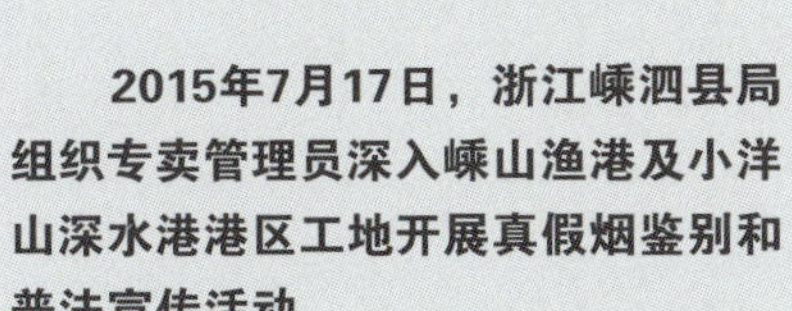

2015年7月17日，浙江嵊泗县局组织专卖管理员深入嵊山渔港及小洋山深水港港区工地开展真假烟鉴别和普法宣传活动

浙江舟山市局 代建华 摄

2015年8月7日，山东微山县局组织专卖人员深入湖区宣传烟草专卖法律法规

山东济宁市局 王君章 摄

2015年12月4日，甘肃永昌县局在县人民文化广场开展“12·4”法制宣传日系列活动

甘肃永昌县局 供稿

物流配送

2015年9月23日，全国烟草行业物流工作现场会在安徽合肥召开。图为参会代表现场参观

安徽中烟 供稿

2015年9月26日，天津烟草物流中心开展送货技能比武活动

天津市局 韦婉 摄

2015年12月27日，河北张家口市局（公司）送货员雪天送货

河北张家口市局 闫鹏飞 摄

2015年12月26日，甘肃酒泉市局（公司）客户经理走访慰问辖区困难卷烟零售客户

甘肃酒泉市局 供稿

2015年8月5日，宁夏银川市局（公司）金凤区区域综合部召开“我与改革同行”市场化取向改革培训会

宁夏银川市局 杨文萍 摄

2015年11月30日，河南安阳市局（公司）召开精益营销小组讨论会，带动全员参与精益管理

河南安阳市局 供稿

河南中烟市场一线员工“白水+面包”打造营销铁军

河南中烟南阳卷烟厂 供稿

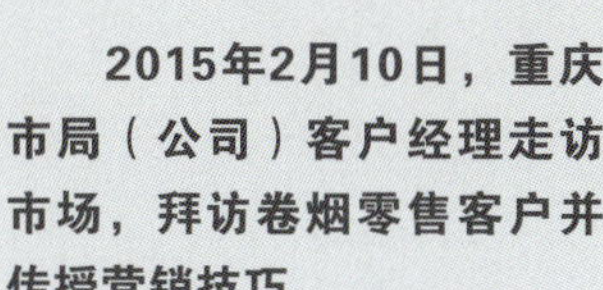

2015年2月10日，重庆市局（公司）客户经理走访市场，拜访卷烟零售客户并传授营销技巧

重庆市局 供稿

2015年7月30日，黑龙江佳木斯市局（公司）开展服务卷烟零售客户志愿者活动

黑龙江佳木斯市局 祁燕茹 摄

2015年6月17日，江苏沭阳县局（分公司）营销团队开展“客我一家亲 ‘粽’情弱势客户”活动

江苏沭阳县局 张 良 摄

卷烟营销

2015年8月20日，河北张北县卷烟零售客户向顾客推介当地卷烟品牌

河北张家口市局 王喜 摄

2015年5月26日，张家口卷烟厂有限责任公司组织"钻石"志愿者开展阳光服务和体验式营销活动

河北中烟 高毅 摄

2015年5月20日，吉林延边州局（公司）客户经理为卷烟零售客户进行卷烟提税顺价解释说明

吉林延边州局 王剑锋 摄

2015年7月30日，云南曲靖烟叶分级工人正在进行专业化分级散叶收购

云南曲靖市局 供稿

2015年8月12日，陕西旬邑县清塬镇新合村烤烟工场，烤烟技术员指导烟农对烤烟科学分级

陕西咸阳市局 魏锋 摄

2015年7月18日，四川宁南县烟农正在采收烟叶
四川宁南县局 周万宁 摄

2015年8月4日，贵州雷山县烟农喜获丰收
贵州雷山县局 吴兴权 摄

2015年6月17日，湖北咸丰县局（分公司）烟技员帮助烟农抗灾

湖北咸丰县局 周方奎 摄

2015年6月22日，广西区凌云县局（营销部）指导烟农抗险救灾

广西百色市局 黄谨依 摄

2015年2月11日，辽宁建平县烟叶分公司开展育苗基质试验工作

辽宁建平县局 徐立猛 摄

2015年8月7日，黑龙江省局（公司）开展柔甜香优质烟叶生产考核

黑龙江哈尔滨烟叶公司 王春艳 摄

2015年7月6日，江西吉安市局（公司）烟技员帮助烟农分析烟叶烘烤质量

江西吉安市局 程小强 摄

2015年10月26日，贵州遵义市局（公司）组织烟农进行农机培训

《中国烟草》杂志社 张帅 摄

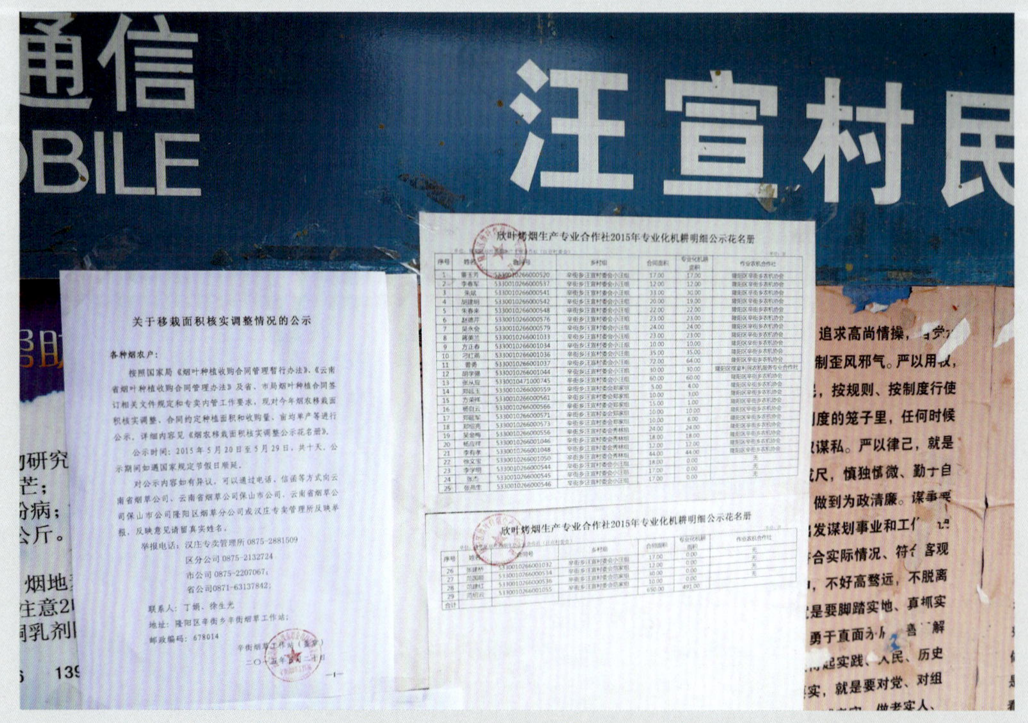

云南保山市局（公司）坚持烟叶生产规范管理，及时公示生产过程中的相关信息

《中国烟草》杂志社 杨悦 摄

2015年11月4日，山东临沂市物流分公司采用看板管理方式，对设备故障进行攻关

山东临沂市局 侯丕峰 摄

2015年6月18日，河南洛阳市局（公司）仓库管理员检查除湿机运行状况

河南洛阳市局 张东涛 摄

2015年1月29日，河南漯河市局（公司）配送员在雨雪天给送货车辆配备防滑链，确保行驶安全

河南漯河市局 刘水潮 摄

广东广州市局（公司）在物流工作中推行精准管理

《中国烟草》杂志社 张帅 摄

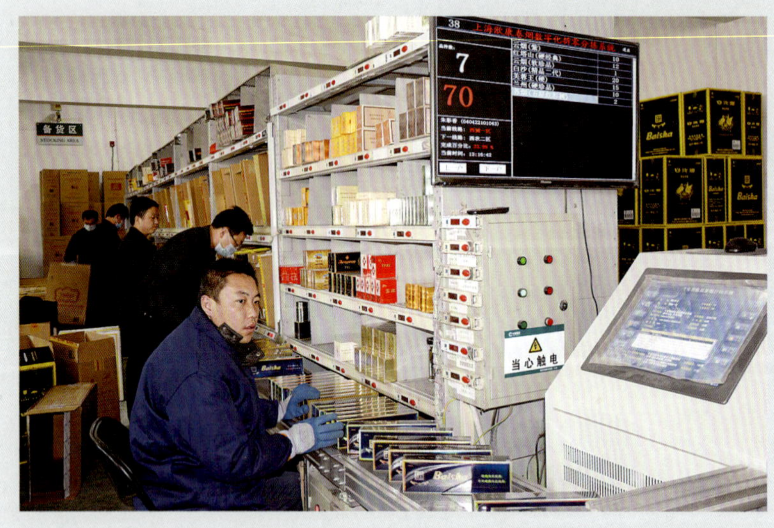

2015年1月15日，宁夏固原市局（公司）物流配送中心员工在车间进行分拣作业

宁夏固原市局 陈永强 摄

2015年11月25日，大连市局（公司）物流中心技术工人开展精益改善活动

大连市局 陈岩 摄

专卖管理与“两烟”经营

北京市烟草专卖局（公司）[①]

【专卖管理】 卷烟打假。2015年，北京市烟草专卖局保持高压态势，强化综合治理，构建京津冀专卖管理协作平台，打假破网取得明显实效。查处涉烟违法案件4962起，其中案值5万元以上的大要案286起；查获非法卷烟1.58亿支，其中假烟1555.1万支、走私烟5119.9万支；查处涉烟违法网络案件11起，其中4起被公安部、国家局列为部督案件。公安、司法机关依法刑拘70人，判刑54人。

市场监管。实行“三化合一”市场监管模式，全面推广APCD工作法。加大专项治理力度，开展物流运输场站、涉烟集贸市场和无证经营专项治理，提升整治效果。完善市场监测评价机制，改善整体市场环境。2015年北京市平均市场净化率为88.42%，无证经营率为6.35%，假私烟经营率为3.51%，非渠道烟经营率为11.59%，未亮证经营率为4.95%。

行政许可。制定《行政许可工作规范》，完善许可证管理体系，推行负面清单制度，修改合理布局标准，规范市场准入。北京市卷烟零售许可证总量4.11万个，同比下降2.03%，正常经营户占比97.34%。

【经济效益】[②] 2015年，北京市烟草商业系统实现税利68.01亿元，同比增长20.46%，其中利润32.16亿元，同比下降5.55%。三项费用率为4.01%，同比减少0.26个百分点。

【卷烟（雪茄烟）经营】 卷烟销售。2015年，北京市烟草商业系统销售卷烟（不含雪茄烟）445.31亿支（89.06万箱），同比下降2.69%。其中，销售一类烟92.08亿支（18.42万箱），同比增长0.13%；二类烟61.05亿支（12.21万箱），同比增长13.12%；三类烟207.36亿支（41.47万箱），同比下降5.94%；四类烟61.78亿支（12.35万箱），同比下降6.3%；五类烟23.04亿支（4.61万箱），同比下降8.87%。本地区销量居前三位的品牌依次为“红塔山”“中南海”“白沙”，销量分别为70.36亿支（14.07万箱）、48.78亿支（9.76万箱）、27.87亿支（5.57万箱）。

雪茄烟销售。2015年，北京市烟草商业系统销售雪茄烟2729.35万支，同比增长20.78%，其中，销售国产雪茄烟2711.17万支，同比增长21.02%。创新开展雪茄烟特色营销，推进面向高端消费者、高端雪茄烟客户的国产中高端雪茄烟私人定制销售模式。

品牌培育。加强对《北京市控制吸烟条例》、新《广告法》等新政新规的学习，规范新形势下的品牌培育及宣传工作。多次召开控烟条例相关问题座谈会，重点从落实法律法规和规范卷烟经营行为角度，就具体问题进行解读。持续加强品牌管理，对提税顺价后的品类划分进行重新界定。

按照“品牌做大、规格做精、价格上扬”的发展目标，梳理26个全市重点培育规格，2015年重点品牌卷烟累计实现销量405.45亿支（81.09万箱），占全市总销量的91%。修订完善《品牌引入退出规则》，优化在销品牌结构，上半年退出13个规格（含10个置换规格），引入36个规格（2个规格为恢复销售）；下半年退出12个规格，引入24个规格。引入国产机制雪茄4个规格、国产手工雪茄6个规格。

培育卷烟新品，销售77个新品规格，累计销售11.25亿支（2.25万箱），实现毛利额2.3亿元，毛利增量贡献度为30.5%。按照各区个性化市场需求和特性，打破传统业态档位的局限，尝试以不同价位段客户销量排序作为新品投放范围依据，同时兼顾城区、近郊、远郊三大区域消费特性，打造多元化培育组合，探索不同价位、地域、能力客户之间的关联，实现“一户一策”精准培育方式。

营销创新成果共享。推进营销网建工作，石景山、朝阳、西城等3家区公司分别创新开发需求预测系统、营销辅助系统、区县经营管理系统。市局（公司）经过充分调

① 《专卖管理与“两烟”经营》栏目“××烟草专卖局（公司）”可简称“××局（公司）”。

② 北京市局（公司）在《中国烟草年鉴（2015）》中实现税利、利润数据采用快报数据。本条目实现税利、利润数据采用决算数据，并根据2014年决算数据进行同比，2014年实现税利56.46亿元，其中利润34.04亿元。

研论证，在全市推广应用区县经营管理系统、营销辅助系统，实现营销网建工作的成果共享。

现代卷烟零售终端建设。制定《终端建设投入管理办法》，规范区、县公司的终端建设投入。通过新商盟网站和《卷烟零售客户订货目录》刊登二维码，推广手机订烟支付。截至2015年底，全市有现代卷烟零售终端2298户（不含京烟直营店），终端系统正常使用率从年初的91%提升到98%；实时结算10万余户次，其中手机结算3000余户次；网上订货客户3.76万户，占全市正常经营客户数的95%，网订销量占总销量的92%。

市场化取向改革。积极协调工业企业，加大货源到货频次，对小批量、多批次货源，通过动态调整协议，快速响应市场需求。2015年调整协议263次，调增56.2亿支（11.24万箱），调减38.35亿支（7.67万箱）。持续完善货源投放策略，探索"六位一体"投放方式，即按需投放、按档位投放、按价位段投放、定点投放、档位和价位段结合投放、一户一策投放方式，规范投放流程，满足个性化、差异化需求。

【特事要辑】 2月2日，2015年全市烟草工作会议在北京召开。

2月13日，国家局副局长赵洪顺到北京烟草调研，就市场环境、经济运行、专卖管理以及队伍建设情况与干部职工座谈，并听取朝阳、顺义区局（公司）的工作汇报。

8月19日，国家局副局长杨培森到北京烟草调研，就物流技改、队伍建设等工作与有关人员进行座谈。

9月25日，京津冀三省（市）在北京联合召开卷烟打假打私和内管工作集中调研会。国家局副局长赵洪顺出席会议并讲话。

10月14日，驻国家局纪检组组长高林到北京烟草调研，走访部分卷烟零售客户，并到丰台区局（公司）考察。

12月25日，国家局局长凌成兴到北京烟草调研。凌成兴强调，北京烟草要努力做到"一保持、三领先"，推动发展再上新台阶。"一保持"，即保持卷烟产销稳中有升；"三领先"，一是实现单箱结构的领先水平，二是实现营销状态的领先水平，三是实现税利增速的领先水平。

2015年北京市烟草专卖局（公司）所属企业主要情况统计

区、县局（公司）名称		东城区烟草专卖局（公司）	西城区烟草专卖局（公司）	朝阳区烟草专卖局（公司）	海淀区烟草专卖局（公司）	丰台区烟草专卖局（公司）
主要负责人/法人代表（含党政领导）		李　梅	王映刚（—2015.9） 孟庆伟（2015.9—）	刘永波（2015.1—）	李学治	杨　捷
所属县级单位		—	—	—	—	—
总资产（万元）		27019	36790	121731	99091	69585
资产负债率（%）		7.46	24.24	5.85	5.27	6.71
从业人员（人）		100	126	180	140	127
所属业务机构	营销机构	1个访销中心	1个访销中心	1个访销中心	1个访销中心	1个访销中心
	物流配送机构	—	—	—	—	—
	专卖稽查机构	1个稽查支队	1个稽查支队	1个稽查支队	1个稽查支队	1个稽查支队
	烟叶机构	—	—	—	—	—
实现税利	万元	24378	27619	117543	80823	66162
	2015年比2014年（%）	15.51	13.81	22.23	19.36	25.03
实现利润	万元	8928	9111	50583	34782	28411
	2015年比2014年（%）	-18.79	-21.33	-8.67	-10.64	-6.40

续表

区、县局（公司）名称		东城区烟草专卖局（公司）	西城区烟草专卖局（公司）	朝阳区烟草专卖局（公司）	海淀区烟草专卖局（公司）	丰台区烟草专卖局（公司）
销售卷烟	亿支	19.43	22.95	83.24	55.55	48.44
	2015 年比 2014 年（%）	-10.14	-16.13	-0.82	-5.77	-0.91
卷烟销售收入（万元）		108636	128741	467847	321974	265287
查处涉烟违法案件（起）		163	95	505	1086	143
查处涉烟违法案件案值（万元）		199	176	1040	916	677
2015 年度烟草行业投入烟叶生产基础设施建设资金（万元）		—	—	—	—	—
全年烟叶生产基础设施新增受益面积（万亩）		—	—	—	—	—
烟叶种植（万亩）		—	—	—	—	—
烟叶收购（万担）		—	—	—	—	—
烟农户数（户）		—	—	—	—	—
实现烟农总收入（万元）		—	—	—	—	—
零售客户数（户）		2008	2266	5295	3914	3257
零售客户销售毛利率（%）		13.58	13.83	13.11	13.40	12.67

区、县局（公司）名称		石景山区烟草专卖局（公司）	通州区烟草专卖局（公司）	顺义区烟草专卖局（公司）	延庆区烟草专卖局（公司）	怀柔区烟草专卖局（公司）	大兴区烟草专卖局(公司)
主要负责人/法人代表（含党政领导）		陈　平	夏建瓴	张秀武	王献军(2015.1—)	孟庆伟(—2015.9) 张龙飞(2015.9—，主持工作)	郑思贤
所属县级单位		—	—	—	—	—	—
总资产（万元）		15287	70071	32041	6866	12748	29668
资产负债率（%）		7.49	7.24	6.37	10.05	6.96	9.89
从业人员（人）		73	94	107	68	85	116
所属业务机构	营销机构	1 个访销中心	1 个访销中心	1 个访销中心	1 个访销中心	1 个访销中心	1 个访销中心
	物流配送机构	—	—	—	—	—	—
	专卖稽查机构	1 个稽查支队	1 个稽查支队	1 个稽查支队	1 个稽查支队	1 个稽查支队	1 个稽查支队
	烟叶机构	—	—	—	—	—	—
实现税利	万元	12326	44205	31299	5682	8641	39769
	2015 年比 2014 年（%）	16.98	26.42	28.90	12.34	22.59	37.30
实现利润	万元	4310	18881	12511	1208	2578	15272
	2015 年比 2014 年（%）	-14.58	-5.40	-7.99	-43.79	-20.39	-1.80

续表

区、县局（公司）名称		石景山区烟草专卖局（公司）	通州区烟草专卖局（公司）	顺义区烟草专卖局（公司）	延庆区烟草专卖局（公司）	怀柔区烟草专卖局（公司）	大兴区烟草专卖局(公司)
销售卷烟	亿支	11.58	36.90	28.26	7.14	9.25	35.65
	2015 年比 2014 年（%）	-3.26	0.93	0.09	-10.71	-11.39	6.93
卷烟销售收入（万元）		58597	179722	130878	31203	42507	170123
查处涉烟违法案件（起）		209	536	164	53	111	266
查处涉烟违法案件案值（万元）		162	540	65	12	14	1072
2015 年度烟草行业投入烟叶生产基础设施建设资金（万元）		—	—	—	—	—	—
全年烟叶生产基础设施新增受益面积（万亩）		—	—	—	—	—	—
烟叶种植（万亩）		—	—	—	—	—	—
烟叶收购（万担）		—	—	—	—	—	—
烟农户数（户）		—	—	—	—	—	—
实现烟农总收入（万元）		—	—	—	—	—	—
零售客户数（户）		848	3282	3304	1366	1740	3074
零售客户销售毛利率（%）		12.38	12.00	12.27	13.01	11.48	13.32

区、县局（公司）名称		昌平区烟草专卖局（公司）	密云区烟草专卖局（公司）	门头沟区烟草专卖局（公司）	房山区烟草专卖局（公司）	平谷区烟草专卖局（公司）
主要负责人/法人代表（含党政领导）		李路春	苏英明	訾学东	姚琴声	陈江华
所属县级单位		—	—	—	—	—
总资产（万元）		32783	13504	4545	27401	9440
资产负债率（%）		7.86	8.02	13.65	5.40	12.84
从业人员（人）		101	78	57	100	70
所属业务机构	营销机构	1 个访销中心	1 个访销中心	1 个访销中心	1 个访销中心	1 个访销中心
	物流配送机构	—	—	—	—	—
	专卖稽查机构	1 个稽查支队	1 个稽查支队	1 个稽查支队	1 个稽查支队	1 个稽查支队
	烟叶机构	—	—	—	—	—
实现税利	万元	40782	10311	5304	26023	8871
	2015 年比 2014 年（%）	27.68	24.82	29.16	23.98	24.28
实现利润	万元	16856	3331	999	10317	2705
	2015 年比 2014 年（%）	-6.42	-18.50	-33.89	-11.15	-19.86
销售卷烟	亿支	35.47	11.06	6.50	24.42	9.76
	2015 年比 2014 年（%）	3.32	-9.35	-1.27	-1.32	-8.47

续表

区、县局（公司）名称	昌平区烟草专卖局（公司）	密云区烟草专卖局（公司）	门头沟区烟草专卖局（公司）	房山区烟草专卖局（公司）	平谷区烟草专卖局（公司）
卷烟销售收入（万元）	169804	48346	29414	111328	42485
查处涉烟违法案件（起）	600	116	73	415	213
查处涉烟违法案件案值（万元）	389	86	17	267	21
2015 年度烟草行业投入烟叶生产基础设施建设资金（万元）	—	—	—	—	—
全年烟叶生产基础设施新增受益面积（万亩）	—	—	—	—	—
烟叶种植（万亩）	—	—	—	—	—
烟叶收购（万担）	—	—	—	—	—
烟农户数（户）	—	—	—	—	—
实现烟农总收入（万元）	—	—	—	—	—
零售客户数（户）	3323	2106	727	2484	1914
零售客户销售毛利率（%）	12.30	11.56	12.74	11.09	12.50

注：2015 年，根据《国家烟草专卖局关于北京市烟草专卖局所属机构更名的批复》（国烟人〔2015〕385 号），延庆、密云县烟草专卖局（公司）分别更名为延庆、密云区烟草专卖局（公司）。

（撰稿：王智誉；编辑：谢争艳）

天津市烟草专卖局（公司）

【专卖管理】 卷烟打假打私。天津市烟草专卖局坚持以规范卷烟经营秩序为主线，扎实推进内部监管体系、市场监管体系和打假打私体系建设。组织开展打击利用物流场站运输非法卷烟专项行动，对 27 个大型物流园区及数百个配送场站、快递终端进行全面巡查，查获非法卷烟 2828 万支，案值 1197 万元。组织元旦、春节“两节”市场专项清理行动，查获非法卷烟 2200 万支，案值 1080 余万元。继续加强打假打私协作，与天津市公安局联合举办涉烟刑事案件培训，进一步理顺专卖行政执法与刑事司法的衔接；开展京津冀联合打假打私，牵头召开京津冀打假协调会，建立定期非渠道烟流通情况通报、卷烟市场互查、培训竞赛等多项合作机制。

2015 年，查处涉烟违法案件 1922 起，查获非法卷烟 1.17 亿支，同比增长 66%；总案值 5034 万元，同比增长 39%。公安、司法机关依法拘留 24 人，批捕 17 人。破获符合国家局标准的销售假烟网络案件 5 起，其中，天津“1·28”利用微信销售假烟案件为部督网络案件，该案查获高档品牌假冒卷烟 3483 条，案值 109 万元，成功打击利用微信、互联网销售假冒卷烟的嚣张气焰，为全行业破获此类案件积累办案经验。

内部专卖管理监督。深入推进专卖内管方式改革，制定《进一步加强卷烟非法流通治理的工作方案》，更加注重事前防范，及时分析反馈卷烟流出流入的重点品规和变化趋势。修订完善《专卖内管考核细则》，增加查处卷烟非法流通案件的分值比重；改进内管信息系统，加强事中预警，以及对外流卷烟的追根溯源，掌握卷烟非法流通作案规律。2015 年，查处非渠道卷烟案件 1680 起，查获非渠道卷烟 9058 万支。

专卖基础管理。以规范执法行为为重点，以明示承诺为载体，组织专卖执法规范整顿年活动，开展零售许可证管理专项检查，对许可程序不规范、后续监管不到位、服务意识淡薄等问题进行自查和整改。正式启动专卖综合信息系统改造项目，完成与国家局“三统一”平台的对接，基础工作模块上线运行。

【经济效益】 2015 年，天津市烟草商业系统实现税利 45.15 亿元，同比增长 20.87%，其中利润 20.51 亿元，同比下降 7.72%。三项费用率为 3.85%，同比减少 0.32 个百分点。

【卷烟经营】 *卷烟销售*。2015 年，天津市烟草商业系统销售卷烟 309.22 亿支（61.84 万箱），同比下降 0.86%。其中，销售一类烟 63.63 亿支（12.73 万箱），同比下降 6.58%；二类烟 34.04 亿支（6.81 万箱），同比增长 43.75%；三类烟 135.41 亿支（27.08 万箱），同比下降 3.33%；四类烟 50.50 亿支（10.10 万箱），同比增长 0.22%；五类烟 25.64 亿支（5.13 万箱），同比下降 13.53%。本地区销量居前三位的品牌为“红塔山”“大前门”“利群”，销量分别为 26.18 亿支（5.24 万箱）、25.53 亿支（5.11 万箱）、23.39 亿支（4.68 万箱）。

实现卷烟销售收入 152.31 亿元，同比增长 7.12%。实现卷烟税利 45.03 亿元，同比增长 21.6%，其中利润 20.5 亿元，同比下降 6.97%。

品牌培育。健全完善品牌培育评价体系，通过销量、品类、市场状态、品牌成长度等指标，评判培育效果，制定品牌培育策略方案。修订完善《天津市烟草专卖局（公司）卷烟品牌（规格）引退管理规则》，规范品牌引退程序，明确品类划分标准、品规容量和评价准则。统筹安排品牌宣传促销活动，精心规划线下促销的时间、区域和方式。2015 年，销售重点品牌卷烟 263.05 亿支（52.61 万箱），同比增长 0.22%。销售焦油量 8 毫克/支及以下低焦油卷烟 40.5 亿支（8.1 万箱），同比增长 18.75%。销售细支卷烟 5.75 亿支（1.15 万箱），同比增长 783.42%。

市场化取向改革。深化卷烟营销市场化取向改革，一是完善优化需求预测机制，强化第三方市场调研，分析预判市场走势。二是加强订单管理，建立信息互动机制，实时在线监控跟踪订单生成全过程，按照市场状态调整营销策略，抓好分层调控、分类调控、分区调控，确保卷烟市场价格稳定、库存合理、经营规范、投放均衡。三是天津烟草卷烟营销一体化管理信息系统上线运行，推动工商网上配货和批零网上配货，制定批零网配工作流程及网上配货规则。四是完善客户分类评价体系，建立零售客户档位动态评定机制。

卷烟物流建设。推进物流中心非法人实体化运行，加强对二级配送单位指导和规范，实现“四个统一”，即统一目标管理、统一服务标准、统一考核体系、统一规范运行。推进精益物流建设，加强 5S 现场管理，制定《物流中心现场管理工作实施方案》。推进送货标准体系建设，制定《物流中心送货规范体系》。

【特事要辑】 1 月 29 日，天津烟草召开全市行业 2015 年工作会议。

3 月 26 日，国家局局长凌成兴在天津烟草调研，要求天津烟草工商企业要贯彻“两会”精神、服务国家战略、振兴“恒大”品牌、顶住下行压力、谋划好天津烟草未来发展蓝图。

5 月 25—26 日，国家局副局长杨培森在天津烟草调研，强调要重点抓好品牌培育和提税顺价工作，打造“恒大”品牌特色，深入开展“三严三实”专题教育，抓好队伍作风建设。

7 月 15—16 日，驻国家局纪检组组长高林在天津烟草调研，强调要确保实现年度税利目标，进一步加强党风廉政建设，高度重视安全稳定工作。

9 月 28 日，国家局副局长赵洪顺到天津市局（公司）考察，验收“六五”普法工作，强调要全面提高领导干部法律素养，全面提高依法执法、依法行政的能力和水平，全面提高依法营销、依法经营的能力和水平，全面提高依法治企、规范管理的能力和水平。

2015 年天津市烟草专卖局（公司）所属企业主要情况统计

区、县局（公司）名称	天津市区第一烟草专卖局（分公司）	天津市区第二烟草专卖局（分公司）	天津市区第三烟草专卖局（分公司）	东丽区烟草专卖局（分公司）	津南区烟草专卖局（分公司）
主要负责人/法人代表（含党政领导）	孙晓莹	孙晓莹	孙晓莹	孙晓莹	孙晓莹
所属县级单位	—	—	—	—	—

续表

区、县局（公司）名称		天津市区第一烟草专卖局（分公司）	天津市区第二烟草专卖局（分公司）	天津市区第三烟草专卖局（分公司）	东丽区烟草专卖局（分公司）	津南区烟草专卖局（分公司）
总资产（万元）		2514	2772	2884	1402	1268
资产负债率（%）		—	—	—	—	—
从业人员（人）		88	95	89	65	65
所属业务机构	营销机构	1个营销网建科	1个营销网建科	1个营销网建科	1个营销网建科	1个营销网建科
	物流配送机构	—	—	—	—	—
	专卖稽查机构	2个稽查大队	2个稽查大队	2个稽查大队	1个稽查大队	1个稽查大队
	烟叶机构	—	—	—	—	—
实现税利	万元	46849	53921	56930	21226	20108
	2015年比2014年（%）	18.42	14.66	17.19	21.20	20.42
实现利润	万元	24179	27590	29837	10625	10329
	2015年比2014年（%）	-8.61	-13.29	-9.60	-8.61	-6.93
销售卷烟	亿支	32.41	36.91	38.20	14.77	13.69
	2015年比2014年（%）	-1.71	-2.12	-2.29	0.22	-0.90
卷烟销售收入（万元）		167070	190761	198430	75796	71251
查处涉烟违法案件（起）		241	76	267	102	82
查处涉烟违法案件案值（万元）		501	438	393	377	186
2015年度烟草行业投入烟叶生产基础设施建设资金（万元）		—	—	—	—	—
全年烟叶生产基础设施新增受益面积（万亩）		—	—	—	—	—
烟叶种植（万亩）		—	—	—	—	—
烟叶收购（万担）		—	—	—	—	—
烟农户数（户）		—	—	—	—	—
实现烟农总收入（万元）		—	—	—	—	—
零售客户数（户）		2667	3006	3175	1627	1389
零售客户销售毛利率（%）		8.00	8.00	8.00	8.00	8.00

区、县局（公司）名称	西青区烟草专卖局（分公司）	北辰区烟草专卖局（分公司）	滨海新区烟草专卖局塘沽分局、塘沽分公司	滨海新区烟草专卖局汉沽分局、汉沽分公司	滨海新区烟草专卖局大港分局、大港分公司
主要负责人/法人代表（含党政领导）	孙晓莹	孙晓莹	孙晓莹	孙晓莹	孙晓莹
所属县级单位	—	—	—	—	—
总资产（万元）	1157	1160	2173	564	1307
资产负债率（%）	—	—	—	—	—

续表

区、县局（公司）名称		西青区烟草专卖局（分公司）	北辰区烟草专卖局（分公司）	滨海新区烟草专卖局塘沽分局、塘沽分公司	滨海新区烟草专卖局汉沽分局、汉沽分公司	滨海新区烟草专卖局大港分局、大港分公司
从业人员（人）		69	61	123	46	71
所属业务机构	营销机构	1 个营销网建科	1 个营销网建科	1 个营销网建科	1 个营销网建科	1 个营销网建科
	物流配送机构	—	—	1 个送货中心	1 个送货中心	1 个送货中心
	专卖稽查机构	1 个稽查大队	1 个稽查大队	2 个稽查大队	1 个稽查大队	1 个稽查大队
	烟叶机构	—	—	—	—	—
实现税利	万元	20172	19856	40959	7852	20525
	2015 年比 2014 年（%）	21.72	21.18	21.56	20.99	18.55
实现利润	万元	10296	10119	21662	3824	10479
	2015 年比 2014 年（%）	-5.74	-6.41	-4.55	-9.15	-9.55
销售卷烟	亿支	14.41	14.08	26.77	5.85	14.09
	2015 年比 2014 年（%）	-0.39	持平	-0.82	-0.38	0.64
卷烟销售收入（万元）		72751	71474	141762	29066	72294
查处涉烟违法案件（起）		284	88	104	23	98
查处涉烟违法案件案值（万元）		337	210	295	58	115
2015 年度烟草行业投入烟叶生产基础设施建设资金（万元）		—	—	—	—	—
全年烟叶生产基础设施新增受益面积（万亩）		—	—	—	—	—
烟叶种植（万亩）		—	—	—	—	—
烟叶收购（万担）		—	—	—	—	—
烟农户数（户）		—	—	—	—	—
实现烟农总收入（万元）		—	—	—	—	—
零售客户数（户）		1554	1655	2550	720	1249
零售客户销售毛利率（%）		8.00	8.00	8.00	8.00	8.00

区、县局（公司）名称	武清区烟草专卖局（有限公司）	宝坻区烟草专卖局（有限公司）	宁河县烟草专卖局、天津芦台烟草有限公司	静海县烟草专卖局（有限公司）	蓟县烟草专卖局、天津渔阳烟草有限公司
主要负责人/法人代表（含党政领导）	王富忠	尹庆来	王　智（—2015.9） 王振军（2015.9—）	李家维（—2015.12） 吴宝旺（2015.12—）	刘爱华
所属县级单位	—	—	—	—	—
总资产（万元）	6578	5503	2626	4480	6927
资产负债率（%）	25.66	30.26	33.39	26.93	20.77
从业人员（人）	128	102	68	77	106

续表

区、县局（公司）名称		武清区烟草专卖局（有限公司）	宝坻区烟草专卖局（有限公司）	宁河县烟草专卖局、天津芦台烟草有限公司	静海县烟草专卖局（有限公司）	蓟县烟草专卖局、天津渔阳烟草有限公司
所属业务机构	营销机构	1 个营销网建科	1 个营销网建科	1 个营销网建科	1 个营销网建科	1 个营销网建科
	物流配送机构	1 个送货中心	1 个送货中心	1 个送货中心	1 个送货中心	1 个送货中心
	专卖稽查机构	1 个稽查大队	1 个稽查大队	1 个稽查大队	1 个稽查大队	1 个稽查大队
	烟叶机构	—	—	—	—	—
实现税利	万元	17254	14653	8019	12130	17852
	2015 年比 2014 年（%）	50.34	45.79	49.44	48.30	46.55
实现利润	万元	2562	1950	760	1982	3777
	2015 年比 2014 年（%）	-25.24	-36.97	-40.62	-27.20	-17.21
销售卷烟	亿支	24.11	20.88	12.85	16.70	23.51
	2015 年比 2014 年（%）	-0.20	-0.69	-0.52	1.10	-0.23
卷烟销售收入（万元）		107055	91374	54171	74227	105647
查处涉烟违法案件（起）		153	165	31	82	45
查处涉烟违法案件案值（万元）		195	172	143	170	94
2015 年度烟草行业投入烟叶生产基础设施建设资金（万元）		—	—	—	—	—
全年烟叶生产基础设施新增受益面积（万亩）		—	—	—	—	—
烟叶种植（万亩）		—	—	—	—	—
烟叶收购（万担）		—	—	—	—	—
烟农户数（户）		—	—	—	—	—
实现烟农总收入（万元）		—	—	—	—	—
零售客户数（户）		2283	1818	1442	1782	1995
零售客户销售毛利率（%）		8.00	8.00	8.00	8.00	8.00

（撰稿：高栓龙；编辑：谢争艳）

河北省烟草专卖局（公司）

【专卖管理】 打假打私。河北省烟草专卖局不断深化“政府主导、部门联合、多方参与、密切协作”的打假打私体系，坚持“端窝点、断源头、破网络、抓主犯”，狠抓案件经营，强化联合督办，有效发挥打假联合机制作用。

2015 年，河北省查处各类涉烟违法案件 1.37 万起，查获非法卷烟 1.47 万件，非法烟丝、烟叶 176.36 吨，涉案金额 1.49 亿元。破获符合国家局标准的制售假烟网络案件 51 起，部督案件 9 起，捣毁制假窝点 5 个，缴获各类制假机械 15 台。公安、司法机关依法刑拘 259 人，逮捕 196 人，判刑 123 人。

市场监管。推动 APCD 工作法落地，促进监管模式转变；采取互查、联查、交叉查方式，加大市场监管力度。开展“护航一号”“护航二号”专项行动，对重点区域、重点部位、重点问题进行集中整治，加强零售市场的集中检查力度，有效维护卷烟市场经济秩序。

基础管理。开展“专卖管理基础年”活动，对行政许可、行政处罚的38个环节、155项流程节点、规范标准进行细化。开展行政许可工作专项检查，建立问题清单、限时整改，全省行政许可工作在国家局检查中获得好评。开展行政执法全面清查，重点对执法程序、卷宗制作标准、制度建设、痕迹化管理等进行督导检查。

【经济效益】 2015年，河北省烟草商业系统实现税利125.19亿元，同比增长21.34%，其中利润51.23亿元，同比下降10.69%。单箱销售收入1.84万元，单箱税利4859元。三项费用率为5.2%。

【卷烟经营】 卷烟销售。2015年，河北省烟草商业系统销售卷烟1270.3亿支（254.06万箱），同比下降1.18%。其中，销售一类烟149.65亿支（29.93万箱），同比增长1.56%；二类烟121.24亿支（24.25万箱），同比增长29.28%；三类烟537.3亿支（107.46万箱），同比下降5.48%；四类烟306.69亿支（61.34万箱），同比下降3.15%；五类烟155.44亿支（31.09万箱），同比下降2.4%。本地区销量居前三位的品牌为“钻石”“红塔山”“云烟”，销量分别为332.12亿支（66.42万箱）、117.53亿支（23.51万箱）、106.38亿支（21.28万箱）。

2015年，实现卷烟销售收入472.47亿元，同比增长6.92%。实现卷烟税利124.5亿元，同比增长21.29%，其中利润50.82亿元，同比下降11.01%。

品牌培育。统一河北省品类划分和品牌（规格）数量计算标准，明确各市公司品牌（规格）总数和各品类宽度。制定全省统一量化的品牌退出规则，由市公司根据品牌（规格）在市场上的表现情况，自主确定退出品牌。建立全省统一的宣传促销规则和终端资源配置规则，为品牌竞争提供营销舞台。2015年，河北省引入新品卷烟品牌（规格）141个、退出品牌（规格）101个。销售全国重点品牌卷烟1079.4亿支（215.88万箱），同比下降1.63%，占总销量比重的84.97%。重点品牌卷烟单箱销售收入2.4万元，同比增长6.53%。

卷烟营销市场化取向改革。建设现代卷烟营销体系，继续深化卷烟营销市场化取向改革工作。促进省级卷烟营销平台的优化提升，确立“需求预测、订单采集、货源采购、货源投放、货款结算、监督管理”六项功能，明晰省局（公司）、所属市局（公司）权责分工，完善需求预测体系，建立协议动态调整机制，规范客户分类和货源投放，开展工商网上配货，推广实时订货和实时自主结算，加快营销、监管队伍专业化转型，强化营销全流程全系统监管。3月，2015年全国卷烟销售工作会议暨省级卷烟营销平台建设推广现场会在河北石家庄召开，河北省局（公司）介绍省级卷烟营销平台建设情况。

现代零售终端建设。加大零售终端建设力度，投入建设资金1401.39万元。加强终端信息化建设，推广终端管理信息系统1.79万户。以唐山市公司为试点，开展卷烟零售终端建设提质升级工作。完善市场信息自动和人工采集网络，各市公司开展终端资源采集评价与分配，推进品牌形象店建设。截至2015年底，河北省行业品牌形象店8009户。

现代物流建设。进一步完善物流非法人实体化运作体制机制，制定《2015年精益物流评价体系》，全面开展精益物流建设，持续加强科技物流和人本物流建设。全省开展QC、小技改、小创新等项目100余项，稳步实施异型烟分拣线项目研发、技改工作；卷烟包装箱循环利用67.4万只，卷烟托盘联运完成27.56万箱。

【烟叶产销】 烟叶种植与收购。河北省有3个市、6个县、25个乡镇种植烟叶，2015年签订烟叶种植收购合同648份，同比减少24份，合同约定烟叶种植面积2.6万亩，户均种植面积40.12亩，同比增加3.32亩。实际收购烟叶0.4万吨（8万担）。收购均价21.46元/千克。全省实现烟农总收入0.882亿元。

烟叶生产基础设施建设。2015年，烟草行业投入烟叶生产基础设施建设资金645.28万元。在烟区建设管网29条、19.92千米，打水井6眼，新建密集式烤房70座，购置烟夹37套、农机82台（套），修建烟叶育苗棚2座。

先进适用技术推广应用。开展烟叶新品种试验示范工作，抓好“翠碧1号”“红花大金元”“龙江981”“吉烟9号”等烟叶品种的引种示范。推广应用海藻烟草早发剂、节水灌溉等新技术，为烟叶品种更新换代和烟叶生产打下基础。

烟叶基层工作站建设。加强烟叶基层工作站建设，河北省烟叶产区全部实现烟叶散叶收购，其中，在蔚县配套建设标准的烟叶散叶收购线、烟叶仓储车间、烟叶生产物资服务公司，具备0.3万吨（6万担）烟叶散叶收购能力和0.3万吨（6万担）烟叶室内存放条件；在其余5个烟叶生产县建设简易的散叶收购线。

【精益管理】 制定《河北省局（公司）精益管理工作三年规划》，明确全省行业精益管理工作分为3个阶段推进：重点突破阶段（2015年）、全面推进阶段（2016年）、持续改善阶段（2017年），并提出总体要求、目标任务、组织机构、实施步骤、保障机制和具体措施。通过网站专栏，开展主题演讲、征文活动，省、市两级9202人次参与精益培训。开展"精益十佳"创建活动，制定评价办法、确定关键指标，开展精益专卖和精益机关评价。2015年，开展科技创新项目、精益课题、QC课题等200余项，通过精益改善累计产生管理效益3219.34万元，同比增长228.45%。

【规范管理】 推进三级审核机制建设，在项目立项过程中，实行采购部门初审、采购办复审、管委会终审的"三关三审"制度。细化公开招标、邀请招标、竞争性谈判、单一来源、询价等5种采购方式的适用范围和运作规程。制定《采购工作操作规程》《采购办工作规则》《供应商库管理办法》等9项采购管理配套工作制度。2015年，河北省烟草商业系统实施公开招标352项，招标金额2.97亿元。

【特事要辑】 1月22—23日，河北省局（公司）在石家庄召开2015年全省烟草商业系统工作会议。

3月4—5日，国家局副局长徐瑳在河北烟草调研，考察石家庄市局（公司）卷烟配送中心，走访石家庄市部分卷烟零售客户，分别听取河北烟草工商企业的工作汇报。

3月26—27日，2015年全国卷烟销售工作会议暨省级卷烟营销平台建设推广会在石家庄召开。河北省副省长张杰辉到会致辞，国家局副局长徐瑳出席会议并讲话。

7月16日—17日，国家局局长凌成兴在河北烟草调研，观看省级卷烟营销平台操作演示，听取工商两家的工作汇报，并考察邢台市局（公司）卷烟物流配送中心，走访邢台市部分卷烟零售客户、南宫市局（营销部）、南宫市农村卷烟市场。河北省副省长张杰辉一同调研。其间，河北省委副书记、省长张庆伟，省委副书记赵勇会见凌成兴，双方就河北烟草改革发展交换意见。

12月15日，全省联合打击制售假冒卷烟违法犯罪活动领导小组会议在石家庄召开，河北省副省长张杰辉出席会议并讲话。

2015年河北省烟草专卖局（公司）所属企业主要情况统计

地市级局（公司）名称	石家庄市烟草专卖局（公司）	邯郸市烟草专卖局（公司）	保定市烟草专卖局（公司）	张家口市烟草专卖局（公司）	承德市烟草专卖局（公司）
主要负责人/法人代表（含党政领导）	王春怀/田茂军（—2015.3）	刘庆岩	王 辉/刘书廷（—2015.11）	付英乐（—2015.3）/陆 军	成志忠(—2015.3)贾立业(2015.3—)/郭建永(—2015.3)田茂军(2015.3—)
所属县级单位[1]	藁城区、鹿泉区、栾城区等3个县级烟草专卖局(分公司)[2]，辛集市、晋州市、灵寿县、行唐县、平山县、正定县、邑县、赵县、元氏县、赞皇县、新乐市、无极县、深泽县、井陉县等14个县级烟草专卖局(营销部)	大名县、魏县、曲周县、邱县、鸡泽县、广平县、成安县、临漳县、磁县、涉县、永年县、馆陶县、峰峰矿区、邯郸县、武安市等15个县级烟草专卖局(营销部)	满城区、清苑区、徐水区等3个县级烟草专卖局(分公司)[3]，博野县、望都县、安新县、定兴县、阜平县、高碑店市、高阳县、涞水县、涞源县、蠡县、曲阳县、容城县、顺平县、安国市、易县、唐县等16个县级烟草专卖局（营销部），以及涿州、雄县2个烟草稽查大队（营销部）	沽源县、尚义县、张北县、康保县、怀安县、怀来县、赤城县、万全县、涿鹿县、蔚县、阳原县等11个县级烟草专卖局(营销部)	平泉县、丰宁满族自治县、滦平县、承德县、围场满族自治县、隆化县、兴隆县、宽城满族自治县等8个县级烟草专卖局(营销部)
总资产（万元）	249226	141289	196495	86902	71133
资产负债率（%）	17.15	25.14	26.52	14.98	32.97
从业人员（人）	1066	1220	1394	592	684

续表

地市级局（公司）名称		石家庄市烟草专卖局（公司）	邯郸市烟草专卖局（公司）	保定市烟草专卖局（公司）	张家口市烟草专卖局（公司）	承德市烟草专卖局（公司）
所属业务机构	营销机构	1个营销中心	1个营销中心	1个营销中心	1个营销中心	1个营销中心、1个电访中心
	物流配送机构	1个物流配送中心	1个物流配送中心	1个物流配送中心	1个物流配送中心	1个物流配送中心
	专卖稽查机构	1个稽查支队、17个稽查大队	1个稽查支队、16个稽查大队	1个稽查支队、22个稽查大队	1个稽查支队、11个稽查大队	1个稽查支队、9个稽查大队
	烟叶机构	1个烟叶科、3个烟叶收购站	—	3个烟叶收购站	1个烟叶管理科	—
实现税利	万元	222238	136702	189422	74665	59273
	2015年比2014年（%）	23.96	23.52	24.91	21.57	8.78
实现利润	万元	98132	53983	75866	31765	22061
	2015年比2014年（%）	-8.34	-10.82	-6.61	-8.64	-21.79
销售卷烟	亿支	192.29	150.45	195.72	80.92	66.67
	2015年比2014年（%）	-1.24	-0.75	-0.83	-0.82	-3.42
卷烟销售收入（万元）		787204	538711	711832	294838	237734
查处涉烟违法案件（起）		1259	3746	879	400	195
查处涉烟违法案件案值（万元）		712	643	629	222	70
2015年度烟草行业投入烟叶生产基础设施建设资金（万元）		122	—	60	463	—
全年烟叶生产基础设施新增受益面积（万亩）		0.72	—	0.20	2.90	—
烟叶种植（万亩）		0.53	—	0.20	1.87	—
烟叶收购（万担）		1.60	—	0.60	5.80	—
烟农户数（户）		125	—	40	483	—
实现烟农总收入（万元）		1880	—	756	6185	—
零售客户数（户）		30970	31580	34238	15957	15696
零售客户销售毛利率（%）		10.31	10.00	10.20	10.65	10.01

地市级局（公司）名称	唐山市烟草专卖局（公司）	廊坊市烟草专卖局（公司）	沧州市烟草专卖局（公司）	衡水市烟草专卖局（公司）	邢台市烟草专卖局（公司）	秦皇岛市烟草专卖局（公司）
主要负责人/法人代表（含党政领导）	王友安	马宝平	张宝月/谈家俊	张根发(—2015.3) 付英乐(2015.3—)	王　文/ 丁作江(—2015.3)	张生华（—2015.7）/ 李淑芬
所属县级单位	丰润区、丰南区、滦县、滦南县、乐亭县、迁安市、迁西县、遵化市、玉田县、曹妃甸区等10个县级烟草专卖局（营销部）	三河市、大厂回族自治县、香河县、永清县、固安县、霸州市、文安县、大城县等8个县级烟草专卖局（营销部）	任丘市、泊头市、黄骅市、河间市、沧县、肃宁县、孟村回族自治县、东光县、海兴县、献县、青县、吴桥县、盐山县、南皮县等14个县级烟草专卖局（营销部）	桃城区、冀州市、枣强县、武邑县、深州市、武强县、饶阳县、安平县、故城县、景县、阜城县等11个县级烟草专卖局（营销部）	邢台县、沙河市、内丘县、临城县、隆尧县、柏乡县、宁晋县、巨鹿县、平乡县、广宗县、南和县、任县、南宫市、新河县、威县、清河县、临西县等17个县级烟草专卖局（营销部）	抚宁区烟草专卖局（分公司）[4]，昌黎县、卢龙县、青龙满族自治县等3个县级烟草专卖局（营销部）

续表

地市级局（公司）名称		唐山市烟草专卖局（公司）	廊坊市烟草专卖局（公司）	沧州市烟草专卖局（公司）	衡水市烟草专卖局（公司）	邢台市烟草专卖局（公司）	秦皇岛市烟草专卖局（公司）
总资产（万元）		196379	116151	136076	50967	124398	93708
资产负债率（%）		12.9	10.99	23.78	24.82	37.38	29.64
从业人员（人）		898	659	1088	750	1133	423
所属业务机构	营销机构	1个营销中心、1个电访中心	1个营销中心、1个电访中心	1个营销中心、1个电访中心	1个营销中心、1个电访中心	1个营销中心、1个电访中心	1个营销中心
	物流配送机构	1个物流配送中心、3个中转站	1个物流配送中心	1个物流配送中心	1个物流配送中心	1个物流配送中心、3个中转站	1个物流配送中心
	专卖稽查机构	1个稽查支队、14个稽查大队	1个稽查支队、9个稽查大队	1个稽查支队、14个稽查大队	1个稽查支队、11个稽查大队	1个稽查支队、18个稽查大队	1个稽查支队、5个稽查大队
	烟叶机构	—	—	—	—	—	—
实现税利	万元	153099	92924	117183	53085	89300	59513
	2015年比2014年（%）	13.97	20.86	23.31	27.32	22.99	18.04
实现利润	万元	70434	40789	42443	17684	30776	24298
	2015年比2014年（%）	-10.46	-6.42	-16.65	-11.80	-17.01	-15.75
销售卷烟	亿支	135.39	80.96	130.42	71.26	110.63	55.61
	2015年比2014年（%）	-1.20	-0.82	-2.15	-0.75	-0.69	-0.86
卷烟销售收入（万元）		550151	337066	446579	231495	371426	222213
查处涉烟违法案件（起）		1567	1865	862	718	2087	326
查处涉烟违法案件案值（万元）		1112	1330	1034	565	1384	202
2015年度烟草行业投入烟叶生产基础设施建设资金（万元）		—	—	—	—	—	—
全年烟叶生产基础设施新增受益面积（万亩）		—	—	—	—	—	—
烟叶种植（万亩）		—	—	—	—	—	—
烟叶收购（万担）		—	—	—	—	—	—
烟农户数（户）		—	—	—	—	—	—
实现烟农总收入（万元）		—	—	—	—	—	—
零售客户数（户）		27129	12674	27692	13101	22300	12455
零售客户销售毛利率（%）		12.50	10.35	10.20	10.05	10.98	10.92

注：1. 统计表未标注未上划的4个县级单位，分别为邯郸市局（公司）下辖的肥乡县烟草专卖局（经理部），保定市局（公司）下辖的定州卷烟经理部，张家口市局（公司）下辖的宣化县、崇礼县烟草专卖局（公司）；

2. 2015年4月7日，藁城市、鹿泉市、栾城县烟草专卖局（营销部）分别更名为藁城区、鹿泉区、栾城区烟草专卖局（分公司）；

3. 2015年7月29日，满城县、清苑县、徐水县烟草专卖局（营销部）分别更名为满城区、清苑区、徐水区烟草专卖局（分公司）；

4. 2015年11月11日，抚宁县烟草专卖局（营销部）更名为抚宁区烟草专卖局（分公司）。

（撰稿：苏维民　李　静；编辑：谢争艳）

山西省烟草专卖局（公司）

【专卖管理】 卷烟打假打私。2015 年，山西省烟草专卖局查处假烟案件 1397 起，其中案值 5 万元以上的假烟案件 35 起，查获假烟 900.02 万支，案值 770.11 万元，捣毁贩藏假烟窝点 26 个。查处非渠道卷烟案件 4995 起，查获非渠道卷烟 6627.91 万支。破获符合国家局标准的网络案件 22 起，其中临汾市局破获的互联网非法经营案被公安部、国家局列为督办案件。公安、司法机关依法拘留 23 人、逮捕 34 人、判刑 21 人。

各市局建立专职化打网络队伍，直接承担起打网络职责。发挥山西省法院、检察院、公安、烟草四部门联合打假机制的作用，与公安机关的治安、刑侦、经侦、特警、食药、网监、技侦、情报、交警等部门联合，有效解决卷烟打假打网络工作中遇到的各种难题。

市场监管。重新确立市场监管评价体系，制定市场净化率和守法经营率指标，并对各市局的市场监管工作进行动态考核评价。省局成立市场监管督查组，采取不打招呼、不定线路、不定时间的方式，完成 4 次全省季度市场秩序督查，市场净化率和零售客户守法经营率稳步提高，分别达到 98.93%、96.8%。

内部专卖管理监督。治理卷烟非法流通，加强考核和排名通报，对发现的违规经营线索实时督办，构建治理卷烟非法流通联动机制，对 5 名违规经营责任人进行责任追究。全面推行非现场监管模式，各市、县级内管部门参与卷烟经营决策，提出意见建议 1083 条、质询 341 次，下发整改通知 263 份。

【经济效益】 2015 年，山西省烟草商业系统实现税利 92.12 亿元，同比增长 20.07%，其中利润 40.41 亿元，同比下降 7.30%。货币资金实现保值增值，全年利息收入约 4.30 亿元，同比增加 1.21 亿元。三项费用率为 5.29%，同比减少 0.58 个百分点。

【卷烟（雪茄烟）经营】 卷烟销售。2015 年，山西省烟草商业系统销售卷烟 735.11 亿支（147.02 万箱），同比下降 3.04%。其中，销售一类烟 120.12 亿支（24.02 万箱）、二类烟 48.42 亿支（9.68 万箱）、三类烟 332.04 亿支（66.41 万箱）、四类烟 168.08 亿支（33.62 万箱）、五类烟 66.46 亿支（13.29 万箱）。本地区销量居前三位的品牌为“云烟”“红塔山”“红河”，销量分别为 146.95 亿支（29.39 万箱）、68.85 亿支（13.77 万箱）、53.7 亿支（10.74 万箱）。实现卷烟销售收入 334.35 亿元，同比增长 4.06%。

品牌培育。抓亮点品类，销售细支卷烟 15.75 亿支（3.15 万箱）、雪茄烟 7528 万支，分别同比增长 176%、90.4%，均高于全国平均水平。释放市场资源空间，以半年为周期，根据《山西烟草商业系统卷烟品牌规格引入退出工作暂行办法》，开展在销卷烟评测和新品引入工作，2015 年 18 个工业企业 125 个品牌（规格）卷烟符合退出条件，全省性退出 54 个，区域性退出 77 个。截至 2015 年底，在销规格优化到 226 个（不含雪茄烟、细支卷烟、进口烟），同比减少 32 个。

市场化取向改革。推进全省系统卷烟营销信息化支撑建设工作，以项目管理方式，省市联合，跨部门协同，省级卷烟营销平台和全省统一的网上订货系统上线运行。按照改革试点工作要求，太原市公司贯彻落实国家局改革九大任务，重点完成需求预测方法、客户分档标准、货源组织管理、货源投放策略等流程再造，初步构建起工商零一体化营销模式，加大重点品牌培育力度，完善监督检查方法，加快营销队伍转型。

加强调控管理。根据年度指标保证销量时间进度，细化过程管控，对全省销量跟踪逐步细化到“日跟踪、周通报、旬调整、月调度、季把控”。山西省公司制定《市场状态监测督查检查办法》，每季度按照客户总数 2% 的比例，对 11 个区域市场的卷烟价格、社会库存、品规状态等进行信息采集，对全省市场状态进行综合研判。

提税顺价。落实提税顺价政策，对 259 个国产、11 个进口卷烟规格的卷烟批发价和零售指导价进行调整，提前下发卷烟价格调整信息，并对全省系统进行调整录入和测试维护，暂停访销。从 5 月 11 日起，全省卷烟按照新价格开展批零业务。印制调价目录 10 万份、价格标签 1551

万枚，下发到卷烟零售客户，通过宣传引导实现卷烟市场平稳运行。

卷烟物流建设。加强物流配送中心建设，运城市公司物流技术改造项目基本完成；忻州市五寨中转站建设项目进展顺利；对介休市中转站、长治市新建配送中心项目开展前置性审查论证。优化整合配送线路，在全省推广太原市公司配送经验，减少送货线路117条、车辆27部、人员45人，全省单箱物流费用197.5元，同比下降4.6%。推进卷烟包装箱循环利用工作，太原市公司高架库包装箱存放量同比提高10%。加强工商物流一体化建设，太原、晋中、临汾市公司和山西昆明烟草有限责任公司、浙江中烟开展整托盘联运。

【烟叶产销】 *烟叶种植与收购*。2015年，签订烟叶种植收购合同1064份，同比下降17.32%。种植烤烟3.4万亩。收购烟叶0.565万吨（11.3万担），其中上等烟0.29万吨（5.72万担）、中等烟0.26万吨（5.28万担）。加强工商交接质量管理，烟叶等级合格率在80%以上。烟叶收购均价为24.96元/千克，同比提高1.7元/千克。实现烟农总收入1.41亿元，同比减少1476万元。

清洁型烟叶生产。运城、长治市公司作为吉林烟草工业有限责任公司的清洁型烟叶示范点单位，围绕工业企业对原料的质量需求，结合烟叶化学成分化验结果，从生产技术规范入手，抓好大田生产管理，烟叶质量和效益均稳步提高。

现代烟草农业建设。在山西省烟叶种植面积中，机耕面积3.4万亩，机械起垄3.1万亩，机械移栽0.86万亩，机械覆膜3万亩，机械施肥2.68万亩。对2006年以来建成的烟叶生产基础设施建设项目进行“回头看”，重点管护、排查检修，确保基础设施对烟叶生产的发展发挥更好的效益。

【规范管理】 山西省局成立投资项目和采购项目预审小组，加强前置调研论证，为“三项工作”管委会决策提供保障。2015年，预审小组和“三项工作”管委会否决或延缓投资采购项目63项，节约和延付资金6500余万元。加强审计监督，重点对县级局财务支出、审计整改、重点费用、重大工程、重要采购项目开展专项审计和审计调查，完成审计项目1678项，取得直接经济收益1893万元。

【队伍建设】 出台《中共山西省烟草专卖局（公司）党组关于处级干部选拔任用工作实施办法（试行）》，明确干部选用的条件和程序。出台《中共山西省烟草专卖局（公司）党组关于进一步加强领导班子建设的实施意见》，进一步明确领导班子建设的工作制度和组织原则。出台《2015年度市局（公司）绩效考核办法》，内容上聚焦销量、税利、打假破网、市场监管四大核心绩效指标，考核结果与各单位新增效益工资和领导班子成员薪酬水平直接挂钩。坚持从业人员总量只减不增的原则，截至2015年底，山西省烟草商业系统从业人员同比减少166人。

【基层建设】 出台《中共山西省烟草专卖局（公司）党组关于进一步激发县级局（营销部）活力的意见（暂行）》，明确“两放、两扩、六倾斜”政策（人事管理、财务开支放权，薪酬分配、卷烟经营扩权，人员编制、干部政策、收入分配、服务保障、工作指导、教育培训倾斜）。成立县级局建设工作指导组，及时掌握基层建设情况，定期召开省局部门联席会议，认真帮助基层解决困难。组织全省112个县级局局长进行为期半个月的集中脱产培训，接受政治理论与业务知识培训。

【特事要辑】 1月23—24日，山西省局（公司）在太原召开2015年全省烟草工作会议，确定全年“五指发力、五路突破”的重点任务。

6月1—2日，国家局副局长徐瑨在山西烟草调研，对提税顺价、工业技改和实现销量、税利、增收节支的目标提出要求。

11月10日，国家局局长凌成兴在山西烟草调研。凌成兴强调，要保持一个速度，工商税利总额增长速度要继续保持略高于行业平均增长速度；要培育一个品牌，工商两家要继续同舟共济、挖掘市场潜力培育好“紫气东来”；要瞄准一个比重，“十三五”期间，山西省局（公司）细支卷烟销量和省产烟销量占总销量比重要瞄准10%。其间，山西省委书记、省人大常委会主任王儒林，省委副书记、省长李小鹏会见凌成兴，省委秘书长王伟中、副省长付建华参加会见。山西省副省长付建华一同调研。

2015 年山西省烟草专卖局（公司）所属企业主要情况统计

地市级局（公司）名称		太原市烟草专卖局（公司）	大同市烟草专卖局（公司）	阳泉市烟草专卖局（公司）	长治市烟草专卖局（公司）	晋城市烟草专卖局（公司）	朔州市烟草专卖局（公司）
主要负责人/法人代表（含党政领导）		董旭红	支树华	程　智	李振芳	张家驰	任守军
所属县级单位		清徐县、娄烦县、古交市、阳曲县等4个县级烟草专卖局（营销部）	城区、矿区、南郊区、新荣区、大同县、天镇县、阳高县、浑源县、广灵县、灵丘县、左云县等11个县级烟草专卖局（营销部）	平定县、盂县2个县级烟草专卖局(营销部)	长治县、潞城市、屯留县、长子县、壶关县、平顺县、黎城县、武乡县、襄垣县、沁县、沁源县、城区、郊区等13个县级烟草专卖局（营销部）	城区、泽州县、高平市、阳城县、沁水县、陵川县等6个县级烟草专卖局（营销部）	朔城区、平鲁区、山阴县、怀仁县、应县、右玉县等6个县级烟草专卖局(营销部)
总资产（万元）		187956	123569	38623	93736	68271	38310
资产负债率（%）		18.07	21.35	17.86	18.23	22.49	15.19
从业人员（人）		779	708	246	734	392	350
所属业务机构	营销机构	1个营销中心	1个营销中心	1个营销中心	1个营销中心	1个营销中心	1个营销中心
	物流配送机构	1个物流配送中心	1个物流配送中心、1个配送中转站	1个物流配送中心	1个物流配送中心、5个配送中转站	1个物流配送中心、4个配送中转站	1个物流配送中心
	专卖稽查机构	1个稽查支队、7个稽查大队	1个稽查支队、11个稽查大队	1个稽查支队、3个稽查大队	1个稽查支队、13个稽查大队	1个稽查支队、6个稽查大队	1个稽查支队、6个稽查大队
	烟叶机构	—	—	—	1个烟叶总站、5个烟叶站	—	—
实现税利	万元	161450	94755	30003	84918	54192	39469
	2015年比2014年（%）	18.68	20.03	19.02	21.51	24.56	23.41
实现利润	万元	75153	42710	13070	37036	24554	16661
	2015年比2014年（%）	-4.71	-5.79	-5.44	-7.20	-4.48	-6.14
销售卷烟	亿支	99.32	69.93	25.03	67.95	43.35	32.72
	2015年比2014年（%）	-3.24	-2.78	-2.82	-2.16	-5.33	-1.66
卷烟销售收入（万元）		555330	322595	112810	313349	191343	142822
查处涉烟违法案件（起）		576	452	357	837	569	333
查处涉烟违法案件案值（万元）		716	388	164	188	201	87
2015年度烟草行业投入烟叶生产基础设施建设资金（万元）		—	—	—	—	—	—
全年烟叶生产基础设施新增受益面积（万亩）		—	—	—	—	—	—
烟叶种植（万亩）		—	—	—	0.43	—	—
烟叶收购（万担）		—	—	—	1.45	—	—
烟农户数（户）		—	—	—	228	—	—

续表

地市级局（公司）名称	太原市烟草专卖局（公司）	大同市烟草专卖局（公司）	阳泉市烟草专卖局（公司）	长治市烟草专卖局（公司）	晋城市烟草专卖局（公司）	朔州市烟草专卖局（公司）
实现烟农总收入（万元）	—	—	—	1785	—	—
零售客户数（户）	13614	10183	5924	12453	8076	6997
零售客户销售毛利率（%）	10.39	11.04	10.20	6.26	9.33	9.04

地市级局（公司）名称		忻州市烟草专卖局（公司）	吕梁市烟草专卖局（公司）	晋中市烟草专卖局（公司）	临汾市烟草专卖局（公司）	运城市烟草专卖局（公司）
主要负责人/法人代表（含党政领导）		陈秀云	周润生（—2014.12） 乔继光（2014.12—）	义晋瑞	赵新秋	姚　宏
所属县级单位		忻府区、原平市、代县、繁峙县、定襄县、五台县、宁武县、神池县、岢岚县、五寨县、保德县、静乐县、偏关县、河曲县等14个县级烟草专卖局（营销部）	离石区、汾阳市、孝义市、中阳县、柳林县、石楼县、交口县、方山县、临县、岚县、兴县、交城县、文水县等13个县级烟草专卖局（营销部）	榆次区、太谷县、祁县、平遥县、介休市、灵石县、榆社县、左权县、和顺县、昔阳县、寿阳县等11个县级烟草专卖局（营销部）	尧都区、侯马市、曲沃县、翼城县、襄汾县、洪洞县、霍州市、古县、吉县、安泽县、浮山县、乡宁县、蒲县、大宁县、永和县、隰县、汾西县等17个县级烟草专卖局（营销部）	盐湖区、临猗县、永济市、万荣县、河津市、新绛县、稷山县、铝厂厂区、绛县、闻喜县、夏县、垣曲县、平陆县、芮城县、风陵渡区等15个县级烟草专卖局（营销部）
总资产（万元）		75759	83797	95372	116287	104096
资产负债率（%）		15.70	12.47	20.81	21.70	13.33
从业人员（人）		715	852	725	807	995
所属业务机构	营销机构	1个营销中心	1个营销中心	1个营销中心	1个营销中心	1个营销中心
	物流配送机构	1个物流配送中心	1个物流中心、1个配送中转站	1个物流配送中心	1个物流配送中心、1个配送中转站	1个物流配送中心
	专卖稽查机构	1个稽查支队、14个稽查大队	1个稽查支队、13个稽查大队	1个稽查支队、11个稽查大队	2个稽查支队、17个稽查大队	1个稽查支队、15个稽查大队
	烟叶机构	—	—	—	3个烟叶总站、7个烟叶站	5个烟叶总站、21个烟叶站
实现税利	万元	75541	83894	87162	107025	102564
	2015年比2014年（%）	18.02	21.77	20.18	20.47	22.18
实现利润	万元	32136	34919	37216	47201	43747
	2015年比2014年（%）	-10.52	-7.18	-8.17	-6.01	-7.47
销售卷烟	亿支	64.80	74.50	70.55	87.20	99.76
	2015年比2014年（%）	-4.71	-2.35	-3.59	-2.23	-2.78
卷烟销售收入（万元）		280271	322777	318745	397347	386073
查处涉烟违法案件（起）		713	936	695	582	430
查处涉烟违法案件案值（万元）		261	612	422	256	510
2015年度烟草行业投入烟叶生产基础设施建设资金（万元）		—	—	—	—	—

续表

地市级局（公司）名称	忻州市烟草专卖局（公司）	吕梁市烟草专卖局（公司）	晋中市烟草专卖局（公司）	临汾市烟草专卖局（公司）	运城市烟草专卖局（公司）
全年烟叶生产基础设施新增受益面积（万亩）	—	—	—	—	—
烟叶种植（万亩）	—	—	—	0.77	2.20
烟叶收购（万担）	—	—	—	2.55	7.30
烟农户数（户）	—	—	—	393	443
实现烟农总收入（万元）	—	—	—	3318	8998
零售客户数（户）	10571	14081	13155	17701	15920
零售客户销售毛利率（%）	9.60	6.43	10.75	10.23	4.52

（撰稿：赵　钰；编辑：谢争艳）

内蒙古自治区烟草专卖局（公司）

【专卖管理】　卷烟打假打私。2015 年，内蒙古自治区烟草专卖局进一步强化卷烟打假长效协作机制，查处涉烟违法案件 3751 起，其中，假冒卷烟案件 3624 起，案值 5 万元以上的假烟案件 11 起，查获假烟 470.66 万支，上缴罚没款 136.12 万元。会同海关等部门查处走私贩私违法行为，查获走私外烟 127.97 万支，境外销售回流烟 1.42 万支。公安、司法机关依法刑拘 42 人，逮捕 33 人，判刑 22 人。

继续加大打假破网工作力度，破获制售假烟网络案件 9 起，其中符合国家局标准的网络案件 6 起。呼和浩特"12·25"网络案件为部督案件。呼和浩特市局、赤峰市局、鄂尔多斯市局、乌兰察布市局、通辽市局、巴彦淖尔市局等 6 家单位破获的 7 起重大涉烟违法案件，以及自治区局"飓风七号"清理整顿卷烟市场专项行动受到国家局表彰通报。

市场监管。2015 年，自治区局组织开展元旦和春节期间清理整顿卷烟市场专项行动、"利剑二号"打击非渠道卷烟流通专项行动、"飓风七号"清理整顿烟草市场专项行动等 3 次专项清理整顿卷烟市场行动，进一步净化市场。推进市场监管方式的转变，全面推广 APCD 工作法。加强与工商部门的协作，召开 2015 年烟草市场监管协作联席会议，共同推进烟草市场监管工作。联合工商部门开展市场检查，清理取缔无证户 1318 户，同比下降 12.02%。

行政许可。创新开展行政许可工作，自治区局成立专项课题组，并确定以包头市局为试点单位，探索防范行政许可风险，提高行政许可效率的有效途径。包头市局大力推行"六个办"模式，即符合条件立即办、材料不全协助办、多头管理并联办、上报审批跟踪办、确有所需代理办、特殊群体上门办，实现行政许可全程监管，通过烟草专卖零售许可证办理流转无纸化、零售客户档案电子化，将办证大厅延伸至每一位市管员的移动终端，最大限度缩短办证时间，满足零售客户需求，提升行政审批电子政务化水平。

内部监管。加大卷烟非法流通治理力度，遏制卷烟非法流通蔓延势头，2015 年累计查扣各类非渠道卷烟 1929.57 万支，同比下降 57.46%；查处案值 5 万元或数量 20 万支以上非渠道烟案件 27 起，同比下降 61.43%。

专卖基层建设。开展优秀县级局创建工作，呼伦贝尔市阿荣旗局、兴安盟乌兰浩特市局、通辽市霍林河市局、赤峰市宁城县局等 12 家县级局被评为"2015 年度内蒙古自治区县级烟草专卖局标兵单位"。包头市固阳县局被评为"烟草行业县级烟草专卖局、分公司标兵单位（2012—2014 年度）"。

【经济效益】 2015 年，内蒙古自治区烟草商业系统实现税利 63.52 亿元，同比增长 15.38%，其中利润 26.51 亿元，同比下降 13.73%。三项费用率为 6.03%。实现利息收入 3.58 亿元，同比增长 18.65%。

【卷烟经营】 卷烟销售。2015 年，内蒙古自治区烟草商业系统销售卷烟 553.48 亿支（110.7 万箱），同比下降 2.92%。其中，销售一类烟 67.15 亿支（13.43 万箱），同比下降 9.01%；二类烟 101.81 亿支（20.36 万箱），同比增长 10.24%；三类烟 190.55 亿支（38.11 万箱），同比下降 11.1%；四类烟 138.54 亿支（27.71 万箱），同比下降 5.38%；五类烟 54.95 亿支（10.99 万箱），同比增长 28.38%。本地区销量居前三位的品牌为“云烟”“红塔山”“黄山”，销量分别为 150.96 亿支（30.19 万箱）、53.33 亿支（10.67 万箱）、39.32 亿支（7.86 万箱）。

实现卷烟销售收入 274.74 亿元，同比下降 0.22%。实现卷烟税利 62.20 亿元，同比增长 13.85%，其中利润 25.85 亿元，同比下降 15.91%。单箱销售收入为 2.48 万元/箱，同比增长 2.78%。

品牌培育。依靠品牌培育、整合规格、高端引领 3 个举措，提升卷烟结构。优化品牌布局，2015 年清退 67 个卷烟规格。2015 年，销售重点品牌卷烟 463.64 亿支（92.73 万箱），同比下降 4.65%。重点品牌卷烟单箱销售收入 2.76 万元，同比下降 3.54%。销售高价位卷烟 4.55 亿支（0.91 万箱），同比增长 10.9%。销售焦油量 8 毫克/支及以下低焦油卷烟 99.31 亿支（19.86 万箱），同比增长 12.08%，其中焦油量 6 毫克/支及以下低焦油卷烟 20.84 亿支（4.17 万箱），同比增长 3.21%。销售细支卷烟 28.73 亿支（5.75 万箱），同比增长 111.54%。

市场化取向改革。抓好呼和浩特市公司试点工作和省级卷烟营销平台的建设工作。推进自治区卷烟营销市场化取向改革工作，以满足消费者需求为核心，以市场需求为出发点，以改革卷烟订单采集方式为抓手，“按订单组织货源、按需求衔接计划、按状态调整策略”，保障零售客户自主经营权，层层传导市场力量，优化营销资源配置，促进品牌优胜劣汰，再造业务流程，升级营销模式。

现代零售终端建设。做好现代终端的形象提升工作，通过以点带面、示范引领，发展一批“环境好、形象好、信誉好”的卷烟零售示范店，引导客户改善终端形象，提升经营能力。加强对现代终端的考评工作，对形象改善不明显，配合度不高的现代终端提出整改意见，替换不符合要求的现代终端，保证现代终端建设质量。截至 2015 年底，自治区建成现代卷烟零售终端 9596 户。

【烟叶产销】 2015 年，内蒙古自治区烟叶种植面积 2.35 万亩，收购烟叶 0.53 万吨（10.69 万担），完成计划的 85.52%，烟叶收购等级合格率 80.61%。烟叶收购均价 20.17 元/千克。自治区有烟农 1108 户，户均种植面积 21 亩。实现烟农总收入 1.78 亿元。

2015 年，实现烟叶税利 1.28 亿元，同比增长 848.76%，其中利润 0.8 亿元，同比增长 642.03%。

推进烟叶生产基础设施建设。自治区局（公司）印发《关于进一步加强烟叶生产基础设施项目管护工作的通知》，要求进一步完善烟叶生产基础施建设项目运行管护机制，明确管护主体职责，加强管护督查，落实各项管护措施，确保项目持久发挥作用。对种植区建成的烟叶生产基础设施项目进行全面核查，补充项目当前状态资料，细化项目管护标准，责任明确到具体人员，建立巡查制度，管护工作步入制度化、规范化轨道。

【规范管理】 开展专项检查。开展落实中央八项规定精神、厉行节约反对浪费、投资项目管理及审批执行、信息化应用、工资内外收入、规范管理、落实“两个责任”、会计基础规范及费用支出等 8 个专项检查，解决突出问题 186 个。2015 年，公务接待费、职工教育费、会议费、办公费同比分别下降 72.63%、35.35%、36.67%、21.51%。

加强制度建设与审计监督。加强规范管理相关制度建设，坚持重大决策和重要事项集体讨论，坚持民主参与、民主决策，严格按制度、按规矩、按流程办事，工作流程全部“上墙”，可公开的会议纪要全部上内网，树立“全员规范”意识。制定规章制度 28 个，修订 5 个，废止 23 个。加强审计监督，组织开展审计项目 241 项，发现问题 790 个，查出不规范问题金额 9597.58 万元，节约资金 1045.55 万元。

规范企业采购管理。全面贯彻落实公开招标“四个全覆盖”，建立健全“应招尽招”“真招实招”“办事公开民主管理同业务工作深度融合”3 个保障机制。自治区局（公司）印发《办事公开民主管理同业务工作深度融合保障机制建设实施意见》。自治区局（公司）并被国家局选定为行业2个先进典型之一。公开招标金额占比95.38%，同比提高13个百分点，其中工程、服务、物资采购公开招标分别占比99.78%、92.72%、92.4%。

2015年内蒙古自治区烟草专卖局（公司）所属企业主要情况统计

地市级局（公司）名称		呼和浩特市烟草专卖局（公司）	满洲里市烟草专卖局（公司）	呼伦贝尔市烟草专卖局（公司）	兴安盟烟草专卖局（公司）	通辽市烟草专卖局（公司）
主要负责人/法人代表（含党政领导）		董德富	张若宇	王文兵	王化敏(—2015.9) 郝文亮(2015.9—)	郭东信
所属县级单位		土默特左旗、托克托县、和林格尔县、清水河县、武川县等5个县级烟草专卖局（营销部）和新城区、赛罕区、回民区、玉泉区等4个城区烟草专卖局	扎赉诺尔区烟草专卖局	海拉尔区、牙克石市、扎兰屯市、根河市、额尔古纳市、阿荣旗、莫力达瓦达斡尔族自治旗、鄂伦春自治旗、鄂温克族自治旗、新巴尔虎左旗、新巴尔虎右旗、陈巴尔虎旗、大杨树等13个旗、市、区烟草专卖局（营销部）	阿尔山市、扎赉特旗、科尔沁右翼前旗、科尔沁右翼中旗、突泉县等5个县级烟草专卖局（营销部）和乌兰浩特市烟草专卖局	科尔沁区、开鲁县、科尔沁左翼中旗、科尔沁左翼后旗、奈曼旗、库伦旗、扎鲁特旗、霍林郭勒市等8个旗、县、区烟草专卖局（营销部）
总资产（万元）		168035	11262	57497	41262	64921
资产负债率（%）		21.87	15.56	38.64	33.63	19.41
从业人员（人）		715	73	668	274	477
所属业务机构	营销机构	1个营销中心	1个营销中心	1个营销中心	1个营销中心	1个营销中心
	物流配送机构	1个配送中心	1个配送中心	1个配送中心、2个配送分中心、11个物流中转站	1个配送中心	1个物流配送中心
	专卖稽查机构	1个稽查支队、2个稽查大队	1个稽查支队	1个稽查支队、6个专卖管理所	1个稽查支队、6个稽查大队	1个稽查支队
	烟叶机构	—	—	—	—	—
实现税利	万元	105199	8048	38882	25982	51224
	2015年比2014年（%）	15.47	35.42	12.88	22.87	18.67
实现利润	万元	47424	3126	12833	8766	19019
	2015年比2014年（%）	-12.72	5.32	-23.55	-16.49	-18.59
销售卷烟	亿支	75.21	6.18	49.58	34.19	61.10
	2015年比2014年（%）	-2.77	0.97	-3.18	-0.16	-2.87
卷烟销售收入（万元）		435540	35986	199420	128065	238542
查处涉烟违法案件（起）		1277	54	287	218	340
查处涉烟违法案件案值（万元）		531	28	52	343	79
2015年度烟草行业投入烟叶生产基础设施建设资金（万元）		—	—	—	—	—

续表

地市级局（公司）名称	呼和浩特市烟草专卖局（公司）	满洲里市烟草专卖局（公司）	呼伦贝尔市烟草专卖局（公司）	兴安盟烟草专卖局（公司）	通辽市烟草专卖局（公司）
全年烟叶生产基础设施新增受益面积（万亩）	—	—	—	—	—
烟叶种植（万亩）	—	—	—	—	—
烟叶收购（万担）	—	—	—	—	—
烟农户数（户）	—	—	—	—	—
实现烟农总收入（万元）	—	—	—	—	—
零售客户数（户）	11803	1435	11048	7585	13695
零售客户销售毛利率（%）	9.70	10.16	10.00	8.69	14.57

地市级局（公司）名称		赤峰市烟草专卖局（公司）	锡林郭勒盟烟草专卖局（公司）	二连浩特市烟草专卖局（公司）	乌兰察布市烟草专卖局（公司）	包头市烟草专卖局（公司）
主要负责人/法人代表（含党政领导）		王明新	王建胜	杜秀亭	李志军	刘　永
所属县级单位		阿鲁科尔沁旗、巴林左旗、巴林右旗、林西县、克什克腾旗等5个县级烟草专卖局（营销部），翁牛特旗、敖汉旗、喀喇沁旗、宁城县、元宝山区等5个县级烟草专卖局（分公司），红山区、松山区2个城区烟草专卖局和松山区烟叶分公司	锡林浩特市烟草专卖局，太仆寺旗、正蓝旗、多伦县、东乌珠穆沁旗、西乌珠穆沁旗、乌拉盖管理区、阿巴嘎旗、苏尼特左旗、苏尼特右旗、镶黄旗等10个县级烟草专卖局（营销部），以及未上划的正镶白旗烟草专卖局（公司）	—	丰镇市、凉城县、卓资县、兴和县、化德县、商都县、四子王旗、察哈尔右翼前旗、察哈尔右翼中旗、察哈尔右翼后旗等10个县级烟草专卖局（营销部）和集宁区烟草专卖局	青山区、昆都仑区、东河区、九原区等4个城区烟草专卖局，土默特右旗、固阳县、石拐区、达尔罕茂明安联合旗、白云区等5个旗、县级烟草专卖局（营销部）
总资产（万元）		99457	20459	5962	73444	176282
资产负债率（%）		31.46	25.62	25.83	19.37	23.72
从业人员（人）		904	316	32	544	402
所属业务机构	营销机构	1个营销中心	1个营销中心	1个营销中心	1个营销中心、1个电访部	1个营销中心
	物流配送机构	1个配送中心	1个配送中心	1个物流配送中心	1个配送中心	1个物流配送中心
	专卖稽查机构	1个稽查支队、14个稽查大队	1个稽查支队	—	1个稽查支队	2个稽查大队
	烟叶机构	7个烟叶站、5个收购点	—	—	—	—
实现税利	万元	70022	17129	3456	51007	105179
	2015年比2014年（%）	32.13	21.18	13.66	0.02	16.11
实现利润	万元	28592	4711	1289	19873	50369
	2015年比2014年（%）	11.11	-16.46	-18.29	-27.77	-10.24
销售卷烟	亿支	69.99	22.24	2.75	45.14	68.26
	2015年比2014年（%）	-1.68	-7.45	-6.42	-9.08	0.83

续表

地市级局（公司）名称	赤峰市烟草专卖局（公司）	锡林郭勒盟烟草专卖局（公司）	二连浩特市烟草专卖局（公司）	乌兰察布市烟草专卖局（公司）	包头市烟草专卖局（公司）
卷烟销售收入（万元）	276366	99714	15849	230786	400111
查处涉烟违法案件（起）	104	226	11	250	753
查处涉烟违法案件案值（万元）	127	31	3	142	556
2015 年度烟草行业投入烟叶生产基础设施建设资金（万元）	—	—	—	—	—
全年烟叶生产基础设施新增受益面积（万亩）	—	—	—	—	—
烟叶种植（万亩）	2.35	—	—	—	—
烟叶收购（万担）	10.69	—		—	—
烟农户数（户）	1108	—	—	—	—
实现烟农总收入（万元）	10781	—	—	—	—
零售客户数（户）	17121	4916	444	8617	10093
零售客户销售毛利率（%）	8.00	10.40	11.00	10.27	14.01

地市级局（公司）名称		鄂尔多斯市烟草专卖局（公司）	巴彦淖尔市烟草专卖局（公司）	乌海市烟草专卖局（公司）	阿拉善盟烟草专卖局（公司）
主要负责人/法人代表（含党政领导）		邢宇波	刘先勇（—2015.9） 齐翠敏（2015.9—）	齐翠敏（—2015.9） 王　强（2015.9—）	孟凡超
所属县级单位		准格尔旗、准格尔经济开发区、达拉特旗、伊金霍洛旗、杭锦旗、乌审旗、鄂托克旗、鄂托克前旗等 8 个县级烟草专卖局（营销部），东胜区、康巴什新区 2 个城区烟草专卖局，以及棋盘井经济开发区、乌兰木伦和上海庙经济开发区 3 个直属分局	乌拉特前旗、五原县、杭锦后旗、磴口县、乌拉特中旗、乌拉特后旗等 6 个县级烟草专卖局（营销部）和临河区烟草专卖局	乌达区、海勃湾区、海南区等 3 个城区烟草专卖局	阿拉善右旗、额济纳旗 2 个县级烟草专卖局（营销部），阿拉善左旗烟草专卖局、乌斯太烟草专卖分局
总资产（万元）		136296	67251	36916	13470
资产负债率（%）		15.36	32.06	19.78	24.44
从业人员（人）		506	329	120	103
所属业务机构	营销机构	1 个营销中心	1 个营销中心	1 个营销中心	1 个营销中心
	物流配送机构	1 个物流配送中心	1 个配送中心	1 个配送中心	1 个配送中心
	专卖稽查机构	1 个稽查支队、11 个稽查大队	1 个稽查支队、1 个稽查大队	—	1 个稽查支队、4 个稽查大队
	烟叶机构	—	—	—	—

续表

地市级局（公司）名称		鄂尔多斯市烟草专卖局（公司）	巴彦淖尔市烟草专卖局（公司）	乌海市烟草专卖局（公司）	阿拉善盟烟草专卖局（公司）
实现税利	万元	90733	43549	21143	7876
	2015 年比 2014 年（%）	7.79	15.11	11.14	19.50
实现利润	万元	44029	19332	10063	2731
	2015 年比 2014 年（%）	-18.46	-7.12	-12.63	-6.50
销售卷烟	亿支	57.48	39.36	13.58	8.43
	2015 年比 2014 年（%）	-4.68	-1.43	-2.85	-1.91
卷烟销售收入（万元）		362821	197456	84536	42186
查处涉烟违法案件（起）		413	305	83	117
查处涉烟违法案件案值（万元）		545	198	55	23
2015 年度烟草行业投入烟叶生产基础设施建设资金（万元）		—	—	—	—
全年烟叶生产基础设施新增受益面积（万亩）		—	—	—	—
烟叶种植（万亩）		—	—	—	—
烟叶收购（万担）		—	—	—	—
烟农户数（户）		—	—	—	—
实现烟农总收入（万元）		—	—	—	—
零售客户数（户）		9463	5940	2037	1430
零售客户销售毛利率（%）		10.17	4.60	9.60	12.35

（撰稿：关晓勇；编辑：谢争艳）

辽宁省烟草专卖局（公司）

【专卖管理】 *卷烟打假打私。*2015 年，辽宁省烟草专卖局加大打假打私力度，与省公安、工商、海关、交通、邮政等相关部门研讨建立联合打击假冒、走私烟草专卖品违法犯罪活动工作制度，并分别签署了双边协议。制定下发《辽宁省局（公司）查处涉烟违法案件经费管理办法》《辽宁省局（公司）烟草打假打私重大案件和专项行动奖励办法》。

查处涉烟违法案件 1.06 万起，查获涉案卷烟 1.78 亿支，其中假烟 0.26 亿支、走私烟 0.58 亿支、非渠道卷烟 0.94 亿支。公安、司法机关依法拘留 56 人，逮捕 46 人，判刑 51 人。破获案值 5 万元以上的涉烟案件 241 起，符合公安部、国家局标准的网络案件 24 起，其中 6 起被列为部督案件。

*卷烟市场监管。*全面推广 APCD 工作法，继续推进专卖管理信息化建设。组织开展 2015 年“元旦、春节”卷烟市场集中整治等专项行动。与省公安厅首次联合开展全省卷烟打假打私专项行动，行动期间查处涉烟案件 3758 起。以锦州市局为试点单位，探索以“专卖进社区”为主要内容的市场监管新模式，搭建联合执法、法制宣传、便民服务、扶贫帮困进社区的新平台。坚持组织市场暗访，对 13 家市级局及部分县级局开展 2 次市场暗访，核查卷烟零售

客户1424户。

内部监督。4—5月，开展全省行业卷烟打扫码专项检查，对不规范经营问题责令整改。以鞍山、阜新市局为试点单位，推进内管信息系统试应用。

证件管理。遵循简政放权的原则，制定《辽宁省局关于修订烟草制品零售点合理布局规定的指导意见》，采用负面清单制，放宽烟草专卖零售许可准入条件。2015年，全省新增卷烟零售客户3.04万户，截至2015年底，有持证卷烟零售客户16.82万户。

县级局建设。开展全省县级局标兵单位评选活动，制定评选细则，于11—12月对各市级局推荐的部分候选县级局开展验收检查，评选出沈阳市铁西区局等6家年度全省行业县级局标兵单位。在总公司开展的行业基层标兵评比活动中，葫芦岛市建昌县局被评为"烟草行业县级烟草专卖局、分公司标兵单位（2012—2014年度）"。

【经济效益】 2015年，辽宁省烟草商业系统实现税利87.46亿元，同比增长17.35%，其中利润37.43亿元，同比下降9.5%。三项费用率为5.8%。

【卷烟经营】 卷烟销售。2015年，辽宁省烟草商业系统销售卷烟728.75亿支（145.75万箱），同比下降1.32%。其中，销售一类烟91.16亿支（18.23万箱），同比下降5.6%；二类烟118.5亿支（23.7万箱），同比增长11%；三类烟314.77亿支（62.95万箱），同比下降6.7%；四类烟147.83亿支（29.57万箱），同比增长3.92%；五类烟56.5亿支（11.3万箱），同比增长1.6%。本地区销量居前三位的品牌为"七匹狼""红梅""红塔山"，销量分别为77.26亿支（15.45万箱）、63.97亿支（12.79万箱）、61.75亿支（12.35万箱）。

实现卷烟销售收入301.05亿元，同比增长3.3%。实现卷烟税利81.95亿元，同比增长16.47%，其中利润34.26亿元，同比下降13.02%。

品牌培育。修改完善卷烟品牌（规格）引入退出管理暂行规定，2015年引入新品卷烟规格57个，清退滞销卷烟规格108个。累计销售重点品牌卷烟576.24亿支（115.25万箱），同比下降4.7%。细支卷烟强劲发展，累计销售50.25亿支（10.05万箱），同比增长160.57%。加大"人民大会堂"[含"玉溪（人民大会堂）"]地产卷烟品牌培育力度，累计销售44.15亿支（8.83万箱），居辽宁省卷烟销量排名第六位，同比增长4.62%；实现销售收入27.88亿元，同比增长5.5%，居全省卷烟品牌销售收入第三位；单箱销售收入3.33万元，同比增长0.85%。

工商协同营销。9月17日，召开工商协同营销座谈会，邀请在辽宁省全部卷烟工业企业代表参加会议，深入分析辽宁当前的卷烟市场变化，并就开展协同营销、品牌培育、货源供应等工作进行交流。8月21日，与红塔辽宁烟草有限责任公司联合召开地产卷烟品牌培育座谈会，探讨"人民大会堂"品牌"十三五"发展规划及未来发展方向。

零售终端建设。完成全省卷烟零售终端系统的开发、实施、部署工作，在阜新、辽阳、本溪、丹东、营口等地区对系统进行试点应用。9月，印发《辽宁省现代卷烟零售终端运行规范》，在全省推广卷烟零售终端系统。截至2015年底，在12个地市推广应用1421户。

市场化取向改革。成立市场化取向改革工作领导小组，制定下发《辽宁烟草卷烟营销市场化取向改革试点工作实施方案》，拟订《货源投放管理办法》《卷烟销量大户管理办法》《卷烟经营信息公开制度》等配套制度。以沈阳市局（公司）为试点单位，搭建全省行业卷烟营销平台。9月，卷烟营销平台上线运行，实现"全货源、全渠道、全订单"集中管理，商流、物流、资金流、信息流全过程监控。

物流建设。推进物流非法人实体化运作，2015年重点开展适度授权、费用单独核算、健全激励机制等方面工作。推进精益物流建设，编制操作规范和管理标准17项，覆盖物流生产操作各个环节，全省行业单箱物流费用为216.57元/箱，人均配送效率925.4箱/人。完善物流综合管控平台一期项目，研究开发二期项目，并于2015年下半年在阜新市局（公司）进行试点。推进卷烟包装箱循环利用工作，回收卷烟包装箱345万只。

【烟叶产销】 烟叶种植与收购。2015年，签订烤烟种植合同4625份，种植面积12.1万亩，收购烤烟2.08万吨（41.5万担）。烟叶收购均价20.45元/千克，同比下降0.82元/千克，上等烟比例为39.51%。工商交接等级合格率65.2%。烟农种烟总收入4.24亿元，同比下降22.34%；户均种植26.16亩，户均收入9.17万元。调拨烟叶2.58万吨（51.69万担），同比下降2.92%。

2015年，实现烟叶销售收入12.38亿元，同比增长7.58%；实现烟叶税利4.99亿元，同比增长29.54%，其中利润2.83亿元，同比增长54.32%。

烟叶基地单元建设。坚持以卷烟工业企业烟叶需求为导向，建设品牌导向型烟叶基地单元。加强与工业企业、科研单位的联系，制定《优质烤烟生产技术方案》。在丹东青椅山烟叶基地单元投入1450万元，建成现代化烟叶基地单元中心烟站1座。2015年，烟叶基地单元销售烟叶0.6万吨（12万担），占全省收购量的28.9%。辽宁省有专供云南中烟的丹东青椅山烟叶基地单元、专供贵州中烟的朝阳太平庄烟叶基地单元、专供福建中烟的朝阳北票烟叶基地单元等3个。

烟叶生产基础设施建设。加强烟叶生产基础设施建设，投入资金969.94万元，其中国家局投入218.63万元、省内行业投入751.31万元。新建密集烤房10座、烤房设备维修更换269座、购置烟夹30套、配套烟草农用机械319台（套）、建设育苗设施19座，项目建设合计647件，新增受益烟田面积1.35万亩。

烟叶技术创新。完成国家局重大专项“优质丰产填充型特色烟叶开发及配套技术研究”的结题验收，推进“低危害特色烟叶研究与开发”“中间香型特色烟叶开发”等项目研究。依托朝阳产区烟蚜茧蜂繁育基地，推进烟蚜茧蜂防治蚜虫技术的运用，朝阳、阜新、铁岭等3个产区推广面积7.6万亩。

现代烟草农业建设。制定《辽宁省职业烟农指导意见》。截至2015年底，建成育苗工场129个，可供商品化烟苗8.66万亩（漂浮育苗0.7万亩），集约化育苗占比71.9%；建成10座以上密集式烤房群183个，密集烤房5043座，可烤面积10.86万亩，集群化烘烤占比90.1%；机耕作业9.77万亩，机械起垄作业10.77万亩，机械覆膜9.96万亩，机械施肥6.43万亩。组建烟农专业合作社68家，入社烟农3108户，烟农入社率67%。阜新益民烤烟专业合作社通过评定并成为辽宁省首家烟农专业合作社行业示范社。

【对外交流与合作】 2015年，中国烟草辽宁进出口公司先后与香港南洋兄弟烟草公司、美国环球公司、联一公司、英国联合公司、普瑞铭公司、俄罗斯日千里公司等国外客户签约，境外销售烟叶类产品3154吨。卷烟进出口业务方面，与英美烟草公司、韩国烟草人参公社等烟草公司加强联系，销售进口卷烟5.18亿支。新增韩国釜山港、金海机场等免税店销售，并拓展日本、泰国、印度尼西亚等国家新的免税市场。与非洲马达加斯加公司洽谈，初步达成2016年“人民大会堂（古瓷）”有税出口意向。境外销售“人民大会堂”品牌卷烟0.7亿支，同比增长67%。

2015年，实现“两烟”进出口总值1888万美元，其中进口总值844万美元，出口实现1044万美元。

【特事要辑】 1月30日，辽宁省局（公司）在沈阳召开2015年全省烟草工作会议。

6月3日，国家局副局长赵洪顺到辽宁省局（公司）调研。赵洪顺强调：一是要认真研究把握卷烟经营的新形势，始终保持营销定力；二是要认真研究把握专卖管理的新挑战，努力构筑打假打私、内部监管和市场监管“三个体系”；三是要认真研究把握规范管理的新要求，切实贯彻落实好中央八项规定精神，努力做到“应招尽招”“真招实招”。

7月21日，辽宁省委副书记、省长陈求发到辽宁烟草调研，先后考察沈阳市局（公司）卷烟物流配送中心、红塔辽宁烟草有限责任公司沈阳卷烟厂。

8月10日，辽宁省委书记、省人大常委会主任李希听取辽宁省局（公司）专题工作汇报并作出重要指示。

11月2日，辽宁省委副书记、省长陈求发，国家局局长凌成兴到辽宁烟草调研，考察丹东市局（公司）物流配送中心，并走访丹东市部分卷烟零售客户，深入了解物流配送工作、客户经营状况、品牌市场状态等情况。凌成兴指出：一要立足“两个着力点”，抓好“三个硬指标”，出色完成2015年各项任务。二要瞄准“两个一百亿”“两步走”目标任务，精心谋划“十三五”发展目标。三要脚踏实地，认真落实改革发展的重大举措。调研期间，辽宁省委书记、省人大常委会主任李希会见凌成兴，辽宁省副省长赵化明参加会见，双方就辽宁烟草改革发展交换意见。

11月22日，辽宁省委常委、常务副省长周忠轩到辽宁省局（公司）调研。

12月31日，辽宁省人民政府办公厅印发《关于进一步加快烟草产业发展的意见》，要求省直各相关部门及各市政府进一步支持烟草产业持续健康发展，推动辽宁烟草产业加快发展步伐，不断提高全省烟草产业整体实力和综合竞争力。

2015 年辽宁省烟草专卖局（公司）所属企业主要情况统计

地市级局（公司）名称		沈阳市烟草专卖局（公司）	鞍山市烟草专卖局（公司）	抚顺市烟草专卖局（公司）	本溪市烟草专卖局（公司）	丹东市烟草专卖局（公司）
主要负责人/法人代表（含党政领导）		刘　涛（—2015.5） 王韶波（2015.5—，之前任经理）	蒋全波(—2015.5) 胡志伟(2015.5—)	李　力(—2015.12)	姜振光(—2015.1) 姜守信(2015.1—)	邱海波(—2015.3) 姜明春(2015.3—)
所属县级单位		和平区、沈河区、大东区、皇姑区、铁西区、于洪区、浑南区、沈北新区、苏家屯区、新民市、辽中县、康平县、法库县等 13 个县级烟草专卖局(营销部)，1 个直属分局	海城市、台安县、岫岩满族自治县等 3 个县级烟草专卖局（营销部）	清原满族自治县、新宾满族自治县、抚顺县等 3 个县级烟草专卖局（营销部）和经济开发区稽查支队（营销部）	本溪满族自治县、桓仁满族自治县、南芬区等 3 个县级烟草专卖局（营销部）	东港市、凤城市、宽甸满族自治县等 3 个县级烟草专卖局（营销部），凤城市、宽甸满族自治县 2 个烟叶分公司
总资产（万元）		319686	75291	49496	34647	70067
资产负债率（%）		7.98	−0.22	12.59	7.73	15.59
从业人员（人）		1407	467	396	293	919
所属业务机构	营销机构	1 个营销中心	1 个营销中心	1 个营销中心	1 个营销中心	1 个营销中心
	物流配送机构	1 个物流配送中心	1 个物流配送中心	1 个物流配送中心	1 个物流配送中心、1 个中转站	1 个物流配送中心
	专卖稽查机构	17 个稽查大队	1 个稽查支队、7 个稽查大队	2 个稽查支队、11 个稽查大队	1 个稽查支队、7 个稽查大队	1 个稽查支队、8 个稽查大队
	烟叶机构	—	—	—	—	8 个烟叶站
实现税利	万元	260796	81259	42289	34287	61625
	2015 年比 2014 年（%）	15.71	17.89	3.94	22.29	17.66
实现利润	万元	119466	37807	15749	13875	28146
	2015 年比 2014 年（%）	−11.73	−5.79	−27.58	−10.42	−2.32
销售卷烟	亿支	190.47	65.50	41.40	32.29	43.29
	2015 年比 2014 年（%）	−1.28	−0.50	−4.84	0.75	−3.11
卷烟销售收入（万元）		888194	286654	157809	131147	164965
查处涉烟违法案件（起）		1363	2740	242	328	472
查处涉烟违法案件案值（万元）		2227	1000	156	62	800
2015 年度烟草行业投入烟叶生产基础设施建设资金（万元）		—	—	—	—	4
全年烟叶生产基础设施新增受益面积（万亩）		—	—	—	—	—
烟叶种植（万亩）		—	—	—	—	4.45
烟叶收购（万担）		—	—	—	—	12.45
烟农户数（户）		—	—	—	—	2269
实现烟农总收入（万元）		—	—	—	—	15050
零售客户数（户）		33000	13911	8200	7568	11829
零售客户销售毛利率（%）		15.40	15.54	15.83	15.50	15.59

地市级局（公司）名称		锦州市烟草专卖局（公司）	营口市烟草专卖局（公司）	阜新市烟草专卖局（公司）	辽阳市烟草专卖局（公司）
主要负责人/法人代表（含党政领导）		卜剑飞	孙向东（—2015.1） 胡凤彦（2015.1—）	姜 新/王龙宪	付群利
所属县级单位		凌海市、北镇市、黑山县、义县等4个县级烟草专卖局（营销部）	盖州市、大石桥市、老边区、鲅鱼圈区、西市区等5个县级烟草专卖局（营销部）和直属熊岳稽查支队（营销部）	阜新蒙古族自治县、彰武县2个县级烟草专卖局（营销部），阜新蒙古族自治县、彰武县2个烟叶分公司	灯塔市、辽阳县2个县级烟草专卖局（营销部）
总资产（万元）		65682	69860	45135	46102
资产负债率（%）		7.33	9.73	34.43	13.46
从业人员（人）		459	313	1000	287
所属业务机构	营销机构	1个营销中心	1个营销中心	1个营销中心	1个营销中心
	物流配送机构	1个物流中心、4个配送站	1个物流配送中心	1个物流配送中心	1个物流配送中心
	专卖稽查机构	1个稽查支队、10个稽查大队	2个稽查支队、7个稽查大队	1个稽查支队、7个稽查大队	1个稽查支队、8个稽查大队
	烟叶机构	—	—	12个烟叶站	—
实现税利	万元	56726	59322	39491	44427
	2015年比2014年（%）	4.39	19.27	22.36	21.65
实现利润	万元	23658	26632	15466	18946
	2015年比2014年（%）	-25.02	-8.40	-6.18	-7.88
销售卷烟	亿支	54.38	50.62	36.90	38.62
	2015年比2014年（%）	-5.17	0.05	0.08	-0.08
卷烟销售收入（万元）		205210	209801	132895	161075
查处涉烟违法案件（起）		1298	362	573	376
查处涉烟违法案件案值（万元）		288	436	566	497
2015年度烟草行业投入烟叶生产基础设施建设资金（万元）		—	—	556	—
全年烟叶生产基础设施新增受益面积（万亩）		—	—	1.35	—
烟叶种植（万亩）		—	—	2.30	—
烟叶收购（万担）		—	—	8.41	—
烟农户数（户）		—	—	662	—
实现烟农总收入（万元）		—	—	7300	—
零售客户数（户）		12674	10286	7169	7115
零售客户销售毛利率（%）		15.54	15.28	15.51	15.92

地市级局（公司）名称		铁岭市烟草专卖局（公司）	朝阳市烟草专卖局（公司）	盘锦市烟草专卖局（公司）	葫芦岛市烟草专卖局（公司）
主要负责人/法人代表（含党政领导）		赵静波	刘　林/刘铁成	张进伟（—2015.1） 苏广昌（2015.1—）	曹志良
所属县级单位		开原市、调兵山市、昌图县、西丰县等4个县级烟草专卖局（营销部），开原市、昌图县、西丰县3等个烟叶分公司	北票市、凌源市、建平县、朝阳县、喀喇沁左翼蒙古族自治县等5个县级烟草专卖局（营销部），直属分局（营销部），北票市、建平县2个烟叶分公司	盘山县、大洼县2个县级烟草专卖局	兴城市、绥中县、建昌县等3个县级烟草专卖局（营销部）
总资产（万元）		63096	47763	40589	51532
资产负债率（%）		46.53	25.37	16.93	6.90
从业人员（人）		767	860	224	371
所属业务机构	营销机构	1个营销中心、1个电访中心	1个营销中心	1个营销中心	1个营销中心
	物流配送机构	1个物流中心、4个配送中心	1个物流配送中心	1个物流配送中心	1个物流中心、1个配送中心
	专卖稽查机构	1个稽查支队、8个稽查大队	1个稽查支队、2个稽查大队、21个市管中队	1个稽查支队、6个稽查大队	1个稽查支队、9个稽查大队
	烟叶机构	19个烟叶站	6个烟叶站	—	—
实现税利	万元	59426	46564	38043	46591
	2015年比2014年（%）	27.11	11.38	26.17	17.87
实现利润	万元	23759	18755	17064	20602
	2015年比2014年（%）	4.68	-13.04	-1.28	-9.78
销售卷烟	亿支	53.58	48.41	26.96	46.95
	2015年比2014年（%）	0.04	-2.49	4.80	-1.05
卷烟销售收入（万元）		184300	160385	133793	180849
查处涉烟违法案件（起）		491	640	709	987
查处涉烟违法案件案值（万元）		280	124	220	366
2015年度烟草行业投入烟叶生产基础设施建设资金（万元）		405	5	—	—
全年烟叶生产基础设施新增受益面积（万亩）		—	—	—	—
烟叶种植（万亩）		3.20	2.10	—	—
烟叶收购（万担）		11.80	8.83	—	—
烟农户数（户）		876	819	—	—
实现烟农总收入（万元）		12440	7626	—	—
零售客户数（户）		15345	16298	6585	10364
零售客户销售毛利率（%）		16.38	15.47	15.17	15.71

注：2015年5月起，沈阳市局（公司）主要负责人、法人代表不再分设；2014年3月，撤销清河区烟草专卖局（营销部），改为铁岭市烟草专卖局稽查支队清河中队。

（撰稿：董春亮；编辑：谢争艳）

吉林省烟草专卖局（公司）

【专卖管理】 卷烟打假打私。2015 年，吉林省烟草专卖局协调公安、海关等部门，发挥联合打假打私协作机制作用，联合开展抓捕收网行动，连续破获一批有影响的大案要案。查处涉烟违法案件 1336 起，查获非渠道卷烟 2329 件、假烟 1190 件、走私烟 666 件。破获案值百万元以上的涉烟网络案件 16 起，公安、司法机关依法刑拘 64 人，逮捕 44 人，判刑 38 人，其中，由公安部、国家局督办“1·9”销售假烟走私烟网络案件及“1·4”销售假烟走私烟网络案件，总涉案金额 2805.9 万元，2 名犯罪嫌疑人被判处无期徒刑。

把打假打私工作与市场监管相结合，发挥信息员作用，从市场入手、从个案出发，强化案件经营，查扣假烟、走私烟数量同比下降约 50%。探索建立滚动办案机制，密切与公安、检察院、法院等部门的协调沟通，做好取证、追刑等工作。延边、白山等地市局协调海关、边防等部门，针对珲春圈河口岸、长白口岸的不同特点，加大口岸过关检查力度，较好地堵住流入源头，遏制走私卷烟上升势头。

市场监管。落实 APCD 工作法，加强日常监管，组织开展“断网打非”市场清理整顿专项行动，集中力量查处销售大户违法违规经营问题，打击制售假烟、走私烟网络和倒卖非渠道烟网络。探索三员互动机制和信息员培养机制，建立完善案件信息库，梳理日常工作中的管用措施、有效办法，建章立制，完善市场监管体系建设。长春市局创新“N+3”工作模式，以 APCD 工作法为依托，以 GIS 地理信息系统、执法记录仪等新科技手段为支撑，建立一整套较为完整的市场检查机制。吉林市局不断强化网格化管理，有效运行举报信息收集机制，健全三员互动、零售客户、公安、社区、物流等 8 个举报信息网络，发展一批举报信息员，较好地拓宽案件线索来源渠道。

证件管理。开展烟草专卖零售许可证管理专项自查，整改一批证件办理和后续管理工作中存在的问题，提升证件管理水平。辽源市局切实加强许可证办理的监督管理工作，通过完善审批制度、定期监督检查、加强法纪教育等措施，保证依法依规办证，杜绝人情证、关系证；通过采取简化办证流程、缩短办证时限，首问责任制、送证上门等措施，提高服务水平。

专卖内管。整合监管力量，发挥层级监管作用，加大异地隐身监管力度，提升异常线索排查质量。2015 年，排查出各经营单位冒用零售客户订货权、超客户经营能力投放等不规范经营异常线索 88 条，形成《卷烟经营异常线索排查情况报告》19 份。对各地市公司的非渠道卷烟流出情况进行定期通报，在销量考核时对流出地和查扣地的销量指标进行 10 倍扣减和增加，发挥较好的导向、激励、约束作用。

【经济效益】 2015 年，吉林省烟草商业系统实现税利 49.20 亿元，同比增长 18.19%，其中利润 17.07 亿元，同比下降 18.68%。提高资金运营水平，超额完成货币增收任务，货币资金利息净收益 1.52 亿元。三项费用率为 8.24%，同比减少 0.03 个百分点。

【卷烟经营】 卷烟销售。2015 年，吉林省烟草商业系统销售卷烟 490.22 亿支（98.04 万箱），同比下降 1.42%。其中，销售一类烟 48.13 亿支（9.63 万箱），同比下降 9.58%；二类烟 57.32 亿支（11.46 万箱），同比增长 16.45%；三类烟 238.94 亿支（47.79 万箱），同比下降 6.89%；四类烟 100.49 亿支（20.1 万箱），同比增长 7.78%；五类烟 45.33 亿支（9.07 万箱），同比增长 0.85%。本地区销量居前三位品牌分别为“长白山”“红塔山”“云烟”，销量分别为 85.05 亿支（17.01 万箱）、43.65 亿支（8.73 万箱）、38.5 亿支（7.7 万箱）。

2015 年，实现卷烟销售收入 214.68 亿元，同比增长 0.49%。实现卷烟税利 46.95 亿元，同比增长 20.01%，其中利润 16.97 亿元，同比下降 20.29%。

重点品牌培育。巩固重点品牌市场，稳定结构规模品牌，不断提高重点品牌的影响力。2015 年，“长白山”“中华”“玉溪”“芙蓉王”“黄鹤楼”“利群”“黄金叶”“南京”“红塔山”“云烟”等 10 个重点品牌销量占吉林省卷烟总销量比重的 55.9%，销售收入比重 74.2%。销售高端卷烟 8.95 亿支（1.79 万箱），其中高价位卷烟 0.9 亿支（0.18 万箱）。培育细支卷烟市场，通过加快细支卷烟新品引入、加强宣传引导、加大培育力度、壮大市场份额等措施，促进细支卷烟市场快速发展。销售细支卷烟

34.55 亿支（6.91 万箱），同比增长 123.39%。扭转省产烟下滑局面，"长白山"销量降幅明显收窄，新品取得快速发展，结构较快提升。销售"长白山"86.05 亿支（17.21 万箱），"长白山"单箱销售收入 2.09 万元，同比增长 5.54%。

提升卷烟结构。合理调整预期目标，持续加大货源组织力度、市场供给力度，深挖市场潜力。2015 年，卷烟销量降幅持续收窄，好于行业平均水平，其中，一、二类卷烟销量占总销量的 21.51%，同比上升 0.91 个百分点。卷烟单箱销售收入 2.19 万元，同比增长 1.94%。

卷烟物流建设。加快精益物流建设，提高配送质量和效率，推进物流中心非法人实体化运作，开展卷烟包装箱循环利用工作。2015 年，返还卷烟包装箱 89.2 万只，返还率 85.7%。

【烟叶产销】 *烟叶种植与收购*。以烤烟种植收购合同管理为主线，层层严格把关，坚守一条红线，严控种植规模，严格控制烟叶总量，各项收购指标维持较好水平，合同收购执行到位，市场和交售秩序平稳，烟叶等级质量有所提高。2015 年，签订烤烟种植收购合同 3452 份。种植烤烟 10 万亩，收购 1.61 万吨（32.25 万担），完成计划的 96.28%；种植晒烟 2.33 万亩，收购 0.35 万吨（6.9 万担）。销售烤烟 1.44 万吨（28.81 万担）、晒烟 0.125 万吨（2.5 万担）。吉林省有种烟农户 3452 户，2015 年实现烟农总收入 4.02 亿元，每亩单产为 4200 元，同比增收 550 元。

2015 年，实现烟叶税利 4.15 亿元，同比增长 2.22%，其中利润 2.42 亿元，同比下降 9.02%。

现代烟草农业建设。2015 年，投入烟叶生产基础设施建设资金 824 万元，其中省内行业投入 399 万元。计划建设烤房土建改造项目 130 件，补贴采购农业机械 485 台（套）。建设机井 600 眼、密集烤房 749 座、育苗工场 5 处，设置防雹点 7 处。实施规模化生产，50 亩以上的家庭农场 64 户、种植专业户 197 户，100 亩以上连片烟田 61 块，户均种植面积 47.69 亩。以标准化生产为依据，注重适用技术普及，重点在适时早栽、培育壮苗、合理施肥、综合防治、成熟采收和科学烘烤等重点环节上下功夫。开展精益生产示范、晒黄烟试验示范、烟蚜茧蜂防治蚜虫试验示范和基础设施综合利用示范，促进科技扶农。销毁不适用鲜烟叶 2.85 万吨（57 万担），折合干烟 0.301 万吨（6.02 万担）。烟田留叶数基本控制在 16 片以下。组建以育苗、机耕、植保、烘烤、分级服务为主的烟农专业合作社，综合利用设施和工场，统一合作社的作业流程和标准，公示合作社服务价格，促进服务管理规范。

烟叶基地单元建设。新建江苏中烟舍利烟叶基地单元，6 月 25 日，烟叶基地单元通过省级验收组的检查验收，并认为达到国家级优秀烟叶基地单元建设标准。以"南京"品牌原料需求为导向，明确烟叶基地单元烟叶低焦低害中间香型特色定位，工商合作共建基地。完善烟叶基地单元烟叶 GAP 管理体系。烟叶基地单元管理方面，推进烟叶信息化管理，建立种植主体、基本烟田合同管理、基础设施、烟叶生产与烟叶质量信息数据库。

【规范管理】 推进规范管理，落实"三关三审"要求，提高"真招实招"水平，2015 年审减招标项目 167 项，审减金额 5595 万元；公开招标金额比例 95.69%，同比提高 5 个百分点；公开招标项目比例 80.95%，同比提高 13 个百分点。发挥内部审计的监督作用，开展审计项目 270 个，整改各类问题 286 个，取得直接经济效益 1179.9 万元。优化业务流程 268 个，实施精益改善课题 90 项，节约费用 940 余万元。

【特事要辑】 1 月 30 日，吉林省局（公司）在长春召开 2015 年全省烟草工作会议 。

3 月 4 日，吉林省副省长隋忠诚到白城市局（公司）东屏育苗基地及农业科技示范园检查烟叶生产工作。

3 月 17—18 日，国家局副局长徐瑆到吉林烟草调研，走访长春市部分卷烟零售客户，并考察长春市局（公司）物流配送中心和吉林烟草工业有限责任公司长春卷烟厂，听取吉林烟草工商企业的工作汇报，重点了解和研讨卷烟营销工作情况。

7 月 13—17 日，国家局副局长段铁力在吉林烟草调研，走访延边州、长春市部分卷烟零售客户，考察延边州公司、长春市公司卷烟物流配送中心，了解吉林烟草经济运行情况。

9 月 11 日，吉林省委书记、省人大常委会主任巴音朝鲁到白城市镇赉县东屏镇乌木村考察烟叶秋收情况。

11 月 6—7 日，国家局局长凌成兴在吉林烟草调研，考察延边州、吉林市局（公司）物流配送中心，走访延边

州、吉林市部分卷烟零售客户，了解物流配送、技术创新、卷烟销售等工作情况，并听取吉林烟草工商企业的工作汇报。其间，吉林省委书记、省人大常委会主任巴音朝鲁，省委副书记、省长蒋超良会见凌成兴，吉林省委常委、常务副省长马俊清等参加会见。

凌成兴强调，吉林烟草要切实把思想统一到中央对形势的基本判断上来，把行动统一到中央关于“十三五”时期经济社会发展的战略部署上来，用好计划资源，提高总体水平。一是提高卷烟营销水平；二是提高自有品牌水平；三是提高单箱结构。

2015 年吉林省烟草专卖局（公司）所属企业主要情况统计

地市级局（公司）名称		长春市烟草专卖局（公司）	吉林市烟草专卖局（公司）	四平市烟草专卖局（公司）	辽源市烟草专卖局（公司）	通化市烟草专卖局（公司）
主要负责人/法人代表（含党政领导）		于显峰	范忠顺(—2015.11) 吴晓旭(2015.11—)	包和平	穆　峰	王德友
所属县级单位		榆树市、农安县、德惠市、九台市等4个县级烟草专卖局（分公司），二道区、南关区、朝阳区、宽城区、绿园区、双阳区、净月区、高新区等8个县级烟草专卖局（营销部），经济技术开发区、汽车产业开发区2个分局（营销部），7个县级烟叶公司	永吉县、桦甸市、舒兰市、磐石市、蛟河市等5个县级烟草专卖局（分公司），船营区、昌邑区、丰满区、龙潭区等4个分局，吉林市金叶烟草有限公司1个控股企业	公主岭市、梨树县、伊通满族自治县、双辽市等4个县级烟草专卖局（分公司），金叶烟草有限责任公司1个全资子公司	东辽县、东丰县2个县级烟草专卖局（分公司）	辉南县、梅河口市、柳河县、通化县、集安市等5个县级烟草专卖局（分公司），通化市金叶烟草有限责任公司1个全资子公司[1]
总资产（万元）		237089	93266	60148	30132	55231
资产负债率（%）		19.93	14.86	21.40	19.06	21.23
从业人员（人）		1599	718	458	236	228
所属业务机构	访销机构	1个营销中心	1个营销中心	1个营销中心	1个营销中心	1个营销中心、5个客户服务部（所属县级局各设1个客户服务部）
	物流配送机构	1个物流配送中心	1个配送中心	1个配送中心	1个配送中心	1个物流配送中心
	稽查机构	3个专卖直属稽查队、1个专卖协管队、60个专卖管理所	1个稽查支队、3个稽查大队	1个稽查支队、5个稽查大队、25个专卖管理所	1个稽查支队、5个稽查大队	1个稽查支队、18个专卖管理所
	烟叶机构	16个烟叶收购站、2个烟叶收购点	—	—	—	—
实现税利	万元	179148	71578	51277	18596	38108
	2015年比2014年（%）	16.06	16.59	21.06	20.43	23.97
实现利润	万元	73738	24570	19333	5824	14132
	2015年比2014年（%）	-19.49	-26.44	-16.85	-21.93	-12.29
销售卷烟	亿支	143.90	79.04	58.00	22.34	40.70
	2015年比2014年（%）	-0.31	-0.46	-1.69	-2.34	-2.18
卷烟销售收入（万元）		613997	287006	199034	78652	150200
查处涉烟违法案件（起）		417	252	296	169	44

续表

地市级局（公司）名称	长春市烟草专卖局（公司）	吉林市烟草专卖局（公司）	四平市烟草专卖局（公司）	辽源市烟草专卖局（公司）	通化市烟草专卖局（公司）
查处涉烟违法案件案值（万元）	1265	312	99	37	68
2015 年度烟草行业投入烟叶生产基础设施建设资金（万元）	1140	—	—	—	—
全年烟叶生产基础设施新增受益面积（万亩）	0.07	—	—	—	—
烟叶种植（万亩）	3.51	—	—	—	—
烟叶收购（万担）	11.80	—	—	—	—
烟农户数（户）	1198	—	—	—	—
烟农总收入（万元）	14998	—	—	—	—
零售客户数（户）	26773	21485	15140	5228	11346
零售客户销售毛利率（%）	13.70	12.60	9.68	12.89	8.50

地市级局（公司）名称		白城市烟草专卖局（公司）	白山市烟草专卖局（公司）	松原市烟草专卖局（公司）	延边朝鲜族自治州烟草专卖局（公司）
主要负责人/法人代表（含党政领导）		车大光	郭　辉	谭继民	吴家伟（—2015.12） 任大胜（2015.12—）
所属县级单位		镇赉县、通榆县、大安市、洮南市等 4 个县级烟草专卖局（分公司），白城市本级营销部，2 个县级烟叶公司	抚松县、靖宇县、临江市、长白朝鲜族自治县等 4 个县级烟草专卖局（分公司），江源区、松江河镇 2 个直属专卖分局	扶余市、长岭县、乾安县等 3 个县级烟草专卖局（分公司），前郭尔罗斯蒙古族自治县烟草专卖局，金叶烟草有限责任公司 1 个全资子公司	敦化市、珲春市、和龙市、龙井市、图们市、汪清县、安图县等 7 个县级烟草专卖局（分公司），延边金叶烟草有限责任公司 1 个全资子公司[2]
总资产（万元）		69203	27830	49463	81127
资产负债率（%）		42.81	19.24	23.01	26.28
从业人员（人）		580	342	482	621
所属业务机构	营销机构	1 个营销中心	1 个营销中心	1 个营销中心、1 个综合服务部	1 个营销中心、1 个品牌发展部、1 个网维部、1 个工业客户服务部、1 个零售客户服务部
	物流配送机构	1 个配送中心	1 个配送中心	1 个配送中心、3 个中转站	1 个配送中心、5 个配送部
	专卖稽查机构	1 个稽查支队、3 个稽查大队	1 个稽查支队、1 个稽查大队、1 个稽查机动大队	1 个专卖稽查支队、1 个特案大队、8 个专卖稽查大队	1 个稽查支队、1 个特勤大队、10 个稽查大队
	烟叶机构	1 个烟叶生产管理部、11 个烟叶收购站	—	—	4 个烟叶生产管理部、16 个烟叶收购站

续表

地市级局（公司）名称		白城市烟草专卖局（公司）	白山市烟草专卖局（公司）	松原市烟草专卖局（公司）	延边朝鲜族自治州烟草专卖局（公司）
实现税利	万元	39016	19933	39091	54421
	2015 年比 2014 年（%）	17.46	19.79	20.47	18.54
实现利润	万元	15113	5390	13609	22152
	2015 年比 2014 年（%）	-14.81	-30.74	-21.04	-12.29
销售卷烟	亿支	36.86	23.32	46.66	39.74
	2015 年比 2014 年（%）	-2.86	-2.87	-2.87	-3.76
卷烟销售收入（万元）		127448	86762	154536	151893
查处涉烟违法案件（起）		107	17	17	92
查处涉烟违法案件案值（万元）		70	48	24	106
2015 年度烟草行业投入烟叶生产基础设施建设资金（万元）		257	—	—	—
全年烟叶生产基础设施新增受益面积（万亩）		1.46	—	—	—
烟叶种植（万亩）		2.98	—	—	3.51
烟叶收购（万担）		8.75	—	—	11.80
烟农户数（户）		746	—	—	1508
实现烟农总收入（万元）		10093	—	—	15081
零售客户数（户）		10400	5528	15552	9065
零售客户销售毛利率（%）		8.20	11.23	8.50	10.80

注：1. 2015 年，通化市烟草专卖局（公司）取消城区分局（营销部）；
2. 延边金叶烟草有限责任公司为 2015 年新设。

（撰稿：王兴谦；编辑：谢争艳）

黑龙江省烟草专卖局（公司）

【专卖管理】 卷烟打假打私。2015 年，黑龙江省烟草专卖局查处各类涉烟违法案件 6997 起，其中，符合国家局标准网络案件 8 起、省标网络案件 3 起；捣毁制假窝点 1 个、贩藏窝点 248 个，查获各类非法卷烟 2334 万支，案值 3146 万元；查获非法烟叶 390 吨，案值 650 余万元；集中公开销毁假、私卷烟 1689 万支，案值 1500 余万元。公安、司法机关依法逮捕涉烟违法分子 91 人，判刑 53 人。

全省 4 起涉烟违法案件被列为公安部、国家局督办案件，分别为佳木斯“11·20”、鸡西“1·27”、双鸭山“4·6”、齐齐哈尔“6·17”涉烟违法案件。

市场监管。强化专销有效联动，创新监管方式。印发《关于创新市场监管方式，推动专销有效联动工作的指导意见》，建立网格化、差异化、信息化“三化合一”的市场监管体系。开展互检互查，完善考评体系。制定《卷烟市场监管考核评价办法》《全省烟草专卖行政执法考核评价办法》，以“异地、交叉、隐身”为主要方法，2015 年组织开展 3 次市场互检互查。对全省 14 个地市局工作情况开展全方位考评，考评得分结果计入各单位年终绩效考核。组织开展"龙啸六号""龙啸七号""农林区域专项整治""双节市场百日整肃"等专项行动，查处取缔违法业户2370户，查处无证业户1458户，查处涉烟案件5978起，查获各类非法卷烟1434万支。

内部专卖管理监督。以市场化取向改革为契机，将卷烟规范经营相关要求固化到新版卷烟营销平台中，对26个打码现场进行现场巡检，强化后台数据的分析与评价，及时发现卷烟经营不规范问题，督促落实整改。全省各级内管派驻办启动调查2717次，查处非渠道卷烟案件685起，查扣非渠道卷烟272.89万支，对相关责任人实施问责，有效遏制非渠道卷烟的非法流通。

【经济效益】 2015年，黑龙江省烟草商业系统实现税利61.32亿元，同比增长5.97%，其中利润22.91亿元，同比下降26.60%。三项费用率为9.36%。

【卷烟经营】 卷烟销售。2015年，黑龙江省烟草商业系统销售卷烟561.9亿支（112.38万箱），同比下降7.2%，其中，销售一类烟58.35亿支（11.67万箱），同比下降5.75%；二类烟61.3亿支（12.26万箱），同比增长20.87%；三类烟240.25亿支（48.05万箱），同比下降13.59%；四类烟148.43亿支（29.69万箱），同比下降7.58%；五类烟53.58亿支（10.72万箱），同比下降1.27%。本地区销量居前三位的品牌为"林海灵芝""云烟""红塔山"，销量分别为100.22亿支（20.04万箱）、64.43亿支（12.89万箱）、56.75亿支（11.35万箱）。

2015年，实现卷烟销售收入208.86亿元，同比下降0.5%。实现卷烟税利51.65亿元，同比增长11.97%，其中利润18.65亿元，同比下降24.88%。单箱销售收入为1.86万元，单箱税利为4596元。

品牌培育。完善品牌培育机制，修订《黑龙江省卷烟品牌引入退出管理规则》《黑龙江省烟草专卖局（公司）卷烟宣传促销管理办法》，在拓展中端、培育高端、保障低端上下工夫，把结构提升的着力点放在中高档卷烟、细支卷烟、地产卷烟上，通过品牌培育提升单箱结构。累计销售重点品牌卷烟379.75亿支（75.95万箱），同比下降12.28%，占总销量比重的67.58%；销售细支卷烟36.5亿支（7.30万箱），同比增长168.72%，占总销量比重的6.49%；销售地产卷烟130.35亿支（26.07万箱），同比增长2.84%，占总销量比重的23.2%。

物流建设。积极推进物流跨区域整合。针对黑龙江省区域面积大、各地市公司卷烟销量不均衡的实际情况，省局（公司）对物流建设进行科学规划，提出在佳木斯—鹤岗、鸡西—七台河、绥化—伊春、牡丹江—绥芬河等8个地市公司实施跨区域物流整合的构想，并在牡丹江—绥芬河开展跨区域物流整合试点工作，实现物流配送运行平稳，成本有效降低。

推进新建物流项目，哈尔滨、绥化市局（公司）物流建设项目获国家局批复通过，佳木斯、双鸭山、黑河市公司新建物流中心项目建设进入收尾阶段，进行设备设施安装调试。

开展卷烟包装箱循环利用工作，2015年累计向黑龙江烟草工业有限责任公司返还卷烟包装箱115.35万只，返还比例89.98%；向毗邻省份工业企业返还卷烟包装箱35.46万只，返还比例83.67%。

【烟叶产销】 烟叶企业概况。黑龙江省局（公司）下设哈尔滨烟叶公司和牡丹江烟叶公司，承担全省烟叶收购、加工与销售工作。

哈尔滨烟叶公司成立于2001年12月，2006年12月由黑龙江烟叶公司改制而成。下辖11家烟叶分公司和双城直属烟叶经营站。截至2015年底，公司拥有总资产17.99亿元，其中，固定资产9431万元、流动资产16.66亿元，资产负债率为58.6%。从业人员1328人。2015年，收购烤烟2.51万吨（50.2万担），其中上等烟比例19.42%，中等烟比例78.43%。

牡丹江烟叶公司成立于2001年12月，2006年12月改制为中国烟草总公司黑龙江省公司的全资子公司。下辖8个烟叶分公司，2个烟叶生产经营站。截至2015年底，公司拥有总资产20.77亿元，其中，固定资产1.23亿元、流动资产19.31亿元，资产负债率为55.88%。从业人员939人。2015年，收购烤烟2.56万吨（51.1万担），其中上等烟比例35.09%，中等烟比例59.63%；收购晒烟0.01万吨（0.2万担）。

烟叶种植与收购。2015年，黑龙江省种植烤烟31.2万亩，实际收购烤烟5.07万吨（101.32万担），占收购计划的97.33%，其中，上等烟比例27.32%，中等烟比例68.95%，下等烟比例3.73%；烤烟收购均价22.86元/千克。收购晒烟0.01万吨（0.2万担），收购均价23.57元/千克。出口备货烤烟0.96万吨（19.23万担）。全省烟农总户数为9721户，户均种植面积32.1亩，全年实现烟农种烟收入11.81亿元。

2015年，全省调拨烟叶4.54万吨（90.9万担），实现烟叶销售收入26.21亿元，同比下降17.22%。实现烟叶税利11.36亿元，同比下降9.89%，其中利润6.65亿元，同比下降14.45%。

特色烟叶开发。组织召开特色烟叶开发座谈会，加强与工业企业、科研单位的深度合作，结合黑龙江省生态条件，总结提炼出黑龙江烟叶“四低三强”（农残低、重金属低、焦油低、烟碱低，亲和性强、填充性强、燃烧性强）的品质特性，明确“柔甜香”低危害调味型烟叶的开发定位，提出促进烟株发育的“五五”栽培模式，确立“三增一控”关键生产技术，修订《黑龙江省烟叶综合标准体系》，初步形成“柔甜香”低危害调味型烟叶配套栽培技术。

技术创新。2015年，全省开展各类科研项目39项，其中由黑龙江省局（公司）主持的“平原烟区烤烟成穴覆膜移栽与辅助采收机械的研制与应用”项目获得中国烟草总公司科学技术进步奖三等奖，参加的“全国烟草有害生物调查研究”课题获中国烟草总公司科学技术进步奖特等奖。烤烟品种“龙江986”通过全国农业评审，“龙江982”等4个优质多抗烤烟新品种经扩大示范表现良好。“烟草抗PVY基因功能验证及K326、中烟100抗性改良”和“烟草主要病毒病多联弱毒疫苗的研制与示范应用”项目研究完成田间试验，取得显著成效。

【对外交流与合作】 中国烟草黑龙江进出口有限责任公司成立于1992年5月，主要经营烟草及其制品的进出口贸易、烟草行业机械设备、原材料和技术的进出口及代理业务。截至2015年底，公司拥有总资产15.93亿元，其中，固定资产0.11亿元、流动资产15.72亿元，资产负债率为93.4%。从业人员49人。

2015年，公司积极拓展国际烟草市场，不断密切与国外客户贸易往来，与十余个国家和地区的客户建立良好的业务关系，并与省内2家烟叶公司、内蒙古赤峰市烟草公司加强沟通协作，为烟叶出口创造有利条件。公司以“三五”品牌卷烟为黑龙江进口卷烟市场主导品牌的同时，逐步开发“爱喜（ESSE）”“红双喜”等品牌卷烟以及进口成型纸、牛皮纸等大宗辅料业务，创造新的经济增长点，促使“两烟”经营协调发展。

2015年，实现进出口总值690万美元，其中出口总值278万美元，进口总值412万美元。

【特事要辑】 1月23日，黑龙江省局（公司）在哈尔滨召开2015年全省烟草工作会议。

5月18—19日，国家局副局长赵洪顺到黑龙江烟草调研，走访哈尔滨市部分卷烟零售客户，并考察黑龙江烟草工业有限责任公司哈尔滨卷烟厂。

7月15—17日，国家局副局长段铁力到黑龙江烟草调研，走访哈尔滨市部分卷烟零售客户，并考察黑龙江烟草工业有限责任公司哈尔滨卷烟厂。

7月21—23日，国家局总会计师张玉霞在黑龙江烟草调研，走访绥化、伊春市部分卷烟零售客户。

9月28—29日，国家局局长凌成兴到黑龙江烟草调研，先后考察黑龙江烟草工业有限责任公司穆棱卷烟厂、海林卷烟厂、牡丹江市公司卷烟物流配送中心等。凌成兴指出：黑龙江烟草要认真学习贯彻落实习近平总书记和李克强总理关于新一轮振兴东北老工业基地的重要指示精神，牢记“一个硬道理”，打好“三个翻身仗”。牢记“一个硬道理”，即牢记发展是硬道理。打好“三个翻身仗”，即打好卷烟营销的翻身仗；打好用足计划基数的翻身仗；打好税利总额的翻身仗。

2015年黑龙江省烟草专卖局（公司）所属企业主要情况统计

地市级局（公司）名称	哈尔滨市烟草专卖局（公司）	齐齐哈尔市烟草专卖局（公司）	大庆市烟草专卖局（公司）	牡丹江市烟草专卖局（公司）	佳木斯市烟草专卖局（公司）
主要负责人/法人代表（含党政领导）	王富民（主持工作）	王永权	贺志勤	孙胜良	孙旭东

续表

地市级局（公司）名称		哈尔滨市烟草专卖局（公司）	齐齐哈尔市烟草专卖局（公司）	大庆市烟草专卖局（公司）	牡丹江市烟草专卖局（公司）	佳木斯市烟草专卖局（公司）
所属县级单位		五常市、双城市、尚志市、宾县、巴彦县、依兰县、延寿县、木兰县、通河县、方正县、阿城区等11个县级烟草专卖局(营销部)，直属、第一、第二、第三、第四、第五分局等6个分局，以及第一、第二、第三营销部等3个卷烟营销部	讷河市、龙江县、甘南县、富裕县、依安县、拜泉县、泰来县、克东县、克山县、建华区、铁锋区、龙沙区、富拉尔基区、梅里斯达斡尔族区、昂昂溪区等15个县级烟草专卖局（营销部），齐齐哈尔铁路烟草专卖局	肇源县、肇州县、杜尔伯特蒙古族自治县、林甸县、萨尔图区、龙凤区、让胡路区、乘风庄区、大同区等9个县级烟草专卖局（营销部）	海林市、宁安市、穆棱市、林口县、东宁县等5个县级烟草专卖局（营销部）	同江市、富锦市、桦南县、桦川县、汤原县、抚远县、建三江分局等7个县级烟草专卖局（营销部）
总资产（万元）		336413	84510	84025	43186	46418
资产负债率（%）		19.07	13.23	13.84	19.38	23.16
从业人员（人）		1700	580	388	429	471
所属业务机构	营销机构	1个营销中心、1个电访中心	1个营销中心	1个营销中心	1个营销中心	1个营销中心
	物流配送机构	1个物流配送中心	1个物流配送中心	1个物流中心	1个物流中心	1个物流中心
	专卖稽查机构	1个稽查支队、19个稽查大队	1个稽查支队、15个稽查大队	1个稽查支队、8个稽查大队	2个稽查支队、4个稽查大队	1个稽查支队、12个稽查大队、1个铁路专卖分局
	烟叶机构	—	—	—	—	—
实现税利	万元	180584	65102	50785	28517	34631
	2015年比2014年（%）	10.35	17.01	12.01	9.82	19.59
实现利润	万元	73389	25863	20517	8451	10961
	2015年比2014年（%）	-18.00	-18.62	-20.52	-30.43	-25.13
销售卷烟	亿支	171.97	70.28	47.29	34.98	39.97
	2015年比2014年（%）	-5.15	-7.67	-4.72	-8.96	-5.54
卷烟销售收入（万元）		696104	243327	189699	129552	148449
查处涉烟违法案件（起）		3512	1119	110	348	328
查处涉烟违法案件案值（万元）		1169	237	72	593	214
2015年度烟草行业投入烟叶生产基础设施建设资金（万元）		—	—	—	—	—
全年烟叶生产基础设施新增受益面积（万亩）		—	—	—	—	—
烟叶种植（万亩）		—	—	—	—	—
烟叶收购（万担）		—	—	—	—	—
烟农户数（户）		—	—	—	—	—

续表

地市级局（公司）名称	哈尔滨市烟草专卖局（公司）	齐齐哈尔市烟草专卖局（公司）	大庆市烟草专卖局（公司）	牡丹江市烟草专卖局（公司）	佳木斯市烟草专卖局（公司）
实现烟农总收入（万元）	—	—	—	—	—
零售客户数（户）	47724	20407	12408	10840	13663
零售客户销售毛利率（%）	11.00	10.00	10.53	10.40	10.02

地市级局（公司）名称		绥化市烟草专卖局（公司）	鸡西市烟草专卖局（公司）	双鸭山市烟草专卖局（公司）	伊春市烟草专卖局（公司）	七台河市烟草专卖局（公司）
主要负责人/法人代表（含党政领导）		高元杰	于晓晨	和发皓	宁　辉	冯立群
所属县级单位		肇东市、安达市、海伦市、庆安县、绥棱县、望奎县、兰西县、青冈县、明水县、北林区等10个县级烟草专卖局（营销部）	鸡西区、密山市、虎林市、鸡东县等4个县级烟草专卖局（营销部）	集贤县、宝清县、友谊县、饶河县等4个县级烟草专卖局（营销部）	铁力市、嘉荫县、伊春区、南岔区、汤旺河区等5个县级烟草专卖局（营销部）	桃山区、新兴区、茄子河区、勃利县等4个县级烟草专卖局（营销部）
总资产（万元）		48474	36772	27416	21582	19119
资产负债率（%）		19.93	18.23	13.79	13.72	16.63
从业人员（人）		766	328	316	158	169
所属业务机构	营销机构	1个营销中心、1个电访中心	1个营销中心	1个营销中心	1个营销中心、1个电访中心	1个营销中心
	物流配送机构	1个物流配送中心	1个配送中心	1个物流中心	1个物流中心、1个配送中心	1个物流中心、1个配送中心
	专卖稽查机构	1个稽查支队、4个稽查大队	1个稽查支队、1个民航铁路检查站	1个稽查支队、7个稽查大队	1个稽查支队、7个稽查大队	1个稽查支队、2个稽查大队
	烟叶机构	—	—	—	—	—
实现税利	万元	47848	25041	17878	15168	12015
	2015年比2014年（%）	14.52	19.69	9.68	-9.30	16.47
实现利润	万元	13520	8304	4910	5935	3874
	2015年比2014年（%）	-36.93	-25.80	-39.87	-38.97	-26.67
销售卷烟	亿支	64.66	28.10	23.99	15.84	14.57
	2015年比2014年（%）	-10.34	-9.46	-6.31	-17.75	-1.31
卷烟销售收入（万元）		205540	105244	83954	59543	51191
查处涉烟违法案件（起）		191	493	45	46	44
查处涉烟违法案件案值（万元）		113	293	142	98	54
2015年度烟草行业投入烟叶生产基础设施建设资金（万元）		—	—	—	—	—
全年烟叶生产基础设施新增受益面积（万亩）		—	—	—	—	—
烟叶种植（万亩）		—	—	—	—	—
烟叶收购（万担）		—	—	—	—	—

续表

地市级局（公司）名称	绥化市烟草专卖局（公司）	鸡西市烟草专卖局（公司）	双鸭山市烟草专卖局（公司）	伊春市烟草专卖局（公司）	七台河市烟草专卖局（公司）
烟农户数（户）	—	—	—	—	—
实现烟农总收入（万元）	—	—	—	—	—
零售客户数（户）	28967	10530	8854	5241	4777
零售客户销售毛利率（%）	10.05	10.10	9.98	10.56	10.00

地市级局（公司）名称		鹤岗市烟草专卖局（公司）	黑河市烟草专卖局（公司）	大兴安岭地区烟草专卖局（公司）	绥芬河市烟草专卖局（公司）
主要负责人/法人代表（含党政领导）		孙育新	于荣庭	王俊超	牛　涛（2015.12—，之前主持工作）
所属县级单位		萝北县、绥滨县2个县级烟草专卖局（营销部）	嫩江县、孙吴县、逊克县、北安市、五大连池市等5个县级烟草专卖局（营销部），爱辉区营销部	漠河县、呼玛县、塔河县、新林区、加格达奇区等5个县级烟草专卖局（营销部）[1]	—
总资产（万元）		22348	23683	5365	3362
资产负债率（%）		19.10	17.30	37.97	29.82
从业人员（人）		212	341	128	46
所属业务机构	营销机构	1个营销中心	1个营销中心	1个营销中心	1个营销中心
	物流配送机构	1个配送中心	1个物流中心、1个配送中心	1个物流配送中心	1个配送中心
	专卖稽查机构	1个稽查支队、3个稽查大队、1个农林分局、1个铁路检查站	1个稽查支队、8个稽查大队	1个稽查支队、2个稽查大队	1个稽查支队、1个铁路检查站
	烟叶机构	—	—	—	—
实现税利	万元	14656	17810	4011	2418
	2015年比2014年（%）	13.29	40.08	4.92	12.15
实现利润	万元	4731	5383	55	577
	2015年比2014年（%）	-29.97	-13.87	-95.42	-36.59
销售卷烟	亿支	17.31	23.72	6.55	2.70
	2015年比2014年（%）	-11.46	-2.88	-17.73	-11.38
卷烟销售收入（万元）		62455	78032	23516	11966
查处涉烟违法案件（起）		350	258	112	41
查处涉烟违法案件案值（万元）		78	38	21	23
2015年度烟草行业投入烟叶生产基础设施建设资金（万元）		—	—	—	—
全年烟叶生产基础设施新增受益面积（万亩）		—	—	—	—
烟叶种植（万亩）		—	—	—	—
烟叶收购（万担）		—	—	—	—

续表

地市级局（公司）名称	鹤岗市烟草专卖局（公司）	黑河市烟草专卖局（公司）	大兴安岭地区烟草专卖局（公司）	绥芬河市烟草专卖局（公司）
烟农户数（户）	—	—	—	—
实现烟农总收入（万元）	—	—	—	—
零售客户数（户）	6374	9763	2070	708
零售客户销售毛利率（%）	11.00	12.60	13.67	13.50

注：1. 根据大烟发〔2015〕27 号文件，大兴安岭地区烟草专卖局（公司）恢复设立加格达奇区烟草专卖局（营销部）。

（撰稿：吴　畏；编辑：谢争艳）

上海市烟草专卖局、上海烟草集团有限责任公司①

【专卖管理】 2015 年，上海市烟草专卖局围绕“网络终端无假烟”，推进打假打私、市场监管、行政许可“三个体系”建设，有效遏制假烟私烟抬头，坚决打击卷烟非法流通，严格规范行政审批行为，维护上海卷烟市场良好秩序。

2015 年，查获非法卷烟 1.23 亿支，其中假冒卷烟 2180 万支，总案值 9643 万元。破获符合国家局标准的网络案件 36 起，其中部级督办案件 1 起。上海市卷烟市场净化率为 98.4%。公安机关抓获涉烟犯罪嫌疑人 242 人，刑拘 139 人，157 人被依法追究刑事责任。

2015 年，在国家局和公安部领导下，通过锁定关键环节，提高侦破效率，做到精准打击，实现从“卡口断链”向“物流断链”的转型，成功破获上海嘉定“8·3”运销假冒卷烟网络部级督办案件。捣毁地下卷烟制假窝点 1 个、卷烟售假窝点 1 个、假烟存储仓库 6 个，查获假冒“中华”“利群”等卷烟 471.73 万支，土制卷接烟机 1 台（套）、烟丝 2040 千克、滤棒 15 万支、电脑和手机各 1 台、涉案运输货车 11 辆以及大量制假原辅材料，总案值 1171.42 万元，抓获犯罪嫌疑人 19 人。

【经济效益】 2015 年，上海市烟草商业系统实现税利 81.46 亿元，同比增长 20.93%，其中利润 40.03 亿元，同比增长 0.35%。实现卷烟单箱销售收入（不含税）3.04 万元，同比增长 10.55%。实现卷烟单箱税利 0.95 万元，同比增长 17.28%。三项费用率为 5.85%。

【卷烟经营】 卷烟销售。2015 年，上海市烟草商业系统销售卷烟 412.2 亿支（82.44 万箱），同比下降 1.41%，其中，销售一类烟 108.9 亿支（21.78 万箱）、二类烟 35.1 亿支（7.02 万箱）、三类烟 222.2 亿支（44.44 万箱）、四类烟 24.3 亿支（4.86 万箱）、五类烟 21.75 亿支（4.35 万箱）。本地区销量居前三位的卷烟品牌依次为“红双喜”“中华”“利群”，销量分别为 184.41 亿支（36.88 万箱）、53.03 亿支（10.61 万箱）、21.66 亿支（4.33 万箱）。2015 年，实现卷烟销售收入（不含税）291.12 亿元，同比增长 27.3%。

品牌培育。加大一、二类烟品牌培育力度，系统梳理品牌规格，持续提升品类销量。针对新品卷烟，从铺市、投放、活动、培训、评估等 5 个环节进行重点跟踪、监控，确保各项推广要求落实到位。鼓励营销创新，在现场营销、网络营销、体验营销基础上，开展各类销售竞赛、客户经理驻店营销、品牌演讲比赛等组合营销活动，提升消费者对产品的关注度和知晓率。

零售终端建设。严格执行《现代终端管理办法》《现代终端评价标准》，持续优化完善现代终端信息维护、定期测评、动态调整等管理机制。注重发挥卷烟零售终端培育品牌功能，在深化直营终端达标创星活动的同时，进一步加强工商协同。强化陈列管理，通过客户培训、驻店营

① 上海烟草集团有限责任公司工业情况详见《烟草工业》栏目。

销、激励引导等方式，不断提高卷烟零售终端推介品牌的能力和技巧。开展对中小卷烟零售客户经营现状的实地调研，以“客户不需要就不供应”为原则，将不适销规格退出供应目录，逐步实现按需供应，进一步提高客户货源满足度，切实保证中小客户赢利能力。

卷烟市场管理。聚焦“归核、瘦身、提升、稳定”，紧扣控规模、提素质，试点开展营销、专卖人员“星级达标评优”活动，推进从定额定员管理向人力资源管理转变；以市场化为取向，以消费者为导向，稳步推进卷烟市场化取向改革，扎实推进一线营销人员营销服务平台建设，上海市场卷烟营销平台建设初见成效。实施“一产一档”管理，加强资产动态监管体系建设，持续提升企业综合竞争能力和整体实力。

【特事要辑】 1月9日，国家局副局长李克明到上海烟草集团有限责任公司天津卷烟厂调研。

1月14日，上海市税务部门发布消息，上海烟草集团有限责任公司以776.13亿元的纳税额居上海市工业纳税百强企业榜首。

2月11日，国家局局长凌成兴、总会计师张玉霞到北京卷烟厂离休老党员张湘、朱力家中走访慰问。

3月26日，国家局局长凌成兴到上海烟草集团有限责任公司天津卷烟厂调研。

4月1日，上海市委常委、组织部部长徐泽洲到上海烟草调研。

5月25日，国家局副局长杨培森到上海烟草集团有限责任公司天津卷烟厂调研。

6月5—6日，国家局局长凌成兴、副局长杨培森到上海烟草调研。其间，上海市委副书记、市长杨雄会见凌成兴，双方就上海烟草改革发展交换意见。

6月29—30日，国家局副局长赵洪顺到上海烟草调研。

7月15日，驻国家局纪检组组长高林到上海烟草集团有限责任公司天津卷烟厂调研。

10月13日，上海市副市长周波到上海烟草调研。

10月14—16日，国家局副局长段铁力到上海烟草调研。

11月5—6日，国家局副局长杨培森到上海烟草调研。

11月9日，上海市杨浦区政府和上海烟草集团签订战略合作框架协议。

12月17—18日，2015年全国烟草行业企业管理现场会在上海召开，国家局副局长段铁力出席会议并讲话。

12月27日，“爱我中华”慈善教育专项基金捐助仪式暨“知识改变命运”大型慈善报告会在上海烟草集团中华会场举行。上海烟草集团向上海市慈善基金会捐赠1000万元。

12月28日，浦东科技创新园区联合实验生产工房实现结构封顶。

2015年上海市烟草专卖局、上海烟草集团有限责任公司所属企业主要情况统计

区、县局（公司）名称	上海市黄浦区烟草专卖局、上海烟草集团黄浦烟草糖酒有限公司一公司	上海市黄浦区烟草专卖局、上海烟草集团黄浦烟草糖酒有限公司二公司	上海市虹口区烟草专卖局（有限公司）	上海市静安区烟草专卖局（有限公司）	上海市徐汇区烟草专卖局（有限公司）
主要负责人/法人代表（含党政领导）	黎辉婷	陆志明	汤连松	赵松高	管振毅(—2015.10) 仲玉顺(2015.10—)
所属县级单位	—	—	—	—	—
总资产（万元）	135175	48058	39033	13867	16734
资产负债率（%）	6.69	7.97	10.00	13.40	8.49
从业人员（人）	226	564	439	161	151

续表

区、县局（公司）名称		上海市黄浦区烟草专卖局、上海烟草集团黄浦烟草糖酒有限公司一公司	上海市黄浦区烟草专卖局、上海烟草集团黄浦烟草糖酒有限公司二公司	上海市虹口区烟草专卖局（有限公司）	上海市静安区烟草专卖局（有限公司）	上海市徐汇区烟草专卖局（有限公司）
所属业务机构	营销机构	1 个营销部	1 个营销部	1 个营销部	1 个营销部	1 个营销部、1 个电访中心
	物流配送机构	—	—	—	—	—
	专卖稽查机构	1 个稽查支队	1 个稽查支队	1 个稽查支队	1 个稽查支队	1 个稽查支队
	烟叶机构	—	—	—	—	—
实现税利	万元	39035	14694	20945	8591	14853
	2015 年比 2014 年（%）	30. 26	-19. 16	52. 97	26. 54	38. 64
实现利润	万元	16063	5038	2416	2442	4443
	2015 年比 2014 年（%）	7. 56	-58. 29	27. 02	-6. 47	-4. 10
销售卷烟	亿支	21. 08	7. 14	18. 58	5. 42	10. 79
	2015 年比 2014 年（%）	0. 63	-5. 31	-0. 91	-5. 14	-0. 28
卷烟销售收入（万元）		157275	54837	125776	45761	72006
查处涉烟违法案件（起）		59	42	126	64	109
查处涉烟违法案件案值（万元）		460	256	423	326	190
2015 年度烟草行业投入烟叶生产基础设施建设资金（万元）		—	—	—	—	—
全年烟叶生产基础设施新增受益面积（万亩）		—	—	—	—	—
烟叶种植（万亩）		—	—	—	—	—
烟叶收购（万担）		—	—	—	—	—
烟农户数（户）		—	—	—	—	—
实现烟农总收入（万元）		—	—	—	—	—
零售客户数（户）		974	555	1811	457	785
零售客户销售毛利率（%）		15. 87	15. 55	15. 20	16. 30	16. 80

区、县局（公司）名称	上海市杨浦区烟草专卖局（有限公司）	上海市闸北区烟草专卖局（有限公司）	上海市普陀区烟草专卖局（有限公司）	上海市长宁区烟草专卖局（有限公司）	上海市闵行区烟草专卖局（有限公司）
主要负责人/法人代表（含党政领导）	傅军海	许为平	张文江	张　定	胡伟坚
所属县级单位	—	—	—	—	—
总资产（万元）	16726	16187	16582	13730	38288
资产负债率（%）	10. 52	11. 28	11. 96	6. 47	7. 75

续表

区、县局（公司）名称		上海市杨浦区烟草专卖局（有限公司）	上海市闸北区烟草专卖局（有限公司）	上海市普陀区烟草专卖局（有限公司）	上海市长宁区烟草专卖局（有限公司）	上海市闵行区烟草专卖局（有限公司）
从业人员（人）		203	170	246	126	372
所属业务机构	营销机构	1个营销部	1个营销部	1个营销部	1个营销部	1个营销部
	物流配送机构	—	—	—	—	—
	专卖稽查机构	1个稽查支队	1个稽查支队	1个稽查支队	1个稽查支队	1个稽查支队
	烟叶机构	—	—	—	—	—
实现税利	万元	18319	15077	16572	13949	27651
	2015年比2014年（%）	42.33	36.16	41.51	34.55	33.10
实现利润	万元	4876	4272	3777	4380	9801
	2015年比2014年（%）	-0.66	-8.70	-7.91	-1.66	-1.00
销售卷烟	亿支	15.27	12.30	12.61	9.53	19.66
	2015年比2014年（%）	0.70	0.65	-7.42	-3.73	0.87
卷烟销售收入（万元）		93969	76584	103454	67306	122434
查处涉烟违法案件（起）		134	105	131	95	445
查处涉烟违法案件案值（万元）		430	763	433	1170	906
2015年度烟草行业投入烟叶生产基础设施建设资金（万元）		—	—	—	—	—
全年烟叶生产基础设施新增受益面积（万亩）		—	—	—	—	—
烟叶种植（万亩）		—	—	—	—	—
烟叶收购（万担）		—	—	—	—	—
烟农户数（户）		—	—	—	—	—
实现烟农总收入（万元）		—	—	—	—	—
零售客户数（户）		1009	826	847	670	2932
零售客户销售毛利率（%）		14.90	16.00	14.90	15.38	18.50

区、县局（公司）名称	上海市宝山区烟草专卖局（有限公司）	上海市浦东新区烟草专卖局（有限公司）	上海市松江区烟草专卖局（有限公司）	上海市青浦区烟草专卖局（有限公司）	上海市嘉定区烟草专卖局（有限公司）
主要负责人/法人代表（含党政领导）	吴俊春(—2015.10) 管振毅(2015.10—)	陈宣民	王伟家	郭　宇	林镇南(—2015.11) 王卫东(2015.11—)
所属县级单位	—	—	—	—	—
总资产（万元）	28921	56568	34759	18320	28460
资产负债率（%）	5.76	11.19	7.70	9.65	9.34
从业人员（人）	275	576	257	280	391

续表

区、县局（公司）名称		上海市宝山区烟草专卖局（有限公司）	上海市浦东新区烟草专卖局（有限公司）	上海市松江区烟草专卖局（有限公司）	上海市青浦区烟草专卖局（有限公司）	上海市嘉定区烟草专卖局（有限公司）
所属业务机构	营销机构	1 个营销部	1 个营销部	1 个营销部	1 个营销部	1 个营销部
	物流配送机构	—	—	—	—	—
	专卖稽查机构	1 个稽查支队	1 个稽查支队、5 个专卖管理署	1 个稽查支队	1 个稽查支队	1 个稽查支队
	烟叶机构	—	—	—	—	—
实现税利	万元	19477	57595	20057	17399	23867
	2015 年比 2014 年（%）	32. 82	54. 68	34. 50	34. 26	32. 79
实现利润	万元	5425	14123	6461	3934	6154
	2015 年比 2014 年（%）	-8. 52	2. 36	-4. 79	-19. 71	-5. 73
销售卷烟	亿支	16. 31	50. 27	16. 94	16. 29	20. 63
	2015 年比 2014 年（%）	3. 88	0. 49	2. 17	3. 75	-0. 53
卷烟销售收入（万元）		93125	313795	95117	93123	126727
查处涉烟违法案件（起）		212	359	237	161	159
查处涉烟违法案件案值（万元）		743	1012	635	418	301
2015 年度烟草行业投入烟叶生产基础设施建设资金（万元）		—	—	—	—	—
全年烟叶生产基础设施新增受益面积（万亩）		—	—	—	—	—
烟叶种植（万亩）		—	—	—	—	—
烟叶收购（万担）		—	—	—	—	—
烟农户数（户）		—	—	—	—	—
实现烟农总收入（万元）		—	—	—	—	—
零售客户数（户）		1834	6657	2213	2493	2813
零售客户销售毛利率（%）		14. 90	15. 08	14. 47	15. 00	14. 72

区、县局（公司）名称	上海市奉贤区烟草专卖局（有限公司）	上海市金山区烟草专卖局（有限公司）	崇明县烟草专卖局（有限公司）	上海市烟草专卖局驻上海铁路专卖局（有限公司）
主要负责人/法人代表（含党政领导）	朱永征	苗　慰	蒋国政	蒋仲麟
所属县级单位	—	—	—	—
总资产（万元）	33830	33247	18334	6328
资产负债率（%）	4. 47	9. 19	6. 63	5. 75
从业人员（人）	446	313	217	43

续表

区、县局（公司）名称		上海市奉贤区烟草专卖局（有限公司）	上海市金山区烟草专卖局（有限公司）	崇明县烟草专卖局（有限公司）	上海市烟草专卖局驻上海铁路专卖局（有限公司）
所属业务机构	营销机构	1 个营销部	1 个营销部	1 个营销部	1 个营销部
	物流配送机构	—	—	—	—
	专卖稽查机构	1 个稽查支队	1 个稽查支队、1 个专卖管理所	1 个稽查支队	1 个稽查队
	烟叶机构	—	—	—	—
实现税利	万元	16755	18684	16995	2553
	2015 年比 2014 年（%）	35.13	46.06	29.46	24.90
实现利润	万元	2501	5016	4946	1019
	2015 年比 2014 年（%）	-33.96	2.79	-10.28	-4.23
销售卷烟	亿支	16.89	15.16	16.02	1.21
	2015 年比 2014 年（%）	1.81	0.73	-6.15	-4.73
卷烟销售收入（万元）		94712	88369	83549	10298
查处涉烟违法案件（起）		309	144	159	—
查处涉烟违法案件案值（万元）		1532	222	200	—
2015 年度烟草行业投入烟叶生产基础设施建设资金（万元）		—	—	—	—
全年烟叶生产基础设施新增受益面积（万亩）		—	—	—	—
烟叶种植（万亩）		—	—	—	—
烟叶收购（万担）		—	—	—	—
烟农户数（户）		—	—	—	—
实现烟农总收入（万元）		—	—	—	—
零售客户数（户）		2662	2763	3217	82
零售客户销售毛利率（%）		15.77	14.97	15.19	15.06

注：根据《国家烟草专卖局关于上海市烟草专卖局所属部分机构更名的批复》（国烟人〔2015〕252 号），自 2015 年 9 月 15 日起，上海市烟草专卖局黄浦、虹口、静安、徐汇、杨浦、闸北、普陀、长宁、闵行、宝山、松江、青浦、嘉定、奉贤、金山分局分别更名为上海市黄浦、虹口、静安、徐汇、杨浦、闸北、普陀、长宁、闵行、宝山、松江、青浦、嘉定、奉贤、金山区烟草专卖局，上海市烟草专卖局崇明分局更名为崇明县烟草专卖局。

（撰稿：胡剑平；编辑：王东旭）

江苏省烟草专卖局（公司）

【专卖管理】 打假破网。江苏省烟草专卖局始终保持高压态势，卷烟打假破网工作实现新的突破。2015 年，查处各类涉烟违法案件 1.61 万起，查获非法卷烟 4.39 万件，上缴罚没款 6496 万元。破获符合国家局标准的网络案件 90 起，其中 4 起为公安部、国家局挂牌督办案件，分别为扬州"5·11"特大制售假烟案件、南京二分局"3·5"特大销售走私烟案件、淮安"3·30"特大网络销售假烟案件、镇江"9·16"特大网络销售假烟案件。公安、司法机关依法拘留 407 人，逮捕 111 人，判刑 330 人。江苏省局连续第 8 次获公安部、国家局颁发的"全国卷烟打假工作特殊贡献奖”。

市场监管。转变市场监管方式，增强市场检查的针对性和有效性。推进“卷烟市场秩序综合评价体系”省级创新课题的推广和应用。坚持数据分析、市场动态信息采集及中队定期分析会相结合，明确检查重点，运用各种检查方式，做实日常检查。开展专项行动，于元旦春节期间、“五一”期间、中秋国庆期间，分别组织开展“冬季会战”“闪电17号”“闪电18号”市场集中整治专项行动，有效遏制卷烟违法活动的高发势头，卷烟市场净化率保持在97%以上。加强与公安、交通等部门协作配合，完善联合联动机制，增强监管合力。

专卖内管。结合市场化取向改革要求，开展卷烟经营管理内控制度专项评审工作，修订完善客户类别档次评定办法、货源分配办法等内控制度规则。各级内管部门通过内管预警、市场动态、举报投诉、非渠道烟案件查处等，查找不规范经营线索，及时调查核实，启动“一案双查”，严肃处理相关责任人。营销部门落实规范经营主体责任，加强条线教育，出台制度规定，加强过程防控，严防不规范经营行为发生。

证件管理。完善零售点合理布局规定，加强“一站式”窗口服务，优化许可流程，压缩许可时间。坚持行政许可与后续监管并重，修订完善许可证后续监管办法。集中开展行政许可专项整治行动，坚持打疏结合、分类处置，建立无证户动态档案，实施无证户整治台账式管理。2015年共处理无证经营案件1853起，取缔无证经营户451户，无证经营率在3%以下。

专卖队伍建设。印发新一轮《创建优秀县级局实施方案》《创建示范中队实施方案》，坚持试点先行、整体推进。推进专卖目标、创新管理、对标管理和精益专卖建设，开展18项专卖管理工作制度统一修订工作。加强教育培训，2015年江苏省召开专卖人员教育会议653次、举办专卖培训班148期。组织开展专卖人员技能鉴定，促进专卖人员执法水平提升。

【经济效益】 2015年，江苏省烟草商业系统实现税利253.28亿元，同比增长23.10%，年度实现税利首次超过250亿元，其中利润130.28亿元，同比增长0.29%。加强资金管理，实现货币资金利息收入16.2亿元，同比增长0.42%。三项费用率为2.17%，同比减少0.12个百分点。

【卷烟营销】 *卷烟销售*。2015年，江苏省烟草商业系统销售卷烟1396.5亿支（279.3万箱），同比下降2.64%，其中，销售一类烟424.11亿支（84.82万箱）、二类烟164.33亿支（32.87万箱）、三类烟498.81亿支（99.76万箱）、四类烟234.81亿支（46.96万箱）、五类烟74.45亿支（14.89万箱）。本地区销量居前三位的品牌为“南京”“苏烟”“云烟”，销量分别为454.56亿支（90.91万箱）、147.77亿支（29.55万箱）、64.28亿支（67.16万箱）。销售高端卷烟109.7亿支（21.94万箱），同比增长8.88%，其中高价位卷烟8.15亿支（1.63万箱），同比增长11.22%。销售细支卷烟19亿支（3.8万箱），同比增长137.5%。

实现卷烟销售收入789.93亿元，同比增长10.84%。卷烟单箱销售收入3.26万元。

市场化取向改革。作为行业市场化取向改革试点单位，江苏省局（公司）着力推进卷烟营销市场化取向改革，推动“行业楷模”发展战略体系在全省营销条线的全面落地。加强消费研究，深入挖掘市场潜力，切实增强满足需求能力。完善市场监控机制，准确把握社会库存、价格走势，切实加强库存、存销比管理，有效提升市场调控能力。强化营销职能，促进职能转型，优化营销岗位设置，探索终端拓展、市场分析、信息采集等营销专职岗位的设置，提升营销专业化水平。完成7家地市公司的省级卷烟营销平台的上线工作，改革试点取得阶段性成果。2015年，江苏省局（公司）被国家局授予“商业卷烟营销特别贡献奖”，连续七年被评为“全国销售工作先进单位”。

营销理念创新。抓好营销规范工作，江苏省局印发《关于进一步加强营销规范工作的意见》。邀请工商部门专业解读相关法律规范，各地市公司进一步加强与当地工商部门的沟通，确保宣传促销等活动符合规范。运用“大监督”检查、市场访查、客户投诉等载体和手段，及时发现问题，持续跟踪问题整改情况，确保营销规范执行到位。

深化营销创新能力，以创新课题实施为抓手，进一步丰富完善省级、市级和基层三级营销创新工作体系，“卷烟消费跟踪研判”课题在全省推广，“市场状态监测体系”“货源精准投放体系”“品牌诊断及培育体系”3个课题取得明显突破。地市级公司创新亮点频出，苏州、常州市公司利用微信公众号服务消费者与零售客户，无锡市公司建立推广品牌诊断体系，南通市公司利用"易推宝"提高信息采集效率，宿迁市公司建立"三维一体"趋势研判工具提升市场状态监测水平。

推进精益营销实施，印发《全省推进精益营销工作实施方案》。开展优秀分公司和优秀服务部创建，促进精益营销工作落实，提升基层管理工作水平，江阴分公司被国家局评为"烟草行业县级卷烟营销部标兵单位"。

提升服务水平。按照"打造服务型企业"的总体部署，改进服务方式，提升服务效果。对接工业企业发展诉求，细化明确辖区市场各价位段发展规划和目标，全面加强工商信息共享，探索开展工商网上配货，完善工商协同机制，保持品牌良好市场状态。完善卷烟零售客户利益保障机制，修订零售客户分类和货源供应办法，增强适销货源供应，增加零售客户盈利。提升消费者满意度，通过定期调查、利用微信开展消费者活动等，关注消费市场变化。

【特事要辑】 1月19日，江苏省副省长史和平到江苏烟草商业系统调研。

5月20—22日，国家局副局长徐瑳到江苏烟草调研。徐瑳要求江苏烟草工商企业积极应对提税顺价对卷烟市场的影响，确保货源均衡投放、顺价到位、销量稳定、运行平稳；全面落实卷烟营销市场化取向改革的部署，扎实做好改革各项工作；努力完成全年发展目标任务，为行业发展作出新贡献。

6月30日至7月1日，国家局局长凌成兴在江苏烟草调研。凌成兴指出，江苏烟草要抓好头等大事，咬住"三个重点"，带头挺过阵痛期，带头打赢攻坚战。咬住"三个重点"，一是咬住市场化取向改革这个重点，以建立全省统一订货平台为抓手，建机制、谋长远，搞好以省为单位的试点工作；二是咬住工商结构提升这个重点，把南京卷烟厂打造成全国细支卷烟生产示范基地，提升单箱结构、增加税利总额；三是咬住精益管理工作这个重点，以迎接全国现场会议为契机，切实推动企业管理水平再上新台阶。

11月3日，国家局副局长赵洪顺到江苏烟草调研。赵洪顺指出，江苏烟草要勇于担当、克服困难、狠抓落实，为完成行业"保七争十缴万亿"的年度目标任务多作贡献。

12月28日，国家局副局长段铁力到江苏烟草调研。段铁力要求，江苏烟草要以"三严三实"专题教育为契机，抓好班子、带好队伍，谋划好"十三五"规划；进一步扩展精益管理的广度和深度，降低成本，提升效益，真正走上创新驱动、内生增长的内涵式发展道路，为行业持续健康发展作贡献。

2015年江苏省烟草专卖局（公司）所属企业主要情况统计

地市级局（公司）名称	南京市烟草专卖局（公司）	苏州市烟草专卖局（公司）	无锡市烟草专卖局（公司）	常州市烟草专卖局（公司）	镇江市烟草专卖局（公司）
主要负责人/法人代表（含党政领导）	李潮江	董桂林	杨思藻	杨增科	李成军（—2015.3） 李江苏（2015.3—）
所属县级单位	浦口区、六合区、江宁区、溧水区、高淳区等5个县级烟草专卖局（分公司），以及第一、第二、第三、第四分局（分公司）	吴中（相城）区、吴江区、昆山市、太仓市、常熟市、张家港市等6个县级烟草专卖局（分公司）	江阴市、宜兴市、锡山区等3个县级烟草专卖局（分公司）	武进区、金坛区、溧阳市等3个县级烟草专卖局（分公司）	句容市、丹阳市、丹徒区、扬中市等4个县级烟草专卖局（分公司）
总资产（万元）	876276	812232	587980	354377	253096
资产负债率（%）	7.22	10.22	6.99	9.68	7.00

续表

地市级局（公司）名称		南京市烟草专卖局（公司）	苏州市烟草专卖局（公司）	无锡市烟草专卖局（公司）	常州市烟草专卖局（公司）	镇江市烟草专卖局（公司）
从业人员（人）		1162	1348	810	672	565
所属业务机构	营销机构	1 个营销中心	1 个营销中心、1 个电访中心	1 个营销中心	1 个营销中心	1 个营销中心
	物流配送机构	1 个物流配送中心、3 个卷烟中转站	1 个配送中心	1 个物流配送中心、1 个中转站	1 个物流中心	1 个物流中心、1 个配送中心
	专卖稽查机构	1 个稽查支队、9 个稽查大队	1 个稽查支队、8 个稽查大队	1 个稽查支队、4 个稽查大队	1 个稽查支队、7 个稽查大队	1 个稽查支队、4 个稽查大队
	烟叶机构	—	—	—	—	—
实现税利	万元	386502	381989	261744	174456	124776
	2015 年比 2014 年（%）	23.32	24.42	19.87	24.12	22.06
实现利润	万元	200100	198369	138173	90320	62886
	2015 年比 2014 年（%）	0.44	1.61	-1.50	1.81	0.35
销售卷烟	亿支	174.53	188.79	119.47	85.51	63.39
	2015 年比 2014 年（%）	-1.38	-1.73	-1.60	-2.62	-4.10
卷烟销售收入（万元）		1161701	1177986	780114	543236	394951
查处涉烟违法案件（起）		1607	1222	1861	1504	772
查处涉烟违法案件案值（万元）		4470	8570	3601	2921	4619
2015 年度烟草行业投入烟叶生产基础设施建设资金（万元）		—	—	—	—	—
全年烟叶生产基础设施新增受益面积（万亩）		—	—	—	—	—
烟叶种植（万亩）		—	—	—	—	—
烟叶收购（万担）		—	—	—	—	—
烟农户数（户）		—	—	—	—	—
实现烟农总收入（万元）		—	—	—	—	—
零售客户数（户）		22167	33882	23045	18155	15504
零售客户销售毛利率（%）		9.48	6.00	6.54	5.39	5.30

地市级局（公司）名称	南通市烟草专卖局（公司）	扬州市烟草专卖局（公司）	泰州市烟草专卖局（公司）	盐城市烟草专卖局（公司）
主要负责人/法人代表（含党政领导）	秦立华	周强华	余　彪	张加成
所属县级单位	海安县、如皋市、如东县、通州区、海门市、启东市等 6 个县级烟草专卖局（分公司）	宝应县、高邮市、江都区、邗江区、仪征市等 5 个县级烟草专卖局（分公司）	靖江市、泰兴市、姜堰区、兴化市等 4 个县级烟草专卖局（分公司）	响水县、滨海县、阜宁县、射阳县、建湖县、大丰区、东台市等 7 个县级烟草专卖局（分公司）

续表

地市级局（公司）名称		南通市烟草专卖局（公司）	扬州市烟草专卖局（公司）	泰州市烟草专卖局（公司）	盐城市烟草专卖局（公司）
总资产（万元）		428262	296704	287920	306307
资产负债率（%）		5.69	6.15	6.05	7.44
从业人员（人）		928	845	926	1066
所属业务机构	营销机构	1个营销中心、1个电访中心	1个营销中心	1个营销中心	1个营销中心、1个电访中心
	物流配送机构	1个配送中心	1个物流中心、2个中转站	1个物流中心、3个中转站	1个配送中心
	专卖稽查机构	1个稽查支队、9个稽查大队	1个稽查支队、7个稽查大队	1个稽查支队、7个稽查大队	1个稽查支队、9个稽查大队
	烟叶机构	—	—	—	—
实现税利	万元	252622	156165	161253	169486
	2015年比2014年（%）	24.83	24.28	24.70	25.97
实现利润	万元	132898	78815	81756	81890
	2015年比2014年（%）	3.07	1.99	2.26	1.22
销售卷烟	亿支	127.68	85.61	87.30	118.55
	2015年比2014年（%）	-3.16	-3.29	-2.56	-4.42
卷烟销售收入（万元）		776163	507876	520379	577260
查处涉烟违法案件（起）		709	605	1632	1474
查处涉烟违法案件案值（万元）		1674	1309	2832	3902
2015年度烟草行业投入烟叶生产基础设施建设资金（万元）		—	—	—	—
全年烟叶生产基础设施新增受益面积（万亩）		—	—	—	—
烟叶种植（万亩）		—	—	—	—
烟叶收购（万担）		—	—	—	—
烟农户数（户）		—	—	—	—
实现烟农总收入（万元）		—	—	—	—
零售客户数（户）		33766	22547	28306	37472
零售客户销售毛利率（%）		7.80	5.45	6.80	8.40

地市级局（公司）名称	淮安市烟草专卖局（公司）	宿迁市烟草专卖局（公司）	徐州市烟草专卖局（公司）	连云港市烟草专卖局（公司）
主要负责人/法人代表（含党政领导）	李前效	李江苏（—2015.3） 唐　卿（2015.3—）	廉　文	高　翔
所属县级单位	淮安区、淮阴区、涟水县、洪泽县、金湖县、盱眙县等6个县级烟草专卖局（分公司）	沭阳县、泗阳县、泗洪县、宿豫区等4个县级烟草专卖局（分公司）	丰县、沛县、铜山区、睢宁县、邳州市、新沂市、贾汪区等7个县级烟草专卖局（分公司），以及直属分局（分公司）	东海县、赣榆区、灌云县、灌南县等4个县级烟草专卖局（分公司）
总资产（万元）	159126	114421	284794	135864

续表

地市级局（公司）名称		淮安市烟草专卖局（公司）	宿迁市烟草专卖局（公司）	徐州市烟草专卖局（公司）	连云港市烟草专卖局（公司）
资产负债率（%）		5.86	8.87	14.02	12.39
从业人员（人）		703	670	1259	657
所属业务机构	营销机构	1个营销中心	1个营销中心、1个电访中心	1个营销中心	1个营销中心
	物流配送机构	1个配送中心	1个配送中心	1个配送中心	1个配送中心
	专卖稽查机构	1个稽查支队、10个稽查大队	1个稽查支队、7个稽查大队	1个稽查支队、13个稽查大队	1个稽查支队、7个稽查大队
	烟叶机构	—	—	—	—
实现税利	万元	99894	70339	160652	76670
	2015年比2014年（%）	29.95	27.89	27.79	22.27
实现利润	万元	45829	30318	71701	34673
	2015年比2014年（%）	1.10	-4.40	-1.45	-4.23
销售卷烟	亿支	73.04	63.65	140.13	68.84
	2015年比2014年（%）	-3.46	-2.77	-2.59	-2.98
卷烟销售收入（万元）		355134	256704	578985	278723
查处涉烟违法案件（起）		737	1105	1617	1270
查处涉烟违法案件案值（万元）		3358	2742	2667	794
2015年度烟草行业投入烟叶生产基础设施建设资金（万元）		—	—	—	—
全年烟叶生产基础设施新增受益面积（万亩）		—	—	—	—
烟叶种植（万亩）		—	—	—	—
烟叶收购（万担）		—	—	—	—
烟农户数（户）		—	—	—	—
实现烟农总收入（万元）		—	—	—	—
零售客户数（户）		22113	23866	45301	23479
零售客户销售毛利率（%）		5.00	5.60	6.20	7.00

（撰稿：张　华；编辑：谢争艳）

浙江省烟草专卖局（公司）

【专卖管理】 打假打私。2015年，浙江省烟草专卖局查处涉烟违法案件1.64万起，同比基本持平，其中，假烟案件2126起，同比下降10.5%；走私烟案件541起，同比增长101.1%。查获各类非法卷烟2.47万件，同比增长26.5%，其中假烟2807.9件，同比下降22.4%；走私烟3103.1件，同比增长79.1%。2015年，破获符合国家局标准的网络案件75起，其中部督案件5起，互联网涉烟案件27起。司法机关判刑420人。

重大案件。2015年，破获金华“4·22”特大涉外生产、销售假冒伪劣卷烟网络案件，捣毁假烟生产窝点3个，抓获包括6名主犯在内的涉案嫌疑人49人，打掉2条完整假烟生产线，收缴卷接机、包装机等各类制假设备18

台，查获假烟1096件、烟丝20吨及卷烟纸、滤棒、假烟标识等制假辅料，价值889万余元，铲除1个集生产、运输、报关、销售为一体的完整走私卷烟链条，特别是通过国际刑警组织和海关，开展国际情报交换合作，在境外成功抓捕接货的走私分子，成为联合打击跨国非法烟草贸易的成功范例。破获浙江丽水“9·25”特大互联网非法经营走私烟案件，此案件是一起典型的以非法营利为目的，利用互联网非法经营走私烟的网络案件，涉及黑龙江、上海、广东、浙江等20个省（自治区、直辖市），涉案卷烟6000余件，涉案金额5000余万元，涉案人员200余人。

市场监管。2015年，浙江省局全面上线应用APCD市场监管系统，“带着线索上市场”的大数据市场监管理念在全省实践，监管精准度进一步提高。深化部门协作机制，与浙江省高速交警总队开展打击涉烟违法运销“天网一号”联合专项行动，加大高速交通枢纽卡口和路面查缉力度，浙江省查处违法案件986起，查获非法卷烟1.11万件，案值9280余万元，追刑案件93起，追究刑事责任96人，专项行动取得明显成效。

【经济效益】 2015年，浙江省烟草商业系统实现税利285.29亿元，同比增长19.98%，其中利润145.67亿元，同比下降1.72%。浙江省卷烟单箱销售收入4.03万元，同比增长9.12%，单箱销售收入首次突破4万元，继续位列行业第一；单箱税利1.13亿元。三项费用率为3.08%，同比减少0.43个百分点；五项重点费用同比下降7.3%。

继续加强货币资金的集中规范运作，全年实现利息收入18.44亿元，同比增长13.15%；物流费用6.58亿元，同比增长8.15%。

【卷烟经营】 卷烟销售。2015年，浙江省销售卷烟1254.09亿支（250.82万箱），同比下降3.91%，其中，销售一类烟549.04亿支（109.81万箱），同比增长6.0%；二类烟105.22亿支（21.04万箱），同比下降11.25%；三类烟418.46亿支（83.69万箱），同比下降6.14%；四类烟151.99亿支（30.40万箱），同比下降20.08%；五类烟29.39亿支（5.88万箱），同比下降9.67%。本地区销量居前三位的品牌分别为“利群”“双喜·红双喜”“雄狮”，销量分别为403.37亿支（80.68万箱）、112.23亿支（22.45万箱）、89.64亿支（17.93万箱）。2015年，销售全国重点品牌卷烟1063.46亿支（212.69万箱），同比下降0.87%，占总销量的84.80%。

2015年，实现卷烟销售收入1020.87亿元，同比增长7.09%。实现税利281.58亿元，同比增长19.79%，其中利润145.67亿元，同比下降1.72%。实现批发销售额1010.45亿元，首次突破1000亿元，位列行业第二。

现代终端建设。坚持“建用并重、建管同步”的原则，注重质量提升和功能发挥，全面开展现代终端建设“回头看”活动，截至2015年底，浙江省建成现代终端零售3.87万户，标准现代卷烟零售终端扫描枪配置率100%，实行网上配货的现代终端数采准确率95%以上。推进“四网合一”，浙江省网上订货零售客户24.44万户，占比81.42%；网上配货零售客户2.7万户，占比8.99%；网上结算零售客户8849户，占比2.95%。

物流建设。健全并实施项目法人责任制、领导联系制、进度定期通报制和经验共享制，加快物流项目建设。杭州、宁波、丽水项目投入使用；金华项目完成设备安装进入试运行；温州、衢州完成地下基础工程；湖州土建进场施工；台州完成全部工程桩施工。注重降本增效，加强对标管理，2015年，全省物流总费用为6.57亿元，其中剔除人工和折旧后的物流费用为1.32亿元，同比减少337万元，下降2.48%。

【烟叶产销】 2015年，浙江省种植烟叶3036.9亩，签订烟叶种植合同2253份。收购烟叶0.02万吨（0.42万担）。实现烟农总收入636万元。烟叶境外销售1.01万吨，出口实现3206万美元。

【特事要辑】 1月21—22日，浙江省局（公司）在杭州召开全省烟草专卖商业工作会议。

4月14—16日，国家局总会计师张玉霞到浙江烟草考察调研，指出要紧紧抓住行业税利保增长的核心指标，继续挖掘潜力，提高效益，规范运行，健康发展。

6月29—30日，国家局局长凌成兴到浙江烟草考察调研，指出要弘扬“红船精神”，扎实开展“三严三实”专题教育，带头打赢提税顺价攻坚战，带头稳定卷烟销量，带头增加工业产销，带头探索“互联网+”，实现浙江烟草商业卷烟销售额和“利群”品牌商业销售额“两个超千亿”，为行业实现“保七争十缴万亿”年度目标作出新的贡献。

11 月 10—13 日，国家局副局长段铁力到浙江烟草考察调研，要求以“三严三实”专题教育为契机，以学习贯彻党的十八届五中全会精神为重点，抓好班子、带好队伍，谋划好“十三五”规划；要确保完成年度目标任务，持续提升精益管理水平，保持卷烟打假打私高压态势，打造使用国产烟机示范基地。

2015 年浙江省烟草专卖局（公司）所属企业主要情况统计

地市级局（公司）名称		杭州市烟草专卖局（公司）	宁波市烟草专卖局（公司）	温州市烟草专卖局（公司）	嘉兴市烟草专卖局（公司）
主要负责人/法人代表（含党政领导）		林少华	包诚善（—2015. 4） 郑敏强（2015. 4—）	蒋仲泉	陈月华
所属县级单位		萧山区、余杭区、富阳区[1]、临安市、桐庐县、建德市、淳安县等 7 个县级烟草专卖局（分公司）	鄞州区、北仑区、余姚市、慈溪市、奉化市、宁海县、象山县、镇海区等 8 个县级烟草专卖局（分公司）	乐清市、瑞安市、苍南县、永嘉县、平阳县、泰顺县、文成县、洞头区等 8 个县级烟草专卖局（分公司）	嘉善县、平湖市、海宁市、海盐县、桐乡市等 5 个县级烟草专卖局（分公司）
总资产（万元）		780094	624338	556490	337364
资产负债率（%）		12. 64	11. 76	16. 87	18. 53
从业人员（人）		1289	1426	1473	848
所属业务机构	营销机构	1 个营销中心、1 个电访中心	1 个营销中心、1 个电访中心	1 个营销中心、1 个电访中心	1 个营销中心、1 个电访中心
	物流配送机构	1 个配送中心、8 个中转站/对接点	1 个配送中心、7 个中转站/对接点	1 个配送中心、8 个中转站/对接点	1 个配送中心
	专卖稽查机构	1 个稽查支队、2 个稽查大队、35 个专卖管理所	1 个稽查支队、9 个稽查大队、30 个专卖管理所	1 个稽查支队、11 个稽查大队、33 个专卖管理所	1 个稽查支队、2 个稽查大队、15 个专卖管理所
	烟叶机构	—	—	—	1 个烟叶科
实现税利	万元	501125	438921	382369	237190
	2015 年比 2014 年（%）	19. 46	19. 63	19. 65	19. 72
实现利润	万元	258736	221685	188717	119502
	2015 年比 2014 年（%）	-1. 67	-4. 07	-3. 78	-3. 66
销售卷烟	亿支	204. 71	193. 66	189. 35	98. 60
	2015 年比 2014 年（%）	-1. 96	-2. 17	-1. 34	-0. 74
卷烟销售收入（万元）		1525240	1351859	1230897	735796
查处涉烟违法案件（起）		1657	3195	2556	1441
查处涉烟违法案件案值（万元）		4813	4868	3779	2411
2015 年度烟草行业投入烟叶生产基础设施建设资金（万元）		—	—	—	—
全年烟叶生产基础设施新增受益面积（万亩）		—	—	—	—
烟叶种植（万亩）		—	—	—	0. 14

续表

地市级局（公司）名称	杭州市烟草专卖局（公司）	宁波市烟草专卖局（公司）	温州市烟草专卖局（公司）	嘉兴市烟草专卖局（公司）
烟叶收购（万担）	—	—	—	0.18
烟农户数（户）	—	—	—	1054
实现烟农总收入（万元）	—	—	—	215.30
零售客户数（户）	36655	44823	49866	23369
零售客户销售毛利率（%）	7.00	7.90	7.53	8.00

地市级局（公司）名称		湖州市烟草专卖局（公司）	绍兴市烟草专卖局（公司）	金华市烟草专卖局（公司）	衢州市烟草专卖局（公司）
主要负责人/法人代表（含党政领导）		龚一正	许才庆（—2015.12） 邵作民（2015.12—）	郑敏强（—2015.4） 方录生（2015.4—）	邵作民（—2015.12） 朱建辉（2015.12—）
所属县级单位		德清县、长兴县、安吉县等3个县级烟草专卖局（分公司）	诸暨市、上虞区、嵊州市、新昌县等4个县级烟草专卖局（分公司）	义乌市、东阳市、永康市、兰溪市、浦江县、武义县、磐安县等7个县级烟草专卖局（分公司）	江山市、龙游县、常山县、开化县等4个县级烟草专卖局（分公司）
总资产（万元）		215740	341632	362057	150178
资产负债率（%）		14.44	18.76	23.13	27.17
从业人员（人）		697	878	1118	568
所属业务机构	营销机构	1个营销中心、1个电访中心	1个营销中心、1个电访中心	1个营销中心、1个电访中心	1个营销中心、1个电访中心
	物流配送机构	1个配送中心、3个中转站/对接点	1个配送中心、4个中转站/对接点	1个配送中心、1个配送分中心、6个中转站/对接点	1个配送中心、4个中转站/对接点
	专卖稽查机构	1个稽查支队、3个稽查大队、19个专卖管理所	1个稽查支队、2个稽查大队、25个专卖管理所	1个稽查支队、8个稽查大队、25个专卖管理所	1个稽查支队、6个稽查大队、19个专卖管理所
	烟叶机构	—	2个烟叶科	—	—
实现税利	万元	159481	240535	255818	100129
	2015年比2014年（%）	19.66	19.68	19.66	19.72
实现利润	万元	77858	122232	127841	45750
	2015年比2014年（%）	-4.20	-1.50	-2.21	-6.90
销售卷烟	亿支	69.90	106.21	125.67	48.09
	2015年比2014年（%）	-2.33	-1.75	-1.67	-4.97
卷烟销售收入（万元）		509813	746200	819937	327645
查处涉烟违法案件（起）		1747	1737	1197	364
查处涉烟违法案件案值（万元）		2022	2192	4360	1607
2015年度烟草行业投入烟叶生产基础设施建设资金（万元）		—	—	—	—

续表

地市级局（公司）名称	湖州市烟草专卖局（公司）	绍兴市烟草专卖局（公司）	金华市烟草专卖局（公司）	衢州市烟草专卖局（公司）
全年烟叶生产基础设施新增受益面积（万亩）	—	—	—	—
烟叶种植（万亩）	—	0.15	—	—
烟叶收购（万担）	—	0.18	—	—
烟农户数（户）	—	1091	—	—
实现烟农总收入（万元）	—	327.33	—	—
零售客户数（户）	21787	27944	31410	11963
零售客户销售毛利率（%）	8.73	7.00	8.50	7.28

地市级局（公司）名称		丽水市烟草专卖局（公司）	台州市烟草专卖局（公司）	舟山市烟草专卖局（公司）
主要负责人/法人代表（含党政领导）		沈伏恒	陈修年	宋建国（—2015.8） 林勇刚（2015.8—）
所属县级单位		遂昌县、缙云县、松阳县、龙泉市、青田县、云和县、庆元县、景宁畲族自治县等8个县级烟草专卖局（分公司）	玉环县、温岭市、黄岩区、临海市、天台县、仙居县、三门县等7个县级烟草专卖局（分公司）	普陀区、岱山县、嵊泗县等3个县级烟草专卖局（分公司）
总资产（万元）		100594	405370	89261
资产负债率（%）		21.59	15.60	17.36
从业人员（人）		740	1089	352
所属业务机构	营销机构	1个营销中心、1个电访中心	1个营销中心、1个电访中心	1个营销中心、1个电访中心
	物流配送机构	1个配送中心、8个中转站/对接点	1个配送中心	1个配送中心、1个配送分中心、2个中转站/对接点
	专卖稽查机构	1个稽查支队、1个稽查大队、8个专卖管理所	1个稽查支队、7个稽查大队、31个专卖管理所	1个稽查支队、9个稽查大队、14个专卖管理所
	烟叶机构	1个烟叶科	—	—
实现税利	万元	86614	294625	66465
	2015年比2014年（%）	19.91	19.71	19.43
实现利润	万元	36221	147420	31395
	2015年比2014年（%）	-6.52	-3.04	-4.68
销售卷烟	亿支	52.1	142.44	30.38
	2015年比2014年（%）	-4.05	-3.68	-1.53
卷烟销售收入（万元）		324363	923291	218906
查处涉烟违法案件（起）		654	1370	465

续表

地市级局（公司）名称	丽水市烟草专卖局（公司）	台州市烟草专卖局（公司）	舟山市烟草专卖局（公司）
查处涉烟违法案件案值（万元）	893	3275	376
2015年度烟草行业投入烟叶生产基础设施建设资金（万元）	—	—	—
全年烟叶生产基础设施新增受益面积（万亩）	—	—	—
烟叶种植（万亩）	0.02	—	—
烟叶收购（万担）	0.07	—	—
烟农户数（户）	108	—	—
实现烟农总收入（万元）	91.89	—	—
零售客户数（户）	24960	38550	7653
零售客户销售毛利率（%）	7.38	8.50	8.00

注：1. 根据《国家烟草专卖局　中国烟草总公司关于浙江省富阳市烟草专卖局更名的批复》（国烟人〔2015〕168号），富阳市烟草专卖局更名为杭州市富阳区烟草专卖局，杭州市富阳区烟草专卖局与杭州市烟草公司富阳分公司合署办公，负责辖区内的烟草专卖管理和卷烟营销工作。

（撰稿：黄　凯　张庆娜；编辑：王东旭）

安徽省烟草专卖局（公司）

【专卖管理】　卷烟打假。2015年，安徽省烟草专卖局在政法烟草、行政执法两个联席会议机制框架下，巩固完善与公安、交通、海关、工商等单位协作机制，实行案件联合挂牌督办，组织开展“护航”两节行动、“绿篱”打击非法流通烟行动、保市场净化目标和保市场健康秩序的“两保”专项行动，皖北数家单位共建市场联合整治协作机制，宣城、宿州、安庆、池州、黄山、亳州、合肥等地破获案值百万元以上互联网涉烟案件。2015年，共破获符合国家局标准的网络案件16起，同比增长166%，破获符合省局标准的网络案件27起，公安部、国家局挂牌督办案件7起，同比增长175%。

2015年，安徽省查处各类涉烟违法案件1.67万起，查获非法卷烟6708万支，案值合计6492.8万元。公安、司法机关依法判刑150人，拘留192人。

市场监管。完善APCD工作法，初步提出细分客户、细分市场、细分职责、细分考核的市场监管“四分法”基本思路，细化专卖岗位分工，推进专卖管理精益化。探索构建市场评价体系，专卖管理信息系统上线试运行。继续推进“大内管”模式，推行内部专卖管理监督“节点式”工作法，加强对工业企业日常生产经营活动监管，加强对非法流通卷烟的治理。

【经济效益】　2015年，安徽省烟草商业系统实现税利154.04亿元，同比增长21.24%，其中利润70.89亿元，同比下降3.88%。单箱卷烟销售收入27813.2元，实现单箱税利7924.74元。三项费用率为5.2%，同比减少0.06个百分点。

【卷烟经营】　卷烟销售。2015年，安徽省烟草商业系统销售卷烟970.8亿支（194.12万箱），同比下降3.72%，其中，销售一类烟235.8亿支（47.13万箱）、二类烟265.4亿支（53.07万箱）、三类烟257.8亿支（51.56万箱）、四类烟160.48亿支（32.1万箱）、五类烟51.32亿支（10.26万箱）。本地区销量居前三位的品牌为“黄山”“利群”“玉溪”，销量分别为556.83亿支（111.37万箱）、61.36亿支（12.27万箱)、40.62 亿支(8.12 万箱)。

2015 年，实现卷烟销售收入(含税)608.41 亿元，同比增长 5.99%。实现卷烟税利 146.97 亿元，同比增长 20%，其中利润 67.05 亿元，同比下降 6.63%。

品牌培育。整体优化品牌布局，促进知名品牌在公平竞争中发展壮大，研究制定细支卷烟培育三年规划。2015 年，安徽省销售重点品牌卷烟 865.05 亿支(173.01 万箱)，占总销量的 89.1%，超过全国平均水平 5.4 个百分点，重点品牌集中度超行业平均水平。“双十五”① 品牌集中度持续提升，其中 12 个品牌的销量比重提升，“利群”“中华”“南京”“白沙”品牌销量增幅均超过 10%。

卷烟营销。2015 年，安徽烟草商业系统树立卷烟经营理念，加强运行调控，强化零售价格和日均销量提升，建立销售通报、挂点联系基层单位机制。建立安徽烟草工商月度联席会议机制，开展省产烟、“黄山”新品宣传促销和品牌培育竞赛活动。部署实施安徽省卷烟营销平台建设，探索推进市场化取向改革，合肥市公司完成全国试点单位任务。

物流建设。2015 年，探索工商一体化物流建设新模式，研究“同城同库”“同城异库”“非同城即时物流”模式，统筹规划蚌埠、芜湖两地工商同城物流新建项目，加快推进宿州、阜阳物流续建项目。推广省、市两级物流管控平台，拓展非法人实体化运行模式，探索法人实体化机制，现代物流水平持续提升。

【烟叶产销】 烟叶产销。2015 年，安徽省烟叶种植面积 17.17 万亩，同比减少 5.7 万亩，“焦甜香”特色优质烟叶种植面积 10 万亩。签订收购合同 2941 份，户均种植规模 58 亩，同比增长 5 亩，其中皖南烟区户均种植规模 85 亩，位于全国前列。收购烟叶 2.1 万吨(42 万担)，其中“焦甜香”特色优质烟叶 1.23 万吨(24.5 万担)，占皖南烟区烟叶收购总量65%。销售烟叶 2.27 万吨(45.35 万担)，其中省内销售 0.72 万吨(14.3 万担)，省外销售 1.53 万吨(30.6 万担)。境外销售 0.02 万吨(0.45 万担)。烟叶收购均价为 28.05 元/千克，同比增长 10.39%。

2015 年，实现烟叶销售收入 13.4 亿元。实现烟叶税利 6.5 亿元，同比增长 16%，其中利润 4.5 亿元，同比增长 127%。

特色优质烟叶开发。采取股份制形式，安徽皖南烟叶有限责任公司与有关单位联合成立南光天香科技有限公司，研发储备烟草农业技术。探索烟叶基地单元“可视、可控、可研”信息化建设新思路。工商研合作进一步深化，“皖南焦甜香烟叶配套技术研究”获得中国烟草总公司科学技术进步奖二等奖。

现代烟草农业建设。现代烟草农业建设持续推进，构建种烟大户 + 合作社的生产组织方式，促进烟农增收致富取得有益经验，并在全国烟叶会议上作典型发言，从通过规模种植实现烟农规模经营效益、通过专业化服务实现烟农减工降本、通过先进实用技术保证烟叶质量稳定、通过设施综合利用拓展烟农经营渠道、通过信息化技术应用促进管理水平提升等 5 个方面交流了经验。

2015 年，安徽省投入烟叶生产基础设施建设资金 2.7 亿元，其中安徽省烟草商业系统投入 1.88 亿元。建成项目 7296 个，受益基本烟田面积 13.5 万亩。建成烟水配套项目 858 个(沟渠 501 条、机井 141 眼、提灌站 17 个、小塘坝 199 座)；建成机耕路 898 条，长度 328.29 千米；烟叶调制设施项目 3390 个(新建密集烤房 2289 座，烤房设备维修改造 481 座，烟夹购置 620 套)；购置烟草农用机械 2135 台(套)；新建育苗工场 14 座；土地整理项目 1 个。

安徽皖南烟叶有限责任公司。位于安徽省宣城市，成立于 2004 年 12 月 31 日，是全国烟草行业唯一跨地区股份制专业化烟叶生产企业。2015 年，落实种烟面积 15.20 万亩，收购烟叶 1.84 万吨(36.86 万担)，同比下降 14.61%；收购均价 35 元/千克，同比增长 12.9%。辖区烟农 2200 户，户均种植规模 69.4 亩，户均收入 30.5 万元，亩均收益 4300 元，实现产销平衡。全年实现烟叶销售收入 13.58 亿元，同比下降 17.6%。实现烟叶税利 5.74 亿元，同比增长 24%。实现利润 3.75 亿元，同比增长 41.31%。三项费用率为 8.59%。

坚持以“生态决定特色、品种彰显特色、技术保障特色”的特色烟叶开发技术路线为指引，紧紧围绕生态、科技、管理、市场四大要素，工商研紧密合作，挖掘、提升、保障和发挥焦甜香特色风格。2015 年，特色烟叶种植面积 9 万亩，收购量 1.13 万吨(22.5 万担)。以重大项目为带动，加强工商研合作，先后开展 25 项技术研究，“皖

① 本年鉴所指“双十五”品牌即卷烟累计交易量前 15 名(三类以上)品牌及累计交易金额前 15 名品牌。

南烤烟特殊风格形成机理及配套技术研究”获得国家局科学技术进步奖二等奖。“皖南烟区上部叶可用性研究”获得安徽省局（公司）科学技术进步奖三等奖。获授权专利9项，发表科技论文21篇。

继续探索开展水稻和瓜果蔬菜等多元化经营，在宣州区黄渡十亩塘育苗基地、黄渡刘家三场、西扎桃园三场、新龙示范园、文昌福川三场等地大棚77.56亩土地上种植西瓜、甜瓜、樱桃番茄、水果黄瓜、时令蔬菜等12个种类49个品种，2015年实现销售收入79.39万元。在沪皖科技园等7个科技园开展1194.52亩水稻种植。总结制定全程管服服务产品说明书、主栽品种水稻栽培技术规程、主栽品种稻米品质质量标准；探索建立营销模式，按照线上线下同步销售的要求，完成品牌商标设计、二维码技术运用等准备工作。

【特事要辑】 1月29日，安徽省局（公司）在合肥召开2015年工作会议。

9月21—23日，2015年全国烟草行业物流工作现场会在合肥召开，国家局副局长徐瑆出席会议并讲话。徐瑆对安徽烟草物流工作取得的成效给予充分肯定：体现为物流实体化和一体化有了新进展，物流管理水平有了新提升，物流资源整合有了新突破，行业各单位要认真学习借鉴安徽烟草物流工作先进经验。

9月23—25日，国家局局长凌成兴在安徽烟草调研。凌成兴充分肯定安徽烟草各项工作取得的成绩并指出：安徽烟草在困难面前，能够坚定信心、保持定力、奋力追赶，在打基础、创品牌、抓管理、抓党建上工作扎实，成效明显。主要体现在：单箱结构增幅大，商业企业卷烟条均价格增幅高于行业平均水平，工业企业单箱销售收入、单箱税利位次前移；精益管理变化大，工商双方积极开展对标管理，在车辆管理、资金管理、精益生产上下了真功夫，并取得明显成效；目标考核力度大，商业企业建立月计划、旬通报、周沟通、日跟踪机制，层层落实销量计划，工业企业实现班子顺利交接，把着力点放在稳定人心、增加合作生产、止住市场滑坡上。对安徽烟草下一步工作，凌成兴强调说，安徽烟草要“完成三个硬指标，税利跨越400亿”。“完成三个硬指标”，即完成卷烟销量、卷烟产量、税利总额“三个硬指标”；“税利跨越400亿”，即安徽烟草工商税利总额要突破400亿元。

2015年安徽省烟草专卖局（公司）所属企业主要情况统计

地市级局（公司）名称		合肥市烟草专卖局（公司）	淮北市烟草专卖局（公司）	亳州市烟草专卖局（公司）	宿州市烟草专卖局（公司）
主要负责人/法人代表（含党政领导）		张丙利	蒋跃进	李成贵（—2015.6） 岳　文（2015.6—）	丁惠萍
所属县级单位		巢湖市、庐江县、肥东县、肥西县、长丰县、瑶海区、包河区、庐阳区、蜀山区等9个县级烟草专卖局（营销部）	濉溪县烟草专卖局（营销部）和1个直属分局（营销部）	涡阳县、蒙城县、利辛县等3个县级烟草专卖局（营销部）和1个直属分局（营销部）	灵璧县、泗县、萧县、砀山县等4个县级烟草专卖局（营销部）和1个直属分局（营销部）
总资产（万元）		305566	56236	66059	92063
资产负债率（%）		4.83	6.85	37.21	10.58
从业人员（人）		1316	314	991	801
所属业务机构	营销机构	1个营销中心	1个营销中心	1个营销中心、1个订单部	1个营销中心
	物流配送机构	1个物流中心、2个中转站	1个物流中心、1个配送站	1个卷烟物流中心、3个中转站	1个物流中心、4个配送站
	专卖稽查机构	9个稽查队、32个专卖管理所	2个稽查队、6个专卖管理所	1个稽查支队、4个稽查队、14个专卖管理所	5个稽查队、17个专卖管理所
	烟叶机构	—	—	1个烟叶经理部、5个烟叶工作站、1个烟叶物资库	—

续表

地市级局（公司）名称		合肥市烟草专卖局（公司）	淮北市烟草专卖局（公司）	亳州市烟草专卖局（公司）	宿州市烟草专卖局（公司）
实现税利	万元	272721	36551	72721	83578
	2015 年比 2014 年（%）	20.16	23.40	40.53	22.54
实现利润	万元	137009	16101	25171	33331
	2015 年比 2014 年（%）	0.25	-2.02	7.87	-11.81
销售卷烟	亿支	141.45	30.89	65.70	76.47
	2015 年比 2014 年（%）	-0.70	-4.24	-2.48	-5.98
卷烟销售收入（万元）		910010	137658	294670	321080
查处涉烟违法案件（起）		2407	296	2153	2244
查处涉烟违法案件案值（万元）		1376	117	674	525
2015 年度烟草行业投入烟叶生产基础设施建设资金（万元）		—	—	—	—
全年烟叶生产基础设施新增受益面积（万亩）		—	—	—	—
烟叶种植（万亩）		—	—	0.56	—
烟叶收购（万担）		—	—	1.36	—
烟农户数（户）		—	—	326	—
实现烟农总收入（万元）		—	—	1830	—
零售客户数（户）		29018	8932	19882	25469
零售客户销售毛利率（%）		10.50	13.05	10.20	9.00

地市级局（公司）名称	蚌埠市烟草专卖局（公司）	阜阳市烟草专卖局（公司）	淮南市烟草专卖局（公司）	滁州市烟草专卖局（公司）
主要负责人/法人代表（含党政领导）	童学根	胡志刚	孙太勇	孙志强
所属县级单位	怀远县、五河县、固镇县等 3 个县级烟草专卖局（营销部）和 1 个直属分局（营销部）	临泉县、阜南县、太和县、颍上县、界首县等 5 个县级烟草专卖局（营销部）和 1 个直属分局（营销部）	凤台县烟草专卖局（营销部），田家庵大通、谢家集八公山、潘集区等 3 个分局（营销部），毛集和山南分局	来安县、全椒县、天长市、定远县、凤阳县、明光市等 6 个县级烟草专卖局（营销部）和 1 个直属分局（营销部）
总资产（万元）	76203	121587	86347	142752
资产负债率（%）	13.76	13.88	6.25	28.54
从业人员（人）	504	1192	400	703

续表

地市级局（公司）名称		蚌埠市烟草专卖局（公司）	阜阳市烟草专卖局（公司）	淮南市烟草专卖局（公司）	滁州市烟草专卖局（公司）
所属业务机构	营销机构	1 个营销中心	1 个营销中心	1 个营销中心、1 个电访中心	1 个营销中心
	物流配送机构	1 个物流配送中心	1 个物流中心、3 个配送站	1 个物流中心、1 个中转站	1 个物流中心、4 个配送站
	专卖稽查机构	4 个稽查队、10 个专卖管理所	1 个稽查支队、7 个稽查队、24 个专卖管理所	4 个稽查队、6 个专卖管理所	7 个稽查队、14 个专卖管理所
	烟叶机构	—	1 个烟叶生产经营中心	—	—
实现税利	万元	71198	135460	67561	98359
	2015 年比 2014 年（%）	21.16	19.50	12.75	22.04
实现利润	万元	29760	56998	30771	42796
	2015 年比 2014 年（%）	-8.24	-13.83	-15.63	-7.46
销售卷烟	亿支	57.58	113.72	41.89	67.42
	2015 年比 2014 年（%）	-2.47	-3.27	-4.93	-5.26
卷烟销售收入（万元）		270224	489103	223369	365878
查处涉烟违法案件（起）		565	1120	261	1063
查处涉烟违法案件案值（万元）		347	381	7	342
2015 年度烟草行业投入烟叶生产基础设施建设资金（万元）		—	—	—	—
全年烟叶生产基础设施新增受益面积（万亩）		—	—	—	—
烟叶种植（万亩）		—	—	—	—
烟叶收购（万担）		—	—	—	—
烟农户数（户）		—	—	—	—
实现烟农总收入（万元）		—	—	—	—
零售客户数（户）		13084	26352	9660	16622
零售客户销售毛利率（%）		12.58	10.76	11.00	9.68

地市级局（公司）名称	六安市烟草专卖局（公司）	马鞍山市烟草专卖局（公司）	芜湖市烟草专卖局（公司）	宣城市烟草专卖局（公司）
主要负责人/法人代表（含党政领导）	王世华（—2015.6） 王　鸿（2015.6—）	施书林	胡家木	齐美生
所属县级单位	寿县、霍邱县、舒城县、金寨县、霍山县等 5 个县级烟草专卖局（营销部），皋城分局（营销部）和叶集分局	含山县、和县、当涂县等 3 个县级烟草专卖局（营销部）和钢城分局（营销部）	无为县、芜湖县、繁昌县、南陵县等 4 个县级烟草专卖局（营销部），1 个直属分局（营销部）和江北分局（营销部）	郎溪县、广德县、宁国市、泾县、绩溪县、旌德县、宣州区等 7 个县级烟草专卖局（营销部）

续表

地市级局（公司）名称		六安市烟草专卖局（公司）	马鞍山市烟草专卖局（公司）	芜湖市烟草专卖局（公司）	宣城市烟草专卖局（公司）
总资产（万元）		160550	103945	157220	115251
资产负债率（%）		8.88	4.69	9.48	8.32
从业人员（人）		817	425	565	552
所属业务机构	营销机构	1个营销中心	1个营销中心	1个营销中心	1个营销中心
	物流配送机构	1个物流中心	1个物流中心	1个物流中心、1个中转站	1个物流配送中心
	专卖稽查机构	7个稽查队、14个专卖管理所	4个稽查队、10个专卖管理所	1个稽查支队、6个稽查队、13个专卖管理所	8个稽查队、20个专卖管理所
	烟叶机构	—	—	—	—
实现税利	万元	132873	75193	111915	79802
	2015年比2014年（%）	18.72	17.70	19.88	22.01
实现利润	万元	62729	36864	56863	36350
	2015年比2014年（%）	-9.06	-4.73	-2.86	-4.83
销售卷烟	亿支	79.48	37.66	61.33	47.97
	2015年比2014年（%）	-5.92	-4.49	-3.36	-3.99
卷烟销售收入（万元）		442507	250710	368184	279132
查处涉烟违法案件（起）		1716	506	489	524
查处涉烟违法案件案值（万元）		342	323	963	373
2015年度烟草行业投入烟叶生产基础设施建设资金（万元）		—	—	—	—
全年烟叶生产基础设施新增受益面积（万亩）		—	—	—	—
烟叶种植（万亩）		—	—	—	—
烟叶收购（万担）		—	—	—	—
烟农户数（户）		—	—	—	—
实现烟农总收入（万元）		—	—	—	—
零售客户数（户）		23969	11472	13595	14807
零售客户销售毛利率（%）		11.26	11.60	10.20	7.50

地市级局（公司）名称	铜陵市烟草专卖局（公司）	池州市烟草专卖局（公司）	安庆市烟草专卖局（公司）	黄山市烟草专卖局（公司）
主要负责人/法人代表（含党政领导）	王　凯	吴兰田（—2015.6） 胡守华（2015.6—）	梁跃华	刘新华
所属县级单位	铜陵县烟草专卖局（营销部）和铜都分局	东至县、石台县、青阳县、贵池区等4个县级烟草专卖局（营销部）	桐城市、怀宁县、枞阳县、潜山县、岳西县、太湖县、望江县、宿松县、宜城区等9个县级烟草专卖局（营销部）	歙县、休宁县、祁门县、黟县、黄山区、屯溪区、徽州区等7个县级烟草专卖局（营销部）

续表

地市级局（公司）名称		铜陵市烟草专卖局（公司）	池州市烟草专卖局（公司）	安庆市烟草专卖局（公司）	黄山市烟草专卖局（公司）
总资产（万元）		49077	71975	172158	80087
资产负债率（%）		5.70	22.58	7.77	4.97
从业人员（人）		178	562	1033	373
所属业务机构	营销机构	1个营销中心	1个营销中心	1个营销中心	1个营销中心
	物流配送机构	1个物流中心、1个配送中心	1个物流中心、1个配送站	1个物流中心	1个物流中心
	专卖稽查机构	2个稽查队、4个专卖管理所	1个稽查支队、4个稽查大队、11个专卖管理所	9个稽查队、27个专卖管理所	1个稽查支队、7个稽查队、2个专卖管理所
	烟叶机构	—	1个烟叶工作站	—	—
实现税利	万元	31695	44383	124855	38607
	2015年比2014年（%）	15.52	25.18	20.54	12.18
实现利润	万元	15374	20174	57311	16695
	2015年比2014年（%）	-8.69	9.27	-6.21	-15.85
销售卷烟	亿支	14.71	26.47	83.98	24.07
	2015年比2014年（%）	-6.04	-3.28	-2.48	-9.56
卷烟销售收入（万元）		102525	158913	442462	143715
查处涉烟违法案件（起）		93	1707	3352	327
查处涉烟违法案件案值（万元）		150	164	829	77
2015年度烟草行业投入烟叶生产基础设施建设资金（万元）		—	1118	—	—
全年烟叶生产基础设施新增受益面积（万亩）		—	1.50	—	—
烟叶种植（万亩）		—	1.34	—	—
烟叶收购（万担）		—	2.90	—	—
烟农户数（户）		—	415	—	—
实现烟农总收入（万元）		—	4803	—	—
零售客户数（户）		4185	8265	25574	9145
零售客户销售毛利率（%）		15.67	10.81	10.00	13.79

（撰稿：李　胜；编辑：王东旭）

福建省烟草专卖局（公司）

【专卖管理】 打假破网。2015年，福建省烟草专卖局同云霄县政府签订卷烟打假工作协议，提供资金支持云霄县的产业发展，推动当地政府落实打假责任制。福建省局会同福建省公安厅继续实施长驻打假，重点整治莆美、火田、云陵等3个乡镇，严厉打击夜间加工包装窝点和制丝窝点。2015年，在云霄县境内（含常山华侨经济开发区）查获制假卷接机4台，假冒卷烟3487件，烟叶、烟丝108吨，遏制当地制假反弹势头。2015年，福建省查处涉烟违法案件9075起，同比增长2%，其中无证运输案件1194起，无证经营案件460起，非渠道卷烟案件5766起。

坚持守土有责，强化跨地市协同打假。2015 年共查处假冒卷烟案件 1552 起，同比增长 16.25%，其中案值在 5 万元以上的案件 243 起，同比增长 62%。查处制售假烟网络案件 39 起，同比增加 8 起。公安、司法机关依法拘留 433 人，逮捕 272 人，判刑 313 人。福建省局获得公安部和国家局联合授予的“全国卷烟打假特殊贡献奖”。

市场秩序整顿。加强信息化建设，推进检查方法创新，加大对铁路货运站、汽运中转站、机场、港口等运输枢纽的监管力度，有针对性地开展市场清理整顿，严厉打击经营非渠道卷烟的地下网络。

行政管理。2015 年，福建省局出台《烟草专卖执法资格管理实施细则》，加强专卖执法案件评查。清理省局本部行政审批事项，制定《福建省县级烟草专卖局行政审批“窗口”建设方案》，进一步规范行政审批实体“窗口”建设。

公安部、国家局挂牌督办案件。查处福建厦门 2014 年“12·11”生产、销售伪劣产品案件是以厦门为物流中转点，涉及全国 19 个省（自治区、直辖市）的特大假烟销售网络案件，查获假烟 59 万支，案值 104 万元，总涉案金额超 5000 万元，逮捕犯罪嫌疑人 3 名。福建莆田 2015 年“1·11”假冒注册商标网络案件，查获假烟 49.89 万支，滤棒 25 件、卷烟纸 117 盘、水松纸 72 盘、散装烟丝 8733 千克，查获 YJ14－22 卷接机 1 台（套），现货案值 200 万元，总涉案金额 1200 万元，逮捕犯罪嫌疑人 6 名。

【经济效益】 2015 年，福建省烟草商业系统实现税利 160.5 亿元，同比增长 20.68%，其中利润 78.06 亿元，同比增长 2.34%。卷烟单箱税利 0.71 万元。三项费用率为 6.34%，同比减少 0.33 个百分点。

【卷烟经营】 卷烟销售。2015 年，福建省烟草商业系统销售卷烟 850.1 亿支（170.02 万箱），同比下降 2.06%，其中，一类烟 162.01 亿支（32.40 万箱），同比增长 9.95%；二类烟 207.11 亿支（41.42 万箱），同比增长 5.82%；三类烟 366.4 亿支（73.28 万箱），同比下降 4.17%；四类烟 80.96 亿支（16.19 万箱），同比下降 28.73%；五类烟 33.62 亿支（6.72 万箱），同比增长 16.03%。本地区销量居前三位的品牌为“七匹狼”“中华”“双喜·红双喜”，销量分别为 531.81 亿支（106.36 万箱）、34.29 亿支（6.86 万箱）、34.1 亿支（6.82 万箱）。

2015 年，实现卷烟销售收入 432.1 亿元，同比增长 8.65%。实现卷烟税利 122 亿元，同比增长 22.63%，其中利润 54.59 亿元，同比下降 5.65%。

品牌培育。2015 年，福建省销售重点品牌卷烟 762.02 亿支（152.4 万箱），同比增长 0.16%，占总销量的 89.64%。重点品牌卷烟实现销售收入 411.3 亿元，占比为 95.19%。“七匹狼”实现销量 531.81 亿支（106.36 万箱），同比增长 0.38%，占总销量的 62.56%。高端卷烟实现销量 48.25 亿支（9.65 万箱），同比增长 7.54%。高价位卷烟销售 2.65 亿支（0.53 万箱），同比增长 11.2%。细支卷烟销售 2.5 亿支（0.5 万箱），增长 11.5 倍。

市场营销。树立“保销量、保税利、保状态、保规范、保稳定”卷烟经营指导思想，促进卷烟销售量稳价升，实现提税顺价平稳过渡，市场化取向改革稳步推进，卷烟销售没有出现大起大落。加强“三培三优”（培育优胜重点品牌、培植优质零售客户、培养优秀营销人员）工作，不断完善优胜品牌、优质客户、优秀营销人员考核机制。福建省累计建设现代卷烟零售终端 1.88 万户，零售客户毛利率 8% 左右，零售客户综合满意度 84.1 分，比 2014 年提高 0.8 分。

物流建设。按照现代物流“三个转变”的要求（核心业务向核心能力转变、成本中心向效益中心转变、企业物流向行业物流转变），推进工商物流、“两烟”物流、精益物流、非烟物流、科技物流、人本物流等六项任务，严格加强物流费用控制。在完成好省产卷烟包装箱循环利用的基础上，将循环利用范围拓展到浙江中烟、广东中烟、江西中烟、深圳烟草工业等 4 家工业企业，建立起商业企业、工业企业和纸箱厂三方协同的运作模式。2015 年，返还卷烟包装箱 572.6 万只，返还比例 99.2%。探索以“规划、组织、业务、信息、评价”五个一体化为核心的“两烟”物流模式，并被列为国家局年度重点科技项目。

【烟叶产销】 烟叶种植与收购。2015 年，福建省种植烟叶 78.42 万亩，因遭受自然灾害和后期病害的影响，收购烟叶 10.2 万吨（204.05 万担），比国家局下达烟叶种植收购计划减产1.23万吨（24.55万担）。上等烟比例为60.36%，同比减少2.07个百分点，收购“翠碧一号”“红花大金元”“K326”特色优质品种烟叶5.45万吨（109万担），占总量的53.4%。国家局检查工商交接等级合格率69.9%。烟农户数5.06万户，实现烟农售烟收入（不含补贴）29.17亿元，同比减少2.28亿元；烟农户均收入5.77万元，同比增加935.7元，实现“减产不减收”。“南平烤烟”获得农业部核准颁发农业产品地理标识登记证书。

2015年，实现烟叶税利24.87亿元，同比增长1.99%，其中利润14.65亿元，同比增长6.4%。

烟叶救灾。面对严重自然灾害和后期病害，福建省公司及时指导烟农开展抗灾自救，向国家局申请5000万元受灾烟农救助资金和5000万元水毁工程修复资金，向烟农发放受灾救助资金8456万元（其中行业专项救助6654万元、保险理赔805万元、政府救助997万元），在灾难面前确保烟农收入稳中有增、烟叶质量稳中向好、烟基建设稳步推进。

服务烟农。省政府办公厅下发《关于推进现代烟草农业建设六条措施的通知》。福建省局联合省物价局下发《关于鲜烟叶烘烤有关电价政策的通知》，实施烤烟电价优惠政策。协调福建省政府金融办牵头推进烟叶种植保险。完成2016—2018年福建省统一烟叶种植保险招标采购工作，烟草系统出资50%，政府和烟农出资50%。

现代烟草农业建设。截至2015年底，福建省累计组建综合服务型合作社36家，入社烟农比例超过50%，4家合作社获评烟农专业合作社行业示范社，育苗、机耕、植保、烘烤、分级5个环节专业化服务覆盖率分别达到88.5%、46.7%、27.2%、30.2%、84.7%。累计补贴购置烟草农机3.3万台（套），行业补贴资金1.1亿元，机械化剪叶、起垄、植保作业率接近100%，培土作业率在60%以上，每亩用工减少到23个。

烟叶生产基础设施及援建水源工程建设。2015年，福建省新增常规烟叶生产基础设施项目2.36万件，预算投入资金5.29亿元。制定《烤房建设管理实施意见》《烟基建设项目规划审批管理细则》等制度，开发并上线运行烟叶生产基础设施管理信息系统。安排水毁工程修复资金5826万元，受益项目5843件。会同福建省发改委等部门修订《福建省烟草援建水源工程项目和资金管理办法》，新增7个援建水源工程，审定援建资金4.04亿元。截至2015年底，省内累计38个水源工程通过国家局核准，援建资金22.61亿元。

【对外交流与合作】 中国烟草福建进出口有限责任公司前身是成立于1985年1月1日的中国烟草进出口公司福建分公司，1991年更名为中国烟草福建进出口公司，同年公司由福州迁址到厦门。2001年11月，改制更名为中国烟草福建进出口有限责任公司，股东方分别是中国烟草进出口（集团）公司、福建省烟草公司、福建中烟工业公司、龙岩烟草工业有限责任公司、厦门烟草工业有限责任公司等5家公司。2006年12月，改制为一人有限责任公司，成为中国烟草总公司福建省公司的全资子公司。公司经营范围涵盖烟叶出口和卷烟进口，其中烟叶、烟梗出口销售到印度尼西亚、中国香港、埃及、印度、德国、俄罗斯、荷兰、葡萄牙等国家或地区，并负责为福建、天津、内蒙古提供包括“555”“红双喜”“七星（Mevius）”“大卫杜夫（Davidoff）”“爱喜（ESSE）”“长寿（Long Life）”等品牌在内的进口卷烟和德国“Livarde”、古巴“CHICOS”等品牌雪茄烟。截至2015年底，公司拥有总资产4.58亿元，其中，固定资产501万元、流动资产2.29亿元，资产负债率20.35%。有从业人员49人。

2015年，实现进出口贸易总额2295.71万美元，实现销售收入3.1亿元，同比增长6.02%。实现税利1.55亿元，同比增长2.77%，其中利润6605万元，同比增长4.62%。境外销售烟叶（含烟梗）2603吨，出口实现1090万美元。进口卷烟（含雪茄烟）6.16万支，进口额1204万美元，销售进口卷烟6.91亿支，销售额2.38亿元。

【特事要辑】 1月8日，福建省委常委、常务副省长张志南，省政协副主席陈向先到三明市宁化县考察烟叶生产基础设施建设工作。张志南对三明、宁化的烟基建设工作给予高度肯定，希望全省烟草商业系统进一步加大烟基建设力度，在支农惠农上发挥更大、更好的作用，为社会主义新农村建设作出更大的贡献。

1月26日，福建省烟草商业系统工作会议在福州召开。

9月11日，福建省局（公司）与河南中烟在福建省武夷烟叶有限公司签订烟叶战略合作框架协议并举办揭牌仪式。依托福建的烟叶原料优势、打叶技术优势和郑州烟草研究院的科研优势，河南中烟在福建建立“两中心一平台”，即“黄金叶”品牌专有技术实验中心、“黄金叶”品牌打叶复烤区域加工中心和复合型人才交流培养基地。

11月11—12日，国家局局长凌成兴在福建烟草调研。凌成兴指出，2015年以来福建烟草工商两家攻坚克难，特色显著，体现在“四个不简单”“一个增幅大”。“四个不简单”：一是卷烟营销不简单，在卷烟提税顺价减销量的严峻形势下，福建省局（公司）实现销量稳、比重增、状态好。二是烟叶救灾不简单，福建遇到特大洪涝灾害，但在大灾面前确保烟农收入稳中有增、烟叶质量稳中向好、烟基投资稳步推进。三是云霄打假不简单，打假要来市场，打假要来销量，打假要来效益。四是品牌维护不简单，“七匹狼”品牌保持在200万箱上下。“一个增幅大”，是福建烟草商业的税利增幅大，超过22%。他强调：要牢记习近平总书记对福建工作的殷切希望和重要嘱托，以“一个新目标，三个升级版”的优异成绩为福建“十三五”时期经济发展作出重大贡献，为行业“十三五”保持持续健康发展作出重大贡献。一要下决心打赢卷烟提税顺价的攻坚战，二要下决心打好云霄卷烟打假的持久战，三要下决心打好福建烟草进位赶超的总体战。

11月16—19日，国家局副局长徐瑩在福建烟草调研。徐瑩对福建烟草近年来取得的工作成绩给予肯定，要求厦门卷烟调拨站发挥“桥梁”“窗口”作用，做好货源供应、渠道畅通、市场拓展工作；福建烟草工商企业要保持良好发展势头，保持良好工商关系，保持良好市场状态。

12月15日，福建省局（公司）党组召开2015年度“三严三实”专题民主生活会。国家局党组成员高林到会指导。高林对省局（公司）党组专题民主生活会给予充分肯定，对省局党组践行“三严三实”提出三点要求：一是要坚定不移做政治上的明白人；二是要自觉担当和落实好主体责任和监督责任；三是要以严的精神和实的作风推进各项工作，努力实现福建烟草商业系统持续健康发展，为中国烟草事业发展多作贡献。

2015年福建省烟草专卖局（公司）所属企业主要情况统计

地市级局（公司）名称	福州市烟草专卖局（公司）	厦门市烟草专卖局（公司）	宁德市烟草专卖局（公司）	莆田市烟草专卖局（公司）	泉州市烟草专卖局（公司）
主要负责人/法人代表（含党政领导）	孔祥统(—2015.9) 黄学良(2015.12—)	黄端启	石建闽(—2015.12) 林茂新(2015.12—)	尤清河(—2015.9) 林师训(2015.12—)	詹小强
所属县级单位	城北、城南、福清市、长乐市、闽侯县、连江县、平潭县、罗源县、闽清县、永泰县等10个县级烟草专卖局（分公司）	第一分局、集美区、思明区、湖里区等4个县级烟草专卖局（分公司）	蕉城区、福安市、福鼎市、霞浦县、古田县、屏南县、寿宁县、周宁县、柘荣县等9个县级烟草专卖局（分公司）	仙游县、城厢区、涵江区、秀屿区等4个县级烟草专卖局（分公司）	丰泽区、鲤城区、洛江区、晋江市、南安市、石狮市、惠安县、安溪县、永春县、德化县、泉港区等11个县级烟草专卖局（分公司）
总资产（万元）	310536	229193	130321	127603	431342
资产负债率（%）	8.70	9.79	11.28	3.80	5.77
从业人员（人）	1303	476	737	638	1414

续表

地市级局（公司）名称		福州市烟草专卖局（公司）	厦门市烟草专卖局（公司）	宁德市烟草专卖局（公司）	莆田市烟草专卖局（公司）	泉州市烟草专卖局（公司）
所属业务机构	营销机构	1个营销中心、10个客户服务中心	1个营销中心、1个电访中心、6个客户服务部	1个营销中心、1个订单部、9个客户服务中心	1个卷烟营销中心、1个服务响应部、4个客户服务中心	1个营销中心、1个多媒体呼叫中心、11个客户服务中心
	物流配送机构	1个配送中心、1个中转站、5个对接站	1个配送中心	1个配送中心、7个中转站	1个配送中心	1个物流中心、3个中转站、2个对接站
	专卖稽查机构	1个稽查支队、10个稽查大队、30个专卖管理所	1个稽查支队、7个稽查大队、2个行动大队	1个稽查支队、9个稽查大队、20个专卖管理所	1个稽查支队、5个稽查大队、16个专卖管理所	1个稽查支队、13个稽查大队、37个专卖管理所
	烟叶机构	—	—	—	—	—
实现税利	万元	224202	151136	87116	97610	281872
	2015年比2014年（%）	21.32	26.49	23.47	18.26	22.17
实现利润	万元	103339	69686	34644	45724	128019
	2015年比2014年（%）	-4.24	-0.04	-13.28	-5.67	-6.99
销售卷烟	亿支	153.80	102.70	60.55	67.75	190.60
	2015年比2014年（%）	0.82	4.96	-5.39	-1.74	0.71
卷烟销售收入（万元）		801269	524690	319714	343433	964965
查处涉烟违法案件（起）		2860	562	771	485	1415
查处涉烟违法案件案值（万元）		2232	3549	773	2342	4427
2015年度烟草行业投入烟叶生产基础设施建设资金（万元）		—	—	—	—	—
全年烟叶生产基础设施新增受益面积（万亩）		—	—	—	—	—
烟叶种植（万亩）		—	—	—	—	—
烟叶收购（万担）		—	—	—	—	—
烟农户数（户）		—	—	—	—	—
实现烟农总收入（万元）		—	—	—	—	—
零售客户数（户）		30537	16961	15232	13717	40143
零售客户销售毛利率（%）		10.00	11.10	10.00	8.90	9.40

地市级局（公司）名称	漳州市烟草专卖局（公司）	龙岩市烟草专卖局（公司）	三明市烟草专卖局（公司）	南平市烟草专卖局（公司）
主要负责人/法人代表（含党政领导）	游文忠	姜林灿	张清明	白万明

续表

地市级局（公司）名称		漳州市烟草专卖局（公司）	龙岩市烟草专卖局（公司）	三明市烟草专卖局（公司）	南平市烟草专卖局（公司）
所属县级单位		城区、龙海市、云霄县、漳浦县、诏安县、长泰县、东山县、南靖县、平和县、华安县等10个县级烟草专卖局（分公司）	新罗区、永定区[1]、上杭县、武平县、长汀县、连城县、漳平市等7个县级烟草专卖局（分公司）	城区、永安市、沙县、将乐县、宁化县、尤溪县、建宁县、泰宁县、清流县、明溪县、大田县等11个县级烟草专卖局（分公司）	延平区、武夷山市、邵武市、建阳区[2]、建瓯市、光泽县、顺昌县、浦城县、松溪县、政和县等10个县级烟草专卖局（分公司）
总资产（万元）		235467	223751	350550	249332
资产负债率（%）		5.77	8.83	17.42	27.89
从业人员（人）		1032	2073	2245	2361
所属业务机构	营销机构	1个营销中心、1个订单部、10个客户服务中心	1个营销中心、1个电访中心、7个客户服务中心	1个营销中心、1个电访中心、11个客户服务中心	1个营销中心、10个客户服务中心
	物流配送机构	1个物流公司、7个中转站	1个配送中心	1个物流配送中心、7个中转站	1个物流公司、10个中转站
	专卖稽查机构	1个稽查支队、10个稽查大队、24个专卖管理所	1个稽查支队、7个稽查大队、26个专卖管理所	1个稽查支队、12个稽查大队、29个专卖管理所	1个稽查支队、11个稽查大队、27个专卖管理所
	烟叶机构	—	1个烟科分所（烟叶生产技术中心）、1个烟叶生产部、1个烟叶购销部、1个基础办、46个烟草站、18个收购点、4个生产工作点、5个试验站	1个烟科分所（烟叶生产技术中心）、1个烟叶生产部、1个烟叶购销部、1个基础办、92个烟草站（点）、1个田间试验场、3个试验站	1个烟科分所（烟叶生产技术中心）、1个烟叶生产部、1个烟叶购销部、1个烟基办、74个烟草站（点）、3个试验站
实现税利	万元	176459	145670	166490	144123
	2015年比2014年（%）	24.38	23.44	-8.07	20.44
实现利润	万元	79828	73468	87700	70180
	2015年比2014年（%）	-0.76	15.95	-18.76	9.74
销售卷烟	亿支	124.15	55.55	50.60	57.70
	2015年比2014年（%）	0.98	-0.09	-5.33	-2.70
卷烟销售收入（万元）		652520	277688	222676	258497
查处涉烟违法案件（起）		1088	423	315	859
查处涉烟违法案件案值（万元）		1246	100	906	2053
2015年度烟草行业投入烟叶生产基础设施建设资金（万元）		—	11206	10107	12830
全年烟叶生产基础设施新增受益面积（万亩）		—	5.60	13.87	12.00
烟叶种植（万亩）		—	21.52	33.50	23.40
烟叶收购（万担）		—	62.01	80.29	61.78

续表

地市级局（公司）名称	漳州市烟草专卖局（公司）	龙岩市烟草专卖局（公司）	三明市烟草专卖局（公司）	南平市烟草专卖局（公司）
烟农户数（户）	—	13594	23452	13521
实现烟农总收入（万元）	—	91194	138573	84487
零售客户数（户）	30916	14413	12889	13633
零售客户销售毛利率（%）	9.40	9.02	10.04	8.00

注：1. 根据《国家烟草专卖局　中国烟草总公司关于调整龙岩市烟草专卖局（公司）所属部分机构的批复》（国烟人〔2015〕108号），撤销福建省永定县烟草专卖局，设立龙岩市永定区烟草专卖局。龙岩市永定区烟草专卖局与龙岩市烟草公司永定分公司合署办公，负责辖区内的烟草专卖管理、卷烟营销和烟叶生产经营工作；

2. 根据《国家烟草专卖局　中国烟草总公司关于调整南平市烟草专卖局（公司）所属部分机构的批复》（国烟人〔2015〕169号），撤销福建省建阳市烟草专卖局，设立南平市建阳区烟草专卖局。南平市建阳区烟草专卖局与南平市烟草公司建阳分公司合署办公，负责辖区内的烟草专卖管理、卷烟营销和烟叶生产经营工作。

（撰稿：傅积恩；编辑：王东旭）

江西省烟草专卖局（公司）

【专卖管理】 打假打私。2015年，针对江西省违法制售假冒卷烟和走私卷烟现象出现反弹的情况，江西省烟草专卖局进一步完善“政府领导、部门联合、多方参与、密切协作”的打假打私体系，积极争取地方党委、政府的支持，推动政府主导，公安、工商、海关、烟草等多部门齐抓共管的卷烟打假格局，进一步巩固信息共享、案情通报、案件协办、联合执法、定期会商等联合打假打私工作机制，与公安部门在江西省范围内开展“金网9号”打击制售假烟网络专项行动。

开展互联网涉烟问题综合整治，加强与公安、工商、电信、邮政等部门的协作配合，组织相关单位赴重庆、浙江等地学习互联网涉烟案件的情报收集、调查取证、法律适用等方面经验，对利用网站、QQ、微信等非法售烟行为进行综合治理。萍乡市湘东区局通过微信线索查处的“1·20”网络销售假冒卷烟案件，假烟交易金额110余万元，涉案金额500余万元，判刑5人。

2015年，江西省共查处违法制售假冒卷烟案件1944起，同比增长26.64%，查获假冒卷烟2192件，同比增长262%。全省涉烟案件共追刑123人。

市场监管。推行“3+2”工作制，即：3天集中查处，2天分散走访、错时检查、错位检查、交叉检查、重点检查，增强市场检查的针对性和实效性。突出信息化精准监管运用，推广萍乡市局的精准监管信息系统，进一步研发、运用移动执法终端平台。健全以市场数据为基础，“带着问题上市场”为导向的精准监管工作制度和流程，全面推动日常监管方式转型。

专卖内管监督。强化内部监督检查，开展定期检查和专项检查，江西省查处内部生产经营不规范问题案件3起，处理责任人30人。举办卷烟营销监管暨卷烟配送、市场调查走访实操培训班，选取10条卷烟送货线路进行实地跟车调查走访，实地核实零售客户基础信息，重点调查“电子结算率”“小户为大户打单”“送货不到位”“虚拟客户、虚假订单”等情况，发现存在或潜在的不规范经营线索。强化“12313”卷烟举报投诉中心服务，开通短信服务平台，第一时间把搜集的举报投诉信息以短信的方式发送至各地市局，提高举报投诉信息传递的准确性、及时性。2015年，江西省受理举报案件1724件，其中举报类874件、投诉类424件、咨询类426件。

规范行政审批。开展行政审批项目和行政权力事项的清理工作，2015年，梳理33项省局行政审批项目和行政权力事项、27项地市级局行政审批项目和行政权力事项。制定《江西省烟草专卖局规范和改进行政审批工作方案》，按照国家局有关规定，对省、市、县三级烟草专卖局依法实施的行政审批项目实现“一口受理、限时办结、规范办理、透明办理、网上办理”。省局、各地市级局和各县级局根据自身承担行政审批事项的数目和申请数量大小，均设立1个固定场所作为行政审批服务窗口或者建立1个实体性服务大厅统一受理行政审批事项申请。

【经济效益】 2015年，江西省烟草商业系统实现销售收入402.01亿元，同比增长9.36%。实现税利117.73亿元，同比增长25.08%，其中利润54.37亿元，同比增长1.28%。三项费用率为5.21%，同比减少0.44个百分点。

【卷烟经营】 2015年，江西省烟草商业系统销售卷烟723.4亿支（144.69万箱），同比下降2.69%，其中，销售一类烟164.9亿支（32.97万箱），同比增长7.35%；二类烟99.7亿支（19.95万箱），同比增长12.04%；三类烟274.5亿支（54.91万箱），同比增长0.2%；四类烟141.6亿支（28.31万箱），同比下降16.61%；五类烟42.7亿支（8.54万箱），同比下降25.23%。本地区销量居前三位的品牌为“金圣”“庐山”“利群”，销量分别为171.5亿支（34.3万箱）、98.9亿支（19.77万箱）、95.5亿支（19.1万箱）。

卷烟市场化取向改革。推进卷烟市场化取向改革，省公司成立改革试点工作领导小组，编写全省卷烟营销市场化取向改革工作规范性文件，完成16个规范性文件初稿的起草工作，组织试点单位南昌市公司相关人员赴合肥、福州学习交流卷烟市场化取向改革工作。南昌市公司按照国家局卷烟市场化取向改革工作方案、借鉴河北省经验，对相关规范性文件和试点方案进行修改完善。5月初，重新进行客户分档和策略调整，执行新的卷烟投放策略。

卷烟销售网络建设。推进省级营销集中平台建设，印发《江西省烟草专卖局办公室关于印发省级卷烟营销平台推广试点方案的通知》，依据流程梳理进行需求确认，对原有营销系统进行升级改造。9月30日，全省烟草商业系统卷烟营销集中平台在省公司及试点单位南昌市公司上线运行，实现省级公司统一采集订单。截至2015年底，全省烟草商业系统正常经营户18.59万户，零售终端装机使用户1.46万户，占经营户的7.84%；全省烟草商业系统网上订货客户总数17.92万户，占经营户的96.41%。

品牌培育。开展“金圣”卷烟品牌的市场价格、社会库存摸底，根据本地的实际情况制定“金圣”品牌投放策略。7月，“金圣”品牌社会库存基本达到合理水平。9月，江西省投放“金圣（硬滕王阁）”“金圣（软滕王阁）”“金圣（滕王阁细支）”“金圣（软瑞香）”等4个规格，截至2015年底，销售4个规格新品2.13亿支（0.43万箱）。加大对省产烟的销售奖励力度，2015年，全省奖励2283名卷烟零售客户。

物流管理。全面完成物流“精化流程、精确核算、精准运营、精到服务、精细管理”试点和全省推广工作，进一步推动物流资源的优化配置和深度整合。释放物流管理效益，依托江西省锦峰投资有限责任公司，在全国烟草行业内率先采用“省集中”模式开展卷烟包装箱循环利用工作，得到国家局认可并在全行业推广。推进省内卷烟整托盘联运试点工作，与江西中烟在赣州市公司开展同城托盘联运试点，托盘联运拓展到吉安、宜春、南昌、抚州。完善物流综合管控平台，基本实现省公司对各地市公司的物流运营管控，实现物流全流程“可视、可控、可知、可评”。

【烟叶产销】 *种植与收购*。2015年，江西省种植烤烟39.65万亩，同比增加0.14万亩。收购烟叶4.76万吨（95.2万担），同比减少0.55万吨（11万担），收购均价24.05元/千克。烟农实现种烟总收入13.01亿元（含补贴1.54亿元）。调拨烟叶4.76万吨（95.2万担），其中境外销售烟叶0.42万吨（8.3万担）。签订烟叶种植收购合同1.87万份。

2015年，江西省烟叶产区不同程度遭遇严重洪涝灾害，省内烟叶受灾总面积7.22万亩，其中绝收面积1.43万亩，烟农直接经济损失7350万元。面对严重灾害，江西省烟草商业系统采取有效措施积极应对，安排救助资金5623万元，及时组织清除田间杂草，控制花杈，加强后期灾害田块的田间管理，重点加强青枯病防治，并加强对上部烟叶成熟采收指导，弥补烟农灾害损失，保持烟区和谐稳定。

2015年，实现烟叶销售收入24.89亿元，同比下降7.29%；实现烟叶税利10亿元，其中利润5.81亿元。

烟叶生产管理。强化工作调度和技术规范的落实，加强示范区建设和气象信息服务，针对冬翻、移栽、施肥、烘烤等重点环节，开展平衡施肥方案评审与网上监控，推动关键技术落实到位。全省深翻面积比例30.6%，同比提

高18个百分点；亩均供氮水平控制在9.06千克/亩，同比下降1千克/亩，氮磷钾和中微量元素配比更加平衡，烟叶均衡度和烘烤质量好于往年。加强收购质量管理，烟叶商品质量明显提升，工商交接检查等级合格率同比提高0.4个百分点。

特色优质烟叶开发。依托浓香型重大专项、特色风格区域定位等课题，摸清各产区生态、品种和技术实际情况。4月，国家局科技司、中国烟叶公司共同组织在南昌市召开江西省烟叶质量风格特征及发展研讨会，邀请行业知名评吸专家和农艺专家、15家中烟公司技术中心和原料采购部门对江西省烟叶生产技术和质量风格特征进行讨论、评价、挖掘和定位，初步明确江西烟叶“生态浓香、甘甜低焦”的风格特征。石城、广昌、信丰、安福等县分公司通过工商共建特色单元和示范区，集成特色优质烟叶生产关键技术，进一步推动全省特色烟开发进程。

现代烟草农业建设。2015年，江西省百亩连片种植面积比例进一步提高，户均种植面积21.46亩，同比提高2.06亩，高于全国平均水平10.66亩。有烟农合作社30个，入社烟农1.29万户，占烟农总户数的71.7%。育苗、机耕、烘烤、分级四项专业化服务平均覆盖面积15.29万亩，覆盖比例38.56%。黎川新庄、安远腾飞2个合作社通过总公司评审并被评为“烟农专业合作社行业示范社”，安远腾飞合作社获得“全国农业专业示范合作社”称号。

持续推进常规项目建设，各烟叶产区按照现代烟草农业建设要求，配套烟水、烟草农机、育苗设施、机耕路。全面实行专业监理、行业监管、地方监督“三位一体”质量管理模式，项目数量和质量得到保障。2015年，全省在建或拟建水源工程13个、概（预）算投资8.7亿元，其中2014年度概算投资4.6亿元，占全国投资总额近10%。以兴国埠头枫林、安远长沙、黎川潭溪为代表的一大批行业援建新农村点建成投入使用，有效改善当地村民生产生活环境条件。

【特事要辑】 1月23日，2015年全省烟草专卖局（公司）工作会议在南昌召开。

4月15—17日，国家局副局长徐瑩到江西烟草调研。其间，江西省委常委、政法委书记周萌，江西省副省长李贻煌分别会见徐瑩，双方就江西烟草改革发展交换意见。徐瑩强调把卷烟营销市场调整到良好状态，把市场化取向改革推进到可承受的范围；把培育“金圣”品牌落实到实际效果上。

5月24—26日，国家局副局长赵洪顺在江西烟草调研。赵洪顺对江西烟草近年来取得的工作成绩予以肯定，要求江西烟草工商企业按照国家局党组确立的各项重大部署和安排，瞄准“223”目标，领会其深远意义，抓住机遇，迎接挑战，努力再创辉煌。

12月9—11日，国家局局长凌成兴在江西烟草调研，凌成兴对江西烟草各项工作取得的成绩给予充分肯定，他指出，江西烟草有“三个令人振奋、两个骄人指标”，其中“两个骄人指标”即商业企业单箱结构超过3万元的骄人指标，工商税利总额预计新增30亿元的骄人指标。同时强调江西烟草要以“三严三实”专题教育为动力，按照“三个见实效”的要求，做到“三个出色”（即出色完成今年年度目标任务，出色担当对口支援脱贫重任，出色贯彻“五大发展理念”，努力再上发展新水平）。凌成兴要求江西烟草，要坚定“二二三”发展目标，实现“三个同心聚焦”。一是工商同心聚焦“金圣”品牌的市场发力，把好配方变成好产品，把好产品变成好商品，做到坚持、宣传、发力“三好产品”；二是工商同心聚焦烟叶生产的提质增效，明确风格特征，主攻薄弱环节，坚持两烟互动，强化烟叶基地单元；三是工商同心聚焦工商税利的持续增长，“瞄准三百亿、保持略高于”，到“十三五”期末努力实现税利总额300亿元，保持年均税利增速略高于行业平均水平。

2015年江西省烟草专卖局（公司）所属企业主要情况统计

地市级局（公司）名称	南昌市烟草专卖局（公司）	九江市烟草专卖局（公司）	上饶市烟草专卖局（公司）	抚州市烟草专卖局（公司）
主要负责人/法人代表（含党政领导）	李　文（—2015.6） 旷　麟（2015.6—）	揭东轲	岑　俭	熊尚彬

续表

地市级局（公司）名称		南昌市烟草专卖局（公司）	九江市烟草专卖局（公司）	上饶市烟草专卖局（公司）	抚州市烟草专卖局（公司）
所属县级单位		东湖区、西湖区、青山湖区、青云谱区、南昌县、新建县、进贤县、安义县等8个县级烟草专卖局（分公司）	城区、九江县、瑞昌市、武宁县、修水县、湖口县、都昌县、彭泽县、星子县、庐山市、永修县、德安县、共青城市等13个县级烟草专卖局（分公司）	信州区、上饶县、广丰县、玉山县、横峰县、铅山县、弋阳县、余干县、鄱阳县、万年县、德兴市、婺源县等12个县级烟草专卖局（分公司）	临川区、崇仁县、乐安县、宜黄县、南丰县、南城县、黎川县、金溪县、广昌县、资溪县、东乡县等11个县级烟草专卖局（分公司）
总资产（万元）		211764	168859	170820	162969
资产负债率（%）		10.74	25.39	12.74	29.97
从业人员（人）		893	763	915	1281
所属业务机构	营销机构	1个营销中心	1个营销中心（含电访部）	1个营销中心	1个营销中心
	物流配送机构	1个配送中心	1个配送中心、8个中转站	1个配送中心	1个配送中心、3个物流中转站
	专卖稽查机构	1个稽查支队、8个稽查大队	1个稽查支队、13个稽查大队	1个稽查支队、13个稽查大队	1个稽查支队、11个稽查大队
	烟叶机构	—	—	—	45个烟站
实现税利	万元	162190	129108	159276	109308
	2015年比2014年（%）	21.62	27.68	25.55	19.59
实现利润	万元	77666	58863	76676	52742
	2015年比2014年（%）	0.97	-2.15	0.50	8.80
销售卷烟	亿支	92.25	79.10	98.67	54.10
	2015年比2014年（%）	-3.23	-1.74	-1.72	-0.82
卷烟销售收入（万元）		624369	508960	631229	324376
查处涉烟违法案件（起）		3740	1122	1877	887
查处涉烟违法案件案值（万元）		2257	955	1876	796
2015年度烟草行业投入烟叶生产基础设施建设资金（万元）		—	—	—	14265
全年烟叶生产基础设施新增受益面积（万亩）		—	—	—	6.75
烟叶种植（万亩）		—	—	—	12.06
烟叶收购（万担）		—	—	—	30.15
烟农户数（户）		—	—	—	4765
实现烟农总收入（万元）		—	—	—	43660
零售客户数（户）		20168	22069	26922	15253
零售客户销售毛利率（%）		6.80	7.54	7.51	6.75

地市级局（公司）名称		宜春市烟草专卖局（公司）	吉安市烟草专卖局（公司）	赣州市烟草专卖局（公司）	景德镇市烟草专卖局（公司）
主要负责人/法人代表（含党政领导）		詹国华	刘光辉	卢卫铭	吴玉祯（—2015.7） 于继成（2015.7—）
所属县级单位		袁州区、丰城市、樟树市、高安市、万载县、上高县、宜丰县、奉新县、靖安县、铜鼓县局等10个县级烟草专卖局（分公司）	吉州区、青原区、吉安县、吉水县、峡江县、新干县、永丰县、泰和县、遂川县、万安县、安福县、永新县、井冈山市等13个县级烟草专卖局（分公司）	章贡区、赣县、南康区、大余县、信丰县、上犹县、崇义县、安远县、龙南县、定南县、全南县、于都县、宁都县、兴国县、瑞金市、会昌县、寻乌县、石城县等18个县级烟草专卖局（分公司）	城区、乐平市、浮梁县等3个县级烟草专卖局（分公司）
总资产（万元）		150368	180207	226183	68627
资产负债率（%）		17.48	37.75	18.68	21.09
从业人员（人）		836	1880	2546	318
所属业务机构	营销机构	1个营销中心	1个营销中心	1个营销中心、1个电访部	1个营销中心（含电访部）
	物流配送机构	1个配送中心	1个配送中心	1个配送中心、8个物流中转站	1个配送中心
	专卖稽查机构	1个稽查支队、10个稽查大队	1个稽查支队、15个稽查大队	1个稽查支队、18个稽查大队	1个稽查支队、3个稽查大队
	烟叶机构	3个烟站	8个烟站	72个烟站	—
实现税利	万元	126522	122603	196927	51548
	2015年比2014年（%）	26.50	19.43	18.26	34.94
实现利润	万元	56147	58942	97239	24150
	2015年比2014年（%）	-2.34	1.28	-1.61	8.51
销售卷烟	亿支	91.39	69.15	130.52	29.83
	2015年比2014年（%）	-2.04	-0.96	-1.87	-3.31
卷烟销售收入（万元）		503111	391503	624370	201800
查处涉烟违法案件（起）		1225	4592	5440	595
查处涉烟违法案件案值（万元）		866	874	2534	500
2015年度烟草行业投入烟叶生产基础设施建设资金（万元）		191	14380	15899	—
全年烟叶生产基础设施新增受益面积（万亩）		1.50	14.86	6.60	—
烟叶种植（万亩）		0.53	11.18	15.60	—
烟叶收购（万担）		1.53	26.82	36.70	—
烟农户数（户）		119	6253	7537	—
实现烟农总收入（万元）		2310	37260	46859	—
零售客户数（户）		23838	20287	39822	7270
零售客户销售毛利率（%）		6.62	9.10	9.22	10.73

地市级局（公司）名称		萍乡市烟草专卖局（公司）	新余市烟草专卖局（公司）	鹰潭市烟草专卖局（公司）
主要负责人/法人代表（含党政领导）		饶小林	殷亚军	凌路平（—2015.10） 刘在强（2015.10—）
所属县级单位		安源区、湘东区、芦溪县、上栗县、莲花县等5个县级烟草专卖局（分公司）	渝水区、分宜县2个县级烟草专卖局（分公司）	月湖区、贵溪市、余江县等3个县级烟草专卖局（分公司）
总资产（万元）		55896	40533	46813
资产负债率（%）		9.61	20.57	15.58
从业人员（人）		343	244	231
所属业务机构	营销机构	1个营销中心（电访中心）	1个营销中心（含电访部）	1个营销中心
	物流配送机构	1个物流配送中心	1个配送中心	1个配送中心
	专卖稽查机构	1个稽查支队、6个稽查大队	1个稽查支队、4个稽查大队	1个稽查支队、3个稽查大队
	烟叶机构	—	—	—
实现税利	万元	55463	38602	34382
	2015年比2014年（%）	26.88	30.98	22.69
实现利润	万元	24761	17216	15835
	2015年比2014年（%）	-4.57	2.00	-2.42
销售卷烟	亿支	36.25	22.86	19.32
	2015年比2014年（%）	-1.36	-1.89	-1.83
卷烟销售收入（万元）		220655	154884	134562
查处涉烟违法案件（起）		1666	731	603
查处涉烟违法案件案值（万元）		449	310	285
2015年度烟草行业投入烟叶生产基础设施建设资金（万元）		—	—	—
全年烟叶生产基础设施新增受益面积（万亩）		—	—	—
烟叶种植（万亩）		—	—	—
烟叶收购（万担）		—	—	—
烟农户数（户）		—	—	—
实现烟农总收入（万元）		—	—	—
零售客户数（户）		9042	4673	4190
零售客户销售毛利率（%）		7.10	10.00	8.00

（撰稿：王　萱；编辑：王东旭）

山东省烟草专卖局（公司）

【专卖管理】 2015年，山东省烟草专卖局坚持“强化日常监管与打大户、破网络并重，打击非法流通与打假打私并重，打击非法流入与打击非法流出并重，服务守法户与打击违法户并重”的工作思路，对涉烟违法犯罪真打、硬打、狠打，保持市场监管高压态势。

*健全完善联合执法协作机制。*进一步完善规范烟草市场秩序联席会议制度，联席会议成员包括综治办、法院、检察院、公安、交通、商务、工商、通信、邮政、打私、海关、铁路、民航等15个部门、单位。继续将规范烟草市场秩序工作纳入各地市“平安山东”建设考核体系，加大检查考核力度。

进一步拓展联合执法协作的深度和广度。5月，山东省打私办牵头召开打私、公安、海关、边防、海警、烟草等部门参加的卷烟打私工作协调会。7月，山东省局与省公安厅在济南联合召开全省卷烟打假工作电视电话会议。11月，省公安、检查、法院、烟草四部门召开打击涉烟违法犯罪座谈会，研究涉烟刑事案件法律适用有关问题。山东省局与青岛海关、济南海关、省公安厅联合印发《走私烟草专卖品重大案件督办实施办法》，与省公安厅共同发布《关于严厉打击涉烟违法犯罪行为的通告》。

*严打涉烟违法犯罪行为。*以“端窝点、断源头、破网络、抓主犯”为工作重点，着力打击跨地区、集团化、网络化涉烟违法犯罪团伙。山东省公安厅、山东省局每季度联合调度涉烟重大案件，加强办案指导和督导协调，挂牌督办案件18起。2015年，山东省查处涉烟违法案件3.3万起，其中案值在5万元（或查获非法卷烟20万支）以上大要案件491起，同比增长20.94%。查获非法卷烟3.6亿支，同比增长21.56%；查获非法烟丝、烟叶427.38吨，同比增长5.97%。总案值1.66亿元，同比增长15.37%。破获符合公安部、国家局标准的制售假烟走私烟网络案件84起，符合省局标准的网络案件53起。公安、司法机关依法拘留1396人，逮捕398人，判刑517人。山东省局连续第七年被公安部、国家局授予“全国卷烟打假工作特殊贡献单位”称号。

*“齐鲁之盾”专项行动。*6—12月，山东省组织开展卷烟市场治理“齐鲁之盾”专项行动，采取集中、分散、交叉相结合的方式，在省、市两个层面6个阶段，对重点区域、重点环节、重点人员进行集中整治，相继开展沿边沿海地市集中整治、社会市场集中整治、交叉检查集中整治、节日市场集中整治、零售市场集中整治和涉烟违法犯罪分子集中打击整治等6个集中整治行动。行动期间，出动执法人员11.92万人次、执法车辆3.72万台次，对所有卷烟零售客户和可能经营、运输卷烟的区域、场所、人员等进行详细摸底和全面检查，摸清市场整治对象的底数，建立健全39万户卷烟零售客户、4595户无证经营户以及24类、44256处重点区域和场所信息档案。统一印制《关于严厉打击涉烟违法犯罪行为的通告》45万份，14个市、54个县通过广播、电视、报刊、互联网等媒体对《通告》进行宣传，营造涉烟违法犯罪高压严打声势。

重大案件方面，潍坊市奎文区“4·25”非法经营假冒卷烟网络案件是一起典型的利用互联网和物流快递渠道非法经营假烟案件，涵盖生产、运输、仓储、分销等多个环节，涉及山东、广东、安徽、江苏、江西等29个省（自治区、直辖市）1000余个县（市、区），涉案人员1100余人，落实案值200余万元，公安、司法机关刑拘7人，逮捕4人，移诉7人。淄博市张店区“11·6”非法经营卷烟网络案件是一起利用新媒体违法销售假烟案件，涵盖生产、运输、仓储、分销等多个环节，涉及山东、广东、福建、吉林、广西等28个省（自治区、直辖市）38个地级市，涉案人员600余人，涉案金额2600余万元，公安、司法机关依法刑拘16人，逮捕6人，判刑7人。

【经济效益】 2015年，山东省烟草商业系统实现税利194.9亿元，同比增加7.39亿元，增长3.94%。实现利润67.64亿元，同比减少26.55亿元，下降28.19%。单箱销售收入25223元，同比减少544元，下降2.11%。单箱税利5563元，同比增加534元，增长10.62%。三项费用率为9.54%，同比减少3.41个百分点。

【卷烟销售】 2015年，山东省烟草商业系统销售卷烟1695.85亿支（339.17万箱），同比下降10.02%，其中，一类烟258.07亿支（51.61万箱），同比下降26.87%；二类烟163.21亿支（32.64万箱），同比下降7.64%；三类烟792.02亿支（158.4万箱），同比下降

8.58%；四类烟340.75亿支（68.15万箱），同比下降1.41%；五类烟141.45亿支（28.29万箱），同比下降1.24%。本地区销量居前三位的品牌为“泰山”“哈德门”“南京”，销售“泰山”573.84亿支（114.77万箱），同比增长1.85%；销售“哈德门”243.95亿支（48.79万箱），同比下降5.28%；销售“南京”110.29亿支（22.06万箱），同比增长37.26%。

2015年，实现卷烟批发销售收入（含税）855.44亿元，同比下降11.94%。实现卷烟税利188.71亿元，同比下降0.47%，其中利润68.63亿元，同比下降33.96%。重点品牌实现销量1288.97亿支（257.79万箱），同比下降16.55%，集中度为76.01%，同比下降5.93个百分点。

卷烟营销改革。综合分析行业改革发展形势和全系统发展现状，推进卷烟营销市场化取向改革和规范卷烟经营“两个一步到位”。推进卷烟营销市场化取向改革“一步到位”，研究确定“1231”改革思路，围绕需求预测、货源采购、客户分档、货源投放、订单采集、货款结算、品牌管理、市场调控8个方面，起草1个工作方案和15个管理办法。山东省17个地市全部完成省级卷烟营销平台上线，及时研究、解决平台运行中出现的140余个问题，推动卷烟营销模式转型升级。组织适销货源，公平公正投放，加强消费引导和市场开发，强化督导考核，层层传导压力，促进卷烟销售增量提档。

推进规范卷烟经营“一步到位”，出台规范卷烟经营“六条禁令”及其处理规定，开展非渠道烟外流自查摸底，全面强化内部监管，真正把发展建立在可靠的市场基础和扎实的工作基础之上。

品牌布局优化。按照“提高一、二类，优化三类，稳定四、五类”的思路，加大结构调整力度。品类布局上，加大细支卷烟的培育力度，2015年销售细支卷烟57.4亿支（11.48万箱），同比增长75.08%，占全国细支卷烟总销量的六分之一。

加强鲁产卷烟培育工作，开展“泰山”品牌培育建功立业活动，着力构建工商零共同面向消费者的营销体系，推动“泰山”品牌转型升级。2015年销售鲁产卷烟818.75亿支（163.75万箱），鲁产烟比重达到48.28%，同比提高4.67个百分点。鲁产卷烟单箱销售额17699元，同比增长4.39%。

【烟叶产销】 2015年，山东省烟田土地流转23.4万亩，种植烤烟29.9万亩，烟农户数8692户，户均种植34.4亩。全省签订烟叶种植收购合同8692份。收购烟叶4.12万吨（82.36万担），其中上等烟比例46.4%，同比提高5.9个百分点。收购均价24.9元/千克，同比提高1.33元/千克。烟叶收购等级合格率83%。调拨烟叶5.62万吨（112.31万担），同比下降3.19%。实现烟农总收入11.26亿元（含补贴），户均收入12.96万元，同比增加3.34万元。

2015年，山东省实现烟叶销售收入31.02亿元，实现烟叶税利7.73亿元，同比增加3.5亿元，增长82.58%，其中利润2.76亿元，同比增加3.33亿元，增长578.83%。烟叶复烤实现税利1.28亿元，同比增加0.23亿元，增长22.24%。

烟叶质量特色建设。实施“山东烟叶特色定位应用研究”重大专项，以“减氮增密、提前集中移栽、水肥一体”三项措施为重点，推进先进适用技术集成与推广落实。亩均施纯氮控制在5千克以内，亩均移栽数保持在1200株以上，移栽期提前10天，滴灌配套面积6.3万亩，占比21%，示范水肥一体化面积1120亩。

烟叶生产基础设施建设。2015年，山东省投入资金7040万元，其中山东省烟草商业系统投入2974万元，建设烟叶生产基础设施项目2559个，项目补贴资金的65.73%用于烟田水利设施建设，重点支持滴灌设施配套项目建设。援建的临沂市费县三和水源工程完成蓄水安全验收，日照市五莲龙潭沟水库工程完工投入使用，潍坊市诸城墙夼水库供水工程——干渠引水工程开工建设，临沂市沂南高湖水库扩容及灌溉工程通过省局（公司）组织的专家评审。

现代烟草农业建设。加强现代烟草农业综合配套，推进规模化、专业化、机械化、信息化建设。山东省50亩以上家庭农场1727个、面积16.94万亩；培育职业烟农5781户。建立烟农合作社38个，组建各类专业队381支，4家烟农合作社被总公司认定为烟农专业合作社行业示范社。在诸城孟马、程贾2个烟叶基地单元开展国家局级精益生产试点，在沂水杨庄、莒县莒北2个烟叶基地单元开展省级局（公司）级试点，减工降本成效显著。

【对外交流与合作】 烟叶出口。加强工商合作，和浙江中烟、上海烟草集团在烟叶出口代理方面加强合作，探索与复烤公司、产区烟草公司、工业公司在多层面开展合作，寻求库存烟叶工商合作调剂的可能性。全力做好库存烟叶的出口恢复工作，在维护好联一国际、普瑞铭等现有客户的同时，新开发中非烟草集团有限公司、环球公司、香港长城烟草国际集团等客户。2015 年，2014 年底收购烟叶全部成交，并实现历史库存烟叶的部分销售。

卷烟进口。加强“555”卷烟品牌培育，与中烟英美烟草国际有限公司、北京中烟三五品牌营销有限公司联合制定“555”卷烟宣传促销方案，争取卷烟进口计划及营销推广。加强访销调研，在青岛全面营销试点取得经验的基础上，在济南进行试点，并以此在全省逐步推开。

卷烟出口。与山东中烟加强沟通，强化产品设计、升级，调整、丰富出口卷烟产品序列，加大“TS”品牌宣传力度，努力开发新市场。发挥山东烟草（中东）贸易公司（中国烟草山东进出口有限责任公司所属全资子公司）的海外销售平台作用，重点突出高档卷烟在免税店和海外华人市场的推广，在中东、东欧、西非、东非、东南亚均取得一定市场份额，提升“TS”卷烟在海外市场的品牌价值。全年境外销售卷烟 47.78 万件，同比增长 34.96%。

其他业务。深化与客户在烟机设备、丝束、辅料及进口烟叶方面的合作，不断巩固扩大业务范围。2015 年，完成丝束进口 3619 吨，新签订进出口烟机合同 17 个，辅料出口合同 13 个。协助青岛中烟商贸中心（中国烟草山东进出口有限责任公司所属全资子公司）拓展烟箱、纸张业务渠道，规范仓储管理各项制度，强化北万仓库仓储经营及安全管理，北万仓库部分库房拆迁等相关配套工作顺利完成，新仓库建设有序推进。

【特事要辑】 6 月 9—12 日，国家局副局长段铁力在山东烟草调研。段铁力对山东烟草近年来取得的成绩给予肯定，要求山东烟草工商企业高度重视卷烟提税顺价工作，切实做到稳销量、保增长，共同培育好“泰山”品牌，整体提升品牌价值，始终保持打假打私和打击卷烟非法流通高压态势，以“三严三实”专题教育为抓手，抓班子带队伍，努力完成全年任务。

7 月 7—8 日，国家局副局长赵洪顺在山东烟草调研。赵洪顺对山东烟草取得的成绩给予肯定，要求山东烟草坚决贯彻落实国家局部署要求，坚决整治不规范经营行为，着力打基础、抓网建，构建良好经营秩序；认真把握好发展目标和工作调整的关系，尊重市场、遵循规律、遵守规矩，最大限度地挖掘市场潜力；把国家局对山东烟草的总体要求、当前的工作重点以及和谐稳定大局三位一体全面抓好，使三者有机协调推进。

7 月 14 日，韩国烟草人参公社中国支社社长权纯择到山东省局（公司）访问。

7 月 21—23 日，国家局副局长杨培森在山东烟草调研。杨培森对山东烟草的工作给予肯定，要求山东省局（公司）继续控制烟叶总量，突出烟农增收重点，推动烟叶可持续发展。

8 月 27—28 日，全省卷烟营销网建基础工作现场会在青岛召开。

10 月 12—13 日，国家局局长凌成兴在山东烟草调研。对山东烟草当前和今后一个阶段的工作，凌成兴强调，要以“三严三实”专题教育为动力，按照习近平总书记的要求，时时铭记、事事坚持、处处上心，紧密联系山东烟草改革发展稳定的实际，巩固整治成果，追赶年度任务，提升发展水平。巩固整治成果，就是要坚持烟草专卖制度不动摇，继续加大依法打击制售假烟的力度，继续加大依法打击走私卷烟的力度，继续加大整治卷烟非法流通的力度；追赶年度任务，就是要保持良好精神状态，追赶卷烟销量的年度任务，追赶卷烟产量的年度任务，追赶税利总额的年度任务；提升发展水平，就是要坚定信心，保持定力，奋发有为，下决心稳定卷烟销量，下决心培育主打品牌，下决心强化精益管理，在结构提升、省产烟占比、细支卷烟发展 3 个高于全国平均数上想办法、抓创新、出实招，努力为行业实现“保七争十缴万亿”年度目标作出积极贡献。

2015 年山东省烟草专卖局（公司）所属企业主要情况统计

地市级局（公司）名称	济南市烟草专卖局（有限公司）	青岛市烟草专卖局（有限公司）	淄博市烟草专卖局（有限公司）	枣庄市烟草专卖局（有限公司）	东营市烟草专卖局（有限公司）
主要负责人/法人代表（含党政领导）	宋洪润	徐立国	谢　云	马宏伟	姜自谦

续表

地市级局（公司）名称		济南市烟草专卖局（有限公司）	青岛市烟草专卖局（有限公司）	淄博市烟草专卖局（有限公司）	枣庄市烟草专卖局（有限公司）	东营市烟草专卖局（有限公司）
所属县级单位		历下区、市中区、天桥区、槐荫区、历城区、长清区、章丘市、平阴县、济阳县、商河县等10个县级烟草专卖局（营销部）	市北区、黄岛区、平度市、胶州市等4个县级烟草专卖局（分公司），市南区、李沧区、崂山区、城阳区、即墨市、莱西市等6个县级烟草专卖局（营销部）	张店区、周村区、临淄区、桓台县、高青县等5个县级烟草专卖局（营销部），博山区、淄川区、沂源县等3个县级烟草专卖局（分公司）	滕州市、市中区、薛城区、山亭区、峄城区、台儿庄区等6个县级烟草专卖局（营销部）	东营区、河口区、广饶县、垦利县、利津县等5个县级烟草专卖局（营销部）
总资产（万元）		246077	348714	117656	112828	64269
资产负债率（%）		18.51	16.17	25.37	27.93	17.35
从业人员（人）		1046	1237	1309	954	457
所属业务机构	营销机构	1个营销中心、43个片区服务站	1个营销中心、19个基层服务站	1个营销中心、1个基层服务站	1个营销中心、1个电访中心	1个营销中心、1个电访中心、1个基层服务站
	物流配送机构	1个配送中心	1个配送中心、5个配送站	1个卷烟物流中心	1个卷烟物流配送中心、1个物流中转站	1个配送中心
	专卖稽查机构	1个稽查支队、10个稽查大队	1个稽查支队、10个稽查大队	8个稽查大队、21个专卖管理所	1个稽查支队、6个稽查大队、22个稽查分队	1个稽查支队、5个稽查大队、13个专卖管理所
	烟叶机构	—	1个烟叶工作中心站、5个生产收购指导站	1个烟叶生产经营中心	—	—
实现税利	万元	192642	253966	86319	71274	48117
	2015年比2014年（%）	-7.34	11.63	2.64	-7.46	-11.27
实现利润	万元	77162	108753	28158	25045	17163
	2015年比2014年（%）	-36.84	-18.18	-32.81	-39.23	-41.75
销售卷烟	亿支	140.73	185.27	80.3	61.80	41.89
	2015年比2014年（%）	-14.29	-0.72	-9.40	-18.69	-13.92
卷烟销售收入（万元）		684670	887576	358314	337079	195520
查处涉烟违法案件（起）		2105	1270	653	2368	1200
查处涉烟违法案件案值（万元）		128	1160	553	836	395
2015年度烟草行业投入烟叶生产基础设施建设资金（万元）		—	59	12	—	—
全年烟叶生产基础设施新增受益面积（万亩）		—	0.20	0.05	—	—
烟叶种植（万亩）		—	0.53	0.55	—	—
烟叶收购（万担）		—	1.29	1.33	—	—
烟农户数（户）		—	125	135	—	—

续表

地市级局（公司）名称	济南市烟草专卖局（有限公司）	青岛市烟草专卖局（有限公司）	淄博市烟草专卖局（有限公司）	枣庄市烟草专卖局（有限公司）	东营市烟草专卖局（有限公司）
实现烟农总收入（万元）	—	1597	2067	—	—
零售客户数（户）	29905	32424	17774	13154	8510
零售客户销售毛利率（%）	11.90	10.30	12.11	11.40	16.38

地市级局（公司）名称		烟台市烟草专卖局（有限公司）	潍坊市烟草专卖局（有限公司）	济宁市烟草专卖局（有限公司）	泰安市烟草专卖局（有限公司）
主要负责人/法人代表（含党政领导）		王春山	曹红祥	崔志民	孙德育
所属县级单位		芝罘区、莱山区、福山区、牟平区、蓬莱市、龙口市、招远市、莱州市、莱阳市、栖霞市、海阳市、长岛县等12个县级烟草专卖局（营销部）	诸城市、安丘市、昌乐县、临朐县、高密市、青州市等6个县级烟草专卖局（分公司）和奎文区、寒亭区、潍城区、昌邑市、寿光市、坊子区等6个县级烟草专卖局（营销部）	任城区、曲阜市、泗水县、邹城市、微山县、鱼台县、金乡县、嘉祥县、汶上县、梁山县等10个县级烟草专卖局（营销部）和兖州区烟草专卖局（分公司）[1]	泰山区、岱岳区、新泰市、肥城市、宁阳县、东平县等6个县级烟草专卖局（营销部）
总资产（万元）		254345	243461	217850	118283
资产负债率（%）		23.58	38.71	29.41	23.52
从业人员（人）		1393	2789	1227	828
所属业务机构	营销机构	1个营销中心、1个电访中心、11个基层服务站	1个营销中心、50个市场管理服务站（所）	1个营销中心、64个基层服务站	1个营销中心、23个管理服务站
	物流配送机构	1个配送中心	1个配送中心	1个配送分公司	1个配送中心
	专卖稽查机构	1个稽查支队、11个稽查大队	1个稽查支队、12个稽查大队	1个稽查支队、11个稽查大队	1个稽查支队、6个稽查大队
	烟叶机构	—	12个烟叶工作中心站、24个烟叶收购站（点）	—	—
实现税利	万元	163176	177970	152725	89496
	2015年比2014年（%）	3.43	7.70	-4.16	-3.35
实现利润	万元	63668	55671	59661	25790
	2015年比2014年（%）	-29.51	-20.68	-33.03	-47.85
销售卷烟	亿支	133.83	161.81	135.88	88.96
	2015年比2014年（%）	-8.39	-6.82	-12.27	-11.06
卷烟销售收入（万元）		610329	790426	676557	347572
查处涉烟违法案件（起）		1502	1297	3681	2610
查处涉烟违法案件案值（万元）		1254	1138	1443	705
2015年度烟草行业投入烟叶生产基础设施建设资金（万元）		—	4693	—	—

续表

地市级局（公司）名称	烟台市烟草专卖局（有限公司）	潍坊市烟草专卖局（有限公司）	济宁市烟草专卖局（有限公司）	泰安市烟草专卖局（有限公司）
全年烟叶生产基础设施新增受益面积（万亩）	—	11.45	—	—
烟叶种植（万亩）	—	12.08	—	—
烟叶收购（万担）	—	32.81	—	—
烟农户数（户）	—	3061	—	—
实现烟农总收入（万元）	—	45255	—	—
零售客户数（户）	28708	32809	31566	20404
零售客户销售毛利率（%）	11.69	12.93	10.00	9.10

地市级局（公司）名称		威海市烟草专卖局（有限公司）	日照市烟草专卖局（有限公司）	莱芜市烟草专卖局（有限公司）	临沂市烟草专卖局（有限公司）
主要负责人/法人代表（含党政领导）		邓基刚	李　峰	渠庆忠	董　梅（—2015.2） 齐义良（2015.2—）
所属县级单位		市区、荣成市、乳山市等3个县级烟草专卖局（营销部）和文登区烟草专卖局（分公司）	东港区、岚山区、莒县、五莲县等4个县级烟草专卖局（分公司）	莱城区、钢城区2个县级烟草专卖局（营销部）	兰山区、罗庄区、河东区等3个县级烟草专卖局（营销部）和郯城县、兰陵县、莒南县、沂水县、蒙阴县、平邑县、费县、沂南县、临沭县等9个县级烟草专卖局(分公司)
总资产（万元）		97401	93197	34439	312349
资产负债率（%）		18.49	24.12	40.23	38.36
从业人员（人）		594	887	342	2672
所属业务机构	营销机构	1个市场部、1个销售部（含1个电访中心）、7个客户服务部	1个营销中心、15个基层服务站	1个营销中心、1个电访中心	1个营销中心
	物流配送机构	1个物流配送中心、2个配送对接站	1个物流经营管理中心	1个配送中心	1个配送中心
	专卖稽查机构	4个稽查大队、38个稽查中队	1个稽查支队、4个稽查大队	1个稽查支队、2个稽查大队	1个稽查支队、12个稽查大队、63个稽查分队
	烟叶机构	—	1个烟叶生产经营中心、8个中心烟站、7个烟叶收购点、2个生产服务点	1个烟叶中心	45个烟叶站、1个收购点
实现税利	万元	66444	70056	21781	210457
	2015年比2014年（%）	2.25	13.37	-12.89	7.69

续表

地市级局（公司）名称		威海市烟草专卖局（有限公司）	日照市烟草专卖局（有限公司）	莱芜市烟草专卖局（有限公司）	临沂市烟草专卖局（有限公司）
实现利润	万元	24029	25189	6256	81875
	2015 年比 2014 年（%）	-32.34	-16.88	-43.13	-15.08
销售卷烟	亿支	55.39	52.79	21.10	169.27
	2015 年比 2014 年（%）	-7.16	-7.55	-12.78	-9.49
卷烟销售收入（万元）		250830	238681	101205	685961
查处涉烟违法案件（起）		1165	883	349	5583
查处涉烟违法案件案值（万元）		827	513	106	3191
2015 年度烟草行业投入烟叶生产基础设施建设资金（万元）		—	640	263	1373
全年烟叶生产基础设施新增受益面积（万亩）		—	0.50	0.54	0.68
烟叶种植（万亩）		—	4.49	0.80	11.46
烟叶收购（万担）		—	11.71	2.05	33.17
烟农户数（户）		—	1110	363	3898
实现烟农总收入（万元）		—	16391	2643	45087
零售客户数（户）		11098	13320	5549	40281
零售客户销售毛利率（%）		11.05	10.40	7.80	10.20

地市级局（公司）名称		德州市烟草专卖局（有限公司）	聊城市烟草专卖局（有限公司）	滨州市烟草专卖局（有限公司）	菏泽市烟草专卖局（有限公司）
主要负责人/法人代表（含党政领导）		陈　豪	王淑敏	巩红卫	丁锡汉
所属县级单位		德城区、禹城市、乐陵市、宁津县、齐河县、临邑县、平原县、武城县、夏津县、庆云县等 10 个县级烟草专卖局（营销部），陵城区烟草专卖局（分公司）[2]	东昌府区、临清市、冠县、莘县、阳谷县、东阿县、茌平县、高唐县等 8 个县级烟草专卖局（营销部）	滨城区、邹平县、博兴县、惠民县、无棣县、阳信县等 6 个县级烟草专卖局（营销部），沾化区烟草专卖局（分公司）[3]	牡丹区、定陶县、曹县、成武县、单县、巨野县、郓城县、鄄城县、东明县等 9 个县级烟草专卖局（营销部）
总资产（万元）		121619	86879	74066	127227
资产负债率（%）		38.48	32.08	24.85	24.97
从业人员（人）		773	806	795	1490
所属业务机构	营销机构	1 个营销中心、1 个电访中心、3 个基层服务站	1 个营销中心、10 个基层服务站	1 个营销中心、1 个电访中心、14 个基层服务站	1 个营销中心、1 个电访中心、4 个基层服务站
	物流配送机构	1 个物流配送部	1 个物流中心、1 个配送中转站	1 个配送中心	1 个配送中心
	专卖稽查机构	1 个稽查支队、11 个稽查大队、27 个稽查分队	1 个稽查支队、24 个专卖管理所	1 个稽查支队、7 个稽查大队	1 个稽查支队、9 个稽查大队
	烟叶机构	—	—	—	—

续表

地市级局（公司）名称		德州市烟草专卖局（有限公司）	聊城市烟草专卖局（有限公司）	滨州市烟草专卖局（有限公司）	菏泽市烟草专卖局（有限公司）
实现税利	万元	83903	85947	69628	122349
	2015 年比 2014 年（%）	-5.17	-6.52	0.54	6.08
实现利润	万元	27398	24938	20877	43119
	2015 年比 2014 年（%）	-43.22	-46.34	-45.78	-27.22
销售卷烟	亿支	86.35	87.27	65.67	127.85
	2015 年比 2014 年（%）	-14.67	-14.98	-11.58	-8.92
卷烟销售收入（万元）		329387	404051	306776	584697
查处涉烟违法案件（起）		2549	2047	1687	2104
查处涉烟违法案件案值（万元）		814	589	577	1100
2015 年度烟草行业投入烟叶生产基础设施建设资金（万元）		—	—	—	—
全年烟叶生产基础设施新增受益面积（万亩）		—	—	—	—
烟叶种植（万亩）		—	—	—	—
烟叶收购（万担）		—	—	—	—
烟农户数（户）		—	—	—	—
实现烟农总收入（万元）		—	—	—	—
零售客户数（户）		19909	22025	15718	38877
零售客户销售毛利率（%）		12.18	13.17	15.96	16.50

注：1. 根据《国家烟草专卖局 中国烟草总公司关于调整济宁市烟草专卖局（公司）所属部分机构的批复》（国烟人〔2015〕55 号），撤销兖州市烟草专卖局、山东济宁烟草有限公司兖州营销部，设立济宁市兖州区烟草专卖局、山东济宁烟草有限公司兖州分公司。济宁市兖州区烟草专卖局和山东济宁烟草有限公司兖州分公司合署办公，负责辖区内的烟草专卖管理和卷烟营销工作；

2. 根据《国家烟草专卖局 中国烟草总公司关于调整德州市烟草专卖局（公司）所属部分机构的批复》（国烟人〔2015〕48 号），撤销陵县烟草专卖局（营销部），设立德州市陵城区烟草专卖局、山东德州烟草有限公司陵城分公司。德州市陵城区烟草专卖局和山东德州烟草有限公司陵城分公司合署办公，负责辖区内的烟草专卖管理和卷烟营销工作；

3. 根据《国家烟草专卖局 中国烟草总公司关于调整滨州市烟草专卖局（公司）所属部分机构的批复》（国烟人〔2015〕49 号），撤销沾化县烟草专卖局（营销部），设立滨州市沾化区烟草专卖局、山东滨州烟草有限公司沾化分公司。滨州市沾化区烟草专卖局和山东滨州烟草有限公司沾化分公司合署办公，负责辖区内的烟草专卖管理和卷烟营销工作。

（撰稿：蔡世龙；编辑：王东旭）

河南省烟草专卖局（公司）

【专卖管理】 卷烟打假。2015 年，河南省烟草专卖局继续加大沟通协调力度，和地方党委政府加强合作，形成“政府主导、联合打击、齐抓共管”的局面。保持卷烟打假高压态势和持续攻势，组织开展“雷霆”五号、六号卷烟打假专项行动和卷烟打假打私专项整治“百日行动”。制定《打假技防体系建设工作方案》，在平顶山、漯河、许昌建立以信息化监控为支撑的技防体系。完善边界协作机制，与山东、江苏、安徽等省签订“豫鲁苏皖周边卷烟打假协议书”，与湖北联合召开豫鄂 19 市卷烟打假协作区座谈会，全力推进区域联防联控。

2015 年，河南省查处案值 5 万元以上假烟案件 119 起，捣毁大型制假窝点 15 个、其他制假窝点 129 个，收缴大型烟机 30 台、其他设备 69 台，查获烟叶、烟丝

322.55吨，假冒卷烟1.53亿支。公安、司法机关依法刑拘456人，逮捕201人，判刑247人。侦破符合公安部、国家局标准的制售假烟网络案件58起，其中案值千万元以上案件4起。

重大案件。河南省有8起重大制售假烟网络案件被公安部、国家局列为部督案件。南阳市城区“1·13”案件是一起集生产、运输、储存、销售为一体的制售假烟网络案件，涉及福建、广东、四川、湖北、湖南、甘肃、河北、河南等八省，查获炒丝机、筛丝机、切丝机等烟丝生产设备各1台、假冒卷烟160万支，刑拘13人，逮捕9人，判刑5人，涉案金额711.04万元。

信阳市浉河区“1·14”案件是一起集生产、运输、仓储、走私为一体的跨国制售假烟网络案件，涉及瑞典、比利时、希腊、斯洛文尼亚等九国及河南、广东、福建、辽宁四省，查获实物卷烟9834万支，刑拘9人，逮捕8人，上网追逃5人，涉案金额3.01亿元。

漯河市临颍县“1·15”案件涉及广东、四川、天津、河南等地，查获各类假冒卷烟139.76万支，商标纸2450套，刑拘6人，逮捕5人，判刑3人，涉案金额116万元。

南阳市内乡县“1·19”案件是一起互联网平台销售假烟的网络案件，涉及北京、上海、天津等18个省（自治区、直辖市），涉案人员60余人，刑拘4人，判刑4人，涉案金额280万元。

商丘市夏邑县“5·12”案件是一起集生产、仓储、运输、销售为一体的非法印制假冒卷烟商标标识网络案件，涉及河南、福建、安徽、重庆、广东、浙江、江西等省（自治区、直辖市），查获凹版印刷机3台、B2电脑高精度横切机1台、对开液晶数显切纸机1台、平压压痕切线机8台，假冒卷烟商标标识687.25万张，封签1588万张，刑拘11人，逮捕7人，涉案金额465万元。

安阳市安阳县“5·21”案件是一起集生产、运输、仓储、销售等多环节为一体的非法制售烟丝网络案件，涉及河北、湖南、河南3省，查获滚刀式切丝机1台、卧式蒸汽锅炉1台、大型滚筒1台、小型打叶机1台和烟丝1203包，刑拘18人，批捕12人，判刑8人，涉案金额220万元。

濮阳市“11·18”案件是一起利用互联网平台销售假烟网络案件，涉及新加坡等国及北京、上海、天津等23个省（自治区、直辖市），查实涉案QQ号码108个，打掉淘宝售假网店56家，刑拘7人，逮捕5人，涉案金额2550万元。

平顶山汝州市“12·12”案件是一起集生产、仓储、运输、销售为一体的特大非法制售烟丝网络案件，涉及福建、广东、辽宁、云南、河南等五省，查获烟叶、烟丝、烟梗205吨，缴获制假设备37台、涉案车辆6台，抓获涉案人员75人，刑拘30人，逮捕21人，判刑9人，涉案金额3640万元。

市场监管。推进市场监管方式转变，在南阳市局开展APCD工作法试点工作，初步实现市场监管的信息化、规范化、制度化。加大对重点区域、重点时段和重点领域的监管力度，组织开展农村卷烟市场专项整治活动、卷烟非法流通专项治理、“双节”卷烟市场治理活动和系统外烟草专卖品生产经营企业专项检查。2015年，出动专卖执法人员1.98万人次，组织集中行动1493次，查处案件2.4万起，查获非法卷烟1.52亿支，取缔无证商户837户，检查行业外烟草专卖品生产企业6家。加强市场监管日常考核，采取暗访抽查和突击检查的方式，对河南省卷烟市场净化率和“12313”工作站进行专项检查，走访县级局96个、乡镇126个，抽查卷烟零售客户869户，拨打电话36次，发现各类问题213项，下发整改通知书18份。

专卖内部监督管理。建立卷烟规范经营综合防控体系，加强对卷烟非法流通治理，2015年，河南省查处非渠道卷烟流通案件1.23万起，查获非法流通卷烟9819万支。强化内部违规案件查办，完成国家局督办案件和重点案件8起，省局督办案件27起，各市局自办案件112起，处理相关责任人320人。强化对废弃烟草专卖品处理监管，审批废弃烟草专卖品388批次，现场监销569批次，监销废弃烟草专卖品3.96万吨、设备43台（套）。

依法行政。开展行政审批改革试点工作，健全流程制度，搭建审批平台，建设实体“窗口”，实现“一口受理、限时办结、规范办理、透明办理、网上办理”。分5批对18个市级局和21个城区局的合理布局规划、零售许可证审批工作进行专项检查，有序推进中小学校周围商户的清理工作，全面提高行政许可质量。2015年，新办烟草专卖零售许可证3.61万份，办理生产经营类许可证102份，审批签发各类烟草专卖品准运证5.63万份，核发烟叶收购证345份。

创新行政执法机制，制定《河南省烟草专卖系统2015年度推进服务型行政执法建设实施方案》《河南省烟草专卖行政指导工作指引（试行）》《河南省烟草专卖行政指导文书示范文本（试行）》《河南省烟草专卖执法文书格式（2015年版）》，服务型行政执法建设成效明显。平顶山市局、安阳直属分局、许昌魏都区局、三门峡城区局、南阳城区局、信阳浉河区局、周口市局、驻马店确山县局李新店市场监管稽查中队等8家单位被河南省政府确定为第一批“河南省服务型行政执法示范点”。

【经济效益】 2015年，河南省烟草商业系统实现税利217.52亿元，同比增长21.47%，其中利润89.01亿元，同比下降4.34%。三项费用率为8.55%，同比下降0.42个百分点。

【卷烟（雪茄烟）经营】 *卷烟（雪茄烟）销售*。2015年，河南省烟草商业系统销售卷烟（含雪茄烟）1610.75亿支（322.15万箱），同比下降0.79%，其中，一类烟282.35亿支（56.47万箱），同比增长4.73%；二类烟132.6亿支（26.52万箱），同比增长22.04%；三类烟877.75亿支（175.55万箱），同比下降4.48%；四类烟237.65亿支（47.53万箱），同比下降4.78%；五类烟79.95亿支（15.99万箱），同比增长4.47%。本地区销量居前三位的品牌是“黄金叶”“红旗渠”“利群”，销量分别为677亿支（135.4万箱）、251.55亿支（50.31万箱）、104.8亿支（20.96万箱）。销售雪茄烟0.45亿支（0.09万箱）。

2015年，实现卷烟销售收入884.53亿元，同比增长5.65%。单箱销售收入2.75万元，同比增加1652元。实现利润76.68亿元，同比下降8.99%。

品牌培育。河南省公司把培育知名品牌作为稳定销量、优化结构、满足市场、引领消费的重要支撑，制定进一步加强品牌管理的意见，对品牌的进入、退出、调控及调销波动率进行考核。按照《河南省卷烟产品结构优化升级工作方案》的要求，推进零售价5元/包卷烟消费转向6～7元/包、零售价10元/包卷烟消费转向10～13元/包。积极适应消费需求形势变化，探索喜庆营销、节日营销等引导消费的新思路，进一步提升中高端卷烟品牌的培育水平。

2015年，河南省公司销售重点品牌卷烟1257.6亿支（251.34万箱），占总销量的78.02%，其中超百万箱品牌1个，“黄金叶”销量达到677亿支（135.4万箱）；超20万箱品牌1个，“利群”销量达到104.8亿支（20.96万箱）；超10万箱品牌2个，“芙蓉王”销量达到61.9亿支（12.38万箱），“黄鹤楼”销量达到51.95亿支（10.39万箱）。

营销管理。制定《进一步深化均衡销售工作的实施意见》，从机制上、措施上、办法上进行完善和创新，使均衡销售更加科学、更有实效，河南卷烟均衡销售的做法在全国卷烟销售工作暨省级卷烟营销平台建设推广会上作了经验交流。开展卷烟营销市场化取向改革试点，搭建省级卷烟集中订货平台。加大农村市场开拓力度，示范推广卷烟营销、专卖稽查人员“双下沉”，客户服务、管理水平明显提升。2015年，卷烟零售客户满意度得分91.38分，同比增加0.4分。

卷烟物流建设。加快物流配送中心项目建设，加强物流非法人实体化运作，河南省卷烟配送中心由20个减至18个，卷烟中转站由48个减至33个。加大非烟商务物流推进力度，2015年，商丘、安阳、焦作市公司分别成立商丘、安阳、焦作豫烟物流有限责任公司。2015年，实现非烟销售收入448万元，毛利额58万元。

【烟叶产销】 *烟叶种植与收购*。2015年，河南省烟叶种植面积95万亩，同比增加1.13万亩。收购烟叶13.67万吨（273.35万担），同比增加0.65万吨（12.95万担）。签订产购合同3.89万份。河南省种烟农户总数3.89万户，户均种植面积24.42亩，同比增加4.1亩。实现烟农种烟收入35.93亿元，同比增加5.83亿元；户均实现收入9.23万元，同比增加2.73万元；亩均实现收入3782元，同比增加576元。签订烟叶购销协议13.845万吨（276.9万担），其中与省外工业企业签订协议10.04万吨（200.7万担），与省内工业企业签订协议3.81万吨（76.2万担）。烟叶收购均价26.3元/千克，同比增加3.18元/千克。

2015年，河南省实现烟叶利润11.3亿元，同比增加4.5亿元，增长66.18%。实现烟叶税7.9亿元，同比增加1.3亿元，增长19.7%。

烟叶生产技术和政策。加大先进适用技术推广力度，

示范推广滴灌技术和水肥一体化技术9万亩，推广"上六片"一次成熟采烤技术60万亩，推广烟蚜茧蜂防治烟蚜82.3万亩，推广小苗膜下移栽技术27.4万亩。

开展"烟叶质量信誉提升年"活动，实施烟叶"降氯专项行动"，进一步解决部分烟区含氯量高的问题。在国家局组织的检查中，河南烟叶收购等级质量合格率为83.1%，工商交接等级合格率为61.9%。

加快推进烟叶烘烤模式改革，2015年新建移动热泵密集烤房426座、改建87座，新建自动化流水线热泵烤房3座，其中1000亩2座、500亩1座。

推进烟叶政策性保险，河南省74.1万亩烟田参保，占总种植面积的78%，其中三门峡、洛阳、济源、郑州实现100%全覆盖。交纳保险费用3058.5万元，兑付理赔资金3781.3万元，占投保资金的123.6%。

特色烟叶开发。加大浓香型特色烟叶的开发力度，建设浓香型特色优质烟叶示范园区13个，种植烟叶7.08万亩，收购烟叶0.76万吨（15.22万担）。加快示范推广"豫烟"系列新品种，召开"豫烟"系统品种观摩评议会、浓香型重大专项课题现场验收会，河南浓香型烟叶在上海烟草集团、浙江中烟、江苏中烟等工业公司卷烟配方中"定香""支撑""决定性"作用更加突出。

水源工程。2015年，国家局批复河南水源工程建设项目1个，援建资金1.47亿元。截至2015年底，国家局累计批复河南水源工程建设项目7个，开工建设7个，援建资金8.6亿元，受益基本烟田41.8万亩，其中许昌市许昌县福泉水源工程完工，许昌市襄城"八七"龙兴水源工程、三门峡市灵宝白虎潭水库烟草援建工程总体进度超过90%。

现代烟草农业建设。2015年，河南省烟草商业系统投入资金1.87亿元，其中国家局补贴资金0.62亿元，省内烟草行业配套资金1.25亿元，完成河南省内烟叶生产基础设施建设项目0.54万个。规划建设14个现代烟草农业产业集群。累计建成现代烟草农业基地单元36个，其中，特色烟叶基地单元10个，特色烟叶基地单元种植烟叶15.85万亩，收购烟叶2.33万吨（46.5万担），上等烟比例67.4%。

河南省累计建成并注册综合服务型烟农专业合作社95个、入社农户1.95万户。组建756个育苗、整地、移栽、植保、烘烤、分级等专业化服务组织，专业化服务率和综合机械作业率均达到60%以上。2015年，创建烟农专业合作社行业示范社11个，其中三门峡灵宝金塬、三门峡渑池果园、许昌襄城里川、洛阳洛宁兴业、洛阳宜阳益农、南阳内乡鸿润等6家合作社被总公司认定为烟农专业合作社行业示范社。

【对外交流与合作】 中国烟草河南进出口有限责任公司成立于1985年7月，2006年12月完成股权划转，调整为中国烟草总公司河南省公司的全资子公司，投资参股企业有天昌国际烟草有限公司、许昌京昌包装有限公司和郑州市商业银行。截至2015年底，中国烟草河南进出口有限责任公司总资产3.57亿元，其中，固定资产970万元、流动资产2.02亿元，资产负债率25.72%。本部有从业人员22人。

2015年，中国烟草河南进出口有限责任公司出口烟叶及烟叶副产品2402吨，同比下降30.78%。出口实现661万美元。进口卷烟2.04亿支（0.41万箱），同比增长4.08%。实现税利2848万元，同比下降40.69%，其中利润351万元，同比下降63.01%。

【特事要辑】 4月3日，河南省局（公司）、河南中烟、郑州烟草研究院、职工进修学院启动河南烟草第二届"感动行业"十大人物评选活动。国家局副局长赵洪顺，河南省委常委、宣传部长赵素萍，省人大常委会副主任王保存，副省长张维宁，省政协副主席史济春等出席颁奖活动并为"感动行业"十大人物颁奖。

4月9日，河南省局（公司）和中国一拖集团有限公司在洛阳签署战略合作协议，成立"河南烟草农业机械研发中心"，决定以烟草重大科技专项的形式，实施烟叶生产全程机械化战略合作，以实现烟草农机配套系统化、装备标准化、作业全程化、服务专业化。河南省副省长张维宁出席签约仪式并授牌。

4月15—16日，国家局副局长杨培森在河南烟草调研。杨培森了解了烟叶"守红线、控规模"落实情况，要求坚决守住红线、稳控种植面积，转变发展方式、提高烟农收益，严格落实制度、加强规范管理。

4月23—24日，湖南省省长助理袁建尧到河南考察烟叶工作。袁建尧实地考察漯河城区七月花烟农专业合作社育苗工场、烟叶移栽现场、新型烤房和多种经营情况，现场观摩烟草机械移栽过程，参观热泵烤房、液体能源节能烤房、厢式节能烤房等新型烤房群。

5月13—15日，国家局副局长段铁力在河南烟草调研，并考察郑州市卷烟市场，了解卷烟提税顺价后市场情况。段铁力要求认真做好提税顺价、品牌培育、打私打假、烟叶生产、企业管理、队伍建设、经济运行等七项工作，努力保持税利20%以上增幅，圆满完成全年目标任务。

7月6—7日，国家局局长凌成兴在河南烟草调研。凌成兴强调，河南烟草工商企业要在打赢提税顺价攻坚战中，担当“两烟”重任，瞄准“三大目标”。担当“两烟”重任（即担当烟叶生产提质增效和卷烟产销持续稳定的重任），继续围绕“发挥两大优势，重振三个雄风”的战略要求持续迈进。瞄准“三大目标”：一要瞄准卷烟销量争冠军的目标，打基础，抓规范，调结构，坚持均衡调拨，巩固打假成果，为2016年商业销售额跨越1000亿元大台阶打下坚实基础；二要瞄准“黄金叶”品牌规模超过210万箱的目标，为2016年“黄金叶”品牌全年销售额跨越650亿元大台阶打下坚实基础；三要瞄准工商税利新增50亿元的目标，为2016年工商税利总额跨越600亿元的大台阶打下坚实基础。

12月15日，河南省局（公司）以“四个三”为主题拍摄的《正能量的聚集》专题片被中共中央组织部评为“全国党员教育电视片三等奖”。

12月31日，河南烟草商业系统实现税利突破200亿元大关，达到217.52亿元，同比增长21.47%，为全行业“保七争十缴万亿”目标实现和河南经济稳增长、保态势作出积极贡献。

2015年河南省烟草专卖局（公司）所属企业主要情况统计

地市级局（公司）名称		郑州市烟草专卖局（公司）	开封市烟草专卖局（公司）	洛阳市烟草专卖局（公司）	平顶山市烟草专卖局（公司）	安阳市烟草专卖局（公司）
主要负责人/法人代表（含党政领导）		赵建州(—2015.10) 李广良(2015.10—)	刘　兵(—2015.9) 胡晓洲(2015.9—)	王泽宗	张五庆	殷建立
所属县级单位		登封市、新密市、荥阳市、巩义市、新郑市、中牟县、上街区、北城区、南城区、西城区、航空港区等11个县级烟草专卖局（分公司）	兰考县、通许县、杞县、尉氏县、城区、祥符区等6个县级烟草专卖局（分公司）	偃师市、孟津县、新安县、宜阳县、伊川县、汝阳县、嵩县、洛宁县、栾川县、城区、吉利区等11个县级烟草专卖局（分公司）	郏县、叶县、宝丰县、鲁山县、汝州市、舞钢市、石龙区、市区直属分局等8个县级烟草专卖局（分公司）	安阳县、汤阴县、内黄县、滑县、林州市、城区等6个县级烟草专卖局（分公司）
总资产（万元）		352581	99220	176939	161044	125642
资产负债率（%）		28.05	24.41	21.59	50.82	12.96
从业人员（人）		1777	789	4189	2391	761
所属业务机构	营销机构	1个营销中心	1个营销中心	1个营销中心	1个营销中心	1个营销中心
	物流配送机构	1个卷烟配送中心、4个配送中转站	1个物流配送中心	1个物流配送中心	1个物流配送中心、3个物流配送中转站	1个物流公司、2个区域中转站
	专卖稽查机构	1个稽查支队、11个打私打假队、32个市场监管队	1个稽查支队、6个稽查大队、32个专卖管理所	11个打私打假稽查队、11个内部监管稽查队、43个市场监管稽查队	1个稽查支队、7个稽查大队、48个稽查中队	1个稽查支队、6个稽查大队、18个专卖管理所、1个卷烟打假机动队
	烟叶机构	1个烟叶工作站、4个烟叶收购点	—	20个烟叶工作站、50个烟叶收购点	3个烟叶工作站、28个烟叶收购点	—

续表

地市级局（公司）名称		郑州市烟草专卖局（公司）	开封市烟草专卖局（公司）	洛阳市烟草专卖局（公司）	平顶山市烟草专卖局（公司）	安阳市烟草专卖局（公司）
实现税利	万元	288066	94514	158478	120765	117544
	2015 年比 2014 年（%）	17.77	21.48	22.86	19.71	19.74
实现利润	万元	126641	38696	61552	41171	53359
	2015 年比 2014 年（%）	-7.49	-7.70	-3.94	-6.92	-10.44
销售卷烟	亿支	198.16	82.30	113.59	82.10	90.60
	2015 年比 2014 年（%）	-0.91	-1.63	-1.12	-0.41	-1.04
卷烟销售收入（万元）		1226858	429090	621098	475847	493402
查处涉烟违法案件（起）		2595	580	2703	2143	989
查处涉烟违法案件案值（万元）		3056	281	745	362	383
2015 年度烟草行业投入烟叶生产基础设施建设资金（万元）		333	—	6253	1155	—
全年烟叶生产基础设施新增受益面积（万亩）		0.40	—	7.75	2.41	—
烟叶种植（万亩）		0.70	—	15.70	11.70	—
烟叶收购（万担）		1.43	—	42.59	33.12	—
烟农户数（户）		233	—	6924	3081	—
实现烟农总收入（万元）		1273	—	50183	45324	—
零售客户数（户）		31912	19955	23697	19192	19609
零售客户销售毛利率（%）		10.00	10.00	13.98	10.66	10.00

地市级局（公司）名称	鹤壁市烟草专卖局（公司）	新乡市烟草专卖局（公司）	焦作市烟草专卖局（公司）	濮阳市烟草专卖局（公司）	许昌市烟草专卖局（公司）
主要负责人/法人代表（含党政领导）	刘学中(—2015.10) 李丙炎(2015.10—)	李晓海(—2015.12) 张芦敏(2015.12—)	王孝亭	张　军	黄银甫
所属县级单位	浚县、淇县、城区等 3 个县级烟草专卖局（分公司）	新乡县、原阳县、延津县、封丘县、长垣县、卫辉市、辉县市、获嘉县、城区等 9 个县级烟草专卖局（分公司）	修武县、武陟县、温县、孟州市、沁阳市、博爱县、城区等 7 个县级烟草专卖局（分公司）	濮阳县、清丰县、南乐县、台前县、范县、城区等 6 个县级烟草专卖局（分公司）	魏都区、禹州市、襄城县、长葛市、许昌县、鄢陵县等 6 个县级烟草专卖局（分公司）
总资产（万元）	31439	117280	62956	67785	144350
资产负债率（%）	13.41	10.88	21.42	18.29	33.79
从业人员（人）	346	834	522	690	1567

续表

地市级局（公司）名称		鹤壁市烟草专卖局（公司）	新乡市烟草专卖局（公司）	焦作市烟草专卖局（公司）	濮阳市烟草专卖局（公司）	许昌市烟草专卖局（公司）
所属业务机构	营销机构	1 个营销中心	1 个营销中心	1 个营销中心	1 个营销中心	1 个营销中心
	物流配送机构	1 个卷烟物流中心	1 个物流配送中心、2 个配送中转站	1 个物流配送中心	1 个卷烟配送中心	1 个物流配送中心
	专卖稽查机构	1 个稽查支队、3 个稽查大队、9 个专卖管理所	1 个稽查支队、9 个稽查大队、27 个专卖管理所	1 个稽查支队、7 个稽查大队、1 个打假机动队、15 个打假打私稽查中队、8 个市场监管稽查中队	1 个稽查支队、6 个稽查大队、25 个专卖稽查中队	1 个稽查支队、40 个稽查大队
	烟叶机构	—	—	—	—	6 个烟叶工作站、29 个烟叶收购点
实现税利	万元	32419	118710	67473	67795	124420
	2015 年比 2014 年（%）	11.81	14.39	22.01	20.63	21.96
实现利润	万元	14198	55693	28807	28284	51909
	2015 年比 2014 年（%）	-9.56	-7.58	-3.23	-10.38	4.47
销售卷烟	亿支	25.28	90.60	57.93	57.35	76.08
	2015 年比 2014 年（%）	-0.10	-1.32	-1.27	-1.04	-1.20
卷烟销售收入（万元）		141727	497703	310997	297685	421598
查处涉烟违法案件（起）		847	1452	1791	879	732
查处涉烟违法案件案值（万元）		92	506	216	342	958
2015 年度烟草行业投入烟叶生产基础设施建设资金（万元）		—	—	—	—	1304
全年烟叶生产基础设施新增受益面积（万亩）		—	—	—	—	2.23
烟叶种植（万亩）		—	—	—	—	12.50
烟叶收购（万担）		—	—	—	—	34.71
烟农户数（户）		—	—	—	—	4168
实现烟农总收入（万元）		—	—	—	—	48983
零售客户数（户）		6281	19268	11229	11632	18100
零售客户销售毛利率（%）		14.61	10.00	10.00	12.00	10.97

地市级局（公司）名称	漯河市烟草专卖局（公司）	三门峡市烟草专卖局（公司）	南阳市烟草专卖局（公司）	商丘市烟草专卖局（公司）
主要负责人/法人代表（含党政领导）	李广良（—2015.10）	蒋笃彪	王振海	陈保军
所属县级单位	林颍县、舞阳县、城区等 3 个县级烟草专卖局（分公司）	卢氏县、灵宝市、陕县、渑池县、义马市、湖滨区等 6 个县级烟草专卖局（分公司）	镇平县、内乡县、西峡县、淅川县、邓州市、唐河县、新野县、社旗县、方城县、桐柏县、南召县、油田、城区等 13 个县级烟草专卖局（分公司）	梁园区、睢阳区、永城市、夏邑县、虞城县、宁陵县、民权县、睢县、拓城县等 9 个县级烟草专卖局（分公司）

续表

地市级局（公司）名称		漯河市烟草专卖局（公司）	三门峡市烟草专卖局（公司）	南阳市烟草专卖局（公司）	商丘市烟草专卖局（公司）
总资产（万元）		66388	173868	265963	155658
资产负债率（%）		44.70	34.59	33.40	28.25
从业人员（人）		1826	1292	3075	1533
所属业务机构	营销机构	1个营销中心	1个营销中心	1个营销中心	1个营销中心
	物流配送机构	1个物流配送中心	1个物流配送中心	1个物流配送中心	1个物流配送中心、3个配送中转站
	专卖稽查机构	1个稽查支队、18个稽查中队	1个稽查支队、6个稽查大队、19个专卖管理所	1个稽查支队、40个稽查大队、129个稽查中队	1个稽查支队、9个稽查大队、44个稽查中队
	烟叶机构	12个烟叶工作站、17个烟叶收购点	9个烟叶工作站、50个烟叶收购点	5个烟叶工作站、60个烟叶收购点	5个烟叶工作站、3个烟叶收购点
实现税利	万元	63288	108678	248874	150417
	2015年比2014年（%）	23.03	20.23	29.78	20.79
实现利润	万元	18103	52914	105286	64198
	2015年比2014年（%）	-18.51	-0.34	8.57	-6.61
销售卷烟	亿支	42.29	49.06	166.43	122.52
	2015年比2014年（%）	0.86	7.85	-1.55	-1.52
卷烟销售收入（万元）		249007	259055	886568	659565
查处涉烟违法案件（起）		355	310	4077	1796
查处涉烟违法案件案值（万元）		6817	170	955	806
2015年度烟草行业投入烟叶生产基础设施建设资金（万元）		760	4067	3554	54
全年烟叶生产基础设施新增受益面积（万亩）		2.50	6.59	4.99	0.16
烟叶种植（万亩）		7.00	19.70	15.90	1.70
烟叶收购（万担）		22.00	57.51	48.06	5.00
烟农户数（户）		1630	14330	4834	258
实现烟农总收入（万元）		32156	69910	65519	6592
零售客户数（户）		7678	10160	40831	26774
零售客户销售毛利率（%）		10.00	10.48	16.61	14.44

地市级局（公司）名称	信阳市烟草专卖局（公司）	周口市烟草专卖局（公司）	驻马店市烟草专卖局（公司）	济源市烟草专卖局（公司）
主要负责人/法人代表（含党政领导）	苏永士	赵友亮	宋守晔	张芦敏（—2015.12）

续表

地市级局（公司）名称		信阳市烟草专卖局（公司）	周口市烟草专卖局（公司）	驻马店市烟草专卖局（公司）	济源市烟草专卖局（公司）
所属县级单位		浉河区、平桥区、罗山县、息县、淮滨县、潢川县、光山县、商城县、新县、固始县等10个县级烟草专卖局（分公司）	淮阳县、商水县、项城市、郸城县、太康县、西华县、扶沟县、沈丘县、鹿邑县、城区等10个县级烟草专卖局（分公司）	遂平县、西平县、上蔡县、汝南县、平舆县、新蔡县、正阳县、确山县、泌阳县、驿城区等10个县级烟草专卖局（分公司）	—
总资产（万元）		140245	94157	139736	16404
资产负债率（%）		23.72	29.76	35.03	23.34
从业人员（人）		1183	1940	2203	223
所属业务机构	营销机构	1个营销中心	1个营销中心	1个营销中心	1个营销中心
	物流配送机构	1个物流配送中心、2个配送中转站	1个物流配送中心、3个配送站	1个物流配送中心	1个物流配送中心
	专卖稽查机构	1个稽查支队、10个稽查大队、54个专卖管理所	1个专卖稽查支队、24个打私打假稽查队、48个专卖管理所、10个内部监管稽查队	1个稽查支队、10个稽查大队、86个专卖管理所	1个稽查支队、7个稽查大队
	烟叶机构	1个烟叶工作站、2个烟叶收购点	12个烟叶收购站（点）	4个烟叶工作站、17个烟叶收购点	4个烟叶工作站
实现税利	万元	126980	133874	134262	15027
	2015年比2014年（%）	20.42	24.96	40.41	19.41
实现利润	万元	53772	46813	52255	5314
	2015年比2014年（%）	-1.74	-7.08	20.23	-9.12
销售卷烟	亿支	100.70	132.66	111.85	11.25
	2015年比2014年（%）	-0.68	-0.63	-1.33	0.22
卷烟销售收入（万元）		581012	658136	569980	65956
查处涉烟违法案件（起）		4269	1060	1255	178
查处涉烟违法案件案值（万元）		31531	469	268	84
2015年度烟草行业投入烟叶生产基础设施建设资金（万元）		365	742	—	89
全年烟叶生产基础设施新增受益面积（万亩）		0.65	0.60	—	0.40
烟叶种植（万亩）		0.70	1.70	6.40	1.30
烟叶收购（万担）		2.00	5.00	18.50	3.42
烟农户数（户）		237	502	1927	788
实现烟农总收入（万元）		2576	6744	26063	3934
零售客户数（户）		27504	27975	23883	3357
零售客户销售毛利率（%）		14.41	10.00	12.01	12.50

（撰稿：范素娟；编辑：王东旭）

湖北省烟草专卖局（公司）

【专卖管理】 打假破网。2015 年，湖北省烟草专卖局查处各类涉烟违法案件 2.5 万起，查获非法卷烟 2.82 亿支，其中假冒卷烟 0.35 亿支、非渠道卷烟 2.35 亿支，总案值 1.35 亿元。捣毁制假售假窝点 64 个，打击涉烟犯罪分子 544 人，公安、司法机关依法判刑 185 人，拘留 359 人。查处涉烟违法网络案件 134 起，其中符合国家局标准的案件 42 起，符合省局标准的案件 92 起。

黄冈“12 · 23”特大制售假烟案件、孝感“1 · 3”制售假烟案件、荆州“7 · 5”贩售假烟案件、十堰“4 · 24”制售假烟案件、荆州“1 · 5”贩售假烟案件等 5 起案件被列为公安部、国家局督办案件。5 起案件打击涉烟犯罪嫌疑人 34 人，查获假烟 1381 万支，滤棒 1280 万支，烟梗、烟丝等制假原辅材料 27 吨，假冒卷烟标识模板 14 块、非法制造的卷烟条盒包装 2.84 万张、卷烟盒片包装 30.05 万张，涉案金额 5600 余万元。

卷烟打假协作机制建设。推进卷烟打假协作机制建设，继续争取省政府支持召开专卖打假专题会议，实行烟草工作目标责任考核。湖北省局与省公安厅联合下发《关于加强执法协作严厉打击涉烟违法犯罪活动的通知》，与省检察院沟通“两法衔接”平台建设，联合省工商局加大对无照无证经营的查处和对零售市场的监管力度，与省公安厅、交通厅、邮政局和武汉铁路局联合发文加强对物流领域烟草专卖品监管，打假协作机制的深度和广度不断拓展。

市场监管。2015 年，湖北省烟草商业系统组织开展卷烟零售市场抽查，对省内的 89 个县（市、区）零售市场实行全覆盖集中暗访，市场净化率同比提升 0.88 个百分点。加大对物流、互联网等领域和公路、铁路等环节的监管力度，开展物流运输领域非法经营烟草专卖品专项整治“百日会战”和卷烟市场“双节净化”集中整治。2015 年在物流运输领域查处案件 1.57 万起，查获非法卷烟 1.72 亿支，涉案金额 1.07 亿元，分别占湖北省案件数量、非法卷烟件数、案值的 62.6%、60.9%、63.7%。

行政许可管理。坚持行政许可和后续监管“两手抓、两手硬”，2015 年，湖北省新办、延续卷烟零售许可证 3.15 万个，处理取缔、转化无证户 3651 户。坚持“双十”承诺，即 10 个工作日内完成烟草专卖零售客户许可证办理、10 个工作日内完成零售客户入网销售。坚持首问负责、服务承诺、责任追究制度。加强对“12313”咨询举报投诉电话的管理，对行政许可诉求实行 24 小时受理。

【经济效益】 2015 年，湖北省烟草商业系统实现税利 147.53 亿元，同比增长 24.53%，其中利润 64.06 亿元，同比增长 4.93%。卷烟单箱销售收入 2.69 万元，同比增长 13.30%。单箱税利 7099 元，同比增长 27.7%。三项费用率为 6.94%，同比下降 0.99 个百分点。

【卷烟经营】 卷烟销售。2015 年，湖北省烟草商业系统销售卷烟 978.80 亿支（195.76 万箱），同比下降 1.11%，其中，销售一类烟 373.88 亿支（74.78 万箱），同比增长 13.80%；二类烟 52.06 亿支（10.41 万箱），同比增长 46.77%；三类烟 334.37 亿支（66.87 万箱），同比下降 9.51%；四类烟 157.4 亿支（31.48 万箱），同比下降 11.05%；五类烟 61.09 亿支（12.22 万箱），同比下降 23.01%。本地区销量居前三位的品牌依次为“黄鹤楼”“红金龙”“利群”，其中销售“黄鹤楼”368.15 亿支（73.63 万箱），同比增长 13.58%；销售“红金龙”350.54 亿支（70.11 万箱），同比下降 20.86%；销售“利群”28.23 亿支（5.65 万箱），同比增长 76.85%。

2015 年，实现卷烟销售收入 528 亿元，同比增长 11.99%。实现卷烟税利 139.03 亿元，同比增长 25.97%，其中利润 62.79 亿元，同比增长 2.78%。

品牌培育。强化对关键卷烟规格的管控，2015 年，“黄鹤楼（软珍）”“黄鹤楼（硬珍）”调拨量 62.5 亿支（12.5 万箱），同比增长 13%。选取 42 个规格作为潜力培育规格，实现销量 146.35 亿支（29.27 万箱），同比增长 22.87%。首次将销量、销售额、覆盖率、商业动销比等指标作为研判新品状态的主要依据，每月定期开展新品销售分析。

2015 年，湖北省销售重点品牌卷烟 909.02 亿支（181.80 万箱），同比减少 13.56 亿支（2.71 万箱），下降 1.47%。重点品牌卷烟销量占总销量的 92.87%。销售 8 毫克/支及以下的低焦油卷烟 249.27 亿支（49.85 万箱），同比增加 4.79 亿支（0.96 万箱），增长 1.96%。

卷烟营销市场化取向改革。作为行业卷烟营销市场化取向改革的试点单位，湖北省公司成立卷烟营销市场化取向改革领导小组和工作专班，制定实施细则，明确“三个全面”的改革路径，即全面放开市场、全面放开选择、全面满足消费者需求，制定配套规范办法12个，2015年开展培训370期。

围绕“全面放开市场”，与10家工业企业就40个主导规格探索开展“双线预测”；坚持“管退不管进”原则，打破品牌“进一退一”模式，新引进规格78个，清退规格17个，在销规格由264个扩大到319个，品牌宽度拓展20.83%。

围绕“全面放开选择”，稳步推进并上线运行省级营销平台，统一客户分档管理，规范货源投放策略。

围绕“全面满足消费者需求”，和工业企业联合开展市场“双线监测”，探索实施“订单驱动、滚动配货、实时合同”的货源组织模式；建立一次性大宗卷烟消费应急补货机制，湖北省设置应急用烟提货点98个，累计补货375笔7250条。

【烟叶产销】 种植与收购。2015年，湖北省签订烟叶种植收购合同4.14万份，移栽烟叶58.77万亩。实际收购烟叶6.27万吨（125.34万担），同比增加0.53万吨（10.52万担），其中烤烟5.69万吨（113.74万担）、晾晒烟0.58万吨（11.59万担）。实现烟农总收入20.4亿元。烟农户均收入5.01万元，亩均收入3536元。2015年，湖北省实现烟叶税利10.53亿元，同比增长7.77%，其中利润5亿元，同比增长80.51%。

烟叶提质增效。修订并下发《湖北省烟叶工作考核办法》，建立省局（公司）相关部门对口挂点产区、产区市州公司挂点县市、县市挂点烟站的工作机制，实行绩效工资与挂点单位烟叶质量挂钩，全面构建以质量为核心的责任链条。

实施技术员转岗转责，稳步把技术员转岗到合作社，2015年，湖北省941名技术员实现转岗转责。调整技术员考核内容，将质量考核比重提升至90%，确保技术员能下沉到田间地头。

2015年，湖北省烤烟上中等烟比例99.18%，高于全国平均水平5个百分点；上等烟比例61.46%，同比提升17.5个百分点，高于全国平均水平3.37个百分点。国家局检查收购等级合格率82.67%，工商交接等级合格率63.2%，均高于全国平均水平。

烟叶生产基础设施建设。2015年，湖北省烟叶生产基础设施建设投入资金3.88亿元，其中国家局投入2.63亿元，省内烟草商业系统投入资金1.25亿元，实施项目1.1万个。省局（公司）成立水源工程建设办公室，协调省直相关部门共同监管，推进水源工程援建工作。

现代烟草农业建设。2015年，湖北省31个烟叶基地单元种植烟叶40.87万亩，收购量4.28万吨（85.69万担），分别占湖北省种植总面积和收购总量的69.54%、68.55%，原料基地化水平进一步提高。在6个烟叶基地单元开展省级精益生产试点，在23个烟叶基地单元开展工序化操作、班组制作业探索。累计成立综合服务型烟农专业社41个、生产型合作社1个，烟农入社率96.41%，兴山金鹏、利川柏杨、利川汪营、鹤峰燕子、枣阳金联、房县野人谷等6家合作社被认定为烟农专业合作社行业示范社。烟叶基地单元内的育苗、分级、植保、机耕专业化服务平均覆盖率99.57%、81.47%、77.05%和76.02%。

【对外交流与合作】 中国烟草湖北进出口有限责任公司为中国烟草总公司湖北省公司的全资子公司。截至2015年底，公司拥有总资产4.47亿元，其中，固定资产0.29亿元、流动资产4.03亿元，资产负债率86.72%。2015年，公司境外销售烟叶类产品3386吨，出口实现1288万美元；进口卷烟3562.8箱；卷烟零售、进口设备仪器、进口红酒三项拓展经营实现毛利润1204.4万元，同比增加802.4万元。

在烟叶境外销售方面，2015年新增客户9家，推销客户扩展到21家，拜访推销11家，邀请客户来访洽谈40批次；争取环球公司、南洋兄弟烟草股份有限公司、印尼集炳公司3家客户订单净增加3705吨，与缅甸木姐烟厂、香港欢兴国际烟草有限公司2家新客户签约成交599吨，与帝国烟草集团、环球公司和印尼盐仓集团3家客户签订新烟合同2380吨。在出口备货方面，调拨省内新烟0.39万吨（7.72万担），加工成品2304.92吨，实现新烟按需备货、顺价销售、不产生新库存的目标。

在卷烟进口方面，强化进口烟品牌培育和销售服务，邀请进口烟厂家开展品牌文化宣传和零售终端促销活动，落实公司领导联系服务销区制度和业务人员访销制度。在拓展业务方面，加强零售卷烟经营成本核算，对成本效益不佳的门店及时进行调整。

【特事要辑】 5月19日，中共中央政治局委员、国务院副总理汪洋在恩施土家族苗族自治州调研期间，到恩施市龙凤镇青堡村现代烟草农业示范区“四位一体”综合服务中心，考察现代烟草农业建设和烟草行业扶贫工作，要求继续发挥烟草行业优势，在深入开展产业扶贫、综合扶贫的基础上，进一步加大精准扶贫工作力度。

5月31日，国务院原副总理曾培炎在湖北省委常委、常务副省长王晓东的陪同下，到恩施土家族苗族自治州的“清江源”现代烟草农业科技园区考察，并对烟草行业推进产业扶贫和综合扶贫、支持烟区农民脱贫致富、服务地方经济发展的做法给予肯定。

10月19—20日，国家局局长凌成兴在湖北烟草调研，强调要打赢“两个攻坚战”，打造“三个新优势”，即打赢卷烟提税顺价攻坚战，打赢全省系统卷烟营销市场化取向改革试点攻坚战；打造“黄鹤楼”品牌跨越发展的新优势，打造湖北烟草高位运行的新优势，打造烟草行业精准扶贫的新优势。

10月28日，国家局副局长赵洪顺在湖北省局（公司）调研，强调要努力把湖北烟草打造成“五个新标杆”，即打造专卖管理和市场监管的新标杆，打造规范营销、科学营销的新标杆，打造烟叶生产科学发展的新标杆，打造法治建设的新标杆，打造从严治党、从严治企的新标杆。

12月15—16日，国家局副局长杨培森在十堰调研扶贫工作，要求进一步推进烟农专业合作社建设，探索新型烟叶生产组织形式；探索利用烟叶生产基础设施和营销配送体系，发展多种经营；全力支持水源工程建设，相关部门要积极协调，抓紧审批；加大对竹山县和竹溪县扶贫帮扶资金的支持力度。

2015年湖北省烟草专卖局（公司）所属企业主要情况统计

地市级局（公司）名称		武汉市烟草专卖局（公司）	黄冈市烟草专卖局（公司）	襄阳市烟草专卖局（公司）	荆州市烟草专卖局（公司）
主要负责人/法人代表（含党政领导）		梁　斌	张俊初	龚春竹	马　力
所属县级单位		江岸区、江汉区、硚口区、汉阳区、武昌区、青山区、洪山区、蔡甸区、江夏区、黄陂区、新洲区、东西湖区、汉南区等13个区烟草专卖分局（营销部）	黄州区、团风县、红安县、麻城市、罗田县、英山县、浠水县、蕲春县、武穴市、黄梅县等10个县级烟草专卖局（营销部）和龙感湖分局（公司）	老河口市、襄州区、谷城县、宜城市、保康县、南漳县、枣阳市、樊城区、襄城区等9个县级烟草专卖局（营销部）和南漳县、保康县等2个烟叶分公司	荆州区、沙市区、江陵县、松滋市、公安县、石首市、监利县、洪湖市等8个县级烟草专卖局（营销部）
总资产（万元）		501027	161114	114761	132437
资产负债率（%）		23.54	44.61	38.33	37.94
从业人员（人）		1407	974	1183	938
所属业务机构	营销机构	1个营销中心	1个营销中心、1个电访中心	1个营销中心、1个订单部	1个营销中心、1个订单部
	物流配送机构	1个物流配送中心	1个配送中心、8个中转站	1个物流配送中心	1个卷烟物流配送中心、6个中转站
	专卖稽查机构	1个稽查支队、16个稽查大队、47个专卖管理所	1个稽查支队、12个稽查大队、42个专卖管理所	1个稽查支队、13个稽查中队、1个口子稽查大队、33个专卖管理所	1个稽查支队、10个稽查大队、43个专卖管理所
	烟叶机构	—	—	12个烟叶站、32个烟叶收购组	—

续表

地市级局（公司）名称		武汉市烟草专卖局（公司）	黄冈市烟草专卖局（公司）	襄阳市烟草专卖局（公司）	荆州市烟草专卖局（公司）
实现税利	万元	356654	123897	118803	131679
	2015 年比 2014 年（%）	25.97	29.78	22.73	31.60
实现利润	万元	169899	54910	51708	56569
	2015 年比 2014 年（%）	6.65	1.59	0.70	6.05
销售卷烟	亿支	212.05	96.54	92.43	91.57
	2015 年比 2014 年（%）	-1.08	-1.16	-1.77	-1.42
卷烟销售收入（万元）		1290269	474532	441900	499263
查处涉烟违法案件（起）		6602	2241	1155	4422
查处涉烟违法案件案值（万元）		6278	798	755	1922
2015 年度烟草行业投入烟叶生产基础设施建设资金（万元）		—	—	1489	—
全年烟叶生产基础设施新增受益面积（万亩）		—	—	0.51	—
烟叶种植（万亩）		—	—	6.87	—
烟叶收购（万担）		—	—	14.55	—
烟农户数（户）		—	—	4742	—
实现烟农总收入（万元）		—	—	24426	—
零售客户数（户）		36489	26264	15648	19217
零售客户销售毛利率（%）		12.09	11.66	11.51	11.85

地市级局（公司）名称	十堰市烟草专卖局（公司）	孝感市烟草专卖局（公司）	恩施土家族苗族自治州烟草专卖局（公司）	宜昌市烟草专卖局（公司）
主要负责人/法人代表（含党政领导）	赵建成	张禾炎	谭志平	赵传良
所属县级单位	城区、郧阳区[1]、竹溪县、丹江口市、房县、竹山县、郧西县等7个县级烟草专卖局（营销部）和竹山县、郧西县、竹溪县、房县等4个烟叶分公司	孝南区、孝昌县、大悟县、云梦县、安陆市、应城市、汉川市等7个县级烟草专卖局（营销部）	恩施市、利川市、建始县、巴东县、宣恩县、咸丰县、来凤县、鹤峰县等8个县级烟草专卖局（营销部）、8个烟叶分公司	城区、夷陵区、枝江市、宜都市、当阳市、远安县、秭归县、兴山县、长阳土家族自治县、五峰土家族自治县等10个县级烟草专卖局（营销部）
总资产（万元）	121425	106323	256942	105281
资产负债率（%）	56.40	28.68	62.15	26.14
从业人员（人）	970	827	2441	1146

续表

地市级局（公司）名称		十堰市烟草专卖局（公司）	孝感市烟草专卖局（公司）	恩施土家族苗族自治州烟草专卖局（公司）	宜昌市烟草专卖局（公司）
所属业务机构	营销机构	1个营销中心	1个营销中心	1个卷烟营销中心	1个卷烟营销中心、1个电访中心
	物流配送机构	1个物流中心、1个配送中心	1个物流配送中心	1个物流中心	1个物流配送中心、8个中转站
	专卖稽查机构	1个稽查支队、7个稽查大队、4个稽查中队、29个专卖管理所	1个稽查支队、8个稽查大队、32个专卖管理所	1个稽查支队、8个稽查大队、1个口子稽查大队、7个口子稽查中队、29个专卖管理所	1个稽查支队、10个稽查大队、33个专卖管理所
	烟叶机构	8个烟叶中心站、30个烟叶收购组	—	53个烟叶站、220个烟叶收购组	10个烟叶工作站、32个烟叶收购组
实现税利	万元	79552	111636	130201	103490
	2015年比2014年（%）	20.46	23.76	16.76	24.17
实现利润	万元	32518	54567	59152	43270
	2015年比2014年（%）	-1.60	10.41	35.60	7.48
销售卷烟	亿支	51.99	70.28	53.26	74.90
	2015年比2014年（%）	-1.55	-1.20	2.01	-1.72
卷烟销售收入（万元）		255807	405559	249433	371080
查处涉烟违法案件（起）		652	2571	1001	1275
查处涉烟违法案件案值（万元）		293	846	860	657
2015年度烟草行业投入烟叶生产基础设施建设资金（万元）		3697	—	32749	868
全年烟叶生产基础设施新增受益面积（万亩）		3.09	—	30.39	0.04
烟叶种植（万亩）		10.26	—	36.08	5.48
烟叶收购（万担）		21.49	—	76.45	12.67
烟农户数（户）		5043	—	27221	4399
实现烟农总收入（万元）		35818	—	125413	18052
零售客户数（户）		13493	15570	11569	16811
零售客户销售毛利率（%）		12.06	11.72	11.28	11.39

地市级局（公司）名称	咸宁市烟草专卖局（公司）	随州市烟草专卖局（公司）	黄石市烟草专卖局（公司）	荆门市烟草专卖局（公司）
主要负责人/法人代表（含党政领导）	游爱民	刘洪明	邓良启	李远宏
所属县级单位	咸安区、嘉鱼县、赤壁市、通城县、崇阳县、通山县等6个县级烟草专卖局（营销部）	随县、广水市、曾都区等3个县级烟草专卖局（营销部）	大冶市、阳新县2个县级烟草专卖局（营销部）、1个直属分局（营销部）	钟祥市、京山县、沙洋县、城区等4个县级烟草专卖局（营销部）
总资产（万元）	53613	57742	80217	84149
资产负债率（%）	24.84	51.39	32.81	46.96
从业人员（人）	512	355	373	408

续表

地市级局（公司）名称		咸宁市烟草专卖局（公司）	随州市烟草专卖局（公司）	黄石市烟草专卖局（公司）	荆门市烟草专卖局（公司）
所属业务机构	营销机构	1个营销中心、6个客户服务部、15个市场部	1个营销中心	1个营销中心	1个营销中心
	物流配送机构	1个配送中心	1个物流配送中心	1个配送中心	1个配送中心
	专卖稽查机构	1个稽查支队、7个稽查大队、16个专卖管理所	1个稽查支队、4个稽查大队、6个稽查中队、15个专卖管理所	1个稽查支队、5个稽查中队、14个专卖管理所、1个铁路执法室	1个稽查支队、4个稽查大队、14个专卖管理所
	烟叶机构	—	—	—	—
实现税利	万元	58955	42324	65420	58726
	2015年比2014年（%）	29.71	22.70	26.76	23.81
实现利润	万元	25627	17548	30028	25967
	2015年比2014年（%）	10.66	-3.02	0.03	-3.75
销售卷烟	亿支	41.76	35.02	39.64	43.84
	2015年比2014年（%）	-0.61	-1.72	-0.61	-0.63
卷烟销售收入（万元）		235212	167463	226275	216543
查处涉烟违法案件（起）		889	777	1057	1253
查处涉烟违法案件案值（万元）		1388	1134	650	556
2015年度烟草行业投入烟叶生产基础设施建设资金（万元）		—	—	—	—
全年烟叶生产基础设施新增受益面积（万亩）		—	—	—	—
烟叶种植（万亩）		—	—	—	—
烟叶收购（万担）		—	—	—	—
烟农户数（户）		—	—	—	—
实现烟农总收入（万元）		—	—	—	—
零售客户数（户）		9181	7706	9407	9749
零售客户销售毛利率（%）		11.29	11.98	12.35	11.63

地市级局（公司）名称	鄂州市烟草专卖局（公司）	仙桃市烟草专卖局（公司）	天门市烟草专卖局（公司）	潜江市烟草专卖局（公司）	神农架林区烟草专卖局（公司）
主要负责人/法人代表（含党政领导）	徐伟斌	罗建勋	胡泽文	魏晓敏	韩　敏（—2015.3） 陆　芳（2015.3—）
所属县级单位	—	—	—	—	—
总资产（万元）	37671	42948	28618	24005	3961
资产负债率（%）	41.08	36.98	24.97	27.63	30.73
从业人员（人）	171	177	181	138	36

续表

地市级局（公司）名称		鄂州市烟草专卖局（公司）	仙桃市烟草专卖局（公司）	天门市烟草专卖局（公司）	潜江市烟草专卖局（公司）	神农架林区烟草专卖局（公司）
所属业务机构	营销机构	1个营销中心、1个电访中心	1个营销中心	1个营销中心	1个营销中心	1个营销中心
	物流配送机构	1个物流配送中心	1个配送中心	1个配送中心	1个配送中心	1个配送部、1个配送站
	专卖稽查机构	1个稽查支队、5个专卖管理所	1个稽查大队、1个稽查中队、7个专卖管理所	1个稽查大队、6个专卖管理所	1个稽查大队、2个稽查中队、4个专卖管理所	1个稽查大队
	烟叶机构	—	—	—	—	—
实现税利	万元	31402	34635	27298	25258	2534
	2015年比2014年（%）	21.38	28.71	24.02	35.24	6.57
实现利润	万元	14578	16596	12266	11822	921
	2015年比2014年（%）	1.83	4.48	-6.89	5.28	-30.15
销售卷烟	亿支	18.01	20.47	19.41	16.18	1.47
	2015年比2014年（%）	0.42	-1.79	-4.53	-0.23	-2.29
卷烟销售收入（万元）		110563	116079	99060	94178	9882
查处涉烟违法案件（起）		219	328	305	262	16
查处涉烟违法案件案值（万元）		176	132	141	148	3
2015年度烟草行业投入烟叶生产基础设施建设资金（万元）		—	—	—	—	—
全年烟叶生产基础设施新增受益面积（万亩）		—	—	—	—	—
烟叶种植（万亩）		—	—	—	—	0.08
烟叶收购（万担）		—	—	—	—	0.17
烟农户数（户）		—	—	—	—	40
实现烟农总收入（万元）		—	—	—	—	263
零售客户数（户）		4194	4171	3707	2844	560
零售客户销售毛利率（%）		12.57	11.08	11.78	11.95	12.43

注：1.2015年4月，国家局、总公司下发《国家烟草专卖局 中国烟草总公司关于湖北省郧县烟草专卖局（营销部）更名的批复》（国烟人〔2015〕120号），批复将郧县烟草专卖局更名为十堰市郧阳区烟草专卖局，将湖北省烟草公司十堰市公司郧县营销部更名为十堰市烟草公司郧阳营销部；十堰市郧阳区烟草专卖局与十堰市烟草公司郧阳营销部合署办公，负责辖区内烟草专卖管理和卷烟营销工作。

（撰稿：李菲菲；编辑：王东旭）

湖南省烟草专卖局（公司）

【专卖管理】 打假打私。2015年，湖南省烟草专卖局查处涉烟违法案件1.42万起，其中非渠道卷烟案件1.18万起，罚没非渠道卷烟4.33亿支；假冒卷烟案件2263起，查获假冒卷烟4709万支。罚没非法烟丝、烟叶356.03吨，捣毁制假窝点1个，查获制假烟机44台。破获网络案件120起，其中符合国家局标准的网络案件86起。公安、司法机关依法拘留380人，逮捕351人，判刑254人。

市场监管。湖南省各级烟草专卖管理部门积极争取当地党委、政府的支持，在湖南省“两烟”协调领导小组和省涉烟刑事案件查处协调领导小组指导下，建立健全涉烟刑事案件查处协调领导机制，将卷烟打假破网、烟草市场综合治理工作任务纳入公安、工商部门年度考核。2015年，组织开展清理整顿烟草市场“春雷5号”专项行动，各级烟草专卖管理部门在辖区内集中时间、集中力量开展系列专项行动，其中衡阳市局“雁城风暴”行动获国家局表彰。继续探索实行分类管理、错时检查、重点监管、网格化管理等监管方法，APCD工作法有效落地。

证件管理。加强专卖零售许可证管理，2015年签发省际、省内准运证7.78万份，未发生空白准运证、准运证遗失情况；组织开展零售许可证专项清理行动，清理各类问题1.19万个，整改9483个。升级改造专卖信息系统，完成专卖信息系统与行政审批系统的对接，并在长沙、岳阳试点行政处罚决定书网上公布工作。

重大案件。益阳市南县2014年“6·20”销售假烟网络案件被列为公安部和国家局督办案件，涉及湖南、浙江、湖北等10个省（自治区、直辖市），涉案金额1464万元，涉案人员近100人，打掉5个售假团伙、15个售假窝点，刑拘22人，逮捕18人。邵阳市查处的2014年“11·28”特大生产、销售假烟网络案件被列为公安部和国家局督办案件，涉及湖南、广东、福建等省（自治区、直辖市），累计涉案金额1000余万元，逮捕10人，2人批捕在逃。

【经济效益】 2015年，湖南省烟草商业系统实现税利206.38亿元，同比增长22.9%，其中利润90.27亿元，同比增长1.77%。卷烟单箱销售收入2.79万元，单箱税利6500元。三项费用率为7.35%，同比减少0.76个百分点。

【卷烟经营】 *卷烟销售*。2015年，湖南省烟草商业系统销售卷烟1348.15亿支（269.63万箱），同比下降2.57%，其中，销售一类烟320.25亿支（64.05万箱），同比增长8.04%；二类烟62.5亿支（12.5万箱），同比增长6.34%；三类烟632.85亿支（126.57万箱），同比下降4.23%；四类烟252.95亿支（50.59万箱），同比下降4.81%；五类烟79.6亿支（15.92万箱），同比下降21.95%。实现卷烟销售收入760.56亿元，同比增长7.12%。销售重点品牌卷烟1245.05亿支（249.01万箱），重点品牌销量占总销量比重达到92.36%。本地区销量居前三位的品牌依次为“白沙”“芙蓉王”“双喜”，销量分别为652亿支（130.4万箱）、257.95亿支（51.59万箱）、145.95亿支（29.19万箱）。销售细支卷烟0.55亿支（0.11万箱），同比增长432%。销售低焦油卷烟157.7亿支（31.54万箱），占总销量的31.52%，同比增长0.19%。

提税顺价。按照卷烟消费税提税顺价的有关精神，在提税的同时适当顺价，同步调整并适当提高卷烟批发价格和建议零售价。湖南省烟草商业系统各单位立即停止访销，及时做好各业务系统价格切换工作，并采取每日快报形式，逐日监控各单位卷烟销售、主销品牌市场情况以及卷烟零售客户和消费者反应；通过客户经理上门、物流配送夹带等方式置换价格标签，5月25日前顺利完成新价格明码标价工作；组织客户经理采取上门解释，短信、微信提醒，订货平台宣传等方式，对卷烟零售客户加强政策宣传；根据市场状态及时调整供货策略，对重点品牌进行调控，严禁推迟或提前访销，杜绝突击压销量，最大限度保持市场状态和保障零售客户合理利润；及时对批发价和零售指导价进行取整，协调相关工业企业对零售指导价进行归整，着力维护卷烟零售客户的合理盈利水平。截至2015年底，省内在销47个品牌、206个规格（不含雪茄烟），提税顺价后市场价格达到零售指导价的有85个，占在销规格数的41%，占在销规格总销量的49%。

卷烟营销市场化取向改革。2015年，在国家局确定长沙市公司作为全国烟草行业试点单位的基础上，安排娄底、衡阳、益阳市公司为省级试点单位，并按“各有任务、各有重点、各司其职、协同推进”原则明确各自分工。稳步推进平台建设，省级卷烟营销平台于9月29日在长沙市公司上线运行。进一步优化调控模型，形成省、市、县三级分层分级调控机制，即湖南省公司负责制定“稳定规模、优化结构”具体调控措施，对市州公司运行调控进行监督和指导，对市场状态进行走访和检查；市州公司作为货源组织、货源协议签订和市场管理主体，承担市场调控主体责任，负责制定调控规则，根据市场变化及时调整货源投放节奏；县级分公司执行省级、市级营销部门调控指令，规范市场监测信息的采集、分析和上报，确保市场状态监测与调控工作落到实处。完善需求预测流程，按照国家局要求在全年和半年预测的基础上增加月度预测上报，取消季度补货预测。进一步改革工商交

易模式，建立“订单驱动、滚动配货、实时合同”的新模式，以准确的市场需求预测指导协议签订，并依据品牌市场状态实施协议置换、按比例调整、合同废止、品牌退货等业务，做到滚动执行协议、动态管理合同、实时响应市场。

【烟叶产销】 *烟叶生产经营*。2015 年，湖南省落实烤烟合同种植面积114.1 万亩，签订合同6.82 万份。收购烤烟15.61 万吨（312.14 万担），其中上等烟比例60.93%、中等烟比例39.07%。收购均价27.23 元/千克，同比增加1.61 元/千克。落实晒黄烟合同种植面积0.84 万亩，签订合同0.36 万份。收购晾晒烟0.154 万吨（3.08 万担）。收购均价25.64 元/千克，同比提高1.2 元/千克。湖南省烤烟收购等级合格率 81.06%、工商交接等级合格率68.51%。销售烟叶15.03 万吨（300.59 万担），同比下降12.37%，其中国内销售14.35 万吨（287 万担）、境外销售烟叶0.68 万吨（13.59 万担）。实现烟农收入50.55 亿元，烟农户均收入7.04 万元，同比提高4.76%。

2015 年，实现烟叶销售收入90.73 亿元，同比下降0.25%。实现烟叶税收9.44 亿元，同比基本持平。投入烟叶生产补贴资金8.96 亿元，捐款0.23 亿元用于灾害救助，支付烟叶保险理赔款0.81 亿元。

烟叶生产管理。严格烟叶计划管理，深化烟叶资源配置改革，生产布局、种植主体和市场结构进一步优化。30 万担以上重点产区种植规模占总量的74.32%，典型浓香型烟区占比54.4%。烤烟户均种植规模16.73 亩；2 家卷烟工业企业年调拨量超过50 万担、调拨量占比40.4%，10 万~30 万担的10 家、占比51.8%。全面推行烟叶精益生产，建立烟叶精益生产示范区54 个，开发特色优质烟叶5.75 万吨（115 万担），落实订单生产3.7 万吨（74 万担）。常德原收原调试点取得成功，构建“需求引导、加强互信、及时沟通、对样操作”的工商协同推进机制，建立以“一打三扫”为主要模式的烟叶质量追溯体系。烟叶基层建设取得新进展，浏阳官渡、桂阳洋市、蓝山土市、常宁盐湖、龙山茨岩等5 个烟站被评为“烟草行业烟叶工作站标兵单位（2012—2014 年度）”。

烟叶生产基础设施建设。2015 年，重点开展基本烟田土地整理、田间机械化和水源工程等项目建设，完成2014 年度烟叶烟基计划建设任务，累计投入补贴资金21.10 亿元（含水源工程批复资金5.46 亿元、湘西州精准扶贫机耕道专项资金0.79 亿元），其中国家局补贴11.08 亿元、省内烟草商业系统配套10.02 亿元。建成常规烟叶生产基础设施项目4.97 万件，整理基本烟田18.37 万亩，完成湘西州烟叶产业精准扶贫机耕道路专项402 条463 千米。

现代烟草农业建设。坚持工业需求导向，开展烟叶基地单元建设“回头看”，完善烟叶基地单元评价验收办法，建立烟叶基地单元退出机制，对规模不足、合作不紧、设施不强的2 个单元进行清理整合，并重新衔接对口卷烟工业。引导合作社规范内部管理，开展合作社风险防控体系建设，突出加强专业化服务，合作社运行水平进一步提升。省内烟农合作社整合为120 家，其中烟农专业合作社行业示范社23 家、省级示范社27 家，专业化育苗、机耕、植保、烘烤、分级覆盖率分别达到100%、79.9%、43.4%、67.9%、100%。

【特事要辑】 4 月 2 日，湖南省烤烟新品系“HN0508”全票通过全国烟草品种委员会审定，命名为“湘烟5 号”。“湘烟5 号”采用杂交聚合育种方法，结合异地穿梭育种和南繁加代技术，历时13 年选育而成。

4 月23 日，湖南省政协主席陈求发到湘西生态金叶科技示范园考察调研，鼓励示范园进一步加强科技创新，完善服务推广体系，围绕湘西山地特色优质烟叶开发，为推进全州现代农业建设提供良好示范。

5 月14—15 日，国家局副局长杨培森到湖南省局（公司）调研。杨培森高度评价长沙市宁乡县喻家坳乡金醇烟农合作社体现“生产资料集体所有、专业化生产水平较高、多种经营取得实质性突破、有一个好的带头人、市场化运作过程中造血功能强”的特点，经验值得总结和推广。

6 月9—11 日，国家局局长凌成兴到湖南省局（公司）调研。凌成兴对湖南烟草工商企业取得的工作成绩给予充分肯定，认为实现“一个重要标志，三个令人鼓舞”。“一个重要标志”，即“芙蓉王”品牌商业销售总额突破1000 亿元大关，成为行业第三大品牌；“三个令人鼓舞”，一是烟叶生产调控成效令人鼓舞，二是落实湘西州产业扶贫举措令人鼓舞，三是税利总额增长令人鼓舞。他指明了湖南烟草工作目标：“打赢攻坚战，冲刺一千亿”，即打赢提税顺价攻坚战，年内实现湖南烟草工商税利总额跨越一千亿元台阶；做到“两个总体平稳、三个大幅增长”，即保持卷烟产销和烟叶生产总体平稳，实现结构提升、技改投资和税利总额大幅增长。

7 月 7 日，湖南省副省长戴道晋到湘西生态金叶科技示范园考察现代烟草农业建设。

11 月 3 日，国家局副局长段铁力到湖南省局（公司）调研，要求切实保障卷烟零售客户盈利水平，打好提税顺价“攻坚战”。

11 月 19 日，国家局副局长赵洪顺到湖南省局（公司）调研，其间专程走访长沙市部分卷烟零售客户，了解提税顺价后卷烟市场价格、动销及库存、客户盈利水平等情况。

11 月 24 日，国家局副局长段铁力到湖南省局（公司）调研，其间考察郴州烟草。

12 月 11 日，湖南省政府在长沙召开全省烟叶工作会议。

2015 年湖南省烟草专卖局（公司）所属企业主要情况统计

地市级局（公司）名称		长沙市烟草专卖局（公司）	株洲市烟草专卖局（公司）	湘潭市烟草专卖局（公司）	衡阳市烟草专卖局（公司）	邵阳市烟草专卖局（公司）
主要负责人/法人代表（含党政领导）		谢建宏	高志强	邓少文	万　伟	宾　波
所属县级单位		长沙县、宁乡县、浏阳市、望城区等 4 个县级烟草专卖局（分公司）	株洲县、醴陵市、攸县、茶陵县、炎陵县等 5 个县级烟草专卖局(分公司)	湘潭县、湘乡市、韶山市等 3 个县级烟草专卖局(分公司)	衡阳县、衡南县、耒阳市、常宁市、衡东县、祁东县、衡山县、南岳区等 8 个县级烟草专卖局（分公司）	邵东县、新邵县、隆回县、洞口县、绥宁县、城步苗族自治县、武冈市、新宁县、邵阳县等 9 个县级烟草专卖局（分公司）
总资产（万元）		383040	196877	133794	252039	160113
资产负债率（%）		9.21	9.45	17.43	21.00	8.73
从业人员（人）		1974	791	304	777	806
所属业务机构	营销机构	1 个营销中心、1 个服务中心	1 个营销中心	1 个营销中心	1 个营销中心	1 个营销中心
	物流配送机构	1 个物流配送中心	1 个物流中心	1 个物流配送中心	1 个物流中心、1 个配送中心	1 个物流中心、3 个配送中转站
	稽查机构	1 个稽查支队、6 个稽查大队	1 个稽查支队、9 个稽查大队	1 个稽查支队、5 个稽查大队	1 个稽查支队、12 个稽查大队	1 个稽查支队、11 个稽查大队
	烟叶机构	1 个烟叶生产经营部、1 个烟基办、1 个技术中心、10 个烟叶站	1 个烟叶生产经营部、2 个烟叶站	—	1 个烟叶生产经营部、1 个技术中心、1 个烟基办、18 个烟草站	1 个烟叶生产经营部、1 个烟基办、3 个烟叶经营生产分部、5 个烟叶工作站
实现税利	万元	293820	147866	101469	186981	146992
	2015 年比 2014 年（%）	21.48	21.87	20.05	24.76	18.03
实现利润	万元	138963	70665	47817	81897	58403
	2015 年比 2014 年（%）	2.34	0.76	-6.02	2.18	-6.81
销售卷烟	亿支	170.16	92.78	70.80	131.58	117.18
	2015 年比 2014 年（%）	-1.22	-0.65	-0.28	-0.71	-0.71
卷烟销售收入（万元）		921071	478232	342666	597677	537962
查处涉烟违法案件（起）		2384	822	540	857	859
查处涉烟违法案件案值（万元）		7647	879	999	1793	1306

续表

地市级局（公司）名称	长沙市烟草专卖局（公司）	株洲市烟草专卖局（公司）	湘潭市烟草专卖局（公司）	衡阳市烟草专卖局（公司）	邵阳市烟草专卖局（公司）
2015 年度烟草行业投入烟叶生产基础设施建设资金（万元）	4681	892	—	11280	6910
全年烟叶生产基础设施新增受益面积（万亩）	7.41	0.89	—	5.64	5.67
烟叶种植（万亩）	10.30	1.65	—	8.49	4.95
烟叶收购（万担）	28.00	5.92	—	24.32	11.31
烟农户数（户）	7913	1209	—	3341	5450
实现烟农总收入（万元）	45000	9466	—	39299	20867
零售客户数（户）	27000	15159	10783	22472	26253
零售客户销售毛利率（%）	10.00	8.00	7.00	8.50	8.00

地市级局（公司）名称		岳阳市烟草专卖局（公司）	常德市烟草专卖局（公司）	张家界市烟草专卖局（公司）	益阳市烟草专卖局（公司）	郴州市烟草专卖局（公司）
主要负责人/法人代表（含党政领导）		吴奇林	肖纲超	谭　志	付依良	黄国联
所属县级单位		岳阳县、华容县、汨罗市、临湘市、湘阴县、平江县等 6 个县级局（分公司）	安乡县、汉寿县、澧县、临澧县、桃源县、石门县、津市市等 7 个县级烟草专卖局（分公司）	慈利县、桑植县、武陵源区等 3 个县级烟草专卖局（分公司）	南县、沅江市、桃江县、安化县等 4 个县级烟草专卖局（分公司）	桂阳县、嘉禾县、永兴县、宜章县、安仁县、临武县、资兴市、桂东县、汝城县等 9 个县级烟草专卖局（分公司）
总资产（万元）		236290	197780	88064	144081	258321
资产负债率（%）		31.14	15.79	33.34	8.92	36.96
从业人员（人）		557	1561	1247	484	1673
所属业务机构	营销机构	1 个营销中心	1 个营销中心	1 个营销中心	1 个营销中心	1 个营销中心
	物流配送机构	1 个配送中心	1 个物流中心、1 个配送中心	1 个物流中心、1 个配送中心	1 个物流配送中心	1 个物流配送中心
	专卖稽查机构	1 个稽查支队、10 个稽查大队	1 个稽查支队、4 个稽查大队	1 个稽查支队、3 个稽查大队	1 个稽查支队、4 个稽查大队	1 个稽查支队、9 个稽查大队、3 个专卖管理服务站
	烟叶机构	—	1 个烟叶生产经营部、1 个烟基办、3 个烟叶经营生产分部、4 个烟叶工作站	1 个烟叶生产经营部、3 个烟叶经营生产分部、6 个中心烟叶工作站	—	1 个烟叶生产经营部、1 个技术中心、1 个烟基办、7 个烟叶经营生产分部、20 个烟叶工作站
实现税利	万元	157788	166622	59016	128809	188981
	2015 年比 2014 年（%）	29.81	24.79	25.06	20.61	32.66

续表

地市级局（公司）名称		岳阳市烟草专卖局（公司）	常德市烟草专卖局（公司）	张家界市烟草专卖局（公司）	益阳市烟草专卖局（公司）	郴州市烟草专卖局（公司）
实现利润	万元	68462	69468	22524	59084	77346
	2015 年比 2014 年（%）	0.70	-2.24	7.67	-4.73	30.85
销售卷烟	亿支	116.20	126.40	36.89	95.24	91.27
	2015 年比 2014 年（%）	-0.30	-0.30	-1.67	-0.14	0.01
卷烟销售收入（万元）		560913	590864	175138	459468	407704
查处涉烟违法案件（起）		871	1623	532	1011	1285
查处涉烟违法案件案值（万元）		1592	2224	1014	685	2339
2015 年度烟草行业投入烟叶生产基础设施建设资金（万元）		—	4923	5543	—	17418
全年烟叶生产基础设施新增受益面积（万亩）		—	2.85	2.77	—	8.71
烟叶种植（万亩）		—	4.10	7.00	—	36.50
烟叶收购（万担）		—	13.98	21.34	—	94.65
烟农户数（户）		—	2920	4502	—	20694
实现烟农总收入（万元）		—	22900	33765	—	156489
零售客户数（户）		23110	21326	5865	17834	16744
零售客户销售毛利率（%）		10.00	8.74	10.01	7.50	5.20

地市级局（公司）名称		永州市烟草专卖局（公司）	怀化市烟草专卖局（公司）	娄底市烟草专卖局（公司）	湘西土家族苗族自治州烟草专卖局（公司）
主要负责人/法人代表（含党政领导）		李刚华	吴胜波	周志成（—2015.6） 何爱军（2015.6—）	陆中山
所属县级单位		零陵区、双牌县、祁阳县、东安县、江永县、江华瑶族自治县、宁远县、道县、新田县、蓝山县等 10 个县级烟草专卖局（分公司）	沅陵县、辰溪县、溆浦县、麻阳苗族自治县、新晃侗族自治县、芷江侗族自治县、洪江市、洪江区、会同县、靖州苗族侗族自治县、通道侗族自治县等 11 个县级烟草专卖局（分公司）	双峰县、涟源市、冷水江市、新化县等 4 个县级烟草专卖局（分公司）	龙山县、永顺县、花垣县、凤凰县、古丈县、保靖县、泸溪县等 7 个县级烟草专卖局（分公司）
总资产（万元）		200115	124467	138762	190963
资产负债率（%）		27.06	25.06	21.68	46.39
从业人员（人）		1508	947	595	1134
所属业务机构	营销机构	1 个营销中心	1 个营销中心	1 个营销中心、4 个市场服务分部	1 个营销中心
	物流配送机构	1 个物流配送中心	1 个物流中心、6 个中转站	1 个物流中心、3 个配送分部	1 个物流配送中心
	专卖稽查机构	1 个稽查支队、12 个稽查大队	1 个稽查支队、11 个稽查大队	1 个稽查支队、6 个稽查大队	1 个稽查支队、9 个稽查大队
	烟叶机构	1 个烟叶生产经营部、1 个烟叶生产技术中心、1 个烟基办、6 个烟叶经营生产分部、16 个烟叶工作站	1 个烟叶生产经营部、3 个烟叶经营生产分部、3 个中心烟叶工作站	—	1 个烟叶生产经营部、1 个烟叶生产技术中心、1 个烟基办、7 个烟叶经营生产分部、15 个烟叶工作站

续表

地市级局（公司）名称		永州市烟草专卖局（公司）	怀化市烟草专卖局（公司）	娄底市烟草专卖局（公司）	湘西土家族苗族自治州烟草专卖局（公司）
实现税利	万元	163293	99236	102384	99851
	2015 年比 2014 年（%）	22.17	28.60	18.63	29.59
实现利润	万元	68229	40688	44163	38227
	2015 年比 2014 年（%）	9.28	6.91	-10.84	13.02
销售卷烟	亿支	98.45	85.17	79.52	50.95
	2015 年比 2014 年（%）	-0.37	-0.27	-0.60	0.11
卷烟销售收入（万元）		441009	373895	377255	232315
查处涉烟违法案件（起）		1009	1291	598	516
查处涉烟违法案件案值（万元）		1434	1968	977	562
2015 年度烟草行业投入烟叶生产基础设施建设资金（万元）		10631	1131	—	24161
全年烟叶生产基础设施新增受益面积（万亩）		5.32	0.57	—	12.09
烟叶种植（万亩）		21.88	1.35	—	18.72
烟叶收购（万担）		54.14	4.11	—	57.45
烟农户数（户）		11287	869	—	13640
实现烟农总收入（万元）		88710	5530	—	83470
零售客户数（户）		18758	16821	12744	9667
零售客户销售毛利率（%）		8.40	10.00	8.90	10.26

（撰稿：宋　夏；编辑：王东旭）

广东省烟草专卖局（公司）

【专卖管理】　2015 年，广东省烟草专卖局出动执法人员 9.54 万人次，查处制售假烟案件 8103 起，查获大型制假烟机 135 台、假烟 5.13 亿支、烟丝、烟叶 1474.17 吨、假烟商标标识印刷设备 9 台、假烟商标标识 2093.09 万张。截获非法运输车辆 327 台，公安、司法机关依法刑拘 1148 人，逮捕 771 人，判刑 486 人，侦破符合国家局标准的网络案件 132 起。

专项整治。针对 2015 年卷烟打假打私的严峻形势，广东省局联合省打假办、省公安厅、省交通运输厅、省工商局部署开展联合卷烟打假行动，联合省打私办部署开展卷烟打私专项行动，并按照公安部、国家局的统一部署，组织开展卷烟打假打私百日专项行动。广东省各级局按照省局的统一部署，在当地政府的领导和相关职能部门的配合下，将 3 个专项行动作为一个整体和有机综合体，精心组织，统筹部署，重点针对当地在卷烟打假打私中面临的突出问题，采取措施进行整治。

打假破网。既集中力量打源头，破网络，又不断加大市场监管力度，严防非法卷烟进入市场流通，大力斩断制假走私链条。省局积极协调省打假办、省公安厅、检察院等职能部门对打假打私重点地区开展调研和督导督办，指导相关地区加大大要案侦办和追刑工作力度。各级局不断加强与公安部门的信息和资源共享，大力提高案件经营能力；加强与司法机关的联动和衔接，切实加大追刑力度，充分发挥公、检、法等部门打假打私联合机制作用，突出“端窝点、断源头、破网络、抓主犯”，侦破一批有影响力的大要案。

韶关市侦破“粤北二号”特大非法生产烟丝案，为2015年广东省破获的规模最大、案值最大的非法加工烟丝案件。肇庆市组织“9·11”非法经营走私卷烟网络案集群战役，为近年来肇庆市破获的涉案地区最多，涉案金额最大、环节最完整、抓获人员最多的非法经营走私卷烟网络案件。湛江市破获“7·16”特大走私卷烟案，案值约20亿元，是近年来湛江市查获的案值最大的走私烟案件。

*卷烟非法流通治理。*2015年，针对卷烟非法流通蔓延的趋势，广东省局党组明确“扎牢篱笆，守土有责，保持定力”工作思路。2015年，累计对19家地市级局下发卷烟非法流通案件调查任务88宗，开展实地督办卷烟非法流通重大案件189起，对其中4起重大案件进行通报督办。每宗案件都能查清问题根源，确保问责整改到位。从源头降低卷烟非法外流的风险。每月按时通报全省卷烟非法流通情况，发布卷烟非法外流预警信息，要求各地市级局注意调控货源投放节奏。

【经济效益】 2015年，广东省烟草商业系统实现税利258亿元，同比增长23.12%，其中利润111.02亿元，同比下降6.78%。三项费用率为5.22%。

【卷烟经营】 *卷烟销售。*广东省烟草商业系统销售卷烟1768.55亿支（353.71万箱），同比增长0.85%，其中，销售一类烟372.56亿支（74.51万箱），同比增长10.62%；二类烟272.41亿支（54.48万箱），同比增长6.10%；三类烟885.24亿支（177.05万箱），同比下降0.60%；四类烟151.56亿支（30.31万箱），同比下降9.34%；五类烟85.91亿支（17.18万箱），同比下降15.51%。本地区销量居前三位的品牌依次为“双喜·红双喜”“芙蓉王”“红塔山”，销量分别为955.05亿支（191.01万箱）、160.49亿支（32.10万箱）、50.89亿支（10.18万箱）。

*品牌培育。*销售重点品牌卷烟1599.98亿支（320万箱），同比增长1.89%，占总销量的90.47%。按照“品牌要做大、规格要做精、价格要上扬”的要求，积极培育行业重点品牌，着力推动区域性品牌、创新型特色品牌发展，努力提升培育效果，优化品牌市场布局，对“中华”等品牌在广东市场的发展布局提出合理化意见。

*终端建设水平提升。*截至2015年底，广东省共有签约现代零售终端6万家，占全省卷烟零售客户总数的19.83%；系统安装客户5.32万户，占全省卷烟零售客户总数的17.6%。现代终端销量占比37.8%，销售额占比39%。

【烟叶产销】 *烟叶种植和收购。*2015年，广东省签订烟叶种植收购合同7131份，种植面积20.48万亩。共收购烟叶2.93万吨（58.65万担），完成计划的97.74%，其中上等烟比例51.94%，收购均价25.14元/千克，比2014年提高2.21%。

*烟叶工作站（点）建设。*规划建设烟叶工作站15个，烟叶工作点32个，临时收购点6个。截至2015年底，烟叶工作站基本建设完成，烟叶工作点完成立项15个，4个继续租赁，尚需立项建设13个。烟叶信息化建设取得新进展。推进资金结算及收购预警系统等烟叶信息化扩展应用项目的实施，提高烟叶资金结算的安全性，保障收购业务开展的规范性。

*现代烟草农业建设。*基地单元建设稳步推进，建设8个烟叶基地单元，基地化供应比例65%左右。转变烟叶生产组织方式，2015年土地流转10.78万亩，占种植面积的52.6%。烟农户均种植面积28.72亩，种植专业户、家庭农场两种生产形式覆盖全省种植面积的94.88%。合作社建设深入推进，入社烟农5916户，占种烟农户的82.96%。始兴县马市烟农专业合作社被总公司认定为全国烟农专业合作社行业示范社；积极开展烟叶精益生产试点工作。以始兴县马市烟叶基地单元作为精益生产试点，主要探索植保、烘烤和分级3个环节的工序化作业。专业化分级散叶收购规模进一步扩大。专业化分级散叶收购规模由2014年的0.344万吨（6.88万担）扩大到1.245万吨（24.9万担），实现工业、烟农、政府和商业“四个满意”。

【特事要辑】 1月25日，国家局副局长赵洪顺一行到广州市局（公司）调研指导工作。赵洪顺强调，广东省局

（公司）及广州市局（公司）要认真学习领会全国烟草工作会议精神，抓好打假打私打非工作，积极慎重地推进改革，切实增强法律风险防控意识，增强大局意识、政治意识，在保持良好的经济发展的同时，保持企业一个良好的井然有序的状态，为中国烟草的持续健康发展作出新的努力和贡献。

5月18—20日，国家局副局长段铁力到广东烟草调研。段铁力对广东烟草近年来取得的工作成绩给予肯定，要求广东烟草工商企业高度重视提税顺价后的各项工作，努力保持良好经济运行态势，工商企业共同努力、相互配合，努力培育好"双喜"品牌；始终保持卷烟打假高压态势，为经济运行保驾护航；以"三严三实"专题教育为抓手，抓好队伍建设，努力完成全年目标任务。

6月11—13日，国家局局长凌成兴到广东烟草调研。其间，中央政治局委员、广东省委书记胡春华，省委副书记、省长朱小丹会见凌成兴。调研期间，凌成兴考察广东中烟工业有限责任公司韶关卷烟厂生产车间、技改现场，广东韶关烟叶复烤有限公司生产车间、技改现场，韶关市局（公司）物流配送中心，走访广州、韶关市部分卷烟零售客户，详细了解卷烟生产、技术改造、打叶复烤、物流配送、卷烟提税顺价等工作，并听取广东烟草工商企业的工作汇报。凌成兴对广东烟草各项工作给予充分肯定。对下一步工作，凌成兴强调，广东烟草要"产销保持领头羊，税利争取进一位"，即保持"双喜·红双喜"品牌产量的"领头羊"，保持商业销量的"领头羊"，争取税利指标在全行业排名进一位。要保持结构提升、市场营销、打假打私的好势头，为行业持续健康发展作出新贡献。

11月4日，国家局副局长赵洪顺一行到广东省局（公司）调研。赵洪顺强调，广东省局（公司）要认清卷烟打假打私紧迫性和重要性，分析新情况、新问题，发挥跨区域协作机制，加强督导、落实责任、全省联动，集中精力办理一批大案要案，保持经济运行良好态势，保持干部职工良好精神状态，确保年度目标任务完成。

2015年广东省烟草专卖局（公司）所属企业主要情况统计

地市级局（公司）名称		广州市烟草专卖局（有限公司）	中山市烟草专卖局（有限责任公司）	珠海市烟草专卖局（有限公司）	东莞市烟草专卖局（有限公司）
主要负责人/法人代表（含党政领导）		陈秉恒	刁百尧	谢春雷	管伟华
所属县级单位		越秀区、荔湾区、海珠区、白云区、天河区、黄埔区、番禺区、南沙区、花都区、从化区和增城区等11个县级烟草专卖分局[1]	—	斗门区烟草专卖局（分公司）	第一、第二、第三、第四、第五、第六、第七烟草专卖分局
总资产（万元）		678051	67288	64783	124490
资产负债率（%）		55.62	19.52	50.53	19.74
从业人员（人）		1236	260	222	871
所属业务机构	营销机构	1个营销管理中心、11个卷烟营销部	1个营销中心、4个营销区域	1个营销中心、1个电访中心	1个营销中心、1个电访中心、7个卷烟营销部
	物流配送机构	1个物流配送中心	1个物流配送中心	1个配送中心	1个物流配送中心、2个物流中转站
	稽查机构	1个稽查支队（下设1个直属稽查队）、11个稽查大队	1个稽查支队、4个稽查大队	1个稽查支队、6个稽查大队	1个稽查支队、7个稽查大队
	烟叶机构	—	—	—	—

续表

地市级局（公司）名称		广州市烟草专卖局（有限公司）	中山市烟草专卖局（有限责任公司）	珠海市烟草专卖局（有限公司）	东莞市烟草专卖局（有限公司）
实现税利	万元	374104	98303	73876	230533
	2015 年比 2014 年（%）	24.54	24.99	17.24	21.90
实现利润	万元	173461	45986	33666	103935
	2015 年比 2014 年（%）	-3.39	-4.58	-10.54	-7.60
销售卷烟	亿支	242.12	62.86	43.73	165.25
	2015 年比 2014 年（%）	0.88	3.14	0.10	1.57
卷烟销售收入（万元）		1259057	327191	286173	919944
查处涉烟违法案件（起）		4037	868	1314	2268
查处涉烟违法案件案值（万元）		21162	2734	752	4420
2015 年度烟草行业投入烟叶生产基础设施建设资金（万元）		—	—	—	—
全年烟叶生产基础设施新增受益面积（万亩）		—	—	—	—
烟叶种植（万亩）		—	—	—	—
烟叶收购（万担）		—	—	—	—
烟农户数（户）		—	—	—	—
实现烟农总收入（万元）		—	—	—	—
零售客户数（户）		33502	10828	8333	28833
零售客户销售毛利率（%）		13.90	11.58	13.26	11.59

地市级局（公司）名称		佛山市烟草专卖局（有限责任公司）	肇庆市烟草专卖局（有限责任公司）	江门市烟草专卖局（有限公司）	惠州市烟草专卖局（有限责任公司）
主要负责人/法人代表（含党政领导）		范　波	罗春华	林　显	刘志斌
所属县级单位		南海区、顺德区、三水区、高明区等4个烟草专卖局（分公司）和1个直属分局	高要区、四会市、怀集县、广宁县、德庆县、封开县等6个县级烟草专卖局（分公司）	开平市、台山市、新会区、鹤山市、恩平市等5个县级烟草专卖局（分公司）	博罗县、惠东县、龙门县、惠阳区、大亚湾区等5个县级烟草专卖局（分公司）
总资产（万元）		111649	38167	67186	92397
资产负债率（%）		29.74	20.05	23.67	18.75
从业人员（人）		699	617	749	614
所属业务机构	营销机构	1个营销中心	1个营销管理中心	1个营销管理中心	1个营销管理中心
	物流配送机构	1个配送中心	1个物流配送中心	1个物流配送中心、1个物流配送分中心、2个物流中转站	1个物流配送中心
	专卖稽查机构	1个稽查支队、5个稽查大队	1个稽查支队、9个稽查大队	1个稽查支队、9个稽查大队	1个稽查支队、5个稽查大队
	烟叶机构	—	—	—	—

续表

地市级局（公司）名称		佛山市烟草专卖局（有限责任公司）	肇庆市烟草专卖局（有限责任公司）	江门市烟草专卖局（有限公司）	惠州市烟草专卖局（有限责任公司）
实现税利	万元	228640	90342	136407	123408
	2015 年比 2014 年（%）	23.79	22.57	18.03	27.97
实现利润	万元	104145	36889	58063	55121
	2015 年比 2014 年（%）	-6.39	-9.06	-12.86	-2.03
销售卷烟	亿支	148.88	69.70	104.65	84.04
	2015 年比 2014 年（%）	3.27	0.95	1.59	2.03
卷烟销售收入（万元）		769542	339814	492672	436617
查处涉烟违法案件（起）		2798	2210	1587	2002
查处涉烟违法案件案值（万元）		3533	2095	1061	9250
2015 年度烟草行业投入烟叶生产基础设施建设资金（万元）		—	—	—	—
全年烟叶生产基础设施新增受益面积（万亩）		—	—	—	—
烟叶种植（万亩）		—	—	—	—
烟叶收购（万担）		—	—	—	—
烟农户数（户）		—	—	—	—
实现烟农总收入（万元）		—	—	—	—
零售客户数（户）		23493	14490	15495	15906
零售客户销售毛利率（%）		8.00	4.52	8.00	15.00

地市级局（公司）名称		茂名市烟草专卖局（有限责任公司）	阳江市烟草专卖局（有限责任公司）	云浮市烟草专卖局（有限责任公司）	湛江市烟草专卖局（有限公司）
主要负责人/法人代表（含党政领导）		李仕文	翁　飞	黄小健	周联际
所属县级单位		信宜市、高州市、化州市、电白区等 4 个县级烟草专卖局（分公司）	阳春市、阳东区、阳西县等 3 个县级烟草专卖局（分公司）	罗定市、新兴县、郁南县、云安县等 4 个县级烟草专卖局（分公司）	雷州市、吴川市、徐闻县、廉江市、遂溪县等 5 个县级烟草专卖局（分公司）
总资产（万元）		41372	22881	24191	59520
资产负债率（%）		39.88	19.86	22.85	41.72
从业人员（人）		675	414	401	602
所属业务机构	营销机构	1 个营销管理中心	1 个营销中心	1 个营销中心、1 个电访中心	1 个营销管理中心
	物流配送机构	1 个物流配送中心	1 个物流配送中心	1 个配送中心	1 个物流配送中心、5 个配送中转站
	专卖稽查机构	1 个稽查支队、7 个稽查大队	1 个稽查支队、8 个稽查大队	1 个稽查支队、6 个稽查大队	1 个稽查支队、10 个稽查大队
	烟叶机构	—	—	—	—

续表

地市级局（公司）名称		茂名市烟草专卖局（有限责任公司）	阳江市烟草专卖局（有限责任公司）	云浮市烟草专卖局（有限责任公司）	湛江市烟草专卖局（有限公司）
实现税利	万元	80114	49680	54362	115328
	2015 年比 2014 年（%）	16.11	22.33	19.63	17.18
实现利润	万元	30310	19309	21076	48224
	2015 年比 2014 年（%）	-17.34	-13.69	-15.05	-15.22
销售卷烟	亿支	69.10	40.86	43.69	89.88
	2015 年比 2014 年（%）	0.09	2.78	1.25	-2.26
卷烟销售收入（万元）		370231	197005	209069	434195
查处涉烟违法案件（起）		1247	529	920	1894
查处涉烟违法案件案值（万元）		1122	71	1063	220000
2015 年度烟草行业投入烟叶生产基础设施建设资金（万元）		—	—	—	—
全年烟叶生产基础设施新增受益面积（万亩）		—	—	—	—
烟叶种植（万亩）		—	—	—	—
烟叶收购（万担）		—	—	—	—
烟农户数（户）		—	—	—	—
实现烟农总收入（万元）		—	—	—	—
零售客户数（户）		14389	9191	8472	17009
零售客户销售毛利率（%）		11.96	12.30	13.90	11.00

地市级局（公司）名称	汕头市烟草专卖局（有限责任公司）	潮州市烟草专卖局（有限责任公司）	汕尾市烟草专卖局（有限公司）	揭阳市烟草专卖局（有限公司）
主要负责人/法人代表（含党政领导）	林香存	许暖镇	黄壮强	曾忠良
所属县级单位	澄海区、潮阳区、龙湖区等 3 个县级烟草专卖局（分公司）以及南澳县烟草专卖局（公司）	潮安区、饶平县 2 个县级烟草专卖局（分公司）	陆丰市、海丰县、陆河县等 3 个县级烟草专卖局（分公司）	普宁市、揭东区、揭西县、惠来县等 4 个县级烟草专卖局（分公司）
总资产（万元）	98544	31586	43204	111104
资产负债率（%）	33.02	26.92	12.9	44.54
从业人员（人）	885	512	538	941

续表

地市级局（公司）名称		汕头市烟草专卖局（有限责任公司）	潮州市烟草专卖局（有限责任公司）	汕尾市烟草专卖局（有限公司）	揭阳市烟草专卖局（有限公司）
所属业务机构	营销机构	1个营销管理中心	1个营销管理中心	1个营销中心	1个营销中心
	物流配送机构	1个物流配送中心、3个配送分中心	1个物流配送中心	1个物流配送中心	1个配送中心
	专卖稽查机构	1个稽查支队、7个稽查大队	1个稽查支队、4个稽查大队	1个稽查支队、5个稽查大队	1个稽查支队、9个稽查大队
	烟叶机构	—	—	—	—
实现税利	万元	157226	73739	79039	181241
	2015年比2014年（%）	23.16	21.75	25.00	25.04
实现利润	万元	68936	30175	32284	79140
	2015年比2014年（%）	-5.91	-8.85	-6.36	-3.97
销售卷烟	亿支	104.57	52.38	57.50	119.45
	2015年比2014年（%）	-0.73	-1.12	-0.82	0.83
卷烟销售收入（万元）		664249	275590	344804	750933
查处涉烟违法案件（起）		1293	678	890	1397
查处涉烟违法案件案值（万元）		8500	4265	1884	4125
2015年度烟草行业投入烟叶生产基础设施建设资金（万元）		—	—	—	—
全年烟叶生产基础设施新增受益面积（万亩）		—	—	—	—
烟叶种植（万亩）		—	—	—	—
烟叶收购（万担）		—	—	—	—
烟农户数（户）		—	—	—	—
实现烟农总收入（万元）		—	—	—	—
零售客户数（户）		15809	7185	10177	19016
零售客户销售毛利率（%）		9.50	12.17	13.15	8.86

地市级局（公司）名称	韶关市烟草专卖局（有限公司）	梅州市烟草专卖局（有限公司）	河源市烟草专卖局（有限责任公司）	清远市烟草专卖局（有限公司）
主要负责人/法人代表（含党政领导）	杨伟平	谢平华	赖科东	张辉明
所属县级单位	南雄市、始兴县、曲江区、乐昌市、乳源瑶族自治县、仁化县、翁源县、新丰县等8个县级烟草专卖局（分公司）	梅县区、兴宁市、五华县、大埔县、蕉岭县、平远县、丰顺县等7个县级烟草专卖局（分公司）	东源县、龙川县、紫金县、连平县、和平县等5个县级烟草专卖局（分公司）	英德市、佛冈县、清新区、阳山县、连州市、连南县、连山县等7个县级烟草专卖局（分公司）

续表

地市级局（公司）名称		韶关市烟草专卖局（有限公司）	梅州市烟草专卖局（有限公司）	河源市烟草专卖局（有限责任公司）	清远市烟草专卖局（有限公司）
总资产（万元）		95194	76900	46159	66219
资产负债率（%）		41.22	31.78	13.08	22.27
从业人员（人）		1396	1225	592	819
所属业务机构	营销机构	1个营销中心、1个电访中心	1个营销中心	1个营销中心	1个访销中心
	物流配送机构	1个配送中心	1个物流配送中心、6个配送中转站	1个物流中心、4个配送中转站	1个物流中心、2个中转站
	专卖稽查机构	1个稽查支队、11个稽查大队	1个稽查支队、8个稽查大队	1个稽查支队、8个稽查大队	1个稽查支队、11个稽查大队
	烟叶机构	9个烟叶工作站、21个烟叶工作点	5个烟叶工作站、19个烟叶工作点	—	1个烟叶工作站
实现税利	万元	123485	119445	82634	8700
	2015年比2014年（%）	50.56	27.96	23.90	26.78
实现利润	万元	57226	45557	33582	32580
	2015年比2014年（%）	50.02	-7.21	-8.74	-11.74
销售卷烟	亿支	58.43	80.77	61.36	69.29
	2015年比2014年（%）	0.59	0.51	-1.11	1.06
卷烟销售收入（万元）		292545	398282	309796	336600
查处涉烟违法案件（起）		1715	1558	1239	3032
查处涉烟违法案件案值（万元）		1736	2736	1963	543
2015年度烟草行业投入烟叶生产基础设施建设资金（万元）		6881	3382	—	—
全年烟叶生产基础设施新增受益面积（万亩）		7.40	2.36	—	—
烟叶种植（万亩）		14.00	5.97	—	0.51
烟叶收购（万担）		40.01	17.18	—	1.45
烟农户数（户）		3553	3298	—	280
实现烟农总收入（万元）		49572	22420	—	1717
零售客户数（户）		10573	13339	12449	12869
零售客户销售毛利率（%）		16.77	14.03	10.20	8.03

注：1. 2015年，撤销原黄埔区、萝岗区烟草专卖分局，设立新的黄埔区烟草专卖分局；从化市、增城市烟草专卖分局分别更名为从化区、增城区烟草专卖分局。番禺分局与南沙分局实行合署办公。

（撰稿：张　慧；编辑：李　昂）

广西壮族自治区烟草专卖局（公司）

【专卖管理】 2015年，广西壮族自治区烟草专卖局查处涉烟违法案件9818起，查获各类非法卷烟2.73亿支，涉案金额10亿元，其中符合公安部、国家局标准的网络案件34起，部督案件8起，查获假烟1.02亿支、走私烟1.29亿支。公安、司法机关依法刑拘339人，逮捕243人，判刑199人。国标案件数量、部督案件数量、查获非法卷烟总量、查获假烟数量、判刑人数等五项为历年最高。

打假打私。以构建“政府领导、部门联合、多方参与、密切协作”的卷烟打假打私体系为目标，进一步完善自治区内外打假打私长效机制建设。公安、烟草、海关部门共同制定重大案件联合督办制度和奖励办法，完善打私打非经费开支管理细则，三方紧密协作，有效解决卷烟打假单兵作战“高风险、高成本”难题。2015年8月，自治区政府与广东省政府联合召开桂粤打击走私烟草专卖品违法犯罪活动联席会议，签署《桂粤打击烟草专卖品走私合作协议》。联合云南省局召开两次烟草打假交流联席会，共同治理烟叶非法流通问题。开展“利剑行动”“百日行动”专项行动，集中优势力量打击沿海沿边烟草走私活动，破获玉林“6·17”、防城港“8·1”、百色“4·8”、柳州“7·10”等34起特大制售假烟、走私烟网络案件。防城港“8·1”特大走私卷烟网络案件，现场查获走私卷烟254万支，逮捕8人，涉案金额近5亿元，彻底打掉一个盘踞中越边境，辐射广西、广东、宁夏、山东、重庆、河北等地近10年之久的跨国卷烟走私集团。贺州市局查获辖区利用微信平台销售假烟案件7起，涉案金额103.43万元，2人被判刑。

市场监管。加快推进“APCD＋E”工作法和配套信息化系统的应用，推动市场日常监管向“精细、科学、有效”转变。河池市局升级“APCD＋E”信息平台功能，实现与内管系统对接，增强对许可证办理的日常监控。柳州市局自主研发“APCD＋E”信息平台与手机APP连接，创新市场监管方法。开展“水银”专项行动，严厉打击“重点区域、重点场所、重点对象”无证经营行为，烟草、工商联合查处无证经营案件7361起。按照“做细城区小组、做实乡镇小组、适度向农村延伸”的工作思路，扎实推进自律互助小组建设。自治区共成立卷烟零售客户自律互助小组9590个，纳入小组的卷烟零售客户14.2万户，卷烟零售客户参加率65.96%，城镇卷烟零售客户基本实现全覆盖。

依法行政。开展零售许可证管理专项检查，发现和解决部分单位合理布局设置限制性办证条件和附加条件等难点问题。对持证户展开“横到边，纵到底”的地毯式排查，彻底清查整改证照不符、证址不符、人证不符等零售许可证管理问题。成立广西烟草政务服务大厅，处置投诉举报上访事件，依法处理举报上访案件10起。开发网上行政审批服务平台，推行许可事项网上审批。

玉林“6·17”制假窝点案。6月17日，根据公安部、国家局统一布置，自治区公安、烟草等部门联合，在玉林市博白县龙潭镇打掉制丝、卷接等地下制假窝点7个，端掉大型储存窝点3个，查获成品假烟8836件，卷接机6台，卷烟包装机9台（套），烟叶、烟丝1713.13吨，滤棒1519.64万支，假烟商标标识1255.96万张，加上空气压缩机等设备现货价值1.69亿元。该案是多部门、多地区联合执法，异地用警的成功战例，获得国家局表彰。

【经济效益】 2015年，广西壮族自治区烟草商业系统实现税利93.48亿元，同比增长23.19%，其中利润36.81亿元，同比下降7.54%。单箱销售收入24790元，单箱税利5601元。三项费用率为7%，同比减少0.47个百分点。

【卷烟（雪茄烟）经营】 卷烟销售。2015年，广西壮族自治区烟草商业系统销售卷烟802.39亿支（160.48万箱），同比下降1%，其中，销售一类烟125.53亿支（25.11万箱）、二类烟90.16亿支（18.03万箱）、三类烟401.1亿支（80.22万箱）、四类烟122.97亿支（24.59万箱）、五类烟62.63亿支（12.53万箱）。本地区销量居前三位的品牌为“真龙”“双喜·红双喜”“红塔山”，销量分别为266.58亿支（53.32万箱）、96.86亿支（19.37万箱）、75.6亿支（15.12万箱）。2015年，销售“双十五”品牌卷烟697.06亿支（139.41万箱），同比增长0.18%，占销量比重86.87%，占比高于全国平均水平3.16个百分点。

2015年，实现卷烟销售收入401.65亿元，同比增长

7.25%；实现卷烟税利90.75亿元，同比增长23.36%，其中利润35.81亿元，同比下降9.19%。

品牌培育。聚焦全国重点品牌培育，进一步深化工商协同，持续抓好品牌上柜，引导消费转型。销售重点品牌卷烟697.05亿支（139.41万箱），同比增长0.18%。销售零售价8元/包以上价位“真龙”卷烟155亿支（31万箱），同比增长27.82%。销售细支卷烟3878箱，同比增长346.96%；销售雪茄烟1812万支，同比增长30.41%。按照“培育高端、做大中端、稳定低端”工作要求，努力扩大高端烟投放面，以中端扩容带动结构平移上升。一、二类烟销量同比增加15.25亿支（3.05万箱），同比增长7.61%，占总销量的26.89%；单箱销售额2.48万元，同比增加1567元，增长6.73%。

现代终端建设。在连续两年召开现场推进会的基础上，2015年又相继召开桂东南和桂西南6个市局（公司）推进检查现场会，建成现代终端2.89万户，现代终端比例13.4%，其中城市类客户现代终端比例27.87%，乡镇类客户现代终端比例2.97%。网上订货客户17.55万户，网上订货率81.4%，网上结算客户3.46万户。开展“两个大培训，一个大比武”活动，营销队伍整体素质和零售客户经营能力得到进一步提升。卷烟零售客户毛利率13.87%，居全行业前列。学习借鉴京津冀市场化取向改革试点的成功做法和经验，在南宁市公司先行试点，自治区局统一订货平台于10月正式上线试运行。

现代物流。以“降本、增效、提质”为目标，持续加强科技物流、精益物流、人本物流建设，有序推进线路优化。2015年，自治区人均卷烟配送效率998.84箱/人，比行业平均高53.44箱/人；平均送货响应时间30.69小时，比行业平均值少6.22小时。物流从业人员1637人，物流配送车辆539辆，在途系统到货确认率99.98%。推进物流中心非法人实体化运作，基本完成“建体系、搭框架”工作。推进卷烟包装箱循环利用工作，返还同省工业公司卷烟包装箱数量53.08万只，返还比例183%；返还毗邻省份工业公司卷烟包装箱数量38.95万只，返还比例152.1%。

【烟叶产销】 *烟叶种植和收购*。2015年，广西壮族自治区烤烟合同种植面积17.09万亩，收购烤烟1.75万吨（34.95万担），完成国家局下达计划的69.3%。烤烟收购上等烟比例47.88%、中等烟比例36.25%、下低等烟比例15.87%。国内调拨烤烟1.68万吨（33.65万担）、出口备货烤烟0.175万吨（3.5万担）。国内销售晒黄烟0.012万吨（0.23万担）。烟农户数1.04万户。2015年实现种烟收入3.95亿元（含补贴），烟农户均收入3.81万元（含补贴）。

2015年，实现烟叶销售收入12.06亿元，同比下降6.39%。实现烟叶税利2.67亿元，同比下降0.17%，其中利润1.11亿元，同比增长18.61%。

专业化服务。主推“一县一社”“三师一手”组建工作，成立28个综合服务合作社，入社农户8100户，烟农入社率78%，服务面积10.8万亩。招募培训392名农技师、814名烘烤师、1766名分级师、603名机耕手。2015年专业化育苗率85%、专业化机耕率95%（含社会农机）、专业化植保率31%、专业化烘烤率51%、专业化分级率75%，有效降低烟农用工成本。落实政策性烟叶种植保险，保费50元/亩，最高理赔1000元/亩。2015年保险公司理赔3200余万元（保费投入为856万元），解决烟农种烟的后顾之忧。100亩以上相对集中连片面积比重73.1%，户均规模16.45亩，超过全国平均水平50%。

标准化生产。自治区推广绿肥还田13.38万亩、增施有机肥4.78万亩，有效改善土壤理化指标。坚持早耕、早栽，推广小苗深栽4.65万亩。推广生物防治技术，烟蚜茧蜂防治推广率45.6%，有效保障烟叶安全。坚持应收尽收颗粒归仓、高纯度不脱标、安全第一和务求实效等“四条原则”，严格执行入户预检、约时定点、三级巡查，“专分散收”模式覆盖率93%。

烟叶生产基础设施建设。2015年新建烟水工程157项、机耕路24千米，新建密集烤房242座，维修更换烘烤设备182座，采购烟夹2075套。部分种烟县建立人工影响天气工作站，烟叶生产保障能力得到提高。

【特事要辑】 8月25日，国家局副局长赵洪顺出席桂粤打击走私烟草专卖品违法犯罪活动联席会议，广西壮族自治区打私办与广东省海防打私办签署《桂粤打击烟草专卖品走私合作协议》。

9月7—9日、9月28—30日，桂东南、桂西南片区现代终端建设推进检查现场会分别召开。经过两年的努力，广西壮族自治区局（公司）所属的14个市局（公司）现代终端建设形成从分片突破到全面提升的局面。

2015 年广西壮族自治区烟草专卖局（公司）所属企业主要情况统计

地市级局（公司）名称		南宁市烟草专卖局（公司）	柳州市烟草专卖局（公司）	桂林市烟草专卖局（公司）	梧州市烟草专卖局（公司）	北海市烟草专卖局（公司）
主要负责人/法人代表（含党政领导）		凌为民	韦毓云	李　斌	何奇枢	许　宁
所属县级单位		青秀区、兴宁区、江南区、西乡塘区、良庆区、邕宁区、武鸣县、宾阳县、横县、隆安县、上林县、马山县等 12 个县级烟草专卖局（营销部）	城区、柳江县、柳城县、鹿寨县、融安县、融水苗族自治县、三江侗族自治县等 7 个县级烟草专卖局（营销部）	城区、临桂县、灵川县、永福县、兴安县、全州县、灌阳县、阳朔县、荔浦县、平乐县、资源县、恭城瑶族自治县、龙胜各族自治县等13 个县级烟草专卖局（营销部）	城区、苍梧县、岑溪市、藤县、蒙山县等 5 个县级烟草专卖局（营销部）	城区、合浦县 2 个县级烟草专卖局（营销部）
总资产（万元）		169918	92961	150159	45207	47445
资产负债率（%）		22.51	15.99	23.61	21.07	22.13
从业人员（人）		924	530	723	432	240
所属业务机构	营销机构	1 个营销中心	1 个营销中心	1 个营销中心	1 个营销中心	1 个营销中心
	物流配送机构	1 个物流中心、6 个中转站	1 个物流中心、5 个中转站	1 个物流中心、9 个中转站	1 个物流中心、3 个送货部	1 个物流中心
	专卖稽查机构	1 个稽查支队、15 个稽查大队、38 个专卖管理所	1 个稽查支队、4 个稽查大队、6 个稽查中队、11 个专卖管理所	1 个稽查支队、10 个稽查大队、43 个专卖管理所	1 个稽查支队、5 个稽查大队、15 个专卖管理所	1 个稽查支队、3 个稽查大队、8 个专卖管理所
	烟叶机构	—	—	—	—	—
实现税利	万元	179266	98887	127547	47483	44307
	2015 年比 2014 年（%）	28.12	28.79	23.47	13.93	10.77
实现利润	万元	75185	40990	54164	19093	19376
	2015 年比 2014 年（%）	-3.44	-7.28	-5.70	-12.76	-8.81
销售卷烟	亿支	136.28	77.95	101.13	48.53	33.40
	2015 年比 2014 年（%）	1.31	2.11	-1.41	-3.41	-2.00
卷烟销售收入（万元）		754797	408831	541829	218760	191583
查处涉烟违法案件（起）		2066	807	1341	318	543
查处涉烟违法案件案值（万元）		3732	708	1156	1769	982
2015 年度烟草行业投入烟叶生产基础设施建设资金（万元）		—	—	—	—	—

续表

地市级局（公司）名称	南宁市烟草专卖局（公司）	柳州市烟草专卖局（公司）	桂林市烟草专卖局（公司）	梧州市烟草专卖局（公司）	北海市烟草专卖局（公司）
全年烟叶生产基础设施新增受益面积（万亩）	—	—	—	—	—
烟叶种植（万亩）	—	—	—	—	—
烟叶收购（万担）	708	—	—	—	—
烟农户数（户）	—	—	—	—	—
实现烟农总收入（万元）	—	—	—	—	—
零售客户数（户）	28322	18395	24273	12492	7636
零售客户销售毛利率（%）	14.90	14.83	14.33	14.00	13.70

地市级局（公司）名称		防城港市烟草专卖局（公司）	钦州市烟草专卖局（公司）	贵港市烟草专卖局（公司）	玉林市烟草专卖局（公司）	百色市烟草专卖局（公司）
主要负责人/法人代表（含党政领导）		吕郁全	张太玉	郑　刚	孙中标	王五权
所属县级单位		城区、上思县、东兴市等3个县级烟草专卖局	城区、灵山县、浦北县等3个县级烟草专卖局（营销部）	城区、桂平市、平南县等3个县级烟草专卖局（营销部）	城区、北流市、容县、陆川县、兴业县、博白县等6个县级烟草专卖局（营销部）	城区、田阳县、田东县、平果县、德保县、靖西县、那坡县、西林县、凌云县、乐业县、田林县、隆林各族自治县等12个县级烟草专卖局(营销部)
总资产（万元）		25391	43945	51298	64167	98096
资产负债率（%）		21.57	26.89	28.05	33.58	15.94
从业人员（人）		170	385	463	618	1167
所属业务机构	营销机构	1个营销中心	1个营销中心	1个营销中心	1个营销中心	1个营销中心
	物流配送机构	1个物流中心、1个中转站	1个物流中心、3个中转站	1个物流中心、1个送货部、2个中转站	1个物流中心、7个中转站	1个物流中心、12个客服办公室
	专卖稽查机构	1个稽查支队、4个稽查大队、7个专卖管理所	1个稽查支队、4个稽查大队、11个专卖管理所	1个稽查支队、2个稽查大队、6个稽查中队、18个专卖管理所	1个稽查支队、8个稽查大队、25个专卖管理所	1个稽查支队、14个稽查大队、25个专卖管理所
	烟叶机构	—	—	—	—	1个烟叶生产收购科、1个烟叶营销科、1个烟叶科研所、1个现代烟草农业办公室、8个烟叶站

续表

地市级局（公司）名称		防城港市烟草专卖局（公司）	钦州市烟草专卖局（公司）	贵港市烟草专卖局（公司）	玉林市烟草专卖局（公司）	百色市烟草专卖局（公司）
实现税利	万元	24922	49618	58383	62925	76721
	2015 年比 2014 年（%）	14. 50	20. 15	31. 05	24. 53	19. 35
实现利润	万元	9547	17270	22218	22249	33855
	2015 年比 2014 年（%）	－19. 28	－22. 40	－6. 35	－12. 62	2. 40
销售卷烟	亿支	20. 41	47. 85	56. 76	58. 32	56. 06
	2015 年比 2014 年（%）	－5. 02	－2. 39	0. 07	－0. 94	0. 09
卷烟销售收入（万元）		111595	214426	262377	293643	262913
查处涉烟违法案件（起）		458	472	509	477	542
查处涉烟违法案件案值（万元）		3751	800	434	18119	1915
2015 年度烟草行业投入烟叶生产基础设施建设资金（万元）		—	—	—	—	2938
全年烟叶生产基础设施新增受益面积（万亩）		—	—	—	—	7. 17
烟叶种植（万亩）		—	—	—	—	11. 54
烟叶收购（万担）		—	—	—	—	24. 56
烟农户数（户）		—	—	—	—	6583
实现烟农总收入（万元）		—	—	—	—	28147
零售客户数（户）		4291	13497	17608	20550	17450
零售客户销售毛利率（%）		15. 80	15. 00	14. 30	14. 30	14. 20

地市级局（公司）名称	贺州市烟草专卖局（公司）	河池市烟草专卖局（公司）	来宾市烟草专卖局（公司）	崇左市烟草专卖局（公司）
主要负责人/法人代表（含党政领导）	覃忠达（—2015. 1） 李银山（2015. 1—）	范东升	龚志华	卢达坚（—2015. 1） 覃忠达（2015. 1—）
所属县级单位	城区、钟山县、富川瑶族自治县、昭平县等 4 个县级烟草专卖局（营销部）	金城江区、宜州市、罗城仫佬族自治县、环江毛南族自治县、南丹县、天峨县、东兰县、巴马瑶族自治县、凤山县、都安瑶族自治县、大化瑶族自治县等 11 个县级烟草专卖局（营销部）	城区、忻城县、合山市、象州县、武宣县、金秀瑶族自治县等 6 个县级烟草专卖局（营销部）	江州区、扶绥县、宁明县、大新县、龙州县、天等县、凭祥市等 7 个县级烟草专卖局（营销部）
总资产（万元）	43812	63760	31797	32247
资产负债率（%）	27. 03	19. 64	26. 32	30. 47
从业人员（人）	526	664	350	369

续表

地市级局（公司）名称		贺州市烟草专卖局（公司）	河池市烟草专卖局（公司）	来宾市烟草专卖局（公司）	崇左市烟草专卖局（公司）
所属业务机构	营销机构	1 个营销中心	1 个营销中心	1 个营销中心	1 个营销中心
	物流配送机构	1 个物流中心、3 个中转部	1 个物流中心、11 个中转站	1 个物流中心、5 个中转站	1 个物流中心、7 个中转站
	专卖稽查机构	1 个稽查支队、5 个稽查大队、13 个专卖管理所	1 个稽查支队、11 个稽查大队、6 个专卖管理所	1 个稽查支队、6 个稽查中队、5 个专卖管理所	1 个稽查支队、7 个稽查大队、13 个专卖管理所
	烟叶机构	1 个烟叶科、1 个现代烟草农业办公室、4 个烟叶站	1 个烟叶生产营销科、5 个烟叶站	—	—
实现税利	万元	39358	56775	34536	33491
	2015 年比 2014 年（%）	22.32	15.52	16.59	22.44
实现利润	万元	12898	19648	11768	10951
	2015 年比 2014 年（%）	-14.77	-8.20	-21.36	-17.16
销售卷烟	亿支	34.21	56.51	37.65	37.31
	2015 年比 2014 年（%）	-2.41	-0.99	-6.75	-2.19
卷烟销售收入（万元）		159543	263951	164440	167801
查处涉烟违法案件（起）		574	667	630	414
查处涉烟违法案件案值（万元）		355	10205	304	812
2015 年度烟草行业投入烟叶生产基础设施建设资金（万元）		1331	1118	—	—
全年烟叶生产基础设施新增受益面积（万亩）		2.99	1.79	—	—
烟叶种植（万亩）		2.88	2.67	—	—
烟叶收购（万担）		5.63	4.76	—	—
烟农户数（户）		2110	1679	—	—
实现烟农总收入（万元）		6477	4844	—	—
零售客户数（户）		9174	16412	11141	10995
零售客户销售毛利率（%）		12.32	15.29	14.45	14.30

（撰稿：黄祥进；编辑：李　昂）

海南省烟草专卖局（公司）

【专卖管理】 打假打私。海南省烟草专卖局以巩固和完善烟草专卖制度为目标，以“精益专卖”为主线，强化海南省系统卷烟打假打私工作，在“元旦、春节”“3·15”“5·1”“中秋、国庆”等节假日期间组织开展卷烟打假打私专项整治行动4次。2015年，查处涉烟违法案件1937起，其中假烟案件862起，非渠道烟案件1075起。查处案值5万元以上假烟案件28起。查获非法卷烟2093.48万支，其中假烟721.55万支，非渠道卷烟1275.5万支，走私烟及出口倒流卷烟96.43万支。公安、司法机关依法拘留61人，逮捕39人，判刑13人。

打击制售假烟网络。按照“打击制假源头、切断入岛渠道、净化零售终端”的思路，深入开展打击制售假烟网络工作，2015年侦破部督案件2件，查处符合公安部、国家局标准的假烟案件5起，符合省局、省公安厅标准的假烟案件4起。三亚市局“7·1”案件、海口市局“6·12”假烟网络案件被列为部督案件。乐东县局连续4年破获案值百万元以上涉烟案件，屯昌县局破获1起强买强卖涉黑国标假烟网络案件。

专卖基础工作。5月，制定《海南省烟草行业规范烟草专卖行政处罚自由裁量权指导意见（试行）》《海南省烟草专卖局行政执法重大案件集体讨论制度（试行）》《海南省烟草专卖行政处罚案件档案管理制度》，进一步健全完善专卖管理制度体系。启动海南省烟草专卖行政许可审批服务统一网上办理平台建设，省局设立实体性办证室，规范烟草专卖行政审批。统一专卖执法人员服装，提升专卖执法形象；统一配备专卖执法记录仪，为监督专卖执法行为提供重要保障。

许可证管理。坚持简政放权、放管结合，各市县局修改完善卷烟零售合理布局规划，放宽烟草专卖零售许可准入条件，强化对烟草专卖零售许可证的监管。海南省4个市级局、13个县级局烟草专卖许可证办证窗口进入当地政务大厅，实现“一口受理、限时办理、规范办理、透明办理、网上办理”。

内部专卖管理监督。全面推行内管委派制，加强对卷烟生产经营全过程监管。对商业企业的补充物流方式开展重点检查，对工业企业的卷烟打扫码、出入库进行定期检查。加大治理卷烟非法流通力度，查处5万元以上卷烟非法流通案件38起。

专卖队伍建设。3月，制定《海南省烟草专卖局烟草专卖管理工作服装管理规定》，树立烟草专卖队伍良好形象。通过开展专卖管理业务技能培训、卷烟真伪鉴别培训和法律法规培训等，不断提高专卖队伍业务素质和工作能力。

【经济效益】 2015年，海南省烟草商业系统实现税利34.39亿元，同比增长26.28%，其中利润15.75亿元，同比下降0.87%。

【卷烟（雪茄烟）经营】 卷烟销售。2015年，海南省烟草商业系统销售卷烟219.80亿支（43.96万箱），同比增长0.16%，其中，销售一类烟53.76亿支（10.75万箱），同比增长8.69%；二类烟31.93亿支（6.39万箱），同比增长15.91%；三类烟109.26亿支（21.85万箱），同比下降3.62%；四类烟19.5亿支（3.9万箱），同比下降20.13%；五类烟5.35亿支（1.07万箱），同比增长15.01%。本地区销量居前三位的品牌为“红塔山”“芙蓉王”“云烟”，销量分别为52.38亿支（10.48万箱）、31.23亿支（6.25万箱）、22.7亿支（4.54万箱）。

实现卷烟销售收入137.35亿元，同比增长10.11%。卷烟单箱销售收入3.09万元，单箱税利7755元。三项费用率3.89%，同比减少0.57个百分点。

品牌培育。按照“促销量、调结构、控库存”的工作要求，在满足市场需求的前提下，以细支卷烟、低焦油卷烟、雪茄烟和重点品牌为核心，持续强化品牌整合。2015年，引入试销新品83个，其中雪茄烟11个；同时，清退45个滞销品牌。规范促销活动管理，2015年审批18次宣传促销推广活动。10月，在海南省系统正式推广省级卷烟营销平台，初步实现卷烟营销与信息技术深度融合。利用“新商盟”系统开展卷烟品牌培育和市场营销，全国重点品牌集中度进一步提高。2015年，销售全国重点品牌卷烟194.24亿支（38.85万箱），同比增长0.4%，占销售总量的88.4%，其中“中华”“云烟”“芙蓉王”“白沙”“红塔山”“双喜·红双喜”“玉溪”“黄鹤楼”“黄山”“利群”等10个重点品牌销售181.41亿支（36.28万箱），同比增长 0.6%，占销售总量的 82.5%。

现代物流建设。稳步推进工商卷烟托盘联运工作，3 月，海南红塔卷烟有限责任公司与海口市公司之间托盘直供分拣线正式启动；5 月，浙江中烟与省仓之间的托盘联运启动；8 月，湖南中烟与省仓之间托盘联运启动；9 月，正式启动海南红塔公司与省仓的同城工商共库。健全完善物流非法人实体化运行机制，完成各单位资产划拨、机构设置工作。加快海南省物流综合管控系统建设，6 月，正式启动海南省物流综合管控系统建设项目；9 月，与国家局物流综合监管调度系统前置环境对接；12 月，完成物流综合管理模块在海口市公司试点上线。卷烟包装箱循环总量不断提高，连续 2 年超额完成卷烟包装箱循环利用年度目标任务。

【优质雪茄烟叶生产】 按照“稳步推进、高端高档、市场导向”的原则，落实国家局下达的计划。2015 年海南优质雪茄烟叶种植面积 800 亩。继续开展以降氯为中心的科研项目，实施海南优质茄衣生产关键技术研究与应用。经过研究试验，烟叶氯含量降至 2% 以下，烟叶可用性提高。着眼于区域适宜发展，编制完成雪茄烟叶试种实施方案，开展雪茄烟叶试种工作。启动海南雪茄烟叶适宜区域研究和海南省雪茄烟叶晾制发酵技术研究项目，为大面积推广种植打好基础。

【特事要辑】 1 月 27 日，2015 年海南省烟草工作会议在海口召开。

7 月 31 日，海南雪茄研究所获国家局批准设立，直属于海南省局（公司），主要承担海南省雪茄烟叶的科学技术研究及培训推广，以及雪茄烟的产品开发和市场研究等工作。

12 月 11—12 日，国家局局长凌成兴到海南烟草调研。其间，凌成兴会见海南省委副书记、省长刘赐贵。凌成兴对海南烟草“十三五”发展提出要努力跨越“两个大台阶”、实现“三个新目标”的要求。跨越“两个大台阶”，即到“十三五”期末，商业企业单箱销售收入跨越 4 万元的大台阶，工业企业单箱销售收入跨越 1.5 万元的大台阶；实现“三个新目标”，即“十三五”期间，实现卷烟销量年均保持增长 1 万箱的新目标、卷烟产量年均保持增长 1 万箱的新目标、税利总额年均保持增加 6 亿元的新目标。

2015 年海南省烟草专卖局（公司）所属企业主要情况统计

地市级局（公司）名称		海口市烟草专卖局（公司）	三亚市烟草专卖局（公司）	琼海市烟草专卖局（公司）	儋州市烟草专卖局（公司）
主要负责人/法人代表（含党政领导）		王斌斌	李　云	陈益峰	李宏伟
所属县级单位		澄迈县、文昌市、定安县、临高县等 4 个县级烟草专卖局（营销部）	乐东黎族自治县、陵水黎族自治县、保亭黎族苗族自治县、五指山市等 4 个县级烟草专卖局（营销部）	万宁市、屯昌县、琼中黎族苗族自治县等 3 个县级烟草专卖局（营销部）	东方市、昌江黎族自治县、白沙黎族自治县等 3 个县级烟草专卖局（营销部）
总资产（万元）		88009	33109	34605	20309
资产负债率（%）		15.51	17.49	13.18	12.36
从业人员（人）		444	272	227	185
所属业务机构	营销机构	1 个营销中心	1 个营销中心	1 个营销中心	1 个营销中心
	物流配送机构	1 个物流中心、2 个物流配送中转站	1 个物流中心	1 个配送中心	1 个物流中心、2 个物流配送中转站
	专卖稽查机构	1 个稽查支队、10 个稽查大队	1 个稽查支队、9 个稽查大队	1 个稽查支队、6 个稽查大队	1 个稽查支队、7 个稽查大队
	烟叶机构	—	—	—	1 个烟叶科

续表

地市级局（公司）名称		海口市烟草专卖局（公司）	三亚市烟草专卖局（公司）	琼海市烟草专卖局（公司）	儋州市烟草专卖局（公司）
实现税利	万元	107470	41863	36716	29045
	2015 年比 2014 年（%）	48.01	46.91	33.06	40.73
实现利润	万元	27230	8724	8374	5992
	2015 年比 2014 年（%）	-11.32	-12.77	-20.06	-21.28
销售卷烟	亿支	98.14	47.25	40.18	34.13
	2015 年比 2014 年（%）	0.49	3.60	-5.61	1.73
卷烟销售收入（万元）		652745	281981	239554	198730
查处涉烟违法案件（起）		1259	424	137	117
查处涉烟违法案件案值（万元）		683	2824	123	54
2015 年度烟草行业投入烟叶生产基础设施建设资金（万元）		—	—	—	—
全年烟叶生产基础设施新增受益面积（万亩）		—	—	—	—
烟叶种植（万亩）		—	—	—	0.20
烟叶收购（万担）		—	—	—	—
烟农户数（户）		—	—	—	—
实现烟农总收入（万元）		—	—	—	—
零售客户数（户）		18517	8301	9001	6946
零售客户销售毛利率（%）		12.65	10.27	12.64	12.60

（撰稿：孙　云；编辑：李　昂）

重庆市烟草专卖局（公司）

【专卖管理】 打假破网。2015 年，重庆市烟草专卖局持续加强与公安、检察、海关、工商等部门的协作，联合检察、工商等部门印发正式工作制度文件，建立长效机制。扩大与公安合作面，不断强化区域联合打假协作机制，做到综合治理再上新台阶、联合打假呈现新面貌、长效机制增添新动力。在打假模式方面，不断深化公安侦查、技术侦查、网络安全、大情报、海关缉私和烟草执法“5+1”模式，向信息战、情报战转型，提升新型犯罪打击能力。2015 年，获得公安部、国家局联合授予的“全国卷烟打假工作特殊贡献单位”称号。

2015 年，查处各类涉烟违法案件 9226 起，破获符合国家局标准的网络案件 22 起，其中部督案件 1 起，涉案金额近 1.8 亿元。公安、司法机关依法刑拘 119 人、逮捕（直诉）95 人。“6·18”制售假烟网络案件涉及重庆、广东、山西、浙江、四川等省（直辖市），查办过程着眼本地市场，有针对性地开展打假破网，被列为公安部集群战役，抓获违法犯罪嫌疑人 70 人，采取刑事强制措施 49 人，打掉犯罪团伙 10 个，查封涉假烟酒店 30 个，捣毁生产、仓储、销售窝点 45 个，案值 7000 万元。1 月 9 日，重庆烟草“2·16”自媒体售假贩私网络案整体收网。重庆当地抓获涉案嫌疑人 67 人，涉案金额逾 2 亿元，涉税价值上千万元。

市场监管。重庆市局上下联动、密切配合，专项整治与紧急拉动相结合，开启全天候全方位监管新模式。先后组织 2015 年春节期间专项整治、卷烟市场综合整治、“铁鹰 1 号”、边界市场防控等大规模的专项整治行动，聚焦边界市场、夜间市场、楼堂馆所、烟酒店等区域和业态，构建“环节链条、重点业态、时间空间”3 个全覆盖的立体监管网。在“春节”“五一”“国庆”期间组织“利剑 1 号”“利剑 2 号”“夜鹰”3 次节日市场紧急拉动，对主城窗口区域、重点业态 600 户零售客户进行交叉检查和夜间检查，市场净化率持续提升。2015 年，累计取缔涉假烟店 172 户，查处夜间市场案件 1000 余起、边界市场案件 2353 起。

行政许可改革。2015 年，重庆市局被国家局确定为烟草专卖零售许可改革试点单位。市局经过充分调研论证，制定实施方案，出台指导意见，出台负面清单，修订布局条件，完善配套措施，实现“城区集镇依法办理、农村山区满足需求、审批流程应简尽简、后续监管依法从严”目标。6 月 1 日至 12 月 31 日，重庆市局新办卷烟零售许可证 3.05 万户，入网 2.84 万户。改革为重庆市新增就业 6 万余人，在消除准入矛盾、树立行业形象，激发市场活力、促进卷烟销售，完善分销体系、巩固专卖制度方面为行业试点作了积极探索。

【经济效益】 2015 年，重庆市烟草商业系统实现税利 95.73 亿元，同比增长 31.16%，其中，实现利润 42.7 亿元，同比增长 8.24%。单箱销售收入 2.5 万元，同比增长 7.71%；单箱税利 0.69 万元，同比增长 26.46%。三项费用率为 7.13%，同比减少 0.6 个百分点。

【卷烟经营】 卷烟销售。2015 年，重庆市烟草商业系统销售卷烟 590.35 亿支（118.07 万箱），同比增长 3.76%，其中，销售一类烟 143.05 亿支（28.61 万箱），同比增长 9.89%；二类烟 62.65 亿支（12.53 万箱），同比增长 9.86%；三类烟 263.45 亿支（52.69 万箱），同比增长 4.2%；四类烟 102.75 亿支（20.55 万箱），同比下降 8.7%；五类烟 18.4 亿支（3.68 万箱），同比增长 13%。本地区销量居前三位的品牌为“娇子”“云烟”“玉溪”，销量分别为 231.3 亿支（46.26 万箱）、71.8 亿支（14.36 万箱）、46.9 亿支（9.38 万箱）。

2015 年，实现销售收入（不含税）295.47 亿元，同比增长 11.76%。实现卷烟税利 81.27 亿元，同比增长 31.19%，其中利润 34.63 亿元，同比增长 1.23%。

重点品牌销售。按照“商业搭台、工业唱戏”的思路，把重点品牌销售作为卷烟税利增长的重要支撑，加大全国重点品牌和地方特色品牌培育力度，做到工商协同力度空前、品牌引退力度空前、宣传促销力度空前，实现销量、结构双提升。重点品牌销售 481 亿支（96.2 万箱），同比增长 7.29%；占总销量的比重为 81.5%，同比提高 2.7 个百分点。

卷烟营销策略。2015 年，重庆市烟草商业系统坚持“稳中求进”总基调，按照“稳总量、调结构、增效益”的工作思路，牢牢牵住卷烟营销这个“牛鼻子”，紧扣税利总额这个核心指标，主动解放思想，抢抓地方经济快速发展的机遇，积极推进市场化取向改革，深入开展农村市场和群体消费市场“两个拓展”，千方百计满足市场需求，卷烟营销销量增量、增幅居全国第一。

2015 年，重庆市局（公司）以“两项改革”为抓手，“两个拓展”为补充，有力推动销量的增长，作为全国烟草行业 19 家超额完成卷烟营销任务单位之一，获得“商业卷烟营销特别贡献奖”。

【烟叶产销】 烟叶种植和收购。2015 年，签订烟叶种植合同 2.07 万份。烟叶种植面积 59.82 万亩，其中烤烟 59.5 万亩、白肋烟 0.32 万亩。收购烟叶 6.92 万吨（138.36 万担），其中烤烟 6.88 万吨（137.55 万担）、白肋烟 0.04 万吨（0.81 万担）。烟农户数 2.07 万户，实现烟农总收入 16.9 亿元，烟农户均收入 8.35 万元，同比增加 1.16 万元。

2015 年，实现烟叶税利（不含复烤企业）13.69 亿元，同比增长 38.69%，其中利润 7.75 亿元，同比增长 59%。

基础设施建设。2015 年，重庆市局（公司）借助国家局拨付的 10 亿元专项资金，继续开展第二轮“惠民工程”项目建设，其中，援建烟区道路资金投入2.9亿元、水源工程建设资金投入2.52亿元。

2015年，烟草行业共投入2.43亿元用于重庆市常规烟叶生产基础设施建设，投入重点逐渐向田间机械化、土地整理、烤房改造等项目倾斜，持续完善烟叶产业及大农业发展配套设施，其中重庆市烟草商业系统投入资金1.24亿元。

现代烟草农业建设。开展“百千万”工程，推进适度规模化，烟农户均种植规模29.75亩，同比增加1.19亩；培育43个万担乡、431个千担村、3565个百担户，万担乡产量占全市总产量的54.7%、千担村占86.25%、百担户占39.97%。

标准化生产。冬耕比例99.13%，同比增加33.93个百分点。施用优质农家肥3.42万吨，覆盖区域亩施用量100千克。井窖式小苗移栽比例98.3%，地膜烟比例99.1%，烟叶收购等级合格率82.89%。

合作社建设。引导重庆市61家烟农专业合作社优化整合为31家，其中彭水喜润、巫山蓝田、奉节金醇、黔江湘麟等4家烟农专业合作社被评为烟农专业合作社行业示范社。全市专业化育苗率100%，专业化分级散叶收购率57.6%，烟农亩均用工控制在25个以内。

【特事要辑】 6月1日，国家局烟草专卖零售许可改革试点工作正式在重庆市烟草商业系统试行。

11月17—18日，国家局局长凌成兴在重庆烟草调研，先后走访重庆市黔江区、涪陵区、渝中区部分卷烟零售客户，考察重庆中烟工业有限责任公司黔江卷烟厂、涪陵卷烟厂，详细了解了卷烟生产销售、品牌市场状态、工商物流协同等情况，听取了重庆市局（公司）和重庆中烟的工作汇报。凌成兴指出，重庆烟草的工作，体现为“一个全国第一”“四个先进水平”。“一个全国第一”，即重庆卷烟销量增幅全国第一；“四个先进水平”，即市场调控的先进水平、涪陵卷烟厂技改和工商同址同库的先进水平、烟叶生产的先进水平、商业税利增幅的先进水平。

12月7日，重庆市政府成立全市烟草产业发展领导小组，并召开第一次会议。

2015年重庆市烟草专卖局（公司）所属企业主要情况统计

区、县局（公司）名称		万州区烟草专卖局（分公司）	涪陵区烟草专卖局（分公司）	黔江区烟草专卖局（分公司）	渝中区烟草专卖局（分公司）	大渡口区烟草专卖局（分公司）
主要负责人/法人代表（含党政领导）		李　明	李　伟	袁力平	谢小波	程念民
所属县级单位		—	—	—	—	—
总资产（万元）		14997	16672	17123	3703	1426
资产负债率（%）		—	—	—	—	—
从业人员（人）		477	261	406	86	56
所属业务机构	营销机构	1个客户服务部、8个区域客户服务部	1个客户服务部、5个区域客户服务部	1个客户服务部、3个区域客服部	1个客户服务部	1个客户服务部
	物流配送机构	万州卷烟物流配送中心	涪陵卷烟物流配送中心	黔江卷烟物流配送中心	—	—
	专卖稽查机构	1个稽查支队、8个稽查大队	1个稽查支队、5个稽查大队	1个稽查支队、5个稽查大队	1个稽查支队、4个稽查大队	1个稽查支队、2个稽查大队
	烟叶机构	2个烟叶站	2个烟叶站	3个烟叶工作站、13个烟叶收购点	—	—
实现税利	万元	22103	14817	15711	21651	8772
	2015年比2014年（%）	33.16	6.89	0.05	11.66	19.13

续表

区、县局（公司）名称		万州区烟草专卖局（分公司）	涪陵区烟草专卖局（分公司）	黔江区烟草专卖局（分公司）	渝中区烟草专卖局（分公司）	大渡口区烟草专卖局（分公司）
实现利润	万元	1732	559	4237	6002	1989
	2015 年比 2014 年（%）	-51.83	-83.48	-36.05	-39.52	-40.52
销售卷烟	亿支	25.65	19.74	9.08	18.02	9.00
	2015 年比 2014 年（%）	1.86	2.58	6.60	0.60	1.47
卷烟销售收入（万元）		151455	92923	44711	109482	55576
查处涉烟违法案件（起）		376	105	167	249	227
查处涉烟违法案件案值（万元）		135	87	37	197	69
2015 年度烟草行业投入烟叶生产基础设施建设资金（万元）		1153	1331	862	—	—
全年烟叶生产基础设施新增受益面积（万亩）		1.99	4.75	0.61	—	—
烟叶种植（万亩）		1.48	1.15	5.77	—	—
烟叶收购（万担）		3.54	2.43	12.37	—	—
烟农户数（户）		985	258	1824	—	—
实现烟农总收入（万元）		3892	2735	14413	—	—
零售客户数（户）		7878	4978	2513	2179	1118
零售客户销售毛利率（%）		10.00	8.00	8.00	7.00	6.00

区、县局（公司）名称		江北区烟草专卖局（分公司）	沙坪坝区烟草专卖局（分公司）	九龙坡区烟草专卖局（分公司）	南岸区烟草专卖局（分公司）	北碚区烟草专卖局（分公司）
主要负责人/法人代表（含党政领导）		江　波	李兴奇	楚　鹰	窦梓铭	郭　敏
所属县级单位		—	—	—	—	—
总资产（万元）		3857	4207	5699	3982	2510
资产负债率（%）		—	—	—	—	—
从业人员（人）		93	94	116	106	94
所属业务机构	营销机构	1 个客户服务部	1 个客户服务部、1 个区域客服部	1 个客户服务部、4 个区域客服部	1 个客户服务部	1 个客户服务部
	物流配送机构	—	—	—	—	—
	专卖稽查机构	5 个稽查大队	1 个稽查支队、3 个稽查大队	1 个稽查支队、4 个稽查大队	1 个稽查支队、3 个稽查大队	4 个稽查大队
	烟叶机构	—	—	—	—	—

续表

区、县局（公司）名称		江北区烟草专卖局（分公司）	沙坪坝区烟草专卖局（分公司）	九龙坡区烟草专卖局（分公司）	南岸区烟草专卖局（分公司）	北碚区烟草专卖局（分公司）
实现税利	万元	26027	28944	38619	28365	15350
	2015 年比 2014 年（%）	16.31	8.04	17.90	25.92	24.61
实现利润	万元	7999	9320	12091	8637	3785
	2015 年比 2014 年（%）	-30.30	-28.56	-28.82	-24.08	-33.17
销售卷烟	亿支	22.15	27.45	33.86	24.11	16.50
	2015 年比 2014 年（%）	1.69	1.20	1.63	6.45	2.29
卷烟销售收入（万元）		148882	171618	184812	162962	94334
查处涉烟违法案件（起）		442	378	529	1096	172
查处涉烟违法案件案值（万元）		191	313	292	333	49
2015 年度烟草行业投入烟叶生产基础设施建设资金（万元）		—	—	—	—	—
全年烟叶生产基础设施新增受益面积（万亩）		—	—	—	—	—
烟叶种植（万亩）		—	—	—	—	—
烟叶收购（万担）		—	—	—	—	—
烟农户数（户）		—	—	—	—	—
实现烟农总收入（万元）		—	—	—	—	—
零售客户数（户）		2497	3673	5202	2993	3242
零售客户销售毛利率（%）		8.00	8.00	7.00	8.00	8.00

区、县局（公司）名称		万盛经济技术开发区烟草专卖局（分公司）	渝北区烟草专卖局（分公司）	巴南区烟草专卖局（分公司）	长寿区烟草专卖局（分公司）	江津区烟草专卖局（分公司）
主要负责人/法人代表（含党政领导）		何明川	唐维生	张琼华/李锦福	刘　晗	范　毅
所属县级单位		—	—	—	—	—
总资产（万元）		900	6475	10623	2173	5469
资产负债率（%）		—	—	—	—	—
从业人员（人）		49	147	89	98	93
所属业务机构	营销机构	1 个客户服务部	1 个客户服务部、4 个区域客服部	1 个客户服务部、3 个区域客服部	1 个客户服务部	1 个客户服务部、6 个区域服务部
	物流配送机构	—	—	—	—	—
	专卖稽查机构	1 个稽查大队	1 个稽查支队、4 个稽查大队	1 个稽查支队、3 个稽查大队	1 个稽查支队、4 个稽查大队	7 个稽查大队
	烟叶机构	—	—	—	—	—

续表

区、县局（公司）名称		万盛经济技术开发区烟草专卖局（分公司）	渝北区烟草专卖局（分公司）	巴南区烟草专卖局（分公司）	长寿区烟草专卖局（分公司）	江津区烟草专卖局（分公司）
实现税利	万元	4683	54417	21479	11538	20570
	2015 年比 2014 年（%）	21.01	23.67	22.29	21.71	30.39
实现利润	万元	698	17333	6174	2356	4990
	2015 年比 2014 年（%）	-53.33	-25.63	-29.51	-41.06	-28.97
销售卷烟	亿支	5.85	44.58	22.28	14.08	24.84
	2015 年比 2014 年（%）	0.03	10.66	2.67	2.32	19.08
卷烟销售收入（万元）		32476	302149	125481	65675	132022
查处涉烟违法案件（起）		59	971	375	173	265
查处涉烟违法案件案值（万元）		11	380	1650	34	140
2015 年度烟草行业投入烟叶生产基础设施建设资金（万元）		—	—	—	—	—
全年烟叶生产基础设施新增受益面积（万亩）		—	—	—	—	—
烟叶种植（万亩）		—	—	—	—	—
烟叶收购（万担）		—	—	—	—	—
烟农户数（户）		—	—	—	—	—
实现烟农总收入（万元）		—	—	—	—	—
零售客户数（户）		1279	6430	3854	3742	4636
零售客户销售毛利率（%）		10.60	8.10	6.00	5.00	7.00

区、县局（公司）名称		合川区烟草专卖局（分公司）	永川区烟草专卖局（分公司）	南川区烟草专卖局（分公司）	綦江区烟草专卖局（分公司）	大足区烟草专卖局（分公司）
主要负责人/法人代表（含党政领导）		谷　华	杨智中	周　建	徐　建	李朝彬
所属县级单位		—	—	—	—	—
总资产（万元）		2787	27777	7035	2427	1911
资产负债率（%）		—	—	—	—	—
从业人员（人）		121	109	161	91	106
所属业务机构	营销机构	1 个客户服务部、7 个区域客服部	1 个营销部门、5 个区域客服部	1 个客户服务部	1 个客户服务部	1 个客户服务部、6 个区域客服部
	物流配送机构	—	—	—	—	—
	专卖稽查机构	1 个稽查支队、6 个稽查大队	1 个稽查支队、6 个稽查大队	3 个稽查大队	1 个稽查支队、5 个稽查大队	1 个稽查支队、4 个稽查大队
	烟叶机构	—	—	1 个烟叶站	—	—

续表

区、县局（公司）名称		合川区烟草专卖局（分公司）	永川区烟草专卖局（分公司）	南川区烟草专卖局（分公司）	綦江区烟草专卖局（分公司）	大足区烟草专卖局（分公司）
实现税利	万元	18586	16629	11030	12936	14000
	2015 年比 2014 年（%）	29.21	20.60	35.40	18.38	31.78
实现利润	万元	4072	3326	2600	2307	3103
	2015 年比 2014 年（%）	-34.80	-47.06	-19.85	-50.49	-31.84
销售卷烟	亿支	23.50	21.35	11.33	16.60	16.25
	2015 年比 2014 年（%）	5.34	6.40	0.02	2.28	4.83
卷烟销售收入（万元）		103802	110355	57276	86421	88336
查处涉烟违法案件（起）		286	304	103	220	231
查处涉烟违法案件案值（万元）		89	56	31	77	47
2015 年度烟草行业投入烟叶生产基础设施建设资金（万元）		—	—	2068	—	—
全年烟叶生产基础设施新增受益面积（万亩）		—	—	0.50	—	—
烟叶种植（万亩）		—	—	1.54	—	—
烟叶收购（万担）		—	—	3.69	—	—
烟农户数（户）		—	—	350	—	—
实现烟农总收入（万元）		—	—	4287	—	—
零售客户数（户）		5103	5020	3198	4136	4307
零售客户销售毛利率（%）		8.00	5.50	8.50	9.01	6.50

区、县局（公司）名称		璧山区烟草专卖局（分公司）	铜梁区烟草专卖局（分公司）	潼南县烟草专卖局（分公司）	荣昌县烟草专卖局（分公司）	梁平县烟草专卖局（分公司）
主要负责人/法人代表（含党政领导）		罗晓庆	王东生	杨万长(—2015.7) 张光伟(2015.7—)	王　平(—2015.1) 邱先勋(2015.9—)	雷　放
所属县级单位		—	—	—	—	—
总资产（万元）		2046	1777	1649	2185	1764
资产负债率（%）		—	—	—	—	—
从业人员（人）		79	81	68	74	92
所属业务机构	营销机构	1 个客户服务部、4 个区域客户服务部	1 个客户服务部、2 个区域客服部	1 个客户服务部、3 个片区市场	1 个客户服务部	1 个客户服务部、2 个片区市场
	物流配送机构	—	—	—	—	—
	专卖稽查机构	1 个稽查大队	3 个稽查大队	1 个稽查大队	4 个稽查大队	1 个稽查大队、2 个稽查中队
	烟叶机构	—	—	—	—	—

续表

区、县局（公司）名称		璧山区烟草专卖局（分公司）	铜梁区烟草专卖局（分公司）	潼南县烟草专卖局（分公司）	荣昌县烟草专卖局（分公司）	梁平县烟草专卖局（分公司）
实现税利	万元	10984	9166	8915	11199	7083
	2015 年比 2014 年（%）	22.07	23.40	22.86	32.00	24.35
实现利润	万元	2300	1902	1724	2418	808
	2015 年比 2014 年（%）	-42.64	-41.92	-44.25	-0.37	-60.41
销售卷烟	亿支	13.66	11.96	11.81	14.35	11.21
	2015 年比 2014 年（%）	3.09	1.96	9.25	37.00	持平
卷烟销售收入（万元）		71994	63100	51874	74232	44745
查处涉烟违法案件（起）		166	117	162	212	198
查处涉烟违法案件案值（万元）		33	28	24	34	38
2015 年度烟草行业投入烟叶生产基础设施建设资金（万元）		—	—	—	—	—
全年烟叶生产基础设施新增受益面积（万亩）		—	—	—	—	—
烟叶种植（万亩）		—	—	—	—	—
烟叶收购（万担）		—	—	—	—	—
烟农户数（户）		—	—	—	—	—
实现烟农总收入（万元）		—	—	—	—	—
零售客户数（户）		2771	3379	2888	2900	3232
零售客户销售毛利率（%）		8.70	7.00	8.00	7.50	8.00

区、县局（公司）名称		城口县烟草专卖局（分公司）	丰都县烟草专卖局（分公司）	垫江县烟草专卖局（分公司）	武隆县烟草专卖局（分公司）	忠县烟草专卖局（分公司）
主要负责人/法人代表（含党政领导）		黎　明	杨通华	邬　俊	熊向东	夏刚东
所属县级单位		—	—	—	—	—
总资产（万元）		693	17842	1756	26560	1547
资产负债率（%）		—	—	—	—	—
从业人员（人）		39	226	84	313	106
所属业务机构	营销机构	1 个客户服务部	1 个客户服务部、3 个区域客户服务部	1 个客户服务部	1 个客户服务部、2 个电访部门	1 个客户服务部、5 个区域客户服务部
	物流配送机构	—	—	—	—	—
	专卖稽查机构	1 个稽查大队	1 个稽查大队	1 个稽查大队	1 个稽查大队	1 个稽查大队
	烟叶机构	—	2 个烟叶站	—	4 个烟叶站	—
实现税利	万元	2493	13929	7136	23360	5073
	2015 年比 2014 年（%）	41.99	49.99	35.35	35.98	24.67

续表

区、县局（公司）名称		城口县烟草专卖局（分公司）	丰都县烟草专卖局（分公司）	垫江县烟草专卖局（分公司）	武隆县烟草专卖局（分公司）	忠县烟草专卖局（分公司）
实现利润	万元	370	4802	1022	12591	-110
	2015 年比 2014 年（%）	-17.48	81.76	-51.04	52.51	—
销售卷烟	亿支	2.71	8.61	10.15	6.16	9.08
	2015 年比 2014 年（%）	1.50	3.24	1.90	2.30	5.21
卷烟销售收入（万元）		18554	39431	51747	36510	38069
查处涉烟违法案件（起）		13	74	155	56	133
查处涉烟违法案件案值（万元）		3	19	26	16	30
2015 年度烟草行业投入烟叶生产基础设施建设资金（万元）		—	—	—	1694	—
全年烟叶生产基础设施新增受益面积（万亩）		—	—	—	1.20	—
烟叶种植（万亩）		—	4.23	—	7.30	—
烟叶收购（万担）		—	9.25	—	17.73	—
烟农户数（户）		—	1342	—	2380	—
实现烟农总收入（万元）		—	11942	—	20524	—
零售客户数（户）		1304	3672	3087	2738	2809
零售客户销售毛利率（%）		10.01	6.10	6.00	9.00	7.95

区、县局（公司）名称		开县烟草专卖局（分公司）	云阳县烟草专卖局（分公司）	奉节县烟草专卖局（分公司）	巫山县烟草专卖局（分公司）	巫溪县烟草专卖局（分公司）
主要负责人/法人代表（含党政领导）		骆大元	潘吉祥	张明礼	邱先勋（—2015.9） 高　态（2015.9—）	解昌盛
所属县级单位		—	—	—	—	—
总资产（万元）		2782	2078	9904	22226	18482
资产负债率（%）		—	—	—	—	—
从业人员（人）		96	91	289	203	206
所属业务机构	营销机构	1 个客户服务部、6 个区域客户服务部	1 个客户服务部、4 个区域客户服务部	1 个客户服务部	1 个客户服务部	1 个客户服务部
	物流配送机构	—	—	—	—	—
	专卖稽查机构	1 个稽查大队	1 个稽查大队	4 个稽查大队	1 个稽查大队	1 个稽查大队
	烟叶机构	—	—	2 个烟叶站	4 个烟叶站、13 个烟叶点	1 个烟叶科、3 个烟叶站
实现税利	万元	14960	9502	18699	30336	14465
	2015 年比 2014 年（%）	0.20	36.81	61.45	48.92	20.23
实现利润	万元	3788	1664	6370	15673	6446
	2015 年比 2014 年（%）	-33.31	-34.92	54.84	67.62	9.98

续表

区、县局（公司）名称		开县烟草专卖局（分公司）	云阳县烟草专卖局（分公司）	奉节县烟草专卖局（分公司）	巫山县烟草专卖局（分公司）	巫溪县烟草专卖局（分公司）
销售卷烟	亿支	16.36	11.26	10.87	8.48284	5.55
	2015 年比 2014 年（%）	2.63	7.28	1.55	0.04	2.96
卷烟销售收入（万元）		95790	67000	60673	54865	35895
查处涉烟违法案件（起）		184	167	128	111	42
查处涉烟违法案件案值（万元）		206	24	36	45	8
2015 年度烟草行业投入烟叶生产基础设施建设资金（万元）		—	—	2088	2738	1569
全年烟叶生产基础设施新增受益面积（万亩）		—	—	2.92	1.80	4.75
烟叶种植（万亩）		—	—	3.83	7.60	3.84
烟叶收购（万担）		—	—	9.20	17.54	9.94
烟农户数（户）		—	—	1321	3231	1396
实现烟农总收入（万元）		—	—	11176	22600	12699
零售客户数（户）		5211	3820	3040	2429	2316
零售客户销售毛利率（%）		8.30	8.00	5.00	6.70	5.00

区、县局（公司）名称		石柱土家族自治县烟草专卖局（分公司）	秀山土家族苗族自治县烟草专卖局（分公司）	酉阳土家族苗族县烟草专卖局（分公司）	彭水苗族土家族县烟草专卖局（分公司）
主要负责人/法人代表（含党政领导）		徐小洪	吴　静	张文平	吴树成
所属县级单位		—	—	—	—
总资产（万元）		20781	1698	26037	49107
资产负债率（%）		—	—	—	—
从业人员（人）		201	115	308	418
所属业务机构	营销机构	1 个客户服务部	1 个客户服务部、4 个区域客户服务部	1 个客户服务部、4 个区域客服部	1 个客户服务部
	物流配送机构	—	—	—	—
	专卖稽查机构	1 个稽查大队、3 个稽查中队	1 个稽查大队	1 个稽查大队	3 个稽查中队
	烟叶机构	2 个烟叶站	—	1 个烟叶科、4 个烟叶站	6 个烟叶站
实现税利	万元	14270	6978	23620	30963
	2015 年比 2014 年（%）	62.44	50.20	37.00	38.60
实现利润	万元	4483	710	10629	21010
	2015 年比 2014 年（%）	76.42	-33.22	36.15	12.90
销售卷烟	亿支	6.71	8.98	8.96	7.38
	2015 年比 2014 年（%）	0.75	8.19	6.85	0.90
卷烟销售收入（万元）		39895	53924	43991	38278
查处涉烟违法案件（起）		54	105	132	98

续表

区、县局（公司）名称	石柱土家族自治县烟草专卖局（分公司）	秀山土家族苗族自治县烟草专卖局（分公司）	酉阳土家族苗族县烟草专卖局（分公司）	彭水苗族土家族县烟草专卖局（分公司）
查处涉烟违法案件案值（万元）	14	107	161	22
2015 年度烟草行业投入烟叶生产基础设施建设资金（万元）	2732	—	364	3680
全年烟叶生产基础设施新增受益面积（万亩）	1.00	—	2.50	3.04
烟叶种植（万亩）	3.84	—	7.69	11.54
烟叶收购（万担）	9.56	—	18.45	24.66
烟农户数（户）	1321	—	2546	3771
实现烟农总收入（万元）	12413	—	22213	30113
零售客户数（户）	2217	2251	2575	3837
零售客户销售毛利率（%）	8.00	8.40	8.50	5.00

（撰稿：王凌容；编辑：李　昂）

四川省烟草专卖局（公司）

【专卖管理】　打假打私。2015 年，四川省烟草专卖局查处假烟案件 6762 起，其中 5 万元以上的假烟案件 510 起，查获假烟 1.3 万件。查处走私烟案件 1563 起，查缴走私烟（含出口回流卷烟）5683 件。破获重大涉烟网络案件 79 起，其中符合国家局标准的网络案件 45 起，涉案金额 1000 万元以上的案件 9 起，部督案件 7 起。

5—10 月，四川省局与四川省公安厅联合展开的"天府金剑"专项整治行动，持续 150 天，累计查处各类涉烟违法案件 1.5 万起，涉案金额 1.3 亿元，查处案值 5 万元以上涉烟案件 632 起，破获重大网络案件 45 起，刑事处理 507 人。协作机制更加顺畅，各级专卖、公安、海关等部门通力协作，联合办理重大案件取得突破。

2015 年，四川省局查处部督案件 7 起。四川广元"11·27"走私烟网络案件是广元建市以来破获的涉案范围最广、涉案人数最多、涉案金额最大的涉烟网络案件，现场查获各类涉案卷烟 81.98 万支，挡获运输车辆 6 台，捣毁窝点 9 个，刑拘 12 人，逮捕 6 人，网上追逃 1 人，查证并核实销售下线 7 个，涉案总金额 5.8 亿元。

四川成都"7·2"假冒卷烟网络案件。该案查获非法运输、存储、销售假冒"中华""云烟"等品牌卷烟 720 余万支，实物金额 1200 余万元，账册金额 7500 万元，销售金额超过 2 亿元，刑拘 7 人，逮捕 5 人，掌握假烟分销下线 10 余个，捣毁存储假烟库房 2 个，暂扣车辆 2 台。

四川成都"6·30"假冒卷烟网络案件。该案涉案总金额近 2000 万元，上线横跨四川、福建、广东等省。2015 年 12 月 9 日，成都市武侯区人民法院依法对 12 名犯罪嫌疑人进行审判，一审全部判处有期徒刑，最高刑期 16 年。

四川巴中"7·9"假冒卷烟网络案件。该案涉案金额达 1800 余万元，涉及四川、福建、贵州、陕西、重庆、浙江、西藏等省（自治区、直辖市）。截至 2015 年底，公安、司法机关依法刑拘 11 人，逮捕 7 人。该案仍在进一步侦办中。

四川眉山"2·5"假冒卷烟网络案件。该案打掉生产销售假烟犯罪团伙 2 个，刑拘犯罪嫌疑人 14 人，逮捕 13 人，查获假烟仓库 8 个，批发、销售窝点 4 个。

现场查获假烟780余万支，价值916万余元，是眉山市现场缴获假烟量最大的案件，初步查实涉案金额超过亿元。

四川眉山“6·23”假冒卷烟网络案件。该案涉案卷烟2210.46万支，涉案金额4133万元，逮捕8人。查获分销窝点42个，其中零售客户22户，涉及广东、福建、四川等地。

四川达州“12·14”假冒卷烟网络案件。该案查获涉案假烟4739.94万支，涉案金额6432.89万元，共判刑2人、逮捕4人、刑拘18人。在跨省协作中，福建厦门查证涉案金额超过2000万元，福建南平查证涉案金额超过1000万元，并案金额超过1亿元。

市场监管。深入开展市场整治，全力打击卷烟非法流通。针对非渠道烟流通愈发严峻的监管形势，四川省局先后开展川渝、川滇边界地区卷烟非法流通专项整治行动，行动期间查处卷烟非法流通案件8001起，查获非渠道卷烟4519万支，有力打击了卷烟非法流通活动。

开展市场评价，评估市场情况。在承办国家局市场评价体系建设调研会的基础上，结合第三方市场净化率调查和省局暗访，找准不规范症结并督促各市州开展有针对性的整治行动。市场秩序得到明显好转，2015年平均市场净化率为93%，同比提升3.83个百分点，市场秩序持续改善。

提升证件管理水平，强化终端后续监管。组织开展全省零售许可证专项检查，清查零售客户24.11万户，清理整顿信息登记不符5479户、中小学周边客户2174户、无证经营648户、未按规定办理后续监管事项手续137户，后续监管能力持续提升。

专卖管理保障建设。2015版本专卖管理信息系统，细化案件及证件办理环节52个，完善各类法律文书61项，梳理案由44条，构建分析模型78个，有效解决原系统“决策效率不高、操作繁多复杂、流程监管欠缺”的难题，率先实现报表数据准确统计、实时更新。

标准化中队建设目标圆满完成。全面完成全省建成验收124个标准化中队的工作目标，专卖执法基础更加夯实。制度支撑不断完善，全面建立专卖处内部考核制度、打假打私月通报制度，并完成对全省专卖执法装备管理制度、烟草与铁路公安联合打击贩运非法烟草专卖品制度、情报信息网络制度、卷烟零售客户分类管理制度的调研工作。

【经济效益】 2015年，四川省烟草商业系统实现主营业务收入883.44亿元，同比增长4.47%。实现税利227.48亿元，同比增长19.31%，其中利润108.32亿元，同比下降1.63%。三项费用率为6.09%，同比减少0.44个百分点。

【卷烟经营】 2015年，四川省烟草商业系统销售卷烟1255.4亿支（251.08万箱），同比下降1.93%，其中，一类烟350.5亿支（70.1万箱），同比增长6.41%；二类烟149.5亿支（29.9万箱），同比下降3.27%；三类烟474.75亿支（94.95万箱），同比增长1.9%；四类烟239.4亿支（47.88万箱），同比下降14.25%；五类烟41.35亿支（8.27万箱），同比下降19.21%。本地区销量居前三位品牌为“云烟”“娇子”“天下秀”，销量分别为258.45亿支（51.69万箱）、217.5亿支（43.5万箱）、150.8亿支（30.16万箱）。

实现卷烟销售收入764.75亿元，同比增长5.76%。实现卷烟税利188.27亿元，同比增长22.37%，其中利润86.95亿元，同比下降3.77%。

销售重点品牌卷烟980.9亿支（196.18万箱），同比增长1.51%，占全省销售总量的78.14%，同比提高2.65个百分点。实现单箱销售收入3.05万元，同比增加0.22万元；实现单箱税利7498元，同比增加1489元。

四川省网上跨行支付结算系统注册用户11万户，节约费用1200余万元；创新探索面向消费者的现代营销体系，建立移动互联、面向零消、实时互动的综合应用平台，形成二维码应用、积分运营、数据分析三大标准，现代营销体系初步成型，得到国家局和行业各单位的充分肯定。全省清退144个在销规格，年末在销规格数控制在300个以内。

【烟叶产销】 2015年，四川省烟草商业系统实现烟叶税利36.54亿元，同比增长14.87%，其中利润20.32亿元，同比增长26.37%。全省种植烤烟127.29万亩，收购烤烟17.18万吨（343.58万担），“控规模、守红线”任务圆满完成。收购烟叶上等烟比例52.47%，同比提高2.3个百分点。国家局烟叶收购检查等级质量合格率

81.82%。国家局工商交接检查合格率69.06%。烟农合计11.46万户，户均种植面积12.01亩，实现烟农总收入55.7亿元，其中烟叶收购收入46.67亿元，其他收入9.03亿元。全省烟草商业系统投入烟叶生产基础设施建设资金8.36亿元。

现代烟草农业建设。四川省工商登记注册的烟农合作社122个，凉山州丰乐等7家烟农合作社通过总公司评定验收，被确定为“全国烟农合作社行业示范社”；攀枝花市宗荣烤烟种植专业合作社等5家烟农合作社被评为“四川省农民合作社示范社”。

把有限的计划资源向优质烟区集中。加快淘汰烟叶收购计划不足2万担的种烟县。逐步淘汰烟叶收购计划3000担以下的种烟乡镇，重点打造烟叶“千亩村、万亩乡（镇）”规模化工程。凉山州将0.31万吨（6.2万担）计划转移到优势烟区，会东县、会理县烟叶规模分别位居全国种烟县第一和第三位，资源配置进一步优化。

充分利用烟叶收购信息系统，做好烟叶收购总量、部位、等级结构的分析预警。全面推行烟叶生产经营管理2.0系统，加强烟农档案、电子合同、生产技术、物资保管等基础信息的采集完善，确保信息真实、准确、完整。推进信息互联公开，利用移动云桌面平台，开展烟叶数据服务项目建设，实现信息移动互联、公开透明。

【对外交流与合作】 中国烟草四川进出口有限责任公司成立于1993年5月27日，2007年完成体制改革后，成为中国烟草总公司四川省公司的下属全资子公司，经营性质为国有独资外贸企业。截至2015年底，公司拥有总资产3.69亿元，其中，固定资产1550.97万元、流动资产3.32亿元，资产负债率为26.3%。

2015年，公司坚持“质量重于数量、信誉重于效益”的生产经营理念，以“服务全省烟叶生产大局”为中心，充分发挥烟叶出口的“蓄水池”作用，克服国际烟叶市场量价齐跌的双重困难，多措并举去库存，千方百计争取订单，出口总量逆势增长。2015年，境外销售烟叶1.57万吨，进口卷烟3.15万件。实现出口收入5558.79万美元，主营业务收入4.92亿元，实现税利1.61亿元，其中利润9523.55万元。

【特事要辑】 2月10—11日，2015年四川省烟草商业系统工作会议在成都召开。四川省局（公司）局长、总经理、党组书记李恩华代表党组作题为《适应新常态 把握新要求 努力推进“两烟大省”向“烟草强省”转变》的工作报告。

6月29日，驻国家局纪检组组长高林在四川烟草商业调研。其间，高林与四川省局（公司）领导班子进行座谈，检查机关办公用房整改情况，并听取有关工作汇报。

7月3日，四川省委书记王东明在《四川烟草履行社会责任，助力幸福美丽新村建设情况报告》上批示：感谢四川烟草为扶贫开发和新村建设作出的重大贡献。

8月26—28日，国家局副局长段铁力到四川烟草调研。其间，四川省副省长、省烟草发展工作领导小组副组长刘捷会见段铁力，并就进一步推进四川烟草产业改革发展交换意见。段铁力先后考察原川渝中烟技术中心、成都分厂、成都烟草物流中心和卷烟市场，听取四川省局（公司）和川渝中烟工作汇报。

9月16日，国家局副局长赵洪顺到四川烟草调研，围绕四川烟草工商“稳增长、促发展”开展调研。其间，四川省委常委、省委农工委主任李昌平会见赵洪顺，并就进一步推进四川烟草产业发展交换意见。

11月16—17日，国家局局长凌成兴在四川烟草调研。四川省副省长、党组成员曲木史哈，四川省政府副秘书长罗治平及四川省委农工委副主任刘铁一同调研。

2015年四川省烟草专卖局（公司）所属企业主要情况统计

地市级局（公司）名称	成都市烟草专卖局（公司）	自贡市烟草专卖局（公司）	攀枝花市烟草专卖局（公司）	泸州市烟草专卖局（公司）
主要负责人/法人代表（含党政领导）	宋　俊（—2015.1） 马青生（2015.1—4） 周德文（2015.4—）	局长、经理、法人代表：陈青川 党组书记：彭　磊	局长、经理、法人代表：郭明全 党组书记：张　英	局长、经理、法人代表：徐忠良 党组书记：邓明智

续表

地市级局（公司）名称		成都市烟草专卖局（公司）	自贡市烟草专卖局（公司）	攀枝花市烟草专卖局（公司）	泸州市烟草专卖局（公司）
所属县级单位		青羊区、金牛区、武侯区、高新区、成华区、锦江区等6个烟草专卖局，一分公司（辖青羊区、金牛区）、二分公司（辖武侯区、高新区）、三分公司（辖）等3个分公司，以及龙泉驿区、青白江区、新都区、温江区、彭州市、邛崃市、崇州市、金堂县、双流县、郫县、大邑县、蒲江县、新津县等13个县级烟草专卖局（分公司）	富顺县、荣县烟草专卖局（分公司），自流井区烟草专卖局（直属分公司），以及贡井区、大安区、沿滩区等3个县级烟草专卖局	米易县、盐边县、仁和区等3个县级烟草专卖局（分公司）和1个直属分公司，以及东区、西区2个县级烟草专卖局	古蔺县、叙永县、合江县、泸县、江阳区、龙马潭区、纳溪区等7个县级烟草专卖局（分公司）
总资产（万元）		780962	66144	97100	145485
资产负债率（%）		14.92	8.33	22.03	17.51
从业人员（人）		1847	335	673	1185
所属业务机构	营销机构	1个营销中心	1个营销中心	1个营销中心	1个营销中心
	物流配送机构	1个物流公司	1个配送中心	1个物流中心	1个配送中心、1个物流中转站
	专卖稽查机构	1个稽查支队、20个稽查大队	1个稽查支队、7个稽查大队	1个稽查支队、5个稽查大队	1个稽查支队、7个稽查大队
	烟叶机构	—	—	12个烟叶中心站、38个烟叶点	16个烟叶站、85个烟叶点、2个烟叶仓储中心
实现税利	万元	533361	58277	64050	112981
	2015年比2014年（%）	28.87	17.91	8.78	42.06
实现利润	万元	260135	27859	29769	48249
	2015年比2014年（%）	2.30	-3.06	-9.87	27.47
销售卷烟	亿支	275.50	40.25	22.66	69.51
	2015年比2014年（%）	-0.40	-1.22	-1.31	-3.76
卷烟销售收入（万元）		1988133	205420	133921	399548
查处涉烟违法案件（起）		10808	1767	373	1492
查处涉烟违法案件案值（万元）		19923	526	238	513
2015年度烟草行业投入烟叶生产基础设施建设资金（万元）		—	—	3369	1501
全年烟叶生产基础设施新增受益面积（万亩）		—	—	3.70	3.00
烟叶种植（万亩）		—	—	12.10	13.00

续表

地市级局（公司）名称	成都市烟草专卖局（公司）	自贡市烟草专卖局（公司）	攀枝花市烟草专卖局（公司）	泸州市烟草专卖局（公司）
烟叶收购（万担）	—	—	27.42	30.99
烟农户数（户）	—	—	8489	7723
实现烟农总收入（万元）	—	—	30600	45650
零售客户数（户）	36983	6527	4053	12794
零售客户销售毛利率（%）	15.78	9.43	13.54	11.84

地市级局（公司）名称		德阳市烟草专卖局（公司）	绵阳市烟草专卖局（公司）	广元市烟草专卖局（公司）	遂宁市烟草专卖局（公司）	内江市烟草专卖局（公司）
主要负责人/法人代表（含党政领导）		局长、经理、法人代表：刘兴红 党组书记：尹兴丽	局长、经理、法人代表：王广生 党组书记：王　斌	局长、经理、法人代表、党组书记： 肖　勇（—2015.12） 何成伟（2015.12—）	局长、经理、法人代表：袁　成 党组书记：田志丹	局长、经理、法人代表：易　伟 党组书记：薄冀川
所属县级单位		中江县、罗江县、广汉市、什邡市、绵竹市、旌阳区等6个县级烟草专卖局（分公司）	涪城（游仙）区、江油市、三台县、安县、梓潼县、盐亭县、北川羌族自治县、平武县等8个县级烟草专卖局（分公司）	苍溪县、旺苍县、剑阁县、青川县、利州区、元坝区、朝天区等7个县级烟草专卖局（分公司）	射洪县、大英县、船山区、蓬溪县、安居区等5个县级烟草专卖局（分公司）	市中区、东兴区、资中县、威远县、隆昌县等5个县级烟草专卖局（分公司）
总资产（万元）		134976	168059	92629	58552	69045
资产负债率（%）		25.64	24.22	33.04	16.11	14.04
从业人员（人）		608	660	742	374	493
所属业务机构	营销机构	1个营销中心	1个营销中心、1个电访中心	1个营销中心	1个营销中心	1个营销中心
	物流配送机构	1个配送中心	1个配送中心、1个物流中转站	1个配送中心、2个物流中转站、1个对接点	1个配送中心	1个配送中心
	专卖稽查机构	1个稽查支队、6个稽查大队	1个稽查支队、8个稽查大队	1个稽查支队、7个稽查大队	1个稽查支队、6个稽查大队	1个稽查支队、5个稽查大队
	烟叶机构	—	—	1个烟叶中心站、4个烟叶点	—	—
实现税利	万元	82782	110100	53771	52324	63894
	2015年比2014年（%）	18.00	23.62	21.44	12.42	12.87
实现利润	万元	39498	51684	19565	23629	30185
	2015年比2014年（%）	−0.07	−1.25	0.33	−11.21	−5.61
销售卷烟	亿支	51.30	72.59	38.00	39.75	47.75
	2015年比2014年（%）	−2.73	−1.17	−0.41	−5.91	−1.25

续表

地市级局（公司）名称	德阳市烟草专卖局（公司）	绵阳市烟草专卖局（公司）	广元市烟草专卖局（公司）	遂宁市烟草专卖局（公司）	内江市烟草专卖局（公司）
卷烟销售收入（万元）	353707	439658	221924	190990	280713
查处涉烟违法案件（起）	4354	2632	1019	958	1103
查处涉烟违法案件案值（万元）	3500	537	65286	689	388
2015 年度烟草行业投入烟叶生产基础设施建设资金（万元）	—	—	3290	—	—
全年烟叶生产基础设施新增受益面积（万亩）	—	—	1.65	—	—
烟叶种植（万亩）	0.29	—	5.69	—	—
烟叶收购（万担）	1.62	—	14.78	—	—
烟农户数（户）	1182	—	3947	—	—
实现烟农总收入（万元）	1293	—	15964	—	—
零售客户数（户）	13689	17576	9661	7969	8870
零售客户销售毛利率（%）	13.51	16.13	13.22	10.86	10.00

地市级局（公司）名称		乐山市烟草专卖局（公司）	南充市烟草专卖局（公司）	宜宾市烟草专卖局（公司）	广安市烟草专卖局（公司）	达州市烟草专卖局（公司）
主要负责人/法人代表（含党政领导）		局长、经理、法人代表：尹　柯 党组书记：窦忠实	局长、经理、法人代表：钟　智 党组书记：张　斌	局长、经理、法人代表：赵屹峰 党组书记：罗柱石	局长、经理、法人代表：刘丹云 党组书记：杜兴华	局长、经理、法人代表、 党组书记：蒲　适
所属县级单位		市中区、峨眉山市、夹江县、井研县、沙湾区、五通桥区、沐川县、犍为县、马边彝族自治县、峨边彝族自治县、金口河区等 11 个县级烟草专卖局（分公司）	顺庆区局（直属分公司），西充县、阆中市、仪陇县、营山县、蓬安县等 5 家县级烟草专卖局(分公司)以及高坪区、嘉陵区 2 个县级烟草专卖局	翠屏区、宜宾县、南溪区、江安县、长宁县、高县、筠连县、珙县、兴文县、屏山县等 10 个县级烟草专卖局（分公司）	广安区、岳池县、武胜县、邻水县、华蓥市、前锋区等 6 个县级烟草专卖局（分公司）	通川区、达川区、宣汉县、开江县、万源市、大竹县、渠县等 7 个县级烟草专卖局（分公司）
总资产（万元）		95652	112220	126475	55466	97002
资产负债率（%）		9.43	23.11	23.24	16.95	24.55
从业人员（人）		449	655	670	429	779
所属业务机构	营销机构	1 个营销中心	1 个营销中心	1 个营销中心	1 个营销中心、1 个电访中心	1 个营销中心
	物流配送机构	1 个配送中心、3 个物流中转站	1 个配送中心、2 个物流中转站	1 个物流中心、3 个配送站	1 个配送中心、1 个物流中转站	1 个配送中心、3 个物流中转站
	专卖稽查机构	1 个稽查支队、11 个稽查大队	1 个稽查支队、9 个稽查大队	1 个稽查支队、10 个稽查大队	1 个稽查支队	1 个稽查支队、7 个稽查大队
	烟叶机构	—	—	9 个烟叶站	—	7 个烟叶站、5 个自助烟站

续表

地市级局（公司）名称		乐山市烟草专卖局（公司）	南充市烟草专卖局（公司）	宜宾市烟草专卖局（公司）	广安市烟草专卖局（公司）	达州市烟草专卖局（公司）
实现税利	万元	80505	98369	93848	53100	74823
	2015 年比 2014 年（%）	25.19	19.17	11.72	31.11	27.70
实现利润	万元	38464	42368	32227	22800	27441
	2015 年比 2014 年（%）	2.99	-10.03	-16.82	2.24	-0.70
销售卷烟	亿支	51.92	75.30	78.25	45.77	68.01
	2015 年比 2014 年（%）	-3.96	-4.59	-2.13	-0.93	-2.43
卷烟销售收入（万元）		324102	364539	427661	233500	343784
查处涉烟违法案件（起）		796	3108	1781	1130	1857
查处涉烟违法案件案值（万元）		622	742	1620	376	763
2015 年度烟草行业投入烟叶生产基础设施建设资金（万元）		—	—	3537	—	1069
全年烟叶生产基础设施新增受益面积（万亩）		—	—	1.77	—	1.00
烟叶种植（万亩）		—	—	7.80	—	1.92
烟叶收购（万担）		—	—	19.22	—	6.06
烟农户数（户）		—	—	2149	—	7438
实现烟农总收入（万元）		—	—	28873	—	4797
零售客户数（户）		11052	17921	10525	10803	15811
零售客户销售毛利率（%）		13.10	13.12	10.66	12.24	11.80

地市级局（公司）名称	巴中市烟草专卖局（公司）	雅安市烟草专卖局（公司）	眉山市烟草专卖局（公司）	资阳市烟草专卖局（公司）
主要负责人/法人代表（含党政领导）	局长、经理、法人代表：熊良政 党组书记：陈仁国	局长、经理、法人代表：何梦皓 党组书记：谭新生	局长、经理、法人代表：四朗彭措 党组书记：周　平	局长、经理、法人代表：骆　敏 党组书记：龚华忠
所属县级单位	巴州区、恩阳区、通江县、平昌县、南江县等 5 个县级烟草专卖局（分公司）	雨城区、名山区、荥经县、汉源县、石棉县、天全县、芦山县等 7 个县级烟草专卖局（分公司）和宝兴县烟草专卖局	东坡区、彭山区、仁寿县、洪雅县、青神县、丹棱县等 6 个县级烟草专卖局（分公司）	雁江区、简阳市、安岳县、乐至县等 4 个县级烟草专卖局（分公司）
总资产（万元）	46411	70573	77886	55219
资产负债率（%）	17.47	27.48	6.62	12.40
从业人员（人）	357	258	400	552

续表

地市级局（公司）名称		巴中市烟草专卖局（公司）	雅安市烟草专卖局（公司）	眉山市烟草专卖局（公司）	资阳市烟草专卖局（公司）
所属业务机构	营销机构	1个营销中心	1个营销中心	1个营销中心	1个营销中心
	物流配送机构	1个配送中心、2个物流中转站	1个配送中心	1个配送中心	1个配送中心、1个物流中转站
	专卖稽查机构	1个稽查支队、5个稽查大队	1个稽查支队、2个稽查大队	1个稽查支队、6个稽查大队	1个稽查支队、4个稽查大队
	烟叶机构	—	—	—	—
实现税利	万元	50629	30642	77688	62588
	2015年比2014年（%）	21.27	37.99	26.49	26.61
实现利润	万元	16318	13364	36867	25986
	2015年比2014年（%）	-5.87	12.22	1.69	-4.82
销售卷烟	亿支	37.82	24.01	46.33	51.41
	2015年比2014年（%）	-2.90	2.16	-1.84	-0.15
卷烟销售收入（万元）		218840	131887	270468	241186
查处涉烟违法案件（起）		893	936	1002	1344
查处涉烟违法案件案值（万元）		1106	315	6874	1620
2015年度烟草行业投入烟叶生产基础设施建设资金（万元）		—	—	—	—
全年烟叶生产基础设施新增受益面积（万亩）		—	—	—	—
烟叶种植（万亩）		—	—	—	—
烟叶收购（万担）		—	—	—	—
烟农户数（户）		—	—	—	—
实现烟农总收入（万元）		—	—	—	—
零售客户数（户）		8482	4327	7421	11470
零售客户销售毛利率（%）		12.48	12.30	11.00	11.99

地市级局（公司）名称	凉山彝族自治州烟草专卖局（公司）	阿坝藏族羌族自治州烟草专卖局（公司）	甘孜藏族自治州烟草专卖局（公司）	都江堰市烟草专卖局（公司）
主要负责人/法人代表（含党政领导）	局长、经理、 法人代表：杜如万 党组书记：王　强	局长、经理、 法人代表、党组书记： 秦高华	局长、经理、 法人代表：陈志学 党组书记：青志勇	局长、经理、 法人代表、党组书记： 王　春

续表

地市级局（公司）名称		凉山彝族自治州烟草专卖局（公司）	阿坝藏族羌族自治州烟草专卖局（公司）	甘孜藏族自治州烟草专卖局（公司）	都江堰市烟草专卖局（公司）
所属县级单位		西昌市、会理县、会东县、德昌县、盐源县、冕宁县、普格县、宁南县、越西县、喜德县、甘洛县、昭觉县、布拖县、美姑县、金阳县、雷波县、木里藏族自治县等17个县市级烟草专卖局（分公司）	阿坝县、金川县、理县、茂县、汶川县、马尔康县、若尔盖县、松潘县、黑水县、九寨沟县、红原县、壤塘县、小金县等13个县级烟草专卖局（分公司）	康定县、泸定县、丹巴县、九龙县、理塘县、雅江县、巴塘县、乡城县、稻城县、得荣县、炉霍县、道孚县、色达县、甘孜县、新龙县、石渠县、德格县、白玉县等18个县级烟草专卖局（分公司）	—
总资产（万元）		664313	43706	29948	34262
资产负债率（%）		24.96	17.95	6.45	9.10
从业人员（人）		2819	236	267	142
所属业务机构	营销机构	1个营销中心	1个营销中心、1个电访中心	1个营销中心	1个营销中心
	物流配送机构	1个配送中心、13个物流中转站	1个物流配送中心	1个配送中心、1个物流中转站	1个配送中心
	专卖稽查机构	1个稽查支队、18个稽查大队	1个稽查支队、13个稽查大队	1个稽查支队、18个稽查大队	1个稽查大队、3个稽查中队
	烟叶机构	38个烟叶站	—	—	—
实现税利	万元	431337	19857	21083	28845
	2015年比2014年（%）	10.78	-11.14	35.36	33.39
实现利润	万元	261671	6514	7618	9865
	2015年比2014年（%）	7.86	-46.39	1.37	1.64
销售卷烟	亿支	77.52	13.69	14.96	14.15
	2015年比2014年（%）	0.63	-14.97	-0.94	-0.41
卷烟销售收入（万元）		345345	85612	88453	99156
查处涉烟违法案件（起）		1693	286	60	343
查处涉烟违法案件案值（万元）		1142	64	65	2188
2015年度烟草行业投入烟叶生产基础设施建设资金（万元）		50168	—	—	—
全年烟叶生产基础设施新增受益面积（万亩）		26.00	—	—	—
烟叶种植（万亩）		89.46	—	—	—
烟叶收购（万担）		251.15	—	—	—
烟农户数（户）		83686	—	—	—
实现烟农总收入（万元）		339555	—	—	—
零售客户数（户）		11587	3506	2909	1592
零售客户销售毛利率（%）		16.18	12.94	14.36	12.88

（撰稿：张羽翔　邹正军；编辑：李　昂）

贵州省烟草专卖局（公司）

【专卖管理】 打假打私。2015年，贵州省烟草专卖局受理“12313”投诉举报831次，出动打假人员7.53万人次；查获非法烟叶、烟丝1132.25吨，非渠道卷烟7229.33万支，假冒伪劣卷烟1423.81万支；查处各类涉烟违法案件3977起，其中，案值5万元以上案件401起，网络案件44起，部督案件3起。公安、司法机关依法处理277人，其中，拘留154人，逮捕84人，判刑39人。

涉烟行政执法和刑事司法衔接。贵州省局联同省高级人民法院、省检察院、省公安厅制定印发《关于办理涉烟案件具体应用法律若干问题会议纪要》，从涉案物品价格认定、调查取证、非法经营罪认定和共犯等10个方面进一步形成规范指导意见，统一涉烟案件办理和审理标准，解决以前同类案件办理标准不统一、证据认定不一致、判决结果差异大的问题，烟草专卖法治基础进一步夯实。

涉烟大要案件查办。坚持情报导侦，抓住物流、资金、交易信息“三大关键点”，深挖“案源线索”价值，不断提高重大案件查办水平。查处案值5万元以上案件数量同比增加66起，增长19.7%，平均每个县级局查处案件11.14起；查办网络案件数量同比增加6起，增长15.78%，平均每个市、州局查处案件4.8起。遵义市“1·31”销售假烟网络案件打掉一个涉及福建、安徽和贵州三省的违法犯罪团伙，顺利实现上线主犯抓捕归案，查获假烟290.98万支，案值1119.23万元，刑拘7人，逮捕5人，网上追逃2人。

非法经营烟叶治理。始终将打击非法经营烟叶违法犯罪活动作为突出重点，持续开展“黔锋4号”专项行动，促进非法经营烟叶治理工作制度化、常态化，从“打源头、打补充”的角度支持全国卷烟打假工作。破获案值5万元以上非法经营烟叶案件103起，非法经营烟叶网络案件23起。毕节市“4·7”非法经营烟叶案件涉及越南和中国湖南、广东、广西、河北、贵州等5个省（自治区），涉案烟叶261.45吨，涉案金额1106.53万元，逮捕3人，刑拘1人，网上追逃1人。

互联网涉烟违法犯罪整治。加强互联网涉烟交易监管，通过搜索引擎、站内检索、聊天工具等收集排查非法售烟信息线索，密切与公安技侦、网监等部门协作，解决地理定位、人员锁定和资金流向等调查取证难点问题，互联网涉烟案件查办工作取得新突破。

日常监督管理。开展APCD市场监管信息平台建设，创新监管手段，优化工作方式，提升监管效率。加大对卷烟非法流通的打击力度，彻底捣毁多个犯罪网络，减少卷烟非法流通数量。实施综合治理，堵截非法运输通道，打击分销渠道，捣毁窝点仓库，严管零售环节，整治无证经营，在涉烟违法犯罪高发时段，针对重点区域开展联合专项整治，确保卷烟市场净化率保持在97%以上。

证照管理。办理特种经营企业许可证、批发企业许可证变更、延续手续8个，生产企业许可证延续手续13个。办理卷烟零售许可证1.7万个，变更99个，注销6560个。审批签发卷烟准运证2.13万份，烟叶准运证1.92万份，丝束、滤棒、卷烟纸准运证1104份，烟草专用机械准运证24份。清理“休眠户”“空壳户”2791户，清理“人证不符”卷烟零售客户1011户，纠正“证照不符”“证址不符”卷烟零售客户1621户，劝导864户中小学周边近距离零售客户退出市场或迁址经营。截至2015年底，贵州省有卷烟零售客户19.9万户。

【经济效益】 2015年，贵州省烟草商业系统实现税利160.13亿元，同比增长25.99%。其中利润75.94亿元，同比增长17.1%。卷烟单箱销售收入3万元。三项费用率为10.65%，同比减少0.19个百分点。

【卷烟经营】 卷烟销售。2015年，贵州省烟草商业系统销售卷烟730.95亿支（146.19万箱），同比增长0.99%，其中，销售一类烟137.5亿支（27.5万箱），同比增长4.21%；二类烟63.45亿支（12.69万箱），同比增长10.25%；三类烟487.15亿支（97.43万箱），同比增长6.23%；四类烟14.35亿支（2.87万箱），同比下降40.68%；五类烟28.2亿支（5.64万箱），同比下降45.05%。本地区销量居前三位的品牌依次为“贵烟”“黄果树”“云烟”，销量分别为319.35亿支（63.87万箱）、229.8亿支（45.96万箱）、60.8亿支（12.16万箱）。

品牌培育。以品牌为视角、客户为焦点、高端卷烟为引领，充分利用现代零售终端、移动互联网等载体实施多形式、广覆盖、快传播、高效率的各类品牌营销活动，实现品牌培育从线下向线上、从PC互联向移动互联的延伸。更加注重上柜率、满足率、订足面、订足率等指标，提高投放效率，有效满足多元化消费需求，重点品牌实现较快发展。2015年，销售重点品牌卷烟464.3亿支（92.86万箱）。

终端建设。2015年，按照“选择一户、建设一户、建成一户”的原则，稳步开展现代终端建设，年末贵州省现代终端比例达到20%，完成三年规划目标。围绕终端“硬件”短板，对现代终端店面形象、信息化设备等方面进行适度投入和帮扶，推广门店管理系统，实施扫码销售，推行网上配货，终端形象有效改善，信息化程度明显提高。围绕降低经营成本，为客户提供集“网上支付、贷记消费、实时扣款”为一体的卷烟货款结算服务，促进客户结算便利性与资金周转效率提升。网上订货客户比例93%，网上配货比例3%，网上结算客户比例17%，零售客户户均年盈利额3.15万元。

市场化取向改革。按照“按订单组织货源、按需求衔接计划、按状态调整策略”总体要求，实施营销业务流程再造，以省级营销平台建设为载体，升级营销模式，发挥市场在资源配置中的重要作用，营造公平规范、竞争有序的市场环境。卷烟营销市场化取向改革取得阶段性成效。

【烟叶产销】 烟叶种植与收购。2015年，贵州省种烟县（市、区）63个，种烟乡（镇）689个，种烟村4703个，烟农13.08万户。烟叶移栽面积237.7万亩。收购烟叶29.69万吨（592.97万担）。上中等烟比例92.4%。烟农户均种烟面积17.6亩。实现烟农收入（含补贴）79.9亿元，户均收入5.9万元，户均收入同比增长13.5%。2015年，实现烟叶税利68亿元，同比增长34.36%，其中利润35.37亿元，同比增长67.04%。

全面推进专业分级散叶收购模式。投入资金1.29亿元，改造完善327条烟叶收购站（线）。与16家卷烟工业企业开展31个烟叶基地单元的原收原调试点，与贵州中烟开展5个烟叶基地单元的全收全调试点。烟叶收购过程中实现精益化管理，落实主评、主检、总检、总监四级等级质量负责制，烟叶等级质量、等级纯度、工业企业满意度得到明显提升。样品制作继续保持行业领先水平，送审的国家基准样品等级完整度和审定通过率均为100%，连续7年获国家局通报表彰。

烟叶生产调控。烟叶生产规模精准调控。加强重点环节的督查调度，确保烟叶生产合同真、面积实、水平高、质量好。因地制宜实行“两收一停”或“三收两停”，全面实行烘烤登记、下炕称重，准确掌握烟叶烘烤数量，做到生产数量、烘烤数量与收购数量一致。

产前实施投入精细管理。强化投入预算、推进精细管理，优化投入投向，调减烟用物资补贴，调增专业化服务及有机肥、生物物理防治、农地膜回收补贴，提高投入的有效性，实现节本增效。

现代烟草农业建设。以市场需求为导向，以生态条件为基础，工商研联合制定烟叶基地单元生产技术方案，重点推广营养调控、有机肥施用、蚜茧蜂生物防治、成熟采收、散叶插扦烘烤五项技术，提高生产水平。2015年，贵州省烟地深翻225万亩、推广有机肥176万亩，蚜茧蜂防治191万亩，物理防治23万亩，散叶插扦烘烤44万亩，烟株个体发育充分，群体结构合理，中上部烟叶成熟度明显提高。

规模化水平进一步提高，贵州省流转烟地120万亩。100亩以上连片种植占71%，20亩以上的占57%，50亩以上的占18%。烟农职业化水平进一步提高，培育职业烟农5000户。

烟农专业合作社建设。按照“一基一社、综合服务”的原则，将148个合作社整合为128个，创建省级示范社70个，行业示范社11个，开展合作社理事长、经理专题培训，提高合作社经营管理水平。专业化服务水平进一步提高，完善“社统队分、片区组织、网格实施”服务模式，推进机械化作业和专业化服务，全省培训专业化服务队员8.3万人，有机肥生产、井窖式移栽、烘烤等环节的专业化服务取得突破。

【特事要辑】 5月14—16日，国家局局长凌成兴到贵州烟草调研，贵州省委书记、省人大常委会主任赵克志，省委副书记、省长陈敏尔会见凌成兴，双方就贵州烟草改革发展交换意见。凌成兴先后考察贵州中烟毕节卷烟厂、毕节市七星关区何田烟叶工作站、毕节市局（公司）卷烟物流配送中心，与卷烟零售客户、烟农、烟技员进行深入交流，了解卷烟提税顺价、卷烟营销、烟叶生产等方面的情况，听取贵州省局（公司）同步小康驻村工作汇报。凌成兴强调，贵州烟草要认真贯彻落实烟草行业领导干部电视电话会议精神和“三严三实”专题教育党课精神，以推动发展实际成效践行“三严三实”要求，努力保持“三个平稳态势、确保一个上缴目标”（即保持卷烟营销、卷烟生产、烟叶生产的平稳态势，为今年行业实现上缴财政年度目标作出更大贡献）。

10月26—28日，国家局副局长杨培森到贵州烟草调研。其间，杨培森考察贵州中烟贵定卷烟厂、贵阳卷烟厂、卷烟工程中心及遵义市余庆县松烟烟站、湄潭县兴乐科技园，详细了解创新驱动发展、促进烟农增收工作。杨培森要求贵州烟草在专业化、集约化、机械化、多元化、科学化上下工夫，服务烟农、增效增收；认真总结科技创新经验，依靠科技引领、创新驱动，形成企业发展力、品牌竞争力；以特见长，以质取胜，跨越发展，行稳致远，稳定发展的势头和速度，提高发展的质量和效益。

12月14—15日，国家局副局长徐瓘到贵州烟草调研。14日，徐瓘到贵阳指导贵州省局（公司）党组“三严三实”专题民主生活会。徐瓘强调，贵州省局（公司）党组要按照习近平总书记对各级领导干部的要求，努力做到忠诚、担当、干净，不断以更严更实的作风要求自己。一是对党绝对忠诚，二是个人干净，三是敢于担当。15日，徐瓘考察贵阳市局（公司）卷烟物流配送中心、贵州中烟工业有限责任公司贵阳卷烟厂，听取贵州烟草工商企业的工作汇报。徐瓘对贵州烟草各项工作取得的成绩给予肯定，要求贵州烟草促进卷烟营销再上新水平，稳定销量，提升结构，深化改革，继续保持良好状态；促进品牌发展再上新水平，增强品牌发展可持续性、烟叶可用性、烟酒文化兼容性、技改经济实用性、产品质量稳定性；促进税利总额再上新水平，完成好2015年目标任务，谋划好“十三五”规划目标；落实好资金增收节支。

2015年贵州省烟草专卖局（公司）所属企业主要情况统计

地市级局（公司）名称	贵阳市烟草专卖局（公司）	遵义市烟草专卖局（公司）	六盘水市烟草专卖局（公司）	安顺市烟草专卖局（公司）	毕节市烟草专卖局（公司）
主要负责人/法人代表（含党政领导）	龙丽琴	丁　伟	蒋诗栋（2015.12—）	周　华	陈文相
所属县级单位	修文县、息烽县、开阳县、清镇市等4个县级烟草专卖局（分公司），和南明区、云岩区、观山湖区、花溪区、乌当区、白云区等6个县级烟草专卖局	市区、务川仡佬族苗族自治县、湄潭县、遵义县、仁怀市、习水县、道真仡佬族苗族自治县、余庆县、桐梓县、正安县、绥阳县、凤冈县、赤水市等13个县级烟草专卖局（分公司）	六枝特区、盘县、水城县等3个县级烟草专卖局(分公司)和钟山区烟草专卖局	西秀区、紫云苗族布依族自治县、镇宁布依族苗族自治县、平坝区、普定县、关岭布依族苗族自治县等6个县级烟草专卖局（分公司）	七星关区、大方县、黔西县、金沙县、织金县、纳雍县等6个县级烟草专卖局（分公司），威宁彝族回族自治县、赫章县2个县级烟草专卖局
总资产（万元）	271305	520580	122361	117471	418776
资产负债率（%）	11.56	20.48	19.18	15.72	38.10
从业人员（人）	1499	3679	978	918	3645

续表

地市级局（公司）名称		贵阳市烟草专卖局（公司）	遵义市烟草专卖局（公司）	六盘水市烟草专卖局（公司）	安顺市烟草专卖局（公司）	毕节市烟草专卖局（公司）
所属业务机构	营销机构	1 个营销中心	1 个营销中心	1 个营销中心	1 个营销中心	1 个卷烟营销中心
	物流配送机构	1 个配送中心	1 个配送中心	1 个配送中心	1 个配送中心	1 个配送中心
	专卖稽查机构	1 个稽查支队、11 个稽查大队	1 个稽查支队、10 个稽查大队	1 个稽查支队、4 个稽查大队	1 个稽查支队、7 个稽查大队	1 个稽查支队、8 个稽查大队
	烟叶机构	11 个烟叶站、39 个烟叶点	1 个烟叶营销中心、49 个烟叶点	24 个烟叶站	7 个烟叶站	1 个烟叶营销中心、32 个烟叶站
实现税利	万元	237002	358927	96591	89308	234938
	2015 年比 2014 年（%）	18.05	26.47	14.41	20.72	21.87
实现利润	万元	106088	182007	42393	38926	103804
	2015 年比 2014 年（%）	-7.79	23.69	-5.97	-1.66	21.58
销售卷烟	亿支	128.97	126.50	56.50	56.10	114.29
	2015 年比 2014 年（%）	1.22	1.32	-1.10	2.20	0.84
卷烟销售收入（万元）		89428	783006	337879	330454	634668
查处涉烟违法案件（起）		557	892	528	204	568
查处涉烟违法案件案值（万元）		2202	3022	665	296	3147
2015 年度烟草行业投入烟叶生产基础设施建设资金（万元）		3587	24132	1249	2406	20530
全年烟叶生产基础设施新增受益面积（万亩）		2.14	215.05	1.87	3.57	31.00
烟叶种植（万亩）		10.40	62.00	11.00	9.20	56.80
烟叶收购（万担）		26.49	155.00	25.72	22.37	142.74
烟农户数（户）		6548	27349	6095	3250	44588
实现烟农总收入（万元）		30105	210000	28400	25578	196320
零售客户数（户）		23306	34215	14530	13965	29797
零售客户销售毛利率（%）		11.83	12.60	9.90	10.00	12.02

地市级局（公司）名称	铜仁市烟草专卖局（公司）	黔东南苗族侗族自治州烟草专卖局（公司）	黔南布依族苗族自治州烟草专卖局（公司）	黔西南布依族苗族自治州烟草专卖局（公司）
主要负责人/法人代表（含党政领导）	马　健	陈　熹（2015.1—）	杨秀祥	伍崇峰（—2015.12） 王　贵（2015.12—）

续表

地市级局（公司）名称		铜仁市烟草专卖局（公司）	黔东南苗族侗族自治州烟草专卖局（公司）	黔南布依族苗族自治州烟草专卖局（公司）	黔西南布依族苗族自治州烟草专卖局（公司）
所属县级单位		江口县、松桃苗族自治县、印江土家族苗族自治县、德江县、思南县、沿河土家族自治县、石阡县等7个县级烟草专卖局（分公司）和碧江区、万山特区、玉屏侗族自治县等3个县级烟草专卖局	凯里市、麻江县、黄平县、施秉县、镇远县、岑巩县、天柱县、丹寨县、台江县、剑河县、三穗县、锦屏县、黎平县、从江县、榕江县、雷山县等16个县级烟草专卖局（分公司）	瓮安县、福泉市、贵定县、龙里县、长顺县、惠水县、平塘县、三都水族自治县、荔波县、罗甸县、独山县、都匀市等12个县级烟草专卖局（分公司）	兴义市、兴仁县、普安县、晴隆县、贞丰县、安龙县、册亨县、望谟县等8个县级烟草专卖局（分公司）
总资产（万元）		167870	133688	148860	207086
资产负债率（%）		36.86	25.93	21.16	12.97
从业人员（人）		1794	1386	1696	1399
所属业务机构	营销机构	1个卷烟营销中心	1个营销中心	1个营销中心、1个电访中心	1个营销中心
	物流配送机构	1个配送中心	1个配送中心、6个物流中转站	1个配送中心、10个物流中转站	1个物流分公司、4个中转站
	专卖稽查机构	1个稽查支队	1个稽查支队、16个稽查大队	1个稽查支队、12个稽查大队	1个稽查支队、8个稽查大队
	烟叶机构	30个烟叶站	11个烟叶站	13个烟叶站	35个烟叶站
实现税利	万元	142019	122288	125543	170776
	2015年比2014年（%）	21.10	19.59	26.40	46.77
实现利润	万元	66321	59211	59615	95654
	2015年比2014年（%）	4.00	4.24	20.50	58.04
销售卷烟	亿支	61.00	66.90	66.65	54.05
	2015年比2014年（%）	1.17	0.94	1.06	0.75
卷烟销售收入（万元）		368318	366650	385647	289330
查处涉烟违法案件（起）		234	282	355	91
查处涉烟违法案件案值（万元）		2260	1568	6000	1315
2015年度烟草行业投入烟叶生产基础设施建设资金（万元）		5548	4334	4139	3970
全年烟叶生产基础设施新增受益面积（万亩）		11.31	3.68	4.90	5.00
烟叶种植（万亩）		23.40	16.70	16.20	32.00
烟叶收购（万担）		58.50	42.52	40.73	78.89
烟农户数（户）		7828	7406	8294	19451
实现烟农总收入（万元）		73977	52000	46322	99639
零售客户数（户）		15788	22323	19345	16987
零售客户销售毛利率（%）		12.33	12.60	12.50	10.00

注：2014年12月，张拥军、李明海、朱贵川分别不再担任六盘水市烟草专卖局（公司）、黔东南苗族侗族自治州烟草专卖局（公司）、黔南布依族苗族自治州烟草专卖局（公司）局长、经理、党委书记。

（撰稿：李　聪；编辑：李　昂）

云南省烟草专卖局（公司）

【专卖管理】 打假打私。2015 年，云南省烟草专卖局深化打假打私体系建设，统筹协调社会资源、执法力量，发挥职能作用。加强与西南五省及与福建省的区域联动，联合打击涉烟违法犯罪工作机制高效运行；加强与公安部门的执法协作，与省公安厅建立涉烟案件侦办指挥中心，强化案件线索的集中分析和交办；组织召开边境地区打击涉烟违法犯罪工作会议，与公安、海关、检验检疫、部队、边防等成员单位共商边境一线联防联控、缉私打假工作，不断推动行业打假向政府领导下的全社会打假转变，由单一打击向省际间、国际间联合打击转变。

2015 年，出动打假打私人员 18.44 万人次，查处各类涉烟违法案件 1.75 万起，查获假冒卷烟 1.79 亿支，走私卷烟 6410.07 万支，烟叶、烟丝 6289.46 吨。破获网络案件 46 起，查处案值 5 万元以上大要案件 1549 起。公安、司法机关依法刑拘 729 人，逮捕 235 人，判刑 224 人，形成了打击涉烟违法犯罪工作的强大合力，给涉烟违法犯罪分子极大的震慑，为云南省“两烟”生产经营的顺利进行营造良好发展环境。

跨区域、跨省、跨国涉烟网络案件侦办取得新突破。云南省各级烟草专卖局以查办大要案件为重要抓手，注重网络案件侦办工作，突出跨国、跨省以及毗邻地区的工作联动和专案联合，进一步提高侦办涉烟网络案件的水平。德宏州侦办的“1・15”特大跨国制售假烟案是国际间警务合作的典范；西双版纳州与老挝北部四省建立起打击跨境经济犯罪协作机制，对共同打击涉烟犯罪达成深度共识。云南省局与四川省局联动开展毗邻地区卷烟非法流通专项整治行动，强化毗邻地区间的沟通和协调，加大对卷烟非法流通案件的查处力度。把“背包客”的整治放在更加突出的位置，认真总结重庆铁路公安侦办的“8・23”非法经营卷烟案件的成功经验，严厉打击“背包客”利用铁路客运非法经营烟草制品的行为，铁路沿线卷烟非法经营状况得到全面治理。破获“12・15”利用铁路运输分销假烟网络案件，抓获犯罪嫌疑人 21 名，涉案价值 7600 余万元，打掉一个由福建制假源头向西南运销假烟的网络团伙，获得公安部、国家局表彰。

非法经营烟叶重点地区整治工作深入推进。云南省各州、市、县都确定非法经营烟叶的重点地区，持续加大烟叶集散地和重点地区的专项整治力度，始终把源头治理作为重点工作来抓，有效切断制假原辅料供应链。完成昆明市呈贡区回回营专项整治工作，红河州泸西县“三元地区”的整治取得阶段性成效，昆明市、玉溪市、普洱市 213 国道沿线“三线联动”专项行动有效遏制非法烟叶走私出境老挝、缅甸的蔓延势头。

【经济效益】 2015 年，云南省烟草商业系统实现税利 430.3 亿元，同比增长 12.03%，其中利润 248.95 亿元，同比增长 6.76%。三项费用率为 7.67%，同比减少 1.22 个百分点。

【卷烟经营】 2015 年，云南省烟草商业系统销售卷烟 882.93 亿支（176.59 万箱），同比下降 0.82%，其中，一类烟 178.39 亿支（35.68 万箱），同比增长 2.05%；二类烟 53.40 亿支（10.68 万箱），同比增长 19.28%；三类烟 561.49 亿支（112.30 万箱），同比增长 1.88%；四类烟 83.38 亿支（16.68 万箱），同比下降 22.94%；五类烟 6.07 亿支（1.21 万箱），同比下降 45.39%。本地区销量居前三位的品牌依次为“云烟”“红塔山”“红河”，销量分别为 386.18 亿支（77.24 万箱）、183.92 亿支（36.78 万箱）、172.74 亿支（34.55 万箱）。

实现卷烟销售收入 510.04 亿元，同比增加 20.62 亿元，增长 4.21%，销售收入首次突破 500 亿元大关。实现卷烟税利 121 亿元，同比增加 21 亿元，同比增长 21%，其中利润 56.6 亿元，同比下降 5.3%。

品牌培育。云产卷烟销量规模基本稳定、结构进一步优化、价值得到提升，省外三类以上卷烟品牌快速成长，品牌格局更趋合理。2015 年，“双十五”品牌销量同比增长 2.90%，销售收入同比增长 5.52%。重点品牌集中度达到 93.85%，同比提高 2.45 个百分点，高于全国平均 10.06 个百分点。2015 年，销售云产卷烟 818.81 亿支（163.76 万箱），销售省外卷烟 63.36 亿支（12.67 万箱）。“云烟”“玉溪”“红塔山”品牌销量 612.16 亿支（121.44 万箱），同比增长 0.98%。

营销网建。创新工作更加注重市场引领，面对宏观经济下行压力加大等因素的影响，坚持“市场引领、稳中求进”的总体要求，按照“稳价是前提、销量是基础、结构是关键、创新是动力”的营销策略，着力稳定卷烟销量、优化提升结构、创新营销方式，推动营销工作稳中有进、稳中提质、稳中增效，努力保持全省卷烟营销在新常态下持续稳定健康发展。

网建支撑水平进一步提高。全省网上订货率98.95%，同比增加1.37个百分点；电子结算率99.46%，同比提高2.44个百分点。

规范经营水平不断提高。各级各部门思想认识统一，切实将规范经营作为行业健康发展的生命线，狠抓经营规范，做到尊重市场、尊重客户、尊重品牌，充分发挥专卖内管作用，专销合力进一步显现，搭配销售、客户经理代订货现象基本杜绝，营销管理规范水平显著提高。

【烟叶产销】 烟叶种植与收购。2015年，云南省种植烟叶636.43万亩，其中烤烟622.98万亩、晾晒烟13.45万亩。签订烟叶种植收购合同94.93万份，其中烤烟种植收购合同91.95万份，晾晒烟种植收购合同2.98万份。收购烟叶90.9万吨（1818.09万担），其中烤烟88.93万吨（1778.64万担）、晾晒烟1.97万吨（39.45万担）。国内销售烟叶81.13万吨（1622.6万担），其中烤烟81.055万吨（1621.1万担）、晾晒烟0.075万吨（1.5万担）。境外销售烟叶9.36万吨（187.25万担），其中烤烟7.465万吨（149.3万担）、晾晒烟1.90万吨（37.95万担）。有种烟农户94.93万户，实现烟农总收入276.61亿元（含云南香料烟有限责任公司）。

2015年，实现烟叶税利292.38亿元（含晾晒烟2.35亿元），同比增长8.6%，其中利润179.62亿元（含晾晒烟0.49亿元），同比增长10.5%。

控制烟叶生产规模。云南省局（公司）把合同管理作为严控烟叶生产规模的重要抓手，通过抓实几个关键节点，提升管理水平。规范合同签订管理。省局修订合同管理办法，调整合同签订程序，增加预签合同环节，强化烟站主体地位，由烟站正式职工与烟农面对面签订合同。统一合同文本、规格尺寸和印刷要求，形成规范工作要求。配置身份证读卡器，全部采用二代身份证刷卡录入烟农信息及刷卡交售烟叶，做实“一户一签”。重点监控大户合同。加大对20亩以上种植大户的管控，严格审批权限，严格核实种烟条件，严格清塘点株核准实栽面积，确保大户合同的真实性。全面落实公示制度。以村小组为单位，将所有农户合同签订情况汇总打印，发到村小组每户烟农手中，由农户互相监督。对村组干部、合作社管理人员、烟技员及其直系亲属的合同实行单独公示。

稳步提升烟叶质量水平。加大实用技术集成推广力度。推广小苗膜下移栽316万亩、占总面积的50.7%，助推云南省5月14日完成移栽任务。推广烟蚜茧蜂防治烟蚜技术563.3万亩，占总面积的90.4%，同时在大农业放蜂500万亩，支撑绿色生态优质烟叶开发。推广科学施肥技术。根据各地实际“量身定制”复混肥配方，指导烟农精准施肥、减量施肥。全省亩均化肥用量由2006年的71.2千克减少到2015年的62.5千克，同比减少12.2%。力推塑料袋密封堆捂保管方式，在德宏州全面推广，烟叶平均含水量由上年的18%降到16.2%，促进微带青烟叶的有效转化，减少霉变、压油、碳化烟叶等损失。

继续强化烟叶烘烤管理。通过加强培训提高素质和严格考核落实待遇两项措施，充分发挥一支由烘烤总监、首席烘烤师、烘烤师和烘烤主管组成的800人左右的专职烘烤队伍在烘烤指导上的作用。坚持成熟采收标准，将全省收购开磅时间推迟到8月20日，较2014年推迟5天，让烟农集中时间和精力抓好成熟采收。专业化烘烤服务面积274.8万亩，同比增加12.3万亩。优化烘烤工艺，分类做好技术指导，最大限度减少烟叶烘烤损失，全省烟叶烘烤损失率同比降低2个百分点。

持续提升烟叶收购管理水平。以等级纯度为抓手，夯实基础管理，推动创新升级。全省投入资金9300万元改善分级条件，改造收购站点463个，烘烤工场3个，设施配套集中分级点6728个。组织经验丰富、分级水平高的烟农9.2万人，分成1058支专业队，统一眼光进行专业化分级，确定日工作量分级3.5～4担的合理水平，杜绝烟农自行分级，杜绝分级“走过场、流形式”，从源头上保证烟叶等级纯度。全面落实均衡收购。统一实行“一约三定”的约时定点轮流交售制度，组织烟农约时、定点、定户、定量交售烟叶，日收购进度维持在1.5～2.5个百分点。在国家局检查中，云南省烟叶收购抽检等级综合合格率82.4%，烟叶工商交接抽检综合等级合格率60.75%。

特色优质烟叶开发。云南省落实“红花大金元”和“K326”特色品种种植面积318.41万亩，收购烟叶43.77万吨（875.46万担），占计划总量的49.45%。玉溪市“K326”种植比例为92.8%，大理州“红花大金元”占比61.4%。抓好全省65个烟叶基地单元、110.9万亩种植面积、321.5万担特色优质烟叶的开发工作，并加大云南产区津巴布韦风格特色优质烟叶开发力度。烟叶风格特色得到了准确定位，专家组一致认为德宏州、丽江市开发的津巴布韦特色优质烟叶烤后颜色、成熟度和叶片结构与津巴布韦优质烟叶相似，具备津巴布韦烟叶“色度强、色差小”的外观质量特点。云南“KRK26”烟叶的整体感官质量相当于或略差于津巴布韦“KRK26”烟叶，在卷烟中具有较好的工业可用性。

现代烟草农业。云南省烟草商业系统安排基础设施项目15.31万件，投入补贴资金19.56亿元，重点推进9.46万口“彩虹水窖”、1.01万亩土地整理和1.4万台（套）农机配套建设。组建综合服务型烟农专业合作社620个、入社烟农70.27万户，其中综合服务型合作社604个、覆盖70%种烟乡（镇）。13个示范合作社通过总公司评定，并被评为“烟农专业合作社行业示范社”。

加强烟叶精益生产试点探索，每个种烟县（市、区）各选择100亩以上的连片开展试点，通过精益管理，试点亩均用工18.6个，较试点大面烟叶生产亩均用工减少4.75个，亩均节省劳动成本475元。在13个种烟州（市）试点开展职业烟农队伍培养，优选培养对象5300户，委托云南省农业职业技术教育培训中心开展“第三方”培训认证，提高烟农素质。

【对外交流与合作】 2015年是中国烟草云南进出口有限公司“国际GAP示范项目”实施的最后一年。按照工作计划，中国烟草云南进出口有限公司继续推进国际主要卷烟制造商GAP管理模式在云南有关烟区应用项目的实施。根据项目结题工作计划，进一步完善项目实施过程中形成的工作报告、研究报告、农残控制主要方法、GAP指南等专题资料。对项目实施过程中取得的理论成果和专利进行梳理，先后在国内核心期刊发表4篇文章，在国际知名期刊《美国农药与食品化学》发表论文2篇，获得专利授权2项。

【特事要辑】 2月13日，云南省委副书记、省长陈豪到云南烟草调研并召开全省烟草工作调研座谈会。陈豪在充分肯定云南烟草工作成绩的同时，要求云南烟草深入贯彻落实习近平总书记考察云南时的重要讲话精神，在适应新常态下再上新台阶，努力成为全省经济发展稳定器、产业发展火车头、全国烟草行业排头兵，为全省经济社会持续平稳发展提供有力支撑。陈豪对今后一段时期云南烟草的发展提出六点要求：一是要负重加压，在实现税利目标任务上下工夫；二是要优化结构，在推动烟叶提质增效上下工夫；三是要深化改革，在形成发展新动力上下工夫；四是要争先进位，在优化卷烟生产营销上下工夫；五是要加快“走出去”步伐，在走国际化发展道路上下工夫；六是要自主创新，在提高科技含量上下工夫。省委常委、常务副省长李江，副省长丁绍祥，省政府秘书长李邑飞一同调研。云南省局（公司）、云南中烟领导班子成员参加调研座谈会。

2月17日，全国政协提案委员会主任孙淦，十一届全国政协常委、国家民族事务委员会原副主任杨健强，十二届全国政协常委、国家旅游局原局长邵琪伟，环境保护部副部长、民建中央副主席吴晓青，云南省副省长丁绍祥等到云南烟草调研。

3月11—13日，国家局副局长杨培森在云南烟草商业调研。杨培森深入德宏、保山等地，详细了解特色优质烟叶生产、边境专卖管理及卷烟市场情况，对云南烟草商业取得的成绩给予充分肯定，要求云南烟草商业适应新常态、破解新难题、创造新经验、促进新发展。继续抓好烟叶种植计划控制，继续在基础设施建设、生产组织方式、农业机械化、绿色生态优质烟叶开发、科技创新五个方面发挥示范引领带动作用，继续抓好烟叶生产各环节规范管理，加强基础建设，加强队伍建设，落实两个主体责任。

3月15日，国家局第七专项检查组进驻云南省局（公司）并召开工作布置会。会上，国家局专项检查组组长甘宁传达国家局检查要求并作工作部署。云南省局（公司）局长、总经理、党组书记余云东向检查组作专题汇报。

5月5日，云南省委书记、省人大常委会主任李纪恒深入昆明、玉溪两市烟草系统，就烟草产业提质增效、加快发展进行专题调研。李纪恒对全省烟草系统提出五点要求：一要为稳增长多作贡献。确保全年预定目标任务完成，当好全省稳增长的“中流砥柱”。二要促进烟叶生产转型升级。三要提升烟草产业竞争力。努力打造规模大、品质优、效益好、竞争力强的云产卷烟品牌，继续推进云南中烟“两统一、两整合”改革任务，加快走出去步伐，大力开展境外实体运作。四要服务地方经济社会发展。既打牢现代烟草农业发展的基础，又提升全省“三农”发展装备水平，严格按照市场化要求抓好多元化经营，带动烟草配套产业发展，支持边疆民族地区特别是人口较少民族发展。五要从严治企塑造新形象。副省长丁绍祥一同调研。

5 月6—7 日，国家局副局长赵洪顺在云南烟草调研。其间，赵洪顺考察云南中烟工业有限责任公司营销中心，听取云南省局（公司）、云南中烟的工作汇报，详细了解专卖管理、经济运行等工作情况。

5 月17—19 日，国家局局长凌成兴在云南烟草调研。云南省副省长丁绍祥一同调研。其间，云南省委书记、省人大常委会主任李纪恒，省委副书记、省长陈豪分别会见凌成兴，云南省委常委、常务副省长李江，省人大常委会副主任王树芬，省政协常务副主席白成亮等参加会见。双方就云南烟草改革发展交换意见。

8 月24 日，国家局副局长段铁力在云南烟草调研。其间，段铁力考察曲靖市烟叶生产基地、烤烟收购现场，走访了昆明市部分卷烟零售客户，并听取云南省局（公司）的工作汇报。

10 月13 日，全国烟草行业干部教育培训基地在云南省保山市善洲林场内的杨善洲干部学院正式揭牌成立。国家局副局长杨培森为基地揭牌并讲话。

12 月8 日，云南省2016 年烟叶工作会议在昆明召开，云南省副省长丁绍祥出席会议并讲话。会议提出，要稳规模、优结构、促增收，努力推动烟叶生产再上新水平。

2015 年云南省烟草专卖局（公司）所属企业主要情况统计

地市级局（公司）名称		昆明市烟草专卖局（公司）	玉溪市烟草专卖局（公司）	曲靖市烟草专卖局（公司）	楚雄彝族自治州烟草专卖局（公司）
主要负责人/法人代表（含党政领导）		吴永明	田泽华	吴立著	晏　飞
所属县级单位		安宁市、五华区、盘龙区、西山区、官渡区、东川区、呈贡区、晋宁县、富民县、宜良县、嵩明县、石林彝族自治县、禄劝彝族苗族自治县、寻甸回族彝族自治县等14 个县级烟草专卖局（分公司）	红塔区、通海县、江川县、新平彝族傣族自治县、澄江县、峨山彝族自治县、华宁县、元江哈尼族彝族傣族自治县、易门县等9 个县级烟草专卖局（分公司）	麒麟区、宣威市、沾益县、陆良县、师宗县、罗平县、富源县、会泽县、马龙县等9 个县级烟草专卖局（分公司）	楚雄市、双柏县、牟定县、南华县、姚安县、大姚县、永仁县、武定县、禄丰县、元谋县等10 个县级烟草专卖局（分公司）
总资产（万元）		898765	608766	1199911	533933
资产负债率（%）		25. 62	18. 26	36. 37	35. 28
从业人员（人）		1698	986	2719	1211
所属业务机构	营销机构	1 个营销中心	1 个营销中心	1 个营销中心	1 个营销中心
	物流配送机构	1 个物流配送中心	1 个物流中心、8 个配送中转站	1 个物流中心、9 个卷烟中转站	1 个物流分公司
	专卖稽查机构	14 个稽查支队	1 个稽查支队、9 个稽查大队	1 个稽查支队、9 个稽查大队	1 个稽查支队、10 个稽查大队
	烟叶机构	51 个烟叶站	51 个烟叶收购站	91 个烟叶站、358 个收购点	79 个烟叶站

续表

地市级局（公司）名称		昆明市烟草专卖局（公司）	玉溪市烟草专卖局（公司）	曲靖市烟草专卖局（公司）	楚雄彝族自治州烟草专卖局（公司）
实现税利	万元	510552	290038	750089	382144
	2015 年比 2014 年（%）	7.47	7.36	20.96	7.76
实现利润	万元	288314	170840	439768	230715
	2015 年比 2014 年（%）	-5.59	0.12	22.08	1.20
销售卷烟	亿支	169.50	42.10	107.91	50.30
	2015 年比 2014 年（%）	1.31	-2.21	1.03	-2.89
卷烟销售收入（万元）		1093900	246122	546479	235895
查处涉烟违法案件（起）		2202	1070	2604	1263
查处涉烟违法案件案值（万元）		13794	1728	7943	1000
2015 年度烟草行业投入烟叶生产基础设施建设资金（万元）		26564	19297	45220	15126
全年烟叶生产基础设施新增受益面积（万亩）		3.22	16.34	13.09	10.38
烟叶种植（万亩）		48.83	55.07	126.91	64.45
烟叶收购（万担）		141.06	157.10	381.11	181.94
烟农户数（户）		69000	86584	202352	102403
实现烟农总收入（万元）		233500	249392	608794	269456
零售客户数（户）		22747	9507	21613	9868
零售客户销售毛利率（%）		8.00	14.32	9.65	10.50

地市级局（公司）名称	昭通市烟草专卖局（公司）	红河哈尼族彝族自治州烟草专卖局（公司）	大理白族自治州烟草专卖局（公司）	文山壮族苗族自治州烟草专卖局（公司）
主要负责人/法人代表（含党政领导）	孔垂武	梁　兵	樊在斗	何文炜
所属县级单位	昭阳区、鲁甸县、巧家县、镇雄县、彝良县、威信县、盐津县、大关县、永善县、绥江县、水富县等 11 个县级烟草专卖局（分公司）	弥勒县、泸西县、个旧市、开远市、蒙自市、建水县、石屏县、屏边苗族自治县、红河县、元阳县、河口瑶族自治县、金平苗族瑶族傣族自治县、绿春县等 13 个县级烟草专卖局（分公司）	大理市、祥云县、宾川县、弥渡县、漾濞彝族自治县、南涧彝族自治县、巍山彝族回族自治县、永平县、云龙县、洱源县、剑川县、鹤庆县等 12 个县级烟草专卖局（分公司）和云南烟草宾川白肋烟有限责任公司	文山市、砚山县、西畴县、麻栗坡县、马关县、丘北县、广南县、富宁县等 8 个县级烟草专卖局（分公司）
总资产（万元）	369758	715272	502451	382400
资产负债率（%）	47.54	30.15	42.32	45.77
从业人员（人）	1841	1250	1268	1018

续表

地市级局（公司）名称		昭通市烟草专卖局（公司）	红河哈尼族彝族自治州烟草专卖局（公司）	大理白族自治州烟草专卖局（公司）	文山壮族苗族自治州烟草专卖局（公司）
所属业务机构	营销机构	1个营销中心	1个营销中心	1个营销中心	1个营销中心
	物流配送机构	1个物流分公司	1个物流配送中心、4个物流中转站	1个物流中心、1个配送中心	1个物流分公司
	专卖稽查机构	1个稽查支队、11个稽查大队	1个稽查支队、13个稽查大队	1个稽查支队、12个稽查大队	1个稽查支队、8个稽查大队
	烟叶机构	54个烟叶站	44个烟叶站、97个烟叶收购点	82个烟叶站	57个烟叶站
实现税利	万元	175274	362113	294988	276107
	2015年比2014年（%）	9.13	6.66	8.35	19.73
实现利润	万元	73171	215674	163709	161066
	2015年比2014年（%）	-13.04	1.08	-0.47	18.19
销售卷烟	亿支	88.10	79.30	65.92	52.50
	2015年比2014年（%）	1.58	0.38	-2.28	0.94
卷烟销售收入（万元）		398121	468584	317267	262692
查处涉烟违法案件（起）		2139	2909	1894	833
查处涉烟违法案件案值（万元）		2584	3127	1686	2541
2015年度烟草行业投入烟叶生产基础设施建设资金（万元）		12728	17207	11946	6003
全年烟叶生产基础设施新增受益面积（万亩）		3.41	7.04	5.95	7.56
烟叶种植（万亩）		28.52	52.19	50.11	43.31
烟叶收购（万担）		82.70	148.75	141.31	123.00
烟农户数（户）		31816	70864	99203	34000
实现烟农总收入（万元）		120553	235714	214493	174660
零售客户数（户）		13569	12183	12174	12854
零售客户销售毛利率（%）		8.30	12.45	10.00	11.62

地市级局（公司）名称	保山市烟草专卖局（公司）	德宏傣族景颇族自治州烟草专卖局（公司）	丽江市烟草专卖局（公司）	临沧市烟草专卖局（公司）
主要负责人/法人代表（含党政领导）	周　锋	廖世勇（—2015.4） 王　兵（2015.4—）	毛天有（—2015.5） 廖世勇（2015.5—）	李春明
所属县级单位	隆阳区、施甸县、腾冲县、龙陵县、昌宁县等5个县级烟草专卖局（分公司）	芒市、瑞丽市、陇川县、盈江县、梁河县等5个县级烟草专卖局（分公司）和姐告边境贸易区烟草专卖分局1个直属分局	玉龙县、永胜县、华坪县、宁蒗县、古城区等5个县级烟草专卖局（分公司）	临翔区、云县、凤庆县、永德县、镇康县、耿马傣族佤族自治县、沧源佤族自治县、双江拉祜族佤族布朗族傣族自治县等8个县级烟草专卖局（分公司）

续表

地市级局（公司）名称		保山市烟草专卖局（公司）	德宏傣族景颇族自治州烟草专卖局（公司）	丽江市烟草专卖局（公司）	临沧市烟草专卖局（公司）
总资产（万元）		357940	38407	179159	233748
资产负债率（%）		42.91	34.91	51.90	62.67
从业人员（人）		878	201	440	712
所属业务机构	营销机构	1个营销中心	1个营销中心	1个营销中心	1个营销中心、1个电访中心
	物流配送机构	1个物流分公司	1个物流中心、1个配送中心、5个中转站	1个物流分公司	1个物流分公司
	专卖稽查机构	1个稽查支队、5个稽查大队	1个稽查支队、5个稽查大队	1个稽查支队、5个稽查大队	1个稽查支队、8个稽查大队
	烟叶机构	40个烟叶站	—	24个烟叶站、4个烟叶点	57个烟叶站
实现税利	万元	295009	33300	150052	174631
	2015年比2014年（%）	11.68	40.90	20.44	2.63
实现利润	万元	177473	15783	87113	98969
	2015年比2014年（%）	8.91	26.49	19.19	-4.33
销售卷烟	亿支	45.45	24.81	27.60	41.97
	2015年比2014年（%）	0.56	3.06	2.83	2.12
卷烟销售收入（万元）		245400	119677	151350	181289
查处涉烟违法案件（起）		965	507	365	834
查处涉烟违法案件案值（万元）		1475	2713	289	2990
2015年度烟草行业投入烟叶生产基础设施建设资金（万元）		10900	—	7842	8567
全年烟叶生产基础设施新增受益面积（万亩）		7.65	—	4.10	5.88
烟叶种植（万亩）		44.21	—	23.22	33.21
烟叶收购（万担）		128.22	—	63.71	88.64
烟农户数（户）		70682	—	29227	51047
实现烟农总收入（万元）		196100	—	93669	108748
零售客户数（户）		8375	6318	6302	8580
零售客户销售毛利率（%）		10.69	10.74	15.55	8.00

地市级局（公司）名称	普洱市烟草专卖局（公司）	西双版纳傣族自治州烟草专卖局（公司）	怒江傈僳族自治州烟草专卖局（公司）	迪庆藏族自治州烟草专卖局（公司）
主要负责人/法人代表（含党政领导）	徐元飞	尤　辉	王纪文	肖　玛

续表

地市级局（公司）名称		普洱市烟草专卖局（公司）	西双版纳傣族自治州烟草专卖局（公司）	怒江傈僳族自治州烟草专卖局（公司）	迪庆藏族自治州烟草专卖局（公司）
所属县级单位		景东彝族自治县、镇沅彝族哈尼族拉祜族自治县、墨江哈尼族自治县、景谷傣族彝族自治县、宁洱哈尼族彝族自治县、江城哈尼族彝族自治县、澜沧拉祜族自治县、孟连傣族拉祜族佤族自治县、西盟佤族自治县和思茅区等10个县级烟草专卖局（分公司）	景洪市、勐海县、勐腊县等3个县级烟草专卖局	福贡县、兰坪白族普米族自治县、贡山独龙族怒族自治县等3个县级烟草专卖局（分公司）	德钦县、维西傈僳族自治县、香格里拉市等3个县级专卖局（分公司）
总资产（万元）		257020	49388	12067	128800
资产负债率（%）		44.96	25.79	21.53	45.90
从业人员（人）		842	169	105	153
所属业务机构	营销机构	1个营销中心、1个电访中心	1个营销中心	1个营销中心、1电访中心	1个营销中心
	物流配送机构	1个配送中心	1个物流分公司	1个物流中心、1个配送中心	1个物流分公司
	专卖稽查机构	1个稽查支队、10个稽查大队	1个稽查支队、3个稽查大队	1个稽查支队、4个稽查大队	1个稽查支队、3个稽查大队
	烟叶机构	35个烟叶站	—	—	—
实现税利	万元	243318	46813	10633	10484
	2015年比2014年（%）	12.48	20.43	33.18	28.81
实现利润	万元	143000	21287	3303	3087
	2015年比2014年（%）	11.79	6.54	-4.92	-15.24
销售卷烟	亿支	44.01	29.80	10.00	0.86
	2015年比2014年（%）	-1.94	-0.51	2.04	1.26
卷烟销售收入（万元）		203633	166526	48834	48414
查处涉烟违法案件（起）		799	210	127	50
查处涉烟违法案件案值（万元）		1804	790	65	270
2015年度烟草行业投入烟叶生产基础设施建设资金（万元）		1042	—	—	—
全年烟叶生产基础设施新增受益面积（万亩）		7.20	—	—	—
烟叶种植（万亩）		40.88	—	—	—
烟叶收购（万担）		106.60	—	—	—

续表

地市级局（公司）名称	普洱市烟草专卖局（公司）	西双版纳傣族自治州烟草专卖局（公司）	怒江傈僳族自治州烟草专卖局（公司）	迪庆藏族自治州烟草专卖局（公司）
烟农户数（户）	50339	—	—	—
实现烟农总收入（万元）	154300	—	—	—
零售客户数（户）	10091	8821	1779	2424
零售客户销售毛利率（%）	8.00	13.00	8.00	15.29

（撰稿：杨海林；编辑：李　昂）

西藏自治区烟草专卖局（公司）

【专卖管理】 卷烟打假。西藏自治区烟草专卖局发挥与公安、海关联合打假的作用，重点对娱乐场所、物流中转站、名烟名酒店等区域进行检查。2015 年，查处各类卷烟违法案件 204 起，同比增长 27.5%；查获非法卷烟 335 万支，同比下降 44.5%；涉案金额 669.95 万元，同比增长 8.73%。上缴罚没款 52.71 万元，同比增长 53.7%。公安、司法机关依法拘留 4 人，判刑 5 人。

市场监管。推进市场检查 APCD 监管模式，围绕“主动出击，守土有责”的打假工作方针，不断总结经验，提升卷烟打假工作水平。积极探索在县一级市场管理上如何充分发挥专卖职能模式。全方位展开“打、查、堵、防”行动，全年全自治区卷烟市场净化率得到进一步提高。对个别直属单位违规经营行为进行严肃查处，起到很好的教育警示作用。

【经济效益】 2015 年，西藏自治区烟草商业系统实现销售收入 39.86 亿元，同比增长 6.21%。实现卷烟税利 7.46 亿元，同比增长 0.13%，其中利润 2.67 亿元，同比下降 12.46%。单箱销售收入 3.78 万元，单箱税利 6965 元。公司三项费用率为 9.3%，同比减少 0.58 个百分点。

【卷烟（雪茄烟）经营】 卷烟（雪茄烟）销售。2015 年，西藏自治区烟草商业系统销售卷烟 53.58 亿支（10.72 万箱），同比增长 0.51%，其中，一类烟 17.83 亿支（3.57 万箱），同比增长 4.75%；二类烟 3.48 亿支（0.7 万箱），同比增长 13.5%；三类烟 20.56 亿支（4.11 万箱），同比增长 2.33%；四类烟 7.05 亿支（1.41 万箱），同比下降 17.59%；五类烟 4.48 亿支（0.9 万箱），同比增长 2.27%；销售进口卷烟（含雪茄烟）0.18 亿支，同比下降 25%。本地区销量居前三位的卷烟品牌为“云烟”“白沙”“中华”，销量分别为 20.3 亿支（4.06 万箱）、4.8 亿支（0.96 万箱）、3.5 亿支（0.7 万箱）。

品牌培育。加强主导品牌、优势品牌、特色品牌的培育，突出做好扩大主销品牌、培育潜力品牌、清理过度品牌。坚持处理好销量与结构的关系，高度关注农村市场和四类烟销售，坚决反对盲目提升结构。以 28 个重点品牌为关注焦点，建机制、重营销，加强工商协同，持续推进重点品牌的发展。2015 年，销售重点品牌卷烟 44.85 亿支（8.97 万箱），同比增长 2.57%，占全自治区总销量的 83.72%；实现销售收入 38.89 亿元，同比增长 7.5%，占全自治区销售收入的 95.93%。销售低焦油卷烟 4.4 亿支（0.88 万箱），同比增长 9.59%；销售细支卷烟 0.55 亿支（0.11 万箱）。

网络建设。完成“新商盟”网上订货系统上线工作，实现电话访销、电子结算、集中配送营销模式。2015 年，全自治区网上订货客户 2170 户，网上订货成功率 100%。

【特事要辑】 1 月 29 日，西藏自治区局（公司）召开全自治区烟草工作会议。

9 月 18 日，国家局副局长赵洪顺到西藏烟草调研，对国家局党组关于西藏自治区局（公司）主要领导任免决定进行宣读。宋俊任西藏自治区局（公司）局长、总经理、党委书记，杨桂选不再担任西藏区局（公司）局长、总经理、党委书记职务。

11 月 19—20 日，国家局局长凌成兴到西藏烟草调研，对西藏烟草取得的各项成绩给予充分肯定。凌成兴强调，要认真学习贯彻中央第六次西藏工作座谈会精神，进一步打牢西藏烟草履职尽责的工作基础，履行好“四大基本职责”，做到“三个关心”“三个帮助”。即进一步重视和支持西藏烟草更好地履行维护祖国统一、加强民族团结、保障卷烟供应、关怀干部安康的基本职责；更加关心民族干部、关心援藏干部、关心基层干部；继续采取特殊扶持政策，帮助西藏烟草，帮助西藏经济，帮助西藏人民。

2015 年西藏自治区烟草专卖局（公司）所属企业主要情况统计

地市级局（公司）名称		拉萨市烟草专卖局（公司）	山南地区烟草专卖局（公司）	日喀则市烟草专卖局（公司）	林芝地区烟草专卖局（公司）	昌都市烟草专卖局（公司）	阿里地区烟草专卖局（公司）
主要负责人/法人代表（含党政领导）		普　布	张连海	巴　桑	扎　西	曾　涛	张建军
所属县级单位		—	—	—	—	—	—
总资产（万元）		37575	9019	10652	13112	13763	4779
资产负债率（%）		10. 27	19. 74	27. 40	10. 19	23. 40	49. 61
从业人员（人）		217	95	115	80	86	41
所属业务机构	营销机构	1 个营销中心	1 个营销中心、5 个县级营销网点	1 个营销中心、5 个县级营销网点	1 个营销中心、5 个县级营销网点	1 个营销中心、7 个县级营销网点	1 个营销中心、3 个县级营销网点
	物流配送机构	1 个配送中心	1 个配送中心	1 个配送中心	1 个配送中心	1 个配送中心	1 个配送中心
	专卖稽查机构	3 个专卖稽查分局、1 个稽查支队	3 个稽查大队	1 个稽查支队、3 个稽查大队	1 个稽查支队	7 个稽查大队	1 个稽查科
	烟叶机构	—	—	—	—	—	—
实现税利	万元	24863	4729	6670	5464	6405	1150
	2015 年比 2014 年（%）	21. 51	27. 33	44. 37	44. 21	44. 48	116. 17
实现利润	万元	4223	-459	-183. 34	99. 28	62. 18	-861
	2015 年比 2014 年（%）	-47. 07	—	—	-88. 63	-95. 22	—
销售卷烟	亿支	21. 02	5. 43	8. 08	5. 72	7. 17	1. 90
	2015 年比 2014 年（%）	-1. 78	2. 65	0. 25	5. 54	0. 84	2. 15
卷烟销售收入（万元）		165565	43759	54935	43942	51710	15354
查处涉烟违法案件（起）		91	64	62	14	5	5
查处涉烟违法案件案值（万元）		530	51	50	5	12	4
2015 年度烟草行业投入烟叶生产基础设施建设资金（万元）		—	—	—	—	—	—
全年烟叶生产基础设施新增受益面积（万亩）		—	—	—	—	—	—
烟叶种植（万亩）		—	—	—	—	—	—
烟叶收购（万担）		—	—	—	—	—	—

续表

地市级局（公司）名称	拉萨市烟草专卖局（公司）	山南地区烟草专卖局（公司）	日喀则市烟草专卖局（公司）	林芝地区烟草专卖局（公司）	昌都市烟草专卖局（公司）	阿里地区烟草专卖局（公司）
烟农户数（户）	—	—	—	—	—	—
实现烟农总收入（万元）	—	—	—	—	—	—
零售客户数（户）	2975	2055	3307	1243	1398	649
零售客户销售毛利率（%）	18.30	10.00	11.00	10.20	18.96	17.70

注：根据《国家烟草专卖局 中国烟草总公司关于调整西藏自治区烟草专卖局（公司）所属部分机构的批复》（国烟人〔2015〕56号），撤销日喀则地区烟草专卖局（公司）、昌都地区烟草专卖局（公司），设立日喀则市烟草专卖局、西藏自治区烟草公司日喀则市公司和昌都市烟草专卖局、西藏自治区烟草公司昌都市公司。

（撰稿：王佳敏；编辑：周 佳）

陕西省烟草专卖局（公司）

【专卖管理】 卷烟打假。陕西省烟草专卖局制定《烟草打假打私表彰奖励办法》，首次与省公、检、法等部门联合召开陕西省卷烟打假工作会，对突出单位和个人进行重奖。与西安海关建立卷烟打私长效工作机制，与陕西省公安厅、检察院、法院等部门相关人员分赴7个地市调研基层查处涉烟案件的疑难问题。西安铁路分局与武汉、南昌、兰州、太原铁路局建立协作打击涉烟违法活动长效机制。2015年，查处假烟案件1877起，破获网络案件41起，其中符合国家局标准的网络案件31起，符合省局标准的网络案件10起。查获假冒走私卷烟1540万支。公安、司法机关依法拘留211人，逮捕131，判刑103人。

针对安康“5·27”假烟网络案件，公安部在全国发起“集群战役”，对河南、广东、福建等涉案11个省的相关嫌疑人统一收网，抓获犯罪嫌疑人41人，涉案金额1.17亿元。汉中“6·5”假冒及走私卷烟案件是陕西省侦破的涉案金额最大的利用互联网销售走私烟案件，涉案金额3000余万元。

市场监管。陕西省、市、县三级烟草专卖局打造“三纵三横”的市场监管格局，形成陕西东部黄河沿岸地区、中部包茂高速过境地区、西部由陇县至汉中高速过境地区三条纵线，以及陕北能源经济带、关中经济带、秦巴汉江沿岸经济带三条横线的市场监管格局。2015年，陕西省局协调省纠风办，恢复设立21个公路烟草检查站，与公安检查站密切配合，其中黄河沿岸的榆林、延安、渭南、商洛市局和关中经济带的西安、渭南、咸阳、宝鸡市局分别拟定方案，商定协作配合机制；黄河沿岸和关中经济带分别形成协同查守之势。2015年，组织开展陕西省“非法卷烟治理”“坚持内管外打、服务卷烟销售”两次大型专项行动。启动APCD市场检查工作法，渭南市直属分局自主研发“一点通”专卖执法移动办公平台，并在渭南市推行。2015年，陕西省卷烟市场净化率达到97%以上。

专卖内管。制定《内部专卖管理监督工作“六项要求”》《真烟案件下发督办函、调查函标准》《内部专卖管理监督约谈管理办法》等6项制度。省、市、县三级层层严格内部奖惩，实行内部专卖规范“一票否决”。2015年，陕西省查获非渠道卷烟9663万支，同比下降12.31%。

依法行政。陕西省局将卷烟宣传促销、废弃专卖品处置、罚没烟入网收购以及设立烟叶收购站（点）等4项行政审批权限下放至市级局，减少中间环节，落实简政放权。各市级局推进行政审批改革，延安市局对行政许可、行政处罚案卷标准进行全面修订；宝鸡市陈仓区局零售许可管理形成“515模式”，从办证申请到送货上门的周期为11天，打通办证送货“最后一公里”。2015年，办理零售许可证3.5万份，其中新办许可证1.13万份，审批签发准运证1.84万份。截至2015年底，陕西省有效持证卷烟零售客户13.85万户。

专卖信息化。研发“专卖管理卷烟营销信息系统”（V6系统），把市场监管APCD工作法和专卖零售许可证管理、专卖案件处理、专卖队伍建设集成于一个信息大平台。集中组织举办专卖管理序列岗位应用培训班，培训面达到100%。

【经济效益】 2015年，陕西省烟草商业系统实现税利103.67亿元，同比增长22.34%，其中利润43.4亿元，同比下降5.24%。实现卷烟单箱销售收入2.46万元，单箱税利0.66万元。公司三项费用率为7.46%，同比减少0.44个百分点。

【卷烟（雪茄烟）经营】 卷烟（雪茄烟）销售。2015年，陕西省烟草商业系统销售卷烟769.69亿支（153.94万箱），同比下降3.21%，其中，销售一类烟131.23亿支（26.25万箱），同比增长2.19%；二类烟76.75亿支（15.35万箱），同比增长22.94%；三类烟294.6亿支（58.92万箱），同比下降9.01%；四类烟237.26亿支（47.45万箱），同比增长1.28%；五类烟29.85亿支（5.97万箱），同比下降35.57%。本地区销量居前三位的品牌依次为“好猫”“猴王”“芙蓉王”，销量分别为184.05亿支（36.81万箱）、147.68亿支（29.54万箱）、61.24亿支（12.25万箱）。2015年累计销售全国重点品牌卷烟586.06亿支（117.21万箱），同比下降3.08%，占陕西省卷烟总销量的76.14%。8毫克/支及以下低焦油卷烟、高价位卷烟、细支卷烟和雪茄烟分别销售64.07亿支（12.81万箱）、4.14亿支（0.83万箱）、12.98亿支（2.6万箱）、0.66亿支（0.13万箱）。

2015年，实现卷烟销售收入415.22亿元，同比增长6.98%。实现卷烟税利92.38亿元，同比增长22.60%，其中利润37.41亿元，同比下降9.86%。

品牌管理与培育。落实“有规则、有规划、有方法、有考核”的品牌管理要求，针对提税顺价后市场形势和品牌格局变化，致力于强化品牌生态管理，完善品牌管理规则和进退机制，加大工商协同力度，提升品牌培育工作质量。西安市公司不断深化“一品一方法·一店一特色”终端育牌活动，线上线下加强品牌营销，细化品牌宽度、上柜率等效果评价指标；宝鸡、汉中、榆林等市公司运用“互联网+”思维，探索开展面向消费者的微信营销，拓展品牌培育的方式方法。

零售终端建设。坚持卷烟营销市场化取向改革，省级卷烟营销平台按期上线运行，西安市公司顺利完成改革试点任务。持续推进现代终端建设，西安市公司在依托终端提高信息采集质量的基础上，完善信息分析模型，注重数据分析利用，市场调控的及时性和精准性得到提升；宝鸡、延安市公司落实信息采集“日监控、周通报”制度，信息采集点的代表性和准确性得以保证。

客户服务。推进营销队伍转型和卷烟零售客户能力提升，陕西省烟草商业系统营销人员1407人，持证1168人，持证上岗率83%。西安市公司不断优化营销人员培训模式，强化团队式、开放式学习，西安市系统营销人员持证率95.8%，中级以上持证率68.5%；汉中市公司组织开展以“转职能、转方式、转作风、提素质、提效能”为主题的“三转两提”活动，在推进营销队伍转型上作出积极探索；咸阳市公司注重客户素能提升，建立实施县级分公司、市场营销部和客户经理构成的“三层”客户培训模式。

【烟叶产销】 烟叶种植与收购。2015年，陕西省种植烤烟32.9万亩，收购烟叶4.51万吨（90.19万担），完成年度计划的91.1%，其中秦巴烟区四地市（安康、商洛、汉中、宝鸡）收购烟叶4.21万吨（84.24万担），占陕西省收购总量的93.4%。陕西省调拨烟叶4.51万吨（90.19万担），其中国内销售4.17万吨（83.38万担），出口备货0.34万吨（6.81万担）。有烟农1.83万户，2015年签订烟叶种植收购合同1.83万份。实现烟农总收入10.15亿元（不含补贴），户均收入5.54万元（不含补贴）。2015年投入烟叶生产产前补贴1.54亿元。

2015年，烟叶实现税利9.72亿元，同比增长17.25%，其中利润6.06亿元，同比增长27.85%。

烟叶技术质量。推进种植布局、生产技术、收购管理、经营调拨与工业需求全面对接。召开第二次秦巴生态烟叶风格论证会。“K326”与“云烟”系列品种推广、小苗深栽、有机肥施用面积比例分别达到66%、81%、100%。散叶收购2.25万吨（45万担）。在国家局烟叶收购检查中，陕西省烟叶收购等级质量合格率81.4%。

现代烟草农业建设。2015年，国家局投入烟叶基础设施建设资金8361.74万元，其中省内系统投入资金4638.9

万元，新建项目6650件。建立商业保险与行业救灾捐赠相结合的救助机制，为20.8万亩烟田购买商业保险，投入1527.3万元救助受灾农户。洛南县惠农、阳光、红星、陇县盛大等4家烟叶专业合作社被总公司评为烟农专业合作社行业示范社。联合省农业厅下发《关于加快烟草新型职业农民培育工作的意见》，开展陕西省首批高级职业烟农认定，认定高级职业烟农50人，认定高、中、初级职业烟农2586人。

【对外交流与合作】 2015年，陕西省公司实现进出口总值1105万美元。烟叶境外销售0.39万吨（7.8万担），完成年度计划的129%；销售进口卷烟1.13亿支（0.23万箱），完成年计划的113%；烟机配件及辅料境外销售20万美元。实现销售收入1.01亿元。实现税利0.24亿元。国际烟叶市场新拓展老挝信任烟草公司和香港惠乐国际公司两个新客户，与菲莫国际、中烟国际欧洲有限公司合作进一步深入。

【特事要辑】 5月13—15日，国家局总会计师张玉霞在陕西烟草调研。其间，张玉霞到安康市局（公司）对国有资产经营管理情况进行调研。

6月3—5日，国家局副局长徐瑆在陕西烟草调研。其间，徐瑆走访西安市、宝鸡市部分卷烟零售客户，了解提税顺价后卷烟市场情况和零售终端建设情况，考察西安、宝鸡市烟草公司物流分公司。

6月28日至7月1日，国家局副局长段铁力在陕西烟草调研。段铁力要求陕西烟草工商企业高度重视提税顺价工作，努力保持良好运行状态，协同培育好“好猫”品牌，以精益管理和“三严三实”专题教育为抓手，进一步加强企业管理，锻造干部队伍，为实现行业税利总额增速“保七争十”作贡献。

9月9—11日，国家局局长凌成兴在陕西烟草调研。调研期间，凌成兴考察西安、汉中市局（公司）卷烟物流配送中心，在安康市旬阳县局（分公司）小河烟站了解现代烟草农业建设情况，现场查看当季收购的烟叶并与烟农亲切交谈，走访了安康市部分卷烟零售客户。凌成兴指出，陕西烟草的工作体现“一个平稳交接”和“三个先进水平”，要求陕西烟草要积极适应经济发展新常态，努力实现“三个指标保任务，工商税利争进位”。

12月14—15日，国家局副局长赵洪顺在陕西烟草调研。赵洪顺要求陕西烟草努力走出一条科学发展之路，增强企业可持续发展动力；着眼于抓基础，把发展建立在扎实的工作基础之上；工商协同维护市场、共育品牌，推动工商双方协调发展；立足于保持良好状态，搞好宏观调控；加强队伍建设，切实防范和化解风险；推进法治烟草建设，依法开展生产经营管理活动。

2015年陕西省烟草专卖局（公司）所属企业主要情况统计

地市级局（公司）名称	西安市烟草专卖局（公司）	咸阳市烟草专卖局（公司）	宝鸡市烟草专卖局（公司）	渭南市烟草专卖局（公司）
主要负责人/法人代表（含党政领导）	王万勋	王云彪	张永军	杨　斐（—2015.4） 赵军辉（2015.6—）
所属县级单位	阎良区、临潼区、长安区、高陵区[1]、蓝田县、周至县、户县等7个县级烟草专卖局（分公司），新城区、碑林区、莲湖区、灞桥区、未央区、雁塔区等6个城区烟草专卖局(营销部)，以及1个直属高新分局	兴平市、长武县、彬县、淳化县、永县寿、旬邑县、礼泉县、乾县、武功县、三原县、泾阳县等11个县级烟草专卖局（分公司），秦都、渭城分局2个分局，以及1个烟叶分公司	陇县、千阳县、扶风县、麟游县、凤县、岐山县、太白县、凤翔县、眉县、陈仓区等10个县级烟草专卖局（分公司），以及1个市区直属分局（营销部），以及1个烟叶分公司	蒲城县、潼关县、白水县、富平县、澄城县、合阳县、韩城市、华阴市、大荔县、华州县等10个县级烟草专卖局（分公司），以及1个直属分局（城区分公司）
总资产（万元）	346006	104055	86574	79011
资产负债率（%）	16.68	29.50	19.33	38.86

续表

地市级局（公司）名称		西安市烟草专卖局（公司）	咸阳市烟草专卖局（公司）	宝鸡市烟草专卖局（公司）	渭南市烟草专卖局（公司）
从业人员（人）		1410	1609	786	951
所属业务机构	营销机构	1个营销中心	1个营销中心	1个营销中心	1个营销中心
	物流配送机构	1个物流分公司	1个物流分公司	1个物流分公司	1个物流分公司
	专卖稽查机构	1个稽查支队、3个稽查大队	1个稽查支队、13个稽查大队	1个稽查支队、12个稽查大队	1个稽查支队、11个稽查大队
	烟叶机构	—	1个烟叶总库、6个收购站点	1个烟叶总库、1个烟叶集中库、15个收购站点	—
实现税利	万元	321954	102957	85689	88263
	2015年比2014年（%）	22.22	27.65	22.07	23.11
实现利润	万元	144782	39422	34503	27005
	2015年比2014年（%）	-5.72	-1.75	-5.58	-16.37
销售卷烟	亿支	216.08	94.57	67.92	97.50
	2015年比2014年（%）	-1.02	-3.21	-2.62	-3.50
卷烟销售收入（万元）		1128544	396473	302451	389603
查处涉烟违法案件（起）		10257	1546	801	1603
查处涉烟违法案件案值（万元）		1247	411	268	536
2015年度烟草行业投入烟叶生产基础设施建设资金（万元）		—	132	1048	—
全年烟叶生产基础设施新增受益面积（万亩）		—	0.80	1.26	—
烟叶种植（万亩）		—	0.80	4.00	—
烟叶收购（万担）		—	1.75	9.16	—
烟农户数（户）		—	459	2325	—
实现烟农总收入（万元）		—	1976	8527	—
零售客户数（户）		33321	15887	11136	18298
零售客户销售毛利率（%）		10.00	10.51	8.17	6.00

地市级局（公司）名称	铜川市烟草专卖局（公司）	商洛市烟草专卖局（公司）	汉中市烟草专卖局（公司）	安康市烟草专卖局（公司）
主要负责人/法人代表（含党政领导）	惠　宁（—2015.10） 范晓钟（2015.10—）	崔传斌	黄　嵬（—2015.3） 许　刚（2015.11—）	奚柏龙（—2015.3） 陈善贵（2015.11—）
所属县级单位	宜君县、耀州区2个县级烟草专卖局（分公司），以及1个直属分局（城区分公司）	洛南县、镇安县、山阳县、丹凤县、柞水县、商南县等6个县级烟草专卖局（分公司）、1个商州分局（分公司），以及1个烟叶分公司	南郑县、城固县、洋县、西乡县、勉县、宁强县、略阳县、镇巴县、留坝县、佛坪县等10个县级烟草专卖局（分公司）、1个汉台直属分局（分公司），以及1个烟叶分公司	汉阴县、石泉县、宁陕县、紫阳县、岚皋县、平利县、镇坪县、旬阳县、白河县等9个县级烟草专卖局（分公司）、汉滨区直属分局（分公司），以及1个烟叶分公司

续表

地市级局（公司）名称		铜川市烟草专卖局（公司）	商洛市烟草专卖局（公司）	汉中市烟草专卖局（公司）	安康市烟草专卖局（公司）
总资产（万元）		18746	78801	76283	109678
资产负债率（%）		16.94	23.39	23.31	23.20
从业人员（人）		201	1435	882	1035
所属业务机构	营销机构	1个营销中心	1个营销中心	1个营销中心	1个营销中心
	物流配送机构	1个物流分公司	1个物流分公司	1个物流分公司	1个物流分公司
	专卖稽查机构	1个稽查支队、3个稽查大队	1个稽查支队、7个稽查大队	1个稽查支队、11个稽查大队	10个稽查大队
	烟叶机构	—	1个烟叶总库、1个烟叶集中库、18个收购站点	1个烟叶总库、19个烟叶站点	1个烟叶总库、79个烟叶站点
实现税利	万元	18352	71172	82492	90167
	2015年比2014年（%）	19.53	14.18	31.18	15.31
实现利润	万元	5970	37089	25301	47366
	2015年比2014年（%）	-15.61	1.04	-21.86	-2.75
销售卷烟	亿支	16.95	35.56	59.85	42.65
	2015年比2014年（%）	-5.26	-8.94	-3.13	-5.49
卷烟销售收入（万元）		81090	149398	272436	203227
查处涉烟违法案件（起）		131	538	706	536
查处涉烟违法案件案值（万元）		42	270	3196	113
2015年度烟草行业投入烟叶生产基础设施建设资金（万元）		—	2925	1922	2048
全年烟叶生产基础设施新增受益面积（万亩）		—	3.50	2.03	6.72
烟叶种植（万亩）		—	10.10	4.95	11.20
烟叶收购（万担）		—	30.30	13.60	31.18
烟农户数（户）		—	5559	2239	6864
实现烟农总收入（万元）		—	33476	15843	36832
零售客户数（户）		2618	8822	14500	13387
零售客户销售毛利率（%）		7.80	8.00	8.00	9.06

地市级局（公司）名称	延安市烟草专卖局（公司）	榆林市烟草专卖局（公司）	杨凌示范区烟草专卖局（公司）
主要负责人/法人代表（含党政领导）	王进录	刘　玮（—2015.6） 雷学锋（2015.12—）	王绥延

续表

地市级局（公司）名称		延安市烟草专卖局（公司）	榆林市烟草专卖局（公司）	杨凌示范区烟草专卖局（公司）
所属县级单位		吴起县、志丹县、安塞县、宝塔区、甘泉县、子长县、延川县、延长县、宜川县、富县、洛川县、黄陵县、黄龙县等13个县级烟草专卖局（分公司），以及1个烟叶分公司	神木县、绥德县、榆阳区、府谷县、定边县、靖边县、横山县、米脂县、子洲县、清涧县、佳县、吴堡县、神府煤田等13个县级烟草专卖局（分公司）	—
总资产（万元）		64484	125990	5086
资产负债率（%）		41.01	30.90	20.02
从业人员（人）		732	666	43
所属业务机构	营销机构	1个营销中心	1个营销中心	1个营销物流中心
	物流配送机构	1个物流分公司	1个物流分公司	—
	专卖稽查机构	1个稽查支队、13个稽查大队	1个稽查支队、13个稽查大队	1个稽查支队
	烟叶机构	1个烟叶总库、7个收购站点	—	—
实现税利	万元	62347	108295	6123
	2015年比2014年（%）	28.52	22.06	17.20
实现利润	万元	18787	45585	2505
	2015年比2014年（%）	-12.41	-8.40	-10.60
销售卷烟	亿支	55.60	78.10	4.90
	2015年比2014年（%）	-4.87	-3.82	-0.52
卷烟销售收入（万元）		259025	395808	23393
查处涉烟违法案件（起）		433	611	51
查处涉烟违法案件案值（万元）		1497	462	8
2015年度烟草行业投入烟叶生产基础设施建设资金（万元）		288	—	—
全年烟叶生产基础设施新增受益面积（万亩）		0.15	—	—
烟叶种植（万亩）		1.80	—	—
烟叶收购（万担）		4.20	—	—
烟农户数（户）		871	—	—
实现烟农总收入（万元）		4851	—	—
零售客户数（户）		9817	14022	685
零售客户销售毛利率（%）		7.00	6.00	10.00

注：1. 2015年，高陵县烟草专卖局（分公司）变更为高陵区烟草专卖局（分公司）。

（撰稿：王　玉；编辑：周　佳）

甘肃省烟草专卖局（公司）

【专卖管理】 卷烟打假。甘肃省烟草专卖局坚持以“端窝点、断源头、破网络、抓主犯”为主线，发挥联合打假机制作用，建立系统内部专销结合信息反馈机制。畅通“12313”举报投诉、零售终端信息反馈、相关办案单位信息沟通等通道，使从客户拜访、市场调研、卷烟配送中收集违法线索的能力不断增强。落实打假打私经费管理办法、大要案件和专项行动奖励办法，为卷烟打假提供必要的经费保障。强化与公安网监部门和通信管理部门的协作，加强对利用微信、QQ群等进行涉烟交易行为的监管。2015年，查处假烟案件192起，查获假烟72.22万支，破获网络案件7起。公安、司法机关依法拘留33人，判刑17人。

天水市局侦办的“9·17”案件是甘肃省烟草商业系统独立办理的第一起利用自媒体贩销假冒卷烟案件，涉案金额200余万元，刑拘4人、批捕2人。

市场监管。发挥APCD市场检查方法的作用，加强市场信息收集、分析和监管工作。集中开展以打击非法流通为重点的“冬季会战”“陇剑4号”“陇剑5号”专项行动，维护卷烟市场秩序。密切与兰州铁路局路风办、客运段、车辆段等部门配合，持续开展对重点旅客列车、行李车和邮政车非法运输烟草专卖品的专项整治。将“农业产业转型”作为治理非法种植烟叶的主要举措，引导非法种植烟叶农户逐步放弃烟叶种植。

内部专卖管理监督。以生产经营活动为主线，强化内管、专卖、营销、烟叶等部门间的沟通配合，发挥各自在资源共享、信息互通、工作对接方面的职责，构建全员参与、协同监管、全程规范的内管工作格局。2015年，开展6次针对工商企业卷烟打扫码规定执行情况的专项检查，监督处理8起涉及强制订购、修改订单、推销其他商品等违规行为；开展“天价烟”治理专项检查；对庆阳市公司残次废弃烟叶和西北烟草质检站烟叶切丝设备进行现场监销。

【经济效益】 2015年，甘肃省烟草商业系统实现税利47.48亿元，同比增长25.27%，其中利润19.07亿元，同比下降6.67%。实现卷烟单箱销售收入2.05万元，实现单箱税利0.51万元。三项费用率为6.49%，同比增加0.21个百分点。

【卷烟（雪茄烟）经营】 卷烟销售。2015年，甘肃省烟草商业系统销售卷烟443.53亿支（88.71万箱），同比下降1.37%，其中，销售一类烟38.4亿支（7.68万箱），同比增长11.77%；二类烟92.95亿支（18.59万箱），同比增长12.25%；三类烟168.9亿支（33.78万箱），同比下降1.77%；四类烟121.98亿支（24.4万箱），同比下降7.67%；五类烟21.09亿支（4.22万箱），同比下降25.57%。本地区销量居前三位的品牌依次为“兰州”“红塔山”“云烟”。销售“兰州”251.67亿支（50.33万箱），同比增长0.41%；销售“红塔山”44.74亿支（8.95万箱），同比下降4.51%；销售“云烟”29.08亿支（5.82万箱），同比增长23.8%。

2015年，实现卷烟销售收入182.08亿元，同比增长8.42%。实现卷烟税利46.92亿元，同比增长23.76%，其中利润19.38亿元，同比下降4.91%。

品牌培育。制定《甘肃卷烟市场品牌发展规划》《甘肃卷烟市场品牌引入退出管理办法》，统一甘肃省卷烟品牌布局、进退规则，健全品牌评价机制。进一步强化特色终端建设，制定《全省烟草商业系统“一店一品”特色终端建设工作意见》，发挥卷烟零售终端培育品牌、引领消费的主阵地作用。2015年，甘肃省销售重点品牌卷烟427.6亿支（85.52万箱），同比提高0.61个百分点；销售低焦油（8毫克/支及以下）品牌卷烟277.55亿支（55.51万箱），同比提高1.46个百分点；销售雪茄烟2163.17万支，同比增长48.14%；销售细支卷烟2亿支（0.4万箱），同比增长5倍。

卷烟市场调控。贯彻国家局卷烟提税顺价政策，实时调控卷烟投放节奏，努力保持卷烟量价稳定，调价前后卷烟销售保持平稳，呈现出“四个没有改变”的特点，即销量稳定的态势没有改变，单箱销售额稳步提高的态势没有改变，市场价格坚挺的态势没有明显改变，社会库存基本合理的态势没有明显改变。落实国家局“按订单组织货源、按需求衔接计划、按状态调整策略”的总体要求，搭建完成省级卷烟营销平台，有效满足客户货源需求，客户订单满足率89.7%。2015年年末卷烟社会库存控制在20天左右，盒、条零售价格指数保持在100和99.8以上。

营销网络建设。开展甘肃省营销系统“现代终端建设大干100天行动”，推进现代卷烟零售终端由“形似”向“神似”转变。截至2015年底，甘肃省建成现代卷烟零售终端客户2.11万户，占零售客户总数的19%，现代终端客户户均销量和销售结构分别高于全省平均水平38.6和43.8个百分点。编写《“135”工作法应用规范》，细化客户经理日常服务内容，精简不增值的过程环节。搭建工作法软件平台，提高客户经理能力素质，提升营销人员服务客户的水平。

物流建设。2015年，甘肃省烟草商业系统物流配送中心非法人实体化运作模式基本建立，“1445”［降低物流成本1个总体目标；按照质、本、量、效4个管理维度，构建满足客户需求的精到服务体系；以最小化工作环节（区域）管理为手段，将卷烟物流工作分为仓储、分拣、配送、管理4个工作环节，按照内部供应链的管理理念，不断精化流程体系；以人、机、料、法、环五个方面因素开展物流标准化作业］精益物流工作法深入实施，物流资源配置进一步优化。确立区域物流费用分摊的原则、依据、内容和方法，积极解决酒嘉区域（酒泉、嘉峪关区域）、金武区域（金昌、武威区域）物流费用分摊和成本费用核算问题，为兰白临区域（兰州、白银、临夏区域）物流费用分摊奠定基础。截至2015年底，兰州卷烟物流配送中心进入全线利用真实客户订单数据联合调试，陇南市公司卷烟物流配送中心进入设备安装调试阶段，庆阳市公司卷烟物流配送中心项目完成规划设计招标。全年甘肃省烟草商业系统返还包装箱260.94万只，同城、省内和省际托盘连运量10.25万箱。

【烟叶产销】 烟叶种植与收购。2015年，种植烟叶4万亩，同比增加0.67万亩；签订烟叶收购合同3412份；户均种烟面积11.7亩。2015年，收购烟叶0.53万吨（10.68万担），完成收购计划的86%。上中等烟叶比例88%，收购均价22.43元/千克，同比增长19.63%。收购等级合格率80.52%。甘肃省实现烟农总收入1.28亿元（含产前投入补贴），烟农户均收入3.75万元。销售烟叶0.59万吨（11.83万担）。烟叶实现税利0.73亿元，其中利润0.31亿元。

烟叶精益生产管理。以特色烟叶研究开发项目为抓手，开展以精确信息运用、精良技术集成、精准作业操作、精干队伍建设、精益成本控制为主要内容的烟叶精益生产管理。2015年，全省推广烟叶精益生产管理示范烟叶5000亩，每亩节约成本69元。开展壮苗培育、平衡施肥、密集烘烤、病虫害综合防治，庆阳烟蚜茧蜂的本地化繁育和蚜虫防治技术取得成功。

烟叶规范化管理。联合地方政府开展烟叶种植保险试点工作，庆阳市烟农参保率和烟田参保率分别达到80%和70%，参保烟田面积1.84万亩，占全省烟田总面积的46.1%。在2015年遭受大风冰雹灾害、受灾面积2万亩、减产2万余担的情况下，保费赔付为烟农挽回经济损失518.1万元。全面推行烟叶种植收购电子合同，实现烟叶合同的动态管理；建立统一的现代烟草农业信息管理平台，实现烟叶生产、收购数据的共享。制定《烟叶物资采购供应管理实施细则》，全省烟叶物资由省公司集中统一采购。

烟叶基地单元建设。3月，国家局批复建设庆阳永正烟叶基地单元，计划将正宁县永正烟区13个村和毗邻的榆林子烟区5个村作为甘肃烟草工业的烟叶生产基地，规划基本烟田5.1万亩，年种植面积1.7万亩，收购烟叶0.25万吨（5万担）。截至2015年底，完成庆阳永正烟叶基地单元的基本烟田规划及相关配套烟叶基础设施建设工作，并确定中国烟草总公司青州烟草研究所为烟叶基地单元科研合作单位，三方签订烟叶基地单元合作协议及年度实施协议，建立工商研合作组织机构和工作机制。

现代烟草农业建设。烟叶生产规模化程度不断提高，甘肃省户均种烟面积11.7亩，百亩以上集中连片面积1.14万亩，占总面积的28.6%。新型烟叶生产主体培育初具规模，全省50亩以上家庭农场23个、20~50亩职业烟农401个，家庭农场和职业烟农种植面积2.18万亩，占总面积的55%，种植专业户、职业烟农、家庭农场和烟农合作社种烟比例77.2%。烟叶生产专业化服务水平不断提升，甘肃省建成育苗工场6个，供苗能力1.25万亩，专业化育苗80%，机耕、起垄环节机械化率95.5%。

【特事要辑】 1月22日，甘肃省局（公司）在兰州召开全省烟草商业系统工作会议。

6月1—4日，国家局副局长段铁力到甘肃烟草调研指导工作。对于下一步工作，段铁力强调说，甘肃烟草工商企业要高度重视提税顺价工作，努力保持良好运行态势，工商协同，共同培育好、发展好“兰州”品牌，加强专卖管理，始终保持打假打私高压态势，以“三严三实”专题教育为抓手，抓好队伍建设，为实现行业税利总额增速“保七争十”作贡献。

8月26—28日，国家局副局长徐瑆到甘肃烟草调研指导工作。徐瑆强调，甘肃烟草要着眼全局稳增长，从增加销量、提升结构、增收节支、保住税利四方面着手，努力为行业发展多做贡献；勇于前行调状态，确保顺价到位，库存合理，销售均衡，经营规范；敢动真格促改革，准确把握市场化取向改革的要求，扎实推进兰州市局（公司）卷烟营销市场化取向改革工作；工商协同育“兰州”，实现目标、信息、产销、策略“四协同”，切实培育好“兰州”品牌。

2015年甘肃省烟草专卖局（公司）所属企业主要情况统计

地市级局（公司）名称		兰州市烟草专卖局（公司）	天水市烟草专卖局（公司）	定西市烟草专卖局（公司）	酒泉市烟草专卖局（公司）	武威市烟草专卖局（公司）
主要负责人/法人代表（含党政领导）		刘　震(—2015.3) 向　阳(2015.3—)	孙　军	张维杰	王进立	向　阳(—2015.3) 谢　东(2015.3—)
所属县级单位		城关区、七里河区、安宁区、西固区、红古区、永登县、榆中县、皋兰县等8个县级烟草专卖局（营销部）	秦州区、麦积区、张家川回族自治县、清水县、甘谷县、秦安县、武山县等7个县级烟草专卖局(营销部)	安定区、临洮县、陇西县、岷县、通渭县、渭源县、漳县等7个县级烟草专卖局（营销部）	敦煌市烟草专卖局（公司），瓜州县、玉门市、肃州区、金塔县等4个县级烟草专卖局（营销部）	凉州区、民勤县、古浪县、天祝藏族自治县等4个县级烟草专卖局(营销部)
总资产（万元）		168758	49460	34108	38291	25946
资产负债率（%）		4.24	2.91	2.76	9.92	6.31
从业人员（人）		629	515	362	336	298
所属业务机构	营销机构	1个营销中心	1个营销中心	1个营销中心	1个营销中心	1个营销中心
	物流配送机构	1个物流配送中心	1个物流配送中心	1个物流配送中心	1个物流配送中心	1个物流配送中心
	专卖稽查机构	1个稽查支队、8个稽查大队	1个稽查支队、7个稽查大队	1个稽查支队、7个稽查大队	1个稽查支队、5个稽查大队	1个稽查支队、4个稽查大队
	烟叶机构	—	—	—	—	—
实现税利	万元	120350	47691	39375	27598	24857
	2015年比2014年（%）	25.49	25.34	27.15	21.09	22.34
实现利润	万元	56661	19097	16394	10761	8646
	2015年比2014年（%）	-0.88	-7.63	-0.42	-12.23	-20.45
销售卷烟	亿支	82.00	50.53	44.29	23.20	27.82
	2015年比2014年（%）	1.45	0.04	-0.27	-2.70	-4.02

续表

地市级局（公司）名称	兰州市烟草专卖局（公司）	天水市烟草专卖局（公司）	定西市烟草专卖局（公司）	酒泉市烟草专卖局（公司）	武威市烟草专卖局（公司）
卷烟销售收入（万元）	410808	191292	158984	103963	102597
查处涉烟违法案件（起）	1527	849	547	160	590
查处涉烟违法案件案值（万元）	404	272	258	13	129
2015年度烟草行业投入烟叶生产基础设施建设资金（万元）	—	—	—	—	—
全年烟叶生产基础设施新增受益面积（万亩）	—	—	—	—	—
烟叶种植（万亩）	—	—	—	—	—
烟叶收购（万担）	—	—	—	—	—
烟农户数（户）	—	—	—	—	—
实现烟农总收入（万元）	—	—	—	—	—
零售客户数（户）	14858	14908	11744	6453	7620
零售客户销售毛利率（%）	13.60	13.01	13.94	12.90	13.46

地市级局（公司）名称		张掖市烟草专卖局（公司）	庆阳市烟草专卖局（公司）	平凉市烟草专卖局（公司）	陇南市烟草专卖局（公司）	白银市烟草专卖局（公司）
主要负责人/法人代表（含党政领导）		朵守红	魏小敏	王来云	牛　军	刘在云
所属县级单位		甘州区、高台县、临泽县、山丹县、民乐县等5个县级烟草专卖局（营销部）	西峰区、合水县、华池县、环县、宁县、庆城县、镇原县、正宁县等8个县级烟草专卖局(营销部)	崆峒区、泾川县、灵台县、崇信县、华亭县、庄浪县、静宁县等7个县级烟草专卖局(营销部)	成县、徽县、两当县、西和县、礼县、文县、宕昌县、康县、武都区等9个县级烟草专卖局（营销部）	白银区、平川区、靖远县、景泰县、会宁县等5个县级烟草专卖局（营销部）
总资产（万元）		24264	54771	30637	41388	33507
资产负债率（%）		2.71	13.49	3.31	5.44	3.66
从业人员（人）		249	454	322	391	307
所属业务机构	营销机构	1个营销中心	1个营销中心	1个营销中心	1个营销中心	1个营销中心
	物流配送机构	1个仓储配送中心	1个物流配送中心	1个物流配送中心	1个物流配送中心	1个物流配送中心
	专卖稽查机构	1个稽查支队、5个稽查大队	1个稽查支队、8个稽查大队	1个稽查支队、7个稽查大队	1个稽查支队、9个稽查大队	1个稽查支队、1个稽查大队、12个专卖管理所
	烟叶机构	—	3个烟叶收购站	—	1个烟叶收购站	—

续表

地市级局（公司）名称		张掖市烟草专卖局（公司）	庆阳市烟草专卖局（公司）	平凉市烟草专卖局（公司）	陇南市烟草专卖局（公司）	白银市烟草专卖局（公司）
实现税利	万元	20680	45980	27304	42402	30973
	2015 年比 2014 年（%）	25.76	23.77	22.72	21.90	23.33
实现利润	万元	7751	18261	10640	16783	12816
	2015 年比 2014 年（%）	-14.06	-8.96	-7.03	-7.98	-8.00
销售卷烟	亿支	20.60	37.13	30.48	44.11	29.80
	2015 年比 2014 年（%）	-3.29	0.77	-3.49	-3.73	-3.26
卷烟销售收入（万元）		78798	163621	113304	160973	119553
查处涉烟违法案件（起）		218	328	1185	332	194
查处涉烟违法案件案值（万元）		35	121	179	45	57
2015 年度烟草行业投入烟叶生产基础设施建设资金（万元）		—	5962	—	—	—
全年烟叶生产基础设施新增受益面积（万亩）		—	6.20	—	—	—
烟叶种植（万亩）		—	2.60	—	1.4	—
烟叶收购（万担）		—	6.64	—	4.04	—
烟农户数（户）		—	2837	—	575	—
实现烟农总收入（万元）		—	8180	—	4601	—
零售客户数（户）		5991	10635	9061	11171	8165
零售客户销售毛利率（%）		13.06	13.30	12.11	13.30	13.00

地市级局（公司）名称	金昌市烟草专卖局（公司）	嘉峪关市烟草专卖局（公司）	临夏回族自治州烟草专卖局（公司）	甘南藏族自治州烟草专卖局（公司）
主要负责人/法人代表（含党政领导）	赵普忠（—2015.5） 任志刚（2015.5—）	和　平（—2015.10） 田富昌（2015.10—）	金　明	苏斌成
所属县级单位	永昌县烟草专卖局（营销部）	—	临夏市、永靖县、临夏县、和政县、康乐县、广河县、东乡族自治县、积石山保安族东乡族撒拉族自治县等 8 个县级烟草专卖局（营销部）	舟曲县、临潭县、卓尼县、夏河县、迭部县、碌曲县、玛曲县、合作市[1]等 8 个县级烟草专卖局（营销部）
总资产（万元）	15949	13695	24826	8123
资产负债率（%）	11.20	2.64	4.69	8.30
从业人员（人）	124	64	258	208

续表

地市级局（公司）名称		金昌市烟草专卖局（公司）	嘉峪关市烟草专卖局（公司）	临夏回族自治州烟草专卖局（公司）	甘南藏族自治州烟草专卖局（公司）
所属业务机构	营销机构	1 个营销中心	1 个营销中心	1 个营销中心	1 个营销中心
	物流配送机构	1 个物流配送中心	—	1 个物流配送中心（与营销中心合署办公）	1 个物流配送中心（与营销中心合署办公）
	专卖稽查机构	1 个稽查支队、1 个稽查大队	1 个稽查支队、1 个专卖管理所	1 个稽查支队、8 个稽查大队	1 个稽查支队、8 个稽查大队
	烟叶机构	—	—	—	—
实现税利	万元	11795	9093	24834	9909
	2015 年比 2014 年（%）	24. 72	17. 57	27. 98	27. 66
实现利润	万元	4695	3850	9681	3058
	2015 年比 2014 年（%）	-10. 54	-10. 34	-8. 37	-11. 54
销售卷烟	亿支	10. 13	6. 85	25. 40	11. 20
	2015 年比 2014 年（%）	-3. 71	-5. 25	-1. 97	0. 72
卷烟销售收入（万元）		43788	32460	95737	44897
查处涉烟违法案件（起）		210	16	1127	267
查处涉烟违法案件案值（万元）		30	0. 12	133	56
2015 年度烟草行业投入烟叶生产基础设施建设资金（万元）		—	—	—	—
全年烟叶生产基础设施新增受益面积（万亩）		—	—	—	—
烟叶种植（万亩）		—	—	—	—
烟叶收购（万担）		—	—	—	—
烟农户数（户）		—	—	—	—
实现烟农总收入（万元）		—	—	—	—
零售客户数（户）		2334	1443	6800	3873
零售客户销售毛利率（%）		13. 32	13. 13	12. 42	12. 41

注：1. 2015 年 9 月，国家局、总公司下发《关于设立甘肃省合作市烟草专卖局（营销部）的批复》（国烟人〔2015〕265 号），同意设立合作市烟草专卖局、甘南藏族自治州烟草公司合作营销部。

（撰稿：毕耜栋；编辑：周　佳）

青海省烟草专卖局（公司）

【专卖管理】 *卷烟打假*。青海省烟草专卖局以治理非渠道卷烟流通为目标，对外强化外打、坚决查处真烟非法流通案件。对内狠抓内管，积极推进内部监管体系建设，努力维护良好的卷烟经营秩序。2015 年，查处各类涉烟违法案件 253 起，其中，假烟案件 77 起，查获假烟 36.33 万支，破获符合国家局标准的网络案件 2 起，符合省局标准的网络案件 1 起。公安、司法机关依法刑拘 5 人，逮捕 4 人，判刑 2 人。格尔木市局查获的“4·20”贩售假烟网络案件，涉案金额 160 万元，逮捕 4 人，判刑 3 人，被国家局列入行业重大案件予以通报表彰。

市场监管。高度重视卷烟经营的规范，采取强化规范教育、开展重点检查、实行定期通报、与工作业绩考核相挂钩等措施，非渠道卷烟流通数量明显减少。2015 年，查获非法流通卷烟 196.13 万支，同比下降 54%。

证件管理。组织开展青海省烟草专卖零售许可证审批发放、后续管理和服务情况的监督检查，以检查促规范，进一步提升许可管理工作水平。各单位严格依法审批，完善制度措施，主动转变管理理念与监管方式，强化监督检查与后续监管。截至 2015 年底，青海省持证卷烟零售客户 2.24 万户，同比增加 1110 户。结合群众路线教育实践活动，省局优化办证流程，提高办证效率，打通服务群众“最后一公里”，提升零售许可证服务质量，提高客户满意度。

专卖队伍建设。继续以专卖管理岗位技能鉴定和专卖管理基层建设为抓手，制定下发《专卖执法人员文明执法制度》。全面启动专卖管理综合信息系统建设，开展专卖、内管工作调研，深入查找和分析存在的突出问题，推动专卖队伍执法能力和综合素质的提升。举办证件管理、内部监管业务知识培训，专卖人员职业技能鉴定持证率 77%，中、高级以上持证比例分别达到 31%、28%。2015 年，青海省烟草商业系统专卖人员 327 人，取得专卖管理员技能鉴定资格证书 229 人，其中中级及以上 191 人。

【经济效益】 2015 年，青海省烟草商业系统实现卷烟销售收入 54.97 亿元，同比增长 2.63%。实现税利 15.19 亿元，同比增长 22.7%[①]，其中利润 6.45 亿元，同比下降 8.51%。卷烟单箱销售收入 2.41 万元，同比增长 4.66%。单箱税利 6662 元，同比增长 25.11%。三项费用率为 5.96%，同比减少 0.84 个百分点。

【卷烟经营】 *卷烟销售*。2015 年，青海省烟草商业系统销售卷烟 114 亿支（22.8 万箱），同比下降 1.93%，其中，销售一类烟 21.31 亿支（4.26 万箱）、二类烟 14.95 亿支（2.99 万箱）、三类烟 40.41 亿支（8.08 万箱）、四类烟 36.28 亿支（7.26 万箱）、五类烟 1.07 亿支（0.21 万箱）。本地区销量居前三位的品牌依次为“兰州”“云烟”“芙蓉王”，销量分别为 31.50 亿支（6.30 万箱）、16.25 亿支（3.25 万箱）、10.37 亿支（2.07 万箱）。

品牌培育。青海省公司培育行业重点品牌，积极营造公平竞争市场环境。2015 年累计销售重点品牌卷烟 106.2 亿支（21.24 万箱），占总销量比重为 93.14%。2015 年累计销售细支卷烟 0.65 亿支（0.13 万箱），同比增长 98.10%。坚决执行卷烟提税顺价决策，做到卷烟提税和顺价有效衔接，保持市场价格总体平稳，保障卷烟零售客户毛利率 10% 的盈利水平。

零售终端建设。认真落实《2011—2015 年全省现代卷烟零售终端建设指引与规划》《全省现代卷烟零售终端建设指引》等规范性文件，进一步明确近期青海省现代卷烟零售终端建设工作目标和思路，重点提出推进终端建设工作的具体措施。在青海省公司统一规划下，对现有卷烟经营管理信息系统（V3）、“新商盟”网上订货系统、“135”工作法等经营分析与决策支持系统进行一体化整合再造，建立现代卷烟流通管控平台，从需求预测、货源组织、货源供应、品牌培育、客户服务、信息采集等多个方面推进“四网合一”的电子商务模式。

现代物流建设。突出终端产品销售、形象展示、品牌培育、宣传促销功能，青海省建成卷烟直营终端 5 个，现代卷烟零售终端 2443 户，占青海省零售客户总数的 10.81%，终端引领作用进一步发挥。把农牧区作为重点

---

① 2015 年财务口径调整，同比数据采用调整后口径。

突破口，加强与金融机构衔接，青海省卷烟网上订货率、电子结算率分别达到98.48%、95.4%。持续深入推进物流对标工作，着力在管理精细严、运行低成本、服务高品质上下功夫，物流运行质量不断提升。积极构建循环型烟草物流体系建设，累计向甘肃烟草工业返还包装箱31.41万只，返还比例99.8%。

【特事要辑】 3月18日，青海省局（公司）召开贯彻落实中央八项规定情况专题汇报会，国家局第六检查组长成协科出席会议，并强调要落实主体责任，层层传导压力。

8月24日，青海省副省长王黎明到青海省局（公司）调研，强调要稳定卷烟销量，带好职工队伍，确保安全稳定，做好烟草自己的事，树立责任烟草良好形象。

2015 年青海省烟草专卖局（公司）所属企业主要情况统计

地市级局（公司）名称		西宁市烟草专卖局（公司）	海东市烟草专卖局（公司）	海西蒙古族藏族自治州烟草专卖局（公司）	格尔木市烟草专卖局（公司）	海北藏族自治州烟草专卖局（公司）
主要负责人/法人代表（含党政领导）		刘海宁	钟建平	戴岳鹏	李安益	董长吉
所属县级单位		大通回族土族自治县、湟中县、湟源县等3个县级烟草专卖局（营销部）	平安县、互助土族自治县、循化撒拉族自治县、化隆回族自治县、民和回族土族自治县、乐都区等6个县级烟草专卖局（营销部）	都兰县、乌兰县、天峻县、茫崖行委、大柴行委等5个县级烟草专卖局(营销部)和冷湖行委1个烟草专卖局	—	刚察县、祁连县、门源回族自治县等3个县级烟草专卖局(营销部)和海晏县1个县级烟草专卖局
总资产（万元）		26576	13655	6756	3920	2589
资产负债率（%）		1.98	7.14	8.51	17.09	12.24
从业人员（人）		388	208	117	74	94
所属业务机构	营销机构	1个营销中心	1个营销中心	1个营销中心	1个营销中心	1个营销中心
	物流配送机构	1个配送中心	—	5个物流中转站	1个物流配送机构	2个物流中转站
	专卖稽查机构	1个稽查支队、8个稽查大队	1个稽查支队、8个稽查大队	1个稽查支队、6个稽查大队	1个稽查支队、3个稽查大队	1个稽查支队、3个稽查大队
	烟叶机构	—	—	—	—	—
实现税利	万元	46081	16253	6833	6058	3258
	2015年比2014年（%）	40.47	21.94	8.34	36.55	14.20
实现利润	万元	6502	3074	1334	679	125
	2015年比2014年（%）	-34.87	-30.16	-51.46	-40.99	-86.00
销售卷烟	亿支	53.86	21.65	7.80	6.90	5.54
	2015年比2014年（%）	—	-0.46	-3.46	-9.10	-5.27

续表

地市级局（公司）名称	西宁市烟草专卖局（公司）	海东市烟草专卖局（公司）	海西蒙古族藏族自治州烟草专卖局（公司）	格尔木市烟草专卖局（公司）	海北藏族自治州烟草专卖局（公司）
卷烟销售收入（万元）	340589	99262	43271	43794	25058
查处涉烟违法案件（起）	68	109	9	21	9
查处涉烟违法案件案值（万元）	93	42	15	10	1
2015 年度烟草行业投入烟叶生产基础设施建设资金（万元）	—	—	—	—	—
全年烟叶生产基础设施新增受益面积（万亩）	—	—	—	—	—
烟叶种植（万亩）	—	—	—	—	—
烟叶收购（万担）	—	—	—	—	—
烟农户数（户）	—	—	—	—	—
实现烟农总收入（万元）	—	—	—	—	—
零售客户数（户）	10342	5781	1683	1224	1213
零售客户销售毛利率（%）	11. 65	11. 87	8. 27	8. 67	10. 14

地市级局（公司）名称		海南藏族自治州烟草专卖局（公司）	黄南藏族自治州烟草专卖局（公司）	玉树藏族自治州烟草专卖局（公司）	果洛藏族自治州烟草专卖局（公司）
主要负责人/法人代表（含党政领导）		张国明	李映元（—2015. 12） 王来成（2015. 12—）	王洪胜	刘存德
所属县级单位		共和县、贵德县、兴海县、贵南县、同德县等 5 个县级烟草专卖局（营销部）	泽库县、河南蒙古族自治县、同仁县、尖扎县等 4 个县级烟草专卖局（营销部）	称多县、杂多县、治多县、囊谦县、曲麻莱县等 5 个县级烟草专卖局（营销部）	久治县、达日县 2 个县级烟草专卖局（营销部）
总资产（万元）		4292	3484	7622	2517
资产负债率（%）		13. 45	5. 92	5. 09	144. 52
从业人员（人）		101	80	104	56
所属业务机构	营销机构	1 个营销中心	1 个营销中心	1 个营销中心	1 个营销中心
	物流配送机构	2 个物流中转站	—	1 个营销中心	1 个物流中转站
	专卖稽查机构	1 个稽查支队、5 个稽查大队	1 个稽查支队、4 个稽查大队	1 个稽查支队、5 个稽查大队	1 个稽查支队
	烟叶机构	—	—	—	—

续表

地市级局（公司）名称		海南藏族自治州烟草专卖局（公司）	黄南藏族自治州烟草专卖局（公司）	玉树藏族自治州烟草专卖局（公司）	果洛藏族自治州烟草专卖局（公司）
实现税利	万元	4929	3729	3882	2727
	2015 年比 2014 年（%）	11.90	34.90	6.46	20.40
实现利润	万元	586	1085	730	763
	2015 年比 2014 年（%）	-66.13	-15.70	62.20	-26.56
销售卷烟	亿支	7.57	4.03	3.96	2.73
	2015 年比 2014 年（%）	-6.46	2.28	-9.49	1.90
卷烟销售收入（万元）		33355	17588	18910	12548
查处涉烟违法案件（起）		13	8	10	6
查处涉烟违法案件案值（万元）		6	3	16	3
2015 年度烟草行业投入烟叶生产基础设施建设资金（万元）		—	—	—	—
全年烟叶生产基础设施新增受益面积（万亩）		—	—	—	—
烟叶种植（万亩）		—	—	—	—
烟叶收购（万担）		—	—	—	—
烟农户数（户）		—	—	—	—
实现烟农总收入（万元）		—	—	—	—
零售客户数（户）		1723	775	558	374
零售客户销售毛利率（%）		21.90	9.35	11.72	9.38

（撰稿：马世亮；编辑：周　佳）

宁夏回族自治区烟草专卖局（公司）

【专卖管理】 卷烟打假。宁夏回族自治区烟草专卖局与山西、内蒙古、陕西等省级局建立卷烟打假协作机制，各市、县局主动与毗邻地区兄弟单位建立机制、共享信息、合作办案，卷烟打假体系更加完善。交流学习利用社交媒体涉烟案件查办经验，密切与公、检、法沟通协作，共同商讨案件侦办思路，破解调查取证难的问题。2015年，宁夏回族自治区查处各类涉烟违法案件 1401 起，案值 1081 万元，其中假烟案件 182 起；破获符合国家局标准的网络案件 8 起，其中银川、固原、中卫市局各破获 2 起。公安、司法机关依法抓获涉案嫌疑人 33 人，追刑 21 人。

市场监管。举办烟草零售市场检查 APCD 工作法学习交流活动，破解卷烟零售市场管无“方向”、查无“目标”的被动局面。加强“12313”市场监管举报电话管理，明确处置程序，电话接通率 100%。开展“维权使命 2015”“六盘之剑”“黄金使命”等系列专项行动，不间断整治物流货运、娱乐服务、自媒体等领域涉烟违法行为，持续保持市场检查无死角、全覆盖。2015 年，宁夏回族自治区卷烟市场净化率保持在 98% 以上。中卫市局运用烟草零售市场检查 APCD 工作法，结合实际探索建立"43265"市场检查工作模式，并编制出具体操作规范和考核评价标准。

专卖行政许可。加强烟草专卖零售许可证后续监管，有效治理违法转让许可证行为，规范办理许可证变更、歇业、年审等工作。2015 年，制定落实《宁夏烟草专卖零售许可证管理指导意见》，做好新办证客户入网、供货衔接工作，缩短发证与供货间隔时间，全面实现行政许可"十日办结制"。中卫市局试点建立卷烟零售点合理布局负面清单制度，探索解决"领证难"问题；吴忠市局加强政务大厅专卖窗口效能建设，窗口形象和服务水平进一步提高。

内部专卖管理监督。修订《宁夏烟草系统内部专卖管理监督工作标准》，突出职责、制度、流程、要求的统一性。监督执行卷烟到货确认、卷烟出入库打扫码等制度，主动参与卷烟经营活动，通过内部自查、专项治理等，加大"内管外打"力度。2015 年，查处案值在 5 万元以上非渠道卷烟案件 41 起，查获非渠道卷烟 1022 万支。银川市局成功破获"8·21"贩卖非渠道卷烟互联网案，案值 400 余万元，刑拘 4 人，批捕 2 人；石嘴山市局强化全过程监管，建立"三级协同、四员联动"联合治理卷烟非渠道卷烟工作模式。

【经济效益】 2015 年，宁夏回族自治区烟草商业系统实现税利 16.31 亿元，同比增长 24.74%，其中利润 7.03 亿元，同比下降 3.77%。卷烟单箱销售收入 2.72 万元，单箱税利 6376 元。三项费用率为 5.29%，同比减少 0.33 个百分点。

【卷烟（雪茄烟）经营】 卷烟销售。2015 年，宁夏回族自治区烟草商业系统销售卷烟 127.65 亿支（25.53 万箱），同比下降 2.78%，其中，销售一类烟 21.6 亿支（4.32 万箱），同比增长 10.02%；二类烟 14.3 亿支（2.86 万箱），同比增长 15.62%；三类烟 54.7 亿支（10.94 万箱），同比下降 0.52%；四类烟 33.01 亿支（6.6 万箱），同比下降 14.63%；五类烟 4.05 亿支（0.81 万箱），同比下降 28.46%。本地区销量居前三位的品牌为"兰州""白沙""云烟"，销量分别为 26.41 亿支（5.28 万箱）、19.75 亿支（3.95 万箱）、14.02 亿支（2.8 万箱）。2015 年，实现卷烟销售收入 69.69 亿元，同比增长 9.4%。

品牌培育。强化统一管理，完善品牌梯次布局，创新营销策略，线上线下整合运作，形成区市、工商品牌营销合力，发挥品牌培育对销量、结构的支撑作用。2015 年，销售重点品牌卷烟 114.55 亿支（22.91 万箱），销量比重达 89.75%，同比提高 1.12 个百分点。销售高端品牌卷烟 6.15 亿支（1.23 万箱），同比增长 23.26%；细支卷烟 2.14 亿支（0.43 万箱），同比增长 301.8%；低焦油卷烟（8 毫克/支及以下）32.3 亿支（6.46 万箱），同比增长 3.5%；雪茄烟 1990 万支，同比增长 126.8%。

客户服务。重点从"提升盈利水平、保证有效货源、加强学习培训、落实'四项服务'"入手，发挥线上线下整合服务和标杆终端优势，落实"润夏"服务品牌，做实做细客户服务各项工作。2015 年，宁夏回族自治区卷烟零售客户毛利率 13.57%，同比提高 1.18 个百分点；户月均获利 3382.4 元，同比增长 17.82%；宁夏回族自治区卷烟零售客户满意度 95.6 分，同比提高 1.4 分。吴忠市公司建立各种类型优质典型示范终端并形成推广案例，中卫市公司通过便民、商务、婚庆、旅游等 4 种类型终端建设与终端功能有机对接，为终端转型提升探索方法经验。

卷烟营销市场化取向改革。制定落实《卷烟营销市场化取向改革实施方案》，完善"统购分销"业务规范、货源供应、品牌管理等配套制度，探索建立宁夏回族自治区统一的客户分类和货源供应规则、市场状态评价标准和调整规则，发挥信息采集专职队伍作用。8 月，宁夏回族自治区烟草商业系统卷烟营销集中平台在银川市公司上线运行，实现省级公司统一采集订单。石嘴山市公司积极应用大数据技术，从全国、大区、省级、地市、营销部、客户经理"六个空间维度"，卷烟销售、市场、品牌、客户、消费者"五个分析维度"精准分析经济运行工作存在的问题，提升经济运行分析的广度、精度和深度。

现代物流建设。12 月，宁夏回族自治区公司卷烟物流中心正式投入使用，标志着自治区烟草商业系统区域物流建设取得阶段性成效。完成物流非法人实体运作"建体系、搭框架”任务，加强精益物流建设，物流费用率为0.8%，同比下降0.04个百分点。

【特事要辑】 1月26日，宁夏回族自治区局（公司）召开2015年全自治区烟草商业系统工作会议。

5月28日，宁夏回族自治区政府副主席马力到宁夏回族自治区局（公司）调研。

8月6日，宁夏回族自治区局（公司）与宁夏回族自治区国家税务局、地方税务局签订税收遵从合作协议，成为全自治区首家税企深度合作示范企业。

12月17日，宁夏回族自治区局（公司）召开第一届工会会员代表大会，组建成立宁夏烟草行业系统工会。

2015年宁夏回族自治区烟草专卖局（公司）所属企业主要情况统计

地市级局（公司）名称		银川市烟草专卖局（公司）	石嘴山市烟草专卖局（公司）	吴忠市烟草专卖局（公司）	固原市烟草专卖局（公司）	中卫市烟草专卖局（公司）
主要负责人/法人代表（含党政领导）		虎治富(—2015.10) 金　伟(2015.10—)	甄宗伟	金　伟(—2015.10) 段金良(2015.10—)	邹振军(—2015.10) 温晓伦(2015.10—)	李俊国
所属县级单位		永宁县、灵武市、贺兰县、兴庆区等4个县级烟草专卖局（分公司）	平罗县、惠农区2个县级烟草专卖局（分公司）	青铜峡市、盐池县、同心县等3个县级烟草专卖局（分公司）	西吉县、彭阳县、隆德县、泾源县等4个县级烟草专卖局（分公司）	中宁县、海原县2个县级烟草专卖局（分公司）
总资产（万元）		88039	31879	34895	18762	21669
资产负债率（%）		3.92	4.11	4.35	3.79	5.8
从业人员（人）		376	183	247	227	179
所属业务机构	营销机构	1个营销中心	1个营销中心	1个营销中心	1个营销中心	1个营销中心
	物流配送机构	1个物流配送中心	1个物流配送中心	1个物流配送中心	1个物流配送中心	1个物流配送中心
	专卖稽查机构	1个稽查支队、6个稽查大队	1个稽查支队、3个稽查大队	1个稽查支队、5个稽查大队	1个稽查支队、5个稽查大队	1个稽查支队、4个稽查大队
	烟叶机构	—	—	—	—	—
实现税利	万元	68815	16697	23459	15127	16114
	2015年比2014年（%）	14.86	-1.04	12.45	18.74	14.64
实现利润	万元	28233	5758	8079	4269	5499
	2015年比2014年（%）	-18.34	-36.79	-25.03	-28.32	-23.72
销售卷烟	亿支	53.30	16.81	22.79	17.90	16.86
	2015年比2014年（%）	-2.06	-8.83	-2.52	-1.01	-0.70
卷烟销售收入（万元）		318958	85277	121576	86567	84348
查处涉烟违法案件（起）		919	47	180	167	88
查处涉烟违法案件案值（万元）		437	131	335	128	50

续表

地市级局（公司）名称	银川市烟草专卖局（公司）	石嘴山市烟草专卖局（公司）	吴忠市烟草专卖局（公司）	固原市烟草专卖局（公司）	中卫市烟草专卖局（公司）
2015 年度烟草行业投入烟叶生产基础设施建设资金（万元）	—	—	—	—	—
全年烟叶生产基础设施新增受益面积（万亩）	—	—	—	—	—
烟叶种植（万亩）	—	—	—	—	—
烟叶收购（万担）	—	—	—	—	—
烟农户数（户）	—	—	—	—	—
实现烟农总收入（万元）	—	—	—	—	—
零售客户数（户）	9312	3771	5308	5244	4589
零售客户销售毛利率（%）	14.73	13.95	13.54	14.30	13.29

（撰稿：潘　亮；编辑：周　佳）

新疆维吾尔自治区烟草专卖局（公司）

【专卖管理】 打私打假。新疆维吾尔自治区烟草专卖局集中力量组织开展“春雷Ⅰ”“亮剑Ⅵ”打私打假专项行动。“春雷Ⅰ”打私专项行动采取重点区域、多种措施的监管模式，打防结合、管控到位。该专项行动出动专卖人员2976人次，公安等其他联动单位900人次，查处涉及霍尔果斯口岸走私卷烟案件37起，涉案卷烟51.13万支，案值65.16万元。“亮剑Ⅵ”打假专项行动是9—10月在新疆维吾尔自治区范围内开展的卷烟市场清理整顿专项行动，行动中发挥“12313”举报电话作用，配合拉网式巡查、地毯式梳理等手段，针对农牧团场、娱乐场所、边防口岸等重点区域，进行集中整治活动。该专项行动出动专卖人员2106人次，公安等其他联动单位900人次，查处各类涉烟违法案件373起，查获各类非法卷烟135.76万支，莫合烟4.63吨，涉案金额257.29万元，罚没款合计9.38万元。

2015年，新疆维吾尔自治区查处各类涉烟违法案件2684起，查获各类非法卷烟1397.17万支，查扣莫合烟23.23吨。查处符合自治区局标准的网络案件10起，移送公安、司法机关拘留17人、判刑19人。

市场监管。制定完善《专销结合实施办法》，明确县级局工作目标并纳入考核。县局管市场的“县局长负责制”“和两员”管片区的“两员片区责任制”得到较好落实。建立健全APCD工作法实施方案及工作机制，形成较为完备的操作细则及运行规程，市场监督针对性得到增强。发挥“12313”热线服务平台在市场监管数据支撑、行政执法行为监督、客服质量提升等方面的作用，2015年新疆维吾尔自治区受理投诉、举报、咨询等事项336起，办结率100%。

证件管理。起草《关于修订烟草制品零售点合理布局规划的指导意见》《关于简化零售许可审批程序优化管理服务的指导意见》《关于加强烟草专卖零售许可证后续监管的指导意见》等工作制度，规范许可审批行为，保证烟草市场准入和退出依法有序、公平公正。安排部署新疆维吾尔自治区许可证管理专项检查活动，分阶段对许可证审批发放、后续管理和服务情况等3个环节工作情况进行全面检查，对问题进行彻底清理整改。

【经济效益】① 新疆维吾尔自治区烟草商业系统实现销售收入183.93亿元，同比增长2.5%。实现税利43.19亿元，同比增长20.37%，其中利润16.43亿元，同比下降18.46%。卷烟单箱销售收入2.37万元，同比增长6.63%；卷烟单箱税利5548.2元，同比增长24.57%。三项费用率4.77%，同比减少0.02个百分点。

【卷烟经营】 卷烟销售。2015年，新疆维吾尔自治区烟草商业系统销售卷烟387.3亿支（77.46万箱），同比下降3.9%，其中，销售一类烟53.25亿支（10.65万箱），同比下降1.2%；二类烟31.3亿支（6.26万箱），同比增长39.2%；三类烟153.05亿支（30.61万箱），同比下降8.2%；四类烟133.85亿支（26.77万箱），同比下降7.9%；五类烟15.65亿支（3.13万箱），同比增长9.6%。本地区销量居前三位的品牌依次为“红河”“雪莲”“云烟”，销量分别为87.35亿支（17.47万箱）、51.25亿支（10.25万箱）、50.45亿支（10.09万箱）。

品牌培育。按照“优化布局、减少规格、聚焦市场、引导消费”原则，完善引入退出机制，解决品牌规格数多、培育资源分散、培育效率不高的问题。优化品类布局，梳理各价区卷烟的主导规格、护卫规格、潜力规格和一般规格，加强工商协同营销，明确各价区卷烟销量年度发展目标和重点培育规格。将低焦油、细支卷烟作为销量提升的主要增长点，突出终端陈列特色，细支卷烟和低焦油卷烟持续保持增长态势。新疆维吾尔自治区低焦油卷烟（8毫克/支及以下）累计销售50.45亿支（10.09万箱），同比增长7.8%。2015年，新疆维吾尔自治区在销细支卷烟规格16个细支卷烟，实现销量7.2亿支（1.44万箱），同比增长420%。

网络建设。突出终端建设基础，持续抓好“三型终端”资源调查、分类管理和客户服务等基础工作。2015年，新疆维吾尔自治区建立品牌形象店9623家，占卷烟零售客户总数的13.14%。推进市场化取向改革，按照新疆维吾尔自治区工商网上配货工作试点范围，协同工业企业科学设置存销比水平、提升卷烟发运的效率和质量，保障货源供应；优化商商配货，确保各地市公司商业存销比保持在合理区间，保持各地市公司卷烟库存合理，供应稳定。紧密关注主要影响社会库存的重点规格卷烟，并对异常规格进行有针对性的调控；做好平台上线，11月，省级卷烟营销平台在乌鲁木齐市公司全面上线，初步实现市场化取向改革的任务目标。

【特事要辑】 1月7—9日，驻国家局纪检组组长高林到新疆烟草调研。高林指出，要认真学习党的十八大和十八届三中、四中全会，以及习近平总书记系列重要讲话精神，落实好国家局党组各项部署和要求；切实担负起党风廉政建设的主体责任和监督责任，进一步深化纪检监察机构转职能、转方式、转作风；健全制度规定，严格规范企业生产经营活动；继续抓好党的群众路线教育实践活动整改落实工作，持之以恒反对“四风”，推动企业持续健康发展。

1月29—30日，新疆维吾尔自治区局（公司）在乌鲁木齐市召开新疆维吾尔自治区烟草工作会议。

6月4日，新疆维吾尔自治区副主席穆铁礼甫·哈斯木到新疆烟草调研并指出：最近国务院对烟草行业税收政策作了重大调整，此项工作时间紧、任务重、政策性强，各单位精心组织、周密部署，确保卷烟提税顺价工作的顺利实施。目前新疆经济发展下行压力很大，新疆烟草工商企业要迎难而上，主动作为，紧紧抓住“一带一路”建设的新机遇，为地方经济财税增长作出新贡献。

6月17日，新疆烟草与中国石化新疆石油分公司本着“互惠互利、优势互补、共同发展”原则，签订战略合作框架协议。

8月24—26日，国家局副局长徐瑾在新疆烟草调研。徐瑾要求：新疆烟草商业系统对完成全年任务的信心不动摇，紧盯全年目标任务，特别是要紧盯销量和税利两个核心指标，以目标倒推工作，以差距倒查进度，以任务倒逼责任，着力解决经济运行中遇到的困难和问题，切实做到心中有数，胸中有策。其次是要

---

① 新疆烟草兵团石河子有限公司是兵团国资公司下属企业，人、财、物属兵团国资公司，此数据不含兵团烟草公司数据。此外，新疆维吾尔自治区烟草商业系统销售收入数据中包含进出口公司烟叶出口收入。

把握营销工作重点不偏移。继续强化明码实价工作，实现价格管理由他律向自律转变；继续深化“一店一特色”工作，为工业宣传品牌提供渠道，为协同营销搭建好平台；继续推进品牌进退工作，把品牌规格控制在合理区间，不断优化资源配置，为工业提供公平、有序的竞争环境。

12 月 2—4 日，国家局局长凌成兴到新疆烟草调研。凌成兴指出：新疆烟草要认真学习贯彻党的十八届五中全会精神，以“五大发展理念”为引领，牢固树立责任意识和奉献精神，“瞄准 100 亿元，确保翻一番”，出色完成年度目标，全面兑现援疆承诺。工商企业要同舟共济，扎扎实实抓专卖，扎扎实实拓市场，扎扎实实调结构，细分任务，落实责任，为“十三五”时期行业持续健康发展和新疆经济社会发展贡献力量。

2015 年新疆维吾尔自治区烟草专卖局（公司）所属企业主要情况统计

地市级局（公司）名称		乌鲁木齐市烟草专卖局（公司）	昌吉回族自治州烟草专卖局（公司）	新疆维吾尔自治区烟草专卖局石河子市局、新疆烟草兵团石河子有限公司	博尔塔拉蒙古自治州烟草专卖局（公司）	伊犁哈萨克自治州烟草专卖局（公司）
主要负责人/法人代表（含党政领导）		秘秀峰	商志刚	党委书记：杨　武 局长：郭毅明 经理：李　栋	李　方	白玉龙（—2015.5） 郜生权（2015.5—）
所属县级单位		—	昌吉市、五家渠市、阜康市、呼图壁县、玛纳斯县、吉木萨尔县、奇台县、木垒哈萨克自治县等 8 个县级烟草专卖局	—	博乐市、阿拉山口市、精河县、温泉县、双河市[1] 等 5 个县级烟草专卖局	伊宁市、伊宁县、霍城县、察布查尔锡伯自治县、巩留县、新源县、特克斯县、昭苏县、尼勒克县、霍尔果斯市、可克达拉市[2] 等 11 个县级烟草专卖局
总资产（万元）		53170	11834	16718	9600	19655
资产负债率（%）		38.22	41.49	14.76	79.58	79.72
从业人员（人）		486	309	133	117	261
所属业务机构	营销机构	1 个营销管理中心	1 个营销中心	1 个营销管理中心	1 个营销中心	1 个营销中心
	物流配送机构	1 个物流配送中心	1 个物流配送中心	—	1 个物流配送中心	1 个物流配送中心
	专卖稽查机构	1 个稽查大队	1 个稽查支队	—	—	1 个稽查大队
	烟叶机构	—	—	—	—	—
实现税利	万元	63908	27439	11644	5813	20520
	2015 年比 2014 年（%）	38.74	56.77	10.83	53.26	57.10
实现利润	万元	7326	2067	2318	-306	303
	2015 年比 2014 年（%）	-48.60	-62.19	-47.76	—	-89.06

续表

地市级局（公司）名称		乌鲁木齐市烟草专卖局（公司）	昌吉回族自治州烟草专卖局（公司）	新疆维吾尔自治区烟草专卖局石河子市局、新疆烟草兵团石河子有限公司	博尔塔拉蒙古自治州烟草专卖局（公司）	伊犁哈萨克自治州烟草专卖局（公司）
销售卷烟	亿支	83.09	37.77	15.07	10.03	36.78
	2015 年比 2014 年（%）	-3.98	-4.09	-5.58	-8.07	-1.00
卷烟销售收入（万元）		463788	178662	75277	45878	152147
查处涉烟违法案件（起）		442	271	8	73	36
查处涉烟违法案件案值（万元）		1070	86	14	6	78
2015 年度烟草行业投入烟叶生产基础设施建设资金（万元）		—	—	—	—	—
全年烟叶生产基础设施新增受益面积（万亩）		—	—	—	—	—
烟叶种植（万亩）		—	—	—	—	—
烟叶收购（万担）		—	—	—	—	—
烟农户数（户）		—	—	—	—	—
实现烟农总收入（万元）		—	—	—	—	—
零售客户数（户）		13446	8338	2835	2527	7741
零售客户销售毛利率（%）		14.31	14.12	13.56	13.45	13.06

地市级局（公司）名称	克拉玛依市烟草专卖局（公司）	塔城地区烟草专卖局（公司）	阿勒泰地区烟草专卖局（公司）	吐鲁番地区烟草专卖局（公司）	哈密地区烟草专卖局（公司）
主要负责人/法人代表（含党政领导）	杨文德	李卫东	张新兵	岳　坤	王　勇
所属县级单位	克拉玛依区、白碱滩区、乌尔禾区[3]、独山子区等 4 个县级烟草专卖局	塔城市、额敏县、沙湾县、乌苏市、奎屯市、托里县、裕民县、和布克赛尔蒙古自治县等 8 个县级烟草专卖局	阿勒泰市、北屯市、布尔津县、福海县、富蕴县、吉木乃县、哈巴河县、青河县等 8 个县级烟草专卖局	高昌区[4]、托克逊县、鄯善县等 3 个县级烟草专卖局	哈密市、巴里坤哈萨克自治县、伊吾县等 3 个县级烟草专卖局
总资产（万元）	7703	13458	11177	8417	7123
资产负债率（%）	77.43	66.90	79.00	67.79	66.04

续表

地市级局（公司）名称		克拉玛依市烟草专卖局（公司）	塔城地区烟草专卖局（公司）	阿勒泰地区烟草专卖局（公司）	吐鲁番地区烟草专卖局（公司）	哈密地区烟草专卖局（公司）
从业人员（人）		100	237	135	130	130
所属业务机构	营销机构	1 个营销中心	1 个营销中心	1 个营销中心	1 个营销中心	1 个营销中心
	物流配送机构	1 个物流配送中心	1 个物流配送中心	1 个物流配送中心	1 个物流配送中心	1 个物流配送中心
	专卖稽查机构	—	1 个稽查支队	1 个稽查支队	1 个稽查支队	1 个稽查支队、1 个稽查大队、1 个专卖管理所
	烟叶机构	—	—	—	—	—
实现税利	万元	7226	18416	7897	7194	11301
	2015 年比 2014 年（%）	50.98	46.61	55.33	40.40	39.74
实现利润	万元	220	1192	2	-227	781
	2015 年比 2014 年（%）	-76.96	-66.21	-99.74	—	-64.16
销售卷烟	亿支	10.05	28.35	14.35	13.54	16.33
	2015 年比 2014 年（%）	-3.40	-8.28	-5.72	-7.01	-4.11
卷烟销售收入（万元）		52918	128588	60542	56406	81295
查处涉烟违法案件（起）		74	540	181	38	43
查处涉烟违法案件案值（万元）		17	80	13	15	16
2015 年度烟草行业投入烟叶生产基础设施建设资金（万元）		—	—	—	—	—
全年烟叶生产基础设施新增受益面积（万亩）		—	—	—	—	—
烟叶种植（万亩）		—	—	—	—	—
烟叶收购（万担）		—	—	—	—	—
烟农户数（户）		—	—	—	—	—
实现烟农总收入（万元）		—	—	—	—	—
零售客户数（户）		1994	6798	3323	2956	2980
零售客户销售毛利率（%）		14.01	13.81	14.04	14.16	13.92

续表

<table>
<tr><th colspan="2">地市级局（公司）名称</th><th>巴音郭楞蒙古自治州烟草专卖局（公司）</th><th>阿克苏地区烟草专卖局（公司）</th><th>喀什地区烟草专卖局（公司）</th><th>和田地区烟草专卖局（公司）</th></tr>
<tr><td colspan="2">主要负责人/法人代表（含党政领导）</td><td>瞿小玲（—2015.5）
白玉龙（2015.5—）</td><td>金新民</td><td>郑学义</td><td>包　利</td></tr>
<tr><td colspan="2">所属县级单位</td><td>库尔勒市、铁门关市、焉耆回族自治县、博湖县、和静县、和硕县、轮台县、尉犁县、若羌县、且末县等10个县级烟草专卖局</td><td>库车县、沙雅县、新和县、拜城县、阿瓦提县、温宿县、乌什县、柯坪县、阿克苏市、阿拉尔市等10个县级烟草专卖局</td><td>叶城县、泽普县、莎车县、英吉沙县、伽师县、岳普湖县、麦盖提县、疏勒县、喀什市、疏附县、巴楚县、图木舒克市、阿克陶县、乌恰县、阿图什市等15个县级烟草专卖局</td><td>皮山县、墨玉县、和田市、洛浦县、策勒县、于田县、民丰县[5]等7个县级烟草专卖局</td></tr>
<tr><td colspan="2">总资产（万元）</td><td>16835</td><td>13602</td><td>20328</td><td>7675</td></tr>
<tr><td colspan="2">资产负债率（%）</td><td>37.32</td><td>54.43</td><td>76.20</td><td>97.26</td></tr>
<tr><td colspan="2">从业人员（人）</td><td>251</td><td>250</td><td>236</td><td>125</td></tr>
<tr><td rowspan="4">所属业务机构</td><td>营销机构</td><td>1个营销中心</td><td>1个营销中心</td><td>1个营销中心</td><td>1个营销管理中心</td></tr>
<tr><td>物流配送机构</td><td>1个物流配送中心</td><td>1个物流配送中心</td><td>1个物流配送中心、2个配送站</td><td>1个物流配送中心</td></tr>
<tr><td>专卖稽查机构</td><td>—</td><td>—</td><td>1个稽查支队</td><td>1个稽查支队</td></tr>
<tr><td>烟叶机构</td><td>—</td><td>—</td><td>—</td><td>—</td></tr>
<tr><td rowspan="2">实现税利</td><td>万元</td><td>22308</td><td>24708</td><td>24242</td><td>6265</td></tr>
<tr><td>2015年比2014年（%）</td><td>49.64</td><td>46.70</td><td>41.72</td><td>73.21</td></tr>
<tr><td rowspan="2">实现利润</td><td>万元</td><td>1814</td><td>2610</td><td>2110</td><td>-569</td></tr>
<tr><td>2015年比2014年（%）</td><td>-52.34</td><td>-49.84</td><td>-58.05</td><td>—</td></tr>
<tr><td rowspan="2">销售卷烟</td><td>亿支</td><td>33.46</td><td>37.34</td><td>38.75</td><td>12.37</td></tr>
<tr><td>2015年比2014年（%）</td><td>-3.44</td><td>-2.51</td><td>-2.12</td><td>0.98</td></tr>
<tr><td colspan="2">卷烟销售收入（万元）</td><td>158422</td><td>165165</td><td>168195</td><td>52035</td></tr>
<tr><td colspan="2">查处涉烟违法案件（起）</td><td>572</td><td>203</td><td>138</td><td>65</td></tr>
<tr><td colspan="2">查处涉烟违法案件案值（万元）</td><td>180</td><td>46</td><td>31</td><td>14</td></tr>
<tr><td colspan="2">2015年度烟草行业投入烟叶生产基础设施建设资金（万元）</td><td>—</td><td>—</td><td>—</td><td>—</td></tr>
</table>

续表

地市级局（公司）名称	巴音郭楞蒙古自治州烟草专卖局（公司）	阿克苏地区烟草专卖局（公司）	喀什地区烟草专卖局（公司）	和田地区烟草专卖局（公司）
全年烟叶生产基础设施新增受益面积（万亩）	—	—	—	—
烟叶种植（万亩）	—	—	—	—
烟叶收购（万担）	—	—	—	—
烟农户数（户）	—	—	—	—
实现烟农总收入（万元）	—	—	—	—
零售客户数（户）	7150	6494	5976	2407
零售客户销售毛利率（%）	13.93	13.90	15.50	13.50

注：1. 双河市烟草专卖局于2015年成立；
2. 霍尔果斯市、可克达拉市烟草专卖局于2015年成立；
3. 白碱滩区和乌尔禾区烟草专卖局为合署办公，但算2个县级局单位；
4. 2015年撤销原吐鲁番市烟草专卖局，成立高昌区烟草专卖局；
5. 民丰县烟草专卖局于2015年成立。

（撰稿：韩　敏；编辑：周　佳）

大连市烟草专卖局（公司）

【专卖管理】 卷烟打假。大连市烟草专卖局两级专卖管理部门突出“打源头、端窝点、断渠道、破网络”四项重点，发挥“区域联动、专销协作、联合执法”三个优势，主动争取与公安、海关等部门配合，深化“多点触控”打假打私监管机制运行成效。强化“互联网＋专卖”思维，紧盯利用互联网、自媒体违法销售卷烟新动态。2015年，查处各类涉烟违法案件226起，查获非法卷烟800余万支，涉案金额700余万元；破获案值万元以上案件63起，符合国家局标准的网络案件1起。公安、司法机关依法逮捕5人。

市场监管。推进大连市APCD工作法的落实，加快监管模式转型，聚焦重要时点、核心区位及关键流通环节，开展“猎鹰2015”等专项整治行动3次，停业整顿卷烟零售客户22家，取消经营资格7家，市场净化率98%。加大简政放权力度，开通网上行政审批服务平台，缩短许可办理时限，客户满意度逐步提高。截至2015年底，大连市有持证卷烟零售客户2.45万户，年内新增1658户，暂停1064户，注销1422户。

内部专卖管理监督。落实“守土有责、守土负责、守土尽责”的要求，加大对交通枢纽、货运仓储等重点部位监管力度，加强对收购套购、低价倾销卷烟等违规行为打击力度，加重对零售客户和内部人员教育警戒力度，市场净化水平显著提高。2015年开展内管专项集中检查2次。

法治烟草建设。深入推进法治烟草建设，形成百余册档案资料，“六五”普法工作圆满完成。先后开展全国法制宣传日、“学习宪法、尊法守法”主题宣传等活动，编发《法律知识读本》750册，在内部网站刊发《法律知识要点》43期。围绕行政审批事项改革、新修订后的《中华人民共和国广告法》宣传、反垄断和反不正当竞争等重点内容开展法律法规培训16场次。制定《合同管理办法》《规范性文件备案审查办法》《法律风险控制措施实施效果评估方案》等文件，强化法制监督审查，严控企业法律风险。优化卷烟真伪咨询鉴别服务，2015年接待消费者真假烟咨询341件，鉴别卷烟1200余条；举办真假烟识别培训22场次，参训人员380人次。

【经济效益】 2015年，大连市烟草商业系统实现税利22.53亿元，同比增长7.04%，其中利润11.18亿元（含主业及多元化经营），同比下降15.25%。卷烟单箱销售收入2.84万元，同比增长0.7%；单箱税利0.78万元，同比增长13.18%。三项费用率为1.54%。

【卷烟经营】 卷烟销售。2015年，大连市烟草商业系统销售卷烟（含国外卷烟）144.85亿支（28.97万箱），同比下降5.28%，其中，销售一类烟25.05亿支（5.01万箱），同比下降18.3%；二类烟22.06亿支（4.41万箱），同比增长12.1%；三类烟74.37亿支（14.87万箱），同比下降2.94%；四类烟16.9亿支（3.38万箱），同比下降6.68%；五类烟6.47亿支（1.29万箱），同比下降17.69%。本地区销量居前三位的品牌是“红塔山”“长白山”“南京”，销量分别为21.26亿支（4.25万箱）、17.14亿支（3.43万箱）、10.92亿支（2.18万箱）。

2015年，实现卷烟销售收入82.35亿元，同比下降4.62%。实现卷烟税利22.56亿元，同比增长7.22%，其中利润11.28亿元，同比下降14.93%。

品牌培育。大连市公司坚持“稳销量、提结构、保价格、育品牌、去库存、降成本、增税利、促改革”多措并举，建立以品类管理为核心的品牌管理架构体系，把握品牌生命周期及价位段特征，加快品牌“新陈代谢”，重新解释上柜率、尝试率、再购率等评价指标，优化“主导—护卫—潜力”品牌布局。2015年，销售全国重点品牌卷烟124.12亿支（24.82万箱），占大连市卷烟销量的85.69%。

依托改革创新卷烟营销方式。在推进市场化取向改革过程中，市公司注重“工商零”三向发力，拓宽三方互联互助绿色服务通道，一方面，丰富卷烟营销路径，探索搭建微信矩阵开展宣传，拓展“邻里店”营销平台功能，初步尝试面向消费者的微营销，2015年累计组织各类营销活动260余次；另一方面，深化工商协同微信互联互通，实现工商数据及时获取、实时共享、同步反馈。2015年，省级卷烟营销平台上线运行，客户统一分档、货源自动分配同步实现。

探索“互联网+”创新应用。利用移动互联技术，以微信公众平台为载体，面向“工商零”及企业员工，建设集微信订货、微信营销、互助服务、工商协同于一体的微信应用新体系。以行业电子地图为基础，融合地理空间数据和经营管理数据，完成地理信息系统建设，实现对客户经理、市场监管员、送货员服务线路及车辆运行轨迹的一体化呈现和可视化分析。

【特事要辑】 6月5日，国家局副局长赵洪顺到大连市局（公司）调研指导专卖内管、规范管理及法治烟草建设等工作。

7月21日，国家局副局长徐瑾到大连市局（公司）调研卷烟销售、营销服务和卷烟营销市场化取向改革工作。

11月3日，国家局局长凌成兴到大连市局（公司）调研指导工作。凌成兴认为，多年来大连烟草管理基础扎实，各届领导履职尽责，在新一届班子努力下，实现了卷烟销量企稳回升、单箱结构企稳回升、税利增幅企稳回升。同时，他强调，要深入贯彻落实十八届五中全会精神，深刻领会“四个全面”“五大发展理念”精髓，扎根卷烟自费群体，实现卷烟营销重振雄风、专卖管理重振雄风、税利增长重振雄风，进一步提质增效，保持良好发展。其间，凌成兴同辽宁省委常委、大连市委书记唐军，大连市市长肖盛峰进行会谈。

（撰稿：贾效伟；编辑：周　佳）

深圳市烟草专卖局（公司）

【专卖管理】 卷烟打假打私。深圳市烟草专卖局积极推动“政府领导、部门联合、多方参与、密切协作”的综合打假打私体系建设，加强与相关职能部门、周边城市烟草部门的联系协作，始终坚持“端窝点、断源头、打网络、抓主犯”的工作方针，既做到露头就打，防止扩散，又坚持适当布控，与违法团伙拼智力、比耐力，将端窝点与打网络紧密结合。2015 年，查处涉假、涉私案件 795 起，其中案值在 5 万元以上 85 起，案值 25 万元以上 50 起，案值 100 万元以上 21 起。查获假烟 2512 万支，走私烟 4605 万支，其中境外销售倒流卷烟 1330 万支。查获制假烟丝 1.53 吨、水松纸 7.07 吨、卷烟纸 0.4 吨、滤棒 2815 箱，收缴制假烟机 5 台。公安、司法机关依法刑拘 86 人，逮捕 43 人，判刑 36 人。

市场监管。贯彻“打防结合，标本兼治、综合治理”工作要求，多措并举开展日常市场检查，加强重点区域监管。推行 APCD 工作法，总结推广福田区局卷烟打假打私治非“首善之区”建设经验；推行烟草零售客户分类监管，加强重点区域检查，清理市场监管死角。2015 年全市市场净化率为 96.49%。

内部监管。开展非渠道卷烟流通治理工作，完成与国家局内管系统的对接工作并每日准确上传预警数据，优化完善市局内管系统四大项 35 个功能项目。2015 年，处理内管预警任务 3.57 万笔（不含非监管任务），建立无效预警筛选机制并下发筛选参考意见。制定《专销分离区域内部监管工作规范（试行）》，形成内部监管合力。

证件管理。按照“法定责任必须为，法无授权不可为”原则，在深圳市范围内开展烟草专卖零售许可改革试点工作。2015 年，办理生产经营类许可证 18 份、零售许可证 1.68 万份（包括延续），审批签发各类烟草专卖品准运证 6662 份。

【经济效益】 2015 年，深圳市烟草商业系统实现税利 52.46 亿元，同比增长 23.06%，其中利润 26.36 亿元，同比下降 0.04%。卷烟单箱销售收入 3.01 万元，实现单箱税利 9444 元。公司三项费用率为 2.25%，同比减少 0.42 个百分点。

【卷烟经营】 卷烟销售。2015 年，深圳市烟草商业系统销售卷烟 277.74 亿支（55.54 万箱），同比增长 1.62%，其中，一类烟 86.78 亿支（17.36 万箱），同比增长 16.69%；二类烟 46.92 亿支（9.38 万箱），同比增长 18.9%；三类烟 116.38 亿支（23.28 万箱），同比下降 3.54%；四类烟 20.88 亿支（4.18 万箱），同比下降 33.14%；五类烟 6.73 亿支（1.35 万箱），同比下降 11.06%。

卷烟实现销售收入 167.41 亿元①，同比增长 12.21%。实现税利 52.48 亿元，同比增长 22.98%，其中利润 26.38 亿，同比下降 0.12%。

品牌培育。深圳市公司依托“135”工作法平台实现实时监控和跟进“三级”品牌培育体系，有效地建立起各单位“自主培育、自主监督、自主考核”的培育体系。出台《2015 年度品牌培育指导意见》《重点品牌实施方案》，有计划、按步骤地开展品牌培育工作。截至 2015 年底，深圳市纳入“三级”品牌培育的品牌规格 124 个，其中一级规格 16 个，二级规格 35 个，三级规格 73 个；零售指导价 300 元/条以上培育规格 11 个，100～300 元/条培育规格 110 个。深圳市重点培育品牌总数占在销品牌的 55%，占低焦油品牌的 15%，全市品牌培育覆盖 90% 的工业企业。

现代零售终端建设。推进卷烟营销市场化取向改革，在货源组织、监督调控卷烟市场状态、省级卷烟营销平台建设等方面取得突破。建立以“深圳特专”为引领的现代卷烟零售终端建设模式，完成建设并进行“深圳特专”授权的现代卷烟零售终端 4002 户，其中有 11 家按照“深圳特专”VI 标准实施整店改造。

现代卷烟物流建设。持续开展白班分拣劳动竞赛，竞赛进入常态化，分拣效率保持在月 9800 条/小时的高位水平。开展非标条烟半自动分拣线建设，非标烟分拣效率可达 3000 条/小时以上。采用虚拟化技术对基础平台进行改造，完成第一个虚拟化集群的搭建，实现分拣管理系统服务器以及分拣调度数据库服务器向虚拟机迁移。推进卷烟包装箱循环利用工作，2015 年累计返还深圳、广东、湖南等 6 家工业公司卷烟包装箱 101 万个，超额完成全年任务总量的 35.8%。开展烟草物流师（三至五级）培训鉴定，

① 2015 年财务口径调整，同比数据采用调整后口径。

截至年底，通过烟草物流师三级鉴定 10 人，四级 8 人，五级 10 人。

2015 年，物流中心完成卷烟入库 55.84 万箱，完成卷烟出库 55.55 万箱。卷烟入库准确率、扫码率均为 100%，卷烟破损率小于 0.01‰，卷烟分拣差错率为零，订单差错率小于 0.1‰。

【特事要辑】 1 月 26 日，国家局副局长赵洪顺到深圳调研指导工作。赵洪顺提出四点希望和要求：一是继续做好创建打假打私和打击非法经营卷烟“首善之区”工作。二是努力争当市场化程度高、卷烟规范经营的排头兵。三是积极打造精益管理、科学创新的领头雁。四是努力构建依法治烟、底蕴丰厚的有着先进文化的优秀企业，加强法律风险防控。

4 月 14 日，国家局副局长徐瑝到深圳烟草调研指导工作。徐瑝提出“三个进一步”的工作要求：一是进一步顶住经济下行的压力，二是进一步激发营销改革的活力，三是进一步保持平稳发展的定力。

6 月 13 日，国家局局长凌成兴到深圳烟草调研。调研期间，凌成兴走访深圳市部分卷烟零售客户，详细了解卷烟提税顺价、品牌发展、新型烟草制品销售等情况。他提出要“保持好势头，税利超百亿”，即保持改革创新、市场营销、专卖管理的好势头，实现深圳烟草工商税利总额超百亿目标。要做好新型烟草制品市场调研工作。要进一步争取市委、市政府的关心、重视和支持，瞄准深圳市税利总量增速、工业增加值增速、社会消费品零售总额增速 3 个指标，着力实现同步发展，展示中国烟草深化改革、创新发展的良好形象。

11 月 5 日，国家局副局长赵洪顺到深圳烟草调研，其间，赵洪顺走访部分卷烟零售客户，实地考察福田区局行政服务厅，详细了解专卖管理、“六五”普法、卷烟销售、规范经营、零售许可试点、市场化取向改革和打假打私治非“首善之区”建设等工作情况。

2015 年深圳市烟草专卖局（公司）所属企业主要情况统计

地市级局（公司）名称		福田区烟草专卖局（公司）	罗湖区烟草专卖局（公司）	南山区烟草专卖局（公司）	盐田区烟草专卖局（公司）	宝安区烟草专卖局（公司）	龙岗区烟草专卖局（公司）
主要负责人/法人代表（含党政领导）		林永金(—2015.11) 柯文强(2015.12—)	纪振辉	李志威(—2015.1) 童　彬(2015.1—)	张　玲	罗求安	邹山鹰(—2015.1) 赖远彪(2015.1—)
所属县级单位		—	—	—	—	—	—
总资产（万元）		27432	28839	23525	21553	41534	38281
资产负债率（%）		9.69	10.99	8.07	9.50	9.72	10.88
从业人员（人）		91	100	97	60	148	135
所属业务机构	营销机构	1 个营销中心	1 个营销中心	1 个营销中心	1 个营销中心	1 个营销中心	1 个营销中心
	物流配送机构	—	—	—	—	—	—
	专卖稽查机构	1 个稽查队	1 个稽查队	1 个稽查队	1 个稽查队	1 个稽查队	1 个稽查队
	烟叶机构	—	—	—	—	—	—

续表

地市级局（公司）名称		福田区烟草专卖局（公司）	罗湖区烟草专卖局（公司）	南山区烟草专卖局（公司）	盐田区烟草专卖局（公司）	宝安区烟草专卖局（公司）	龙岗区烟草专卖局（公司）
实现税利	万元	31104	30454	24450	21858	48963	45924
	2015 年比 2014 年（%）	36.69	42.10	37.86	37.82	39.81	42.91
实现利润	万元	6339	6598	3950	4083	10133	9428
	2015 年比 2014 年（%）	−29.64	−20.36	−36.86	−31.46	−26.55	−24.16
销售卷烟	亿支	29.75	28.94	25.31	22.46	49.19	47.00
	2015 年比 2014 年（%）	0.24	2.94	0.60	0.85	0.20	2.28
卷烟销售收入（万元）		187600	212400	154771	158063	291706	275401
查处涉烟违法案件（起）		57	69	51	34	236	135
查处涉烟违法案件案值（万元）		373	2424	361	53	1475	938
2015 年度烟草行业投入烟叶生产基础设施建设资金（万元）		—	—	—	—	—	—
全年烟叶生产基础设施新增受益面积（万亩）		—	—	—	—	—	—
烟叶种植（万亩）		—	—	—	—	—	—
烟叶收购（万担）		—	—	—	—	—	—
烟农户数（户）		—	—	—	—	—	—
实现烟农总收入（万元）		—	—	—	—	—	—
零售客户数（户）		2936	2649	3715	3156	8998	9479
零售客户销售毛利率（%）		13.42	13.72	8.00	10.00	12.94	12.15

地市级局（公司）名称	光明新区烟草专卖局（公司）	坪山新区烟草专卖局（公司）	龙华新区烟草专卖局（公司）	大鹏新区烟草专卖局（公司）	深圳中深烟草贸易中心
主要负责人/法人代表（含党政领导）	尤树深（—2015.1） 杨正中（2015.1—）	赖远彪（—2015.1） 周建辉（2015.1—）	黄喜杨（2015.1—） 赖远程（—2015.1）	童　杉（—2015.1） 李　昶（2015.1—）	胡武雄
所属县级单位	—	—	—	—	—

续表

地市级局（公司）名称		光明新区烟草专卖局（公司）	坪山新区烟草专卖局（公司）	龙华新区烟草专卖局（公司）	大鹏新区烟草专卖局（公司）	深圳中深烟草贸易中心
总资产（万元）		5545	4710	8131	2258	17006
资产负债率（%）		24.98	22.83	33.71	41.33	0.97
从业人员（人）		63	54	106	51	24
所属业务机构	营销机构	1个营销中心	1个营销中心	1个营销中心	1个营销中心	—
	物流配送机构	—	—	—	—	—
	专卖稽查机构	1个稽查队	1个稽查队	1个稽查队	1个稽查队	—
	烟叶机构	—	—	—	—	—
实现税利	万元	14286	13607	30400	10918	737
	2015年比2014年（%）	39.83	45.87	52.92	45.87	-37.27
实现利润	万元	1652	1936	5273	846	110
	2015年比2014年（%）	-48.33	-33.24	-25.99	-62.10	-74.24
销售卷烟	亿支	16.49	14.82	30.92	12.50	0.36
	2015年比2014年（%）	1.55	1.02	5.71	0.80	-26.53
卷烟销售收入（万元）		95142	88570	188200	72400	3689
查处涉烟违法案件（起）		69	40	136	16	—
查处涉烟违法案件案值（万元）		904	90	225	464	—
2015年度烟草行业投入烟叶生产基础设施建设资金（万元）		—	—	—	—	—
全年烟叶生产基础设施新增受益面积（万亩）		—	—	—	—	—
烟叶种植（万亩）		—	—	—	—	—
烟叶收购（万担）		—	—	—	—	—
烟农户数（户）		—	—	—	—	—
实现烟农总收入（万元）		—	—	—	—	—
零售客户数（户）		2400	2506	4333	1873	—
零售客户销售毛利率（%）		15.90	12.82	12.25	16.00	—

（撰稿：陈　兰；编辑：周　佳）

2015年8月18日，河北白沙烟草有限责任公司保定卷烟厂举行“钻石（细支荷花）”上市发布会

河北白沙 张昊 摄

2015年3月26日，上海烟草集团北京卷烟厂实现“牡丹（软）”落地生产

上海烟草集团北京卷烟厂 供稿

2015年10月6日，第17届中国国际西湖情大红鹰玫瑰婚典在浙江杭州举行

浙江中烟 王雷 摄

2015年2月6日，河南省产卷烟产品结构优化升级暨“黄金叶”新产品发布会在郑州举行

河南中烟 瞿卫华 摄

2015年11月25日，中式雪茄烟品牌推介会暨终端营销现场会专题论坛在四川成都举办

四川省局 供稿

2015年10月9日，贵州中烟新品上市推介会在甘肃兰州召开

贵州中烟 供稿

2015年9月12日，海南红塔卷烟有限责任公司召开"宝岛（一品沉香）"品鉴座谈会

海红公司 章晓宏 摄

2015年6月18日，河北白沙烟草有限责任公司开展以“精益在我心中 质量在我手中”为主题的签名活动

河北白沙 王蕾 摄

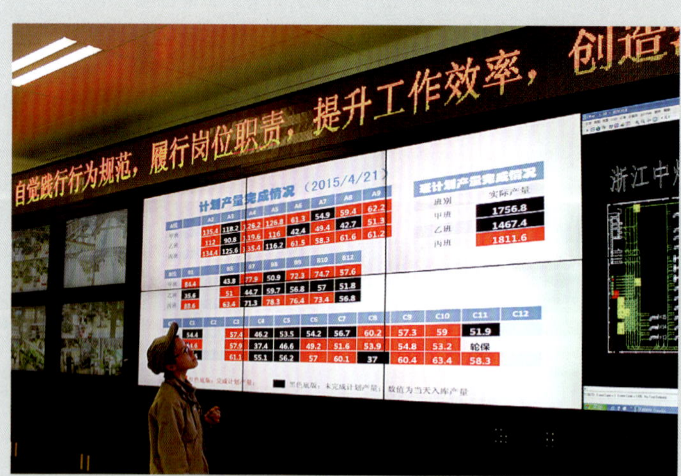

浙江中烟杭州卷烟厂卷包车间打造看板管理新模式

浙江中烟杭州卷烟厂 刘锦 摄

2015年10月9日，浙江中烟宁波卷烟厂技术员在精心调试设备

浙江中烟 王煜 摄

安徽中烟推进现代化大物流建设，库房陈列井然有序

安徽中烟 供稿

2015年9月9日，河南中烟黄金叶生产制造中心举行"质量月"质量承诺签字仪式

河南中烟黄金叶生产制造中心 供稿

2015年12月31日，湖南中烟召开ERP系统上线启动会

湖南中烟 周腾浪 摄

2015年9月9日，广西中烟第三届“真龙杯”烟机维修技能竞赛在柳州卷烟厂举行

广西中烟柳州卷烟厂 邓立聪 摄

2015年9月，贵州中烟第二批次技能鉴定在毕节卷烟厂举行

贵州中烟 供稿

2015年1月22日，云南中烟召开云南合和（集团）股份有限公司成立大会

云南中烟 供稿

红塔集团玉溪卷烟厂消防安防联动指挥中心

《中国烟草》杂志社 邢忠敏 摄

2015年12月11日，烟草行业新型烟草制品装备工程研究中心成立大会在山东中烟举行

山东中烟颐中集团 毕晓东 摄

2015年12月28日，上海烟草浦东科技创新园区联合实验生产工房实现结构封顶

上海烟草集团 倪洋 摄

2015年7月17日，国家局检查组对吉林延边州局（公司）利用烟蚜茧蜂防治蚜虫技术应用推广工作开展情况进行检查

吉林延边州局 王剑锋 摄

2015年12月16日，河南平顶山市局（公司）现代烟草农业科技园工作人员在进行土壤检测理化实验

河南平顶山市局 李炜 摄

2015年11月5日，“黄金叶”品牌福建烟叶研究室揭牌仪式在河南郑州举行

河南中烟 瞿卫华 摄

2015年6月26日，中国和印尼合资设立的科伦印象有限责任公司签约仪式在浙江杭州举行

浙江中烟 李媛 摄

2015年11月20日，浙江中烟与外方合作，联动调试设备

浙江中烟 王煜 摄

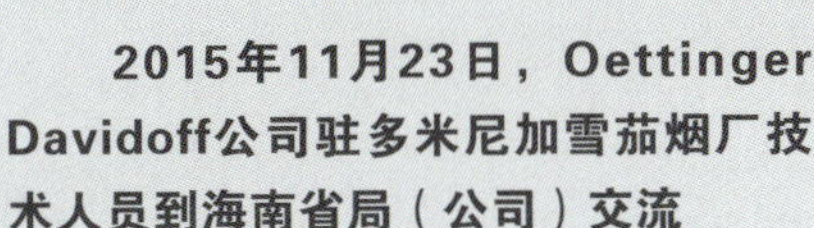

2015年11月23日，Oettinger Davidoff公司驻多米尼加雪茄烟厂技术人员到海南省局（公司）交流

海南省局 孙云 摄

2015年4月22日，云南中烟技术中心与迪拜瑞世达贸易有限责任公司签署合作共建框架协议

云南中烟 供稿

2015年7月7日，云南烟草国际有限公司和环球免税店（DFS集团）签署全球战略框架协议

云南中烟 供稿

2015年10月28日，菲利普·莫里斯（中国）企业管理有限公司代表参观红云红河集团昆明卷烟厂

红云红河集团 黄倩 摄

2015年4月27日，日本烟草代表团访问大连市局（公司）

大连市局 张晓琳 摄

2015年4月21日，浙江中烟宁波卷烟厂易地技改卷包设备安装启动

浙江中烟 王煜 摄

2015年6月17日，广西中烟南宁卷烟厂“十二五”技术改造项目卷包设备搬迁启动

广西中烟南宁卷烟厂 黄雪梅 摄

2015年9月3日，贵州烟叶复烤有限责任公司遵义复烤厂技术改造项目正在进行设备拆除工作

贵州省局 供稿

2015年9月3日，山西昆明烟草有限责任公司“十二五”易地技术改造项目奠基

山昆公司 段攀科 摄

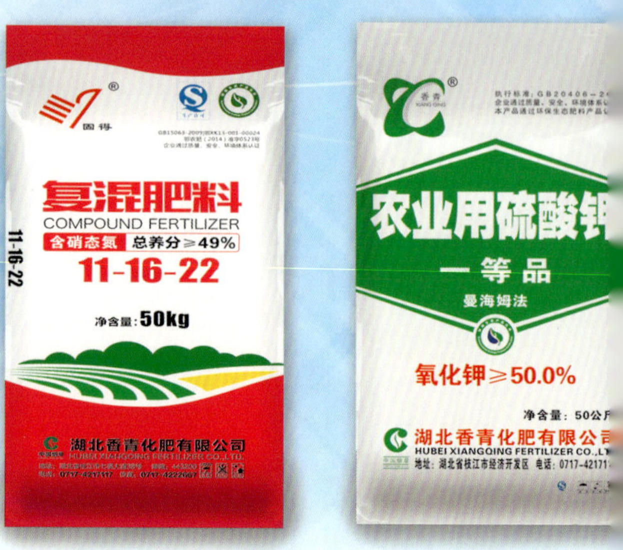

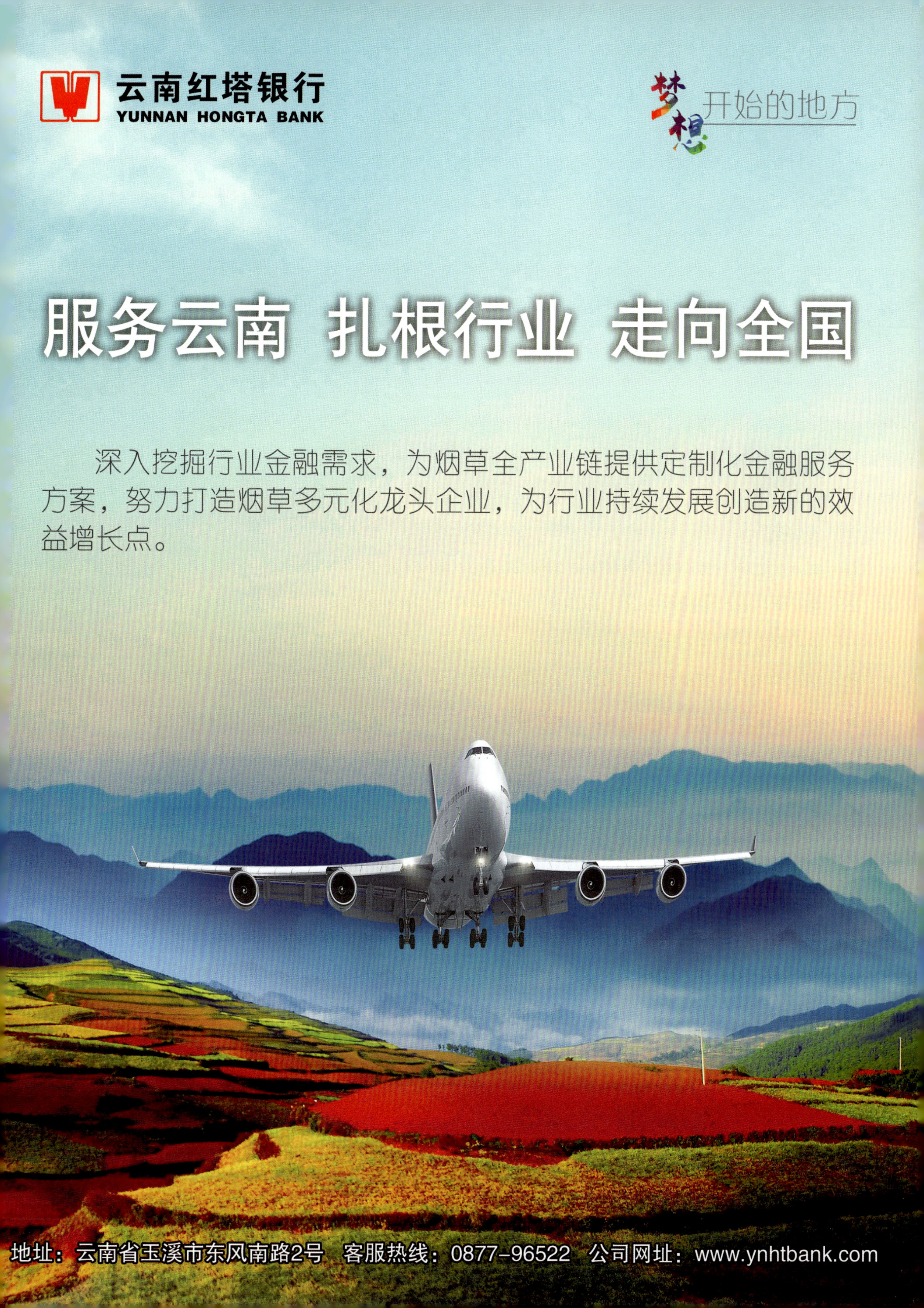
云南红塔银行
YUNNAN HONGTA BANK
梦想开始的地方
服务云南 扎根行业 走向全国
深入挖掘行业金融需求，为烟草全产业链提供定制化金融服务方案，努力打造烟草多元化龙头企业，为行业持续发展创造新的效益增长点。
地址：云南省玉溪市东风南路2号 客服热线：0877-96522 公司网址：www.ynhtbank.com

南通烟滤嘴有限责任公司
NANTONG CIGARETTE FILTER ROD CO.,LTD.

产品介绍
Introduction of products

特种滤棒介绍
Introduction of special filter rod

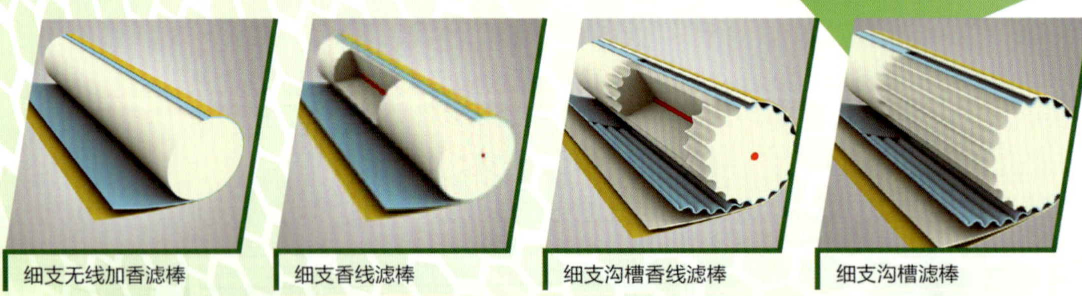
细支无线加香滤棒　细支香线滤棒　细支沟槽香线滤棒　细支沟槽滤棒

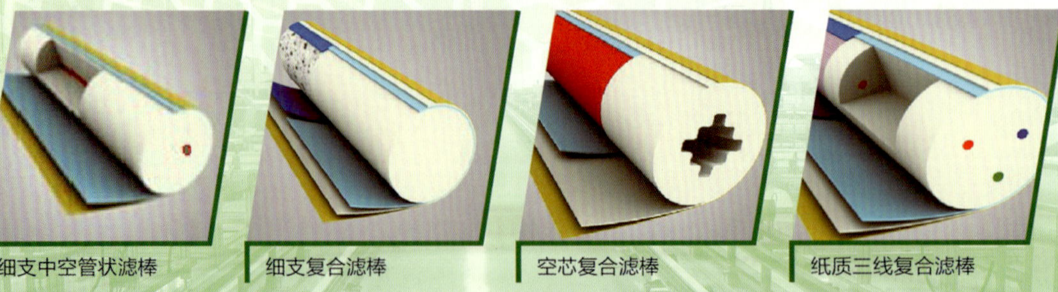
细支中空管状滤棒　细支复合滤棒　空芯复合滤棒　纸质三线复合滤棒

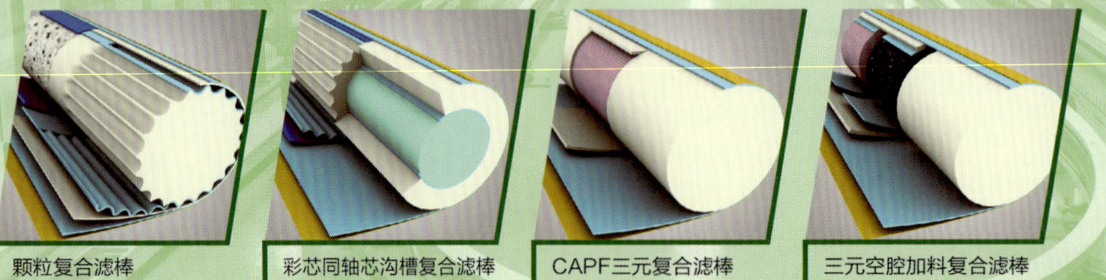
颗粒复合滤棒　彩芯同轴芯沟槽复合滤棒　CAPF三元复合滤棒　三元空腔加料复合滤棒

滤棒新品介绍

Introduction of new products

细支系列滤棒

- 细支滤棒具有纤巧玲珑的外观，直径覆盖 4.8~5.4mm，长度、圆周、压降、透气度可灵活选择，可扩展品牌种类，提升品牌价值。
- 香线、胶囊、复合等加香细支滤棒补偿细支卷烟烟气损失，多种口味选择及组合形式，满足卷烟企业及消费者对细支卷烟个性化的需求，提升消费体验，增强防伪功能。细支空芯爆珠复合滤棒，具有视觉、触觉、听觉、嗅觉和味觉多维度的体验，丰富了细支卷烟产品的抽吸乐趣。
- 原辅材料使用少，低焦油、低危害，适合健康环保的低危害卷烟。

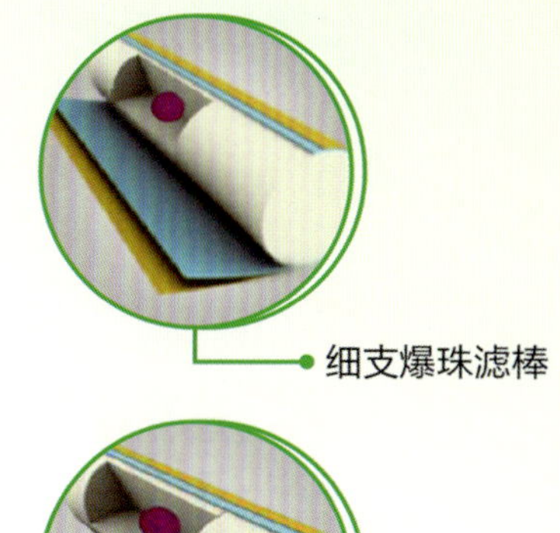

细支爆珠滤棒

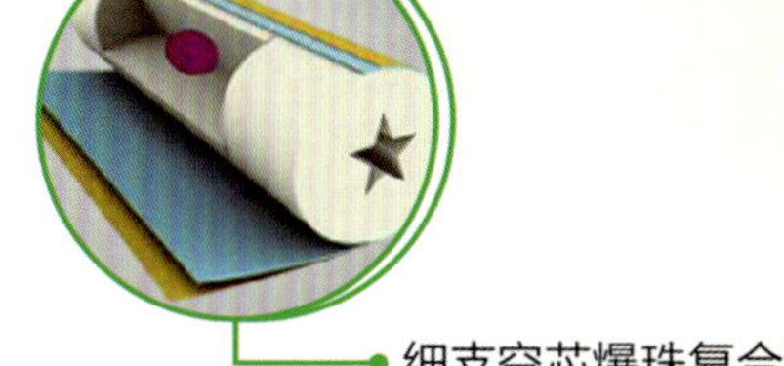

细支空芯爆珠复合滤棒

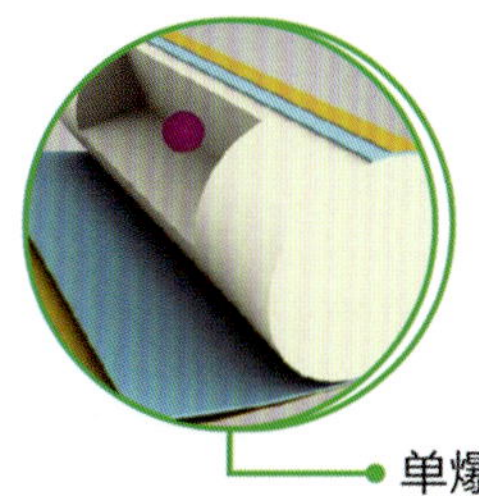

单爆珠滤棒

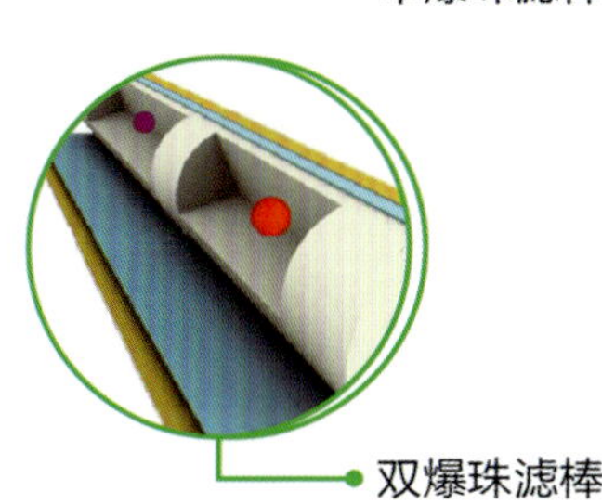

双爆珠滤棒

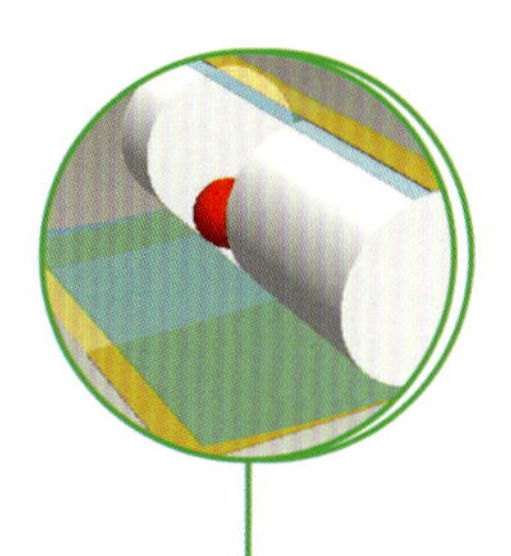

三元空腔爆珠复合滤棒

爆珠系列滤棒

- 爆珠系列滤棒为卷烟提供风格化的香味，具有优越的固香、增香作用，可赋予卷烟更鲜明的风格特征和更易识别的外观特征。
- 通过捏破爆珠使卷烟具有独特的个性与玩味，增加卷烟产品与消费者在触觉、听觉方面进行互动体验的新渠道，提高消费者对卷烟品牌的认知度。
- 爆珠系列滤棒的爆珠尺寸、爆珠风格、嵌入滤棒位置皆可根据客户卷烟开发需求自主选择，主要包括单爆珠滤棒、双爆珠滤棒、三元空腔爆珠复合滤棒等。

异型空芯系列滤棒

- 由外观独特的空芯滤棒与多系列醋纤滤棒组合而成。空芯端面 LOGO 可定制化，突显了卷烟品牌标识图形，传递了卷烟企业的品牌文化。
- 利用空芯段长度调整设计可实现滤棒压降设计的技术手段，可提升卷烟抽吸轻松感和满足感。
- 异型空芯系列滤棒包括两元异型空芯复合滤棒、三元空芯复合滤棒等。公司具有国际领先的三元一次复合成型技术，可取代常规的三元两次复合成型技术，有效提高异型空芯复合滤棒的产品质量。

二元空芯复合滤棒

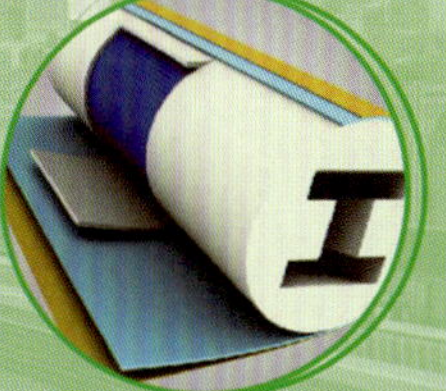

三元空芯复合滤棒

地址：江苏省南通市胜利路 6 号　邮编：226014　电话：0513 8551 6813　传真：0513 8551 1096

http://www.filterrod.com

XINHAI新海
新海之火 新海之
第五代打火机
“核芯”技术——“恒流阀”
恒定、恒久、恒安全
XINHAI新海
国家强制性标准GB25722-2010《打火机安全与质量标准》GB25723-2010《点火枪安全与质量标准》主要起草单位
荣获德国GS工厂认证、ISO9001:2008 质量认证、IQNET国际品质认证
宁波新海公司 | 地址：中国浙江宁波慈溪市崇寿镇永清南路8号 | www.xinhaigroup.com
电话：86-0574-63029888 | 传真：86-0574-63029855 | E-MAIL：sales@xinhaigroup.com

烟草工业

境内卷烟和雪茄烟生产[①]

河北中烟工业有限责任公司

【卷烟生产经营】 2015年，河北中烟工业有限责任公司生产卷烟（含合作生产）848.5亿支（169.7万箱），同比下降1.74%，其中，生产一类烟16.45亿支（3.29万箱），同比增长56.11%；二类烟33.7亿支（6.74万箱），同比下降7.69%；三类烟434.25亿支（86.85万箱），同比下降3.11%；四类烟324.4亿支（64.88万箱），同比增长1.9%；五类烟39.7亿支（7.94万箱），同比下降20.5%。合作生产卷烟399.8亿支（79.96万箱）。

实现卷烟销量849.65亿支（169.93万箱），同比下降1.37%，其中，一类烟15.35亿支（3.07万箱），同比增长59.71%；二类烟32.6亿支（6.52万箱），同比增长4.74%；三类烟438.4亿支（87.68万箱），同比下降1.76%；四类烟323.65亿支（64.73万箱），同比下降0.3%；五类烟39.65亿支（7.93万箱），同比下降20.38%。

实现卷烟销售收入（不含税）180.39亿元，同比增长0.22%。实现税利122.12亿元，同比下降4.28%，其中利润18.39亿元，同比下降21.74%。三项费用率为9.41%。

万元产值综合能耗为15.01千克标煤，万支卷烟综合能耗为3.2千克标煤。烟叶、滤棒、盘纸平均消耗分别为6.8千克/万支、2518支/万支、594米/万支。水、电平均消耗分别为0.09吨/万支、7.49千瓦时/万支。

【主要产品与品牌建设】 2015年，河北中烟生产的卷烟品牌有“钻石”“新石家庄”“北戴河”等3个，合作生产的品牌有“白沙”“七匹狼”“红塔山”“双喜”“利群”“雄狮”等6个。有品牌规格50个（含合作生产），其中“钻石”品牌有35个规格。

2015年，生产“钻石”409亿支（81.8万箱），实现销量415.9亿支（83.18万箱）。生产“新石家庄”34.8亿支（6.96万箱）、“北戴河”4.9亿支（0.98万箱）。合作生产湖南中烟“白沙”289.75亿支（57.95万箱），实现销量290.3亿支（58.06万箱），其中，自销83.95亿支（16.79万箱），湖南中烟回购206.35亿支（41.27万箱）。合作生产福建中烟“七匹狼”7.55亿支（1.51万箱），云南中烟“红塔山”50亿支（10万箱），广东中烟“双喜”17.5亿支（3.5万箱），浙江中烟“利群”23.7亿支（4.74万箱）、“雄狮”11.25亿支（2.25万箱）。“七匹狼”“红塔山”“利群”“雄狮”品牌全部由各中烟公司回购。

2015年，新推出的“钻石（经典醇和）”等受到消费者认可。在产品配方、包装设计上积极尝试、大胆创新，对“钻石”品牌重点规格、重点价位产品实施全面提质维护。在“荷花”生产过程中采用一系列最新工艺技术成果，进一步提升“荷花”品质。以新品上市为契机，深入挖掘品牌文化，加大品牌建设力度，加强市场营销工作，搭建起钻石传媒电视台、公司微信平台、公众APP等一系列消费者活动平台，将宣传的触角直接伸向目标客户。同时，全面整合营销资源，对营销机构进行调整。

【“钻石（荷花）”卷烟】 2015年，河北中烟以“钻石（荷花）”为重点，按照独立运作的思路，全面提升产品质量，树立品牌形象，组织市场营销。在基础支撑层面，建立“荷花”专属质量保障体系，优化“荷花”配方工艺，应用自主核心技术，借助对外合作，全面提升“荷花”产品质量。在品牌发展层面，着力提升“荷花”的文化价值，赋予新内涵、注入新元素，宣传“荷花”的品牌形象和人文精神。在市场营销层面，充分尊重市场规律，稳扎稳打，积极探索溢价营销新模式。成立“钻石（荷花）”培育小组，编制《“钻石（荷花）”品牌培育操作手册》，努力实现品牌培育的专业化、精细化。2015年，“钻石（荷花）”卷烟销售10.05亿支（2.01万箱），保持良好的市场状态。

① 《境内卷烟和雪茄烟生产》分目中，“××中烟工业有限责任公司”简称“公司”或“××中烟”；各单位所附表格，只列所属卷烟厂、雪茄烟厂生产情况。

【技术创新】　在产品研发方面，河北中烟开发“钻石”品牌的“经典”系列、“尚风”细支系列和“北国风光”系列等新品，储备“天工方”等一系列新规格。同时，在新品开发时注重新材料、新工艺、新技术的研究与应用。与行业外公司合作，采用生物新技术，配合香料的应用，对白肋烟进行工艺处理，有效减弱晾晒烟的特征风格。开发一种低吸阻细支滤棒。引进并应用1种补偿香气、增加甜感的重组纤维素纤维功能滤棒。开发一种新型包灰卷烟纸，改善包灰性，提升吸味品质并降低成本。利用美拉德反应原理，自主开发具有增香减刺功能的烟用香料。合作开发改进薄荷卷烟纸和薄荷滤棒。此外，通过开展细支卷烟在线激光打孔试验，摸索出打孔数量、脉冲时间与强度、孔径大小同烟气指标的对应规律，建立数学模型，储备了吸阻、通风率、焦油释放控制技术。

【信息化建设】　7月1日，河北中烟建成新的岗位智能化办公平台，平台涵盖企业门户、流程审批平台、门户集成平台等业务，包含各类流程114个，与国家局公文传输系统紧密集成。同时，实现移动办公，形成“智能化办公环境、数字化服务型企业”的雏形和基础。同日，公司内网全新上线，对主体风格、版面等细节重新设计，建立二级栏目13个。通过端口整合，实现与NC、资金监管等4个主要业务系统的单点登录。10月8日，建成经济运行调控与分析系统，对行业下行数据和公司现有数据资源进行了挖掘、整合及综合使用，实现数据的共享与快捷查询。11月30日，公司外网上线，以产品介绍、企业文化、相关活动为主要内容。2015年底，会议管理模块上线，公司全面实现办文、办会无纸化。

【钻石传媒】　9月21日，钻石传媒在河北中烟上线试运行。作为全国烟草行业首家垂直细分自媒体营销服务平台，钻石传媒依托数字技术、网络技术、移动技术，通过互联网、无线通信网、有线网络等渠道利用电脑、手机、数字电视机等终端，向用户提供服务、信息和娱乐的传播形态和媒体形态，形成“三屏”（手机屏、电脑屏、电视屏）合一的智能数字平台，创建市场信息资源无障碍覆盖的营销服务模式。

【特事要辑】　3月4—5日，国家局副局长徐瑄在河北烟草调研。徐瑄要求河北烟草工业企业在经济新常态下保持定力，聚焦品牌研发、合作生产、营销创新精准发力、加快市场化取向改革激发活力。

7月16—17日，国家局局长凌成兴在河北烟草调研。凌成兴强调，河北烟草工商双方要按照“五努力、一确保”的总体要求，深化改革创红利，并肩发展上台阶。一要巩固改革成果，河北中烟要顺应和跟进河北省局（公司）市场化取向改革路径。二要提升单箱结构，河北中烟要以“钻石（荷花）”为重点，提高“钻石”品牌的竞争力，保证质量、保证品味，巩固回头客、稳定溢价差、扩大占有率；要努力缩小省产卷烟比重的差距、自有品牌结构的差距、销售单箱水平的差距。三要坚定税利目标，河北烟草工商要并肩发展，为明年努力实现工商税利总额突破300亿元打牢坚实基础。

12月6日，以“关爱农村空巢老人、关注中国养老事业”为主线的河北省钻石公益基金会正式成立，河北中烟向基金会现场捐款500万元。

所属企业

张家口卷烟厂有限责任公司

【卷烟生产经营】　2015年，张家口卷烟厂有限责任公司（简称张家口卷烟厂）生产卷烟455.5亿支（91.1万箱），同比增长0.11%，其中，生产一类烟1.7亿支（0.34万箱）、二类烟26.03亿支（5.2万箱）、三类烟179.03亿支（35.81万箱）、四类烟224.24亿支（44.85万箱）、五类烟24.5亿支（4.9万箱）。2015年合作生产卷烟92.54亿支（18.51万箱）。

实现卷烟销量458.46亿支（91.69万箱），同比增长0.96%，其中一类烟1.78亿支（0.36万箱）、二类烟24.8亿支（4.96万箱）、三类烟183.67亿支（36.73万箱）、四类烟223.74亿支（44.75万箱）、五类烟24.47亿支（4.89万箱）。

实现卷烟销售收入79.02亿元（不含税），同比下降0.68%。实现税利47.41亿元，同比下降6.90%，其中利润1.42亿元，同比下降53.67%。

万元产值综合能耗17.14千克标煤，万支卷烟综合能耗3.1千克标煤。烟叶、滤棒、盘纸平均消耗分别为6.81千克/万支、2519支/万支、594米/万支。水、电平均消耗分别为0.08吨/万支、7.27千瓦时/万支。

【主要产品】 2015年，在产卷烟品牌有“钻石”“北戴河”“七匹狼”“利群”“红塔山”“雄狮”“新石家庄”等7个，其中，“钻石”“北戴河”“新石家庄”为自有品牌，其余为合作生产品牌。

【技术创新】 张家口卷烟厂深入推进精益管理，2015年开展精益六西格玛课题17项、质量管理课题47项、创新课题142项。培养六西格玛黑带讲师10人，采纳和合理化建议300条，实现经济效益1500余万元。张家口卷烟厂各类课题紧紧围绕公司发展现状，从节能降耗、提质增效等方面入手，有效利用数理统计工具，确保公司各项管理持续改进、不断创新。2015年，张家口卷烟厂获得中国质量协会质量技术奖六西格玛优秀课题2项，全国烟草行业第二十六届优秀质量管理小组成果二等奖1项，河北省优秀科技质量成果奖7项，全国优秀质量管理小组称号1个。

【特事要辑】 3月18日，国家局总会计师张玉霞到张家口卷烟厂考察调研。张玉霞对下一步工作提出三点要求，一是改革创新要以提高市场竞争力、做实企业为前提；二是精益管理要以提高降本增效率、做强企业为根本；三是规范经营要以提高企业生命力、做好企业为目的。

河北白沙烟草有限责任公司

【卷烟生产经营】 2015年，河北白沙烟草有限责任公司（简称河北白沙）生产卷烟393亿支（78.6万箱），同比下降3.79%，其中，生产一类烟14.76亿支（2.95万箱）、二类烟7.66亿支（1.53万箱）、三类烟255.21亿支（51.04万箱）、四类烟100.16亿支（20.03万箱）、五类烟15.21亿支（3.04万箱）。

实现卷烟销量391.65亿支（78.33万箱），同比下降3.86%，其中一类烟13.85亿支（2.77万箱）、二类烟7.88亿支（1.58万箱）、三类烟254.81亿支（50.96万箱）、四类烟99.91亿支（19.98万箱）、五类烟15.2亿支（3.04万箱）。

实现卷烟销售收入91.92亿元（不含税），同比增长1.39%。实现税利64.38亿元，同比下降0.93%，其中利润9.68亿元，同比下降16.30%。

万元产值综合能耗13.21千克标煤，万支卷烟综合能耗3.29千克标煤。烟叶、滤棒、盘纸平均消耗分别为6.69千克/万支、2514支/万支、593米/万支。水、电平均消耗分别为0.1吨/万支、7.72千瓦时/万支。

【主要产品】 2015年，河北白沙主要生产“钻石”“白沙”“双喜”“新石家庄”系列产品，其中，“白沙”“双喜”为合作生产品牌。2015年生产“钻石”70.54亿支（14.11万箱）、“白沙”289.75亿支（57.95万箱）、“双喜”17.5亿支（3.5万箱）、“新石家庄（软）”15.18亿支（3.04万箱）。实现销量分别为“钻石”67亿支（14万箱）、“白沙”288.96亿支（57.79万箱）、“双喜”17.5亿支（3.5万箱）、“新石家庄（软）”15.18亿支（3.04万箱）。

【技术创新】 推进“创新工作室”建设，从细节着手、在小处研发，集思广益开展“五小（小发明、小创造、小革新、小设计、小建设）”创新活动。2015年，完成创新项目44个，获得实用新型专利授权7项，软件注册权4项。9月，河北白沙制丝车间甲班、卷接包车间乙班和动力车间甲班获得河北省质量协会授予的“质量信得过班组”称号，这是河北白沙开展班组建设工作以来首次获此殊荣；12月，河北白沙制丝车间甲班获得中国质量协会、国家质量监督检验检疫总局等联合授予的“2015年全国质量信得过班组”称号。

【特事要辑】 6—12月，河北中烟深入开展“三严三实”专题教育，组织党课，开展研讨，召开民主生活会，并将“三严三实”专题教育与工作结合，开展“统一思想、坚定信心、凝神聚力、共促发展”专题教育。

2015 年河北中烟工业有限责任公司所属企业/生产厂情况统计

		张家口卷烟厂有限责任公司	河北白沙烟草有限责任公司	所属卷烟厂 保定卷烟厂
法人资格		独立法人	独立法人	非独立法人
主要负责人/法人代表（含党政领导）		董事长：段铁力 总经理、党委副书记：胡自强 党委书记：李奎英	董事长：段铁力（—2015.6）、杨　军（2015.6—） 总经理、党委副书记：杜为红(—2015.9)、丁付起（2015.9—） 党委书记：丁付起（—2015.9）、王玉立（2015.9—）	厂长、党委副书记：马立志 党委书记：杜为红（—2015.9）、张永开（2015.9—）
成立时间		1939 年	1948 年	1902 年
从业人员（人）		2444	2512	991
卷烟生产能力（亿支）		500	602	292
卷烟品牌	自有品牌	钻石、北戴河、新石家庄	钻石、新石家庄	钻石、新石家庄
	合作生产品牌	七匹狼、利群、红塔山、雄狮	白沙、双喜	白沙、双喜
卷烟总产量（亿支）		455.50	393.00	140.00
雪茄烟品牌		—	—	—
雪茄烟总产量（万支）		—	—	—

（撰稿：张　彬；编辑：周　佳）

上海烟草集团有限责任公司

【卷烟生产经营】 2015 年，上海烟草集团有限责任公司（简称集团公司）生产卷烟（不含出口、不含来牌加工）1331.93 亿支（266.39 万箱），其中，生产一类烟 817.38 亿支（163.48 万箱）、二类烟 32.91 亿支（6.58 万箱）、三类烟 378.98 亿支（75.80 万箱）、四类烟 6.50 亿支（1.30 万箱）、五类烟 96.17 亿支（19.23 万箱）。生产出口卷烟 69.62 亿支（13.92 万箱）。来牌加工“七星”卷烟品牌 1.41 亿支（0.28 万箱）。

实现卷烟工业销量（不含出口和回购卷烟）1317.92 亿支（263.59 万箱），其中，销售一类烟 794.75 亿支（158.95 万箱）、二类烟 34.30 亿支（6.86 万箱）、三类烟 387.56 亿支（77.51 万箱）、四类烟 6.54 亿支（1.31 万箱）、五类烟 94.77 亿支（18.95 万箱）。

实现卷烟商业销量 1474.03 亿支（294.81 万箱），同比增长 0.56%，其中，销售一类烟 790.41 亿支（158.08 万箱）、二类烟 34.03 亿支（6.81 万箱）、三类烟 543.58 亿支（108.72 万箱）、四类烟 6.47 亿支（1.29 万箱）、五类烟 99.53 亿支（19.91 万箱）。

【主要产品与品牌建设】 坚持“发展、改革、规范”工作主线，把保持品牌良好市场状态放在更加突出位置，突出“稳字当头、规范为先”总体要求，切实加强技术和市场“两个维护”，全员开展“我为品牌发展做什么”主题实践活动，着力打造“中华”品牌“百万千亿”升级版，进一步增强“中华”品牌科技力、营销力、文化力。不断完善精准营销体系，覆盖地市、深入区县，积极实施“一地一策”，针对不同区域、不同客户、不同时间节点采取差异化投放策略。加快构建驱动营销体系和标准，加大新品推广力度，进一步加强品牌培育、完善品类结构、优化市场布局。

2015 年，“中华”品牌保持产销总量、商业销售收入、税利总额“三个持续增长”，生产卷烟 832.08 亿支

（166.42 万箱），同比增长 12.6%；工业销售 808.68 亿支（161.74 万箱），同比增长 10.8%；实现商业销售收入 1673.6 亿元，同比增长 10.2%；实现税利 1453.56 亿元，同比增长 11.39%；品牌价值、产品品质、品牌形象持续提升。

加强“中南海”“红双喜”市场分析，把握消费趋势，丰富主体规格，品牌规模基本稳定。“中南海”品牌生产卷烟 158.65 亿支（31.73 万箱），同比下降 5.9%；工业销售 159.95 亿支（31.99 万箱），同比下降 3.2%。“红双喜”品牌生产（不含合作生产）248.95 亿支（49.79 万箱），同比下降 24.9%；工业销售 431.45 亿支（86.29 万箱），同比下降 5.3%。“熊猫”品牌保持市场地位和价值，生产 4.7 亿支（0.94 万箱），同比增长 16.3%；工业销售 4.35 亿支（0.87 万箱），同比增长 5%。

加强产品创新和新品开发，稳步推进“中华（大中华）”“中华（全开式）”升级改造，有序开展罐装“熊猫”“中华”研发工作，“牡丹（软蓝）”成功上市，“凤凰（细支）”“恒大（记忆 1949）”等一批新品具备上市条件。切实加强“熊猫（硬经典）”“中南海（硬 1 毫克）”“恒大（烟魁）”系列市场培育，着力激活市场消费，满足个性化、多元化需求，高端品牌集群初步成型。

品牌合作生产总量 195 亿支（39 万箱）。与安徽中烟合作生产卷烟品牌“红双喜”80 亿支（16 万箱）、“大前门”15 亿支（3 万箱）。与山东中烟合作生产卷烟品牌“红双喜”50 亿支（10 万箱）。与河南中烟合作生产卷烟品牌“红双喜”50 亿支（10 万箱）。

【原辅材料保障】 以“打造国内最具竞争力的原辅材料采购供应链”为目标，持续推进原料“一生管理”，深度介入以皖南科技示范园为重点的烟叶基地单元建设。探索烟用辅料国产化替代工作，扎实开展“质量圈”活动。组建行业卷烟包装印刷标准研究室，加强卷烟质量安全风险防范与技术研究。深化生产和质检系统过程控制，不断提高市场检测能级。集团公司 2015 年采购“中华”烟叶原料 7.93 万吨（158.67 万担），为品牌持续健康发展奠定重要基础。

【技术创新】 上海烟草集团有限责任公司技术中心概况。上海烟草集团有限责任公司技术中心本部设立产品研究室、原料研究室、工艺材料研究室、烟草化学研究室、理化实验室、标准化室、综合管理部等 7 个科室；另设北京、天津 2 个工作站及烟草薄片研究室、滤棒技术研究室、包装设计印刷研究室和烟叶储存养护研究室等 4 个专业研究室，形成“七科两站四室”的技术中心机构设置。员工 180 人，其中硕士研究生以上学历 100 人，中级以上职称 112 人。

2015 年，技术中心承接历年接转项目 78 项，新立项目 42 项，年度科技项目数 120 项；主持 3 个国家局重点项目以及 7 个重大专项子项目的研究工作。2015 年，申请专利 17 项，其中发明专利 15 项；获得专利授权 15 项，其中发明专利 14 项；技术秘密 8 项。发表文章 32 篇，其中影响因子 3.0 以上国际期刊 3 篇，国内核心期刊 23 篇，会议交流论文 3 篇。集团公司技术研发中心主持的“卷烟滤嘴吸附材料评价体系构建与应用”项目获得中国烟草总公司 2015 年度科学技术进步奖二等奖。

创新成果。持续推进技术创新，产品研发维护工作成果丰硕。以“十二五”重大技术专项为龙头，在数字化配方技术、减害降焦、增香保润、原料保障等关键领域取得技术突破，一批具有自主知识产权、市场前景巨大的研究成果在产品研发与维护工作中应用。“中华（硬）”国产薄片替代维护通过集团公司验证评审，“中华（软）”“中华（硬）”天然色素薄片全替代研究顺利进行。加快推进产品研发储备，研发新产品 17 个，其中“恒大（烟魁 1919）”“牡丹（软蓝）”等上市销售，“凤凰（细支）”“牡丹（天香）”“牡丹（魏紫）”“红双喜（上海提升版）”等完成产品开发设计。“中华（大中华）”升级改造、罐装“熊猫”“中华”“大前门”“中华（中细支）”“中华（短支）”等产品研发工作有序开展。加强产品质量监督和标准化工作，抓好卷烟减害降焦和烟盒警语改版，完成 35% 警句面积改版设计预案。卷烟焦油量加权平均值为 10.79 毫克/支，实测烟气一氧化碳加权平均值为 11.65 毫克/支。

【对外交流与合作】 中国烟草上海进出口有限责任公司（简称上海进出口公司）为上海烟草集团有限责任公司的全资子公司，注册资本 4028 万元。截至 2015 年底，上海进出口公司的实收资本 5846 万元。

2015 年，上海进出口公司进出口贸易总额 3.14 亿美元，出口实现 2.59 亿美元，实现利润 3.09 亿元。卷烟境外销售 89.78 亿支，其中一般贸易出口 68.06 亿支，实现收入2.46亿美元；境外落地生产销售21.72亿支。卷烟、设备、辅料等进口到货总额0.55亿美元，烟草机械、烟用物资国营贸易总额0.8亿美元，烟草机械、烟用物资、烟草废料等出口实现0.13亿美元。

加强战略规划，围绕国家“一带一路”战略和“中华”品牌国际化战略，形成《上海烟草集团国际市场“十三五”规划》（初稿）。完善计划管理，从按季度签订销售目标转变为实行销售意向目标管理，把需求细化到渠道，进一步优化产品结构和投放总量。严格规范管理，严格执行出口卷烟计划、价格、佣金管理规定以及《卷烟经销商规范经营及处置管理办法》，规范实行海外经销商《引入管理办法》《拓展市场准入管理办法》集体论证机制，优化决策流程，降低经营风险，确保产品落地销售。加强渠道拓展，按照《海外市场信息管理办法》，坚持开展月报表管理，逐步建立标杆有税市场季度分析报告机制，初步形成海外市场信息库雏形。大力拓展空白市场，开拓印尼、朝鲜、尼日利亚、墨西哥等15个有税市场，有税市场销量比重40%，同比提高3个百分点。创新市场拓展模式，实现柬埔寨、中国澳门特区“总经销模式”。加快基地建设，启动菲律宾PDMC“金鹿”产品境外授权生产项目，积极探索“标准输出、过程监控、品质保证”境外落地生产模式，实现柬埔寨、尼日利亚、肯尼亚市场“金鹿”产品在菲律宾落地生产。

2015年，“中华”品牌实现境外销售33.21亿支（6.64万箱），同比增长30.78％；“熊猫”品牌实现境外销售3.04亿支（0.61万箱），同比增长19.1%；“红双喜”品牌实现境外销售17.19亿支（3.44万箱），同比下降20.17%；“中南海”品牌实现境外销售12.5亿支（2.5万箱），同比下降5.66%；“金鹿”品牌实现境外销售23.81亿支（4.76万箱），同比下降17.23%。截至2015年底，“中华”“中南海”“红双喜”“熊猫”“金鹿”等5个品牌覆盖全球69个国家和地区的44个有税市场和62个免税市场。

所属企业

上海烟草集团有限责任公司上海卷烟厂

【卷烟生产】 2015年，上海烟草集团有限责任公司上海卷烟厂主要生产的卷烟品牌有“熊猫”“中华”“红双喜”“牡丹”“大前门”“孟菲斯”。生产卷烟936.32亿支（187.26万箱），同比增长7.92%，其中，一类烟825.11亿支（165.02万箱）、二类烟5.73亿支（1.15万箱）、三类烟15.64亿支（3.13万箱）、五类烟89.84亿支（17.97万箱）。生产“熊猫”4.71亿支（0.94万箱）、“中华”816.12亿支（163.22万箱）、“红双喜”19.42亿支（3.88万箱）、“牡丹”6.08亿支（1.22万箱）、“大前门”89.84亿支（17.97万箱），“孟菲斯”0.16亿支（0.03万箱）。

万元产值综合能耗2.79千克标煤，万支卷烟综合能耗2.98千克标煤。烟叶、滤棒、盘纸平均消耗分别为6.76千克/万支、2517支/万支、599米/万支。水、电平均消耗分别为0.10吨/万支、11.51千瓦时/万支。

【技术改造】 完成上海卷烟厂733号生产区1号制丝线项目现场施工，整线投入使用。2015年5月，15号烟丝在1号制丝线顺利投产。开展硬盒“中华”制丝试验工作，完成20批烟丝调试生产，并建立日反馈、周分析调试机制。实施花烟设备布局调整，引进ITM全开式设备，助推高端卷烟发展。

【精益管理】 实施24个精益管理创新项目、17个重点质量改进项目。运行QC课题145个，参加课题1158人次。

【质量管理】 建立质量数据分析运用、生产工艺设备协调2个质量改进机制，提升Q3目标保障力。深化SPCD、六西格玛、防差错、烟虫防控核心流程图精益质量工具运用，凸显过程稳态控制力。

上海烟草集团北京卷烟厂

【卷烟生产】 2015年，上海烟草集团北京卷烟厂主要生产的卷烟品牌有“中南海”“牡丹”“红双喜”。生产卷烟183.85亿支（36.77万箱），其中，一类烟14.56亿支（2.91万箱）、二类烟22.72亿支（4.54万箱）、三类烟126.51亿支（25.31万箱）、四类烟6.46亿支（1.29万箱）、五类烟1.0亿支（0.2万箱）。生产内销“中南海”146.10亿支（29.22万箱），生产出口“中南海”12.6亿支（2.52万箱），生产“牡丹”16.40亿支（3.28万箱），生产“红双喜”8.75亿支（1.75万箱）。

实现卷烟销售收入50.16亿元。实现税利35.75亿元，同比增长1.92%，其中利润3.95亿元，出口实现1881万美元。

万元产值综合能耗12.54千克标煤，万支卷烟综合能耗3.35千克标煤。烟叶、滤棒、盘纸平均消耗分别为6.12千克/万支、2520支/万支、594米/万支。水、电平均消耗分别为0.095吨/万支、11.74千瓦时/万支。

【新产品开发】 完成“中南海（8mg）”升级改造项目，完成“中南海（风轻云淡8mg）”“中南海（金色亚混3mg）”“中南海（金色亚混8mg）”“中南海（京韵系列混合型）”出口卷烟大样生产试制和产品最终分析评价工作。完成两款350元/条价位的烤烟型和三款“Z”系列“中南海”产品大样生产试制工作。完成“重要工艺参数优化的系统研究”项目，并通过集团公司验收。完成行业“选择性降低卷烟主流烟气中NNK释放量研究”重大专项和集团公司“低危害混合型卷烟的研究”重大专项7个项目，其中4个项目通过集团公司验收。申请7项发明专利，发表相关研究论文9篇（均为SCI或EI源）。

【技术改造】 完成工厂易地技改三期工程所有建筑物四方验收。完成招标44项，其中公开招标17项。完成土建工程和机电安装工程合同结算工作，其中三期工程签订合同及补充协议52份。

上海烟草集团有限责任公司天津卷烟厂

【卷烟生产】 2015年，上海烟草集团有限责任公司天津卷烟厂主要生产“恒大”“红双喜”“江山”“牡丹”等4个卷烟品牌12个规格产品。生产卷烟227.25亿支（45.45万箱），同比下降3.71%，其中，一类烟1.15亿支（0.23万箱）、二类烟2.65亿支（0.53万箱）、三类烟223.45亿支（44.69万箱）。生产“恒大”1.11亿支（0.22万箱），生产“红双喜”199.75亿支（39.95万箱），生产“江山”0.07亿支（0.014万箱），生产“牡丹”26.32亿支（5.26万箱）。

万元产值综合能耗14.78千克标煤，万支卷烟综合能耗3.39千克标煤。烟叶、滤棒、盘纸平均消耗分别为6.75千克/万支、2513支/万支、597米/万支。水、电平均消耗分别为0.06吨/万支、11.31千瓦时/万支。

【品牌建设】 “恒大”品牌继续保持健康稳定的发展态势，2015年产量同比增长83.33%，工业实现销量同比增长80.19%。其中，“恒大（烟魁1903）”全国布局稳步推进，实现在26省（自治区、直辖市）、64个地级市销售；“恒大（烟魁1919）”自8月10日起在天津销售，零售价格坚挺，实现在本土市场上市“开门红”；新产品“恒大（记忆1949）”具备上市技术条件，“恒大”品牌高端系列产品初步呈现集群优势。协办天津市首届“恒大”烟标收藏专题展。形成“恒大记忆”画册、“恒大记忆”主题电视片等品牌文化建设成果。

【精益管理】 2015年，工厂涵盖五类材料、七种测算模型、102项指标的降本增效测算模型被广泛应用到各类项目和课题中，促进四项降本增效项目，节约资金350万元。通过“找一找、算一算、比一比”的方式，发动职工开展“精益节约、降本增效”活动，有43项精益成果产生经济效益232万元。职工形成精益成果6403条，人均7.1条，参与率93.43%。取得QC成果137项。

【基层建设】 健全基层联系点联络制度，畅通管理层倾听职工意见、解决实际困难的渠道，实现“厂领导下班组”机制常态化运转。进一步丰富职工文体活动形式，激发员工队伍活力，推出覆盖全厂的“微信企业号”，拓展宣传教育新载体。推出覆盖各班组的大众排球联赛，组织参与率超过80%。

上海高扬国际烟草有限公司

【卷烟生产经营】① 上海高扬国际烟草有限公司（简称上海高扬公司）以生产集团公司卷烟产品“中华”“红双喜”“大前门”“金鹿”等为主，并与日本烟草产业株式会社合作，来料加工生产“七星（4mg）”“七星（8mg）”“七星（10mg）”卷烟。2015年，卷烟产量合计55.46亿支（11.09万箱），其中，生产委托加工卷烟14.25亿支（2.85万箱），生产自有卷烟品牌39.85亿支（7.97万箱），生产“七星”1.36亿支（0.27万箱）。2015年，实现销售收入20.89亿元，实现税利18.19亿元（包括代加工业务缴纳的税金），其

① 上海高扬国际烟草有限公司由上海烟草集团有限责任公司与香港南洋兄弟投资（中国）有限公司合资经营。

中利润3.25亿元。上海高扬公司位列2015年上海市工业税收排名第八位。

2015年，万元产值综合能耗7.25千克标煤，万支卷烟综合能耗2.90千克标煤。烟叶、滤棒、盘纸平均消耗分别为6.86千克/万支、2520支/万支、599米/万支。水、电平均消耗分别为0.11吨/万支、12.53千瓦时/万支。

【“中华”落地生产】 按照实施方案，上海高扬公司完成设备换型、配套改造、储喂丝方式、设备搬迁安装调试、材料供应、废料处理、产品验证等前期论证，于6月5日正式实施“中华”卷烟品牌生产。2015年生产“中华”卷烟品牌15.97亿支（3.19万箱）。

【技术改造】 启动卷包车间技改项目，制定卷包车间新的布局方案，引进M5－FX2机组和FOCKE350包装机，完成PROTOS1－8卷烟机烟支规格改造。对新增和改造的卷包设备进行调试和验收，对相应卷烟除尘系统、烟丝供应系统、动力能源配套系统进行升级改造。

【精益管理】 上海高扬公司根据“精益屋”“实践精益制造三年主推动计划”，持续推广精益工具，开展对标上海卷烟厂的“基础管理提升季”专项活动。全面推广卷包TPM示范线，分别建立动力和制丝示范线；完成一线主管TWI－JM和JI培训计划，实现一线主管技能训练培训覆盖率100%。2015年，收集合理化建议1427条，人均3.9条，采纳实施率76%。

上海烟草集团有限责任公司上海烟草储运公司

【生产经营】 2015年，上海烟草集团有限责任公司上海烟草储运公司完成卷烟吞吐2136.10亿支（427.22万箱），同比增长7.4%；烟叶吞吐28.42万吨，同比下降4.79%；辅料吞吐5.36万吨，同比增长6.99%；汽车运输688.78万吨千米，同比下降0.7%。2015年柴油油耗7.26升/百吨千米，综合能耗1392.21吨标煤。市内外卷烟配送订单执行率达到100%。

【物流运营】 储运公司着力强化监管、规范运营，不断加大卷烟委外运输管理力度，推行车辆户籍、安全准入、编队行驶、飞行检查等四项制度，有效提高卷烟市外运输安全性。公司着力精算成本、降本增效，全面开展卷烟运输吨千米管理工作，逐一梳理、复核全国所有配送点的“行驶线路”“公里数”，依据相关数据资料加强委外运输成本费用控制核算。

【安全管理】 储运公司以“三化”为抓手，实现安全无事故。在安全标准化方面，以《烟草企业安全生产标准化规范》为主线，以控制风险为目标，围绕安全防范重点，开展岗位达标工作，深入开展隐患排查治理，加强应急预案演练。在安全信息化方面，按照安全承诺书要求，通过信息化手段，持续规范日常安全管理和工作行为。在安全文化方面，结合“安全生产月”等活动，加强《中华人民共和国安全生产法》教育宣传贯彻，树立企业安全文化理念，丰富安全文化建设的载体和方法。

上海海烟物流发展有限公司

【生产经营】 2015年，上海海烟物流发展有限公司分拣配送卷烟412.10亿支（82.42万箱），同比下降1.41%。销售卷烟111.3亿支（22.26万箱），同比下降0.51%。实现主营业务收入74.94亿元，同比增长7.49%。实现税利10.84亿元，同比增长53.99%，其中利润总额2.17亿元，同比下降1.64%。三项费用率为1.94%。

【卷烟营销】 以“终端建设、品牌培育、创新营销”为重点，协同集团公司客户总部计划目标，完善主销卷烟牌号市场状态监测机制；发挥品牌培育主战场功能，加快品类管理研究步伐，以“主销、替代、潜力、鼓励”四规格为分类，优化品种数量、结构，提炼形成具有物流公司特色的“新品上市步骤与方法”；初步形成省外卷烟引入退出机制，促进重点品牌快速发展，为新品培育工作形成标准、树立标杆打下扎实基础。完成卷烟市场化取向改革营销模式升级，成功实现平稳过渡。

【企业管理】 按照“降本增效，稳中增收”的整体思路，聚焦开源节流，着力内部挖潜，从支出控制入手，降低直接成本；从资金增收和“向管理要效益”入手，实现管理增效。整体策划流程优化，形成物流外包管理手册；推进目标管理优化工作，重新策划目标考评架构，突出正向激励，注重过程透明，有效发挥考评工作正面推动工作改善的激励作用。

2015 年上海烟草集团有限责任公司所属企业/生产厂情况统计

		上海烟草集团有限责任公司上海卷烟厂	上海烟草集团北京卷烟厂	上海烟草集团有限责任公司天津卷烟厂	上海高扬国际烟草有限公司[1]	上海烟草集团有限责任公司上海烟草储运公司	上海海烟物流发展有限公司
法人资格		非独立法人	独立法人	非独立法人	独立法人	非独立法人	独立法人
主要负责人/法人代表（含党政领导）		厂长、党委委员：陆　捷 党委书记、常务副厂长：朱洪武（2015.2—，之前为党委书记、副厂长）	厂长、党委副书记：曲志刚 党委书记、副厂长：蔡继东	厂长、党委委员：李钢成 党委书记、副厂长：唐　涛	总经理：张　燕（2015.3—，之前任总经理、党总支书记） 党总支书记：周　栋（2015.3—9） 党委书记：周　栋（2015.9—）	总经理、党委委员：汤福刚（—2015.3）、刘正渝(2015.3—) 党委书记、副总经理：刘晓晴	总经理、党委委员：刘正渝(—2015.2)、汤　健（2015.2—，之前任党委书记、副总经理） 党委书记、副总经理：陈　君（2015.2—）
成立时间		1925 年	1970 年	1919 年	1992 年	1986 年	2002 年
从业人员（人）		1992	916	907	372	531	673
卷烟生产能力（亿支）		900	400	350	95	—	—
卷烟品牌	自有品牌	熊猫、中华、红双喜、牡丹、大前门、孟菲斯	中南海、牡丹、红双喜	恒大、红双喜、江山、牡丹	中华、红双喜、大前门、金鹿	—	—
	来料加工	—	—	—	七星	—	—
卷烟总产量（亿支）		936.32	183.85	227.25	55.46	—	—
雪茄烟品牌		—	—	—	—	—	—
雪茄烟总产量（万支）		—	—	—	—	—	—

注：1. 2015 年 9 月，上海高扬国际烟草有限公司党组织建制由党总支转为党委，选举产生新一届党委、纪委。公司党委下设 1 个党总支和 4 个直属党支部。

（撰稿：胡剑平；编辑：李　昂）

江苏中烟工业有限责任公司

【卷烟生产经营】 2015 年，江苏中烟工业有限责任公司生产卷烟（不含合作生产和出口）1043.5 亿支（208.7 万箱），其中，生产一类烟 462.52 亿支（92.5 万箱）、二类烟 213.06 亿支（42.61 万箱）、三类烟 302.42 亿支（60.48 万箱）、四类烟 56.95 亿支（11.4 万箱）、五类烟 8.55 亿支（1.71 万箱）。生产细支卷烟 167.1 亿支（33.42 万箱）。与国内卷烟生产企业合作生产卷烟 326 亿支（65.2 万箱），同比增长 53.22%，合作生产实现快速增长。生产出口卷烟 2.59 亿支（0.52 万箱）。

实现卷烟销量（不含合作生产和出口）1040.17 亿支（208.03 万箱），其中，一类烟 458.91 亿支（91.78 万箱）、二类烟 211.68 亿支（42.34 万箱）、三类烟 304.01 亿支（60.80 万箱）、四类烟 57.11 亿支（11.42 万箱）、五类烟 8.46 亿支（1.69 万箱）。细支卷烟实现销量 163.8 亿支（32.76 万箱）。合作生产实现卷烟销量 312.12 亿支（62.42 万箱）。出口实现卷烟销量 2.59 亿支（0.52 万箱）。

实现卷烟销售收入（不含合作生产）531.44 亿元，同比增长 6.03%。实现税利 483.42 亿元，同比增长 5.61%，其中利润 89.57 亿元，同比下降 1.36%。三项费用率为3.97%，同比增长0.76个百分点。

万元产值综合能耗为5.61千克标煤，万支卷烟综合能耗为2.69千克标煤。烟叶、滤棒、盘纸平均消耗分别为6.45千克/万支、1847支/万支、614米/万支。水、电平均消耗分别为0.08吨/万支、8.93千瓦时/万支。

【主要产品与品牌建设】 *主要产品*。2015年，江苏中烟主导品牌平稳发展，自产“苏烟”327.54亿支（65.51万箱），11个规格（含2个出口规格）；自产“南京”670.03亿支（134万箱），26个规格（含3个出口规格）。“苏烟”实现销量（不含出口）324.30亿支（64.86万箱），同比增长0.4%；“南京”实现销量（含合作生产，不含出口）980.04亿支（196.01万箱），同比增长17.3%。细支卷烟高速增长，实现销量163.8亿支（32.76万箱），同比增长130.6%。

合作生产情况。合作生产快速增长，2015年合作生产卷烟326亿支（65.2万箱），同比增加140.5亿支（28.1万箱），增长53.32%。其中，与山东中烟合作生产“南京（红）”62亿支（12.4万箱）、“南京（佳品）”3亿支（0.6万箱）；与广西中烟合作生产“南京（红）”12.5亿支（2.5万箱）、“南京（佳品）”5亿支（1万箱）、“南京（紫树）”17.5亿支（3.5万箱）；与吉林烟草工业有限责任公司合作生产“南京（红）”57.5亿支（11.5万箱）；与江西中烟合作生产“南京（红）”37.5亿支（7.5万箱）、“南京（紫树）”22.5亿支（4.5万箱）；与黑龙江烟草工业有限责任公司合作生产“南京（红）”81亿支（16.2万箱）、“南京（紫树）”27.5亿支（5.5万箱）。

品牌培育。江苏中烟围绕“中高档卷烟产品供应商”的定位，坚持“苏烟”“南京”双品牌战略，聚焦主流价位和主导规格，着力发展一、二类烟，突出发挥细支卷烟特色引领优势，优化产品结构、提升品牌价值。

加强品牌战略规划、管理，强化消费需求预测引领，从新品研发、市场布局、宣传推广等环节不断加深与商业公司的协同合作。2015年，在与商业公司的协同运作下，完成“南京（软九五）”的新品投放与初步拓展工作，共同确定品牌培育策略，并根据不同市场确立货源调控原则。丰富“苏烟”“南京”品牌文化内涵，提升“南京”经典人文品系的红学文化和“南京”九五品系的大格局文化，形成清晰的品系文化形象识别。

市场培育。围绕苏产一、二类卷烟区域发展状况和规划，划分A、B、C三类市场，对不同类别的市场采取差异化目标管理。推进细支卷烟市场布局，按照“扎点”“建线”“连片”的思路，依托基础牢固的支撑市场，由北向南推进，南北市场相互呼应，形成烟台、沈阳、南京等6个万箱地市级市场和山东、辽宁、黑龙江等6个省级优势市场。推进精益营销，以南京市场为试点，构建基于价值链的工商协同精益营销模式。

【原辅材料保障】 2015年，江苏中烟烟叶采购14.74万吨（294.8万担），其中国内烟叶13.61万吨（272.2万担），进口片烟成品1.13万吨（22.4万担）。工业调剂片烟成品0.295万吨（5.9万担）。截至2015年底，有库存烟叶19.6万吨（391.8万担）。持续深化烟叶基地建设、强化等级质量管理、推进烟叶集中加工，截至2015年底，累计建设国家局烟叶基地单元32个，其中特色优质烟叶基地单元13个。

提升精益采购水平，强化供应商考核，持续保持材料质量的稳定与提高。全面推进网上交易工作，提升烟用物资规范管理水平，及时完成到货确认和资金结算，实现阳光采购、公开透明。坚持“能招尽招，真招实招”的原则，扎实做好烟用材料和烟机零配件招标采购工作，公开招标比例94.7%。通过招标采购，2015年节约烟用物资采购费用1.1亿元。

【技术创新】 江苏中烟推动产品创新，加快新品研发工作，着力推进新型烟草制品专项研究。2015年完成“南京（大观园）”“南京（细支九五）”“南京（十二钗混合）”“罗曼蒂克”4种出口规格的新品研发上市，以及“南京（红）”“苏烟（红杉树C）”的升级改造工作。不断深化再造烟叶配方技术研究，完成“苏烟”“南京”专用薄片和外销薄片的研发。突出新技术、新工艺、新材料应用研究，先后应用“星形”“方形”异形滤棒，达到降焦与美化外观的双重效果；深化特色工艺和细支卷烟专有技术研究，重点开展细支卷烟切丝宽度、掺配物应用等方面研究。

坚持以“降焦减害、增香保润”行业重大专项为主线，推进科研项目研究，2015年技术研发中心承担和参与4项国家局重大专项，持续开展13项公司科技项目，新增授权专利30项，其中发明专利26项，在中文核心期刊发表论文2篇。2015年，江苏中烟卷烟焦油加权平均值为10.41毫克/支，卷烟产品危害性指数8.4，卷烟产品质量合格率和质量安全指标行业抽检合格率均达到100%。

【对外交流与合作】 2015年，江苏中烟出口卷烟2.59亿支（0.52万箱），同比增长77.7%，其中“苏烟”1.47亿支（0.29万箱）、“南京”0.62亿支（0.12万箱）、“红杉树”0.25亿支（0.05万箱）、“罗曼蒂克”0.25亿支（0.05万箱）。研发专供出口品牌“罗曼蒂克”，于2015年第四季度正式批量生产，并成功销售至中国台湾、所罗门和巴基斯坦等地。

“走出去”战略初见成效，7月，江苏中烟获得卷烟自营出口权，开辟北美、巴基斯坦、所罗门、中国台湾等市场，出口国家和地区由18个增至22个。积极探索境外合作生产，所罗门合作项目转让设备完成评估备案，项目用地具备建设条件。直属的南通烟滤嘴有限责任公司与马拉维、中国台湾、中国香港等国家（地区）建立业务联系，与中国台湾苗栗烟厂构建全面合作关系，高透醋纤滤棒、同轴芯滤棒、高透细支加线滤棒得到批量应用。2015年，出口销售滤棒2.94亿支，实现利润197万元。

【管理创新】 扎实推进精益管理工作，市场营销中心、南京卷烟厂分别获“行业精益营销标兵单位”和“行业精益生产标兵单位”称号。

【特事要辑】 5月14日，国家局副局长徐瓘到江苏烟草调研，要求江苏烟草工商企业积极应对提税顺价对卷烟市场的影响，确保货源均衡投放、顺价到位、销量稳定、运行平稳；全面落实卷烟营销市场化取向改革的部署，扎实做好改革各项工作；努力完成全年发展目标任务，为行业发展作出新贡献。

6月30日至7月1日，国家局局长凌成兴到江苏烟草调研。凌成兴要求江苏烟草要抓好头等大事，咬住“三个重点”，带头挺过阵痛期，带头打赢攻坚战。其间，江苏省委副书记、省长李学勇会见凌成兴，省委常委、省纪委书记弘强，副省长徐南平参加会见。

11月3日，国家局副局长赵洪顺到江苏烟草调研，要求江苏烟草着眼未来，加快谋划“十三五”发展规划；着眼大局，继续发挥好专卖专营主阵地和专卖队伍主力军作用；着眼全局，努力推进卷烟市场化取向改革；着眼基础，加强精益管理和规范管理；着眼根本，大力推进法治烟草建设和从严治党工作，勇于担当、克服困难，为行业发展多作贡献。

12月14—15日，国家局副局长段铁力到江苏烟草调研，要求江苏烟草以“三严三实”专题教育为契机，抓好班子、带好队伍，谋划好“十三五”规划；进一步扩展精益管理的广度和深度，降低成本，提升效益，真正走上创新驱动、内生增长的内涵式发展道路，为行业持续健康发展作贡献。

2015年江苏中烟工业有限责任公司所属生产厂情况统计

		江苏中烟工业有限责任公司南京卷烟厂	江苏中烟工业有限责任公司徐州卷烟厂	江苏中烟工业有限责任公司淮阴卷烟厂
法人资格		非独立法人	非独立法人	非独立法人
主要负责人（含党政领导）		党委书记：李　鸣 厂长、党委副书记：朱卫星	党委书记：强　青（—2015.3） 厂长、党委书记：边　姜（2015.3—，之前任党委副书记、厂长）	厂长、党委书记：关　军
成立时间		1948年	1939年	1945年
从业人员（人）		1289	1827	1397
卷烟生产能力（亿支）		400	500	400
卷烟品牌	自有品牌	苏烟、南京、一品梅	苏烟、南京、红杉树	苏烟、南京、华西村、红杉树、大丰收、罗曼蒂克
	合作生产品牌	—	—	—

续表

	江苏中烟工业有限责任公司南京卷烟厂	江苏中烟工业有限责任公司徐州卷烟厂	江苏中烟工业有限责任公司淮阴卷烟厂
卷烟总产量（亿支）	355.80	330.83	356.87
雪茄烟品牌	—	—	—
雪茄烟总产量（万支）	—	—	—

（撰稿：徐　璐；编辑：周　佳）

浙江中烟工业有限责任公司

【卷烟生产经营】　2015年，浙江中烟工业有限责任公司共生产卷烟（含合作生产，不含出口）1714.75亿支（342.95万箱），同比增长4.1%，其中，一类烟501.53亿支（100.31万箱），同比增长4.5%；二类烟918.41亿支（183.68万箱），同比增长9.4%；三类烟44.92亿支（8.98万箱），同比增长4.9%；四类烟163.78亿支（32.76万箱），同比下降15.9%；五类烟86.12亿支（17.22万箱），同比下降5.5%。

浙江中烟自产卷烟917.5亿支（183.5万箱），同比增长2.2%。与省外工业企业合作生产卷烟797.25亿支（159.45万箱），同比增长6.3%。生产出口卷烟30.83亿支（6.17万箱），同比下降8.1%。

实现卷烟销量（不含出口）1652.65亿支（330.53万箱），同比增长5.7%，其中，一类烟472.1亿支（94.42万箱），同比增长6.7%；二类烟882.25亿支（176.45万箱），同比增长12.4%；三类烟41.15亿支（8.23万箱），同比下降10.5%；四类烟170.45亿支（34.09万箱），同比下降16.1%；五类烟86.65亿支（17.33万箱），同比下降1.5%。

实现销售收入786.12亿元，同比增长9.89%。实现税利387亿元，同比增长8.32%，其中利润37.42亿元，同比增长1.85%。三项费用率为7.03%。

【主要产品与品牌建设】　主要产品。2015年，浙江中烟生产的主要卷烟品牌为“利群”“大红鹰”“雄狮”“摩登”，在产规格有65个，其中省内销售24个，省外销售41个。在国际市场销售的在产品牌有“摩登”“利群”。

“利群”系列有19个规格，其中烤烟型18个、外香型1个；一类烟14个、二类烟5个。2015年，生产“利群”（含出口）1431.46亿支（286.29万箱），同比增长7.7%，其中自产（含出口）801.24亿支（160.25万箱），同比增长10.3%。合作生产卷烟630.21亿支（126.04万箱），同比增长4.5%，其中，与贵州中烟合作生产137.05亿支（27.41万箱），与广西中烟合作生产130.7亿支（26.14万箱），与四川中烟合作生产112.85亿支（22.57万箱），与甘肃烟草工业合作生产86.75亿支（17.35万箱），与江西中烟合作生产62.6亿支（12.52万箱），与陕西中烟合作生产57.5亿支（11.5万箱），与河北中烟合作生产22.5亿支（4.5万箱），与河南中烟合作生产20亿支（4万箱）。实现工业销量1374.02亿支（274.8万箱），同比增长12.02%，其中省内实现销量406.65亿支（81.33万箱），同比增长3.39%；境外销量11.57亿支（2.31万箱），同比增长15.1%。

2015年，“利群”品牌继续保持稳健发展态势。实现境内商业批发销量1354.95亿支（270.99万箱），同比增长10.4%。“利群”在浙江省外市场销量比重达到70.23%，同比增加2.27个百分点。实现境外销量2.31万箱，同比增长15.1%，有税市场占比13%。品牌商业批发市值1098.15亿元，同比增长12.48%，单箱批发销售额4.05万元。品牌较好地适应提税顺价的影响，价格水平总体平稳，商业存销比和社会库存相对较低，市场状态稳定。

“大红鹰”系列有 1 个规格，即“大红鹰（软蓝）”，烤烟型、三类烟。2015 年，生产 44.92 亿支（8.98 万箱），同比增长 4.9%，其中自产 9.87 亿支（1.97 万箱），合作生产 35.05 亿支（7.01 万箱）。实现工业销量 41.47 亿支（8.29 万箱），同比下降 7.05%，其中浙江省内实现销量 41.47 亿支（8.29 万箱），同比下降 7.05%。

“雄狮”系列有 4 个规格，其中，烤烟型 3 个，外香型 1 个；三类烟 1 个，四类烟 1 个，五类烟 2 个。2015 年，生产 249.89 亿支（49.98 万箱），同比下降 12.6%，其中自产 118.02 亿支（23.6 万箱），同比下降 32%；合作生产 131.89 亿支（26.38 万箱），同比增长 17.6%。实现工业销量 259.16 亿支（51.83 万箱），同比下降 9.41%，其中省内销量 89.7 亿支（17.94 万箱），同比下降 25.52%。

品牌发展战略。2015 年，浙江中烟坚持产品结构“只往上走”的价值追求，坚持“走出去”的市场布局，坚持“跟进与服务”的营销策略，坚持以“一个灵魂三篇文章”为主导的品牌形象塑造，在品牌培育、营销中，牢牢把握“稳中求进、以进促稳”的主基调。2015 年浙产烟实现境内商业批发销量 1656.3 亿支（330.66 万箱），同比增长 5.67%；浙江省外市场销量 1119.5 亿支（223.83 万箱），同比增长 11.67%，省外市场销量比重达 67.69%，增加 3.63 个百分点；境外销量 90 万件，同比增长 12.39%。

建立市场状态周评价机制。浙江中烟以“价格”“社会存销比”和“要货积极性”这三大营销指数为核心，建立并不断完善价格采集体系，每周监控，作为销量服从价格货源跟进的基本依据；通过社会存销比，基于品牌每周社会库存与可销天数，协同商业企业评估品牌市场状态；解析要货积极性，以零售客户订足面和订足率为衡量指标，研判品牌的市场满足度和增长空间。通过三大指数形成全局视角，配合商业企业综合分析市场状态，及时调整品牌状态。

拓展品牌占有市场的宽度和深度。建立滚动预测、滚动生产、滚动供应、滚动维护、滚动服务的“五大滚动”运作机制，实现以市场为起点和终点，后一环节保障前一环节，环环相扣、一路跟进的供应链，从而形成营销跟着市场走，从“生产什么卖什么”转向“卖什么生产什么”。同时，做到采购跟着市场走，研发跟着市场走。2015 年，“利群”品牌浙江省外总量达到 20 万箱以上的省份有 2 个，是河南、山东，15 万～20 万箱和 10 万～15 万箱的省份均为 2 个，分别是江西、河北和安徽、江苏。

以信息化技术提升营销服务能力。构筑工商数据信息平台，推进工商信息对接。2015 年，实现浙江省内全面对接，在浙江省外，与 16 个省级单位的 158 个协议单位工商信息实现对接，其中北京、天津、河北等 15 个省级单位实现全面对接。截至 2015 年底，浙江中烟所有省外市场协议主体单位也均开始施行网上配货模式，并有 21 家单位完成商业公司营销系统的植入。

【原辅材料保障】 *原料采购*。2014 年度（2014 年 7 月 1 日至 2015 年 6 月 30 日）采购烟叶总量 18.20 万吨（363.91 万担）（按原烟口径，片烟按 65% 折回原烟），同比增长 6.89%，其中，国内烤烟 14.23 万吨（284.67 万担），进口片烟 1.19 万吨（23.76 万担）；工业调剂片烟 1.19 万吨（23.88 万担）；晾晒烟 0.31 万吨（6.1 万担），同比下降 6.15%。

采购“利群”可用等级烟叶 14.15 万吨（282.97 万担）；总体“利群”使用意向适配率为 78.06%，国内“利群”使用意向适配率为 76.87%。截至 2015 年 6 月底，“利群”烟叶库存 15.01 万吨（300.26 万担），同比增长 16.21%。“利群”动态保障月份为 19.51 个月，同比增加 0.56 个月。

辅料供应商管理。加强供应商的准入把关工作，对新增供方执行资质认证、样品评审、上机验证程序，评审合格后才予以自购。扩大供方管理范围，细化考核标准，对质量管控方案中的定人定机、生产过程控制、批次执行等措施执行情况逐项落实到位。

【技术创新】 *新品研发*。2015 年，浙江中烟完成设计开发卷烟新产品 37 个，设计更改卷烟产品 24 个规格，均为境外及境外工厂生产的新产品包装及烟支配套设计。

科研创新。2015 年，浙江中烟获得科技成果 55 个，其中“滤棒发送柔性连接实时监控系统关键技术的开发及应用”等 3 项通过国家局科技成果鉴定，“新型聚阳离子保水材料降低卷烟烟气多种有害成分技术研究”等 3 项通过国家局科技项目验收；“浙江特色植物增香持水提取物筛选制备及应用”项目获得浙江省科技进步奖，“‘利群’

品牌口碑驱动的策略与应用研究”等2项获得中国烟草总公司2015年度科学技术进步奖，“滤棒发送柔性连接实时监控系统关键技术的开发及应用”获得中国烟草总公司技术发明奖。2015年，推荐申报省部级（行业）各类科技计划项目5项，其中“加热不燃烧烟草制品的烟草基体开发与应用研究”等2个项目获中国烟草总公司重点计划立项。

知识产权工作。2015年，浙江中烟申请专利215项，其中发明专利118项，实用新型专利97项；获得授权专利147项，其中发明专利57项。截至2015年底，公司累计申请专利955项，其中发明专利421项；累计获得授权专利564项，其中发明专利142项。申请著作权47项，授权36项，累计获得著作权126项。主持参与行业标准8项，其中主持标准项目5项，申报2016年行业标准1项。

【对外交流与合作】 2015年，出口卷烟29.47亿支（5.89万箱），同比下降22.1%，其中，出口“摩登”17.9亿支（3.58万箱），同比下降35.6%；出口“利群”11.57亿支（2.31万箱），同比增长15.1%。委托加工卷烟62.91亿支（12.58万箱），同比增长27.6%，其中，浙江中烟与阿联酋瓦达尼亚公司合资建设的环球烟草公司生产56.81亿支（11.36万箱），巴拿马项目生产6.1亿支（1.22万箱）。“利群”“摩登”两大品牌在销规格57个，其中“利群”34个，“摩登”23个。

【特事要辑】 4月15日，国家局总会计师张玉霞到浙江中烟调研工业企业成本控制和预算定额体系建设情况，并参观杭州卷烟厂。

5月22—24日，国务院总理李克强应邀访问秘鲁期间，出席中资企业座谈会。浙江中烟进出口部南美营销团队区域经理应中国驻秘鲁大使馆邀请，作为中资企业代表之一受到李克强总理的接见。

6月29—30日，国家局局长凌成兴到浙江烟草调研。凌成兴充分肯定浙江烟草各项工作取得的成绩，指出：浙江烟草创造3个“全国第一”，一是卷烟单箱结构全国第一；二是“利群”品牌商业销量增量全国第一；三是浙江中烟合作生产增量全国第一。对浙江烟草下一步工作，凌成兴强调，一是要带头稳定卷烟销量，抓专卖、促改革、保销量、提结构；二是要带头增加工业产销，包括增加工业产量、销量和合作生产量，提升工业单箱均价；三是要带头探索“互联网+”，按照“坚持一个原则、探索三条途径”的要求，扎实推进与阿里巴巴、浙大网新的合作；四是要实现2个“超千亿”，即完成浙江烟草商业系统卷烟销售收入和“利群”品牌商业销售收入超千亿目标，为全行业“保七争十缴万亿”作出贡献，为浙江经济持续稳定作出贡献。

8月22日，国家局局长凌成兴到浙江中烟在建合资工厂，位于印度尼西亚泗水的科伦印象有限责任公司考察，对厂区进行实地查看，并对该项目给予高度评价。他希望浙江中烟特别是科伦印象公司，以国家实施“一带一路”重大战略为契机，按照中国烟草树立“三个雄心壮志”的要求，发挥两大突出优势，瞄准三步发展目标。

9月20日，国家局副局长杨培森一行到浙江中烟在境外的合资企业阿联酋环球烟草有限责任公司考察。

11月10日，国家局副局长段铁力到浙江中烟杭州卷烟厂调研，段铁力对杭州卷烟厂超前的工艺设计、高效的生产组织表示赞赏，并希望浙江中烟能为浙产烟的上水平继续努力，为行业品牌发展和国家税收作出更大贡献。

2015年浙江中烟工业有限责任公司所属生产厂情况统计

	浙江中烟工业有限责任公司杭州卷烟厂	浙江中烟工业有限责任公司宁波卷烟厂
法人资格	非独立法人	非独立法人
主要负责人（含党政领导）	厂长：倪雄军（—2015.12） 党委书记：张立新	厂长、党委书记：徐兆良（—2015.3） 厂长：虞文进（2015.7—，之前任副厂长，2015年3—7月主持工作） 党委书记：谢琪君（2015.7—，之前任党委副书记，2015年3—7月主持党委工作）

续表

		浙江中烟工业有限责任公司杭州卷烟厂	浙江中烟工业有限责任公司宁波卷烟厂
成立时间		1949 年	1925 年
从业人员（人）		1277	1025
卷烟生产能力（亿支）		500	300
卷烟品牌	自有品牌	利群、雄狮	利群、雄狮、大红鹰、摩登
	合作生产品牌	—	—
卷烟总产量（亿支）		599.15	318.35
雪茄烟品牌		—	—
雪茄烟总产量（万支）		—	—

注：表中各生产厂卷烟总产量含出口烟。

（撰稿：孙　琦；编辑：周　佳）

安徽中烟工业有限责任公司

【卷烟生产经营】　2015 年，安徽中烟工业有限责任公司生产卷烟（含合作生产，不含出口烟）1266.5 亿支（253.3 万箱），同比下降 4.63%，其中，生产一类烟 125.5 亿支（25.11 万箱），同比下降 1.99%；二类烟 269.8 亿支（53.96 万箱），同比增长 16.9%；三类烟 313.4 亿支（62.68 万箱），同比下降 5.18%；四类烟 458.15 亿支（91.63 万箱），同比下降 15.96%；五类烟 99.6 亿支（19.92 万箱），同比增长 6.64%。合作生产上海烟草集团卷烟品牌“红双喜”95 亿支（19 万箱）。生产出口卷烟 2.43 亿支（0.49 万箱）。

实现卷烟销量（不含合作生产和出口烟）1096 亿支（219.2 万箱），其中一、二类烟同比增长 12.16%，占企业销量比重的 33.53%。

实现卷烟销售收入（含合作生产和出口烟）391.3 亿元，同比增长 1.19%。实现税利 250.48 亿元，同比增长 0.47%，其中利润 22.11 亿元。三项费用率为 8.3%，同比增长 0.68 个百分点。

万元产值综合能耗为 9.05 千克标煤，万支卷烟综合能耗为 2.5 千克标煤。烟叶、滤棒、盘纸平均消耗分别为 6.68 千克/万支、1669 支/万支、592 米/万支。水、电平均消耗分别为 0.07 吨/万支、8.13 千瓦时/万支。

【雪茄烟生产经营】　安徽中烟工业有限责任公司蚌埠卷烟厂雪茄烟生产部前身为蒙城雪茄烟厂，2011 年 10 月，经过家局批准，在原厂址重新组建雪茄烟生产部，隶属于蚌埠卷烟厂管理，为蚌埠卷烟厂的生产车间，不具有法人资格。截至 2015 年底，生产部拥有 1 条 1500 千克/小时制茄芯生产线，荷兰 AJIO 公司进口卷制设备 21 台（套）（年产能力 2000 万支）和国产卷制及包装设备 9 台（套）。

2015 年，生产部生产各类雪茄烟 1.298 亿支，同比增长 7.08%。销售各类雪茄烟 1.18 亿支，同比下降 5%，其中，销售半叶卷雪茄 1.17 亿支，同比下降 4.9%。实现销售收入 1.08 亿元，同比下降 1.75%。实现税利 3633.73 万元，同比增长 2.5%。

2015 年，生产部生产的雪茄烟有“王冠”1 个品牌，22 个产品规格。产品分为全叶卷雪茄“王冠（塑 2 支全叶卷）”“王冠（10 支全叶卷）”“王冠（经典铝 2 支全叶卷）”“王冠（国粹）”“王冠（智者 010 十支）”“王冠（智者 010 五支）”“王冠（经典 8 号）”“王冠（梅兰竹菊）”“王冠（古建三绝）”等 9 个；半叶卷雪茄“王冠（原味 1 号）”“王冠（原味塑十支）”“王冠（原味 9 号塑嘴十支）”“王冠（原味 9 号迷你塑嘴）”“王冠（塑 10

支)”“王冠(20支)”“王冠(原味9号)”“王冠(原味9号塑嘴)”“王冠(原味3号)”“王冠(原味3号铁盒)”“王冠(奶香5支)”“王冠(奶香10支)”12个产品;微型雪茄“王冠(黄山松)”1个产品。全叶卷雪茄为高端产品;半叶卷雪茄及微型雪茄为中低档产品。

安徽中烟高度重视雪茄中高端新品研发工作,生产部配合公司技术中心、营销中心等部门,全面参与新产品开发工作。2015年推出“王冠(国粹)”“王冠(梅兰竹菊)”“王冠(古建三绝)”等中高端全叶卷新品和“王冠(黄山松)”微型雪茄新品。

【主要产品与品牌建设】 *卷烟品牌*。2015年,安徽中烟生产的烤烟型卷烟品牌为“黄山”“红三环”“盛唐”,混合型卷烟品牌有“都宝”,雪茄烟品牌有“王冠”。

2015年,安徽中烟生产“黄山”1068.6亿支(213.72万箱),同比下降9.52%;实现销量990.75亿支(198.15万箱),同比下降11.9%,其中,省内实现销量556.85亿支(111.37万箱),省外实现销量433.9亿支(86.78万箱)。生产“都宝”66.6亿支(13.32万箱),实现销量65.2亿支(13.04万箱)。

品牌建设。一是聚焦品牌文化传播,通过开展特色文化营销活动,深入拉动消费,传播“黄山”品牌文化。利用行业外平台资源力量,强化品牌与消费者的互动影响,通过植入徽烟品牌文化特色元素,增加产品曝光率。二是创新品牌推广方式,聚焦徽商群体等具有消费能力和需求的消费意见领袖,形成以点带面的口碑传播效应。推进微信营销,对品牌和产品的宣传融入到活动策划中,举办线上活动。三是加快新品培育节奏,针对“黄山(记忆)”“红三环(渡江)”“黄山(印象一品)”等系列新品分别制定上市推广方案,对“黄山(大红方印)”“黄山(金皖)”“黄山(新皖)”进行单品培育。四是做好“都宝(蓝莓细支)”新品市场销售,初步形成部分固定消费群体。五是持续推进雪茄文化传播活动,针对商业公司和卷烟零售客户开展雪茄销售、保养等知识传播宣讲等活动。

市场培育和拓展。开展市场调研,2015年开展“黄山(硬记忆)”“黄山(软喜庆)”“都宝(蓝莓)”等新品测试调研、重点市场价格暨状态调研、“黄山(天都)”“黄山(硬一品)”及系列新品产品质量调研等。推进布局优化,在皖北市场把稳规模、增销量放在重要位置,营销中心充分授权,区域自主有效开展工作;在皖南开展市场专题调研活动,突出抓好恢复调整。省外市场加强对东北、华北、江浙、广东深圳等传统市场的巩固,对北京、上海等窗口市场和山东、河南等周边市场进行积极培育。推进市场建设,2015年公司营销工作重心进一步下沉,一线工作向县区市场延伸,在省内市场试点的基础上全面推广终端体验互动活动,开展终端“万店工程”展示,建成6597户终端形象展示店。省内外市场采取“一地一策”“一品一策”的方式,围绕重点产品和特色新品分别开展有针对性的市场宣传活动。

【原辅材料保障】 2015年,安徽中烟签订国内烤烟交易计划合同9.01万吨(180.1万担)、晾晒烟交易合同0.04万吨(0.88万担),同比分别下降12.08%、36.23%。签订进口烟叶采购合同0.45万吨(9万担)。

烟叶基地单元建设。安徽中烟滚动调整烟叶基地建设规划,调减基地建设规模。制定《2015—2017年烟叶基地建设规划》,明确公司未来3年基地单元的类别、选择与布局、种植品种等具体要求,前瞻性开展基地建设工作。2015年,公司建设烤烟基地单元35个,其中国家局现代烟草农业基地单元及特色优质烟叶开发单元28个,同比减少5个,其中34个分布在云南、贵州、四川、湖南、福建、安徽、河南等7个重点产区。云南昭通北闸、四川凉山江西街、贵州黔西南新店、遵义洛龙、湖南郴州敖泉、安徽皖南宣州区青弋江等6个国家局现代烟草农业建设基地单元先后通过所在省局(公司)组织的评价验收。

烟用材料供应。推进烟用材料公开招标采购,完成2015年度烟用条包装纸、盒包装纸、香精香料及添加剂等烟用材料公开招标。所属卷烟厂通过公开招标确定各类机型零配件的定点供应商。推行回收再利用烟箱,公司相关部门合作回收烟箱数量超出原定目标。供应链管理向上游延伸,持续推进烟用材料同质化采购工作。

【技术创新】 2015年,安徽中烟开发、储备、改造卷烟产品27个,其中“黄山”品牌研发上市的有“黄山(硬记忆)”“黄山(软喜庆红方印)等8个规格,研发储备有“黄山(天都硬盒)”“黄山(天都细支)”等12个规格,优化升级改造有“黄山”松系列等7个规格。“都宝”品牌研发储备14元/包、8元/包产品,境外市场研发上市11个规格产品。

安徽中烟开展“质量提升年”活动，围绕质量提升，从设计维护、原辅料保障、过程保障、质量营销、质量管控等5个维度，提出“做最佳系统集成商”的技术与市场协同管理模式，整合各方面优势资源，使营销人员懂技术，技术人员了解市场。编制《安徽中烟“十三五”科技发展规划》。以“小发明、小创造、小革新、小设计”等为主要形式，开展技术微创新活动，立项147项，结题验收20项。开展精益改善课题攻关，精简“非增值”活动，优化体系流程。

截至2015年底，烟草化学安徽省重点实验室通过省科技厅组织的验收；中国科大—安徽中烟烟草化学联合实验室组织实施7个科研项目；安徽中烟检测实验室通过国家认可委组织的实验室复评审；黄山焦甜香皖南科技示范园第一期3年建设完成，7个配套项目的部分研究成果在皖南烟叶生产过程中示范推广。2015年，公司完成4个国家局重大专项的检查评估，组织完成在研60个项目的检查以及35个项目的验收。

【对外交流与合作】 2015年，安徽中烟在境外市场共销售卷烟100.42亿支（20.09万箱），同比增长60%，其中“都宝”销量99.95亿支（19.99万箱），同比增长61%。

*协调服务罗马尼亚中国国际欧洲有限公司（简称CTIEC）卷烟产销基地项目建设。*2015年，CTIEC生产卷烟17.83亿支（3.57万箱），销售卷烟19.18亿支（3.84万箱）。实现销售收入6727万美元，实现利润130万美元。

2015年，召开CTIEC股东会暨董事会会议，成立CTIEC新一届董事会，并在股东会议上通过向CTIEC增资3000万美元的决议，增资有助于解决制约CTIEC发展的瓶颈问题。安徽中烟及时为CTIEC办理800万欧元关税担保保函，并向CTIEC提供急需的4台切丝机组、3批设备项修零配件及860吨烟叶、膨胀烟丝。

*与菲莫公司合作联合品牌“DUBLISS-NEXT”项目销量取得突破性进展。*2015年，公司与菲莫公司合作“DUBLISS-NEXT”联合品牌项目在俄罗斯、乌克兰、塞尔维亚市场共销售82.1亿支（16.42万箱），同比增长73%。

2015年，俄罗斯市场的联合品牌在销规格有14个，产品线丰富，部分规格产品具备一定的价格优势；同时，结合产品投放进程开展不间断的市场促销活动，提升品牌转换效果。

乌克兰市场在销规格有5个，品牌转换全面进入第二阶段；由于投放产品所在价格区间存在价格竞争，销量略有下降。

塞尔维亚市场销量实现较快增长，11月底产品包装升级进入品牌转换第二阶段，一方面产品规格从84毫米升级为100毫米长支，价格保持不变；另一方面通过持续执行“黄色三角旗”活动，宣传产品的高性价比，提高竞争力。

*与斯堪的纳维亚烟草集团（STG）雪茄合作持续深化。*围绕“合作品牌”项目的开展，安徽中烟与斯堪的纳维亚烟草集团（STG）对拟合作开发的两款雪茄产品进行配方试验，对不同产地、不同国别的原料特性进行评价，丰富合作双方雪茄原料的应用、处理技术。12月1日，安徽中烟与STG正式签订《合作品牌开发协议》《技术支持协议》，标志着双方真正建立战略合作伙伴关系。

【特事要辑】 2月9—11日，安徽中烟第二届第二次职工代表会议暨2015年工作会议在合肥召开。

8月19—20日，国家局副局长赵洪顺在安徽烟草考察，并到安徽中烟合肥卷烟厂调研。

8月24日，国家局局长凌成兴到罗马尼亚首都布加勒斯特进行商务访问及工作考察，并到中烟国际欧洲有限公司（CTIEC）总部调研。

8月25—27日，安徽中烟举办“黄山杯”第八届职工技术比武。

9月21—23日，2015年全国烟草行业物流工作现场会在合肥召开。国家局副局长徐瑝出席会议并讲话。

9月23—25日，国家局局长凌成兴到安徽烟草调研。凌成兴充分肯定安徽烟草各项工作取得的成绩，对下一步工作，他强调，安徽烟草要“完成三个硬指标，税利跨越400亿元”。“完成三个硬指标”，即完成卷烟销量、卷烟产量、税利总额“三个硬指标”，不折不扣完成国家局下达的年度任务；“税利跨越400亿元”，即安徽烟草工商税利总额要突破400亿元。其间，安徽省委书记、省人大常委会主任王学军会见凌成兴。

10月28—30日，安徽中烟举办“黄山杯”第四届职工运动会。

2015 年安徽中烟工业有限责任公司所属生产厂情况统计

		安徽中烟工业有限责任公司蚌埠卷烟厂[1]	安徽中烟工业有限责任公司芜湖卷烟厂	安徽中烟工业有限责任公司合肥卷烟厂	安徽中烟工业有限责任公司阜阳卷烟厂	安徽中烟工业有限责任公司滁州卷烟厂
法人资格		非独立法人	非独立法人	非独立法人	非独立法人	非独立法人
主要负责人（含党政领导）		厂长、党委书记：王茂林	厂长、党委书记：王龙明（—2015.4）黄　剑（2015.4—）	厂长、党委书记：程华良	厂长、党委书记：何小敏（—2015.12）党委副书记、纪委书记、工会主席：李　葆（2015 年 12 月主持工作）	厂长、党委书记：李金广（—2015.2）、林　河（2015.2—）
成立时间		1942 年	1949 年	1949 年	1948 年	1949 年
从业人员（人）		1293	1036	1032	842	829
卷烟生产能力（亿支）		400	350	300	200	200
卷烟品牌	自有品牌	黄山、红三环	黄山、都宝	黄山、红三环	黄山、红三环、盛唐	黄山
	合作生产品牌	—	—	红双喜、大前门	—	—
卷烟总产量（亿支）		317.70	301.03	254.06	203.70	190.00
雪茄烟品牌		王冠	—	—	—	—
雪茄烟总产量（万支）		1.298	—	—	—	—

注：1. 安徽中烟工业有限责任公司蚌埠卷烟厂下辖雪茄烟生产部，负责安徽中烟雪茄烟生产。2015 年，生产的雪茄烟品牌为“王冠”。

（撰稿：朱要文；编辑：周　佳）

福建中烟工业有限责任公司

【卷烟生产经营】　2015 年，福建中烟工业有限责任公司生产卷烟（不含合作生产、出口）939 亿支（187.8 万箱），同比下降 2.94%，其中，生产一类烟 86.9 亿支（17.38 万箱），同比下降 3.52%；二类烟 226.13 亿支（45.23 万箱），同比增长 7.33%；三类烟 383.32 亿支（76.66 万箱），同比下降 4.47%；四类烟 185.94 亿支（37.19 万箱），同比下降 23%；五类烟 56.72 亿支（11.34 万箱），同比增长 136.35%。生产高端卷烟① 7.24 亿支（1.45 万箱），同比下降 20.86%，其中，高价位卷烟 0.19 亿支（0.037 万箱），同比下降 48.61%；细支卷烟 0.44 亿支（0.087 万箱）。生产出口卷烟 2.3 亿支（0.46 万箱），同比增长 2.22%。

2015 年，内销卷烟（含合作生产）实现销量 971.09 亿支（194.22 万箱），同比下降 3.54%，其中，一类烟 86.95 亿支（17.39 万箱），同比增长 5.42%；二类烟 224.06 亿支（44.81 万箱），同比增长 2.95%；三类烟 420.29 亿支（84.06 万箱），同比下降 6.37%；四类烟 184.41 亿支（36.88 万箱），同比下降 20.37%；五类烟 55.37 亿支（11.07 万箱），同比增长 112.17%。出口卷烟 2.29 亿支（0.46 万箱），同比增长 0.65%。

2015 年，实现卷烟销售收入（不含合作生产、出口）260.22 亿元，同比增长 2.70%。实现税利 202.18 亿元，同比增长 3.64%，其中利润 23.09 亿元，同比下降 14.73%。三项费用率为 8.21%，同比下降 0.57 个百分点。

① 按照《国家烟草专卖局办公室关于规范高端卷烟名称的通知》（国烟办综〔2012〕386 号），含税调拨价 171 元/条［统一批发价 247.8 元/条（含）］以上价位卷烟统一称为“高端卷烟”，将含税调拨价 414 元/条［统一批发价 600 元/条（含）］以上价位卷烟统一称为“高价位卷烟”。

2015年，万元产值综合能耗为8.37千克标煤，万支卷烟综合能耗为2.5千克标煤。烟叶、滤棒、盘纸平均消耗为6.56千克/万支、2519支/万支、587米/万支。水、电平均消耗为0.06吨/万支、11.2千瓦时/万支。

【主要产品与品牌建设】 福建中烟生产的卷烟品牌有“七匹狼”“金桥”“古田”“石狮”“土楼”等，许可生产“万宝路”卷烟品牌，其中“七匹狼”“金桥”被列为全国重点品牌。2015年，公司生产“七匹狼”882.43亿支（176.49万箱），同比下降11.42%，其中，自有计划生产838.64亿支（167.72万箱），同比下降8.06%；合作生产卷烟43.8亿支（8.76万箱），同比下降47.84%，其中，与江西中烟合作生产卷烟36.25亿支（7.25万箱），与河北中烟合作生产卷烟7.55亿支（1.51万箱）。生产“金桥”（不含出口）17.82亿支（3.56万箱），同比下降8.18%。

2015年，“七匹狼”实现卷烟销量873.8亿支（174.76万箱），同比下降8.16%，其中省内实现销量536.99亿支（107.4万箱），同比增长1.11%；省外实现销量336.82亿支（67.36万箱），同比下降19.87%。“七匹狼”商业批发销售收入404.4亿元，同比下降1.37%。“金桥”实现卷烟销量18.34亿支（3.67万箱），同比增长0.91%，其中省内实现销量1.76亿支（0.35万箱），同比下降0.41%，省外实现销量16.58亿支（3.32万箱），同比增长1.05%。2015年“金桥”境外实现销量1.76亿支（0.35万箱），同比基本持平。

品牌发展思路。坚持以“七匹狼”品牌为主，其他品牌为辅的品牌发展路线，构建“一品三系”（即“七匹狼”品牌，经典系列、低焦油系列、细支产品三大系列），兼顾“金桥”“古田”“石狮”等品牌发展。持续巩固提升省内市场，夯实品牌发展基础。加快省外市场转型升级，优化省外市场布局。

市场培育。坚持“一地一策、一品一策”的营销工作方针，将营销工作重心向“稳销量”转移。加强市场细分，建立福建省周边市场的联动机制，加大中低端产品投放量，抢占市场份额。全面推行精益营销，构建市场预警机制。开展对口挂钩省内市场工作，营造全员营销氛围。成立“古田（1929）”品牌营销团队，挖掘“古田”文化，塑造“古田”品牌高端形象。

新产品开发与产品维护提升。首次通过网络征集的方式，确定细支卷烟新产品名称和广告语。2015年开发上市“七匹狼（锋芒）”“七匹狼（行天下）”“古田（红军灰）”“七匹狼（金砂）”等新产品。强化市场与技术的协同，深入开展“提升产品省外市场适应性”“品类构建”研究，开展重点产品精细化维护工作。

【原辅材料保障】 *原料采购*。坚持计划从紧、质量从严的原则，降低采购规模，进一步推进烟叶调剂工作，库存周期同比缩短3个月。2015年，采购烟叶7.3万吨（145.98万担），同比减少2.03万吨（40.68万担），其中国内烟叶6.14万吨（122.7万担），同比减少1.97万吨（39.38万担）。调剂让售库存片烟1.42万吨（28.3万担）。修订原料采购技术标准和工作标准，以云南麒麟复烤厂为“七匹狼”专线加工平台，开展专线定制监督加工，推进原料加工基地建设。

原料基地建设。优化基地单元布局，调减基地单元规模，取消4个基地单元。截至2015年底，福建中烟累计23个基地单元，其中标准基地单元17个、特色基地单元6个，2015年调拨烟叶4.67万吨（93.3万担），占调拨计划总量的76.6%。

辅料供应。2015年，采购烟用丝束9200吨，其中国产丝束8100吨，进口丝束1100吨。采购卷烟纸4097吨、成型纸1870吨。继续推进香精香料公开招标采购，采购金额下降4%，公开招标占比99%。

【技术创新】 *福建中烟工业有限责任公司技术中心概况*。福建中烟工业有限责任公司技术中心成立于2006年。2011年1月，获得国家局行业级技术中心认定，同年11月，获得国家级技术中心认定。2013年8月，博士后科研工作站建站获批准设立，同年9月，中心搬迁至厦门市集美区杏林湾科教园区。2015年通过国家发改委组织的国家级技术中心评价。按非法人实体化运作，实行扁平化管理和开放式运行，下设13个职能部门。中心有员工170人，其中，博士研究生学历7名，硕士研究生学历35名，1人被评为行业第二批学科带头人，10人被聘为福建中烟第一批专业带头人和技术专家。

科技项目。2015年，开展各类科技研究项目129项，其中26个项目通过验收。推荐申报3个国家局项目，公司级项目立项22个，推荐申报行业标准18项。

技术创新成果。2015年，申请专利131项，其中发明

专利48项，获得专利授权162项，其中发明专利授权87项。截至2015年底，福建中烟拥有专利授权856项，其中发明专利授权161项。加快技术成果转化应用，利用“‘七匹狼’品牌烟草工艺联合实验室”平台，开展工艺项目研究与成果转化。开展材料、薄片和香精香料研究，并在重点产品和新产品集成应用。

创新体系建设。通过国家认定企业技术中心评价。成立博士后指导小组及科研团队，并开展课题研究。制定“十三五”技术创新专项规划，开展“三年技术发展规划”跟踪评价，滚动调整完善技术发展规划。

产品质量管控。持续抓好“统一标准、分级管理”项目落地，统一检验控制、不合格分级及处置、批次质量评价等过程控制管理标准，狠抓质量整改。2015年，卷烟焦油量加权平均值10.38毫克/支，一、二类烟焦油量加权平均值10.87毫克/支。

【对外交流与合作】 以“‘七匹狼’品牌烟草工艺联合实验室”为平台，与郑州烟草研究院开展技术交流，其中“彰显‘翠碧一号’质量风格特征的关键加工技术研究与应用”得到国家局重点项目立项。邀请外部专家83人次进行技术咨询指导。

境外市场拓展。稳步推进境外合作项目，2015年境外加工生产卷烟23108万支（4621.6箱），同比增长52.7%，其中，在马来西亚加工生产“金桥”卷烟12批次1.71亿支（0.342万箱），在柬埔寨加工生产“金桥”卷烟3批次6031万支（1206.2箱）。开展高端产品市场拓展，“七匹狼”卷烟出口柬埔寨、巴布亚新几内亚。与柬埔寨威尼顿集团有限公司深化合作，启动共同研发、销售中高端产品合作项目。

【管理创新】 成立“十三五”规划编制领导小组。完成“十三五”总体规划及12个专项规划，形成较为系统的战略指标体系、战略路径和年度行动计划。推进多标一体综合管理体系建设，搭建标准化管理平台，福建中烟被列入福建省标准化良好行为企业试点单位。完善精益管理工作机制，搭建精益研发“质量屋”，开展精益研发项目。

【特事要辑】 3月19日，福建省委常委、常务副省长张志南在福州主持召开福建烟草行业发展工作专题会议，要求福建烟草切实抓好烟叶生产，大力开拓卷烟市场，持续抓好卷烟打假工作。

11月11—12日，国家局局长凌成兴在福建烟草调研，肯定福建烟草取得的成绩，要求福建烟草下决心打好“三个战役”，即下决心打赢卷烟提税顺价的攻坚战；下决心打好云霄卷烟打假的持久战；下决心打好福建烟草“进位赶超”（即分步实施往前赶，第一步单箱结构进三位，第二步单箱税利进三位，第三步税利总额进三位）的总体战。

11月16—19日，国家局副局长徐瓃在福建烟草调研，要求福建烟草做到“三个继续保持”，即继续保持良好发展势头，继续保持良好工商关系，继续保持良好市场状态。

所属企业

龙岩烟草工业有限责任公司

【卷烟生产经营】 2015年，龙岩烟草工业有限责任公司生产卷烟（不含出口）498.5亿支（99.7万箱），同比下降2.97%，其中，生产一类烟81.05亿支（16.21万箱）、二类烟131.15亿支（26.23万箱）、三类烟135.05亿支（27.01万箱）、四类烟103.2亿支（20.64万箱）、五类烟48.05亿支（9.61万箱）。实现卷烟销量491.07亿支（98.21万箱），同比增长0.87%。

2015年，实现卷烟销售收入138.81亿元，同比增长3.17%；实现税利113.07亿元，同比增长3.95%，其中利润9.51亿元，同比下降20.68%。卷烟单箱税利1.15万元，同比增长2.68%。

【精益管理】 全面推进精益管理，深化精益流程管理平台、生产绩效测量分析平台、情报知识管理系统等建设。构建以信息化为载体的精细化质量管理模型，深化批次质量管控平台应用。开展设备管理精益活动。构建供需协同的烟用物资采购管理系统。开展能耗跟踪分析，2015年万支卷烟综合能耗为2.37千克标煤，同比下降6.69%。

【技术改造】 以再造精品工程为目标，投资3.3亿元实施一区生产线技改项目。更新部分制丝设备和控制系统，优化一、二区设备布局，搬迁、置换26台（套）卷烟设备。成立一区技改临时党支部，发挥党员骨干模范带头作用，按照项目管理要求，有效推进技改项目建设，提前实现投料试生产。

【企业文化建设】 坚持以文化为引领，开展多层级文化理念体系建设。实施企业文化落地指数模型、企业文化管理成熟度测评模型研究，初步建立文化管理评价机制，企业文化和企业管理的融合度持续提升。连续四届获得“全国文明单位”称号。

厦门烟草工业有限责任公司

【卷烟生产经营】 2015 年，厦门烟草工业有限责任公司生产卷烟（含出口）442.16 亿支（88.43 万箱），同比下降 2.92%，其中，生产一类烟 5.85 亿支（1.17 万箱）、二类烟 94.98 亿支（18.99 万箱）、三类烟 248.28 亿支（49.66 万箱）、四类烟 82.76 亿支（16.55 万箱）、五类烟 10.29 亿支（2.06 万箱）。实现卷烟销量（含出口）438.35 亿支（87.67 万箱），同比增长 1.3%。

2015 年，实现卷烟销售收入 109.3 亿元，同比增长 2.51%。实现税利 81.71 亿元，同比增长 4.12%，其中利润 9.34 亿元，同比下降 15.24%。

【企业管理】 创新成果。完善创新机制，加强项目过程管控，跟踪创新成果转化和应用。2015 年，获得专利授权 48 项，其中发明专利授权 18 项。参与的中式卷烟制丝生产线重大专项“制丝工艺全过程动态加工质量评估与应用研究项目”顺利通过国家局成果鉴定，主导的“卷烟工厂设备卓越绩效管理”专题研究项目顺利完成并通过答辩。

精益管理。坚持“立足岗位、全员参与、自主自发、持续改善”的总体思路，以“精益专题”“全员改善活动”为抓手，全面推行精益管理，构建基于精益的柔性生产体系、质量保障体系和成本管控体系。2015 年，企业重点成本费用同比减少 4129 万元。

【技术改造】 东孚烟叶仓库三期工程项目基本竣工并投入使用。糖香料调配中心技改项目前期工作有序推进，并实现开工建设。

【队伍建设】 按照“立机制、搭平台、建通道、育人才、成梯队”的思路，推进人才队伍建设。完善人才培养机制，推进岗位课程体系建设，制定并发布《导师制员工培养管理办法》等制度。2015 年，以兰志勇为代表的多位企业骨干先后获得“全国劳动模范”“2014 年度质量技术突出贡献奖”“福建省五一劳动奖章”“福建省优秀共青团干部”等荣誉。

2015 年福建中烟工业有限责任公司所属企业情况统计

		龙岩烟草工业有限责任公司	厦门烟草工业有限责任公司
法人资格		独立法人	独立法人
主要负责人/法人代表（含党政领导）		总经理、党委副书记：廖材河 党委书记、副总经理：姜志强	总经理、党委副书记： 林荣欣（—2015.3）、吴志文（2015.3—，之前任党委书记、副总经理） 党委书记、副总经理：邱晓卫（2015.3—）
成立时间		1951 年	1948 年
从业人员（人）		1720	1420
卷烟生产能力（亿支）		767	600
卷烟品牌	自有品牌	七匹狼、石狮、古田、土楼	七匹狼、石狮、金桥
	合作生产品牌	—	—
	许可生产品牌	万宝路	—
卷烟总产量（亿支）		498.50	442.16
雪茄烟品牌		—	—
雪茄烟总产量（万支）		—	—

注：龙岩烟草工业有限责任公司卷烟总产量不含出口烟；厦门烟草工业有限责任公司卷烟总产量含出口烟。

（撰稿：卢金德；编辑：李　昂）

江西中烟工业有限责任公司

【卷烟生产经营】 2015年，江西中烟工业有限责任公司生产卷烟（含合作生产）678亿支（135.6万箱），同比增长0.22%，其中，生产一类烟43.57亿支（8.72万箱），同比下降1.29%；二类烟59.47亿支（11.89万箱），同比下降31.82%；三类烟349.47亿支（69.89万箱），同比增长6.04%；四类烟161.31亿支（32.26万箱），同比增长10.52%；五类烟64.19亿支（12.84万箱），同比下降7.79%。合作生产卷烟274.81亿支（54.96万箱），同比增长13.97%。生产高端卷烟8.05亿支（1.61万箱），其中，高价位卷烟1.4亿支（0.28万箱）、生产细支卷烟0.85亿支（0.17万箱）。

2015年，实现卷烟销量（含合作生产）721.56亿支（144.31万箱），同比增长12.52%，其中，一类烟45.45亿支（9.09万箱），同比增长17.22%；二类烟79.98亿支（16万箱），同比增长6.92%；三类烟365.7亿支（73.14万箱），同比增长17.10%；四类烟166.11亿支（33.22万箱），同比增长14.24%；五类烟64.32亿支（12.86万箱），同比下降8.14%。

2015年，实现卷烟销售收入178.96亿元，同比增长11.56%；实现税利125.04亿元，同比增长6.94%，其中利润15.24亿元，同比下降11.60%。三项费用率为6.91%。

2015年，万元产值综合能耗为11.83千克标煤，万支卷烟综合能耗为2.88千克标煤。烟叶、滤棒、盘纸平均消耗分别为6.91千克/万支、1852支/万支、605米/万支。水、电平均消耗分别为0.15吨/万支、10.21千瓦时/万支。

【主要产品与品牌建设】 主要产品。2015年，江西中烟生产的自有卷烟品牌有“金圣”“庐山”“赣”“月兔”，合作生产福建中烟“七匹狼”36.25亿支（7.25万箱），浙江中烟“利群”51.79亿支（10.36万箱）①、“雄狮”18.11亿支（3.62万箱），云南中烟“红塔山”49.92亿支（9.98万箱），江苏中烟“南京”58.74亿支（11.75万箱）②，广东中烟“双喜”60亿支（12万箱）。

品牌建设。2015年，“金圣”品牌实现工业调拨212.6亿支（42.53万箱），与2014年基本持平；商业销售额为117.48亿元，同比增长6.86%；单箱销售额2.03万元，同比增加1046元，增长5.44%。2015年“金圣”品牌在销规格28个，覆盖6个价区，均为三类及以上，其中普三类和高三类③两个价区销量最高，占比分别达到51.85%和23.41%。销量前三位的规格合计销量占品牌总销量的69.11%，同比上升2.93个百分点。

2015年，“金圣”品牌盒标焦油量8毫克/支及以下规格有11个，低焦油卷烟规格的销量达到11.5亿支（2.3万箱），占品牌总销量的5.46%。“金圣”品牌省内实现18个超5000箱、4个超万箱的区县市场，省外实现2个销量超万箱的省级市场、8个销量超2000箱的市级市场。2015年，“金圣”品牌新上市的规格有“金圣（本草瑞香）”“金圣（软瑞香）”“金圣（硬滕王阁）”“金圣（软滕王阁）”“金圣（滕王阁细支）”等5个规格，销售规模合计2.9亿支（0.58万箱），占“金圣”总销量的1.38%。

2015年，“金圣”品牌以“金叶自然香、圣地中国红”为品牌文化传播方向，以打造“好看、好抽、好卖”的“三好产品”为品牌发展核心理念，通过充分挖掘江西独有且广为人知、引以为豪的滕王阁、瑞香和瓷文化元素，紧紧抓住真情、境界、才志“三块丰碑”，重点打造以“滕王阁”“瑞香”“智圣出山”3个系列为主体的全新产品体系，全面提升品牌和价值形象，逐步构建了“金圣”品牌完整的产品体系。继续深化“金圣”产品规格布局调整工作，导入新品规格、高端规格，淘汰滞销规格，形成搭配合理的产品布局。围绕“金圣”品牌宣传，组织开展征文、零售客户评选、召开座谈会等系列活动。开展全员营销，通过站点促销、婚庆营销、空

---

① 年度交付量为62.6亿支（12.52万箱），含2014年备货。

② 年度交付量为60亿支（12万箱），含2014年备货。

③ 普三类即条批发价78元（不含）以下的三类卷烟；高三类即条批发价78元（含）以上的三类卷烟。

盒回收、下乡镇营销、节假日高速公路服务区宣传，以及大客户开发、商会协会交流等活动，继续提升“金圣”品牌形象。

【原辅材料保障】 原料保障。坚持“优布局、调结构、控总量”的原则，突出抓好烟叶产区布局调整，将原来的8个烟叶产区调整为云南、湖南、河南、江西4个产区，并在产地上实现细化和优化。2015年，烟叶调拨计划合同约定量为2.86万吨（57.18万担），耗用原料5.03万吨（100.54万担），调拨入库原料3.53万吨（70.62万担），库存原料7.65万吨（152.97万担）。截至2015年底，完成原烟调拨2.59万吨（51.86万担）。采购巴西烟叶792吨（15840担）、美国烟叶495吨（9900担）、津巴布韦烟叶1723吨（34452担）。

深入开展烟叶专业化分级散叶收购工作，强化与烟草商业公司合作力度，2015年烟叶计划全部实现散叶收购，烟叶等级质量得到进一步提升；全面加强烟叶基地单元建设，积极开展“金圣”品牌特色原料研究，分别在云南、湖南、河南基地单元开展科技示范项目，烟叶可用性水平不断提高；切实开展精益管理，坚持成本与质量两条主线，关注关键指标，减少烟叶不必要损耗，有效降低烟叶成本。

辅料采购。通过深入推进公开招标等控制措施，采购成本得到有效控制，卷烟商标、接装纸、内衬纸、烟膜等主要材料采购成本下降1760万元。专卖品烟用材料全年完成烟用丝束、滤棒、卷烟纸、成型纸等项目的采购工作，采购金额5.12亿元，公开招标率100%；非专卖品烟用材料全年完成了卷烟商标、接装纸、烟膜、内衬纸、框架纸、纸箱等项目的采购工作，采购金额16.46亿元，公开招标率99.68%；完成零配件采购0.53亿元。2015年采购烟用物资22.11亿元。

【技术创新】 江西中烟工业有限责任公司技术研发中心。江西中烟工业有限责任公司技术研发中心成立于2007年1月，是“江西省省级企业技术中心”“烟草行业认定企业技术中心”“江西省本草烟用减害工程技术研究中心”。研发中心占地面积6600余平方米，有30余间专业实验室，设立博士后科研工作站，拥有价值1.21亿元的研发仪器设备。在岗员工78人，其中，博士研究生学历2人、硕士研究生学历28人，中级职称31人、高级职称5人。

技术研究。以加快“金圣”品牌发展为核心，加快产品研发，推进本草研究，重点加强工艺、材料、原料、“本草香”研究。在材料研究方面，开展多个规格新型卷烟纸在卷烟产品上的应用研究，以及葛根、沙棘等10余种天然植物提取物在滤棒上的应用研究，多项研究成果在“金圣（滕王阁系列）”“金圣（原生工坊）”“金圣（智圣出山）”等产品上运用。在工艺研究方面，开展微波膨胀烟梗的试验研发工作，推进金圣“本草香”品类特色工艺技术研究，完成气流干燥模块烟叶替换、料液选择的感官评价及滚筒烘丝模块的料液选择感官评价。在原料研究方面，大力推进烟叶原料配方打叶工作。在“本草香”减害技术研究方面，开展微胶囊、本草香珠、减害增香颗粒等研究。2015年，开展项目研究24项，其中，国家局重大专项课题1项、重点项目1项，取得科技成果10项；获得专利授权4项。同时，进一步加强产品降焦研究，“金圣”焦油含量加权平均值从2014年的10.56毫克/支下降到10.38毫克/支。

新产品开发。开展中高档“金圣”卷烟研制开发工作，2015年完成16支装“金圣（智圣出山）”等11款新产品的研发和“金圣（原生工坊）”等11个老产品的维护提质，其中5款新品完成研发并上市。加快300元/条以上价位“金圣（滕王阁系列）”卷烟的研发进度，完成“金圣（华天下）”高档卷烟新产品的修改和上市准备工作。进一步做好150元/条价位的“金圣（硬滕王阁）”、500元/条价位的“金圣（红瑞香）”、600元/条价位的“金圣（瑞香典藏）”、1000元/条价位的“金圣（滕王阁金叶天香）”“金圣（扁盒智圣出山）”等5款新产品的上市及维护提质。

特色品类构建。始终聚焦“好看、好抽、好卖”的产品理念，坚持“津、甜、香、润”的风格特色，着力推动“金圣”品牌的价值升级、定位升级、品质升级和形象升级，逐步形成全新的产品理念、研发成果和品牌体系。根据“金圣”品牌走向全国的新定位，充分挖掘和提升江西独有的地理文化，在经典系列的基础上，完成“金圣（滕王阁渔舟唱晚）”“金圣（滕王阁金叶天香）”“金圣（红瑞香）”“金圣（瑞香典藏）”“金圣（智圣出山15+1）”等5款新品研发储备，形成以“滕王阁”“青花瓷”“瑞香”系列（合称阁瓷香）为主体的全新产品体系。

【技术改造】 2015年，继续推进赣州卷烟厂易地技改项目验收工作，重点推进井冈山卷烟厂、广丰卷烟厂易地技改项目。赣州卷烟厂易地技改项目通过江西省环保厅环评验收和赣州市城建馆档案管理验收，完成联合工房等9栋建筑单体验收，取得单体验收备案表。井冈山卷烟厂易地技改项目于8月完成联合工房及动力中心主体封顶，12月实现所有单体建筑封顶，12月底制丝线主机设备和通用主要设备安装到位。2015年8月，广丰卷烟厂易地技改项目获得国家局批复，9月启动项目总体规划设计招标，11月被列入2015年江西省第二批重点项目计划，12月广丰卷烟厂易地技改项目建设指挥部成立。

【特事要辑】 1月18日，江西省委书记强卫到江西中烟赣州卷烟厂考察企业易地技改项目。江西省委常委、赣州市委书记史文清陪同考察。

1月30日，江西中烟召开2015年工作会议。

4月16日，国家局副局长徐瓏到江西中烟本部、南昌卷烟厂调研。

5月25日，国家局副局长赵洪顺到江西中烟赣州卷烟厂调研。

7月15日，国家局总会计师张玉霞到江西中烟本部、南昌卷烟厂调研。

12月9—11日，国家局局长凌成兴到江西烟草调研。凌成兴对江西烟草各项工作取得的成绩给予充分肯定。他指出，江西烟草有“三个令人振奋，两个骄人指标”。“三个令人振奋”，即对原中央苏区的对口援建工作令人振奋，赣州、井冈山两个卷烟厂的易地技改令人振奋，“金圣”品牌的创新发展和赣州卷烟市场令人振奋。“两个骄人指标”，即商业企业单箱结构超过3万元的骄人指标，工商税利总额预计新增30亿元的骄人指标。对于下一步的工作，凌成兴要求江西烟草以“三严三实”专题教育为动力，按照“三个见实效”的要求，做到“三个出色”，实现“三个同心聚焦”。

2015年江西中烟工业有限责任公司所属生产厂情况统计

		江西中烟工业有限责任公司南昌卷烟厂	江西中烟工业有限责任公司赣州卷烟厂	江西中烟工业有限责任公司广丰卷烟厂	江西中烟工业有限责任公司井冈山卷烟厂
法人资格		非独立法人	非独立法人	非独立法人	非独立法人
主要负责人（含党政领导）		厂长、党委书记：张胜健（—2015.8） 厂长、党委副书记：罗　飚（2015.11—） 党委书记、副厂长：李铁军（2015.12—）	厂长、党委副书记：何善懋 党委书记：黄 平	厂长、党委副书记：毛小东 党委书记、副厂长：徐辉广	厂长、党委副书记（主持工作）：刘沪明
成立时间		1950年	2013年	1988年	1982年
从业人员（人）		1567	1144	1194	481
卷烟生产能力（亿支）		370	252	90	35
卷烟品牌	自有品牌	金圣、庐山	金圣、庐山、赣	金圣、庐山、赣、月兔	金圣、庐山
	合作生产品牌	利群、红塔山、南京	七匹狼、双喜	—	雄狮
卷烟总产量（亿支）		356.00	229.00	74.00	19.00
雪茄烟品牌		—	—	—	—
雪茄烟总产量（万支）		—	—	—	—

（撰稿：李前进；编辑：李　昂）

山东中烟工业有限责任公司

【卷烟生产经营】 2015年，山东中烟工业有限责任公司生产内销卷烟（含合作生产）1393亿支（278.6万箱），同比下降1.42%，其中，合作生产195.15亿支（39.03万箱）。生产一类烟50.6亿支（10.12万箱），同比增长6.85%；二类烟53.19亿支（10.64万箱），同比下降10.71%；三类烟801.69亿支（160.34万箱），同比下降2.50%；四类烟394.16亿支（78.83万箱），同比增长8.95%；五类烟93.36亿支（18.67万箱），同比下降23.48%。生产出口卷烟48.45亿支（9.69万箱），同比增长41.87%。

实现内销卷烟销量（含合作生产）1394.24亿支（278.85万箱），同比下降3.28%，其中，合作生产195.25亿支（39.05万箱）。一类烟49.76亿支（9.95万箱），同比增长4.26%；二类烟52.79亿支（10.56万箱），同比下降11.34%；三类烟803亿支（160.60万箱），同比下降4.93%；四类烟394.69亿支（78.94万箱），同比增长8.60%；五类烟94亿支（18.8万箱），同比下降25.48%。实现出口卷烟销量47.78亿支（9.56万箱），同比增长34.96%。

2015年，山东中烟实现卷烟销售收入308.92亿元，同比下降3.79%。实现卷烟税利210.11亿元，同比下降5.72%，其中利润31.3亿元，同比下降14.2%。三项费用率为9.59%，同比提高0.56个百分点。

2015年，万元产值综合能耗为12.81千克标煤，万支卷烟综合能耗为2.91千克标煤。烟叶、滤棒、盘纸平均消耗分别为6.57千克/万支、2501支/万支、590米/万支。水、电平均消耗分别为0.06吨/万支、8.76千瓦时/万支。

【雪茄烟生产经营】 山东中烟下设雪茄烟制造中心，雪茄烟生产由济南卷烟厂雪茄烟生产车间承担。生产的雪茄烟品牌为“将军”“泰山”，有巅峰、战神、阔佬、3G、雪豹等五大系列。雪茄烟生产车间占地面积约8500平方米，有员工164人，具备年产手工雪茄40万支、机制雪茄2000万支、雪茄型卷烟6亿支（1.2万箱）的生产能力。

2015年，生产雪茄烟3062.41万支，同比增长189.14%。雪茄烟实现销量1213.5万支，同比增长33.41%，其中“泰山”品牌319.31万支，“将军”品牌894.19万支。

*推进雪茄烟品牌培育。*2015年，先后参加青岛啤酒节鲁产雪茄推广会、第五届中国·上海雪茄文化节、第三届海南雪茄文化旅游节等，召开品鉴会98场，积极宣传鲁产雪茄烟品牌。坚持定期召开雪茄沙龙会，通过开展私人定制、植入营销、媒介营销等，探索雪茄特色营销模式。累计开拓123个市场，2015年新开拓市场22个。

*加强雪茄烟产品研发力度。*完成“泰山（雪豹双十支）”“泰山（雪豹细支）”等4款雪茄烟新产品的研发、报价。根据市场需求和消费者反馈情况，从叶组配方、发酵工艺、香精香料等方面对“将军（大力神）”“将军（战神）”等6款老产品进行维护改造。完善雪茄烟技术标准体系，发布《“泰山（巅峰5号）”牌雪茄烟工艺技术要求》等18项标准。

【主要产品与品牌建设】 *主要产品。*山东中烟生产的卷烟品牌主要为“泰山”“将军”“哈德门”。“泰山”实现销量（不含出口）721.5亿支（144.3万箱），同比下降0.96%，其中省内实现销量562.96亿支（112.59万箱）。出口“泰山”47.78亿支（9.56万箱）。“将军”实现销量1.31亿支（0.26万箱），同比下降15.3%。“哈德门”实现销量476.19亿支（95.24万箱），同比下降2.74%。“泰山”细支卷烟销售22.36亿支（4.47万箱），同比增长45.08%。

合作生产上海烟草集团“红双喜”品牌卷烟50亿支（10万箱），湖南中烟“白沙”品牌卷烟65亿支（13万箱），云南中烟“红塔山”品牌卷烟15亿支（3万箱）、“云烟”品牌卷烟0.16亿支（0.03万箱），江苏中烟“南京”品牌卷烟65亿支（13万箱）。

*品牌建设。*优化营销运行机制。建立完善职能集成、业务闭环的管理平台，提升指挥调度能力、市场反映速度。建立工商协同机制、信息沟通机制和市场调控机制，共同确定销售目标、工作措施。调整内设组织机构，整合职能职责，建立“纵向到底、横向无交叉”的职能体系。

开展文件“废改立”，优化业务流程，修订41项、新建8项、废止10项，减少协调环节，加快审批速度。制定营销工作指导意见与宣传促销管理办法，统一市场与品牌布局、计划管理、宣促管理、信息管理。统一新产品需求管理，研发与营销紧密结合，提出80元/条、150元/条、300元/条价位产品研发需求。统一部署“泰山（哈德门）”“泰山（大宏图）”上市宣传推广。营销综合管理系统“活动管理”模块上线运行，固化方案制定、费用预算、活动实施、效果评估4个环节，实现宣传促销活动、物料流向的闭环管理。搭建远程视频指挥调度系统，实现“实时、可视、交互、全天候”快速高效的沟通交流。

优化项目管控模式。建立完善市场触觉灵敏、反应快捷有力的业务平台，提升品牌谋划、市场调控能力。完善信息咨询方管理办法，实行“费用切块、分级管控”，规范人员、车辆运行、市场运作费用管理。开展省外区域差旅费包干试点，规范费用使用，简化核销流程。重新搭建呼叫中心服务平台，拓展其主要功能。建立市场信息暗访、价格信息采集网络，收集市场上货源投放政策、宣传促销政策、终端维护、产品价格等信息。建立物料使用情况通报制度，对使用过程中发现的问题及时通报处理。

优化营销资源配置。突出“泰山”品牌贡献度、投入产出比，压缩营销费用，提升费用使用效率。营销培训由大规模、填鸭式转变为小型化、互动式，培训资源向“泰山”品牌贡献度较大、具有推广潜力的人员倾斜。制定省内外终端展览展示实施办法，调整费用分配方法和使用方向，建立“一店一卡一档案”制度，强化监督检查与后期维护。

优化营销管理方式。以“泰山俱乐部”官方微信传播推广为主线，开展网络营销，分级构建微信群传播网络，用于监督、考核、交流终端工作。组织对区域经理、副经理、客户经理工作情况立体考核，对排名靠后的进行通报、约谈。组织省内营销知识应知应会考试，促进营销人员工作重心向终端转移。将宣传促销活动管理、物料流向纳入督导范围，采取“定向与联合、交叉督导相结合，实地与视频、呼叫督导相结合，明察与暗访相结合”方式，开展常规督导、专项督导。制定营销岗位员工问责暂行办法，实行月排名、月兑现。

【原辅材料保障】 实施国产烤烟总量与结构“双控”。国产烤烟调拨计划降至9.4万吨（188万担），上等烟叶调拨比例压缩至37%。制定《关于深化基地单元建设的指导意见》，建立基地单元A、B、C分类管理机制，实行差异化建设。主导种植品种符合率达92%，同比提高15个百分点。新增的4个基地单元通过国家局验收。围绕提高成品片烟的质量稳定性、均衡性，启动实施为期3年的烟叶加工质量提升工程。借鉴先进工业企业经验，系统优化复烤加工工艺参数，在复烤企业试点开展烟叶均质化加工，成品片烟主要经济、质量指标提升明显。

推行烟用材料与备品备件采购公开招标代理制，探索深化公开招标的方法方式。烟用材料公开招标率、网上交易率持续保持100%，其中专用香精香料公开招标比例99%，超出国家局年度推进目标19个百分点；专用烟机零配件公开招标品种同比增加2100个，五金计量类备品备件实现全覆盖。扩大寄售采购范围，烟用材料寄售采购模式由青岛卷烟厂推广至青州卷烟厂；备品备件寄售采购金额增至7400万元，库存总额降至6000万元。加大供应商在库产品质量抽查频次，强化源头管理、事前预防，探讨推行以供应商综合质量考核结果为依据的动态调配机制。烟用材料与备品备件供应及时率、入库检验合格率、质量问题反馈整改率继续保持100%，烟用材料质量抽检合格率99.5%。

围绕科技物流、精益物流建设任务和“烟叶提质养护”工作目标，深化烟叶仓储基础管理，细化烟叶提质养护工作内容，开展“库房增容”管理创新，试点实施“清洁仓间”建设活动，加强烟叶仓储安全管理，烟叶仓储精细化管理水平不断提高。卷烟交付及时率99.1%，卷烟运费同比降低10.2%；“两烟”烟箱循环利用节约费用1300万元。

【技术创新】 山东中烟工业有限责任公司技术中心概况。山东中烟工业有限责任公司技术中心成立于2006年10月，2007年通过国家发展改革委、科技部、财政部、海关总署、税务总局五部委联合组织的国家认定企业技术中心的认定。2015年8月，通过中国合格评定国家认可委员会的认可评审。在岗员工154人，其中，拥有博士研究生学历的3人，拥有硕士研究生学历的35人；拥有中级职称的104人，拥有高级职称的27人。2015年，组织评审项目69项，立项42项。取得科技成果39项，其中转化应用25项。

研发机制建设。秉持“从消费者中来，到消费者中去”的研发理念，紧紧围绕市场这一中心，强化主要研发人员和领导干部深入市场搞研发模式，推行市场和技术走势分析图表看板管理，建立技术营销一体联动研发推广机制，形成以3个产品开发室为核心、1个细支卷烟专项项目组为重点、6个专业研究室为支撑的“3＋1＋6”研发模式。积极参与行业重点科研项目，承担行业“十三五”细支卷烟重大专项课题项目，参与“基于烟用香原料特性的数字化调香技术平台研究”等3个研究项目。改进管理方式，促进联合研发，以技术中心为主体，四工厂、两集团为补充，聚焦品质，专项探索与联合研究相结合，推进15项与感官相关课题研究。

产品研发。“泰山”产品焦油加权平均值同比降低0.15毫克/支，产品质量控制标准更加严格。针对300元/条价位产品进行15次市场测试，形成10余种设计风格。积极推动特种滤棒、彩色卷烟纸及商标设计等研究应用。开发完成7款出口烟。不断丰富新型电子烟口味开发，研发10余款烤烟型、混合型仿真口味烟液，完成7款出口电子烟液开发，制作2种风格袋装口含烟样品，电加热型新型卷烟预研取得初步阶段成果。

细支卷烟研发。按照“高起点、夯基础、超常规、跨越式”要求，坚持“不优不休”原则，强化品质维护提升。瞄准中高端，注重第一口香，研发储备“泰山（拂光沉香）”等5款风格特色突出的产品。突出“爆珠”自主核心技术研发，力破诸多细支爆珠技术难题，初步实现“香、珠、棒”与卷烟产品的有机结合，“泰山（儒风细支）”“泰山（双马细支）”等细支爆珠产品基本具备上市条件，“泰山（颜悦）”加爆珠改造创新升级初具效果。

关键技术研究。推进原料“盘活存量、用好增量”工作，多部门联动开展库存原料普查，检测、评吸3000余个样品，年度烟叶采购区域及品种导向意见、模块化配方打叶和山东烟叶开发利用研究取得初步效果。梗丝规格减少2个，平均内掺比例增长0.35%，再造烟叶（造纸法）平均内掺比例增长0.21%，膨胀烟丝使用率增长9.85%。推进沉香基地建设，拟定六项标准。香料单体库建设初见成效，收集282种385个品质稳定、效果明显的香原料单体，构建立体式、开放式香原料单体实物库。

科研项目管理。围绕重点研究方向，实施项目分层立项，组织评审项目69项，立项42项，其中重点项目6项，一般项目36项。突出项目成果转化应用，组织科技项目结题评审，取得科技成果39项，其中转化应用25项。调整专利管理方向，促进专利申报由数量型向质量型转变，组织申报专利53项，获得专利授权41项，其中发明专利授权13项、实用新型专利授权28项。制修订技术标准46项，构建雪茄烟技术标准体系目录和产品质量安全子体系。

【对外交流与合作】 2015年，突出“泰山（TS）”品牌的重点规格，加大品牌国际化培育力度，提升品牌影响力，出口卷烟销量同比增长34.96%。单品牌一般贸易出口卷烟数量居行业第一位。

市场拓展。坚持市场聚焦策略，聚焦重点市场、重点规格、重点客户，不断发掘市场潜力，提升品牌影响力。加强渠道建设与维护，以澳大利亚市场为试点，通过终端建设、市场路演等多种方式，探索成熟市场渠道网络建设新模式。6月，在澳大利亚3个城市举办4场路演活动，设立“泰山（TS）”品牌旗舰店，建成“泰山（TS）”品牌首个境外市场终端。参加德国多特蒙德烟草展、2015中东世界烟草展，通过展会推介“泰山（TS）”品牌，结识更多重点市场经销商，提高重点市场销量。发挥山东烟草（中东）贸易公司拓展平台作用，采取支持鼓励措施，加大市场拓展力度，以迪拜为中心，巩固传统市场，并拓展阿富汗、巴基斯坦、肯尼亚等周边市场。关注免税市场拓展，发掘细分市场潜力，打破传统免税市场拓展模式，建设适合境外免税市场需求的“泰山（TS）”产品体系，完成沉香、茶香产品开发，初步形成山东中烟特色免税产品线，为提升产品形象、打赢细分市场攻坚战打下良好基础。推进“泰山（TS）”手工和机制雪茄国际市场拓展，与多家境外经销商就产品上市达成一致。

平台构建。积极谋划以“泰山（TS）”品牌为纽带构建国内、境外呼应的运营平台。打造卷烟为主的中东平台，以山东烟草（中东）贸易公司为中心，建立辐射中东、非洲、亚太的“泰山（TS）”品牌国际运营网络，着力提升“泰山（TS）”卷烟品牌境外影响力。打造雪茄为主的北美运营平台，以“泰山（TS）”国际北美公司为中心，建立辐射美洲、欧洲的雪茄运营网络，借助美洲的雪茄原料优势、欧洲的雪茄销量优势，提升“泰山（TS）”雪茄国际市场影响力。

国际合作。加强与韩国烟草公司合作，成为国家局主导的中韩烟草合作主体单位，实现双方高层互访，在国家局主导下搭建双方合作框架。3月25—27日，以韩国烟草公司社长闵泳珍（Min Youngjin）为团长的韩国烟草代表团访问山东中烟，积极推进双方在技术、品牌、市场等方面的交流与合作。实现与墨西哥图伦特公司全面战略合作，加强与墨西哥图伦特公司、墨西哥驻华使馆及中国驻墨西哥使馆交流，积极推进墨西哥雪茄烟原料输华工作，不断探索原料、生产、研发、销售“四头在外”国际合作新模式。

产品布局。紧跟国际烟草市场发展趋势，精心布局国际烟草市场新产品。先后研发4种细支卷烟，2种爆珠滤棒产品，形成山东中烟特色出口细支产品和爆珠产品。开发两代15种“泰山（TS）”电子烟。

【特事要辑】 6月9—12日，国家局副局长段铁力到山东烟草调研。其间，段铁力走访济南、潍坊、青岛市部分卷烟零售客户，深入潍坊诸城烟区了解烟叶生产情况，考察青岛市烟草专卖局（公司）卷烟物流中心和山东中烟工业有限责任公司济南、青岛卷烟厂，并听取山东烟草工商企业的工作汇报。段铁力要求山东烟草工商企业高度重视卷烟提税顺价工作，切实做到稳销量、保增长，共同培育好“泰山”品牌，整体提升品牌价值，始终保持打假打私和打击真烟非法流通高压态势，以“三严三实”专题教育为抓手，抓班子带队伍，努力完成全年任务。

7月7—8日，国家局副局长赵洪顺到山东烟草调研。其间，赵洪顺走访济南市部分卷烟零售客户，考察了东方烟草报社，详细了解卷烟销售、规范经营、新闻宣传等工作情况，并听取工作汇报。赵洪顺要求山东烟草坚决贯彻落实国家局部署要求，坚决整治不规范经营行为，着力打基础、抓网建，构建良好经营秩序；认真把握好发展目标和工作调整的关系，尊重市场、遵循规律、遵守规矩，最大限度地挖掘市场潜力；把国家局对山东烟草的总体要求、当前的工作重点与和谐稳定大局三位一体全面抓好，使三者有机协调推进。

7月20—23日，国家局副局长杨培森到山东烟草调研。其间，杨培森走访济南、青岛部分卷烟零售客户，深入潍坊诸城了解烟叶生产、烟农增收等情况，考察东方烟草报社、中国烟草总公司青州烟草研究所和山东中烟工业有限责任公司济南、青岛卷烟厂、颐中（青岛）烟草机械有限公司，并听取山东烟草工商企业的工作汇报。杨培森对山东烟草的工作给予肯定，要求山东省局（公司）继续控制烟叶总量，突出烟农增收重点，推动烟叶可持续发展；工商双方要重点围绕烟叶降本提质和新型烟草制品研发，积极开展科技创新。

10月12—13日，国家局局长凌成兴到山东烟草调研。调研期间，凌成兴考察细支卷烟、雪茄烟、新型烟草制品以及卷烟辅料生产研发情况，走访济南、泰安卷烟市场和部分卷烟零售客户，听取山东烟草工商企业工作汇报。凌成兴要求山东烟草下一步要以“三严三实”专题教育为动力，紧密联系山东烟草改革发展稳定实际，巩固整治成果，追赶年度任务，提升发展水平；力争用3—5年时间，鲁产卷烟市场份额达到50%以上，单箱收入达到省内市场平均水平，努力为行业实现“保七争十缴万亿”年度目标作出积极贡献。

12月11日，行业新型烟草制品装备工程研究中心在青岛挂牌。

2015年山东中烟工业有限责任公司所属生产厂情况统计

	山东中烟工业有限责任公司济南卷烟厂	山东中烟工业有限责任公司青岛卷烟厂	山东中烟工业有限责任公司青州卷烟厂	山东中烟工业有限责任公司滕州卷烟厂
法人资格	非独立法人	非独立法人	非独立法人	非独立法人
主要负责人（含党政领导）	厂长、党委副书记：刘爱国 党委书记、副厂长： 张　鹏（—2015.12）	厂长、党委副书记：周　健 党委书记、副厂长：赵善强	厂长、党委副书记：肖春菊 党委书记、副厂长：廖旭东（—2015.1） 公茂军（2015.1—）	厂长、党委副书记： 傅　军（2015.1—，之前任党委书记、副厂长） 党委书记、副厂长： 李继鹏（2015.1—）

续表

		山东中烟工业有限责任公司济南卷烟厂	山东中烟工业有限责任公司青岛卷烟厂	山东中烟工业有限责任公司青州卷烟厂	山东中烟工业有限责任公司滕州卷烟厂
成立时间		1928 年	1919 年	1948 年	1951 年
从业人员（人）		1619	1436	1159	1314
卷烟生产能力（亿支）		662	714	250	150
卷烟品牌	自有品牌	泰山、哈德门、将军	泰山、哈德门	泰山、哈德门	泰山、哈德门
	合作生产品牌	云烟	红双喜	南京、白沙	红塔山、白沙
卷烟总产量（亿支）		542.91	557.39	227.66	113.50
雪茄烟品牌		将军、泰山	—	—	—
雪茄烟总产量（万支）		3062.41	—	—	—

注：表中各生产厂卷烟总产量含出口烟。

（撰稿：郭　勇；编辑：李　昂）

河南中烟工业有限责任公司

【卷烟生产经营】 2015 年，河南中烟工业有限责任公司生产卷烟（不含出口、含合作生产）1658 亿支（331.6 万箱），同比下降 3.66%，其中，生产一类烟 48.08 亿支（9.62 万箱），同比增长 16.28%；二类烟 89.01 亿支（17.80 万箱），同比下降 17.17%；三类烟 1083.19 亿支（216.64 万箱），同比下降 4.15%；四类烟 291.23 亿支（58.25 万箱），同比下降 4.37%；五类烟 146.49 亿支（29.30 万箱），同比增长 6.47%。生产出口卷烟 16.29 亿支（3.26 万箱），同比增长 32.98%。合作生产云南中烟“红塔山”、上海烟草集团“红双喜”、浙江中烟“利群”“雄狮”共计 145 亿支（29 万箱），同比下降 25.64%。生产高端卷烟 29.05 亿支（5.81 万箱），同比增长 73.89%；高价位卷烟 21.24 亿支（4.25 万箱），同比增长 108.04%；细支卷烟 28.21 亿支（5.64 万箱），同比增长 655.81%。

2015 年，实现卷烟销量（不含出口）1674.15 亿支（334.83 万箱），同比下降 1.42%，其中，一类烟 46.44 亿支（9.29 万箱），同比增长 15.81%；二类烟 92.50 亿支（18.50 万箱），同比下降 9.75%；三类烟 1101.29 亿支（220.26 万箱），同比下降 1.12%；四类烟 287.89 亿支（57.58 万箱），同比下降 4.98%；五类烟 146.04 亿支（29.21 万箱），同比增长 5.04%。出口卷烟实现销量 16.21 亿支（3.24 万箱），同比增长 30.49%。高价位卷烟实现销量 19.09 亿支（3.82 万箱），同比增长 82.82%；高端卷烟实现销量 26.79 亿支（5.36 万箱），同比增长 70.14%。细支卷烟实现销量 25.97 亿支（5.19 万箱），同比增长 749.79%。

2015 年，实现卷烟销售收入 448.75 亿元，同比增长 2.16%。实现税利 340.27 亿元，同比增长 0.62%，其中利润 70.36 亿元，同比下降 7.13%。三项费用率为 8.25%。

【主要产品与品牌建设】 主要产品。2015 年，河南中烟生产的内销卷烟品牌主要有“黄金叶”“红旗渠”“散花”。生产“黄金叶”1017.58 亿支（203.52 万箱），同比增长 0.28%；“黄金叶”实现销量 1032.12 亿支（206.42 万箱），同比增长 3.95%，其中省内 724.09 亿支（144.82 万箱），省外 308.04 亿支（61.61 万箱）。生产“红旗渠”418.76 亿支（83.75 万箱），同比下降 5.97%；“红旗渠”实现销量 423.42 亿支（84.68 万箱），同比下降 3.86%，其中省内 258.66 亿支（51.73 万箱）、省外 164.76 亿支（32.95 万箱）。

合作生产云南中烟的卷烟品牌“红塔山”65 亿支

(13万箱),上海烟草集团的卷烟品牌“红双喜”50亿支(10万箱),浙江中烟的卷烟品牌“利群”20亿支(4万箱)、“雄狮”10亿支(2万箱)。

2015年,向缅甸、菲律宾、越南、马来西亚、柬埔寨、澳大利亚、新加坡、巴拿马、智利、伯利兹、土耳其、伊朗、伊拉克、巴基斯坦、刚果、韩国、中国澳门等国家和地区出口“GOLDENLEAF(黄金叶)”“FARSTAR(发时达)”“CRAZY HORSE(野马)”卷烟品牌,出口额2277万美元,同比增长29.56%。

产品开发。实施产品内部招标,完善产品项目负责制,全面梳理产品开发流程,优化产品程序文件,提高研发效率。2015年,研发“黄金叶(软黄金)”“黄金叶(硬黄金)”“黄金叶(百年浓香·典藏)”“黄金叶(浓香细支)”“黄金叶(小黄金)”“黄金叶(炫尚)”“黄金叶(金丝路)”“黄金叶(喜满堂)”“黄金叶(鸿运)”“红旗渠(雪茄)”“红旗渠(薄荷)”等11款新产品,改造“黄金叶(硬福满堂)”“红旗渠(新开元)”“红旗渠(软红)”等3款产品。围绕电子烟、口含烟、加热不燃烧卷烟3种类型新型烟草,开展研发储备。电子烟开发出一次性和可充电型电子烟类型,口含烟开发出袋装口含烟,加热不燃烧卷烟开发出五套加热装置。申报新型烟草类项目9项,申报专利20项。

品牌培育。把“调结构”作为品牌培育的主攻方向、税利增长的有效抓手和稳定市场的有力支撑,深入落实《河南省卷烟产品结构优化升级工作方案》,狠抓核心规格突破,推动整体结构升级。扎实推进高价位卷烟发展,强化“天系列”产品的战略地位,从“市场价格、满足率和市场地位”3个维度保持定力、科学管控,保好态势、稳步扩量,“黄金叶(天叶)”“黄金叶(小天叶)”“黄金叶(天叶细支)”“黄金叶(天香细支)”逆势上扬。“黄金叶(天叶)”实现销量12.95亿支(2.59万箱),同比增长28.72%,高出全国同价位卷烟平均增幅19个百分点。扎实推进一、二类烟发展,统筹当前增长和长远发展、原有规格和新开发规格的关系,探索推行分类管理,科学施策,一、二类烟总量实现回升。推进细支卷烟发展,紧跟发展大势,坚持中高定位,加快产品研发和市场培育,细支卷烟发展成为河南中烟品牌培育的新亮点。统筹其他品牌和规格发展,找准结合点,挖掘增长点,自有品牌对企业发展的支撑力和贡献度持续提高。

市场建设。把市场导向作为基本原则,把适应市场化改革作为头等大事,建立常态化分析研究机制,加强市场形势和行业政策分析与研判,参与试点单位市场改革研究。明确市场营销主体责任,深度融入行业市场化改革流程再造,建立健全产销研协同、物流保供和信息化支撑“三大机制”,深化营销分中心建设,切实发挥“三提高”办公室(提高适应市场的能力、提高响应市场的速度、提高服务市场的水平)的作用。深化公司领导市场调研,推进省内市场“法人”营销,强化省外大区和板块市场建设,继续保持开疆拓土的良好势头。2015年,省内8个市场份额持续提升;省外巩固扩大吉林、北京、广西、湖北等一批成长较快的中等规模市场和云南、四川、贵州、大连等潜力市场。

【原辅材料保障】 原料保障。深化战略合作,基地建设成效明显。与福建省局(公司)签订“豫闽战略合作框架协议”,在烟叶基地建设、模块均质加工、人才交互培养等方面展开更高水平合作;打造许昌市襄城县、平顶山市郏县2个“黄金叶浓香示范园”,引领浓香型烟叶发展;派驻“上六片”专职工作组,强化过程把控,提升“上六片”质量水平;开展“定制化”生产试点工作,为精益采购、降本增效探索路子;推进国家局首批精益生产试点——福建邵武基地单元建设,连续三年受到国家局通报表扬。推进复烤加工专线和区域加工中心建设,规模化和均质化加工水平明显提升。在宝丰烟叶复烤厂建立“黄金叶”烟叶复烤加工专线,加强在线质量控制,完善工艺体系,规范现场管理,加工质量指标稳定性、产品纯净度得到有效保证;在大理复烤厂、福建武夷烟叶有限公司建立区域加工中心,加快推进跨区域模块加工。

物资保障。推进卷烟材料授权改革工作。制定《卷烟材料授权集中招标采购调整意见》,对2015—2016年度卷烟材料公开招标项目进行授权管理;制定《醋纤丝束运输、仓储模式改革方案》,进一步加强醋纤丝束管理,推行精益采购,保障材料质量,降低成本费用;坚持规范和集中采购基本理念,推进调整香精香料授权改革。持续实施卷烟材料授权招标采购。出台《关于2015—2016年度卷烟材料授权集中采购项目公开招标的意见）》，评标要素在适度引导价格竞争外，重点侧重质量评价，注重供应商供货质量及研发合作，引导供应商通过日常质量管控获取订单，招标结果更加满足生产一线需求。探索供应商管理改革。修订颁布《卷烟材料供应商管理办法》，对供应商进行分级管理，实施双向考核激励，促使供应商由重关系、重业务向重质量、重服务转变；推广装潢供应商现场写实经验，固化工作程序，对八类材料供应商进行现场写实评价。推进物资管理创新。继续开展“突出前瞻保障的物资供应链管理”研究，统筹确定7个物资采购课题及研究方向。

【技术创新】 *河南中烟工业有限责任公司技术中心概况。*河南中烟工业有限责任公司技术中心成立于2007年3月，为行业级技术中心。设有烟气超净、常规分析、理化分析、香精香料分析及卷烟物测等标准实验室，拥有先进大型仪器设备30余台（套），总价值4000余万元。截至2015年底，员工121人，平均年龄38岁，其中博士研究生学历（含在站博士后）9人，硕士研究生学历38人；中高级以上专业技术资格83人，其中高级职称21人；有5名国家卷烟感观质量评吸委员会委员、1名标准化委员会委员、1名中国烟草品种审定委员会委员、2名国家烟叶等级质量检验委员会委员。2015年，技术中心建立完善七级技术职务序列，新聘任主任工程师6人、副主任工程师4人、工程师19人，新增副研究员1人、高级工程师3人、高级会计师1人。

*项目研发。*河南中烟坚持“开门搞科研”，开创技术合作新模式，新建立5个联合科研平台，为开展技术研究、提升产品特色水平提供支撑。首次加入烟草科学研究合作中心（CORESTA）分学组，在国际会议上作专题技术报告。依托行业重大专项及公司重点项目，一批降焦减害、增香保润、新型烟草，以及新产品、新材料、新工艺研究项目扎实推进。“基于叶丝加料的制丝工艺关键技术及应用”项目获得2015年河南省科技进步奖二等奖，“选择性降低氰化氢和巴豆醛技术研究及在黄金叶品牌的应用”项目获得中国烟草总公司2015年度科学技术进步奖三等奖。牵头完成增香保润重大专项“多羟基类保润产品合成技术研究”，通过国家局验收。2015年，取得科技成果40项，获得省部级以上科技奖励6项，其中获得河南省科技进步奖5项；获得授权专利290项，其中发明专利25项。

【对外交流与合作】 做好出口卷烟品牌国际市场注册工作，规范出口卷烟研发及生产流程。进一步强化出口卷烟包装、国外经销代理商、国内外货运代理商、出入境单证审核管理，持续完善出口卷烟规范化经营，有效满足国际市场真实需求。

加快实施出口版“211”卷烟出海工程，即力争到2017年，通过一般贸易、授权/委托加工销售自有卷烟品牌20亿支（20万件）以上；策划推销公司新型烟草制品和技术，试点销售，跟进营销，力求突破，增加出口新动力；探索开展库存富余烟叶出口工作，加强与中烟国际、国际代理商的合作，争取适宜的库存富余烟叶出口或深加工机会。

积极“走出去”，赴东南亚、南美执行投资建厂和销售网络考察任务。采取“请进来”的方式，与部分境外客户商讨烟草贸易合作及投资建厂合作，初步达成合作意向。

【特事要辑】 2月1日，河南省委书记、省人大常委会主任郭庚茂在河南中烟报送的工作汇报材料上作出重要批示：“逆势发展，成绩可贺！感谢河南中烟为中原崛起作出的贡献！望再接再厉，争取更大成绩！”

2月4日，河南中烟与中国石化销售有限公司签署业务合作框架协议，开启双方在市场宣传、产品推广、资源分配、集采结算等方面全方位的跨界合作模式。

2月10日，河南省委书记、省人大常委会主任郭庚茂，省委副书记、省长谢伏瞻，省政协主席叶冬松与省委、省人大、省政府、省政协四大班子部分领导，到黄金叶生产制造中心调研。

4月16日，国家局副局长杨培森在河南中烟调研。强调做到“五个坚韧不拔”，做好基础工作，培育好“黄金叶”品牌。

5月13—15日，国家局副局长段铁力在河南烟草调研。强调要工商联手共育“黄金叶”品牌，打造浓香型烟叶品牌。

7月6—7日，国家局局长凌成兴在河南烟草调研。强调要担当“两烟”重任，瞄准三大目标，打赢提税顺价攻坚战。其间，河南省委书记、省人大常委会主任郭庚茂，省委副书记、省长谢伏瞻会见凌成兴，双方就河南烟草改革发展交换意见。

12月23日，“黄金叶”品牌商业销售额首次突破500亿元，达到500.48亿元。

2015年河南中烟工业有限责任公司所属生产厂情况统计

		河南中烟工业有限责任公司黄金叶生产制造中心	河南中烟工业有限责任公司许昌卷烟厂	河南中烟工业有限责任公司安阳卷烟厂	河南中烟工业有限责任公司南阳卷烟厂	河南中烟工业有限责任公司驻马店卷烟厂	河南中烟工业有限责任公司漯河卷烟厂	河南中烟工业有限责任公司洛阳卷烟厂
法人资格		非独立法人	非独立法人	非独立法人	非独立法人	非独立法人	非独立法人	非独立法人
主要负责人（含党政领导）		总经理：李彦伟（—2015.10）、陈春喜（2015.10—）党委书记：司书贵	厂长：崔少卿 党委书记：陈书政（—2015.11）党委副书记（主持工作）：曾显峰（2015.12—）	厂长：张国显（—2015.12）、范国民(2015.12—) 党委书记：范国民(2015.7—12，之前任党委副书记并主持工作) 党委副书记（主持工作）：陈清棠（2015.12—）	厂长：刘金福 党委书记：杨玉良	厂长：武超伟 党委书记：董建兴(2015.12—，之前任党委副书记并主持工作)	厂长：吕　飞 党委书记：王秋领(2015.9—，之前任党委副书记并主持工作)	厂长：徐合军 党委书记：齐建华（2015.7—，之前任党委副书记并主持工作）
成立时间		2014年	1949年	1945年	1950年	1949年	1949年	1981年
从业人员（人）		2620	1533	1286	1128	793	834	885
卷烟生产能力（亿支）		730	390	270	194	150	215	215
卷烟品牌	自有品牌	黄金叶、红旗渠	黄金叶	黄金叶、红旗渠、发时达、野马	黄金叶、红旗渠	黄金叶、红旗渠、散花	黄金叶、红旗渠、散花	黄金叶、红旗渠
	合作生产品牌	—	—	—	红双喜	—	利群、雄狮	红塔山
卷烟总产量（亿支）		610.00	288.97	224.05	158.60	104.40	161.86	126.40
雪茄烟品牌		—	—	—	—	—	—	—
雪茄烟总产量（万支）		—	—	—	—	—	—	—

注：表中各生产厂卷烟总产量含出口烟。

（撰稿：张　宇；编辑：李　昂）

湖北中烟工业有限责任公司

【卷烟生产经营】 2015年，湖北中烟工业有限责任公司生产卷烟（不含合作生产和出口）1386.5亿支（277.3万箱），其中，生产一类烟742.76亿支（148.55万箱）、二类烟261.94亿支（52.39万箱）、三类烟172.13亿支（34.43万箱）、四类烟141.9亿支（28.38万箱）、五类烟67.77亿支（13.55万箱）。湖北中烟与省外卷烟工业企业合作生产卷烟161.5亿支（32.3万箱）。生产出口卷烟2.94亿支（0.59万箱）。

实现卷烟销量（含合作生产，不含出口）1374.92亿支（274.98万箱），其中，一类烟651.54亿支（130.31万箱）、二类烟279.33亿支（55.87万箱）、三类烟232.51亿支（46.5万箱）、四类烟147.7亿支（29.54万箱）、五类烟63.83亿支（12.77万箱）。

实现卷烟销售收入629.08亿元，同比增长0.32%。实现税利526.8亿元，同比增长9.41%，其中利润74.38亿元，同比增长7.56%。三项费用率为3.86%，同比下降1.52个百分点。

万元产值综合能耗为4.67千克标煤，万支卷烟综合能耗为2.28千克标煤。烟叶、滤棒、盘纸平均消耗分别为7.04千克/万支、2518支/万支、593米/万支。水、电平均消耗分别为0.07吨/万支、7.24千瓦时/万支。

【雪茄烟生产经营】 湖北中烟工业有限责任公司本部下设三峡卷烟厂雪茄烟品牌发展部，生产的雪茄烟品牌有“黄鹤楼”“顺百利”“三峡”“茂大”等。

加大新品研发力度，丰富品牌体系。2015年，湖北中烟推出“黄鹤楼（雪之梦6）”“黄鹤楼（雪之梦7）”“黄鹤楼（雪之梦8）”“黄鹤楼（雪之梦9）”，以及“茂大1号”“茂大2号”等6款中高端雪茄烟新品。对海南儋州及恩施来凤引种的国产雪茄烟叶替代研究应用取得阶段性成果。

创新营销模式，强化品牌培育。2015年，湖北中烟参加了多米尼加、古巴雪茄文化节，与“多米尼加之花（La Flor Dominicana）”和“大卫杜夫（Davidoff）”等品牌的生产商开展交流合作。在深圳、武汉两地开展雪茄烟“直销模式”试点实践，探索中式雪茄烟特色营销模式。

2015年，生产雪茄烟2.98亿支，同比增长32.88%，其中三峡卷烟厂雪茄烟生产车间生产7549万支。销售雪茄烟2.86亿支，其中销售“黄鹤楼”2.31亿支、“茂大”0.47亿支、“三峡”0.08亿支、“顺百利”28.77万支。出口雪茄烟1572万支。实现雪茄烟销售收入2.18亿元，同比增长86.32%。

【主要产品与品牌建设】 2015年，湖北中烟按照“品牌发展要稳，市场工作要实”的要求，将保持品牌良好的市场状态和合理的销售规模放在首位，坚持稍紧平衡、精准调控的营销策略，准确把握市场需求，密切跟踪市场表现，着力挖掘市场潜力，启动终端品牌培育工作，保障了品牌状态良好，“黄鹤楼”品牌呈现总销量与单箱销售额同增的良好趋势。

*主要产品。*2015年，湖北中烟生产的卷烟品牌主要有“黄鹤楼”“红金龙”。自产“黄鹤楼”997.87亿支（199.57万箱），合作生产“黄鹤楼”43.35亿支（8.67万箱），其中与黑龙江烟草工业有限责任公司合作生产“黄鹤楼”8.25亿支（1.65万箱），与原川渝中烟合作生产“黄鹤楼”35.1亿支（7.02万箱）。实现销量924.13亿支（184.83万箱）。

自产“红金龙”386.42亿支（77.28万箱），合作生产“红金龙”118.15亿支（23.6万箱），其中与黑龙江烟草工业有限责任公司合作生产“红金龙”76.75亿支（15.35万箱），与原川渝中烟合作生产“红金龙”41.4亿支（8.28万箱）。实现销量449.80亿支（89.96万箱）。

*产品开发。*湖北中烟不断加大提质改造、新品开发、结构提升的工作力度，推出“黄鹤楼（峡谷柔情）”“黄鹤楼（硬蓝）”“红金龙（福满多）”等6款新品，改造“黄鹤楼（硬大彩）”“红金龙（软精品）”等6款产品。

*品牌培育。*推进营销工作重心下移，优化总监责任划分，理顺营销组织体系，完善运行机制。各营销团队按照

"品牌发展要稳，市场工作要实"的要求，将保持品牌良好的市场状态和合理的销售规模放在首位，坚持稍紧平衡、精准调控的营销策略，准确把握市场需求，密切跟踪市场表现，着力挖掘市场潜力，启动终端品牌培育工作，保障品牌状态良好。"黄鹤楼"品牌呈现总销量与单箱销售额同增的良好趋势。在湖北省内市场，持续开展"'红金龙'大不同"的宣讲活动，从9月开始召开卷烟零售客户座谈会248场，受邀零售客户和基层客户经理代表近1.3万人次，"红金龙"品牌连续快速下滑的势头得到一定遏制。

全年境外实现卷烟销量36.76亿支，其中一般贸易出口5.12亿支，境外生产销售31.64亿支。"R.G.D"实现销量27.72亿支，"黄鹤楼"实现销量9.04亿支。

【原辅材料保障】 *提升质量、优化库存*。湖北中烟着眼于企业和品牌可持续健康发展，紧紧围绕"控量、提质、调结构"的工作思路，持续增强原料保障能力。多渠道调整优化烟叶库存，主动向行业内企业调剂存量，多途径争取出口国际市场，烟叶库存同比降低40万担，库存水平下降约4个月，有效降低企业运行风险。2015年，湖北中烟实际调拨烤烟8.22万吨（164.33万担），上等烟比例为69.07%。采购进口烟叶0.63万吨（12.67万担），其中津巴布韦烟叶0.32万吨（6.42万担），巴西烟叶0.27万吨（5.43万担），马拉维烟叶0.006万吨（0.12万担），赞比亚烟叶0.01万吨（0.2万担），美国烟叶0.026万吨（0.51万担）。

烟叶基地单元建设。2015年，烟叶基地单元数量同比减少13个，调减基地调拨计划31.5万担，年度基地化供应烟叶99.13万担，基地化供应比例57.8%，初步形成以湖北、云南、贵州、四川和河南为主的单元布局。实施全生育期"一区一策"差异化管理，关键生产技术得到较好落实。

辅料保障。湖北中烟紧密衔接卷烟市场、生产和供应商，加强信息沟通，严格按照卷烟生产进度，组织配套烟用物资生产配送，确保生产所需物资及时供应。通过采取减少申报计划总量、调整部分醋纤丝束及进口卷烟纸到货时间等措施，专卖品卷烟材料库存下降2310吨，减少资金占用超过1亿元。零配件谈判项目覆盖2115种零配件，价格平均降幅7%。

【技术创新】 湖北中烟坚持以产品为中心，聚焦减害降焦、滤棒材料、香精香料、新型烟草制品等核心领域、重点技术研究领域和关键技术创新环节，大力开展技术攻关。2015年，开发和提取特色香精28种，细支香润珠滤棒顺利实现工业化生产，透明颗粒滤棒完成在线试制，新型烟草制品取得新的突破。

开展科技项目研究29项，其中国家局项目5项，省部级项目1项。申报专利713项，其中发明专利229项；获得授权专利425项，其中发明专利90项。

【对外交流与合作】 1月，出口2600万支"R.G.D"细支卷烟到中东市场，实现湖北中烟细支卷烟产品境外销售零的突破。2月，参加多米尼加、古巴雪茄节，拓展雪茄烟国际市场。6月，出口烟叶至欧洲用于生产湖北中烟自有卷烟品牌。11月，与菲莫国际中国战略合作部在上海召开"R.G.D"品牌战略研讨会，交流2015年"R.G.D"品牌发展情况及2016年品牌拓展计划，并探讨未来进一步深化合作的可能性。

【特事要辑】 9月21日，湖北省常务副省长王晓东、副省长许克振一行到湖北中烟调研，并指出：自2002年进行整合以来，湖北中烟发展不断加快，实力持续提升，为湖北经济社会发展作出重要贡献，成为湖北省工业战线的旗帜和国有企业的标杆。

10月19—20日，国家局局长凌成兴到湖北烟草调研，考察三峡卷烟厂和黄鹤楼科技园滤嘴材料研究所润香珠生产车间。其间，湖北省委书记、省人大常委会主任李鸿忠，省委副书记、省长王国生会见凌成兴，副省长许克振参加会见。双方就湖北烟草改革发展交换意见。

10月27日，国家局副局长赵洪顺到湖北中烟考察调研，赵洪顺指出：湖北中烟2015年发展形势良好，主要体现在品牌发展的状态好、结构调整的趋势好、经济运行的状态好、新老班子的交替好。"黄鹤楼"品牌在过去13年创造弯道超车的传奇，湖北中烟成为行业改革发展的巨大推动力量，为行业探索专卖专营体制下与市场机制有机结合的模式，作出历史性的贡献。

12月15日，国家局副局长杨培森参加湖北中烟党组"三严三实"专题教育民主生活会。

2015 年湖北中烟工业有限责任公司所属生产厂情况统计

		湖北中烟工业有限责任公司武汉卷烟厂	湖北中烟工业有限责任公司襄阳卷烟厂	湖北中烟工业有限责任公司三峡卷烟厂[1]	湖北中烟工业有限责任公司广水卷烟厂	湖北中烟工业有限责任公司红安卷烟厂	湖北中烟工业有限责任公司恩施卷烟厂
法人资格		非独立法人	非独立法人	非独立法人	非独立法人	非独立法人	非独立法人
主要负责人（含党政领导）		厂长：程思军 党委书记：聂广军（—2015.8）、程思军（2015.8— ）	厂长：张道义 党委书记：张志生（—2015.8）、张道义（2015.8—）	厂长：刘兴国 党委书记：何中柱（—2015.8）、刘兴国（2015.8—）	厂长、党委书记：彭涛鸣（—2015.5）、侯　波（2015.5—）	厂长：方战先（—2015.5）、张小平（2015.5—） 党委书记：张小平	厂长：谭文峰 党委书记：戚新平（—2015.8）、谭文峰 2015.8—）
成立时间		1916 年	1944 年	1998 年	1970 年	1981 年	2009 年
从业人员（人）		1525	1148	744	447	718	602
卷烟生产能力（亿支）		682.00	535.00	180.00	104.00	157.00	339.00
卷烟品牌	自有品牌	黄鹤楼、红金龙	黄鹤楼、红金龙	红金龙	黄鹤楼、红金龙	黄鹤楼、红金龙	黄鹤楼、红金龙
	合作生产品牌	—	—	—	—	—	—
卷烟总产量（亿支）[2]		637.85	343.25	128.02	87.69	73.69	118.94
雪茄烟品牌		—	黄鹤楼	黄鹤楼、茂大、顺百利、三峡	—	黄鹤楼	黄鹤楼
雪茄烟总产量（万支）		—	13803.00	7549.00	—	7907.00	557.00

注：1. 湖北中烟工业有限责任公司三峡卷烟厂下设雪茄烟分厂，负责湖北中烟雪茄烟生产。2015 年，主要生产的雪茄烟品牌有“黄鹤楼”“茂大”“顺百利”“三峡”；

2. 表中各生产厂卷烟总产量含出口烟。

（撰稿：黄　帅；编辑：王东旭）

湖南中烟工业有限责任公司

【卷烟生产经营】 2015 年，湖南中烟工业有限责任公司生产卷烟（不含出口）1900 亿支（380 万箱），同比增长 1.01%，其中，生产一类烟 1090.51 亿支（218.10 万箱），同比增长 12.33%；二类烟 5.23 亿支（1.05 万箱），同比下降 50.62%；三类烟 334 亿支（66.80 万箱），同比下降 7.43%；四类烟 417.13 亿支（83.42 万箱），同比下降 8.47%；五类烟 53.13 亿支（10.63 万箱），同比下降 36.03%。生产出口卷烟 28.36 亿支（5.67 万箱），同比增长 11.92%。

实现卷烟销量（含合作生产落地销售，不含出口）2509.20 亿支（501.84 万箱），同比增长 2.68%，其中，一类烟 1050.25 亿支（210.05 万箱），同比增长 11.17%；二类烟 13.40 亿支（2.68 万箱），同比下降 2.19%；三类烟 778.16 亿支（155.63 万箱），同比下降 3.78%；四类烟 528.95 亿支（105.79 万箱），同比增长 7.79%；五类烟 54.45 亿支（10.89 万箱），同比下降 33.48%。

2015 年，“白沙”卷烟品牌合作生产量 639.75 亿支（127.95 万箱），同比下降 3.48%。合作生产实现卷烟销量 634.05 亿支（126.81 万箱），同比下降 4.58%，其中，回购销售实现销量 551.4 亿支（110.28 万箱），落地销售实现销量 83.98 亿支（16.8 万箱）。

实现销售收入 906.46 亿元，同比增长 7.55%；出口实现 6799.55 万美元，同比增长 18.26%。实现税利 796.19 亿元，同比增长 6.75%，其中利润 117.46 亿元，同比下降3.97%。三项费用率为5.42%，同比提高0.16个百分点。

万支卷烟综合能耗为3.46千克标煤，万元产值综合能耗为7.18千克标煤。平均消耗烟叶6.63千克/万支、滤棒1678支/万支、盘纸604米/万支、水0.13吨/万支、电8.54千瓦时/万支。

【主要产品与品牌建设】 2015年，湖南中烟以"13233"战略为指引，按照"线上聚人气，线下做体验，强化互通互联"的思路，推广"三步十二法"，"三步"即品牌认知、品牌认可、品牌认同，"十二法"即新品上市、平台推广、寻宝主题活动、线上社群建设、寻找忠实消费者、终端驻店导购、团购客户开发、明星店主评选、餐饮惊喜派送、夜场酒吧推广、消费圈层推广、地域文化活动。试点推进品牌经理制，搭建多元的服务体验与文化推广平台。

扩建消费终端推广平台，全国市场开展3295场餐饮终端、1551场酒吧夜场和15场演艺厅推广系列活动。借助零售终端推广平台，推进509场终端促销与终端体验专题活动。创建前端入口，巧借扫码防伪的刚性需求，增强用户黏性。新建以微信为主的品牌推广平台，推进线上传播及抽奖活动。

以"带带相传"为概念点，配套开发"芙蓉王（红带）""芙蓉王（闪带）""芙蓉王（红带细支）""芙蓉王（闪带细支）"等产品。开发"芙蓉王（蓝闪）"，以"做中国最好玩、最时尚的卷烟"为核心诉求，向上延伸新规格"白沙（天天向上细支）"。

内销卷烟。2015年，湖南中烟内销卷烟品牌主要有"白沙""芙蓉王""芙蓉""相思鸟"。全年自产"白沙"卷烟品牌785.26亿支（157.05万箱），合作生产"白沙"卷烟品牌639.75亿支（127.95万箱），实现销量1416.69亿支（283.34万箱）；生产"芙蓉王"卷烟品牌1050.61亿支（210.12万箱），实现销量991.30亿支（198.26万箱）；生产"芙蓉"卷烟品牌32.18亿支（6.44万箱），实现销量36.98亿支（7.40万箱）；生产"相思鸟"卷烟品牌20.95亿支（4.19万箱），实现销量24.14亿支（4.83万箱）。

出口卷烟。2015年，湖南中烟自有品牌出口卷烟生产分为境外合作生产与境内生产2个部分。境外生产部分由巴拿马合作工厂承担，主要生产"白沙（Marshal）""白沙（Silver Elephant）""利事"，2015年生产卷烟14.56亿支（2.91万箱），全部供应南美市场。

境内生产分别由长沙卷烟厂、常德卷烟厂和郴州卷烟厂负责，主要生产"白沙""利事""芙蓉王"等品牌系列，生产出口卷烟28.36亿支（5.67万箱），同比增长11.92%。其中，长沙卷烟厂生产0.14亿支（0.03万箱），同比减少6.42亿支（1.28万箱），下降97.87%；常德卷烟厂生产15.53亿支（3.11万箱），同比增加2.95亿支（0.59万箱），增长23.50%；郴州卷烟厂生产12.69亿支（2.54万箱），同比增加6.49亿支（1.30万箱），增长104.68%。库存0.60亿支（0.12万箱）。

合作生产。2015年，湖南中烟与河北中烟合作生产卷烟品牌"白沙"289.75亿支（57.95万箱），与山东中烟合作生产卷烟品牌"白沙"65亿支（13万箱），与贵州中烟合作生产卷烟品牌"白沙"45亿支（9万箱），与原川渝中烟合作生产卷烟品牌"白沙"30亿支（6万箱），与陕西中烟合作生产卷烟品牌"白沙"210亿支（42万箱）。许可生产菲莫国际公司卷烟品牌"万宝路"11亿支（2.2万箱）。

【原辅材料保障】 原料保障。2015年，湖南中烟坚持以品牌需求为导向，遵循轻资产理念，推动原料保障由供应链向价值链转型。

原料管理坚持精益化。探索并实践"一点一带一域一体"的烟叶基地发展战略思路，拓展基地参与的深度和强度。探索人机结合选叶，解决效率、精准用工问题。建立原料保障分析模型，开展精准测算，站在价值角度设立目标、细化环节，打通整条供应链，实现环环相扣、高效协同、层层增值。品牌急需的清香型烟叶比重提高3个百分点，上部烟叶比重减少3个百分点；优化富余烟叶1.85万吨（37万担）。

截至2015年6月，调拨2014年度国内烤烟20.15万吨（403.12万担），其中上等烟叶14.72万吨（294.46万担），中等烟叶5.43万吨（108.66万担）。2015年7—12月，调拨2015年度国内烤烟16.196万吨（323.91万担），其中上等烟叶11.94万吨（238.70万担），中等烟叶4.26万吨（85.21万担）。

辅料保障。2015年，湖南中烟精耕细作中间"一公里”（生产制造一公里），重点运用M2M（物联网技术，提供集数据的采集、传输、分析及业务管理为一体的综合解决方案，实现流程自动化）思维、转型升级实现物资精益管理，运用TOC（即“瓶颈理论”，立足于企业系统，通过聚焦于瓶颈的改善，达到系统各环节同步、整体改善的目标）管理方法，解决供应瓶颈。物资采购改自行招标为委托公开招标，网购实现全覆盖。2015年，烟用材辅料物资采购金额66.97亿元，材辅料采购质量合格率99.99%，配送及时到位率100%，质量问题整改率100%，未发生职责范围内的安全责任事故。

【技术创新】 湖南中烟工业有限责任公司技术研发中心概况。湖南中烟工业有限责任公司技术研发中心原名湖南中烟工业公司技术中心，成立于2006年12月，2007年通过国家级企业技术中心复评，2010年6月更名为湖南中烟工业有限责任公司技术研发中心。下设3个办公室、6个专业研究所、1个烟草质量监督检测站、1个博士后科研工作站。技术研发中心员工平均年龄43岁，23人拥有博士研究生学历，56人拥有硕士研究生学历，在站博士后3人，54人拥有高级职称，105人拥有中级职称。

科研项目。2015年，湖南中烟实施各类科技项目181项，投入研究经费3.68亿元。从项目层级来看，重大专项6项，重点项目11项，占项目总数的9.40%；一般项目与预研项目119项，占项目总数的65.70%；创新小组项目45项，占项目总数的24.90%。从研究类型来看，以产品研发为代表的技术集成型项目18项，占项目总数的10%；基础及应用研究型项目146项，占项目总数的80.60%；前瞻性或机理研究型项目17项，占项目总数的9.40%。科研项目分布更为合理，鼓励包括湖南中烟所属6家卷烟厂在内的各层面科技人员以科技项目为纽带参与公司科技创新活动。8月，公司奖励8个效果突出的应用型成果。

科研成果。2015年，技术研发中心申请国家专利164项，获得授权专利118项。研发定型“芙蓉王（硬蓝带）”等6个新规格，研发中试“芙蓉王（硬天源细支）”等6个新规格；研制“白沙（利事硬台湾）”等3个规格出口烟；提质改造“芙蓉王（钻石）”等3个在产规格。成果转化率82.70%，同比提高2.1个百分点。实现“盘磨梗丝”“低一氧化碳卷烟纸”“再造烟叶质量安全控制体系”等降焦减害成果在产品中的应用。在全国6个省（直辖市）完成烟叶生产“4+1”，“4”是指4项技术，包括烤烟个体发育与群体结构调控技术、上部叶4~6片一次性采收技术、中温中湿调制工艺、土壤改良综合技术，“1”是指GAP管理。技术示范48.12万亩，示范区烟叶质量普遍提升。新型烟草研究取得阶段性成果，研发低温烟、电子烟各2款，初步确定电子烟烟油和低温烟发烟介质的工艺生产流程。国家局监督抽查湖南中烟卷烟产品各项质量安全指标合格率100%。

【对外合作交流】 巴拿马工厂。2015年，推进巴拿马合作生产的相关工作。9月，应巴拿马政府要求，巴拿马工厂进行短期的停产整改，10月恢复生产。2015年，生产销售“白沙（Marshal）”“白沙（Silver Elephant）”“利事”卷烟14.56亿支（2.91万箱），生产浙江中烟卷烟品牌“摩登”6.10亿支（1.22万箱）。同时，继续推进巴拿马工厂项目工厂扩容和中南美洲平台搭建工作。截至2015年底，巴拿马工厂有员工80人，其中，湖南中烟驻厂员工28人，年生产规模20亿支（4万箱）。

国际市场开拓。经中国烟草国际有限公司批准，2015年新开辟哈萨克斯坦等新的境外市场，同时完成南非市场拓展的前期工作。2015年，“芙蓉王”品牌境外销售15.53亿支（3.11万箱），同比增长23.46%，实现较大幅度的增长。有税市场比例46.92%，较2014年的39.88%有较大的增长。扶持重点市场，挖掘中南美洲市场的销售潜力，市场供应得到保障，中国香港、中国澳门市场得到进一步稳固和提高，欧洲、澳大利亚、中东等市场均保持持续性增长。

2015年6月，韩国市场上市3款限量版“BAISHA/LARK”产品，各生产1100件，向消费者传递“BAISHA”的品牌信息，扩大品牌知名度和影响力，并进行为期4周的零售店促销展示。2015年，在韩国市场销售2.97亿支（0.59万箱）。同时，公司还通过法律申诉，获得“HARMONY”品牌在韩国的所有权，并在市场上进行初步的消费者品牌调研，探索“HARMONY”品牌进入韩国市场的可行性。

菲莫巴西拥有的2个细支卷烟品牌“LUXOR”“PALACE”与湖南中烟拥有的“HARMONY”品牌形成联合品牌——“HARMONY/LUXOR”。截至2015年底，完成品牌转换工作，由于市场措施得当，转换前、后销售维持稳定。2015年，巴西市场销售“HARMONY/LUXOR”4.37亿支（0.87万箱）。

"BAISHA"品牌着手进行推向全国市场的工作。为提升品牌的知名度，主要开展零售商和消费者促销活动。2015年，在阿根廷市场销售1.44亿支（0.29万箱）。

【精益管理】 2015年，湖南中烟持续加强精益管理，从精益战略、精益营销、精益研发、精益制造、精益烟叶管理、精益物流、精益团队建设等关键环节和价值节点入手，因地制宜深化精益管理，形成点上突破、系统提升的精益管理工作格局。落实"轻资产"理念，开展"开源节流新环保"活动、"6S+D"管理工作，2015年节约挖潜3.5亿元。重点技改项目建设着力在跨越发展、创新发展、节约发展、廉洁规范、国产烟机应用上下功夫，通过优化方案设计、进行项目集管理，压缩技改投资规模15.5亿元；通过集中采购，节约投资1.4亿元。

【特事要辑】 5月15日，国家局副局长杨培森在湖南中烟调研，听取湖南中烟工作情况汇报，强调在下一阶段工作中，重点要做好三方面工作：继续抓好"芙蓉王""和天下"品牌的培育和发展；加大新型烟草制品研发力度；深入开展"三严三实"专题教育，提高整体队伍素质。

6月8日，国务院政策措施落实情况督查组副组长、国家民政部副部长宫蒲光与工信部、财政部、民政部相关领导一行到湖南中烟常德卷烟厂实地参观考察卷烟生产制造全过程，了解卷烟生产工艺流程和设备生产能力，对该厂集工业化、信息化和自动化流水线作业为一体的现代化制造工厂给予高度评价，充分肯定湖南中烟和"芙蓉王"品牌为国家和地方经济发展所作的贡献。

6月9—11日，国家局局长凌成兴在湖南烟草调研，先后考察湖南中烟常德卷烟厂劳模创新工作室和该厂易地技改项目现场、零陵卷烟厂生产车间。凌成兴对湖南烟草取得的工作成绩给予充分肯定。凌成兴强调，当前烟草行业的头等大事就是打赢卷烟提税顺价攻坚战，保持卷烟营销、卷烟生产、烟叶生产"三个平稳态势"，面对新形势、新任务，湖南烟草要"打赢攻坚战，冲刺一千亿元"，即打赢卷烟提税顺价攻坚战，实现湖南烟草工商税利总额跨越1000亿元的大台阶。具体来讲，要做到"两个总体平稳、三个大幅增长"，即保持卷烟产销和烟叶生产总体平稳，实现结构提升、技改投资和税利总额大幅增长。要以"三严三实"专题教育为动力，打造过硬的领导班子，构建良好的政治生态，坚定行业的发展目标，为行业作出新的贡献。

11月2—4日，国家局副局长段铁力在湖南烟草调研，考察湖南中烟常德卷烟厂和长沙卷烟厂、常德市烟草专卖局（公司）、湖南白沙物流有限公司、常德烟草机械有限责任公司，走访长沙市部分零售客户，听取湖南烟草工商企业的工作汇报。段铁力要求湖南烟草通过"三严三实"专题教育抓好班子、带好队伍，保持良好经济运行状态，稳控结合抓好烟叶生产，持续提升精益管理水平，发挥科技创新引领作用，打造国产烟机示范基地，切实推进品牌合作生产。

11月19—20日，国家局副局长赵洪顺到湖南烟草调研。赵洪顺要求湖南中烟保持改革发展定力，保持良好精神状态，坚持创新引领发展，坚持严格规范管理，坚定信心，攻坚克难，立足当前，着眼长远。

11月24日，国家局副局长段铁力到湖南中烟郴州卷烟厂调研，走访郴州市部分零售户，现场考察制丝、卷包一线作业情况。段铁力要求湖南中烟郴州卷烟厂保持良好经济运行状态，持续提升精益管理水平；希望易地技改项目建设尽量缩短工期，尽早具备生产条件，使郴州烟草产业发展再上台阶。

2015年湖南中烟工业有限责任公司所属生产厂情况统计

	湖南中烟工业有限责任公司长沙卷烟厂	湖南中烟工业有限责任公司常德卷烟厂	湖南中烟工业有限责任公司郴州卷烟厂	湖南中烟工业有限责任公司零陵卷烟厂	湖南中烟工业有限责任公司四平卷烟厂	湖南中烟工业有限责任公司吴忠卷烟厂
法人资格	非独立法人	非独立法人	非独立法人	非独立法人	非独立法人	非独立法人
主要负责人（含党政领导）	厂长、党委书记：范康君(—2015.11)、刘　军(2015.11—)	厂长、党委书记：邹纲强（—2015.11）、龚道国（2015.11—）	厂长、党委书记：刘　军（—2015.11）副厂长（主持工作）、主持党委日常工作：孟令军(2015.11—12)	厂长、党委书记：刘正宇	党委书记：白玉琦 厂长：孙贤军	厂长、党委书记：李朝辉（—2015.11）副厂长（主持工作）：郭三明（2015.12—）党委书记：李朝辉（2015.11—）

续表

		湖南中烟工业有限责任公司长沙卷烟厂	湖南中烟工业有限责任公司常德卷烟厂	湖南中烟工业有限责任公司郴州卷烟厂	湖南中烟工业有限责任公司零陵卷烟厂	湖南中烟工业有限责任公司四平卷烟厂	湖南中烟工业有限责任公司吴忠卷烟厂
成立时间		1947 年	1951 年	1939 年	1976 年	1948 年	1970 年
从业人员（人）		2345	3375	1729	1142	778	398
卷烟生产能力（亿支）		1073	1000	284	250	113	100
卷烟品牌	自有品牌	白沙、芙蓉王	芙蓉王	芙蓉王、白沙、相思鸟、芙蓉、利事	白沙	白沙	白沙
	合作生产品牌	—	—	—	—	—	—
	许可生产品牌	万宝路	—	—	—	—	—
卷烟总产量（亿支）		626. 70	810. 78	164. 80	155. 95	90. 00	81. 00
雪茄烟品牌		—	—	—	—	—	—
雪茄烟总产量（万支）		—	—	—	—	—	—

（撰稿：周腾浪　何小凡；编辑：李　昂）

广东中烟工业有限责任公司

【卷烟生产经营】　2015 年，广东中烟工业有限责任公司生产卷烟（含出口，不含合作生产）1214 亿支（242. 8 万箱），同比下降 0. 05%，其中，生产一类烟 73. 7 亿支（14. 74 万箱）、二类烟 221. 2 亿支（44. 24 万箱）、三类烟 811. 5 亿支（162. 30 万箱）、四类烟 33 亿支（6. 6 万箱）、五类烟 74. 6 亿支（14. 92 万箱）。

实现卷烟销量（含出口和合作生产回购）1609. 1 亿支（321. 82 万箱），同比增长 0. 31%，其中，一类烟 73. 9 亿支（14. 78 万箱）、二类烟 218 亿支（43. 6 万箱）、三类烟 1210. 4 亿支（242. 08 万箱）、四类烟 32. 9 亿支（6. 58 万箱）、五类烟 73. 9 亿支（14. 78 万箱）。

实现境外销量 74. 5 亿支，其中“双喜”境外销售 12. 5 亿支。柬埔寨威尼顿集团有限公司销售卷烟 58. 58 亿支，同比增长 1. 57%；实现销售收入同比增长 18. 6%，利润同比增长 10. 96%。金叶卷烟厂（澳门）有限公司实现销量 13. 06 亿支，同比增长 6. 0%；实现销售收入同比增长 13. 21%，利润同比增长 52. 33%。

2015 年，广东中烟自产卷烟实现销售收入 356. 23 亿元，同比增长 3. 07%。实现税利 267. 06 亿元，同比增长 6. 04%，其中利润 36. 50 亿元，同比增长 1. 35%。三项费用率为 7. 43%。

万元产值综合能耗为 6. 19 千克标煤，万支卷烟综合能耗为 1. 94 千克标煤。烟叶、滤棒、盘纸年平均消耗分别为 6. 64 千克/万支、2091 支/万支、592 米/万支。水、电平均消耗分别为 0. 07 吨/万支、8. 09 千瓦时/万支。

【主要产品和品牌建设】　2015 年，广东中烟生产的内销卷烟有“双喜”“椰树”“羊城”“红玫”4 个品牌 37 个规格。停产“双喜（硬红逸品）”。新增“双喜（彩悦）”“双喜（喜百年）”“双喜（百年经典）”“双喜（和喜）”等 4 个规格。

生产“双喜”（不含合作生产）1106. 4 亿支（221. 28 万箱），同比下降 0. 17%。销售“双喜”1502. 3 亿支（300. 46 万箱），同比增长 0. 79%，其中，省外实现销量 646. 7 亿支（129. 34 万箱），同比下降 0. 68%。销量 50 亿支（10 万箱）的省级市场有 4 个，其中湖南、广西销量分别为 140. 3 亿支（28. 05 万箱）和 99. 7 亿支（19. 94 万箱）。继续优化销售结构，“双喜（硬经典 1906）”销量

198.1亿支（39.62万箱），“双喜（软经典）”销量249.5亿支（49.9万箱），“双喜（硬经典）”销量267.5亿支（53.5万箱）。2015年，新增卷烟规格“双喜（彩悦）”“双喜（喜百年）”“双喜（百年经典）”“双喜（和喜）”，总销量0.7亿支（0.14万箱）。

2015年，合作生产“双喜”386.5亿支（77.3万箱），同比减少27.35亿支（5.47万箱），其中与广西中烟柳州卷烟厂合作生产“双喜”205亿支（41万箱），与陕西中烟宝鸡卷烟厂合作生产“双喜”75亿支（15万箱），与江西中烟赣州卷烟厂合作生产“双喜”60亿支（12万箱），与深圳烟草工业有限责任公司合作生产“双喜”29亿支（5.8万箱），与河北白沙烟草工业有限责任公司保定卷烟厂合作生产“双喜”17.5亿支（3.5万箱）。“双喜”商业销售额697.8亿元，同比增加19.7亿元，增长2.9%。

生产“椰树”52亿支（10.4万箱），“羊城”17.8亿支（3.56万箱），“红玫”37.5亿支（7.50万箱）。

市场拓展。“双喜”品牌在省内市场保持稳定。2015年，广东市场销售省产烟960亿支（192万箱），同比下降0.72%，其中销售“双喜”877亿支（175.4万箱），同比基本持平。深圳市场销售“双喜”50亿支（10万箱），同比增长2.04%。

“双喜”品牌在省外市场略有下降。2015年，省外市场销售“双喜”560.5亿支（112.1万箱），同比下降5.1%；在省外市场总体下降的形势下，仍有江西、四川、湖北、浙江等11个省级市场实现不同程度的增长，其中，江西销售“双喜”69.5亿支（13.9万箱），同比增长4.05%，增幅居省外10万箱以上市场之首；四川销售“双喜”19.35亿支（3.87万箱），同比增长51%，增幅居省外万箱以上市场之首。

品牌国际化。完成与中烟英美烟草国际有限公司（CTBAT）的各项履约对接，转移“双喜”产品中国内地免税市场，扩大“双喜”免税业务范围。启动“双喜”产品中国内地免税市场转移工作，向中烟英美烟草国际有限公司提供市场路径和销量、品牌推广、价值链等信息，对“双喜”2016年的供货价格进行测算并及时向合资公司反馈，将“双喜”产品和“SE555”中国免税市场移交至中烟英美烟草国际有限公司自主经营。扩大“双喜”免税业务范围，由金叶卷烟厂（澳门）有限公司经中烟英美烟草国际有限公司许可经营中国内地、中国香港、中国澳门的免税业务，并增加北美、非洲等地区的国家。

商标注册。2015年，完成境外“双喜”商标由广东中烟转移至中烟英美烟草国际有限公司的备案手续，拟转让的165个司法管辖区内的267个商标中174个完成备案，81个提交申请待登记机关处理。加强国际市场知识产权保护，启动全球“五叶神”注册工作，在亚洲、欧洲、非洲等六大洲149个国家申请注册“五叶神”商标，为落实国家局“走出去”战略和拓展广东中烟国际市场打下基础。

【原辅材料保障】 2015年，烟叶年度累计购进原料16.79万吨（335.74万担），其中国内烟叶14.79万吨（295.72万担），进口烤烟1.55万吨（30.98万担），薄片8.55万担。购进的国内烤烟上等烟叶占67%、中部叶占50%、上部烟占44%，等级结构和部位结构更趋合理。烟叶工商交接等级合格率居全国工业企业前列。

优化原料供应基地单元布局。国家局基地单元总数由2014年的40个优化成36个。开展提升烟叶品质的科研项目，主要包括“提高常宁上部烟叶可用性研究”“湘西山地特色烟叶开发关键技术研究”“梅州五华优质烤烟烟叶结构优化控制技术开发”“曲靖基地烟叶精益化生产研究和应用”“武平基地优质烟叶适用生产技术体系开发研究”和“‘双喜’优质烟叶原料临沧基地配套生产技术研究项目”“‘双喜’品牌烟叶均质化复烤加工研究”“基于散叶模式下的整包投料及松散技术研究”等8个项目。

【技术创新】 广东中烟工业有限责任公司技术中心概况。广东中烟工业有限责任公司技术中心（简称技术中心）成立于2005年，2008年被认定为国家级企业技术中心，下设4个处室和3个独立所。截至2015年底，有员工143人，其中博士研究生学历8人，硕士研究生学历68人，高级职称32人、中级职称93人。

2015年，技术中心组织科技项目研究，促进技术创新发展，在研科技项目107项，其中公司内部76项，国家局31项，内容涉及烟草农业、卷烟材料、减害技术、产品信息技术、烟草薄片、增香保润等研究领域。

创新环境建设。开展“十三五”科技规划与产品发展规划的编制，完成《技术研发规划（2016—2020年）》《生产工艺质量规划（2016—2020年）》制定。2015年，对技术中心内设机构和组织运行模式进行优化调整，中心由18个所、室调整为4个处和3个独立所，形成更灵活高效的扁平化的组织架构；完善人员发展通道，构建多专业岗位体系，打通多层级专业技术通道。

构建品控体系。2015年，成立工艺质量管理领导小组，建立《工艺质量管理运行办法》，整合产品工艺质量管理的关键环节，涉及卷烟产品工艺质量管理的全过程，重点体现目标引领、过程控制、运行评价及绩效考核，推动质量管控系统化，促进产品质量从结果监督向生产过程管理的延伸。

加强质检机构建设。2015年，广东中烟产品质量监督检验站获得中国合格评定国家认可委员会（CNAS）颁发的国家实验室认可证书，五类产品73个项目获得认可，标志着广东中烟产品质量监督检验站具有符合国际认可准则要求的检测、校准技术能力和管理水平。

工艺平台建设。持续推动科研支撑平台建设，工艺试验平台、分析测试平台、配香中心平稳运行。分析测试平台的平台配置、测试方法、烟草化学、烟气化学基础、科研实验能力不断进步。完成制丝实验线完成整体搬迁与改造，核心技术研究与科研成果验证功能得到进一步强化。配香中心具备300万箱的香精香料调配能力，覆盖省内外11个生产点，运用标准化管理模式，香精香料的质量监督、调配生产、保管、运输等过程均处于受控状态，有效确保不同加工点均使用质量稳定一致的香精香料。完善科研知识管理系统，产品研发管理系统上线运行，构建原料、材料、工艺、知识管理等多层次数据库。

配套技术研发。采用功能性卷烟纸在卷烟产品上进行降一氧化碳研究与应用；开展7项滤棒相关研究与应用工作，对基棒粘固模式、复合滤棒颗粒施加均匀度、滤棒丝束参数等进行优化；研发并转化应用两种再造烟叶，完成9种再造烟叶合成色素替代工作。

产品开发。2015年，广东中烟开发“双喜（经典工坊）”“双喜（彩悦）”“双喜（花悦）”“双喜（喜百年）”“双喜（百年经典）”“双喜（和喜）”等6个新产品，进一步提升“双喜”产品结构，其中“双喜（和喜）”“双喜（花悦）”为二类烟，其他均为一类烟。

产学研合作。合作领域不断拓展，主要针对植物资源、再造烟叶、卷烟材料、分析科学、卷烟工艺等领域开展合作研究，产学研合作不断深入。2015年，广东中烟和广东省金叶科技开发有限公司共同申报的“再造烟叶技术研究实验室”顺利通过初审、专家评审，被国家局认定批准为“烟草行业再造烟叶技术研究重点实验室”。

科技成果应用。开展“烟梗过热蒸汽—微波协同膨胀技术在卷烟中的应用研究”，通过新型微波膨胀梗条技术提升烟梗的应用水平。开展“提高上部烟在高端卷烟产品中使用价值的研究”，利用分组加工技术提升上部烟叶的应用价值。开展“烟草醇化试验装备系统研发”，应用生物酶解技术，改善烟草原料感官品质。开展新型包装技术研究，针对新产品研发需求，研发包装机内卡纸在线加香技术。自主研发出第二代电加热型新型烟草制品研发试验装置，可用于探索烟草香味物质在不同温度下的释放规律，能够有效支撑加热不燃烧烟草制品的研发。

【特事要辑】 1月22日，广东中烟所属境外企业威尼顿集团有限公司新工厂技改项目竣工投产。

1月25日，国家局副局长赵洪顺到广东中烟调研。赵洪顺高度评价广东中烟取得的显著成绩，要求清醒认识和认真研究宏观经济、行业改革发展、品牌发展的新形势和新要求，积极应对，为中国烟草作出新努力和新贡献。

3月19日，美国烟草合作社执行总裁汤普森到广东中烟调研，双方就相关业务及未来合作进行深入交流。

6月12—13日，国家局局长凌成兴到广东烟草调研。凌成兴充分肯定广东市场表现和广东烟草成绩，指出广东烟草工商两个班子平稳交接，工商税利持续增长，提税顺价开局良好，要求广东烟草产销继续保持“领头羊”地位，工商税利争取行业排名前进一位。13日，广东省委书记胡春华、省长朱小丹会见凌成兴，双方就推动广东烟草发展达成共识。

7月14日，广东省省长朱小丹到梅州卷烟厂调研。朱小丹要求工厂贯彻落实好当前省委、省政府的重要决策部署，抓好生产经营管理，扎实推进技术改造项目建设，保证项目优质、安全、高效完成，为振兴梅州经济社会发展作出新的努力和贡献。

8月19日，国家局局长凌成兴率领中国烟草“走出去”考察团到威尼顿集团有限公司调研，称赞威尼顿公司是中国烟草“走出去”发展的一面旗帜，要求威尼顿立足柬埔寨、辐射东南亚，以实施“一带一路”国家重大发展战略为契机，发挥新优势，再上新台阶。

11月4日，国家局副局长赵洪顺到广东中烟调研。赵洪顺充分肯定公司经济运行态势良好，要求广东中烟保持清醒头脑，保持发展定力，保持良好的经济运行状态，保持队伍的精神状态，为行业发展作出积极贡献。

2015年广东中烟工业有限责任公司所属生产厂情况统计

		广东中烟工业有限责任公司广州卷烟厂	广东中烟工业有限责任公司韶关卷烟厂	广东中烟工业有限责任公司梅州卷烟厂	广东中烟工业有限责任公司湛江卷烟厂
法人资格		非独立法人	非独立法人	非独立法人	非独立法人
主要负责人（含党政领导）		厂长、党委书记：李显万（—2015.4）、李　斌（2015.4—）	张卓研	饶智华	郑树平
成立时间		2012年	1950年	1939年	1978年
从业人员（人）		2172	759	775	621
卷烟生产能力（亿支）		1000	301	254	208
卷烟品牌	自有品牌	双喜、椰树	双喜	双喜	双喜、椰树、红玫、羊城
	合作生产品牌	—	—	—	—
卷烟总产量（亿支）		665.50	215.00	191.50	142.00
雪茄烟品牌		—	—	—	—
雪茄烟总产量（万支）		—	—	—	—

（撰稿：郑泽敏；编辑：王东旭）

广西中烟工业有限责任公司

【卷烟生产经营】 2015年，广西中烟工业有限责任公司生产卷烟（不含出口，含合作生产）783.5亿支（156.7万箱），同比持平，其中，生产一类烟30.29亿支（6.06万箱），同比增长13.27%；二类烟190.9亿支（38.18万箱），同比增长14.54%；三类烟422.85亿支（84.57万箱），同比下降1.31%；四类烟83.02亿支（16.6万箱），同比下降19.13%；五类烟56.44亿支（11.29万箱），同比下降4.29%。

实现卷烟销量795.94亿支（159.19万箱），同比增长1.84%，其中，一类烟31.01亿支（6.2万箱），同比增长21.85%；二类烟190.67亿支（38.14万箱），同比增长9.43%；三类烟425.2亿支（85.04万箱），同比增长0.14%；四类烟92.92亿支（18.58万箱），同比下降5.88%；五类烟56.14亿支（11.23万箱），同比下降4.07%。

生产出口卷烟品牌“真龙”0.62亿支（0.12万箱），同比增长22.53%；销售出口卷烟0.69亿支（0.14万箱），同比增长58.26%。

2015年，实现卷烟销售收入222.93亿元，同比增长4.5%。实现卷烟税利171.57亿元，同比增长3.87%，其中利润24.85亿元，同比下降6.19%。三项费用率为6.72%。

万元产值综合能耗为8.99千克标煤，万支卷烟综合能耗为2.61千克标煤。烟叶、滤棒、盘纸平均消耗分别为6.83千克/万支、2518支/万支、595米/万支。水、电平均消耗分别为0.1吨/万支、9.33千瓦时/万支。

【主要产品和品牌建设】 卷烟生产和销售。2015年，广西中烟自主品牌“真龙”“甲天下”2个品牌27个规格（不含出口卷烟）。生产“真龙”系列卷烟307.06亿支（61.41万箱），同比增长4.08%；“真龙”系列卷烟实现销量319.8亿支（63.96万箱），同比增长13.02%，其中，自治区内实现销量269.53亿支（53.91万箱），自治区外实现销量50.27亿支（10.05万箱）。“真龙”高价位卷烟生产量为0.65亿支（0.13万箱），“真龙”高端卷烟生产量为14.9亿支（2.98万箱），“真龙”细支卷烟生产量为3.95亿支（0.79万箱）。

生产“甲天下”系列卷烟55.5亿支（11.1万箱），实现销量55.2亿支（11.04万箱），其中，自治区内实现销量54.7亿支（10.94万箱），自治区外实现销量0.5亿支（0.1万箱）。

卷烟合作生产。2015年，广西中烟合作生产卷烟420亿支（84万箱），其中合作生产江苏中烟“南京”35亿支（7万箱）；浙江中烟“利群”134.95亿支（26.99万箱）①、“大红鹰”35.05亿支（7.01万箱）、“雄狮”10亿支（2万箱）；广东中烟“双喜”205亿支（41万箱）。按类别划分，合作生产二类烟139.95亿支（27.99万箱）、三类烟270.04亿支（54.01万箱）、四类烟10.01亿支（2万箱）。

市场营销实现新升级。以“互联网+”思维为引领，“互联网+真龙”营销手段更加丰富，2015年实现微信账号向服务号的转型升级。拓展“互联网+”平台技术应用，“真龙”二维码会员积分平台注册会员70万人，产品年扫码量突破3000万人次，日最高扫码用户15万人次。开发即开型二维码营销平台，首次实现卷烟促销和电子福利彩票的跨界营销；打通会员平台与京东商城的物流数据，引入京东物流快捷优势，简化物品采购和售后服务流程，增强线上活动趣味性。通过打造服务型微信账号、运维精准型微信矩阵、深化绩效型社群营销、探索定向型微信活动，进一步升级微信营销体验。开展全员精准营销，覆盖全国28个省（自治区、直辖市）、65个单元市场。

国内市场布局。2015年，“真龙”品牌强化特色营销，市场结构布局持续优化。在自治区内启动精益营销工作，提高桂东南地区“真龙”在100~200元/条档位的市场占有率，加快“真龙”品牌在自治区内的可持续发展。自治区内8元/包以上“真龙”同价位市场占有率达到34.2%，同比提升6个百分点。

自治区外的西南销区根据重点市场的发展水平和潜力，确立实施“四个一”工程（西南销区年销售总量10000箱以上，贵州市场年销售总量1000箱以上，重庆市场一、二类卷烟年销量1000箱以上，四川市场一、二类卷烟年销量1000箱以上）和“两个基本面”布局（以新疆市场为总量支撑的基本面，以陕西尤其是西安市场为一、二类卷烟销量支撑的基本面），找准市场发力。华东销区实施“1523”市场基础工程和“1513”客户标准服务措施，形成良性的、可持续的动销态势，支撑华东经济区一、二类“真龙”的持续发展。华北东北销区面对京津冀市场化取向改革和控烟力度加强等外部环境变化，重点打造东北细支亮点市场，夯实鲁东二类烟发展根基。自治区外单价8元/包以上“真龙”千箱单元市场取得突破，西南和华东华南的重庆、贵州、东莞、金华等4个单元市场销量突破千箱，佛山、常德、阿坝州等15个单元市场销量超过500箱。

【原辅材料保障】 烟叶采购。适应经济发展放缓、严控烟叶生产的新常态，围绕“真龙”品牌“逆势增长、量价齐升”的新局面，主动调增烟叶调拨计划、持续优化烟叶调拨产区和等级结构、分类别统筹安排降低烟叶采购成本。2015年，采购自主品牌烤烟3.44万吨（68.75万担），同比增长7.42%，其中，云南烟叶1.74万吨（34.7万担），占调拨总量的50.47%；上等烟叶调拨量1.77万吨（35.3万担），占调拨总量的51.35%；中部烟叶调拨量2.16万吨（43.21万担），占调拨总量的62.85%；采购进口烟叶0.23万吨（4.64万担），同比增长60.55%，进口国由3个增加至5个；工业调剂销售库存片烟0.17万

① 年度交付量130.7亿支（26.14万箱），合同量134.95亿支（26.99万箱）。

吨（3.36 万担）。

开展原烟复烤加工前的精片选和烟叶复烤加工质量监控，完成精片选烟叶 0.78 万吨（15.58 万担），加工烟叶 3.18 万吨（63.58 万担）。

烟叶生产。提高“原料供应基地化、烟叶品质特色化、生产方式现代化”三化的融合程度，2015 年广西中烟 9 个国家局烟叶基地单元全部通过验收，其中重庆奉节、湖南郴州 2 个基地单元达到国家局优秀基地单元标准。基地单元烟叶调拨量 2.61 万吨（52.2 万担），供应率 74.47%。

坚持创新驱动，联合科研院校和烟叶产区紧扣基地烟叶品质提升关键因子，针对性的开展科技项目，2015 年科研经费支出 1200 余万元。“烟草叶部病害系统控制的关键技术研究与应用”获得中华农业科技奖科学研究成果三等奖”，“烟草叶部病害预警与调控关键技术研究及应用”获得中国烟草总公司 2015 年度科学技术进步奖三等奖。获得国家授权专利 2 项，发表科技论文 18 篇。

【技术创新】 广西中烟工业有限责任公司技术中心概况。广西中烟工业有限责任公司技术中心（简称技术中心）是国家局和广西壮族自治区认定的技术中心，是自治区级研发中心。主要承担企业产品研发、质量监督与控制、科技创新与管理等职责。内设产品研究一所、产品研究二所、材料研究所、工艺标准与监督所、原料研究所、香精香料研究所、新型卷烟研究所、综合管理科、科研项目管理科（2015 年成立）和检测中心等“七所二科一中心”。检测中心下设负责研发分析测试的实验室和负责产品监督检验的检测站，是行业首家通过中国合格评定国家认可委员会（CNAS）认可的国家级实验室。2015 年，CNAS 认可范围扩展到八大类产品 108 个参数能力，检测能力处行业先进水平。公司技术中心与郑州烟草研究院合作建立“真龙品牌特色工艺研究联合实验室”，与复旦大学合作建立“复旦—真龙材料化学联合实验室”。截至 2015 年底，技术中心员工 111 人，其中博士研究生学历 10 人，硕士研究生学历 29 人，高级职称 9 人，中级职称 51 人。

产品研发。以提升“真龙”品牌竞争力为目标，实现产品研发由粗放型向精益型转变。制定公司《精益研发推进工作方案》，明确未来 3 年精益研发工作实施步骤和各阶段目标任务，产品的研发效率与效益、成功率均得到有效提升。加强数据积累和分析，以数据化、流程化、规范化全程指导产品维护与研发。年内完成“真龙（凌云）”“真龙（海韵细支）”2 款新产品的开发，完成“真龙（神韵）”“真龙（佳韵）”“真龙（起源）”“真龙（轩云）”等产品的提质改进。

项目研究。广西中烟采取联合研究、参与科技项目投标、共同开发、共同申报和承担科技项目等方式，与郑州烟草研究院、清华大学、复旦大学、北京师范大学等 20 余所科研院校组织开展技术创新合作项目。2015 年，实施科技计划项目 90 项，其中对外合作项目 64 项。参与承担行业重点项目 2 项，承担省部级以上项目 10 项，1 项成果获得省部级科学技术进步奖三等奖，20 余项成果在产品或生产中得到应用。截至 2015 年底，公司累计获授权专利 196 项，其中发明专利 58 项，实用新型专利 130 项，新增外观设计专利 8 项。由公司主持、参与行业或地方等省部级以上标准制修订 21 项。

“互联网 +”技术。广西中烟向外输出二维码专利技术，联合广西商务厅成立全国首家省级集发码、展示、孵化等多功能为一体的“互联网 +”产品二维码（广西）中心。与文化公司交换 200 万股权，通过产品及流通环节发码，进行流量粉丝整合、培训植入品牌等方式，为公司主业和“真龙”品牌提供新的增值服务。成立天海“互联网 +”研究院，开通特色栏目“天海互联网早餐”。

【特事要辑】 5 月 21 日，国家局副局长段铁力到广西中烟南宁卷烟厂调研。段铁力肯定广西烟草近年来取得的工作成绩，要求广西烟草工商企业密切观察市场状态，及时调控好市场，努力保持良好经济运行态势，重点培育好“真龙”品牌，抓好市场监管，认真部署“三严三实”专题教育，抓好队伍建设，以良好的作风建设促进经济发展，为实现行业税利总额增速“保七争十”作贡献。

7 月 28 日至 8 月 9 日，广西中烟对首批在柬埔寨加工的“真龙”卷烟开展技术协调和协助验收，这是广西中烟历史上的首次境外落地加工。

2015 年广西中烟工业有限责任公司所属生产厂情况统计

		广西中烟工业有限责任公司南宁卷烟厂	广西中烟工业有限责任公司柳州卷烟厂
法人资格		非独立法人	非独立法人
主要负责人（含党政领导）		厂长、党委书记：李江宁（—2015.11）	厂长、党委书记：郭志宏
成立时间		1975 年筹建，1978 年正式生产	1946 年
从业人员（人）		1220	1038
卷烟生产能力（亿支）		416	435
卷烟品牌	自有品牌	真龙	真龙、甲天下
	合作生产品牌	利群、雄狮	双喜、大红鹰、南京
卷烟总产量（亿支）		368.57	415.55
雪茄烟品牌		—	—
雪茄烟总产量（万支）		—	—

注：卷烟总产量中，南宁卷烟厂含出口卷烟产量0.58 亿支，柳州卷烟厂含出口卷烟产量0.04 亿支。

（撰稿：周丽霞；编辑：王东旭）

重庆中烟工业有限责任公司①

【卷烟生产经营】 2015 年，重庆中烟工业有限责任公司生产卷烟（含合作生产）546.5 亿支（109.3 万箱），其中，生产一类烟 32.25 亿支（6.45 万箱）、二类烟 41.2 亿支（8.24 万箱）、三类烟 386.25 亿支（77.25 万箱）、四类烟 73.6 亿支（14.72 万箱）、五类烟 13 亿支（2.60 万箱）。2015 年合作生产卷烟 182.95 亿支（36.59 万箱），合作生产云南中烟的“红塔山”92.45 亿支（18.49 万箱）、“云烟”88 亿支（17.6 万箱）、“红河”2.5 亿支（0.5 万箱）。

实现卷烟销量（含合作生产）526.4 亿支（105.3 万箱），其中，一类烟 32.65 亿支（6.53 万箱）、二类烟 39.2 亿支（7.84 万箱）、三类烟 371.1 亿支（74.22 万箱）、四类烟 71.75 亿支（14.35 万箱）、五类烟 11.9 亿支（2.38 万箱）。

2015 年，实现卷烟销售收入 148.84 亿元，同比下降 4.2%。实现税利 102.02 亿元，同比下降 14.1%，

① 2015 年 10 月 23 日，根据《国家烟草专卖局 中国烟草总公司关于进一步深化川渝烟草工业企业改革的批复》（国烟法〔2015〕280 号），撤销川渝中烟工业有限责任公司，四川烟草工业有限责任公司重组更名为四川中烟工业有限责任公司，同时将股权由川渝中烟工业有限责任公司划转至中国烟草总公司（划转基准日为 2014 年 12 月 31 日），为中国烟草总公司的全资子公司，管理成都卷烟厂、什邡卷烟厂、绵阳卷烟厂、西昌卷烟厂、长城雪茄烟厂、四川三联卷烟材料有限公司；重庆烟草工业有限责任公司重组更名为重庆中烟工业有限责任公司，同时将股权由川渝中烟工业有限责任公司划转至中国烟草总公司（划转基准日为 2014 年 12 月 31 日），作为中国烟草总公司的全资子公司，管理重庆卷烟厂、涪陵卷烟厂、黔江卷烟厂。《批复》进一步明确了川渝中烟工业有限责任公司撤销后，四川中烟工业有限责任公司和重庆中烟工业有限责任公司人力资源、资产、信息资源分配、卷烟计划及合作生产、品牌、知识产权等方面的分配问题。由于原川渝中烟工业有限责任公司已撤销，本栏目分别按照重组后的四川中烟工业有限责任公司和重庆中烟工业有限责任公司进行撰稿，四川中烟工业有限责任公司和重庆中烟工业有限责任公司的有关数据同比口径参照原四川烟草工业有限责任公司和原重庆烟草工业有限责任公司。

其中利润14.97亿元，同比下降31.8%。三项费用率7.8%。

万元产值综合能耗为10.21千克标煤，万支卷烟综合能耗为2.83千克标煤。烟叶、滤棒、盘纸年平均消耗分别为6.78千克/万支、2520支/万支、596米/万支。水、电平均消耗分别为0.09吨/万支、8.03千瓦时/万支。

【主要产品与品牌建设】 重庆中烟坚持把产品研发作为重中之重，按照产品定位，实施紧贴消费、有效引导、物超所值的产品策略，实行开放式、市场化的运行模式，搭建研发平台，组建项目团队，全面启动产品研发工作，加速推出一批有档次、有个性、有实力、有活力的新产品，“天子（壹号）”“天子（重庆20年）”“天子（硬）”“龙凤呈祥（百年好合）”“龙凤呈祥（三峡情）”等10款新产品在较短时间内研制定型，并陆续面世。

在产品维护上，集中精力培育“天子”“龙凤呈祥”，推进老产品商标改版、品质提升和质量保障工作，尤其是在“天子（金）”的状态维护上，坚持“选点限量”的投放策略，精耕细作，精细调控，全面提升“天子”产品和品牌，以及重庆中烟的企业形象和品牌声誉。

在市场开拓上，立足现有市场格局，着眼品牌未来发展，确立“扎根重庆、力图四川、面向全国开拓重点市场”营销战略和“三大板块、十九大区”具体布局，通过衔接市场关系、理顺销售渠道、开展市场挂片挂点工作，举全公司之力强推市场营销。

在市场策略上，重庆中烟坚持面上推进和点上突破相结合，聚焦重点区域、重点市场、重点品牌，集中资源，收紧拳头，抓市场增量、结构份额、集团消费，构建形成以骨干市场为支撑、核心市场为带动、增量市场为拉动的营销格局。

2015年，生产“天子”18.86亿支（3.77万箱），实现商业销量23.20亿支（4.64万箱）。生产“龙凤呈祥”287.25亿支（57.45万箱），实现商业销量292.89亿支（58.58万箱）。生产“宏声”43.31亿支（8.66万箱），实现商业销量41.21亿支（8.24万箱）。

【原辅材料保障】 一是健全制度。重庆中烟制订《烟叶基地建设管理程序》《原烟采购管理程序》《烟用材料采购管理程序》《烟用材料供应商管理程序》《备品备件采购管理程序》等系列管理文件，确保原辅材料采购、管理、供应在制度化、规范化的轨道上运行。二是制定规划。按照重庆中烟“十三五”战略规划及“天子”“龙凤呈祥”品牌发展目标，围绕“强化保障、优化服务、精益管理”的要求，认真规划、科学布局烟叶产地和基地单元，打造安全优质高效经济的原料及物资供应链。三是突出重点。用好有限的计划资源，加强云南曲靖、大理、临沧和广东南雄核心优质原料保障工作。

2015，重庆中烟拥有烟叶基地单元9个，其中国家局基地单元5个，省级基地单元4个。调拨烟叶（含工业调剂）2.72万吨（54.3万担），其中调拨云南烟叶0.66万吨（13.26万担），上等烟比例为77.28%，中等烟比例为22.72%。特色品种“K326”调拨量占比为39.24%，“红花大金元”占比为16.01%。

【技术创新】 2015年，重庆中烟加强科研工作，公司牵头的重大专项“降低烟气中氨含量的材料筛选、合成及应用”获得中国烟草总公司2015年度科学技术进步奖三等奖，参与的“卷烟烟气中氨、氰化氢和苯酚形成机理研究”获得中国烟草总公司2015年度科学技术进步奖三等奖。加强科研平台搭建，推动“烟草行业烟草废弃物综合利用重点实验室”申报工作，着力打造行业级技术中心。

【特事要辑】 11月10日，重庆中烟工业有限责任公司召开成立大会，标志着重庆烟草工业的改革发展进入全新的阶段。

11月17—18日，国家局局长凌成兴在重庆烟草调研。其间，中央政治局委员、重庆市委书记孙政才，市委副书记、市长黄奇帆会见凌成兴。双方就重庆烟草改革发展交换意见。调研期间，凌成兴先后走访重庆市黔江区、涪陵区、渝中区部分卷烟零售客户，考察重庆中烟工业有限责任公司黔江卷烟厂、涪陵卷烟厂，详细了解卷烟生产销售、品牌市场状态、工商物流协同等情况，并听取了重庆市烟草专卖局（公司）和重庆中烟的工作汇报。

12月21—22日，国家局副局长段铁力在重庆烟草调研，并出席重庆中烟领导班子专题民主生活会，走访南岸区卷烟零售客户，调研重庆卷烟厂。

2015 年重庆中烟工业有限责任公司所属生产厂情况统计

		重庆中烟工业有限责任公司重庆卷烟厂	重庆中烟工业有限责任公司涪陵卷烟厂	重庆中烟工业有限责任公司黔江卷烟厂
法人资格		非独立法人	非独立法人	非独立法人
主要负责人（含党政领导）		厂长：刘大富 党委书记：张云义	厂长：陈　瑜（2015.11—，之前任厂长、党委书记） 党委书记：李朝海（2015.11—）	厂长、党委书记：李大学
成立时间		1938 年	1992 年	1975 年
从业人员（人）		929	737	795
卷烟生产能力（亿支）		265	200	200
卷烟品牌	自有品牌	娇子、天子、龙凤呈祥、宏声	娇子、天子、龙凤呈祥、宏声	娇子、天子、龙凤呈祥、天下秀
	合作生产品牌	红塔山、云烟、红河	—	—
卷烟总产量（亿支）		215.50	164.00	167.00
雪茄烟品牌		—	—	—
雪茄烟总产量（万支）		—	—	—

（撰稿：张　凡；编辑：王东旭）

四川中烟工业有限责任公司①

【卷烟生产经营】 2015 年，四川中烟工业有限责任公司生产卷烟（含合作生产、出口烟）945.76 亿支（189.15 万箱），其中，生产一类烟 66.09 亿支（13.22 万箱）、二类烟 230.09 亿支（46.01 万箱）、三类烟 390.01 亿支（78.6 万箱）、四类烟 210.98 亿支（42.2 万箱）、五类烟 45.59 亿支（9.12 万箱）。生产手工雪茄 5.29 亿支（1.06 万箱）。合作生产卷烟 289.56 亿支（57.91 万箱），其中合作生产浙江中烟“利群”123.4 亿支（24.68 万箱）②、“雄狮”26.6 亿支（5.32 万箱）；合作生产云南中烟“红塔山”27.06 亿支（5.41 万箱）、“云烟”6 亿支（1.2 万箱）；合作生产湖北中烟“黄鹤楼”35.1 亿支（7.02 万箱）、“红金龙”41.40 亿支（8.28 万箱）；合作生产湖南中烟“白沙”30 亿支（6 万箱）。

实现卷烟销量（含合作生产、出口烟）872.25 亿支（174.45 万箱），其中，一类烟 60.85 亿支（12.17 万箱）、二类烟 207.05 亿支（41.41 万箱）、三类烟 348.5 亿支

① 2015 年 10 月 23 日，根据《国家烟草专卖局 中国烟草总公司关于进一步深化川渝烟草工业企业改革的批复》（国烟法〔2015〕280 号），撤销川渝中烟工业有限责任公司，四川烟草工业有限责任公司重组更名为四川中烟工业有限责任公司，同时将股权由川渝中烟工业有限责任公司划转至中国烟草总公司（划转基准日为 2014 年 12 月 31 日），为中国烟草总公司的全资子公司，管理成都卷烟厂、什邡卷烟厂、绵阳卷烟厂、西昌卷烟厂、长城雪茄烟厂、四川三联卷烟材料有限公司；重庆烟草工业有限责任公司重组更名为重庆中烟工业有限责任公司，同时将股权由川渝中烟工业有限责任公司划转至中国烟草总公司（划转基准日为 2014 年 12 月 31 日），作为中国烟草总公司的全资子公司，管理重庆卷烟厂、涪陵卷烟厂、黔江卷烟厂。《批复》进一步明确了川渝中烟工业有限责任公司撤销后，四川中烟工业有限责任公司和重庆中烟工业有限责任公司人力资源、资产、信息资源分配、卷烟计划及合作生产、品牌、知识产权等方面的分配问题。由于原川渝中烟工业有限责任公司已撤销，本栏目将分别按照重组后的四川中烟工业有限责任公司和重庆中烟工业有限责任公司进行撰稿，四川中烟工业有限责任公司和重庆中烟工业有限责任公司的有关数据同比口径参照原四川烟草工业有限责任公司和原重庆烟草工业有限责任公司。

② 年度交付量 112.85 亿支（22.57 万箱），合同量 123.4 亿支（24.68 万箱）。

(69.7万箱)、四类烟210.35亿支(42.07万箱)、五类烟45.25亿支(9.05万箱)。卷烟出口0.25亿支(0.05万箱)。

2015年，四川中烟实现卷烟销售收入220.79亿元，同比下降14.38%。实现税利153.96亿元，同比下降20.26%。亏损3828.98万元，同比下降102.78%。三项费用率为6.8%。

万元产值综合能耗为10.19千克标煤，万支卷烟综合能耗为2.94千克标煤。烟叶、滤棒、盘纸年平均消耗分别为6.8千克/万支、2519支/万支、594米/万支。水、电平均消耗分别为0.08吨/万支、8.61千瓦时/万支。

【雪茄烟生产经营】 四川中烟工业有限责任公司长城雪茄烟厂成立于2007年9月。“5·12”地震后，经国家局批准，于2009年实施易地技术改造，并于2011年4月建成投产。长城雪茄烟厂产品涵盖手工、机制全系列，拥有“长城”“狮牌”“工字”等3个品牌，产销规模位居全国首位，出口地涵盖欧洲、南美等11个国家和地区。

2015年，四川中烟着力推进长城雪茄烟厂专业化运作改革，围绕“中端起步、高端突破”要求，聚焦发展标准雪茄，发挥“国际一流、国内领先”的技术装备优势，加强品牌建设、技术研发、营销创新和国际合作，承办中式雪茄烟品牌推介会暨终端营销现场会，推动雪茄发展进入新的阶段。10月，四川中烟将长城雪茄烟厂确定为率先开展“市场化导向、专业化运作、扁平化管理”机制改革试点单位，并于年底完成内设部门的机构精简、管理人员压缩和工作流程调整，初步搭建起扁平化的管理制度和机制。

在品牌建设工作上，长城雪茄烟厂提出“以发展薄片机制标准雪茄为突破口和支点，奠定中式雪茄发展基座；以打造‘长城(秘制132)’等手卷雪茄为重点”的品牌建设思路，率先推出“中细支”和国产薄片茄衣、茄套的螺旋卷等创新型雪茄品类，初步构建起“醇味型”作为风格特征、“长城”作为高端代表品牌，“狮牌”作为时尚代表品牌，“工字”作为传统代表品牌的架构体系。

2015年，生产雪茄型卷烟6.32亿支，同比下降1.29%；销售5.87亿支，同比下降18.79%；实现销售收入1.28亿元，同比下降18.23%。生产标准雪茄5.28亿支，同比下降6.3%；销售5.37亿支，同比增长17.51%；实现销售收入2.84亿元，同比下降2.95%。

【主要产品与品牌建设】 2015年，四川中烟有“娇子”“天下秀”“五牛”“狮牌”“长城”等5个在产卷烟品牌，在产规格71个。公司坚持市场导向、创新驱动，着力推行精益研发、精准营销、精细加工和精实保障，将科研成果、四川文化、地域风情与烟叶优势充分融合，加强新品开发和质量攻关，借助“娇子”品牌推介活动有利契机，推出“娇子(宽窄)”“娇子(祥云)”“娇子(九寨沟)”“娇子(黑娇)”“娇子(格调)”“娇子(红芙蓉)”“娇子(馨感觉)”“娇子(红韵)”“娇子(故里情)”“娇子(凉烟)”等一系列新产品。

2015年，“娇子”品牌实现商业销量348亿支(69.6万箱)，其中新产品销量2.87亿支(0.57万箱)；细支卷烟销量4.7亿支(0.94万箱)，同比增长45.2%；6毫克/支及以下低焦油产品销量70亿支(14万箱)，同比增长13%。

实现商业销售收入182亿元，其中新产品1.78亿元。单箱批发销售收入2.62万元，其中新产品收入3.11万元。

【原辅材料保障】 2015年，完成烟叶原料调拨总量6.04万吨(120.85万担)，其中烤烟2.69万吨(53.73万担)。进口烤烟0.47万吨(9.39万担)，上等烟比例53.11%。

2015年，四川中烟拥有烟叶基地单元22个，其中国家局基地单元16个。烟叶基地实际调拨烟叶2.64万吨(52.71万担)。保障供应及时率100%，进货抽检合格率为98.5%。

【技术创新】 2015年，四川中烟开展在研科技项目144项，其中对外合作项目74项，中长期研究项目38项。完成科研项目10项，获得中国烟草总公司2015年度科学技术进步奖2项，其中参与的项目“七种元素在卷烟中的迁移率的影响因素研究”获得中国烟草总公司2015年度科学技术进步奖二等奖，主持的项目“降低烟气中氨含量的材料筛选、合成及应用”获得中国烟草总公司2015年度科学技术进步奖三等奖。全年申请专利79项，其中发明专利66项。获得授权专利69项。发表各类论文49篇，其中国内核心期刊发表18篇。

【对外交流与合作】 2015年，四川中烟有出国(境)

团组11个，开展烟叶进口、卷烟和雪茄烟出口、市场调研、技术培训、参会参展等对外交流工作。

2015年，出口“娇子”2560万支，同比增长35%，出口“长城”雪茄烟113.28万支，同比下降15%。出口实现89.4万美元，同比增长16%。进口丝束5284吨，卷烟纸899吨，滤棒4700千支，烟机设备33台（套）。

推进与荷兰皇家阿吉奥雪茄公司的来牌生产合作原料组件进口及产品试生产工作，与美国阿塔迪斯公司合作产品“长城（国际2号）”“长城（国际1号）”产品包装及配方确认，完成与上述两家公司“第二个5年合作期技术合作框架协议书”的签约工作。参加德国多特蒙德国际烟草制品和吸烟配件贸易博览会、美国烟草零售商协会国际贸易展，推介“长城”雪茄品牌，传播中式雪茄文化，拓展国际雪茄市场。

【特事要辑】 8月26—28日，国家局副局长段铁力到四川烟草调研，强调四川烟草工商要树信心、讲大局、谋发展，以稳销量、保效益为突出重点抓好工作，工商协同共育品牌，为地方和行业发展多作贡献。

11月8日，四川中烟工业有限责任公司在成都举行挂牌成立仪式。

11月16—17日，国家局局长凌成兴到四川烟草调研，先后走访绵阳市部分卷烟零售客户，考察了四川中烟什邡卷烟厂、绵阳卷烟厂及长城雪茄烟厂。他指出，四川烟草发展正处在至关重要的时期，国家局将落实好“三个支持”，全力推动四川烟草的改革发展，工商双方要认准“一个目标”，同舟共济、奋发有为，推动四川烟草产业持续稳定健康发展。调研期间，四川省委书记王东明会见凌成兴一行，并就进一步推进四川烟草产业改革发展交换意见。

11月24日，四川中烟举办“娇子”品牌推介活动，推出“娇子（宽窄）”“娇子（清甜香）”“娇子（祥云）”“娇子（黑娇）”“娇子（红芙蓉）”等16种卷烟新品。国家局副局长徐瓘出席活动，提出全国烟草行业要为“娇子”品牌发展保驾护航，四川中烟要肩负责任使命，精心打造“娇子”品牌。

2015年四川中烟工业有限责任公司所属生产厂情况统计

		四川中烟工业有限责任公司成都卷烟厂	四川中烟工业有限责任公司什邡卷烟厂	四川中烟工业有限责任公司绵阳卷烟厂	四川中烟工业有限责任公司西昌卷烟厂	四川中烟工业有限责任公司长城雪茄烟厂
法人资格		非独立法人	非独立法人	非独立法人	非独立法人	非独立法人
主要负责人（含党政领导）		厂长、党委副书记：罗　诚 党委书记、副厂长：余　强	厂长、党委副书记：黄若强 党委书记、副厂长：张　楠	厂长、党委书记：秦富炳	厂长、党委书记：周　冰	厂长、党委副书记：张建伟 副厂长、党委书记：刘朝科（—2015.10）
成立时间		1952年	1918年	1952年	1988年	2007年
从业人员（人）		1530	1239	680	649	448
卷烟生产能力（亿支）		500	325	250	175	11（标准雪茄）、21（雪茄型卷烟）
卷烟品牌	自有品牌	娇子	娇子、天下秀	—	娇子、天下秀	—
	合作生产品牌	—	云烟、黄鹤楼、红金龙、白沙	利群、雄狮、红塔山、云烟	—	—
卷烟总产量（亿支）		303.44	281.73	183.00	156.20	21.33
雪茄烟品牌		—	—	—	—	长城、狮牌、工字
雪茄烟总产量（万支）		—	—	—	—	52862.00

（撰稿：冯　林；编辑：王东旭）

贵州中烟工业有限责任公司

【卷烟生产经营】 2015年，贵州中烟工业有限责任公司生产卷烟（含合作生产，不含出口烟）1261亿支（252.20万箱），同比下降2.32%，其中，生产一类烟106.84亿支（21.37万箱）、二类烟198.31亿支（39.66万箱）、三类烟490亿支（98万箱）、四类烟367.51亿支（73.50万箱）、五类烟98.33亿支（19.67万箱）。生产出口烟0.70亿支（0.14万箱）。合作生产卷烟251亿支（50.20万箱）。

实现卷烟销量（不含出口烟）1298.04亿支（259.61万箱），同比增长4.21%，其中，一类烟108.35亿支（21.67万箱）、二类烟202.79亿支（40.56万箱）、三类烟502.52亿支（100.50万箱）、四类烟382.10亿支（76.42万箱）、五类烟102.28亿支（20.46万箱）。出口卷烟0.70亿支（0.14万箱）。

实现卷烟销售收入365.93亿元，同比增长3.82%。实现税利282.01亿元，同比增长2.39%，其中利润36.47亿元，同比下降16.81%。三项费用率为7.51%。

万元产值综合能耗为10.65千克标煤，万支卷烟综合能耗为3.03千克标煤。烟叶、滤棒、盘纸平均消耗分别为6.76千克/万支、2542支/万支、594米/万支。水、电平均消耗分别为0.11吨/万支、8.48千瓦时/万支。

【主要产品与品牌建设】 2015年，贵州中烟生产的自有卷烟品牌有“贵烟”“黄果树”“遵义”，合作生产的卷烟品牌有“利群”“雄狮”“红塔山”“白沙”。

进一步深化品牌项目制，建立以“国酒香”“洞藏”系列为“贵烟”品牌拓展重点的小组模式。省外市场结构快速转换提升，高端规格“贵烟”实现历史性突破，销量稳定增长。2015年生产“贵烟”（不含出口）384.18亿支（76.84万箱），同比增长6.64%；“贵烟”实现销量386.95亿支（77.39万箱），同比增长13.37%，其中省外市场实现销量64.43亿支（12.89万箱），省外市场连续两年实现量价齐升。基础规格梯次布局、快速推进，新品规格“贵烟（思味）”投放市场，改造“贵烟（小国酒香）”“贵烟（玉液1号）”“贵烟（软高遵）”等3个规格，新开发“贵烟（洞藏成香）”1个规格。“国酒香”系列、“洞藏”系列销量再创新高，其中，“贵烟（国酒香·30）”实现商业销量1.89亿支（0.38万箱），占据该价位段主销品牌地位，成为“贵烟”首款处于领先地位的高端产品；“洞藏”系列作为“贵烟”的基础性规格，是保障省外市场“贵烟”规模总量的重要支撑。截至2015年底，形成30个标杆市场、50个重点市场，覆盖30个省（自治区、直辖市）、257家分公司的市场布局。渠道建设不断拓展，立体营销取得实效，通过专业媒体发声、新兴媒体造势、传统媒体叫好，同时利用“互联网+”、O2O模式配合市场开展线下创新营销，提升品牌营销力。出口“贵烟”0.70亿支（0.14万箱）。

2015年，合作生产卷烟251亿支（50.20万箱），其中，合作生产浙江中烟的卷烟品牌“利群”134.49亿支（26.90万箱）①、“雄狮”51.51亿支（10.30万箱）；合作生产云南中烟的卷烟品牌“红塔山”20亿支（4万箱）；合作生产湖南中烟的卷烟品牌“白沙”45亿支（9万箱）。

【原辅材料保障】 夯实“贵烟”品牌发展的原料保障体系，优质烟叶产区扩展为23个。2015年，采购烟叶9.05万吨（181万担），烟叶等级合格率67.5%，高于全国行业平均水平3.9个百分点，居行业第二位。进口烟叶（片烟）0.135万吨（2.69万担）。

完成21个国家局基地单元协议签订，对基地单元实施分类管理，重点突出基地单元的品种需求及烟叶的质量安全。应对烟叶采购成本上升的挑战，以个性化采购结构控制方案为基础，围绕性价比控制杠杆，灵活把控调拨结构，实现烟叶采购结构控制到位，减少烟叶成本压力。夯实烟叶原料安全的“防火墙”，制修订《原烟挑选管理办法》《烟叶仓库防霉剂使用办法》《农残超标烟叶应急管理办法》，烟叶原料品控的稳定性和标准化持续提升。片烟加工的均匀性取得突破，86.8%的批次烟碱变异系数控制在5%以内。

加强原料管理体制改革，原料供应中心实体化改革稳

① 年度交付量137.05亿支（27.41万箱），含2014年备货。

步推进。强化原料精益管理，片烟RFID（射频识别技术）仓储管理系统上线投入使用，首次实现每箱片烟的唯一身份管理。烟叶醇化仓库温湿度及片烟箱心温度自动采集分析系统正式上线运行。

【技术创新】 开展多个特色香原料应用研究，烟用材料载香及留香技术取得新突破，双珠胶囊载香技术处于国内领先水平，无线载香结合胶囊复合技术在不同口味的卷烟和细支卷烟上得到试验应用。纸质滤棒、减害颗粒、卷烟纸定向减害等多项新型卷烟材料的试验取得明显成效。气流干燥烟丝品牌应用的烟丝分类加工试验取得阶段性应用成果。

加强产品研发，完成“贵烟（国酒香·15）”“贵烟（洞藏成香）”及出口混合型卷烟等多款新品的开发工作；完成咖啡香、玉米香等特色香味卷烟产品的储备工作。

推进新型烟草制品研究，主持国家局重大专项“基于红外技术的新型卷烟研究与开发”项目，参与国家局重大专项2项。建立“烟草检测技术开放联合研究室”等6个产学研平台。申报“烟草行业近红外光谱技术网络化重点实验室”为行业重点实验室。数字化协同研发管理平台系统运行良好。推进降焦减害，实施降焦减害科技项目20个。

2015年，贵州中烟开展132项科技项目，其中省部级项目7项，获省部级以上科技成果5项。申请专利75项，获得专利授权15项。

【对外交流与合作】 2015年，贵州中烟出口卷烟0.70亿支，出口实现261.8万美元，同比增长83.5%。新增出口规格2个，新增泰国、日本2个出口市场。开展跨国、跨地区多维度的技术交流，多次与韩国烟草人参公社就卷烟加工工艺、细支低焦特色混合型卷烟设计开发等展开专项技术合作交流。12月，“贵烟”品牌的“国酒香”“洞藏”“经典本香”3个系列的18个卷烟规格参加迪拜世界烟草博览会，也是首次参加跨国展览会。

【特事要辑】 5月14—16日，国家局局长凌成兴到贵州烟草调研。凌成兴指出，要做到保持“三个平稳态势”，即保持卷烟营销的平稳态势、保持卷烟生产的平稳态势、保持烟叶生产的平稳态势。贵州作为“两烟”大省，要带头挺住卷烟提税顺价的“阵痛期”。要做到“三个力争、一个确保”，即力争卷烟销量不减少，力争卷烟计划少减少，力争烟叶生产不波动，确保工商税利总额再进位。贵州省副省长刘远坤一同调研。

6月4—6日，在2015第四届中国（广州）国际饮用水产业博览会上，贵州中烟福贵投资管理有限公司的产品“盛世贵”饮用天然矿泉水获“中国高端瓶装饮用水优质产品金奖”“国际品水大赛金奖”。

8月14日，贵州省副省长王江平到遵义卷烟厂就安全生产相关工作进行调研。

10月26—28日，国家局副局长杨培森先后考察贵定卷烟厂、卷烟工程中心、贵阳卷烟厂等，就创新驱动发展、烟农增收工作进行调研。

11月3日，贵州省委副书记、代省长孙志刚到贵州中烟调研，并考察贵阳卷烟厂的实验线和制丝、卷包车间。

2015年贵州中烟工业有限责任公司所属生产厂情况统计

	贵州中烟工业有限责任公司贵阳卷烟厂	贵州工业有限责任公司遵义卷烟厂	贵州中烟工业有限责任公司毕节卷烟厂	贵州中烟工业有限责任公司贵定卷烟厂	贵州中烟工业有限责任公司铜仁卷烟厂
法人资格	非独立法人	非独立法人	非独立法人	非独立法人	非独立法人
主要负责人（含党政领导）	厂长、党委书记：王光举（2015.7—，之前任厂长）党委书记：龙志远（—2015.7）	厂长、党委书记：余　文（—2015.7）、马　亚（2015.7—）	厂长、党委书记：罗　军	厂长、党委书记：马　亚（2015.1—7）副厂长（主持工作）、党委副书记：谭天兵（2015.7—）	厂长、党委书记：李　柏
成立时间	1940年	1978年	1974年	1952年	1977年
从业人员（人）	2798	1417	1378	816	526

续表

		贵州中烟工业有限责任公司贵阳卷烟厂	贵州工业有限责任公司遵义卷烟厂	贵州中烟工业有限责任公司毕节卷烟厂	贵州中烟工业有限责任公司贵定卷烟厂	贵州中烟工业有限责任公司铜仁卷烟厂
卷烟生产能力（亿支）		500	300	229	150	100
卷烟品牌	自有品牌	贵烟、黄果树	贵烟、黄果树、遵义	贵烟、黄果树、遵义	贵烟、黄果树、遵义	黄果树、遵义
	合作生产品牌	—	利群、红塔山	利群、雄狮	白沙	—
卷烟总产量（亿支）		553.70	270.50	222.50	146.00	69.00
雪茄烟品牌		—	—	—	—	—
雪茄烟总产量（万支）		—	—	—	—	—

（撰稿：高　雕；编辑：谢争艳）

云南中烟工业有限责任公司

【卷烟生产经营】 2015年，云南中烟工业有限责任公司共生产卷烟［含出口烟、省外全资卷烟厂（新疆卷烟厂、乌兰浩特卷烟厂），不含合作生产］4245.15亿支（849.03万箱），同比增长1.48%，其中，省内卷烟生产厂生产3903.65亿支（780.73万箱），同比增长1.44%；省外卷烟生产厂生产341.5亿支（68.30万箱），同比增长1.94%。生产出口烟53.65亿支（10.73万箱），同比增长1.13%。与省外企业合作生产公司卷烟品牌1280.65亿支（256.13万箱）。

在省内卷烟生产厂的产量中，生产一类烟1209.55亿支（241.91万箱），同比增长2.55%；二类烟77.6亿支（15.52万箱），同比增长32.90%；三类烟2089.55亿支（417.91万箱），同比增长1.69%；四类烟375.4亿支（75.08万箱），同比增长4.44%；五类烟151.55亿支（30.31万箱），同比下降22.65%。

2015年，云南中烟实现卷烟工业销量（不含合作生产、出口烟）4271.45亿支（854.29万箱），同比增长0.66%，其中，省内卷烟生产厂实现销量3931.3亿支（786.26万箱），同比增长0.65%；省外卷烟生产厂实现销量340.15亿支（68.03万箱），同比增长0.73%。出口卷烟54.3亿支（10.86万箱），同比增长3.63%。

在省内卷烟生产厂实现的工业销量中，一类烟1229.55亿支（245.91万箱），同比增长0.52%；二类烟74.95亿支（14.99万箱），同比增长35.03%；三类烟2097.15亿支（419.43万箱），同比增长1.05%；四类烟383.05亿支（76.61万箱），同比增长7.24%；五类烟146.6亿支（29.32万箱），同比下降24.68%。

2015年，云南中烟实现税利1446.31亿元，同比增长6.46%，其中利润263.92亿元，同比增长18.37%。省内企业实现卷烟销售收入1397.96亿元，同比增长4.97%。平均单箱销售收入1.78万元。省内卷烟企业三项费用率为7.04%。

万元产值综合能耗为6.46千克标煤，万支卷烟综合能耗为2.33千克标煤。烟叶、滤棒、盘纸平均消耗分别为6.72千克/万支、2504支/万支、591米/万支。水、电平均消耗分别为0.06立方米/万支、6.74千瓦时/万支。

【主要产品与品牌建设】 2015年，云南中烟在产卷烟品牌有15个，其中，红塔集团有“阿诗玛”“红梅”“红塔山”“新兴”“玉溪”“马宝”等6个品牌。红云红河集团有“茶花”“钓鱼台”“红河”“红山茶”“小熊猫”“雪莲”“云烟”“呼伦贝尔”“紫气东来”等9个品牌。

加强“玉溪”“云烟”“红塔山”“红河”等4个重点品牌建设。2015年，全国生产云南中烟卷烟品牌5525.8亿支（1105.16万箱），其中4个重点品牌累计生产4626.5亿支（925.3万箱），占总产量的83.73%，同比提高0.33个百分点。全年云南卷烟品牌国内实现商业销量

5321.9 亿支（1064.38 万箱），同比下降 2.61%，其中，“云烟”1927.3 亿支（385.46 万箱）、“玉溪”804.3 亿支（160.86 万箱）、“红塔山”1464.7 亿支（292.94 万箱）、“红河”548.25 亿支（109.65 万箱）。在四大品牌中，“云烟”实现商业销售收入 1143.83 亿元，同比增长 6.78%，其销量、销售收入列全国重点品牌第二位；“玉溪”商业销量列全国一类烟第二位，实现商业销售收入 819.13 亿元，列重点品牌第七位。“红塔山”商业销量列全国重点品牌第三位。

2015 年，云南中烟高端卷烟品牌实现商业销量 80.05 亿支（16.01 万箱），同比增长 0.41%，其中高价位卷烟 20.85 亿支（4.17 万箱），同比增长 4.33%。高价位卷烟中，“云烟（软大重九）”实现商业销量 12.3 亿支（2.46 万箱），同比增长 49.89%，总销量列全国高价位卷烟规格的第二位。

推进品牌建设，上市销售 6 个规格的新产品，实现销量 4.53 亿支（0.91 万箱）。

合作生产方面，继续组织安排云南省内卷烟品牌互动生产，红云红河集团红河卷烟厂加工生产“红塔山（硬经典）”“红塔山（软经典）”88.15 亿支（17.63 万箱），同比增长 94.96%。同时，调整合作生产计划，适当收缩云南卷烟品牌规模，保持有资产关系企业税利的合理增长，调减无资产关系合作企业的产品结构，与河北中烟、江西中烟、山东中烟、河南中烟、原川渝中烟、贵州中烟、陕西中烟、黑龙江烟草工业有限责任公司、吉林烟草工业有限责任公司、海南红塔卷烟有限责任公司、红塔辽宁烟草工业有限责任公司、内蒙古昆明卷烟有限责任公司、山西昆明烟草有限责任公司等 13 个合作方签订 2015 年合作生产合同，省外企业共合作生产云南卷烟品牌［含“云烟（苁蓉）”］1280.65 亿支（256.13 万箱），占行业合作生产总量的三分之一，同比下降 6.23%。

【企业管理】 制定“十三五”发展规划，提出“十三五”指导思想、主要思路、目标体系和保障措施。推动管理创新，实施精益管理。健全成本控制体系，卷烟材料采购成本累计降低 8.88 亿元。推进重大技改工程项目建设，全面完成“十二五”技改工作，累计完成技改投资 191 亿元。深入落实“应招尽招、真招实招”，工程、物资、服务类项目公开招标采购率分别达到 99.56%、98.06%、95.19%，“三项工作”总体公开招标率 97.36%，同比提升 8.73 个百分点。

【市场营销】 国内市场营销。推进大营销战略和全员营销策略，构建适应行业市场化取向改革的现代营销体系。深化工商协同，实行公司领导、各卷烟集团及各卷烟厂负责人挂片联系市场制度，加大市场走访力度，把市场走访重心拓展到重点地市级分公司。加强精益营销，聚焦终端市场，提高市场响应速度，推进投放管理由粗放向精细转变、促销模式由短线向长线升级。深耕关键市场，深化“一省一策”差异化策略，以分公司为单元，统筹推进云南卷烟基地市场、屏障市场和一类烟“万千百”工程建设。加强重点品牌培育，把发展重点聚焦于“玉溪”“云烟”“红塔山”三大品牌，完善品牌价格链条，增强品牌竞争力和比较优势。创新营销手段，通过“请进来”及新媒体平台等多种方式，强化品牌传播，促进产品推介。

国际市场营销。实施“走出去”战略，推动市场拓展体制从“管理经营型”转变为“经营实体型”，加快布局国际产销体系，逐步完善品牌管理体系，推进销售模式转型，境外实体化运作实现新跨越。截至 2015 年底，公司所属的境外投资企业 8 家，境外资产总额 25 亿元。

【技术创新】 创新体系建设。2015 年，云南中烟工业有限责任公司技术中心被认定为云南省级企业技术中心。搭建创新平台，构建起以云南中烟技术中心为主体，国内 6 个分中心、5 个联合研发中心（联合实验室）和境外 8 个分支机构为骨干，行业重点实验室、重点标准研究室、院士工作站、博士后工作站和省属重点研究室为支撑的开放式研发创新平台体系。完善创新管理相关制度，实行科技项目协作单位准入制，规范细化科研经费的管理与使用；实施科技管理开放评审，形成有利于激励自主创新的政策体系；实施小微创新模式，实现创新任务的快速响应和研发工作的灵活机动。培养人才团队，推进职业通道、业务技能通道建设，完善绩效考核和成果评价奖励机制，形成以行业科技领军人才、行业学科带头人和高级调香师为引领，中、高级职称技术人员为骨干的梯次化科技人才队伍。

创新成果。开展科技项目攻关，在多个技术领域取得突破性进展。2015 年，获得中国烟草总公司 2015 年度科学技术进步奖一、二、三等奖各 1 项，云南省科技进步奖二等奖1项。申报专利389项，其中发明专利198项；获得专利授权196项，其中发明专利36项。申报立项6个国家局重点项目，2个云南省科技厅项目。承担制修订行业标准3项，其中，《卷烟条与盒包装印刷品》于2015年发布，并成为行业标准。

产品研发维护。完成“玉溪（透明）”“云烟（大重九超细支）”“红塔山（传奇超细支）”等13个产品的研发上市。开发26个出口中国香港、巴拿马、秘鲁等国家和地区的产品。研发5个电子烟产品，其中2个在海外进行试销。开发3种口味嚼烟产品。

【原辅材料保障】 *原料保障*。建立云南中烟原料保障和风险防控体系，启动云南中烟原料信息化系统建设，完成“云南中烟原料综合管控平台”立项工作，成立项目组，开展原料业务流程统一梳理和信息化系统设计开发工作。以产品需求为导向，提出原料配方调整方向，指导原料采购调拨，组织原料工业调剂，降低库存资金占用。制定《云南中烟工业有限责任公司烟叶工商交接质量控制实施管理办法》，明确烟叶工商交接等级质量、品种纯度检验和内在化学成分检测依据及方法，制定品种、等级结构调拨数量要求，有效控制特色品种调拨数量、保障省内一类产区优质原料调拨结构、降低省内外三类产区等级结构。

明确云南中烟技术中心和红塔集团、红云红河集团原料管理职能，统一原料规划、原料综合平衡、原料复烤加工、原料质量管理等职能，明确原料保障和风险防控体系建设中的职责和定位。开展红塔集团、红云红河集团烟叶原料盘点工作，编制《云南中烟2015年原料使用规划（供需矛盾）报告》。

逐步消化不适用烟叶，优化库存烟叶结构，提升库存烟叶使用价值。2015年，完成库存低可用烟叶提质改造模块1.91万吨（38.12万担）。针对库存进口烟叶不足，组织工业调剂调入津巴布韦、巴西烟、阿根廷烟叶（片烟）0.38万吨（7.6万担）。通过工业分级和模块配方，中、低次等级烟叶质量得到改善，符合调剂烟叶所需中、上等级烟叶质量水平。

2015年，云南中烟国内烤烟计划45.32万吨（906.4万担），实际签订44.78万吨（895.52万担），衔接确认云南省内烟叶计划33.57万吨（671.46万担），占比75%，同比下降1.24%；省外烟叶计划11.23万吨（224.6万担），同比下降8%。

辅料保障。云南中烟物资（集团）有限责任公司（简称物资公司）成立于2006年，由云南中烟物资配套公司改制而成的，是云南中烟的全资子公司。主要从事全省烟草工业生产所需的卷烟材料、烟机零配件以及仓储运输的经营业务；履行全省卷烟材料、烟机设备和零配件以及非烟用物资行政管理职能。2015年，按照云南中烟“两统一、两整合”工作要求，物资公司受让红云红河集团所持上海中臣烟草机械配件有限责任公司的资产，并将所持云南云成印务有限公司、大理市古榕会馆旅游有限责任公司、云南三和房地产开发有限公司、交通银行股份有限公司、中国太平洋保险（集团）股份有限公司的资产划转至云南合和（集团）有限责任公司。截至2015年底，物资公司代管云南烟草机械有限责任公司（云南烟草机械厂），参股上海中臣烟草机械配件有限责任公司。

2015年，物资公司设有15个部（室），在岗员工125人。截至2015年底，拥有总资产24.33亿元，其中，固定资产0.89亿元、流动资产22.89亿元，资产负债率为18.66%。

烟用物资业务进一步巩固，仓储运输业务顺利转型。全年实现主营业务收入110.75亿元，同比下降2.07%；实现利润2.05亿元，同比下降2.31%。

【对外交流与国际拓展】 *云南烟草国际有限公司概况*。云南烟草国际有限公司（简称国际公司）成立于2006年，是云南中烟的全资子公司，主要经营卷烟、烟丝、烟草专用机械设备和零配件及其他烟用辅料出口，烟丝、丝束、烟草专用机械设备和零配件及其他辅料进口配套服务，烟草经济技术交流与合作等业务。2014年7月，云南中烟调整拓展国际市场管理体制，国际公司从“管理经营型”主导向“经营实体型”主体转变，按照“产销分离”原则，主要承担国际市场营销主体责任。2015年，将红塔瑞士罗马尼亚子公司变更为国际公司的全资子公司，香港天成（太平洋）有限公司与香港玉成贸易发展有限公司完成吸收合并。截至2015年底，国际公司下辖天成（太平洋）有限公司、红塔瑞士罗马尼亚子公司2家全资子公司。总资产25.19亿元，公司本部从业人员89人。

2015年，国际市场境外实现卷烟销量（含出口烟、境外生产销售）215 亿支（43 万箱），同比增长 8.59%，占中国烟草境外销量四分之一，保持中国烟草境外销量第一位，其中，境外生产销售卷烟 160.8 亿支（32.16 万箱），同比增长 10.4%。实现进出口总值 2.54 亿美元。实现境外市场销售总收入 5 亿美元，其中，红塔瑞士罗马尼亚子公司 0.42 亿美元，天成（太平洋）有限公司 2.5 亿美元。

境外实体化情况。云南中烟有天成（太平洋）有限公司、YTI（缅甸）服务公司、老挝寮中红塔好运烟草有限公司、红塔瑞士公司、红塔瑞士罗马尼亚子公司等 5 家境外营销公司；有香港红塔国际烟草有限公司、老挝寮中红塔好运烟草有限公司、中烟国际欧洲有限公司等 3 家有资产关系的境外生产点；有云南越南升龙项目、云南缅甸环球项目、云南印尼 ROCK 项目、云南阿根廷项目、云南纳米比亚项目等 5 个境外许可生产项目；设立 6 个境外研发分支机构，分别在德国、阿联酋、韩国、中国香港特区、老挝、纳米比亚，就香精香料、装潢设计、烟用材料、产品研发、提取液、原料种植等方面进行技术研发。

调整境外卷烟生产企业布局，2015 年，关停有潜在投资风险和运营风险的缅甸果敢卷烟厂。调整国际市场营销基地布局，关闭注销原缅甸天成公司，在仰光新设 YTI（缅甸）服务有限公司；通过股权划转和回购，将红塔瑞士公司和红塔瑞士罗马尼亚子公司变更为云南烟草国际有限公司的全资子公司；通过职能调整和重组，天成（太平洋）有限公司与香港玉成贸易发展有限公司完成吸收合并；启动中烟国际迪拜瑞世达公司股权重组工作。

国际市场拓展。有税市场方面，实现销量 135.4 亿支，同比增长 20%，其中，老挝市场实现销量 26.33 亿支，同比增长 40%，在当地市场份额提升到 40.5%，是云南中烟境外市场份额最高的有税市场；缅甸市场实现销量 26.84 亿支，同比增长 17.87%，继续保持云南中烟境外战略型市场地位；罗马尼亚市场实现销量 3.7 亿支，同比增长 51%。2015 年，新增新加坡、墨西哥、格鲁吉亚等 3 个有税市场，新品投放实现销量 1.26 亿支。

免税市场方面，实现销量 14.8 亿支，同比增长 42%。新增机场免税店 5 个。截至 2015 年底，与全球免税零售渠道合作方增加至 124 家，国际机场覆盖 93 家。

新业务开发。红塔瑞士罗马尼亚子公司与安徽中烟开展产销合作，由安徽中烟控股的 CTIEC（中烟国际欧洲烟草公司）承担所属市场生产和产品质量控制职能，红塔瑞士罗马尼亚公司承担中国烟草旗下品牌营销职能。积极参与推进中国烟草与帝国烟草战略合作项目的前期谈判工作。

全球供应链管理。对订单进行统一调度处理，提升境外卷烟生产企业的生产饱和度和均衡度。云南中烟物流综合管控平台一期工程上线，2015 年境内外供货速度同比提高 18%。加大云南中烟所属境外卷烟生产企业之间的品牌互动、市场和资源优化配置工作，原料全球采购实现突破性进展，部分混合型烟丝通过境外市场化采供，大幅降低混合型卷烟成本。构建云南中烟国际市场统一的整合型管理体系，截至 2015 年底，初步建成管理体系的运行框架。自主开发产销数据平台，实现产品、销售、生产订单、发货数据的互联互通。

【特事要辑】 1 月 4 日，云南省副省长丁绍祥、内蒙古自治区党委副书记李佳到红云红河集团昆明卷烟厂调研。

1 月 8 日，驻国家局纪检组组长高林到红云红河集团新疆卷烟厂调研。

1 月 17 日，云南省委副书记、代省长陈豪到红塔集团楚雄卷烟厂调研，副省长丁绍祥、省政府秘书长卯稳国一同调研。

1 月 20 日，云南中烟在昆明召开 2015 年工作会议，对 2015 年工作提出“实施两项调整，增强四项能力”的主要任务。“实施两项调整”即调整品牌整合发展思路，调整合作生产总量结构；“增强四项能力”即增强持续发展能力、产品竞争能力、基础管理能力、服务大局能力。

1 月 22 日，云南合和（集团）股份有限公司在玉溪成立。国家局副局长赵洪顺、云南省副省长丁绍祥出席授牌仪式并讲话。

1 月 22—23 日，国家局副局长赵洪顺到云南烟草调研，听取云南中烟工作汇报，并到红云红河集团红河卷烟厂考察。

2 月 13 日，云南省委副书记、省长陈豪到红云红河集团昆明卷烟厂、云南中烟技术中心调研，并召开全省烟草工作调研座谈会。省委常委、常务副省长李江，副省长丁绍祥，省政府秘书长李邑飞一同调研。

3月29日，贵州省委书记赵克志、省长陈敏尔，云南省委书记、省人大常委会主任李纪恒，省委副书记、省长陈豪到红云红河集团曲靖卷烟厂调研。

5月5日，云南省委书记、省人大常委会主任李纪恒到云南烟草调研，副省长丁绍祥一同调研。

5月6—7日，国家局副局长赵洪顺出席在昆明召开的烟草行业中维酒店品牌标准推广委员会第一次会议，并到云南中烟营销中心调研。赵洪顺要求：一是注重研究行业宏观调控政策，研究企业自身调控目标，推动行业调控朝着有利于优质企业优质品牌的方向发展；二是注重研究新政策出台对企业带来的影响，在系统研究企业自身、竞争对手、商业企业、零售客户、消费者和市场环境等方面做足文章，采取积极的应对措施；三是注重全面提升营销应变能力，提升企业适应市场化取向改革的能力、终端建设能力和改革变局中占据主动的能力。

5月17—19日，国家局局长凌成兴先后到施甸善洲林场、鲁甸地震灾区、红云红河集团会泽卷烟厂调研。凌成兴指出，云南烟草三个“工作得力”、三个“稳中有为”。三个“工作得力”：一是应对卷烟提税顺价工作得力，二是应对鲁甸抗震救灾工作得力，三是应对经济下行压力工作得力。三个“稳中有为”：一是烟叶生产稳中有为，二是品牌培育稳中有为，三是税利增量稳中有为。对下一步工作，凌成兴提出五项要求：一要支撑卷烟提税顺价的大局，二要支撑卷烟产销平稳的大局，三是支撑烟叶生产提质增效的大局，四是支撑工商税利总额保七争十的大局，五是做好云南少小民族帮扶工作。云南省副省长丁绍祥一同调研。

5月19日，内蒙古自治区政协主席任亚平、副主席梁铁城到红云红河集团乌兰浩特卷烟厂调研。

5月29日，内蒙古自治区党委副书记李佳到红云红河集团乌兰浩特卷烟厂调研。

6月4日，新疆维吾尔自治区副主席穆铁礼甫·哈斯木到红云红河集团新疆卷烟厂调研。

7月7日，云南省副省长丁绍祥与内蒙古自治区副主席王波在呼和浩特签署《云南省人民政府与内蒙古自治区人民政府深化烟草产业合作框架协议》。

7月9日，云南省纪委书记张硕辅到红塔集团调研。

8月24—26日，国家局副局长段铁力到红云红河集团昆明卷烟厂、红云红河集团曲靖卷烟厂、曲靖市烟叶生产基地、昆明醋酸纤维有限公司等调研。段铁力要求云南烟草：一是努力保持良好的经济运行状态；二是努力在一、二类卷烟上寻找突破点；三是以“控得住”“稳得住”抓好烟叶生产；四是不断提升企业管理水平；五是高度重视安全生产；六是抓好班子，带好队伍，确保党员领导干部“忠诚、干净、担当”；七是努力完成年度目标任务，为行业“保七争十缴万亿”年度目标的顺利实现作出积极贡献。

8月26日，国家局副局长徐瑾到红云红河集团新疆卷烟厂调研。

10月6日，云南省委、省政府召开全省烟草工作座谈会，专题研究全省烟草工作和“十三五”期间烟草产业发展目标任务。云南省委书记、省人大常委会主任李纪恒，省委常委、常务副省长李江，副省长丁绍祥出席会议并讲话。云南省政府秘书长李邑飞等参加会议。

10月13—14日，国家局副局长杨培森出席在杨善洲干部学院举行的全国烟草行业干部教育培训基地揭牌仪式，并先后到云南中烟技术中心、新材料科技有限公司、再造烟叶有限责任公司调研。杨培森指出：云南中烟要继续完善体制机制，围绕“两统一、两整合”改革，在技术集成整合和管理创新方面继续努力，通过创新实现“1+1>2”的效果；要继续加强对原料、薄片、产品质量安全、香精香料自主研发、新型烟草制品等方面的研究，在继续保持技术优势的同时，在应用研究领域取得更大的突破。

10月26—29日，国家局副局长段铁力到云南烟草调研，并与云南省副省长丁绍祥、张太原进行座谈。段铁力指出，云南中烟合作生产起步早、体量大、效果好，行业上下要共同努力做好品牌合作生产工作，确保合作生产利益双赢、质量稳定和总量稳定，努力实现行业共同发展目标。28日，段铁力出席在昆明召开的第九届全国评烟委员会成立大会暨第一次年会。

11月17—18日，国家局副局长赵洪顺到云南中烟调研多元化工作。赵洪顺指出，云南中烟多元化经营工作要以市场化为导向，在“五个积极探索”方面提出有针对性、可操作性的总体思路和方案，进一步解放思想、大胆创新、积极探索、敢于突破，为行业的下一步改革建言献策，为行业多元化经营闯出一条新路。

11 月 26 日，2016 年上半年云产卷烟品牌培育座谈会在昆明召开。国家局副局长徐瓒、段铁力，云南省副省长丁绍祥出席会议。

12 月 3 日，国家局局长凌成兴到红云红河集团新疆卷烟厂调研。凌成兴指出：新疆烟草工商两家要出色完成年度目标，全面兑现“瞄准 100 亿元、确保翻一番、达到 80 亿元”的援疆承诺，将税利增长目标落到实处，为“十三五”期间烟草行业健康发展继续贡献力量。

所属企业

红塔烟草（集团）有限责任公司

【卷烟生产经营】 2015 年，红塔烟草（集团）有限责任公司（简称红塔集团）境内外卷烟总产量（含红塔集团省内四厂内销与出口、合作生产、境外生产）2974. 05 亿支（594. 81 万箱）。

红塔集团省内四厂生产内销卷烟 1900. 5 亿支（380. 10 万箱），其中，一类烟 791. 47 亿支（158. 29 万箱），同比增长 4. 02%；二类烟 22. 77 亿支（4. 55 万箱），同比增长 191. 67%；三类烟 677. 02 亿支（135. 40 万箱），同比下降 4. 56%；四类烟 269. 38 亿支（53. 88 万箱），同比增长 2. 80%；五类烟 139. 87 亿支（27. 97 万箱），同比增长 0. 29%。生产出口烟 35. 78 亿支（7. 16 万箱），同比下降 0. 14%。合作生产卷烟（含省内互动）925. 05 亿支（185. 01 万箱），同比下降 8. 14%。

实现卷烟工业销量（含集团省内四厂内销与出口、合作方销售、回购销售、境外加工生产销售）2949. 15 亿支（589. 83 万箱），同比下降 0. 86%。

省内四厂内销实现卷烟工业销量 1913. 35 亿支（382. 67 万箱），同比下降 0. 62%，其中，一类烟 797. 4 亿支（159. 48 万箱），同比下降 0. 41%；二类烟 21. 9 亿支（4. 38 万箱），同比增长 165. 45%；三类烟 685. 95 亿支（137. 19 万箱），同比下降 3. 42%；四类烟 266. 3 亿支（53. 26 万箱），同比下降 0. 08%；五类烟 141. 8 亿支（28. 36 万箱），同比增长 1. 61%。出口烟实现销量 36. 4 亿支（7. 28 万箱），同比增长 3. 26%。

2015 年，红塔集团本部及省内四厂实现销售收入 672. 01 亿元，同比增长 0. 89%。实现税利 596. 53 亿元，同比增长 2. 23%，其中利润 80. 48 亿元。三项费用率为 6. 17%，同比下降 0. 02 个百分点。

万元产值综合能耗为 5. 85 千克标煤，万支卷烟综合能耗为 2. 22 千克标煤。烟叶、滤棒、盘纸平均消耗分别为 6. 10 千克/万支、1669 支/万支、600 米/万支。水、电平均消耗分别为 0. 09 吨/万支、6. 58 千瓦时/万支。

【主要产品与品牌建设】 2015 年，红塔集团生产的卷烟品牌有“阿诗玛”“红梅”“红塔山”“新兴”“玉溪”“马宝”等 6 个。

“玉溪”品牌境内外生产卷烟 859. 85 亿支（171. 97 万箱），同比增长 4. 20%。“玉溪”实现工业销量 858. 2 亿支（171. 64 万箱），同比增长 0. 08%。“玉溪”一类烟在全国商业销量中居一类烟第二位。

“红塔山”品牌境内外生产卷烟 1521. 05 亿支（304. 21 万箱），同比下降 5. 22%。“红塔山”实现工业销量 1492. 2 亿支（298. 44 万箱），同比下降 2. 78%。“红塔山”卷烟品牌销量为全国第三位。

随着云南中烟对合作生产计划统筹力度的逐步加强，红塔集团对合作生产的高三类“红塔山”进行适当收缩调整，将一部分高三类规格调回省内生产。生产制造中心克服合作生产点多、量大和设备、工艺、文化存差异诸多不利因素，以“合作共赢、共同发展”为指导思想，切实抓好计划衔接、产销协调、原辅料供应、过程质量控制、落地制丝、回购业务等各项工作，较好地完成品牌合作生产任务。2015 年，合作生产卷烟（含省内互动）925. 05 亿支（185. 01 万箱），同比下降 8. 14%，其中，与中烟实业合作生产“玉溪”37. 25 亿支（7. 45 万箱）；与中烟实业、四川中烟、重庆中烟、河南中烟、贵州中烟、河北中烟、陕西中烟、江西中烟、山东中烟、红云红河集团合作生产“红塔山”802. 8 亿支（160. 56 万箱）。

【原料保障】 把握“保”与“控”的总基调，牢固树立“围绕品牌做原料”的理念，围绕“保总量、保区域、保品种、保结构、提质量”工作主线，不断提升原料保障、成本控制和风险防控能力。2015 年，红塔集团与 12 省 33 州、市签订 23. 81 万吨（471. 29 万担）的烟叶购销协议，主要特点表现为“两新、一缩减”，即品种布局有新思路，特色品种全部安排在省内核心烟区；优质产区原料需求满足度有新提高，省内采购计划为 17. 58 万吨

(351.55万担)，同比提高3.92个百分点；非优质产区烟叶采购计划同比缩减，省外采购计划为5.99万吨(119.74万担)，同比下降9.64%。

【经济运行管理】 2015年，红塔集团紧扣精益管理和规范管理两条主线，立足企业生产经营实际，加强行业形势及政策的研究，做好统计数据分析，确保集团经济运行平稳。以规范管理为主线，加强风险管理和普法宣传工作，加强采购管理，搭建采购信息系统，深化合同管理，推进专卖内管工作，规范企业运营。推进精益管理，提升对标指标水平，持续改进管理体系，加强标准化管理工作，提高制度建设水平，强化绩效考核，建立压力传导机制。实施业务流程管理，实现业务全流程管控。实施GRC项目(公司治理、风险及合规管理)，采取有效应对措施降低集团经营风险。做好信息化基础运维及ERP系统优化，促进信息化、工业化“两化”融合。

红云红河烟草(集团)有限责任公司

【卷烟生产经营】 2015年，红云红河烟草(集团)有限责任公司(简称红云红河集团)生产卷烟［含控股企业山西昆明烟草有限责任公司(简称山昆公司)、内蒙古昆明卷烟有限责任公司(简称蒙昆公司)产量，不含出口烟］2664.5亿支(532.90万箱)，同比增长1.54%，其中，一类烟435.95亿支(87.19万箱)、二类烟123.7亿支(24.74万箱)、三类烟1849.8亿支(369.96万箱)、四类烟227.7亿支(45.54万箱)、五类烟27.35亿支(5.47万箱)。生产出口烟17.85亿支(3.57万箱)。

红云红河集团省内省外全资卷烟厂共生产卷烟(不含合作生产，含出口烟)2308.85亿支(461.77万箱)，同比增长1.81%。

实现卷烟销量(含控股企业山昆公司、蒙昆公司销量，不含出口烟)2693.25亿支(538.65万箱)，其中，一类烟436.95亿支(87.39万箱)、二类烟124.15亿支(24.83万箱)、三类烟1870.75亿支(374.15万箱)、四类烟243.3亿支(48.66万箱)、五类烟18.1亿支(3.62万箱)。出口烟实现销量17.9亿支(3.58万箱)。

2015年，红云红河集团实现卷烟销售收入848.69亿元，同比增长5.29%。实现税利683.59亿元，同比增长4.51%，其中利润106.78亿元，同比增长3.85%。三项费用率为5.42%。

万元产值综合能耗为8.06千克标煤，万支卷烟综合能耗为2.78千克标煤。烟叶、滤棒、盘纸平均消耗分别为6.86千克/万支、2516支/万支、592米/万支。水、电平均消耗分别为0.05吨/万支、8.07千瓦时/万支。

【主要产品与品牌培育】 2015年，红云红河集团生产的卷烟品牌有“云烟”“红河”“小熊猫”“红山茶”“茶花”“钓鱼台”“雪莲”“呼伦贝尔”“紫气东来”“冬虫夏草”“大青山”“红塔山”等12个品牌87个规格。

“云烟”规模稳步增长。全年“云烟”实现商业销量1927.3亿支(385.46万箱)，同比增长2.42%，高于行业重点品牌平均增幅4.4个百分点；实现商业销售额1143.83亿元，同比增长6.78%；单箱销售额2.97万元，同比增长4.26%。“云烟”品牌规模和商业销售额均居行业第二位。

产品结构持续提升。一、二类烟实现销量占比21.35%，同比提升1.51个百分点。高端产品逆势上扬，高端卷烟实现销量49.25亿支(9.85万箱)，同比增长17.85%，其中高价位烟实现销量21.1亿支(4.22万箱)，同比增长12.61%。高价位卷烟“云烟(软大重九)”实现商业销量12.3亿支(2.46万箱)，同比增长49.89%，销量列行业高价位卷烟规格的第二位，增幅列高价位卷烟规格的第一位。

2015年，无资产纽带方合作生产卷烟125.2亿支(25.04万箱)，其中，与重庆中烟合作生产“云烟”88亿支(17.6万箱)、“红河”2.5亿支(0.5万箱)；与海南红塔合作生产“云烟”18.5亿支(3.7万箱)；与红塔辽宁合作生产“云烟”10亿支(2万箱)；与四川中烟合作生产“云烟”6亿支(1.2万箱)；与山东中烟合作生产“云烟”0.15亿支(0.03万箱)。

【原料保障】 优化烟叶基地生态布局，加强生产技术指导，加大特色品种种植管控力度，提高采购烟叶等级质量。落实2015年度烟叶采购计划22.56万吨(451.13万担)，截至2015年底，完成调拨20.76万吨(415.23万担)，其中省内17.17万吨(343.41万担)、省外3.59万吨(71.82万担)，调入烟叶上等烟比例63.34%、中等烟比例36.5%。调拨进口烟叶0.51万吨(10.2万担），其中巴西烟叶 0.27 万吨（5.4 万担）、阿根廷烟叶 0.059 万吨（1.18 万担）、津巴布韦烟叶 0.18 万吨（3.6 万担）。

【生产管理】 深化精益实践，开展“成本月”活动，2015 年红云红河集团通过精益改善活动实现收益 4.25 亿元。昆明卷烟厂获得“行业卷烟工厂标兵单位”荣誉称号；曲靖卷烟厂被工信部确定为全国“两化融合管理体系贯标试点企业”；乌兰浩特卷烟厂对标指标在行业 30 万箱以下规模卷烟工厂中列第一位。

把满足市场需求作为目标导向，优化产能布局、柔性组织生产，精准投放货源、动态响应需求，成品卷烟准时配送率 99.99%，货损率 0.0347‰。全面提升产品品质，市场有效投诉率 0.001ppm，产品质量监督抽检合格率 100%。“云烟（软大重九）”在国家局、云南中烟、云南省局组织的市场抽检中，综合质量 4 次排第一名；“云烟（神秘花园）”在国家局细支卷烟产品品质量专项抽查中综合质量排第一名。

【技术创新】 加强创新课题研究，2015 年红云红河集团有 5 个项目分获中国烟草总公司、云南省科学技术进步奖；有 69 项专利获授权，其中发明专利 38 项。推进重点技术改造项目，云烟科技园和集团管理及后勤保障设施项目通过国家局总体竣工验收；昆明卷烟厂打叶复烤易地技改及烟叶仓储物流项目完成立项申报；红河卷烟厂技改完成初步设计；曲靖卷烟厂技改申报总体竣工验收；会泽卷烟厂技改完成搬迁投入生产；新疆卷烟厂技改组织工程结算审核；乌兰浩特卷烟厂填平补齐项目和后勤保障中心投入使用。推进集团数据中心、企业门户、人力资源管理、安全运维管理系统建设和各工厂 MES 集成，开展片烟物流跟踪系统试点工作。

【整顿规范】 严格执行中央八项规定，从严修订公务接待、会议、外事、差旅管理等制度规定，突出整改办公用房、公务用车、公务接待等方面存在的问题，业务接待费、车辆运行费、会议费同比分别下降 73.28%、32.82%、37.09%。全面推进公开招标、委托招标，工程、物资、服务类公开招标率分别为 98.73%、94.08%、90.26%。制定《进一步加强重大工程建设项目管理的实施意见》，抓好常态化监督，完成经济合同汇审 2062 项、工程结算审核 1185 项，审减金额 1.84 亿元。推进办事公开民主管理同业务工作深度融合，2015 年公开各类信息 2 万余条。

2015 年云南中烟工业有限责任公司所属企业/生产厂情况统计

	红塔烟草（集团）有限责任公司	所属生产厂			
		玉溪卷烟厂	楚雄卷烟厂	大理卷烟厂	昭通卷烟厂
法人资格	独立法人	非独立法人	非独立法人	非独立法人	非独立法人
主要负责人/法人代表（含党政领导）	总裁、党委书记：夏开元 董事长：王 勇	厂长：马云参 党委书记：朱雄伟	厂长：彭黎明 党委书记：范 斌	厂长：袁国旺 党委书记：吕 坚	厂长：胡发明（—2015.6）、张志勇（2015.7—） 党委书记：张学忠（—2015.6） 党委副书记（主持工作）：谢成明（2015.7—）
成立时间	1956 年	1956 年	1974 年	1950 年	1970 年
从业人员（人）	9200	3003	1798	1308	2011
卷烟生产能力(亿支)	2200	1250	300	250	400

续表

		红塔烟草（集团）有限责任公司	所属生产厂			
			玉溪卷烟厂	楚雄卷烟厂	大理卷烟厂	昭通卷烟厂
卷烟品牌	自有品牌	玉溪、红塔山、红梅、阿诗玛、马宝、新兴、GEM	玉溪、红塔山、红梅、阿诗玛、马宝、新兴、GEM	玉溪、红塔山、红梅	玉溪、红塔山、红梅	玉溪、红塔山、红梅
	合作生产品牌	—	—	—	—	—
卷烟总产量（亿支）		1936.28	1066.65	323.50	232.00	314.15
雪茄烟品牌		—	—	—	—	—
雪茄烟总产量（万支）		—	—	—	—	—

		红云红河烟草（集团）有限责任公司	所属生产厂					
			昆明卷烟厂	红河卷烟厂	曲靖卷烟厂	会泽卷烟厂	新疆卷烟厂	乌兰浩特卷烟厂
独立法人		独立法人	非独立法人	非独立法人	非独立法人	非独立法人	非独立法人	非独立法人
主要负责人/法人代表（含党政领导）		总裁、党委书记：武　怡 董事长：谷　宏	厂长：范　晓（—2015.12）、刘　豪（2015.12—） 党委书记：夏家全（2015.7—）	厂长：许永明 党委书记：刘　豪（—2015.12）	厂长：李　林（—2015.12） 党委书记：马　珍	厂长：郭柱荣（—2015.2）、邓林昆（2015.7—） 党委书记：罗　琼	厂长：程振西 党委书记：白九重	厂长：王力家 党委书记：吴　岗（2015.7—）
成立时间		2008年	1922年	1985年	1966年	1973年	1960年	1981年
从业人员（人）		11014	4171	1250	2692	740	764	936
卷烟生产能力（亿支）		3240	1210	710	725	225	310	260
卷烟品牌	自有品牌	云烟、红河、茶花、红山茶、呼伦贝尔、雪莲	云烟、茶花、呼伦贝尔	云烟、红河	云烟、红河、红山茶	云烟、红河	云烟、红河、雪莲	云烟、红河、红山茶、呼伦贝尔
	合作生产品牌	红塔山、紫气东来	紫气东来	红塔山	—	—	—	—
卷烟总产量（亿支）		2308.85	783.85	509.20	551.25	123.05	201.50	140.00
雪茄烟品牌		—	—	—	—	—	—	—
雪茄烟总产量（万支）		—	—	—	—	—	—	—

（撰稿：王宏先　曹晓军　朱　懿；编辑：谢争艳）

陕西中烟工业有限责任公司

【卷烟生产经营】　2015年，陕西中烟工业有限责任公司生产卷烟（含合作生产）910亿支（182万箱），同比下降0.49%，其中，一类烟12.37亿支（2.47万箱）、二类烟83.77亿支（16.75万箱）、三类烟466.92亿支（93.39万箱）、四类烟306.42亿支（61.28万箱）、五类烟40.51亿支（8.1万箱）。生产高端卷烟0.85亿支（0.17万箱），其中高价位卷烟0.43亿支（0.086万箱）。生产高价位卷烟“好猫（天赋）”0.28亿支（0.056万箱）。生产细支卷烟5.77亿支（1.15万箱）。合作生产卷烟408.0亿支（81.6万箱）。

实现卷烟销量914.8亿支（182.96万箱），实现卷烟销售收入212.80亿元，同比增长0.43%。实现税利144.57亿元，同比下降4.37%，其中利润11.87亿元，同比下降33.53%。三项费用率为8.17%，同比上升0.65个百分点。

万支卷烟综合能耗为3.1千克标煤，烟叶、滤棒、盘纸平均消耗分别为6.76千克/万支、2506支/万支、593米/万支。水、电平均消耗分别为0.08吨/万支、6.72千瓦时/万支。

【主要产品与品牌建设】 2015年，陕西中烟生产的自有卷烟品牌有“好猫”“猴王”“延安”等3个品牌19个规格。生产重点卷烟品牌“好猫”202.72亿支（40.54万箱），同比增长1.44%；“好猫”实现销量207.92亿支（41.58万箱），同比增长7.10%，其中省外销量18.55亿支（3.71万箱）。“好猫”实现销售收入67.24亿元，同比增长7%。

合作生产浙江中烟的卷烟品牌“利群”62.46亿支（12.49万箱）①、“雄狮”12.54亿支（2.51万箱），湖南中烟的卷烟品牌“白沙”210亿支（42万箱），云南中烟的卷烟品牌“红塔山”48亿支（9.6万箱），广东中烟的卷烟品牌“双喜”75亿支（15万箱）。

加强品牌定位和市场定位研究，制定重点品牌规格宣传和定位指导意见，持续优化自有品牌市场布局，着力提升产品结构。深挖“好猫”“延安”品牌文化内涵，突出消费互动和体验，组织75批次8144名消费者参加品牌互动体验活动。召开品牌品鉴会、培训会、座谈会949场次，参会人数4.72万人次；开展婚庆活动2.92万场次，直接带动“好猫”销售1.15亿支（0.23万箱）；“好猫（长乐）”“好猫（细支长乐）”上市一年销量均过万箱，“好猫（细支长乐）”销量和份额跻身省内细支卷烟市场首位，销量排名全国第七。“好猫（招财进宝）”市场认可较高，消费群体稳步扩大，省产卷烟市场状态较好。

【原辅材料保障】 *原料保障*。抢抓烟叶调拨复烤进度，以“好猫”品牌需求为导向，结合生产品牌的结构和烟叶库存情况，兼顾储运能力和周期，细化成品烟叶的分配方案，合理安排产区片烟调拨。截至6月底，调拨2015年度烟叶3.71万吨（74.2万担），合同履约率99.89%。加强烟叶基地单元建设，有行业基地单元8个。2015年，基地烟叶调拨总量1.95万吨（38.9万担），平均收购等级合格率在80%以上，上等烟比例54.5%。

辅料供应。2015年，烟用材料预算金额29.31亿元，采购入库金额28.14亿元，预算执行率95.99%，烟用材料公开招标采购比例达到97.11%，节约资金1728.46万元。完善供应商管理基础资料，评审发布96家烟用材料合格供应商名录。规范烟机零配件招标采购行为，烟机零配件采购合同涉及金额1.03亿元，其中以招标方式采购合同涉及金额7567万元，以非招标方式采购合同涉及金额2729.73万元。

【技术创新】 *产品研发*。“好猫（细支长乐）”于2015年元月上市，成为“好猫”品牌新的增长点。完成“好猫（招财进宝）”“好猫（招财猫1600）”“延安（1935）”“好猫（天赋细支）”等4款卷烟新品研发，同时开展产品储备研发工作。

创新研究。加强烟用功能性生物资源的收集、筛选与功能评价，建立由80多种具有增香、降害等功能的烟用微生物菌种库。先后完成不同透气度成型纸、接装纸，不同丝束、不同添加剂醋纤滤棒、滤棒保湿因子以及不同卷烟纸克重、卷烟纸分子筛技术、微胶囊包裹技术等对比技术研究，综合降焦减害能力持续提升。

重点开展利用调香技术赋予产品香气风格与口味特征的自主调香技术研究，卷烟自主调香能力明显提升。组织实施两次产品质量安全专项检查，检测样品298个，检测项目涉及卷烟7种有害成分、烟用材料挥发性成分等132项，卷烟及烟用材料质量抽检合格率100%。

完成13个专业分类、596项技术标准的换版制修订和发布。参与制定的《烟叶和烟叶提取物中茄尼醇的测定》（GB/T 31758-2015）国家标准颁布实施。开展“‘好猫’品牌导向的曲靖优质烟叶原料保障技术研究”“‘好猫’卷烟品牌制造过程能力测评方法的推广与应用”等59项科研项目研究。

“卷烟产品风格强化及保润技术研究”“烟草保润剂的筛选与应用”等关键技术研究列入科研计划。加大与科研院所多种模式产学研合作，不断增强创新能力，与郑州烟草研究院建立战略合作伙伴关系。

---

① 此为打码数据，年度交付量57.5亿支（11.5亿支）。

【对外交流与合作】 构建“好猫”海外营销网络，指导陕西中烟控股的蒙古烟草有限责任公司渠道营销建设，部分出口产品在蒙古国落地生产，持续促进蒙古烟草有限责任公司与境外客户在加工生产卷烟上的合作，逐步扩大在蒙古国加工出口的合作意向和品牌规模。加强知识产权保护，持续推进境外品牌注册。在蒙古国及新加坡的注册已通过商标审核，南非商标注册进入变更阶段。

2015 年，陕西中烟克服蒙古国市场疲软、国际市场需求下滑的影响，实现出口总额 547.91 万美元。

【特事要辑】 4 月 23 日，陕西省委常委、延安市委书记姚引良到陕西中烟调研。姚引良对陕西烟草工业的持续快速发展给予充分肯定，要求陕西中烟大力弘扬延安精神，积极支持革命老区发展，加大对延安卷烟厂的扶持力度，确保全省烟草工业均衡发展、共同发展。

5 月 20 日，陕西省委副书记、省长娄勤俭到陕西中烟延安卷烟厂调研。娄勤俭对陕西中烟及延安卷烟厂近年来的发展给予充分肯定，要求在经济发展新常态下，主动作为，积极应对，进一步夯实基础管理，加大科技创新力度，加强品牌培育，积极拓展市场空间，为“三个陕西”（即富裕陕西、和谐陕西、美丽陕西）建设作出新的更大贡献。

6 月 3—5 日，国家局副局长徐瑒到陕西烟草调研。其间，徐瑒一行考察宝鸡卷烟厂，参观西安市、宝鸡市烟草物流中心并走访当地市场部分卷烟零售客户，听取陕西中烟、陕西省局（公司）及西安市烟草公司的工作汇报。

6 月 27 日至 7 月 1 日，国家局副局长段铁力到陕西烟草调研。段铁力对陕西烟草工作予以充分肯定。关于今后工作，段铁力强调：一是高度重视提税顺价工作，努力保持良好市场状态；二是工商协同，共育品牌，重点培育好“好猫”品牌；三是以精益管理为抓手，进一步加强企业管理；四是以“三严三实”专题教育为抓手，努力建设纪律严明、作风过硬、勇于担当、敬业务实的干部队伍；五是努力完成目标任务，为行业发展多作贡献。

8 月 12 日，陕西省副省长姜锋一行到陕西中烟澄城卷烟厂调研。姜锋一行到工厂制丝车间、卷包车间现场查看产品生产流程和制作工艺。

9 月 9—12 日，国家局局长凌成兴在陕西烟草调研。其间，陕西省委书记、省人大常委会主任赵正永，省委副书记、省长娄勤俭会见凌成兴。省委常委、省委秘书长刘小燕，省委常委、延安市委书记徐新荣参加会见。双方就陕西烟草改革发展交换意见。凌成兴来到延安市延川县梁家河村，参观了梁家河村史馆，在知青旧址了解学习知识青年响应毛主席号召上山下乡，与梁家河村民同吃同住同劳动，带领村民打坝淤地、发展沼气、修筑梯田、植树造林，在村里建立磨面坊、缝纫社、铁业社、代销店等改善村民生产生活条件的先进事迹，听乡亲们详细讲述习近平总书记在 2015 年 2 月 13 日重回梁家河村的细节，感受总书记对梁家河村民的牵挂、感恩和寄予的厚望。凌成兴提出，要学习领袖风范，牢记百姓情怀，立足本职工作，把自己的事情做好。对下一步工作，凌成兴强调，陕西烟草要在新常态下发扬延安精神，实现“三个指标保任务，工商税利争进位”。

12 月 14—15 日，国家局副局长赵洪顺到陕西烟草调研指导工作。对于陕西烟草未来发展，赵洪顺要求陕西烟草工商企业，一是要努力走出一条适合陕西烟草、具有陕西烟草特色的科学发展之路；二是要着眼于抓基础，把发展建立在扎实的工作基础之上；三是要工商协同维护市场、共育品牌，共同推动工商协同协调发展；四是要立足保持良性状态，搞好宏观调控；五是要加强队伍建设，切实防范化解风险。

2015 年陕西中烟工业有限责任公司所属生产厂情况统计

	陕西中烟工业有限责任公司宝鸡卷烟厂	陕西中烟工业有限责任公司延安卷烟厂	陕西中烟工业有限责任公司汉中卷烟厂	陕西中烟工业有限责任公司澄城卷烟厂	陕西中烟工业有限责任公司旬阳卷烟厂
法人资格	非独立法人	非独立法人	非独立法人	非独立法人	非独立法人
主要负责人（含党政领导）	厂长：蒋东凯 党委书记：王乃志（—2015.4）	厂长：赵启斌（—2015.5）、丁　毅（2015.5—） 党委书记：牛长有（2015.3—）	厂长：付　斌 党委书记：马唯峰	厂长：白　丰 党委书记：李　义（—2015.4）	厂长：仝智强 党委书记：陈新仕

续表

		陕西中烟工业有限责任公司宝鸡卷烟厂	陕西中烟工业有限责任公司延安卷烟厂	陕西中烟工业有限责任公司汉中卷烟厂	陕西中烟工业有限责任公司澄城卷烟厂	陕西中烟工业有限责任公司旬阳卷烟厂
成立时间		1949 年	1970 年	1975 年	1976 年	1976 年
从业人员（人）		2918	1397	1499	1043	999
卷烟生产能力（亿支）		500	250	250	60	100
卷烟品牌	自有品牌	好猫、猴王	好猫、延安	好猫、猴王	猴王、延安	猴王、延安
	合作生产品牌	双喜	白沙、红塔山	利群、雄狮、白沙	—	—
卷烟总产量（亿支）		357.75	198.50	217.50	37.50	98.75
雪茄烟品牌		—	—	—	—	—
雪茄烟总产量（万支）		—	—	—	—	—

（撰稿：张建华；编辑：李　昂）

中国烟草实业发展中心

【卷烟生产经营】　2015 年，中国烟草实业发展中心（简称中烟实业）所属企业生产卷烟（含合作生产，不含出口）2405.8 亿支（481.16 万箱），同比下降 0.76%，其中，生产一类烟 141.75 亿支（28.35 万箱），同比增长 4.13%；二类烟 417.3 亿支（83.46 万箱），同比增长 6.55%；三类烟 1361.9 亿支（272.38 万箱），同比下降 1.34%；四类烟 322.35 亿支（64.47 万箱），同比下降 2.45%；五类烟 162.45 亿支（32.49 万箱），同比下降 12.42%。合作生产卷烟 1116.6 亿支（223.32 万箱），同比下降 7.3%。生产出口烟 3.72 亿支（0.744 万箱），同比下降 28.32%。

2015 年，中烟实业所属企业实现卷烟工业销量（含合作生产，不含出口）2449.45 亿支（489.89 万箱），同比增长 3%，其中，一类烟 142.95 亿支（28.59 万箱），同比增长 7.85%；二类烟 414.45 亿支（82.89 万箱），同比增长 7.28%；三类烟 1374.45 亿支（274.89 万箱），同比增长 1.01%；四类烟 351.7 亿支（70.34 万箱），同比增长 10.14%；五类烟 165.9 亿支（33.18 万箱），同比下降 7.42%。出口烟实现销量 3.72 亿支（0.744 万箱），同比下降 28.32%。高端卷烟实现销量 14.95 亿支（2.99 万箱），同比下降 6.39%，其中高价位卷烟实现销量 3.2 亿支（0.64 万箱），同比下降 9.26%；细支卷烟实现销量 31.5 亿支（6.33 万箱），同比增长 2308%。

实现卷烟销售收入 659.67 亿元，同比增长 3.22%。实现卷烟税利 476.55 亿元，同比下降 0.07%，其中利润 58.94 亿元，同比下降 16.38%。三项费用率为 7.51%，同比增长 0.52 个百分点。中烟实业本级和所属企业 2015 年货币资金净收益增收实现 1.11 亿元。

中烟实业所属企业万元产值综合能耗为 16.71 千克标煤，万支卷烟综合能耗为 3.68 千克标煤。烟叶、滤棒、盘纸平均消耗分别为 6.87 千克/万支、2515 支/万支、594 米/万支。水、电平均消耗分别为 0.09 吨/万支、8.44 千瓦时/万支。

【主要产品与品牌建设】　*主要产品*。2015 年，中烟实业所属企业主要生产“兰州”“长白山”“人民大会堂”“冬虫夏草”“椰王”“哈尔滨”“紫气东来”等自有品牌，其中，“兰州”和“长白山”品牌被国家局列为全国重点品牌，“人民大会堂”品牌在辽宁省内视同行业鼓励培育品牌进行考核。合作生产的卷烟品牌主要有“红塔山”“玉溪”“云烟”“利群”“南京”“黄鹤楼”“红金龙”“双喜·红双喜”等。

细支卷烟快速增长。细支卷烟快速发展是品牌培育的一大亮点。全年在产在销的自有细支卷烟有 9 个品牌 12 个规格，实现工业销量 31.5 亿支（6.33 万箱），实现销售收入 12.92 亿元，成为新的效益增长点。“长白山（777）”

商业批发销售22.75亿支（4.55万箱），在全国细支卷烟品牌商业销量中居第五位。

重点品牌建设。“兰州”卷烟坚持“绵香”品类定位，突出“干燥我适合、湿润更绵香”的风格特色，发挥“降焦减害”“保润增香”技术优势，推动品牌持续健康发展。全年实现工业销量439.9亿支（87.98万箱），同比增长24.9亿支（4.98万箱）。重视转变营销观念，创新营销方式，应用“互联网+”、大数据等先进技术和管理手段，深入市场终端开展服务营销、体验营销、数据化营销。“兰州”品牌市场拓展到全国33个省级市场326个地市级市场。注重产品创新，做精主导规格，改造、开发“兰州”品牌一类烟，高端新产品“兰州（飞天梦）”上市销售。主导规格二类烟“兰州（硬珍品）”2015年实现销量128.85亿支（25.77万箱），占“兰州”品牌总销量比重的31.44%。加强细支卷烟市场培育，细支卷烟“兰州（桥）”实现销量2.3亿支（0.46万箱）。

“长白山”卷烟坚持低焦低害发展方向，继续推进以自主创新为核心的差异化战略，努力打造低焦油烤烟型卷烟代表品牌。2015年，努力创新营销方式，扭转品牌状态，实现工业销量337.85亿支（67.57万箱），同比下降12.12%。开展全员营销，吉林烟草工业有限责任公司领导包片区，实行一个地区、一名领导、一班人马、一个目标、一套方案、一抓到底的模式，通过开展微信营销、足球营销等活动，扩大品牌知名度。加强营销中心建设，加快营销观念、内部运转方式、工作作风的转变，加大绩效考核力度，提升开拓市场、响应市场能力。深化工商协同。吉林烟草工业有限责任公司与吉林省局（公司）共同制定《加快推进长白山品牌在吉林省市场振兴发展的意见》，密切工商协同，形成共育品牌、共担责任、共同发展的良好局面。努力开拓省外市场，天津、辽宁等省外重点市场销量实现两位数增长，“长白山”品牌省外销售比重达到72.45%。

卷烟合作生产情况。2015年，中烟实业所属企业共合作生产卷烟1116.6亿支（223.32万箱），同比下降7.3%，其中，合作生产云南中烟的卷烟品牌“红塔山”347.25亿支（69.45万箱）、“玉溪”31亿支（6.2万箱）、“云烟”233.35亿支（46.67万箱）、“红河”45.2亿支（9.04万箱）、“红梅”85亿支（17万箱）；合作生产浙江中烟的卷烟品牌“利群”95亿支（19万箱）；合作生产湖北中烟的卷烟品牌“黄鹤楼”8.15亿支（1.63万箱）、“红金龙”76.75亿支（15.35万箱）；合作生产江苏中烟的卷烟品牌“南京”166亿支（33.2万箱）；合作生产广东中烟的卷烟品牌“双喜·红双喜”28.9亿支（5.78万箱）。

【原辅材料保障】 2015年，采购烤烟10.435万吨（208.7万担），进口烟叶0.15万吨（3万担）。烟叶基地采购量4.47万吨（89.4万担），占总采购量的42.84%。克服所属企业卷烟产量不确定、合作生产计划变动频繁等困难，加强预测和组织协调，采购醋纤丝束3.2万吨，同比增加1290吨。

【技术创新】 降焦减害。2015年，自有品牌卷烟焦油量加权平均值为9.02毫克/支。8毫克/支及以下低焦油卷烟产量为850.45亿支（170.09万箱），其中，6毫克/支及以下低焦油卷烟产量为117.55亿支（23.51万箱）。“兰州”卷烟品牌6毫克/支及以下低焦油卷烟产量为103.9亿支（20.78万箱），居全行业低焦油卷烟产量第一位。

加大科研力度。健全鼓励创新的制度机制，中烟实业制定印发《科技项目管理办法》《科技创新奖励办法》。甘肃烟草工业有限责任公司“基于兰州品牌绵香风格的降焦减害关键技术研究与应用”项目，获得中国烟草总公司2015年度科学技术进步奖二等奖；深圳烟草工业有限责任公司“吸烟机的附加抽吸条件——深度抽吸”项目，获得中国烟草总公司第四届标准创新贡献奖三等奖。

技术改造。按计划推进各项技改项目，截至年底，甘肃烟草工业有限责任公司天水卷烟厂易地技改项目、精品“兰州”卷烟专用生产线技改项目、山西昆明烟草有限责任公司易地技改项目顺利推进。

卷烟包装箱循环利用。2015年，所属企业循环利用烟箱643.9万只，超额完成循环利用的目标任务。内蒙古昆明卷烟有限责任公司、海南红塔卷烟有限责任公司、黑龙江烟草工业有限责任公司卷烟包装箱循环利用完成率位居全国烟草行业前列。

【企业管理】 以对标工作和体系建设为抓手，通过重点攻关、互评交流，形成持续改进的氛围。2015年，所属企业通过管理产生的经济效益累计3.68亿元，同比增加2.28亿元；可控成本费用累计下降1.59亿元。

加强预算管理，有效控制重点费用，所属企业业务接待费同比下降42.12%，会议费同比下降54.79%，车辆运行费同比下降20.17%。

强化规范管理，开展“三个敬畏、三个新常态、三类警典”教育活动，抓好应招尽招、真招实招、办事公开民主管理同业务工作深度融合“三个保障机制”建设，落实执行主体、应招项目、责任主体、考评问责“四个全覆盖”，强化制度规则体系、规程化模板、试点推广和督办“四个支撑”，以吉林、深圳烟草工业有限责任公司为试点，推进采购管理工作。2015年，所属企业工程、物资、服务采购的公开招标金额比例达到91.9%，节约采购资金1.02亿元。

【特事要辑】1月23日，中烟实业召开2015年工作视频会，传达贯彻全国烟草工作会议精神，总结2014年工作情况，谋划“十三五”发展，部署2015年工作任务。

3月18日，国家局副局长徐瑢到吉林烟草工业有限责任公司长春卷烟厂调研。

3月24日，国家局总会计师张玉霞到深圳烟草工业有限责任公司调研。

4月14日，国家局副局长徐瑢到深圳烟草调研，听取深圳烟草工商企业汇报，要求深圳烟草稳销量、提结构、调状态，保持平稳发展。

4月15日，山西省委副书记、省长李小鹏到山西昆明烟草有限责任公司易地技改项目建设工地考察。

4月21日，国家局副局长段铁力到中烟实业机关考察，要求中烟实业系统继续抓好合作生产，毫不动摇抓好自有品牌，努力实现持续健康发展。

4月28日，海南省委副书记、省长刘赐贵到海南红塔卷烟有限责任公司调研。

5月18—19日，国家局副局长赵洪顺在黑龙江烟草调研。其间，赵洪顺考察黑龙江烟草工业有限责任公司哈尔滨卷烟厂，要求黑龙江烟草工业团结奋进，做强自有品牌，做优合作加工品牌，实现持续健康发展。

5月21日，海南省委常委、常务副省长毛超峰到海南红塔卷烟有限责任公司调研。

6月1—4日，国家局副局长段铁力在甘肃烟草调研。其间，段铁力考察甘肃烟草工业有限责任公司兰州卷烟厂、天水卷烟厂，要求甘肃烟草工商企业重视提税顺价工作，工商协同培育好“兰州”品牌。

6月1—5日，国家局副局长徐瑢在山西、陕西烟草调研。其间，徐瑢考察山西昆明烟草有限责任公司易地技改项目现场，要求山西烟草工商企业以严实的作风、改革的精神，坚决打赢提税顺价、工业技改和核心目标“三个攻坚战”。

6月13日，国家局局长凌成兴在深圳烟草调研，听取深圳烟草工商企业汇报。凌成兴强调，要把“打赢提税顺价攻坚战”作为当前烟草行业的头等大事，保持卷烟营销、卷烟生产、烟叶生产的平稳态势，确保行业实现上缴财政总额超万亿元年度目标。

7月13—17日，国家局副局长段铁力在吉林、黑龙江烟草调研。其间，段铁力考察吉林烟草工业有限责任公司延吉卷烟厂、长春卷烟厂和黑龙江烟草工业有限责任公司哈尔滨卷烟厂，要求吉林烟草工商企业以稳销量、提结构为重点，抓好经济运行工作，携手共育“长白山”品牌；要求黑龙江烟草工商企业以深度协同、共育品牌为重点，培育好省产卷烟。

7月15—18日，驻国家局纪检组组长高林在内蒙古烟草调研。其间，高林考察内蒙古昆明卷烟有限责任公司，要求内蒙古烟草工商企业领导班子切实担负起党风廉政建设主体责任和监督责任，严格执行中央八项规定，构建改进作风长效机制。

7月21日，辽宁省委副书记、省长陈求发在辽宁烟草调研，研究探讨加快推进辽宁烟草产业改革发展的思路和举措。其间，陈求发实地考察红塔辽宁烟草有限责任公司沈阳卷烟厂，强调要大力发展壮大烟草等轻工业，推动老工业基地工业全面振兴；要通过品质提升，把“人民大会堂”品牌做得更好。

7月21—23日，国家局副局长徐瑢在大连、辽宁烟草调研。其间，徐瑢考察红塔辽宁烟草有限责任公司营口卷烟厂、沈阳卷烟厂，要求辽宁烟草工商企业重视卷烟提税顺价工作，培品牌、挺价格、稳销量、保税利。

8月24—28日，国家局副局长徐瑢先后在新疆、甘肃烟草调研。其间，徐瑢考察甘肃烟草工业有限责任公司兰州卷烟厂，要求甘肃烟草工商企业实现目标、信息、产销、策略“四协同”，培育好“兰州”品牌。

9月28—29日，国家局局长凌成兴在黑龙江烟草调研。黑龙江省副省长胡亚枫一同调研。调研期间，凌成兴考察了黑龙江烟草工业有限责任公司穆棱卷烟厂、海林卷烟厂，要求黑龙江烟草要牢记发展是硬道理，打好“三个翻身仗”：一是打好卷烟营销的“翻身仗”，二是打好用足计划基数的“翻身仗”，三是打好税利总额的“翻身仗”。

10月23日，国家局副局长徐瑾到海南红塔卷烟有限责任公司调研，并看望慰问一线员工。

10月29日，黑龙江省副省长胡亚枫到黑龙江烟草工业有限责任公司哈尔滨卷烟厂调研。

10月31日，海南省委常委、政法委书记陈志荣在海南红塔卷烟有限责任公司调研。

11月2日，国家局局长凌成兴，辽宁省委副书记、省长陈求发在辽宁烟草调研。凌成兴要求辽宁烟草要精心谋划“十三五”发展目标，紧紧瞄准“两个一百亿”“两步走”目标任务，落实好改革发展重大举措，确保全省烟草行业持续健康发展。陈求发强调，辽宁烟草要做辽宁老工业基地新一轮全面振兴发展的“领头羊”“排头兵”。

11月5日，国家局副局长赵洪顺在深圳烟草调研。

11月6—7日，国家局局长凌成兴在吉林烟草调研。其间，吉林省委书记、省人大常委会主任巴音朝鲁，省委副书记、省长蒋超良会见凌成兴。凌成兴考察吉林烟草工业有限责任公司延吉卷烟厂、长春卷烟厂，强调吉林烟草要用足用活用好计划资源，提高卷烟营销水平，提高自有品牌水平，提高单箱结构，不断加大服务振兴东北老工业基地发展的贡献度，不断加大服务延边民族地区经济发展的贡献度。

11月10日，国家局局长凌成兴在山西烟草调研。其间，山西省委书记、省人大常委会主任王儒林，省委副书记、省长李小鹏会见凌成兴。调研期间，凌成兴考察山西昆明烟草有限责任公司易地技改项目现场，要求山西烟草工商企业同舟共济，培育好“紫气东来”品牌。

12月11—12日，国家局局长凌成兴在海南烟草调研。其间，凌成兴考察海南红塔卷烟有限责任公司，要求海南烟草制定好“十三五”规划，力争到“十三五”末跨越“两个大台阶”，实现“三个新目标”，即到“十三五”期末，商业企业单箱销售收入跨越4万元的大台阶，工业企业单箱销售收入跨越1.5万元的大台阶；“十三五”期间，实现卷烟销量年均保持增长1万箱的新目标、卷烟产量年均保持增长1万箱的新目标、税利总额年均保持增加6亿元的新目标。

12月13日，吉林省副省长姜有为在吉林烟草工业有限责任公司调研，要求工商协同培育好“长白山”品牌。

所属企业

黑龙江烟草工业有限责任公司

【卷烟生产经营】 2015年，黑龙江烟草工业有限责任公司生产卷烟（含合作生产）426亿支（85.2万箱），同比下降5.33%，其中一类烟1.34亿支（0.27万箱）、二类烟8.64亿支（1.73万箱）、三类烟225.43亿支（45.09万箱）、四类烟108.72亿支（21.74万箱）、五类烟81.87亿支（16.37万箱）。合作生产卷烟253.39亿支（50.68万箱）。

实现卷烟销量（含合作生产）437.59亿支（87.52万箱），同比下降0.63%，其中一类烟1.34亿支（0.27万箱）、二类烟8.75亿支（1.75万箱）、三类烟226.65亿支（45.33万箱）、四类烟117.26亿支（23.45万箱）、五类烟83.59亿支（16.72万箱）。

实现卷烟销售收入87.42亿元，同比下降1.96%。实现税利54.45亿元，同比下降9.25%，其中利润6.02亿元，同比下降24.64%。三项费用率为10.31%。

2015年，万元产值综合能耗为28.32千克标煤，万支卷烟综合能耗为5.72千克标煤。烟叶、滤棒、盘纸平均消耗分别为6.93千克/万支、2489支/万支、595米/万支。水、电平均消耗分别为0.13吨/万支、8.26千瓦时/万支。

【主要产品与品牌建设】 自有品牌建设。建立以烤烟型“哈尔滨”品牌为根基，以混合型“林海灵芝”品牌为特色，以“龙烟”系列为高端代表的卷烟品牌格局。2015年，“哈尔滨”卷烟品牌产量64.8亿支（12.96万箱），同比下降4.06%，实现销量66.05亿支（13.21万箱），同比下降1.48%；“林海灵芝”卷烟品牌产量107.49亿支（21.50万箱），同比增长5.63%，实现销量

109.53亿支（21.91万箱），同比增长11.24%。

重视产品创新。立足于黑龙江省内卷烟消费市场需求，以及公司烟叶库存实际，提高黑龙江省地产烟叶使用比例，加强自有品牌创新，完成细支新品“龙烟（呈祥）”的设计及报价，完成“龙烟”高端系列“龙烟（亚布力）”“龙烟（飞龙在天）”的产品设计工作，自有品牌产品线不断丰富、品质不断提升。

卷烟合作生产情况。2015年，合作生产卷烟253.39亿支（50.68万箱），其中，合作生产湖北中烟的卷烟品牌“黄鹤楼（硬金砂）”8.14亿支（1.63万箱）、“红金龙”76.75亿支（15.35万箱）；合作生产云南中烟的卷烟品牌“红塔山”系列45.11亿支（9.02万箱）、“红梅”系列14.89亿支（2.98万箱）；合作生产江苏中烟的卷烟品牌“南京”108.5亿支（21.7万箱）。

【精益管理】 把精益管理作为提升各项基础管理水平的“总阀门”“牛鼻子”，以全面预算管理为引领、以绩效目标管理总揽全局、以“创优”和对标管理、成本费用管理为重点稳步推进。哈尔滨卷烟厂开展“百日质量大讨论、大竞赛、大升级”活动，诊断短板，解决瓶颈问题。海林卷烟厂以增收节支、降本增效为着力点，向管理要效益。穆棱卷烟厂以7S现场管理为手段，开展现场质量大排查活动，查摆整改问题71项，产品质量缺陷率下降40%。绥化卷烟厂以精益物流为目标，挖掘库容潜力，提高仓库利用效率，降低物流成本。

【技术改造】 2015年，哈尔滨卷烟厂易地技改项目完成一期收尾工程竣工结算和决算工作，完成二期道路、照明和绿化等收尾工程。2015年4月，项目一期、二期均通过地方政府正式验收，并投入使用。

红塔辽宁烟草有限责任公司

【卷烟生产经营】 2015年，红塔辽宁烟草有限责任公司（简称红塔辽宁）生产卷烟（含合作生产）290.7亿支（58.14万箱），同比持平，其中一类烟37.61亿支（7.52万箱）、二类烟60.21亿支（12.04万箱）、三类烟145.37亿支（29.07万箱）、四类烟27.53亿支（5.51万箱）、五类烟19.98亿支（3.99万箱）。合作生产卷烟229.6亿支（45.91万箱）。

实现卷烟销量（含合作生产）298.35亿支（59.67万箱），同比增长6.4%。实现卷烟销售收入84.91亿元，同比增长10%。实现税利56.05亿元，同比增长1%，其中利润2.58亿元，同比下降24.3%。三项费用率为10%。

万元产值综合能耗为11.84千克标煤，万支卷烟综合能耗为3.5千克标煤。烟叶、滤棒、盘纸平均消耗分别为7.09千克/万支、1690支/万支、605米/万支。水、电平均消耗分别为0.09吨/万支、8.87千瓦时/万支。

【主要产品与品牌建设】 自有品牌建设。2015年，生产自有卷烟品牌“人民大会堂”66.65亿支（13.33万箱），同比增长11%；实现销量65.5亿支（13.1万箱），同比增长13.4%，占总销量的22%；实现销售收入26.4亿元，同比增长11.8%，占总销售收入的31.1%；实现税利20.2亿元，占税利总额的34.4%。

适应市场需求，研发细支卷烟，“人民大会堂（硬红细支）”“人民大会堂（蘭香细支）”“人民大会堂（古瓷8mg）”3款细支卷烟新品投放市场。实现销售细支卷烟2.85亿支（0.57万箱），其中“人民大会堂（硬红细支）”2.75亿支（0.55万箱）。

卷烟合作生产情况。2015年，合作生产卷烟229.6亿支（45.92万箱），其中，合作生产云南中烟的卷烟品牌“玉溪”[含“玉溪（人民大会堂）”]36.71亿支（7.34万箱）、“红塔山”135.37亿支（27.07万箱）、“红梅”47.51亿支（9.50万箱）、“云烟（紫）”10亿支（2万箱）。

【精益管理】 加强对标工作，34项对标指标中22项实现同比进步。开展“优秀卷烟工厂”创建活动，13项指标中，营口卷烟厂全部达标，沈阳卷烟厂11项达标。推进节本降耗，沈阳卷烟厂节省开支500余万元，营口卷烟厂节省开支1000余万元。加强货币资金使用管理，实现利息净收入1167万元。规范采购管理，全年降低采购成本近3000万元。完善绩效管理制度，优化部门绩效指标682个、岗位绩效指标2465个。

【技术创新】 2015年，红塔辽宁申请发明专利2项。“东北特色优质晒烟关键技术研究与应用”项目获得中烟实业科技项目一等奖。注册QC课题51项，营口卷烟厂“振槽输送机物料均衡调校装置的研发”获得全国烟草行业第二十六届优秀质量管理小组成果三等奖。

吉林烟草工业有限责任公司

【卷烟生产经营】 2015年，吉林烟草工业有限责任公司（简称吉林烟草工业）生产卷烟（含合作生产）493.5亿支（98.7万箱），同比下降1.2%，其中一类烟7.6亿支（1.5万箱）、二类烟31.9亿支（6.4万箱）、三类烟423.9亿支（84.8万箱）、四类烟30亿支（6万箱）。合作生产卷烟147.5亿支（29.5万箱）。

实现卷烟销量（含合作生产）477.8亿支（95.6万箱），同比下降4.4%，其中一类烟8.5亿支（1.7万箱）、二类烟31.8亿支（6.4万箱）、三类烟407.6亿支（81.5万箱）。

实现卷烟销售收入143.2亿元，同比下降6.63%。实现税利81.07亿元，同比下降10.71%，其中利润12.5亿元，同比下降26.4%。三项费用率为10.72%。

万元产值综合能耗为13.24千克标煤，万支卷烟综合能耗为3.15千克标煤。烟叶、滤棒、盘纸平均消耗分别为6.31千克/万支、2311支/万支、565米/万支。水、电平均消耗分别为0.08吨/万支、8.56千瓦时/万支。

【主要产品与品牌建设】 自有品牌建设。坚持自有品牌“长白山”低焦低害发展方向，继续推进以自主创新为核心的差异化战略，创新市场营销方式，努力抓好品牌培育。2015年，“长白山”实现工业销量337.85亿支（67.57万箱），同比下降12.12%。开发新品细支卷烟“长白山（777）”“长白山（沉香）”，提升细支卷烟销量，拉动结构提升。细支卷烟实现销量24.6亿支（4.9万箱），同比增长2872.9%，全部为“长白山”卷烟品牌。

新品“长白山（迎春海蓝）”“长白山（迎春蓝尚）”“长白山（迎春天蓝）”投放市场，形成“长白山”品牌新的增长点。对新老产品实施生命周期管理，推进老产品的升级改造，着重提高产品的满足感和耐吸食性。依托“长白山（硬红）”，在吉林省内市场率先推出“长白山（硬红）”，取得较好的市场效果。

卷烟合作生产情况。2015年，合作生产卷烟（含集团内互动）147.5亿支（29.5万箱），其中合作生产云南中烟的卷烟品牌“红塔山”50亿支（10万箱）、“红梅”10亿支（2万箱）；合作生产江苏中烟的卷烟品牌“南京”57.5亿支（11.5万箱）；合作生产甘肃烟草工业有限责任公司的卷烟品牌“兰州”30亿支（6万箱）。

【原辅材料保障】 2015年，吉林烟草工业调入原烟3.45万吨（68.93万担），其中联营产品调入片烟1.02万吨（20.44万担）；调入薄片3000.6吨。针对“长白山”品牌配方需要签订进口烟叶合同，合同约定量为0.28万吨（5.65万担）。

【技术创新】 梗丝再造项目投入生产，该项目为国内首创，为梗丝在高端卷烟中应用、实现有效降焦控焦提供一条新的技术路径。技术中心和营销中心建设项目于8月投入使用。建立微生物实验室和国内首家环境品吸室，引进国外理化分析专用设备，拓展基础性研究。推进打叶复烤易地技术改造及配套设施建设项目，截至2015年底，完成项目土地征用、环评、总体设计招标及优化等工作。2015年，先后申报专利12项，并获得7项发明专利授权。

【企业管理】 精益管理。开展精益管理，推进贯标、对标和“优秀卷烟工厂”创建活动，加强全面预算管理。2015年，吉林烟草工业通过第三方监督审核和行业管理审核，完成课题攻关100余项，通过管理改善创造经济效益700余万元。业务招待费同比下降39.85%，会议费同比下降75.53%。

规范管理。加强工程投资、物资采购、宣传促销规范管理，推进“应招尽招、真招实招”。2015年，公开招标采购270项，招标金额21.19亿元，公开招标金额占比达到95%。

甘肃烟草工业有限责任公司

【卷烟生产经营】 2015年，甘肃烟草工业有限责任公司（简称甘肃烟草工业）生产卷烟（含合作生产）515亿支（103万箱），同比增长4.04%，其中一类烟68.25亿支（13.65万箱）、二类烟185.3亿支（37.06万箱）、三类烟101.95亿支（20.39万箱）、四类烟121.7亿支（24.34万箱）、五类烟37.8亿支（7.56万箱）。合作生产卷烟95亿支（19万箱）。

实现卷烟工业销量（含合作生产）533.5亿支

(106.7 万箱)，同比增长7%，其中一类烟67.05亿支(13.41万箱)、二类烟180亿支(36万箱)、三类烟108.8亿支(21.76万箱)、四类烟139.95亿支(27.99万箱)、五类烟37.7亿支(7.54万箱)。

实现销售收入159.69亿元，同比增长4.23%。实现税利127.54亿元，同比增长1.73%，其中利润13.26亿元，同比下降18.37%。三项费用率为4.02%。

万元产值综合能耗为10.85千克标煤，万支卷烟综合能耗为3.5千克标煤。烟叶、滤棒、盘纸、水平均消耗分别为6.77千克/万支、2096支/万支、594米/万支、0.098吨/万支。

【主要产品与品牌建设】 *自有品牌建设*。适应经济发展新常态和行业市场化取向改革，通过转变营销观念，创新营销方式，抓好产品创新，做精主导规格，着力培育好“兰州”品牌。2015年，公司生产自有卷烟品牌“兰州”420亿支(84万箱)，同比增长1.2%；“兰州”实现商业销量431.65亿支(86.33万箱)，同比增长1.5%，全部为8毫克/支及以下的低焦卷烟产品，其中，6毫克/支及以下低焦卷烟实现商业销量100.95亿支(20.19万箱)，居全国同类产品中的第一位。

卷烟合作生产情况。2015年，合作生产卷烟95亿支(19万箱)，全部为浙江中烟的卷烟品牌“利群”。

开展集团内互动，加大品牌输出力度，与吉林烟草工业有限责任公司合作生产卷烟品牌“兰州(硬精品)”10亿支(2万箱)、“兰州(硬黄)”20亿支(4万箱)。

【原辅材料保障】 重点产区采购量不断扩大，优质原料占比逐步提升。截至2015年底，公司纳入行业规划的烟叶基地单元达到8个，原料基地供应量达40%。

【技术创新】 甘肃烟草工业“基于‘兰州’品牌绵香风格的降焦减害关键技术研究与应用”项目获得中国烟草总公司2015年度科学技术进步奖二等奖。承担的国家局增香保润重大专项“‘兰州’卷烟品牌功能性天然香料显效组分靶向分离研究”项目通过阶段性检查评估。2015年，卷烟焦油量加权平均值下降到7.7毫克/支，比全国卷烟焦油量平均值低2.26毫克/支，“兰州”品牌危害性指数连续五年保持全国最低。

【精益管理】 全面推行精益管理，把精益管理和现有基础管理有机结合，以精益理念指导管理体系建设、对标工作、创优活动、目标管理和绩效考核工作。2015年，在国家局32项对标指标中，有12项指标同比进步，4项达到行业先进水平。业务招待费、会议费、车辆运行费同比分别降低29.3%、52.15%、27.18%。卷烟材料采购成本同比降低737万元。

【技术改造】 天水卷烟厂易地技术改造项目于2015年7月投入试生产。精品“兰州”卷烟专用生产线技术改造项目主体工程通过安全质量监督验收，实现暖封闭，具备生产工艺设备安装条件。

内蒙古昆明卷烟有限责任公司

【卷烟生产经营】 2015年，内蒙古昆明卷烟有限责任公司(简称蒙昆公司)生产卷烟(含合作生产)210亿支(42万箱)，同比持平，其中一类烟4.74亿支(0.95万箱)、二类烟67.44亿支(13.49万箱)、三类烟103.63亿支(20.72万箱)、四类烟14.91亿支(2.98万箱)、五类烟19.28亿支(3.86万箱)。合作生产卷烟119.29亿支(23.86万箱)。生产细支卷烟1.38亿支(0.28万箱)。

实现卷烟工业销量(含合作生产)220.07亿支(44.01万箱)，同比增长12.47%，其中一类烟4.28亿支(0.86万箱)、二类烟69.39亿支(13.88万箱)、三类烟114.14亿支(22.83万箱)、四类烟14.14亿支(2.83万箱)、五类烟18.12亿支(3.62万箱)。

实现卷烟销售收入62.78亿元，同比增长11.28%。实现税利47.85亿元，同比增长9.29%，其中利润5.3亿元，同比下降9.6%。三项费用率为6.01%。

万元产值综合能耗为12.18千克标准煤，万支卷烟综合能耗为3.48千克标准煤。烟叶、滤棒、盘纸平均消耗分别为6.95千克/万支、2523支/万支、596米/万支。水、电平均消耗分别为0.09吨/万支、6.92千瓦时/万支。

【主要产品与品牌建设】 2015年，蒙昆公司在产品牌有“冬虫夏草”“大青山”“云烟”“红塔山”“红河”等5个。

2015年，蒙昆公司以“提结构，调状态”为主线，以“突高端、育中端、稳低端”为抓手抓好市场营销，重点品牌持续精准发力，新投放品牌逐步被市场认可。在维护好区内市场的同时，采取“走出去”的发展战略，拓展区外市场。全年“冬虫夏草”品牌实现卷烟销量2.83亿支（0.57万箱），其中区外市场实现销量2.1亿支（0.42万箱）；“云烟（苁蓉）”品牌实现卷烟销量69.92亿支（13.98万箱），其中区外市场销售2.9亿支（0.58万箱），实现零的突破。发展细支卷烟，“冬虫夏草（和润）”“云烟（苁蓉和悦）”2个规格的细支卷烟于9月上市，全年分别实现销量0.22亿支（0.044万箱）、0.53亿支（0.106万箱）。

合作生产卷烟119.3亿支（23.86万箱），生产云南中烟的卷烟品牌“云烟”系列81.87亿支（16.37万箱）、“红河”系列14.91亿支（2.98万箱）、“红塔山”系列22.53亿支（4.51万箱）。

【原辅材料保障】 9月，蒙昆公司恢复原料自主采购权，通过协调合作方，采购原烟0.4万吨（8万担）、片烟0.185万吨（3.7万担），进口津巴布韦烟叶59.4吨（1188担）补充库存。购入烟用材辅料30余种，采购设备类物资29项，开展招投标和商务谈判50余项。

【技术创新】 加强产品研发，完成“冬虫夏草（和润）”“云烟（苁蓉和悦）”2个规格细支卷烟的研发及上市工作，同时进行“冬虫夏草”“云烟（苁蓉）”“大青山”等品牌的新产品研制开发储备工作。2015年卷烟焦油量加权平均值为10.14毫克/支。推进项目研究，与红云红河集团、红塔集团技术中心及相关科研院所合作开展科技项目技术活动，建设科技创新平台。完成“改性三乙酸甘油酯在低焦油卷烟中的应用研究”项目第二阶段的工作总结，立项并开展“卷烟燃吸过程中燃烧锥掉落现象分析与改进研究”项目。2015年完成科技项目成果1项，在研项目3项。

【技术改造】 截至2015年底，完成新建成品库项目的土建工作，启动成品库自动化物流系统项目安装工作及消防工程、电梯工程的招标和实施工作。库区综合改造中的物流连廊及换热站项目具备验收条件，其余6个子项目按计划推进。

【企业管理】 精益管理。把精益管理作为蒙昆公司挖掘发展潜力、提升管理效能的关键手段，加强精益文化宣传贯彻、流程梳理、6S现场管理、引导全员自主改善等层面的工作。2015年卷包装烟箱循环利用50.30万只，同城托盘联运4100箱，分别完成年度计划的165.60%和102.50%。盘活存量资金，实现利息收入6260万元。加强预算管理，严格控制费用，业务招待费同比下降52.08%，会议费同比下降80%。

规范管理。成立法规办、整顿办等相关职能部门。制定年度规范管理工作要点，梳理现有制度，优化、细化、固化各项业务流程。对招标、采购项目开展前置预审、三关三审，把“应招尽招、真招实招”落到实处。加强法规工作，编制法律风险点应对预案，开展知识产权摸底调查。

深圳烟草工业有限责任公司

【卷烟生产经营】 2015年，深圳烟草工业有限责任公司（简称深圳烟草工业）生产卷烟（含合作生产，不含出口烟）185.9亿支（37.2万箱），同比下降0.8%，其中一类烟15.4亿支（3.1万箱）、二类烟57.7亿支（11.5万箱）、三类烟112.8亿支（22.6万箱）。合作生产卷烟29.0亿支（5.8万箱）。生产出口烟3.0亿支（0.6万箱）。

实现卷烟销量（不含出口烟）190.4亿支（38.1万箱），同比增长4.1%，其中一类烟15.1亿支（3.0万箱）、二类烟58.7亿支（11.8万箱）、三类烟116.6亿支（23.3万箱）。出口烟实现销量3.0亿支（0.6万箱）。

实现卷烟销售收入65.2亿元，同比增长6.0%。实现税利52.2亿元，同比增长5.1%，其中利润8.2亿元，同比下降5.4%。三项费用率为5.3%。

万元产值综合能耗为6.02千克标煤，万支卷烟综合能耗为2.04千克标煤。烟叶、滤棒、盘纸、水平均消耗分别为6.9千克/万支、2102支/万支、597米/万支、0.07吨/万支。

【主要产品与品牌建设】 2015年，深圳烟草工业在产的卷烟品牌规格有“双喜（好日子）”“特美思（出口）”，以及合作生产卷烟品牌“双喜·红双喜”。

深圳烟草工业以“保持品牌态势、巩固市场份额、提升产品结构”为重点，抓好“双喜（好日子）”品牌培育，“双喜（好日子）”实现销量161.35亿支（32.27万箱)，同比增长2.2%。适应市场化取向改革，调整生产组织与市场保障模式，及时做好货源保障和计划衔接，实现2小时快速响应。打好提税顺价攻坚战，以“促销售、降库存、稳价格”为重点，保持品牌在顺价状态。创新营销方式，开发启动二维码平台、微信平台等营销方法，全力培育一、二类烟和细支卷烟，提升产品结构。加强市场开拓，在巩固深圳与广东市场的同时，加强省外市场开拓，先后在湖南、湖北、江西等地新开辟10个地级市场。加强卷烟合作生产，合作生产广东中烟的卷烟品牌“双喜”28.9亿支（5.78万箱)。

【原辅材料保障】 加强采购主料烟叶和重点产区优质烟叶，采购进口烟叶0.09万吨（1.8万担），国产烟叶1.7万吨（34万担），其中云南烟叶0.58万吨（11.6万担)。与红塔集团调换0.095万吨（1.9万担）的云南玉溪烟叶。截至2015年底，公司库存烟叶可满足30个月左右的醇化时间，上等烟库存比例保持在75%以上。抓好烟叶基地建设，有5个烟叶基地。通过开展已建基地“回头看”、在建基地“深介入”活动，全程参与烟叶生产、收购全过程，提升基地单元建设水平，推进四川凉山、湖南永州2个省级烟叶基地的建设。抓好烟叶仓库管理，开展“红旗仓库”评比活动，导入精益管理思维，保持库存烟叶质量稳定。

【技术创新】 加强产品维护和研发，重点抓好高端产品“双喜（硬盛世好日子)”的提升改造、零售价50元/包价位卷烟开发及喜庆特色卷烟开发，进一步将品牌文化内涵与商标设计结合起来。抓好新技术、新材料的应用，开展多种复合滤嘴、预打孔接装纸等材料的应用研究。重视新型烟草制品的研发，对烟油提取物等核心技术加大研究力度。参与全国烟草行业《热熔胶卫生标准》制定、郑州院牵头的“电子烟烟液中成分测定”等项目，自主开展卷烟香味成分缓释材料等方面的研究。在行业第四届标准创新贡献奖评选中，获得三等奖1项；在中国烟草学会2015年学术年会论文评比中，获得行业优秀论文二等奖1篇。

【精益管理】 制定“一二六三”精益管理推进实施纲要，围绕精益质量、精益设备2个专题，明确13项质量管理精益指标、13项设备管理精益指标，制定120多项具体的工作措施。在创建优秀卷烟工厂活动的13项指标中，有12项达到创优标准。开展对标工作，在32项对标指标中，有3项达到行业先进水平。

山西昆明烟草有限责任公司

【卷烟生产经营】 2015年，山西昆明烟草有限责任公司（简称山昆公司）生产卷烟（含合作生产）163.5亿支（32.7万箱)，同比持平，其中一类烟6.40亿支（1.28万箱)、二类烟0.18亿支（0.037万箱)、三类烟146.32亿支（29.26万箱)、四类烟10.60亿支（2.12万箱)。合作生产卷烟163.45亿支（32.69万箱)。

实现卷烟销量167.92亿支（33.58万箱)，同比增长5.05%，其中一类烟6.52亿支（1.30万箱)、二类烟0.33亿支（0.066万箱)、三类烟150.39亿支（30.08万箱)、四类烟10.69亿支（2.14万箱)。全部为内销卷烟。

实现卷烟销售收入47.52亿元，同比增长8.74%。实现税利33.9亿元，同比增长5.13%，其中利润7.28亿元，同比下降2.88%。三项费用率为5.82%。

万元产值综合能耗为10.68千克标煤，万支卷烟综合能耗为3.09千克标煤。烟叶、滤棒、盘纸平均消耗分别为7.17千克/万支、2506支/万支、543米/万支。水、电平均消耗分别为0.08吨/万支、7.47千瓦时/万支。

【主要产品与品牌建设】 2015年，山昆公司生产的卷烟品牌有4个，其中“云烟”“红河”“红塔山”为合作生产品牌，“紫气东来”为自有品牌。

坚持“跟随战略”，处理好合作生产品牌与自有品牌的关系，围绕“稳定规模，提升结构，同步增长，创新驱动，管理支撑”的总体要求抓好品牌建设。将“云烟”“红河”“红塔山”作为品牌培育的重点，将“紫气东来”定位为山昆公司形象品牌，适应市场化取向改革做好营销工作。重心下移精耕市场，按照“一地一策”“一品一策”差异化策略，实施宣传促销方案77项，扫除盲点，扩大市场覆盖率，增强产品市场渗透力。聚焦终端引导消费，完成3522户终端建设目标。

2015年，合作生产卷烟163.45亿支（32.69万箱)，全部为云南中烟的卷烟品牌，其中“云烟”122.96亿支

(24.59万箱)、“红河”30.31亿支(6.06万箱)、“红塔山”10.35亿支(2.03万箱)。生产自有品牌“紫气东来(1928)”0.07亿支(0.014万箱)。

【两大战略工程】 易地技改。9月3日，山昆公司易地技改工程正奠基。易地技改项目及配套工程总征地466.62亩。通过合理安排施工、多点并行作业等抢工期措施，截至2015年底，联合工房主体结构完成95%，动力中心主体结构完成85%。2015年，完成招标采购项目49个，招标金额4.61亿元，其中工程、物资项目全部采用公开招标，服务类项目按金额统计公开招标率99.5%。

自有品牌研发。推进自有品牌产销工作，研制特色化、差异化的“紫气东来(祥瑞)”“紫气东来(五台山)”细支卷烟，完善品牌体系，其中“紫气东来(祥瑞)”以“清、甜、香、润”为风格特征，于6月上市；“紫气东来(五台山)”进入新产品报批阶段。

【原辅材料保障】 2015年调入烟叶1.26万吨(25.22万担)，年底原料库存0.32万吨(6.31万担)。开展卷烟包装箱循环利用工作，节约采购成本300万元。调整原料运输方式，由铁路运输调整为公路运输，节约运输费用310万元。通过内部挖潜、减租库房等方式，节约仓储费用150万元。

【技术创新】 加强QC小组成果研究，“降低排包机故障停机次数”“提高ZR400型空压机冷却水进口温度合格率”2项QC成果分别获得中烟实业第十一届优秀质量管理小组成果评审二等奖、三等奖。“一种降低卷烟烟气中醛酮类化合物含量的改性磷酸铝分子筛添加剂及其制备和应用”获得发明专利授权。

【精益管理】 修订完善《精益管理实施方案》，明确精益研发、精益营销、精益制造、精益物流、精益成本费用管控目标任务。开展精益培训，培训员工47人次。发现各类整改点236个，征集改善提案170项。建立预算定额指标体系，加强跟踪分析考核，可控成本费用下降100余万元。2015年，货币资金利息收入4525万元。开展对标创优工作，34项对标指标中有15项同比提升，全员人均销售收入同比提升13.13%。加强设备管理，零配件采购费用同比减少475万元。

海南红塔卷烟有限责任公司

【卷烟生产经营】 2015年，海南红塔卷烟有限责任公司(简称海红公司)生产卷烟(含合作生产)122.5亿支(24.5万箱)，同比持平，其中一类烟0.995亿支(0.199万箱)、二类烟6.45亿支(1.29万箱)、三类烟102.5亿支(20.50万箱)、四类烟9.1亿支(1.82万箱)、五类烟3.5亿支(0.7万箱)。合作生产卷烟115.75亿支(23.15万箱)。

实现卷烟工业销量(含合作生产)125亿支(25万箱)，同比增长3.45%，其中一类烟1.03亿支(0.206万箱)、二类烟6.4亿支(1.28万箱)、三类烟104.85亿支(20.97万箱)、四类烟9.2亿支(1.84万箱)、五类烟3.55亿支(0.71万箱)。

实现卷烟销售收入29.72亿元，同比增长10.81%。实现税利20.85亿元，同比增长7.14%，其中利润3.84亿元，同比增长1.18%。三项费用率为6.35%。

万元产值综合能耗为14.78千克标煤，万支卷烟综合能耗为3.49千克标煤。烟叶、滤棒、盘纸平均消耗分别为7.06千克/万支、2506支/万支、595米/万支。

【主要产品与品牌建设】 2015年，海红公司主要生产“玉溪”“红塔山”“红梅”“椰王”“宝岛”“云烟(紫)”等6个品牌13个规格卷烟，其中“椰王”“宝岛”为自有卷烟品牌。

公司产品结构有新提升，三类以上卷烟产量比重同比增加9.64%。三类及以上卷烟工业销量同比增长16.2%，其中一类烟同比增长9.7%，二类烟同比增长34.56%，三类烟同比增长15.31%。抓好自有品牌培育，生产自有卷烟品牌6.75亿支(1.35万箱)，同比增长1.53%，其中“椰王”6.45亿支(1.29万箱)、“宝岛(硬)”0.30亿支(0.06万箱)。通过全员营销，深化工商协同营销，提升自有品牌知名度和影响力，销售自有卷烟品牌6.7亿支(1.34万箱)，同比增长38.14%。努力开拓省外市场，“椰王”品牌在黑龙江省哈尔滨、齐齐哈尔、牡丹江等9个地区上市。

2015年，合作生产卷烟115.75亿支(23.15万箱)，全部为云南中烟的卷烟品牌，其中“玉溪”系列0.56亿支（0.11 万箱）、“红塔山”84.1 亿支（16.82 万箱）、“红梅”12.6 亿支（2.52 万箱）、“云烟（紫）”18.5 亿支（3.7 万箱）。

【技术创新】 加强云南中烟技术中心海南红塔公司分中心建设。“烟用水基型乳胶中乙酸乙烯酯、苯及苯系物同时测定方法的开发”项目获得中烟实业科技进步奖二等奖。以海南沉香为香料，研制出具有海南特色的高端细支卷烟“宝岛（一品沉香）”。

【技术改造】 推进海红公司易地技术改造工程项目建设，项目总投资预算为 11.3 亿元。截至 2015 年底，项目完成竣工决算，准备进行整体验收，实际投资 11.06 亿元，投资利润率为 34.3%。

【企业管理】 精益管理。与北京科技大学签署“精益管理项目”合作协议，成立推进机构，完善企业文化制度，建立设备分类管理制度，编制全流程 SOPS，制定质量风险管控方案和绩效考核方案，突出“精益质量、精益设备、精益生产”重点，提升精益管理水平。盘活货币资金，增加利息收入 165 万元，节省利息支出 417 万元。开展卷烟包装箱循环利用，节约成本 300 万元。

质量管理。注册 QC 课题 13 项，其中“条烟透明纸包装质量检测装置的研制”“提高循环纸箱利用率”分别获得中烟实业优秀质量管理成果二等奖、三等奖，并分别获得海南省第十一届优秀质量管理（QC）小组成果发布会一等奖、二等奖。“金椰”QC 小组被中国质量协会评为全国优秀质量管理小组。

【亮点工程】 2015 年，海红公司提出“亮点工程”项目，从各部门申报的 75 项提案中精选出 43 项“亮点工作”，包括员工生日送祝福、太阳能车棚、“沉香园”建设等，充分调动员工积极性，推动中心工作开展。

吉林烟草进出口有限责任公司

【生产经营】 2015 年，吉林烟草进出口有限责任公司共出口烟丝 6159.5 吨，同比下降 17.43%；出口滤棒 5.51 亿支，同比下降 20.78%；出口盘纸 419.2 吨，同比下降 26.38%；出口丝束 566.5 吨，同比下降 10.01%；出口其他烟用辅料，出口实现 497.7 万美元，同比下降 28.18%。全年出口实现 3394.8 万美元，同比下降 19%。

【企业管理】 以财务管理为核心，加强资金管理，提高货币资金收益，2015 年增加利息收入 11 万元。加强预算管理，强化制度规范，严格规定公务接待、差旅、车辆运行等重点费用支出审核，严格控制重点费用，公务接待费同比下降 70.74%，会议费同比下降 84.89%，涉外费同比下降 90.14%。

2015 年中国烟草实业发展中心所属企业/生产厂情况统计

	黑龙江烟草工业有限责任公司	所属生产厂			
		哈尔滨卷烟厂	海林卷烟厂	穆棱卷烟厂	绥化卷烟厂
法人资格	独立法人	非独立法人	非独立法人	非独立法人	非独立法人
主要负责人/法人代表（含党政领导）	董事长： 董晓民（—2015.7）、 孔庆峰（2015.7—） 总经理、党组书记： 王殿贵（—2015.5）、 马保军（2015.5—）	厂长：谢东升 党委书记：安　毅	厂长、党委书记： 宋延彬	厂长：曲　礼 党委书记：袁　波 （—2015.9）、 曲　礼（2015.9—）	厂长、党委书记： 阮　见
成立时间	2007 年	1902 年	1970 年	1977 年	1970 年
从业人员（人）	3772	1216	595	963	659
卷烟生产能力（亿支）	500	290	80	70	60

续表

		黑龙江烟草工业有限责任公司	所属生产厂			
			哈尔滨卷烟厂	海林卷烟厂	穆棱卷烟厂	绥化卷烟厂
卷烟品牌	自有品牌	哈尔滨、林海灵芝、龙烟	哈尔滨、林海灵芝、龙烟	林海灵芝	哈尔滨、林海灵芝	哈尔滨
	合作生产品牌	黄鹤楼、红金龙、红梅、南京、红塔山	黄鹤楼、红金龙、红梅、南京、红塔山	红金龙	—	—
卷烟总产量（亿支）		426.00	268.71	74.12	50.31	32.86
雪茄烟品牌		—	—	—	—	—
雪茄烟总产量(万支)		—	—	—	—	—

		红塔辽宁烟草有限责任公司	所属生产厂		吉林烟草工业有限责任公司	所属生产厂	
			沈阳卷烟厂	营口卷烟厂		延吉卷烟厂	长春卷烟厂
法人资格		独立法人	非独立法人	非独立法人	独立法人	非独立法人	非独立法人
主要负责人/法人代表（含党政领导）		董事长：赵　琦 总经理、党组书记：李德贤	厂长：李　军 党委书记：裴禄军	厂长：高延迪 党委书记：白龙潭	董事长： 董晓民（—2015.7）、 王殿贵（2015.7—） 总经理、党组书记： 孙国伟（—2015.6）、 吕子军（2015.6—）	厂长：金光泽 党委书记： 杨国栋	厂长：张玉良 党委书记：张利军
成立时间		2003年	1908年	1909年	2006年	1975年	1933年
从业人员（人）		1577	607	711	3324	1727	1254
卷烟生产能力(亿支)		582	280	302	140	80	60
卷烟品牌	自有品牌	人民大会堂	—	人民大会堂	长白山	长白山	长白山
	合作生产品牌	玉溪、红塔山、红梅	玉溪、红塔山、红梅	玉溪、红塔山、红梅	红塔山、红梅、南京、兰州	—	红塔山、红梅、南京、兰州
卷烟总产量（亿支）		290.70	125.00	165.42	494.00	295.95	198.05
雪茄烟品牌		—	—	—	—	—	—
雪茄烟总产量(万支)		—	—	—	—	—	—

	甘肃烟草工业有限责任公司	所属生产厂		内蒙古昆明卷烟有限责任公司	深圳烟草工业有限责任公司	山西昆明烟草有限责任公司
		兰州卷烟厂	天水卷烟厂			
法人资格	独立法人	非独立法人	非独立法人	独立法人	独立法人	独立法人
主要负责人/法人代表（含党政领导）	董事长：赵　琦 总经理、 党组书记： 田　成	厂长、党委书记： 廖国太	厂长、党委书记： 王乐平	董事长：刘　龙 总经理： 李建平(—2015.1)、 王旭东(2015.1—) 党委书记： 夏家全(—2015.9)、 王旭东(2015.10—)	董事长：董晓民 (—2015.8)、 王殿贵 (2015.8—) 总经理、党委书记： 梁　强	董事长：刘　龙 总经理：陈景云 党委书记： 刘根栓

续表

		甘肃烟草工业有限责任公司	所属生产厂		内蒙古昆明卷烟有限责任公司	深圳烟草工业有限责任公司	山西昆明烟草有限责任公司
			兰州卷烟厂	天水卷烟厂			
成立时间		2007 年	1936 年	1970 年	2003	1988 年	1930 年
从业人员（人）		2700	1273	1069	1456	670	1022
卷烟生产能力(亿支)		695	435	260	250	200	275.4
卷烟品牌	自有品牌	兰州	兰州	兰州	冬虫夏草、云烟（苁蓉）、大青山	双喜（好日子）	紫气东来
	合作生产品牌	利群	利群	—	云烟、红塔山、红河	双喜	云烟、红河、红塔山
卷烟总产量（亿支）		515.00	346.15	168.85	210.00	185.90	163.50
雪茄烟品牌		—	—	—	—	—	—
雪茄烟总产量(万支)		—	—	—	—	—	—

		海南红塔卷烟有限责任公司	吉林烟草进出口有限责任公司
法人资格		独立法人	独立法人
主要负责人/法人代表（含党政领导）		董事长：董晓民（—2015.7）、孔庆峰（2015.7—） 总经理：郑中文（—2015.1）、梁生龙（2015.1—） 党委书记：梁生龙	总经理：李维新（—2015.1）、李建平（2015.1—）
成立时间		1978 年	1999 年
从业人员（人）		583	17
卷烟生产能力(亿支)		150	—
卷烟品牌	自有品牌	椰王、宝岛	—
	合作生产品牌	玉溪、红塔山、红梅、云烟	—
卷烟总产量（亿支）		122.50	—
雪茄烟品牌		—	—
雪茄烟总产量(万支)		—	—

（撰稿：曹建平；编辑：谢争艳）

2015 年在产卷烟品牌（规格）名录[1]

河北中烟工业有限责任公司

品牌	规格	焦油量	备注	规格	焦油量	备注
钻石△[2]	钻石（软景泰）	8mg/支	一类烟、高价位卷烟	钻石（软绿）	10mg/支	二类烟
	钻石（避暑山庄）	8mg/支	一类烟	钻石（细支心世界）	8mg/支	二类烟、细支卷烟、2015 年新产品
	钻石（时尚景泰）	6mg/支	一类烟、细支卷烟	钻石（细支尚风）	8mg/支	二类烟、细支卷烟、2015 年新产品
	钻石（硬蓝 10 支 120mm）	8mg/支	一类烟	钻石（红石 2 代）	11mg/支	三类烟
	钻石（软珍品）	11mg/支	一类烟	钻石（软红如意）	11mg/支	三类烟
	钻石（硬珍品）	11mg/支	一类烟	钻石（硬玫瑰紫）	11mg/支	三类烟
	钻石（硬红 120）	8mg/支	一类烟	钻石（硬玫瑰 8mg）	8mg/支	三类烟、2015 年新产品
	钻石（荷花）	10mg/支	一类烟	钻石（硬红）	11mg/支	三类烟
	钻石（大好河山）	10mg/支	一类烟	钻石（硬蓝新一代）	8mg/支	三类烟
	钻石（一品荷花）	8mg/支	一类烟、高价位卷烟	钻石（绿石 2 代）	11mg/支	三类烟
	钻石（细支荷花）	6mg/支	一类烟、细支卷烟	钻石（银玉兰）	11mg/支	三类烟
	钻石（烟波致爽）	10mg/支	一类烟	钻石（大福元）	10mg/支	三类烟
	钻石（扁蓝时尚）	6mg/支	一类烟、细支卷烟	钻石（经典浓情）	11mg/支	三类烟、2015 年新产品
	钻石（软中国红）	8mg/支	一类烟	钻石（经典纯和）	11mg/支	三类烟、2015 年新产品
	钻石（玉兰 120 白）	10mg/支	一类烟、2015 年新产品	钻石（硬蓝）	11mg/支	四类烟
	钻石（金玉兰）	11mg/支	二类烟	钻石（硬特醇）	11mg/支	四类烟
	钻石（金石）	11mg/支	二类烟	钻石（软红）	11mg/支	四类烟
	钻石（时尚）	6mg/支	二类烟、细支卷烟			
新石家庄	新石家庄（软）	11mg/支	五类烟			
北戴河	北戴河（软）	11mg/支	五类烟			

注：1. 除特别说明外，收录品牌均为境内企业生产的企业自有品牌。备注中未说明的卷烟品牌（规格）均为烤烟型。

2. 2015 年，全国烟草行业共有 29 个重点卷烟品牌，其中，标☆的为“双十五”重点品牌，标注△的为鼓励培育品牌。“双十五”品牌“双喜·红双喜”在本名录中分别按“双喜”和“红双喜”单列。

上海烟草集团有限责任公司

品牌	规格	焦油量	备注	规格	焦油量	备注
熊猫	熊猫（5 盒礼盒出口）	12mg/支	出口烟、高价位卷烟	熊猫（硬时代版）	11mg/支	一类烟、高价位卷烟
	熊猫（硬经典）	10mg/支	一类烟、高价位卷烟	熊猫（硬 5 盒时代版出口）	11mg/支	出口烟、高价位卷烟

续表

品牌	规格	焦油量	备注	规格	焦油量	备注
中华☆	中华（大中华）	8mg/支	一类烟、高价位卷烟	中华（硬10mg12支）	10mg/支	一类烟
	中华（软）	11mg/支	一类烟	中华（硬10mg5支）	10mg/支	一类烟
	中华（硬）	11mg/支	一类烟	中华（5000）	10mg/支	一类烟
	中华（硬10mg）	10mg/支	一类烟	中华（全开式）	11mg/支	一类烟
江山	江山（硬一统）	10mg/支	一类烟			
恒大	恒大（全开式烟魁）	10mg/支	一类烟、高价位卷烟	恒大（烟魁1919）	10mg/支	一类烟、2015年新产品
红双喜☆	红双喜（硬铂派）	3mg/支	一类烟	红双喜（硬津门恒大）	8mg/支	二类烟
	红双喜（硬晶派）	11mg/支	一类烟	红双喜（硬）	11mg/支	三类烟
	红双喜（硬江山珍品）	11mg/支	二类烟	红双喜（硬8mg）	8mg/支	三类烟
	红双喜（硬精品）	10mg/支	二类烟	红双喜（硬百顺）	11mg/支	三类烟
	红双喜（硬尚派）	5mg/支	二类烟	红双喜（硬江山精品）	11mg/支	三类烟
	红双喜（硬星派）	5mg/支	二类烟	红双喜（硬上海）	11mg/支	三类烟
	红双喜（硬荷派）	5mg/支	二类烟	红双喜（硬特）	10mg/支	三类烟
	红双喜（硬晶喜）	11mg/支	二类烟	红双喜（软8mg）	8mg/支	三类烟
中南海△	中南海（3mg）	3mg/支	一类烟、混合型	中南海（特高）	11mg/支	二类烟
	中南海（祥和壹叁贰）	10mg/支	一类烟、高价位卷烟	中南海（5mg）	5mg/支	三类烟、混合型
	中南海（领越）	6mg/支	一类烟、混合型	中南海（软蓝色时光）	6mg/支	三类烟、混合型
	中南海（软精品）	10mg/支	一类烟	中南海（5mg细支）	5mg/支	三类烟、混合型
	中南海（硬1mg）	1mg/支	一类烟、混合型、高价位卷烟	中南海（金8mg）	8mg/支	三类烟、混合型
	中南海（硬94mm浪漫风情）	5mg/支	一类烟、混合型	中南海（8mg）	8mg/支	三类烟、混合型
	中南海（超然）	3mg/支	一类烟、混合型	中南海（10mg）	10mg/支	三类烟、混合型
	中南海（硬酷爽风尚）	8mg/支	一类烟、混合型	中南海（浓味）	11mg/支	五类烟、混合型
	中南海（蓝色风尚）	5mg/支	二类烟、混合型			
孟菲斯	孟菲斯（硬红）	11mg/支	三类烟	孟菲斯（硬蓝）	9mg/支	三类烟
牡丹	牡丹（软）	10mg/支	三类烟	牡丹（软蓝）	10mg/支	一类烟、2015年新产品
大前门	大前门（软）	11mg/支	五类烟	大前门（硬）	9mg/支	五类烟

江苏中烟工业有限责任公司

品牌	规格	焦油量	备注	规格	焦油量	备注
南京☆	南京（雨花石）	5mg/支	一类烟、细支卷烟	南京（炫赫门）	8mg/支	二类烟、细支卷烟
	南京（十二钗薄荷）	6mg/支	一类烟、细支卷烟、薄荷型	南京（红华西）	10mg/支	二类烟
	南京（十二钗烤烟）	6mg/支	一类烟、细支卷烟	南京（佳品）	11mg/支	二类烟
	南京（十二钗中式混合型）	4mg/支	一类烟、细支卷烟、混合型、2015年新产品	南京（金砂）	10mg/支	二类烟
	南京（84mm金陵十二钗）	8mg/支	一类烟	南京（硬金星）	11mg/支	二类烟

续表

品牌	规格	焦油量	备注	规格	焦油量	备注
南京☆	南京（软九五）	11mg/支	一类烟、高价位卷烟、2015年新产品	南京（硬林）	11mg/支	二类烟
	南京（九五）	11mg/支	一类烟、高价位卷烟	南京（红一品）	8mg/支	三类烟
	南京（硬珍品）	11mg/支	一类烟	南京（绿梦都）	8mg/支	三类烟、细支卷烟、薄荷型
	南京（喜庆）	11mg/支	一类烟	南京（紫晶）	8mg/支	三类烟
	南京（出口喜庆）	11mg/支	出口烟	南京（紫树）	10mg/支	三类烟
	南京（臻品）	10mg/支	一类烟	南京（红）	11mg/支	三类烟
	南京（精品）	11mg/支	一类烟	南京（红C）	11mg/支	出口烟
	南京（出口精品）	11mg/支	出口烟	南京（绿）	8mg/支	四类烟
苏烟☆	苏烟（沉香）	6mg/支	一类烟、细支卷烟、高价位卷烟	苏烟（七星）	11mg/支	一类烟
	苏烟（瑞星）	10mg/支	一类烟、高价位卷烟	苏烟（软金砂）	11mg/支	一类烟
	苏烟（一品梅）	10mg/支	一类烟、高价位卷烟	苏烟（天星）	11mg/支	一类烟、高价位卷烟
	苏烟（吉祥）	11mg/支	一类烟	苏烟（五星红杉树）	11mg/支	一类烟
	苏烟（金砂2）	11mg/支	一类烟、高价位	苏烟（红杉树C）	11mg/支	出口烟、2015年新产品
	苏烟（金砂C）	11mg/支	出口烟			
大丰收	大丰收（硬）	8mg/支	五类烟、国家局共有品牌	大丰收（软）	8mg/支	五类烟、国家局共有品牌
红杉树	红杉树（森C）	11mg/支	出口烟	红杉树（硬新）	8mg/支	四类烟
	红杉树（木）	9mg/支	四类烟	红杉树（软红）	8mg/支	五类烟
华西村	华西村（经典）	11mg/支	一类烟			
一品梅	一品梅（淡黄）	8mg/支	四类烟			
罗曼蒂克	罗曼蒂克（SLM）	10mg/支	出口烟、混合型、2015年新产品	罗曼蒂克（7mg台湾）	7mg/支	出口烟、混合型、2015年新产品
	罗曼蒂克（5mg台湾）	5mg/支	出口烟、混合型、2015年新产品	罗曼蒂克（BJST）	7mg/支	出口烟、混合型、2015年新产品

浙江中烟工业有限责任公司

品牌	规格	焦油量	备注	规格	焦油量	备注
利群☆	利群（休闲）	11mg/支	一类烟、高价位卷烟	利群（逍遥）	6mg/支	一类烟、高价位卷烟
	利群（环球阳光）	8mg/支	一类烟、高价位卷烟	利群（西子阳光）	5mg/支	一类烟、细支卷烟
	利群（软长嘴）	11mg/支	一类烟	利群（薄荷）	9mg/支	一类烟、外香型
	利群（软金色阳光）	8mg/支	一类烟	利群（软红长嘴硬化）	11mg/支	一类烟
	利群（硬）	10mg/支	一类烟	利群（老版）	11mg/支	二类烟
	利群（长嘴）	11mg/支	一类烟	利群（新版）	11mg/支	二类烟
	利群（软红长嘴）	11mg/支	一类烟	利群（软老版）	6mg/支	二类烟
	利群（神州）	8mg/支	一类烟	利群（8mg新版）	8mg/支	二类烟
	利群（软5mg）	5mg/支	一类烟	利群（蓝天）	11mg/支	二类烟

续表

品牌	规格	焦油量	备注	规格	焦油量	备注
利群☆	利群（阳光）	8mg/支	一类烟	利群（长嘴AZ）	12mg/支	出口烟
	利群（长嘴菲律宾）	11mg/支	出口烟	利群（软长嘴英文）	11mg/支	出口烟
	利群（长嘴GM）	11mg/支	出口烟	利群（软长嘴GM）	11mg/支	出口烟
	利群（长嘴HK）	11mg/支	出口烟	利群（阳光新加坡）	8mg/支	出口烟
	利群（长嘴智利）	11mg/支	出口烟	利群（阳光菲律宾）	—	出口烟
	利群（长嘴秘鲁）	11mg/支	出口烟	利群（阳光国际版）	8mg/支	出口烟
	利群（长嘴马来西亚）	11mg/支	出口烟	利群（阳光GM）	8mg/支	出口烟
	利群（长嘴澳门）	11mg/支	出口烟	利群（阳光HK）	8mg/支	出口烟
	利群（长嘴澳门免税）	11mg/支	出口烟	利群（阳光马来西亚）	8mg/支	出口烟
	利群（长嘴泰国）	11mg/支	出口烟	利群（阳光澳门）	8mg/支	出口烟
	利群（长嘴香港）	11mg/支	出口烟	利群（阳光澳门免税）	8mg/支	出口烟
	利群（长嘴XZ）	12mg/支	出口烟	利群（阳光土耳其）	8mg/支	出口烟
	利群（长嘴印尼）	11mg/支	出口烟	利群（阳光台湾）	8mg/支	出口烟
	利群（长嘴英文）	11mg/支	出口烟	利群（阳光英文）	8mg/支	出口烟
	利群（英文GM）	11mg/支	出口烟	利群（阳光印尼）	8mg/支	出口烟
	利群（英文）	11mg/支	出口烟	利群（英文澳门）	11mg/支	出口烟
	利群（英文阿联酋）	6mg/支	出口烟	利群（英文台湾）	8mg/支	出口烟
	利群（软长嘴国际版）	11mg/支	出口烟			
大红鹰	大红鹰（软蓝）	8mg/支	三类烟			
雄狮	雄狮（红老版）	8mg/支	三类烟	雄狮（红）	8mg/支	五类烟
	雄狮（硬）	8mg/支	四类烟	雄狮（薄荷）	8mg/支	五类烟、外香型
摩登	摩登（巴拉圭）	9mg/支	出口烟、混合型	摩登（南美BH）	10mg/支	出口烟、外香型
	摩登（秘鲁）	9mg/支	出口烟、混合型	摩登（南美H）	10mg/支	出口烟、混合型
	摩登（秘鲁BH）	10mg/支	出口烟、外香型	摩登（南美S）	9mg/支	出口烟、混合型
	摩登（印尼）	9mg/支	出口烟、混合型			

安徽中烟工业有限责任公司

品牌	规格	焦油量	备注	规格	焦油量	备注
黄山☆	黄山（天都）	8mg/支	一类烟	黄山（大黄山）	10mg/支	二类烟
	黄山（智者010）	8mg/支	一类烟	黄山（中国画）	10mg/支	二类烟
	黄山（新视界）	10mg/支	一类烟	黄山（中国画细支）	8mg/支	二类烟、细支卷烟
	黄山（经典皖烟）	11mg/支	一类烟	黄山（新制皖烟）	11mg/支	二类烟
	黄山（新概念）	10mg/支	一类烟	黄山（中国松）	11mg/支	三类烟
	黄山（喜庆红方印细支）	10mg/支	一类烟、2015年新产品	黄山（大壹品）新	10mg/支	三类烟、2015年新产品
	黄山（大红方印）	10mg/支	一类烟	黄山（贵宾迎客松）	8mg/支	三类烟
	黄山（喜庆红方印）	10mg/支	一类烟	黄山（硬）	11mg/支	三类烟

续表

品牌	规格	焦油量	备注	规格	焦油量	备注
黄山☆	黄山（小红方印）	10mg/支	一类烟	黄山（硬记忆）	10mg/支	三类烟、2015 年新产品
	黄山（万象细支）	8mg/支	一类烟、细支卷烟、2015 年新产品	黄山（中国风）	11mg/支	三类烟
	黄山（大黄山细支）	10mg/支	一类烟、细支卷烟	黄山（金纯和）	11mg/支	三类烟
	黄山（金皖烟）	11mg/支	一类烟	黄山（硬中国风）	8mg/支	三类烟
	黄山（软金皖）	10mg/支	一类烟	黄山（金光明）	10mg/支	三类烟、2015 年新产品
	黄山（国宾迎客松）	11mg/支	一类烟	黄山（嘉宾迎客松）	8mg/支	三类烟
	黄山（万象）	10mg/支	一类烟	黄山（软一品）	10mg/支	三类烟
	黄山（软喜庆红方印）	10mg/支	一类烟、2015 年新产品	黄山（硬一品）	10mg/支	四类烟
	黄山（红皖烟）	11mg/支	二类烟	黄山（红光明）	10mg/支	四类烟、2015 年新产品
	黄山（记忆）	10mg/支	二类烟、2015 年新产品			
都宝△	都宝（蓝莓细支）	6mg/支	二类烟、细支卷烟、混合型	都宝（台湾 4 号）	4mg/支	混合型、出口烟
	都宝（硬红新）	8mg/支	四类烟、混合型、2015 年新产品	都宝（台湾 6 号）	6mg/支	混合型、出口烟、2015 年新产品
	都宝（纯正 9 号）	8mg/支	四类烟、混合型	都宝（3mg 台湾）	3mg/支	混合型、出口烟
	都宝（新）	8mg/支	五类烟、混合型	都宝（6 号台湾）	6mg/支	混合型、出口烟
	都宝（5mg 台湾）	5mg/支	混合型、出口烟	都宝（台湾 3mg）	3mg/支	混合型、出口烟
	都宝（薄荷细支台湾）	6mg/支	混合型、出口烟	都宝（银时尚台湾）	7mg/支	混合型、出口烟
	都宝（蓝莓细支台湾）	6mg/支	混合型、出口烟	都宝（4 号台湾）	4mg/支	混合型、出口烟、2015 年新产品
红三环	红三环（红）	10mg/支	四类烟	红三环（软黄）	8mg/支	五类烟
	红三环（幸福篇）	10mg/支	四类烟、2015 年新产品	红三环（渡江）	8mg/支	五类烟
盛唐	盛唐（金）	10mg/支	四类烟	盛唐（吉祥）	8mg/支	五类烟

福建中烟工业有限责任公司

品牌	规格	焦油量	备注	规格	焦油量	备注
七匹狼☆	七匹狼（大通仙）	10mg/支	一类烟、高价位卷烟	七匹狼（通运）	10mg/支	一类烟
	七匹狼（通仙）	10mg/支	一类烟	七匹狼（纯雅）	6mg/支	二类烟
	七匹狼（雅典）	11mg/支	一类烟	七匹狼（软红）	10mg/支	二类烟
	七匹狼（通仙纯）	9mg/支	一类烟	七匹狼（纯境）	5mg/支	二类烟
	七匹狼（16 支纯香）	5mg/支	一类烟	七匹狼（大富贵）	10mg/支	二类烟
	七匹狼（通仙 300）	10mg/支	一类烟	七匹狼（纯翠）	6mg/支	二类烟
	七匹狼（厦门）	11mg/支	一类烟	七匹狼（红）	11mg/支	二类烟
	七匹狼（通福）	11mg/支	一类烟	七匹狼（锋芒）	7mg/支	二类烟、细支卷烟、2015 年新产品
	七匹狼（软灰）	11mg/支	一类烟	七匹狼（豪迈）	8mg/支	三类烟

续表

品牌	规格	焦油量	备注	规格	焦油量	备注
七匹狼☆	七匹狼（行天下）	10mg/支	一类烟、2015年新产品	七匹狼（豪运）	10mg/支	三类烟
	七匹狼（新圣典）	11mg/支	一类烟	七匹狼（白）	10mg/支	三类烟
	七匹狼（16支通仙）	10mg/支	一类烟	七匹狼（君如意）	10mg/支	三类烟
	七匹狼（通仙3mg）	3mg/支	一类烟	七匹狼（鸿福）	10mg/支	三类烟
	七匹狼（通仙境）	10mg/支	一类烟	七匹狼（金）	11mg/支	三类烟
	七匹狼（小通仙）	10mg/支	一类烟	七匹狼（蓝）	8mg/支	三类烟
	七匹狼（尚品）	11mg/支	一类烟	七匹狼（豪情）	10mg/支	四类烟
	七匹狼（16支通泰）	11mg/支	一类烟	七匹狼（古田）	10mg/支	四类烟
	七匹狼（纯典）	5mg/支	一类烟			
万宝路	万宝路（软金）	8mg/支	一类烟、混合型、来牌加工	万宝路（软红）	11mg/支	二类烟、混合型、许可生产
金桥△	金桥（英伦奶香）	6mg/支	三类烟、混合型	金桥（硬）	7mg/支	三类烟、混合型
	金桥（软混）	10mg/支	三类烟、混合型	金桥（尚品）	10mg/支	出口烟、混合型、2015年新产品
	金桥（台湾97）	5mg/支	出口烟、混合型	金桥（台湾94）	5mg/支	出口烟、混合型
	金桥（台湾84）	7mg/支	出口烟、混合型	金桥（Avolon94）	7mg/支	出口烟、混合型
	金桥（94plus）	3mg/支	出口烟、混合型、2015年新产品			
石狮	石狮（平安）	11mg/支	四类烟、2015年新产品	石狮（软富健）	10mg/支	五类烟
古田	古田（软1929）	10mg/支	一类烟、2015年新产品	古田（红军灰）	8mg/支	一类烟、2015年新产品
土楼	土楼（神韵）	10mg/支	一类烟			
妙香	妙香	12mg/支	出口烟			

江西中烟工业有限责任公司

品牌	规格	焦油量	备注	规格	焦油量	备注
金圣△	金圣（智圣出山）	10mg/支	一类烟、高价位卷烟	金圣（软滕王阁）	10mg/支	一类烟、2015年新产品
	金圣（软瑞香）	10mg/支	一类烟、2015年新产品	金圣（硬黑老虎）	10mg/支	二类烟
	金圣（典藏本草香）	11mg/支	一类烟	金圣（赣）	11mg/支	二类烟
	金圣（典藏花开富贵）	10mg/支	一类烟	金圣（硬）	11mg/支	三类烟
	金圣（本草瑞香）	8mg/支	一类烟、细支卷烟	金圣（软）	11mg/支	三类烟
	金圣（吉品）	11mg/支	一类烟	金圣（硬红）	8mg/支	三类烟
	金圣（盛世典藏）	11mg/支	一类烟、高价位卷烟	金圣（硬时代祥和）	11mg/支	三类烟
	金圣（硬典藏）	11mg/支	一类烟	金圣（软红）	11mg/支	三类烟
	金圣（原生工坊）	10mg/支	一类烟	金圣（庐山）	8mg/支	三类烟
	金圣（软天成）	6mg/支	一类烟	金圣（硬滕王阁）	10mg/支	三类烟、2015年新产品
	金圣（滕王阁细支）	8mg/支	一类烟、细支卷烟、2015年新产品			

续表

品牌	规格	焦油量	备注	规格	焦油量	备注
庐山	庐山（黄精品）	11mg/支	四类烟	庐山（大红运）	10mg/支	四类烟、2015 年新产品
	庐山（银）	11mg/支	四类烟	庐山（新）	10mg/支	五类烟
	庐山（精品）	11mg/支	四类烟	庐山（硬）	10mg/支	五类烟
赣	赣（佳品）	11mg/支	四类烟	赣（蓝）	10mg/支	四类烟
月兔	月兔（硬）	10mg/支	五类烟			

山东中烟工业有限责任公司

品牌	规格	焦油量	备注	规格	焦油量	备注
泰山☆	泰山（拂光）	11mg/支	一类烟、高价位卷烟	泰山（硬功勋）	11mg/支	二类烟
	泰山（好客）	10mg/支	一类烟	泰山（心悦）	6mg/支	二类烟
	泰山（儒风）	11mg/支	一类烟	泰山（大鸡）	10mg/支	二类烟
	泰山（大宏图）	10mg/支	二类烟、2015 年新产品	泰山（青秀）	8mg/支	二类烟
	泰山（拂光细支）	6mg/支	一类烟、细支卷烟	泰山（绿孔府）	8mg/支	二类烟
	泰山（领秀）	10mg/支	一类烟	泰山（沂蒙）	11mg/支	三类烟
	泰山（乐章）	5mg/支	一类烟	泰山（东方）	11mg/支	三类烟
	泰山（新品）	11mg/支	一类烟	泰山（宏图）	11mg/支	三类烟
	泰山（将军）	11mg/支	一类烟	泰山（平安）	6mg/支	三类烟
	泰山（八喜）	8mg/支	一类烟	泰山（华贵）	11mg/支	三类烟
	泰山（硬神秀）	11mg/支	一类烟	泰山（白将军）	11mg/支	三类烟
	泰山（红秀）	8mg/支	一类烟	泰山（红将）	11mg/支	三类烟
	泰山（好客细支）	6mg/支	一类烟、细支卷烟	泰山（哈德门）	10mg/支	三类烟
	泰山（红锡包）	11mg/支	一类烟	泰山（红将军）	11mg/支	三类烟
	泰山（望岳）	8mg/支	一类烟	泰山（硬红八喜）	8mg/支	三类烟
	泰山（颜悦）	6mg/支	一类烟	泰山（AL）	8mg/支	出口烟、混合型
	泰山（AF）	10mg/支	出口烟、混合型	泰山（AL）（阿语）	8mg/支	出口烟、混合型
	泰山（AF）（阿语）	10mg/支	出口烟、混合型	泰山（Taishan1）	8mg/支	出口烟、烤烟型
	泰山（Taishan5）	8mg/支	出口烟、混合型	泰山（Taishan5）（英）	8mg/支	出口烟、混合型
	泰山（Taishan6）	6mg/支	出口烟、混合型	泰山（Taishan6）（英）	6mg/支	出口烟、混合型
	泰山（Taishan7）	11mg/支	出口烟、烤烟型	泰山（TS）	8mg/支	出口烟、混合型
	泰山（TS2）	12mg/支	出口烟、混合型	泰山（TS3）	6mg/支	出口烟、混合型
	泰山（Hatamen）	10mg/支	出口烟、烤烟型	泰山（Hatamen1）	11mg/支	出口烟、烤烟型
将军	将军（100）	10mg/支	二类烟、雪茄型	将军（潘萨）	11mg/支	三类烟、雪茄型
	将军（雪豹）	10mg/支	二类烟、雪茄型			

续表

品牌	规格	焦油量	备注	规格	焦油量	备注
哈德门	哈德门（纯香）	11mg/支	四类烟	哈德门（软）	11mg/支	五类烟
	哈德门（精品）	11mg/支	四类烟			

河南中烟工业有限责任公司

品牌	规格	焦油量	备注	规格	焦油量	备注
黄金叶☆	黄金叶（天叶）	11mg/支	一类烟、高价位卷烟	黄金叶（炫尚）	6mg/支	一类烟、细支卷烟、2015年新产品
	黄金叶（天叶细支）	8mg/支	一类烟、高价位卷烟、细支卷烟	黄金叶（金丝路）	10mg/支	二类烟、2015年新产品
	黄金叶（小天叶）	10mg/支	一类烟、高价位卷烟	黄金叶（爱尚）	6mg/支	二类烟、细支卷烟
	黄金叶（软黄金）	10mg/支	一类烟、2015年新产品	黄金叶（硬福满堂）	10mg/支	二类烟
	黄金叶（上河图）	10mg/支	一类烟	黄金叶（红南阳）	10mg/支	二类烟
	黄金叶（天香细支）	6mg/支	一类烟、细支卷烟	黄金叶（黄金眼）	10mg/支	二类烟
	黄金叶（茗仕之风）	11mg/支	一类烟	黄金叶（金尚酷）	10mg/支	二类烟
	黄金叶（硬黄金）	10mg/支	一类烟、2015年新产品	黄金叶（尚酷）	8mg/支	二类烟
	黄金叶（天韵）	8mg/支	一类烟	黄金叶（硬红旗渠）	10mg/支	三类烟
	黄金叶（百年浓香·典藏）	10mg/支	一类烟、2015年新产品	黄金叶（硬帝豪）	11mg/支	三类烟
	黄金叶（百年浓香）	8mg/支	一类烟	黄金叶（金满堂）	10mg/支	三类烟
	黄金叶（红旗渠）	10mg/支	一类烟	黄金叶（喜满堂）	10mg/支	三类烟、2015年新产品
	黄金叶（浓香细支）	6mg/支	一类烟、细支卷烟、2015年新产品	黄金叶（鸿运）	10mg/支	三类烟、2015年新产品
	黄金叶（小黄金）	10mg/支	一类烟、2015年新产品	黄金叶（吉祥如意出口）	10mg/支	出口烟
	黄金叶（软大金圆）	11mg/支	一类烟	黄金叶（软蓝出口）	8mg/支	混合型、出口烟
	黄金叶（软盛世金典）	11mg/支	一类烟	黄金叶（硬黄出口）	10mg/支	出口烟
	黄金叶（硬大金圆双十支）	11mg/支	一类烟	黄金叶（硬红出口）	10mg/支	出口烟
	黄金叶（软红大金圆）	10mg/支	一类烟	黄金叶（硬帝豪出口）	10mg/支	出口烟
红旗渠	红旗渠（新开元）	11mg/支	三类烟	红旗渠（雪茄）	10mg/支	四类烟、2015年新产品
	红旗渠（天行健）	11mg/支	三类烟	红旗渠（薄荷）	10mg/支	四类烟、2015年新产品
	红旗渠（银河之光）	10mg/支	四类烟	红旗渠（软红）	11mg/支	五类烟
散花	散花（软蓝）	11mg/支	五类烟			
发时达	发时达（硬金出口）	11mg/支	混合型、出口烟	发时达（硬白出口）	10mg/支	混合型、出口烟
	发时达（硬蓝出口）	8mg/支	混合型、出口烟	发时达（硬红出口）	10mg/支	混合型、出口烟
	发时达（薄荷出口）	8mg/支	混合型、出口烟	发时达（硬红出口）	10mg/支	出口烟
	发时达（软金出口）	8mg/支	混合型、出口烟	发时达（黄金叶出口）	10mg/支	出口烟
野马	野马（硬金出口）	10mg/支	混合型、出口烟			

湖北中烟工业有限责任公司

品牌	规格	焦油量	备注	规格	焦油量	备注
黄鹤楼☆	黄鹤楼（软1916）	10mg/支	一类烟、高价位卷烟	黄鹤楼（硬满天星）	10mg/支	一类烟
	黄鹤楼（硬1916）	10mg/支	一类烟、高价位卷烟	黄鹤楼（硬大彩）	6mg/支	一类烟
	黄鹤楼（硬感恩）	6mg/支	一类烟、高价位卷烟	黄鹤楼（硬心兰）	8mg/支	一类烟
	黄鹤楼（硬为了谁）	6mg/支	一类烟、高价位卷烟	黄鹤楼（硬奇景）	10mg/支	一类烟
	黄鹤楼（硬红景天）	6mg/支	一类烟、高价位卷烟	黄鹤楼（软红）	8mg/支	一类烟
	黄鹤楼（硬15）	10mg/支	一类烟、高价位卷烟	黄鹤楼（软雅韵）	6mg/支	一类烟
	黄鹤楼（硬平安）	8mg/支	一类烟、高价位卷烟、细支卷烟	黄鹤楼（硬雅韵）	8mg/支	一类烟
	黄鹤楼（硬漫天游）	8mg/支	一类烟、高价位卷烟	黄鹤楼（硬天下胜景）	8mg/支	一类烟、细支卷烟
	黄鹤楼（软漫天游）	10mg/支	一类烟、高价位卷烟	黄鹤楼（硬雅香）	11mg/支	一类烟
	黄鹤楼（硬问道）	6mg/支	一类烟、高价位卷烟	黄鹤楼（硬红）	8mg/支	一类烟
	黄鹤楼（硬梯杷）	6mg/支	一类烟、高价位卷烟	黄鹤楼（软天香）	6mg/支	一类烟
	黄鹤楼（硬天骄圣地）	10mg/支	一类烟、高价位卷烟	黄鹤楼（硬鸿运）	10mg/支	一类烟
	黄鹤楼（软珍品）	8mg/支	一类烟	黄鹤楼（硬雪香）	10mg/支	一类烟、雪茄型、细支卷烟
	黄鹤楼（软论道）	8mg/支	一类烟	黄鹤楼（硬蓝）	11mg/支	一类烟、2015年新产品
	黄鹤楼（硬同心）	10mg/支	一类烟	黄鹤楼（硬祝福）	10mg/支	一类烟
	黄鹤楼（硬知音）	11mg/支	一类烟	黄鹤楼（硬嘉禧缘）	10mg/支	一类烟、细支卷烟
	黄鹤楼（硬雪之韵）	11mg/支	一类烟、雪茄型	黄鹤楼（软蓝）	11mg/支	一类烟
	黄鹤楼（硬珍品）	8mg/支	一类烟	黄鹤楼（软鸿运）	11mg/支	二类烟
	黄鹤楼（硬金带）	10mg/支	一类烟	黄鹤楼（硬金砂）	8mg/支	二类烟
	黄鹤楼（硬全家福）	10mg/支	一类烟	黄鹤楼（软金砂）	6mg/支	二类烟
	黄鹤楼（硬生态）	8mg/支	一类烟、细支卷烟	黄鹤楼（天下名楼）	8mg/支	二类烟、细支卷烟
	黄鹤楼（硬论道）	8mg/支	一类烟	黄鹤楼（硬万年红）	10mg/支	二类烟
	黄鹤楼（软红珍品）	10mg/支	一类烟	黄鹤楼（硬雪之景）	11mg/支	二类烟、雪茄型
	黄鹤楼（硬峡谷柔情）	10mg/支	一类烟、2015年新产品	黄鹤楼（软雪之景）	11mg/支	二类烟、雪茄型
	黄鹤楼（硬好运）	11mg/支	一类烟			
红金龙△	红金龙（晓楼）	9mg/支	二类烟	红金龙（软红九州腾龙）	10mg/支	四类烟
	红金龙（硬晓楼金）	10mg/支	二类烟	红金龙（硬九州腾龙）	10mg/支	四类烟
	红金龙（硬爱你阔版）	10mg/支	三类烟、2015年新产品	红金龙（硬红龙）	11mg/支	四类烟、雪茄型
	红金龙（硬楚风）	11mg/支	三类烟、雪茄型	红金龙（硬红）	10mg/支	四类烟
	红金龙（硬火之舞）	10mg/支	三类烟	红金龙（软九州腾龙）	10mg/支	四类烟
	红金龙（软精品）	11mg/支	三类烟	红金龙（软蓝九州腾龙）	10mg/支	四类烟
	红金龙（硬红火之舞）	11mg/支	三类烟	红金龙（软双龙）	10mg/支	四类烟
	红金龙（晓信天游）	10mg/支	三类烟	红金龙（硬大桥）	10mg/支	四类烟、2015年新产品
	红金龙（硬福满多）	11mg/支	三类烟、2015年新产品	红金龙（小楚风）	10mg/支	四类烟
	红金龙（硬爱你）	10mg/支	三类烟	红金龙（硬虹之彩）	9mg/支	四类烟

续表

品牌	规格	焦油量	备注	规格	焦油量	备注
红金龙△	红金龙（硬蓝爱你）	8mg/支	三类烟、细支卷烟	红金龙（硬喜）	9mg/支	五类烟
	红金龙（硬晓楼银）	7mg/支	三类烟、细支卷烟	红金龙（软长城）	8mg/支	五类烟
	红金龙（硬神州腾龙）	10mg/支	三类烟	红金龙（软虹之彩）	9mg/支	五类烟
	红金龙（硬佳品）	9mg/支	三类烟	红金龙（软金蝶）	8mg/支	五类烟
	红金龙（硬黄佳品）	9mg/支	三类烟			
黄金龙	黄金龙（硬）	9mg/支	五类烟			

湖南中烟工业有限责任公司

品牌	规格	焦油量	备注	规格	焦油量	备注
芙蓉王☆	芙蓉王（钻石）	8mg/支	一类烟	芙蓉王（硬君信）	10mg/支	一类烟
	芙蓉王（软蓝）	8mg/支	一类烟	芙蓉王（蓝）	10mg/支	一类烟
	芙蓉王（硬天源）	6mg/支	一类烟	芙蓉王（软黄）	8mg/支	一类烟
	芙蓉王（软天源）	10mg/支	一类烟	芙蓉王（硬）	11mg/支	一类烟
	芙蓉王（蔚蓝星空）	8mg/支	一类烟			
白沙☆	白沙（和天下）	11mg/支	一类烟	白沙（硬蓝尚品）	10mg/支	二类烟
	白沙（软和天下）	10mg/支	一类烟	白沙（红和）	6mg/支	三类烟
	白沙（硬细支和天下）	6mg/支	一类烟、细支卷烟	白沙（软香槟）	11mg/支	三类烟、联合加工（河北中烟生产）
	白沙（硬和气生财）	11mg/支	一类烟	白沙（8mg 精品）	8mg/支	三类烟
	白沙（硬细支和气生财）	8mg/支	一类烟	白沙（精品二代）	10mg/支	三类烟
	白沙（珍品）	11mg/支	一类烟	白沙（绿和）	8mg/支	三类烟
	白沙（硬白细支）	6mg/支	一类烟、细支卷烟	白沙（绿和）	10mg/支	三类烟
	白沙（硬红细支）	8mg/支	一类烟、细支卷烟	白沙（精品）	8mg/支	三类烟
	白沙（硬紫瑞）	6mg/支	二类烟	白沙（软）	10mg/支	四类烟
	白沙（硬黄金版）	10mg/支	二类烟	白沙（硬）	10mg/支	四类烟
芙蓉	芙蓉（软红）	11mg/支	五类烟	芙蓉（黄）	10mg/支	五类烟
相思鸟	相思鸟（软）	11mg/支	五类烟			

广东中烟工业有限责任公司

品牌	规格	焦油量	备注	规格	焦油量	备注
双喜☆	双喜（邮喜）	10mg/支	一类烟	双喜（硬珍品好日子）	10mg/支	一类烟
	双喜（鸿喜）	10mg/支	一类烟	双喜（硬祥云好日子）	8mg/支	一类烟、细支卷烟
	双喜（典藏逸品）	8mg/支	一类烟	双喜（和喜）	10mg/支	二类烟
	双喜（硬逸品）	8mg/支	一类烟	双喜（硬经典 1906）	10mg/支	二类烟
	双喜（硬世纪经典）	10mg/支	一类烟	双喜（传奇）	8mg/支	二类烟
	双喜（盛世）	6mg/支	一类烟	双喜（硬金五叶神）	11mg/支	二类烟

续表

品牌	规格	焦油量	备注	规格	焦油量	备注
双喜☆	双喜（珍藏）	8mg/支	一类烟	双喜（硬红 1906）	10mg/支	二类烟
	双喜（典藏五叶神）	5mg/支	一类烟	双喜（软蓝红玫王）	8mg/支	二类烟
	双喜（硬红逸品）	8mg/支	一类烟	双喜（软珍品好日子）	10mg/支	二类烟
	双喜（软金 1906）	8mg/支	一类烟	双喜（硬经典）	11mg/支	三类烟
	双喜（软红五叶神）	11mg/支	一类烟	双喜（软经典）	11mg/支	三类烟
	双喜（硬红五叶神）	11mg/支	一类烟	双喜（硬）	11mg/支	三类烟
	双喜（硬蓝红玫王）	8mg/支	一类烟	双喜（软）	11mg/支	三类烟
	双喜（喜百年）	10mg/支	一类烟	双喜（硬 01）	11mg/支	三类烟
	双喜（经典工坊）	10mg/支	一类烟	双喜（软 01）	11mg/支	三类烟
	双喜（百年经典）	10mg/支	一类烟	双喜（硬祥和好日子）	8mg/支	三类烟
	双喜（彩悦）	8mg/支	一类烟、细支卷烟	双喜（软国际）	11mg/支	三类烟
	双喜（花悦）	8mg/支	一类烟、细支卷烟	双喜（硬红玫王）	8mg/支	三类烟
	双喜（软盛世好日子）	10mg/支	一类烟	双喜（硬精品好日子）	11mg/支	三类烟
	双喜（硬盛世好日子）	10mg/支	一类烟	双喜（硬吉祥好日子）	11mg/支	三类烟
	双喜（硬金樽好日子）	11mg/支	一类烟	双喜（软如意好日子）	10mg/支	三类烟
	双喜（软锦绣好日子）	8mg/支	一类烟	双喜（硬阳光好日子）	8mg/支	三类烟
	双喜（软卓越好日子）	8mg/支	一类烟			
红玫	红玫（硬金）	11mg/支	四类烟	红玫（软）	11mg/支	五类烟
椰树	椰树（硬）	11mg/支	四类烟	椰树（软）	11mg/支	五类烟
羊城	羊城（软红）	11mg/支	五类烟、混合型	羊城（软白）	11mg/支	五类烟、混合型

广西中烟工业有限责任公司

品牌	规格	焦油量	备注	规格	焦油量	备注
真龙△	真龙（巴马天成）	6mg/支	一类烟	真龙（美人香草）	6mg/支	一类烟
	真龙（金韵）	11mg/支	一类烟	真龙（轩云）	11mg/支	二类烟
	真龙（巴马天和）	10mg/支	一类烟	真龙（清云）	6mg/支	二类烟
	真龙（海韵细支）	8mg/支	一类烟、细支卷烟、2015 年新产品	真龙（前程似锦）	10mg/支	二类烟
	真龙（神韵）	11mg/支	一类烟	真龙（馨云）	8mg/支	二类烟
	真龙（海韵）	11mg/支	一类烟	真龙（致青春）	8mg/支	二类烟
	真龙（真男儿）	10mg/支	一类烟	真龙（凌云）	8mg/支	二类烟、2015 年新产品
	真龙（中国龙）	8mg/支	一类烟	真龙（祥云）	11mg/支	二类烟
	真龙（龙天下）	11mg/支	一类烟	真龙（珍品）	11mg/支	三类烟
	真龙（佳韵）	11mg/支	一类烟	真龙（天翔）	11mg/支	三类烟
	真龙（起源）	11mg/支	一类烟	真龙（甲天下）	8mg/支	三类烟
	真龙（燃情时光）	8mg/支	一类烟	真龙（软娇子）	11mg/支	三类烟
	真龙（鸿韵）	11mg/支	一类烟	真龙（娇子）	11mg/支	四类烟

续表

品牌	规格	焦油量	备注	规格	焦油量	备注
甲天下	甲天下（山水）	11mg/支	五类烟			

重庆中烟工业有限责任公司

品牌	规格	焦油量	备注	规格	焦油量	备注
天子	天子（传奇）	10mg/支	一类烟、高价位卷烟	天子（软黄）	11mg/支	一类烟
	天子（软传奇）	8mg/支	一类烟、高价位卷烟	天子（硬）	11mg/支	一类烟、2015 年新产品
	天子（重庆 20 年）	11mg/支	一类烟、高价位卷烟、2015 年新产品	天子（千里江山）	10mg/支	一类烟、2015 年新产品
	天子（硬黄）	9mg/支	一类烟、高价位卷烟	天子（小天子）	11mg/支	一类烟
	天子（壹号）	11mg/支	一类烟、高价位卷烟、2015 年新产品	天子（重庆红）	10mg/支	一类烟、2015 年新产品
	天子（红传奇）	10mg/支	一类烟	天子（金）	10mg/支	一类烟
龙凤呈祥	龙凤呈祥（硬珍品）	11mg/支	一类烟	龙凤呈祥（花开富贵）	11mg/支	三类烟、2015 年新产品
	龙凤呈祥（三峡情）	10mg/支	二类烟、2015 年新产品	龙凤呈祥（硬喜庆新）	10mg/支	三类烟
	龙凤呈祥（软禧缘）	10mg/支	二类烟	龙凤呈祥（硬世纪朝天门）	10mg/支	三类烟
	龙凤呈祥（百年好合）	10mg/支	二类烟、2015 年新产品	龙凤呈祥（佳品）	10mg/支	四类烟
	龙凤呈祥（硬）	11mg/支	二类烟	龙凤呈祥（鸿运朝天门）	11mg/支	四类烟、2015 年新产品
	龙凤呈祥（软魅力朝天门）	11mg/支	三类烟			
宏声	宏声（精品）	10mg/支	四类烟	宏声（硬）	10mg/支	五类烟
	宏声（硬特）	10mg/支	四类烟	宏声（软蓝）	10mg/支	五类烟、2015 年新产品
	宏声（软特）	10mg/支	四类烟			

四川中烟工业有限责任公司

品牌	规格	焦油量	备注	规格	焦油量	备注
娇子☆	娇子（软传奇天子）	8mg/支	一类烟、高价位卷烟	娇子（软蓝天之娇子）	10mg/支	一类烟
	娇子（传奇天子）	10mg/支	一类烟、高价位卷烟、2015 年新产品	娇子（雅韵天娇）	11mg/支	一类烟
	娇子（龙涎香）	8mg/支	一类烟、高价位卷烟、2015 年新产品	娇子（红）	11mg/支	二类烟
	娇子（宽窄自在）	8mg/支	一类烟、高价位卷烟、细支卷烟、2015 年新产品	娇子（红新概念）	10mg/支	二类烟
	娇子（硬黄天子）	8mg/支	一类烟、高价位卷烟	娇子（软红）	10mg/支	二类烟
	娇子（天之娇子）	8mg/支	一类烟、高价位卷烟	娇子（X 星座）	6mg/支	二类烟、细支卷烟
	娇子（宽窄）	8mg/支	一类烟、高价位卷烟、2015 年新产品	娇子（软金沙神韵）	10mg/支	二类烟
	娇子（清甜香）	10mg/支	一类烟、高价位卷烟、2015 年新产品	娇子（金沙神韵）	10mg/支	二类烟

续表

品牌	规格	焦油量	备注	规格	焦油量	备注
娇子☆	娇子（清甜香黄）	10mg/支	一类烟、2015年新产品	娇子（软禧缘龙凤）	10mg/支	二类烟
	娇子（红传奇天子）	10mg/支	一类烟	娇子（格调细支）	8mg/支	二类烟、细支卷烟、2015年新产品
	娇子（软龙涎香）	10mg/支	一类烟	娇子（硬龙凤呈祥）	11mg/支	二类烟
	娇子（龙涎香细支）	5mg/支	一类烟、细支卷烟、2015年新产品	娇子（黑）	11mg/支	二类烟、2015年新产品
	娇子（精品）	10mg/支	一类烟	娇子（X2013）	6mg/支	二类烟、细支卷烟
	娇子（九寨沟）	10mg/支	一类烟、2015年新产品	娇子（风尚）	11mg/支	二类烟、2015年新产品
	娇子（软黄天子）	11mg/支	一类烟	娇子（蓝）	11mg/支	二类烟
	娇子（软金天娇）	10mg/支	一类烟、2015年新产品	娇子（软阳光）	11mg/支	三类烟
	娇子（宽窄如意）	10mg/支	一类烟、2015年新产品	娇子（软龙凤魅力朝）	11mg/支	三类烟
	娇子（胜利）	10mg/支	一类烟、2015年新产品	娇子（红芙蓉）	11mg/支	三类烟、2015年新产品
	娇子（锦绣）	11mg/支	一类烟	娇子（新概念）	8mg/支	三类烟
	娇子（梦幻九寨）	10mg/支	一类烟、2015年新产品	娇子（X）	6mg/支	三类烟
	娇子（悦）	10mg/支	一类烟、2015年新产品	娇子（软时代阳光）	10mg/支	三类烟
	娇子（X龙韵）	6mg/支	一类烟、细支卷烟、2015年新产品	娇子（硬龙凤喜庆新）	11mg/支	三类烟
	娇子（红天之娇子）	10mg/支	一类烟	娇子（时代阳光）	11mg/支	三类烟
	娇子（软红天之娇子）	10mg/支	一类烟	娇子（绿时代阳光）	9mg/支	三类烟
	娇子（X玫瑰）	6mg/支	一类烟	娇子（硬龙凤世纪朝）	10mg/支	三类烟
	娇子（龙韵天娇）	10mg/支	一类烟	娇子（蓝时代）	8mg/支	三类烟、2015年新产品
	娇子（硬龙凤珍品）	11mg/支	一类烟	娇子（硬阳光）	11mg/支	三类烟
	娇子（祥云）	10mg/支	一类烟、2015年新产品	娇子（软龙凤魅力朝）	11mg/支	三类烟
	娇子（金天子）	10mg/支	一类烟、2015年新产品	娇子（软阳光）	11mg/支	三类烟
	娇子（X生肖）	6mg/支	一类烟、细支卷烟、2015年新产品	娇子（硬阳光100）	11mg/支	三类烟
	娇子（格调）	8mg/支	一类烟、2015年新产品	娇子（硬龙凤喜庆）	11mg/支	三类烟
	娇子（盛世天娇）	10mg/支	一类烟	娇子（软红天娇出口）	10mg/支	出口烟
	娇子（X金桂）	6mg/支	一类烟	娇子（黄天之娇子出口）		出口烟
	娇子（功夫经典）	8mg/支	一类烟、2015年新产品	娇子（新概念出口）	6mg/支	出口烟
	娇子（蓝天之娇子）	10mg/支	一类烟	娇子（PRIDE国际）	8mg/支	出口烟
龙凤呈祥	龙凤呈祥（佳品）	11mg/支	四类烟			
山城	山城（软蓝）	11mg/支	五类烟			
宏声	宏声（精品）	11mg/支	四类烟	宏声（软）	11mg/支	五类烟
	宏声（软特）	11mg/支	四类烟	宏声（硬）	11mg/支	五类烟
	宏声（硬特）	11mg/支	四类烟			

续表

品牌	规格	焦油量	备注	规格	焦油量	备注
天下秀	天下秀（红名品）	9mg/支	四类烟	天下秀（金）	11mg/支	四类烟
	天下秀（红天地）	10mg/支	四类烟、雪茄型	天下秀（红）	10mg/支	五类烟
	天下秀（佳品）	11mg/支	四类烟			
五牛	五牛（绿）	10mg/支	五类烟	五牛（硬绿新）	11mg/支	五类烟
	五牛（硬金）	11mg/支	五类烟			
长城	长城（传奇）	10mg/支	一类烟、雪茄型	长城（132 雪茄）	10mg/支	一类烟、雪茄型
狮牌	狮牌（雄风）	10mg/支	二类烟、雪茄型	狮牌（草莓）	10mg/支	三类烟、雪茄型
	狮牌（原味）	10mg/支	三类烟、雪茄型	狮牌（特香）	10mg/支	四类烟、雪茄型
	狮牌（微型）	10mg/支	三类烟、雪茄型			

贵州中烟工业有限责任公司

品牌	规格	焦油量	备注	规格	焦油量	备注
贵烟[1]△	贵烟（国酒香·30）	10mg/支	一类烟、高价位卷烟	贵烟（思味）	5mg/支	一类烟、2015 年新产品
	贵烟（盛世）	11mg/支	一类烟、高价位卷烟	贵烟（5mg 喜格）	5mg/支	一类烟
	贵烟（扁盒印第安火种）	11mg/支	一类烟、高价位卷烟	贵烟（国酒香玉液）	9mg/支	一类烟
	贵烟（小国酒香）	9mg/支	一类烟	贵烟（黄金方）	10mg/支	一类烟
	贵烟（福天下）	10mg/支	一类烟	贵烟（喜）	11mg/支	二类烟
	贵烟（福）	11mg/支	一类烟	贵烟（好彩）	11mg/支	二类烟
	贵烟（硬小国酒香）	10mg/支	一类烟	贵烟（甜香洞藏）	10mg/支	二类烟、2015 年新产品
	贵烟（国酒香 5）	10mg/支	一类烟	贵烟（新贵）	11mg/支	三类烟
	贵烟（软高遵）	11mg/支	一类烟	贵烟（多彩）	10mg/支	三类烟
	贵烟（玉液 2 号）	11mg/支	一类烟	贵烟（软多彩）	11mg/支	三类烟
	贵烟（硬高遵）	11mg/支	一类烟	贵烟（硬黄精品）	11mg/支	三类烟
	贵烟（蓝色的爱）	11mg/支	一类烟			
黄果树	黄果树（佳遵）	11mg/支	三类烟	黄果树（长征）	11mg/支	四类烟
	黄果树（长征红星照耀）	11mg/支	三类烟	黄果树（佳品）	10mg/支	四类烟
	黄果树（长征 1935）	11mg/支	三类烟	黄果树（软）	11mg/支	五类烟
	黄果树（蓝佳品）	10mg/支	三类烟			
遵义	遵义（软）	11mg/支	五类烟			
桫椤	桫椤（红）	11mg/支	五类烟			

注：1. “贵烟（国酒香·30）”“贵烟（小国酒香）”“贵烟（玉液 2 号）”“贵烟（硬黄精品）”同时供出口。

云南中烟工业有限责任公司

品牌	规格	焦油量	备注	规格	焦油量	备注
玉溪☆	玉溪（软境界）	10mg/支	一类烟、高价位卷烟	玉溪（硬LA）	10mg/支	出口烟、2015年新产品
	玉溪（椰王）	8mg/支	一类烟、高价位卷烟	玉溪（硬HK）	10mg/支	出口烟
	玉溪（硬和谐）	10mg/支	一类烟	玉溪（硬出口）	10mg/支	出口烟
	玉溪（软红人民大会堂）	11mg/支	一类烟	玉溪（硬金HK）	11mg/支	出口烟
	玉溪（软尚善）	10mg/支	一类烟	玉溪（硬金出口）	11mg/支	出口烟
	玉溪（软）	11mg/支	一类烟	玉溪（软小庄园出口TWDF）	8mg/支	出口烟、2015年新产品
	玉溪（合和）	8mg/支	一类烟、2015年新产品	玉溪（硬DF）	10mg/支	出口烟
	玉溪（田园）	10mg/支	一类烟、2015年新产品	玉溪（硬TH）	12mg/支	出口烟
	玉溪（清香世家）	10mg/支	一类烟、2015年新产品	玉溪（硬金DF）	12mg/支	出口烟
	玉溪（硬庄园16支）	8mg/支	一类烟、高价位卷烟	玉溪（硬金US）	11mg/支	出口烟
	玉溪（软小庄园）	8mg/支	一类烟	玉溪（硬扁境界MO）	10mg/支	出口烟
	玉溪（软和谐）	8mg/支	一类烟	玉溪（硬AU1）	10mg/支	出口烟
	玉溪（软弘毅）	8mg/支	一类烟	玉溪（硬MO）	10mg/支	出口烟
	玉溪（硬）	10mg/支	一类烟	玉溪（硬扁TH）	10mg/支	出口烟
	玉溪（人民大会堂本香）	8mg/支	一类烟	玉溪（硬扁和谐MO）	11mg/支	出口烟
	玉溪（细支庄园）	8mg/支	一类烟、细支卷烟、2015年新产品	玉溪（硬PE）	10mg/支	出口烟
	玉溪（透明）	10mg/支	一类烟、2015年新产品	玉溪（硬扁MO）	10mg/支	出口烟
	玉溪（细支清香世家）	8mg/支	一类烟、细支卷烟、2015年新产品	玉溪（硬扁出口）	10mg/支	出口烟
	玉溪（软小庄园出口MO）	8mg/支	出口烟、2015年新产品			
云烟☆	云烟（软礼印象）	10mg/支	一类烟、高价位卷烟	云烟（硬苁蓉）	11mg/支	二类烟、2015年新产品
	云烟（9+1大重九）	8mg/支	一类烟、高价位卷烟	云烟（云龙）	10mg/支	二类烟
	云烟（5mg印象）	5mg/支	一类烟、高价位卷烟	云烟（84mm细支云龙）	7mg/支	二类烟、细支卷烟、2015年新产品
	云烟（软大重九）	8mg/支	一类烟、高价位卷烟	云烟（大紫）	8mg/支	二类烟
	云烟（金呼伦贝尔）	10mg/支	一类烟、高价位卷烟	云烟（软紫）	8mg/支	三类烟
	云烟（细支大重九）	8mg/支	一类烟、细支卷烟、高价位卷烟、2015年新产品	云烟（紫）	11mg/支	三类烟
	云烟（94mm印象）	10mg/支	一类烟	云烟（红）	10mg/支	三类烟
	云烟（印象烟庄）	8mg/支	一类烟	云烟（福）	10mg/支	三类烟
	云烟（软印象烟庄）	8mg/支	一类烟	云烟（软如意）	8mg/支	三类烟
	云烟（清甜香）	8mg/支	一类烟	云烟（双龙）	10mg/支	三类烟

续表

品牌	规格	焦油量	备注	规格	焦油量	备注
云烟☆	云烟（红清甜香）	8mg/支	一类烟	云烟（软珍品 HK）	11mg/支	出口烟、2015 新产品
	云烟（神秘花园）	8mg/支	一类烟	云烟（软珍品 TW）	10mg/支	出口烟、2015 新产品
	云烟（呼伦贝尔 6mg）	6mg/支	一类烟	云烟（印象出口）	10mg/支	出口烟
	云烟（祥瑞）	10mg/支	一类烟、2015 年新产品	云烟（印象出口 TW）	10mg/支	出口烟
	云烟（软小熊猫）	10mg/支	一类烟	云烟（软珍品出口）	11mg/支	出口烟
	云烟（大云）	8mg/支	一类烟	云烟（朱砂红出口）	11mg/支	出口烟
	云烟（绿呼伦贝尔）	11mg/支	一类烟	云烟（紫 JY）	11mg/支	出口烟
	云烟（印象）	10mg/支	一类烟	云烟（硬珍品出口）	12mg/支	出口烟
	云烟（软金雪莲）	10mg/支	一类烟	云烟（红 JY）	10mg/支	出口烟
	云烟（百味人生）	10mg/支	一类烟、2015 年新产品	云烟（8mg 软如意出口）	8mg/支	出口烟
	云烟（黄清甜香）	6mg/支	一类烟	云烟（软珍品 PE）	11mg/支	出口烟、2015 年新产品
	云烟（超细支清甜香）	6mg/支	一类烟	云烟（印象出口 MAC）	10mg/支	出口烟
	云烟（软珍品）	11mg/支	一类烟	云烟（印象出口 HK）	10mg/支	出口烟
	云烟（软珍品 zj）	11mg/支	一类烟	云烟（软珍品 MO）	11mg/支	出口烟
	云烟（84mm 细支祥瑞）	7mg/支	一类烟、细支卷烟、2015 年新产品	云烟（软珍品 JY）	11mg/支	出口烟
	云烟（WIN）	6mg/支	一类烟	云烟（紫 JY 秘鲁版）	11mg/支	出口烟
	云烟（小熊猫）	10mg/支	一类烟	云烟（紫 JY 印尼有税版）	11mg/支	出口烟
	云烟（软芙蓉）	8mg/支	二类烟	云烟（软如意 JY）	8mg/支	出口烟
	云烟（12mg 芙蓉）	11mg/支	二类烟	云烟（紫出口）	11mg/支	出口烟
红塔山☆	红塔山（大师）	8mg/支	一类烟	红塔山（软经典 100）	8mg/支	三类烟
	红塔山（硬大经典）	8mg/支	一类烟	红塔山（硬新势力）	11mg/支	三类烟
	红塔山（硬经典 150）	8mg/支	二类烟	红塔山（硬欣经典）	10mg/支	三类烟
	红塔山（HTS 都市）	6mg/支	二类烟	红塔山（软经典）	11mg/支	三类烟
	红塔山（硬恭贺新禧）	10mg/支	二类烟	红塔山（硬 DF）	11mg/支	出口烟
	红塔山（传奇）	10mg/支	二类烟	红塔山（硬铂金 KH）	10mg/支	出口烟
	红塔山（细支传奇）	8mg/支	二类烟、细支卷烟、2015 年新产品	红塔山（硬 LA）	11mg/支	出口烟、2015 年新产品
	红塔山（软新）	8mg/支	三类烟	红塔山（硬新势力 MM）	11mg/支	出口烟
	红塔山（硬国际 100）	7mg/支	三类烟	红塔山（硬扁经典 100 出口）	11mg/支	出口烟
	红塔山（硬经典）	11mg/支	三类烟	红塔山（硬金出口）	12mg/支	出口烟
	红塔山（硬世纪）	8mg/支	三类烟	红塔山（硬出口）	11mg/支	出口烟
	红塔山（软世纪）	8mg/支	三类烟	红塔山（硬 MO）	11mg/支	出口烟
	红塔山（硬经典 100）	11mg/支	三类烟			

续表

品牌	规格	焦油量	备注	规格	焦油量	备注
红河△	红河（道）	10mg/支	一类烟	红河（软88）	11mg/支	三类烟
	红河（硬V8）	10mg/支	一类烟	红河（硬66）	10mg/支	三类烟
	红河（硬99）	8mg/支	二类烟	红河（硬）	11mg/支	三类烟
	红河（软99）	8mg/支	二类烟	红河（硬甲）	11mg/支	三类烟
	红河（硬88）	11mg/支	三类烟	红河（硬乙）	11mg/支	四类烟
	红河（小熊猫世纪风）	10mg/支	三类烟	红河（软甲）	11mg/支	四类烟
	红河（小熊猫清和风）	10mg/支	三类烟			
红梅	红梅（硬春）	11mg/支	四类烟	红梅（硬蓝春）	11mg/支	四类烟
	红梅（硬黄）	10mg/支	四类烟	红梅（软黄）	10mg/支	四类烟
	红梅（软白）	11mg/支	四类烟	红梅（软顺）	10mg/支	五类烟
雪莲	雪莲（岁月）	8mg/支	一类烟	雪莲（尚禧）	10mg/支	二类烟、2015 年新产品
	雪莲（软蓝）	10mg/支	一类烟	雪莲（蓝精品）	11mg/支	三类烟
	雪莲（红精品）	11mg/支	一类烟	雪莲（红新品）	10mg/支	五类烟
钓鱼台	钓鱼台（硬景泰蓝94mm）	6mg/支	一类烟	钓鱼台（黄景泰蓝出口SG）	8mg/支	出口烟、2015 年新产品
	钓鱼台（84mm 细支）	7mg/支	一类烟、细支卷烟、2015 年新产品	钓鱼台（黄景泰蓝出口）	8mg/支	出口烟
	钓鱼台（黄景泰蓝出口VNDF）	8mg/支	出口烟、2015 年新产品	钓鱼台（黄景泰蓝出口MAC）	8mg/支	出口烟
	钓鱼台（黄景泰蓝出口HK）	8mg/支	出口烟	钓鱼台（黄景泰蓝出口TW）	8mg/支	出口烟
茶花	茶花（94mm）	8mg/支	三类烟			
红山茶	红山茶（软）	11mg/支	五类烟			
WEST（威斯）	威斯（软珍享）	8mg/支	许可生产	威斯（硬经典）	11mg/支	许可生产
呼伦贝尔	呼伦贝尔（天堂草原）	8mg/支	一类烟、2015 年新产品	呼伦贝尔（金戈铁马）	8mg/支	一类烟、2015 年新产品
小熊猫	小熊猫（精品出口）	10mg/支	出口烟	小熊猫（新精品出口 AU）	10mg/支	出口烟
	小熊猫（精品出口 HK）	10mg/支	出口烟	小熊猫（精品出口 HK 免税版）	10mg/支	出口烟
	小熊猫（精品出口 MAC）	10mg/支	出口烟	小熊猫（软珍品出口）	10mg/支	出口烟
阿诗玛	阿诗玛（硬94mmCH）	9mg/支	出口烟、混合型	阿诗玛（硬 PK）	15mg/支	出口烟
	阿诗玛（软 LA）	13mg/支	出口烟、2015 年新产品			
XINXING（新兴）	新兴（软94mm）	15mg/支	出口烟、混合型			
MARBLE（马宝）	马宝（硬 MM）	13mg/支	出口烟、混合型			

陕西中烟工业有限责任公司

品牌	规格	焦油量	备注	规格	焦油量	备注
好猫△	好猫（天赋）	8mg/支	一类烟	好猫（金延安）	11mg/支	二类烟
	好猫（非常）	10mg/支	一类烟	好猫（长乐）	10mg/支	二类烟
	好猫（盛世）	10mg/支	一类烟	好猫（细支长乐）	6mg/支	二类烟、细支卷烟
	好猫（如意）	8mg/支	一类烟	好猫（步步高）	11mg/支	三类烟
	好猫（吉祥）	11mg/支	一类烟	好猫（猴王磨砂）	11mg/支	三类烟
	好猫（炫蓝）	11mg/支	二类烟	好猫（招财进宝）	10mg/支	三类烟、2015 年新产品
	好猫（好运来）	10mg/支	二类烟			
猴王	猴王（金）	10mg/支	四类烟	猴王（软蓝）	11mg/支	五类烟
	猴王（软红）	11mg/支	四类烟			
延安△	延安（红色记忆）	10mg/支	一类烟	延安（硬红）	10mg/支	五类烟
	延安（软）	10mg/支	四类烟			

中国烟草实业发展中心

黑龙江烟草工业有限责任公司

品牌	规格	焦油量	备注	规格	焦油量	备注
林海灵芝	林海灵芝（8mg）	8mg/支	四类烟、混合型	林海灵芝（蓝色经典）	8mg/支	四类烟、混合型
	林海灵芝（如意）	9mg/支	四类烟	林海灵芝（软白）	8mg/支	五类烟、混合型
哈尔滨	哈尔滨（祥和龙烟）	8mg/支	一类烟	哈尔滨（硬红）	8mg/支	三类烟
	哈尔滨（禧龙）	8mg/支	一类烟	哈尔滨（世纪）	8mg/支	四类烟
	哈尔滨（龙烟万福）	10mg/支	一类烟	哈尔滨（锦绣）	8mg/支	四类烟
	哈尔滨（龙烟金安）	10mg/支	一类烟	哈尔滨（软黄）	10mg/支	五类烟
	哈尔滨（太阳岛）	8mg/支	三类烟			

红塔辽宁烟草有限责任公司

品牌	规格	焦油量	备注	规格	焦油量	备注
玉溪☆	玉溪（软红人民大会堂）	11mg/支	一类烟	玉溪（人民大会堂本香）	8mg/支	一类烟
人民大会堂	人民大会堂（御廷蘭香）	6mg/支	一类烟	人民大会堂（国典 1959）	11mg/支	二类烟
	人民大会堂（软红出口）	11mg/支	一类烟	人民大会堂（红星）	8mg/支	二类烟
	人民大会堂（软红出口中免）	11mg/支	一类烟	人民大会堂（硬红）	11mg/支	二类烟
	人民大会堂（缘香）	10mg/支	一类烟	人民大会堂（硬红出口）	11mg/支	二类烟
	人民大会堂（御廷蘭香细支）	6mg/支	一类烟、细支卷烟、2015 年新产品	人民大会堂（硬红出口中免）	11mg/支	二类烟

吉林烟草工业有限责任公司

品牌	规格	焦油量	备注	规格	焦油量	备注
长白山△	长白山（香魁）	6mg/支	一类烟	长白山（蓝尚）	8mg/支	二类烟、细支卷烟、2015年新产品
	长白山（高山流水）	1mg/支	一类烟	长白山（777）	7mg/支	二类烟、细支卷烟
	长白山（德容天下）	3mg/支	一类烟	长白山（金人参）	10mg/支	二类烟
	长白山（原味）	8mg/支	一类烟	长白山（黄人参）	10mg/支	二类烟
	长白山（5mg）	5mg/支	一类烟	长白山（人参）	8mg/支	二类烟
	长白山（沉香）	8mg/支	一类烟、细支卷烟、2015年新产品	长白山（红人参）	10mg/支	三类烟
	长白山（金香魁）	10mg/支	一类烟	长白山（天蓝）	10mg/支	三类烟、2015年新产品
	长白山（硬神韵）	5mg/支	一类烟	长白山（软红）	8mg/支	三类烟
	长白山（神韵）	5mg/支	一类烟	长白山（银）	8mg/支	三类烟
	长白山（揽胜）	8mg/支	一类烟	长白山（海蓝）	10mg/支	三类烟、2015年新产品
	长白山（小香魁）	10mg/支	一类烟	长白山（硬红）	8mg/支	三类烟

甘肃烟草工业有限责任公司

品牌	规格	焦油量	备注	规格	焦油量	备注
兰州△	兰州（硬经典）	8mg/支	一类烟	兰州（飞天梦）	8mg/支	一类烟、高价位卷烟、2015年新产品
	兰州（硬吉祥）	8mg/支	一类烟	兰州（硬珍品）	8mg/支	二类烟
	兰州（16支吉祥）	8mg/支	一类烟	兰州（硬如意）	7mg/支	三类烟
	兰州（硬飞天）	8mg/支	一类烟	兰州（硬精品）	6mg/支	三类烟
	兰州（软飞天）	6mg/支	一类烟	兰州（硬蓝）	8mg/支	四类烟
	兰州（软珍品）	8mg/支	一类烟	兰州（硬黄）	8mg/支	四类烟
	兰州（丝绸之路）	8mg/支	一类烟	兰州（软黄）	8mg/支	四类烟
	兰州（桥）	6mg/支	一类烟	兰州（硬红）	8mg/支	五类烟

内蒙古昆明卷烟有限责任公司

品牌	规格	焦油量	备注	规格	焦油量	备注
冬虫夏草	冬虫夏草	11mg/支	一类烟	冬虫夏草（和润）	5mg/支	一类烟、高价位卷烟、细支卷烟、2015年新产品
云烟☆	云烟（苁蓉和悦）	6mg/支	一类烟、细支卷烟、2015年新产品	云烟（软苁蓉）	8mg/支	二类烟
	云烟（软珍品）	11mg/支	一类烟	云烟（红）	10mg/支	三类烟
	云烟（硬苁蓉）	11mg/支	二类烟	云烟（紫）	11mg/支	三类烟
大青山	大青山（红）	10mg/支	五类烟	大青山（软）	10mg/支	五类烟
红河△	红河（软甲）	11mg/支	四类烟			

续表

品牌	规格	焦油量	备注	规格	焦油量	备注
红塔山☆	红塔山（硬经典100）	11mg/支	三类烟	红塔山（硬经典）	11mg/支	三类烟
	红塔山（软经典）	11mg/支	三类烟			

深圳烟草工业有限责任公司

品牌	规格	焦油量	备注	规格	焦油量	备注
双喜☆	双喜（硬盛世好日子）	10mg/支	一类烟	双喜（软珍品好日子）	10mg/支	二类烟
	双喜（软盛世好日子）	10mg/支	一类烟、2015年新产品	双喜（硬精品好日子）	10mg/支	三类烟
	双喜（软卓越好日子）	8mg/支	一类烟	双喜（硬阳光好日子）	8mg/支	三类烟
	双喜（硬金樽好日子）	10mg/支	一类烟	双喜（硬祥和好日子）	8mg/支	三类烟
	双喜（软锦绣好日子）	8mg/支	一类烟	双喜（硬吉祥好日子）	10mg/支	三类烟
	双喜（硬祥云好日子）	8mg/支	一类烟、2015年新产品	双喜（软如意好日子）	10mg/支	三类烟
	双喜（硬珍品好日子）	10mg/支	一类烟			

山西昆明烟草有限责任公司

品牌	规格	焦油量	备注	规格	焦油量	备注
紫气东来	紫气东来（1928）	8mg/支	一类烟、高价位卷烟	紫气东来（祥瑞）	8mg/支	一类烟、细支卷烟、2015年新产品
云烟☆	云烟（软珍）	1mg/支	一类烟	云烟（紫）	1mg/支	三类烟
	云烟（大紫）	8mg/支	二类烟	云烟（福）	10mg/支	三类烟
红河△	红河（硬66）	10mg/支	三类烟	红河（软甲）	11mg/支	四类烟
	红河（硬）	11mg/支	三类烟			
红塔山☆	红塔山（硬经典100）	11mg/支	三类烟			

海南红塔卷烟有限责任公司

品牌	规格	焦油量	备注	规格	焦油量	备注
云烟☆	云烟（紫）	11mg/支	三类烟			
玉溪☆	玉溪（硬）	10mg/支	一类烟	玉溪（椰王）	8mg/支	一类烟
红塔山☆	红塔山（硬恭贺新禧）	10mg/支	二类烟	红塔山（硬经典100）	11mg/支	三类烟
	红塔山（硬经典）	11mg/支	三类烟	红塔山（软经典）	11mg/支	三类烟
宝岛	宝岛（硬）	10mg/支	一类烟	宝岛（一品沉香）	8mg/支	一类烟、2015年新产品
红梅	红梅（软黄）	10mg/支	四类烟	红梅（软顺）	10mg/支	五类烟
椰王	椰王（硬金）	10mg/支	一类烟	椰王	11mg/支	二类烟

2015年在产雪茄烟品牌（规格）名录[1]

安徽中烟工业有限责任公司

品牌	品名	风格特征	尺寸规格	包装规格	类别
王冠	王冠（20支）	中度浓味	88mm×9.2mm	20支装硬盒	机制雪茄
	王冠（古建三绝）	中度浓味	136mm×14.5mm	10支装硬盒	手工雪茄
	王冠（国粹）	中度浓味	140mm×20mm	10支装木盒	手工雪茄
	王冠（黄山松）	中度浓味	84mm×7.8mm	10支装硬盒	微型雪茄
	王冠（梅兰竹菊）	中度浓味	150mm×22mm	8支装硬盒	手工雪茄
	王冠（塑10支）	中度浓味	130mm×15.3mm	10支装塑盒	机制雪茄
	王冠（原味1号）	中度浓味	130mm×14.8mm	10支装硬盒	机制雪茄
	王冠（原味塑10支）	中度浓味	130mm×14.8mm	10支装塑盒	机制雪茄
	王冠（原味9号）	中度浓味	88mm×9.2mm	10支装硬盒	机制雪茄
	王冠（原味9号塑嘴）	中度浓味	110mm×9.2mm	5支装硬盒	机制雪茄
	王冠（原味9号塑嘴十支）	中度浓味	110mm×9.2mm	10支装硬盒	机制雪茄
	王冠（原味3号）	中度浓味	110mm×9.2mm	5支装硬盒	机制雪茄
	王冠（原味9号迷你塑嘴）	中度浓味	90mm×9.2mm	10支装硬盒	机制雪茄
	王冠（原味3号铁盒）	中度浓味	110mm×9.2mm	10支装铁盒	机制雪茄
	王冠（奶香5支）	香味雪茄	80mm×7.8mm	5支装硬盒	机制雪茄
	王冠（奶香10支）	香味雪茄	80mm×7.8mm	10支装铁盒	机制雪茄
	王冠（经典8号）	中度浓味	136mm×14mm	10支装硬盒	机制雪茄
	王冠（塑2支全叶卷）	中度浓味	120mm×13mm	2支装硬盒	手工雪茄
	王冠（10支全叶卷）	中度浓味	150mm×17.8mm	10支装木盒	手工雪茄
	王冠（经典铝2支）	中度浓味	150mm×17.8mm	2支装硬盒	手工雪茄
	王冠（智者010十支）	中度浓味	150mm×20mm	10支装木盒	手工雪茄
	王冠（智者010五支）	中度浓味	158mm×20mm	5支装木盒	手工雪茄

山东中烟工业有限责任公司

品牌	品名	风格特征	尺寸规格	包装规格	类别
将军	将军（雪茄2号）	中式	150mm×56mm	礼品木盒12支装	手工雪茄、2015年新产品
	将军（雪茄5号）	中式	120mm×56mm	纸盒3支装	手工雪茄、2015年新产品
	将军（雪茄6号）	中式	120mm×40mm	纸盒5支装	手工雪茄、2015年新产品
	将军（大力神）	中式	150mm×56mm	纸盒礼品装5支装	手工雪茄
	将军（战神）	中式	120mm×56mm	纸盒礼品装5支装	手工雪茄
	将军（3G）	中式	100mm×28mm	铁盒10支装	机制雪茄

注：1. 安徽中烟、湖北中烟雪茄烟尺寸规格为"长度×直径"；山东中烟、四川中烟雪茄烟尺寸规格为"长度×周长"。

续表

品牌	品名	风格特征	尺寸规格	包装规格	类别
将军	将军（黑3G）	中式	71mm×27mm	铁盒20支装	机制雪茄
	将军（巴哈马）	中式	90mm×25.5mm	纸盒10支装	机制雪茄
泰山	泰山（巅峰5号）	中式	152mm×65mm	礼品木盒10支装	手工雪茄、2015年新产品
	泰山（巅峰6号）	中式	127mm×62mm	礼品纸盒5支装	手工雪茄、2015年新产品
	泰山（阔佬2号）	中式	123mm×44mm	纸盒5支装	机制雪茄、2015年新产品
	泰山（阔佬4号）	中式	106mm×40mm	纸盒5支装	机制雪茄、2015年新产品
	泰山（3G·咖啡）	中式	98mm×28mm	纸盒10支装	机制雪茄
	泰山（巴哈马）	中式	88mm×25mm	纸盒10支装	机制雪茄、2015年新产品
	泰山（3G·水蜜桃）	中式	70mm×26mm	纸盒16支装	机制雪茄
	泰山（3G原味）	中式	100mm×28mm	铁盒10支装	机制雪茄、2015年新产品
	泰山（雪豹）	中式	100mm×24.4mm	纸盒20支装	机制雪茄、2015年新产品
	泰山（黑豹）	中式	94mm×24.4mm	纸盒双十支	机制雪茄、2015年新产品
	泰山（雪豹双十支）	中式	94mm×24.4mm	纸盒双十支	机制雪茄、2015年新产品
	泰山（雪豹细支）	中式	97mm×17mm	纸盒20支装	机制雪茄、2015年新产品

湖北中烟工业有限责任公司

品牌	品名	风格特征	尺寸规格	包装规格	类别
三峡	三峡（MX10）	香型	84mm×7.8mm	10支装硬盒	手工雪茄
	三峡（MY10）	香型	84mm×7.8mm	10支装硬盒	手工雪茄
顺百利	顺百利（10支LP）	原味	132mm×16.2mm	10支装木盒	手工雪茄
	顺百利（3支X）	原味	132mm×13.8mm	3支装硬盒	手工雪茄
	顺百利（5支XY）	原味	105mm×12.5mm	5支装纸盒	手工雪茄
	顺百利（2支）	原味	132mm×16.2mm	2支装纸盒	手工雪茄
茂大	茂大（25支XLP）	原味	132mm×13.10mm	25支装木盒	手工雪茄
	茂大（5支XY）	原味	105mm×12.5mm	5支装纸盒	手工雪茄
	茂大（25支LP）	原味	132mm×16.2mm	25支装硬盒	手工雪茄
	茂大（世家）	原味	84mm×7.7mm	10支装硬盒	手工雪茄
	茂大（盛世）	原味	84mm×7.8mm	10支装硬盒	手工雪茄

续表

品牌	品名	风格特征	尺寸规格	包装规格	类别
黄鹤楼	黄鹤楼（公爵）	原味	150mm×21mm	10支装铝盒	手工雪茄
	黄鹤楼（雪之景2号）	香型	84mm×5.25mm	10支装纸盒	手工雪茄
	黄鹤楼（雪之景3号）	香型	88mm×7.16mm	10支装纸盒	手工雪茄
	黄鹤楼（雪之景5号）	香型	84mm×7.7mm	10支装纸盒	手工雪茄
	黄鹤楼（雪之景6号）	中式	64mm×8.3mm	10支硬盒装	手工雪茄、2015年新产品
	黄鹤楼（南洋伍号）	原味	88mm×8.8mm	10支装纸盒	手工雪茄

四川中烟工业有限责任公司

品牌	品名	风格特征	尺寸规格	包装规格	类别
长城	长城（5支传奇1号）	中式	105mm×72mm	5支装	手工雪茄
	长城（3支传奇1号）	中式	105mm×72mm	3支装	手工雪茄
	长城（传奇3号）	中式	178mm×58.7mm	5支装	手工雪茄
	长城（20支132秘制）	中式	110mm×47mm	20支装	手工雪茄
	长城（10支132秘制）	中式	110mm×47mm	10支装	手工雪茄
	长城（导师2号）	中式	130mm×53.4mm	25支装	手工雪茄
	长城（导师3号）	中式	142mm×52.3mm	10支装	手工雪茄
	长城（大号铝管5支）	中式	160mm×55mm	5支装	手工雪茄
	长城（2号）	中式	130mm×53.4mm	5支装	手工雪茄
	长城（3号）	中式	150mm×50mm	5支装	手工雪茄
	长城（经典2号）	中式	130mm×53.4mm	5支装	手工雪茄
	长城（经典3号）	中式	150mm×50mm	5支装	手工雪茄
	长城（盛世3号）	中式	140mm×58mm	10支装	手工雪茄
	长城（盛世5号）	中式	150mm×56mm	2支装	手工雪茄
	长城（盛世6号）	中式	110mm×44mm	5支装	手工雪茄
	长城（汇通天下2号）	中式	152mm×60mm	5支装	手工雪茄
	长城（10支汉邦1号）	中式	178mm×60mm	10支装	手工雪茄
	长城（20支汉邦2号）	中式	80mm×60mm	20支装	手工雪茄
	长城（骑士1号原味）	中式	99mm×28.6mm	10支装	机制雪茄
	长城（骑士2号）	中式	100mm×34mm	10支装	机制雪茄
	长城（骑士3号）	中式	100mm×34mm	10支装	机制雪茄
	长城（骑士4号原味）	中式	95mm×31.4mm	10支装	机制雪茄
	长城（骑士国际香草1号）	中式	100mm×34mm	5支装	机制雪茄
	长城（骑士国际香草2号）	中式	100mm×34mm	10支装	机制雪茄
	长城（骑士国际原味1号）	中式	100mm×34mm	5支装	机制雪茄
	长城（骑士国际原味2号）	中式	100mm×34mm	10支装	机制雪茄
	长城（迷你原味）	中式	98mm×26mm	10支装	机制雪茄
	长城（迷你咖啡）	中式	75mm×26mm	10支装	机制雪茄

续表

品牌	品名	风格特征	尺寸规格	包装规格	类别
长城	长城（迷你香草）	中式	75mm×26mm	10 支装	机制雪茄
	长城（迷你樱桃）	中式	75mm×26mm	10 支装	机制雪茄
	长城（迷你甜橙）	中式	75mm×26mm	10 支装	机制雪茄
	长城（迷你甜干邑）	中式	75mm×26mm	10 支装	机制雪茄
	长城（迷你极光）	中式	66mm×22.6mm	16 支装	机制雪茄
	长城（迷你国际香草 1 号）	中式	75mm×26mm	10 支装	机制雪茄
	长城（迷你国际原味 1 号）	中式	75mm×26mm	10 支装	机制雪茄
	长城（金南极）	中式	120mm×34mm	5 支装	机制雪茄
	长城（金南极苹果）	中式	120mm×34mm	5 支装	机制雪茄
	长城（金南极葡萄）	中式	120mm×34mm	5 支装	机制雪茄
	长城（天龙）	中式	97mm×17mm	20 支装	机制雪茄
	长城（丝路）	中式	97mm×17mm	20 支装	机制雪茄
	长城（子龙）	中式	97mm×17mm	20 支装	机制雪茄
	长城（醇雅 COCO）	中式	94mm×19.5mm	18 支装	机制雪茄
	长城（醇雅薄荷）	中式	94mm×19.5mm	18 支装	机制雪茄
	长城（醇雅奶香）	中式	94mm×19.5mm	18 支装	机制雪茄
	长城（132 醇味）	中式	70mm×24.2mm	20 支装	机制雪茄
	长城（红色 132）	中式	90mm×53.4mm	5 支装	手工雪茄、2015 年新产品
	长城（揽胜 2 号精选）	中式	124mm×62.4mm	10 支装	手工雪茄、2015 年新产品
	长城（揽胜 2 号经典）	中式	124mm×19.8mm	10 支装	手工雪茄、2015 年新产品
	长城（生肖版）	中式	135mm×66mm	10 支装	手工雪茄、2015 年新产品
	长城（汉邦 3 号）	中式	124mm×62.3mm	25 支装	手工雪茄、2015 年新产品
	长城（汉邦 4 号）	中式	160mm×67.3mm	10 支装	手工雪茄、2015 年新产品
	长城（佰茄乐）	中式	150mm×55mm	50 支装	手工雪茄、2015 年新产品
	长城（风华）	中式	66mm×22.6mm	20 支装	机制雪茄、2015 年新产品
	长城（风雅）	中式	84mm×24.5mm	10 支装	机制雪茄、2015 年新产品
	长城迷你（行者）	中式	96mm×28mm	10 支装	机制雪茄、2015 年新产品
	长城（壹叁贰 13 号）	中式	84mm×24.6mm	20 支装	机制雪茄、2015 年新产品
	长城（毛氏雪茄 2 号）	中式	84mm×24.6mm	20 支装	机制雪茄、2015 年新产品
	长城（132 原味）	中式	84mm×24.4mm	20 支装	机制雪茄、2015 年新产品

续表

品牌	品名	风格特征	尺寸规格	包装规格	类别
长城	长城（伯乐）	中式	84mm×24.4mm	20支装	机制雪茄、2015年新产品
	长城（风尚）	中式	84mm×24.4mm	20支装	机制雪茄、2015年新产品
	长城（25支小号）	中式	110mm×47mm	25支装	机制雪茄
	长城（迷你甜干邑出口）	中式	75mm×26mm	10支装	机制雪茄、出口烟
	长城（10支迷你樱桃出口）	中式	75mm×26mm	10支装	机制雪茄、出口烟
	长城（迷你66出口）	中式	66mm×22.6mm	16支装	机制雪茄、出口烟
	长城（迷你国际香草出口）	中式	75mm×26mm	10支装	机制雪茄、出口烟
	长城（迷你国际原味出口）	中式	75mm×26mm	10支装	机制雪茄、出口烟
	长城（迷你极光出口）	中式	66mm×22.6mm	16支装	机制雪茄、出口烟
	长城（迷你原味A出口）	中式	98mm×26mm	10支装	机制雪茄、出口烟
	长城（骑士国际香草出口）	中式	100mm×34mm	5支装	机制雪茄、出口烟
	长城（骑士国际原味出口）	中式	100mm×34mm	5支装	机制雪茄、出口烟
	长城（硬草莓出口）	中式	84mm×24.2mm	20支装	机制雪茄、出口烟
	长城（3支传奇1号出口）	中式	105mm×72mm	3支装	手工雪茄、出口烟
	长城（10支132秘制出口）	中式	110mm×47mm	10支装	手工雪茄、出口烟
	长城（传奇3号出口）	中式	178mm×58.7mm	5支装	手工雪茄、出口烟
	长城（导师2号出口）	中式	130mm×53.4mm	25支装	手工雪茄、出口烟
	长城（导师3号出口）	中式	142mm×52.3mm	10支装	手工雪茄、出口烟
	长城（金南极出口）	中式	120mm×34mm	5支装	机制雪茄、出口烟
	长城（金南极樱桃出口）	中式	120mm×34mm	5支装	机制雪茄、出口烟
	长城（揽胜2号精选出口）	中式	124mm×62.4mm	10支装	手工雪茄、出口烟
	长城（迷你咖啡B出口）	中式	75mm×26mm	10支装	机制雪茄、出口烟
	长城（迷你香草B出口）	中式	75mm×26mm	10支装	机制雪茄、出口烟
	长城（壹叁贰13号出口）	中式	84mm×24.6mm	20支装	机制雪茄、出口烟
	长城（132出口）	中式	84mm×24.4mm	20支装	机制雪茄、出口烟
狮牌	狮牌（5支小号）	中式	112mm×31mm	5支装	机制雪茄
	狮牌（10支完美时光）	中式	84mm×24.6mm	10支装	机制雪茄
	狮牌（大S）	中式	84mm×24.2mm	20支装	机制雪茄
	狮牌（微型）	中式	84mm×24.2mm	20支装	雪茄型卷烟
	狮牌（草莓）	中式	84mm×24.2mm	20支装	雪茄型卷烟
	狮牌（特香）	中式	84mm×24.2mm	20支装	雪茄型卷烟
	狮牌（典雅）	中式	130mm×48mm	10支装	机制雪茄、2015年新产品
	狮牌（鸿运当头）	中式	84mm×24.2mm	20支装	机制雪茄、2015年新产品
	狮牌（原味）	中式	84mm×24.4mm	20支装	雪茄型卷烟

（编辑：李　昂）

境外卷烟生产

威尼顿集团有限公司

【概　况】 威尼顿集团有限公司位于柬埔寨首都金边市，成立于1993年7月，由原广州卷烟一厂（现划归广东中烟工业有限责任公司）与柬埔寨的亚细安国际有限公司于1993年7月15日合资在柬埔寨金边市成立，其中，原广州卷烟一厂占60%股份，亚细安国际有限公司占40%股份。其间，经过多次的增资及股权转让，现有股权关系中，广东中烟工业有限责任公司占80%股份，亚细安国际有限公司占20%股份。截至2015年底，公司拥有总资产7744万美元，其中，固定资产3139万美元、流动资产4492万美元，资产负债率为27.93%。公司拥有员工823人，其中中方派员48人，柬方员工775人。占地面积约25.3万平方米。公司董事长：廖中浩；总经理：刘道新。

【生产经营】 2015年，公司生产卷烟60.25亿支，同比增长2.47%。销售卷烟58.58亿支，同比增长1.57%。实现销售收入7524万美元（含对外加工销售），同比增长18.6%。实现利润843.5万美元，同比增长10.96%。

【技术改造】 公司易地改造工程于2012年2月21日在柬埔寨金边市正式奠基。新工厂位于柬埔寨国家4号公路距离金边市28.5千米处（北侧），占地面积18.5万平方米，投资总额为2800万美元。2015年1月22日新工厂正式竣工投产，单班年产能力75亿支，其中制丝生产线设计综合产能4500千克/小时。主要生产管理指标达到国际先进水平，成为东南亚领先、国际一流的现代化卷烟厂。

【品牌战略与产品介绍】 2015年，公司紧紧地围绕国家局“走出去”的要求开展各项工作。

产品介绍。公司生产和销售涵盖高、中、低档次的卷烟品牌6个：“吴哥”“利是”“椰树”“双喜”“皇冠”“金宝”。“吴哥”被誉为柬埔寨的国烟。“利是”成为畅销柬埔寨的知名卷烟品牌。“椰树”是由广东中烟授权公司在柬埔寨生产销售，逐渐发展成为另一个较为成熟的结构型支撑品牌。“双喜”是由中烟英美烟草国际有限公司（CTBAT）授权公司在柬埔寨生产销售的重点培育中端品牌。“金宝”“皇冠”是覆盖柬埔寨的规模型基础品牌。

在卷烟营销方面，一是大力疏通渠道，规范统一产品批发价格，稳定产品零售价格，保证产品健康流动；二是加大“吴哥”产品的陈列展示宣传力度，通过配置多种陈列展示物料，提高品牌的曝光率，提升品牌的知名度；三是进一步加大渠道拓展力度，不断开发餐厅、超市等零售终端，扩大产品的铺货率。

经过多年的努力，公司逐渐构建战略统一、结构清晰、特点突出、布局合理、能满足不同消费者需求的产品体系。

易地改造后的新工厂在满足公司自身生产需求的同时，也为福建中烟、广西中烟、香港紫荆烟草国际有限公司、香港东骏烟草国际有限公司提供产品代加工服务，同时为金叶卷烟厂（澳门）有限公司提供“双喜”烟丝代加工服务。2015年，代加工卷烟1.12亿支，同比增长46%；代加工烟丝28.34万千克。实现代加工业务收入473.2万美元。

发展策略。一是稳销量和调结构，夯实市场基础。在发展过程中，通过差异化的市场定位，重点市场、重点关注；一地一策、一品一策；“挤、推、拉、疏”等灵活多变的方式来开拓市场，取得显著的发展成果，卷烟销量稳步增长，结构合理，市场基础不断夯实，总体呈现出健康稳定的发展态势。二是坚持市场导向，注重品牌培育。密切关注市场，开展市场调研，了解消费者需求，把握市场动态，根据自身的品牌运行态势及竞争对手的市场动向，及时开展宣传推广活动，培育品牌，保障销量。三是开拓国际业务，拓宽发展渠道。公司秉承“立足柬埔寨、辐射东南亚”的指导思想，不断加大国际业务拓展力度，并取得一定的突破，为公司进一步发展拓宽渠道。一方面，公司积极探索通过加工出口、境外代理销售、渠道互换等方式，开展与跨国公司的合作，努力拓展周边国家市场；另一方面，易地改造工程于1月正式竣工投产后，新工厂努力与更多的中烟公司开展合作，为其开拓海外市场提供有力的支持，推动中国烟草“走出去”。

【特事要辑】 8月19日，国家局局长凌成兴一行到公司调研，认为公司是中国烟草“走出去”发展的一面旗帜，要求公司立足柬埔寨、辐射东南亚，以实施“一带一路”重大发展战略为契机，发挥新优势，再上新台阶。

金叶卷烟厂（澳门）有限公司

【概　况】 金叶卷烟厂（澳门）有限公司位于中国澳门特别行政区，成立于1992年，初始投资2476万港元，由原广州卷烟二厂（现划归广东中烟工业有限责任公司）、中国烟草总公司广东省公司、香港永发烟草有限公司、澳门南粤（集团）有限公司共同出资组建，分别占股份的27%、20%、28%、25%。1993年，香港永发烟草有限公司将14%的股份转让给金叶（香港）烟草国际有限公司，股东变为5家。2001年，香港永发烟草有限公司、澳门南粤（集团）有限公司收回投资，股权由金叶卷烟厂（澳门）有限公司收回。经过两次股东变更，公司股东为广东中烟工业有限责任公司、中国烟草总公司广东省公司、金叶（香港）烟草国际有限公司，投资额为8501万港元，分别占股份的55%、26%、19%。截至2015年底，公司总资产4.08亿港元，其中，固定资产2152万港元、流动资产3.86亿港元，资产负债率为19.57%。公司拥有4980平方米厂房、200平方米产品配送中心，员工67人，其中广东中烟派员25人。拥有2台PROTOS卷接机和2台GD包装机。年卷烟生产能力30亿支。公司董事长：廖中浩；总经理：朱开业。

【生产经营】 2015年，公司生产卷烟16.73亿支（含“黄鹤楼”委托加工3.86亿支），同比增长21.2%。销售卷烟13.06亿支，同比增长5.97%。主要市场为中国香港、中国澳门地区，中东、非洲、太平洋岛屿地区，以及蒙古、巴拿马、秘鲁、美国等国家。

2015年，实现销售收入3.15亿元，同比增长13.21%。实现净利润2774万元，同比增长52.33%。

【品牌战略与产品介绍】 2015年，生产销售的卷烟品牌有“双喜”6个规格和“五叶神”5个规格，代加工的卷烟品牌有“黄鹤楼”1个规格。生产“双喜”9.25亿支、“五叶神”3.62亿支、“黄鹤楼”3.86亿支。

*授权经营及委托加工。*2015年是公司重新定位转型的关键一年，原有生产经营的“双喜”品牌仍然是作为公司主要生产及效益取得的重要来源之一。2015年，公司强化区域“双喜”卷烟品牌市场供应的工作。确保原有市场的稳定供应，同时积极拓展销售渠道，分别在美国、太平洋岛屿、非洲地区、中东地区开拓新市场，进一步扩大品牌的知名度。而在产能有剩余的情况下，加大与湖北中烟统一联邦国际有限公司合作的力度，委托加工量同比增长543%。

*市场开拓。*2015年，公司把拓展全球免税市场，重点推进国内免税市场开拓工作作为主要任务。开拓中东、非洲、中南美洲、太平洋岛屿等多个新市场；参加中国免税品（集团）有限责任公司的订货会，积极联系各地免税店，针对自有品牌“五叶神”，争取增加产品在免税店中的陈列面及促销推广的机会。同时，将有税市场重点放在中国香港、中国澳门地区，增加“五叶神”品牌市场“曝光率”及占有率。2015年，“五叶神（硬金）”在中国香港有税市场销量同比增长5.3%，“五叶神（硬红）”同比增长18.4%。

*新品研发。*面对日益严峻的市场竞争局面，在广东中烟技术中心的支持下，2015年，公司充分利用国内外两个研发平台，加快新品研发，推进企业升级转型。一是进行“五叶神”品牌系列产品的结构优化工作，研发上市高端产品，其中“五叶神（罐装誉品）”于2015年2月投放市场，反应良好；“五叶神（罐装精品）”“五叶神（罐装尚品）”“五叶神（誉品硬包）”完成开发并投产。二是推进“MU”系列和“福临”系列的研发工作。截至2015年底，“MU（薄荷味）”“MU（水果味）”“福临（大日子）”完成投产前期所有准备工作。

中烟国际欧洲有限公司

【概　况】 中烟国际欧洲有限公司的英文名称S. C. CHINA TOBACCO INTERNATIONAL EUROPE COMPANY S. R. L.，企业注册地原位于罗马尼亚布泽乌县

（BUZAU）巴尔斯果夫镇（PARSCOV），2013年5月30日，注册地改为罗马尼亚伊尔霍夫县（ILFOV）班德里蒙（PANDELIMON），经营范围主要为卷烟生产及销售。是中国烟草在欧洲的唯一生产基地，也是截至2015年底中国国有企业在罗马尼亚投资额最大的一个合资公司。

1997年4月，由陕西省烟草公司、原宝鸡卷烟厂（现划归陕西中烟工业有限责任公司）、原中国烟草进出口（集团）公司（现中国烟草国际有限公司）与西安丰佳科技实业发展有限公司（现为丰佳国际集团）共同出资注册成立罗马尼亚宝丰烟草公司。主要卷烟产品为“金丝猴（GOLDEN MONKEY）”和“双马（DOUBLE HORSE）”。2003年，中国烟草进出口（集团）公司（现中国烟草国际有限公司）退出，丰佳国际通过收购其股权后股份提高到50%。2007年8月，更名为中烟国际欧洲有限公司（CHINA TOBACCO INTERNATIONAL EUROPE COMPANY S. R. L.）。2015年6月，完成第三轮变更的全部商业登记程序，注册资本3975万美元，股权结构组成中，中国烟草总股权达99.24%，其中安徽中烟工业有限责任公司61.58%，红塔烟草（集团）有限责任公司25.44%，陕西中烟工业有限责任公司12.21%，外方丰佳国际集团0.76%。2015年11月20日，中烟国际欧洲有限公司一届七次股东会在北京召开，会议选举产生第二届董事会，通过增加3000万美元投资的决议。

公司下设“一厂七部”：工厂、国际市场拓展部、境内销售部、财务部、综合管理部（法务部）、行政管理部、产品研发部。截至2015年底，公司拥有总资产3742万美元，其中，固定资产1169万美元、流动资产2347万美元，资产负债率41.67%。员工212人，其中中方员工28人。公司占地面积为3.91万平方米，拥有3000千克/小时叶丝线1条，1000千克/小时梗丝线1条，1000千克/小时白肋烟处理线1条，800千克/小时香料烟处理线1条，4台（套）高速卷包机组。年卷烟生产能力45亿支。公司董事长：朱建华（—2015.11）、王志彬（2015.11—）；监事会主席：赵西纯；总经理：赵冬清。

【生产经营】 2015年，公司生产卷烟17.83亿支，其中自有品牌12.16亿支，包括“金丝猴（GOLDEN MONKEY）”0.38亿支、“都宝（DUBAO）”1.05亿支、“都宝（出口）”12.24亿支；出口台湾地区“都宝（D&B）”1.17亿支；委托加工云南中烟“MARBLE”2.11亿支、“BRASS”0.87亿支、“ASHIMA”0.01亿支。

2015年，公司销售卷烟19.16亿支，自有品牌在罗马尼亚本土市场销售1.51亿支，其中“金丝猴（GOLDEN MONKEY）”0.43亿支、“都宝（DUBAO）”1.07亿支；出口“都宝”总计13.96亿支，其中出口中国台湾市场0.96亿支，欧盟周边及中东市场13亿支。

2015年，公司实现销售收入6727万美元，上缴税金5157万美元。实现利润130万美元。

【品牌战略与产品介绍】 公司生产的自主卷烟品牌包括“DUBLISS”“MONKEY”。主导品牌“DUBLISS”根据不同区域市场，在保持统一品牌标识的前提下，采取不同的品牌表现形式：在罗马尼亚本土及欧洲周边、中东非洲市场有“D&B”“DUBAO”子品牌，在中国台湾市场及东南亚市场有“D&B”“都宝”子品牌。2015年，公司主导品牌“DUBLISS”系列产品合计销售15.47亿支。

未来5年内，公司将坚持“立足本土、拓展周边、辐射中东非洲”的生产经营思路，坚持“以我为主、深度培育、做实市场”的品牌发展战略，通过品牌转换、联合、整合，力争2019年实现“DUBLISS”品牌系列产品年销售80亿支，将“DUBLISS”品牌打造成为在中东欧、独联体以及中东北非国家具有较大影响力和较强竞争力，以及在局部区域市场处于领导者地位的中国烟草国际化品牌。

蒙古烟草有限责任公司

【概　况】 蒙古烟草有限责任公司位于蒙古国首都乌兰巴托市，成立于2001年。公司是由陕西中烟工业有限责任公司控股并与蒙古阿哈木德音呼其公司、蒙古新大陆公司、中国烟草总公司陕西省公司合资组建的卷烟加工贸易企业，注册资本137.7万美元，中方投资占51%，蒙方投资占49%。截至2015年底，公司总资产1635万美元，其中，固定资产405万美元、流动资产1208万美元，资产负债率为29.97%。公司占地面积8742平方米，员工110人，其中中方管理技术人员10人。卷接包设备5台（套）。年卷烟生产能力20亿支，占蒙古国38%卷烟市场份额，位居蒙古烟草行业第一位。公司董事长：任立（—2015.3）、李强（2015.3—）；总经理：李宝新（—2015.3）、田虎明（2015.3—）。

【生产经营】 2015年，公司生产卷烟10.17亿支，同比下降18.83%，其中，生产主导品牌“红鹰”7.64亿支、重点品牌“都宝（DUBLISS）”0.59亿支。销售卷烟10.22亿支，同比下降12.64%，其中销售“红鹰”7.00亿支、“都宝（DUBLISS）”0.61亿支、“金叶丛”1.07亿支、“蒙古包”0.66亿支、“金鹰”0.08亿支、“图腾”0.02亿支，出口烟0.15亿支。公司产销量占蒙古国卷烟市场份额的38%。

2015年，公司实现销售收入3352万美元。实现税利2547万美元，其中利润250万美元。

【品牌战略与产品介绍】 公司卷烟品牌有“金叶丛”“蒙古包”“红鹰”“DUBLISS”“金鹰”“图腾”“猴王”，其中主导品牌“红鹰”市场销量连续多年居蒙古卷烟市场第一位。2015年，公司继续坚持“抓管理、稳渠道”的工作思路，稳步推进各项工作。加强生产管理，通过推行绩效考核，有效降低原辅材料消耗量；通过设备改造和人员培训，提高设备有效作业率。强化销售网络管理和维护，国内市场重在稳定网络，开展卷烟零售送货销售业务，并拓展中资企业市场，取得良好效果；国际市场重在境外合作，推进合作品牌出口。通过上述工作，克服市场及经济下滑等困难，推进卷烟销售，维护和重建卷烟销售网络，增加经销商数量，维持市场占有率。

平壤白山烟草有限责任公司

【概　况】 平壤白山烟草有限责任公司位于朝鲜平壤市龙城区，成立于2008年4月23日，公司是由吉林烟草工业有限责任公司与朝鲜烟草进出口商社合资组建的卷烟生产企业，投资总额400万欧元，其中，中方以设备折价出资，股份占51%；朝方以土地、厂房等配套设施折价出资，股份占49%。截至2015年底，公司总资产2978万美元，其中，固定资产667万美元、流动资产2311万美元，资产负债率为72.62%。公司占地面积4940平方米，员工526人，其中中方员工32人。公司拥有8台MK9卷烟机组、5台MK9-5/PA8卷烟机组、7台ZB43A硬盒机组、5台SASIB软包机组、1台ZJ17卷接机组、1台ZB45硬盒机组、12台YL21/YL11滤棒成型机、3台90千克/小时薄片机组。年卷烟生产能力100亿支。公司董事长：金洪天（—2015.2）、朴光石（2015.2—）；社长：朴永浩。

【生产经营】 2015年，公司生产卷烟57.1亿支，同比下降1.66%；销售卷烟53亿支，同比下降16.58%。实现销售收入3863万美元。实现利润125万美元。

【品牌战略与产品介绍】 公司作为吉林烟草工业有限责任公司在朝鲜投资成立的主要卷烟生产企业，依托产品开发和原辅材料优势，积极培育中式卷烟，兼顾高、中、低档卷烟市场，快速扩大在朝鲜的市场份额。公司生产的主要卷烟产品有高档烟“长白山（平壤）”，中档烟“长白山（普通江）”，低档烟“长白山（白山）”等。

大同江烟草有限公司

【概　况】 大同江烟草有限公司位于朝鲜平壤市乐浪区，成立于2000年。公司是由吉林烟草工业有限责任公司与朝鲜双林贸易会社合资组建的卷烟生产企业，投资总额120万美元，其中中方占51%，朝方占49%。截至2015年底，公司总资产895万美元，其中，固定资产133万美元、流动资产762万美元，资产负债率61.51%。公司占地面积5100平方米，员工134人，其中中方员工9人。公司拥有2台YJ14卷烟机组、3台MK9-5/PA8卷烟机组、2台ZB41硬盒机组、1台ZB43A硬盒机组、1台YB22软包机组。年卷烟生产能力27亿支。公司董事长：金洪天（—2015.2）、朴光石（2015.2—）；社长：吴永哲。

【生产经营】 2015年，公司生产卷烟20.4亿支，同比增长1.72%；销售卷烟21.34亿支，同比增长6.56%。实现销售收入1465万美元。实现利润162万美元。

【品牌战略与产品介绍】 公司充分利用朝鲜合作方的政策优势，重点开拓中、低档卷烟市场，努力将公司培育为中朝经贸合作的典范企业。生产的主要卷烟产品有“长白山（大同江）”。

罗先新兴烟草会社

【概　况】　罗先新兴烟草会社位于朝鲜罗先特别市，成立于2001年，是吉林烟草工业有限责任公司在朝鲜独资设立的卷烟生产企业，注册资本305万美元。截至2015年底，公司总资产469万美元，其中，固定资产229万美元、流动资产240万美元，资产负债率1.40%。公司占地面积8400平方米，员工54人，其中中方员工20人。公司拥有1台PASSIM70卷烟机组、4台MK95卷烟机组、1台ZB43A硬盒包装机组、1台FK硬盒包装机组、3台SASIB软盒包装机组、2台YB22A软盒包装机组。年卷烟生产能力20亿支。公司董事长：金洪天（—2015.2）、朴光石（2015.2—）；社长：金明孙。

【生产经营】　2015年，公司生产卷烟12.54亿支，同比增长1.66%；销售卷烟16.3亿支，同比下降4.16%。实现销售收入644万美元。实现利润66万美元。

【品牌战略与产品介绍】　公司作为吉林烟草工业有限责任公司卷烟出口加工基地，利用经济特区政策优势和独资企业的经营优势，在开拓朝鲜北部市场的同时，通过自主品牌出口、来牌加工等多种形式，积极开拓韩国、中东、东南亚等国际市场。生产的主要卷烟产品有高档烟“长白山（出口）”，中档烟“长白山（罗先）”。

老挝寮中红塔好运烟草有限公司

【概　况】　1992年，老挝寮中红塔好运烟草有限公司在老挝万象市成立。2008年7月28日，资产重组更名为老挝寮中红塔好运烟草有限公司，红塔集团控股61%，中国烟草总公司海南省公司持股30%，老挝因得·沙伯服装厂持股6%，老挝D.D建筑有限公司持股3%。2012年12月在经过第十一届股东第九次会议、第十六届董事会第五次会议后，海南省公司将所占30%股份转让给红塔集团，现在红塔集团持股91%，沙湾万里进出口有限公司持股6%，老挝道沙湾投资建筑集团有限公司持股3%。截至2015年底，公司总资产7822万美元，其中，固定资产3866万美元、流动资产3956万美元，资产负债率41.22%。公司占地面积31万平方米，员工494人，其中中方员工72人。公司下设动力、复烤、制丝、卷接包、滤棒等5个车间，拥有梗叶混合制丝生产线1条、简易打叶线1条、卷包机组5台（套）、滤棒成型机3台，年卷烟生产能力70亿支。

2015年，公司围绕董事会下达的26亿支有税市场销售目标，从原料落实、生产管理、技术研发、内部管理等多个方面进行配套保障工作。继续稳步推进烟叶种植工作，为卷烟生产提供原料保障，产品质量和产能得到显著提升。公司现占地31万平方米，为云南中烟规模设施最齐全、面积最大的境外生产企业。生产经营过程关注结构调整和新产品研发工作，在云南中烟技术中心老挝红塔分中心的协作下，稳步改变烟叶原料和卷烟产品结构不平衡、产品结构过多集中于低端的局面；完成名优卷烟落地制丝的相关工作，有效地降低烟丝加工成本，为消化解决集团库存原料、降低境外名优卷烟生产制造成本起到积极的促进作用。2015年10月开始组织实施4500千克/小时的打叶复烤生产线项目，预计2016年2月安装完成，4月实现投料生产；自主投资的烟草提取物生产线也同时开工建设，预计2016年5月可实现试生产。公司连续四年获得老挝沙湾拿吉省政府颁发的纳税大户奖，成为老挝全国工商纳税前十企业，为推动老挝社会经济发展作出积极贡献。公司董事长：王勇；总经理：周应奎。

【生产经营】　2015年，公司生产卷烟50.81亿支，同比增长39.4%；销售卷烟50.38亿支，同比增长37.72%。实现卷烟销售收入7150万美元，同比增长21.06%，其中，内销卷烟实现销售收入3089万美元，同比增长48.16%；出口卷烟实现销售收入4062万美元，同比增长6.28%。实现利润总额446万美元，同比下降37.65%。实现净利润356万美元，同比下降37.65%。

【品牌战略与产品介绍】　2015年，公司主要生产品牌有“玉溪”“红塔山”“阿诗玛”“红梅”“红河”等烤烟型卷烟，以及“GEM”系列混合型卷烟。“GEM”主要在老挝有税市场销售，少量在免税市场销售，结构定位为中低端产品，消费人群主要为老挝人，市场占有率超过42%；“玉溪”“红塔山”“阿诗玛”“红梅”卷烟品牌同时在老挝有税、免税市场以及海外市场销售，“红塔山”主要销售到越南、柬埔寨、新加坡、马来西亚市场，“阿诗玛”主要销售到新加坡和中东地区，“红梅”主要销售到新加坡、马来西亚、印尼、菲律宾市场。2015年，生产“玉溪”1050万支，销售578万支；生产“红塔山”13.01亿支，销售12.82亿支；生产“阿诗玛”6.53亿支，销售6.7亿支；生产“红梅”2.06亿支，销售2.11亿支；生产“GEM”28.27亿支，销售26.64亿支；生产“红河”4001万支，销售4000万支。

香港红塔国际烟草有限公司

【概 况】 1992年，楚雄卷烟厂在香港创建控股企业雄伟（国际）烟草有限公司。1998年，国家局批准将楚雄卷烟厂的资产划转给红塔集团，同年12月9日，雄伟（国际）烟草有限公司更名为香港红塔国际烟草有限公司，红塔集团控股70%，新加坡仁恒国际投资有限公司30%。2007年，红塔集团将15%的股权划转至云南中烟工业有限责任公司，公司注册资本增加至1.29亿港元。2011年，云南中烟工业有限责任公司将15%的股权划转至其全资子公司云南烟草国际有限公司，公司的股权结构变为：红塔集团控股55%，仁恒国际投资有限公司持股30%，云南烟草国际有限公司持股15%。公司为持有香港特别行政区香烟生产许可证的3家公司之一。截至2015年底，公司拥有总资产3.59亿港元，其中，固定资产9014万港元，流动资产2.69亿港元，资产负债率为20.75%。公司占地面积为7440平方米，其中自有房产3830平方米，其余为租用。有5条卷接包生产线，2台KDF2滤棒成型机，年卷烟生产能力57亿支，员工104人。

公司立足公司境外区位优势，以“严格规范”“精益管理”为牵引，夯实基础管理，构建运营模式，规范风险控制，以打造境外一流精品卷烟加工基地为目标，搭建起基于公司创优及引导今后发展的经营管理模式，驱动公司持续健康发展。公司董事长：夏开元；总经理：张进武。

【生产经营】 2015年，公司生产卷烟42.67亿支，同比下降7.62%。销售卷烟42.59亿支，同比下降8.2%。实现卷烟销售收入5.77亿港元，同比增长13.58%。实现利润5602万港元，同比增长0.79%。实现净利润4663万港元，同比增长1.11%。

【品牌战略与产品介绍】 2015年，公司主要生产云南中烟下属“两红”集团品牌，包括红塔集团的“玉溪”“红塔山”“阿诗玛”“红梅”，以及红云红河集团的“云烟（硬珍）”“云烟（软珍）”等传统烤烟型品牌；此外，生产混合型口味的“BRASS”“MARBLE”“SONBONG”“STRAND”“ESTON”等品牌。产品主要销往东南亚、中东、东欧、南美等地区。

2015年，生产“玉溪”15.87亿支，销售15.87亿支；生产“红塔山”2.76亿支，销售2.76亿支；生产“阿诗玛”3.35亿支，销售3.36亿支；生产“BRASS”7亿支，销售7亿支；生产“MARBLE”6.81亿支，销售6.81亿支；生产“ESTON”897万支，销售900万支；生产“STRAND”2899万支，销售2900万支；生产“SONBONG”5500万支，销售5500万支；生产“红梅”1.04亿支，销售1.05亿支；生产“云烟”4.87亿支，销售4.77亿支。

缅甸掸邦第一特区果敢卷烟厂

【概 况】 缅甸掸邦第一特区果敢卷烟厂成立于1993年，位于缅甸联邦境内掸邦第一特区果敢昔娥寨。企业注册资本430万元，其中红云红河集团持有64%的股份，由云南中烟工业有限责任公司控股的天成（太平洋）有限公司持有18.5%的股份，缅甸掸邦第一特区政府持有17.5%的股份。截至2015年底，卷烟厂总资产903万元，其中，固定资产1.87万元、流动资产901万元，资产负债率为16%。卷烟厂占地面积约1万平方米。董事长：雷海涛；副厂长：罗志雄（主持工作）。

【生产经营】 卷烟厂生产销售“昔娥”卷烟品牌，主要规格是“昔娥（70mm无嘴软）”。2015年2月，因果敢地区发生民族武装与当地政府军的持续武装冲突，为确保人员安全，红云红河集团撤回派驻的管理人员，除保留1名员工外，其余留守人员全部遣散。7月29日和9月20日，工厂2次发生不明原因火灾事故，造成生产设备、生产车间和仓库厂房、零配件和剩余烟用辅料全部损毁。武装冲突期间造成卷烟被盗4462万支，应收账款79.29万元因经销商失联或难以追回。

2015年，销售库存卷烟5655万支（含武装冲突期间退库卷烟3942万支，其所得销售收入181.33万元冲抵2014年应收账款）。实现卷烟销售收入78.8万元，亏损241.54万元。

主要产品方面，“MODERN（摩登）”品牌市场定位为中低端消费群体，主销市场为伊朗市场，主销规格为“摩登（中东EU）”。2015年，新设计开发、更改“利群（西子阳光GM）”“摩登（软蓝99）”“摩登（菲律宾H）”等61个产品规格。

（编辑：王东旭）

环球烟草有限责任公司

【概　况】　环球烟草有限责任公司成立于2013年12月1日，所在地为阿联酋富查伊拉自由区。前身为环球烟草企业，系2012年成立、由瓦达尼亚贸易有限责任公司全额控股、具有卷烟生产许可的自由区企业。2013年，浙江中烟与瓦达尼亚共同对环球烟草企业进行增资，并将其改组为环球烟草有限责任公司，作为双方合资经营的企业，主要从事卷烟生产。公司总投资500万美元，其中，瓦达尼亚持股60%（厂房设备作价300万美元），浙江中烟占股40%（两套设备作价200万美元），占地面积1万平方米。年卷烟生产能力60亿支。截至2015年底，公司拥有总资产9800万元，其中，固定资产3507万元、流动资产5787万元，资产负债率为27.76%。有员工180人。公司董事长：Badar Rashid Tahir Al Balooshi；总经理：Hristo Latchev。

2015年，根据公司的发展战略和思路，合作双方积极谋划环球烟草未来发展方向，计划引进制丝设备，将环球烟草建设成一个集制丝、卷包、技术开发为一体的生产平台，使该平台具备较全面的生产能力、一定的装备水平和生产规模，以及较现代的生产组织和管理水平。

【生产经营】　2015年，公司生产卷烟56.81亿支，全部为“摩登”品牌，其中普通规格为27.48亿支，超细规格为12.46亿支，细支规格为16.87亿支。销售卷烟54.44亿支。实现卷烟销售收入2.36亿元，同比增长104.85%。实现利润2904万元，同比增长210.18%。

【品牌战略与产品介绍】　2015年，公司的品牌战略和发展思路是稳固伊朗市场，做好伊朗市场新规格投放工作，力争培育新的销售增长点；拓展非洲新市场；恢复也门市场，积极关注也门市场动向，扩大“摩登”销售。

烟草机械工业

烟机工业概况

2015年，全国烟草机械工业企业以聚焦能力建设作为核心抓手，着力提升研发创新、营销服务、核心制造、财务投资管理、设备管理与农机项目、党建与廉政建设等方面的工作能力和水平，积极思考探索“做好烟机，走出烟机”的发展新路，在严峻的市场形势下，群策群力保持企业的持续稳定发展。

把握规律，全面推动烟机发展进入新阶段。继续深化对烟机发展规律的认识和把握，围绕行业的新目标、新任务、新要求，将能力建设作为关键点、突破点和核心抓手，坚定不移地把研发创新、营销服务、生产制造、企业管理、人才保障“五个能力”提升作为工作的重中之重，努力实现国产烟机与世界先进烟机同台竞技、并驾齐驱的历史跨越。

狠抓研发，持续加大创新驱动力度。坚持“以我为主”的技术发展思路，以“日产三班200箱”“日产三班300箱”卷接包成线产品为重点，大力推动集成创新和自主创新，着力补齐国产烟机产品线，积极开展智能烟机前期试点应用的研究探索。2015年完成“低强度松散回潮技术与设备研究”、ZL29型600米/分钟滤棒成型机、ZL28型1000米/分钟滤棒成型机等14个科研项目的鉴定验收，推出5项新产品。ZJ116型卷接机组、ZB48型包装机组分别获得中国烟草总公司2015年度科学技术进步奖二等奖和三等奖。

挖掘市场，做好营销服务与市场拓展。培育新的经济增长点，寻求市场新领域和发展新动力。启动实施宁波卷烟厂搬迁服务，继续打造“中烟机械”搬迁服务品牌。参加2015年伦敦国际烟草博览会，展示中国烟草机械崭新面貌。重点跟进泰国烟草专卖局（TTM）所属工厂易地技改项目，积极开拓国际市场。多渠道拓展大修、异型包装机改造、服务包等业务，尝试进入汽车、航空、高档数控机床等业务领域。快速进入M5零配件服务领域，做好海外中资卷烟厂技术装备保障工作，扩大手帕纸包装机客户范围。

*优化流程，不断提高精益管理水平。*开展精益管理培训，进一步优化管理流程，提升管理效能。全面开展财务信息化建设，实施NC系统升级，完成预算系统上线，实现大合并口径的预算编制。构建精益成本管理架构，控制重点成本，消除过剩功能，实现成本控制前移。强化集团内部资金融通，实现货币资金收益1.17亿元，圆满完成年度目标任务。

*建设“三个保障机制”，让企业持续健康发展。*一是推进廉政建设，为廉洁规范提供制度保障，强化责任意识和担当精神；二是推进党建工作，为干事创业提供思想保障，扎实开展“三严三实”专题教育，企业基层党建工作迈上新的台阶；三是推进人才培养，为转型发展提供人才保障，强化教育培训，提高能力素养。

截至2015年底，全国烟草专用机械持证生产企业有34家。

中国烟草机械集团有限责任公司

【概　况】　中国烟草机械集团有限责任公司（简称集团公司）组建于1999年，由中国烟草总公司、上海烟草集团和中国烟草总公司云南省公司、山东省公司、河南省公司共同出资组建，是烟草行业内第一家按现代企业制度框架组建的专业化集团公司。后经股权变更，集团公司由中国烟草总公司控股，上海烟草集团及云南中烟、山东中烟、河南中烟等4家工业公司参股。2008年，经中国烟草总公司批准（中烟办〔2008〕305号），集团公司新增湖南中烟、湖北中烟、江苏中烟、安徽中烟、广东中烟等5家股东。增资扩股后，中国烟草总公司股权比例占67%，上海烟草集团占5%，云南中烟、河南中烟、山东中烟、湖南中烟、湖北中烟、江苏中烟、安徽中烟、广东中烟分别占3.5%。集团公司是中国烟机工业核心企业，对全国烟草专用机械的生产经营担负一定的行业管理职能。2011年，中国烟草总公司对集团公司增加投资10亿元（中烟办〔2011〕178号），总公司所占股权比例增至74.69%，上海烟草集团股权比例占3.87%，云南中烟、河南中烟、山东中烟、湖南中烟、湖北中烟、江苏中烟、安徽中烟、广东中烟分别占2.68%。

集团公司下辖7家控股企业，包括上海烟草机械有限责任公司、常德烟草机械有限责任公司、许昌烟草机械有限责任公司、秦皇岛烟草机械有限责任公司等4家烟机生产企业，北京达特集成技术有限责任公司、中烟烟机零配件采购服务中心有限责任公司2家专业公司，以及设在上海专门从事烟机产品开发的中烟机械技术中心有限责任公司。同时，集团公司持有云南烟草机械有限责任公司30%的股份。集团公司本部下设10个事业部。

截至2015年底，集团公司总资产125.75亿元，负债35.35亿元，所有者权益90.41亿元。

【领导机构】

董事会

董事长：王建法

副董事长：周永森

董　事：于明芳（—2015.12）、曲　伟、顾　波、刘青文、杨志忠（—2015.12）、许廷选（2015.12—）、郑则豪（—2015.12）、李　立（2015.12—）、吴　俊（—2015.6）、聂广军（2015.6—）、俞惠梅、卢安宁（—2015.6）、杜　进（2015.6—）、林孟昌、齐　琳（职工董事）

财务负责人：沈云龙

监事会

主　席：张书东

监　事：王玉麟、陈俊奎（职工监事）

班子成员

总经理、党组书记：王建法

副总经理、党组成员：于明芳（—2015.8）

副总经理、党组成员：沈云龙

副总经理、党组成员：曲　伟

纪检组长、党组成员：吴　伟

享受公司副职待遇：付　嘉、胡森炯、郭冬青、张彦岭（—2015.10）

副巡视员：凌卫民

副巡视员：赵美燕

副巡视员：廖默然

副巡视员：王　珩

【生产经营】　2015 年，集团公司实现营业收入 65.53 亿元，同比增长 0.41%。实现税利 14.07 亿元，同比增长 7.56%，其中利润 9.04 亿元，同比下降 1.29%。集团公司四家控股生产企业实现销售收入 44 亿元。

2015 年，集团公司生产卷接包设备、滤棒成型及辅联设备 776 台（含 183 套成套设备和 305 台单机），销售 726 台（含 162 套成套设备和 304 台单机）；生产制丝、打叶复烤及二氧化碳膨胀烟丝生产线设备 1161 台（含 22 条成线和 123 台单机），销售 1145 台（含 20 条成线和 128 台单机）。

【产品介绍】　2015 年，公司主要产品有：7000 支/分钟、8000 支/分钟、10000 支/分钟、16000 支/分钟卷接机组；400 包/分钟软盒硬条包装机组、400 包/分钟硬盒硬条包装机组、550 包/分钟硬盒硬条包装机组、800 包/分钟硬盒硬条包装机组；400 米/分钟、600 米/分钟和 1000 米/分钟纤维滤棒成型机组；卷烟储存输送系统；滤棒储存输送装置；制丝生产线；打叶复烤线、二氧化碳膨胀烟丝生产线等。

【技术创新】　中国烟机滤棒成型领域新的里程碑——ZL29 和 ZL28 样机通过鉴定。3 月，作为国内市场最畅销的 600 米/分钟滤棒成型机 KDF4 的国产化机型 ZL29 样机通过国家局组织的鉴定，样机测试有效运行率为 94.57%。主要技术性能指标达到进口同类机组水平，标志着国产滤棒成型机组实现从中速向高速的跨越。6 月，世界上技术最先进、速度最高的 1000 米/分滤棒成型机 DF10 的国产化机型 ZL28 样机通过国家局组织的鉴定，样机测试有效运行率为 97.3%。ZL28 的成功研制，填补国内双通道滤棒成型设备的空白，使国产滤棒成型设备技术水平进入国际先进行列。

对外合作研发结硕果——“低强度松散回潮技术与设备研究”项目通过验收。与德国虹霓机械制造股份有限公司（Hauni）联合研发的“低强度松散回潮技术与设备研究”项目是对外合作研发第一个项目。该设备的突出特点是，在低温（最低至 45℃）下对烟叶原料的松散效果好，松散率能够达到 99.5% 以上。在处理高档烟叶原料时优势明显，在实现高松散率的同时，更好地保持烟叶本香，充分利用烟叶潜质和使用价值，有效提升成品卷烟的内在品质质量。

【“三大中心”建设】　“大技术中心”建设。“大技术中心”系统部署在研重点科技项目的研发工作，对项目立项、组织管理、团队组成、项目验收和项目评价等各阶段工作内容进行充分细致的讨论、协调和梳理，编制完成《大技术中心项目制管理办法》《预研项目管理办法》初稿。研讨修订《大技术中心样机和实验装置制造管理办法》。新型组织管理方式正式形成，推动各分中心研发队伍进一步融合。

“大营销中心”建设。“大营销中心”根据“整体营销、系统服务”工作要求，紧紧围绕核心职能，坚持市场化导向，充分整合集团各类营销资源，积极建立集团化运作的整体营销模式。积极走访客户，全面了解行业内存量资产、发展规划、技改规划，为市场预测与分析的深入开展奠定良好基础。针对不同目标进行重点市场推广，引导市场需求。积极完善“首席装配调试师”实施方案，在整机产品从装配调试到外调服务有效串联、有效协同、快速响应上迈出坚实一步。在全行业打造“中烟机械”搬迁服务品牌。围绕高速超高速卷接包机组，探索配套关联设备单元化系统集成服务的新思路。

“大生产管理协调中心”建设。“大生产管理协调中心”以“生产数据采集分析系统”功能模块扩展为突破口，以“逐步提高系统数据准确度、提升系统功能”为目标，利用信息化手段，强化生产计划管理。在产销衔接机制基础上，制定 2015 年度生产计划大纲，重点跟踪、监控指令性生产计划执行情况，确保完成成线产品、新产品和重点产品等生产任务，2015 年完成指令性计划产值 12.48 亿元。充分利用技术改造形成的核心制造能力，扎实推进进口关键件国产化工作。2015 年合计完成进口件国产化 179 件，待验证 95 件，仍在进口 176 件。确定 27 种零件作为第一批企业内部协作生产样本，年内完成 23 种零件试制，为扩大集团公司内部协作积累经验。

【设备管理与服务保障】　行业设备管理。集团公司完成行业卷烟工业企业设备管理信息系统的行业推广实施、数据正式上报、系统应用培训、项目单点验收和初验等工作，系统正式进入试运行阶段。在此基础上，发布绩效评价统计分析报告和系统运行情况通报。制定《烟草行业（卷烟工业企业）设备管理信息系统运行管理办法》。11 月，在湖南中烟工业有限责任公司长沙卷烟厂组织召开行业设备管理精益化推进现场会，总结行业设备管理精益化工作，交流典型先进经验。

烟草农机专项工作。立足服务强化质量，主动协调保障供应，以规范运行为根本，持续优化烟夹等农机产品生产，同时创新售前售后模式，有效缩短产品供应周期，提高项目运行效率，完成全国 2.84 万座烤房 981 万件装烟器具的供应任务，涉及全国 16 个省（自治区、直辖市）的 49 个地市州公司。集团公司充分发挥技术及规模优势，明确方向，重点攻关，自主研发多个型号的烟用移栽机和多功能作业车，能够满足国内打塘、井窖、膜下等不同移栽模式和植保、采叶等生产环节的农艺要求，针对烤房环境推出的烟夹单体提升机、三段式整体提升机等设备在部分产区得到推广应用，为现代烟草农业减工降本增效作出积极有效的探索。

烟机零配件与大修管理。根据烟草机械零配件管理工作的规范要求，完成《烟机零配件集中采购管理办法实施细则》（初稿）的编制工作，梳理并完善管理工作流程。中国烟草零配件交易监管网运行稳定，2015 年实现交易额 16.43 亿元，月均成交 1.37 亿元。中国烟草总公司烟草专用机械大修项修改造信息管理系统运行稳定，截至 2015 年底，录入行业设备台账 1.007 万台（套），备案项目 1557 个。

【国际市场拓展】 集团公司加强与行业境外卷烟企业合作，为其提供更适宜的烟机设备，发挥其窗口作用，扩大影响，为卷烟工业企业更好“走出去”提供服务与支撑保障。寻求适宜代理，探索有可行性的代理方式，以借船出海的方式实施烟机“走出去”战略。以企业试点加快海外服务品牌建设，在 2015 年试点企业已将与服务授权机构的合作范围扩展到零备件销售、修理改造、海外代理等方面，使这一服务平台在一定程度上具备境外销售、服务的功能，海外服务能力大幅提升，服务质量和反应速度获得海外客户的好评。2015 年，集团公司重点跟进泰国烟草专卖局（TTM）项目，投标 M－01/1 制丝线标段和 M－01/2 的 DIET 标段。着眼国际市场，参加 2015 年伦敦召开的世界烟草博览会。

所属企业

上海烟草机械有限责任公司

【概　况】 上海烟草机械有限责任公司（简称上海烟机）前身为始创于 1952 年的上海烟草公司机械厂。1959 年更名为上海轻工业机械制造厂；1970 年更名为上海烟草工业机械厂，是中国第一家烟草机械专业生产企业；1999 年成为中烟机械集团公司控股企业；2002 年改制更名为上海烟草机械有限责任公司。下辖上海烟草机械新场铸造有限责任公司、上海中臣烟草机械配件有限责任公司、上海中臣烟草数控技术有限公司、上海英国莫林斯烟草机械零备件寄售站有限公司以及上海烟机综合生活服务部等 5 家企业。截至 2015 年底，公司总资产 30.84 亿元，其中，固定资产 5.12 亿元、流动资产 20.87 亿元，资产负债率 29.32%。有从业人员 1094 人。上海烟机董事长、总经理、党委副书记：胡淼炯；党委书记：郭宏斌。

2015 年，上海烟机坚持走“产品上竞争、技术上追赶、服务上超越”的路径，烟机主业取得新提升。贯彻“跳出烟机看烟机，做好烟机走出烟机”的战略要求，非烟业务取得新突破。深入推进精益生产和提质增效专项工作，管理挖潜取得新成效。不断实施人才培养机制改革和方式创新，队伍建设取得新进展。狠抓学习教育和制度执行，严格规范达到新水平。

【生产经营】 2015 年，上海烟机实现销售收入 17.04 亿元，同比增长 3.5%，其中，主业收入 16.99 亿元，整机共销售 53 台（套），实现收入 9.09 亿元；大修理销售 31 套，实现收入 3.65 亿元，同比增长 32.3%；零配件实现销售收入 4.24 亿元，同比增长 28.5%。实现税利 1.79 亿元。三项费用率为 18.55%，同比下降 1.07 个百分点。万元产值综合能耗为 8.92 千克标煤。

【品牌战略与主要产品】 上海烟机主要产品有 ZB45 型硬盒硬条包装机组、ZB25 型软盒硬条包装机组、ZB47 型硬盒硬条包装机组、ZB48 型硬盒硬条包装机组及 ZB28 型软盒硬条包装机组。上海烟机服务品牌为“中臣”。

【技术创新】 加快试制ZB415型和ZB49型包装机组即“日产三班200箱”“日产三班300箱”产品，截至2015年底，基本完成样机装配并进入功能调试阶段。以ZB47型机组为平台开发的国产高速细支卷烟包装设备样机总体运行情况良好，具备下一步市场推广的条件。自主研发ZB416型硬盒包装机组（单路横包600包/分），完成图纸设计和工艺编制。完成智能工厂管理云平台初步构建，获得有关单位较高评价。抓住细支卷烟市场持续迅猛发展的机遇，2015年提供细支卷烟设备达到24组，累计42组，贡献产能100万箱。

2015年，上海烟机获得发明专利授权2项、实用新型专利授权10项。

常德烟草机械有限责任公司

【概　况】 常德烟草机械有限责任公司（简称常德烟机）成立于1969年，1999年完成公司制改造，是中国最早从事烟草机械产品研发和生产制造的企业之一，下辖常德烟机配件经销服务有限责任公司、常德金叶机械有限责任公司、常德旺达物业服务有限责任公司。截至2015年底，常德烟机总资产20.72亿元，其中，固定资产4亿元、流动资产15.06亿元，资产负债率13.15%。有从业人员1127人。常德烟机董事长、总经理：周诗伟；党委书记：秦继玉。

2015年，常德烟机以ZJ119、ZJ116A、细支卷烟中速卷接机组研制和ZJ118型卷接机组技术改进为重点，继续大力开展集成创新，着力产品技术性能升级和结构调整，在自主研发和关键技术研究领域取得新突破。系统实施精益管理项目，先期启动的精益制造、精益成本、精益设备管理3个模块初显成效。

【生产经营】 2015年，常德烟机生产烟草机械整机225台（套）［含烟机整机202台（套），烟机大修23台（套）］、销售烟草机械整机211台（套）［含烟机整机187台（套），烟机大修24台（套）］。实现工业总产值17.29亿元（现价，不含税，下同），工业增加值8.35亿元。实现产品销售收入15.72亿元，出口实现销售收入1008万元。实现税利3.88亿元，其中利润2.37亿元。常德烟机三项费用率为17.75%，同比下降1.36个百分点。万元产值综合能耗为16千克标煤。

【品牌战略与主要产品】 常德烟机以技术创新为核心，以技术集成为纽带，采用灵活多样的商业模式致力发展自有产品的系统集成。加强重点产品宣传推广力度，组织召开“日产三班200箱卷接包产品推介及技术交流会”，制定ZJ116型卷接机组重点客户专项服务保障方案，建立启动“常德烟机微信公众平台（营销）”，完善海外市场销售渠道体系建设。

主要产品包括ZJ116型卷接机组、ZJ118型卷接机组、ZJ112型卷接机组、ZJ17型卷接机组、YF27B型滤棒气力输送系统、FY113型废烟支处理机、YF13型卷烟储存输送系统、YF14型卷烟储存输送系统、YF171A型滤棒储存输送装置、ZL26A型纤维滤棒成型机组、YF26A型滤棒接收装置、YF26B型滤棒接收装置。

【技术创新】 2015年，常德烟机ZJ119型卷接机组研制项目进展顺利，为样机试制的全面发展奠定基础。启动“智能管理系统”研究项目，截至2015年底，完成需求分析、概念设计等前期策划与技术准备工作。该项目将与ZJ119型卷接机组同步推向市场，形成第一代自主研发的“智能烟机”。ZJ116A型卷接机组完成设计和样机装配，顺利进入样机调试阶段。YF27C型滤棒气力输送装置样机于2015年5月顺利通过技术鉴定验收，整体技术及性能指标达到了国际先进水平。细支卷烟卷接产品设计改进进展顺利，ZJ17D型卷接机组生产速度稳定在每分钟5500支，ZJ112A型卷接机组生产速度达到每分钟7000支，烟支质量完全达到客户的工艺技术指标要求。

2015年，常德烟机申请专利14项，其中发明专利5项；获得专利授权16项，其中发明专利7项。

许昌烟草机械有限责任公司

【概　况】 许昌烟草机械有限责任公司（简称许昌烟机）位于河南省许昌市，于1958年经国家经济委员会批准创建，1965年划归中国烟草工业公司管理，1969年划归国家轻工业部管理，1987年划归中国烟草总公司管理，1999年划归中国烟草机械集团有限责任公司，2002年改制更名为许昌烟草机械有限责任公司。下辖许昌富思特烟机配件有限公司1个全资子公司。截至2015年底，许昌烟机总资产15.10亿元，其中，固定资产7.08亿元、流动资产8.6亿元，资产负债率33.67%。有从业人员1165人，其中在岗员工1119人。许昌烟机董事长、党委书记：张彦岭（—2015.10）；董事长：沈云龙（2015.10—）；总经理、党委副书记：董秀明（—2015.10）；总经理、党委书记：张维群（2015.10—）。

2015年，许昌烟机统一市场调研模板，着手建立竞争对手信息库，开展细支卷烟配套设备市场、大修理市场以及烟支规格改造衍生市场等专项调研及预测分析。积极寻找适合滤棒成型及辅联物流设备选配的功能选项，丰富产品配置，寻求新的经济增长点。构建适合“多品种、小批量”生产特点的生产计划体系，提高市场订单响应速度为目标，加强产销衔接。深化柔性装配应用范围，进一步优化和完善ZL26C柔性线，逐步完成ZF12B、YJ35D、YB17B、ZL29（KDF4）等产品的柔性线试运行。

【生产经营】2015年，许昌烟机生产烟机产品229台，销售烟机产品226台。实现工业总产值6.57亿元，工业增加值2.8亿元。实现销售收入6.7亿元，出口销售收入1297万元。实现税利1.2亿元，其中利润5112万元。许昌烟机三项费用率28.07%，同比增加2.3个百分点。万元产值综合能耗为25.3千克标煤。

【品牌战略与主要产品】 2015年，产品主要为三大类。滤棒成型类产品：ZL28型纤维滤棒成型机，ZL29型纤维滤棒成型机，ZL26C型纤维滤棒成型机组，ZL27型滤棒成型机，ZL22D型滤棒成型机，YL43型复合滤棒成型机组，ZL41型复合滤棒成型机组。辅联物流类产品：ZF12B型卷烟储存输送系统，YF17型卷烟储存输送装置，YF17A型卷烟储存输送装置，ZF25型滤棒自动发射与接收装置，YF71型盘纸自动更换机，YF172/173物料站，YF611型条盒储存输送系统，YF611A型条盒输送系统，YF63型盒包储存输送系统，YF172型滤棒固化储存输送装置，FY114型废烟处理机，FY36型废烟处理机，FY115型废烟支处理机，YP19型装封箱机，YJ36型滤棒装盒机。卷接类产品：ZJ19B、ZJ15、ZJ114型卷接机组。

【技术创新】 2015年3月，在昆明完成ZL29型滤棒成型机的鉴定；4月在济南完成YF172/173物料站和YF17A卷烟储存输送设备的鉴定；6月在杭州完成ZL28滤棒成型机鉴定；完成细支棒发射机试验装置验证并签发样机；完成T10装盘机引进消化吸收转化设计（YJ37）；完成YJ37型装盘机样机改造。

2015年，许昌烟机获得实用新型专利授权4项。

秦皇岛烟草机械有限责任公司

【概　况】 秦皇岛烟草机械有限责任公司（简称秦皇岛烟机）前身为中国轻工业机械总公司秦皇岛轻工业机械厂，1989年4月划归中国烟草总公司管理，更名为中国烟草总公司秦皇岛烟草工业机械厂，2002年3月组建秦皇岛烟草机械有限责任公司。下辖秦皇岛弘和机械有限责任公司、秦皇岛金叶物流有限责任公司2家企业。截至2015年底，秦皇岛烟机拥有总资产16.59亿元，其中，固定资产3.39亿元、流动资产11.7亿元，资产负债率为38.86%。有从业人员1144人（含辅业公司）。秦皇岛烟机董事长：郭冬青；党委书记：赵德玉（—2015.12）、郭冬青（2015.12—）；总经理：郭冬青（—2015.12）、王小飞（2015.12—）。

2015年，秦皇岛烟机确立“一个战略核心”，即打造“秦烟机械”品牌的中长期核心发展战略。实现“三个显著突破”，即精心打造遵义系统集成样板工程，探索推进智能制造，全面推广三维设计技术，在创新驱动方面取得显著突破；积极创新服务支撑保障模式，着力满足用户需求，大力推进零备件寄售站、办事处建设，在服务增值方面取得显著突破；全面推进产品“同质化”进程，借鉴德国虹霓机械制造股份有限公司（Hauni）质量标准以及VDA6.3质检体系，实现自主产品新检验模式全覆盖，在质量提升方面取得显著突破。

【生产经营】 2015年，秦皇岛烟机生产烟草机械整机1161台（套）、销售烟草机械整机1145台（套）。实现工业总产值9.46亿元（现价），工业增加值2.9亿元。产品销售收入8.86亿元。实现税利1.85亿元，其中利润1.06亿元。秦皇岛烟机三项费用率22.64%，同比增长3.36个百分点。万元产值综合能耗为21.08千克标煤。

【品牌战略与主要产品】 2015年，秦皇岛烟机制定打造“秦烟机械”自主品牌的战略部署，出台《打造“秦烟机械”自主品牌规划》。

产品主要为三大类。制丝产品：SH35D（SH35E、SH37B）型滚筒管板式烘丝机、WQ7191 型隧道式烟梗回潮机、FT6311A 型垂直分切机、WZ1113 型真空回潮机、WF3216 型滚筒式热风润叶机、WF314B 型滚筒式热风润叶机、SQ36X 型切丝机及配套电气控制系统、SH661 型滚筒薄板式烘丝机（虹霓合作设备）、SH911 型燃油（气）管道式烘丝机（虹霓合作设备）、SJ1241 型加料机（虹霓合作设备）、SJ2141 型加香机（虹霓合作设备）、SY232 型压梗机（虹霓合作设备）、FT6312 型推板式垂直分切机（虹霓合作设备）、WQ3431 型滚筒式烟梗回潮机（虹霓合作设备）、WQ3371 型滚筒式叶片回潮机（虹霓合作设备）、WQ91 型转辊式加温加湿机（虹霓合作设备）等。打叶复烤产品：KG235C 型烟片复烤机、KG277 型烟片复烤机、KG326A 型烟梗复烤机、KG233C 型烟片复烤机、KG431A 型滚筒式碎烟片复烤机、KY112 型液压式预压机、KY245 型液压立式打包机、AW9647A 卧分卧式打叶机及配套电气控制系统等。二氧化碳膨胀烟丝产品：SP66 型升华装置、SP26 型浸渍装置、WQ396 型滚筒式叶丝回潮机、SP27 型浸渍装置、SP67 型升华装置、WQ397 型滚筒式叶丝回潮机及配套电气控制系统等。

【技术创新】 秦皇岛烟机立足自主创新，强化合作交流，围绕满足“中式卷烟”特色工艺需求，不断进行开拓性研发。2015 年，与湖南中烟签署联合研发框架协议，着手联合研制“芙蓉王”4000 千克/小时管板式烘丝机。深入推进与云南中烟联合研发，垂直料管项目取得阶段性成果。10 月，“柔性松散回潮技术与设备研究开发”项目在昭通卷烟厂通过新产品验收。此外，积极利用信息技术与工业融合的发展契机，自主发开总体三维设计平台，提升三维设计和售前服务水平。

2015 年，秦皇岛烟机获得专利授权 10 项，其中发明专利 2 项，实用新型专利 8 项。

中烟机械技术中心有限责任公司

【概　况】 中烟机械技术中心有限责任公司（简称技术中心）成立于 1999 年，2012 年经中国烟草总公司批复同意进行股权改制，成为中国烟草机械集团有限责任公司的全资子公司，主要负责烟草机械研发与设计。截至 2015 年底，技术中心总资产 2.96 亿元，其中，固定资产 0.9 亿元、流动资产 2.06 亿元，资产负债率 2.75%。在岗员工 81 人。技术中心执行董事：曲伟；总经理、党总支书记：杜国锋。

【生产经营】 2015 年，实现营业收入 5961.7 万元，实现利润总额 234.98 万元，其中技术使用费收入 347.17 万元，技术研发收入 4933.02 万元。三项费用率为 20.84%，同比下降 0.78 个百分点。

【技术创新】 2015 年，技术中心有 11 个科研项目通过鉴定或验收，其中国家局科研项目 2 个、集团公司科研项目 9 个。技术中心承担的“AF－KDF 4 滤棒成型机组引进技术消化吸收国产化”“1000 米/分钟滤棒成型机组引进技术消化吸收”2 个项目通过国家局的鉴定；“柔性松散回潮技术与设备研究开发”项目通过集团公司验收；承担的“超高速包装机铝包成型系统”等 8 个项目通过项目结题。获得省部级及以上科技进步奖 2 项，其中“ZJ116（16000 支/分钟）型卷接机组”获得中国烟草总公司 2015 年度科学技术进步奖二等奖，“ZB48（800 包/分钟）型硬盒硬条包装机组”获得中国烟草总公司 2015 年度科学技术进步奖三等奖。

2015 年，申报专利 11 项，获得专利授权 15 项，其中发明专利 9 项。发表论文 6 篇，其中有 3 篇论文发表在核心期刊。

北京达特集成技术有限责任公司

【概　况】 北京达特集成技术有限责任公司（简称达特公司）成立于 1998 年，原名北京达特膨胀烟丝成套设备工程有限责任公司。2002 年，更名为北京达特烟草成套设备技术开发有限责任公司。2013 年，更名为北京达特集成技术有限责任公司。达特公司由中国烟草机械集团有限责任公司、五洲工程设计有限公司、秦皇岛烟草机械有限责任公司共同投资组建，注册资本 2000 万元。达特公司集科、工、贸于一体，实施机、光、电、控一体化的成套设备工程，并承揽烟草物流设计（咨询）与集成业务、烟草农业机械集成业务。截至 2015 年底，达特公司总资产 5.75 亿元，其中，固定资产 163.83 万元、流动资产 5.72 亿元，资产负债率为 80.87%。有从业人员 101 人，全部为在岗员工。达特公司董事长：凌卫民；总经理：于忠泉；常务副总经理兼财务负责人：李建梅；党支部书记兼副总经理：尉培旭。

2015 年，达特公司二氧化碳膨胀烟丝系统集成项目形成从立项、前期技术方案总体设计、市场运作、项目管理和售后服务等完整贯穿型服务体系，为用户提供全面系统解决方案的思路，“交钥匙”工程模式得到用户认可。年度供应烟夹等烤房装烟器具 2.84 万座，达特公司累计供应超过 11 万座装烟器具。

【生产经营】 2015 年，达特公司的四项主营业务发展平稳，实现营业收入 6.24 亿元，同比下降 16.83%。实现税利 1.15 亿元，同比增长 3.81%，其中利润 8230.27 万元，同比下降 0.36%。三项费用率为 6.16%，同比增加 2.39 个百分点。

【品牌战略与主要产品】 2015 年，达特公司以技术创新为核心，以技术集成为纽带，采用灵活多样的商业模式致力发展自有产品的系统集成。

主要产品包括二氧化碳膨胀烟丝生产线系统集成；物流系统咨询与系统集成；制丝线设备控制与系统集成；烟草农业机械集成。

【技术创新】 2015 年，达特公司在研科技开发项目总计 24 项，项目数量为历年之最，其中续研项目 12 项，新项目 12 项，集团公司级项目 4 项，达特公司项目 20 项。

2015 年，达特公司获得发明专利授权 1 项，实用新型 2 项；提交申请并被受理的发明专利 1 项。

中烟烟机零配件采购服务中心有限责任公司

【概　况】 中烟烟机零配件采购服务中心有限责任公司前身为成立于 1995 年的北京特思达机电技术开发有限责任公司，最初由中国烟草机械集团有限责任公司控股，上海、常德、许昌、秦皇岛烟机公司共同出资组建。2012 年 9 月 26 日，北京特思达公司经转股、更名、增资、变更经营范围，由中国烟草机械集团有限责任公司独资组建并更名为中烟烟机零配件采购服务中心有限责任公司，担负行业烟机零配件集中采购管理与服务职责。公司本部下设 3 个事业部。截至 2015 年底，公司总资产 4.58 亿元，其中，固定资产 305 万元、流动资产 4.52 亿元，资产负债率为 44.33%。有从业人员 24 人。公司董事长：王建法；总经理：付嘉。

【生产经营】 2015 年，中烟烟机零配件采购服务中心有限责任公司实现销售收入 4.97 亿元。实现税利 4135 万元，其中利润 3971 万元。三项费用率为 4.69%，同比增加 2.27 个百分点。

云南烟草机械有限责任公司

【概　况】 云南烟草机械有限责任公司（简称云南烟机）由云南中烟工业有限责任公司与中国烟草机械集团有限责任公司共同出资，在原云南烟草机械厂基础上改制组建，于 2008 年 6 月正式注册成立。云南烟机经营范围主要包括烟机修理、配套件加工、零配件销售及技术改造、烟用农业机械等。截至 2015 年底，云南烟机总资产 3.17 亿元，其中，固定资产 3306 万元、流动资产 2.67 亿元，资产负债率为 36.39%。有从业员工 336 人。云南烟机董事长：张俊（—2015.8）、胡霈（2015.8—）；总经理、党委委员：殷伟刚；党委书记、副总经理：杨建东。

2015 年，云南烟机顺利完成行业首例 FOCKE350S 7.16 毫米细烟支机组改造工作，突破技术瓶颈，实现整机交验。

【生产经营】 2015 年，云南烟机实现工业总产值 3.71 亿元，工业增加值 1.01 亿元。实现销售收入 3.71 亿元。实现税利 4625 万元，其中利润 2175 万元。云南烟机三项费用率为 14.25%，同比增加 2.29 个百分点。万元产值综合能耗为 2.98 千克标煤。

【品牌战略与主要产品】 一是大力推进云南烟草工业设备服务保障基地建设；二是持续夯实行业烟草农业机械制造基地建设基础。烟机大修理主要产品有：GDX1/GDX2/B1/FOCKE350S。烤烟用具主要产品有：烟夹类，如 KC51/KC52/KC53/KC54；散叶分风板类，如 KC61/KC62；烟夹工作台类，如 YJG－01/YJG－02－D。

【技术创新】 烟机技术领域。“新型分度弧面凸轮的工艺开发”获得集团公司2015年度QC成果三等奖及云南中烟第十二次优秀QC小组成果三等奖。“GDX2000包装机组控制系统”获得云南中烟2015年度科技进步三等奖。

农机技术领域。“一种用于烤房的自动升降装置”获得实用新型专利授权，“一种密集型烤房用烟叶散叶堆积烘烤分风板及其制造方法”“一种针式梳式烘烤烟夹及其制造方法”获得发明专利授权。经过优化改进设计，研发制造出汽油膜上移栽机、汽油打塘移栽机、汽油井窖移栽机、电动打塘移栽机、电动井窖移栽机及多功能植保作业车6台样机，并完成其中4种样机的田间移栽测试。汽油移栽机通过云南中烟组织的科技项目鉴定。完成推进铲式深松机研发方案制定、三维模型设计、样机组装及内部实验。研发出针距为12毫米的60型烟夹，编制产品技术标准文件并提交集团公司技术中心备案，有效解决部分烟区烘烤时掉烟的问题，为拓宽市场占有率打下基础。改进整体提升机设计，在原有基础上，完善三层烟夹提升机与单层散叶板提升机的设计，有效解决烤烟上架难的问题，提高装烟效率。

烟草专用机械持证生产企业名单

序号	企业名称	企业住所
1	上海烟草机械有限责任公司	上海市浦东新区云间路2555号
2	常德烟草机械有限责任公司	湖南省常德市武陵区长庚路99号
3	许昌烟草机械有限责任公司	河南省许昌市工农路南端
4	秦皇岛烟草机械有限责任公司	河北省秦皇岛市经济技术开发区龙海道67号
5	天津华一有限责任公司	天津市红桥区丁字沽三号路8号
6	昆明船舶设备集团有限公司	云南省昆明市人民东路3号
7	颐中（青岛）烟草机械有限公司	山东省青岛市崂山区株洲路88号
8	贵州平水机械有限责任公司	贵州省安顺市平坝县210信箱
9	北京长征高科技公司	北京市丰台区科兴路7号210室（园区）
10	张家口市通用机械有限责任公司	河北省张家口市桥西区新村南路14号
11	杭州萧山烟草机械设备有限公司	浙江省杭州市萧山区临浦镇通一村（后沈）
12	沈阳飞机工业（集团）有限公司	辽宁省沈阳市皇姑区陵北街1号
13	武汉船用机械有限责任公司	湖北省武汉市青山区武东街9号
14	昆明风动新技术集团发展有限公司	云南省昆明市高新区科泰路
15	中国船舶工业总公司七一五研究所宜昌分部	湖北省宜昌市绿萝路43号
16	巩义市建设机械制造有限公司	河南省巩义市城东石灰务工业区
17	云南烟草机械有限责任公司	云南省昆明市高新技术开发区科医路43号
18	昆明烟机集团二机有限公司	云南省昆明市东郊金马寺
19	昆明烟机集团三机有限公司	云南省昆明经济技术开发区信息产业基地拓翔路235/237号
20	宝应仁恒实业有限公司	江苏省扬州市宝应县苏中北路18号
21	江苏恒森烟草机械有限公司	江苏省徐州市经济开发区杨山路99号
22	宁波轻工机械制造有限公司	浙江省宁波市镇海区骆驼工业区南一西路78号
23	智思控股集团有限公司	江苏省武进市高新技术产业开发区凤鸣路18号
24	北京达特集成技术有限责任公司	北京市经济技术开发区地盛北街1号25号楼

续表

序号	企业名称	企业住所
25	东方机器制造（昆明）有限公司	云南省昆明市经济技术开发区昌宏路88号
26	南京大树智能科技股份有限公司	江苏省南京市江宁区经济技术开发区挹淮街8号
27	机科发展科技股份有限公司	北京市海淀区首体南路2号
28	扬州市天宝自动化工程有限公司	江苏省宝应县柳堡镇仁里工业园区
29	合肥安大电子检测技术有限公司	安徽省合肥市高新技术开发区天达路2号安大科技园电子楼
30	云南紫金科贸有限公司	云南省昆明市金星广场A幢3楼
31	上海兰宝坤大智能技术有限公司	上海市奉贤区金汇镇金碧路228号6幢1层
32	开封东方机械有限公司	河南省通许县北工业园区丽星路中段
33	深圳市格雷柏机械有限公司	广东省深圳市福田区天安数码城创新科技广场B1710
34	郑州竹林智研机械设备制造有限公司（2015年新持证单位）	河南省巩义市竹林镇镇北街

（撰稿：马钰淏；编辑：周　佳）

卷烟辅助材料生产

南通醋酸纤维有限公司

【生产经营】 2015年，南通醋酸纤维有限公司（简称南纤公司）生产丝束10.21万吨；销售丝束10.3万吨，同比增长2%。生产醋片16.83万吨；销售醋片7.12万吨。2015年实现利润24.39亿元，同比增长7.1%。

【辅料生产供应】 南纤公司确保辅料生产供应，辅料主要为醋纤丝束油剂，用于醋纤丝束生产润滑、集束、防静电。醋纤丝束油剂以白油、乳化剂为主要原料，根据醋纤丝束的生产特点和要求配制。2015年生产油剂2055吨，除自用外，还向昆明和珠海两家醋酸纤维有限公司销售油剂892吨。

【技术创新】 南纤公司依托技术中心，持续完善创新管理体系。高效能纺丝项目取得阶段性进展。废水工艺改进和脱硫废水浓缩结晶项目顺利立项，“降低醋酐装置天然气单耗”项目节约生产成本120万元/年，醋片循环水整合优化项目节约标煤约2000吨/年。2015年，获得国家发明专利授权7项，实用新型专利授权4项。

【精益生产】 南纤公司聚焦质量改进、设备改造、节能降耗、费用控制、管理提升等多个领域，构建了以8个六西格玛项目、42个精益改进项目、31个QC项目为载体的全员持续改进体系，创造财务收益超过千万元，并将精益改善对象从生产延伸至维修、采购、物流、项目、财务、人力资源等经营管理全过程，推动公司精益管理水平的全面提升。

强化和巩固关键设备TPM－PM工作，发现并整改各类设备缺陷1.08万项，关键设备计划维护比率提升至94%，关键设备故障次数同比下降63.4%。

【工程建设】 2015年，南纤公司增资扩建（五期）和多品种浆粕预留项目全面完成，安防中心、员工活动中心、固废中心完成建设并投入使用。项目第六期的前期工作稳步推进，完成项目可行性研究报告的评审，启动六期项目申报编制，五大专项评审完成。

【品牌营销】 “醋纤丝束芙蓉王专用线”“醋纤丝束黄金叶专用线”相继挂牌，进一步深化与战略用户的合作，初步完成高端品牌布局的战略目标，南纤公司丝束品牌效应进一步强化。设计开发8.0/15000特种规格丝束，实现细支卷烟配套丝束的规格系列化。同时，丝束销售重点市场和重点品牌聚集度达到79%，实现重点卷烟品牌全覆盖，用户满意度指数93.14，再创历史新高。

【节能减排】 稳步推进节能项目，14个年度一二级能源目标指标全面达成，丝束和醋片的单产标煤能耗创历史最好水平，年节能率为3.74%，节能1.55万吨标煤，节约能源成本1218万元。污染物排放全面达标，减排显著，2015年废水排放量较2014年减少32.14万吨。固体废物处理中心投入使用，固体废物和危险废物实现合规处置。

【信息化建设】 2015年，SAP－PM设备管理信息系统优化提升项目顺利完成，系统成功上线运行，为TPM持续开展和优化设备管理提供坚实的信息化支撑。持续推进PI系统在设备管理、生产调度、节能降耗、工艺优化等方面的深化应用，组织第二届PI应用竞赛。制定“十三五”信息安全规划，逐步建立完善管理体系，全面推行计算机域管理机制，按期完成三纤容灾备份机房建设。

【特事要辑】 3月10日，江苏省副省长许津荣到南纤公司考察生态文明建设。许津荣肯定南纤公司安全环保工作的决心、态度和取得的成绩，特别赞许企业树立的“安全是生命线、环保是生存线”的双线意识。

5月28日，“醋纤丝束芙蓉王专用线”在南纤公司设立。南纤公司董事长卢瑞刚与湖南中烟工业有限责任公司副总经理栾永亮共同为专线揭牌，南纤公司总经理孙桂泉与栾永亮代表双方签署品牌战略合作协议。

6月5日，南纤公司知识产权管理体系获得全国首批认证，标志着南纤公司的技术创新工作实现由“创造”向“创造与保护”的转变。

9月29日，“醋纤丝束黄金叶专用线”“黄金叶华维联合实验室”在南纤公司设立。南纤公司董事长卢瑞刚与河南中烟工业有限责任公司总经理杨自业共同为“醋纤丝束黄金叶专线”揭牌，南纤公司总经理孙桂泉与河南中烟工业有限责任公司副总经理孙志强共同为“黄金叶华维联合实验室”揭牌。

10月8日，工业用二醋酸纤维素片国家标准发布。国家标准化管理委员会发布2015年第31号《中华人民共和国国家标准公告》，其中包含由南纤公司牵头制订的GB/T 32117－2015《工业用二醋酸纤维素片》。

（撰稿：刘静静；编辑：王东旭）

昆明醋酸纤维有限公司

【生产经营】 2015年，昆明醋酸纤维有限公司（简称昆纤公司）生产丝束3.55万吨，同比增长1%；销售丝束3.66万吨，同比增长5.5%。实现利润4.11亿元，同比增长13.5%。销量、利润、综合能耗均创历史最佳。

【产品品质】 强化以市场为导向、客户为中心的理念，不断健全质量体系和管控机制。编制中长期质量规划，加强对客户产品应用的技术支持和对客户反馈的有效处理，提高产品的品质保证。公司积极开展多部门合作的质量改进项目，在提升丝束出棒率和吸阻稳定性两项关键指标上取得较好成效。产品质量的主要指标稳定，吸阻稳定性等三项主要质量指标创历史最好成绩。

【客户服务】 昆纤公司强化以市场为导向、客户为中心的理念，致力于构建与完善客户满意度和忠诚度的提高机制。在加强客户走访频度的同时，更加注重走访效果。昆纤公司总经理室成员全部参与客户走访，充分听取和收集意见，了解市场及发展趋势。推行多部门参与、旨在提高客户服务的管理项目，通过改进和提升生产及服务流程，加强与客户满意度指标相关的信息交流和协作，提高客户反馈信息的处理效率，继续增进客户对昆纤公司丝束品质的信任与认可。

【管理创新】 昆纤公司遵循董事会战略部署，制定“1411”工作规划，进一步夯实安全和环保基础，聚焦市场和客户、产品品质、效益和效率、领导力和执行力四项核心工作，依靠创新持续推动企业核心竞争力的提高。组织完成由总经理室成员分别担任项目牵头人，多个部门共同参与的21个公司级创新改进项目，所有项目定期进行汇报和检查，促进部门配合，取得流程优化、管理提升、机制不断完善的良好效果。

【技术创新】 昆纤公司围绕质量改进、节能降耗、提高效率等方面持续推动群众性技术创新活动的开展，2015年，实现人均合理化建议2.8个，获得发明专利授权3项，实用新型专利授权1项。积极推进两化融合，开发投用实验室信息管理系统、财务报账、设备维修档案管理等信息系统。自主开发10套各类专业性的信息管理系统，有效促进规范管理，改善工作效率，提高工作业绩。

【节能减排】 深挖节能降耗潜力，在优化工艺运行的基础上，实施锅炉燃烧先控技术和风机永磁技术改造等重点项目，率先在VLA风机系统上成功地探索应用永磁调速技术。在提前两年完成“十二五”的节煤目标后，昆纤公司单产标煤能耗再创历史新低。2015年，昆纤公司进一步规范和完善能源管理体系，加强节能降耗的整体规划和系统管理，以保证节能降耗工作的可持续性。

【特事要辑】 1月23日，国家局副局长赵洪顺到昆纤公司调研。赵洪顺对公司提出4点工作要求：一是要珍惜中外双方良好合作关系，本着坦诚、负责、友好、合作的态度真诚合作。二是要切实把安全生产放在首位。三是要努力抓好公司生产经营工作，通过创新提升产品质量和客户服务水平。四是要关心员工成长，构建和谐昆纤。

8月24日，国家局副局长段铁力到昆纤公司调研。段铁力详细了解公司安全管理工作情况，并对公司近年来在安全管理和生产经营方面取得的成绩给予肯定。

（撰稿：李如音；编辑：王东旭）

珠海醋酸纤维有限公司

【生产经营】 2015年，珠海醋酸纤维有限公司（简称珠纤公司）主要生产3.0/35000（A2）、3.0/35000（A3）、3.0/32000（C0）、3.0/32000（C1）、3.9/31000（G1）、3.9/31000（G0）、2.7/35000（D0）等7种规格的醋纤丝束。2015年，生产醋纤丝束3.61万吨，销售醋纤丝束3.52万吨，产品销往全国10个省（自治区、直辖市）。实现利润3.93亿元，同比增长4.3%。

【质量管理】 珠纤公司优化浆液配置工艺，提高生产系统对多品种醋片的适应能力，各项质量指标达到行业标杆水平，其中丝束断头率0.09个/吨，丝束无结头包率99.39%，丝束合格率99.49%。

开展“金牌丝束质量改进”项目。辨识47项内部关键流程，并对长、短期质量改进工作做出全面规划。确立跨部门关键流程的基本步骤及指标，建立标准化过程文件，明确细分职责，消除跨部门工作的管理漏项和重叠项，促使设备维修更到位、生产计划更优化、质量检测更精准。

【客户服务】 全力满足客户需求，根据产品销售情况，在确保安全、质量的前提下，为用户定制个性化丝束规格，满足不同用户对小规格丝束的需求。市场客服人员2015年累计走访用户108厂次，举办专题技术交流会3次，有效增进供需方之间的共识。2015年，公司的丝束质量和服务质量得到用户认可，顾客契合度得分93.5分，同比提高0.9分。

【技术创新】 2015年，员工申报创新项目56个，其中15个被评为创新项目。注册QC小组9个，其中“提高二期循环水冷却塔的换热效率”获得广东省“南粤之星”银奖。“含微量丙酮空气的双塔集成回收装置和方法”“基于DCS系统的燃烧机故障诊断系统”获得发明专利授权。

“水吸收法丙酮回收工艺技术开发”项目通过成果鉴定。由中国工程院院士等专家组成的鉴定委员会认为项目研发成果整体达到国际先进水平，其中“双塔集成吸收工艺”技术和“中间冷凝”技术达到国际领先水平。

【管理创新】 2015年，珠纤公司制定“十三五”战略，形成“金牌丝束质量提升、市场与用户体验、珠纤智造、人力资源、成本控制”五大业务战略。

开展全面风险管理，在前期调研的基础上，通过开展风险识别、分析、评价及应对等工作，建立公司风险管理体系，编制《风险管理手册》标准化文件，为更科学系统地管控风险打下基础。

密切跟踪重油市场行情，低价购入重油1.6万吨，2015年重油采购成本较预算减少1025万元。优化公司资金调配，强化银行合作关系，促进货币资金保值增值，在2015年银行存款利率5次下调的形势下，珠纤公司利息收入较预算增长327万元。

【节能减排】 优化能耗指标考核机制，推行节能目标项目化管理。珠纤公司组织各主要用能部门对照所承担的节能任务建立相应的节能项目并逐月跟进，节能目标的实现进程预测更加准确、更加受控。2015年，吨丝束消耗标煤0.858吨/吨，创历史最好水平。“十二五”期间，珠纤公司累计节能7181吨标煤，好于预期目标。

【搬迁扩建】 1月22日，国家局下发《关于珠海醋酸纤维有限公司搬迁扩建项目初步设计的批复》，批复搬迁扩建项目初步设计方案。3月18日，珠纤公司搬迁扩建项目开工现场会在珠海市高栏港新厂区正式举行，标志着项目进入全面开工建设的新阶段。截至2015年底，基本完成桩基施工，以及总降压室大楼、丝束大楼、成品库、行政楼等主要单体建筑的开工建设。

【特事要辑】 2月27日，国家局局长凌成兴对珠纤公司做出重要批示："希望珠纤以异地搬迁改造为契机，在确保安全、确保廉洁、确保工期的前提下，实现生产规模的新跨越、装备水平的新跨越、产品质量和企业效益的新跨越。"

6月23日，"'双喜'烟用丝束专线"建成，为"双喜"品牌配套建设的丝束生产线正式投入使用，珠纤公司与广东中烟的战略合作走向深入。

（撰稿：万　顷；编辑：王东旭）

其他卷烟辅助材料生产企业名单

辅料生产企业名称	出资人（烟草企业）（全资、参股、控股）	总资产（万元）	总产值（万元）	总利润（万元）	主要经营项目
中烟摩迪（江门）纸业有限公司	中国烟草总公司参股	78739	40617	6191	主要经营卷烟纸、成型纸、其他用于烟草制造业的各种纸类制品的加工、生产和销售及其他特定用途纸，并提供与此相关的服务
张家口钻石工贸有限责任公司	张家口卷烟厂有限责任公司子公司	6189	1615	242	主要经营纸箱、铝箔纸加工，卷烟零售、物业管理
石家庄钻石卷烟材料有限责任公司	河北白沙烟草有限责任公司子公司	2004	7059	1372	主要生产水松纸、铝箔纸、薄片胶、纸箱，卷烟、日用百货零售
上海烟草包装印刷有限公司	上海烟草集团有限责任公司控股	224414	137406	53461	主要生产中高档卷烟商标及包装装潢印刷品、画册、样本等
上海白玉兰烟草材料有限公司	上海海烟投资管理有限公司子公司	13200	15806	-809	主要负责滤棒的研发制造和纸箱的制造
上海烟草集团太仓海烟烟草薄片有限公司	上海烟草集团有限责任公司控股	39727	11724	-1484	主要经营烟草薄片委托加工，烟叶购进、烟草薄片生产销售，烟草薄片生产相关的技术咨询服务，烟草薄片仓储和香料销售
南通烟滤嘴有限责任公司	江苏中烟工业有限责任公司子公司	124235	124176	18786	主要负责烟滤棒的加工、销售
蚌埠卷烟材料厂	隶属安徽中烟工业有限责任公司（集体企业）	52307	46593	160	主要经营纸箱、铝箔纸、接装纸、卡纸、滤棒等卷烟辅材
芜湖卷烟材料厂	隶属安徽中烟工业有限责任公司（集体企业）	27564	15082	835	主要经营纸箱、铝箔纸、接装纸、卡纸、滤棒等卷烟辅材
合肥烟草工贸总公司	隶属安徽中烟工业有限责任公司（集体企业）	9989	11119	2031	主要经营纸箱、铝箔纸、接装纸、卡纸、滤棒等卷烟辅材
阜阳卷烟材料厂	隶属安徽中烟工业有限责任公司（集体企业）	9843	10857	788	主要经营纸箱、铝箔纸、接装纸、卡纸、滤棒等卷烟辅材
滁州卷烟材料厂	隶属安徽中烟工业有限责任公司（集体企业）	23064	10882	116	主要经营纸箱、铝箔纸、接装纸、卡纸、滤棒等卷烟辅材

续表

辅料生产企业名称	出资人（烟草企业）（全资、参股、控股）	总资产（万元）	总产值（万元）	总利润（万元）	主要经营项目
厦门鑫叶印务有限公司	福建鑫叶投资管理集团有限公司子公司	14860	24530	5323	主要经营卷烟商标，承制包括广告印刷品、商标、台历、出版物、手提袋等各类中高档包装装潢印刷品
厦门五福印务有限公司	福建鑫叶投资管理集团有限公司参股	15959	19013	4692	主要经营卷烟商标印刷等
厦门鑫叶包装材料有限公司	福建鑫叶投资管理集团有限公司子公司	9365	13827	2191	主要经营烟草专用铝箔复合纸、烟用框架纸、烟用接装纸（水松纸）、纸箱等多种包装材料的生产销售
福建三华彩印有限公司	福建鑫叶投资管理集团有限公司参股	96911	19858	7377	主要经营商标、广告等印制品，兼营装潢设计
厦门富华兴印刷有限公司	福建鑫叶投资管理集团有限公司控股	13415	21727	7980	主要经营包装装潢及烟草制品商标的印刷业务等
福建省石狮市富兴包装材料有限公司	福建鑫叶投资管理集团有限公司参股	18688	13491	1649	主要经营水松纸、铝箔纸、卡纸等卷烟辅料的经营与管理等
山东鲁烟莱州印务有限公司	将军烟草集团有限公司子公司	25415	29865	3486	主要经营包装装潢印刷品印刷
山东将军开元纸业有限公司	将军烟草集团有限公司子公司	8005	6691	565	主要经营瓦楞纸、纸箱、铝箔纸、卡纸及包装制品生产、销售，包装装潢印刷
将军集团济南包装材料分公司	将军烟草集团有限公司直属	10723	12241	1357	主要经营纸张、纸制品、塑料制品、卷烟包装材料的加工、销售，包装装潢印刷品印刷
济南泉永印务有限公司	将军烟草集团有限公司控股	22097	15973	1837	主要经营印制卷烟商标、包装箱（盒）及其他包装制品，本册制造
将军集团临清纸业分公司	将军烟草集团有限公司直属	7526	4543	1145	主要经营包装装潢印刷品印刷，批发、零售纸张、纸制品，烟用辅助材料、烟用配件、机械零部件、机械设备及配件，房屋租赁
颐中烟草（集团）有限公司卷烟材料分公司	颐中烟草（集团）有限公司直属	191873	8029	2809	主要经营卷烟辅助材料的制造
颐中烟草（集团）有限公司烟台分公司	颐中烟草（集团）有限公司子公司	3425	962	−243	主要经营丝束成型助剂、添加剂、化工助剂的加工、制造、销售
颐中（青岛）实业有限公司	颐中烟草（集团）有限公司子公司	26612	7087	−247	主要经营铝箔纸、卷烟辅料及下脚料、包装物的制造、加工，香精香料的生产、销售
颐中（潍坊）实业有限公司	颐中烟草（集团）有限公司子公司	16464	7571	62	主要经营卷烟配套的原辅材料（烟草专卖品除外）的加工销售
颐中（滕州）实业有限公司	颐中烟草（集团）有限公司子公司	1606	1467	67	主要经营烟用滤棒、铝箔复合、乳胶、水松纸、薄片的加工
青岛黎马敦包装有限公司	颐中烟草（集团）有限公司参股	47370	63679	6185	主要经营包装制品的生产和销售

续表

辅料生产企业名称	出资人（烟草企业）（全资、参股、控股）	总资产（万元）	总产值（万元）	总利润（万元）	主要经营项目
青岛嘉泽包装有限公司	颐中烟草（集团）有限公司参股	52622	61300	2321	主要经营烟用接装纸、内衬纸、拆封拉线、BOPP 薄膜、卡纸、烟标、礼品盒、滤棒及其他包装材料、胶粘剂（不含危险品）、打火机的生产、销售
烟台颐中包装有限公司	颐中烟草（集团）有限公司控股	2216	2760	55	主要经营纸箱、纸板、包装物料的制造和批发
青州新华包装制品有限公司	颐中烟草（集团）有限公司子公司	8203	11722	415	主要经营卷烟商标、水松纸等卷烟辅料的生产和销售
许昌永昌印务有限公司	河南中烟工业有限责任公司参股	15711	10114	-2482	主要经营烟标装潢的印制
驻马店发时达工贸有限公司	河南中烟工业有限责任公司控股	8529	9267	-950	主要经营滤棒加工、薄片加工、铝箔纸复合、水松纸印刷、纸箱、胶、BOPP 薄膜、卡纸、主业物业服务等
汕头龙华印务有限公司	河南中烟工业有限责任公司控股	7651	5830	423	主要经营烟标装潢的印制
河南金瑞香精香料有限公司	河南中烟工业有限责任公司子公司	5528	5675	693	主要生产、销售烟用香精香料
河南金芒果印刷有限公司	河南中烟工业有限责任公司控股	14524	8480	693	主要经营烟标装潢的印制
河南省新郑金芒果实业总公司	隶属河南中烟工业有限责任公司管理（集体企业）	12963	19245	130	主要经营滤棒、白卡纸、内衬纸、接装纸、黏合剂、纸箱等生产
许昌帝豪实业公司	隶属河南中烟工业有限责任公司管理（集体企业）	24815	19436	280	主要经营铝箔纸复合，以及水松纸、BOPP 薄膜、内衬纸、黏合剂、纸箱等生产
郑州黄金叶实业总公司	隶属河南中烟工业有限责任公司管理（集体企业）	41352	40410	3336	主要经营滤棒加工、包装装潢及其他印刷品印刷
安阳市红旗渠集团	隶属河南中烟工业有限责任公司管理（集体企业）	18493	28240	77	主要经营滤棒、包装装潢、白卡纸、内衬纸、水松纸、接装纸等生产
南阳双龙实业公司	隶属河南中烟工业有限责任公司管理（集体企业）	16893	22505	1486	主要经营卷烟商标印刷，BOPP 薄膜、白卡纸、内衬纸、接装纸、黏合剂、纸箱等生产
洛阳烟草服务中心	隶属河南中烟工业有限责任公司管理（集体企业）	12761	15211	338	主要经营滤棒、包装装潢、白卡纸、内衬纸等生产

续表

辅料生产企业名称	出资人（烟草企业）（全资、参股、控股）	总资产（万元）	总产值（万元）	总利润（万元）	主要经营项目
漯河沙河实业有限公司	隶属河南中烟工业有限责任公司管理（集体企业）	13812	22290	570	主要经营卷烟商标印刷，BOPP 薄膜、白卡纸、内衬纸、接装纸、纸箱等生产
红金龙（集团）有限公司	湖北中烟工业有限责任公司子公司	273800	36700	9100	主要经营瓦楞纸箱、材料回收加工、封口，金属结构件加工，销售百货、纺织品、五金交电、工艺美术品、土特品、家具、民用建材、文化用纸、印刷机械配件、烟机配件、食品添加剂、香精与香料，柜台出租，仓储服务、机械设备安装及租赁，土建、装饰、市政、园林工程、烟草行业管理咨询，IT 规划、培训服务，计算机硬件、运行维护，提供企业信息化项目实施、监理服务，建筑智能化工程设计施工等
常德金鹏印务有限公司	湖南中烟投资管理有限公司参股	133050	193048	57462	主要生产包装用纸箱、铝箔纸、水松纸及相关包装材料和透明纸、白卡纸的分切加工等
湖南九子龙印务有限公司	湖南中烟投资管理有限公司参股	5465	7193	630	主要研制开发、印制烟标及其他印刷品和生产纸箱纸品
湖南永怡印刷包装有限公司	湖南中烟投资管理有限公司参股	5726	6792	527	主要经营印刷品（卷烟包装烟盒、条盒）的生产销售
常德芙蓉大亚化纤有限公司	湖南中烟投资管理有限公司控股	14214	17602	3708	主要烟用聚丙烯丝束生产，滤棒的设计、开发、生产、销售
四平芙蓉纸品有限责任公司	湖南中烟投资管理有限公司子公司	2909	5338	539	主要经营纸制品生产及销售，铝箔纸的复合、分切、印刷等
常德市芙蓉实业发展有限责任公司	湖南中烟投资管理有限公司参股	38092	76654	8594	主要经营烟用聚丙烯丝束生产，滤棒的设计、开发、生产、销售
湖南永州九子龙经贸有限公司	湖南中烟投资管理有限公司子公司	2561	3555	55	主要经营包装材料制造和销售，纸制品销售，卷烟材料、纸箱生产（不含许可项目）及销售等
湖南零陵金秋实业有限责任公司	湖南中烟投资管理有限公司子公司	2605	3557	115	主要经营包装装潢印刷、其他印刷品印刷，加工销售铝箔纸、接装纸、舌头纸、香精、香料、乳白胶等
湖南永安包装材料有限公司	湖南中烟投资管理有限公司控股	13333	2586	-385	主要加工、生产、销售各类薄膜、纸制品和其他包装材料及制品（不含食品包装），经营防伪、环保产品的开发与销售等
湖南永和包装有限公司	湖南中烟投资管理有限公司控股	685	0	-78	主要经营纸制品（纸箱、纸盒、纸袋）、其他包装材料、包装制品及产品自销
郴州永旺包装材料有限公司	湖南中烟投资管理有限公司子公司	2502	4458	39	主要经营生产包装用纸箱、铝箔纸、水松纸及相关包装材料和透明纸、白卡纸的分切加工等
广西真龙彩印包装有限公司	广西中烟工业有限责任公司控股	66036	100208	30713	主要经营烟用接装纸的制版印刷（凭许可证有效期经营）

续表

辅料生产企业名称	出资人（烟草企业）（全资、参股、控股）	总资产（万元）	总产值（万元）	总利润（万元）	主要经营项目
广西真龙实业有限责任公司	广西中烟工业有限责任公司全资子公司	25100	20622	1864	主要经营烟用铝箔纸复合、销售；烟用接装纸生产、销售；成型纸加工（分切）、销售；精细化工类胶水生产、销售；烟用金拉线生产、销售；纸箱加工、销售；烟用丝束定向购进（广西中烟工业有限责任公司）；滤棒生产、定向销售；国产卷烟纸品分割、销售；卷烟、雪茄烟（限分支机构经营）零售；自有房屋、土地及设备租赁；普通道路货物运输；物业管理；酒店管理等
广西真龙天瑞彩印包装有限公司	广西中烟工业有限责任公司子公司（控股）	21507	19561	2373	主要经营卷烟用条盒和小盒生产、销售
四川三联卷烟材料有限公司	四川中烟工业有限责任公司子公司	39525	62164	3496	主要生产、经营卷烟滤棒及有关配套产品
陕西省卷烟材料厂	陕西中烟工业有限责任公司子公司	21848	11582	1697	主要负责全省烟草工业系统部分滤棒和烟箱的生产经营
宁波大安化学工业有限公司	陕西中烟工业有限责任公司参股	163852	80056	14030	主要生产经营醋片
西安惠大化学有限公司	陕西中烟工业有限责任公司参股	47916	88374	13564	主要生产经营醋酸丝束
陕西金叶科教集团股份有限公司	陕西中烟工业有限责任公司参股	195693	52827	5029	主要经营包装装潢印刷品印刷，卷烟过滤材料生产销售，高新数字印刷技术及高新技术广告制作，高新技术产业、教育、文化产业、基础设施、房地产的投资、开发等
宝鸡好猫实业集团有限公司	陕西中烟工业有限责任公司参股	42596	29167	4550	主要经营卡纸、内衬纸、接装纸、烟箱、BOPP 薄膜生产
宁夏弘德包装材料有限公司	陕西中烟工业有限责任公司参股	47654	17032	3375	主要经营盒皮印刷销售

注：1. 陕西金叶滤材有限公司于2015年完成清退；

2. 2015年11月，因与外方合营到期，广西中烟完成广西甲天下水松纸有限公司清算工作，注销该公司。

（编辑：王东旭）

烟叶加工

打叶复烤

截至2015年底，全国烟草行业有打叶复烤企业（含工业企业复烤车间）33家，生产点63个，打叶复烤生产线78条，分布在全国17个省（自治区、直辖市），年设计加工能力为199.5万吨（3990万担），其中，具有独立法人资格的打叶复烤企业26家，68条生产线，年设计加工能力171万吨（3420万担）；卷烟工业企业打叶复烤车间7家，10条生产线，年设计加工能力28.5万吨（570万担）。按照自然年度统计（2015年1月1日至12月31日），全国33家打叶复烤企业（含工业企业复烤车间）共加工烟叶218.036万吨（4360.72万担），同比下降9.49%。

2015年，26家独立核算打叶复烤企业的资产总额384.25亿元，同比增长13.68%；实现加工费收入（含价外费用）78.75亿元，同比增长4.46%；上缴税金21.54亿元，同比增长7.38%；实现净利润18.71亿元，同比增长19.94%。

丹东辽东烟草发展有限责任公司

【概　况】　丹东辽东烟草发展有限责任公司位于辽宁省丹东凤城市，成立于1996年7月9日，隶属于辽宁省烟草专卖局（公司）管理。公司占地面积7.05万平方米，拥有年储存烟叶1.5万吨（30万担）的物流中心1个，年打叶复烤能力3万吨（60万担）的现代化生产线1条。截至2015年底，公司总资产3.50亿元，资产负债率5.17%。从业人员184人。公司法人代表、总经理：张敬波，党委书记：任勇。

【生产经营】　2015年，公司复烤加工烟叶2.69万吨（53.70万担），产出成品片烟1.79万吨（35.76万担）。实现加工收入9803万元。实现税利5141万元，其中利润3455万元。

【基础管理】　2015年，公司继续延续“三班生产运行模式”，合理安排加工计划，整个加工周期主要质量指标均达到行业相关标准和客户的要求，其中，叶中含梗1.8%以下、梗中含叶1.0%以下、长梗率为85%以上、包装完好率100%。

2015年，片烟生产能耗为148千克标煤/吨，片烟综合能耗为191千克标煤/吨，达到国家一级企业标准。设备运行率96.9%，客户满意度98.26%。

延边友利打叶复烤有限责任公司

【概　况】　延边友利打叶复烤有限责任公司位于吉林省延吉市，成立于2003年9月，隶属于吉林烟草工业有限责任公司管理，注册资本6054万元，有6000千克/小时整套打叶设备及叶片复烤设备，年复烤加工能力3万吨（60万担）。从业人员219人。公司法人代表、董事长：金胜龙；总经理：董秀吉。

【生产经营】　2015年，公司复烤加工烟叶4.70万吨（23.47万担），产出片烟0.72万吨（14.4万担）。实现加工收入4190万元。实现税利845.69万元，其中利润107.02万元。

黑龙江烟叶复烤有限公司

【概　况】　黑龙江烟叶复烤有限公司位于黑龙江省哈尔滨市，2012年6月经国家烟草专卖局、中国烟草总公司批准成立，2012年11月挂牌，是由中国烟草总公司黑龙江省公司、红塔烟草（集团）有限责任公司、湖南中烟工业有限责任公司、湖北中烟工业有限责任公司、广东中烟工业有限责任公司等5家烟草工商企业投资经营的打叶复烤企业，由黑龙江省烟草专卖局（公司）控股管理，实行董事会领导下的总经理负责制，下设勃利、绥化、林口等3家复烤厂。公司注册资本6.59亿元，拥有3条12000千克/小时打叶复烤生产线，年复烤加工能力13.5万吨（270万担）。截至2015年底，公司总资产6.2亿元，其中，固定资产0.93亿元、流动资产5.04亿元，资产负债率为7.69%。从业人员2069人。公司法人代表：王乃信；总经理：徐志敏。

【生产经营】　2015年，公司复烤加工烟叶5.65万吨（113万担），产出成品片烟3.82万吨（76.4万担）。实现加工收入2.26亿元。实现毛利额1.29亿元。

华环国际烟草有限公司

【概　况】　华环国际烟草有限公司成立于1994年5月，其前身是英美烟草公司1917年投资建设的门台子烤烟厂。公司历经中外合资、行业内工商合资等多次变革，发展成为由安徽省烟草专卖局（公司）、上海烟草集团有限责任公司和安徽中烟工业有限责任公司共同投资建设、共同经营的现代化打叶复烤企业，隶属安徽省烟草专卖局（公司）。

公司下设华环生产加工中心、涡阳烟叶复烤厂和蚌埠储运分公司等3个分支机构。华环生产加工中心位于安徽省凤阳县经济技术开发区，拥有1条12000千克/小时打叶复烤生产线，年设计生产能力3万吨（60万担）。涡阳烟叶复烤厂位于安徽省涡阳县，占地面积19万平方米，拥有6000千克/小时打叶复烤生产线和年中转能力100万担烟叶的铁路专用线各1条。截至2015年底，公司总资产16.21亿元，其中，固定资产8.16亿元、流动资产7.85亿元。从业人员406人。公司总经理、党委副书记：王辉（—2015.3）；公司总经理、党委书记：王新胜（2015.3—，之前任党委书记）。

【生产经营】 2015年，公司复烤加工烟叶8.49万吨（169.86万担），同比下降7.46%。实现主营业务收入3.38亿元，同比下降2.27%。实现税利8708万元，同比增长65.08%，其中利润2362万元，同比下降21.79%。

【技术创新】 推进上海烟草集团有限责任公司原料研究五室、江苏中烟工业有限责任公司联合实验室、行业重点标准研究室建设，创新体系进一步健全。加强关键性工艺技术研究，2015年在研科技项目14项，其中，省公司项目6项，合作承担3项，自主承担5项。通过“基于烟叶颜色优化配方控制系统研究”项目，初步研究出烟碱和烟叶颜色双因素调控技术；通过开发条形码和RFID电子标签管理系统，实现与上海烟草集团仓储管理系统的有效对接，提高烟叶质量追溯能力。加大标准研制力度，2015年在研标准项目6项，其中，行业标准5项，省公司标准1项。推进群众性创新活动，2015年注册QC小组25个，注册课题25个，完成QC小组成果23个，活动参与率29%。2015年取得科技成果7项，申报发明专利1项，2项行业标准、1项省公司标准获批准发布，2个QC小组分别被评为安徽省和安徽省烟草公司优秀QC小组；“打叶复烤工艺中烟叶碎片干燥装置”研究成果获得安徽省烟草公司2015年科技进步优秀奖。

福建武夷烟叶有限公司

【概　况】 福建武夷烟叶有限公司位于福建省邵武市，成立于2000年12月。有中国烟草总公司福建省公司、福建省烟草公司南平市公司、浙江中烟工业有限责任公司、上海烟草集团有限责任公司、江苏中烟工业有限责任公司、红塔烟草（集团）有限责任公司、安徽中烟工业有限责任公司、山东中烟工业有限责任公司、原川渝中烟工业有限责任公司等9家股东。隶属福建省烟草专卖局（公司）管理。截至2015年底，公司拥有总资产12.81亿元，其中，固定资产5.54亿元、流动资产6.65亿元，资产负债率为4.64%。公司占地面积35万平方米，年复烤加工能力3万吨（60万担）。员工242人。公司法人代表：白万明；主要负责人、常务副总经理：杨连意。

【生产经营】 2015年，公司复烤加工烟叶3.98万吨（79.62万担），产出片烟2.66万吨（53.2万担）。实现销售收入1.43亿元，其中加工收入1.3亿元。实现税利3578万元，其中利润1139万元。

【技术改造】 截至2015年底，公司易地技改项目累计完成投资5.9亿元，约占批复投资总额的90%。在单项验收方面，完成消防、防雷、安评、职业卫生、环境应急预案、项目档案专项验收，环保设施、项目规划验收也基本完成。

福建省龙岩金叶复烤有限责任公司

【概　况】 福建省龙岩金叶复烤有限责任公司位于福建省龙岩市永定县，2003年4月，由原龙岩卷烟厂打叶复烤分厂改制而来，隶属于福建中烟工业有限责任公司。公司股东有福建中烟工业有限责任公司、龙岩烟草工业有限责任公司、厦门烟草工业有限责任公司、福建省烟草公司龙岩市公司、上海烟草集团有限责任公司、湖北中烟工业有限责任公司、广东中烟工业有限责任公司等7家股东。截至2015年底，公司拥有总资产13.38亿元，其中，固定资产（原值）11.27亿元、流动资产3.15亿元。拥有2条12000千克/小时打叶复烤生产线。从业人员400人，其中有大学学历以上的专业技术人员和管理人员184人，高级职称2人、中级职称32人。公司总经理、党委书记：姜林忠。

【生产经营】 2015年，公司复烤加工烟叶4.15万吨

（83.06 万担），产出片烟 2.67 万吨（53.36 万担）。实现销售收入 1.83 亿元。实现税利 1962.09 万元，亏损 1245.06 万元。

【技术创新】 5 月，公司“基于‘七匹狼’品牌原料保障的打叶复烤综合技术研究”通过鉴定。“基于烟碱均衡组批投料的打叶复烤配方均匀性控制技术研究”“复烤机干燥段智能控制技术研究”在生产线正式应用，烟碱变异系数控制在 3.5% 以下，烤后叶片含水率标准偏差控制在 0.25% 以下。

福建省三明金叶复烤有限公司

【概 况】 福建省三明金叶复烤有限公司位于福建省三明市，成立于 1998 年 10 月。有中国烟草总公司福建省公司、福建省烟草公司三明市公司、湖北中烟工业有限责任公司、上海烟草集团有限责任公司、江苏中烟工业有限责任公司、厦门烟草工业有限责任公司、贵州中烟工业有限责任公司、原川渝中烟工业有限责任公司、红云红河烟草（集团）有限责任公司、湖南中烟中烟工业有限责任公司等 10 家股东，注册资本 9.13 亿元，隶属于福建省烟草专卖局（公司）。公司占地面积 7.5 万平方米，拥有 2 条加工能力 6000 千克/小时的打叶复烤生产线以及在线配备加香加料机、自动喷洒机、烟叶精选台及配方柜等设备，主要负责承担国内卷烟工业企业在三明地区的烟叶委托复烤加工任务，年复烤加工能力 4.5 万吨（90 万担）左右。公司法人代表、总经理：张清明；常务副总经理：赖禄祥。

【生产经营】 2015 年，公司复烤加工烟叶 3.05 万吨（60.98 万担），产出成品片烟 2 万吨（40 万担）。实现加工收入 1.02 亿元。实现税利 3117 万元，其中利润 1036.96 万元。

【技术改造】 2 月，公司技改项目生产管理用房、联合工房完成主体施工，联合工房于 1 月开始主机设备安装，生产管理用房标段的办公后勤用房准备开始装修工程。此外，完成烟机设备、辅联设备采购及机电安装、消防工程等招投标工作，各专业施工全面展开。在项目建设过程中，公司着力抓好项目质量管理、进度管理和规范管理，严格按计划推进项目实施，确保 2016 年 8 月建成投产。

江西赣南烟叶复烤有限责任公司

【概 况】 江西赣南烟叶复烤有限责任公司位于赣州市开发区香港工业园，成立于 2009 年 10 月，隶属于江西省烟草公司控股。由中国烟草总公司江西省公司，江西省烟草公司赣州、抚州、吉安市公司，江西中烟工业有限责任公司，红塔烟草（集团）有限责任公司，原川渝中烟工业有限责任公司，山东中烟工业有限责任公司，湖南中烟工业有限责任公司，上海烟草集团有限责任公司，浙江中烟工业有限责任公司，广东中烟工业有限责任公司等 12 家烟草工商企业共同出资组建，注册资本 4.5 亿元。截至 2015 年底，公司拥有总资产 8.52 亿元，其中，固定资产 4.05 亿元、流动资产 4.47 亿元，资产负债率为 8.05%。公司占地面积 26.67 万平方米，有 1 条 12000 千克/小时打叶复烤生产线，年复烤加工能力 3 万吨（60 万担）。有从业人员 141 人（不含季节工和劳务派遣工）。公司法人代表、董事长、总经理：韩爱平。

【生产经营】 2015 年，公司复烤加工烟叶 2.71 万吨（54.18 万担）。片烟实现加工收入 8115 万元。实现税利 6450 万元，其中利润 4875 万元。

【技术改造】 公司开展“减少预处理段 104B 解把机信号干扰频次”“提高烤前中片率”“减少成品搬运过程中纸箱的损耗数量”等 11 个 QC 课题研发；分别与湖北中烟合作开展“提高江西烟叶复烤加工有效得率下出片率的研究”，与江西中烟协作开展“打叶复烤多元化提质技术及应用研究”课题研究项目。2015 年，公司技术中心配置了流动化学分析仪器，填补公司不能进行流动化学分析功能的空白，初步建立化学分析模型；配置小型切丝机和试验用拉烟器，对客户在使用烟叶配方方面提供一定的试验环境。对车间生产环境进行系统的降尘、降噪技术改造，车间整体生产环境得到有力改善。全面推进精益管理和6S管理，增强生产过程把控能力，提升参数化控制水平。

山东烟叶复烤有限公司

【概　况】　山东烟叶复烤有限公司位于山东省济南市，成立于2011年1月，由中国烟草总公司山东省公司与上海烟草集团有限责任公司共同投资组建，隶属于山东省烟草专卖局（公司）。2012年，公司完成重组整合，下辖诸城复烤厂、沂水复烤厂、潍坊复烤厂、临沂办事处和山东瑞博斯烟草有限公司1个全资子公司。公司拥有4条打叶复烤生产线和1条造纸法再造烟叶生产线，年复烤加工能力7.5万吨（150万担），年薄片生产能力6000吨。截至2015年底，公司拥有总资产10.13亿元，资产负债率为12.25%。员工1443人，其中在岗869人。公司法人代表、董事长、分党组副书记：刘继学。

【生产经营】　2015年，公司复烤加工烟叶8.65万吨(173.04万担)，生产薄片6005吨。实现营业收入4.96亿元，同比增长3.4%。实现税利1.28亿元，同比增长22.2%，其中利润0.53亿元，同比增长30.6%。

【技术改造】　2015年1月，公司临沂复烤厂易地技改项目论证会在临沂召开，通过实地踏勘、情况介绍、查阅资料、现场质询，项目通过专家组论证。5月，易地技改项目经国家局投资管理委员会审议通过。

天昌国际烟草有限公司

【概　况】　天昌国际烟草有限公司位于河南省许昌市。2011年9月，根据《国家烟草专卖局　中国烟草总公司关于河南省打叶复烤企业重组整合的批复》（国烟法〔2011〕48号），天昌国际烟草有限公司吸收合并三门峡金红烟草有限责任公司、宝丰金叶烟草有限责任公司、南阳金业烟草有限责任公司，重组整合为新的天昌国际烟草有限公司，隶属于河南省烟草专卖局（公司）。公司投资总额18.5亿元，注册资本15.25亿元，有中国烟草总公司河南省公司、河南中烟工业有限责任公司、上海烟草集团有限责任公司、浙江中烟工业有限责任公司、湖北中烟工业有限责任公司、中国烟草河南进出口有限责任公司、江苏中烟工业有限责任公司、贵州中烟工业有限责任公司、红云红河烟草（集团）有限责任公司、安徽中烟工业有限责任公司、原川渝中烟工业有限责任公司、吉林烟草工业有限责任公司、红塔烟草（集团）有限责任公司、天利国际经贸有限公司、广东中烟工业有限责任公司等15家股东。公司下辖天昌复烤厂、三门峡复烤厂、宝丰复烤厂、南阳复烤厂等4家打叶复烤生产厂，拥有6条打叶复烤生产线，年设计复烤加工能力12万吨（240万担）。有在岗员工925人。公司总经理：李彰；党委书记：李柏杰。

【生产经营】　2015年，公司复烤加工烟叶11.25万吨(225万担)，产出片烟7.44万吨（148.8万担）。实现加工及经营收入5.61亿元。实现税利1.31亿元，其中利润3408万元。

【技术改造】　公司宝丰复烤厂、南阳复烤厂技改项目通过国家局批复，《天昌复烤厂易地技术改造项目调整报告》获得国家局批复，争取国家局技改补贴资金8.9亿元。三门峡复烤厂技改项目调整报告通过内部评审。与河南中烟工业有限责任公司签订黄金叶烟叶复烤加工专线建设框架协议。

湖北烟草金叶复烤有限责任公司

【概　况】　湖北烟草金叶复烤有限责任公司位于湖北省恩施州经济开发区。2009年12月，根据《国家烟草专卖局　中国烟草总公司关于湖北省公司打叶复烤企业体制改革的批复》（国烟法〔2009〕512号），恩施金叶有限责任公司、襄樊金叶有限责任公司重组整合为湖北烟草金叶复烤有限责任公司；湖北烟草金叶复烤有限责任公司是中国烟草总公司湖北省公司控股管理的子公司，公司下设非独立法人的湖北烟草金叶复烤有限责任公司恩施复烤厂、湖北烟草金叶复烤有限责任公司襄樊复烤厂。2010年1月，公司挂牌成立。公司有中国烟草总公司湖北省公司、湖北中烟工业有限责任公司、湖南中烟工业有限责任公司、浙江中烟工业有限责任公司、红云红河烟草（集团）有限责任公司、红塔烟草（集团）有限责任公司、山东中烟工业有限责任公司、原川渝中烟工业有限责任公司、广西中烟工业有限责任公司、安徽中烟工业有限责任公司等10家股东，注册资本11.74亿元。公司下辖恩施复烤厂、襄阳复烤厂2个打叶复烤生产厂。截至2015年底，公司拥有总资产13.39亿元，资产负债率为10.04%。拥有12000千克/小时打叶复烤生产线2条，6000千克/小时打叶复烤生产线1条，年复烤加工能力9万吨（180万担）。在岗员工541人。公司董事长、法人代表：黄树立；党组书记、总经理：钟元兵。

【生产经营】 2015年，公司复烤加工烟叶4.61万吨（92.14万担），产出片烟2.97万吨（59.4万担）。实现加工收入1.93亿元。实现税利8691万元，其中利润3675万元。

【技术改造】 公司恩施复烤厂仓储区建设项目调整方案于2015年5月获得国家局批复，7月完成项目征地工作，年内完成项目±0.00以上的施工图设计，建设方案等相关资料报送待批。襄阳复烤厂易地技改项目于2015年1月制定产能调整方案，3月调整方案经国家局批复，7月全面完成征地工作，8月7日项目建筑安装工程正式开工，计划总工期365天，其中工程设备招标采购工作获国家局烟机专用设备购置计划批复，并初步完成专用设备购置合同签订、专用设备配套部分商务及技术谈判工作。

湖南烟叶复烤有限公司

【概　况】 湖南烟叶复烤有限公司位于湖南省郴州市，于2011年9月29日注册登记，同年10月正式运作，由中国烟草总公司湖南省公司控股并管理。根据《国家烟草专卖局 中国烟草总公司关于湖南省公司打叶复烤企业体质改革的批复》（国烟法〔2011〕356号），郴州天泰烟叶复烤有限责任公司、永州天顺烟叶复烤有限责任公司重组整合为湖南烟叶复烤有限公司。公司有18家烟草工商企业股东，其中工业企业股东17家，注册资本22.88亿元。实行“一个法人，两点生产加工”的经营模式，下设郴州、永州2家打叶复烤生产厂。公司拥有3条打叶复烤生产线，年复烤加工能力9万吨（180万担）。截至2015年底，公司总资产27.87亿元。在册员工607人。公司总经理、党组书记：周国生。

【生产经营】 2015年，公司复烤加工烟叶9.82万吨（196.36万担），产出成品片烟6.38万吨（127.59万担）。实现营业收入3.69亿元。实现税利1.34亿元，其中利润1.13亿元。

【技术创新】 公司郴州复烤厂新厂2条生产线先后于2015年9月和10月投产运行，12月举行整体搬迁仪式。公司围绕工艺改进、设备管理、节能减排等重点、难点问题，开展创新项目7项、QC活动9项，其中获湖南省局科技进步奖一等奖1项、三等奖1项。获得全省烟草商业系统QC/对标课题二等奖1个。

常德芙蓉烟叶复烤有限责任公司

【概　况】 常德芙蓉烟叶复烤有限责任公司位于湖南省常德市鼎城高新技术产业园内，成立于2005年11月，隶属于湖南中烟工业有限责任公司。由湖南中烟，湖南省烟草公司常德、张家界市公司共同出资组建，注册资本3721万元。公司占地面积15.7万平方米。拥有1条12000千克/小时打叶分风线、1500千克/小时叶尖处理线、3000千克/小时叶基处理线、9600千克/小时复烤线、9600千克/小时打包线、16000千克/小时铺叶摆把线，年复烤加工能力3万吨（60万担）。截至2015年底，公司总资产7.26亿元。在岗员工183人，其中大专以上学历人员179人。公司总经理：王红刚（—2015.7）、侯军（2015.7—）；党总支书记兼工会主席：徐宇翔。

【生产经营】 2015年，公司复烤加工烟叶3.96万吨（79.2万担），产品出片率65.01%（含外加工），实物产品得率92.75%。实现销售收入1.68亿元。实现税利2482万元，其中利润140万元，全面实现企业扭亏增盈。

湘西鹤盛原烟发展有限责任公司

【概　况】　湘西鹤盛原烟发展有限责任公司位于湖南省吉首市，成立于1999年。由湖南中烟工业有限责任公司和湖南省烟草公司湘西土家族苗族自治州公司共同出资组建，注册资本9000万元，隶属于湖南中烟工业有限责任公司。公司占地面积11.2万平方米。拥有12000千克/小时打叶线1条、9600千克/小时烤片线1条、3600千克/小时烤梗线1条、12000千克/小时真空回潮机1台、12000千克/小时打包线1条，年设计复烤加工能力3万吨（60万担）。截至2015年底，公司总资产3.1亿元。在岗员工1699人。公司总经理：张其龙。

【生产经营】　2015年，公司复烤加工烟叶3.56万吨（71.17万担），产出片烟2.39万吨（47.8万担）。实现销售收入1463万元。上缴税金3068万元，实现利润4049万元。

【烟叶精选扩容】　2015年，公司采取就地扩容和易地扩容两种方式，开启龙山异地挑选的创新模式，实现共享仓储物流及人力资源，有效缓解仓储、物流压力，加快烟叶挑选进度。挑选量从2014年的0.95万吨（19.02万担）提升到3.07万吨（61.33万担）。

【技术改造】　2015年，公司取得易地技术改造（马鞍）项目的批复，完成征地拆迁，展开“三通一平”工作；项目的规划设计完成招标及设计合同签订，环评、安评、职业健康及水土保持等多个标段挂网招标；开展以易地技改为主题的“新鹤盛”创意大赛，以“生态·和”为理念的项目文化逐步形成。完成生物质锅炉管理模式创新工作，设计《生产部锅炉房改革实施方案》，改变两套人马管理同一生物质锅炉模式，吨烟耗汽从2014年的1.35吨下调到1吨，同比下降26%。

浏阳天福打叶复烤有限责任公司

【概　况】　浏阳天福打叶复烤有限责任公司位于湖南省浏阳市永安镇现代产业制造园，成立于2004年12月，由湖南中烟工业有限责任公司和湖南省烟草公司长沙、衡阳市公司共同出资组建，注册资本1.6亿元，隶属于湖南中烟工业有限责任公司。公司占地面积10.67万平方米，拥有12000千克/小时分类加工打叶复烤生产线1条、6000千克/小时人机结合精选试验线1条，年复烤加工能力3万吨（60万担）。截至2015年底，公司拥有总资产4.66亿元。在岗员工189人。公司总经理：李昌平。

【生产经营】　2015年，公司复烤加工烟叶4.13万吨（82.52万担），产出片烟2.72万吨（54.45万担），出片率为65.98%。实现营业收入1.77亿元。实现税利0.78亿元，其中利润0.54亿元。

【技术改造】　2015年，公司投资1947万元用于技术改造。4月，投资1900万元新建1条6000千克/小时人机结合精选试验线，12月初投入使用。该线采用“动态发料，静态挑选”挑选模式保证烟叶挑选品质，解决纯人工选叶效率低、招工难、选叶环境差等诸多问题，比较纯人工挑选，预计1年可节约成本300万元。7月，投资31.8万元用于公司水、电、蒸汽计量系统建设，为公司能耗管理提供有效的数据依据和科学的管理平台。9月，投资14.7万元对烤片机其中50片网板进行镀膜试验，解决因烟油液滴沉积，烟叶碎片、烟尘粘附堵塞网板网孔的情况，影响烘烤温度均匀性和复烤效果，通过半年运行后，表面应粘附烟叶碎片明显减少，烟油积垢有较大改善。

广东韶关烟叶复烤有限公司

【概　况】　广东韶关烟叶复烤有限公司位于广东省韶关市，成立于1992年，2003年改制为有限公司，由中国烟草总公司广东省公司、广东中烟工业有限责任公司和深圳烟草工业有限责任公司共同出资组建。公司占地面积9万余平方米，拥有1条12000千克/小时打叶复烤生产线，年复烤加工能力3万吨（60万担）。截至2015年底，公司拥有总资产4.88亿元，在岗员工168人。公司董事长、总经理、法人代表、党委书记：卢道明。

【生产经营】 2015年，公司复烤加工烟叶2.43万吨（48.67万担），产出片烟1.58万吨（31.69万担）。实现加工收入6512万元。实现税利2694万元，其中利润1414万元。

【技术改造】 公司“十二五”打叶复烤技术改造项目于2015年5月经国家局批复（国烟计〔2015〕143号），批复总投资额为3.47亿元。根据批复文件精神，公司紧抓进度和质量，严格按照既定的程序、步骤和要求，积极有序开展初步设计、第三方审查单位等招标，以及初步设计方案定稿、审查工作。2015年12月底，项目通过由中国烟草总公司广东省公司组织的“十二五”打叶复烤技术改造项目初步设计审查会的审查。

广东梅州烟叶复烤有限公司

【概　况】 广东梅州烟叶复烤有限公司位于广东省梅州市，成立于1999年12月，隶属于中国烟草总公司广东省公司，由中国烟草总公司广东省公司、广东中烟工业有限责任公司和深圳烟草工业有限责任公司共同投资组建。公司占地面积5.71万平方米，拥有4万平方米的烟叶仓库，主要生产设备为6000千克/小时的打叶复烤生产线，年加工能力1.5万吨（30万担）。截至2015年底，公司拥有总资产3.57亿元，资产负债率为38.88%。员工195人（含离退休员工），其中，在岗员工177人，42人取得专业技术职称。公司法人代表、总经理、党委书记：方文青。

【生产经营】 2015年，公司复烤加工烟叶2.58万吨（51.65万担），产出片烟1.65万吨（33.03万担）。实现营业总收入1.02亿元。实现税利3608万元，其中利润2103万元。

【技术改造】 2015年3月，公司“十二五”打叶复烤生产线技术改造项目获得国家局批复，截至2015年底，完成“十二五”技改项目初步设计和打叶复烤生产线设备及配套设备的选型等工作。

【技术创新】 2015年，公司被中国烟叶公司选定为“打叶复烤企业均质化生产加工工艺技术研究”课题开展单位之一，并与中国烟叶公司、广东中烟共同合作研究开展“‘双喜’品牌烟叶均质化复烤加工研究”科研项目；“烟叶把头单独解把技术的研究与应用”项目通过广东省局（公司）的验收；公司自主研发的“具有自动调节功能的烟叶剖把机”“用于烤片机干燥区的隔挡装置”2个项目获得国家实用新型专利授权。

广西伊灵烟叶复烤有限责任公司

【概　况】 广西伊灵烟叶复烤有限责任公司位于广西南宁市武鸣县城厢镇兴武大道县城中心区，是广西唯一的一家烟叶打叶复烤企业，公司最初为筹建于2000年的南宁伊灵打叶复烤厂，2002年6月正式投产。2003年6月，中国烟草总公司广西壮族自治区公司、百色市烟草公司、贺州市烟草公司、南宁卷烟厂、柳州卷烟厂等5个股东单位共同出资改制成立广西伊灵烟叶复烤有限责任公司，2007年10月新增河池市烟草公司、桂林市烟草公司2个股东单位，隶属于中国烟草总公司广西壮族自治区公司，注册资本4.25亿元，经营业务范围包括烟叶打叶复烤加工和纸箱加工。公司占地面积25.07万平方米，拥有1条6000千克/小时打叶复烤生产线和1条纸箱生产线，年打叶复烤加工能力1.5万吨（30万担），年纸箱加工能力300万个。在册员工657人，其中在岗正式员工157人。截至2015年底，公司拥有总资产5.22亿元。公司法人代表：张克勤；总经理、党总支书记：覃伟。

【生产经营】 2015年，复烤加工烟叶2.49万吨（49.83万担），产出片烟1.63万吨（32.51万担）。纸箱加工量159.61万只。实现销售收入8367万元，其中打叶复烤收入7278万元，纸箱加工收入1089万元。实现税利2195万元，其中利润747万元。

【设备改造】 公司将碎片干燥机喂料系统中的提升喂料机、振动输送机移除，安装1条平行皮带输送机，直接将落料器落下的烟叶碎片送至碎片干燥筒，降低碎片干燥机的生产能耗，每小时节电7.5千瓦时。

四川烟叶复烤有限责任公司

【概　况】　四川烟叶复烤有限责任公司成立于2011年12月，公司本部设在成都市高新区世纪城路936号烟草兴业大厦，由原四川三益烟草有限责任公司、三友打叶复烤有限公司、三原烟叶复烤有限责任公司3家公司整合而成。公司有11家股东，其中卷烟工业企业股东9家分别为：原川渝中烟工业有限责任公司、湖北中烟工业有限责任公司、广东中烟工业有限责任公司、上海烟草集团有限责任公司、湖南中烟工业有限责任公司、浙江中烟工业有限责任公司、安徽中烟工业有限责任公司、山东中烟工业有限责任公司、中国烟草实业发展中心；四川省内烟草商业企业股东2家，分别为：中国烟草总公司四川省公司、中国烟草四川进出口有限责任公司。由中国烟草总公司四川省公司控股。实行“一个法人、多点加工”的组织模式和现代企业股份制管理模式，下辖会理、德昌、会东、泸州、宜宾等5家复烤厂，有6条打叶复烤生产线，具有13.5万吨（270万担）的年设计生产能力、20万吨（400万担）的年实际加工能力。截至2015年底，公司拥有总资产26.96亿元。公司法人代表、总经理：步克；党委书记：成本喜。

【生产经营】　2015年，公司复烤加工烟叶12.83万吨（256.65万担）。实现营业收入5.15亿元。实现税利1.9亿元，其中利润1.05亿元。

贵州烟叶复烤有限责任公司

【概　况】　贵州烟叶复烤有限责任公司位于贵州省贵阳市，于2010年1月12日挂牌成立，由中国烟草总公司贵州省公司控股并管理。公司由中国烟草总公司贵州省公司、上海烟草集团有限责任公司、湖南中烟工业有限责任公司、江苏中烟工业有限责任公司、浙江中烟工业有限责任公司、广东中烟工业有限责任公司、贵州中烟工业有限责任公司、安徽中烟工业有限责任公司、湖北中烟工业有限责任公司、山东中烟工业有限责任公司、福建中烟工业有限责任公司、红塔烟草（集团）有限责任公司、红云红河烟草（集团）有限责任公司、河南中烟工业有限责任公司、广西中烟工业有限责任公司、陕西中烟工业有限责任公司、甘肃烟草工业有限责任公司、江西中烟工业有限责任公司、河北中烟工业有限责任公司等19家单位出资组建，注册资本31.56亿元，下辖毕节、遵义、铜仁、黔南、湄潭、黔西南、贵阳复烤厂等7家打叶复烤厂。公司拥有12000千克/小时打叶复烤生产线8条，年复烤加工能力32万吨（640万担）。截至2015年底，公司拥有总资产50.61亿元，其中，固定资产11.05亿元、流动资产34.50亿元，资产负债率为0.61%。员工1305人，其中在册在岗员工1136人。公司法人代表、总经理：张健；党委书记：孙俊如。

【生产经营】　2015年，公司复烤加工烟叶25.44万吨（508.8万担），产出片烟16.68万吨（333.6万担）。实现加工收入9.55亿元。实现税利4.02亿元，其中利润2.35亿元。

【技术改造】　2015年，公司技术改造项目建设稳步推进，遵义、铜仁、湄潭复烤厂技改项目初步设计获国家局批复。贵阳复烤厂技改项目完成项目设计招投标。毕节复烤厂技改项目获国家局正式立项批复。

重庆烟叶复烤有限公司

【概　况】　重庆烟叶复烤有限公司成立于2013年9月，是按照现代企业制度组建的股份制打叶复烤企业，注册资本9.81亿元，股东有中国烟草总公司重庆市公司（持股88.22%），重庆中烟工业有限责任公司（持股5.51%），湖南中烟工业有限责任公司（持股3.19%），江苏中烟工业有限责任公司（持股3.08%），隶属于重庆市烟草专卖局（公司）。公司下辖重庆烟叶复烤有限公司万州复烤厂（原重庆万兴烟叶有限责任公司）、重庆烟叶复烤有限公司彭水复烤厂（原重庆金益烟草有限责任公司）。公司拥有总资产10.53亿元，其中，固定资产（原值）4.56亿元、流动资产7.75亿元，资产负债率为

1.87%。在册员工310人，大专以上文化程度占81.9%，中级以上专业技术职称49人。公司总经理、党组副书记：黄玉平；党组书记、副总经理：陶云辉。

【生产经营】 2015年，公司复烤加工烟叶6.55万吨（131万担）。实现税利5080万元，其中利润1483万元。

云南省烟草烟叶公司

【概 况】 云南省烟草烟叶公司位于云南省昆明市，成立于1982年7月1日，是中国烟草总公司云南省公司的全资子公司。公司占地面积39.27万平方米，是集烟叶购进、加工、销售、仓储及技术研发为一体的国有中型企业，执行省储备烟叶计划，拥有1条12000千克/小时和2条6000千克/小时的打叶复烤生产线，年复烤加工能力10万吨（200万担）。截至2015年底，公司总资产33.11亿元。在册员工566人。

【生产经营】 2015年，公司复烤加工烟叶9.39万吨（187.88万担），销售烟叶6.64万吨（132.75万担）。实现营业收入44.65亿元。实现销售收入43.74亿元。实现税利6.32亿元。

云南烟叶复烤有限责任公司

【概 况】 云南烟叶复烤有限责任公司位于云南省昆明市，成立于2009年12月16日，由8家打叶复烤企业重组整合后组建，2010年1月1日正式运行，是全国第一家重组整合的股份制打叶复烤企业。公司实行董事会领导下的总经理负责制，18家股东单位，注册资本48.75亿元，中国烟草总公司云南省公司是最大的股东，股权比例为46.7%。公司下属10家复烤厂分布在全省7个州（市），10条打叶复烤生产线，年设计加工能力28.5万吨（570万担），年均加工烟叶55万吨（1100万担），为25家工商客户和13家市（州）烟草公司提供烟叶收储加工服务。员工1306人。总经理、党委书记：王树荣。

【生产经营】 2015年，公司共收储烟叶64万吨（1280万担），复烤加工烟叶46万吨（920万担），产出片烟30.19万吨（603.86万担），综合出片率为65.66%，产品得率93.49%。实现税利13.9亿元，其中利润10.14亿元。

【项目建设】 公司与卷烟工业企业共建品牌专线，其中麒麟复烤厂对应“七匹狼”的品牌专线正式运行；泸西复烤厂对应“中华”品牌、宣威复烤厂对应“利群”品牌、楚雄复烤厂对应“苏烟”品牌、大理复烤厂对应“黄金叶”品牌、陆良复烤厂对应“荷花”品牌等专线建设初步完成。2015年烟叶集中加工配方打叶量达到70%以上，客户平均加工点收缩为2个。

【技术创新】 注重管理及加工标准化的建设，在全国打叶复烤企业中首家完成生产设备、基础设施维修定额编制应用；首次在全省范围内发布和推广近红外光谱分析地方标准；公司中心实验室通过中国合格评定认可委员会（CNAS）认可验收，成立“云南上海打叶复烤联合研究室”。

加强实用技术研发应用和内控标准的制订工作，高架库立体化的改造探索出一条提升仓储物流水平的有效途径；生产在线数据与实验室数据自动采集分析平台的开发应用，实现复烤生产质量管控从关注“结果向过程”的转变。2015年公司获得专利授权8项，其中发明专利4项，实用新型专利授权4项；登记注册QC小组27个，提出合理化建议903条，开展QC课题数量33个，在核心期刊发表学术论文3篇。

红河烟叶复烤有限公司

【概 况】 红河烟叶复烤有限公司位于云南省红河州弥勒市，成立于2003年8月8日，由云南省烟草公司红河州公司和红云红河集团共同出资，隶属云南省烟草公司红河州公司控股，注册资金2亿元。公司占地面积51.33万平方米，拥有2条12000千克/小时打叶复烤生产线，年复烤加工能力10万吨（200万担）。截至2015年底，公司拥有总资产10.44亿元。在册员工123人。公司法人代表、总经理：王跃武。

【生产经营】 2015年，公司复烤加工烟叶5.84万吨（116.85万担），产出片烟4.06万吨（81.19万担）。实现营业收入2.19亿元。实现税利1.79亿元。

曲靖天福烟叶复烤有限责任公司

【概 况】 曲靖天福烟叶复烤有限责任公司位于云南省曲靖市，成立于2003年11月，由曲靖卷烟厂、曲靖市烟草专卖局（公司）共同出资组建。2008年，公司股权划转红云红河集团和云南中烟工业有限责任公司，注册资本2.46亿元，红云红河集团持有95%的股份，云南中烟持有5%的股份。公司占地面积约8万平方米，拥有12000千克/小时打叶复烤生产线2条，年复烤加工能力6万吨（120万担）。截至2015年底，公司总资产3.96亿元，其中，固定资产0.48亿元、流动资产3.43亿元，资产负债率为12.32%。在册在岗员工200人。公司董事长：李坤；总经理：高文。

【生产经营】 2015年，公司复烤加工烟叶4.34万吨（86.87万担），产出片烟2.81万吨（56.18万担）。实现主营业务收入2.25亿元。实现税利1.18亿元，其中利润0.83亿元。

咸阳烟叶复烤有限责任公司

【概 况】 咸阳烟叶复烤有限责任公司位于陕西省咸阳市，始建于1978年。2003年划归咸阳市烟草专卖局（公司）管理。2006年12月18日，由咸阳市烟草公司、宝鸡市烟草公司、商洛市烟草公司、汉中市烟草公司、延安市烟草公司、安康市烟草公司、湖南中烟工业有限责任公司、原川渝中烟工业有限责任公司等8家工商企业联手，对原咸阳烤烟复烤厂进行改制，成立咸阳烟叶复烤有限责任公司，注册资本9000万元。2008年，公司增资扩股，新增陕西省烟草公司和陕西中烟工业有限责任公司两个股东，湖南中烟工业有限责任公司、咸阳市烟草公司和原川渝中烟工业有限责任公司分别增资，新增股本7000万元，总注册资本达到1.6亿元。2014年12月，按照陕西省公司《关于对咸阳烟叶复烤有限责任公司增加投资的通知》（中烟陕财〔2014〕84号）精神，陕西省公司增加投资1.14亿元，咸阳复烤公司总资本达到2.74亿元。公司占地面积14.85万平方米，拥有9000千克/小时打叶复烤生产线1条，年烟叶加工能力3万吨（60万担）。截至2015年底，公司总资产3.83亿元，资产负债率13.57%。员工147人。公司董事长、党总支书记：王云彪；副董事长、总经理、党总支副书记：张晓军。

【生产经营】 2015年，公司复烤加工烟叶3.13万吨（62.69万担），产出片烟2.11万吨（42.21万担）。实现加工收入1.03亿元。实现税利3691万元，其中利润2841万元。

【技术改造】 2015年，公司1.03万平方米的原烟库和7302平方米的精选备料车间建成使用。配方打叶工艺设备完成精细化分段加工的技术改造，实现原烟把头两刀三断、分段打叶和精细加工。

薄片生产

上海烟草集团太仓海烟烟草薄片有限公司

【概 况】 上海烟草集团太仓海烟烟草薄片有限公司成立于2004年1月，2007年7月开始试生产。公司由原上海烟草（集团）公司、广东省金叶烟草薄片技术开发有限公司共同出资组建，注册资本3.9亿元。2015年12月，公司完成投资方变更和工商登记注册手续，成为上海烟草集团有限责任公司全资子公司。公司占地面积14.85万平方米，年生产能力为1万吨造纸法烟草薄片。员工212人。公司法人代表、总经理、党支部书记：周栋（—2015.3）；法人代表、总经理：郭亮（2015.3—）；党支部书记：宗宝祥（2015.3—）。

【生产经营】 2015年，公司生产薄片产品3450.6吨，其中为上海烟草集团有限责任公司生产薄片产品3005.10吨（纸质薄片产品788.40吨，纸质薄片S产品532.26吨，Z薄片产品1684.44吨），为其他企业生产薄片产品445.50吨。销售薄片4098吨。实现销售收入1.4亿元，实现税利325.78万元。

江苏鑫源烟草薄片有限公司

【概　况】　江苏鑫源烟草薄片有限公司成立于2011年10月，为江苏中烟工业有限责任公司全资子公司，位于淮安市清浦区浦发大道66号。公司拥有2000千克/小时造纸法再造烟叶生产线和50千克/小时造纸法再造烟叶试验线，年生产再造烟叶能力1万吨。截至2015年底，公司总资产8.16亿元，其中，固定资产5.36亿元、流动资产1.62亿元，资产负债率为17.35%。从业人员231人。公司董事长：王轩庭；党委书记：郁雨昌（—2015.12）；总经理、党委书记：金殿明（2015.12—，之前任总经理、党委副书记）。

【生产经营】　2015年，公司生产再造烟叶4000吨，销售4000吨，其中省内销售3500吨，省外销售500吨。实现销售收入1.8亿元。实现税利2926万元，其中利润2628万元。

【项目建设】　造纸法再造烟叶项目。2015年，公司造纸法再造烟叶生产线车速稳定在120米/分钟的基础上逐步提升到150米/分钟，产品平均得率由64.6%提升至84.34%，涂布率实现可调可控，单吨产品综合水耗51.6吨，单吨产品综合能耗1.06吨标煤。

再造梗丝验证生产线配套工程项目。国家局下发“同意工艺方案调整，适当降低投资”意见，组织对项目投资方案进行局部调整，压缩部分投资，优化完善设计方案。10月，该项目初步设计获得国家局批复。截至2015年底，施工图设计、项目试桩及检测工作基本完成，确定了项目监理、土方工程施工单位，项目地块土地交接书、规划许可证、建设用地批准书等手续均办理完毕。

安徽中烟再造烟叶科技有限责任公司

【概　况】　安徽中烟再造烟叶科技有限责任公司位于安徽省蚌埠市高新技术开发区，于2011年4月8日注册成立，注册资本1亿元，是安徽中烟工业有限责任公司的全资子公司。公司遵循市场化运作，独立开展生产经营活动，实行自负盈亏，建立并实行独立的薪酬体系和标准。公司占地面积13.33万平方米，拥有瑞典ANDRITZ公司生产的YANKEE 1台，荷兰Alfa Laval公司生产的Decanter Centrifuge 2台以及上海高新纸机等众多先进生产设备，年设计加工生产能力10000吨。公司一期投资4.18亿元，是全国规模较大、技术较为先进的造纸法烟草薄片生产基地之一。截至2015年底，公司拥有总资产4.3亿元，其中，固定资产3.19亿元、流动资产7816万元，资产负债率为7.4%。员工177人。

【生产经营】　2015年，公司生产薄片4353.15吨，销售4014.8吨，实现销售收入7568万元，亏损472万元。

福建金闽再造烟叶发展有限公司

【概　况】　福建金闽再造烟叶发展有限公司位于福建省罗源县，创建于2003年3月，注册资本1.5亿元，由福建中烟工业有限责任公司、厦门烟草工业有限责任公司、龙岩烟草工业有限责任公司共同投资成立，隶属于福建中烟工业有限责任公司。公司占地面积6.52万平方米。截至2015年底，公司拥有总资产4.53亿元，一期生产线设计产能5000吨，主要设备有仿法国ABK公司纸机技术制造的纸机、引进日本技术制造的双效浓缩蒸发器、独创滚筒式提取设备和先进的磨浆机等。员工383人。公司法人代表、总经理、党委书记：林书玉。

【生产经营】　2015年，公司生产再造烟叶8796吨，销售再造烟叶8006吨。实现销售收入2.74亿元。实现税利4976万元，其中利润2861万元。

【技术创新】　开展提升再造烟叶产品质量稳定性和安全性的研究。围绕原料理化特性、清洁生产、产品质量安全，设立9个研究项目课题小组。实施工艺设备优化、提取液和涂布液净化、“三废”治理等技术改造。“七匹狼”专用再造烟叶生产线建设项目初步设计通过国家局批复，项目总投资概算3.35亿元。开展产品研发与技术储备工作，2015年开发3个新产品。获得国家发明专利授权1项，实用新型专利授权3项。

山东瑞博斯烟草有限公司

【概　况】　山东瑞博斯烟草有限公司位于山东省沂水县，成立于2002年6月，注册资本6378.5万元，为山东烟叶复烤有限公司的全资子公司，经营范围为烟草薄片委托加工、生产销售、生产技术服务，烟草专用机械购进，烟叶购进，仓储等。公司占地面积18.11万平方米，拥有1条造纸法再造烟叶生产线，年生产加工能力6000吨。截至2015年底，公司拥有总资产1.35亿元，资产负债率为28.37%；资产增值保值率105.65%。从业人员194人。公司法人代表、总经理、党委书记：赵长友。

【生产经营】　2015年，公司生产再造烟叶6005.39吨。实现营业总收入1.13亿元。实现税利1674万元，其中利润569万元。

【技术改造】　2015年，公司投资1349万元对提取、浓缩、涂布、制浆及污水处理进行技术改造。技改后，年生产能力达到6000吨，同比增长8.33%。综合能耗进一步降低，产品质量稳定性进一步增强。

河南卷烟工业烟草薄片有限公司

【概　况】　河南卷烟工业烟草薄片有限公司位于河南省许昌县工业园区，成立于2006年7月，是河南中烟工业有限责任公司的全资子公司。截至2015年底，公司拥有总资产4.29亿元。有双效真空浓缩系统、幅宽2640毫米烟草薄片长网纸机、卧式螺旋沉降式离心机、滚筒式薄片烘干机、预压式打包机、流浆箱等主要设备，年生产能力为1万吨造纸法烟草薄片。在岗员工269人。公司法人代表、董事长、党委书记：卿平；副经理（主持工作）、党委副书记：李松峰。

【生产经营】　2015年，公司生产造纸法烟草薄片7584.45吨，销售8802.45吨。实现销售收入2.43亿元。实现税利2.32亿元，其中利润6227万元。

【技术创新】　在产品研发方面，新研发的清香型再造烟叶应用于“黄金叶（天叶细支）”“黄金叶（软大金圆）”等6个规格的卷烟配方中，完成所有产品配方中合成色素的替换工作。重大专项和行业标准研究方面，主持的2个重大专项顺利通过国家局组织的项目鉴定，主持的1项标准项目顺利通过审定。重点实验室改造方面，顺利完成精密仪器实验室、常规化学实验室、制浆实验室和常规检验室的改造任务，为进一步开展再造烟叶研发工作奠定硬件基础。再造烟叶成丝项目于2015年11月转入设备工艺性能调试阶段。原料存储仓库项目顺利通过河南中烟组织的项目立项论证审查和批复，正在进行厂区总体规划设计及审批相关工作。

湖南金叶烟草薄片有限责任公司

【概　况】　湖南金叶烟草薄片有限责任公司前身是祁东卷烟厂，位于湖南省衡阳市祁东县。2004年4月，经国家局批准转产成为专门从事再造烟叶的生产厂家，是湖南中烟工业有限责任公司唯一一家具有法人资格的再造烟叶生产加工企业，注册资本7250万元，其中，湖南中烟工业有限责任公司占90%股份，广东省金叶科技开发有限公司占10%股份。主要经营范围为废弃烟叶购进、再造烟叶生产销售；烟草专用机械购进；再造烟叶加工。公司占地面积11.05万平方米，拥有再造烟叶生产线1条，年设计生产能力1万吨。截至2015年底，公司拥有总资产1.79亿元，其中，固定资产（原值）1.5亿元、流动资产1.48亿元。在岗员工318人。公司总经理：杜晖；党委书记、副总经理：雷显元。

【生产经营】　2015年，公司生产薄片3029.85吨，销售薄片3261.30吨。实现销售收入1.04亿元。实现税利2389.54万元，其中利润1072.08万元。

【易地技改】　3月，公司易地技改项目通过国家局专家论证，按照专家组的评审意见，进一步完善工艺方案，配合技术中心推进对烟碎、烟末提取工艺的试验和改进提高工作；组织开展项目工艺设备选型的相关工作；加强与衡阳市、珠晖区政府的沟通协调，敦促加快项目用地的“三通一平”和周边设施建设的进度；按照国家局要求修订项目申请报告，调整项目用地面积，投资总额调减为5.79亿元。

（编辑：周　佳）

科研和教育培训

科研院所①

2015 年全国烟草行业主要科研机构（排名不分先后）：

中国烟草总公司郑州烟草研究院

中国烟草总公司合肥设计院

中国烟草科技信息中心

中国烟草标准化研究中心

国家烟草基因研究中心

中国烟草育种研究（南方）中心（云南省烟草农业科学研究院）

中国烟草东北农业试验站（中国烟草进出口烟叶检测站、中国烟草总公司黑龙江省公司牡丹江烟草科学研究所）

中国烟草东南农业试验站（福建省烟草专卖局烟草农业科学研究所）

中国烟草白肋烟试验站（湖北省烟草科学研究院）

中国烟草西南农业试验站（贵州省烟草科学研究院）

中国烟草中南农业试验站（湖南省烟草科学研究所）

云南烟草科学研究院

中国农业科学院烟草研究所［中国烟草总公司青州烟草研究所、中国烟草遗传育种研究（北方）中心］

国家烟草栽培生理生化研究基地

广东省烟草南雄科学研究所

江西省烟叶科学研究所

河南省烟草科学研究所

河南省烟草公司烟草研究所（河南省农业科学院烟草研究所）

山东烟草研究院

重庆烟草科学研究所

陕西省烟草研究所

安徽省烟草公司烟草研究所（安徽省农业科学院烟草研究所）

海南雪茄研究所②

中国烟草总公司郑州烟草研究院

【概　况】 中国烟草总公司郑州烟草研究院（简称郑州院）位于河南省郑州市，始建于 1958 年，主要从事烟草栽培调制及贮保、烟草基因、卷烟加工工艺和卷烟配方、烟草化学、烟用香精香料、卷烟减害降焦、再造烟叶等方面的应用基础和共性技术研究，以及卷烟厂和烟叶复烤厂的工程设计、行业相关检测仪器的研制、开发等。学科范围覆盖从烟草基因到卷烟生产的全过程。郑州院是国际标准化组织烟草及烟草制品技术委员会（ISO/TC 126）国内技术归口单位。2015 年，有在职员工 331 人，其中各类专业技术人员 289 人，包括中国工程院院士 1 人，享受国务院政府特殊津贴专家 8 人，烟草行业学科带头人 7 人，研究员 35 人，硕士和博士研究生学历人员 193 人。

郑州院院长、党组书记：闫亚明（—2015. 10）；党组书记、副院长：宋亚强（2015. 12—）③；院长、党组副书记：谢剑平（2015. 12—，之前任副院长、党组成员）

【科研项目与成果】 科技奖励。2015 年，郑州院有 7 项牵头承担项目、6 项参与项目获得省部级奖励，其中，牵头承担的“烟草添加剂安全性评估技术体系研究”“烟用材料安全性控制体系研究”2 个项目获得中国烟草总公司标准创新贡献奖一等奖。

项目鉴定与验收。2015 年，有 8 个项目通过国家局鉴定、6 个项目通过国家局验收，1 个项目通过河南省科技厅鉴定，1 个项目通过国家质检总局验收，3 个自然科学

---

① 科研院所中，中国烟草育种研究（南方）中心（云南省烟草农业科学研究院）、中国烟草东北农业试验站（中国烟草进出口烟叶检测站、中国烟草总公司黑龙江省公司牡丹江烟草科学研究所）、中国烟草东南农业试验站（福建省烟草专卖局烟草农业科学研究所）、中国烟草白肋烟试验站（湖北省烟草科学研究院）、中国烟草西南农业试验站（贵州省烟草科学研究院）、中国农业科学院烟草研究所［中国烟草总公司青州烟草研究所、中国烟草遗传育种研究（北方）中心］、河南省烟草公司烟草研究所（河南省农业科学院烟草研究所）、安徽省烟草公司烟草研究所（安徽省农业科学院烟草研究所）等单位实行“两块牌子、一套机构”管理模式，其名称为中国烟草总公司和地方政府分别授予，括号内名称为省政府授予，领导成员职务按照当地省政府授予的名称规范。

② 2015 年 7 月，国家局批复设立海南雪茄研究所。

③ 宋亚强任职时间从党组决定之日起计算。

基金项目结题，37 个项目通过郑州院学委会验收。

知识产权。提出 3 项国际专利申请，进入国际公开阶段；获得职务发明专利授权 197 项；专利挖掘与布局进一步加强，在“蚜虫饲养方法及装置”“农药检测方法及装置”“加热不燃烧材料”等局部形成专利群。2015 年在国内外发表交流论文 160 篇，出版著作 11 部。

【行业科技重大专项】 2015 年，以郑州院为技术依托单位承担的 3 个重大专项全面进入总结阶段。“中式卷烟制丝生产线”重大专项初步形成专项总结报告和技术成果资料汇编；“卷烟减害技术”重大专项 7 项研究通过国家局鉴定或验收，在减害机理、材料研究等方面取得一批创新性成果；“卷烟增香保润”重大专项 6 个项目通过院内验收，在研的 3 个项目均完成研究内容。

作为主要参与单位承担的 5 个重大专项取得扎实进展。“烟草基因组计划”重大专项建成全球最大烟草基因组数据库，研制全球首套烟草全基因组芯片，搭建国际先进烟草代谢组学平台；“新型卷烟研制”重大专项牵头承担的 3 个项目进展顺利；“特色优质烟叶开发”“造纸法再造烟叶技术升级”重大专项在研项目进展顺利；“细支卷烟关键工艺创新升级”重大专项正式启动。

【合作与交流】 产学研合作。与云南中烟工业有限责任公司①共建联合研发中心取得初步成果，与吉林烟草工业有限责任公司签署战略合作框架协议，与河北中烟工业有限责任公司、陕西中烟工业有限责任公司签订一揽子合作协议，与平顶山市烟草公司签署合作框架协议。

与华南理工大学续签“植物资源化学与化工联合实验室”协议；与中国农科院农业资源与区划研究所联合建设的“生态环境与烟叶质量重点实验室”、与河南中烟工业有限责任公司联合建设的“烟草加工形态研究重点实验室”顺利通过国家局认定，成为行业重点实验室。

国际交流。牵头制定的《卷烟 端部掉落烟丝的测定 第3部分 振动法》正式发布，成为中国烟草行业牵头制定的第二项国际标准。郑州院 1 人当选国际标准化组织烟草及烟草制品技术委员会烟叶分技术委员会（ISO/TC126/SC2）副主席，1 人担任 ISO/TC126“电子烟溶液中物质的测定”工作组联合召集人。

【人才队伍建设】 2015 年，谢剑平被聘为烟草行业科技领军人才；1 人被评为研究员，19 人获得高级职称，21 人获得中级职称；硕士研究生以上学历人员占郑州院总人数的 57%，研究员数量在全行业占比超过三分之一。

获得国家人力资源和社会保障部批准设立博士后科研工作站，5 位博士后进站工作，2 位博士后分别获得国家和河南省博士后科研资助。

中国烟草总公司合肥设计院

【概　况】 中国烟草总公司合肥设计院（简称合肥设计院）成立于 1990 年 6 月，是国家局、总公司直属管理的烟草行业唯一专业设计院。合肥设计院具有国家住房和城乡建设部批准的“轻纺行业（食品发酵烟草工程）专业甲级”和“建筑行业（建筑工程）乙级”“轻型钢结构工程设计专项乙级”设计资质，可从事资质证书许可范围内相应的建筑工程总承包业务以及项目管理和相关的技术与管理服务。2009 年，根据国家局《关于中国烟草总公司合肥设计院职能调整的批复》文件精神，合肥设计院的主要职能调整为受国家局、总公司委托，承担烟草行业固定资产投资工程项目的技术审查职责，负责组织行业固定资产重大投资工程项目总体规划、项目申请报告、初步设计文件、工程超支分析报告等技术审查以及对重大项目和课题的专家论证、评估。在完成国家局委托的工程项目技术审查任务的基础上，合肥设计院保留部分经营职能，利用技术优势，承接行业打叶复烤厂、烟用仓库设计和部分项目初步设计文件、施工图第三方审查及咨询工作。合肥设计院下设 6 个职能部门，技术审查处、生产设计处、经营开发处、人力资源处、财务处及办公室。截至 2015 年底，有在职员工 60 人，其中，高级职称 16 人、中级职称 31 人，国家一级注册建筑师 2 人，国家一级注册结构师 6 人，注册机械设备及公用工程师 4 人，注册造价师 3 人，注册咨询师 8 人。

合肥设计院院长、党委书记：卢安宁

【技术审查工作与设计研究项目】 2015 年，合肥设计院累计完成技术审查项目 18 项，其中，卷烟厂技改

① 本栏目中第一次出现“××烟草专卖局（公司）”或“××中烟工业有限责任公司”使用全称，之后简称为“××局（公司）”或“××中烟”。

类项目3项、物流项目12项、薄片项目1项、其他类项目2项，完成审查投资额96.33亿元，核减总投资3.2亿元。上报的项目审查报告大部分经国家局批复和投资委员会讨论通过。

同时，项目设计工作继续坚持立足行业，面向市场。截至2015年底，合肥设计院在手设计项目50项，其中，卷烟厂项目2项、复烤厂项目23项、仓储项目21项及其他项目4项。

【技术创新】 2015年，合肥设计院不断学习采用新技术、新工艺及新材料，并将其转化为现实生产力，提升设计市场竞争力。创新工作流程，研究推选项目负责人、适度超前开展工作、借鉴民用建筑投标方法、加强项目进度管理。积极引入BIM软件，在云南石林复烤投标项目上和云南烟草科学研究院合作，建筑和工艺专业全部利用BIM软件进行建模，尤其是工艺专业整条打叶复烤线全部采用BIM三维立体图形表现，实现创新突破。

【科研成果】 2015年，合肥设计院继续参与编制、修订行业工程建设方面的设计规范和控制标准的工作，承担全国烟草行业《烟草及烟草制品 仓库 设计规范》修订项目，按照进度完成规范修订初稿、讨论稿、征求意见稿及送审稿的编制工作，并通过全国烟草标准化工程建设分技术委员会的审查。

中国烟草科技信息中心

【概　况】 中国烟草科技信息中心（简称科技信息中心）位于河南省郑州市，是国家局批准建立的行业信息机构，其前身为原国家轻工业部烟草工业科技情报站。1986年4月，经总公司批准更名为全国烟草科技情报站，1989年3月更名为全国烟草科技情报中心，1994年更名为中国烟草科技信息中心。业务上由国家局科技司领导和指导，部分业务与行政管理工作由郑州院管理。主要承担国内外烟草科技、经济等烟草类信息的搜集、研究、加工、报道、交流，以及烟草行业信息资源建设工作；承担《烟草科技》期刊的编辑出版工作；承担软科学研究、情报调研、科技评估评价、科技政策研究、烟草知识产权研究、科技查新和信息咨询服务与创新体系建设咨询服务等工作；承担中国烟草科教网的建设、维护与对外服务，承担国家局科技业务管理系统开发与维护。科技信息中心下设6部门，郑州院信息化工作领导小组办公室设在科技信息中心。2015年，有在职员工23人，其中，高级职称13人（正高2人），中级职称7人，助理工程师2人，技师1人。

科技信息中心主任：郑新章

【编辑出版】 2015年，编辑出版发行中文版《烟草科技》12期，英文增刊1期，发表各类论文222篇，出版发行6万余册。《烟草科技》在国际上持续成为美国《工程索引》《化学文摘》，英国《科学文摘》，荷兰《文摘与引文数据库》等的收录期刊；在国内首次成为中国科学引文数据库（CSCD）核心库来源期刊，并被《中国学术期刊评价研究报告》评定为“中国核心学术期刊”，继续保持为中文核心期刊和中国科技核心期刊；据中国知网统计，《烟草科技》期刊影响力指数（CI）、复合影响因子、综合影响因子等重要指标保持较高水平，在27种轻工业类期刊中排名第二位，5年复合影响因子达到1.296；基金论文比由0.67提高到0.70，其中省部级以上基金论文增幅42.11%。

【信息资源建设】 2015年，信息资源建设取得较大突破。烟草科技文献数据库群全年新增各类文献4.81万篇（条），比上年增长32%，创历年新高；文献类数据库资源总量50万篇（条）以上，全文33.31万篇。全年检索烟草类专利近10万余件，从中筛选、采集烟草技术专利9970件，完成专利标引8303件，并完成5.45万条中文专利法律状态的更新工作，烟草专利文献的完整性大幅提高。中国烟草数字图书馆全年完成烟草类27本中文期刊和109本图书的制作；数字图书总量达到2.15万本，烟草图书达到1413本。通过中国烟草科教网、郑州院电子院务系统等平台，2015年发布各类信息近1万条。

【中国烟草科教网和信息化建设】 2015年，完成中国烟草科教网的新增栏目设计、日常运行维护等工作。完成国家局科技业务管理系统的升级改造和维护工作。按照新发布的管理办法完成重大项目、重点项目和实验室项目的申报、合同、合同变更、中期检查、年报、验收等模块的升级改造。设计开发中国烟草总公司科技奖励现场量化评审系统。协助完成2015年各类科技数据的网上填报工作。对“烟草行业知识产权综合服务平台”进行功能完善。启动实施烟草科技网站的全面改造工作等。

【科研项目、情报研究与科技评估评价】 科技项目。“新型烟草制品专利分析评估与策略研究”重大专项项目按计划实施，组织召开项目研讨与启动会，制定并完善新型烟草制品关键技术及其判定方法和原则，以及新型烟草制品重要专利评估方法和评估流程，制定新型烟草制品专利分类方法，完成大量的数据加工任务，分析确定“新型烟草制品专利综合服务平台”的用户需求。参与完成“烟草知识网络构建和生物信息学平台升级完善”分项的研究工作。主持完成的《烟草术语》国家标准修订项目的国家标准发布实施。完成郑州院院长基金项目的研究工作。

烟草专利统计分析。完成2014年度中国烟草技术类专利统计分析工作，分别撰写《2014年度烟草技术类专利统计分析报告》《2014年度新型烟草制品专利统计分析报告》，以及3期《新型烟草制品专利统计分析报告》（季报）。完成新型烟草制品、烟草基因、再造烟叶等3个重点领域的专利技术研究，并形成相应的专利分析研究报告。

情报分析研究。完成行业科技统计数据汇总分析工作，编辑出版《中国烟草科技统计年鉴（2015年）》；完成《烟草行业科研机构技术创新态势监测分析》的分析研究与报告撰写工作；协助国家局科技司完成行业技术中心、重点实验室和工程研究中心的年度评审、评估、认定评审等工作；参与中国烟草总公司科学技术进步奖评奖的一系列工作。完成行业科技查新与专题检索服务工作，全年完成查新课题135项。

科技成果共享服务平台。完成方案内容的调研，具体涉及国家和地方相关政策、平台需求、平台功能等，研究确定平台的建设原则、体系架构等。《烟草科技成果共享服务平台建设方案》提交国家局科技司并得到认可。

【科技咨询服务】 2015年，提供科技计划项目立项、科技成果申奖、科技论文撰写、软科学研究方法、信息资源检索与有效利用等专题培训服务，促进相关单位科研能力的提升。

【技术成果】 2015年，科技信息中心发表论文14篇，其中第一作者10篇。获得发明专利授权4项，合作申请专利1项。完成国家局及郑州院安排的录像片拍摄制作等工作。

中国烟草标准化研究中心

【概　况】 中国烟草标准化研究中心（简称标准化中心）位于河南省郑州市，成立于1995年1月，是国家局批准建立的行业标准化、计量专业机构，隶属于郑州院，业务上受国家局科技司和郑州院领导，国家质量监督检验检疫总局、国家标准化管理委员会参与指导工作。主要职责是负责全国烟草标准化技术委员会秘书处的日常工作，专门从事烟草标准化的研究及推广，组织重大标准的制（修）订，为行业提供标准体系框架，引导行业科学地制（修）订标准、积极地采用国际标准；作为ISO/TC126烟草及烟草制品技术委员会国内技术对口单位和SC2烟叶分技术委员会的副主席和联合秘书处承担单位，负责国际标准的日常工作，组织行业参与国际标准化活动，承担国际标准投票工作，为行业及时提供国际标准最新信息；负责烟草行业专用计量器具的技术审核、计量标准（基准）建立和量值溯源以及标准物质的研制，负责行业计量体系和计量网络的建立。标准化中心下设4个部门。2015年，有在职员工24人，其中，研究员4人、高级工程师13人、工程师5人、助理工程师2人。

标准化中心主任：范　黎

【标准清理整顿及《卷烟》国标修订工作】 2015年，按照国务院《深化标准化工作改革方案》，以及《国家烟草专卖局办公室关于开展烟草类国家及行业标准清理工作的通知》，协助完成《卷烟》征求意见、专业技术委员会研究、专家评议和全标委审议等各阶段的工作，开展《卷烟》国标修订，包括《卷烟》国标修订稿在行业进行再次纸质征求意见、四次会议征求意见。

【烟草专用仪器计量工作】 完成《烟草行业专用计量器具技术审核规范第1部分：基本要求和工作程序》报批；完成《烟草行业专用计量器具技术审核规范第2

部分：卷烟吸阻和滤棒压降检测设备》标准草案的起草工作。开展校准实验室认可的前期准备工作。截至2015年底，“烟用纸张透气度测定仪检定装置计量标准”申报资料提交国家质检总局计量标准考核委员会。依托“卷烟和滤棒物理性能综合测试台检定装置”等7个行业最高计量标准，对5200余件相关计量器具开展计量检定或校准。

【国际标准化工作】 牵头制定的国际标准技术规范《卷烟 端部掉落烟丝的测定 第3部分 振动法》（ISO/TS 3550－3：2015）于2015年10月正式发布；1人当选ISO/TC126/SC2副主席；推荐郑州院1人成为WG15“电子烟溶液中物质的测定”联合召集人。制定并发布《烟草行业参加国际标准化组织活动管理办法（试行）》；编制和发放4期行业内部交流期刊《国际标准化动态》；完成国际标准投票26项，全年投票完成率100%；组织并完成翻译100余个文件1000余页。系统分析欧盟、德国、法国和英国涉及烟草及烟草制品（包括电子烟）标准体系、法律法规体系和市场准入要求；继续收录WTO、WHO、欧盟、中东等国际组织、地区的技术法规及规定等。组织行业专家参与ISO的4个工作组（含特别工作组）的研究工作，以及8个国际标准项目的制定工作；完成ISO/TC126第32次大会及其工作机构会议、ISO/TC126/WG10“深度抽吸模式”工作组第14次会议、ISO/TC 126/WG 14“卷烟主流烟气中苯并芘的测定”工作组第一次会议的任务、ISO/TC92/SC1/WG15“卷烟引燃倾向”工作组及基质特别工作组会议、ISO/TC126/WG15“电子烟溶液中物质的测定”工作组第一次会议。

【产品质量安全工作】 完成“烟用纸张微生物状况分析研究”标准预研项目。牵头开展的“邻苯二甲酸酯混合溶液标准物质”“烟用胶粘剂安全卫生要求”“新型烟草制品质量安全控制标准体系构建与验证研究”等3项质量安全类标准项目的研究进展顺利。对《烟叶农药最大残留限量》（YQ 50－2014）、《烟用肥料重金属限量》（YQ 23－2013）、《烟用农药重金属限量》（YQ 24－2013）、《烟草育苗基质重金属限量要求》（YQ 56－2015）等标准的宣贯落实情况进行认真调研。按国家局要求形成并提交《再造烟叶相关标准执行情况调研报告》。起草《卷烟生产使用物质安全风险评估管理办法》。

【商业/烟叶标准化推进工作】 组织开展行业首批商业标准化示范企业示范推广与经验交流及标准化示范企业建设，认定包括“两烟区”在内的第二批5家商业标准化示范企业。《烟草商业领域卷烟营销标准体系》完成标准草案起草，《卷烟商业营销直营终端业务规范》等5项烟草商业领域系列行业标准同时启动。开展年度烟叶产区推进烟叶标准化生产实效综合评价工作。

【标准化委员会秘书处工作】 完成《烟草行业标准制修订管理办法》的修订与发布。配合完成2015年37项标准项目合同（YC类28项、YQ类9项）审查、初审139项标准项目（2016年）申请书。发布行业标准及计量检定规程26项、总公司企业标准24项，审定、发布2015年度行业烟叶标准样品215套（其中烤烟199套、白肋烟7套、香料烟9套），行业卷烟感官标准样品25个、行业烟气分析标准样品2个。举办2期标准化培训班。

【科研成果】 2015年，标准化中心2项计量类项目分别获得总公司标准创新贡献奖三等奖和郑州院青年科技进步奖三等奖；在《烟草科技》等期刊发表论文5篇；出版著作1部；获得授权专利11项；发布国际标准、国家标准、行业标准或通过审定的标准12项。

国家烟草基因研究中心

【概　况】 国家烟草基因研究中心（简称基因研究中心）成立于2010年，隶属于郑州院，业务上接受国家局科技司的指导和管理。基因研究中心下设4个部门，主要负责开展烟草基因组研究工作，整合利用行业内外科技资源，搭建具有公益性、基础性、战略性的烟草基因研究共享平台，在行业内长期发挥指导、推动、支撑和纽带作用，逐步建成国内一流、国际先进、行业共享的知识创新和人才培养基地。2015年，有在职员工27人，其中博士研究生学历19人、硕士研究生学历7人；具有海外留学经历人员10人。聘请外籍客座专家2人。

基因研究中心主任：林福呈

【科研项目】 2015年，基因研究中心承担各类科研项目31项，其中，国家局重大专项项目10项，国家自然基金项目2项，国家局重点项目1项，郑州院科技项目2项，郑州院院长基金项目9项，横向合同项目7项。截至年底，项目均按计划顺利实施，4项国家局重大专项项目完成全部科研工作。

【重大专项】 烟草生物信息学。一是在基因组水平上明确栽培烟草的起源及基因组的扩增机制。基于“红花大金元”基因组数据和40个栽培烟草品种、17个野生烟草种的重测序数据，推断出栽培烟草形成时间约为10万年前，揭示栽培烟草四倍体形成后S/T亚基因组间的不平衡进化，鉴定烟草进化过程中受选择的基因。二是进一步提升烟草基因序列的准确度。分析、过滤栽培烟草、林烟草和绒毛状烟草基因组中的污染序列；基于转录组测序、EST序列等数据，完成可变剪切、UTR注释、Pseudogene注释等分析；基于最大似然法改进栽培烟草遗传图谱，优化了物理图谱质量。三是持续加强生物信息学平台的服务能力。平台瞄准国际前沿，在持续导入重大专项新产生数据的同时，不断开发数据分析工具，推出中国烟草基因组数据库4.0版。2015年，平台承担贵州省烟草科学研究300余份重测序数据的分析工作，为多个重大专项项目提供生物信息学分析服务。

烟草代谢组学。一是持续积累烟草代谢组大数据，丰富烟草代谢组数据库。截至2015年底，积累涵盖云南、贵州、河南等三大香型典型烟叶产地连续5年的代谢组数据，烟草代谢组数据库已储存逾2万个代谢基础数据。二是进一步提升多组学数据整合分析能力，深入挖掘香味品质特征形成的代谢基础。基于已知代谢通路信息，从全局到焦点、从宏观到微观，在全面比对不同烟草代谢通路的基础上，针对其中的差异代谢通路，重点研究其代谢物、基因的差异情况；对于未知代谢通路的关键代谢物，开展代谢组与转录组的关联分析，发现其调控基因，为从头建立烟草代谢途径提供着手点。三是持续增加烟草代谢标准物质储备和标准质谱库容量，提升代谢组平台的分析测试和服务能力。平台参考国际一流代谢组研究平台的建设模式，通过扩大代谢标准物质储备，提升定性能力。2015年通过购置商品化标准物质和自主进行纯化鉴定，累积烟草标准物质逾300个，其中274个标准物质的质谱信息已录入标准质谱库。平台全年为行业内外提供超过200个样品的代谢组测试服务。

烟草分子生物学。一是烟草全基因组表达图谱绘制完善深入。绘制“红花大金元”典型、标准全基因组表达图谱，构建烟草-环境互作过程中烟叶基因表达谱，扫描烟草品质性状相关物质合成代谢途径限速节点基因表达特征，锚定分子调控的靶向基因。二是烟草基因转录调控研究取得初步进展。研制完成烟草转录因子基因芯片，覆盖8541个烟草转录因子基因，构建烟草全长均一化酵母单杂/双杂文库和转录因子全长cDNA酵母文库，实现转录因子染色质免疫共沉淀高通量测序（ChIP-seq）。三是烟草表达谱平台相关研究工作持续推进。烟草萜类、色素类、腋芽发育等相关候选功能基因研究进展良好，初步创制烟草性状改变素材；表达谱平台有效服务行业烟草基因组科研需求，成功组织第5期烟草行业芯片试验和数据分析技术培训会。

【学术交流】 2015年，基因研究中心组织各类学术活动18次，邀请国际知名分子生物学家、中国科学院外籍院士等国内外基因研究领域的专家到郑州院作报告。组织参加“第十六届全国植物基因组学大会”“第十四届全国农业生物化学与分子生物学学术研讨会”等。

【科研成果】 2015年，发表各类论文26篇，其中SCI收录论文9篇，核心期刊论文2篇，EI论文13篇，其他论文2篇。申报职务发明32项，其中，发明专利18项，实用新型专利14项；获得授权22项，其中，发明专利4项，实用新型专利18项。申请计算机软件著作权5项，获得授权5项。

中国烟草育种研究（南方）中心（云南省烟草农业科学研究院）

【概　况】 云南省烟草农业科学研究院位于云南省昆明市，前身是成立于1955年的云南省烟草科学研究所，2009年3月更名为云南省烟草农业科学研究院，是云南省烟草专卖局（公司）的直属科研机构；中国烟草育种研究（南方）中心（简称南方中心）成立于1995年，与云南省烟草农业科学研究院实行合署办公。2012年，南方中心由玉溪市搬迁至昆明市。围绕“一高一实”发展目标，实施

"研究一粒种子、集成一项技术、解读一片烟叶"攻关，在烟草育种、栽培、植保、烘烤、烟叶质量分析等方面，开展基础研究、应用研究和成果转化推广，特别在生物技术、品种选育、功能基因研究、种子繁育技术、节本增效栽培技术、烟叶安全性领域处于行业引领地位。拥有博士后科研工作站、国家烟草基因工程研究中心、烟草行业烟草生物技术育种重点实验室、云南省烟草农业工程技术中心、中美烟草分子育种联合实验室、烟草种质资源库和世界烟草品种园等创新平台。组建生物技术育种、常规育种与种子技术、功能基因研究、基因规模化鉴定平台、栽培技术研究、植保技术研究、特色优质烟叶研究、烘烤技术研究等8个研究团队。下设8个部门。2015年，有在职员工103人，其中，正高级职称8人、副高级职称35人，博士研究生学历32人、硕士研究生学历43人，烟草行业学科带头人2人，享受国务院政府特殊津贴专家1人。

云南省烟草农业科学研究院院长、主任、党委书记：顾华国

【技术创新】 生物育种。在基因克隆方面，抗黑胫病、抗TSWV、抗旱等3个候选基因进入功能验证阶段，烟草腋芽形成、类黄酮合成调控、烟碱合成调控等3个基因克隆有明显进展。在材料创制方面，创制出低镉材料，M4代纯合突变体株系的烟叶镉含量下降1/3以上；创制出低TSNA材料，去甲基尼古丁含量下降20%；创制出高烟碱材料，提升烟碱含量30%以上。在品种改良方面，选育出遗传背景99%来自"红花大金元"、100%抗黑胫病0号生理小种的"红花大金元"改良新品系；利用抗普通花叶病毒基因，获得抗病亲本的回交三代材料；利用马铃薯Y病毒抗性基因，实现"云烟87"品种的抗性改良。在基因敲除方面，攻克基因组编辑关键技术，获得关键基因被成功敲除突变的"K326""云烟87""红花大金元"单株等育种材料；开展基因组编辑新技术攻关，实现2个基因的成功编辑。

新品种选育。与美国北卡罗来纳州立大学合作选育的烤烟品种"NC－YATAS6"通过全国农业评审，推荐"云烟116"参加全国品种审定，推荐"云烟210" "云烟121"参加全国区试，筛选储备"NC－YATAS8"等一批优良新品系，创制获得一批优异育种材料和优良高世代株系。

绿色烟叶生产。大力攻关有益微生物优势种群利用、植烟土壤分类施肥管理、害虫天敌捕食螨人工繁殖等关键技术，提炼集成特色品种烘烤关键工艺，有效解决高含水量烟叶烘烤难题。

烟叶安全性检测。持续提升烟叶有害物质检测分析能力，经国际对比检测认证，农残检测含量准确率86.11%，超过全球30个参比实验室平均76.51%的水平；明确全省烟叶农药残留状况，有针对性提出控制意见和措施。

【技术服务】 以"两州市、两品种、两基地"为主体，推进绿色生态技术集成，组织5个专家服务团，按农时、分地域、分环节开展巡回指导；开展特色品种烘烤指导，针对2015年前期干旱、后期阴雨的特殊气候，编印"红花大金元""K326"等特色品种烘烤技术挂图；支持云南德宏、丽江地区津巴布韦特色优质烟叶的开发。创新服务形式和手段，开展手机彩信等"互联网＋"生产技术服务，大力推进小册子、挂图等简单实用宣传服务，编印发放《膜下小苗移栽 控肥提质增效》等6本生产技术手册6.75万册，发放烘烤技术挂图等13.2万张，发布病虫情报等20余期。

【科研成果】 2015年，南方中心获得科技成果奖14项，其中云南省科技进步奖3项、总公司科技成果奖3项、省公司科技成果奖8项。在获得的省部级成果中，有2个主持项目获得二等奖，3个参与项目获特等奖或二等奖；获得授权专利35项，其中发明专利23项；发表《科学引文索引》论文7篇，其中1篇影响因子达到5.5；发表国际会议论文1篇。

【国际合作与交流】 加大"引进来"步伐，推进中美烟草分子联合实验室建设，合作选育5个烤烟新品系，邀请8名美国烟草专家等开展生物技术前沿领域讲座20余场次；美国北卡罗来纳州农业厅、印度烟草公司等到院交流访问。同时，选派2人赴北卡罗来纳州立大学开展抗病育种合作研究，1人赴美国开展一年访问学习，选派2人赴荷兰开展功能基因研究合作，1人参加CORESTA国际学术会议作主题交流。

中国烟草东北农业试验站（中国烟草进出口烟叶检测站、中国烟草总公司黑龙江省公司牡丹江烟草科学研究所）

【概　况】　中国烟草东北农业实验站（简称东北站）位于黑龙江省牡丹江市，始建于1985年。1995年，经国家局批准在黑龙江省烟草科学研究所的基础上成立中国烟草东北农业试验站，隶属于黑龙江省烟草专卖局（公司）。1998年，依托东北站成立中国烟草进出口烟叶检测站。2008年1月，黑龙江省烟草科学研究所变更为中国烟草总公司黑龙江省公司牡丹江烟草科学研究所，隶属黑龙江省烟草专卖局（公司）。承担烤烟新品种选育、生物技术研究、烤烟栽培技术研究与推广、烤烟生产配套机械研究、植物营养与肥料、病虫害防治技术、烘烤技术研究及全国进出口烟叶及其制品的转基因检测和监测工作。东北站下设6个科研业务科室和2个后勤管理服务科室。2015年，有在职员工26人，其中，高级职称15人（正高3人）、中级职称5人，享受国务院政府特殊津贴专家1人，行业学科带头人1人。

中国烟草总公司黑龙江省公司牡丹江烟草科学研究所所长：郭兆奎；党委书记：栾　双

【技术创新】　2015年，东北站承担国家局、省局各类科研项目36项，其中主持省部级以上课题6项；共同主持基因组重大专项课题1项，主持省局课题19项。申报国家局重点科技项目1项；申报省局重点项目3项。

品种选育。“LJ986”参加全国烤烟品种生产试验，并通过全国烟草品种审定委员会农业评审；3个品系“LJ982”“0423－521”和“0110＝142”通过省级审评；“LJ0520”参加全国烤烟品种区域试验；8个品系参加全省烤烟品种区域试验和生产试验。

栽培技术。开展“龙江低危害烟叶开发与研究”“促进烟株根系生长发育配套技术研究与开发”等项目研究，确定龙江烟叶的特色定位，确立“柔甜香”低危害烟叶的关键技术，制定黑龙江烟区优质特色烤烟定向栽培技术规范，建立低危害特色烟叶生长发育和生理指标体系及配套栽培技术体系。同时开展土壤碳库修复研究，探讨其对土壤肥力供应水平和微生态环境影响、对优质调味型烟叶碳氮代谢关键酶活性及品质的影响。

病虫绿色防控。开展应用植物源农药对烟草苗期病害猝倒病、野火病、炭疽病的防治研究，获得可裂解相应病原细菌的噬菌体株，进行田间病害防治小区试验。

生物技术。开展“烟草主要病毒病多联弱毒疫苗的研制与示范应用”，构建单抗、双抗和多抗TMV、CMV、PVY的弱毒疫苗，弱毒疫苗的田间防病试验表明三联弱毒疫苗防治烟草病毒病的效果在60%～80%，并于8月在山东召开的弱毒疫苗田间防病现场鉴评会上通过专家鉴评。

【品种供应】　完成2015年黑龙江省烟区种子生产和供应。主栽品种“龙江911”和“龙江981”各占45.1%和36.9%，搭配种植品种“龙江925”“龙江237”“龙江982”等占18%。解决黑龙江省烟草生产中可供选择的优良品种匮乏、推广品种单一问题。

【技术服务】　2015年，开展多环节、多场次的技术培训，培训人数2000余人次；举办56个烟叶站站长和10家分公司的生产科长参加的培训班2期；举办《黑龙江省烟叶综合标准体系》理论与技能宣传贯彻培训班，培训黑龙江省烟叶技术人员205人次。开展病虫害预测预报和综合防治指导19人次，发布《黑龙江省烟草病虫简报》6期，利用电话、QQ及微信进行病虫害远程诊断，对30余幅病虫害照片及实物标本进行鉴定，及时有效地指导烟区病虫害防治。通过核心技术的集成示范，加强标准化示范园区对产区的引领作用。联合河南烟草栽培生理生化基地，在示范园区内开展高碳基生物有机肥土壤碳库修复试验示范工作，取得良好的效果。检测土壤样品3989份，为产区提出施肥建议。同时，为产区开展烟叶7项化学成分检测与评价，检测烟叶样品1315份。通过产区调研指导，初步构建良区、良种、良法配套生产技术体系，实现产区与品种配套，品种与栽培技术配套的生产布局。

【转基因检测】　2015年，检测来自全国烟区的各类样品175份，所有送检样品中未发现转基因成分。

【科研成果】　2015年，1项课题通过国家局鉴定，并获得中国烟草总公司科学技术进步奖三等奖；2项课题通过国家局验收，3项课题通过黑龙江省局鉴定。发表论文15篇，申请发明专利4项，实用新型技术2项；授权实用新型专利2项。

中国烟草东南农业试验站（福建省烟草专卖局烟草农业科学研究所）

【概　况】　中国烟草东南农业试验站（简称东南站）于1995年5月在福建三明成立，2002年初迁到福州，与福建省烟草专卖局烟草农业科学研究所实行“一套班子，两块牌子”管理，隶属福建省烟草专卖局（公司）。2004年，全面完成东南站的异地搬迁工作，站址位于福州市，在福州市晋安区宦溪镇设科研基地，在龙岩、南平、三明等3个主产烟区设立省烟科所分所（烟叶生产技术中心），形成了以东南站（省烟科所）为龙头，龙岩、三明、南平3个分所（烟叶生产技术中心）和9个产烟县烟叶生产技术实验推广站组成的“139”烟草农业科研体系。东南站下设6个研究室和福建省烟草病虫害预测预报及综合防治站。2015年，有在职员工13人，其中行业学科带头人1人、研究员2人、高级农艺师5人、农艺师4人、助理农艺师1人，博士研究生学历2人、硕士研究生学历7人。

福建省烟草专卖局烟草农业科学研究所所长：陈顺辉

【科研工作】　*烤烟特色品种选育研究。*烤烟新品种“闽烟12”（FJ312）通过全国烟草品种审定。“福建清香型特色烤烟新品种选育研究”通过国家局验收，该项目先后选育出的5个烤烟新品种通过全国烟草品种审定，并在生产上示范种植；首次定位到1个烟草青枯病主效抗性QTL并用于抗病育种；利用航天育种和EMS诱变技术，创制一批特异种质；获得3个抗青枯病的转基因“翠碧1号”株系。继续开展国家局基因组重大专项“烟草突变体库”子项目——“翠碧1号”抗青枯病定向改良研究，初步筛选出M2、M3代青枯病抗性材料各22份、36份；参与由中国农科院烟草研究所主编的《烟草突变体》专著中“烟草抗青枯病突变体”章节的撰稿。完成“全国烟草种质资源平台建设”青枯病鉴定试验任务。参加国家局基因组重大专项“烟草腋芽发育分子调控研究及少腋芽育种材料创制”“烟草基因组编辑技术的规模化应用”项目研究。选育筛出早春烟优异稳定品系11份和春烟优异稳定品系20余份，2个新品系进入全省品种区试早春烟组试验，3个新品系进入全省品种区试春烟组试验，新品系“K102－3”进入2016年全国品种区试。

*清香型烟叶生态基础和生产技术研究。*参加全国重大专项清香型特色优质烟叶开发研究，在尤溪县建立全国清香型特色优质烟叶开发示范片，配套集成土壤改良、适时早栽、促进早发、控氮增香、适熟采收、科学烘烤等清香型烟叶生产关键技术，取得良好示范效果，通过中国烟叶公司组织的田间鉴评。福建烤烟适宜生育期研究通过福建省局（公司）鉴定，该研究提出适宜的成熟期，通过调整生育期、提高移栽质量、适施氮肥、促进早生快发等技术措施，达到提高烟叶质量、彰显烟叶风格的目的。继续开展提高福建植烟土壤质量及测土配方施肥技术研究、福建气象条件对烤烟生产影响等项目研究。

*生态安全和低危害烟叶开发研究。*参加全国“低危害烟叶开发”重大专项研究。承担农业部公益性行业（农业）科研专项“烤烟增香减害关键技术集成与示范”的年度研究任务。参加总公司标准项目“调制过程中烟叶重金属变化规律研究”的研究，通过国家局验收。继续开展植烟土壤和烟叶重金属控制技术、烟秆等废弃物生物黑炭转化及其在烟田改良上的应用等项目研究。“福建烟区有机肥资源及其施用效应和安全性评估”通过福建省局鉴定；“福建优质烤烟硫素营养研究”通过福建省局验收。

*烟叶病虫害综合治理技术体系研究。*开展烟草病虫害预测预报及综合防治工作，发布福建省病虫情报7期，并做好烟草病虫害防治技术指导和培训工作。加大烟蚜茧蜂防治烟蚜技术推广力度，在烟区建立长汀、邵武、泰宁3个保种中心和10个繁蜂基地，举办各类培训近300场次，培训5000余人次，推广烟蚜茧蜂防治烟蚜面积20.25万亩，占福建省烤烟种植面积的25.79%，平均防治效果75.57%，平均防治成本降幅72.21%。开展“烟草烘烤期霉烂病的病因与防治”研究，明确该病害的病原菌及侵染传播途径，筛选出2种高效无残留杀菌剂，能有效控制病害发生。开展“高效无残留杀菌剂筛选和防治技术研究”，筛选出高效无残留无公害杀菌剂。开展“降解烟田残留除草剂的生防菌株筛选及安全性评估”项目，筛选可降解苄

嘧磺隆、二氯喹啉酸菌株共 15 株。合作承担国家局重点项目“应用噬菌体防治烟草细菌性病害技术研究”，筛选出有效抑制烟草青枯病菌的噬菌体。参与制订“烟草除草剂药害分级及调查方法 YC/T 526－2015”行业标准工作。“烟草品种对青枯病抗性快速评价体系建立的研究”通过福建省局验收。

*不同部位烟叶保香去杂密集烘烤技术研究。*建立适应福建省主栽品种不同部位烟叶烘烤的技术规范，并在 3 个烟区进行示范推广。根据国家局项目检查评估要求，补充“红花大金元”品种的田间成熟过程各部位烟叶色素、蛋白质和淀粉等物质生理生化变化分析以及叶片组织结构观测等。

*烟叶生产机械化研究。*与福建农林大学合作完成国家局重点项目“东南烟区烟叶生产机械化关键技术装备研究与开发”的研究任务。项目通过国家局验收。

【技术服务】 作为技术依托单位，承担福建中烟、上海烟草集团、云南中烟等卷烟工业企业县市烟叶基地单元的科技服务工作。根据各卷烟工业企业对烟叶原料的质量要求和质量反馈意见，积极协助产区制订生产技术方案和提出质量改进意见。在烤烟生长的不同时期为烟叶产区开展技术培训和技术指导工作。结合重大专项和重点课题研究，在基地单元进行了相关技术试验和示范，得到工业企业和烟叶产区的好评。

【科研成果】 2015 年，东南站获中国烟草总公司科学技术进步奖特等奖 1 项。烤烟新品种“闽烟 12”（FJ312）通过全国烟草品种审定。通过国家局验收成果 2 项，福建省局鉴定成果 2 项、验收成果 2 项。参与制定行业标准 1 项。2 项发明专利获得授权。2 篇论文获得中国烟草学会 2015 年度优秀论文二等奖。

中国烟草白肋烟试验站（湖北省烟草科学研究院）

【概　况】 中国烟草白肋烟试验站（湖北省烟草科学研究院）是全国唯一的白肋烟农业科研单位，其前身为成立于 1986 年的湖北省鄂西烟草科研所，1991 年 5 月组建湖北省白肋烟研究所，1997 年 6 月更名为湖北省烟草科研所；1997 年 7 月，国家局决定在湖北省建立中国烟草白肋烟试验站（简称白肋烟站），并与湖北省烟草科研所合署办公，隶属湖北省烟草专卖局（公司）；2002 年 8 月，白肋烟站由湖北省恩施市搬迁到武汉市；2013 年 7 月更名为湖北省烟草科学研究院。承担全国白肋烟和全省烤烟及其他晾晒烟的农业技术等方面的科学研究，承担国家局、湖北省局（公司）下达的科研任务，承担全省烟叶和土壤样品的重点指标的化验检测任务，负责全国白肋烟和全省烟草良种繁殖、包衣加工、计划调拨与经营，负责湖北省烟叶生产新技术推广的咨询、培训等科技服务工作，指导湖北省烟区病虫害预测预报及综合防治和先进实用烟叶生产技术推广。白肋烟站下设 4 个研发中心、4 个研发服务部门和 2 个综合管理部门。2015 年，有在职员工 34 人，其中，行业学科带头人 1 人、研究员 3 人、副研究员 2 人、高级农艺师 10 人、中级职称 16 人；博士研究生学历 6 人、硕士研究生学历 16 人。

湖北省烟草科学研究院院长：李进平

【科研项目】 2015 年，白肋烟站主持或参与的科研项目 26 项，其中 1 个项目通过湖北省科技厅成果鉴定，10 个项目通过湖北省公司成果鉴定，2 个项目通过国家局验收。主持选育的烤烟新品种“金神农 1 号”、白肋烟新品种“鄂烟 213”“鄂烟 215”通过全国烟草品种审定委员会审定。“金神农 1 号”的审定实现湖北省自育烤烟新品种零的突破。主持选育的烤烟新品系“HB061”和白肋烟新品系“27015”通过全国烟草品种审定委员会农业评审。

【科研成果】 2015 年，白肋烟站获得湖北省烟草公司科学进步奖二等奖 1 项、三等奖 1 项；新申报发明专利 17 项，实用新型专利 1 项；授权发明专利 5 项，实用新型专利 4 项，获得软件著作权 1 项；参与制定行业标准 2 项；出版专著 1 部；发表论文 40 篇，1 篇论文获得中国烟草学会烟草农业优秀学术论文三等奖。

【良种繁育】 完成种子调拨任务，2015 年调拨包衣种 63.06 万袋，满足湖北省烟叶生产的需要。推广应用“经济高效烟草种子生产技术研究”成果，生产白肋烟杂交种种子 57.5 千克，平均亩产 20.88 千克，比年初计划任务超产 27.78%，种子质量 100% 达到国家标准。

【成果转化与科技服务】 2015 年，烤烟新品种“金神农1号”在襄阳和十堰烟区推广种植面积1.5万亩，综合经济性状优势明显。改良“鄂烟1号”（LC）推广种植0.85万亩，降烟碱含量和烟碱转化率分别比对照下降85.49%和83.60%。湖北省建立病虫害测报和综合防治技术核心示范区2.2万亩，推广面积37.35万亩，平均发病率低于3%，病情指数小于1.0，示范区较非示范区增产18.29%、增值35.08%。进一步完善双行凹型结合垄技术，湖北省推广近2万亩，中低海拔双行结合垄烟株长势明显优于单垄。应产区要求，白肋烟站科技人员分环节分专题对相关产区技术人员开展技术培训，开展现场指导。

【教育培训与学术交流】 2015年，针对科研人员和基地生产技术操作人员，组织4次烟叶烘烤培训和1次烟叶分级培训，理论与实际操作相结合，提高操作人员的专业理论水平和实际操作技能。组织开展“湖北省植烟土壤现状、问题与对策”等7期学术交流活动。

中国烟草西南农业试验站（贵州省烟草科学研究院）

【概　况】 中国烟草西南农业试验站（简称西南站）于1999年在贵阳成立，与贵州省烟草科学研究院合署办公，隶属贵州省烟草专卖局（公司）。西南站主要从事烟草农业科技知识创新，以应用研究为主，兼顾基础研究。西南站办公地点在贵阳，在福泉和龙岗建有2个基地。西南站下设3个研究中心、3个科研业务部门和7个管理后勤部门。2015年，有在职员工154人，其中科技人员87人，博士研究生学历22人、硕士研究生学历38人，高级职称49人、中级职称33人。

贵州省烟草科学研究院党委书记：王秀龙；院长、党委副书记：冯勇刚

【技术创新】 2015年，西南站承担各级各类科技项目73项，其中国家级项目6项，省部级重大专项4项。获得科技计划立项13项，其中，国家自然科学基金项目1项，省部级项目7项，行业重点实验室项目1项。依托西南站建设的“贵州省烟草工程技术中心”平台项目在省科技厅组织的绩效评估中被评为优秀，是贵州省3个农业类优秀工程中心之一。

基因组计划研究成绩显著，绘制出烟属物种单倍体型图，克隆一批钾调控、镉调控、糖代谢等关键功能基因，获得提高钾、高抗TMV的新材料，为分子辅助育种和定向改良育种奠定基础；研究并发现烟草抗马铃薯Y病毒基因。

研发的酒糟有机肥发酵生产工艺技术在全省推广应用，特别是在毕节、遵义两大产区发挥明显作用；研发的烟草专用水溶肥，可实现烤烟追肥的“定时、定位、定量”精准施用，有效降低肥料投入，提高烟草产量、质量，并作为主推技术在全省推广应用；研发的“TMV快速检测试制条”在生产上广泛应用；研发的散叶插扦装烟技术有效解决常规散堆易出现光滑、平板僵硬和上部烟叶烤黑挂灰等问题，实现烟叶烤黄、烤亮、烤软、烤香，提高烟叶烘烤质量。

【科技服务】 承担上海烟草集团、贵州中烟等9个重点卷烟工业企业47个烟叶基地单元技术依托工作，以及湄潭石莲等18个国家局特色烟叶基地单元技术依托工作，示范应用“321”技术和“4+1”综合技术，提升基地单元烟叶质量。

【科研成果】 2015年，西南站发表论文72篇，其中SCI期刊收录10篇；CORESTA及TSRC会议宣读论文9篇，墙报论文7篇。出版学术著作3部。获得授权专利28项，其中发明专利19项。获得计算机软件著作权1项。获得省部级科学技术进步奖特等奖1项、三等奖2项，地厅级科学技术进步奖二等奖4项、三等奖3项。

【合作交流】 2015年，西南站4人赴美国、土耳其参加TSRC、CORESTA大会学术交流，1人受邀赴德国参加国际植物保护大会。邀请世界有机烟草和良好农业规范、中国农业科学院等有关单位知名专家做学术交流。与南京农业大学、昆明理工大学等就土壤微生物修复和烟草分子生物学等开展合作研究。组织水溶性肥料、酒糟有机肥等多项实用技术观摩交流。

中国烟草中南农业试验站（湖南省烟草科学研究所）

【概　况】 中国烟草中南农业试验站（简称中南站）位于湖南省长沙市，是国家局批准成立的5个烟草农业试

验站之一，于1997年初筹建，2000年7月正式授牌成立。2007年，为优化整合烟草农业科技资源，构建湖南烟草农业科技创新平台，提高自主创新能力和烟叶原料有效供应水平，湖南省烟草专卖局（公司）、湖南中烟工业有限责任公司和湖南农业大学三方联合共建中南站。2013年12月，国家局批复湖南省烟草专卖局（公司）设立湖南省烟草科学研究所，代表湖南省局（公司）参与中南站的科研活动。湖南省烟草科学研究所与中南站合署办公。中南站下设长沙、永州、郴州、湘西、衡阳、湖南农大、湖南中烟技术中心农业所等7个试验基地，各试验基地设置烟草品种研究室、烟草农艺研究室、植保研究室综合实验室和技术推广部等部门。2015年，有在职员工65人，其中高级职称42人、中级职称16人、初级职称7人；博士研究生学历22人、硕士研究生学历31人。

中南站站长：赵松义（—2015.1）、郑雄志（2015.2—7）、周志成（2015.8—12）

【技术创新与服务】 2015年，中南站主持或主要参与总公司科技项目8项、湖南省局项目10项；8个项目通过验收和成果鉴定。烤烟育种取得新突破，“湘烟5号”通过全国审定，基因组研究获近30个耐冷相关基因；标准项目研究有新进展，主持制订《湖南烟草病虫害绿色防控指南》地方标准，参与制订《烟草除草剂药害分级及调查方法》行业标准。推广“9+1”浓香型优质烟叶生产关键技术近50万亩、“4+1”山地特色优质烟叶生产关键技术近15万亩、烟蚜茧蜂防治烟蚜等生物防治技术近40万亩、“湘烟3号”近10万亩，示范高端卷烟品牌核心原料关键技术2万亩、新品种“湘烟5号”近1万亩。

作为技术依托单位，为湖南中烟、浙江中烟、广东中烟等11家重点卷烟工业企业在湖南的烟叶原料基地和湖南中烟在省外的烟叶原料基地提供技术服务。

【科研成果】 2015年，中南站获得湖南省科技进步奖三等奖1项，中国烟草总公司科学技术进步奖三等奖1项，湖南省烟草公司科技进步奖一等奖1项、二等奖1项；主持选育的烤烟新品种“湘烟5号”通过全国审定；获得授权发明专利1项、实用新型专利1项；发表论文30余篇，其中SCI收录论文2篇、EI收录论文3篇。

【合作交流】 2015年，中南站工、商、研共建三方不断整合优势资源，项目合作持续加强，开展烟草育种、育苗、植保、土壤肥料、栽培、烘烤等方面的研究；开展微生物发酵中试生产线的升级改造，提供烟草专用有机肥和生防菌剂的发酵菌种。同时，中南站积极与青州所、郑州院等行业内外的研究院所、高校开展项目合作。

云南烟草科学研究院

【概　况】 云南烟草科学研究院（简称云南院）成立于1998年，位于云南省昆明市高新技术开发区，隶属于云南中烟工业有限责任公司，是专门从事基础性、前瞻性、共性技术研究的综合科研机构。2014年3月，在云南中烟“两统一、两整合”改革中，与云南中烟科技开发部、红塔集团技术中心和红云红河集团技术中心组建云南中烟技术中心，对外不再以云南院的名义承接项目。2015年，在职员工498人，其中博士研究生学历56人、硕士研究生学历149人；高级职称73人；拥有行业科技领军人才1人，行业学科带头人4人，行业高级调香师4人；云南中烟科技领军人才4人，云南中烟学科带头人8人；享受国务院政府特殊津贴、云南省有突出贡献优秀专业技术人才、享受云南省政府特殊津贴专家13人；云岭产业科技领军人才1人；云南省中青年学术技术带头人4人、云南省技术创新人才8人、云南省技术创新人才培养对象7人；昆明市中青年学术和技术带头人及后备人选8人。

云南院院长、党委书记：李天飞

中国农业科学院烟草研究所［中国烟草总公司青州烟草研究所、中国烟草遗传育种研究（北方）中心］

【概　况】 中国农业科学院烟草研究所始建于1958年，原址位于山东省青州市，1959年4月更名“山东省烟草研究所”，1987年经国家科委批准增挂“中国烟草总公司青州烟草研究所”牌子（简称青州所），2004年10月搬迁至青岛，受中国农业科学院、中国烟草总公司和山东省政府领导，主要开展烟草农业科学研究和成果转化工作。中国烟草遗传育种研究（北方）中心成立于1999年，为非独立法人科研事业机构，挂靠青州所。青州所下设4个职能部门、8个研究室（中心）、3个服务机构及2个产业转化机构；建有19个国内创新平台和2个国际合作平台；青岛中烟种子有限责任公司、上海烟草集团有限责任公司原料研究一室、山东中烟工业有限责任公司原料研发中心等科技成果转化平台也设在青州所。

2015年，有在职员工200人（含博士后工作人员2人，外籍人员1人），其中专业技术人员166人、高级职称专家81人、研究生以上学历118人。享受国务院政府特殊津贴专家16人，中央组织部联系专家1人，农业部突出贡献专家3人，烟草行业学科带头人2人，国家公益性行业（农业）科研专项首席科学家1人，中国农业科学院科技创新团队首席科学家6人，特聘长江学者1人，泰山学者1人。

青州所所长、党委副书记：王元英；党委书记：许发辉

【科研工作】 科技项目。2015年，青州所新增立项各类纵向科研项目46项，其中主持农业部财政专项13项，国家自然科学基金项目5项，山东省自然科学基金项目1项，科技部平台运行项目1项，科技支撑计划课题1项，国家局科技重点项目5项，行业重点实验室项目1项，中国烟叶公司技改项目8项，中国农业科学院基本科研业务费项目7项。

项目过程管理。重点加强科研项目过程管理，组织开展在研国家局、国家自然科学基金等各类科研项目中期检查，组织提交并审核中期检查、年度进展、年报等项目过程检查材料。青州所承担的农业部行业公益性专项、国家自然科学基金等国家科技计划和烟草突变体库、特色优质烟叶开发等行业重大专项和重点项目进展顺利，均通过项目下达单位开展的年度总结和考核评估。

【成果转化】 巩固夯实原有合作基础。通过开展以原料为核心的科技项目研究和基地单元技术支撑，同工业公司和商业企业保持长期合作的良好势头。2015年，与凉山州烟草公司合作启动“凉山山地原生态特色烟叶开发”项目，参与“江西烟草科技示范园建设”项目，积极谋划与江苏中烟搭建原料合作平台，与攀枝花烟草公司拓展合作新渠道。

拓展谋划新的合作领域。拓展合作新领域，谋求合作新途径。与颐中集团签订合作协议，在烟叶低沸点香气物质开发，独特香气植物资源利用与烟草保润剂研发等方面开展实质性的合作；与海南省烟草专卖局和热带农科院就雪茄烟生产、植物功能成分、农产品加工等方面的合作得到加深，拓展新型烟草原料和植物功能成分挖掘等研究方向。

对接实现知识产权转让。青州所新一代“蛾类害虫诱捕器”专利技术实现成果转化，在害虫绿色防控中发挥巨大作用；联合中国农科院农业环境与可持续发展研究所和农业部沼气科学研究所共同攻关烟草秸秆资源化综合利用难题，取得突破性进展，获得“一种烟草育苗基质及其制备方法”发明专利授权。

【创新平台建设】 2015年，“中美植物衰老联合实验室”在青州所挂牌。截至2015年底，青州所建成包含21个不同领域、不同层次的创新平台，为行业科技创新提供学科齐全、覆盖领域广泛的平台支撑体系。完成烟草行业“烟草基因资源利用”“烟草病虫害监测与综合治理”2个重点实验室的年度考核及评估工作。组织农业部、中国农科院和青岛市科技创新平台的考核自评估工作。

【技术成果】 2015年，青州所育成烤烟新品种2个；以第一单位获得省部级奖励成果2项，其中获得中国烟草总公司科学技术进步奖特等奖1项；出版著作4部；制定标准3项；获得专利授权24项，其中发明专利20项，实用新型专利4项；获得软件著作权13项；第一单位发表学术论文124篇，其中SCI收录论文19篇，EI收录论文11篇，核心期刊论文94篇。

【合作交流】 2015年，青州所与美国康奈尔大学签订合作协议，建立“中美植物衰老联合实验室”，共同开展植物衰老生物学方面基础研究探索。派出专家赴美国、加拿大考察交流，达成在农业科技、机械化和管理模式等农业现代化方面的合作意向；承担农业部“国际食品法典农药残留标准”的国际合作项目；邀请美国佐治亚大学、康奈尔大学等的专家学者8批10人次来所进行学术交流和洽谈合作，派出12批19人次出国学习、交流，其中1人赴澳大利亚悉尼大学进行为期7个月的中澳动植物种质资源培训学习；培养国外留学生5人。

国家烟草栽培生理生化研究基地

【概　况】 国家烟草栽培生理生化研究基地（简称生理生化基地）于1997年组建，位于河南省郑州市，受国家局和河南农业大学领导，是从事烟草生产理论和技术创新研究，开展技术推广和服务，培养高层次人才的科学研究机构。在生理生化基地基础上，建设有烟草行业烟草栽培重点实验室。生理生化基地立足于整合河南农业大学与烟草专业相关科技资源，做强烟草学科，拥有烟草栽培生理、烟草遗传育种、烟草调制加工、烟草化学、烟草品质生态、烟草工艺和烟草生物技术等7个学术团队。2015年，从事烟草专业教学和科研工作的教师71人，享受国务院政府特殊津贴专家1人，烟草行业学科带头人2人，河南省管优秀专家1人，河南省学术技术带头人2人，国家局科技委委员2人，校级教学名师3人，教授15人，副教授（含高级实验师）28人，博士生导师10人，硕士生导师21人；具有博士研究生学历（含在读博士）的教师43人，占职工总数的69.4%。此外，在国内外、行业内外聘请名誉教授、兼职教授、兼职硕士生导师20余人。

生理生化基地副主任：史宏志

【成果转化】 针对烟叶生产中存在的土壤氮肥利用率低，土壤碳库流失，碳氮比失调，烘烤过程能源消耗严重，能源利用率低，空气污染严重，碳排放较多等问题，积极开展新产品新技术研发，取得成效。研发利用秸秆、烟梗等废弃物采用气爆方法和微生物发酵生产有机肥，采用碳化方法生产生物炭，利用压块技术生产生物质燃料的方法和产品。在新型烤房研发方面，研发利用生物质、醇基燃料、电热为能源的烤房和有关产品。培育的“豫烟6号”“豫烟10号”等4个品种在河南烟区大面积示范，得到卷烟工业企业认可。

【重点实验室建设】 烟草行业烟草栽培重点实验室是烟草基地重要科研平台，2015年烟草行业烟草栽培重点实验室建设稳步推进。启动重点实验室专项经费项目，完成学术委员会换届工作，成立以院士为主任委员的第四届学术委员会，制定《实验室“十三五”规划》，各项工作稳妥开展。

【学科建设与人才培养】 生理生化基地积极申报“烟草科学与工程”学科学校第七批重点学科并获批建设，成为继烟草学省级重点学科之后第二个学科建设点。积极建设“农业部烟草生物学与加工科学观测站”。推进许昌校区现代烟草农业科技园区建设，烟草微生物发酵工程技术研究中心、清洁高效烟叶调制工程技术研究中心相继建成并投入使用，显著改善科研试验条件。2015届毕业生就业率和就业质量明显提升，本科生就业率95.1%，研究生就业率98%。

【学术交流与国际合作】 加强与美国弗吉尼亚理工大学、美国肯塔基大学、美国北卡罗来纳州立大学、英国莱斯特大学、美国孟山都生物技术公司的联系。与弗吉尼亚理工大学签署合作谅解备忘录、与美国肯塔基大学合作备忘录的签订等待学校的批准。2015年，派出5人前往土耳其参加国际烟草科学大会，派出2人赴新西兰参加高等教育培训，促进国际烟草科研合作和学术交流。组织第三届大河金叶论坛和教育论坛，邀请国际烟草专家和国内行业内外院士、专家讲座和指导。

广东省烟草南雄科学研究所

【概　况】 广东省烟草南雄科学研究所（简称南雄烟科所）是广东省烟草商业系统唯一的农业科研机构，其前身是成立于1963年的广东南雄烟草试验站，1987年更名为“广东省南雄烟草研究所”，2002年更名为“广东省烟草南雄科学研究所”。2012年12月，广东省烟草专卖局（公司）成立广东烟草粤北烟叶生产技术中心，与南雄烟科所合署办公。南雄烟科所下设5个部门。南雄烟科所的主要工作职责是：围绕烟叶生产发展需求，开展烟草品种选育、栽培、调制、植保、现代烟草农业建设等科技项目的研究和成果转化工作；结合烟叶生产实际，组织开展烟叶生产先进适用技术的引进、吸收、消化和推广应用工作；负责全省烟草良种繁育与病虫害预测预报工作；负责全省烟叶产区烟叶质量评价、烟叶产品安全性指标的内控标准制定和检验工作；开展烟叶生产科技服务和相关技术培训工作；承担行业科研单位及广东省局（公司）安排布置的科研、试验示范项目，参与区域性科技项目研究，做好相关横向项目的协同攻关工作。2015 年，有在职员工 29 人，其中，高级农艺师 4 人、农艺师 7 人，博士研究生学历 2 人、硕士研究生学历 4 人。

南雄烟科所所长：邱妙文

【技术创新】 2015 年，南雄烟科所单独或合作承担国家局科技项目 2 项，广东省局（公司）科技项目 24 项，广西中烟、深圳烟草工业有限责任公司、原川渝中烟科技项目各 1 项。按照各科技项目年度实施方案的要求，全面部署落实试验示范研究工作，在烟草根系生长发育、浓香型特色优质烟叶开发、烤烟新品种选育、测土配方施肥、病虫害综合防治、密集烘烤工艺优化、新能源密集烤房等方面取得一定的成果。

【技术服务】 参与广东省现代烟草农业建设工作。作为技术依托单位，参与广东省各基地单元特色优质烟叶开发工作。在烟叶生产期间，派出专业技术人员到产区进行巡回技术指导。做好全省烟草病虫害预测预报和广东省烟叶生产安全性监测工作。协助广东省局（公司）烟叶管理处，做好广东省烟叶生产调查与评价工作。做好广东省烤烟育苗配套物资服务工作。完成全省烤烟良种繁育及包衣加工工作，烤烟育苗基质、肥料配制工作。

【技术成果】 2015 年，南雄烟科所完成科研项目鉴定与验收 6 项，获得发明专利授权 1 项，实用新型专利授权 2 项。出版学术专著 1 部，出版计算机软件 1 项，参与制定农业部标准 1 项，发表国内外学术刊物论文 8 篇。

【成果转化】 收集、整理近年来取得的最新科技成果，筛选出符合广东省实际的烟叶生产实用新技术，加大烟叶生产新技术推广力度。开展“烤烟新品种粤烟 98”“小苗膜下深栽”“烟蚜茧蜂防治烟蚜”“测土配方施肥”“‘前膜后草’覆盖”“水肥一体化”“烟夹烘烤技术”等烟叶生产新技术示范推广工作。

【合作交流】 与河南农业大学、华南农业大学、广东省农科院、广东省生态环境与土壤研究所等省内外、行业内外的高等院校、科研院所建立良好的科研协作关系，同时联合广东省各烟叶产区公司、相关中烟公司，以科技项目为载体，共同开展技术攻关研究与开发，产学研合作开展烟草科技创新与技术推广工作。

江西省烟叶科学研究所

【概　况】 江西省烟叶科学研究所（简称江西烟科所）成立于 1994 年，是江西省烟草专卖局（公司）直属科研机构，位于江西省南昌市。建设之初，所址设在江西农业大学。2009 年，江西省局（公司）将江西烟科所单设。江西烟科所是全省烟叶科学研究的龙头单位，负责烟草实用技术研发和相关基础研究，开展全省烟叶三级技术研发服务体系的组织、协调和指导工作，组织全省烟叶科技协作，主持全省烟草病虫害预测预报工作，开展烟叶生产技术指导。2015 年，有在职员工 19 人，其中高级农艺师 2 人，博士研究生学历 3 人、硕士研究生学历 12 人。

江西烟科所所长：何宽信

【技术创新】 2015 年，主要开展“江西省浓香型特色优质烟叶研究与开发”“具有江西特色的烟叶评价指标探索与技术体系构建”“以成熟度为中心的瑞金特色优质烟叶生产技术研究与应用”等科技项目 8 项。在加强技术研究的同时，注重加强成果转化。一是建设浓香型特色优质烟叶综合示范区，2015 年在江西省建设浓香型综合示范区 2 万亩，重点打造信丰、瑞金、广昌、黎川和安福等 5 个核心示范区。示范区围绕浓香型烟叶质量改善与风格彰显的目标，突出抓好植烟土壤改良、烤烟营养均衡、碳氮平衡增香、绿色防控、同步预热低湿变黄烘烤工艺等技术措施的落实。二是加强其他重点项目的生产示范，应用优质高抗新品种筛选及其配套技术、密集烘烤工艺与烟叶质量关系研究和密集烤房烘烤节能降耗试验与推广等项目的研究成果，在江西省主要烟区建立高标准生产示范点，取得显著成效。

【技术服务】 2015 年，着力从技术培训、基地建设和技术指导等方面做好技术服务工作。一是加强技术培训，为确保浓香型综合示范区建设顺利进行，在南昌举办全省浓香型特色优质烟叶生产技术培训班，并先后在信丰、瑞金、广昌等 5 个核心示范区和乐安、崇仁、宜黄等 4 个综合示范区所在县举办浓香型特色优质烟叶采收烘烤技术培训班，受训人数超过 1300 余人次。二是加强现场技术指导，江西烟科所技术人员全部挂点基层生产一线进行烟草田间管理、烤房建设及烘烤技术指导，确保江西烟叶生产顺利开展。三是加强与相关工业企业的横向联合，作为技术依托单位，江西烟科所不断加强与红塔集团、上海烟草集团、山东中烟工业有限责任公司等企业合作，以工业需求为导向，定期在基地单元内开展技术培训和技术指导。

【科研成果】 2015年，江西烟科所3项科技项目通过江西省局（公司）鉴定；在核心期刊上公开发表论文4篇，1篇被评为中国烟草学会优秀学术论文二等奖；获得授权专利3项，其中发明专利1项、实用新型专利2项。

河南省烟草科学研究所

【概　况】 河南省烟草科学研究所位于河南省郑州市，于2014年12月10日成立，为河南省烟草专卖局（公司）的专业部门。河南省烟草科学研究所主要职责是：承担全省系统科技创新、管理创新等重点科研项目攻关，重点开展烟草新品种培育、烟叶栽培、植物保护、烘烤调制、资源环境等烟草农业科学和应用技术研究；承担国家局和省局（公司）下达的烟草农业科研任务和本系统重大科技成果推广与应用；提供烟草农业新技术、新工艺、新方法技术示范及培训服务；承担对地市级公司技术中心科学研发等方面的业务指导等。河南省烟草科学研究所下设烟草育种、烟草植保、烟草栽培、烘烤与分级、管理创新5个研究室和1个综合办公室。人员编制暂定30人。2015年，现有管理人员4人，工作人员7人。博士研究生学历3人、硕士研究生学历2人，具有中高级技术职称人员7人。

河南省烟草科学研究所所长：王宏超

【科研工作】 2015年，河南省烟草科学研究所加快实施人才队伍组建、实验室平台搭建、管理制度构建“三项建设”工作。通过面向全省系统公开考试选拔和交流调动，初步构建一支专业覆盖广、年龄结构优的科研管理团队。实验室建设项目通过立项评审和河南省局（公司）“三项工作”管理委员会审议，完成设计和监理招标。起草《实验室工作管理制度》等12项规章制度，完成《实验室管理制度汇编》。

形成“55933”的重点工作思路：研究“选育优良品种、减少病虫草害、提升栽培水平、革新烘烤工艺、强化管理创新”五大课题；承担“应用基础研究、应用技术研究、技术集成研究、信息平台建设、推广体系建设”五大任务；主攻“特色品种选育、烟草病虫害防治、绿色防控应用、水肥一体化技术、豫浓香烟叶开发、有机烟叶生产、烘烤设备与模式革新、应变采收烘烤、现代烟草农业研究”九项重点；搭建“河南烟草有害生物监测预警系统”“烘烤信息化平台”和“互联网+现代烟草农业研究与应用”三个信息化平台；进一步完善“省公司烟科所—地市级生产技术中心—县级技术推广站”的三级技术创新推广体系。

【技术创新】 紧密结合有关高校和产区地市级公司，共同申报“一种检测烟草炭疽病定殖量的荧光定量PCR检测方法”等发明、实用新型专利11项。着力从合作社建设、“互联网+”等热点着手，实施项目研发。启动河南省烟草公司重点科技计划项目2项：一是“基于PPP模式的合作社建设制度创新研究项目”，研究行业（政府）补贴与社会资本协作模式下合作社制度性运行机理，为烟叶生产合作社创新管理等提供科学路径；二是“互联网+现代烟草农业研究与应用”项目，以“互联网+”为基础，建设现代烟草农业数据库，构建信息化技术推广和管理平台，为烟叶生产经营和领导决策提供科学支撑。

【科技服务】 针对烟叶综合提钾、氯含量调控、豆浆灌根、水肥一体化、烟草黑胫病防治、土壤连作障碍因子等课题开展考察和调研。联合相关专家，在三门峡开展土壤保育、土壤3S技术专项培训；在洛阳开展水肥一体化专项培训；在平顶山开展现代烟草农业与信息化培训和展示。

【科研成果】 参与编写河南农业大学主持的《烟草学概论》教材，主持编写“烟草工程化育苗理论与技术”“现代烟草农业与烟叶产业化”等章节。主持、参与完成的“许昌烟区烟叶生产全程机械化配置研究”“平原烟区以烟为主轮作模式与肥料统筹技术研究”项目获得2015年度河南省烟草公司科学技术进步奖二等奖。“烤烟营养均衡吸收及优质烟叶生产关键技术研究与应用”项目获得2015年度河南省烟草公司科学技术进步奖三等奖。“平原烟区以烟为主轮作模式与肥料统筹技术研究”“包膜缓释材料及其在钾肥中的应用”“河南烟叶生产管理模式的构建与集成”项目被省科技厅鉴定为河南省科学技术成果。

河南省烟草公司烟草研究所（河南省农业科学院烟草研究所）

【概　况】　河南省烟草公司烟草研究所（河南省农业科学院烟草研究所）位于河南省许昌市，是全国建立最早的烟草研究机构之一。1979年归并河南省农业科学院，更名为河南农业科学院烟草研究所，2006年更名为河南省农业科学院烟草研究中心，2013年4月更名为河南省农业科学院烟草研究所。2008年，增挂河南省烟草公司烟草研究所（简称河南烟草所）牌子，业务上归河南省农科院和河南省烟草专卖局（公司）管理。河南烟草所下设5个科研科室和3个职能管理部门，河南省烟草病虫害预测预报网及综合防治站和河南省农科院烟草学重点实验室均挂靠在该所。2015年，有在职员工57人，其中科技人员33人、熟练试验技工24人，研究员3人、副研究员10人；博士研究生学历8人、硕士研究生学历8人。

河南省农业科学院烟草研究所所长、主任：陈廷贵

【科研工作】　河南烟草所作为省级烟蚜茧蜂繁蜂中心，向河南省提供种蚜5000余万头，种蜂（含僵蚜）300余万头，协助各市（县）新建、改建繁蜂设施2.2万平方米，累计繁蜂10亿头，放蜂8.2亿头，放蜂面积71.27万亩，占全省植烟总面积的81.3%，并在烟蚜茧蜂防治烟蚜本地化技术研究方面开展4项子课题研究。

开展河南烟区土壤、灌溉水氯分布特征以及与烟叶氯含量相关性研究，完成河南省多点土壤、灌溉水和对应烟叶样品取样，开展大田环境和干旱胁迫情况下，土壤氯积累与淋溶规律以及不同含氯量灌溉水、土壤对烟叶氯贡献度研究，在临颍、襄城、内乡安排不同覆盖方式，竞争吸收土壤氯、不同灌溉方式、竹碳生物肥等降氯试验，研究烟叶降氯主要技术措施，取得阶段性进展。

在烘烤工艺方面，围绕培育的烤烟新品种“豫烟7号”“豫烟9号”不易烘烤的现状，开展密集烘烤试验探索新品种烘烤特性、建立烘烤工艺。试制完成烘烤特性测试设备，同时进行4批次12炕次的烟叶烘烤试验。初步弄清“豫烟7号”“豫烟9号”的烘烤特性、建立配套烘烤工艺，同时通过烤烟烘烤特性测试设备实现烟叶烘烤特性的量化评判。烤烟新品系“Y106”参加河南省新品种示范，“Y056”“7478”参加全国品种区域试验和省内小面积示范试验，“豫烟9号”进行新品种示范推广。

2015年，在研项目34项，承担农业部重大专项1项；总公司重大专项2项、重点项目1项，河南省科技项目2项；河南省烟草公司重点项目15项、农科院财政预算内项目7项；与中烟工业公司合作项目6项。结题项目10项；申请项目15项，获批项目13项，立项经费690余万元。

【技术服务】　2015年，与上海烟草集团、浙江中烟等工业企业以及平顶山、信阳和灵宝市等烟草公司合作，在河南许昌、平顶山、漯河等地的10个县（乡）开展优质烟先进实用新技术的示范与推广工作。同时，通过对烟农开展技术培训和技术指导，将先进实用的生产技术及时推广。2015年，召开各种培训145余场次，培训烟农1.17万余人次。

【技术成果】　2015年，获得中国烟草总公司科学技术进步奖特等奖1项、三等奖1项；获得河南省局（公司）科技进步奖一等奖1项、二等奖1项、三等奖1项；获得实用新型专利授权7项，在中文核心期刊发表论文14篇。

山东烟草研究院

【概　况】　山东烟草研究院始建于2011年2月，隶属于山东省烟草专卖局（公司），主要从事烟草农业、卷烟营销、电子商务与现代物流、经济运行、现代企业管理、信息技术、造纸法再造烟叶技术等方面的研究开发。下设4个职能部门和4个研究中心，拥有信息技术实验室、近红外光谱技术研究实验室、造纸法再造烟叶实验室等3个专业实验室。2015年，有员工33人，其中享受国务院政府特殊津贴专家2人、烟草行业有突出贡献专家1人；高级职称8人；博士研究生学历4人、硕士研究生学历13人。

山东烟草研究院院长、分党组书记：邓志坚（兼）

【技术创新】　开展山东烟叶特色定位应用研究，基本明确山东烟叶浓偏中和中偏浓的风格特色，描述山东烟叶质量风格特征及区域分布，并针对工业企业需求开展大面积生产示范；开展业务仿真数据脱敏技术的研究与探索，

建立一套多维度的数据脱敏算法，提升信息安全的管理能力和水平；推进移动互联技术在精益营销中的应用，固化客户经理工作流程；开展卷烟营销典型市场研究，建立卷烟营销典型市场分类体系；研发出烟梗解纤专用设备和工艺，探索山东低次烟叶生产造纸法再造烟叶的工艺可行性，为山东低次烟叶的规模化利用提供了新路径。

【技术服务】　“NC55”品种通过全国烟草品种审定委员会审定，筛选出综合性能表现较好的烤烟新品种（系）5个；推广示范土著菌扩繁剂1.8万亩、高碳基土壤修复肥1800亩；开展山东省烟叶品质快速检测与分析服务，为及时、全面、科学地指导山东烟叶质量提升和生产技术改进提供参考依据；对山东省烟草商业系统17个地市4300余名营销岗位员工进行胜任力测评工作；为山东瑞博斯烟草有限公司开展7次技术培训和指导，为山东中烟工业有限责任公司研发专用新型天然植物再造烟叶。

【成果转化】　2015年，“NC55”品种推广种植面积12.94万亩，占全省种植面积的43.25%，累计推广种植61.55万亩，实现经济效益2亿元；烟叶生产全程机械化装备与标准体系项目研发出适合平原和丘陵山地的旋耕起垄施肥机、移栽机、采收机、拔杆机等10种专用机型，配备2个5000亩农机作业单元；推行提前集中移栽、减氮增密、水肥一体三项技术。

【技术成果】　2015年，在研科技项目43项，其中，独立承担和参与承担科研项目19项，结题项目17项，通过山东省局（公司）鉴定项目6项，通过山东研究院验收项目10项。取得授权发明专利3项、实用新型专利2项、计算机软件著作权2项，发表论文20篇、出版著作2部，获得山东省局（公司）科技进步奖二等奖2项、三等奖1项、专利奖11项、软件著作权奖3项。

【合作交流】　继续与山东大学、郑州院、中国农科院烟草研究所等6个科研单位开展合作。作物学博士后流动站山东烟草创新工作站运转良好，博士后团队承担的土壤微生态改良等2项科研工作顺利完成；6名中国农科院烟草研究所挂职科技人员全面参与科研开发和烟叶生产技术服务工作；泰山品牌再造烟叶联合实验室和原川渝中烟工业有限责任公司、山东烟草研究院造纸法再造烟叶技术研究开放实验室2个实验室有效运行，承担合作研发工作。

重庆烟草科学研究所

【概　况】　重庆烟草科学研究所（简称重庆烟科所）成立于2011年6月，位于重庆市，由西南大学和重庆市局（公司）共同设立，属校企双方共建非法人单位，主要负责开展烟草科研、试验示范、烟叶生产技术培训与推广等工作，着力于提升全市烟叶科技水平和科研能力。下设3个业务管理部门和6个科研部门，在巫山县设立渝东北区域技术中心，彭水县设立渝东南区域技术中心，同时作为科技试验工作站。2015年，有在职员工57人（行业内人员26人），其中，高级职称11人、副高职称13人。

重庆烟科所所长：陈中玉

【技术创新】　*品种研究*。2015年，引进白肋烟新品种2份，分别开展小区试验和示范。建立品种繁育材料圃，获新配置杂交组合102份，筛选出抗黑胫病六倍体、五倍体以及DH系材料18份并进入大田种植鉴定。3个自育品系将于2016年在重庆市开展品种区域比较试验，“CF8704”将于2016年参加国家烤烟新品种区域试验。参与国家局重大专项，完成基因编辑载体的构建和对烟草的遗传转化。

栽培技术。通过小苗移栽方式的技术改进，有效解决小苗井窖式移栽过程中井窖紧实、积水严重的问题。筛选出适应重庆烟区的农家肥配方，形成相应的技术规范。通过烟田双行凹型起垄和横坡起垄技术示范，改善烟株田间群体结构，促进烟田水肥保持。

土壤肥料。开展菜籽饼快速发酵工艺优化与应用，形成适合重庆烟区的菜籽饼快速发酵工艺和质量标准。通过“网格”取样和土壤样品分析，针对巫山、彭水两个试验站土壤养分的空间变异性进行管理分区。

烘烤新能源应用。与相关科研院所和企业合作，开展产学研联合攻关，探索太阳能、生物质能源在烤烟上的应用效果和改进技术研究，完成改造清洁能源烤房125座，降低燃煤使用量和烘烤成本，保护环境，提高可再生资源的利用率。

【技术服务】　2015年，在巫山县和武隆县建立烟草品种展示园，引进17个烤烟新品种进行展示种植。分别在彭水、武隆和万州等3个区县开展“云烟99”“贵烟2号”大面积示范。推广应用新型生物炭肥3000亩，烟蚜茧蜂防治烟蚜面积38.32万亩，占全市种植面积的72.56%。组织开展重庆烤烟实用技术培训3期，培训500人次，主要涉及育苗、土壤保育、烘烤和烟叶病害绿色防控等技术。首次制定2016年重庆市烟叶生产技术方案。

【科研成果】 2015年，重庆烟科所获得新立项科技项目26项，其中国家局重点项目2项，国家局重大专项协作项目1项，中国烟叶公司技改项目2项，重庆市局（公司）项目5项，重庆市地方标准项目3项，自立项目13项。获得专利授权9项，其中发明专利2项。获得软件著作权登记1项，发布重庆市地方标准2项。公开发表论文8篇，其中SCI收录2篇，被国内核心期刊发表科研论文3篇。3篇论文在中国烟草学会获奖，其中一等奖1篇，二等奖2篇，4篇论文获得重庆烟草学会一等奖。获得省部级以上科技成果1项，中国烟草总公司科学技术进步奖三等奖1项。

陕西省烟草研究所

【概　况】 陕西省烟草研究所（简称陕西烟草所）成立于1992年8月，位于陕西省西安市，隶属陕西省烟草专卖局（公司），实行事业单位企业管理。主要从事烟草育（引）种、栽培、植保、烘烤等方向的课题研究，承担陕西省良种繁育种、种子加工，负责全省烟叶技术服务。2015年，有在职员工7人，其中研究员1人、高级农艺师4人、农艺师2人。

陕西烟草所副所长：成巨龙

【技术创新】 育种研究。选育的新品系“秦烟201”（QY201），进入全国北方区品种区域试验，表现良好。选育的4个烤烟新品系进入陕西省品种区试。承担全国烤烟品种区域试验陕西点的工作，编印《2015年陕西省烤烟品种区域试验方案》《烤烟品种试验方法》《烤烟品种试验田间调查记载方法与标准》等技术资料，开展烤烟品种生产试验和特色品种的挖掘筛选工作。

栽培研究。2015年，重点开展“适宜移栽方式”“氮肥与植烟密度互作对烤烟成熟度与品质的影响”“优化移栽期条件下不同生育期和不同部位叶片对气候条件的要求”等七方面的研究。完成“中间香型”“浓香型”课题研究的田间评鉴工作。

植保研究。经过2010—2015年调查研究，完成《陕西烟田病虫草害种类检测与关键控制技术研究推广》的合同内容，查清陕西烟田病虫草害的种类，病害28种，其中主要病害有8种，新报道3种；害虫65种，其中主要害虫7种，新报道1种；杂草127种，其中恶性杂草14种，新报道1种。5月，对该项目进行验收鉴定。

烘烤调制研究。在延安、安康、商洛开展“四段三温”分层烘烤工艺阶段的优化与推广、“四段三温”烘烤工艺在烟夹烘烤的烟叶质量与普通挂杆烘烤的比较、集中供热烘房相关配套技术等相关研究。

【技术服务】 2015年，为宝鸡、延安、汉中烤烟生产技术员培训各1次；开展烟蚜茧蜂专项培训1次，参加培训人员330余人。完成“秦烟96”“秦烟98”良种繁育任务，种质质量经过检测均符合国家一级良种标准。

【技术成果】 2015年，发表研究论文3篇；获陕西省烟草公司科学技术进步奖一等奖1项。

安徽省烟草公司烟草研究所（安徽省农业科学院烟草研究所）

【概　况】 安徽省农业科学院烟草研究所成立于1947年，1962年划归安徽省农业科学院管理，1992年实行安徽省农业科学院、安徽省烟草公司双重领导，隶属安徽省农业科学院，增挂“安徽省烟草公司烟草研究所”牌子（简称安徽烟草所）。2005年12月，安徽烟草所从凤阳县回迁至合肥设计院部，2008年安徽省农业科学院玉米研究中心挂靠安徽省农业科学院烟草研究所。该所是全国成立较早的3个省级烟草研究所之一，是安徽省从事烟草科学研究的专业科研单位，下设7个机构。拥有烟草育种、栽培、植保、烘烤等4个专业学科，测试分析中心、生物技术中心2个试验平台，安徽凤阳、合肥、宣城及海南乐东（南繁基地）等4个试验基地。主要从事烟草基础材料创制与杂交育种、烟草营养与栽培生理、烟叶烘烤与调制、烟草植物保护、烟叶香气物质测试分析等相关研究。2015

年，有在职员工76人，其中博士研究生学历（含在读博士）15人、硕士研究生学历4人。

安徽省农业科学院烟草研究所所长（兼书记）：高正良（—2015.1）、李成（2015.1—）

【技术创新】 2015年，安徽烟草所承担总公司、安徽省公司、安徽中烟等单位的科研项目26项，在基础材料创制、应用基础研究、烟草病害防治、特色烤烟研究与开发等方面取得较好进展。

基础材料创制与杂交育种。繁殖烟草种质资源137份，配制杂交组合30个，完成新品系鉴定试验、比较试验、新品系对烟草黑胫病和青枯病的抗性鉴定试验，筛选出3个烤烟新品系提交2016年安徽省烤烟品种区域试验；育成1个新品系“6504”参加2016年全国烤烟品种区域试验；开展烤烟新品系“6527”的配套技术研究，拟报全国烟草品种审定委员会审定。

烟草营养与栽培。开展“硫素营养调控对烟叶质量的影响”“增钾提质关键栽培技术研究”“烟—稻轮作烟区残存烟杆风险控制技术研究和皖南烟区烟株发育定向调控及结构优化技术研究”，各项目进展顺利，为烟叶生产提质增收关键技术的研究与推广提供理论依据。

特色烟研究与开发。开展池州市土壤硒资源调查、硒代谢机理、硒的迁移规律、富硒烟叶降焦减害作用、富硒生态安全烟叶规模化开发、富硒烟后晚稻的研究等各项研究内容。通过富硒烟和富硒晚稻技术的集成，形成富硒烟—稻周年管理技术。

烟草病害防治。开展青枯病菌拮抗菌筛选及其定殖能力测定、药剂复配、大田防效测定等工作；通过对杀菌剂筛选和复配剂研发明确多菌灵、苯醚甲环唑、嘧菌酯、吡唑醚菌酯悬浮剂、枯草芽孢杆菌对烟草根黑腐病的毒力。同时，开展蚜虫与烟草蚜传病毒病发生流行相关性及治虫防病研究工作。

【技术服务】 2015年，发布《安徽烟草病虫信息》简报5期，测试分析中心提供测土施肥配方4份。烟草技术服务工作涉及3家烟草工业企业，主要作为技术依托单位参与其基地单元建设，参与技术服务人员10人，在烤烟生产关键环节，农艺推广中心组织相关专家科技下乡50人次，发放技术材料700余份，就烤烟生产中的突出问题进行答疑解惑，培训烟技员、烟农近500人次。

【科研成果】 2015年，在国家级、省级核心期刊上发表烟草相关学术论文12篇，其中SCI收录论文2篇；申报国家专利5项，获得发明专利授权2项、实用新型专利1项；参与完成的“全国烟草有害生物调查研究”项目获得总公司中国烟草总公司科学技术进步奖特等奖，主持完成的项目获得安徽省公司科技进步奖二等奖1项，安徽省公司科学技术进步奖三等奖2项。

【学术交流与对外合作】 2015年，应国际烟草科学研究合作中心（CORESTA）农学及烟叶整体性与植病遗传学组大会邀请，派人参加会议，并作大会学术报告。参加中国作物学会学术年会、全国植物基因组学大会、安徽省作物学会学术年会、安徽省遗传学会学术年会等学术会议进行学术交流活动近30人次。邀请中国科技大学和安徽农业大学专家分别做学术报告各1次。

海南雪茄研究所

【概　况】 海南雪茄研究所位于海南省海口市。2015年7月，国家局、总公司下发《国家烟草专卖局　中国烟草总公司关于设立海南雪茄研究所的批复》（国烟人〔2015〕220号），同意设立海南雪茄研究所，为海南省烟草专卖局（公司）的专业部门，承担全省雪茄烟叶的科学技术研究及培训推广；承担雪茄的产品开发和市场研究等工作。海南雪茄研究所有人员编制15人，其中所长1人，副所长2人。截至2015年底，海南雪茄研究所仍处于筹建当中。

【科研项目与合作交流】 2015年，本着“基建项目与科研项目双轨推进”的原则，积极开展雪茄科研及合作交流。10月，与中国热带农业科学院合作开展海南雪茄烟叶试种研究；与青州所、中国热带农业科学院热带作物品种资源研究所合作开展雪茄烟种质资源引进与品种比较试验研究。组织人员赴美国、巴西、多米尼加开展雪茄烟叶技术交流学习；邀请大卫杜夫亚洲公司、香港公司及大卫杜夫公司多米尼加雪茄总厂专家到海南考察，交流与探讨雪茄烟叶种植和加工技术。

（撰稿：石昌盛；编辑：周　佳）

全国烟草行业国家级行业级技术中心

名　称	成立时间	科研队伍状况	科研成果	备　注
上海烟草集团有限责任公司技术中心	1997 年	硕士研究生以上学历 100 人；高级职称 22 人、中级职称 90 人	完成 3 项国家局科研项目，32 项上海烟草集团科研项目，其中“卷烟滤嘴吸附材料评价体系构建与应用”获得中国烟草总公司科学技术进步奖二等奖	国家认定企业技术中心
江苏中烟工业有限责任公司技术研发中心	2007 年 10 月	硕士研究生以上学历 44 人；高级职称 14 人、中级职称 39 人	开展 13 项公司科技项目，承担和参与 4 项国家局重大专项，其中主要承担和参与的 10 项行业标准已颁布实施。在中文核心期刊发表论文 2 篇，新增授权专利合计 30 项，其中发明专利 26 项，实用新型专利 3 项，外观设计专利 1 项	原淮阴、徐州卷烟厂技术中心为行业认定企业技术中心，整合后未重新认定
南通烟滤嘴有限责任公司技术中心	2001 年 9 月	硕士研究生以上学历 33 人；高级技师 2 人、高级职称 26 人、中级职称 41 人	开展 4 项省部级以上科技项目，18 项江苏中烟科研项目。获得科技成果 10 项，新增发明专利授权 5 项，实用新型专利授权 4 项。在核心期刊发表论文 1 篇	行业认定企业技术中心
浙江中烟工业有限责任公司技术中心	2006 年 4 月	硕士研究生以上学历 58 人；高级职称 25 人、中级职称 66 人	完成国家科技部科研项目 1 项，国家局科研项目 4 项，浙江中烟科研项目 13 项。有 4 个项目获中国烟草总公司科学技术进步奖三等奖，1 个项目获浙江省科学技术进步奖三等奖。发表科技论文 24 篇，其中核心期刊 18 篇。申请专利 95 项，其中发明专利 75 项；获得授权专利 49 项，其中发明专利 30 项	行业认定企业技术中心
安徽中烟工业有限责任公司技术中心	2007 年	硕士研究生以上学历 46 人；高级职称 16 人、中级职称 64 人	承担国家局科技项目 3 项，安徽中烟科研项目 54 项。完成 4 个重大专项的检查评估，完成安徽中烟在研 60 个项目的检查以及 35 个项目的验收。获得中国烟草总公司科学技术进步奖 1 项、标准贡献奖 1 项，13 个项目获安徽中烟科学技术进步奖、精益管理、微创新等奖励	行业认定企业技术中心
福建中烟工业有限责任公司技术中心	2006 年	科研人员 170 人，博士研究生学历 7 人，硕士研究生学历 35 名；高级职称 38 人、中级职称 96 人	26 个科技项目通过验收，推荐申报行业标准 18 项	国家认定企业技术中心
江西中烟工业有限责任公司技术研发中心	2007 年	硕士研究生以上学历 30 人；高级职称 5 人、中级职称 31 人	完成江西中烟科研项目 10 项，其中“金圣本草香降低卷烟烟气有害成分研究及应用评价”获得中国烟草总公司科学技术进步奖三等奖	行业认定企业技术中心
山东潍坊烟草有限公司烟叶生产技术中心	2011 年 12 月	博士研究生学历 4 人、硕士研究生学历 7 人；高级职称 12 人、中级职称 16 人	完成国家局科研项目 4 项，山东省公司科研项目 17 项。3 项科技成果获省公司科学技术进步奖，其中二等奖 2 项，三等奖 1 项。18 项专利获省公司专利奖，其中发明专利 1 项、实用新型专利 17 项。2 项计算机软件著作权获省公司计算机软件著作权奖。在国内外各类期刊发表论文 80 篇	行业认定企业技术中心
山东临沂烟草有限公司烟叶生产技术中心	2011 年	硕士研究生以上学历 16 人；高级职称 9 人、中级职称 25 人	完成国家局科研项目 5 项，山东省公司科研项目 11 项。获得地市级科学技术进步奖 7 项，获得专利授权 34 项，其中发明专利 9 项。登记软件著作权 4 项。发表论文 37 篇	行业认定企业技术中心

续表

名　称	成立时间	科研队伍状况	科研成果	备　注
山东中烟工业有限责任公司技术中心	2006年10月	博士研究生3人、硕士研究生35人；高级职称27人、中级职称104人	组织评审项目69项，立项42项。取得科技成果39项，其中转化应用25项。组织申报专利53项，获得专利授权41项，其中发明专利13项、实用新型28项	国家认定企业技术中心
河南中烟工业有限责任公司技术中心	2007年	博士研究生学历（含在站博士后）9人、硕士研究生学历38人；中、高级以上专业技术资格83人，其中高级职称21人	组织河南中烟科研项目立项50项，其中申报1个行业重大专项，申请4项重点项目，获得省部级科技奖励成果二等奖3项、三等奖3项。截至2015年底，拥有授权专利1555项，其中发明专利71项。拥有省部级以上认定、认证的创新平台6个，行业内外合作创新平台7个	行业认定企业技术中心
湖北省烟草公司恩施州公司烟叶生产技术中心	2007年	硕士研究生以上学历13人；高级职称5人、中级职称11人	获得厅级科技成果奖励3项，州政府科技进步奖一等奖1项；选育烤烟品种1个并通过国家审定。申请专利7项、获得授权6项。出版专著1部。在科技核心期刊发表论文20篇，1篇论文在国际烟草科学研究合作中心（CORESTA）2015年联席会议上交流	行业认定企业技术中心
湖南中烟工业有限责任公司技术研发中心	2006年	科研人员192人，其中，在站博士后3人，博士研究生学历23人，硕士研究生学历56人；高级职称54人、中级职称105人	获得科研成果30项，其中省部级成果4项、行业标准17项，其中以湖南中烟牵头制订的行业标准2项。申请国家专利164项，获得授权专利118项	国家认定企业技术中心
广东中烟工业有限责任公司技术中心	2005年	硕士研究生以上学历人员76人；高级职称32人、中级职称93人	完成国家局科研项目5项，广东中烟科研项目47项。有1个项目获得中国烟草总公司科学技术进步奖二等奖，1个项目获得总公司技术发明奖三等奖。3个参与项目获总公司标准创新贡献奖	国家认定企业技术中心
广西中烟工业有限责任公司技术中心	2008年	科技研发人员111人，其中博士研究生学历10人、硕士研究生学历29人；高级职称9人、中级职称51人	开展科技计划项目90项，其中对外合作项目64项。参与承担行业重点项目2项，承担省部级以上项目10项，1项成果获得省部级科学技术进步奖三等奖，20余项成果在产品或生产中得到应用。获得授权专利196项，主持、参与行业或地方等省部级以上标准制修订21项	行业认定企业技术中心
重庆中烟工业有限责任公司技术中心	2015年	科研人员54人，其中博士研究生学历4人，硕士研究生学历27人；高级工程师14人，工程师27人	获得省部级科技进步一、二、三等奖合计13项。获得授权专利157项、国际专利12项，在审专利54项。在国内外核心期刊发表科技论文127篇，其中被SCI、EI收录15篇	申报认定中
四川中烟工业有限责任公司技术中心	2015年	硕士研究生以上学历46人；高级职称15人、中级职称58人	完成科研项目10项，其中省级政府组织评价成果1项。获得中国烟草总公司科学技术进步奖2项，其中二等奖1项、三等奖1项	行业认定企业技术中心
贵州省烟草公司遵义市公司技术中心	2004年3月	科研人员19人，其中，博士研究生学历2人（在读博士1人）、硕士研究生学历9人；高级职称3人、中级职称9人	完成贵州省烟草公司科研项目1项，遵义市公司自立项目3项。获得中国烟草总公司科学技术进步奖三等奖1项，贵州省公司科技进步奖二等奖2项、三等奖3项	行业认定企业技术中心

续表

名　称	成立时间	科研队伍状况	科研成果	备　注
贵州省烟草公司毕节市公司烟叶生产技术中心	2007 年	硕士研究生以上学历 14 人；高级职称 4 人、中级职称 8 人	完成国家局项目 1 项，省局项目 7 项，获得省部级成果 3 项，厅局级成果 9 项。获得实用新型专利 21 项、发明专利 1 项	国家认定企业技术中心
贵州中烟工业有限责任公司技术中心	1997 年	硕士研究生以上学历 47 人；高级职称 8 人、中级职称 68 人	完成科技在研项目 230 项，其中，省部级项目 7 项，国家级项目 1 项。获省部级成果奖励 3 项	原黄果树烟草集团公司技术中心为行业认定企业技术中心，整合后未重新认定
云南省烟草公司玉溪市公司技术中心	2009 年	博士研究生学历 9 人、硕士研究生学历 4 人；高级职称 4 人	完成科研目 23 项，其中，国家局重点科研项目 3 项，省公司科技项目 10 项。获得授权专利 14 项，发表论文 15 篇，取得 12 项科技项目成果。获得云南省科技进步奖三等奖 1 项，云南省标准创新贡献奖 1 项	国家认定企业技术中心
云南省烟草公司曲靖市公司技术中心	2008 年	硕士研究生以上学历 3 人；高级职称 3 人、中级职称 16 人	完成国家局科研项目 1 项，云南省公司科研项目 21 项。有 6 个项目获得云南省科技进步奖三等奖	国家认定企业技术中心
云南中烟工业有限责任公司技术中心	2014 年	硕士研究生以上学历 188 人；高级职称 62 人、中级职称 247 人	完成国家局科研项目 5 项，云南中烟科研项目 29 项	原红塔烟草集团、红云红河烟草集团技术中心为国家认定企业技术中心
陕西中烟工业有限责任公司技术中心	2006 年	博士研究生学历 5 人（含在读）、硕士研究生学历（含在读）26 人；高级职称 9 人、中级职称 30 人	完成陕西中烟科研项目 20 项。有 10 个项目获得陕西中烟科技创新奖	省级认定企业技术中心

注：2015 年 10 月，根据《国家烟草专卖局 中国烟草总公司关于进一步深化川渝烟草工业企业改革的批复》（国烟法〔2015〕280 号），撤销川渝中烟工业有限责任公司，原四川烟草工业有限责任公司重组更名为四川中烟工业有限责任公司，原重庆烟草工业有限责任公司重组更名为重庆中烟工业有限责任公司。列表按照重组后的四川中烟工业有限责任公司和重庆中烟工业有限责任公司进行撰稿。

省级烟草农业科研机构

名　称	成立时间	隶属单位	备　注
福建省烟草专卖局烟草农业科学研究所	1995 年	福建省烟草专卖局（公司）	同时挂牌：中国烟草东南农业试验站
江西省烟叶科学研究所	1994 年	江西省烟草专卖局（公司）	2009 年恢复重建
河南省烟草科学研究所	2014 年	河南省烟草专卖局（公司）	
湖北省烟草科学研究院	1986 年	湖北省烟草专卖局（公司）	同时挂牌：中国烟草白肋烟试验站
贵州省烟草科学研究院	1948 年	贵州省烟草专卖局（公司）	同时挂牌：中国烟草西南农业试验站
云南省烟草农业科学研究院	1955 年	云南省烟草专卖局（公司）	同时挂牌：中国烟草育种研究（南方）中心
陕西省烟草研究所	1992 年	陕西省烟草专卖局（公司）	下设陕西省烟草实验站，主要从事烟叶生产技术研究和种子加工

行业重点实验室

序　号	名　称	隶属单位	认定/批准组建部门
1	烟草行业烟草化学重点实验室	中国烟草总公司郑州烟草研究院	国家烟草专卖局
2	烟草行业烟草工艺重点实验室	中国烟草总公司郑州烟草研究院	国家烟草专卖局
3	烟草行业香料基础研究重点实验室	中国烟草总公司郑州烟草研究院	国家烟草专卖局
4	烟草行业卷烟烟气重点实验室	上海烟草集团有限责任公司	国家烟草专卖局
5	浙江省新型吸附材料与应用技术重点实验室	浙江中烟工业有限责任公司、浙江大学	浙江省科技厅
6	烟草化学安徽省重点实验室	安徽中烟工业有限责任公司	安徽省科技厅
7	江西省本草烟用减害工程技术研究中心	江西中烟工业有限责任公司	江西省科技厅
8	再造烟叶标准研究室	河南中烟工业有限责任公司	国家烟草专卖局
9	烟草行业卷烟功能材料重点实验室	湖南中烟工业有限责任公司	国家烟草专卖局
10	烟草行业烟用材料重点标准研究室	湖南中烟工业有限责任公司	国家烟草专卖局
11	烟草行业烟草工艺重点标准研究室	湖南中烟工业有限责任公司	国家烟草专卖局
12	烟草行业再造烟叶研究重点实验室	广东中烟工业有限责任公司	国家烟草专卖局
13	广东中烟工业有限责任公司监测中心	广西中烟工业有限责任公司	中国合格评定国家认可委员会
14	烟草行业分子遗传重点实验室	贵州省烟草科学研究院	国家烟草专卖局
15	烟草行业山地烤烟品质与生态重点实验室	贵州省烟草科学研究院	国家烟草专卖局
16	烟草行业烟草生物技术育种重点实验室	云南省烟草农业科学研究院	国家烟草专卖局
17	卷烟调香技术重点实验室	云南中烟工业有限责任公司	国家烟草专卖局
18	卷烟工艺与装备研究重点实验室	云南中烟工业有限责任公司	国家烟草专卖局
19	烟用材料标准化重点实验室	云南中烟工业有限责任公司	国家烟草专卖局
20	卷烟质量安全标准化重点实验室	云南中烟工业有限责任公司	国家烟草专卖局
21	烟草行业烟用添加剂测试中心	云南中烟工业有限责任公司	国家烟草专卖局
22	云南省烟草化学重点实验室	云南中烟工业有限责任公司	云南省科技厅

博士后科研工作站和院士工作站

序　号	名　称	建站时间	建设成果
1	上海烟草集团有限责任公司博士后科研工作站	2002 年	出站博士后 3 人，累计有在站博士后 6 人。主要涉及烟草化学基础研究、卷烟降焦减害、新型材料等方面。有在研项目 6 项，其中省部级项目 6 项，申请上海市科委资助项目 1 项，发表论文 2 篇。合作流动站为：复旦大学、同济大学、华东理工大学博士后科研流动站
2	浙江中烟工业有限责任公司博士后科研工作站	2007 年 6 月	有在站博士后 4 人、出站 1 人。研究主要涉及烟草内源性香料、烟叶选择性吸附材料、烟叶质量评价、设备监测与故障诊断等方面。有在研项目 4 项，累计发表 SCI/EI 论文 7 篇（含学术交流会议论文 4 篇），中文核心期刊论文 3 篇，申请并受理发明专利 22 项
3	安徽中烟工业有限责任公司博士后科研工作站	2014 年	有在站博士后 1 人。承担“卷烟及电子烟化学成分在人体口腔残留研究”项目，完成项目中期评估考核。申报专利 2 项，围绕项目研究，自主开发 1 台设备，建立 3 种检测方法，为科学评估吸烟与健康关系提供新的技术手段
4	福建中烟工业有限责任公司博士后科研工作站	2013 年	首位博士后正式进站，成立包括厦大院士和公司专家组成的博士后指导小组及科研团队

续表

序　号	名　称	建站时间	建设成果
5	江西中烟工业有限责任公司博士后科研工作站	2013 年 9 月	招收进站博士后 1 人，主要从事金圣本草香精油微/纳米胶囊的研究与应用。参与撰写研究论文 4 篇，其中 2 篇在 CSCD 核心期刊发表，2 篇被 CSCD 核心期刊录用。合作流动站为：江南大学博士后科研流动站
6	河南中烟工业有限责任公司博士后科研工作站	2008 年 5 月	招收进站博士 13 人，出站留用 1 人；累计有在站博士 7 人（含基地 3 人）。主要涉及烟草化学基础研究、卷烟降焦减害、新型材料等方面。有在研项目 4 项，其中省部级项目 2 项；申请本省二等资助 2 项、三等资助 1 项。发表论文 2 篇。连续 6 年被评为“河南省优秀博士后工作站”。合作流动站为：郑州大学、河南大学博士后科研流动站
7	湖南中烟工业有限责任公司博士后科研工作站	2006 年	有在站博士后 3 人，主要从事“卷烟烟气中几种重金属的形态分析及截留技术探讨”“燃烧过程中卷烟纸孔结构影响主流烟气一氧化碳释放量的研究”“基于质谱碎片规律的复杂体系解析算法研究及其在香精香料中的应用”等 3 个科技项目的研究工作
8	广东中烟工业有限责任公司博士后科研工作站	2006 年 5 月	招收博士后 3 人。在站期间，参与企业科技项目 3 项，申请专利 15 项，SCI 收录论文 3 篇，EI 收录论文 3 篇，中国科技核心期刊收录论文 8 篇。合作流动站为：华南理工大学博士后科研流动站
9	广西中烟工业有限责任公司博士后科研工作站	2003 年 12 月	招收进站博士 1 人、出站留用 1 人，在站博士后 1 人。主要涉及烟草化学、卷烟降焦减害、新型材料等基础研究。有在研的对外合作项目 5 项，承担广西区科技厅、区工信委项目 3 项；1 项成果获省部级科学技术进步奖三等奖。获得专利授权 12 项，其中发明专利 5 项。合作流动站为：复旦大学博士后流动站、北京师范大学博士后流动站
10	原川渝中烟工业有限责任公司博士后科研工作站	2002 年 10 月	出站博士 1 人（未留用）。发表论文 1 篇（CSSCI 期刊），完成 1 份企业内部管理报告，1 份国家局投资成本控制课题报告
11	贵州省烟草科学研究院烟草生理生化院士工作站	2011 年 9 月	通过与中国农业大学院士团队合作，主要开展种子工程、烟草生态生理等方向的研究，在抗逆生理研究、富钾分子机制等方面取得一定进展，获得省部级项目立项 2 项
12	浙江大学贵州省烟草科学研究院博士后研究基地	2013 年 5 月	招收进站博士 2 人，累计有在站博士 2 人，暂无出站人员
13	贵州中烟工业有限责任公司博士后科研工作站	2013 年 10 月	成立博士后科研工作站专家指导委员会，完成博士后的招聘引进工作，首批引进 2 名博士后。重点在生物发酵生产烟用香原料的制备合成、烟草样品近红外光谱分析方法上进行探索和研究
14	云南省烟草农业科学研究院博士后科研工作站	2013 年 8 月	招收进站博士 1 人，有在站博士后 1 人。主要从事烟草生物技术方向的研究。有在研博士后项目 1 项。合作流动站：云南大学博士后流动站
15	云南中烟工业有限责任公司博士后科研工作站	2014 年 10 月	招收进站博士 1 人，出站留用 2 人，累计有在站博士后 6 人。主要涉及烟草化学基础研究、卷烟降焦减害、新型材料等方面。有在研项目 15 项，其中省部级项目 5 项
16	云南省院士（专家）工作站孙汉董院士工作站	2014 年 1 月	有在研项目 3 项，其中省部级项目 1 项

（编辑：周　佳）

授权专利

2015 年全国烟草行业发明专利授权一览表

序号	专利名称	专利号	发明人/设计人	专利权人	授权公告日
1	一种天然烟草保润增香剂的制备方法及其在卷烟中的应用	CN201210337408.9	刘立全、王月侠	中国烟草总公司郑州烟草研究院	2015.01.07
2	木耳提取物在卷烟中的应用	CN201310091173.4	刘　珊、胡有持、胡　军、宗永立	中国烟草总公司郑州烟草研究院	2015.01.07
3	一种天然烟梗矫味协同剂的制备和应用	CN201310427560.0	刘立全、王月侠、洪广峰、周雅宁	中国烟草总公司郑州烟草研究院	2015.01.07
4	一种石莼水提液在卷烟中的应用	CN201310036935.0	刘　珊、胡有持、胡　军	中国烟草总公司郑州烟草研究院	2015.02.04
5	一种提高烤烟抗氧化代谢能力的溶剂	CN201310144893.2	梁太波、尹启生、张艳玲、王建伟、薛超群、刘　阳、宋纪真、过伟民、王广山	中国烟草总公司郑州烟草研究院	2015.02.04
6	一种改性的聚乳酸烟用丝束和滤棒及其制备方法	CN201310048812.9	刘惠民、王晓辉、赵献忠、杨　松、孙培健、聂　聪、包旭东、王　涛、何映鸣	中国烟草总公司郑州烟草研究院、江苏天圣达集团无锡新合纤有限公司、红塔烟草（集团）有限责任公司	2015.02.04
7	一种 Pd/γ－AlOOH 修饰的玻碳电极在碱性条件下电催化氧化甲醇中的应用	CN201210118088.8	胡清源、侯宏卫、谭庆军、唐纲岭、杨　进、陈　欢、刘　彤、刘　楠、张洪非、边照阳、姜兴益、庞永强、李中皓	中国烟草总公司郑州烟草研究院	2015.03.04
8	一种石莼醇提物在卷烟中的应用	CN201310036956.2	刘　珊、胡　军、胡有持	中国烟草总公司郑州烟草研究院	2015.03.04
9	一种石莼多糖在卷烟中的应用	CN201310036960.9	刘　珊、胡有持、胡　军	中国烟草总公司郑州烟草研究院	2015.03.04
10	一种液相色谱－串联质谱法检测卷烟滤嘴中八种挥发性羰基化合物的方法	CN201310101954.7	余晶晶、王　昇、赵晓东、蔡君兰、潘立宁、颜权平、张晓兵、谢复炜	中国烟草总公司郑州烟草研究院	2015.03.04
11	一种评价卷烟引燃倾向测试方法	CN201310475479.X	冯　茜、刘　勇、胡　清、刘军军、杨建东、向兰康、高震宇、张　龙、赵继俊、刘　军、刘　华、李　丹、陈超英、熊宏春、黄溢清、黄晓钢、刘海宁、肖　红、周春平、余　苓、范　黎、胡启秀、蒋锦锋	中国烟草总公司郑州烟草研究院	2015.03.04

续表

序号	专利名称	专利号	发明人/设计人	专利权人	授权公告日
12	山药提取物在卷烟中的应用	CN201310301997. X	张文娟、陈芝飞、屈　展、蔡莉莉、马　骥、霍现宽、崔　凯	中国烟草总公司郑州烟草研究院、河南中烟工业有限责任公司	2015. 03. 04
13	一种卷烟滤嘴通风孔堵塞装置	CN201210344803. X	冯　茜、范　黎、胡启秀、赵继俊、向兰康、蒋锦锋、赵泽峰、张　龙、任志强	中国烟草总公司郑州烟草研究院	2015. 03. 25
14	一种加热非燃烧型烟草制品烟草原料的处理方法	CN201310452339. 0	曾世通、孙世豪、李　鹏、张建勋、卢斌斌、张启东、柴国壁、宗永立、刘俊辉	中国烟草总公司郑州烟草研究院	2015. 03. 25
15	一种同时检测烟草中多种农药残留的方法	CN201410004317. 2	胡　斌、艾　丹、刘惠民、潘立宁、陈　黎、王　冰、谢复炜	中国烟草总公司郑州烟草研究院	2015. 03. 25
16	基于恒定流速吸烟机的 CO 在线检测装置	CN201310430778. 1	李　斌、庞红蕊、谢国勇、张　龙、孟庆华、颜秋男、周　炜、朱　震、刘晓萍、王　兵	中国烟草总公司郑州烟草研究院、中国科学院安徽光学精密机械研究所	2015. 03. 25
17	一种基于温度检测的吸烟机触发控制方法	CN201310036943. 5	李　斌、张　龙、庞红蕊、朱　震、周　炜、秦国鑫、李志刚、李家浩、刘　勇、王　兵	中国烟草总公司郑州烟草研究院、中国科学院安徽光学精密机械研究所、合肥威尔仪光电科技有限公司	2015. 03. 25
18	一种基于烟叶特性的配方打叶复烤加工工艺	CN201310639595. 0	张玉海、杜阅光、堵劲松、梁　伟、位辉琴、邓国栋、贾　涛、徐大勇、刘朝贤、王　兵、袁红星	中国烟草总公司郑州烟草研究院、天昌国际烟草有限公司	2015. 03. 25
19	一种热解－氧化淀粉质烟用保润剂的制备方法及其应用	CN201210400098. 0	张晓兵、刘惠民、王宜鹏、贾云祯、彭　斌	中国烟草总公司郑州烟草研究院	2015. 04. 22
20	一种用于实时在线测定卷烟主流烟气 pH 值的方法	CN201310147635. X	卢斌斌、刘惠民、谢剑平、毛　健、孙世豪、宗永立、李　鹏、宋瑜冰、张启东	中国烟草总公司郑州烟草研究院	2015. 04. 22
21	用于卷烟引燃倾向测试的卷烟自动标记装置	CN201310532616. 9	赵继俊、冯　茜、李志刚、胡启秀、向兰康、范　黎、蒋锦锋、杨荣超	中国烟草总公司郑州烟草研究院	2015. 04. 22
22	一种用于香精香料嗅香评价的装置	CN201310542511. 1	孙世豪、王宏伟、李　鹏、陈芝飞、蔡莉莉、马宇平、屈　展、柴国壁、宗永立、宋金勇	中国烟草总公司郑州烟草研究院、河南中烟工业有限责任公司	2015. 04. 22
23	一种皮芯型聚乳酸烟用丝束和滤棒及其制备方法	CN201310048813. 3	刘惠民、王晓辉、赵献忠、孙培健、杨　松、聂　聪、包旭东、王　涛、何映鸣	中国烟草总公司郑州烟草研究院、江苏天圣达集团无锡新合纤有限公司、红塔烟草（集团）有限责任公司	2015. 04. 22
24	一种用于降低烟草萃取液中镉含量的植物材料吸附剂及其应用	CN201310315721. 7	王爱国、张艳玲、张仕祥、王建伟、商慧文、陈　钊、梁太波、刘　阳	中国烟草总公司郑州烟草研究院	2015. 04. 29
25	一种评价烟草保润性能的方法	CN201310036958. 1	胡　军、刘　菲、马　骥、曾世通、何保江、胡有持	中国烟草总公司郑州烟草研究院	2015. 05. 27

续表

序号	专利名称	专利号	发明人/设计人	专利权人	授权公告日
26	一种木耳多糖烟用添加剂的制备及其在卷烟中的应用	CN201310091815.0	胡有持、刘　珊、胡　军、宗永立	中国烟草总公司郑州烟草研究院	2015.05.27
27	一种卷烟主流烟气中焦甜香成分的分离方法	CN201310639256.2	刘俊辉、张启东、柴国璧、孙世豪、李　鹏、杨春强、刘　珊、屈　展、宗永立、张建勋	中国烟草总公司郑州烟草研究院	2015.05.27
28	一种配方烟丝中膨胀烟丝分离装置	CN201310302609.X	邓国栋、堵劲松、李志刚、花昌义、王　兵、刘　勇、张玉海、张　龙、刘朝贤	中国烟草总公司郑州烟草研究院、中国科学院安徽光学精密机械研究所	2015.05.27
29	一种黄芪提取物在梗丝或再造烟叶中的应用	CN201210440473.4	刘立全、王月侠、周雅宁、洪广峰	中国烟草总公司郑州烟草研究院	2015.06.03
30	烟草在下行床中运动特性的检测装置	CN201310317904.2	李　斌、王鹏飞、刘朝贤、庞红蕊、赵路灿、鲁端峰、秦国鑫、朱文魁、王　兵	中国烟草总公司郑州烟草研究院	2015.06.03
31	大枣亚临界提取物的制备方法及在卷烟中的应用	CN201410082300.9	何保江、周会舜、何　力、刘思奎、占小林、罗海涛、屈　展、胡　军、丁继峰、秦广雍	中国烟草总公司郑州烟草研究院、江西中烟工业有限责任公司	2015.06.03
32	一种用于检测卷烟用纸中酮类残留量标准物质的制备方法	CN201210347005.2	蒋锦锋、陈连芳、陈　宸、马　明、李　栋、范　黎、杨国涛	中国烟草总公司郑州烟草研究院	2015.07.08
33	一种用于检测卷烟用纸中醇类残留量标准物质的制备方法	CN201210347051.2	蒋锦锋、李　栋、胡启秀、马　明、陈连芳、范　黎、杨荣超、苗　芊	中国烟草总公司郑州烟草研究院	2015.07.08
34	黄嘌呤氧化酶降解类胡萝卜素制备烟用香料的方法及其应用	CN201310488543.8	刘　珊、胡有持、曾世通、胡　军、马　骥、崔　凯、宗永立	中国烟草总公司郑州烟草研究院	2015.07.08
35	一种蒲公英净油的制备方法及其在卷烟中的应用	CN201310496718.X	张文娟、屈　展、霍现宽、马　骥、杨伟平、张启东、刘俊辉、徐秀娟、崔　凯、何保江、宗永立、张建勋	中国烟草总公司郑州烟草研究院	2015.07.08
36	一种铜离子功能化的多孔纤维素复合微球的制备方法及其产品与应用	CN201310647765.X	孙培健、聂　聪、孙学辉、王宜鹏、杨　松、赵　乐、彭　斌、王洪波、刘惠民	中国烟草总公司郑州烟草研究院	2015.07.08
37	一种检测新鲜烟叶萜类化合物代谢组学方法	CN201410375770.4	金立锋、郑庆霞、陈　霞、周会娜、刘萍萍、陈千思、李　锋、王　燃、罗朝鹏、魏　攀、林福呈	中国烟草总公司郑州烟草研究院	2015.07.08

续表

序号	专利名称	专利号	发明人/设计人	专利权人	授权公告日
38	一种适用于香精香料评价的简易闻香器	CN201310542276.8	孙世豪、马宇平、曾世通、陈芝飞、孙志涛、卢斌斌、于建春、周　浩、宗永立、郝　辉	中国烟草总公司郑州烟草研究院、河南中烟工业有限责任公司	2015.07.08
39	一种适用于加热非燃烧型烟草制品的烟草材料制备方法	CN201310452465.6	曾世通、孙世豪、李　鹏、张建勋、卢斌斌、张启东、柴国壁、宗永立、刘俊辉	中国烟草总公司郑州烟草研究院	2015.07.29
40	一种多孔羧甲基纤维素微球的制备方法及其产品与在卷烟滤嘴中的应用	CN201310647378.6	孙培健、聂　聪、杨　松、孙学辉、王宜鹏、彭　斌、赵　乐、郭军伟、刘惠民	中国烟草总公司郑州烟草研究院	2015.07.29
41	一种 GC－MS 靶向性烟草样品甾醇提取方法	CN201410004090.1	翟　妞、陈千思、刘萍萍、金立锋、周会娜、陈　霞、赵　阁、张　丽、王晓瑜、孙世豪	中国烟草总公司郑州烟草研究院	2015.07.29
42	一种烟用热熔胶酚类抗氧化剂含量的测定方法	CN201410454922.X	牛佳佳、李　栋、陈连芳、陈　宸、叶长文、贺　琛、张　勍	中国烟草总公司郑州烟草研究院	2015.07.29
43	一种利用旋转方式检测卷烟落头倾向的装置	CN201310227468.X	李　斌、赵路灿、刘向真、张　龙、常纪恒、周　炜、陈海鸥、李善莲、王　兵	中国烟草总公司郑州烟草研究院、中国科学院安徽光学精密机械研究所	2015.07.29
44	一种烟用梗丝形态的检测与定量表征方法	CN201310101953.2	朱文魁、陈良元、徐德龙、堵劲松、徐大勇、王　兵、常纪恒	中国烟草总公司郑州烟草研究院	2015.08.19
45	一种基于微波加热的非燃烧型烟草抽吸装置	CN201310298920.1	宗永立、王　慧、宋瑜冰、杨春强、马　骥、崔　凯、刘　珊、曾世通、李炎强、屈　展	中国烟草总公司郑州烟草研究院	2015.08.19
46	一种适用于加热非燃烧型烟草制品的烟草膜制备方法	CN201310452726.4	曾世通、孙世豪、李　鹏、张建勋、卢斌斌、张启东、柴国壁、宗永立、刘俊辉	中国烟草总公司郑州烟草研究院	2015.08.19
47	一种检测低引燃倾向卷烟引燃性能的方法	CN201310228530.7	李　斌、荆　熠、庞红蕊、刘晓萍、庞永强、邢　军、张彩云、王　兵	中国烟草总公司郑州烟草研究院、国家烟草质量监督检验中心	2015.08.19
48	玉簪花乙醇提取物在卷烟中的应用	CN201310583791.0	张文娟、马宇平、宗永立、陈芝飞、孙志涛、郝　辉、马　骥、杨金初、霍现宽、何保江	中国烟草总公司郑州烟草研究院、河南中烟工业有限责任公司	2015.08.19
49	鸡血藤提取物的制备方法及其在卷烟中的应用	CN201010192134.X	郭学科、张建勋、宗永立、屈　展、马　骥、何保江、卢斌斌、孙世豪、刘俊辉、李　鹏	中国烟草总公司郑州烟草研究院	2015.08.26
50	一种天然烟草烟气自由基清除剂的制备方法和应用	CN201210394647.8	刘立全、王月侠	中国烟草总公司郑州烟草研究院	2015.08.26
51	同时测定卷烟主流烟气中 16 种多环芳烃的方法	CN201310383762.X	王晓瑜、谢复炜、秦亚琼、夏巧玲、王　冰、刘惠民、贾云祯、崔华鹏、陈　黎	中国烟草总公司郑州烟草研究院	2015.08.26

续表

序号	专利名称	专利号	发明人/设计人	专利权人	授权公告日
52	基于耗氧原理的卷烟引燃倾向测试装置	CN201310475518.6	赵继俊、胡　源、高震宇、向兰康、张　龙、程占刚、肖　红、熊宏春、黄溢清、黄　福、刘海宁、何　瑾、梁　薇、蒋锦锋、周春平、黄晓钢、余　苓、胡启秀、刘　勇、冯　茜	中国烟草总公司郑州烟草研究院	2015.08.26
53	一种卷烟烟气中Cr（Ⅲ）和Cr（Ⅵ）提取分离与分析方法	CN201410399347.8	郭军伟、王洪波、赵　乐、尚平平、郭吉兆、颜权平	中国烟草总公司郑州烟草研究院	2015.08.26
54	一种滤棒/烟支硬度测量装置	CN201310211831.9	张海平、黄卫东、曹　娟、杨　勇、毕昆义	郑州海意科技有限公司、中国烟草总公司郑州烟草研究院	2015.09.02
55	一种电子烟烟液中薄荷醇含量的测定方法	CN201410094935.0	韩书磊、陈　欢、刘　彤、吴帅宾、侯宏卫、胡清源	国家烟草质量监督检验中心	2015.01.07
56	一种尿液中3－烷化腺嘌呤DNA加合物的测定方法	CN201410093890.5	田永峰、杨　进、侯宏卫、胡清源、王　安、刘　勇、陈　欢、刘　彤、韩书磊、吴帅宾	国家烟草质量监督检验中心、中国科学院合肥物质科学研究院	2015.01.07
57	一种液相色谱串联质谱方法在大规模吸烟人群样本生物监测3－2－羟乙基腺嘌呤的应用	CN201410093902.4	田永峰、胡清源、王　安、侯宏卫、刘　勇、杨　进、陈　欢、韩书磊、刘　彤、张小涛、石龙凯、刘　洋	国家烟草质量监督检验中心、中国科学院合肥物质科学研究院	2015.01.07
58	同时分析卷烟主流烟气中苯并［a］蒽、屈和苯并［a］芘的GC－MS/MS方法	CN201310226815.7	唐纲岭、陈晓水、边照阳、陈再根、杨　飞、刘珊珊、刘　洋、张洪非、李中皓、胡清源	国家烟草质量监督检验中心	2015.02.11
59	一种液相色谱串联质谱方法在大规模吸烟人群样本生物监测3－乙基腺嘌呤的应用	CN201410094977.4	田永峰、王　安、胡清源、侯宏卫、刘　勇、陈　欢、杨　进、韩书磊、刘　彤、张小涛、石龙凯、刘　洋	国家烟草质量监督检验中心、中国科学院合肥物质科学研究院	2015.02.11
60	尿液中3－乙基腺嘌呤（3－EtA）的测定方法	CN201410095001.9	田永峰、侯宏卫、胡清源、王　安、刘　勇、杨　进、陈　欢、韩书磊、刘　彤、张小涛、石龙凯、刘　洋	国家烟草质量监督检验中心、中国科学院合肥物质科学研究院	2015.02.11
61	一种尿液中苯乙醛酸的液相色谱串联质谱测定方法	CN201410095003.8	张小涛、杨　进、刘　勇、侯宏卫、胡清源、王　安、吴帅宾、陈　欢、刘　彤、韩书磊	国家烟草质量监督检验中心、中国科学院合肥物质科学研究院	2015.02.11
62	同时分析卷烟主流烟气中四种烟草特有亚硝胺（TSNAs）的GC－MS/MS方法	CN201310226813.8	唐纲岭、陈晓水、边照阳、陈再根、刘珊珊、杨　飞、刘　洋、张洪非、李中皓、胡清源	国家烟草质量监督检验中心	2015.02.18
63	一种液相色谱串联质谱方法在大规模吸烟人群样本生物监测3－烷化腺嘌呤的应用	CN201410093888.8	田永峰、杨　进、王　安、刘　勇、侯宏卫、胡清源、韩书磊、吴帅宾、陈　欢、刘　彤	国家烟草质量监督检验中心、中国科学院合肥物质科学研究院	2015.02.18

续表

序号	专利名称	专利号	发明人/设计人	专利权人	授权公告日
64	一种使用超高效合相色谱测定卷烟主流烟气中主要羰基化合物的方法	CN201310736700.2	张洪非、唐纲岭、姜兴益、吴帅宾、李中皓、范子彦、边照阳、刘珊珊、杨　飞、王　颖、张艳革	国家烟草质量监督检验中心	2015.03.11
65	一种尿液中苯乙醇酸的液相色谱串联质谱测定方法	CN201410093956.0	张小涛、杨　进、侯宏卫、胡清源、王　安、刘　勇、韩书磊、吴帅宾、陈　欢、刘　彤	国家烟草质量监督检验中心、中国科学院合肥物质科学研究院	2015.03.11
66	一种检测印刷包装材料中DEAB和MK的超高效合相色谱分析方法	CN201310457959.3	李中皓、吴帅宾、罗彦波、唐纲岭、范子彦、杨　飞、刘珊珊、边照阳、陈再根、陈　欢	国家烟草质量监督检验中心	2015.03.18
67	一种测定烟草中糖的连续流动分析方法及其专用连续流动分析仪	CN201310601086.9	王　颖、张　威、李　雪、刘　楠、唐纲岭、陈再根、侯宏卫、邢　军、胡清源	国家烟草质量监督检验中心	2015.03.18
68	同时测定电子烟烟液中1，2－丙二醇，薄荷醇，二甘醇，丙三醇和三甘醇含量的方法	CN201410094943.5	韩书磊、陈　欢、刘　彤、吴帅宾、侯宏卫、胡清源	国家烟草质量监督检验中心	2015.03.18
69	一种尿液中苯乙醛酸和苯乙醇酸的液相色谱串联质谱测定方法	CN201410094988.2	张小涛、杨　进、王　安、刘　勇、侯宏卫、胡清源、陈　欢、刘　彤、韩书磊、吴帅宾	国家烟草质量监督检验中心、中国科学院合肥物质科学研究院	2015.04.08
70	尿液中3－甲基腺嘌呤（3－MeA）的测定方法	CN201410094991.4	田永峰、胡清源、侯宏卫、王　安、刘　勇、杨　进、陈　欢、韩书磊、刘　彤、张小涛、石龙凯、刘　洋	国家烟草质量监督检验中心、中国科学院合肥物质科学研究院	2015.04.08
71	热熔胶中6种邻苯二甲酸酯的气相色谱－质谱联用测定方法	CN201410189334.8	韩书磊、杨　飞、陈　欢、刘　彤、吴帅宾、侯宏卫、胡清源	国家烟草质量监督检验中心	2015.05.13
72	以组氨酸和色氨酸基团联合对烟草花叶病毒壳蛋白模板进行结构修饰的方法	CN201410018779.X	刘　楠、张　威、罗安娜、王英元、冯晓民、何声宝、闫新甫	国家烟草质量监督检验中心	2015.06.10
73	一种卷烟烟气致细胞DNA损伤的定量评价方法	CN201310340682.6	陈　欢、付立伟、田永峰、韩书磊、刘　彤、侯宏卫、邢　军、胡清源	国家烟草质量监督检验中心	2015.06.17
74	一种液相色谱串联质谱方法在大规模吸烟人群样本生物监测3－甲基腺嘌呤的应用	CN201410093954.1	田永峰、王　安、胡清源、侯宏卫、刘　勇、陈　欢、杨　进、韩书磊、刘　彤、张小涛、石龙凯、刘　洋	国家烟草质量监督检验中心、中国科学院合肥物质科学研究院	2015.06.24
75	尿液中3－羟乙基腺嘌呤（3－HOEtA）的测定方法	CN201410095002.3	田永峰、胡清源、王　安、侯宏卫、刘　勇、杨　进、陈　欢、韩书磊、张小涛、石龙凯、刘　彤、刘　洋	国家烟草质量监督检验中心、中国科学院合肥物质科学研究院	2015.06.24
76	基于LC－MS/MS技术分析印刷包装纸中光引发剂向MPPO迁移量的方法	CN201410094992.9	刘珊珊、李中皓、杨　飞、唐纲岭、边照阳、范子彦、王　颖、张艳革、张洪非、胡清源	国家烟草质量监督检验中心	2015.07.08

续表

序号	专利名称	专利号	发明人/设计人	专利权人	授权公告日
77	纸张中辛基酚聚氧乙烯醚和壬基酚聚氧乙烯醚含量的测定方法	CN201410373037.9	张洪非、边照阳、杨　飞、唐纲岭、李中皓、范子彦、刘珊珊、王　颖、张艳革	国家烟草质量监督检验中心	2015.07.15
78	一种纸张中尿素含量的测定方法	CN201410380095.4	张洪非、边照阳、杨　飞、唐纲岭、李中皓、范子彦、刘珊珊、王　颖、张艳革	国家烟草质量监督检验中心	2015.07.15
79	一种电子烟烟液体外细胞毒性 WST-8 测试方法	CN201410094934.6	陈　欢、韩书磊、刘　彤、吴帅宾、付立伟、张小涛、石龙凯、侯宏卫、胡清源	国家烟草质量监督检验中心	2015.07.22
80	一种适于测定烟用接装纸烫印面积的检测方法	CN201310191979.0	范子彦、李中皓、边照阳、陈再根、董　浩、刘　楠、杨　飞、姜兴益、张洪非、陈　欢、李　雪、唐纲岭、胡清源	国家烟草质量监督检验中心	2015.07.29
81	一种测定细胞 DNA 损伤标志物*H2AX 含量的酶联免疫测定方法	CN201310684364.1	陈　欢、侯宏卫、付立伟、田永峰、韩书磊、刘　彤、吴帅宾、胡清源、张小涛、石龙凯	国家烟草质量监督检验中心	2015.08.05
82	一种电子烟烟液中烟碱、麦斯明、新烟碱、假木贼碱和可替宁含量的气相色谱测定方法	CN201410095006.1	韩书磊、陈　欢、刘　彤、吴帅宾、侯宏卫、胡清源	国家烟草质量监督检验中心	2015.08.05
83	一种基于乳酸脱氢酶测定的电子烟烟液细胞毒性评价方法	CN201410094851.7	陈　欢、杨　进、刘　洋、刘　彤、韩书磊、吴帅宾、付立伟、侯宏卫、胡清源	国家烟草质量监督检验中心	2015.08.12
84	烟用纸中1,1,1-三羟甲基丙烷的测定方法	CN201410372134.6	杨　飞、李中皓、边照阳、范子彦、刘珊珊、张洪非、王　颖、张艳革、唐纲岭、胡清源	国家烟草质量监督检验中心	2015.08.12
85	一种热熔胶中12种邻苯二甲酸酯的基质标准校正-气相色谱-质谱联用测定方法	CN201410189321.0	韩书磊、杨　飞、陈　欢、刘　彤、吴帅宾、侯宏卫、胡清源	国家烟草质量监督检验中心	2015.08.26
86	水基胶中辛基酚聚氧乙烯醚和壬基酚聚氧乙烯醚含量的测定方法	CN201410380119.6	张洪非、刘珊珊、范子彦、唐纲岭、边照阳、李中皓、杨　飞、王　颖、张艳革	国家烟草质量监督检验中心	2015.09.02
87	一种利用合相色谱同时检测烟草中四溴菊酯及溴氰菊酯的分析方法	CN201410417728.4	边照阳、郭卫芸、唐纲岭、刘学功、李中皓、杨　飞、刘珊珊、范子彦、张洪非、王　颖、胡清源	国家烟草质量监督检验中心、许昌学院	2015.09.02
88	基于 GC-MS/MS 技术分析印刷包装纸中光引发剂向 MPPO 迁移量的方法	CN201410094941.6	刘珊珊、李中皓、杨　飞、范子彦、边照阳、王　颖、张艳革、张洪非、唐纲岭、胡清源	国家烟草质量监督检验中心	2015.09.09

续表

序号	专利名称	专利号	发明人/设计人	专利权人	授权公告日
89	一种尿液中 CEMA 和 HEMA 的液相色谱串联质谱测定方法	CN201210588316.8	侯宏卫、张小涛、田永峰、刘　彤、陈　欢、韩书磊、胡清源	国家烟草质量监督检验中心	2015.10.07
90	一种电子烟烟液细胞增殖毒性评价方法	CN201410094850.2	陈　欢、刘　彤、韩书磊、吴帅宾、付立伟、张小涛、石龙凯、侯宏卫、胡清源	国家烟草质量监督检验中心	2015.11.04
91	纸张中溶剂绿7、2，4－二硝基苯酚和对羟基苯甲酸丙酯及其钠盐含量的测定方法	CN201410380094.X	张洪非、杨　飞、边照阳、唐纲岭、刘珊珊、范子彦、李中皓、王　颖、张艳革	国家烟草质量监督检验中心	2015.11.04
92	一种具有清幽香气的超低焦油烤烟型卷烟的制备方法	CN201310085264.7	王　涛、冯文宁、马　戎、王刘胜、刘　波、谭宏翔、魏建斌、潘文亮、高　晶、张彦伟、范沄涛、郝建辉、赵桂铭、王玉林、霍晓晖、李维娜	河北中烟工业有限责任公司	2015.07.22
93	一种吸烟机捕集器防粘连装置	CN201410213881.5	刘　伟、陈伟华、张晓静、寇建波、胡立朝、张艳芳、牛丽娜、阎　瑾、何爱民、郝红玲、任志强、鲍峰伟、张彦伟、苏国岁、马桂琴、李杰辉、寇天舒、焦芃然	河北中烟工业有限责任公司	2015.09.16
94	一种基于物料流量平衡的制丝线控制方法和系统	CN201310115647.4	张建林、雷建生、刘树林、阎福玉、王尚荣、齐红光、李红京、张进鸿、赵　伟、赵　凯、范书贤、顾永强、张震宁、刘凯辉	河北白沙烟草有限责任公司	2015.02.11
95	HPMC 改性烟用聚丙烯纤维制备的过滤嘴及其制备方法	CN201210532952.9	王海涛、魏俊富、胡自强、赵义平	张家口卷烟厂有限责任公司、天津工业大学	2015.09.30
96	一种生产过程中计量秤准确度的监控方法	CN201210288374.9	马平杰、李晓堂、范广斌、阮春伟、李自娟、倪苏冀、张伟利、雷　捷	张家口卷烟厂有限责任公司	2015.10.21
97	一种物流托盘码放支架	CN201310174148.2	温继鹏、岳文明、马文广、张　凯、穆瑞清、邢冬梅、周　丹、王慧萍	内蒙古自治区烟草公司呼和浩特市公司	2015.06.03
98	一种生态景观型防虫方法及系统	CN201310119818.0	朱洪武、钱肇隽、章　习、冯伟明	上海烟草集团有限责任公司	2015.01.14
99	一种分析薄荷卷烟加工过程对生产环境影响的方法	CN201310415222.5	任雯黎、林冰东、吴圣超、蔡　峰、吴　达、束茹欣	上海烟草集团有限责任公司	2015.01.14
100	一种多孔生物质材料及其制备和应用	CN201210315685.X	童亿刚、刘百战、郑赛晶、沙云菲、陈　敏	上海烟草集团有限责任公司	2015.04.08
101	一种气袋－热脱附－气/质联用法分析卷烟主流烟气中的气相全成分的方法	CN201310086878.7	郑赛晶、陈　敏、刘百战、王磊君、张怡春	上海烟草集团有限责任公司	2015.04.08

续表

序号	专利名称	专利号	发明人/设计人	专利权人	授权公告日
102	卷烟落头检测装置	CN201210438546. 6	张朝平、张　敏、张浩博	上海烟草集团有限责任公司	2015. 05. 20
103	卷接机印刷模块	CN201210587709. 7	唐根利、包曙阳、姜　捷、周建军	上海烟草集团有限责任公司	2015. 05. 20
104	一种液相色谱 - 气相色谱在线联用接口的溶剂排空方法	CN201310054741. 3	刘百战、郭亚勤	上海烟草集团有限责任公司	2015. 05. 20
105	加热不燃烧的香烟装置	CN201310111258. 4	王　申、沈　轶、邱立欢、陆诚玮	上海烟草集团有限责任公司	2015. 05. 20
106	用于加热不燃烧装置的烟草制品及其制备方法	CN201310111651. 3	沈　轶、王　申、邱立欢、陆诚玮	上海烟草集团有限责任公司	2015. 05. 20
107	一种检测卷烟烟气中 17 种多环芳烃的方法	CN201310190141. X	刘百战、郭亚勤、史佳沁、吴　达、谢雯燕	上海烟草集团有限责任公司	2015. 06. 17
108	一种在线测定烟草添加剂或烟用材料裂解气相成分的方法	CN201310724029. X	罗昌荣、印黔黔、王　晔、孙谢坤、陈　敏、谢　焰	上海烟草集团有限责任公司	2015. 07. 15
109	一种提高梗丝物理保润性能的工艺及其应用	CN201310054823. 8	沙云菲、楼佳颖、刘百战、吴　达、盛　科	上海烟草集团有限责任公司	2015. 08. 19
110	卷烟机在线切割纠偏装置	CN201310347892. 8	曹国庆、龚秋华、朱　轶、许家成	上海烟草集团有限责任公司	2015. 08. 19
111	一种烟箱清洁装置	CN201310648022. 4	沈　巍、丁钺宗、陆　磊	上海烟草集团有限责任公司	2015. 08. 19
112	精确计算卷烟产能的配方维护系统及方法	CN201110353927. X	张建平、王伟民、陈　勇、任　伟、陈德莉、吴海云、瞿永生、杨　凯、栾晓宇	上海烟草集团有限责任公司	2015. 09. 16
113	烟支加热装置及其所用烟支	CN201310145630. 3	邱立欢、陆闻杰、王　申、陆诚玮、沈　轶	上海烟草集团有限责任公司	2015. 10. 28
114	翻盖抽拉式卷烟包装盒	CN201210179617. 5	于　勤	上海烟草集团有限责任公司、上海烟草包装印刷有限公司	2015. 01. 14
115	一种降低造纸法再造烟叶 CO 释放量的生产工艺及再造烟叶	CN201210587454. 4	简小朋、严新龙、李新生、刘孙宏	上海烟草集团有限责任公司、上海烟草集团太仓海烟烟草薄片有限公司	2015. 02. 11
116	一种固态发酵改善低次烟叶内在品质的方法	CN201310128249. 6	汤朝起、许赣荣、李士林、于兴伟、束茹欣	上海烟草集团有限责任公司、江南大学	2015. 02. 11
117	滚筒式烘干机的多参量控制系统	CN201310119761. 4	陆晓东、金军辉、樊甲斌、徐鹤兵、于俊府、宋成剑	上海烟草集团有限责任公司、上海威士顿信息技术有限公司、上海烟草集团太仓海烟烟草薄片有限公司	2015. 03. 25
118	烟用自动雾化加湿抑尘输送机	CN201210591852. 3	陆晓东、朱惠忠、俞　杰、何　军、徐鹤兵	上海烟草集团有限责任公司、上海昊瑞机械设备有限公司、上海烟草集团太仓海烟烟草薄片有限公司	2015. 04. 08
119	一种双元微粒助留助滤体系在再造烟叶中的应用	CN201310557626. 8	简小朋、高建宏、张　钰、严新龙、李新生	上海烟草集团有限责任公司、上海烟草集团太仓海烟烟草薄片有限公司	2015. 04. 08

续表

序号	专利名称	专利号	发明人/设计人	专利权人	授权公告日
120	基于智能图像处理和模型估计的烟叶叶面积质量测定方法	CN201310060528.3	杨征宇、余　苓、任　伟、杨　凯、杨　斌、徐其敏、陈　清	上海烟草集团有限责任公司、华环国际烟草有限公司	2015.04.08
121	物料烘缸设备的控制系统	CN201310119707.X	徐鹤兵、樊甲斌、陆晓东、金军辉、于俊府、宋成剑	上海烟草集团有限责任公司、上海威士顿信息技术有限公司、上海烟草集团太仓海烟烟草薄片有限公司	2015.05.20
122	一种造纸法再造烟叶表面颜色的调控方法	CN201310648020.5	李新生、刘孙宏、张克娟、史跃龙、王淑梅	上海烟草集团有限责任公司、上海烟草集团太仓海烟烟草薄片有限公司	2015.06.17
123	烫印后电化铝薄膜脱离力模拟检测装置及方法	CN201310192550.3	周　敏	上海烟草集团有限责任公司、上海烟草包装印刷有限公司	2015.06.17
124	滤棒香料线中心距的定量检测方法	CN201210586729.2	卢　琳、叶惠民、徐励晨	上海烟草集团有限责任公司、上海白玉兰烟草材料有限公司	2015.06.17
125	一种水松纸专用水性金墨及其制备方法	CN201310335930.8	汪　旭、林旭东、周春平	上海烟草集团有限责任公司、上海德鄰水性油墨有限公司	2015.07.15
126	一种储丝箱清扫装置以及储丝箱清扫方法	CN201110431068.1	张　岩、崔庆育、郑　巍、王燕庆、江　涌、宋江利、董立江、王建琪、贾立刚、张挺燕	上海烟草集团有限责任公司、上海烟草集团北京卷烟厂	2015.08.19
127	多功能添加材料的滤棒成型机	CN201310648134.X	秦建国、龚智仁、徐建强、徐　岚、费学俊、陈国琪	上海烟草集团有限责任公司、上海白玉兰烟草材料有限公司、上海勤昌织带厂	2015.08.19
128	凹版珠光油墨色相检测方法	CN201310202814.9	徐继俊、晁红风、张汉清	上海烟草集团有限责任公司、上海烟草包装印刷有限公司	2015.09.16
129	打码装置	CN201310492973.7	井向波、柳　捷、唐海锋、周根生、魏　超	上海烟草集团有限责任公司、上海海烟物流发展有限公司	2015.09.16
130	一种监测室内空气污染与换气控制方法	CN201310060815.4	吴　达、张永明、王维妙、李耀东、王　锋	上海烟草集团有限责任公司、中国科学技术大学	2015.09.16
131	烟包低强度松散回潮工艺和设备	CN201210502183.8	郜　强、陈贵荣、张　勇、童亿刚、徐源宏、朱才生、盛　科、李新云、方维岚、张志明、丁　丁、张　滨、曾亚平、赵　银、张海霞、杨金雄、赵华现、杨　洁、杨国林	昆明船舶设备集团有限公司、上海烟草集团有限责任公司	2015.09.30
132	一种卷烟燃烧速率的检测方法	CN201310335749.7	窦玉青、张忠锋、付秋娟、程　森、杨　斌、唐　宇、顾毓敏、高　远	中国农业科学院烟草研究所、上海烟草集团有限责任公司	2015.10.14
133	卷烟烟气中重金属含量分析检测设备	CN201310684437.7	姚鹤鸣、张怡春、陆怡峰、周志雄、谢雯燕、陈倩颖、史佳沁、刘　鸿、侯　明	上海烟草集团有限责任公司、上海帕夫曼自动化仪器有限公司	2015.10.28

续表

序号	专利名称	专利号	发明人/设计人	专利权人	授权公告日
134	基于电子标签的条烟拣选系统及其拣选方法	CN201310314962. X	郭　勇、朱宙飞、张　敏、张易明	上海烟草集团有限责任公司、上海海烟物流发展有限公司	2015. 10. 28
135	一种测定干性食品包装纸中磷酸三丁酯的方法	CN201310133648. 1	廖惠云、朱龙杰、庄亚东、张　映、熊晓敏、朱　莹、沈晓晨、张　媛	江苏中烟工业有限责任公司	2015. 01. 21
136	一种基于气相色谱－质谱联用测定食用香精香料中丁香酚的方法	CN201310287194. 3	廖惠云、朱龙杰、庄亚东、李朝建、熊晓敏、石怀彬、朱　莹、曹　毅、张　媛、韩开冬	江苏中烟工业有限责任公司	2015. 01. 21
137	一种基于高效液相色谱测定食用香精香料中丁香酚的方法	CN201310287185. 4	廖惠云、朱龙杰、庄亚东、王珂清、熊晓敏、石怀彬、刘献军、曹　毅、张　媛、朱　莹	江苏中烟工业有限责任公司	2015. 02. 25
138	高效液相色谱－串联质谱测定卷烟主流烟气中咖啡酸含量的方法	CN201310338113. 8	庄亚东、朱怀远、秦艳华、尤晓娟、张　媛、盛　金、刘献军、曹　毅、朱　莹、韩开冬、沈晓晨、熊晓敏、张　华	江苏中烟工业有限责任公司	2015. 02. 25
139	一种采用离子色谱测定卷烟烟气中氨含量的方法	CN201310465286. 6	沈晓晨、张　华、庄亚东、刘献军、曹　毅、朱怀远、朱　莹、王珂清	江苏中烟工业有限责任公司	2015. 03. 04
140	高效液相色谱－串联质谱测定卷烟侧流烟气中咖啡酸含量的方法	CN201310332994. 2	朱怀远、庄亚东、张　媛、尤晓娟、秦艳华、盛　金、曹　毅、刘献军、朱　莹、韩开冬、沈晓晨、熊晓敏、张　华	江苏中烟工业有限责任公司	2015. 03. 18
141	一种测定再造梗丝掺配均匀性的方法	CN201310067515. 9	张　映、赵国梁、张兰晓、郝喜良、陈晶波、熊晓敏、李建英、蒋宇阳、芮金生	江苏中烟工业有限责任公司	2015. 04. 01
142	一种高效液相色谱－串联质谱联用检测卷烟侧流烟气中乌洛托品的方法	CN201410068905. 2	沈晓晨、庄亚东、张　华、石怀彬、王晨辉、曹　毅、朱怀远、韩开冬、张　媛、朱　莹、何红梅、盛　金	江苏中烟工业有限责任公司	2015. 04. 01
143	一种 GC－MS/MS 联用检测卷烟侧流烟气乌洛托品含量的方法	CN201410072004. 0	沈晓晨、张　华、庄亚东、刘献军、王珂清、秦艳华、王晨辉、朱怀远、尤晓娟、朱　莹、韩开冬、张　媛	江苏中烟工业有限责任公司	2015. 04. 01
144	一种测定卷烟制丝过程中料液持留率的方法	CN201410155799. 1	廖惠云、庄亚东、曹　毅、刘献军、王珂清、李朝建、熊晓敏、石怀彬、张　媛、韩开冬、朱龙杰、朱　莹	江苏中烟工业有限责任公司	2015. 04. 01
145	一种构树果实精油在卷烟加香加料中的应用	CN201110405187. X	万　敏、郑晓云、庄亚东、张　媛、潘高伟、熊晓敏、王珂清、曹　毅、谢寄清、朱怀远、张　莉、韩开冬	江苏中烟工业有限责任公司	2015. 04. 15

续表

序号	专利名称	专利号	发明人/设计人	专利权人	授权公告日
146	一种气相色谱－串联质谱检测卷烟主流烟气中乌洛托品的方法	CN201410068904.8	沈晓晨、张　华、庄亚东、秦艳华、朱怀远、王晨辉、李朝建、张　媛、刘献军、廖惠云、王珂清、刘　琪	江苏中烟工业有限责任公司	2015.04.15
147	一种高效液相色谱－串联质谱联用检测卷烟主流烟气中乌洛托品的方法	CN201410068908.6	沈晓晨、张　华、庄亚东、王珂清、秦艳华、曹　毅、韩开冬、尤晓娟、朱龙杰、盛　金、刘　琪、何红梅	江苏中烟工业有限责任公司	2015.04.15
148	一种评价成品卷烟烟支内烟丝混合均匀性的方法	CN201210324793.3	蒋宇阳、朱成文、郝喜良、熊晓敏、张兰晓、赵国梁、陈　悦、芮金生、李建英	江苏中烟工业有限责任公司	2015.04.22
149	一种再造梗丝回填率的测定方法	CN201310067513.X	张兰晓、赵国梁、郝喜良、张　映、熊晓敏、陈晶波、许学坤、朱成文、陈　悦	江苏中烟工业有限责任公司	2015.05.13
150	一种检测卷烟主流烟气中乌洛托品的方法	CN201410068909.0	沈晓晨、庄亚东、张　华、王晨辉、王珂清、刘献军、石怀彬、曹　毅、朱　莹、张　媛、尤晓娟、朱龙杰	江苏中烟工业有限责任公司	2015.05.13
151	一种食品添加剂中富马酸二甲酯的气相色谱/质谱联用检测方法	CN201410169818.6	朱怀远、尤晓娟、张　媛、庄亚东、盛　金、曹　毅	江苏中烟工业有限责任公司	2015.05.13
152	一种测定卷烟主流烟气中甲基丁香酚的方法	CN201310567260.2	廖惠云、庄亚东、曹　毅、王珂清、李朝建、熊晓敏、石怀彬、刘献军、张　媛、朱　莹、朱龙杰、韩开冬	江苏中烟工业有限责任公司	2015.06.10
153	一种基于多指标特征物质赋权测定卷烟制丝加料均匀性的方法	CN201410155486.6	廖惠云、庄亚东、曹　毅、刘献军、王珂清、李朝建、熊晓敏、石怀彬、张　媛、韩开冬、朱龙杰、朱　莹	江苏中烟工业有限责任公司	2015.06.10
154	一种造纸法再造烟叶涂布率的测定方法	CN201310067327.6	赵国梁、张兰晓、郝喜良、张　映、陈晶波、袁益来、薛　冬、蔡文高、许学坤	江苏中烟工业有限责任公司	2015.07.01
155	选择性降低卷烟烟气中挥发性羰基和酚类化合物释放量的吸附剂及其制备方法和应用	CN201310288671.8	庄亚东、朱怀远、刘献军、曹　毅、张　媛、尤晓娟、盛　金、沈晓晨、秦艳华、朱　莹、韩开冬、熊晓敏、张　华	江苏中烟工业有限责任公司	2015.07.01
156	一种基于顶空－气质联用选择性测定干性食品包装纸中乙二醇乙醚乙酸酯的方法	CN201310287192.4	廖惠云、朱龙杰、庄亚东、王珂清、熊晓敏、石怀彬、李朝建、张　媛、刘献军、朱　莹	江苏中烟工业有限责任公司	2015.07.15

续表

序号	专利名称	专利号	发明人/设计人	专利权人	授权公告日
157	一种测定卷烟主流烟气中苯并［a］芘含量的方法	CN201310571981.0	廖惠云、庄亚东、李朝建、曹　毅、朱龙杰、熊晓敏、石怀彬、王珂清、张　媛、刘献军、朱　莹、韩开冬	江苏中烟工业有限责任公司	2015.07.15
158	一种烟片舒展度的测定方法	CN201210326819.8	张兰晓、郝喜良、李建英、陈晶波、赵国梁、朱成文、蒋宇阳、陈　悦、芮金生	江苏中烟工业有限责任公司	2015.08.19
159	一种卷烟主流烟气中一氧化碳的逐口测定方法及其专用装置	CN201310131221.8	刘献军、刘　琪、庄亚东、韩开冬、张　媛、尤晓娟、朱龙杰、朱怀远、曹　毅、沈晓晨、朱　莹、石怀彬	江苏中烟工业有限责任公司	2015.09.09
160	一种成品件箱体打孔防伪装置	CN201410108592.9	周　平、付　强、乔　辉、蒋明杰、王克俭	江苏中烟工业有限责任公司	2015.09.30
161	一种用二氧化碳处理烟梗梗丝的方法	CN201310185663.0	徐如彦、丁　超、王刘东、刘尚鹏、张洪召、严　静	江苏中烟工业有限责任公司徐州卷烟厂	2015.01.28
162	一种气流式烟丝加香装置	CN201310146715.3	董　伟、周尚华、李　坤、呼　延、刘敦敏、赵　瑜、胡长霆、蒋光辉	江苏中烟工业有限责任公司徐州卷烟厂	2015.03.18
163	一种气流式烘丝机水分控制方法	CN201310162165.4	董　伟、周尚华、李　坤、呼　延、刘敦敏、赵　瑜、蒋光辉、胡长霆	江苏中烟工业有限责任公司徐州卷烟厂	2015.05.13
164	一种再回潮滚筒内壁清扫器	CN201310212361.8	刘忠良、王光辉	江苏中烟工业有限责任公司徐州卷烟厂	2015.05.13
165	一种排潮风机进气口的清扫装置	CN201310211881.7	王光辉	江苏中烟工业有限责任公司徐州卷烟厂	2015.09.23
166	一种用连续流动分析仪检测烟用水基胶中甲醛的方法	CN201210485359.3	殷延齐、张洪召、徐如彦、宋　红、丁　超、陈新亚、刘　刚	江苏中烟工业有限责任公司徐州卷烟厂	2015.09.30
167	星轮式盘纸回转盘	CN201210354721.3	倪　敏、黄　彪、杨　天、陈卫东、徐思民、吴志平	南通烟滤嘴有限责任公司	2015.02.18
168	烟用滤棒爆口检测仪	CN201310085924.1	王建民、黄　伟、黄福利	南通烟滤嘴有限责任公司	2015.02.18
169	功能膜复合颗粒、制备方法及其滤棒	CN201410000952.3	高　鑫、孙庆杰、唐荣成	南通烟滤嘴有限责任公司	2015.07.08
170	烟用皱纸丝复合滤棒及其滤嘴	CN201410042909.3	王建民、孙庆杰、盛培秀	南通烟滤嘴有限责任公司	2015.09.23
171	两级风力捕丝器	CN201410071237.9	倪　敏、黄　彪、赵中伟、李　强、王　峰	南通烟滤嘴有限责任公司	2015.09.23
172	一种成型机盘纸高速拼接装置	CN201110432145.5	李　捷、陆海华、江来宝	浙江中烟工业有限责任公司	2015.02.04
173	一种残次烟处理生产系统	CN201210247832.4	闫洪喜、丁　伟、金军杰、陈为民、孙哲建、周小忠、胡雅军	浙江中烟工业有限责任公司	2015.02.04

续表

序号	专利名称	专利号	发明人/设计人	专利权人	授权公告日
174	一种烟包生成系统及其生成方法	CN201310311235.8	杨金欣、王森芳、徐源奇、王　森、黄国祥、张　铁、范晓一	浙江省烟草公司绍兴市公司	2015.02.18
175	可翻面加热称重加香加料烟丝的实验装置	CN201310439244.5	赵　生、高　阳、许式强、张丽娜、许利平、蒋志才、黄　华	浙江中烟工业有限责任公司	2015.03.04
176	一种滤棒发送机用于防滤棒发送差错的方法	CN201310118358.X	朱立明、钱　杰、张理刚、王　邯	浙江中烟工业有限责任公司	2015.04.15
177	一种烟草制丝工艺中基于级联型 PID 的加料水分控制装置	CN201310246939.1	郭　奔、李汉莹、朱辉平、闫洪喜、王有利	浙江中烟工业有限责任公司	2015.04.15
178	假单胞菌 JY－Q 菌株及其用于降解再造烟叶浓缩液中尼古丁的应用	CN201310320679.8	舒　明、高　阳、汪华文、周国俊、周　强、陶　丰、唐恒杰、边红燕、钟卫鸿、焦　洋	浙江中烟工业有限责任公司	2015.04.15
179	香料烟酒精丙二醇混合溶液提取物及其制备方法和应用	CN201310331177.5	慕继瑞、吴　键、吴继忠、姚建锋、廖　付、胡雅军、程昌合、何文苗、李永生、张立立	浙江中烟工业有限责任公司	2015.04.15
180	一种烟叶原料质量的检测分析方法	CN201310624441.4	吴　键、廖　付、程昌合、李永生、张立立、李　奇、姚建锋、慕继瑞、李茂松	浙江中烟工业有限责任公司	2015.04.15
181	吸阻标准棒压降减少值的测量方法以及该值用于检测吸阻仪抽吸管路设计是否合理的方法	CN201110409010.7	蒋志才、苏中地、赵　航、丁　雪、方　婷、黄　华、韩　彬、张　勍、苗　芊、杨荣超、尹招琴、朱　强	浙江中烟工业有限责任公司	2015.05.06
182	烟支污点面积测量装置及方法和数据采集装置	CN201210538796.7	林建南、夏营威、张　艳、李晓茵、张　文、王贤芬、何颖敏、王卫华、张　龙、倪建彬、刘　勇	浙江中烟工业有限责任公司	2015.05.20
183	数字化卷烟在库盘点作业方法	CN201110274289.2	陆海良、王正敏、郁　钢、高扬华、叶　斌、尚　伟、王毅君、盛佳绮	浙江中烟工业有限责任公司	2015.07.08
184	一种具有安全防护罩的 F 型外球面调心轴承座	CN201310159644.0	李　壮、邵长岭、李汉莹、周吉义、崔成林、孙哲建、胡雅军	浙江中烟工业有限责任公司	2015.07.08
185	一种造纸法再造烟叶原料提取液的制备方法	CN201310258263.8	储国海、陶　丰、周国俊、戴　路、袁凯龙、沈　凯、夏　倩、卢昕博、史春云、胡安福、蒋　健、黄芳芳、吴志宏、邢春红、王　勋	浙江中烟工业有限责任公司	2015.07.08
186	内生真菌菌株 YCEF191 及其用途	CN201410072817.X	金慧清、章初龙、林福呈、刘宏玉、冯晓晓、徐清泉、吴继忠、解莹莹、朱书秀、斯　文、项波卡	浙江中烟工业有限责任公司	2015.07.08

续表

序号	专利名称	专利号	发明人/设计人	专利权人	授权公告日
187	一种提高卷烟香气质的烟叶组合物及其应用	CN201310526161. X	李永生、李　奇、吴　键、吴继忠、程昌合、廖　付、何文苗、张立立、姚建锋、慕继瑞	浙江中烟工业有限责任公司	2015. 07. 22
188	一种斜锲伸缩式不锈钢移动登高梯	CN201310092398. 1	徐玉中、张国华、邱建雄	浙江中烟工业有限责任公司	2015. 08. 05
189	外购卷烟滤棒入库 RFID 电子标签自动写入装置	CN201310118960. 3	王　琪、朱立明、范礼锋、徐玉中、张利宏、刘万里	浙江中烟工业有限责任公司	2015. 08. 05
190	一种利用烟末提取物制备的电子烟烟液及其制备方法	CN201310677976. 8	储国海、周国俊、胡安福、杨　君、徐清泉、周建华、蒋　健、袁凯龙、戴　路、沈　凯、肖卫强、徐　建	浙江中烟工业有限责任公司	2015. 08. 05
191	一种卷烟综合测试台的数采联网系统	CN201210246886. 9	金文良、应　伟、熊月宏、夏　栋、金春山、朱建强	浙江中烟工业有限责任公司	2015. 09. 02
192	卷烟厂 RFID 烟叶管理系统及烟叶管理方法	CN201210418136. 5	张思荣、楼卫东、冯　丰、楼　晖、章志华、王宏铝、章　强、潘佰林、贾之翔、潘雪迪、盛双峰、赵晓凡	浙江中烟工业有限责任公司	2015. 09. 02
193	一种残烟丝的除纸系统	CN201210538856. 5	闫洪喜、邵长岭、金军杰、张建英、金顺华、谢　峰	浙江中烟工业有限责任公司	2015. 09. 02
194	一种带安全防护罩的 T 型外球面调心轴承座	CN201310159646. X	李　壮、邵长岭、李汉莹、周吉义、崔成林、孙哲建、胡雅军	浙江中烟工业有限责任公司	2015. 09. 02
195	一种 RFID 物流平托盘可续用性全自动检测系统及方法	CN201310409737. 4	王毅君、朱安定、冯　丰、盛佳绮、梁启荣、叶　斌、沈民峰	浙江中烟工业有限责任公司	2015. 09. 02
196	内生真菌菌株 YCEF193 及其用途	CN201410071732. X	夏　琛、徐清泉、周国俊、金慧清、张勇刚、吴　键、李永生、章初龙、林福呈、刘宏玉、冯晓晓	浙江中烟工业有限责任公司	2015. 09. 02
197	内生真菌菌株 YCEF199 及其用途	CN201410071743. 8	徐清泉、章初龙、林福呈、刘宏玉、冯晓晓、夏　琛、程昌合、金慧清、刘化冰、张晓兵、何文苗、慕继瑞	浙江中烟工业有限责任公司	2015. 09. 02
198	基体匹配校正－顶空气相色谱测定醋纤滤棒中薄荷醇含量的方法	CN201410193410. 2	游金清、倪建彬	浙江中烟工业有限责任公司	2015. 09. 02
199	一种基于配伍性的烟叶组合物混配方法	CN201310046591. 1	吴继忠、廖　付、李　奇、姚建锋、吴　键、张立立、何文苗、李永生、程昌合	浙江中烟工业有限责任公司	2015. 09. 16

续表

序号	专利名称	专利号	发明人/设计人	专利权人	授权公告日
200	一种白肋烟的浸取水溶液及其制备方法和应用	CN201310331173.7	姚建锋、夏　琛、吴继忠、廖　付、吴　键、李　奇、李永生、张立立、何文苗	浙江中烟工业有限责任公司	2015.09.16
201	一种烟用接装纸质控样品砷、铅含量的定值方法	CN201310332766.5	斯　文、朱书秀、陆明华、许高燕、王希琴、苏　燕、杨　洋、林　昱、姚建锋、肖卫强	浙江中烟工业有限责任公司	2015.09.16
202	一种烟用接装纸质控样品铬含量的定值方法	CN201310332767.X	斯　文、朱书秀、陆明华、钱翠珠、夏　骏、陆　扬、林　昱、姚建锋、胡安福、蒋　健	浙江中烟工业有限责任公司	2015.09.16
203	一种利用核糖体蛋白S29鉴定烟草生物毒性的方法	CN201310340705.3	储国海、周国俊、黄芳芳、余捷凯、胡集祎、胡函光、郑　树	浙江中烟工业有限责任公司	2015.09.16
204	一种提高烤烟型卷烟香气量的烟叶组合物及其应用	CN201310526334.8	张立立、吴　键、廖　付、吴继忠、李　奇、程昌合、姚建锋、李永生、何文苗、李茂松	浙江中烟工业有限责任公司	2015.09.16
205	一种中央空调系统室外回风预处理方法	CN201310535247.9	胡剑波、徐　明、余　数	浙江中烟工业有限责任公司	2015.09.30
206	一种用于实时订单实时分拣的自动补货系统以及补货方法	CN201310211403.6	潘昵琥、许才庆、潘闪阳、顾华江、陈　杰、冉治平、李存兵、潘英龙	浙江省烟草公司绍兴市公司	2015.10.07
207	一种具有防护罩的Y型外球面调心轴承座	CN201310159658.2	李　壮、邵长岭、李汉莹、周吉义、崔成林、孙哲建、胡雅军	浙江中烟工业有限责任公司	2015.10.14
208	一种具有安全防护罩的L型外球面调心轴承座	CN201310159722.7	李　壮、邵长岭、李汉莹、周吉义、崔成林、孙哲建、胡雅军	浙江中烟工业有限责任公司	2015.10.14
209	一种烟草制丝加料水分控制方法	CN201310246967.3	郭　奔、李汉莹、朱辉平、闫洪喜、王有利	浙江中烟工业有限责任公司	2015.10.14
210	一株从烟末浓缩液分离的枯草芽孢杆菌SM及其在造纸法再造烟叶中的应用	CN201310692860.1	舒　明、许式强、高　阳、袁凯龙、史春云、周国俊、周　强、陶　丰、唐恒杰、焦　洋、何厚龙、钟卫鸿	浙江中烟工业有限责任公司	2015.10.14
211	一种滤棒空、实料盘的物流循环系统	CN201410020526.6	林　聪、王　琳、虞文进、张青松、徐伟民、方利梅、严　苹	浙江中烟工业有限责任公司	2015.10.14
212	一种人工添加卷烟滤棒的计数方法	CN201310118666.2	朱立明、楼卫东、何启学、李　勇	浙江中烟工业有限责任公司	2015.10.28
213	一种滤棒测试装置的通信模块	CN201310430436.X	应　伟、熊月宏、周　怡、金春山、朱建强、李　铭	浙江中烟工业有限责任公司	2015.10.28

续表

序号	专利名称	专利号	发明人/设计人	专利权人	授权公告日
214	内生真菌菌株 YCEF005 及其用途	CN201410072600.9	徐清泉、夏 琛、程昌合、金慧清、解莹莹、刘化冰、廖 付、章初龙、林福呈、刘宏玉、冯晓晓	浙江中烟工业有限责任公司	2015.10.28
215	滤棒风送组件的离线式动态模拟测试装置	CN201310428091.4	陆海华、李 捷	浙江中烟工业有限责任公司	2015.11.04
216	一种水提法和超临界 CO2 萃取法制得的复合烟草致香物质的再造烟叶及由其制备的卷烟	CN201310429070.4	徐清泉、夏 琛、廖 付、张立立、慕继瑞、陶 丰、金国强、吴方杰、唐恒杰、王 勋	浙江中烟工业有限责任公司、杭州利群环保纸业有限公司	2015.06.03
217	一种含水提法和乙醇提取法制得的烟草中本香物质的再造烟叶及由其制造的卷烟	CN201310429115.8	徐清泉、吴 键、姚建锋、何文苗、夏 琛、陶 丰、金国强、吴方杰、唐恒杰、王 勋	浙江中烟工业有限责任公司、杭州利群环保纸业有限公司	2015.06.03
218	一种水提法和乙醇提取法从烟草原料中定向复合提取烟草中本香物质的方法	CN201310429360.9	廖 付、徐清泉、吴继忠、程昌合、李永生、张立立、刘化冰、边红燕、陶 丰、金国强、王 勋	浙江中烟工业有限责任公司、杭州利群环保纸业有限公司	2015.08.05
219	一种烟草内源性本香物质的定向复合提取方法	CN201310429002.8	李永生、徐清泉、何文苗、吴 键、吴继忠、张勇刚、唐恒杰、陶 丰、金国强、王 勋	浙江中烟工业有限责任公司、杭州利群环保纸业有限公司	2015.10.14
220	水提法和乙醇提取法从烟草原料中定向复合提取的烟草中本香物质	CN201310429251.7	程昌合、徐清泉、吴继忠、廖 付、张立立、何文苗、金国强、陶 丰、边红燕、王 勋	浙江中烟工业有限责任公司、杭州利群环保纸业有限公司	2015.10.14
221	一种定向复合提取的烟草内源性本香物质	CN201310429542.6	张立立、徐清泉、吴继忠、程昌合、慕继瑞、廖 付、王 勋、陶 丰、金国强、唐恒杰	浙江中烟工业有限责任公司、杭州利群环保纸业有限公司	2015.10.28
222	一种含有定向复合提取的烟草内源性本香物质的再造烟叶及由其制备的卷烟	CN201310432093.0	徐清泉、李永生、吴继忠、何文苗、姚建锋、项波卡、陶 丰、金国强、边红燕、王 勋	浙江中烟工业有限责任公司、杭州利群环保纸业有限公司	2015.10.28
223	应用于烤烟立体育苗大棚中的火管式增温设备	CN201310177460.7	任四海、徐经年、曹 瑗、张 林、唐经祥、汪文杰、李絮仙、刘碧荣	安徽省农业科学院烟草研究所、安徽省烟草公司池州市公司	2015.01.21
224	一种烤烟专用有机矿物质复混肥及其制备方法	CN201310549736.X	徐经年、祖朝龙、汪文杰、李 田、曹 瑗、姜超强	安徽省农业科学院烟草研究所、安徽省烟草公司池州市公司	2015.06.10
225	一种揭膜培土机	CN201410161024.5	汪文杰、唐经祥、江余良、曹 瑗、李絮仙、张蕴睿、陈志强、张 超、钱必强、包丽辉	安徽省烟草公司池州市公司	2015.10.28
226	一种云烟 97 烤烟品种的栽培方法	CN201410120462.7	张 国、朱启法、相智华	安徽皖南烟叶有限责任公司	2015.09.30
227	一种规模化种植条件下的烤烟两段式移栽方法	CN201410120477.3	张 国、相智华、朱启法	安徽皖南烟叶有限责任公司	2015.09.30

续表

序号	专利名称	专利号	发明人/设计人	专利权人	授权公告日
228	一种烟花提取物的提取方法以及提取物的用途	CN201310138707.4	张福建、姚忠达	安徽中烟工业有限责任公司	2015.03.25
229	PROTOS70 型卷接机组中盘纸补偿传动过渡装置	CN201210473219.4	张保永	安徽中烟工业有限责任公司	2015.04.22
230	一种打叶复烤成品片烟混合均匀性的评价方法	CN201310080689.9	卢幼祥、宁　敏、丁乃红、严志景、何金华、张　超	安徽中烟工业有限责任公司	2015.04.22
231	硬盒卷烟商标纸输送扇形轮的调节机构	CN201310167716.6	李银平、吉　涛	安徽中烟工业有限责任公司	2015.04.22
232	一种以白肋烟梗为原料制备烟用造纸法薄片的方法	CN201310478971.2	王戍华、舒俊生、邹　鹏、戴　魁、葛少林	安徽中烟工业有限责任公司	2015.05.13
233	基于可控等值比法模拟卷烟燃吸的分析方法及分析装置	CN201410151083.4	周　顺、王孝峰、何　庆、张亚平、徐迎波	安徽中烟工业有限责任公司	2015.05.20
234	一种烟丝在线膨胀与干燥装置	CN201410060450.X	丁乃红、徐迎波、张　超、耿　彪、何金华、赵春雷、严志景、卢幼祥、瞿先中	安徽中烟工业有限责任公司	2015.07.15
235	一种打叶复烤原料及过程样品的取样方法	CN201410061092.4	卢幼祥、丁乃红、严志景、杨继福、杨　波	安徽中烟工业有限责任公司	2015.08.19
236	一种利用电渗析法分离去除白肋烟提取物中 TSNA 的方法	CN201410455202.5	葛少林、黄　兰、张　朝、佘世科、徐迎波、田振峰、陈开波、朱栋梁、徐志强、胡永华、宁　勇、鲍　穗	安徽中烟工业有限责任公司	2015.10.28
237	一种促进清香型烟株生长发育的移栽方法	CN201310310560.2	李文卿、陈顺辉、李军营、马二登、马俊红	中国烟草总公司福建省公司、云南省烟草农业科学研究院	2015.03.25
238	铺膜机的自动切膜装置	CN201210332557.6	曾桂溪	南平市烟草公司邵武分公司、福建省邵武华友农业机械制造有限公司	2015.06.03
239	一种烟叶自动入库系统	CN201110376413.6	邹胜荣、连长伟、张汉千、何建明	龙岩亮剑输送机械有限公司、中国烟草总公司福建省公司、福建省烟草公司龙岩市公司、厦门中软海晟信息技术有限公司	2015.08.26
240	一种打叶复烤烟叶均质化加工工艺	CN201310744403.2	秦　华、卢敏瑞、黄金霖、陈溶冰、曾　辉	福建武夷烟叶有限公司	2015.09.02
241	一种废气处理系统	CN201410110153.1	秦　华、吴杭亮、廖　锋、陈溶冰、杨文丰、何　彪、罗怀兵、林　杰、游兴昌、卢敏瑞、张锦华	福建武夷烟叶有限公司	2015.10.28

续表

序号	专利名称	专利号	发明人/设计人	专利权人	授权公告日
242	改进的热回流提取浓缩设备	CN201110026747.0	林　凯、陈　群、黄申元、庄吴勇	福建中烟工业有限责任公司	2015.01.21
243	一种烟用香精香料中芝麻酚含量的测定方法	CN201310035519.9	吴清辉、黄朝章、谢　卫、张建平、邓其馨、苏明亮、张颖璞	福建中烟工业有限责任公司	2015.01.21
244	一种可选择性降低烟气中氨的氨络合物复合材料	CN201310035443.X	张建平、黄朝章、邓其馨、叶仲力、吴清辉、赵艺强、苏明亮、白雪平、蔡国华、许寒春、谢　卫	福建中烟工业有限责任公司	2015.02.11
245	一种光催化降解农药残留的方法	CN201210069150.9	张建平、吴清辉、邓其馨、黄朝章、徐小青、叶仲力、周培琛、许寒春、谢　卫、苏明亮、白雪平、赵艺强、蔡国华、赖炜扬	福建中烟工业有限责任公司	2015.04.01
246	一种快速鉴别烟用香液料液种类的方法	CN201210280025.2	张　峰、陈小明、陈　群、邓小华、洪祖灿、庄吴勇	福建中烟工业有限责任公司	2015.04.22
247	一种交联壳聚糖多孔微球在卷烟滤嘴中的应用	CN201210317378.5	徐建荣、林　凯、郑　琳、李桂珍、张毅立、马　涛、尧珍玉、陈　婉	福建中烟工业有限责任公司	2015.04.22
248	一种低品质烤烟烟叶加工处理工艺	CN201210069390.9	曾　强、周跃飞、林志平、李跃锋、李清华、陈河祥、王锐亮、阙文豪、陈　辉	福建中烟工业有限责任公司	2015.05.27
249	一种降低卷烟制丝生产能耗的方法	CN201210142181.2	李跃锋、张　炜、罗登炎、江家森、洪伟龄、李华杰、常明彬、卢新万、詹建胜	福建中烟工业有限责任公司	2015.07.15
250	一种滚筒式烘丝机三级调节的控制方法	CN201310035057.0	江家森、张　炜、范坚强、洪伟龄、卢新万、常明彬、罗登炎	福建中烟工业有限责任公司	2015.08.12
251	一种基于近红外光谱信息的SIMCA辅助卷烟配方的方法	CN201210344034.3	张　峰、陈小明、陈　群、李　斌、蓝洪桥、鹿洪亮、伊勇涛、操晓亮、洪祖灿、庄吴勇	福建中烟工业有限责任公司	2015.08.19
252	一种烟叶在滚筒类加工设备中通过时间的测定方法	CN201410087744.1	李跃锋、江家森、常明彬、张　炜、邓宏博、洪伟龄、卢新万、罗登炎	福建中烟工业有限责任公司	2015.08.19
253	用于稳定滚筒类烟丝干燥热风湿度的控制方法	CN201210106393.5	李跃锋、陈河祥、陈　辉、林志平、曾　强、姜焕元、陈北荣、阙文豪、王锐亮、李清华、黄宣康	福建中烟工业有限责任公司	2015.09.09

续表

序号	专利名称	专利号	发明人/设计人	专利权人	授权公告日
254	一种表面修饰巯基的磁性纳米材料及其制备方法和应用	CN201210470648.6	黄朝章、张建平、蔡国华、邓其馨、刘秀彩、吴清辉、谢　卫、许寒春	福建中烟工业有限责任公司	2015.09.09
255	液相色谱串联质谱法测定香精香料中芝麻酚的方法	CN201310601418.3	邓其馨、黄朝章、苏明亮、刘江生、刘秀彩、黄惠贞、蔡国华、林　艳、梁　晖、谢　卫、刘泽春	福建中烟工业有限责任公司	2015.09.09
256	毒杀芬单体的分离和测定方法	CN201310743979.7	黄华发、张建平、刘秀彩、黄朝章、谢　卫、许寒春、刘泽春、邓其馨、苏明亮、吴清辉	福建中烟工业有限责任公司	2015.09.09
257	一种快速检测烟用香液料液配制比例的方法	CN201210279439.3	张　峰、方钲中、周培琛、陈　群、庄吴勇、洪祖灿、柯文林、吴添文	福建中烟工业有限责任公司	2015.09.30
258	选择性降低烟气中氢氰酸释放量的改性树脂的制备方法	CN201210281828.X	邓其馨、赵艺强、黄朝章、谢　卫、白雪平、叶仲力	福建中烟工业有限责任公司	2015.09.30
259	基于压力传感的卷烟包装透明纸密封度检测方法和装置	CN201410234651.7	洪伟龄、陈河祥、卢新万、王锐亮、姜焕元、常明彬、堵劲松、徐大勇、张　龙、刘　勇、叶　超	福建中烟工业有限责任公司	2015.09.30
260	一种测定香精香料中邻氨基苯甲酸肉桂酯的方法	CN201410258532.5	苏明亮、邓其馨、赖炜扬、吴清辉、黄华发、蔡国华、黄惠贞、许寒春	福建中烟工业有限责任公司	2015.09.30
261	降低烟气中重金属释放量的保润树脂的制备方法及应用	CN201310035857.2	邓其馨、刘秀彩、张建平、黄朝章、吴清辉、苏明亮、叶仲力、白雪平、谢　卫、许寒春	福建中烟工业有限责任公司	2015.10.07
262	一种川麦冬提取物的制备方法及其在卷烟中的应用	CN201110387200.3	蓝洪桥、陈小明、李　斌、林　凯、洪祖灿、邱　彦	福建中烟工业有限责任公司、厦门大学	2015.01.21
263	一种四段式烟叶醇化方法	CN201210513271.8	范坚强、陈义强、宋纪真、包可翔、郑湖南、陈少滨、齐凌峰、林　俭	福建中烟工业有限责任公司、中国烟草总公司郑州烟草研究院	2015.02.11
264	一种香精香料粉体的制备装置及其制备方法	CN201110388167.6	蓝洪桥、李　斌、陈小明、李　军、王宏涛、苏玉忠	福建中烟工业有限责任公司、厦门大学	2015.03.04
265	一种烟草燃烧装置	CN201210560706.4	陈晓东、谢　卫、辛洪人、黄朝章、李巧灵、许寒春、廖振凯、苏明亮	福建中烟工业有限责任公司、厦门大学	2015.04.08
266	一种具有清甜香特征的茶树花香精及其在卷烟中的应用	CN201310446938.1	李　斌、陈小明、操晓亮、胡　军、胡有持、刘加增、连芬燕、陈　群、蓝洪桥、谢金栋	福建中烟工业有限责任公司、中国烟草总公司郑州烟草研究院	2015.06.10

续表

序号	专利名称	专利号	发明人/设计人	专利权人	授权公告日
267	茶树花提取物组合物及其在卷烟中的应用	CN201310446959.3	蓝洪桥、陈　群、谢金栋、洪祖灿、屈　展、庄吴勇、张　峰、李　斌、沈　翀、陈小明	福建中烟工业有限责任公司、中国烟草总公司郑州烟草研究院	2015.07.15
268	具有辛香香韵的茶树花提取物组合物及其在卷烟中的应用	CN201310446696.6	陈　群、李　斌、洪祖灿、胡有持、刘　珊、刘加增、沈　翀、操晓亮、连芬燕、张　峰	福建中烟工业有限责任公司、中国烟草总公司郑州烟草研究院	2015.08.12
269	茶树花低聚糖或多糖、其制备方法及其在卷烟中的应用	CN201310446757.9	谢金栋、张　峰、刘加增、屈　展、何保江、洪祖灿、陈　群、李　斌、连芬燕、操晓亮	福建中烟工业有限责任公司、中国烟草总公司郑州烟草研究院	2015.09.02
270	一种造纸法再造烟叶生产过程涂布率的测定方法	CN201310384897.8	林书玉、施建在、黄　晶、孙　毅	福建金闽再造烟叶发展有限公司	2015.03.11
271	用于高含水率的烟丝的在线梗签分离装置及其分离方法	CN201210277937.4	魏步建、陈泉根、林水艇、于　静、卢雪梅、吕　健、郑晓利、周跃飞、舒芳誉、罗志雪、曹　炜、陈冬滨、罗　靖、严剑凡、张桂治	厦门烟草工业有限责任公司	2015.02.18
272	一种成品件烟外包装在线检测系统	CN201310004292.1	许宇星、吴玉生、张雄杰、柯朝晖、王　鹏、刘建忠、吴　琭	厦门烟草工业有限责任公司	2015.03.25
273	穿梭货架式片烟配方库物流自动化系统	CN201310013690.X	黄　宏、许宇星、王　鹏、张雄杰、刘建忠、柯朝晖、徐建燎	厦门烟草工业有限责任公司	2015.04.22
274	卷接机水松纸反折检测方法和系统	CN201310371599.5	尤伟祥、张旭江、钱继春、黄春辉、王　晔、李剑翔、廖友辉、刘艺煌、阙衍盛、苏华明、姜文林、牛　青、张　鑫、徐　志、朱晟嘉、郭　鑫、钟武福、朱振奋、林文钦	厦门烟草工业有限责任公司	2015.05.27
275	一种烟草卷接包车间生产设备的控制方法	CN201310004304.0	张雄杰、许宇星、吴玉生、王　鹏、柯朝晖、林　拓	厦门烟草工业有限责任公司	2015.06.03
276	自动化重力式片烟配方库控制系统	CN201310015285.1	刘建忠、王　鹏、许宇星、柯朝晖、林水艇、王守毅、吴　琭	厦门烟草工业有限责任公司	2015.06.03
277	使滚筒式回潮机潮气零排放的方法	CN201310445705.X	吴玉生、廖章平、周跃飞、罗　靖、吴美宏、陈思伟	厦门烟草工业有限责任公司	2015.06.10
278	一种高速条烟输送系统	CN201310004246.1	柯朝晖、张雄杰、许宇星、吴玉生、刘仁瑞	厦门烟草工业有限责任公司	2015.07.22
279	一种防止污水压滤机污泥喷溅的防护装置	CN201410131168.6	陈哲峰、曾　静、林孟琰、张晓东、杨丕贤、陈钦国、曾定国	厦门烟草工业有限责任公司	2015.08.19
280	一种用于卷烟包装机的数据采集分析装置	CN201210278150.X	严祥辉、江东熠、陈永祺、林德民、梁宇彤、罗小蕾、李福东、张粦雁、伊恒伟、许平湖、王　晔、林启宽、黄雯华	厦门烟草工业有限责任公司	2015.09.16

续表

序号	专利名称	专利号	发明人/设计人	专利权人	授权公告日
281	片烟烟包穿梭式密集库的入库存储方法	CN201310588846.7	黄　宏、许宇星、王　鹏、吴玉生、董祯竹、吴国忠、刘雅君、林　毅、童　辉	厦门烟草工业有限责任公司	2015.09.30
282	穿梭车出库排序系统以及烟包出库方法	CN201310747168.4	许宇星、王　鹏、李　松、柯朝晖、孙坤成、徐建燎、叶传铭、林水艇、王守毅、吴　琭	厦门烟草工业有限责任公司	2015.09.30
283	双路穿梭货架式片烟配方物流自动化系统及处理方法	CN201310511446.6	王　鹏、许宇星、陈　清、张雄杰、柯朝晖、李铂颖、董祯竹	厦门烟草工业有限责任公司	2015.10.07
284	一种条烟输送机装置	CN201410037835.4	严　斌、许宇星、马存国、林　拓、刘仁瑞、黄小平、谢敬跃	厦门烟草工业有限责任公司	2015.10.21
285	一种烟草制丝集中排潮风压控制装置及其控制方法	CN201210096530.1	吴玉生、王锦金	厦门烟草工业有限责任公司	2015.10.28
286	一种卷烟条盒包装机的胶缸防松锁紧装置和包装机	CN201310092446.7	郑东文、陈文明、陈满金、邓　辉、江　茜、薛建明、简文渝、朱祖峻、李伟金、陈金贵	龙岩烟草工业有限责任公司	2015.01.14
287	接装机第一切割鼓圆刀清洁装置	CN201310102694.5	王己锋、陈德容、吴俊春、黄建龙、张小杭、邱克田、邱　敏、连铁生、卢武宇、周　武	龙岩烟草工业有限责任公司	2015.01.21
288	一种卷烟机磨刀砂轮的安装装置	CN201210125308.X	吴俊春、王己锋、邱　敏、黄建龙、邱克田、张小杭、连铁生	龙岩烟草工业有限责任公司	2015.02.11
289	周期性运动部件完整性的检测装置以及检测方法	CN201310373635.1	刘海源、雷振宇、郑立平、赖大斌、陈　镕、苏承湖、柴　源、贺志华、陈彰耀	龙岩烟草工业有限责任公司	2015.04.22
290	一种滤嘴成型机负压管路的分流接头装置和滤嘴成型机	CN201210125230.1	王己锋、黄建龙、连铁生、邱克田、邱　敏、吴俊春、张小杭、张泳锐	龙岩烟草工业有限责任公司	2015.05.20
291	物料输送状态检测装置、物料输送状态检测方法	CN201310021926.4	蒋景强、邓宏博、邓春宁、郑佳惠、陈文钦、卢新润、张美玲、程华桂	龙岩烟草工业有限责任公司	2015.06.10
292	加料料罐温度控制方法及系统	CN201310169558.8	苏建才、曲修虎、叶伟华、陈满金、钟文焱、卢洪光、林天勤	龙岩烟草工业有限责任公司	2015.07.01
293	一种减少滚筒烘丝机生成干头烟丝的方法	CN201310207521.X	林天勤、钟文焱、郭剑华、丁　聪、张益锋、詹建胜、马建化、林豫璋、宋旭东、廖和滨、陈妍洵	龙岩烟草工业有限责任公司	2015.07.01
294	烟梗输送装置以及卷烟机	CN201410027816.3	张小杭、吴俊春、刘海源、黄建龙、邓宏博、王己锋、卢武宇、邱　敏、赖大斌、陈满金、邱勇杰、李晓刚	龙岩烟草工业有限责任公司	2015.07.22

续表

序号	专利名称	专利号	发明人/设计人	专利权人	授权公告日
295	一种仓库管理方法和系统	CN201310155386.9	郭天文、邱崇坤、卢文俊、蓝占明、杨振宏、林 慧、陈 玮、卢子奎、邹 甫	龙岩烟草工业有限责任公司	2015.08.19
296	烟草自动化物料托盘入库系统及方法	CN201310169042.3	郭天文、林 慧、邱崇坤、卢文俊、蓝占明、吴洪亮、江 楠、曹 琦、何兴昌、卢子奎、邹 甫	龙岩烟草工业有限责任公司	2015.08.19
297	纯净水施加装置、方法及松散回潮设备	CN201310102678.6	陈庆城、邓春宁、苏兴亮、黄闽龙、郭剑华、钟文焱、张志阳	龙岩烟草工业有限责任公司	2015.09.09
298	箱装缺条检测装置的自诊断方法及系统	CN201410142462.7	邓春宁、饶 伟、吴忠云、章韦伟	龙岩烟草工业有限责任公司	2015.09.09
299	片烟质量的检测方法与系统	CN201010208536.4	陈满金、江 泉、张益兰、饶 伟、沈禄恒、邓春宁	龙岩烟草工业有限责任公司	2015.09.16
300	一种烟丝含水量的检测装置和方法	CN201310092233.4	詹建胜、张纯晖、马建化、陈满金、林天勤、卢贵龙、郭榕华、张益锋	龙岩烟草工业有限责任公司	2015.09.30
301	商标纸供给器能效检测方法、装置和系统	CN201410128673.5	卢新润、蒋景强、雷振宇、饶海荣、赖大斌、邓春宁、陈 镕、王启兵	龙岩烟草工业有限责任公司	2015.10.14
302	一种物料流量的控制装置及方法	CN201410142589.9	江 琳、张 伟、李晓刚、廖和滨、苏福彬、江家森、徐巧花	龙岩烟草工业有限责任公司	2015.10.14
303	卷烟烟包内烟丝与辅助材料抗霉变时间的测量方法及装置	CN201310382272.8	郭忠明、饶 伟、刘喜利	龙岩烟草工业有限责任公司	2015.10.21
304	气流式烘丝机工艺气流温度控制系统及方法	CN201410097461.5	詹建胜、江 琳、李晓刚、马建化、张 伟、郭剑华、廖颖洁、张益锋	龙岩烟草工业有限责任公司	2015.10.21
305	一种控制多条制丝生产线均衡投料的方法和系统	CN201310151003.0	郭天文、蓝占明、邱崇坤、林 慧、卢文俊、陈 玮、杨振宏、卢子奎、邹 甫	龙岩烟草工业有限责任公司	2015.10.28
306	一种烟叶烘烤环节的机械化装烟设备	CN201310555206.6	王建安、刘鹏飞、何宽新、韩 延、姚玉民、孟凡生、张传斌、刘秋员、刘 健、王利兵	江西省烟草专卖局、中国烟草总公司江西省公司、河南农业大学、许昌远方工贸有限公司	2015.08.12
307	一种烟叶分类烘烤工艺	CN201410449189.2	朱红根、段史江、谢 敏、谭志能、周新辉	江西省烟草公司吉安市公司	2015.08.19
308	一种多雨烟区密集烤房采收烘烤方法	CN201410082301.3	何宽信、李立新、刘 勇、苑举民、陈仁霄、张超群、张福群、赵 涛	江西省烟叶科学研究所	2015.09.30
309	一种模块化结构电子皮带秤	CN201210276837.X	张金旭、罗 飚、孙建军、秦晓剑、陆 珉、桑昌勇、蔡 勇、邱鸣春、万绍刚、刘相杰、叶 伟、张 明	九江七所精密机电科技有限公司、江西中烟工业有限责任公司兴国卷烟厂	2015.02.11

续表

序号	专利名称	专利号	发明人/设计人	专利权人	授权公告日
310	一种用于烟支检测取样盒	CN201210423472. 9	张胜健、李铁军、杨得强、凌　彬、李　强、胡坤建、张　敏、张志辉	江西中烟工业有限责任公司南昌卷烟厂	2015. 04. 08
311	一种烟丝限长打辊装置	CN201310163954. X	华　刚、王华君、吴卫国、邹　炜、凌　斌、熊海鹰、晏建华	江西中烟工业有限责任公司南昌卷烟厂	2015. 06. 17
312	一种调节托盘与堆垛机货叉偏心的专用工具	CN201310163864. 0	张胜健、曹洪涛、蔡长江、姜　涛、李　园、余锦春	江西中烟工业有限责任公司南昌卷烟厂	2015. 08. 19
313	一种舌下烟及其制备方法	CN201310245741. 1	王永平、纪立顺、朱　友、别振英、蔚亦沛、任呼博、陈玉松、张福民、陆　伟、刘敏	中国烟草总公司山东省公司	2015. 03. 11
314	一种纸含烟及其制备方法	CN201310247799. X	王永平、纪立顺、蔚亦沛、朱　友、别振英、陈玉松、张福民、任呼博	中国烟草总公司山东省公司	2015. 05. 06
315	一种保健型胶姆烟	CN201310544423. 5	王永平、纪立顺、陈玉松、张福民、王华林、任呼博、刘　敏、陆　伟	中国烟草总公司山东省公司	2015. 05. 06
316	一种可冲服的烟草颗粒	CN201310544424. X	王永平、纪立顺、任呼博、蔚亦沛、朱　友、别振英、陈玉松、王华林	中国烟草总公司山东省公司	2015. 05. 06
317	一种卷烟分拣推送装置	CN201310489913. X	李彦勇、马德彪、孙丰亮	山东德州烟草有限公司	2015. 03. 25
318	大面积地形复杂区域无人机序列影像快速无缝拼接方法	CN201410408652. 9	董　梅、苏建东、刘广玉、杨举田、林祥国、孙晓峰、程云吉、王梅勋、张彦东、宗　浩、田　雷、刘　勇、徐　硕、武　博、谭效磊、朱先志、刘　莉、王首华、王丽丽	山东临沂烟草有限公司	2015. 06. 10
319	精准烘烤生物质自控密集烤房	CN201210462029. 2	李彦东、董　梅、温　亮、苏建东、刘广玉、王宝光、杨举田、张教侠、任明波、吴开成、陈秀斋、刘　勇、张士国、刘　红、李　军、李太华、张怀斌、王文凯、刘士峰、武　博、周　龙、李　蒙、丁兆兴、赵　勇、刘　奇、刘　磊、徐海荣、李相国、李因政	山东临沂烟草有限公司、李彦东	2015. 07. 29
320	一种密集式烤房的烘烤工艺	CN201310541855. 0	王先伟、王喜功、刘光友、吴开成、张英华、刘中庆、孟庆洪、杜传印、王锡金、孙钟亮、宋旭明、臧传江、席元肖、张　英	山东潍坊烟草有限公司	2015. 07. 29
321	一种挖穴点肥机	CN201210546078. 4	张教侠、谭青涛、于文明、孟凡超、田福海、李乃会、王永禄、王永福、王学文	山东源泉机械有限公司、山东临沂烟草有限公司	2015. 08. 05

续表

序号	专利名称	专利号	发明人/设计人	专利权人	授权公告日
322	一种高压雾滴冲击式作物幼苗接种机及其接种方法	CN201410155153.3	刘雪美、胡　敏、李现道、苏建东、杨举田、谭效磊、苑　进、竺晓平	山东农业大学、山东临沂烟草有限公司、山东烟草研究院有限公司	2015.08.19
323	一种防止烟叶调制不当引起棕色化反应的方法	CN201310483799.X	董　梅、苏建东、傅茂润、杨举田、侯连涛、张彦东、王梅勋、田　雷、徐　硕、宗　浩、谭效磊	山东临沂烟草有限公司	2015.09.30
324	一种烤烟房用供热炉	CN201310098825.7	李玉斌、陈修斋、董　梅、苏建东、刘广玉、杨举田、张教侠、郑成鹏、谭青涛、孙凌霄、李联玉	李玉斌、山东临沂烟草有限公司	2015.09.09
325	芜菁花叶病毒的逆转录环介导等温扩增快速检测方法	CN201310488797.X	竺晓平、李　刚、赵黎明、李现道	山东农业大学、山东烟草研究院有限公司	2015.10.28
326	一种烟苗接种喷雾施肥一体机及其作业方法	CN201410155931.9	苑　进、苏建东、杨举田、李现道、谭效磊、胡　敏、刘雪美、王暖春、尹东升、李永哲	山东农业大学、山东临沂烟草有限公司、山东烟草研究院有限公司	2015.11.11
327	全自动揭膜机	CN201310275349.1	姜卫东、靳世城、纪中良、韩德楼、邢加柱	山东五征集团有限公司、山东烟草研究院有限公司	2015.01.07
328	定量施肥移栽机	CN201310275354.2	邢加柱、刘昌宝、刘　宏、吕德鑫、刘中庆	山东五征集团有限公司、山东烟草研究院有限公司	2015.09.16
329	一种动态烟叶挑选线	CN201310269981.5	毕继华、王作武、冯永铿、王金明、张金林、王克修、杨明峰	山东京鲁烟叶复烤有限公司	2015.02.25
330	应用于卷烟机单机在线从剔除梗签中筛分出烟丝的装置	CN201310063674.1	王先明、李东方、董永智、于　录、杨　钊、李　杰、高　洁、朱战营、张广喜、刘燃祥、卢彦华、赵　虎、刘松刚、盖志强、何鹏程	山东中烟工业有限责任公司	2015.04.08
331	提高卷烟质量稳定性所需烟丝长度的确定方法	CN201210411093.8	赵国庆、米　强、时元鲲、王　彬、黄　麒	山东中烟工业有限责任公司	2015.04.22
332	雪茄烟周长和最大中心轴偏移量同步测量装置及检测方法	CN201310117224.6	孙东亮、米　强、朱志远、朱战营、赵曰利、王　彬、田明祥	山东中烟工业有限责任公司	2015.05.27
333	一种预防叶片加料机加料异常的方法	CN201310596355.7	段三青、程林峰、韩　勇、尹旭梅、孙钦兰、孟科峰、孙延钊	山东中烟工业有限责任公司	2015.05.27
334	一种预防叶片加料机烟叶温度异常的方法	CN201310598029.X	段三青、程林峰、韩　勇、尹旭梅、孙钦兰、孟科峰、孙延钊	山东中烟工业有限责任公司	2015.05.27
335	一种烟叶打叶复烤过程中的加料方法	CN201310675753.8	杨明峰、张金林、管仕栓、邱承宇、董永智、王　强	山东中烟工业有限责任公司	2015.06.03
336	一种片烟提质加工工艺	CN201310674375.1	邱承宇、杨明峰、褚智国、刘丽丽、王晓婷、李洪涛、张建伟、王立强、张金林、牟会南、董永智、王　强	山东中烟工业有限责任公司	2015.06.17

续表

序号	专利名称	专利号	发明人/设计人	专利权人	授权公告日
337	气相色谱法检测电子烟雾中水分的方法	CN201410249631.7	王晓婷、周小雨、刘丽丽、刘晓芊、时　浩、王　钧	山东中烟工业有限责任公司	2015.08.05
338	一种有效降低口腔甜腻感的中式烤烟香型电子烟烟液	CN201410250173.9	周仕禄、刘仕民、王　钧、牟会南、刘晓芊、郑宏伟、刘　江	山东中烟工业有限责任公司	2015.08.05
339	一种提取茄尼醇的工艺	CN201410250187.0	朱友民、刘新建、史先鑫、郑宏伟、王　钧	山东中烟工业有限责任公司	2015.09.30
340	通过控制润梗机加水量提高切后梗丝水分合格率的方法	CN201210540380.9	黄存增、周　健、刘所锋、董志刚、潘洪军、周兆庄、徐风仓、王梅训、崔淑强、牛序策、臧宝海	山东中烟工业有限责任公司青岛卷烟厂	2015.09.09
341	自动上箱坯装置	CN201110391309.4	孙吉华、李海振、李绍坚、刘月霞、马劲松	颐中（青岛）烟草机械有限公司	2015.01.21
342	造纸法再造烟叶生产线的双联液压打包机及其工作方法	CN201310374186.2	薛长森、迟建国、赵　敏、张传波、李　和、许传臻	山东瑞博斯烟草有限公司	2015.08.12
343	汽螺旋回潮机	CN201210359976.9	徐合军、范守华、张　杰、魏甲欣、矩萌萌、董虎报	河南中烟工业有限责任公司	2015.03.11
344	真空回潮机周转箱自动清吹装置	CN201210547096.4	翟建政、白　峰、赵春元、刘宗玉、姚志超、李明伟	河南中烟工业有限责任公司	2015.03.25
345	一种烟草用电子皮带秤夹丝自动剔除装置	CN201210589120.0	李松峰、李鑫群、张建勋、于红丽、赵　勇、刘德全、张明杰、周杏珊、王瑞珍、张万峰、张伟民、王晓宇、陈　晓、李子战、王小溪	河南中烟工业有限责任公司	2015.03.25
346	板式活动支撑架定位装置	CN201310197468.X	李永杰、李山峰、邵永亮、胡广阔、赫润章、万永华	河南中烟工业有限责任公司	2015.03.25
347	一种用于造纸法再造烟叶气流烘丝的工艺	CN201310035506.1	丁美宙、彭桂新、黄光富、熊安言、孙　觅	河南中烟工业有限责任公司	2015.04.22
348	香烟包装机小包透明纸侧封二次加热美容装置	CN201310167759.4	李松峰、朱子玉、张明琰、张　楠、高永亮、冯文哲、董胜利、戚金周、聂建立、黄振杰、周雪军	河南中烟工业有限责任公司	2015.04.22
349	一种等压式柴油燃烧器	CN201210588776.0	范爱军、王迎彬、张建勋、李鑫群、于红丽、张明杰、郭宇红、周杏珊、张　昕、郝世林、杨建彬、刘俊峰、张晓峰、王德吉、王娟娟	河南中烟工业有限责任公司	2015.06.03
350	一种烟草甲虫培育箱及利用该装置富集侵染微生物的方法	CN201310427246.2	王墨染、陈小龙、张　展、王同兴、韩　冰、赵治国、吴殿信、马宇平	河南中烟工业有限责任公司	2015.06.03
351	一种甘薯乙醇提取液、其制备方法以及在卷烟中的应用	CN201410021795.4	陈芝飞、杨金初、芦昶彤、孙志涛、郝　辉、马宇平、聂　聪、王墨染、张　展	河南中烟工业有限责任公司	2015.06.03

续表

序号	专利名称	专利号	发明人/设计人	专利权人	授权公告日
352	鞘氨醇单胞菌株 xp 在降解烟草薄片中多酚类化合物方面的应用	CN201410047528.4	马宇平、周　浩、王墨染、李国政、许　平、唐鸿志	河南中烟工业有限责任公司	2015.07.01
353	鞘氨醇单胞菌株 xp 在降解烟梗中多酚类化合物方面的应用	CN201410047482.6	马宇平、周　浩、李怀奇、郝　辉、许　平、唐鸿志	河南中烟工业有限责任公司	2015.07.08
354	一种含枯草芽孢杆菌菌株 xp 的菌酶联合制剂及其在加速烟梗中淀粉降解方面的应用	CN201410047718.6	马宇平、周　浩、张俊岭、王墨染、张东豫、许　平	河南中烟工业有限责任公司	2015.07.08
355	通过美拉德反应法以烟草花蕾为原料制备烟用香料的方法	CN201410089080.2	马宇平、苏东赢、许春平、毛多斌、肖　源、孙斯文、刘远上、郑坚强、李萌姗、	河南中烟工业有限责任公司	2015.07.08
356	一种测定烟草干燥曲线的方法	CN201310200673.7	丁美宙、刘　强、王聚奎	河南中烟工业有限责任公司	2015.07.22
357	一种新型烟用保润剂 3－O－羧甲基－D－葡萄糖及其制备方法	CN201310243945.1	陈芝飞、芦昶彤、孙志涛、赵志伟、王　东、王玉芳、屈　展、马　骥	河南中烟工业有限责任公司、中国烟草总公司郑州烟草研究院	2015.07.22
358	可调节温控阀	CN201310124617.X	薛建忠、宋小波、孟宪宇、贺　东、胡海伟、张东升、刘群生、谢爱民	河南中烟工业有限责任公司	2015.08.19
359	一种提高烟丝松散性的方法及实现该方法的装置	CN201310173908.8	李震宇、赵　磊、张志刚、王迎彬、鲍旭东、廖　伟、高永亮、金学海、罗　杰	河南中烟工业有限责任公司	2015.08.19
360	解淀粉芽孢杆菌及利用其制备的防治菌剂	CN201310440630.6	陈小龙、王　军、冯　剑、谢　剑、吴庆华、高尊华、刘爱玲、王墨染、张　展、王逸飞、尹光庭、韩　冰、王建忠	河南中烟工业有限责任公司	2015.08.19
361	一种残烟支柔性处理系统	CN201310645089.2	吕建华、靳亚伟、巢　珍	河南中烟工业有限责任公司	2015.08.19
362	鞘氨醇单胞菌株 xp 及其在降解烟草制品中多酚类化合物方面的应用	CN201410047536.9	马宇平、周　浩、戴建国、苏东赢、王墨染、唐鸿志	河南中烟工业有限责任公司	2015.09.30
363	一种烟用保润剂 1－O－羟乙基－D－果糖及其制备方法	CN201310243917.X	陈芝飞、孙志涛、芦昶彤、李耀光、赵永振、屈　展、马　骥、王玉芳	河南中烟工业有限责任公司、中国烟草总公司郑州烟草研究院	2015.09.30
364	一种综合动力站房	CN201310265699.X	王正伟、胡俊华、马　楠、李自强、刘　伟、万　历、代纯璞、胡银强	河南中烟工业有限责任公司	2015.10.28
365	枯草芽孢杆菌菌株 XP、菌酶联合制剂及其在降解烟草制品中淀粉类化合物方面的应用	CN20140047719.0	马宇平、周　浩、苏东赢、戴建国、张弘韬、许　平	河南中烟工业有限责任公司	2015.12.02
366	一种专用管道焊接装置	CN20130734715.5	万永华、郑俊立、王　翔、王　菁	河南中烟工业有限责任公司	2015.12.02
367	一种用于轴向切梗的烟梗梳理设备	CN20130613893.2	范爱军、王迎彬、王晓宇、吴伟强、高永亮	河南中烟工业有限责任公司	2015.12.30

续表

序号	专利名称	专利号	发明人/设计人	专利权人	授权公告日
368	烟草原料浸出用复合酶制剂及酶浸出法	CN201310063477.X	王洪涛、王文领、尚富德、张利涛、许红涛、尚　峰	河南卷烟工业烟草薄片有限公司	2015.04.01
369	造纸法再造烟叶抄造白水回用处理方法	CN201310294626.3	田晓辉、王　宁、于国东、王文领、张利涛、樊新顺	河南卷烟工业烟草薄片有限公司	2015.04.01
370	一种生物有机肥发酵菌种S4的制备方法	CN201210125426.0	高　勇、陈家任、杨　树、祖秉桥、李锡宏	中国烟草总公司湖北省公司	2015.01.21
371	顶空气相色谱仪测定卷烟滤嘴中苯类挥发性有机化合物的方法	CN201310697231.8	肖少红、汪宏毅、廖晓玲、郑玉红、李　韵	中国烟草总公司湖北省公司	2015.07.01
372	同时测定卷烟主流烟气中水分和烟碱含量的毛细管柱气相色谱法	CN201410591585.9	肖少红、柳　均、胡　俊、王　康、李　韵	中国烟草总公司湖北省公司	2015.10.28
373	同时测定烟用香精香料中6种禁限用添加剂的高效液相色谱法	CN201410591724.8	李　韵、汪宏毅、廖晓玲、肖少红、王　康	中国烟草总公司湖北省公司	2015.10.28
374	烟叶抑芽喷药装置	CN201310041631.3	赵传良、伍义成、王　勉、刘圣高、付华森、金贵山、伍学兵、钱祖坤、张双祥、周齐志、张廷艳、唐国玺、张廷茂、黎泽洲	湖北省烟草公司宜昌市公司	2015.04.01
375	一种酸性及镉污染土壤种植烟草的改良剂	CN201410024916.0	谭志平、呙亚屏、邸慧慧、孟贵星、王　瑞	湖北省烟草公司恩施州公司	2015.06.03
376	一种烟碱降解菌及其应用	CN201310616712.1	陈守文、呙亚屏、王　瑞、冀志霞、杨　亮、秦兴成、伍良伟、徐迪红、施河丽	湖北省烟草公司恩施州公司、华中农业大学	2015.06.24
377	垄体土壤温室气体检测装置	CN201310199506.5	张继光、申国明、王树健、王　瑞、高　林、霍　光、向必坤	中国农业科学院烟草研究所、湖北省烟草公司恩施州公司	2015.07.01
378	一种具有解钾作用的变栖克雷伯氏菌及其培养方法和应用	CN201210430677.X	张忠锋、申国明、祖秉桥、李青诚、高　林、张玉芹、高加明、张　淼、代光照	中国农业科学院烟草研究所、中国烟草总公司湖北省公司、中国烟草总公司山东省公司	2015.07.01
379	一种防治烟草青枯病的方法	CN201210299190.2	李锡宏、黎妍妍、许汝冰、上官力	湖北省烟草科研所	2015.03.18
380	一种烟草腋芽生长发育的化学诱导调节方法	CN201310557236.0	李宗平、张俊杰、郭宇龙、徐世平、王文明、陈茂胜、彭　灏、杨丽萍	湖北省烟草科研所	2015.01.21
381	降胺晾烟棚及其晾烟方法	CN201310101783.8	曹仕明、高远峰、吴　东、董贤春、伍义成、汪　洪、周　镕、周启平、曹勤华、陈　宏、杨　云、伍学兵、钱祖坤、刘代平、王　军、张双祥、许华强、高英林、戈必春、陈文忠、李　季、彭　勇、文光红、刘西旺、滕险峰、王家庆	湖北省烟草科研所、曹仕明、高远峰	2015.07.08

续表

序号	专利名称	专利号	发明人/设计人	专利权人	授权公告日
382	区段式节能回潮一体化烟叶烤房及烘烤工艺	CN201410046110. 1	陈振国、杨　树、李进平、刘小伟、孙光伟、李青诚、李建平、孙敬国、王　鹏	湖北省烟草科学研究院	2015. 11. 04
383	一种大容量的节能环保密集烤房	ZL201410006442. 7	陈振国、杨　树、李进平、刘小伟、孙光伟、李青诚、李建平、孙敬国、王　鹏	湖北省烟草科学研究院	2015. 11. 18
384	提高烟叶硒含量的方法	CN201210544668. 3	王　林、黎妍妍、李　琳、吴风光、王海明、刘峰峰	湖北中烟工业有限责任公司	2015. 02. 04
385	改善雪茄烟叶燃烧性的方法	CN201310065011. 3	王　剑	湖北中烟工业有限责任公司	2015. 02. 04
386	一种用于卷烟引燃倾向测试的排烟装置	CN201110281067. 3	潘　曦、冯　茜、朱　震、熊宏春、陈义坤、程占刚、叶明樵、张　华	湖北中烟工业有限责任公司	2015. 03. 11
387	用于大惯性系统烟片回潮机的加水离散调节方法	CN201210007020. 2	王志强、黄　堃、秦明星、林　蔚、庞　浩	湖北中烟工业有限责任公司	2015. 03. 11
388	烤烟烟叶的制备方法	CN201310187113. 2	王　林、吴风光、汪　健	湖北中烟工业有限责任公司	2015. 03. 18
389	一种用于卷烟的超声乳化加料装置及加料方法	CN201310035027. X	周红审、王　昊、张耀华	湖北中烟工业有限责任公司	2015. 04. 01
390	一种晒黄烟及其制备方法和低焦油卷烟	CN201310187518. 6	刘　鑫、张耀华、程　华、王　昊、齐　伟	湖北中烟工业有限责任公司	2015. 04. 08
391	一种利用助磨剂提高造纸法薄片原料制浆效率的制浆方法	CN201210369106. X	柯炜昌、陈义坤、潘　曦、刘华臣	湖北中烟工业有限责任公司	2015. 04. 29
392	一种烟草及其制品物流的环形或半环形供料方法和装置	CN201310071544. 2	李明涛、尤长虹	湖北中烟工业有限责任公司	2015. 04. 29
393	一种烟用橙汁提取物的制备方法	CN201310173236. 0	刘　鑫、熊　斌、王　昊、程炳发、司　辉	湖北中烟工业有限责任公司	2015. 05. 06
394	烟叶窖制加香方法	CN201210388676. 3	李　琳、黎　根、吴风光、何结望、王海明、王　林、闫铁军	湖北中烟工业有限责任公司	2015. 06. 10
395	一种烟叶陈化过程中窖制处理改善烟叶品质的方法	CN201210452277. 9	李　琳、吴风光、何结望、王　林、王海明、闫铁军、黎　根	湖北中烟工业有限责任公司	2015. 06. 10
396	一种白肋烟增香制剂及其应用	CN201210472565. 0	刘锋锋、吴风光、何结望、王海明、黎　根、王　林	湖北中烟工业有限责任公司	2015. 06. 24
397	一种植生拉乌尔菌及其生物转化阿魏酸生产天然香兰素的方法	CN201210324407. 0	魏　敏、陈义坤、罗诚浩、宋旭艳、李　冉	湖北中烟工业有限责任公司	2015. 07. 01
398	一种雪茄烟叶的加工工艺	CN201310068082. 9	王　剑	湖北中烟工业有限责任公司	2015. 07. 08
399	具有烤烟风格的新型混合型卷烟的制备方法	CN201310411074. X	刘　鑫、熊　斌、王　昊、司　辉、张耀华、程　华	湖北中烟工业有限责任公司	2015. 07. 08

续表

序号	专利名称	专利号	发明人/设计人	专利权人	授权公告日
400	一种可逆感温的烟用包装纸的制备方法	CN201310135303. X	刘祥浩、程占刚、叶明樵、陈义坤	湖北中烟工业有限责任公司	2015. 08. 05
401	一种烟叶调制加工方法	CN201310060974. 4	程炳发、杨俊鹏、司　辉、刘　鑫、王　昊	湖北中烟工业有限责任公司	2015. 08. 19
402	具有烟草风味的烟碱烟雾常温卷烟	CN201310360652. 1	刘祥浩、潘　曦、刘华臣、陈义坤、罗诚浩	湖北中烟工业有限责任公司	2015. 09. 16
403	一种滚筒加料机	CN201410209633. 3	郑　飞、林　敏、罗　民、吕忠闯、温　延	湖北中烟工业有限责任公司	2015. 09. 30
404	一种晒红烟的处理方法及含有该晒红烟的卷烟	CN201110215777. 6	刘　鑫、杨俊鹏、张耀华	湖北中烟工业有限责任公司	2015. 10. 21
405	仿真雪茄烟叶盘纸的制备方法	CN201310391381. 6	王　剑、周　斌	湖北中烟工业有限责任公司	2015. 10. 21
406	一种改良白肋烟吸味的方法	CN201310062473. X	黎　根、吴风光、何结望、王　林、王海明、闫铁军	湖北中烟工业有限责任公司	2015. 10. 28
407	一种香烟过滤嘴及其制备方法	CN201310602971. 9	姜发堂、陈义坤、李　丹	湖北中烟工业有限责任公司	2015. 10. 28
408	一种用于生产胶囊滤棒的胶囊置入机构	CN201210546093. 9	周向东、陈文全、梅文浩、王庆九、刘祥谋	湖北中烟工业有限责任公司、武汉黄鹤楼新材料科技开发有限公司	2015. 01. 07
409	一种利用高静压制备美拉德反应型烟用香料的方法	CN201310270886. 7	孙炜炜、陈　胜、熊国玺、祃志明、蹇顺华、齐富友	湖北中烟工业有限责任公司、武汉市黄鹤楼科技园有限公司	2015. 01. 21
410	一种梨发酵型烟用香料及其制备方法	CN201310323788. 5	王　娜、熊国玺、尹团章、庞登红	湖北中烟工业有限责任公司、武汉市黄鹤楼科技园有限公司	2015. 01. 21
411	高压膨化－絮凝制备烟草碎片提取物的方法和提取物应用	CN201210410086. 6	张耀华、司　辉、王　娜	湖北中烟工业有限责任公司、武汉市黄鹤楼科技园有限公司	2015. 03. 11
412	香荚兰豆药材中挥发性成分的分析方法	CN201310316839. 1	朱　颖、卢金清、郑　翊	湖北中烟工业有限责任公司、武汉市黄鹤楼科技园有限公司	2015. 03. 18
413	一种烟用玉米须提取物的制备方法	CN201310347331. 8	陈金强、熊国玺、喻世涛、李　列、张　辉	湖北中烟工业有限责任公司、武汉市黄鹤楼科技园有限公司	2015. 03. 25
414	一种带天然矿质和天然植物复合添加剂的卷烟纸	CN201210216125. 9	熊　斌、司　辉、熊国玺	湖北中烟工业有限责任公司、武汉市黄鹤楼科技园有限公司	2015. 04. 01
415	一种提高烟梗成浆质量的新工艺	CN201110280988. 8	孙德平、王凤兰、毛　耀、谢益民、姚元军、王　磊、刘志昌、王　亮	湖北中烟工业有限责任公司、武汉淡雅香科技发展股份有限公司	2015. 04. 01
416	一种从烟草中同时提取分离茄尼醇和烟碱的方法	CN201310318077. 9	张　旗、孙德平、毛　耀、黄　龙、姚元军	湖北中烟工业有限责任公司、武汉淡雅香科技发展股份有限公司	2015. 04. 08
417	淡雅香型电子烟雾化烟液及其制备方法	CN201210457376. 6	刘华臣、罗诚浩、董爱君、柯炜昌	湖北中烟工业有限责任公司、武汉市黄鹤楼科技园有限公司	2015. 04. 22
418	电热气流式吸烟系统	CN201310123081. X	刘华臣、陈义坤、刘祥浩、潘　曦、罗诚浩	湖北中烟工业有限责任公司、武汉市黄鹤楼科技园有限公司	2015. 04. 22
419	一种专用于烟草薄片着色的食用色素颗粒的生产方法	CN201110124392. 9	姚元军、孙德平、耿罗申、毛　耀、王学文、王凤兰、王　亮、刘志昌	湖北中烟工业有限责任公司、任丘市龙华化工科技有限公司	2015. 05. 06

续表

序号	专利名称	专利号	发明人/设计人	专利权人	授权公告日
420	增香减害型造纸法再造烟叶的制备方法	CN201210442777.4	孙德平、王　亮、姚元军、王凤兰、刘志昌、万　超、胡惠仁、温洋兵	湖北中烟工业有限责任公司、武汉淡雅香科技发展股份有限公司	2015.05.06
421	提高造纸法再造烟叶抗张强度和感官品质的方法	CN201310269902.0	毛　耀、黄　明、孙德平、姚元军	湖北中烟工业有限责任公司、武汉淡雅香科技发展股份有限公司	2015.06.17
422	咖啡豆药材中挥发油化学成分的分析方法	CN201310317061.6	朱　颖、卢金清、吕　品	湖北中烟工业有限责任公司、武汉市黄鹤楼科技园有限公司	2015.07.08
423	一种提高再造烟叶基片吸水性的方法	CN201210388508.4	孙德平、张林霄、姚元军、黄　明、胡念武、王　亮、刘志昌	湖北中烟工业有限责任公司、武汉淡雅香科技发展股份有限公司	2015.07.08
424	含有黑香荚兰提取物的高档卷烟纸及其制备方法	CN201310316693.0	祃志明、陈　胜、熊国玺	湖北中烟工业有限责任公司、武汉市黄鹤楼科技园有限公司	2015.07.22
425	一种烟草成份提取方法	CN201310067320.4	张　旗、黄　龙、孙德平、毛　耀、姚元军	湖北中烟工业有限责任公司、武汉淡雅香科技发展股份有限公司	2015.07.29
426	一种低定量造纸法再造烟叶的制备方法	CN201210105270.X	毛　耀、王凤兰、姚元军、廖夏林、赵丽红、刘志昌、王　亮	湖北中烟工业有限责任公司、武汉淡雅香科技发展股份有限公司	2015.08.05
427	萃取液香味成分微胶囊化的再造烟叶的制备方法	CN201310170127.3	孙德平、马金学、姚元军、多玉龙	湖北中烟工业有限责任公司、湖北新业烟草薄片开发有限公司	2015.08.05
428	电能加热吸烟系统	CN201310388837.3	刘华臣、高　颂、李　冉、陈义坤	湖北中烟工业有限责任公司、武汉市黄鹤楼科技园有限公司	2015.08.12
429	新型双层加热式卷烟	CN201310124288.9	刘华臣、罗诚浩、陈义坤、刘祥浩、潘　曦	湖北中烟工业有限责任公司、武汉市黄鹤楼科技园有限公司	2015.08.19
430	一种含有黑香荚兰烟草薄片的制备方法	CN201310399597.7	陈　胜、祃志明、熊国玺	湖北中烟工业有限责任公司、武汉市黄鹤楼科技园有限公司	2015.08.19
431	一种造纸法重组烟叶的制备方法	CN201310342233.5	孙德平、王　亮、姚元军、胡念武、王　磊	湖北中烟工业有限责任公司、武汉淡雅香科技发展股份有限公司	2015.09.16
432	涂布液微胶囊化制备彩色重组烟叶卷烟纸的方法	CN201310403563.0	孙德平、王凤兰、毛　耀、王　磊、姚元军、刘志昌	湖北中烟工业有限责任公司、武汉淡雅香科技发展股份有限公司	2015.09.16
433	卷烟香精添加装置	CN201310276097.4	王庆九、陈文全、梅文浩、周向东、刘祥谋	湖北中烟工业有限责任公司、武汉黄鹤楼新材料科技开发有限公司	2015.09.23
434	一种电干馏型烟草薄片的制备方法	CN201310123050.4	刘华臣、潘　曦、罗诚浩、刘祥浩	湖北中烟工业有限责任公司、武汉市黄鹤楼科技园有限公司	2015.10.21
435	烟斗式电吸烟系统	CN201310131506.1	刘华臣、刘祥浩、潘　曦、罗诚浩	湖北中烟工业有限责任公司、武汉市黄鹤楼科技园有限公司	2015.10.21
436	烟用香精微丸的薄膜包衣剂及其制备方法	CN201210544758.2	陈文全、梅文浩、周向东、蔡　超、王庆九	湖北中烟工业有限责任公司、武汉黄鹤楼新材料科技开发有限公司	2015.10.21
437	一种提高再造烟叶烟草原料提取率的方法	CN201310363309.2	毛　耀、刘志昌、孙德平、姚元军、王凤兰、王　亮、张林霄	武汉淡雅香科技发展股份有限公司	2015.04.08

续表

序号	专利名称	专利号	发明人/设计人	专利权人	授权公告日
438	一种烟叶破筋机	CN201210484446.7	张万良、翟争光、潘素平、黄松青、何命军、蔡鼎铭	湖南省烟草公司长沙市公司宁乡县分公司	2015.01.28
439	一种晾晒夹	CN201210478989.8	黄松青、黄国强、蔡 威、谢勇波、谢鹏飞、蔡鼎铭	湖南省烟草公司长沙市公司宁乡县分公司	2015.04.01
440	履带式田园管理机底盘	CN201410519367.4	龙四坤、陈洪浪、何 阳、张建文、李永刚、刘小斌、廖胜利	湖南省烟草公司郴州市公司	2015.06.03
441	烟草育苗用的有机基质	CN201310185480.9	袁 芳、高春洋、肖小波、刘正日	湖南省烟草公司永州市公司	2015.07.01
442	茄属茄子抗青茄砧及烟草嫁接茄子的嫁接培育方法	CN201410020314.8	张战泓、陆中山、巢 进、周晓波、田茂成、白占兵、田 峰、陈前锋、欧阳娴、朱三荣、吴艺飞	湖南省烟草公司湘西自治州公司、湖南省蔬菜研究所	2015.08.12
443	履带式培土机	CN201410519372.5	陈洪浪、龙四坤、何 阳、张建文、肖汉乾、邓 勇、廖胜利	湖南省烟草公司郴州市公司	2015.09.23
444	螺旋式培土机	CN201410520906.6	黄国联、龙四坤、陈洪浪、张建文、李红光、罗真华、廖胜利	湖南省烟草公司郴州市公司	2015.09.30
445	螺旋式履带培土机	CN201410520926.3	张建文、陈洪浪、何 阳、龙四坤、赵辉革、肖春生、廖胜利	湖南省烟草公司郴州市公司	2015.09.30
446	一种烟草物流堆码机	CN201310550769.6	罗 伟、罗孝龙、陈方良、刘金华、龙永红、李 光、贺正芸、林 鹏、杨 韵	湖南省烟草公司株洲市公司、株洲智通电子科技有限公司、湖南工业大学	2015.10.14
447	一种香烟卷接包生产过程控制集成系统	CN201010117954.2	任刚民、朱双印、刘三星、金颂卿、李昌权、陈孟军、刘 石、崔 峙、何 巍、赵 辉	湖南中烟工业有限责任公司	2015.02.11
448	一种烟草提取物微胶囊及其制备方法	CN201210467852.2	郭小义、钟科军、王 勇、刘金云、代远刚、戴云辉、卓宁野、杜 文、金 勇、高泽华、杨华武、卢红兵、陈 潜、赵立红	湖南中烟工业有限责任公司	2015.02.11
449	一种可降低卷烟主流烟气中酚类化合物的沟槽滤棒纤维素纸添加剂及应用	CN201310069752.9	喻赛波、金 勇、刘 琦、谭海风	湖南中烟工业有限责任公司	2015.02.11
450	一种基于排潮湿度的叶丝滚筒干燥出口水分控制方法及系统	CN201310123746.7	刘 斌、钟科军、朱文魁、刘 勇、陈良元、毛伟俊、喻光荣、吴文强	湖南中烟工业有限责任公司	2015.02.11
451	一种可降低卷烟主流烟气中焦油含量的滤棒纤维基材添加剂及应用	CN201310069645.6	喻赛波、金 勇、汪颂文	湖南中烟工业有限责任公司	2015.03.11
452	一种口含型无烟气烟草制品	CN201210468111.6	郭小义、钟科军、王 勇、刘金云、代远刚、戴云辉、卓宁野、杜 文、金 勇、高泽华、杨华武、卢红兵、陈 潜、赵立红	湖南中烟工业有限责任公司	2015.04.22

续表

序号	专利名称	专利号	发明人/设计人	专利权人	授权公告日
453	一种含烟草成分的槟榔及其制备方法	CN201210438259.5	郭小义、钟科军、王　勇、刘金云、代远刚、戴云辉、卓宁野、杜　文、金　勇、高泽华、杨华武、卢红兵、陈　潜、赵立红	湖南中烟工业有限责任公司	2015.05.20
454	一种β－环糊精－g－乳酸共聚物的应用	CN201210457063.0	秦亮生、银董红、刘　峰	湖南中烟工业有限责任公司	2015.05.20
455	基于HT水分补偿的前馈和反馈的叶丝干燥控制方法及系统	CN201310123938.8	钟科军、刘　斌、朱文魁、刘　勇、谭新良、易　浩、席建平、陈良元、袁建华、张　辉	湖南中烟工业有限责任公司	2015.05.20
456	干法造纸法制造再造烟叶基片的方法	CN201310155869.9	胡旺顺、梅建华、柏栋梁、谭新良、钟科军、刘建福	湖南中烟工业有限责任公司	2015.05.20
457	一种青烟和霉变烟检测及剔除装置及方法	CN201310036018.2	钟科军、刘　斌、朱效群、席建平、毛伟俊、张　辉、王艺斌、黄　岗	湖南中烟工业有限责任公司	2015.06.10
458	一种烟草薄片的制造方法及生产设备	CN201310157778.9	胡旺顺、刘清平、杨鸿波、谭新良、钟科军、刘建福	湖南中烟工业有限责任公司	2015.06.10
459	一种片烟分段精选设备及方法	CN201310090250.4	钟科军、刘　斌、毛伟俊、朱效群、王　勇、喻光荣、席建平、施小伟、杨　勇	湖南中烟工业有限责任公司	2015.07.01
460	一种离子液体功能化氧化石墨表面接枝Schiff碱化合物及其制备方法和应用	CN201310445312.9	银董红、黄嘉若、文建辉、成乐为、秦亮生	湖南中烟工业有限责任公司	2015.07.01
461	一种烟用酸性阻燃接嘴胶	CN201310115781.4	丁时超、银董红、郭紫明、曹继红、尹大锋、钱晓春	湖南中烟工业有限责任公司	2015.07.15
462	一种选择性降苯酚纸张涂料及其制备方法和应用	CN201310168960.4	谢兰英、金　勇、钟科军、黄溢清、刘　琦、唐丽云、黄　富、刘　波、樊晓丽	湖南中烟工业有限责任公司	2015.08.05
463	一种烟用香精智能调香、仿香方法	CN201310338080.7	孔　波、卢红兵、钟科军、龚淑果、赵国玲	湖南中烟工业有限责任公司	2015.08.05
464	一种水性油墨及其制备方法	CN201410204376.4	任建新、刘姜瑾、王　謇、韩　星、罗　嘉、练文柳、银董红	湖南中烟工业有限责任公司	2015.08.05
465	快速检测高透气度成形纸烟用过滤嘴棒通风性能的方法	CN201310140332.5	丁　多、黄溢清、朱效群、钟科军、黄　富	湖南中烟工业有限责任公司	2015.08.19
466	一种烟用酸性阻燃添加剂及其应用	CN201310116018.3	丁时超、银董红、郭紫明、曹继红、尹大锋、钱晓春	湖南中烟工业有限责任公司	2015.10.07
467	一种气氛可控的卷烟抽吸装置	CN201310279066.4	谢国勇、银董红、彦水明、李　斌	湖南中烟工业有限责任公司	2015.10.07
468	一种用离子色谱分离－电导检测器检测卷烟用纸中六价铬的方法	CN201210363409.0	庹苏行、戴云辉、龚淑果、杨华武、吴名剑、钟科军	湖南中烟工业有限责任公司	2015.10.28

续表

序号	专利名称	专利号	发明人/设计人	专利权人	授权公告日
469	一种预测卷烟感官质量指标的支持向量机 SVM 方法	CN201310177221. 1	毛友安、钟科军、魏新亮、唐丽娟、刘　巍、古君平、李　军、蒋健晖	湖南中烟工业有限责任公司	2015. 10. 28
470	一种调控烟草生物质热裂解状态的添加剂及其制备方法和应用	CN201310243959. 3	谢国勇、彦水明、李　斌、银董红	湖南中烟工业有限责任公司	2015. 10. 28
471	纳米纤维膜改性纤维素成型纸的制备方法及其应用	CN201310576101. 9	谢兰英、金　勇、刘　琦、李　克、王诗太、谭海峰、喻赛波	湖南中烟工业有限责任公司	2015. 10. 28
472	基于静电纺丝制备纳米纤维膜改性纸质基材的方法及纳米纤维膜改性纸质基材的应用	CN201310576262. 8	金　勇、谢兰英、刘　琦、李　克、王诗太、谭海峰、范红梅	湖南中烟工业有限责任公司	2015. 10. 28
473	一种具有焦香香气的电子烟液	CN201410287554. 4	赵国玲、黎艳玲、杨华武、黄建国、李亚白	湖南中烟工业有限责任公司	2015. 11. 04
474	水性银色真空镀铝纸的制备工艺及其所用转移涂料	CN201210299101. 4	易　浩、夏平宇、周宝林、邓　莎	湖南中烟工业有限责任公司、湖南永安镭射科技有限公司	2015. 03. 11
475	镭射金色真空镀铝纸的制备工艺及所使用转移涂料	CN201210299237. 5	周宝林、易　浩、夏平宇、邓　莎	湖南中烟工业有限责任公司、湖南永安镭射科技有限公司	2015. 03. 11
476	一种干法造纸法制造的基片为载体制造烟草薄片的方法	CN201310156156. 4	胡旺顺、梅建华、韩　星、代远刚、周　瑾、谭新良、钟科军、刘建福	湖南中烟工业有限责任公司、广东省金叶科技开发有限公司	2015. 03. 11
477	烟丝定量抽真空装箱流水生产线	CN201310151782. 4	刘　斌、毛伟俊、钟科军、朱效群、鄢冬青、喻光荣、席建平、刘　勇、易　浩、张　辉、吴文强、何建华、赵　勇	湖南中烟工业有限责任公司、湖南润普科技发展有限公司	2015. 06. 03
478	一种生产无酮转移卡纸的工艺	CN201410107824. 9	银董红、任建新、文建辉、余　赞、钟　文	湖南中烟工业有限责任公司、常德市武陵金德镭射科技有限公司	2015. 10. 28
479	一种除去包装卡纸中酮类物质的除酮添加剂及其应用	CN201410108158. 0	银董红、任建新、文建辉、余　赞、钟　文	湖南中烟工业有限责任公司、常德市武陵金德镭射科技有限公司	2015. 10. 28
480	一种卷烟异形条盒装盒生产线	CN201310516067. 6	周景秋、阳林峰、李迪前、黄启明、胡维明	湖南中烟工业有限责任公司、长沙市嘉沙实业有限公司	2015. 10. 28
481	一种耐烟碱家蝇种的强化方法	CN201310551673. 1	戴家麟、陈泽鹏、胡新军、陈　杰、卢志刚、谢文婷、李淮源、陈祯禄	南雄市中大赛尔生物技术有限公司、中国烟草总公司广东省公司、中山大学、华南农业大学、广东烟草梅州市有限公司	2015. 01. 14
482	角鲨烯与 β－胡萝卜素组合物多囊脂质体的制备方法及其降基减害应用	CN201410017569. 9	陈泽鹏、韦建玉、江定心、郑荣豪、王晓宾、贺广生、郭俊杰	中国烟草总公司广东省公司、广西中烟工业有限责任公司、华南农业大学	2015. 08. 05
483	角鲨烯与虾青素组合物液态前体脂质体的制备方法及其降基减害应用	CN201410017581. X	陈泽鹏、江定心、韦建玉、王　军、朱文格、林　勇、金亚波	中国烟草总公司广东省公司、华南农业大学、广西中烟工业有限责任公司	2015. 08. 05
484	角鲨烯与茶多酚组合物液态前体脂质体的制备方法及其降基减害应用	CN201410017633. 3	江定心、陈泽鹏、韦建玉、夏　衍、李文才、魏　彬、卢少薇	华南农业大学、中国烟草总公司广东省公司、广西中烟工业有限责任公司	2015. 08. 19
485	一种香烟分拣收集系统	CN201310614513. 7	苏浩业	广东烟草东莞市有限公司	2015. 10. 28

续表

序号	专利名称	专利号	发明人/设计人	专利权人	授权公告日
486	一种传送装置	CN201310614628.6	苏浩业	广东烟草东莞市有限公司	2015.10.28
487	一种烤烟高温逼熟烟叶的精准密集烘烤工艺	CN201310162961.8	王　行、郑荣豪、李文才、何振峰、邱妙文	广东省烟草南雄科学研究所	2015.04.08
488	改善切丝粘连和回甜的功能性烟草薄片的制备方法及应用	CN201210440613.8	饶国华、邵干辉、赵谋明、田英姿、赵瑞峰、崔　春、刘熙	广东中烟工业有限责任公司	2015.01.07
489	一种烟叶调制方法	CN201210539435.4	文　俊、罗岩峰、李旭华、叶为民、刘永强、邓国宾、扈　强、张延军、刘　丽、王玉胜、梁耀星	广东中烟工业有限责任公司	2015.01.28
490	一种添加有含水材料的卷烟滤棒及卷烟	CN201310317093.6	陈森林、沈光林	广东中烟工业有限责任公司	2015.01.28
491	香茅渣在卷烟生产方面的应用及香茅再造烟叶的制备方法	CN201210440561.4	刘　熙、饶国华、赵瑞峰	广东中烟工业有限责任公司	2015.02.11
492	一种咖啡或可可复合颗粒滤棒及其制备方法	CN201210577937.6	林　翔、赵瑞峰、饶国华	广东中烟工业有限责任公司	2015.02.11
493	一种复合烟丝的三元烟草纤维纸质滤棒及其制备方法	CN201210589243.4	邵干辉、黄春晖、赵瑞峰、夏国聪、黄宪忠、何艳明、陶　红、胡　静	广东中烟工业有限责任公司	2015.02.11
494	烟用纸张中二苯乙烯型荧光增白剂APC定量测定方法	CN201310049701.X	方细玲、刘　丹	广东中烟工业有限责任公司	2015.02.11
495	一种保润型烟草薄片及其制备方法	CN201310069262.9	伍锦鸣、卓浩廉、罗福明、郭　文、黎玉茗、廖伟杰、王维策、喻广汉、邱文华、杨里华	广东中烟工业有限责任公司	2015.02.11
496	一种多元复合引流卷烟滤棒及卷烟	CN201310196251.7	孔浩辉、陈森林	广东中烟工业有限责任公司	2015.02.11
497	一种深度抽吸下基于危害性指数的低危害卷烟设计方法	CN201210534631.2	孔浩辉	广东中烟工业有限责任公司	2015.03.18
498	一种复合草本植物的三元烟草纤维纸质滤棒及其制备方法	CN201210588883.3	邵干辉、黄春晖、赵瑞峰、夏国聪、黄宪忠、何艳明、陶　红、胡　静	广东中烟工业有限责任公司	2015.03.18
499	一种利用烟梗提香的烟梗加工方法	CN201310017158.5	吴亦集、陶　红、沈光林、杨学良	广东中烟工业有限责任公司	2015.03.18
500	一种粘稠状香原料的前处理方法	CN201210170787.7	卓浩廉、郭　文、黎玉茗、伍锦鸣	广东中烟工业有限责任公司	2015.04.15
501	一种基于烟气危害性指数的卷烟设计方法	CN201210534632.7	孔浩辉	广东中烟工业有限责任公司	2015.04.15
502	一种二元复合空心烟草纤维纸质滤棒及其制备方法	CN201210589280.5	邵干辉、黄春晖、赵瑞峰、夏国聪、黄宪忠、何艳明、陶　红、胡　静	广东中烟工业有限责任公司	2015.04.15
503	一种复合保润植物的三元烟草纤维纸质滤棒及其制备方法	CN201210589362.X	邵干辉、黄春晖、赵瑞峰、夏国聪、黄宪忠、何艳明、陶　红、胡　静	广东中烟工业有限责任公司	2015.04.15

续表

序号	专利名称	专利号	发明人/设计人	专利权人	授权公告日
504	西佛碱及其制备方法和作为卷烟自由基清除剂的应用	CN201310536521.4	胡　静、赵瑞峰、李　峰、汪军霞	广东中烟工业有限责任公司	2015.04.15
505	一种密封块及滤棒发射机发射单元	CN201210431837.2	何啟林、王伟强、姚景扬	广东中烟工业有限责任公司	2015.04.29
506	一种条盒烟透明纸包装机的供料系统	CN201210431640.9	何啟林、刘　昶、梁建刚	广东中烟工业有限责任公司	2015.06.03
507	一种基于一氧化碳释放量的卷烟设计中各个组分的调整方法	CN201210534630.8	孔浩辉、周　瑢	广东中烟工业有限责任公司	2015.06.03
508	一种复合增香植物的三元烟草纤维纸质滤棒及其制备方法	CN201210588882.9	邵干辉、黄春晖、赵瑞峰、夏国聪、黄宪忠、何艳明、陶　红、胡　静	广东中烟工业有限责任公司	2015.06.03
509	一种多元复合导流卷烟滤棒及卷烟	CN201310192653.X	孔浩辉、陈森林	广东中烟工业有限责任公司	2015.06.03
510	一种烟草中木质素含量的测定方法	CN201310228172.X	孔浩辉、黄翼飞	广东中烟工业有限责任公司	2015.06.03
511	一种二元复合引流卷烟滤棒及卷烟	CN201310195870.4	孔浩辉、陈森林	广东中烟工业有限责任公司	2015.07.01
512	一种烟丝输送系统及方法	CN201310543226.1	王文、刘剑锋、张志远	广东中烟工业有限责任公司	2015.07.01
513	一种纳米纤维晶须纸张增强剂的制备及应用于造纸法烟草薄片涂料的方法	CN201210505118.0	杨　飞、陈克复、袁庆钊、陶　红、饶国华、杨仁党、李　军、胡　静、周　瑢、高文花、曾　健、刘德桃	广东中烟工业有限责任公司	2015.07.15
514	一种烟用香原料的前处理方法	CN201210170785.8	郭　文、卓浩廉、伍锦鸣、黎玉茗	广东中烟工业有限责任公司	2015.08.05
515	一种基于N－亚硝胺释放量的卷烟设计中各个组分的调整方法	CN201210534586.0	孔浩辉、吴君章	广东中烟工业有限责任公司	2015.08.05
516	一种主流烟气中水溶性糖含量的检测方法	CN201310201053.5	黄翼飞、胡　静	广东中烟工业有限责任公司	2015.08.05
517	一种水基胶上胶粘度的测定方法和应用	CN201310404070.9	单　婧、黄宪忠、李基成	广东中烟工业有限责任公司	2015.08.05
518	一种含水材料及其制备方法及在卷烟中的应用	CN201310317091.7	陈森林、沈光林	广东中烟工业有限责任公司	2015.09.02
519	一种减害卷烟滤嘴的制备方法	CN201110454874.0	刘　丹、黄宪忠	广东中烟工业有限责任公司	2015.09.30
520	一种柚皮多糖在烟叶保润中的应用	CN201310449240.5	卓浩廉、郭　文、陶　红、冯志斌、罗福明	广东中烟工业有限责任公司	2015.09.30
521	一种具有保润止咳作用的烟丝的制备方法	CN201310457701.3	吴亦集、罗佳波、陶　红、谭晓梅、邢学锋、沈光林	广东中烟工业有限责任公司	2015.09.30
522	一种三阶段式烘烤方法	CN201310548914.7	林锐峰、肖明礼、李宙文、林建委、彭　琛、罗思维、刘　栋	广东中烟工业有限责任公司	2015.09.30

续表

序号	专利名称	专利号	发明人/设计人	专利权人	授权公告日
523	一种定量分析烟用纸张中铬含量的 HPLC－ICP/MS 方法	CN201310743025.6	古君平、胡　静、施文庄、韩　冰	广东中烟工业有限责任公司	2015.09.30
524	一种用于 HPLC－ICP/MS 分析烟用纸张中铬含量的前处理方法	CN201310743139.0	古君平、胡　静、施文庄、韩　冰	广东中烟工业有限责任公司	2015.09.30
525	一种膨胀烟丝加香流量控制方法	CN201310742145.4	卢浥良、潘晓斌、梁冠新、吴学鹏	广东中烟工业有限责任公司	2015.10.21
526	一种吸湿保润型填料的制备方法及其在造纸法再造烟叶生产中的应用	CN201410087552.0	刘　熙、叶荣飞、邵干辉、赵瑞峰、饶国华	广东中烟工业有限责任公司	2015.10.21
527	一种复合竹纤维的烟草纸质滤棒及其制备方法	CN201210588884.8	邵干辉、黄春晖、赵瑞峰、夏国聪、黄宪忠、何艳明、陶　红、胡　静、张　洋、范馨雷、杨　涛	广东中烟工业有限责任公司、广东省金叶烟草薄片技术开发有限公司	2015.02.11
528	一种烟用反应类香料的制备方法及其在卷烟中的应用	CN201210443210.9	卓浩廉、伍锦鸣、郭　文、黎玉茗、罗福明、廖伟杰、赵谋明、赵强忠、朱明明、文冬梅	广东中烟工业有限责任公司、华南理工大学	2015.02.11
529	一种烟用微胶囊保润剂及其制备方法和应用	CN201310448229.7	赵瑞峰、叶荣飞、黄　艳、周叶燕、王学娟、许展伟、钟　浩	广东中烟工业有限责任公司、华芳烟用香料有限公司	2015.08.05
530	降低除杂机冷却系统能耗的方法	CN201110315358.X	林　剑、刘明辉、邓忠声、蔡丘基、黄永安、钟文浩、宋新文、赖苑军、杜广文、陈　烜	广东中烟工业有限责任公司梅州卷烟厂	2015.10.28
531	一种用于卷烟的保润增香添加剂及其制备方法和应用	CN201210227599.3	吴　彦、黄泰松、邹克兴、刘启斌、白家峰、陈志燕、李志华、潘连华、吴晶晶、胡志忠	广西中烟工业有限责任公司	2015.01.07
532	一种天然植物烟用减害添加剂及其制备方法和应用	CN201210227591.7	吴　彦、黄泰松、邹克兴、刘　政、白家峰、孟冬玲	广西中烟工业有限责任公司	2015.01.21
533	调控非挥发有机酸含量提升烟叶感官质量的方法	CN201310715375.1	李小兰、陈志燕、王　政、周　晓、曾德芬、张峻松	广西中烟工业有限责任公司	2015.03.11
534	一种分离富集烟草中绿原酸的方法	CN201410019239.3	李小兰、孟冬玲、黄善松、周艳玫、范　忠、蒋光辉、王维刚	广西中烟工业有限责任公司	2015.03.11
535	一种通过添加酶制剂和葡萄糖及柠檬酸提高烟叶品质的方法	CN201310400625.2	龙章德、田兆福、张晓鸣、黎新钦、林顺顺、韦建玉、宋诗清、李小兰、白家峰	广西中烟工业有限责任公司	2015.04.08
536	电感耦合等离子体质谱法在水基胶中硼测定中的应用	CN201310334037.3	吴晶晶、李小兰、田兆福、陈志燕、周　芸、蒋锦峰、叶长文、许蔼飞、蒋宏霖、朱　静	广西中烟工业有限责任公司	2015.04.29

续表

序号	专利名称	专利号	发明人/设计人	专利权人	授权公告日
537	一种通过添加葡萄糖和柠檬酸及植物水解蛋白提高烟叶品质的方法	CN201310400655.3	田兆福、龙章德、张晓鸣、黎新钦、林顺顺、韦建玉、宋诗清、李小兰、白家峰	广西中烟工业有限责任公司	2015.04.29
538	一种具有减害作用的天然产物粉复合颗粒的制备及在卷烟滤嘴中的应用	CN201310751876.5	张雨夏、吴　彦、冯守爱、韦　康、黄东业、王萍娟、白家峰、田兆福、李小兰、刘启斌、李志华、周　俊、农李政、陈义昌、宋凌勇、胡志忠	广西中烟工业有限责任公司	2015.04.29
539	一种咖啡及天然植物粉复合颗粒的制备及在卷烟滤嘴中的应用	CN201310751858.7	吴　彦、张雨夏、田兆福、黄东业、王萍娟、冯守爱、韦　康、白家峰、李小兰、刘启斌、李志华、周　俊、廖超执、宁振兴、李继刚、徐石磊	广西中烟工业有限责任公司	2015.05.06
540	液压式压棒机自动加油反吹装置	CN201110295950.8	向有新、覃健兴、房华伟、周亮轩、孙俊峰	广西中烟工业有限责任公司	2015.07.15
541	一种卷烟主流烟气中氯乙烯的检测方法	CN201310740396.9	范　忠、李小兰、田兆福、陈志燕、周　芸、孟冬玲、许蔼飞、黄世杰、吴晶晶、蒋光辉	广西中烟工业有限责任公司	2015.07.15
542	一种具有增香作用的天然产物粉复合颗粒的制备及在卷烟滤嘴中的应用	CN201310752713.9	张雨夏、李志华、冯守爱、吴　彦、黄东业、韦　康、白家峰、田兆福、李小兰、刘启斌、周　俊、黄善松、胡　超、班　强、王艳伟、黄江锋	广西中烟工业有限责任公司	2015.07.15
543	一种保持扁袋式除尘器负压稳定性的补风装置及操作方法	CN201110280376.9	房华伟、向有新、覃健兴、赵凡超	广西中烟工业有限责任公司	2015.08.26
544	一种卷烟侧流烟气中氯乙烯的检测方法	CN201310740460.3	范　忠、李小兰、陈志燕、田兆福、周　芸、孟冬玲、许蔼飞、冯守爱、吴　彦、王维刚	广西中烟工业有限责任公司	2015.08.26
545	一种蜂蜜中氨基酸的测定方法	CN201310744335.X	陈志燕、范　忠、孟冬玲、田兆福、李小兰、徐雪芹	广西中烟工业有限责任公司	2015.10.28
546	一种获得杨梅挥发性香气成分的新方法	CN201410037366.6	刘绍华、毛多斌、田兆福、杨　靖、李志华、贾春晓、陈义昌、王花俊、白家峰、郑坚强、李小兰	广西中烟工业有限责任公司、郑州轻工业学院	2015.07.29
547	角鲨烯与茶多酚组合物多囊脂质体的制备方法及其降基减害应用	CN201410017554.2	江定心、金亚波、陈泽鹏、韦建玉、田君同、李福君、郑凤霞	华南农业大学、广西中烟工业有限责任公司、中国烟草总公司广东省公司	2015.09.30
548	一种控制烟草青枯病的方法	CN201310155002.3	丁　伟、杜根平、许安定、杨　超、陈海涛、郑世燕、张永强、崔伟伟	中国烟草总公司重庆市公司烟草科学研究所、西南大学	2015.01.28
549	一种烟草黑胫病的防治方法	CN201310123169.1	李　勇、许安定、杨　超、张　艳、耿莉娜、陈益银	中国烟草总公司重庆市公司烟草科学研究所	2015.03.25

续表

序号	专利名称	专利号	发明人/设计人	专利权人	授权公告日
550	立柱栽培装置及立柱式无土栽培方法	CN201410012069.6	于　杰、许安定、杨　超、张永华、陈益银、张　昭	中国烟草总公司重庆市公司烟草科学研究所、	2015.09.30
551	烟草栽培方法	CN201310372054.6	田凤进、尹　洪	中国烟草总公司重庆市公司巫山分公司	2015.10.21
552	一种烟草中2，4，5－T残留量的测定方法	CN201310046613.4	陶晓秋、熊　巍、庞　凤、杨　雪、张海燕、韶济民、黄　玫、李晨曦	中国烟草总公司四川省公司	2015.01.21
553	一种快速检测土壤中的苯氧乙酸类除草剂的方法	CN201310046447.8	陶晓秋、熊　巍、张海燕、韶济民、庞　凤、杨　雪、黄　玫、李　斌	中国烟草总公司四川省公司	2015.03.18
554	一株二氯喹啉酸高效降解菌及其用途和使用方法	CN201410095929.7	陈德鑫、张　顺、雷　强、曹君正、战徊旭、侯婉莹	中国农业科学院烟草研究所、中国烟草总公司四川省公司	2015.09.30
555	一种花粉淀粉培养基及其制备方法	CN201310456229.1	杜如万、邢小军、殷雪艳、徐明康、王　勇、刘东阳、罗文祥、刘贤芬	四川省烟草公司凉山州公司	2015.04.01
556	一种高温干旱假熟烟叶的烘烤方法	CN201410007790.6	顾　勇、蒋　胜、夏　春、何余勇、张明金、王　飞、雷　晓、张远盖、程　伟、管安伟、彭　勇、卢　勇、熊福江、陈　剑	四川省烟草公司泸州市公司	2015.04.15
557	烟草专用复合肥	CN201310092379.9	郭明全、陈庆瑞、胡建新、张宗锦、庞良玉、朱　波、罗付香	四川省烟草公司攀枝花市公司、四川省农业科学院土壤肥料研究所	2015.04.22
558	一种烟草育苗用肥料及其制备方法	CN201310454942.2	杜如万、邢小军、徐明康、王　勇、曾正荣、何志华、代光华、刘东阳、罗文斌、凌爱芬	四川省烟草公司凉山州公司	2015.05.27
559	一种高温干旱欠熟烟叶的烘烤方法	CN201410007941.8	顾　勇、蒋　胜、夏　春、何余勇、张明金、王　飞、雷　晓、张远盖、程　伟、管安伟、彭　勇、卢　勇、熊福江、陈　剑	四川省烟草公司泸州市公司	2015.06.10
560	烤烟漂浮育苗栽培方法	CN201310336706.0	郭明全、张宗锦、胡建新、潘兴兵、闫芳芳	四川省烟草公司攀枝花市公司	2015.07.15
561	一种烟叶除湿方法	ZL201410192800.8	费郑府、何余勇、吴永春、赵　翼、郭仕平	四川省烟草公司泸州市公司	2015.11.18
562	一种改良烤烟植株的的培育方法	ZL201310737474.X	谢　冰、袁继超、向金友、孔凡磊、张吉亚、曾淑华、杨懿德、易　蔓、杨　洋、罗延宏	四川农业大学、四川省烟草公司宜宾市公司	2015.11.18
563	一种用于烟草漂浮育苗的基质	ZL201310336827.5	曾淑华、郭仕平、顾会战、刘　雷、鲁黎明、喻　晓、刘　峰、刘　彪、林　宁、许春燕	四川农业大学、四川省烟草公司广元市公司	1905.07.07

续表

序号	专利名称	专利号	发明人/设计人	专利权人	授权公告日
564	一种利用烟草无菌种子筛选生根培养基的方法	ZL201210597144.0	张建会、殷　英、余祥文、屈建康、赵　宇、廖　华、李方楼、徐　伟	四川省烟草技术中心	2015.12.02
565	一种烟叶原料分类和分组方法	CN201210478707.4	汪长国、戴　亚、冯广林、杨文敏、周志刚、徐　恒、朱　宇、邱光明、张　艇、周　胜、李朝荣、王　耀、丁　韦	川渝中烟工业有限责任公司	2015.02.04
566	改善雪茄茄衣外观质量的生产工艺	CN201210491446.X	曾代龙、范静苑、雷金山、杨　军、刘一兵、胡　希、贾玉红、杨　振、刘路路	川渝中烟工业有限责任公司	2015.02.04
567	一种降低卷烟烟气中氨释放量添加剂及其制备方法	CN201310085445.X	戴　亚、俞海军、汪长国、马扩彦	川渝中烟工业有限责任公司	2015.02.04
568	雪茄水分干燥工艺	CN201210490677.9	曾代龙、杨　军、刘一兵、曾祥华、胡　希、雷金山	川渝中烟工业有限责任公司	2015.03.18
569	采用SH94降低卷烟NNK释放量的烘丝工艺方法	CN201310132010.6	吴　艳、李东亮、冯广林、李　力、肖克毅、沈　宁	川渝中烟工业有限责任公司	2015.04.22
570	采用滚筒管板式烘丝机降低卷烟NAB释放量的烘丝方法	CN201310132059.1	寇明钰、李东亮、冯广林、薛　芳、王　鹏、谭兰兰、申屠洪钎	川渝中烟工业有限责任公司	2015.04.22
571	采用滚筒管板式烘丝机降低卷烟苯酚释放量的烘丝方法	CN201310132960.9	寇明钰、李东亮、冯广林、申屠洪钎、曾　建、倪碧波	川渝中烟工业有限责任公司	2015.04.22
572	雪茄烟叶添加剂及其生产方法	CN201310008970.1	胡　希、雷金山、杨　军、刘一兵、曾代龙、贾玉红、杨　振、刘路路	川渝中烟工业有限责任公司	2015.05.20
573	采用HDT降低卷烟巴豆醛释放量的烘丝工艺方法	CN201310131937.8	宋光富、李东亮、陈昆燕、冯广林、薛　芳、温若愚	川渝中烟工业有限责任公司	2015.05.20
574	龙涎香味香烟及龙涎香味香料	CN201310568188.5	杨文敏、周志刚、周　胜、张　艇、邱光明、李朝荣、王　耀、丁　为、刘如灿	川渝中烟工业有限责任公司	2015.05.20
575	金属柱撑蒙脱土包覆介孔硅复合材料及其制备方法	CN201310653100.X	戴　亚、俞海军、汪长国、马扩彦、孙玉峰	川渝中烟工业有限责任公司	2015.05.20
576	采用SH94降低卷烟H值的烘丝工艺方法	CN201310131939.7	吴　艳、李东亮、冯广林、陈昆燕、王　鹏、袁　月、曾正蓉	川渝中烟工业有限责任公司	2015.06.10
577	采用HDT降低卷烟氢氰酸释放量的烘丝工艺方法	CN201310131992.7	宋光富、李东亮、冯广林、王　鹏、曾　建、陈昆燕	川渝中烟工业有限责任公司	2015.06.10
578	采用HDT降低卷烟苯酚释放量的烘丝工艺方法	CN201310132049.8	宋光富、李东亮、冯广林、薛　芳、温若愚、赵维一	川渝中烟工业有限责任公司	2015.06.10
579	采用SH94降低卷烟苯酚释放量的烘丝工艺方法	CN201310132199.9	吴　艳、李东亮、冯广林、薛　芳、陈昆燕、曾正蓉	川渝中烟工业有限责任公司	2015.06.10

续表

序号	专利名称	专利号	发明人/设计人	专利权人	授权公告日
580	采用滚筒管板式烘丝机降低卷烟NNK释放量的烘丝方法	CN201310132228.1	寇明钰、李东亮、冯广林、李 力、肖克毅、曾 建、宋光富	川渝中烟工业有限责任公司	2015.06.10
581	采用滚筒管板式烘丝机降低卷烟H值的烘丝方法	CN201310132229.6	寇明钰、李东亮、冯广林、倪碧波、薛 芳、吴 艳	川渝中烟工业有限责任公司	2015.06.10
582	采用滚筒管板式烘丝机降低卷烟氢氰酸释放量的烘丝方法	CN201310132700.1	寇明钰、李东亮、冯广林、施丰成、李 力、袁 月、申屠洪钎	川渝中烟工业有限责任公司	2015.06.10
583	采用滚筒管板式烘丝机降低卷烟巴豆醛释放量的烘丝方法	CN201310132717.7	寇明钰、李东亮、施丰成、陈昆燕、倪碧波、冯广林	川渝中烟工业有限责任公司	2015.06.10
584	采用SH94降低卷烟氨和BaP释放量的烘丝工艺方法	CN201310377375.5	吴 艳、李东亮、李 力、曾正蓉	川渝中烟工业有限责任公司	2015.06.10
585	采用HDT降低卷烟有害成分释放量和H值的烘丝工艺方法	CN201310377493.6	宋光富、李东亮、冯广林、李 力	川渝中烟工业有限责任公司	2015.06.10
586	一种利用微生物发酵生产低焦低害卷烟膨胀丝的方法	CN201210167585.7	寇明钰、李东亮、冯广林、周 容	川渝中烟工业有限责任公司	2015.06.17
587	降低卷烟有害成分的微介孔核壳复合分子筛及其制备方法	CN201310611490.4	戴 亚、俞海军、汪长国、马扩彦、孙玉峰	川渝中烟工业有限责任公司	2015.06.17
588	一种功能性卷烟纸燃烧调节剂及其应用	CN201210344097.9	戴 亚、赵德清、陈克复、杨 飞、孙玉峰、陈昆燕、谭兰兰、李 力	川渝中烟工业有限责任公司	2015.06.24
589	一种烟草保润剂	CN201310655020.8	周 容、李东亮、冯广林、薛 芳、宋光富	川渝中烟工业有限责任公司	2015.07.01
590	一种预测滤棒吸阻的方法	CN201210197637.5	杨文敏、汪长国、周学政、冯广林、戴 亚、刘 林、邓 永	川渝中烟工业有限责任公司	2015.07.22
591	一种减害提质的卷烟纸燃烧调节剂及其应用	CN201210344457.5	戴 亚、赵德清、陈克复、杨 飞、孙玉峰、陈昆燕、谭兰兰、李 力	川渝中烟工业有限责任公司	2015.07.22
592	降低烤烟中氨释放量的调制工艺方法	CN201410081187.2	寇明钰、戴 亚、汪长国、冯广林、鲜兴明、段旺军、耿宗泽、朱鹏程、赵 敏、陈昆燕、李 宁、吴 艳、谭兰兰、王 鹏、李 力、肖克毅、袁 月	川渝中烟工业有限责任公司	2015.07.22
593	微－介孔碳碳复合材料及其制备方法	CN201410076662.7	戴 亚、俞海军、马扩彦、汪长国、孙玉峰	川渝中烟工业有限责任公司	2015.07.29
594	一种利用烟草废弃物制作的类烟丝物及其电加热方法	CN201410149219.8	黄玉川、戴 亚、冯广林、汪长国、陶文生	川渝中烟工业有限责任公司	2015.07.29
595	一种用山楂原料制作的类烟丝物及其电加热方法	CN201410149403.2	麻栋策、戴 亚、冯广林、黄玉川、张 艇	川渝中烟工业有限责任公司	2015.07.29

续表

序号	专利名称	专利号	发明人/设计人	专利权人	授权公告日
596	降低苯酚释放量的打叶复烤方法	CN201410042239.5	汪长国、戴　亚、陈昆燕、周学政、陶文生、冯广林、鲜兴明、朱立军、谭兰兰、唐士军、薛　芳、袁　月	川渝中烟工业有限责任公司	2015.08.19
597	降低氨释放量复烤和醇化的方法	CN201410042248.4	陈昆燕、戴　亚、汪长国、周学政、陶文生、李　宁、冯广林、鲜兴明、朱立军、刘国策、汪文斌、苟春苗	川渝中烟工业有限责任公司	2015.08.19
598	一种用竹叶原料制作的类烟丝物及其电加热方法	CN201410148571.X	麻栋策、戴　亚、冯广林、黄玉川、汪长国	川渝中烟工业有限责任公司	2015.08.19
599	一种用百合科蔬菜制作的类烟丝物及其电加热方法	CN201410149350.4	黄玉川、戴　亚、冯广林、李　宁、汪长国	川渝中烟工业有限责任公司	2015.08.19
600	烟气总粒相物中苯并［α］芘含量的测定方法	CN201410299218.1	王　晶、朱立军、龙　君、安泓汋、郑　健、杨　涓、朱　玲	川渝中烟工业有限责任公司	2015.08.19
601	降低 HCN 释放量的打叶复烤方法	CN201410042236.1	陈昆燕、戴　亚、汪长国、周学政、陶文生、冯广林、鲜兴明、朱立军、李军华、汪文斌、苟春苗	川渝中烟工业有限责任公司	2015.08.26
602	降低 NNK 释放量复烤和醇化的方法	CN201410042279.X	陶文生、戴　亚、汪长国、周学政、陈昆燕、李　宁、冯广林、鲜兴明、朱立军、刘国策、汪文斌、苟春苗	川渝中烟工业有限责任公司	2015.08.26
603	一种用葫芦科蔬菜制作的类烟丝物及其电加热方法	CN201410148303.8	黄玉川、戴　亚、冯广林、周学政、陶文生	川渝中烟工业有限责任公司	2015.08.26
604	一种以柑橘类物质为原料制作的类烟丝物及其电加热方法	CN201410149347.2	肖克毅、戴　亚、冯广林、黄玉川、陶文生	川渝中烟工业有限责任公司	2015.08.26
605	一种评价丝束纵向表面积的方法及其应用	CN201210197595.5	汪长国、周学政、杨文敏、戴　亚、冯广林、刘　林、邓　永	川渝中烟工业有限责任公司	2015.09.09
606	卷烟机水松纸自动对位控制装置	CN201410072023.3	张道容、张　灿、谢光奎	川渝中烟工业有限责任公司	2015.09.09
607	一种用薄荷原料制作的类烟丝物及其电加热方法	CN201410148286.8	黄玉川、戴　亚、冯广林、汪长国、朱立军	川渝中烟工业有限责任公司	2015.09.09
608	一种用十字花科蔬菜制作的类烟丝物及其电加热方法	CN201410148320.1	黄玉川、戴　亚、冯广林、李　宁、陶文生	川渝中烟工业有限责任公司	2015.09.09
609	一种用茶末原料制作的类烟丝物及其电加热方法	CN201410148378.6	黄玉川、戴　亚、冯广林、汪长国、周学政	川渝中烟工业有限责任公司	2015.09.09
610	一种用甘草原料制作的类烟丝物及其电加热方法	CN201410148426.1	黄玉川、戴　亚、冯广林、朱立军、张　艇	川渝中烟工业有限责任公司	2015.09.09
611	一种利用大枣原料制作的类烟丝物及其电加热方法	CN201410148513.7	肖克毅、戴　亚、冯广林、黄玉川、陶文生	川渝中烟工业有限责任公司	2015.09.09

续表

序号	专利名称	专利号	发明人/设计人	专利权人	授权公告日
612	一种用食用菌原料制作的类烟丝物及其电加热方法	CN201410149228.7	麻栋策、戴　亚、冯广林、黄玉川、李　宁	川渝中烟工业有限责任公司	2015.09.09
613	一种沉香的鉴别方法	CN201410472942.X	沈　怡、戴　亚、冯广林、袁　月、施丰成	川渝中烟工业有限责任公司	2015.09.09
614	应用蒸汽爆破与干冰膨胀改善白肋烟可用性的方法	CN201310488346.6	李东亮、寇明钰、李　刚、陶文生、申屠洪钎	川渝中烟工业有限责任公司	2015.09.23
615	具有多种孔道金属复合分子筛及其制备方法	CN201410087686.2	戴　亚、俞海军、马扩彦、汪长国、孙玉峰	川渝中烟工业有限责任公司	2015.09.23
616	采用滚筒管板式烘丝机降低卷烟氨释放量的烘丝方法	CN201310132033.7	寇明钰、李东亮、冯广林、谭兰兰、申屠洪钎、袁　月	川渝中烟工业有限责任公司	2015.09.30
617	采用滚筒管板式烘丝机降低卷烟NNN释放量的烘丝方法	CN201310132719.6	寇明钰、李东亮、冯广林、陈昆燕、肖克毅、吴　艳	川渝中烟工业有限责任公司	2015.09.30
618	采用滚筒管板式烘丝机降低卷烟BaP释放量的烘丝方法	CN201310132983.X	寇明钰、李东亮、倪碧波、王　鹏、吴　艳、冯广林	川渝中烟工业有限责任公司	2015.09.30
619	采用滚筒管板式烘丝机降低卷烟NAT释放量的烘丝方法	CN201310133099.8	寇明钰、李东亮、温若愚、曾　建、冯广林、吴　艳、宋光富	川渝中烟工业有限责任公司	2015.09.30
620	降低卷烟烟气中氢氰酸含量的滤嘴添加剂及其制备方法	CN201310501399.7	戴　亚、陶飞燕、汪长国、朱立军、谭兰兰	川渝中烟工业有限责任公司	2015.10.14
621	降低巴豆醛释放量复烤和醇化的方法	CN201410042297.8	汪长国、陈昆燕、戴　亚、周学政、陶文生、李　宁、冯广林、鲜兴明、朱立军、谭兰兰、唐士军、薛　芳、袁　月	川渝中烟工业有限责任公司	2015.10.14
622	降低CO释放量的打叶复烤方法	CN201410042440.3	陶文生、戴　亚、汪长国、周学政、陈昆燕、冯广林、鲜兴明、朱立军、安泓汋、汪文斌、苟春苗	川渝中烟工业有限责任公司	2015.10.14
623	一种以菊花、金银花为原料制作的类烟丝物及其电加热方法	CN201410148430.8	黄玉川、戴　亚、冯广林、周学政、张　艇	川渝中烟工业有限责任公司	2015.10.14
624	一种可可香精配方及其制作可可口味雪茄的工艺方法	CN201410225053.3	胡　希、刘路路、贾玉红、杨　军、雷金山、杨　振、刘　佐	川渝中烟工业有限责任公司	2015.10.14
625	一种用桑叶原料制作的类烟丝物及其电加热方法	CN201410149417.4	麻栋策、戴　亚、冯广林、黄玉川、陶文生	川渝中烟工业有限责任公司	2015.10.28
626	一种用荷叶原料制作的类烟丝物及其电加热方法	CN201410148266.0	黄玉川、戴　亚、冯广林、朱立军、周学政	川渝中烟工业有限责任公司	2015.11.11
627	一种用伞形花科蔬菜制作的类烟丝物及其电加热方法	CN201410147909.X	黄玉川、戴　亚、冯广林、汪长国、张　艇	川渝中烟工业有限责任公司	2015.11.04
628	一种用茄科蔬菜制作的类烟丝物及其电加热方法	CN201410147950.7	黄玉川、戴　亚、冯广林、陶文生、李　宁	川渝中烟工业有限责任公司	2015.11.04

续表

序号	专利名称	专利号	发明人/设计人	专利权人	授权公告日
629	一种测定复合滤棒中茶末添加量均匀性的方法	CN201410064405.1	黎洪利、何　蓉、朱立军、白晓虹、彭　忠、周　维	川渝中烟工业有限责任公司	2015.06.17
630	一种评价茶末混合均匀性的方法	CN201410064424.4	黎洪利、陶文生、朱立军、何　蓉、兰中于、蔡　利	川渝中烟工业有限责任公司	2015.08.19
631	一种优化烟丝结构的加工方法	CN201210278694.6	黄若强、张　伟、吕朝全	川渝中烟工业有限责任公司	2015.09.23
632	一种卷烟主流烟气中焦油量及一氧化碳量测定方法	CN201310438102.7	张晓瑜、韩　伟、史训瑶、雷云泽、饶　健、肖志达、叶　冲、赖东辉、楼小华、刘科乾	中国烟草总公司贵州省公司	2015.03.04
633	基于电子鼻气味监测技术的烟叶烘烤方法	CN201310025745.9	朱忠彬、丁　伟、杨先一、田逢春、陈晓明、张长华、刘　然、贾鹏飞、蒋　卫、饶兴义、孙　诚、樊　树	贵州省烟草公司遵义市公司、重庆大学、重庆固仁科技有限公司	2015.01.07
634	烟叶密集烤房烟气余热利用装置	CN201310067051.1	徐增汉、朱贵川、宋泽民、李章海、徐明勇、周再军、苏　明、张西仲、唐兴贵、陈永安、黄　刚、蒙邦勇、班国相、罗　鸣、陆新莉、钱凤英	贵州省烟草公司黔南州公司、中国科学技术大学	2015.03.25
635	一种测定烟叶密集烤房分风性能的方法	CN201310066864.9	李章海、徐增汉、宋泽民、罗红香、龙庆祥、邹敏杰、丁忠林、陈永安、李余湘、罗　鸣、姚　峰、李　彤	贵州省烟草公司黔南州公司、中国科学技术大学	2015.09.16
636	太阳能及烤房烘烤排湿气体余热回收再利用烤房	CN201210334573.9	周为华、杨在友、程联雄、张光强、张长华	遵义市烟草公司绥阳县分公司	2015.10.21
637	一种清洗塑料大棚棚顶的装置	CN201310540131.4	张长华、何培祥、陈晓明、朱忠彬、蒋　卫、黄建国	贵州省烟草公司遵义市公司	2015.10.28
638	烟叶中苦参碱农药残留量的测定方法	CN201210006191.3	蔡　凯、向章敏、陈兴江、耿召良、周淑平、张　婕	贵州省烟草科学研究所[1]	2015.02.18
639	烤烟小壮苗培育方法	CN201310077209.3	薛小平、杨天沛、付继刚、张　继、潘和平、龙秋荣、刘声国、李建伟	贵州省烟草科学研究院	2015.03.11
640	烤烟半膜覆盖栽培方法	CN201310068318.9	潘文杰、高维常、陈　伟、陈　懿、李继新、梁贵林、邱雪柏、林叶春、廖成松	贵州省烟草科学研究院	2015.03.18
641	一种烟草青枯病分子检测引物、检测方法及应用	CN201310297162.1	贾蒙骜、陈兴江、曹　毅、陆　宁、商胜华	贵州省烟草科学研究院	2015.03.18
642	烟叶中蛇床子素残留量的测定方法	CN201310106689.1	蔡　凯、陈兴江、雷　波、向章敏、潘文杰、耿召良、赵会纳、任　竹	贵州省烟草科学研究院	2015.04.08
643	一种初烤烟叶挥发性香气成分的分析方法	CN201310025742.5	向章敏、蔡　凯、耿召良、周淑平、葛永辉	贵州省烟草科学研究院	2015.06.03

注：1. 根据国烟人〔2012〕344 号文件，2012 年贵州省烟草科学研究所更名为贵州省烟草科学研究院。涉及贵州省烟草科学研究所的专利权人按照申报时单位名称进行授权。

续表

序号	专利名称	专利号	发明人/设计人	专利权人	授权公告日
644	一种酶水解-气相色谱-质谱联用测定烟草中糖苷的方法	CN201410090618.1	蔡　凯、赵会纳、向章敏、任　竹、雷　波、潘文杰	贵州省烟草科学研究院	2015.07.08
645	优良AM真菌菌株的筛选方法	CN201110231131.7	王茂胜、曹　毅、汪汉成、陈庆园、孟　琳、夏海乾、张　恒、石俊雄、商胜华、王晶君	贵州省烟草科学研究所	2015.07.22
646	苗期鉴定烟草抗旱性的方法	CN201110106454.3	王仁刚、任学良、李　莉、张吉顺、罗正友	贵州省烟草科学研究所	2015.07.29
647	烤烟露地栽培圆孔式移栽方法	CN201310373496.2	邹　焱、王仕海、张维军、邹芳芸、余传兴、吴志高、廖宗宇、殷坤勤、罗玉英	贵州省烟草科学研究院	2015.07.29
648	一种烤烟杯装基质种子直播栽培方法及纸杯直播载体	CN201310289529.5	高维常、潘文杰、陈　伟、李继新、林叶春、廖成松、梁贵林、陈　懿、丁福章、李洪勋	贵州省烟草科学研究院	2015.08.12
649	干旱种植区坡地集雨抗旱方法及结构	CN201310420633.3	丁福章、雷　波、袁有波、潘文杰、郑登峰	贵州省烟草科学研究院	2015.08.12
650	一种基于散叶插针密集烘烤的倾斜120度定量装烟技术	CN201310466298.0	涂永高、李国斌、谢已书、姜　均	贵州省烟草科学研究院	2015.09.23
651	利用基因芯片结合Real-timePCR筛选的烟草内参基因及其方法	CN201310594033.9	郭玉双、任学良、黎瑞源	贵州省烟草科学研究院	2015.10.21
652	一种种子成熟度的检测方法及成熟种子的采摘方法	CN201410319841.9	李振华、冯勇刚、龙明锦、孔德钧、杨贵生	贵州省烟草科学研究院	2015.10.28
653	一种仲丁灵纳米乳液及其制备方法	CN201210507952.3	陈兴江、柳　永、商胜华、曹　毅、蔡刘体、陆　宁	贵州省烟草科学研究院、浙江省农业科学院	2015.03.18
654	烟草包膜控释肥及其制备方法与应用	CN201310223608.6	石俊雄、曹　兵、张　恒、李鸿雁、衣文平、邹国元、李志宏、张云贵、夏海乾、孟　琳	贵州省烟草科学研究院、北京市农林科学院、中国农业科学院农业资源与农业区划研究所	2015.04.01
655	菌剂制备方法及玉米秸秆原位整株堆集腐熟方法与结构	CN201310711004.6	石俊雄、骆建军、仲统伟、黄建国、袁　玲、张　恒	贵州省烟草科学研究院、青岛天地缘生物技术开发有限公司、西南大学	2015.09.30
656	铝箔纸剔除装置	CN201110455845.6	岑天扬、陈昌禄、黄　平、代　策、何道明、徐玉林	贵州中烟工业有限责任公司	2015.03.18
657	烟草制丝生产线麻绳剔除装置	CN201210591882.4	赵科文、曾建华、陈文先、周诗华、孟天河、陈　实、陈　磊、刘晓兰	贵州中烟工业有限责任公司	2015.03.18
658	提高叶片加料精度的方法	CN201010619460.4	刘天强、周英俊、余　文、徐光明、万　陶、罗山林、宋世强	贵州中烟工业有限责任公司	2015.03.25
659	凝结水回收利用系统	CN201010619502.4	李春强、毛溪林、赵厉罡、黄清利、任　波、朱建中、伍良社	贵州中烟工业有限责任公司	2015.03.25

续表

序号	专利名称	专利号	发明人/设计人	专利权人	授权公告日
660	滤棒吸阻的调校方法	CN201110459830.7	罗光杰、唐　毅、李贵川	贵州中烟工业有限责任公司	2015.03.25
661	一种含超长 TiO_2 水合物纳米管、TiO_2 纳米粉和活性炭纤维的卷烟过滤嘴	CN201310209343.4	叶　冲、刘　剑、赵　杨、白　兴、曾　池、韩　伟、万　强、金　晶、邹西梅	贵州中烟工业有限责任公司	2015.03.25
662	一种含有吸附过滤层的卷烟过滤嘴及其用途	CN201310209494.X	刘　剑、聂长春、姬厚伟、惠建权、黄正虹、冯　勇、田　旭、刘科乾、刘纳纳	贵州中烟工业有限责任公司	2015.04.22
663	凝结水回收器中的二次蒸汽回收利用方法	CN201010619432.2	李春强、毛溪林、赵厉罡、黄清利、任　波、朱建中、伍良社	贵州中烟工业有限责任公司	2015.05.13
664	烟梗预处理工艺	CN201110455668.1	陈　竺、黄新民、杜　旭、蔡华川、周鹏宇、李永进、李先林、李定湘、桂雪松、朱剑凌、孙建华、尹　静	贵州中烟工业有限责任公司	2015.05.20
665	循环流化床锅炉返料器	CN201010619506.2	毛溪林、李春强、黄清利、罗锡文、刘香云、印　文、徐春燕、任　波	贵州中烟工业有限责任公司	2015.07.01
666	一种含超长 TiO_2 水合物纳米管和 TiO_2 纳米粉的卷烟过滤嘴	CN201310209341.5	刘　剑、聂长春、惠建权、黄正虹、冯　勇、曾　池、毛寒冰、满　杰	贵州中烟工业有限责任公司	2015.08.19
667	一种卷烟烟丝中美拉德反应的风味物质快速分析的方法	CN201310437014.5	刘　剑、姬厚伟、韩　伟、杨虹杰、杨敬国、刘纳纳、满　杰	贵州中烟工业有限责任公司	2015.08.19
668	静态顶空-气相色谱质谱选择性测定卷烟滤嘴截留烟气中苯系物的方法	CN201310436447.9	刘　剑、姬厚伟、叶　冲、王　芳、刘纳纳、满　杰	贵州中烟工业有限责任公司	2015.09.02
669	利用冠突散囊菌改善初烤烟叶质量的方法	CN201210565069.X	邹　晓、瞿娇娇、施　鸣、刘仁祥、张晓敏、杨　辉、石志发、曾　池、白　兴、刘爱英	贵州大学、贵州中烟工业有限责任公司	2015.03.11
670	一种含有茶叶酶群提取物的烟草调质剂及应用	CN201310537090.3	石志发、曾　池、白　兴、孙　畅、田国英、郭　涛、施　鸣、苏　灿、李　仙、包秀萍	贵州中烟工业有限责任公司、云南瑞升烟草技术（集团）有限公司	2015.09.30
671	一株巨大芽孢杆菌 SJ-7 菌株及其应用	CN201310255703.4	田泽华、计思贵、张立猛、杨海林、陈穗云、闫春丽、扈进冬、李纪顺、杨合同、魏艳丽	云南省烟草公司玉溪市公司、昆明保腾生化技术有限公司、山东省科学院中日友好生物技术研究中心	2015.01.21
672	一种高效防治烟草白粉病的方法	CN201210565146.1	徐兴阳、杨永平、端永明、李明波、刘礼莉、李跃平、欧阳进、杨正权、高德福	云南省烟草公司昆明市公司	2015.03.25
673	一种提高丽蚜小蜂繁殖效率的方法	CN201410028805.7	杨海林、张立猛、谷星慧、杨硕媛、赵进龙	云南省烟草公司玉溪市公司	2015.04.01

续表

序号	专利名称	专利号	发明人/设计人	专利权人	授权公告日
674	一种广谱重金属活性钝化剂的制备方法	CN201210015667. X	查宏波、魏世强、付修廷、黄　韡、王　强、赵　芳、木志坚、倪　霞、张良君、蒋珍茂	云南省烟草公司昭通市公司、西南大学	2015. 04. 08
675	一种提高烟粉虱繁殖效率的方法	CN201410029715. X	计思贵、张立猛、杨海林、谷星慧、杨硕媛、赵进龙、崔永和	云南省烟草公司玉溪市公司	2015. 05. 06
676	一种用烟杆生物碳和腐熟烟杆制造的烤烟育苗基质	CN201310550870. 1	王德勋、苏家恩、徐发华、王新中、户艳霞、尹雪梅	云南省烟草公司大理州公司	2015. 05. 13
677	一种烟株中下部烟叶采收机构	CN201310110701. 6	高华锋、吴立著、宗家泉、张　宏、沈兆辉、肖桢林、孙建锋、樊兴伟、朱华俊、阮扑生、彭再欣、孔昭龙、白　炜、王桂波、王　维、王志明、虞有海、申德玮、王　帆、罗清敏	云南省烟草公司曲靖市公司	2015. 06. 03
678	利用秀丽隐杆线虫培养木霉厚垣孢子的方法及应用	CN201310377872. 5	王贻莲、亚　平、李纪顺、杨合同、扈进冬、李红梅、郭　凯、陈穗云、孙文向、许银连、尹忠仁	云南省烟草公司临沧市公司、山东省科学院中日友好生物技术研究中心、昆明保腾生化技术有限公司	2015. 06. 17
679	阿氏芽孢杆菌及其在防治烟草黑胫病中的应用	CN201310559441. 0	李祖红、曾　嵘、赖泳红、张拯研、高华锋、林选知、张瑞勤	云南省烟草公司曲靖市公司、云南大学	2015. 06. 17
680	一种多功能全规格烟叶物料基本信息自动标贴装置	CN201310614793. 1	王兴德、计思贵、王华国、张立猛、张文德、李红娟、沙传平、段正昌、罗家佐	云南省烟草公司玉溪市公司、昆明诺捷经贸有限公司	2015. 06. 24
681	异红葱甲素诱导烟草植株产生对赤星病抗性的用途	CN201310637302. 5	冯继明、肖志新、李永亮、何　洁、胡志明、尚　慧、郭应成、王元宝、杨佩文、李家瑞	云南省农业科学院农业环境资源研究所、云南省烟草公司保山市公司、中国烟草云南进出口有限公司	2015. 07. 01
682	减少高海拔地区红花大金元烟叶低温冷害损失的烘烤方法	CN201410292183. 9	苏家恩、王德勋、徐成龙	云南省烟草公司大理州公司	2015. 07. 22
683	一种浮动式采摘台	CN201310110694. X	高华锋、吴立著、宗家泉、张　宏、沈兆辉、肖桢林、孙建锋、樊兴伟、朱华俊、阮扑生、彭再欣、孔昭龙、白　炜、王桂波、王　维、王志明、虞有海、申德玮、王　帆、罗清敏	云南省烟草公司曲靖市公司	2015. 07. 22
684	一种种植园灌溉水净化循环利用系统	CN201410188362. 8	张立猛、杨海林、计思贵、田泽华、代　快、李江舟、乔志新、崔永和	云南省烟草公司玉溪市公司	2015. 07. 22
685	一种烟草包衣种子精准穴盘播种装置	CN201310738153. 1	龚　理、杨　明、杨　跃、龚一虎、杨先吉	云南省烟草公司普洱市公司	2015. 09. 09

续表

序号	专利名称	专利号	发明人/设计人	专利权人	授权公告日
686	罩式多点喷淋头	CN201210413927.9	于永靖	云南省烟草公司保山市公司昌宁县分公司	2015.09.16
687	一种烟草种植病虫害立体生物防治方法	CN201410188416.0	张立猛、杨海林、计思贵、田泽华、谷星慧、焦永鸽、李江舟、赵进龙、沙传平	云南省烟草公司玉溪市公司	2015.09.16
688	一种多功能全规格烟叶全自动打包成套装置	CN201310614713.2	王兴德、计思贵、王华国、张立猛、张文德、李红娟、沙传平、段正昌、罗家佐	云南省烟草公司玉溪市公司、昆明诺捷经贸有限公司	2015.09.23
689	一种红花大金元肥料过头烟叶的密集式烤房烘烤方法	CN201410087738.6	苏家恩、徐天龙、王德勋、徐发华、王新中、户艳霞	云南省烟草公司大理州公司	2015.10.21
690	一种降低田烟种植区烟叶氯离子含量的轮作及免耕方法	CN201410266722.1	高华锋、解　燕、李祖红、郑　波、张秋菊、吕亚琼、刘冬梅、赵淑媛、杨丽萍、鲁　耀、段宗颜、邱学礼、王建新、陈安强、胡万里、陈拾华、王攀磊	云南省烟草公司曲靖市公司、云南省农业科学院农业环境资源研究所	2015.10.21
691	一种轮作烟田烟蚜的生物防治方法	CN201410029645.8	张立猛、杨海林、谷星慧、杨硕媛、赵进龙	云南省烟草公司玉溪市公司	2015.10.21
692	搅拌式生物质炭化炉	CN201310648975.0	孟　军、辛明金、张本华、陈温福、宋玉秋、任文涛、张宝峰、高继平、张立猛、乔志新、计思贵、李江舟、谷星慧	沈阳农业大学、云南省烟草公司玉溪市公司	2015.10.21
693	烤烟抗旱节水栽培作业方法	CN201310543602.7	徐天养、张家征、徐琳凯、殷红慧、王家荣、余东灿、张四平、卢　鑫、刘权猜、杨绍荣、赵　明	云南省烟草公司文山州公司	2015.11.11
694	一种风量稳定的热风循环方法	CN201410362123.X	王朝明、毛光平、白朝云、欧阳晓东、郑红卫、樊　昊、钱炳海、黄绍林、汤　跃、王良波	云南烟叶复烤有限责任公司大理复烤厂、玉溪吉星德亿工贸有限公司	2015.09.16
695	一种烤烟不同成熟度档次烟叶同炉调制工艺	CN201210502428.7	雷丽萍、崔国民	云南省烟草农业科学研究院	2015.01.07
696	一种烟草调制过程中烟叶样品均匀取样方法	CN201210502681.2	崔国民、黄　维、赵高坤	云南省烟草农业科学研究院	2015.02.04
697	烟草 NtFT1 基因的 cDNA 序列及其瞬时表达诱导烟草早花	CN201210462131.2	高玉龙、谢　贺、肖炳光、李永平	云南省烟草农业科学研究院	2015.02.11
698	一种同时分析种子包衣剂中多种重金属的检测方法	CN201310179230.4	逄　涛、李　勇、师君丽、郑昀烨、马文广	云南省烟草农业科学研究院	2015.02.25
699	一种适应云南烟区光照环境的烤烟栽培方法	CN201310310612.6	李军营、马二登、马俊红、邓建华	云南省烟草农业科学研究院	2015.02.25

续表

序号	专利名称	专利号	发明人/设计人	专利权人	授权公告日
700	一种适应清香型产区地质特性的烤烟栽培方法	CN201310310757.6	邓建华、李军营、马俊红、李文卿	云南省烟草农业科学研究院	2015.02.25
701	一种芽孢杆菌及其菌剂和制备方法与应用	CN201210435610.5	夏振远、汪安云、吴玉萍、莫笑晗、雷丽萍	云南省烟草农业科学研究院	2015.03.11
702	一种三氮烯类化合物及制备方法和用于测定镉含量的方法	CN201310035756.5	吴玉萍、卢秀萍、夏振远、胡秋芬、王丙武、李文正	云南省烟草农业科学研究院	2015.03.11
703	烟草基因组分子标记探针与序列集合群及获得方法与应用	CN201210248984.6	李文正、刘　勇、王丙武、张家瑞、顾华国、邵　岩	云南省烟草农业科学研究院	2015.04.01
704	一种大田种植津巴布韦KRK26烟草的方法	CN201210281795.9	李军营、杨宇虹、杨晓明、卢秀萍、邓建华	云南省烟草农业科学研究院	2015.04.01
705	一种烟草花叶型病毒的快速灵敏检测方法	CN201410034604.8	秦西云、丁　铭、卢　训、张仲凯、方敦煌、李婷婷、方　琦	云南省烟草农业科学研究院、云南省农业科学院生物技术与种质资源研究所	2015.04.01
706	一种烟草赤星病叶片抗病性的鉴定方法	CN201310540265.6	段玉琪	云南省烟草农业科学研究院	2015.04.22
707	一种烟草赤星病菌孢子悬浮液及其应用	CN201310094167.4	方敦煌、刘　勇、李永平、肖炳光	云南省烟草农业科学研究院	2015.05.27
708	一种花药培养分子标记检测鉴别烟草Va基因型的方法	CN201310003218.8	刘　勇、陈学军、肖炳光、卢秀萍、王　贵、杨彦明	云南省烟草农业科学研究院	2015.06.03
709	一种增加橘黄色烟叶比例的烤烟调制工艺	CN201210502380.X	崔国民、黄　维、赵高坤	云南省烟草农业科学研究院	2015.07.01
710	一种提升清香型烟叶质量的调制工艺	CN201310321851.1	崔国民、赵高坤、黄　维	云南省烟草农业科学研究院	2015.07.22
711	一种测算烤烟氮磷钾养分吸收量的方法	CN201310511254.5	李天福、马二登、飞　鸿、尚志强	云南省烟草农业科学研究院	2015.07.22
712	一株短小芽孢杆菌、该菌株的获取方法及该菌株在烟草特有亚硝胺定向降解中的应用	CN201310610097.3	夏振远、雷丽萍、汪安云、吴玉萍、莫笑晗、马雁军、周　俊	云南省烟草农业科学研究院	2015.07.22
713	一种高效抗旱育苗基质组合物及其制备方法和应用	CN201310448655.0	杨春江、张晓海	云南省烟草农业科学研究院	2015.08.19
714	一种查尔酮类化合物及其制备方法与应用	CN201410139049.5	吴玉萍、卢秀萍、孔光辉、夏振远、师君丽、李　薇	云南省烟草农业科学研究院	2015.08.19
715	一种津巴布韦KRK26烟草漂浮育苗的方法	CN201210281942.2	李军营、杨宇虹、杨晓明、卢秀萍、邓建华	云南省烟草农业科学研究院	2015.12.16
716	一种植物叶片浸渍标本的制作方法	CN201410015946.5	于海芹、李永平、张晨东、刘　勇、焦芳婵	云南省烟草农业科学研究院	2015.12.30
717	快速测定烟草种子生活力的方法	CN201310431636.7	崔华威、牛永志、马文广、陈云松、陈连红	玉溪中烟种子有限责任公司、云南省烟草农业科学研究院	2015.01.14
718	牛肝菌多糖的提取方法及其在烟草制品中的用途	CN201410344334.0	尚善斋、雷　萍、汤建国、袁大林、郑绪东、陈永宽、缪明明	云南中烟工业有限责任公司	2015.10.21

续表

序号	专利名称	专利号	发明人/设计人	专利权人	授权公告日
719	一种卷烟全烟气 pH 值的预测方法	CN201410354996.6	张　涛、朱瑞芝、申钦鹏、张凤梅、司晓喜、何　沛、王昆淼、刘春波、杨光宇、刘志华	云南中烟工业有限责任公司	2015.10.28
720	一种电子烟挥发性香气成分的测定方法	CN201410360033.7	杨　继、杨　柳、赵　伟、段沅杏、孙志勇、巩效伟、陈永宽、秦云华	云南中烟工业有限责任公司	2015.10.28
721	一种热熔胶中1，3－丁二烯的检测方法	CN201410362525.X	张凤梅、朱瑞芝、司晓喜、申钦鹏、刘春波、王昆淼、何　沛、张　涛、杨光宇、苏钟璧、刘志华	云南中烟工业有限责任公司	2015.10.28
722	一种热熔胶中苯酚的检测方法	CN201410365929.4	张凤梅、刘志华、司晓喜、朱瑞芝、王昆淼、申钦鹏、刘春波、何　沛、张　涛、杨光宇、苏钟璧	云南中烟工业有限责任公司	2015.10.28
723	一种卷烟滤嘴提取液的加严提取方法	CN201410451758.7	朱洲海、夭建华、管　莹、高　茜、米其利、曾婉俐、黄海涛、李雪梅、陈建华	云南中烟工业有限责任公司、	2015.10.28
724	一种出芽短梗霉菌 OF－01 菌株及用它制备烟草内源性衍生香料的方法	CN201310338177.8	杨　蕾、杨　清、杨乾栩、段焰青、何雪峰、李　勇、蔡　波、党立志、师建全、杨洪明、周国福、冯洪涛、莫明和	红云红河烟草（集团）有限责任公司	2015.01.07
725	一种椰枣提取物及其在卷烟中的应用	CN201310231551.4	蔡　波、杨　蕾、杨　清、杨乾栩、周国福、杨洪明、李　勇、冯洪涛、师建全、何雪峰、刘丽芬、李　仙	红云红河烟草（集团）有限责任公司	2015.02.18
726	一种紫罗兰多孔颗粒及其在卷烟中的应用	CN201310647033.0	王明锋、朱保昆、廖头根、何　靓、李先毅、张　伟	红云红河烟草（集团）有限责任公司	2015.02.18
727	一种卷烟滤嘴棒用成型纸的制备方法	CN201210387303.4	余　江、詹建波、李　赓、余　耀、余振华、丁海燕	红云红河烟草（集团）有限责任公司	2015.04.08
728	一种猕猴桃提取物的制备方法及其在卷烟中的应用	CN201310114478.2	杨　蕾、蔡　波、何雪峰、杨乾栩、师建全、冯洪涛、杨　清、杨洪明、周国福、董石飞	红云红河烟草（集团）有限责任公司	2015.04.08
729	一种流化床式烟丝掺配加香装置及掺配加香方法	CN201310152800.0	唐　军、李庆华、王　慧、何邦华、汪显国、刘　欣、杨丽萍、唐　丽、申晓峰、向成明、华一崑、朱　勇	红云红河烟草（集团）有限责任公司	2015.04.08
730	一种香叶天竺葵多孔颗粒及其在卷烟中的应用	CN201310643496.X	王　超、王明锋、朱保昆、何　靓、刘　娟、李先毅	红云红河烟草（集团）有限责任公司	2015.04.08
731	一种牡丹花多孔颗粒及其在卷烟中的应用	CN201310643499.3	王明锋、王　坚、朱保昆、宫玉鹏、廖头根	红云红河烟草（集团）有限责任公司	2015.04.08
732	一种花生壳颗粒复合嘴棒	CN201310643586.9	姜　黎、朱保昆、宫玉鹏、刘　娟、蒋举兴、廖头根	红云红河烟草（集团）有限责任公司	2015.04.08

续表

序号	专利名称	专利号	发明人/设计人	专利权人	授权公告日
733	一种玉米芯颗粒复合嘴棒	CN201310643807.2	朱保昆、王明锋、陶　鹰、何　靓、黄立斌、李先毅	红云红河烟草（集团）有限责任公司	2015.04.08
734	一种柠檬草多孔颗粒及其在卷烟中的应用	CN201310643974.7	廖头根、王明锋、朱保昆、陶　鹰、李先毅、黄立斌	红云红河烟草（集团）有限责任公司	2015.04.08
735	一种改性花生壳多孔材料及其在卷烟中的应用	CN201310643993.X	张　伟、何　靓、朱保昆、段焰青、刘　娟、宫玉鹏	红云红河烟草（集团）有限责任公司	2015.04.08
736	一种银杏叶多孔颗粒及其在卷烟中的应用	CN201310644123.4	杨　玺、蒋举兴、姜　黎、何　靓、廖头根、李先毅	红云红河烟草（集团）有限责任公司	2015.04.08
737	一种麦冬多孔颗粒及其在卷烟中的应用	CN201310645655.X	朱保昆、王　坚、蒋举兴、张　伟、宫玉鹏、何　靓	红云红河烟草（集团）有限责任公司	2015.04.08
738	一种核桃壳颗粒复合嘴棒	CN201310645671.9	何　靓、朱保昆、王明锋、王　坚、张　伟、宫玉鹏	红云红河烟草（集团）有限责任公司	2015.04.08
739	一种改性玉米芯多孔材料及其在卷烟中的应用	CN201310645677.6	王明锋、朱保昆、何　靓、廖头根、刘　亚、刘　娟	红云红河烟草（集团）有限责任公司	2015.04.08
740	一种葛根多孔颗粒及其在卷烟中的应用	CN201310647250.X	王明锋、朱保昆、廖头根、陶　鹰、王　坚、刘　亚	红云红河烟草（集团）有限责任公司	2015.04.08
741	一种烟草多孔颗粒及其在卷烟中的应用	CN201310647307.6	宫玉鹏、王明锋、朱保昆、何　靓、张　伟、李先毅	红云红河烟草（集团）有限责任公司	2015.04.08
742	一种检测尿液中4－羟基－4－（3－吡啶基）丁酸的方法	CN201410013923.0	蒋举兴、者　为、王文元、段焰青、夏建军、党立志、陈　兴	红云红河烟草（集团）有限责任公司	2015.04.08
743	一种检测尿液中3－羟基可替宁的方法	CN201410014213.X	者　为、王文元、段焰青、冯　斌、夏建军、陈　兴、蒋举兴、党立志	红云红河烟草（集团）有限责任公司	2015.04.08
744	一种提高复烤片烟质量的复烤方法	CN201310220975.0	袁逢春、资文华、王跃昆、华一崑、何邦华、左景键、龙明海、张晓龙、王　岚、汪显国	红云红河烟草（集团）有限责任公司、云南瑞升烟草技术（集团）有限公司	2015.04.08
745	一种镂空直镀金属铝纸及其生产工艺	CN201310165154.1	郑迪生、杨建青、余振华、詹建波、曾晓鹰、李　赓、郑佑鸽	烟台博源科技材料股份有限公司、红云红河烟草（集团）有限责任公司	2015.05.20
746	一种诱导烟草疫霉产生致病性分泌蛋白的方法	CN201110255064.2	罗华元、常寿荣、王绍坤、徐　洁、周晓罡	红云红河烟草（集团）有限责任公司、云南省农业科学院生物技术与种质资源研究所	2015.05.20
747	一种新型卷烟加工方法	CN201310113558.6	汪显国、王　慧、何邦华、李水荣、陈　文、申晓峰、向成明、华一崑、朱　勇、周　斌、刘　泽	红云红河烟草（集团）有限责任公司	2015.05.27
748	一种用于无燃烧卷烟的中温烟草材料的制备方法	CN201310195250.0	冯　斌、周　博、巩效伟、张　伟、李　赓、宫玉鹏、张天栋	红云红河烟草（集团）有限责任公司	2015.05.27
749	一种烟叶分级式松散回潮方法	CN201310247529.9	汪显国、何邦华、申晓峰、刘　泽、唐　军、陈　文、华一崑	红云红河烟草（集团）有限责任公司	2015.05.27

续表

序号	专利名称	专利号	发明人/设计人	专利权人	授权公告日
750	一种可可壳多孔颗粒及其在卷烟中的应用	CN201310643088.4	廖头根、朱保昆、王明锋、宫玉鹏、张　伟、蒋举兴	红云红河烟草（集团）有限责任公司	2015.05.27
751	一种卷烟滤棒用疏水增润改性剂及其应用	CN201310472476.0	雷　声、王欣林、张天栋、赵英良、付　磊、汤丹瑜、张　玲、杨　莹、朱　龙	红云红河烟草（集团）有限责任公司	2015.06.17
752	一种有效改善滤芯吸水性的卷烟滤棒	CN201310484573.1	雷　声、王欣林、张天栋、赵英良、付　磊、张　玲、汤丹瑜、杨　莹、朱　龙	红云红河烟草（集团）有限责任公司	2015.06.17
753	一种迷迭香多孔颗粒及其在卷烟中的应用	CN201310643991.0	张　伟、者　为、朱保昆、王　坚、宫玉鹏	红云红河烟草（集团）有限责任公司	2015.06.17
754	一种微粉硅胶多孔颗粒及其在卷烟中的应用	CN201410017778.3	何　靓、王明锋、廖头根、刘　亚、刘　娟、朱保昆	红云红河烟草（集团）有限责任公司	2015.06.17
755	一种用于烟梗处理的微生物制剂及其制备方法	CN201310338093.4	杨　蕾、杨乾栩、蔡　波、何雪峰、党立志、杨　清、段焰青、杨洪明、周国福、李　勇、师建全、冯洪涛、莫明和	红云红河烟草（集团）有限责任公司	2015.07.15
756	一种用于烟丝处理的烟用微生物添加剂	CN201310338129.9	杨乾栩、杨　蕾、李庆华、蔡　波、孔维玲、杨　清、段焰青、师建全、周国福、李　勇、杨洪明、党立志、何雪峰、莫明和	红云红河烟草（集团）有限责任公司	2015.07.15
757	一种检测烟丝和卷烟烟气中NNAL和NNA的方法	CN201410013061.1	段焰青、夏建军、者　为、王文元、蒋举兴、党立志、陈　兴	红云红河烟草（集团）有限责任公司	2015.07.15
758	用于烟草甲虫诱捕器的防尘盒	CN201410093696.7	皮　勇、许永明、任　森、许建勇、朱　明、申时苓、陈建明、张　启	红云红河烟草（集团）有限责任公司	2015.08.05
759	一种多味防伪卷烟纸及其制备方法	CN201310187695.4	丁海燕、余　耀、詹建波、李　赓	红云红河烟草（集团）有限责任公司	2015.09.30
760	一种用于软盒卷烟包装的双层封签	CN201310624904.7	吴　俊、杨　玺、詹建波、张　莹、吴　颖	红云红河烟草（集团）有限责任公司	2015.09.30
761	一种油茶籽壳多孔颗粒及其在卷烟中的应用	CN201310643028.2	王明锋、朱保昆、廖头根、何　靓、李先毅、张　伟	红云红河烟草（集团）有限责任公司	2015.09.30
762	一种改性核桃壳多孔材料及其在卷烟中的应用	CN201310644181.7	段焰青、朱保昆、王明锋、者　为、廖头根、何　靓	红云红河烟草（集团）有限责任公司	2015.09.30
763	一种复合烟用添加剂及制备方法和应用	CN201310581963.0	白晓莉、董　伟、宋红平、龚荣岗、彭国岗、洪林军、李　玲、冯伟博	红塔烟草（集团）有限责任公司、云南天宏香精香料有限公司	2015.03.11
764	聚乳酸纤维成形纸及制备方法	CN201210428363.6	王　涛、谭国治、王晓辉、牟定荣、魏　宏、代家红、尹康德、郭锦程、赵　剑、武　凯	红塔烟草（集团）有限责任公司、云南恩典科技产业发展有限公司	2015.04.08

续表

序号	专利名称	专利号	发明人/设计人	专利权人	授权公告日
765	烟草致香物同时蒸馏萃取（SDE）的优化萃取检测方法	CN201210388939.0	李晋明、董　伟、吴亿勤、任继阳、张　伟、李忠任、秦云华、桂永发、汤建国、张凤梅、冯　磊、汤利民、朱　丽、张　静	红塔烟草（集团）有限责任公司	2015.04.15
766	一种烟草叶组配方模块内在质量的评价与调控方法	CN201010265933.5	牟定荣、王晓辉、潭国治、易　斌、段黎跃、邹　泉	红塔烟草（集团）有限责任公司	2015.05.27
767	一种低果胶含量的造纸法再造烟叶片基及其制备方法	CN201310500249.4	伊奥尔、柏　婷、汤建国、向能军、乔丹娜、孟昭宇、张凤梅、牟定荣	红塔烟草（集团）有限责任公司	2015.06.03
768	烟草中不同形态钙的分离分析方法	CN201310691742.9	伊奥尔、向能军、汤建国、柏　婷、孟昭宇、拔　丽、乔丹娜、张凤梅、牟定荣、朱瑞芝	红塔烟草（集团）有限责任公司	2015.06.03
769	烟草切丝机铜排链快速拆装装置	CN201310418534.1	杨　洪、李锐洪、陈　磊、姚　冬、潘志刚、候　劲	红塔烟草（集团）有限责任公司大理卷烟厂	2015.06.17
770	一种电子舌快速检测液态食品四种基本味觉强度的方法	CN201210411946.8	李智宇、冯　涛、肖作兵、侯　春、田怀香、冒德寿、王　凯	红塔烟草（集团）有限责任公司	2015.08.12
771	一种造纸法再造烟叶阴燃速率的测定方法	CN201210447291.X	乔丹娜、汤建国、伊奥尔、袁大林、孟昭宇、邹　泉、龚荣岗、王　毅、牟定荣	红塔烟草（集团）有限责任公司	2015.08.12
772	一种能消除烟用香精分析中多元醇基质干扰的前处理方法	CN201210583502.2	冒德寿、李智宇、李海涛、侯　春、刘　强、牟定荣	红塔烟草（集团）有限责任公司	2015.08.12
773	洗梗机用漂浮烟梗自动导流装置	CN201310114718.9	祁跃东、陈忠明、韦　平、杨军文、徐　立、王韬雄、刘国信、王宏伟	红塔烟草（集团）有限责任公司	2015.08.12
774	切丝机垂直喂料系统用反向提升带匀料装置	CN201310115039.3	徐　立、祁跃东、陈忠明、杨军文、速明辉、王立新、刘云忠	红塔烟草（集团）有限责任公司	2015.08.12
775	高效节能打叶风分新工艺及设备	CN201310230300.4	赵云川、邹　泉、潘　文、杨彦彬、陆俊平、陈　冉、戚文辉、牟定荣、王　毅、王力武、刘　文、杨　军、王熙娥、周　明	红塔烟草（集团）有限责任公司	2015.08.12
776	一种再造烟叶中碳酸钙含量的测定方法	CN201310691676.5	伊奥尔、向能军、汤建国、孟昭宇、牟定荣	红塔烟草（集团）有限责任公司	2015.08.12
777	一种烟叶原料叶组分组方法	CN201010265935.4	牟定荣、王晓辉、谭国治、易　斌、段黎跃、邹　泉	红塔烟草（集团）有限责任公司	2015.08.19
778	一种风压式双仓风分器	CN201310072518.1	牟定荣、王　毅、邹　泉、赵云川、陈　冉、杨光涛、高晓华、蔡　媛、戚文辉、乔晓辉、肖文平、窦元春、樊　昊、钱炳海	红塔烟草（集团）有限责任公司	2015.08.19

续表

序号	专利名称	专利号	发明人/设计人	专利权人	授权公告日
779	一种去除微波膨胀烟梗中高密度烟梗的方法及设备	CN201310198024. 8	赵云川、邹　泉、牟定荣、王　毅、陈　冉、杨光涛、高晓华、蔡　媛、戚文辉、乔晓辉、肖文平、窦元春	红塔烟草（集团）有限责任公司	2015. 09. 23
780	高效节能打叶风分工艺及设备	CN201310230301. 9	邹　泉、杨彦彬、赵云川、陈　冉、戚文辉、乔晓辉、牟定荣、王　毅、陆俊平、潘　文、刘　文、张春禧、王熙娥、周　明	红塔烟草（集团）有限责任公司	2015. 11. 11
781	格状纹卷烟纸及其生产方法	CN201310142147. X	朱自忠、向能军、孟昭宇、牟定荣、师永卫、张永鑫、张红国、鲁红昌	云南红塔蓝鹰纸业有限公司、红塔烟草（集团）有限责任公司	2015. 07. 15
782	水果浓缩物的美拉德反应产物的制备方法及其在烟草调香中的应用	CN201210529778. 2	冯　黎、李智宇、黄　健、侯　春、茅富燕、茅伟炯、蔡炳彪	爱普香料集团股份有限公司、红塔烟草（集团）有限责任公司	2015. 10. 28
783	改良型水果浓缩物美拉德反应产物的制备方法及其在烟草调香中的应用	CN201210529796. 0	马继红、冯　黎、冒德寿、王　凯、庄伟强、曲荣芬、李德俊	爱普香料集团股份有限公司、红塔烟草（集团）有限责任公司	2015. 10. 28
784	复合型水果浓缩物的美拉德反应产物的制备方法及其在烟草调香中的应用	CN201210532369. 8	李德俊、刘　强、冯　黎、马　磊、李海涛、洪　鎏、黄　健	爱普香料集团股份有限公司、红塔烟草（集团）有限责任公	2015. 10. 28
785	再造烟叶往复式隧道干燥机的热风系统	CN201310703268. 7	余红涛、徐广晋、刘建平、关　平、王　焰、王忠泽、郭维平、曾凡凤、李正武、陈远祥、吕正峰、许江虹	云南中烟昆船瑞升科技有限公司	2015. 07. 01
786	再造烟叶一体式隧道干燥机	CN201310703372. 6	余红涛、徐广晋、刘建平、关　平、王　焰、王忠泽、郭维平、曾凡凤、李正武、陈远祥、吕正峰、许江虹	云南中烟昆船瑞升科技有限公司	2015. 07. 08
787	一种再造烟叶高涂布率涂布机	CN201310702933. 0	余红涛、徐广晋、刘建平、关　平、王　焰、王忠泽、郭维平、曾凡凤、李正武、陈远祥、吕正峰、许江虹	云南中烟昆船瑞升科技有限公司	2015. 08. 19
788	一种再造烟叶柔性化制浆工艺	CN201310681529. X	关　平、余红涛、徐广晋、李　伟、矣勇波、唐自文	云南中烟昆船瑞升科技有限公司	2015. 09. 09
789	一种测定造纸法再造烟叶碳酸钙留着率的方法	CN201310681674. 8	陈正春、黄素英、周正万、李贵波、龚永康、李绍平、黄　艳、万　涛、王国梅	云南中烟昆船瑞升科技有限公司	2015. 09. 09
790	一种再造烟叶涂布机端面密封装置	CN201310703513. 4	余红涛、徐广晋、刘建平、关　平、王　焰、王忠泽、郭维平、曾凡凤、李正武、陈远祥	云南中烟昆船瑞升科技有限公司	2015. 09. 16
791	一种卷烟烟气砷形态的测定方法及装置	CN201310320725. 4	杨光宇、段沅杏、张　霞、刘志华、陈永宽、缪明明、胡秋芬	云南烟草科学研究院	2015. 01. 14

续表

序号	专利名称	专利号	发明人/设计人	专利权人	授权公告日
792	一种香料烟中木脂素类化合物及其制备方法和应用	CN201210122820. 9	李天飞、陈永宽、赵 伟、段沅杏、杨光宇、缪明明	云南烟草科学研究院	2015. 02. 18
793	一种异橙酮糖苷类化合物及其制备方法和应用	CN201310007508. X	孔维松、韩敬美、段沅杏、张 涛、杨光宇、陈永宽、缪明明	云南烟草科学研究院	2015. 02. 25
794	一种初烤烟叶主流烟气中苯酚释放量的预测方法	CN201210384203. 6	张 涛、崔柱文、刘 巍、王 岚、胡守毅、马 燕、孙桂芬、曹红云、杨 帅	云南烟草科学研究院	2015. 03. 25
795	一种初烤烟叶主流烟气中氨释放量的预测方法	CN201210384454. 4	张 涛、张 霞、陈进雄、刘 巍、曹红云、杨 帅、王 岚、胡守毅、马 燕、孙桂芬	云南烟草科学研究院	2015. 03. 25
796	一种改性醋酸纤维素的制备方法	CN201310160568. 5	王 晋、刘志华、陈永宽、王昆淼、韩敬美、赵 伟、何 沛、缪明明	云南烟草科学研究院	2015. 03. 25
797	一种酚酰胺类化合物及其制备方法和应用	CN201310605294. 6	杨光宇、尚善斋、段沅杏、张 霞、张 涛、陈永宽、缪明明	云南烟草科学研究院	2015. 04. 01
798	一种初烤烟叶主流烟气中巴豆醛释放量的预测方法	CN201210384504. 9	张 涛、崔柱文、段沅杏、刘 巍、胡守毅、马 燕、孙桂芬、曹红云、杨 帅、王 岚	云南烟草科学研究院	2015. 05. 06
799	一种初烤烟叶主流烟气中苯并［a］芘释放量的预测方法	CN201210384570. 6	张 涛、孔维松、刘 巍、马 燕、孙桂芬、曹红云、杨 帅、王 岚、胡守毅	云南烟草科学研究院	2015. 05. 06
800	一种烟梗碳化程度的测定方法与装置	CN201410009556. 7	杨 威、董高峰、向 明、张 强、石凤学、王保兴	云南烟草科学研究院	2015. 05. 27
801	一种检测咖啡中高级脂肪酸的方法	CN201210370560. 7	韩敬美、赵 伟、王昆淼、何 沛、刘春波、刘志华、陈永宽、缪明明	云南烟草科学研究院	2015. 06. 17
802	一种初烤烟叶主流烟气中NNK释放量的预测方法	CN201210384118. X	张 涛、芮晓东、刘 巍、孙桂芬、曹红云、杨 帅、王 岚、胡守毅、马 燕	云南烟草科学研究院	2015. 06. 17
803	一种造纸法再造烟叶实验室自动喷涂装置	CN201310128927. 9	王浩雅、冯洪涛、殷艳飞、马 迅、邱 晔、刘 晶、向海英、王 建、孔宁川、简 彬	云南烟草科学研究院	2015. 06. 17
804	一种能大幅度降低烟气中有害成分的卷烟及制备方法	CN201310333586. 9	缪明明、赵 伟、刘志华、陈永宽、王昆淼、韩敬美、何 沛、刘春波	云南烟草科学研究院	2015. 06. 17
805	一种酚类化合物及其制备方法和应用	CN201310503209. 5	杨光宇、陈永宽、刘志华、韩 熠、段沅杏、张 霞、张 涛、缪明明	云南烟草科学研究院	2015. 06. 24
806	一种模拟卷烟滤嘴与口腔接触的装置	CN201410059553. 4	朱洲海、夭建华、黄海涛、米其利、管 莹、高 茜、曾婉俐、李雪梅	云南烟草科学研究院	2015. 07. 29

续表

序号	专利名称	专利号	发明人/设计人	专利权人	授权公告日
807	一种卷烟、电子烟和低温卷烟中甘油、1，2－丙二醇的测定方法	CN201310734559.2	刘志华、段沅杏、张　霞、张　涛、杨光宇、陈永宽、缪明明	云南烟草科学研究院	2015.09.09
808	一种香料烟中多酚类化合物及其制备方法和应用	CN201310378439.3	陈章玉、韩　熠、张　霞、张　涛、杨光宇、刘志华、陈永宽、缪明明	云南烟草科学研究院	2015.10.14
809	一种超高浓成形的造纸法再造烟叶实验室制作方法	CN201310519664.4	王浩雅、殷艳飞、王保兴、马　迅、刘　晶、向海英、王　建、孔宁川、简　彬	云南烟草科学研究院	2015.10.28
810	热裂解产物捕集物细胞毒性试验阳性物筛选方法	CN201310615588.7	黄海涛、夭建华、米其利、耿永勤、朱洲海、李雪梅、高　茜、曾婉俐、管　莹、周　岚	云南烟草科学研究院	2015.10.28
811	一种含有微胶囊的多酶复合体制剂及制备方法和应用	CN201310178540.4	普元柱、王松峰、包秀萍、邹　由、黄志强	云南瑞升烟草技术（集团）有限公司	2015.04.29
812	一种重组烟叶的制备方法	CN201410087553.5	刘维涓、李　军、卫　青、段　孟、芦　毅、李永福	云南瑞升烟草技术（集团）有限公司	2015.07.01
813	一种密集烤房用烟叶散叶堆积烘烤分风板及制造方法	CN201310079680.6	王爱国、张　新、许晓鹏、倪　敏	云南烟草机械有限责任公司	2015.06.17
814	一种针式梳式烘烤烟夹及制造方法	CN201310079716.0	杨建东、金双全、王志平、杨　潇	云南烟草机械有限责任公司	2015.09.23
815	一种基于恒温级联核酸扩增的铅离子检测试剂盒及其检测方法	CN201310218918.9	赵永席、张　青、袁　慧、王芳霞、董绘阳、白　凯	西安交通大学、中国烟草总公司陕西省公司	2015.01.07
816	一种烤烟耐熟性判定方法	CN201410185579.3	任　杰、孙福山、徐秀红、朱　峰、赵　鹏、徐世峰、白　茹	中国农业科学院烟草研究所、陕西省烟草公司安康市公司、陕西省烟草公司延安市公司	2015.07.29
817	一种烤烟密集烤房散烟堆积低湿慢烤烘烤工艺	CN201410066196.4	王传义、奚柏龙、洪翰炉、蒲秀平、张伟峰、杜兴华、党军政、柯美福、陈　镇、邓昌斌、肖头杰、徐秀红、程　森、唐　宇、任　杰	中国农业科学院烟草研究所、陕西省烟草公司安康市公司、上海烟草集团有限责任公司	2015.08.12
818	一种微生物菌株及其应用	CN201310182012.6	吕　欣、赵德学、马玲玲、胡喜怀、郭志刚、张晓妮	西北农林科技大学、陕西中烟工业有限责任公司	2015.02.18
819	浆粕磨片	CN201310096897.8	杨宝如、刘　峰、沈　琳、朱建华、褚红娟	南通醋酸纤维有限公司	2015.02.18
820	填塞箱卷曲机耐磨夹板装置	CN201110162858.4	杨宝如、曹建华	南通醋酸纤维有限公司	2015.04.15
821	填塞箱卷曲机耐磨夹板装置	CN201110162731.2	杨宝如、曹建华	南通醋酸纤维有限公司	2015.05.20
822	醋酸纤维高速纺丝集成工艺	CN201310094243.1	杨占平、徐　坦、陆书明、张　丽、黄建新、曹建华、黄建昌、高春红、胡　杰	南通醋酸纤维有限公司	2015.09.23

续表

序号	专利名称	专利号	发明人/设计人	专利权人	授权公告日
823	一种使热力系统稳定的装置	CN201110081198.7	栾　新、杨必胜	昆明醋酸纤维有限公司	2015.09.09
824	一种醋酸纤维加热式卷曲方法及加热设备	CN201310274373.3	俞志强、秦泽恩、张丕锐、李跃章、杨德清、麦　波、姜伟东、汪　璨、李　毅、师　宇、杨嵘峰	昆明醋酸纤维有限公司	2015.09.09
825	含微量丙酮空气的双塔集成回收装置和方法	CN201310161922.6	王长林、王　军、高前进、黄毅松	珠海醋酸纤维有限公司	2015.04.15
826	软盒包装机烟包输出装置及方法	CN201310048423.6	昌志云、张予人、陈立寅、李　增、陈　晖、沈　滨、蔡　杰	上海烟草机械有限责任公司	2015.05.06
827	一种滤嘴接装机浮圈自动调节系统及其调节方法	CN201310126878.5	黄　林	常德烟草机械有限责任公司	2015.01.07
828	脚踏水车式卸料装置	CN201310126935.X	吴先士	常德烟草机械有限责任公司	2015.02.11
829	一种用于薄膜分切在线位置调整的控制系统和方法	CN201410180255.0	杨远宏、谷千里	常德烟草机械有限责任公司	2015.10.07
830	一种双烟道用平准器	CN201310126923.7	刘大成	常德烟草机械有限责任公司	2015.11.11
831	一种烟叶快速锯断设备	CN201410279623.7	张玉和、范晓宝、闵卫民、裴志明、王聪慧、谷金凤、何　喆、张小东、杨玉波、唐　允、庞　锐、高　文	秦皇岛烟草机械有限责任公司	2015.10.28
832	烟支空头检测过程中浅黄色烟丝识别并加深的方法	CN201210413822.3	任　鸣、张济民、徐　洋、邬一鸣、杜卫丹、潘　捷	中国电子科技集团公司第四十一研究所、上海烟草机械有限责任公司	2015.09.02
833	间歇式旋转运动的回转盘气缸的配气装置、方法及纸盘架	CN201110123268.0	韩红彬	中烟机械技术中心有限责任公司	2015.02.04
834	用于传递棒状制品的装置和方法	CN201110176596.7	陈　文、吴　磊、杜国锋、沈　磊	中烟机械技术中心有限责任公司	2015.02.04
835	烟块松散分区回潮系统及工艺	CN201110360066.8	陶轶静、张玉和、李　彪、王小飞、肖铁岭、孙　豪、高玉梅、李　辉	中烟机械技术中心有限责任公司、秦皇岛烟草机械有限责任公司	2015.02.04
836	能够将烟包装入硬质条形盒的包装装置及包装方法	CN201210127398.6	黄德良、任　鸣	中烟机械技术中心有限责任公司	2015.03.11
837	盖片式香烟包装盒的包装装置和包装方法	CN201310280456.3	徐　峰、黄德良、杜国锋	中烟机械技术中心有限责任公司	2015.05.06
838	卷烟机供料成条机及其运行方法	CN201310088574.4	吴　磊、杜国锋、沈　磊	中烟机械技术中心有限责任公司	2015.09.30
839	实现轨迹和刚体导引的机构	CN201210162832.4	任子文、林　松、吴　旭、黄德良、王　刚、王　勇、瞿华滢、方　鑫	中烟机械技术中心有限责任公司	2015.10.14
840	一种降低卷烟烟气中醛酮类化合物含量的改性磷酸铝分子筛添加剂及其制备和应用	CN201110140523.2	赵瑞花、刘建明、杜建平、陈景云、梁子荣、樊　杰、王　菊	山西昆明烟草有限责任公司	2015.02.04

续表

序号	专利名称	专利号	发明人/设计人	专利权人	授权公告日
841	一种用于烟支储存器输送装置上的输送带清洁装置	CN201310145615.9	于晓江、李广华、刘春阳、吴兆刚、王　宇	红塔辽宁烟草有限责任公司营口卷烟厂	2015.04.22
842	一种同时检测水杨酸、马兜铃酸A、甜蜜素和β－萘酚的方法	CN201310189673.1	刘金霞、黄　飞、李宝志、李河霖、王　超、臧婉辰	吉林烟草工业有限责任公司	2015.03.18
843	一种烟用香精香料质量的检测方法	CN201310047819.9	黄　飞、刘金霞、李河霖、王　超、朴亿镇、徐　鲲、关　昕、梁　雪	吉林烟草工业有限责任公司	2015.04.01
844	RAPD－PCR试剂盒、扩增方法及其应用	CN201310101897.2	李元实、马　林、罗昭标、朴永革、金　哲、崔成哲、于海顺	吉林烟草工业有限责任公司、郑州轻工业学院	2015.04.22
845	一种烟用香精提取液、提取方法、制得的烟用香精及烟草制品	CN201210559129.7	李元实、王瑞停、黄　飞、刘金霞、李河霖、崔成哲	吉林烟草工业有限责任公司	2015.08.05
846	一种测定烟草制品中香豆素和黄樟素含量的方法	CN201410245020.5	崔龙吉、李东浩、金玉善、李光雄、池敬姬、李河霖、赵锦花	吉林烟草工业有限责任公司	2015.10.14
847	膨胀烟丝加工生产线	CN201410001548.8	李成春、崔龙吉、金　哲、刘广洲、李光雄	吉林烟草工业有限责任公司	2015.10.14

注：2015年10月，根据《国家烟草专卖局 中国烟草总公司关于进一步深化川渝烟草工业企业改革的批复》（国烟法〔2015〕280号），撤销川渝中烟工业有限责任公司，原四川烟草工业有限责任公司重组更名为四川中烟工业有限责任公司，原重庆烟草工业有限责任公司重组更名为重庆中烟工业有限责任公司。本栏目“授权专利”分目中，涉及川渝中烟工业有限责任公司按照其续存期间获得的专利授权进行统计。

2015年全国烟草行业实用新型专利授权情况

单位名称	数　量	单位名称	数　量
中国烟草总公司郑州烟草研究院	72	中国烟草总公司湖北省公司	26
中国烟草总公司职工进修学院	2	湖北中烟工业有限责任公司	396
中国烟草总公司北京市公司	1	中国烟草总公司湖南省公司	35
中国烟草总公司天津市公司	2	湖南中烟工业有限责任公司	75
中国烟草总公司河北省公司	6	中国烟草总公司广东省公司	51
河北中烟工业有限责任公司	24	广东中烟工业有限责任公司	70
中国烟草总公司内蒙古自治区公司	4	中国烟草总公司广西壮族自治区公司	2
中国烟草总公司吉林省公司	2	广西中烟工业有限责任公司	61
中国烟草总公司黑龙江省公司	3	中国烟草总公司重庆市公司	56

续表

单位名称	数　量	单位名称	数　量
上海烟草集团有限责任公司	42	中国烟草总公司四川省公司	35
中国烟草总公司江苏省公司	10	川渝中烟工业有限责任公司	35
江苏中烟工业有限责任公司	54	中国烟草总公司贵州省公司	129
中国烟草总公司浙江省公司	14	贵州中烟工业有限责任公司	7
浙江中烟工业有限责任公司	85	中国烟草总公司云南省公司	58
中国烟草总公司安徽省公司	11	云南中烟工业有限责任公司	304
安徽中烟工业有限责任公司	67	中国烟草总公司陕西省公司	12
中国烟草总公司福建省公司	31	陕西中烟工业有限责任公司	23
福建中烟工业有限责任公司	63	中国烟草实业发展中心	9
中国烟草总公司江西省公司	7	中国烟草机械集团有限责任公司	31
江西中烟工业有限责任公司	28	南通醋酸纤维有限公司	3
中国烟草总公司山东省公司	88	昆明醋酸纤维有限公司	1
山东中烟工业有限责任公司	51	中烟摩迪（江门）纸业有限公司	2
中国烟草总公司河南省公司	44	中烟施伟策（云南）再造烟叶有限公司	3
河南中烟工业有限责任公司	316		
总　计：2451			

2015 年全国烟草行业外观设计专利授权情况

单位名称	数　量	单位名称	数　量
中国烟草总公司河北省公司	1	中国烟草总公司河南省公司	4
河北中烟工业有限责任公司	1	河南中烟工业有限责任公司	3
中国烟草总公司内蒙古自治区公司	2	中国烟草总公司湖北省公司	1
上海烟草集团有限责任公司	4	湖北中烟工业有限责任公司	117
中国烟草总公司江苏省公司	7	湖南中烟工业有限责任公司	6
江苏中烟工业有限责任公司	1	中国烟草总公司广东省公司	1
中国烟草总公司浙江省公司	1	广东中烟工业有限责任公司	11
浙江中烟工业有限责任公司	1	中国烟草总公司广西壮族自治区公司	2
中国烟草总公司安徽省公司	1	广西中烟工业有限责任公司	8
安徽中烟工业有限责任公司	8	贵州中烟工业有限责任公司	3

续表

单位名称	数　量	单位名称	数　量
中国烟草总公司福建省公司	1	云南中烟工业有限责任公司	85
福建中烟工业有限责任公司	6	中国烟草总公司陕西省公司	1
中国烟草总公司江西省公司	2	中国烟草实业发展中心	3
中国烟草总公司山东省公司	10	中国烟草机械集团有限责任公司	1
山东中烟工业有限责任公司	3		
总　计：295			

（供稿：国家局科技司；编辑：周　佳）

教育培训

中国烟草总公司职工进修学院

【概　况】 中国烟草总公司职工进修学院（简称进修学院）前身是河南省烟草工业学校，成立于1985年1月；1992年11月，更名为中国烟草总公司郑州中等专业学校，由河南省烟草专卖局（公司）代管；2001年7月，更名改制为中国烟草总公司职工技术培训中心，2005年4月开始由国家局、总公司直接管理；2009年11月，更名为中国烟草总公司职工进修学院。2011年1月，国家烟草专卖局职业技能鉴定指导中心职能和办公地点调整到学院，与学院合署办公。2014年，中国烟草学会教育培训专业委员会在学院设立办事机构。2015年，中国烟草总公司黄淮烟叶样品中心在学院成立，中国烟草网络学院在学院正式运行。学院职能不断拓展，呈现出“数块牌子、多项职能、一体联动”的崭新局面。学院主要职责：承担行业高等级职业资格认证培训、行业高层次高技能人才继续教育、行业远程教育培训、行业教育培训资源建设、行业高等级职业技能鉴定以及行业职业技能竞赛管理等。学院下设5个行政管理部门、6个教学服务部门、2个后勤服务部门和3个职业技能鉴定部门。

2015年，进修学院在职教职工98人，其中具有研究生以上学历31人（含博士9人）、具有高级专业技术资格34人、具有高级企业培训师资格34人；首席培训师6人、高级培训师6人，行业专家委员会委员29人。同时，学院有行业内外专家权威组成的紧密型兼职教师34人，松散型兼职教师614人。

进修学院院长、党组成员：路鹏翔

【教育培训】 2015年，举办脱产培训班263期，培训2.34万人次。远程培训注册8.32万人，学习人数4.26万人，远程培训课件累计学习时数5397万分钟。合作开展专业硕士研究生教育，在读634人，获证138人。2015年面向行业实施22个特有职业（岗位）工种371个批次，鉴定总量4.88万人次，获证2.14万人，承办行业第十三届全国烟草行业职业技能竞赛暨第六届烟叶分级职业技能竞赛以及9家省级单位技能竞赛。

【教研成果】 突出研发重点，着力开展中高级经管人才培训项目研发，30个培训项目被纳入国家局培训计划。专业教师积极参与行业科学研究和技术攻关，发表学术论文21篇，编著教材9本，参与制订国家标准4项，获科学技术进步奖12项，获发明专利授权3项、实用新型专利授权9项，软件著作权2项。

（撰稿：陈其海；编辑：周　佳）

省级公司所属部分教育培训机构

名　称	成立时间	隶属单位	主要工作
河北平山温泉烟草职工培训中心	1998 年 11 月	河北省烟草专卖局（公司）	负责河北省烟草商业系统干部职工教育培训工作的组织实施； 负责教育培训师资的管理，教材的开发； 创新培训模式和教学方法，挖掘教育培训资源；开展课题研究，教育培训需求调研和培训效果评估研究，不断提升教育培训质量
辽宁烟草教育培训中心	2009 年	辽宁省烟草专卖局（公司）	负责辽宁省烟草商业系统内教育培训工作的组织实施； 负责教育培训师资的管理，教材的开发； 负责教育培训需求的分析与调查，教育培训的评估； 负责教育培训师资库和教材库的建设等工作
吉林烟草职工培训中心	2004 年 12 月	吉林省烟草专卖局（公司）	举办培训班 161 期，培训学员 7515 人次，培训学时合计 276 天
上海烟草集团教育培训中心	2011 年	上海市烟草专卖局、 上海烟草集团有限责任公司	负责上海烟草系统内教育培训工作的组织实施； 负责集团教育培训管理体系的建立和运作，行使对基层单位（部门）培训工作的指导、管理、服务和监督职能； 负责教育培训外部师资管理、内训师队伍建设、教材及题库的开发与管理，指导集团培训基地的运行； 负责教育培训的需求调研和评估； 负责上海烟草系统内特有工种职业技能鉴定、职业技能竞赛工作的组织实施
江苏中烟工业有限责任公司培训中心	2010 年 10 月	江苏中烟工业有限责任公司	负责江苏省烟草工业系统内教育培训工作的组织实施； 负责教育培训师资的管理，教育培训师资库的建设； 负责教育培训需求的分析与调查，教育培训的评估等工作
浙江烟草工业教育培训中心	2011 年 11 月	浙江中烟工业有限责任公司	完成 427 个培训课程，1.7 万人次参加培训，共计 23 万课时； 有 2734 名员工参加网络培训学习，占公司总人数的 78.6%
中国烟草总公司安徽省公司培训中心	2000 年 11 月	安徽省烟草专卖局（公司）	主要承担安徽省烟草商业系统教育培训任务
中国烟草总公司福建省公司厦门职工教育培训中心	2001 年 7 月	福建省烟草专卖局（公司）	承担并组织好福建省局及各直属单位的有关业务培训工作
江西省烟草培训中心	1991 年 10 月	江西省烟草专卖局（公司）	承办江西省烟草商业系统职工教育培训及相关会议； 组织、规划江西烟草商业省系统教育培训课程设置、教材编写以及各类培训资源开发，建立健全培训课程和资源体系； 建设全省烟草商业系统内训师队伍
中国烟草井冈山传统教育基地	1996 年 10 月	江西省烟草专卖局（公司）	负责烟草行业干部职工党性教育和红色培训等工作

续表

名　称	成立时间	隶属单位	主要工作
山东烟草职工培训中心	2001 年 10 月	山东省烟草专卖局（公司）	负责山东省烟草专卖局（公司）下达的培训任务，开展职工培训、职业技能鉴定培训工作； 负责山东省烟草商业系统内训师的管理工作； 负责培训师资库建设、教材库建设和教材开发工作
中国烟草总公司青州中等专业学校	1983 年 12 月	山东省烟草专卖局（公司）	烟草行业唯一一所面向全国招生的中等职业教育学校，在山东省教育厅的业务指导下开展教学工作，与中国海洋大学合作开展 MBA 学位教育，与山东农业大学合作开展函授教育
河南省烟草职工培训中心	2009 年	河南省烟草专卖局（公司）	举办各类培训班 142 期，培训人员 1.46 万人次；被河南省科学技术协会命名为“河南省科普教育基地”
湖北省烟草专卖局教育培训中心	2009 年	湖北省烟草专卖局（公司）	开展湖北省烟草商业系统基层党组织书记培训班和县级局、烟叶分公司领导班子培训班，培训基层党组织书记 396 人、县级局和烟叶分公司领导班子成员 338 人
广东中烟工业有限责任公司员工教育培训中心	2014 年 9 月	广东中烟工业有限责任公司	编制年度员工培训计划和员工岗位培训课程目录，并编制下发年度教培工作指导意见； 做好培训中心改造建设的前期设计工作，规划功能布局，促进项目建设
广西烟草工业教育培训中心	2011 年 11 月	广西中烟工业有限责任公司	负责广西烟草工业系统教育培训工作的组织与实施
贵州烟草商业教育培训中心	2012 年	贵州省烟草专卖局（公司）	负责贵州省烟草商业系统内教育培训工作的组织实施； 教育培训师资的培训与管理，教材的开发； 教育培训需求的分析与调查，教育培训的评估； 教育培训师资库和教材库的建设
云南烟草教育培训中心	1983 年	云南中烟工业有限责任公司	举办各类培训班 124 期，培训 6230 人次； 参与中国烟草学会教育培训专业委员会“培训机构标准化建设”“课程开发”“网络课程体系”“师资管理”等课题研究项目； 编写完成《烟草工业 ERP 实用培训教程》； 完成国家局职业技能标准及教材开发等 5 个项目
陕西省烟草专卖局（公司）培训中心	2011 年	陕西省烟草专卖局（公司）	举办各类培训班 1600 期，培训时间 2509 天，培训学员 9901 人、50166 人次； 建立一支内训师队伍，涵盖专卖管理、卷烟营销、烟叶生产、物流配送和综合管理五个专业领域，建立内训师师资库； 制订《陕西省烟草专卖局培训管理办法（试行）》等； 首次成功启动课件开发工作，获得行业网络课件竞赛组织奖； 成立陕西网络培训分院，完成员工上线试用体验

（编辑：周　佳）

经济统计

总表部分

全国烟草系统主要指标总表（2015 年）

指标名称	计量单位	2014 年	2015 年	比上年增长（%）
工业总产值（现价）	亿元	9235.10	9540.13	3.30
卷烟产值	亿元	8854.29	9134.67	3.17
工业增加值（现价）	亿元	7930.38	8151.17	2.78
复烤烟叶产量	万吨	176.04	153.13	-13.01
打叶复烤	万吨	20.96	18.27	-12.83
卷烟产量	万箱	5219.71	5177.12	-0.82
一类卷烟［100 元（含）以上］	万箱	1058.94	1137.02	7.37
二类卷烟［70（含）~100 元］	万箱	557.02	608.30	9.21
三类卷烟［30（含）~70 元］	万箱	2323.28	2245.59	-3.34
四类卷烟［16.5（含）~30 元］	万箱	933.93	873.06	-6.52
五类卷烟［16.5 元以下］	万箱	346.54	313.14	-9.64
9mg/支（含）以上	万箱	4481.23	4453.78	-0.61
6~8mg/支（含）	万箱	648.57	625.36	-3.58
6mg/支（含）以下	万箱	89.91	97.99	8.98
烤烟型	万箱	5107.23	5065.93	-0.81
混合型	万箱	80.80	81.26	0.56
出口和供应出口	万箱	49.40	52.55	6.36
来牌来料加工	万箱	0.31	0.27	-12.92
雪茄烟产量	亿支	9.14	10.01	9.51
二醋酸纤维丝束产量	吨	173405.02	170681.44	-1.57
技术经济指标				
卷烟质量抽检合格率	%	99.97	99.97	0.00
卷烟成品合格率	%	99.64	99.66	0.01
每万支卷烟耗用烟叶	千克	6.83	6.80	-0.46
每万支卷烟耗用盘纸	米	594.93	592.00	-0.49
每万支滤嘴烟耗用滤棒	支	2502.44	2517.50	0.60
卷烟销售量	万箱	5152.07	5029.73	-2.37
出口	万箱	48.32	45.54	-5.76
卷烟期末库存量	万箱	544.03	669.75	23.11

续表

指标名称	计量单位	2015 年	2014 年	2015 年比 2014 年增长（%）
工业	万箱	302.82	348.68	15.15
商业	万箱	241.22	321.07	33.10
能源消耗总量	万吨	159.93	152.34	-4.75
万元产值耗能源（现价）	千克	17.32	15.97	-7.79

资料来源：国家烟草专卖局烟草经济信息中心

工业部分

全国烟草系统工业企业主要指标汇总表（2015 年）

指标名称	计量单位	总计		卷烟工业		复烤企业	
		2014 年	2015 年	2014 年	2015 年	2014 年	2015 年
卷烟产量	万箱	5219.71	5177.12	5219.71	5177.12		
软盒嘴烟	万箱	1537.52	1479.55	1537.52	1479.55		
硬盒嘴烟	万箱	3677.85	3692.12	3677.85	3692.12		
一类卷烟 [100 元（含）以上]	万箱	1058.94	1137.02	1058.94	1137.02		
二类卷烟 [70 元（含）~100 元]	万箱	557.02	608.30	557.02	608.30		
三类卷烟 [30 元（含）~70 元]	万箱	2323.28	2245.59	2323.28	2245.59		
四类卷烟 [16.5 元（含）~30 元]	万箱	933.93	873.06	933.93	873.06		
五类卷烟 [16.5 元以下]	万箱	346.54	313.14	346.54	313.14		
9mg/支（含）以上	万箱	4481.23	4453.78	4481.23	4453.78		
6~8mg/支（含）	万箱	648.57	625.36	648.57	625.36		
6mg/支以下（含）	万箱	89.91	97.99	89.91	97.99		
烤烟型卷烟产量	万箱	5107.23	5065.93	5107.23	5065.93		
混合型卷烟产量	万箱	80.80	81.26	80.80	81.26		
其他型卷烟产量	万箱	31.68	29.92	31.68	29.92		
供应出口和出口卷烟产量	万箱	49.40	52.55	49.40	52.55		
来牌或来料加工卷烟产量	万箱	0.31	0.27	0.31	0.27		
雪茄烟产量	亿支	9.14	10.01	9.14	10.01		
合作生产卷烟产量	万箱	759.40	762.94	759.40	762.94		
省外	万箱	759.40	762.94	759.40	762.94		
从生产者购进（指合作生产回购）	万箱	643.35	666.71	643.35	666.71		
省外	万箱	643.32	666.71	643.32	666.71		
工业企业卷烟销售量	万箱	5741.01	5797.28	5741.01	5797.28		
卷烟期末库存	万箱	302.82	348.68	302.82	348.68		
一类卷烟 [100 元（含）以上]	万箱	61.86	94.97	61.86	94.97		

续表

指标名称	计量单位	总计		卷烟工业		复烤企业	
		2014 年	2015 年	2014 年	2015 年	2014 年	2015 年
二类卷烟［70 元（含）~100 元］	万箱	50.62	56.66	50.62	56.66		
三类卷烟［30 元（含）~70 元］	万箱	134.59	147.21	134.59	147.21		
四类卷烟［16.5 元（含）~30 元］	万箱	42.44	38.95	42.44	38.95		
五类卷烟［16.5 元以下］	万箱	13.30	10.89	13.30	10.89		
供应出口和出口	万箱	2.35	5.45	2.35	5.45		
合作生产	万箱	83.84	100.42	83.84	100.42		
复烤烟叶产量	吨	1760471	1531354	209656	182748	1550815	1348606
打叶复烤	吨	1760471	1531354	209656	182748	1550815	1348606
期末烟叶库存	吨	4810360	5023464	4684059	4758068	126300	265397
二醋酸纤维丝束产量	吨	173405	170681			173405	170681
丝束期末库存	吨	80053	70129	64155	55448	15898	14680
二醋酸纤维丝束	吨	78492	68098	62594	53418	15898	14680
卷烟质量抽检合格率	%	99.97	99.97	99.97	99.97		
卷烟成品合格率	%	99.64	99.66	99.64	99.66		
每万支卷烟耗烟叶	千克	6.83	6.80	6.83	6.80		
每万支卷烟耗盘纸	米	594.93	592.00	594.93	592.00		
每万支卷烟耗滤棒	支	2502.44	2517.50	2502.44	2517.50		
万元产值耗能源（按现价计算）	千克	17.32	15.97	8.61	8.07	286.37	271.57
万元产值生产耗能源（按现价计算）	千克	16.40	15.14	7.83	7.37	281.11	266.76

资料来源：国家烟草专卖局烟草经济信息中心

总表及工业部分指标说明

【工业总产值（现价）】 指以货币表现的工业企业在报告期内生产的工业产品总量。它包括生产成品价值、对外加工费收入和自制半成品、在产品期末期初差额价值。它是计算增加值和劳动生产率及其他经济指标的依据。

工业总产值不包括：

（1）非本企业生产的工业产品价值；

（2）本企业非工业活动单位的非工业产品价值和收入；

（3）本企业工业生产过程中产生的废料（如锯末、切屑、矸石等）的出售价值。

【工业增加值（现价）】 指工业企业在报告期内以货币表现的工业生产活动的最终成果。该指标要通过计算求得，计算方法有两种，一种是生产法，一种是分配法。烟草系统工业企业一律采用生产法计算。计算公式为：

工业增加值（现价）＝工业总产值（现价）－工业中间投入＋本期应交增值税

【卷烟产量】 指产品质量符合《国颁标准》，经检验合格，并已包装入库的卷烟（包括雪茄型卷烟）成品。凡不符合《国颁标准》的卷烟，不论是否包装入库，均列入不合格品，不做产量统计。

【软盒嘴烟】 指小包软包玻璃纸、金拉线，硬条盒玻璃纸包装的滤嘴卷烟。

【硬盒嘴烟】 指小包硬盒翻盖玻璃纸、金拉线，硬条盒玻璃纸包装的滤嘴卷烟。

【调拨价格分类统计】 调拨价格：指卷烟生产企业通过卷烟交易市场与购货方签定的卷烟交易价格。

一类卷烟：每标准条（200支）不含增值税调拨价格100元（含）以上；

二类卷烟：每标准条（200支）不含增值税调拨价格70元（含）～100元；

三类卷烟：每标准条（200支）不含增值税调拨价格30元（含）～70元；

四类卷烟：每标准条（200支）不含增值税调拨价格16.5元（含）～30元；

五类卷烟：每标准条（200支）不含增值税调拨价格16.5元以下。

出口卷烟划分等级不含税价计算按国内同牌号卷烟或参照同等级卷烟计算。

【卷烟产量按盒标焦油量分组】 9毫克/支以上，6～8毫克/支，6毫克/支以下，划分为3档。

【卷烟产量按卷烟类型分类统计】 卷烟按烤烟型、混合型、其他型分别统计。

【供应出口和出口卷烟产量】 指工业企业生产用作供应出口和直接出口的卷烟产量。

【来牌或来料加工卷烟产量】 来牌加工卷烟：指国外（境外）卷烟牌号，其主要原料使用国内的，并在国内进行加工又销往国外的卷烟，其产量应统计在该指标内。来料加工卷烟：指凡从国外（境外）来料加工，且在境外销售的卷烟，其产量应统计在该指标内。

【雪茄烟产量】 指产品质量符合《部颁标准》，经检验合格入库的雪茄烟成品。凡不符合《部颁标准》的雪茄烟，不论是否包装入库，均列入不合格产品，不做产量统计。

【合作生产卷烟产量】 合作生产卷烟：指省内（外）工业企业之间的委托加工，委托方提供卷烟牌号和部分或全部原材料，且占用加工企业生产计划的卷烟，其产量一律由加工企业统计。

【从生产者购进（指合作生产回购）】 指报告期内工业企业直接从本省内（外）烟草系统工业企业购进的，且由系统内工业企业生产的符合产品质量要求或订货合同规定的技术要求的合作生产卷烟数量。

【工业企业卷烟销售量（额）】 指报告期内工业企业实际销售的由本企业生产（包括上期和本期生产）的符合质量要求或订货合同规定的技术条件的卷烟数量额，但不包括用订货者来料加工生产的卷烟数量［不包括次品烟数量（额）］。即对省内（外）烟草系统销售、供应出口与出口及其他项之和。

【卷烟期末库存、一、二、三、四、五类卷烟库存、滤嘴烟库存、供应出口库存、出口库存】

卷烟期末库存指报告期初或期末某一时点上，尚存在工业企业产成品仓库中，而暂未售出的产品实物数量（不包括次品烟数量）。包括订货者来料加工的产品，尚未拨出的实物量。其中：一、二、三、四、五类卷烟库存是指按不含增值税调拨价分类统计的卷烟库存数量；滤嘴烟库存是指库存总量中滤嘴烟的数量；供应出口库存是指暂未售给烟草进出口公司，尚存在工业企业产成品仓库中的实物数量；出口库存是指工业企业准备直接向国外出口的商品。

【复烤烟叶产量】 指烟叶经过复烤，产品质量符合《国颁标准》，经检验合格，并已包装入库的烟叶成品量。凡不符合《国颁标准》的复烤烟叶，不论是否包装入库均列入不合格品，不做产量统计。订货单位退回的本年内生产的不合格品量，应从产量中扣除。

【烟叶期末库存】 指工业企业报告期末烟叶库存总量，包括烤烟、晾烟、晒烟、进口烟叶。

【二醋酸纤维丝束产量】 指已包装入库的二醋酸纤维丝束成品。

【丝束期末库存】 指尚存在工业企业仓库中，而暂未售出的丝束数量。包括二醋酸纤维丝束和丙纤丝束。

【技术经济指标】

$$卷烟质量抽检合格率（\%）=\frac{报告期抽检合格品次数（次）}{报告期抽检总次数（次）}\times 100\%$$

$$每万支滤嘴卷烟耗用嘴棒量(支)=\frac{报告期耗用滤棒总量\pm期末期初在制品差异量(支)}{报告期卷烟产品产量(万支)}$$

$$每万支滤嘴卷烟耗用盘纸量（米）=\frac{报告期耗用盘纸总量\pm期末期初在制品差异量（米）}{报告期卷烟产品产量（万支）}$$

$$每万支滤嘴卷烟耗用烟叶（千克）=\frac{报告期车间实收烟叶投料量\pm期末期初在制品差异量（千克）}{报告期卷烟产品产量（万支）}$$

$$万元产值综合耗能源（千克）=\frac{报告期生产消耗能源总量（折标准煤）（千克）}{报告期工业总产值（当年价）（万元）}$$

$$卷烟成品合格率（\%）=\frac{报告期卷烟产品产量（万支）}{报告期卷烟产品产量（万支）+不合格品数量（万支）}\times 100\%$$

【年末生产能力】 指在报告年末企业生产某种产品的全部设备的综合平衡能力，即企业生产某种产品的全部设备（包括主要生产设备、辅助生产设备、起重运输设备、动力设备及有关厂房和生产建筑等），在原材料、燃料、动力供应充分，劳动力配备合理，设备正常运转的条件下，可能达到的年生产能力。

其　　他

2015 年全国卷烟交易成交量汇总表（全国）

序号	销方地区	交易量（万支）	占全国（%）	同比增减（万支）	交易金额（元）
1	云南省	49883682.40	19.63	412986.00	164865822353.59
2	湖南省	24282164.50	9.56	879024.50	103748967816.58
3	浙江省	16796243.00	6.61	1293938.00	72150961663.63
4	广东省	16324311.60	6.42	290233.20	46510287572.80

续表

序号	销方地区	交易量（万支）	占全国（%）	同比增减（万支）	交易金额（元）
5	河南省	15167979.00	5.97	133585.00	40139059833.24
6	湖北省	14490797.00	5.70	-1116431.50	65390607014.91
7	江苏省	13522430.00	5.32	1146465.00	62110047838.56
8	上海市	13377655.50	5.26	757037.50	108966093219.82
9	山东省	12218358.00	4.81	121858.00	25717564766.72
10	安徽省	11334015.30	4.46	-1084008.20	31410098047.72
11	贵州省	10406738.00	4.10	591148.00	28682762695.81
12	四川省	9755812.70	3.84	-1061811.70	25966964119.48
13	福建省	9565763.00	3.76	-312291.00	26495261064.48
14	河北省	5399021.00	2.12	-226544.00	10165645026.62
15	陕西省	5112152.00	2.01	75037.00	10947898870.62
16	甘肃省	4411430.00	1.74	249374.00	12119291130.22
17	江西省	4278473.00	1.68	209244.50	9829926197.68
18	广西壮族自治区	3661482.50	1.44	132862.50	9520660272.84
19	吉林省	3438809.00	1.35	-390368.00	9204077035.97
20	北京市	1730302.00	0.68	-8418.00	4945371429.35
21	黑龙江省	1724995.00	0.68	-15505.00	1873787882.83
22	内蒙古自治区	1677447.00	0.66	231447.00	5053361511.96
23	山西省	1615542.00	0.64	124948.00	4589238600.60
24	深圳市	1614830.00	0.64	33380.00	5818010005.80
25	辽宁省	1338728.00	0.53	-653772.00	4417180303.93
26	海南省	787172.00	0.31	185184.00	1959579096.46
27	总公司	186090.00	0.07	3731.00	359551600.60
合 计		254102423.50	100.00	2002333.80	892958076972.82

资料来源：中烟商务物流有限责任公司

2015 年卷烟累计交易量前 15 名（三类以上）成交情况表（全国）

序号	品牌	协议总量（万箱）	交易量（万箱）	交易量同比增减（万箱）	交易量同比变动（±%）
1	双喜·红双喜	421.76	421.60	4.06	0.97
2	云 烟	391.91	391.81	15.93	4.24

续表

序号	品牌	协议总量（万箱）	交易量（万箱）	交易量同比增减（万箱）	交易量同比变动（±%）
3	红塔山	298.70	298.00	-2.60	-0.87
4	利　群	275.80	275.80	31.46	12.87
5	黄金叶	206.72	205.61	7.04	3.54
6	芙蓉王	203.82	203.76	19.04	10.31
7	南　京	192.79	192.73	28.26	17.19
8	黄鹤楼	190.83	190.55	12.66	7.12
9	白　沙	171.27	171.20	-6.28	-3.54
10	玉　溪	166.78	166.66	2.10	1.27
11	中　华	155.77	155.76	14.48	10.25
12	泰　山	146.57	146.57	2.33	1.62
13	七匹狼	142.46	142.44	-2.26	-1.56
14	娇　子	136.84	132.79	-24.40	-15.52
15	黄　山	124.39	124.23	1.85	1.51

资料来源：中烟商务物流有限责任公司

2015 年卷烟累计交易金额前 15 名品牌成交情况表（全国）

序号	品牌	协议总量（万箱）	交易金额（亿元）	金额同比增减（亿元）	金额同比变动（±%）
1	中　华	155.77	967	81.8	9.23
2	云　烟	391.91	720	35.1	5.12
3	利　群	275.80	684	67.5	10.95
4	芙蓉王	203.82	680	55.4	8.87
5	双喜·红双喜	421.76	613	16.8	2.68
6	黄鹤楼	190.83	562	44.3	8.56
7	玉　溪	166.78	511	0.74	0.14
8	南　京	196.25	384	64.6	20.18
9	白　沙	287.85	369	7.71	2.13
10	黄金叶	206.72	345	26.3	8.25

续表

序号	品牌	协议总量（万箱）	交易金额（亿元）	金额同比增减（亿元）	金额同比变动（±%）
11	红塔山	298.70	342	-1.0	-0.3
12	黄　山	207.11	305	-3.5	-1.13
13	七匹狼	176.83	258	-10.0	-3.76
14	苏　烟	64.64	232	-8.0	-3.34
15	娇　子	136.84	219	-41.2	-15.97

资料来源：中烟商务物流有限责任公司

2015 年鼓励培育品牌成交情况表（全国）

序号	品牌	协议总量（万箱）	交易量（万箱）	交易量同比增减（万箱）	交易量同比变动（±%）	占总量比重（%）	占省际交易比重（%）	交易金额（亿元）
1	红　河	113.35	113.29	-7.41	-6.14	2.23	68.31	125.49
2	红金龙	99.04	99.03	-34.48	-25.83	1.95	28.91	91.63
3	兰　州	88.23	88.23	4.99	5.99	1.74	41.53	121.19
4	钻　石	83.35	83.27	1.78	2.19	1.64	18.24	82.86
5	贵　烟	77.35	77.34	9.34	13.73	1.52	16.82	188.30
6	长白山	68.81	68.78	-7.81	-10.19	1.35	71.32	92.04
7	真　龙	62.18	62.16	3.64	6.21	1.22	16.29	90.68
8	金　圣	43.11	42.60	0.71	1.69	0.84	17.53	73.74
9	好　猫	41.51	41.36	2.76	7.16	0.81	8.93	67.25
10	中南海	29.90	29.90	-0.55	-1.82	0.59	66.01	43.06
11	延　安	18.01	18.01	-1.08	-5.68	0.35	42.71	11.37
12	都　宝	12.83	12.83	1.44	12.60	0.25	99.64	5.54
13	金　桥	3.72	3.72	0.07	2.05	0.07	89.76	3.60

资料来源：中烟商务物流有限责任公司

2015年细支卷烟交易量情况（全国）

序号	品牌	交易量（万箱）	交易量同比变动（±%）	交易金额（亿元）	交易金额同比变动（±%）
1	南　京	33.09	113.26	93.71	100.67
2	黄鹤楼	12.43	56.89	28.42	61.17
3	红金龙	5.19	324.10	6.15	324.10
4	黄金叶	5.02	670.47	11.84	737.02
5	长白山	4.93	2875.63	9.35	2881.20
6	泰　山	4.42	48.75	10.99	47.13
7	好　猫	1.13	1652.68	2.46	1652.68
8	利　群	1.10	990.48	4.23	990.48
9	娇　子	1.01	58.19	2.84	65.64
10	云　烟	0.89	3578.03	3.32	3478.28
11	真　龙	0.76	755.51	1.66	551.76
12	钻　石	0.58	17.31	1.69	33.75
13	人民大会堂	0.57	—	1.30	—
14	双喜·红双喜	0.55	2091.59	1.20	3182.75
15	呼伦贝尔	0.48	—	1.31	—
16	兰　州	0.47	560.43	1.27	560.43
17	黄　山	0.41	179.53	0.77	179.53
18	苏　烟	0.19	3.92	1.95	3.92
19	红塔山	0.19	—	0.38	—
20	白　沙	0.16	11260.00	0.83	5816.84
21	金　圣	0.15	—	0.54	—
22	七匹狼	0.07	—	0.18	—
23	都　宝	0.05	191.56	0.11	191.56
24	紫气东来	0.05	—	0.18	—
25	冬虫夏草	0.05	—	0.27	—
26	贵　烟	0.04	—	0.14	—
27	玉　溪	0.00	—	0.03	—
28	龙　烟	0.00	—	0.01	—
29	宝　岛	0.00	—	0.02	—

资料来源：中烟商务物流有限责任公司

2015年卷烟品牌成交量统计表（全国）

序号	品牌	成交量（万支）	占总量比重（%）
1	双喜·红双喜	21087951.00	8.29
2	云 烟	19595299.80	7.71
3	红塔山	14935037.50	5.86
4	白 沙	14392411.50	5.66
5	利 群	13790161.00	5.43
6	黄 山	10355315.90	4.07
7	黄金叶	10336074.00	4.05
8	芙蓉王	10191049.50	4.01
9	南 京	9812303.00	3.86
10	黄鹤楼	9541520.00	3.75
11	七匹狼	8841642.00	3.48
12	玉 溪	8338962.20	3.28
13	中 华	7788404.50	3.06
14	泰 山	7328573.00	2.88
15	娇 子	6841791.00	2.61
16	黄果树	6252622.00	2.46
17	红 河	5667511.00	2.23
18	红 梅	5004401.00	1.97
19	红金龙	4952026.00	1.95
20	哈德门	4876707.00	1.92
21	兰 州	4411480.00	1.74
22	红旗渠	4230004.00	1.65
23	钻 石	4167555.00	1.64
24	贵 烟	3867298.00	1.52
25	长白山	3440289.00	1.35
26	苏 烟	3231922.00	1.27
27	真 龙	3109036.50	1.22

续表

序号	品牌	成交量（万支）	占总量比重（%）
28	雄　狮	2585897.00	1.02
29	猴　王	2143813.00	0.84
30	金　圣	2155687.00	0.84
31	好　猫	2075468.00	0.81
32	天下秀	2127793.00	0.80
33	庐　山	2082321.00	0.79
34	中南海	1494929.00	0.59
35	大前门	1094075.00	0.43
36	林海灵芝	1084080.00	0.43
37	延　安	900371.00	0.35
38	散　花	735655.00	0.29
39	石　狮	723203.00	0.28
40	哈尔滨	643030.00	0.25
41	都　宝	641683.00	0.25
42	雪　莲	593446.50	0.23
43	人民大会堂	581386.00	0.23
44	甲天下	553300.00	0.22
45	椰　树	520960.00	0.20
46	牡　丹	487235.00	0.19
47	大红鹰	420185.00	0.17
48	宏　声	436144.00	0.16
49	红　玫	370225.00	0.15
50	新石家庄	347840.00	0.14
51	芙　蓉	332120.00	0.13
52	五　牛	299967.00	0.12
53	红三环	293872.00	0.12
54	遵　义	286900.00	0.11

续表

序号	品牌	成交量（万支）	占总量比重（%）
55	龙凤呈祥	321525.00	0.11
56	红山茶	270191.00	0.11
57	一品梅	250995.00	0.10
58	相思鸟	212350.00	0.08
59	红杉树	207750.00	0.08
60	金　桥	186090.00	0.07
61	大青山	181450.00	0.07
62	羊　城	178110.00	0.07
63	赣	122740.00	0.05
64	茶　花	83210.00	0.03
65	盛　唐	70398.00	0.03
66	椰　王	64167.00	0.03
67	狮　牌	59455.00	0.02
68	北戴河	48850.00	0.02
69	冬虫夏草	27608.00	0.01
70	月　兔	27170.00	0.01
71	呼伦贝尔	24592.00	0.01
72	大丰收	21075.00	0.01
73	熊　猫	13287.00	0.01
74	将　军	13078.00	0.01
75	黄金龙	11835.00	0.00
76	恒　大	10190.00	0.00
77	钓鱼台	4000.00	0.00
78	宝　岛	3040.00	0.00
79	紫气东来	2920.00	0.00
80	古　田	1515.00	0.00
81	孟菲斯	1500.00	0.00

续表

序号	品牌	成交量（万支）	占总量比重（%）
82	土　楼	1437.00	0.00
83	长　城	1397.00	0.00
84	华西村	1385.00	0.00
85	威　斯	1328.00	0.00
86	江　山	635.00	0.00
87	龙　烟	150.00	0.00

资料来源：中烟商务物流有限责任公司

2015 年全国烟草行业卷烟出口情况统计

排　名	公司名称	数量（万支/件）	出口占总量比重（%）	同比增幅（%）
1	中国烟草上海进出口有限责任公司	680637.00	25.96	3.12
2	云南烟草国际有限公司	542845.00	20.70	3.58
3	中国烟草山东进出口有限责任公司	477750.00	18.22	34.96
4	浙江中烟工业有限责任公司	294650.00	11.24	-22.14
5	湖南中烟工业有限责任公司	286550.00	10.93	15.38
6	河南中烟工业有限责任公司	161841.20	6.17	30.48
7	深圳烟草进出口有限责任公司	77424.00	2.95	-8.82
8	湖北中烟工业有限责任公司	51640.26	1.97	-61.34
9	福建中烟工业有限责任公司	22885.00	0.87	2.54
10	江苏中烟工业有限责任公司	8000.00	0.31	0.00
11	中国烟草辽宁进出口公司	6990.00	0.27	66.43
12	贵州中烟工业有限责任公司	6950.00	0.27	-10.55
13	原川渝中烟工业有限责任公司	2770.28	0.11	36.59
14	陕西中烟工业有限责任公司	1154.00	0.04	0.00
15	中国烟草广东进出口有限公司	0.00	—	-100.00
16	新疆烟草进出口有限责任公司	0.00	—	-100.00

资料来源：中国烟草国际有限公司

（编辑：王东旭）

新闻宣传

行业新闻宣传管理

【对行业媒体新闻宣传工作的指导、协调和把关】 2015年，行业贯彻落实2015年全国烟草行业工作会议精神和国家局领导关于行业新闻宣传“两个认真执行”和“三个理直气壮”重要指示，认真学习和贯彻落实党的十八届四中、五中全会精神，加强对行业新闻媒体宣传工作的指导协调、对外新闻报道和舆情监测引导工作。

严格要求行业宣传机构和直属单位“改进新闻报道”。继续严格执行中央八项规定，特别是关于改进新闻报道的规定。继续按照“关于国家局领导同志新闻报道内容和规范的有关规定”，严格要求行业宣传机构和直属单位贯彻落实，不断改进新闻报道方式。

指导行业内部宣传报道工作。根据国家局重点工作，发布宣传报道重点4次，加强对行业媒体日常重要稿件的审查修改。重视行业史志编纂工作，完成《中国烟草年鉴》审稿。推进行业网站建设，结合行业实际开展政府信息公开工作，截至2015年底，国家局门户网站主动公开信息1.8万条，依申请公开4次。通过微信（公众平台）发布新闻信息，充分利用行业媒体《中国烟草》杂志社有限公司和《东方烟草报》社有限公司的微信公众号，作为国家局新闻发布的新媒体新闻信息发布平台。

做好对外新闻宣传报道工作。面向社会媒体和中国政府网做好行业重点对外报道工作。2015年，向中国政府网微博微信平台报送信息9条，向“部长之声”栏目报送国家局主要领导工作动态20条。中国政府网转载烟草新闻81条。此外，先后组织《人民日报》社、新华社、中央电视台等中央媒体及地方媒体记者赴云南、湖南、贵州、湖北、江西、重庆等省（直辖市），集体采访报道烟草行业工业反哺农业、水源工程援建、现代烟草农业建设、产业精准扶贫等工作，《人民日报》社、新华社、中央电视台、中央人民广播电台、《中国发展观察》《农民日报》《贵州日报》《江西日报》等多家中央和地方主流媒体多次对烟草行业相关工作给予充分报道和高度评价，全年累计报道近100篇（次）。进一步加强对境外媒体记者的采访服务，组织行业专家接受美国《基督教科学箴言报》的采访，介绍中国烟草行业的控烟履约工作。

建立新闻发布机制。贯彻落实国务院新闻办要求，建立起“4·2·1+N”新闻发布模式①，构筑良好的新闻发布环境。2015年，根据工作需要举行3次新闻发布会，向《人民日报》社、新华社、中央电视台、中央人民广播电台、《经济日报》社等国内主要媒体介绍烟草行业的生产经营情况和经济运行情况，以及烟草行业落实习近平总书记关于精准扶贫的重要指示精神，加大服务老少边穷地区经济社会发展的扶贫力度等相关情况。

做好舆情监控引导处置工作。做好各类舆情应对工作，协调中宣部、国务院网信办、国家新闻出版广电总局、工信部等主管部门及《人民日报》社、新华社、中央电视台等中央主流媒体，及时妥善处理行业舆情危机12起。进一步完善舆情联动机制，出台《国家烟草专卖局舆情管理应急预案》。

加强新闻宣传和舆情管理培训。加强对行业各直属单位新闻宣传发布工作和舆情监控处置工作的指导，通过培训等形式，对直属单位有关负责人和办公室工作人员进行业务培训和指导。加强行业直属单位网评员队伍建设，有效应对和处置网络舆情。

【行业新闻宣传报道重点】 2015年是行业全面完成“十二五”规划的收官之年，也是行业积极谋划“十三五”、开创发展新局面的关键之年。行业各主流媒体抓住发展关键问题，聚焦行业中心工作，进一步加大策划深度和报道力度，为行业深入推进改革、持续健康发展营造良好舆论氛围。

第一季度新闻宣传报道重点包括：继续深入宣传行业全面贯彻落实党的十八届三中、四中全会精神和中央经济工作会议精神的情况；学习宣传全国“两会”精神，做好烟草行业全国人大代表的采访报道；2015年全国烟草工作会议的报道；行业各单位围绕“经济发展做加法、改革创新做乘法、控制烟草做减法、精益管理做除法”所作的努

---

① 国家局作为宏观经济、民生关系密切和社会关注事项较多的部门（单位），其“4·2·1+N”新闻发布模式中，“4”是指每季度至少举行一次新闻发布会，每年4次；“2”是指部门（单位）的负责人，每半年至少出席新闻发布会1次，每年2次；“1”是指部门（单位）的主要负责人，每年至少出席新闻发布会1次；“N”是指以此为基础，根据实际情况适当增加发布频率。

力；对元旦、春节等节日期间市场营销和专卖管理工作的宣传报道；烟区春季烟叶生产的宣传报道。

第二季度新闻宣传报道重点包括：贯彻落实全国烟草工作会议精神的宣传报道；关注行业各单位保持良好的市场状态和经济运行状态；总结推广卷烟营销市场化取向改革试点工作经验；聚焦烟草零售市场检查APCD工作法；做好烟叶生产稳控结合、提质增效的宣传报道；进一步加大对"走出去"发展战略的宣传报道。

第三季度新闻宣传报道重点包括：围绕"三严三实"专题教育进行宣传报道；开展中国人民抗日战争暨世界反法西斯战争胜利70周年专题报道；关注行业重点卷烟品牌的培育和发展；做好烟叶工作严控总量、优化结构的报道；关注现代物流建设，积极报道新成效、新经验；围绕精益管理做除法，加大宣传报道力度。

第四季度新闻宣传报道重点包括：加大行业经济运行有关报道的力度，进一步促进行业各单位保持良好的市场状态和经济运行状态；继续抓好行业"三严三实"专题教育报道，宣传行业践行"三严三实"、加强作风建设的好做法、好成效；聚焦行业卷烟营销工作，不断促进营销水平提升；关注行业专卖管理，始终保持卷烟打假高压态势；加强对行业严格规范生产经营管理的宣传报道；更加关注安全管理工作，不断加大宣传报道力度。

主要报刊

【《中国烟草》杂志】 概况。《中国烟草》杂志的前身为《中国烟草工作》，创刊于1985年。1997年1月起更名为《中国烟草》。1999年起由月刊改为半月刊，2001年分为综合版和经济版。2003年按照中央宣传部门的决定，《中国烟草》杂志实行"管办分离"的管理体制，刊物明确由国家烟草专卖局主管，中国烟草杂志社主办。刊物以"坚持正确导向、服务烟草行业、探索改革思路、贴近职工生活"为办刊宗旨，坚持正确舆论导向，围绕中心，服务大局，坚持"三贴近"原则，全面、准确、及时、深入地宣传阐释国家局党组的方针任务和工作部署，组织采写专题报道和重要文章，充分发挥"喉舌、窗口、园地"作用，为行业改革发展营造良好舆论氛围。2015年是《中国烟草》杂志创刊30周年，杂志征订量达到6.1万份，同比增长7%，连续16年保持稳定增长。

加强对热点焦点问题的舆论引导。2015年，《中国烟草》杂志紧紧围绕国家局党组的中心工作，服务行业改革发展大局，积极发挥行业媒体主阵地、主渠道、排头兵的作用，先后对全国烟草工作会议、放开烟叶收购价格、卷烟提税顺价、行业经济运行调控、烟叶生产"双控"、中国烟草"走出去"、专卖法修订、行业全国劳模、行业科学技术奖、"三严三实"专题教育等国家局党组的重大决策、部署、重要会议，开展一系列专题宣传报道。其中，2015年第3期杂志以解读全国烟草工作会议精神为主要内容，多角度、深层次解读凌成兴局长在全国烟草工作会议上所做的报告，回应基层关切的问题，同时在专题以外的其他栏目辅以数据解读及其他热点主题报道。杂志刊发后，得到凌成兴局长的批示："这本杂志编得好，标题醒目、解读精准、数据翔实，是一本为烟草宣传、为烟草鼓劲、为烟草存史的好册子。"

弘扬行业正能量。2015年，《中国烟草》杂志在"卷首语""专题""市场""视点""产业经济""关注""特稿""专稿"等特色栏目中，深度报道分析改革热点、政策热点、经济热点和市场热点。"卷首语"栏目，每一期都以本刊评论员文章，主动为国家局党组发声，如《作风建设永远在路上》《责任担当落于心　风清气正启新局》《贯穿从严要求　打造过硬队伍》《筑牢安全防线　打牢工作基础　确保目标实现》。"专题"栏目，紧扣行业发展中心，宣传行业正能量，树立行业新形象，如"责任烟草彰大爱""严明党纪党规　强化两个责任""坚持市场导向　深化营销改革""振奋精神　主动作为"等专题宣传报道。2015年8月，凌成兴局长在第16期《中国烟草》杂志封面上作出批示："以做好'四个人'当好'领头雁'为题，跟踪报道几位新上任省局（公司）、工业公司'一把手'眼前抓什么？心中想什么？明天干什么？很有激励作用，很有导向作用，很有互动作用。祝愿大家烧旺这把火，保持可持续。"

展现烟草行业良好形象。全国"两会"召开期间，杂志社集中对烟草行业的"两会"代表进行采访报道，并在2015年第3期《中国烟草》刊发，其中《"四个全面"为指引"三个服务"作贡献》得到国家局局长凌成兴批示肯定。围绕现代烟草农业建设新经验、新做法和新成绩，在全国“两会”和中央农村工作会议期间，继续与《农民日报》合作，共同制作烟草专版，会议期间将报纸送到会议代表手中，加深社会对烟草专卖制度的认知和理解。2月，派出3名记者参加由新华社、中央电视台、《农民日报》等中央主要新闻媒体和行业媒体组成的水源工程采访团，报道中国烟草云南曲靖幸福渠工程、湖南郴州江源水库等烟水工程给当地带来的巨变，用笔和镜头记录烟草行业援建的烟水工程为当地经济社会发展所作的努力与贡献，展现烟草行业负责任、顾大局的良好形象。

深入开展“走转改”活动。在“三严三实”专题教育中深入开展“走转改”活动，发挥党员骨干的先锋模范作用，增强采编人员的宗旨意识和群众观念，贴近基层、贴近企业、贴近员工。《中国烟草》杂志记者、编辑走进田间地头、工厂车间、卷烟零售店，深入到行业广大职工工作生活，采写一线见闻，写出一批文风清新朴实的报道。

探索传统媒体和新兴媒体融合发展新思路。2015年，《中国烟草》杂志创意设计完成4个征文、9本专刊、2项卷烟零售客户走进企业活动，为杂志社的经营和宣传工作注入活力。其中，“利群·公益榜样”征集活动通过稿件征集、网络发布、网络投票、评委评选、视频拍摄、现场颁奖、杂志刊登获奖作品等程序，旨在挖掘、宣传行业中乐于助人、热心公益的先进事迹。活动取得良好的社会效益，得到国家局领导的高度赞扬，是传统媒体和新兴媒体融合发展的尝试。

【《东方烟草报》】 *概况*。《东方烟草报》创刊于1992年，是由山东省烟草专卖局主管，中国烟草总公司山东省公司主办，《东方烟草报》社有限公司出版发行，面向全国公开发行的烟草主流媒体。该报为周七报，包括正刊、《金周刊》《山东视窗》《中国烟机》《中烟物流》《烟草人家》《爱晚亭》《现代卷烟营销》等专刊。2015年，《东方烟草报》发行量22万份，覆盖全国县级以上党政机关；《金周刊》发行量133万份。

2015年，《东方烟草报》紧跟国家局党组、省局（公司）党组思路，创新策划报道运行机制，开展“走转改”活动，不断提升舆论引导能力。推出《行业“保八争十超万亿”年度目标实现的背后》述评、河南省局“四个三”、现代烟草营销系列策划、烟草行业扶贫、河北市场化取向改革、践行“三严三实”及王健男、李掩梅事迹报道等一系列重点策划。实现专题化特刊常规性出版，全年出版30余期。在做好行业宣传的基础上，及时刊发党和国家重大新闻报道，用新闻展现国家局党组带领全行业在党和国家重大政治任务面前的责任担当，展现行业讲政治、顾大局、负责任的良好形象。针对有关烟草行业的社会舆情和不实言论，注重加强网络舆情监控收集和上报工作，发挥微信矩阵优势，积极引导社会舆论，转载社会主流媒体关于行业的正面报道，组织发布关于《烟草慈善是义举》《揭批卷烟滤嘴材料有毒谣言》等重要文章，及时澄清事实，为行业正言。

新媒体建设。2015年，重点设计打造以微信矩阵、新闻客户端、视频网站、数字报刊、手机数字报、东方烟草网及其他新兴媒体平台为核心的新媒体矩阵，打造报社新媒体平台及产品，建立起以《东方烟草报》、新媒体矩阵为核心的融媒体矩阵传播体系，初步实现传统媒体和新媒体的融合发展和有效联动。截至2015年底，《东方烟草报》新媒体矩阵发布各类信息3.5万余条；东方烟草网日均访问量60万余次；新闻客户端下载安装1万余次，日均访问量30万余次；稿件中心通讯员注册1.3万余名，收到投稿9.8万余篇；微信矩阵总粉丝数超过80万人。

微信矩阵影响力日渐显现。围绕报社主号，先后建立指尖店堂、烟圈、烟草笔杆子、精益烟草、观鲁等30余个子号，开展拆礼盒、发红包及“行业十佳内刊”、精益达人评选等多种活动。视频报道力度不断加大，其中，以《5分钟了解中国烟草》《精益制造一支烟》《2015全国烟草工作会特辑》为代表的动漫视频和新闻视频，得到行业内外好评和大量转发。新闻报道形式更加多样化，首次尝试网络现场图文直播全国烟草工作会，报纸、网站、微信、新闻客户端联动报道，新媒体全方位传播体系初步成型。

《东方烟草报·金周刊》。2015年，《金周刊》将策划分为部门、小组、个人等3个级别，完善策划提出、酝酿、执行和评价机制，推出《细支烟培育在终端》《向工匠精神致敬——卷烟工业企业锻造产品品质“零缺陷”》《共治与消费》《攻关攻关，QC在终端》等策划。利用多期、多版面持续推进的方式，提高卷烟零售客户参与度。探索地方化办报路子，《粤烟视窗》等地方性专刊在卷烟品牌宣传、服务卷烟零售客户、突出地方特色等方面，成果显著，在总结经验的基础上，创办《鲁烟视窗》《青岛专刊》。

《东方烟草报·山东视窗》。2005年5月创刊，由山东省烟草专卖局（公司）主办，《东方烟草报》社有限公司承办。2015年，创新报道形式，加强重点策划过程控制，版面内容更加注重贴近性、生动性和服务性，推出"实真细精"在山东、聚焦"两个一步到位"，以及"纪念抗战70周年"等系列策划。

《东方烟草报·中烟物流》。2006年创刊，由《东方烟草报》社有限公司主办，中烟商务物流有限责任公司协办。2015年，围绕全国烟草工作会议精神和各项物流重点工作，先后策划"物流非法人实体化运作""精益物流建设"等专题。整合版面资源，将一版定位从综合新闻版调整为专题策划版。聚焦基层一线，开设"迢迢送货路"栏目。拓宽办报视野，关注社会物流动态，推动物流专刊向大物流方向发展。

《东方烟草报·中国烟机》。2004年创刊，由《东方烟草报》社有限公司主办，中国烟草机械集团有限责任公司协办。2015年，适应国产烟机工作的发展变化，调整办刊思路，探索引入新媒体，立足于宣传报道国产烟机研发生产和使用情况，坚持做精做优"车间里的国产烟机"等栏目。围绕国产烟机发展主线，开设"谈'新'"栏目，组织"关注细支烟设备""稳定超高速"等深度报道。推出《走向智造》《赶超之路》等专版，对国产烟机企业近年来的发展进行报道。

《东方烟草报·现代卷烟营销》。2010年创办，由《东方烟草报》社有限公司主办，中国卷烟销售公司协办。2015年，瞄准卷烟营销重点、难点和热点，坚持专题报道形式，点线面结合，探索报道形式创新，以论文述要、观点集萃、论文摘登、案例速读等形式刊发理论文章，提供交流阵地。

《东方烟草报·爱晚亭》。2012年创刊，由《东方烟草报》社有限公司主办，国家离退休干部办公室协办。2015年，树立专刊品牌观念，加强离退休人员通联队伍建设，突出版面策划，增强互动性、可读性，展现行业老同志的良好精神面貌。

《东方烟草报·烟草人家》。2009年创刊。2015年，在保持可读性的同时，突出"家"的味道，寻找社会热点与职工生活的契合点，增强贴近性、趣味性、故事性，传播健康文明的生活风尚。11月改版，主角由行业干部职工转为其直系亲属；拓展报道内容，将"烟草人的家人、家庭和家事"作为重点，讲述身边人不平凡的故事；每期版面风格统一，表现同一主题。策划并推出"有故事的人""学有所获的故事"专栏，聚焦烟草职工家属老中青少幼群体，展现烟草职工家庭的幸福生活。

【《中国烟草学报》】 概况。《中国烟草学报》（简称《学报》）由中国烟草学会主办，创刊于1992年，主要刊登国内有关烟草工业、农业、经济等方面的学术论文、研究报告、研究简报，以及反映国内外烟草科研进展、学术动态的综述文章，面向国内外公开发行。刊物主编袁行思。2015年，《学报》贯彻落实中国科学技术协会等五部委的要求，积极做好学术诚信倡导工作，杜绝学术不端行为，努力打造精品科技期刊。

提升刊物影响力。2015年，《学报》增加版面扩大载文量，并出版1期增刊。影响因子为1.155，继续保持在1以上，在全国轻工纺织类科技期刊中排名第一，论文被引频次2633，同比大幅度提升，再次入选《中文核心期刊要目总览》。探索新媒体办刊模式，建立烟草学术期刊微信平台。加大论文撰写规范化贯标力度，先后为湖南、山东、福建、贵州、河北等省400余名科技人员讲授科技论文撰写基本要求。

召开2015年学报编委会会议。11月，中国烟草学会在深圳市召开2015年学报编委会会议。会议听取《学报》编辑部2015年度工作汇报，审议通过新增4位编委，并就新形势下《学报》围绕中心、服务大局、加强调研组稿和提高影响力等议题进行讨论。

【《烟草科技》】 概况。《烟草科技》是国家烟草专卖局主管、中国烟草总公司郑州烟草研究主办、中国烟草科技信息中心编辑出版的综合性烟草科学研究和技术开发类学术刊物，创刊于1957年。主要刊登烟草工业、农业及科技管理等方面的学术论文、研究报告、研究简报，以及反映国内外烟草科研进展、学术动态的综述等，国内外公开发行，是国家局指定的国际学术交流刊物。主编为中国工程院院士、郑州院院长谢剑平。

2015年，期刊围绕行业科技重大专项等重点领域组稿，科学管理与规范化水平明显提高，全年出版发行中文版12期和英文版增刊1期，6万余册，刊载各类学术论文222篇，基金论文比由0.67提高到0.70 。

期刊质量进一步提高。《烟草科技》继续成为《工程索引》（EI）、《化学文摘》（CA）、《科学文摘》（INSPC）、《文摘与引文数据库》（Scopus）等的收录期刊。首次成为中国科学引文数据库（CSCD）核心库来源期刊，并被 RCCSE 评定为“中国核心学术期刊（A）”，继续保持为中文核心期刊和中国科技核心期刊。影响力指数（CI）、复合影响因子、综合影响因子等重要指标保持较高水平，5 年复合影响因子达到 1.296。

加大科技服务力度。继续加强对烟草行业工商企业的服务力度，提供信息和技术咨询专题服务多次，举办科技论文写作培训 6 次，促进烟草工商企业研发能力的提升和品牌创新发展。

【《新烟草》杂志】 《新烟草》创刊于 1986 年，由中国烟草总公司主管，黑龙江省烟草公司、《中国烟草》杂志社有限公司主办。2013 年 7 月由原来的半月刊变更为旬刊，其中包括零售户版《新烟草》2 期，现代烟草农业版《新烟草》1 期。2015 年，零售户版《新烟草》征订量 18 万份，同比增长 11%；现代烟草农业版《新烟草》征订量 2.8 万份，同比增长 56%。

2015 年，零售户版《新烟草》围绕行业中心工作特别是聚焦行业零售终端建设，以宽广的视野深入零售客户经营、生活的方方面面，传递品牌信息、政策信息、服务信息和经营方法。“旺铺看点”“老板侃台”“专卖说法”“经营之道”等栏目在读者中有较高的知名度。加大与重点工业企业的合作，以栏目冠名、品牌专稿、品牌专刊、主题征文、走进企业等多种形式，宣传品牌、展示企业风采。

现代烟草农业版《新烟草》以宣传烟叶生产政策，服务烟叶生产技术需求，反映基层烟技员、烟农生产生活状态为原则，编辑风格力求“接地气”，语言生动、文字朴素。采取多种措施增强与基层职工、烟农的互动交流，了解读者需求，扩大在烟区的影响力。

【《烟草企业文化》】 《烟草企业文化》由中国烟草职工思想政治工作研究会、《中国烟草》杂志社有限公司编印，面向烟草行业各直属单位发送，是中国烟草思想政治工作研究会的会刊。2015 年，《烟草企业文化》在围绕国家局、总公司宣传重点和行业政工部门重点工作的报道基础上，策划编辑行业党建专刊《从严治党 聚力铸魂》，选取国家局机关、河南省局（公司）、贵州省局（公司）等 3 家典型单位，分别撰写《党风廉政建设主体责任落地生根》《“四个三”奏响从严治党新强音》《服务型基层党组织建设结硕果》，反映党的群众路线教育实践活动开展以来行业党建工作的亮点，在行业内取得较大反响。

网络媒体

【国家局行业网站】 2015 年，行业网站围绕中心，服务大局，坚持“两个认真执行”，做到“三个理直气壮”，不断改进、强化内容保障。落实《国务院办公厅关于开展第一次全国政府网站普查的通知》（国办发〔2015〕15 号）文件，全面自查整改，规范网站建设，夯实网站管理基础，为实现“保七争十缴万亿”年度目标任务营造良好舆论氛围。全年国家局内网访问量 270 余万人次，外网访问量 150 余万人次；发布烟草新闻、专题专栏等各类信息 1.48 万条，其中 85 条政务信息被中央门户网站采用。

网站信息内容建设。改进作风文风，制定《国家局网站新闻稿件编辑处理规定》，按照精简务实、注重效果的原则，对稿件内容实行分级管理、三级审核，在稿件语言、内容、风格等方面不断改变求新，在创新中改进作风文风，大量增加反映基层一线生产实践、经营管理、科技创新的文章。突出报道行业干部职工关心的实质性内容，突出宣传基层一线的工作实践，精简领导动态类新闻报道，宣传报道更加突出中心思想，更加贴近群众需求。

聚焦大事要事。新闻报道方面，国家局网站继续加强新闻宣传的导向性，坚持每季度发布新闻宣传报道要点，引导各单位紧紧围绕国家局党组工作部署和行业大局开展宣传报道，充分反映行业重要会议、重要活动和重要决策内容的贯彻落实情况，及时跟进与行业干部职工利益密切的改革举措。专题建设方面，配合行业中心工作和各部门业务需要，国家局网站维护“2015 年全国烟草工作会议”“三严三实”专题教育活动、“行业第一次政府网站普查”“精益管理创一流”等 9 个专题，发布稿件 4896 条。行业各单位围绕学习贯彻党的十八届五中全会精神、中国人民抗日战争暨世界反法西斯战争胜利 70 周年、卷烟提税顺价、卷烟营销市场化取向改革等重点难点工作，推出一批专题报道。

信息公开扎实有效。行业内外网站稳步推进政务公开和信息公开，加大政策解读力度，及时回应行业和社会关切。国家局网站发布 2014 年信息公开工作年度报告，在“信息公开指南”子栏目发布《国家烟草专卖局行政审批事项公开目录（2015）》。2015 年国家局外网共发布招投标信息 1230 条，人员招聘信息及其他信息 59 条，信息来源覆盖各级单位和多元化企业；收到依申请公开 4 例，内容涉及组织机构、政策咨询等方面，均在规定时间内进行了答复。行业各单位深入推进“办事公开民主管理”，围绕工程招投标、人事管理、廉政建设、经营管理等内容做好政务信息公开，较好地保证公众的知情权、参与权和监督权。

网站建设激发新活力。开展普查整改。3 月，国务院办公厅下发《国务院办公厅关于开展第一次全国政府网站普查的通知》（国办发〔2015〕15 号）文件，要求在全国范围内开展政府网站普查工作。国家局办公室及时转发文件，要求行业各单位严格对照普查指标，对网站进行无盲点、无死角的梳理和清查。行业从“学、查、改、督”4 个环节入手，对网站进行全面梳理和清查，并委托第三方专业机构采取系统监测和人工复核等方式，对全行业政府网站进行抽查核查。行业 109 家政府网站（国家局网站 1 个，省级局网站 26 个，地市级局网站 80 个，县级局 2 个）准确填报基本信息，全面推进自查整改。国家局网站在可用性、信息更新和服务实用等方面下功夫，修改不可用链接 1822 个，网站工作人员每日读网，检查网站运行和页面情况。结合行政审批事项改革工作，国家局外网开设网上办事大厅，梳理行业各级行政审批事项 15 项，公众可以浏览政策法规信息、办事指南、表格下载等，并可以在线事项申报和结果查询。行业各单位以普查为契机，对照普查指标，通过合并栏目、升级改版、关停并转等手段逐一整改，提高网站可用性和规范性。

媒体融合发展。行业部分单位积极探索新媒体建设，浙江省局（公司）推进“互联网 + 烟草专卖商业”，深化与阿里巴巴合作，在杭州、温州开展试点工作，创新营销结算方式，在零、消环节推广支付宝应用，开展消费者信息采集和大数据分析，打通批、零、消三者之间的“信息流”，并启动零售客户的推广工作。贵州中烟与《东方烟草报》合办企业微信，阐释企业文化，关注全员创新；注册运营微信公众号“国酒香”，开展“摄影大赛”“体验之旅”等活动，宣传品牌文化，扩大品牌影响力。

网站管理取得积极成效。健全体制机制，2015 年，国家局烟草经济信息中心设立网站管理处，主要负责国家局、总公司内外网站建设、日常管理和内容保障工作；指导、协调行业各单位网站的建设和管理，承担行业各单位网站开办审核和备案工作等。加强对行业网站建设的指导管理，在 2009 年发布实施的《国家局、总公司网站管理办法》基础上，修订并重新印发《烟草行业网站管理办法》，进一步明确国家局机关各部门、行业各级单位对行业网站建设、管理、内容保障的管理职责，行业网站开办审核和备案的程序，以省级单位为主体开展外部网站群建设，要求要建立网站安全防护体系，以及行业网站考评指标体系等。行业各单位在理顺工作机制，创新网站管理方面进行新的尝试，如上海烟草集团成立网站管理科，对集团各类网站进行归口管理。

建立健全通讯员队伍。行业各单位普遍做到建立健全通讯员队伍，配备专兼职人员负责网站工作，建章立制，划拨经费，将业务培训和绩效考核列入年度工作计划。立足实际创新培训方式，分解任务加强绩效考核，定期评选优稿，表彰先进集体和个人，培养通讯员工作积极性。

网站安全工作。国家局高度重视网站安全工作，注重建立先进可靠的安全保障体系，强化安全部署、安全监测和应急管理，组织网站安全检查和相关培训，不断提高安全防护能力，并委托第三方机构对行业网站开展日常网站安全监测，对安全评估和安全监测中发现的问题点对点通报，及时采取措施，杜绝发生重大安全事件。行业各单位采取多种措施，加强技术防护，强调网络安全管理，增强信息安全意识，扎实做好网络安全工作。

【中国烟草资讯网】 *加强宣传报道*。2015 年，中国烟草资讯网在升级发布系统，改版网站页面、改进投票系统的基础上，进一步加强宣传报道工作。重视专题制作，发布“2015 年全国烟草工作会议专题”“2015 年利群公益榜样大型投票专题”“2015 年纪念抗日战争胜利 70 周年”“2015 年浙江图讯科技股份有限公司安全生产信息化专题”等 4 个专题。继续推进视频新闻编辑发布工作，发布 18 个行业重大事件及活动视频，内容包括行业工作会议视频，以及云南宣威引水济榕工程、中维品牌酒店授牌等，每一新闻及信息均被国家局内网采用。探索传统媒体和新兴媒体融合，开展第二届利群公益榜样投票活动，在资讯网发布 59 个公益榜样事迹，投票总额超过 60 万票。

2015 年，发布各类信息 1.6 万余条，页面总浏览量 7000 余万次，点击总量 1.3 亿次，访问量 600 余万人次，日均点击量 50 万次，日均访问人数 1.4 万人。

推进传统媒体和新兴媒体深度融合。开通“中国烟草资讯”移动客户端和微信订阅号，重点打造基于IOS、Android平台的“烟草资讯”移动媒体客户端，通过云服务平台编发图文、音视频多媒体信息产品，将优质内容推送到智能手机、平板电脑等多屏幕多终端，同时拥有投稿、评论、投票等交互功能。截至2015年底，2个新媒体产品拥有近万个稳定用户。搭建舆情平台，结合大数据技术对新闻、论坛、博客、微博、微信等进行全面监测，平均每周监测到行业相关信息2000余条，进一步提升舆论宣传工作的及时性和准确性，同时为国家局领导及相关企业提供决策参考。

升级优化期刊编审系统和投稿平台。对期刊编审系统进行功能升级，完成自运行以来的第三次改版升级。对投稿平台前台界面进行改版，截至2015年底，有8600余位通讯员注册投稿系统，收到投稿3.2万余篇。

志书编纂

行业志书编纂

【《中国烟草年鉴》】 概况。《中国烟草年鉴》是由国家烟草专卖局组织编纂，全面反映中国烟草行业改革和发展情况以及所属各企业发展概貌的专业性、权威性行业综合年鉴。《中国烟草年鉴》自1996年创刊以来，先后编纂出版了1991—1995年、1981—1990年、1996—1997年、1998—1999年、2000年、2001年、2002年、2003年、2004年、2005年、2006年、2007年、2008年、2009年、2010年、2011—2012年、2013年、2014年、2015年卷等19期。从《中国烟草年鉴》2004年卷起，由国家局《中国烟草》杂志社有限公司《中国烟草年鉴》编辑部具体负责年鉴的编辑工作。

2015年，《中国烟草年鉴2014》发行至行业各单位。3月，《中国烟草年鉴2015》组稿工作会议在北京召开，会议集中讨论组稿大纲并就组稿工作进行交流。10月，稿件编辑完成，组织各单位开展审稿工作。12月，《中国烟草年鉴2015》（第19卷）由中国经济出版社出版，主要收录2014年全国烟草行业发展的主要工作情况。设有特载，行业概览，国家烟草专卖局、中国烟草总公司组织结构，党的群众路线教育实践活动，专卖管理与“两烟”经营，烟草工业，科研和教育培训，经济统计，新闻宣传，公益活动，控烟履约，大事记，文件法规，附录等15个栏目。

2015年4月，在中国出版协会主办、年鉴工作委员会承办的第五届年鉴编纂质量评比中，《中国烟草年鉴》（2011—2012）获得综合一等奖。这是行业年鉴自1995年创刊以来首次获此殊荣。此项评比为五年一届，分别从框架设计、条目编写、装帧设计、检索手段和编校质量等方面进行综合评定。

主要栏目简介。特载：主要收录2014年国务院领导、主管部委领导有关烟草行业的讲话，以及国家局领导在全国烟草工作会议上的讲话。

行业概览：展示2014年行业亮点工作，以核心词汇概括2014年行业的重点、要点工作。同时，以综述形式反映2014年度中国烟草行业的整体发展情况。

国家烟草专卖局、中国烟草总公司组织结构：下设国家局、总公司机关各部门、各单位，直属事业单位，省级局（公司），省级工业公司，其他直属单位等5个子栏目，简要概述单位发展历史、领导成员等内容。

党的群众路线教育实践活动：以综述的形式，从开展时间、主要内容、整改情况、获得效果等方面，系统总结2014年行业上下开展党的群众路线教育实践活动情况。

专卖管理与“两烟”经营：全面反映2014年全国各省级烟草专卖局（公司）的烟草专卖、经济效益、卷烟经营、烟叶产销、对外交流与合作等各方面工作情况，并以图表形式，多角度展示各地市级烟草专卖局（公司）各方面情况。

烟草工业：全面反映2014年全国卷烟工业企业生产经营的情况，下设境内卷烟和雪茄烟生产、境外卷烟生产、烟草机械工业、卷烟辅助材料生产、烟叶加工等5个子栏目。

科研和教育培训：下设科研院所、授权专利、教育培训等3个子栏目。详细介绍2014年行业各科研机构、教育培训机构的工作情况，并以表格的形式详尽收录2014年行业获利的授权专利。

经济统计：收录内容为2014年行业经济数据、财务数据及烟草专业数据。

新闻宣传：下设行业新闻宣传管理，主要报刊，网络媒体，志书编撰，博物馆、展馆建设，2014年行业部分媒体名录，2014 年度烟草新书目等 7 个子栏目，全面反映2014 年行业新闻宣传各方面工作情况。

公益活动：介绍 2014 年行业各单位或个人进行的公益活动。

控烟履约：介绍 2014 年中国制定的关于控烟履约相关法律、法规，并对 2014 年行业控烟履约工作开展情况进行全面介绍。

大事记：收录内容为 2014 年中国烟草行业的重大事件，同时包括国内外与中国烟草相关的重大事件。

文件法规：下设重要文件法规选登、2014 年烟草行业部分文件法规名录 2 个子栏目，收录 2014 年与烟草行业相关的政策、法规，以及对行业发展有重大影响的文件、法规等。

附录：下设香港烟草、澳门烟草、台湾烟草、国际烟草、先进人物名单、先进集体名单、2014 年行业获评高级专业技术资格人员名单等 7 个子栏目。

索引：以行业关键词为主的综合性词语索引。

栏目探索与创新。《中国烟草年鉴 2015》在总体结构上，积极适应烟草行业发展“新常态”和行业类年鉴编纂要求，在内容上进行精简。编辑过程中，加强对行业总体情况的把握，力求全面呈现烟草产业各发展环节的情况，精简常规性内容。适应“去行政化”要求，调整《领导讲话》栏目，将重要内容合并至《特载》栏目进行集中收录。调整《国家烟草专卖局、中国烟草总公司组织结构》栏目，全面、集中地反映烟草行业各单位组织结构全貌，清晰呈现行业垂直管理的管理体制。按行业业务类别调整栏目设置，在《专卖管理与“两烟”经营》《烟草工业》栏目中，全面反映烟草商业企业专卖管理、“两烟”经营和卷烟工业企业生产经营的情况。设立《新闻宣传》栏目，全方位、多角度展示烟草行业新闻宣传工作新情况。各栏目内容充实，信息量大，突出资料的权威性、延续性，反映行业改革发展的历程。以彩图配合相关栏目，生动、直观、全面地展示行业各方面发展情况。

省级公司志书编纂

【《山西省志·烟草志》】 由《山西烟草志（2000—2010 年）》编撰委员会组织编写，2011 年开始进行编纂，2014 年完成内容审定并送山西省地方志办公室审稿。全书记录自明末以来山西 400 余年的烟草发展史，重点对新世纪山西烟草改革发展史实进行阐述。主要由体制与机构、烟草种植与加工、烟丝加工与手工卷烟、机制卷烟、烟草经营、烟草专卖、行业管理、教育科研文化、烟草税费、烟草禁戒 10 个编目组成。截至 2015 年底，《山西省志·烟草志》处于审稿流程中。

【《黑龙江省志·烟草志》】 《黑龙江省志·烟草志》是《黑龙江省志》组成部分之一，由黑龙江省人民政府统一组织编纂。自 2003 年立项编纂以来，经历资料搜集准备、初稿编纂与初审评议、志书终审稿完成并送审 3 个阶段。2015 年 6 月，《黑龙江省志·烟草志》顺利通过终审。全书 6 篇、23 章、73 节，213 幅图片，70 余万字，用生动的图片与详实的文字资料记述黑龙江烟草行业 1986 年至 2005 年 20 年间改革发展的艰辛历程。参与编纂的黑龙江省局（公司）烟草学会被评为 2015 年度“黑龙江省地方志系统先进集体”。

【《浙江省烟草志》】 《浙江省烟草志》分为两卷。第一卷记载明嘉靖年间烟草传入浙江至 1990 年的历史状况，于 1995 年 12 月出版。《浙江省烟草志》（1991—2010）为《浙江省烟草志》的第二卷，于 2015 年进入浙江古籍出版社的排版、校对、修改环节。5 月，完成印刷工作。5 月 28 日召开发行工作座谈会，标志着历经五年编写的《浙江烟草志》第二卷编辑、出版、发行工作全面完成。

【《浙江通志·烟草业卷》】 《浙江通志·烟草业卷》由浙江省烟草专卖局（公司）、浙江中烟工业有限责任公司组织编纂。该卷收录上至明嘉靖年间，下至 2010 年，400 余年的浙江烟草发展历程，内容包括烟叶、烟丝、雪茄烟、卷烟生产、卷烟流通、专卖管理、科学技术、行业管理、烟俗等，共计 57 万字。2014 年底完成初稿。2015 年 4 月，完成统稿工作；6 月 25 日，通过浙江省地方志编纂委员会办公室初审；12 月 16 日，通过浙江省地方志编纂委员会办公室复审，成为《浙江通志》第一家通过复审的单位，浙江省局（公司）被评为“2014 年度方志编撰先进单位”。

【《安徽省志·烟草志（1996—2010）》】 该志书是《安徽省志》组成部分之一，由安徽省烟草专卖局

（公司）和安徽中烟工业有限责任公司合编。全书分为6篇23章，约50万字。截至2015年底，形成送审稿并通过安徽省地方志办公室评审，经修订后，由安徽省地方志办公室统一安排印制出版。

【《安徽省烟草专卖局（公司）年鉴》】 由安徽省烟草专卖局（公司）组织编纂，按年度系统反映安徽省局（公司）改革发展情况。2015年，组织人员集中编纂安徽省局（公司）2012年、2013年和2014年3个年度的年鉴资料，每年度约60万字。截至2015年底，年鉴稿件进入出版流程。

【《福建省志·烟草志》】 《福建省志·烟草志》分为1993版和2008版。《福建省志·烟草志（1993版）》于1995年出版。2015年，《福建省志·烟草志（2008版）》的编纂工作进入全面收尾阶段，于年初进行三审并作总纂，篇幅由130万字左右缩减为108.5万字。10月，由社会科学文献出版社出版发行。

【《江西省志·江西省烟草志（1991—2010）》】《江西省志·江西省烟草志（1991—2010）》于2012年6月，由江西省烟草专卖局（公司）、江西中烟工业有限责任公司联合成立编纂领导小组及编纂委员会，开始编纂工作。志书收录上限至1991年1月，下限至2010年12月，20年的江西烟草发展历程，内容包括烟叶生产、卷烟生产、卷烟经营等。全书分9章55节，共计57万字。截至2015年底，完成审稿。

【《山东省烟草专卖局 中国烟草总公司山东省公司年鉴》】 该年鉴由山东省烟草专卖局（公司）组织编纂，全面反映山东省烟草专卖局（公司）系统改革和发展情况及所属各单位发展概貌的专业性年鉴。自2005年至2015年，编辑出版9卷。

2015年，主要开展2013年年鉴付印及2014年年鉴的编辑工作，并对有关栏目进行调整，增设《特载》《省局公司（机关）》《直属单位》栏目，删去《领导讲话》《地区烟草和文化与科技》栏目。“栏目”下设“分目”“条目”。各栏目内容充实，信息量大，特别突出资料的权威性和延续性。

【《云南中烟年鉴》】 由云南中烟工业有限责任公司组织编纂，全面反映云南中烟重要改革发展情况，以及所属单位发展概貌，旨在为行业内部人士及社会各界全面了解、研究云南烟草工业提供基础材料和基本线索。

云南中烟从2012年开始启动年鉴编纂工作，截至2015年底，编印4卷，其中，2012—2014年，编印3卷，分别反映2011—2013年内容。2015年，完成2015年卷的编印，共计80万字。

【《陕西省志·烟草志》】 由陕西省烟草专卖局（公司）组织编纂，于1990年启动编纂工作，2006年8月完成全书内容。2007年正式出版。该志书上溯明末清初，下限至1995年，真实反映陕西烟草350余年的发展历程和现状。内容囊括烟草种植、加工、经营、专卖、科技、税收、文化，以及陕甘宁边区等方面烟草行业的相关资料。全志10篇27章93节，图片200余幅，80余万字。

博物馆、展馆建设

中国烟草博物馆

【概　况】 中国烟草博物馆（简称博物馆）位于上海市长阳路，于2004年7月15日开馆，总投资1.8亿元。博物馆总建筑面积9617平方米，其中占地面积5511平方米，展示面积3500平方米。它是一家反映中国烟草发展历史、传承中国烟草文化的专业博物馆，是上海首个国家级行业博物馆，也是当前世界上规模最大的烟草博物馆。

中国烟草博物馆开馆后的日常运行委托上海烟草集团有限责任公司进行管理。

中国烟草博物馆有烟草历程、烟草农业、烟草工业、烟草经贸、烟草管理、烟草文化、吸烟与控烟等展馆，参观者可以通过大量珍贵的文物、文献、模型、场景、真人蜡像及照片、多媒体等形式，全面了解中国烟草的起源及各发展阶段的概况和特征，了解吸烟与控烟的发展历史及中国烟草行业在控烟与减害降焦等方面的情况。

【参观交流】 按照“让更多的人了解中国烟草”的办馆理念以及“服务大众、奉献社会”的服务理念，通过开展经常性的讲解内容培训和讲解技巧练兵，不断提升博物馆的讲解服务水平和服务观众的水平。一方面，全面修改讲解词，根据参观时间长短以及讲解人员的走位方式，形成多种讲解版本，使讲解内容更清晰，讲解方式更规范，讲解风格更灵活。另一方面，讲解员针对不同观众做到“因人施讲”，及时调整讲解侧重点和层次感，展现灵活的接待形式。2015 年，博物馆累计接待观众 1.21 万人次，观众满意率 96.12%。

【展馆调整与主题临展】 在展馆调整方面，2015 年，增加农业馆晾晒烟传统制作场景，采用加工作坊实景还原与制作工艺视频播放的形式，向观众普及晾晒烟的烟草科普知识，生动再现传统加工工艺的过程。调整管理馆专卖打私打假展区，设计围剿制假窝点、道口盘查运假车辆、清查售假商店、集中销毁假烟和制假工具等微缩场景，制作 10 个不同类型打私打假典型案例视频，供参观者自主选择播放。增加反映解放前中国共产党组织利用烟店掩护开展地下工作的场景，进一步充实爱国主义教育内容。

在主题临展方面，围绕纪念抗日战争胜利 70 周年，将“抗战时期中国烟草”确定为临展主题，通过挖掘和考证抗战时期各地烟草史事资料，确定日本帝国主义压迫垄断、抗战时期民族烟草经济、解放区烟草经济、苦难求生存的烟草产业工人、抗战主题烟画片和烟标等 5 个展览专题。在全国烟草行业范围内广泛征集和仿复制展品，并在展览中增加自助语音讲解、二维码辅助陈展、多媒体视频、观众互动游戏等多种展示手段，生动展现抗战时期的中国烟草。8 月上旬，“抗战时期中国烟草”主题临展如期展出。同时，博物馆与《中国烟草》杂志社有限公司共同编辑出版“铭记历史、戮力前行——抗战时期中国烟草”专刊，进一步扩大主题临展内容的影响力。

【文物普查与征集保管】 2015 年，博物馆启动烟草行业第一次文物普查工作，制定《文物普查工作三年规划》及相应的程序、标准、方法，对参加普查的 16 家单位相关人员进行培训。6—10 月期间，博物馆普查小组实地调查福建、广东、贵州、江苏、湖南等 5 个省的烟草专卖局（公司）、中烟工业有限责任公司及其下属 12 家卷烟厂的文物资源，函调北京、天津、黑龙江、西藏、深圳、大连等 6 个省级烟草专卖局（公司）的文物资源，并对有关地区民间收藏的烟草文物资源进行考察。现场采集文物信息 371 处，拍摄照片 1430 余幅；函调采集文物信息 155 条。经认定，68 件为烟草行业珍贵文物文献、220 件为重要文献资料。

2015 年，博物馆在全国烟草行业内集中征集 2008—2014 年期间新开发的卷烟产品烟标及新设计的卷烟烟标版式，收到 58 个品牌 618 个规格（版式）的烟标。参与上海阳明拍卖有限公司举行的三场“中国早期老股票与债券”专题拍卖会，拍回 15 件藏品，进一步完善馆内老票证的收藏结构。

省级公司展馆建设

【广西壮族自治区烟草专卖局（公司）文化长廊】 广西壮族自治区烟草专卖局（公司）于 2014 年 12 月成立文化长廊创建工作领导小组。2015 年 3 月，开始征集资料并制定布展大纲，截至 2015 年底，基本完成施工作业。文化长廊设在自治区局（公司）办公楼二楼，面积 294 平方米，分为改革奋进、专卖专营、行业风采、展望未来等 4 个展区，展示发展历程、关怀鼓舞、企业管理、卷烟营销、专卖执法、烟叶生产、队伍建设、继往开来等 8 个篇章。文化长廊以“山水之道、金叶传情”为主题，根据展示内容，通过“八个一”巧妙设计造型，即一副山水画、一对屏风、一部典籍、一个卷轴、一面铜鼓、一幅壮锦、一座丰碑、一双翅膀，融入中式元素、壮族地方特色和烟草味道，展示广西烟草组建 30 余年来改革发展历程和取得的成就。

【云南省烟草专卖局（公司）华叶大成文化中心】 推进云南省烟草专卖局（公司）华叶大成文化中心云南烟草博览展厅和科技展厅的建设。文化中心是“百年滇烟”活动的一项重要内容，于 2014 年底完工。以云南烟草博览展厅为重点，客观反映云南烟草创立以来，特别是工商分设后云南烟草跨越式发展过程中所经历的艰辛历程及取得的成绩，展示广大干部职工的良好精神风貌和云南烟草企业文化的成果，以及云南烟草切实维护国家、消费者、零售客户、烟农利益，树立负责任、重自律的社会形象。云南烟草科技展厅以传统展示方式为主，现代多媒体软硬件展示为辅，利用实物、图片结合文字、现代先进科技手段进行展示，充分展现科技创新对云南烟草发展的支撑和引领作用。截至 2015 年底，华叶大成文化中心累计接待参观 44 次，共计 866 人次。

（编辑：谢争艳）

烟草行业部分报刊名录

报刊名	报刊号/准印证号	创刊年份	刊 期	联系电话	主办单位
《中国烟草》	ISSN1008－9063 CN11－3831/D	1985年	半月刊	010－63605464	《中国烟草》杂志社有限公司
《新烟草》	ISSN1008－5181 CN23－1526/TS	1986年	旬 刊	010－68535662	黑龙江省烟草公司、 《中国烟草》杂志社有限公司
《中国烟草学报》	ISSN1004－5708 CN11－2985/TS	1992年	双月刊	010－63605768	中国烟草学会
《烟草科技》	ISSN1002－0861 CN41－1137/TS	1957年	月 刊	0371－67672637	中国烟草总公司郑州烟草研究院
《东方烟草报》	CN37－0082	1992年	周五报	0531－88562706	《东方烟草报》社有限公司
《烟机通讯》	豫内资〔许昌〕0005号	1995年	半月报	0374－3266661	中国烟草机械集团有限责任公司
《北京烟草》	京内资准字1999－L0006	1993年	季 刊	010－67009775	北京市局（公司）、北京烟草学会
《京烟》	京内资准字1999－L0501	1993年	月 报	010－59028301	上海烟草集团北京卷烟厂
《天津烟草》	准印证字第150086号	2000年6月	双月刊	022－23292109	天津市局（公司）、天津市烟草学会
《津烟》	内部资料准印证号：津11011	1994年10月	半月报	022－84786089	上海烟草集团有限责任公司天津卷烟厂
《河北烟草》	JL01－0160	1984年5月	双月刊	0311－88607991	河北省烟草学会
《河北烟草》	JL01－0312	2003年8月	半月报	0311－66006562	河北中烟、河北省局（公司）
《山西烟草》	山西省连续性内部资料准 印证〔99〕第K224号	1987年3月	季 刊	0351－6563102	山西省局（公司）
《大光》	山西省内部资料准印证 〔2012〕B124号	1995年1月	月 刊	0351－4188236	山西昆明烟草有限责任公司
《内蒙古烟草》	15－088/C	1988年10月	双月刊	0471－4914960	内蒙古区局（公司）、 内蒙古区烟草学会、 内蒙古烟草职工思想政治工作研究会
《辽宁烟草》	辽宁省内部资料准印证号0022号	1991年7月	双月刊	024－31210216	辽宁省局（公司）、辽宁省烟草学会
《辽宁烟草报》	辽宁省内部资料准印证号0022号	2015年10月	半月报	024－31210216	辽宁省局（公司）、辽宁省烟草学会
《红辽烟草》	辽宁省内部资料准印证第0151号	2005年1月	半月刊	024－22815777－ 1801	红塔辽宁烟草有限责任公司
《吉林烟草》	吉林省连续性内部资料出版物 准印证编号：JN00－013	1994年	月 刊	0431－88401432	吉林省局（公司）
《烟草专卖导读》	吉林省连续性内部资料出 版物准印证编号：JN02－033	2003年4月	月 报	0432－64606541	吉林省吉林市局（公司）
《松原烟草报》	吉林省内部数据性出版物20079007号	2006年	季 报	0438－2281402	吉林省松原市局（公司）
《白城烟草》	吉准印号200607009	2006年	月 报	0436－3351928	吉林省白城市局（公司）
《吉林烟草工业报》	吉林省连续性内部资料 出版物准印证编号：JN03－025	2008年5月	半月报	0433－2858368	吉林烟草工业有限责任公司
《黑龙江烟草》	黑新出印字2300009号	1999年	旬 报	0451－82643781	黑龙江省局（公司）
《哈尔滨烟草》	黑新出印字2301026号	2002年	半月刊	0451－88620697	黑龙江省哈尔滨市局（公司）
《黑龙江烟草工业报》	黑新出印字第2301039号	1988年11月	旬 报	0451－82521456－ 250	黑龙江烟草工业有限责任公司

续表

报刊名	报刊号/准印证号	创刊年份	刊　期	联系电话	主办单位
《上海烟业》	上海市连续性内部资料 准印证第0205号	1987年	季　刊	021－61669608	上海市烟草学会
《江苏烟草》	苏新出准印JS－S060号	2008年	月　报	025－86794543	江苏省局（公司）
《江苏烟草研究》	苏新出准印JS－S027号	2008年	双月刊	025－87756186	江苏省局（公司）、江苏省烟草学会
《江苏中烟》	苏新出准印JS－S318号	2007年1月	双月刊	025－58590363	江苏中烟
《江苏中烟报》	苏新出准印JS－S319号	2007年1月	半月报	025－58590637	江苏中烟
《浙江烟草》	浙内准字第0046号	1987年4月	双月刊	0571－87079325	浙江省局（公司）、浙江中烟、 浙江省烟草学会
《宁波烟草》	浙内准字第B054号	2010年1月	季　刊	0574－87993103	浙江省宁波市局（公司）
《烟草客户之友》	浙企准字第G－059号	2006年10月	月　报	0579－82320689	浙江省金华市局（公司）
《浙江中烟报》	浙企准字S042号	2006年	月　报	0571－87075860	浙江中烟
《安徽烟草》	安徽省内部资料准印证号00－111	2001年1月	月　刊	0551－2285023	安徽省局（公司）、安徽省烟草学会
《亳州烟草报》	亳宣准字200303	2003年	月　报	0558－5128558	安徽省亳州市局（公司）
《蚌烟实报》	皖内部资料性图书BB－2010－009号	2010年	月　报	0552－4089163	安徽省蚌埠市局（公司）
《安徽中烟报》	皖内资准字第01－020	2006年	半月报	0551－65392203	安徽中烟
《黄山世界》	皖内资准字第00－265	2009年	季　刊	0551－65368036	安徽中烟
《福建烟草》	闽内资准字K第133号	1987年1月	双月刊	0591－87069560	福建省局（公司）、福建中烟、 福建省烟草学会
《海峡烟草》	闽内资准字K第173号	2003年6月	旬　报	0591－87069456	福建省局（公司）
《海峡烟草》（烟叶版）	闽内资准字K第173号	2005年5月	月　报	0591－87069456	福建省局（公司）
《三明烟草》	闽内资准字G第003号	1992年1月	双月刊	0598－8566512	福建省三明市局（公司）、 三明市烟草学会
《龙岩烟草》	（岩）新出2015第002号	2007年10月	月　报	0597－2999816	福建省龙岩市局（公司）
《延烟资讯》	（南）新出〔2008〕内书第04号	2008年1月	月　报	0599－8876005	福建省南平市延平区局（分公司）
《福建中烟》	闽内部资料性出版许可证第02028号	2011年5月	半月刊	0592－5836962	福建中烟
《龙烟人》	闽内部资料性出版许可证第07014号	1991年	旬　报	0597－2776888	龙岩烟草工业有限责任公司
《厦门烟草》	厦新出〔99〕内资第16号	1993年	月　报	0592－6536171	厦门烟草工业有限责任公司
《江西烟草》	赣内资字第122号	1991年1月	双月刊	0791－86535063	江西省局（公司）、江西中烟、 江西省烟草学会
《星辰》	赣内资字第G023号	2009年6月	月　报	0792－8503389	江西省九江市局（公司）
《上饶烟草》	赣内资字第E021号	2013年6月	月　报	0793－8318694	上饶市局（公司）
《景德镇日报· 烟草专刊》	CN36－0012	2007年8月	半月报	0798－6799000	江西省景德镇市局（公司）、 景德镇日报社
《金圣报》	赣内资字第076号	2004年6月	月　报	0791－8358596	江西中烟
《典藏》	赣内资字第326号	2009年9月	不定期	0791－88358596	江西中烟
《广烟之窗》	赣内资字第E004号	1996年10月	月　报	0793－6078818	江西中烟广丰卷烟厂
《山东烟草》	鲁连内资第01095号	2007年	双月刊	0531－88954240	山东省局（公司）
《菏泽烟草》	菏连内资〔2009〕51号	2008年	月　报	0530－5199061	山东省菏泽市局（公司）
《淄博烟草》	淄博市内部资料准印证〔2011〕270号	2012年	半月报	0533－2181599	山东省淄博市局（公司）

续表

报刊名	报刊号/准印证号	创刊年份	刊　期	联系电话	主办单位
《滨州烟草》	滨州市内部资料准印证〔2006〕第44号	2006年	半月报	0543－3213188	山东省滨州市局（公司）
《山东中烟报》	鲁连内资第00027号	2007年11月	半月报	0531－58709711	山东中烟
《新晨报·泰山周刊》	CN37－0092	2008年	周　刊	0531－58709710	山东中烟
《济烟视窗》[1]	济南市内部资料准印证第004号	1990年7月	月　刊	0531－66776887	山东中烟济南卷烟厂
《星光》	山东省连续性内部资料出版物准印证第0085号	1997年10月	月　报	0536－3239468	山东中烟青州卷烟厂
《青岛卷烟》	鲁连内资〔2013〕第B0005号	1991年9月	季　报	0532－81921263	山东中烟青岛卷烟厂
《滕烟采风》	鲁D：连内资〔2013〕第031号	1996年2月	月　刊	0632－5636956	山东中烟滕州卷烟厂
《将军视窗》[2]	鲁连内资第A0012号	2015年2月	月　报	0532－88777166	将军烟草集团有限公司
《中国烟草科学》	ISSN1007－5119 CN37－1277/S	1979年	季　刊	0532－88703708	中国农业科学院烟草研究所、中国烟草总公司青州烟草研究所
《河南烟草》	河南省连续性内部资料〔审省直连〕00102号	1996年	双月刊	0371－65583198	河南省局（公司）、河南中烟、河南省烟草学会
《中原烟草》	河南省连续性内部资料〔审省直连〕00142号	2015年1月	半月刊	0371－65583016	河南省局（公司）
《洛阳烟草》[3]	河南省连续性内部资料〔洛阳〕0098号	2009年	月　报	0379－65921114	河南省洛阳市局（公司）
《南阳烟草通讯》	河南省连续性内资〔南阳〕049号	2009年	月　报	0377－63160072	河南省南阳市局（公司）
《焦作烟草》[4]	河南省连续性内部资料〔焦作市〕0024号	2006年	双月报	0391－8381072	河南省焦作市局（公司）
《濮阳烟草》[5]	河南省连续性内资〔审濮连〕00005号	2011年	双月报	0393－8115366	河南省濮阳市局（公司）
《安阳烟草》	豫内资审字〔2011〕00050号	2011年	季　刊	0372－5925168	河南省安阳市局（公司）
《天中烟草》	河南省连续性内部资料〔审驻马店连〕00010号	2015年12月	半月报	0396－2826625	河南省驻马店市局（公司）
《黄金叶·天之叶》[6]	内资〔省直〕163号	2006年	月　刊	0371－69192833	河南中烟
《黄金叶制造》	河南省连续性内部资料郑州〔74号〕	2008年	月　报	0371－62619537	河南中烟黄金叶制造中心
《许烟时讯》	准印证号〔许昌〕0006号	1989年	半月报	0374－3351543	河南中烟许昌卷烟厂
《安烟》	内部资料〔审安阳连〕00001号	2010年	月　报	0372－5089811	河南中烟安阳卷烟厂
《湖北烟草》	湖北省内部资料准印证第2006/SG号	1986年	月　刊	027－83738388	湖北省局（公司）、湖北中烟、湖北省烟草学会
《黄冈烟草》	鄂黄内图字2013年第29号	2011年5月	月　报	0713－8386484	黄冈市烟草学会

注：1、2.2015年，原《将军视窗》更名为《济烟视窗》，原济南卷烟厂、将军烟草集团有限公司联合主办改由济南卷烟厂单独主办；2月，将军烟草集团有限公司创办《将军视窗》。

3.2015年4月，《洛阳烟草》停刊。

4.2015年1月，《焦作烟草》停刊。

5.2015年1月，《濮阳烟草》停刊。

6.2015年1月，《黄金叶时空》更名为《黄金叶·天之叶》，由半月报改为月刊杂志。

续表

报刊名	报刊号/准印证号	创刊年份	刊　期	联系电话	主办单位
《金叶》	JTR〔2004〕32 号	2007 年	双月刊	0716－8506861	湖北省荆州市局（公司）、荆州市作家协会
《十堰烟草》	2028/SY	2012 年	季　刊	0719－8666483	湖北省十堰市局（公司）、十堰市烟草学会
《黄鹤楼内刊》	鄂内资准印 1013/WH	1989 年	半月刊	027－68832900	湖北中烟
《湖南烟草》	湖南省内部资料刊型准印证号 0058	1986 年	双月刊	0731－85799277	湖南省烟草学会
《株洲烟草》	湘 B〔2011〕第 026 号	2005 年	月　刊	0731－28223986	湖南省株洲市烟草学会
《娄烟之声》	湘 K010	2007 年	双月刊	0738－8312687	湖南省娄底市局（公司）
《邵阳烟草服务直通车》	湘邵新出准字〔2009〕第 35 号	2009 年	季　刊	0739－5390975	湖南省邵阳市局（公司）
《先锋家园》	湘岳新出准字〔2015〕第 056 号	2011 年 3 月	季　刊	0730－8713331	湖南省岳阳市局（公司）、岳阳市烟草学会
《白沙》	湖南省报型内部资料准印证 A003 号	1989 年	半月报	0731－85559117	湖南中烟长沙卷烟厂
《常德烟厂报》	湖南省报型内部资料准印证 H002 号	1984 年	旬　报	0736－7299323	湖南中烟常德卷烟厂
《郴烟通讯》	湖南省报型资料准印证第 L003 号	1995 年	半月报	0735－2229904	湖南中烟郴州卷烟厂
《零烟通讯》	湖南省报型资料准印证第 M001 号	1986 年	半月报	0746－6668564	湖南中烟零陵卷烟厂
《广东烟草》	粤内登字 O 第 L0150364 号	2004 年 8 月	双月刊	020－38809775	广东省局（公司）、广东省烟草学会
《广东中烟报》	粤内登字 O 第 00034 号	2005 年 5 月	半月报	020－87013273	广东中烟
《广西烟草》	广西壮族自治区内部资料性出版物准印证第 2001850 号	1987 年	月　刊	0771－5851875	广西区局（公司）、广西中烟、广西烟草学会
《桂烟之友》	广西壮族自治区内部资料性出版物准印证第 2001848 号	2010 年	半月报	0771－5851875	广西烟草学会
《南宁烟草》	广西壮族自治区内部资料性出版物准印证第 2184053 号	2014 年	月　报	0771－2108720	广西区南宁市局（公司）
《柳州烟草》	广西壮族自治区内部资料性出版物准印证第 0002573 号	2007 年	月　报	0772－2802134	广西区柳州市局（公司）
《河池烟草》	广西壮族自治区内部资料性出版物准印证第 0029689 号	2003 年	月　报	0778－2284430	广西区河池市局（公司）
《百色烟草》	广西壮族自治区内部资料性出版物准印证第 0026253 号	2008 年	月　报	0776－2939400	广西区百色市局（公司）
《贵港烟草》	广西壮族自治区内部资料性出版物准印证第 0006050 号	2013 年	月　报	0775－5205378	广西区贵港市局（公司）
《梧州烟草》	广西壮族自治区内部资料性出版物准印证第 2006301 号	2009 年	月　报	0774－3815167	广西区梧州市局（公司）、梧州市烟草学会
《贺州烟草》	广西壮族自治区内部资料性出版物准印证第 2000595 号	2013 年	双月报	0774－5291573	广西区贺州市局（公司）
《来宾烟草》	广西壮族自治区内部资料性出版物准印证第 0006645 号	2006 年	双月报	0772－4228861	广西区来宾市局（公司）
《崇左烟草》	广西壮族自治区内部资料性出版物准印证第 0001781 号	2014 年	月　报	0771－7826710	广西区崇左市局（公司）

续表

报刊名	报刊号/准印证号	创刊年份	刊　期	联系电话	主办单位
《广西中烟报》	广西壮族自治区内部资料性出版物准印证第0018007号	2011年	旬　报	0771－8098091	广西中烟
《海南烟草》	琼内准印字第B005号	2000年10月	月　刊	0898－65806069	海南省局（公司）
《天之子》[1]	渝内字第040号	1992年	旬　报	023－62940675	重庆烟草工业有限责任公司
《重庆烟草》	渝内字第349号	1989年	月　刊	023－67982697	重庆市局（公司）
《凉山烟草》	凉山新出图2015第20号	2007年	月　刊	0834－6120045	四川省凉山州局（公司）
《贵州烟草科学》	黔新出2015年连续性内资准字Z381号	1972年	双月刊	0851－84117138	贵州省烟草科学研究所、贵州省烟草学会、贵州中烟工业技术中心
《贵阳烟草》	贵阳市GYL2015第016号	2005年	季　刊	0851－85814816	贵州省贵阳市局（公司）
《遵义烟草》	贵州省〔报刊〕连续性内资字第ZYSK13号	2002年	双月刊	0852－28662861	贵州省遵义市局（公司）
《遵烟时讯》	（黔）字第Z680	2004年	月　刊	0852－28662861	贵州省遵义市局（公司）
《毕节烟草报》	（黔）字第2016048	1989年8月	旬　报	0857－8278562	贵州省毕节地区局（公司）
《贵州烟草》[2]	贵州省〔报刊〕连续性内资第SB20号	2005年	周　报	0851－6831628	贵州中烟、贵州省局（公司）
《贵烟之窗》	贵州省连续性内资第SB62号	2005年	月　刊	0851－8981053	贵州中烟贵阳卷烟厂
《遵烟一览》	贵州省〔报刊〕连续性内资字第ZYSB2号	2007年	月　刊	0852－8620941	贵州中烟遵义卷烟厂
《云南烟草》	云新出〔2015〕准印连字第Y00209号	1987年	双月刊	0871－63537652	云南省烟草学会
《云南烟草·七彩云》	云新出〔2015〕准印连字第Y00209号	2014年	双月刊	0871－63537619	云南省烟草学会
《大成》	云新出〔2015〕准印连字第Y00143号	2010年2月	双月刊	0871—63536905	云南省局（公司）
《云南中烟》	云新出〔2014〕准印连字第00391号	2011年1月	双月刊	0871－65013597	云南中烟
《红云红河烟草》	云新出〔2015〕准印连字第Y00173号	2009年1月	半月刊	0871－65869212	红云红河烟草集团
《今日红云红河》	云新出〔2015〕准印连字第Y00175号	2009年1月	月　刊	0871－65869216	红云红河烟草集团
《和谐昆烟》	云新出〔2015〕准印连字第Y00441号	1990年1月	双月刊	0871－65868868	红云红河烟草集团昆明卷烟厂
《红烟人》	勒新出〔2015〕准印第075号	2015年1月	月　刊	0873－6196737	红云红河烟草集团红河卷烟厂
《红塔时报》	云新出〔2015〕准印连字第Y00360号	1987年5月	半月报	0877－2968939	红塔烟草集团
《价　值》	玉图〔报、刊〕字2008169	2008年9月	季　刊	0877－2968089	红塔烟草集团玉溪卷烟厂
《红塔楚雄时讯》	云新出〔2014〕准印连字第Y00332号	1983年	半月报	0878－3253328	红塔烟草集团楚雄卷烟厂
《红塔大理时讯》	云新出〔2014〕准印连字第Y00242号	1984年	半月报	0872－2360191	红塔烟草集团大理卷烟厂
《红塔昭通时讯》	云新出〔2014〕准印连字第Y00272号	1988年2月	半月报	0870－2130195	红塔烟草集团昭通卷烟厂
《烟草工业科技》	云新出〔2014〕准印连字第Y00389号	2011年12月	半年刊	0871－68319228	云南烟草科学研究院
《烟草农业科学》	云新出〔2015〕准印连字第Y00581号	2005年	季　刊	0871－65107543	云南省烟草农业科学研究院、中国烟草育种研究（南方）中心

注：1. 2015年11月，《长江烟草》更名为《天之子》。
2. 2015年4月，《贵烟报》更名为《贵州烟草》。

续表

报刊名	报刊号/准印证号	创刊年份	刊　期	联系电话	主办单位
《陕西烟草》	陕新出内印字第 93082 号	1990 年	双月刊	029－85466252	陕西省烟草学会
《泾渭情》[1]	陕新出连内印字第 0324 号	2006 年	半月刊	029－33369992	陕西省咸阳市局（公司）、咸阳烟草学会
《同心安康》	陕新出连内印字第 0620 号	2007 年	双月刊	0915－3286490	陕西省安康市局（公司）
《陕西中烟报》	陕新出内印字第 92089 号	2006 年	半月报	029－88453273	陕西中烟
《甘肃烟草》	甘新出连续性内部资料准印证〔刊型〕GS－0056	1992 年 12 月	双月刊	0931－7826606	甘肃省局、甘肃省烟草学会
《烟　语》	甘出准 036 字总 341 号 2009－022 号	2009 年 10 月	季　刊	0939－8212481	甘肃省陇南市局（公司）
《青海烟草》	青内资 K－173 号	1986 年	双月刊	0971－6106090	青海省局（公司）、青海省烟草学会
《宁夏烟草》	宁新出管字〔2015〕第 0350 号	1991 年	季　刊	0951－5044368	宁夏区局（公司）、宁夏区烟草学会
《银川烟草》	宁新出管字〔2015〕第 12329 号	2005 年 2 月	双月刊	0951－5077015	宁夏区银川市局（公司）
《银烟市场》	银新出管字〔2015〕第 12260 号	2003 年 1 月	月　报	0951－5077021	宁夏区银川市局（公司）
《石嘴山烟草》	石新出管字〔2015〕第 2128 号	2007 年 10 月	月　报	0952－2013123	宁夏区石嘴山市局（公司）
《吴忠烟草》	宁新出管字〔2015〕第 31094 号	2007 年 12 月	月　报	0953－2038703	宁夏区吴忠市局（公司）
《固原烟草》	固新出管字〔2010〕第 4014 号	2007 年 10 月	月　报	0954－2034379	宁夏区固原市局（公司）
《中卫烟草》	宁新出管字〔2015〕第 5016 号	2006 年 3 月	月　报	0955－7022907	宁夏区中卫市局（公司）
《新疆烟草》	新疆内部资料〔报刊型〕准印证 0113 号	1988 年	双月刊	0991－4810977	新疆维吾尔自治区烟草学会
《深圳烟草》	粤内登字 B 第 11180 号	1986 年	双月刊	0755－82029719	深圳市局（公司）、深圳市烟草学会
《深烟风采》	〔2005〕粤印准字第 0334 号	2002 年 6 月	季　刊	0755－81788330	深圳烟草工业有限责任公司

注：1.《泾渭情》原刊名为《咸阳烟草》，2014 年 1 月完成更名。

2015 年度烟草新书目

1. 百色烤烟施肥管理/林北森主编；广西壮族自治区烟草公司百色市公司、广西烟草学会、广西农业科学院农业资源与环境研究所编写．—南宁：广西科学技术出版社，2015.

2. 风险弱化烟草制品研究的科学标准（Scientific Standards for Studies on Modified Risk Tobacco Products）/风险弱化烟草制品研究科学标准委员会（Committee on Scientific Standards for Studies on Modified Risk Tobacco Products），人口健康与公共卫生实践理事会（Board on Population Health and Public Health Practice），美国国家科学院医学研究院（Institute of Medicine of the National Academies）著；胡清源，侯宏卫等译．—北京：化学工业出版社，2015.

3. 工业主导的烟叶原料基地建设暨优质特色烟叶研究与开发/窦玉青，孙平，张忠锋主编．—北京：中国农业科学技术出版社，2015.

4. 广东烟区农药减量控害技术/林壁润主编；广东省农业科学院植物保护研究所，广东省烟草学会编著．—北京：中国农业出版社，2015.

5. 贵州省烤烟种植区划丛书/李志勇著．—贵阳：贵州人民出版社，2015.

6. 贵州烟草商业企业全面预算管理标准体系/张生龙，刘娴主编．—北京：中国质检出版社，中国标准出版社，2015.

7. 贵州烟草栽培学/贵州省烟草科学研究院编；冯勇刚著．—成都：四川科学技术出版社，2015.

8. 贵州中烟有机生产烟叶开发实践/马坤，胡世龙，欧明毅主编．—北京：化学工业出版社，2015.

9. 计算机在烟草行业的应用/耿子林，武颖著．—北京：中国铁道出版社，2015.

10. 卷烟工业企业全面预算管理：认识·实践·探索/“全国预算管理在卷烟工业企业的应用”课题组著．—大连：东北财经大学出版社，2015.

11. 烤烟烘烤特性/徐秀红，王传义主编．—北京：中国农业科学技术出版社，2015.

12. 烤烟清香型风格形成的生态基础（Ecological Mechanisms For the Formation of the Fragrance Style of Flue-cured Tobacco）/李志宏，张云贵，李军营，刘青丽等著．—北京：科学出版社，2015.

13. 欧盟烟草制品指令：欧洲议会和欧盟理事会2014/40/EU指令/胡清源，侯宏卫等译．—北京：科学出版社，2015.

14. 攀枝花烤烟标准化烘烤技术/张忠，张宗锦主编．—成都：西南交通大学出版社，2015.

15. 攀枝花市特色优质烟叶生产实用技术/董华芳，罗蔓，彭世逞主编．—成都：西南交通大学出版社，2015.

16. 黔东南烤烟气候资源优化利用研究与实践/杨天沛，薛小平主编．—贵阳：贵州科技出版社，2015.

17. “清江源”现代烟草农业科技园区循环经济实践与探索/黄树立，谭志平编著．—北京：科学出版社，2015.

18. 山东烟农专业合作社发展实证研究/薛兴利，李现道著．—北京：中国农业科学技术出版社，2015.

19. 涉烟案件处理流程与规范/印仕柏，张志刚，罗高社主编．—长沙：湖南人民出版社，2015.

20. 现代分子生物学实验技术及其在烟草中的应用/万秀清，颜培强主编．—哈尔滨：黑龙江大学出版社，2015.

21. 新郑卷烟厂志：2009—2014/李彦伟主编．—北京：光明日报出版社，2015.

22. 烟草加工机械/邵惠芳，王德吉主编．—北京：中国农业出版社，2015.

23. 烟草密码（Tobacco Code）/徐传快，王振海，别毅兵编著．—北京：中国发展出版社，2015.

24. 烟草农药残留分析技术/边照阳主编．—北京：中国轻工业出版社，2015.

25. 烟草疫霉菌及其病害生态治理研究/马国胜著．—苏州：苏州大学出版社，2015.

26. 烟草营养失调症状图谱及矫正技术/庞良玉，伍仁军主编．—成都：四川科学技术出版社，2015.

27. 烟草栽培技术/胡立峰主编．—北京：中央广播电视大学出版社，2015.

28. 烟草制品管制科学基础报告—WHO研究组第一份报告/WHO烟草制品管制研究小组著；胡清源，侯宏卫等译．—北京：科学出版社，2015.

29. 烟草制品管制科学基础报告—WHO研究组第二份报告/WHO烟草制品管制研究小组著；胡清源，侯宏卫等译．—北京：科学出版社，2015.

30. 烟草制品管制科学基础报告—WHO研究组第三份报告/WHO烟草制品管制研究小组著；胡清源，侯宏卫等译．—北京：科学出版社，2015.

31. 烟草制品管制科学基础报告—WHO研究组第四份报告/WHO烟草制品管制研究小组著；胡清源，侯宏卫等译．—北京：科学出版社，2015.

32. 烟草专业英语（Specified English for Tobacco）/年夫照，资谷生主编．—北京：中国农业出版社，2015.

33. 烟农专业合作社创新管理与优化提升研究：基于重庆的实证分析/徐宸主编．—重庆：重庆大学出版社，2015.

34. 烟叶调制工（二级）专业知识/《烟叶调制工（二级）专业知识》编写组编．—郑州：河南科学技术出版社，2015.

35. 烟叶调制工（三至五级）专业知识/《烟叶调制工（三至五级）专业知识》编写组编．—郑州：河南科学技术出版社，2015.

36. 中国烟草产业管制经济学分析/喻保华，景延秋著．—北京：知识产权出版社，2015.

37. 中国烟草年鉴（2015）/国家烟草专卖局编．—北京：中国经济出版社，2015.

38. 中华人民共和国烟草专卖法（2015最新修正版）/—北京：法律出版社，2015.

（编辑：王东旭）

2015年4月24日，国家烟草专卖局、中国妇女发展基金会共同捐赠“母亲健康快车”暨发车仪式在湖北省房县妇幼保健院举行

国家局办公室 供稿

2015年11月11日，由中国烟草总公司援建的江西省兴国县塘石小学“母亲水窖·校园安全饮水”项目举行揭牌仪式

国家局办公室 供稿

2015年12月10日，中国烟草总公司援建的“金叶·育才图书工作室”工程向湖北阳新县30所中小学捐赠各类图书

国家局办公室 供稿

2015年8月27日，天津市区第一烟草专卖局组织开展爱心助学交流活动

天津市区第一烟草专卖局 侯霄昱 摄

2015年9月，河北邯郸县局（营销部）员工为对口帮扶中学发放书籍

河北邯郸市局 供稿

2015年12月6日，河北省钻石公益基金会启动仪式暨农村养老探讨会在石家庄市举行

河北中烟 王佳 摄

2015年9月6日，河北中烟对口帮扶建设的“钻石路”顺利通车

张家口卷烟厂 高毅 摄

2015年12月18日，山西长治市局（公司）组织开展"博爱·慈善一日捐"活动

山西长治市局 周玮 摄

2015年7月2日，吉林白山市局（公司）党支部书记走访慰问帮扶大学生

吉林白山市局 于凡 摄

2015年5月15日，利群阳光十五年感恩同行暨2015利群阳光·助学行动在浙江杭州启动

浙江中烟 王雷 摄

2015年7月15日，安徽安庆市局（公司）开展向环卫工人致敬活动

安徽安庆市局 张俊峰 摄

2015年6月9日，江西永修县局（分公司）党员志愿者服务队开展“爱心迎考”志愿服务活动

江西永修县局 毕玉婷 摄

2015年8月25日，江西中烟举办2015年度“金圣助学”活动

江西中烟 供稿

2015年9月15日，山东诸城市局（分公司）青年志愿者利用周末帮助烟农采收烟叶

山东潍坊市局 郑海峰 摄

2015年3月7日，广东中烟韶关卷烟厂组织志愿者开展真假烟辨别和烟草专卖知识宣传志愿者服务

广东中烟韶关卷烟厂 刘贵兴 摄

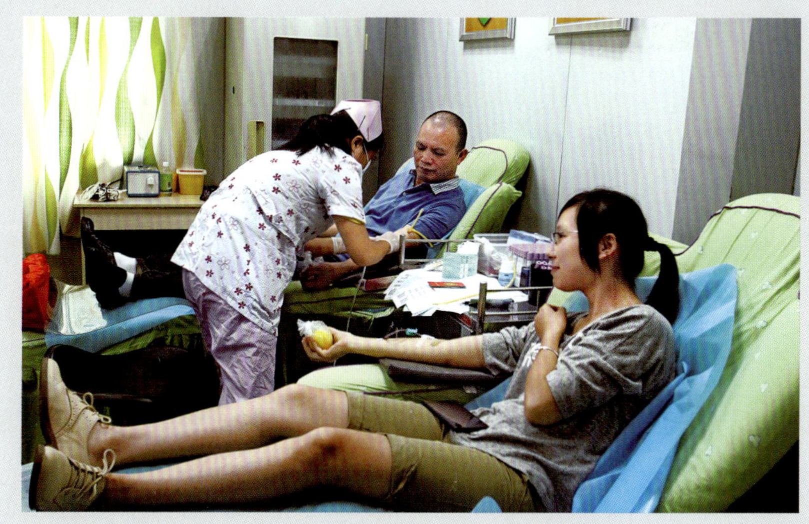

2015年8月14日，广西区桂林市局（公司）组织员工参加无偿献血活动，义务献血共1.47万毫升

广西区局 供稿

2015年3月4日，广西中烟柳州卷烟厂志愿者参加低碳环保宣传活动

广西中烟柳州卷烟厂 周珂全 摄

2015年6月18日，贵州福泉市局（分公司）为贫困学生捐赠书籍

贵州福泉市局 文晶 摄

2015年7月15日，云南中烟向施甸县杨善洲干部学院捐赠500万元

云南中烟 供稿

2015年7月16日，云南中烟召开对口施甸县布朗族整乡推进整族帮扶项目启动会

云南中烟 供稿

2015年8月，红塔集团大理卷烟厂为"红塔学子"助学金捐款80万元

红塔集团 供稿

2015年12月30日，红云红河集团与云南大学召开2015年度奖教助学会议，并颁发“红云园丁奖”和“红河助学金”

红云红河集团 陈帆 摄

2015年5月4日，西藏区局（公司）和拉萨市局（公司）员工共同为“4·25”地震中受灾的日喀则地区捐款

西藏区局 供稿

2015年7月17日，陕西咸阳市局（公司）开展“希望学子——爱心与你同行”资助贫困大学新生活动

陕西咸阳市局 魏锋 摄

2015年4月24日，甘肃民乐县局（营销部）职工开展公益环保植树造林捐款活动

甘肃民乐县局 供稿

2015年6月27日，甘肃白银市白银区局（营销部）员工参加“做一天义工 献一份爱心”活动

甘肃白银市局 供稿

2015年11月6日，青海省局（公司）领导在扶贫点奶牛养殖户的牛棚中实地了解奶牛养殖情况

青海省局 供稿

2015年7月27日，宁夏区中卫市局（公司）获赠“捐资助学 奉献爱心”扶贫济困锦旗

宁夏中卫市局 冷欢欢 摄

2015年4月16日，新疆区局（公司）驻村工作组人员与当地村民共同劳动

新疆区局 供稿

2015年11月12日，深圳坪山新区局（公司）阳光义工服务队开展慰问残障人士活动

深圳市局 毛勇 摄

公益活动

2015年全国烟草行业公益活动概况

国家烟草专卖局、中国烟草总公司

2015年，国家局、总公司积极开展各项社会公益活动。

定点扶贫。2015年对定点扶贫的湖北省竹山、竹溪县实施35个扶贫项目，投入资金2000万元。开展对口支援工作，行业安排1亿元支持江西省兴国县新农村建设及烟田基础设施建设、灌区改造、河堤加固等烟田配套工程，并派1名干部到兴国县挂职开展对口支援工作；开展对口支援贵州省工作，拨付贵州省财政厅扶持资金1亿元。

扶贫规划编制。配合国务院扶贫办《中国扶贫开发年鉴》编辑部编制《2014年扶贫开发年鉴》；协助落实工信部定点扶贫与“燕山—太行山”片区扶贫资金1500万元，并与水利部合作编制《滇桂黔石漠化片区区域发展与扶贫攻坚规划》、与教育部合作编制《滇西边境片区区域发展与扶贫攻坚规划》、与国土资源部合作编制《乌蒙山区区域发展与扶贫攻坚规划》。结合国家局产业扶贫实际，落实《国家烟草专卖局滇桂黔石漠化片区区域发展与扶贫攻坚规划（2013—2015年）》《国家烟草专卖局滇西边境片区区域发展与扶贫攻坚规划（2013—2015年）》《国家烟草专卖局乌蒙山区区域发展与扶贫攻坚规划（2013—2015年）》。

扶贫济困。向中国妇女发展基金会设立的“金叶基金”捐款1000万元，用于实施“母亲水窖·校园安全饮水”“母亲健康快车”项目，以帮助解决江西、四川等贫困地区学校学生饮水困难问题和保护母亲健康；向中国法律援助基金会捐款300万元，用于捐助“1+1”中国法律志愿者行动；向中国西部人才开发基金会捐款200万元，用于在湖北省竹溪、竹山县，江西省兴国、宁都县实施“相守计划”，关爱农村留守儿童。

资助教育事业。向中国扶贫基金会捐款192万元，用于资助湖北省竹溪、竹山县400名特困大学生，并在这2个县的高中各开办3个“金叶自强班”；向援助西藏发展基金会捐款500万元，用于那曲地区的13所小学安装小型太阳能发电系统（小型光伏电站），并帮助那曲、日喀则、山南地区5所中（小）学配备电脑教室5间；向中华文学基金会捐款1000万元，在江西、云南、青海、湖北、陕西等省建立“金叶·育才图书室”。

资助环保事业。向中国绿化基金会捐款500万元，在北京、内蒙古、江苏等省（自治区、直辖市）植树造林，扶持当地生态建设、促进降低城市PM2.5，改善生态环境。

救助灾害。向遭受尼泊尔强烈地震影响的西藏自治区捐款1200万元。

中国烟草实业发展中心

2015年，中国烟草实业发展中心及其所属企业积极开展各项社会公益活动。

黑龙江烟草工业有限责任公司：扶贫济困，海林卷烟厂足球队队员向尿毒症患者捐款0.1万元。资助教育事业，海林卷烟厂捐赠一批学习用品和体育器材。

红塔辽宁烟草有限责任公司：扶贫济困，向建昌县特困学生捐款85万元。资助教育事业，向营口盖州红塔杨运小学捐款并捐赠慰问品。

吉林烟草工业有限责任公司：资助乡村建设，捐款5000万元，用于延边少数民族地区建设。

甘肃烟草工业有限责任公司：资助教育事业，向天水市桥南联中捐款15万元。资助乡村建设，捐款200万元用于新农村建设、农村教育等双联帮扶项目。救助灾害，向甘肃省定西、陇南等受灾地区捐款2000万元。其他捐款20万元。

内蒙古昆明卷烟有限责任公司：扶贫济困，参加“博爱一日捐”活动，捐款10万元；向清水河城关镇枳儿也村捐款28万元；开展无偿献血活动，献血1.86万毫升。资助教育事业，向黑老夭小学捐赠生活用品和文具，并邀请呼和浩特市四中师生和家长代表同黑老夭小学师生进行学习交流。

山西昆明烟草有限责任公司：扶贫济困，参加“慈善一日捐”活动，捐款2万元。资助教育事业，开展“紫气东来、幸福起航”捐资助学活动，捐款290万元。

海南红塔卷烟有限责任公司：资助教育事业，向海南琼中女子足球队捐款10万元，用于改善球队训练条件。

北京市烟草专卖局（公司）

2015年，北京市烟草商业系统积极开展各项社会公益活动。

北京市烟草专卖局（公司）机关：资助社会福利和公共事业，向法律援助基金会捐款100万元；向北京市青少年发展基金会捐款10万元，用于开展“京烟首善 心手相连”志愿服务活动。

东城区烟草专卖局（公司）：扶贫济困，向困难卷烟零售客户捐款0.38万元，并捐赠米、面、油等生活必需品。

西城区烟草专卖局（公司）：扶贫济困，向困难卷烟零售客户捐款0.75万元，并捐赠价值0.16万元的慰问品；参加“共产党员献爱心”活动，捐款0.75万元。

朝阳区烟草专卖局（公司）：扶贫济困，参加“共产党员献爱心”活动，捐款0.49万元；向困难卷烟零售客户捐款0.36万元。

海淀区烟草专卖局（公司）：扶贫济困，参加“共产党员献爱心”活动，捐款0.35万元。

丰台区烟草专卖局（公司）：扶贫济困，捐款0.59万元。

石景山区烟草专卖局（公司）：扶贫济困，向石景山区慈善协会捐款10万元，用于资助古城街道和西山机械厂。

通州区烟草专卖局（公司）：扶贫济困，参加“共产党员献爱心”“冬衣送暖”活动，捐款0.45万元。

延庆区烟草专卖局（公司）：扶贫济困，参加“送温暖 献爱心”“共产党员献爱心”活动，捐款0.37万元；向结对帮扶延庆区延庆镇陶庄村捐款2.5万元。

怀柔区烟草专卖局（公司）：扶贫济困，向困难卷烟零售客户捐款0.4万元，并捐赠价值0.32万元的慰问品。

大兴区烟草专卖局（公司）：扶贫济困，捐款3.55万元。

昌平区烟草专卖局（公司）：扶贫济困，参加“博爱在京城”“共产党员献爱心”活动，捐款0.43万元。

密云区烟草专卖局（公司）：扶贫济困，参加“冬衣送暖”“博爱在京城”“共产党员献爱心”活动，捐款捐物1.5万元。

门头沟区烟草专卖局（公司）：扶贫济困，参加“两节送温暖”“博爱在京城”“冬衣送暖”活动，捐款1.17万元。

房山区烟草专卖局（公司）：扶贫济困，参加“共产党员献爱心”“博爱在京城”活动，捐款0.4万元；向十渡镇西石门、北石门村捐赠价值1.77万元的米、面、油等生活必需品。

平谷区烟草专卖局（公司）：扶贫济困，参加“博爱在京城”“冬衣送暖”“爱心献功臣”活动，捐款捐物1.08万元。

天津市烟草专卖局（公司）

2015年，天津市烟草商业系统捐款11.14万元，用于各项社会公益活动。

天津市区第二烟草专卖局（分公司）：扶贫济困，捐款0.58万元。

津南区烟草专卖局（分公司）：扶贫济困，员工刘震坤资助天津慧灵（智障人士服务机构）学员学费0.12万元。

武清区烟草专卖局、天津芦台烟草有限公司：资助教育事业，参加“阳光工程”“购买爱心储蓄罐”捐助活动，捐款0.49万元。

宝坻区烟草专卖局、天津宝坻烟草有限公司：扶贫济困，参加“助困、助业、助医、助学、助稳”活动，向大唐庄镇大唐庄村困难家庭捐款0.8万元。救助灾害，捐款1.94万元。

宁河县烟草专卖局、天津芦台烟草有限公司：扶贫济困，向宁河县残疾人联合会捐款0.87万元。

静海县烟草专卖局、天津静海烟草有限公司：扶贫济困，参加“情系青海玉树 爱心传递‘春天的礼物’”活动，捐赠各类衣物、鞋子、毛毯 230 余件。资助教育事业，开展“小书包 大梦想”活动，捐款 0. 37 万元。资助乡村建设，向静海区陈官屯镇北长屯村捐款 3 万元。

蓟县烟草专卖局、天津渔阳烟草有限公司：扶贫济困，参加“博爱一日捐”活动，向蓟县红十字会捐款 0. 92 万元。资助乡村建设，成立包村工作组帮扶蓟县出头岭镇西梁各庄村，捐款 2 万元。

河北省烟草专卖局（公司）

2015 年，河北省烟草商业系统捐款 768. 98 万元，用于各项社会公益活动。

河北省烟草专卖局（公司）机关：扶贫济困，向困难卷烟零售客户捐赠价值 10. 96 万元的慰问品。资助教育事业，向滦平县火斗山乡寄宿制完全小学捐款 10 万元。资助乡村建设，向固安县北斜村捐款 135 万元；向行唐县燕头村捐款 135 万元。

石家庄市烟草专卖局（公司）：资助教育事业，捐款 4. 96 万元为友谊大街小学购置打印机等。资助乡村建设，向帮扶村捐款 37. 91 万元。

邯郸市烟草专卖局（公司）：扶贫济困，开展“阳光 · 善行”卷烟零售客户救助行动，捐款 10 万元。资助教育事业，向临漳县特殊教育学校捐款 2 万元。资助乡村建设，向对口帮扶村捐款 60 万元。

保定市烟草专卖局（公司）：扶贫济困，开展“春雨”行动，建立 23 个群众工作站，捐款 27. 25 万元；参加“互助一日捐”“博爱一日捐”活动，员工个人捐款 9. 09 万元。资助教育事业，捐款 6. 7 万元。资助乡村建设，捐款 35 万元。

张家口市烟草专卖局（公司）：扶贫济困，员工个人向卷烟零售客户捐款 2. 49 万元；向对口扶贫村捐款 37. 35 万元。资助教育事业，捐款 1. 2 万元用于教师节慰问和“蓝丝带”活动。资助乡村建设，捐款 9. 94 万元。资助社会公共事业，参加无偿献血活动，献血 5600 毫升。

承德市烟草专卖局（公司）：扶贫济困，员工个人向困难卷烟零售客户捐款 2. 69 万元；参加“互助一日捐”活动，员工个人捐款 3. 75 万元。资助乡村建设，向丰宁县外沟门村捐款 40 万元。

唐山市烟草专卖局（公司）：扶贫济困，参加“送温暖、献爱心”活动，员工个人捐款 4. 8 万元。资助乡村建设，捐款 18. 91 万元用于帮扶文明生态村镇、革命老区等。

廊坊市烟草专卖局（公司）：扶贫济困，员工个人向困难卷烟零售客户、社会困难职工、残疾人捐款 5. 7 万元；参加无偿献血活动，献血 1. 23 万毫升。资助乡村建设，捐款 19 万元用于农村面貌改造提升。

沧州市烟草专卖局（公司）：扶贫济困，参加“阳光 · 善行”“博爱一日捐”活动，员工个人捐款 1. 59 万元。资助乡村建设，捐款 40. 8 万元用于农村面貌改造提升等。

衡水市烟草专卖局（公司）：扶贫济困，员工个人向困难卷烟零售客户捐款 4. 8 万元。资助乡村建设，成立工作队帮扶资助 9 个县 16 个贫困村，捐款 35. 99 万元。

邢台市烟草专卖局（公司）：扶贫济困，参加“阳光 · 善行”“互助一日捐”“春雨”等活动，员工个人捐款 4. 62 万元并捐赠价值 11. 29 万元的慰问品。资助乡村建设，捐款 27. 24 万元用于帮扶贫困村。

秦皇岛市烟草专卖局（公司）：扶贫济困，向困难卷烟零售客户捐赠价值 2. 09 万元的慰问品；开展“送温暖、献爱心”活动，员工个人捐款 1 万元。资助乡村建设，捐款 8 万元用于文明生态村创建、对口帮扶等工作。

河北中烟工业有限责任公司

2015 年，河北中烟工业有限责任公司捐款 928. 57 万元，用于各项社会公益活动。

河北中烟工业有限责任公司本部：扶贫济困，向河北省平山县捐款 100 万元；向河北省赞皇县捐款 83. 6 万元；关爱农村空巢老人，向河北“钻石”公益基金会捐款 500 万元。救助灾害，向云南保山、楚雄市各捐款 20 万元。

张家口卷烟厂有限责任公司：扶贫济困，向河北省尚义县捐款 50 万元；向“四帮一”扶贫工程捐款 4. 97 万元；参加“助残日爱心募捐”“博爱一日捐”活动，捐款

16.95万元。资助教育事业，捐款9万元用于改善辖区内中小学、幼儿园教学设施。其他捐款46万元。

河北白沙烟草有限责任公司：资助乡村建设，向承德市承德县捐款20万元，用于主要道路硬化工程；向栾城县捐款30万元，用于修建道路工程；向阜平县、涞水县各捐款20万元。

山西省烟草专卖局（公司）

2015年，山西省烟草商业系统捐款226.39万元，用于各项社会公益活动。

山西省烟草专卖局（公司）机关：扶贫济困，向定点扶贫单位捐款14.55万元。资助乡村建设，捐款91.45万元。

太原市烟草专卖局（公司）：扶贫济困，捐款20万元用于娄烦县杜交曲村太阳能路灯安装改造工程；建立志愿者服务长效机制，组织开展“社区环保宣传”“义务献血”“关爱失独老人”“学雷锋”等活动。资助教育事业，捐款3.8万元。

大同市烟草专卖局（公司）：扶贫济困，参加“博爱一日捐”活动，向大同市红十字会捐款1.86万元；向困难家庭捐款10万元。

阳泉市烟草专卖局（公司）：资助教育事业，向特殊教育学校等捐款0.36万元。资助乡村建设，向盂县西烟镇白家庄村捐款2.5万元，用于新农村基层组织建设。

长治市烟草专卖局（公司）：扶贫济困，参加“慈善一日捐”“博爱一日捐”活动，捐款1.58万元。资助乡村建设，向壶关县百尺镇南崖上村捐款5万元。

晋城市烟草专卖局（公司）：扶贫济困，参加“博爱一日捐”“党员爱心捐赠”活动，捐赠衣物727件、书本135册，捐款2.81万元。资助乡村建设，向结对帮扶村捐款12.19万元，用于促进乡村建设。

朔州市烟草专卖局（公司）：扶贫济困，向右玉县丁村捐赠价值1.33万元的米、面、油等物品。救助灾害，捐款0.76万元。

忻州市烟草专卖局（公司）：扶贫济困，参加“博爱一日捐”活动，捐款3.2万元，其中员工个人捐款1.2万元。资助乡村建设，向对口帮扶村五台县西三角村捐款4万元。

吕梁市烟草专卖局（公司）：扶贫济困，参加“博爱一日捐”“送温暖、献爱心”“爱心助残募捐”活动，捐款6.52万元，其中员工个人捐款6万元。资助乡村建设，向定点扶贫村捐款13.56万元，并捐赠电脑48台、电视机60台。

晋中市烟草专卖局（公司）：扶贫济困，参加“博爱一日捐”活动，捐款1.45万元。资助乡村建设，向三烈村捐款9.5万元。

临汾市烟草专卖局（公司）：扶贫济困，向永和县阁底乡石家湾村等困难家庭捐款5.74万元。资助乡村建设，向永和县桑壁镇前龙石腰村捐款4.92万元。

运城市烟草专卖局（公司）：扶贫济困，参加“扶贫帮困送温暖”“送温暖、献爱心”活动，捐款8.18万元。

内蒙古自治区烟草专卖局（公司）

2015年，内蒙古自治区烟草商业系统积极开展各项社会公益活动。

内蒙古自治区烟草专卖局（公司）机关：扶贫济困，捐款90万元，用于建设嘎查配套道路硬化2.1千米。

呼和浩特市烟草专卖局（公司）：资助教育事业，向赛罕区金河镇第一中心校捐赠图书和学习用品2398件。资助乡村建设，向武川县得胜沟乡捐款10.5万元。

呼伦贝尔市烟草专卖局（公司）：扶贫济困，捐款11.85万元，其中员工个人捐款1.48万元。资助教育事业，捐款0.5万元。资助乡村建设，捐款1.5万元。

兴安盟烟草专卖局（公司）：扶贫济困，参加“博爱一日捐”等活动，捐款27.75万元。资助教育、文化事业，捐款2.36万元。

通辽市烟草专卖局（公司）：扶贫济困，捐款15.12万元。资助教育事业，捐款2.3万元。资助乡村建设，捐款13.8万元。

赤峰市烟草专卖局（公司）：扶贫济困，捐款24.97

万元；参加“博爱一日捐”活动，员工个人捐款4.68万元。资助教育事业，员工个人捐款0.56万元。

锡林郭勒盟烟草专卖局（公司）：扶贫济困，捐款22.14万元。资助教育事业，捐款0.4万元。救助灾害，捐款0.48万元。

二连浩特市烟草专卖局（公司）：扶贫济困，参加“一对一帮扶”活动，捐款0.1万元。

乌兰察布市烟草专卖局（公司）：扶贫济困，捐款10.17万元，其中员工个人捐款5.23万元。资助乡村建设，向察右中旗土城子乡南房子村等捐款4万元。

包头市烟草专卖局（公司）：资助社区、乡村建设，向怀朔、美岱桥村等捐款18万元。

鄂尔多斯市烟草专卖局（公司）：扶贫济困，捐款7.7万元；参加“博爱一日捐”活动，捐款2.09万元。资助乡村建设，捐款19.5万元。

巴彦淖尔市烟草专卖局（公司）：扶贫济困，捐款3.7万元，其中员工个人捐款1.7万元。资助乡村建设，捐款15.5万元，用于修路、水利建设和村容村貌整治等。资助文化事业，捐款0.5万元。

乌海市烟草专卖局（公司）：扶贫济困，捐款0.5万元，用于建造水渠桥；员工个人向结对帮扶困难群众捐款0.71万元。

阿拉善盟烟草专卖局（公司）：扶贫济困，向困难群众捐款9.08万元；参加“博爱一日捐”活动，捐款0.95万元。资助社区建设，向土尔扈特北路社区捐款0.6万元。

辽宁省烟草专卖局（公司）

2015年，辽宁省烟草商业系统积极开展各项社会公益活动。

辽宁省烟草专卖局（公司）机关：扶贫济困，向定点帮扶的阜新市满堂红镇捐款40万元，用于镇区道路及达坂村烟田作业路建设。

沈阳市烟草专卖局（公司）：扶贫济困，向法库县四家子乡后满洲屯村捐赠价值1.51万元的生活必需品；向困难卷烟零售客户和沈河区山东庙街道运河社区捐赠价值2万余元的生活必需品。

鞍山市烟草专卖局（公司）：扶贫济困，向台安县富家镇荒地村捐款7万元，用于建设文化广场；向岫岩县汤沟镇汤沟村、海城市接文镇捐款4万元。

本溪市烟草专卖局（公司）：扶贫济困，参加“党员干部进万家”活动，向帮扶对象捐赠价值0.57万元的生活必需品。资助乡村建设，向桓仁县向阳乡双合村等捐款5.5万元。

丹东市烟草专卖局（公司）：资助社区建设，捐款2.8万元，用于爱民社区扶贫帮扶项目等。

锦州市烟草专卖局（公司）：扶贫济困，参加“送温暖、献爱心”活动，向班吉塔镇房申村困难群众捐款1.5万元。

营口市烟草专卖局（公司）：扶贫济困，向困难卷烟零售客户及困难家庭捐款11.57万元。

阜新市烟草专卖局（公司）：扶贫济困，开展“慈善行、暖万家”活动，向困难群众捐赠价值10万元的生活必需品；开展“弘扬雷锋精神，与爱同行”活动，向自闭症儿童捐款0.36万元并捐赠洗衣机1台。资助教育事业，向10名困难大学生捐款2万元。资助乡村建设，捐款15万元。

辽阳市烟草专卖局（公司）：扶贫济困，捐款10万元，用于支援对口帮扶村基础设施建设；参加“送温暖、献爱心”活动，员工个人捐款2.35万元。

铁岭市烟草专卖局（公司）：扶贫济困，向困难卷烟零售客户、烟农等捐款12万元，并捐赠生活必需品；参加无偿献血活动，献血8000毫升。资助社区建设，捐款8万元，用于银兴烟草综合社区楼改造。救助灾害，捐款3万元。

朝阳市烟草专卖局（公司）：扶贫济困，参加“送温暖、献爱心”活动，捐款0.9万元；向对口扶贫村捐款10.88万元。

盘锦市烟草专卖局（公司）：扶贫济困，向大洼县新园社区和瀛路社区捐款、捐物3.68万元；参加无偿献血活动，献血3000毫升。

葫芦岛市烟草专卖局（公司）：扶贫济困，参加“在职共产党员进社区”“奉献爱心、传递温暖”活动，捐款2.65万元；参加无偿献血活动，献血5400毫升。资助乡村建设，向绥中县高台镇腰古村等捐款114.7万元。其他捐款15万元。

吉林省烟草专卖局（公司）

2015年，吉林省烟草商业系统积极开展各项社会公益活动。

吉林省烟草专卖局（公司）机关：资助教育事业，向困难学生捐款0.48万元。资助乡村建设，捐款50万元，用于延边州和龙市福洞镇民光村基础设施改造。

长春市烟草专卖局（公司）：扶贫济困，参加“结对帮扶”活动，捐款5.8万元。

吉林市烟草专卖局（公司）：扶贫济困，向困难群众捐款2.5万元。

四平市烟草专卖局（公司）：扶贫济困，向四平市铁东区困难中小学生、党员捐款18万元。资助乡村建设，捐款20万元。其他捐款54万元。

辽源市烟草专卖局（公司）：扶贫济困，向困难群众捐款6.6万元；参加“双日捐”活动，捐款1.3万元。

通化市烟草专卖局（公司）：扶贫济困，开展“学雷锋”活动，向梅河口市困难群众、老党员等捐款0.4万元；参加“亮身份、创一流、做表率”活动，向困难零售客户捐款0.1万元并捐赠生活必需品。资助教育事业，捐款0.6万元。

白城市烟草专卖局（公司）：扶贫济困，捐款4万元。资助教育事业，向困难学生捐款1.37万元。救助灾害，捐款28万元。

白山市烟草专卖局（公司）：扶贫济困，向浑江区七道江镇东山村困难党员和群众捐款0.55万元。

松原市烟草专卖局（公司）：扶贫济困，向松原市慈善总会、松原市儿童福利院捐款10万元，向扶余市永平乡社会福利服务中心捐款10万元。资助乡村建设，向长春岭镇黑岗子村、大林子镇七家子村等捐款11万元。资助社会发展事业，捐款20万元。

延边朝鲜族自治州烟草专卖局（公司）：扶贫济困，向困难党员等捐款5.13万元。其他捐款4.16万元。

黑龙江省烟草专卖局（公司）

2015年，黑龙江省烟草商业系统捐款44.5万元，用于各项社会公益活动。扶贫济困，捐款12.4万元，其中员工个人捐款4.78万元。资助教育事业，捐款0.1万元。资助乡村建设，捐款29.9万元。救助灾害，捐款2.1万元。

哈尔滨市烟草专卖局（公司）：扶贫济困，向松乐社区和文明社区捐款0.6万元。资助乡村建设，向永兴村、红丰村捐款20万元。救助灾害，向道外区火灾受灾群众捐款2.1万元。

齐齐哈尔市烟草专卖局（公司）：扶贫济困，开展“爱暖社区”主题共建活动，捐款0.8万元；开展关爱残疾人公益活动，捐款0.77万元。

牡丹江市烟草专卖局（公司）：扶贫济困，向庆达社区困难群众捐款0.5万元。

佳木斯市烟草专卖局（公司）：扶贫济困，参加“慈善一日捐”“情暖三江、快乐过节”活动，捐款1.2万元。资助乡村建设，参加“百部联百村”活动，向富锦市大榆树镇捐款3万元。

绥化市烟草专卖局（公司）：扶贫济困，向困难卷烟零售客户捐款1.86万元。

双鸭山市烟草专卖局（公司）：扶贫济困，参加“慈善一日捐”活动，捐款1.12万元；向困难卷烟零售客户捐款0.5万元。

伊春市烟草专卖局（公司）：扶贫济困，参加“慈善一日捐”活动，捐款1.54万元。

七台河市烟草专卖局（公司）：扶贫济困，向困难卷烟零售客户捐款0.36万元。

哈尔滨烟叶公司：扶贫济困，向哈尔滨市儿童福利院捐款0.5万元，向富锦市、汤原县、桦川县等地困难群众捐款2.5万元。资助乡村建设，向望奎县捐款6.9万元。

上海市烟草专卖局、上海烟草集团有限责任公司

2015 年，上海市烟草专卖局上海烟草集团有限责任公司捐款 5397 万元，用于各项社会公益活动。扶贫济困，向云南、湖南、山东等烟叶产区捐款 870 万元；向上海市老年基金会捐款 600 万元；向上海市慈善基金会捐款 1000 万元。资助教育事业，向江西、云南、湖南等烟叶产区所在地学校捐赠“爱心校车”12 辆，价值 300 万元。资助卫生事业，捐款 1000 万元。其他捐款 300 万元。

上海市黄浦区烟草专卖局（一公司）：扶贫济困，参加“爱心一日捐”活动，员工个人捐款 0.32 万元；向小东门街道“阳光之家”捐赠价值 0.32 万元的慰问品。

上海市静安区烟草专卖局（有限公司）：扶贫济困，看望智障儿童，并捐赠价值 0.15 万元的慰问品。

上海市杨浦区烟草专卖局（有限公司）：扶贫济困，与五角场街道 3 户困难群众结对，捐款 0.18 万元。

上海市闸北区烟草专卖局（有限公司）：扶贫济困，向上海市慈善基金会闸北区分会捐款 10 万元；参加“蓝天下的至爱”活动，捐款 10.72 万元；慰问孤寡老人，捐款 0.08 万元。资助教育事业，向家庭困难学生捐款 0.58 万元。

上海市普陀区烟草专卖局（有限公司）：扶贫济困，参加“爱心一日捐”活动，捐款 3.35 万元，其中员工个人捐款 3.15 万元。

上海市闵行区烟草专卖局（有限公司）：扶贫济困，参加“爱心一日捐”活动，员工个人捐款 1.26 万元；向闵行区大众养老院、市儿童福利院捐赠慰问品等。

上海市宝山区烟草专卖局（有限公司）：扶贫济困，参加“蓝天下的至爱”活动，员工个人捐款 1.28 万元。

上海市浦东新区烟草专卖局（有限公司）：扶贫济困，向上海市慈善基金会浦东新区分会捐款 10 万元。

上海市嘉定区烟草专卖局（有限公司）：扶贫济困，参加“蓝天下的至爱”活动，捐款 2 万元；向西大社区困难学生捐款 0.4 万元；向汶川地震灾区困难学生捐款 0.5 万元，并赠送学习用品。

上海市奉贤区烟草专卖局（有限公司）：扶贫济困，参加“蓝天下的至爱”活动，员工个人捐款 3.4 万元。

上海市金山区烟草专卖局（有限公司）：扶贫济困，参加“慈善一日捐”活动，员工个人捐款 2.18 万元；向金山区红十字会捐款 5 万元。

崇明县烟草专卖局（有限公司）：资助乡村建设，向建设镇三星村捐款 3 万元。

上海烟草集团有限责任公司上海卷烟厂：扶贫济困，开展“中华梦 · 沪鄂情”爱心捐款活动，向困难学生捐款 1.39 万元；到上海市盲童学校开展志愿活动，5 名志愿者参加；与智障人士开展“庆元宵”等爱心活动，50 名志愿者参加。

上海烟草集团北京卷烟厂：资助教育事业，通过“中南海爱心基金”向“中南海”爱心学校捐款 166.6 万元；组织 37 名师生参加第六届“中南海”爱心夏令营；组织 25 名老师参加第四届“中南海”爱心学校教师培训；与北京市青少年法律与心理咨询服务中心合作开展童心呵护夏令营。

上海烟草集团有限责任公司天津卷烟厂：资助教育事业，向天津市联合助学基金会捐款 32 万元。

上海烟草包装印刷有限公司：扶贫济困，参加“慈善公益联合捐”活动，捐款 6 万元。资助教育事业，帮助贵州省湄潭县高台镇高台完小购置学习物品，捐款 1 万元。

江苏省烟草专卖局（公司）

2015 年，江苏省烟草商业系统积极开展各项社会公益活动。

江苏省烟草专卖局（公司）机关：扶贫济困，向困难群众捐款 7.9 万元；向徐州市睢宁县定点扶贫单位捐款 78 万元；向淮安市淮阴区码头镇捐款 30 万元。

南京市烟草专卖局（公司）：扶贫济困，向困难卷烟零售客户、社区困难家庭捐款捐物 10.46 万元；参加“慈善一日捐”活动，捐款 20.59 万元，其中员工个人捐款 12.59 万元；参加无偿献血活动，献血 9300 毫升。资助教育事业，捐款 3.31 万元。资助乡村建设，捐款 64.5 万元。资助社会发展事业，向南京市慈善总会“心蕊工程”捐款 3 万元；向浦口区桥林街道敬老院捐款 8 万元。救助灾害，

捐款 3 万元。

苏州市烟草专卖局（公司）：扶贫济困，参加“慈善一日捐”和“海虞妈妈”助学关爱活动，捐款 14.95 万元；向结对村、社区捐款 16.87 万元；参加无偿献血活动，献血 9600 毫升。资助教育事业，向苏州市成长之树公益助学中心捐款 19.98 万元。资助乡村建设，捐款 77.9 万元。资助社会发展事业，捐款 19.6 万元。

无锡市烟草专卖局（公司）：扶贫济困，参加“慈善一日捐”活动，捐款 10.84 万元。资助乡村建设，捐款 40.71 万元，其中员工个人捐款 1 万元。

常州市烟草专卖局（公司）：资助乡村建设，向溧阳市洙汤村捐款 20 万元，用于村内基础建设。资助社会公共事业，向常州市美德基金、教育发展基金、天爱儿童康复等项目捐款 158 万元。

镇江市烟草专卖局（公司）：扶贫济困，参加“百村万户”双达标结对活动，捐款 38 万元；参加“慈善一日捐”活动，捐款 10.73 万元；参加无偿献血活动，献血 2.59 万毫升。

南通市烟草专卖局（公司）：扶贫济困，捐款 72 万元；参加无偿献血活动，献血 1.2 万毫升。

扬州市烟草专卖局（公司）：扶贫济困，向结对帮扶村捐款 32 万元；向贫困党员、空巢老人、困难卷烟零售客户捐款 7.7 万元；参加“慈善一日捐”活动，捐款 14.52 万元；参加无偿献血活动，献血 1.1 万毫升。资助教育事业，捐款 1.5 万元。

泰州市烟草专卖局（公司）：扶贫济困，参加“你的微心愿，我来帮实现”慈善关爱活动，向留守儿童赠送书籍和文具。资助乡村建设，向姜堰区张甸镇梅网村捐款 122.7 万元。

盐城市烟草专卖局（公司）：扶贫济困，向困难家庭捐款 2.46 万元；参加无偿献血活动，献血 4.58 万毫升。资助教育事业，向盐城市儿童福利院等捐款 11.6 万元。资助乡村建设，捐款 25 万元，用于农业生产资料合作社创收项目。

淮安市烟草专卖局（公司）：扶贫济困，向施家桥社区、盱眙县王店乡西湖村等捐款 24.62 万元；向淮安市慈善总会捐款 18 万元；参加无偿献血活动，献血 8000 毫升。资助教育事业，向特殊教育学校捐款 2 万元；向贫困大学生捐款 5.5 万元。资助乡村建设，捐款 31 万元。

宿迁市烟草专卖局（公司）：扶贫济困，向困难群众捐款捐物 25.34 万元；向沭阳县万匹乡三圩村捐款 9.9 万元；参加无偿献血活动，献血 1.63 万毫升。资助教育事业，向困难学生捐款 3 万元。资助乡村建设，向宿城区中扬镇饭棚村等捐款 21.94 万元。

徐州市烟草专卖局（公司）：扶贫济困，参加“扶贫一日捐”“慈善一日捐”“人道万人捐”等活动，捐款 46.6 万元；向睢宁县梁集镇“妇女儿童之家”捐赠“爱心集装箱”50 个。资助教育事业，向窑湾镇五墩村东联小学捐赠 9 台电脑。资助乡村建设，向睢宁“美丽乡村建设”工程捐款 7.5 万元。资助社会发展事业，向道德模范帮扶基金、见义勇为基金等捐款 7.6 万元。资助环境保护事业，捐款 5.96 万元。

连云港市烟草专卖局（公司）：扶贫济困，向帮扶对象捐款 133 万元，其中员工个人捐款 9 万元；参加无偿献血活动，献血 2.95 万毫升。资助环境保护、社会公共设施建设，组织 580 余名志愿者义务植树 2000 余棵，捐赠办公桌椅 5 套、电脑 10 台。

江苏中烟工业有限责任公司

2015 年，江苏中烟工业有限责任公司捐款 777.3 万元，用于各项社会公益活动。

江苏中烟工业有限责任公司本部：资助教育事业，向“春蕾圆梦工程”捐款 37.3 万元。救助灾害，捐款 310 万元。

江苏中烟工业有限责任公司南京卷烟厂：资助乡村建设，向定点帮扶对象南京市高淳县阳江镇等捐款 70 万元，用于公共设施建设。

江苏中烟工业有限责任公司徐州卷烟厂：扶贫济困，向徐州市扶贫工作队捐款 16 万元；向徐州市总工会捐款 40 万元；向徐州市妇联捐款 8 万元。资助教育事业，向徐州一中捐款 40 万元。

江苏中烟工业有限责任公司淮阴卷烟厂：扶贫济困，捐款 140 万元。资助教育事业，向“一品梅奖”教育基金捐款 32 万元；向淮安市清江中学等捐款 58 万元。其他捐款 26 万元。

浙江省烟草专卖局（公司）

2015 年，浙江省烟草商业系统捐款 6431 万元，用于各项社会公益活动。

浙江省烟草专卖局（公司）机关：扶贫济困，捐款 2902 万元。资助教育事业，向浙江“精实”助学项目捐款 500 万元。资助社会公共事业，向浙江省见义勇为基金会捐款 50 万元；向浙江省禁毒协会捐款 100 万元。

杭州市烟草专卖局（公司）：扶贫济困，捐款 465.5 万元。资助教育事业，向富阳市教育基金会捐款 15 万元。资助乡村建设，向杭州 10 个乡镇新农村建设捐款 155.5 万元。资助环境保护事业，向“五水共治”工程捐款 35 万元。

宁波市烟草专卖局（公司）：资助教育事业，向四明山大岚小学捐款 5.03 万元。资助乡村建设，向对口帮扶乡村捐款 184.3 万元。资助社会公共福利、卫生事业，向各级慈善总会、抗癌协会等捐款 183.67 万元。

温州市烟草专卖局（公司）：扶贫济困，向定点帮扶村捐款 47.45 万元；向困难群众捐款 25.15 万元；向温州市慈善总会、红十字会等机构捐款 123.11 万元；参加“慈善一日捐”活动，捐款 5 万元。资助教育事业，向贫困大学生等捐款 55.39 万元。资助乡村建设，捐款 67.46 万元。资助环境保护事业，向“五水共治”工程捐款 5 万元。

嘉兴市烟草专卖局（公司）：扶贫济困，向困难群众等捐款 44.7 万元；向慈善助学基金捐款 20 万元；向嘉兴市慈善总会捐款 45.7 万元；参加无偿献血活动，献血 2.42 万毫升。资助社会福利事业，向福利院、养老院等机构捐赠价值 17 万元的物资。资助教育事业，捐款 35.26 万元。资助环境保护事业，向“五水共治”工程捐款 18 万元。

湖州市烟草专卖局（公司）：扶贫济困，向困难卷烟零售客户、贫困党员等捐款捐物 6 万元；向残联、敬老院捐款 2 万元；向红十字会、慈善总会等机构捐款 106 万元。资助教育事业，设立 5 万元“烟草雨露”助学金资助困难新生。资助乡村和社区建设，捐款 60 万元。资助环境保护事业，向“五水共治”工程捐款 5 万元。

绍兴市烟草专卖局（公司）：扶贫济困，向困难群众捐款 2.8 万元。资助乡村和社区建设，向新昌县南明街道庄前村等捐款 13.5 万元。

金华市烟草专卖局（公司）：扶贫济困，向金华市“8890”社会公益服务平台项目捐款 20 万元；参加“慈善一日捐”活动，捐款 10 万元。资助教育事业，捐款 2.5 万元。资助乡村和社区建设，捐款 2.35 万元。

衢州市烟草专卖局（公司）：扶贫济困，向困难大学生、党员等捐款 14.02 万元；向各级慈善总会、红十字会捐款 40.38 万元。资助教育事业，向培智学校等捐款 2.23 万元。资助乡村和社区建设，向九华乡关溪村等捐款 70.65 万元。资助社会公共事业，捐款 17.8 万元。

丽水市烟草专卖局（公司）：扶贫救灾，向困难卷烟零售客户捐款 27.74 万元。资助教育事业，向贫困大学生和青田县温溪中学捐款 19 万元。资助乡村建设，向云和县崇头镇叶山头村等捐款 13 万元。

台州市烟草专卖局（公司）：扶贫济困，向困难卷烟零售客户、老党员等捐款 27.94 万元；向各级慈善、福利机构捐款 240.22 万元；参加无偿献血活动，献血 1.22 万毫升。资助教育事业，向黄岩特殊教育学校等捐赠价值 12.5 万元的物资；向困难学生捐款 4.96 万元。资助乡村和社区建设，向结对村和社区捐赠价值 41.63 万元的物资。

舟山市烟草专卖局（公司）：扶贫济困，向舟山市慈善总会、定海区慈善总会等捐款 80.5 万元。

浙江中烟工业有限责任公司

2015 年，浙江中烟工业有限责任公司捐款 1.76 亿元，用于各项社会公益活动。

扶贫济困：捐款 3407 万元，其中，向浙江省文成县、淳安县各捐款 70 万元，向西湖区慈善总会等捐款 172 万元；向衢州江山市捐款 95 万元；向云南省等捐款 3000 万元。

资助教育、科学、文化、卫生事业：捐款 1.31 亿元，其中，向浙江大学教育基金会捐款 9000 万元；向浙江大学教育基金会“利群阳光”基金捐款3000万元；向杭州市慈善总会捐款910万元，用于“利群阳光”助学金；向宁波市人民教育基金会捐款100万元；向杭州市城市学研究会专项基金会捐款50万元。

资助社会发展与公共福利事业：捐款1136万元。

安徽省烟草专卖局（公司）

2015年，安徽省烟草商业系统捐款568.91万元，用于各种社会公益活动。

安徽省烟草专卖局（公司）机关：扶贫济困，捐款53.6万元，用于帮扶怀远县张坝村、长丰县下塘镇等。

合肥市烟草专卖局（公司）：扶贫济困，参加“亲情帮扶、徽映你我”活动，向困难卷烟零售客户捐款16.49万元；参加“慈善一日捐”等活动，捐款8.47万元；参加无偿献血活动，献血4万余毫升。资助教育事业，捐款9.92万元。

淮北市烟草专卖局（公司）：扶贫济困，捐款5万元。资助教育事业，向特殊学校和育蕾学堂捐款5.19万元。

亳州市烟草专卖局（公司）：扶贫济困，向谯城区芦庙镇困难户、利辛县展沟敬老院捐款2.5万元。资助教育事业，参加“金秋助学”活动，捐款0.3万元。

宿州市烟草专卖局（公司）：扶贫济困，向困难群众捐款25万元并捐赠笔记本电脑43台；参加“博爱在江淮”“送温暖、献爱心”活动，捐款1.99万元。资助乡村建设，向支援对口帮扶村捐款6.67万元并捐赠台式电脑33台、笔记本电脑2台。

蚌埠市烟草专卖局（公司）：扶贫济困，开展“三结三联三服务”结对帮扶活动，捐款19万元；向困难群众、卷烟零售客户捐款13万元。资助教育事业，参加“金秋助学”活动，向困难大学生捐款3万元，向帮扶地方民族教育事业捐款2万元。

阜阳市烟草专卖局（公司）：扶贫济困，向帮扶村困难党员和群众捐款捐物6.6万元；参加“送温暖、献爱心”等活动，捐款2万元。资助教育事业，向临泉县长官镇白棚小学捐款捐物2.2万元。

淮南市烟草专卖局（公司）：资助教育事业，向淮南爱国主义教育基地捐款3.3万元。

滁州市烟草专卖局（公司）：扶贫济困，参加“送温暖、献爱心”“爱心助学”活动，捐款11.79万元；向困难卷烟零售客户捐赠价值8.58万元的生活必需品。资助乡村建设，捐款17.39万元。资助环境保护事业，捐款3.5万元。资助社会事业发展，向滁州市见义勇为基金会捐款10万元。

六安市烟草专卖局（公司）：扶贫济困，向金寨县西莲村困难群众捐款1.63万元，并捐赠生活必需品；参加“爱心报刊”“慈善一日捐”活动，捐款3.2万元，其中员工个人捐款1.2万元；向留守儿童捐款2万元。资助乡村建设，捐款12万元。

马鞍山市烟草专卖局（公司）：扶贫助困，参加“慈善一日捐”活动，捐款2.12万元。资助乡村建设，捐款27.8万元。

芜湖市烟草专卖局（公司）：扶贫济困，向困难卷烟零售客户捐款10万元；向环卫工人捐赠价值4.95万元的暖宝宝等物品。资助教育事业，参加“徽映助学”活动，捐款3.95万元。资助乡村建设，向沈巷镇捐款3.8万元。

宣城市烟草专卖局（公司）：扶贫济困，向困难党员、抗战老兵捐款1.15万元；向宁国市福利机构捐款1万元；向困难、残疾卷烟零售客户捐款5.48万元。资助教育事业，捐款8.5万元。资助乡村建设，捐款2.8万元。资助文化事业，捐款4万元。

铜陵市烟草专卖局（公司）：扶贫济困，参加“慈善一日捐”等活动，捐款1.32万元；向困难大学生捐款3.2万元。资助乡村建设，向铜陵市西湖镇农林村捐款4.6万元。

池州市烟草专卖局（公司）：扶贫济困，参加“送温暖、献爱心”活动，捐款1.65万元。资助教育事业，参加“金秋助学”等活动，捐款4.6万元。资助社区建设，捐款1.8万元。资助社会公共和福利事业，捐款2万元。

安庆市烟草专卖局（公司）：扶贫济困，向困难群众捐款4万元，并捐赠生活必需品；向支援对口帮扶村捐款60万元；参加“送温暖、献爱心”活动，捐款17.5万元。

资助教育事业，向“沭阳之家”残疾儿童活动中心捐款2万元。

黄山市烟草专卖局（公司）：资助教育事业，参加“亲情帮扶”“徽映助学”活动，捐款9.78万元。资助乡村建设，向歙县新溪口乡溪口村捐款7.8万元。其他捐款30.93万元。

华环国际烟草有限公司：资助教育事业，向凤阳县门台中心小学捐款2万元。

安徽皖南烟叶有限责任公司：扶贫济困，向黄渡村等捐款11万元。资助教育事业，捐款9万元。资助乡村建设，捐款19万元。

安徽中烟工业有限责任公司

2015年，安徽中烟工业有限责任公司捐款424.57万元，用于各项社会公益活动。

安徽中烟工业有限责任公司本部：扶贫济困，向灵璧县捐赠专项扶贫款30万元；向金寨县和合肥市高新区分别捐款40万元、30万元，用于资助贫困学生。资助教育事业，向梁河县、宣城市分别捐款90万元和60万元，用于教育基础设施建设。

安徽中烟工业有限责任公司蚌埠卷烟厂：扶贫济困，向蚌埠市慈善总会捐款14万元；向蚌埠市禹会区捐款10万元；开展员工无偿献血活动。

安徽中烟工业有限责任公司芜湖卷烟厂：扶贫济困，开展员工无偿献血活动。资助教育事业，向芜湖市“牵手扶困”助学基金会等捐款20万元；向芜湖市“爱心助学”基金会捐款10万元。

安徽中烟工业有限责任公司合肥卷烟厂：扶贫济困，向庐江县捐款23.5万元，向桐城市捐款6.5万元。

安徽中烟工业有限责任公司阜阳卷烟厂：扶贫济困，参加“送温暖、献爱心”活动，捐款1万元；参加“爱心圆梦大学”活动，捐款12万元；向阜阳市插花镇前于村捐款5万元。

安徽中烟工业有限责任公司滁州卷烟厂：扶贫济困，参加“送温暖、献爱心”活动，捐款16万元；向滁州市南谯区捐款1万元。资助教育事业，向滁州市“慈善爱心”助学协会捐款5万元。其他捐款25万元。

福建省烟草专卖局（公司）

2015年，福建省烟草商业系统捐款1.61亿元，用于各项社会公益活动。

福建省烟草专卖局（公司）机关：扶贫济困，捐款300万元；参加“爱心年夜饭”“爱心年货赠送”活动，捐款12.6万元。资助教育事业，向“2014年高考心理咨询”活动捐款5万元。资助卫生事业，捐款120万元。资助乡村建设，捐款1405万元。资助社会公共事业，捐款6705万元。

福州市烟草专卖局（公司）：扶贫济困，向困难卷烟零售客户、伤残人员、下岗工人及子女等捐款8.2万元；参加无偿献血活动，献血9640毫升。资助教育事业，捐款13.1万元。资助社会公共事业，捐款8.5万元。

厦门市烟草专卖局（公司）：扶贫济困，向困难卷烟零售客户捐款捐物3.84万元；向结对帮扶对象捐款11.15万元；参加无偿献血活动，献血1.44万毫升。资助教育事业，捐款15.48万元。资助乡村建设，捐款35.75万元。

宁德市烟草专卖局（公司）：扶贫济困，向困难卷烟零售客户、残疾户等捐款5.23万元。资助教育事业，向困难大学生捐款8.16万元。资助科技、文化事业，捐款24.2万元。资助乡村、社区建设，捐款35.1万元，用于乡村改造道路、建造防洪堤和水源建设。

莆田市烟草专卖局（公司）：扶贫济困，向困难群众捐款7.4万元。资助教育、文化事业，捐款96.2万元。资助乡村建设，捐款37万元，用于农村基础设施、精准扶贫等。

泉州市烟草专卖局（公司）：扶贫济困，向困难卷烟零售客户等捐款35.3万元。资助教育、文化事业，捐款95.29万元。资助乡村建设，捐款50万元，用于文明建设及农村文化建设。

漳州市烟草专卖局（公司）：扶贫济困，向困难卷烟零售客户、儿童等捐款8.25万元。资助教育事业，捐款4万元。资助社区建设，捐款41.5万元。资助乡村建设，向挂钩扶贫村捐款98万元。资助社会公共事业，向云霄教育专项发展基金捐款 60 万元。

龙岩市烟草专卖局（公司）：扶贫济困，向困难卷烟零售客户等捐款 107 万元。资助教育、文化、体育事业，捐款 56 万元。资助乡村建设，捐款 75 万元。灾害救助，捐款 558 万元。其他捐款 40 万元。

三明市烟草专卖局（公司）：扶贫济困，向困难烟农、卷烟零售客户等捐款 25. 21 万元。资助教育事业，参加“金秋助学”活动，捐款 7. 08 万元。资助乡村建设，捐款 80. 2 万元。救助灾害，捐款 5298 万元。其他捐款 44. 45 万元。

南平市烟草专卖局（公司）：扶贫济困，向困难烟农、卷烟零售客户等捐款 44. 52 万元。资助教育文化事业，捐款 22. 77 万元。资助社区、乡村建设，捐款 45. 92 万元。救助灾害，捐款 447. 89 万元。

福建烟草海晟投资管理有限公司：扶贫济困，捐款 1. 5 万元。

中国烟草福建进出口有限责任公司：扶贫济困，参加“慈善一日捐”活动，向厦门市红十字会捐款 0. 41 万元。

福建省三明金叶复烤有限公司：资助教育事业，捐款 2 万元，用于三明市第十二中学校园环境建设。资助社区建设，捐款 1. 1 万元，用于三元区富兴堡街道新南社区建设。其他捐款 7. 9 万元。

福建武夷烟叶有限公司：扶贫济困，捐款 1. 2 万元。资助教育、文化事业，捐款 2. 5 万元。资助乡村建设，捐款 3 万元，用于和平村农田水利设施建设。

福建中烟工业有限责任公司

2015 年，福建中烟工业有限责任公司捐款 9503. 54 万元，用于各项社会公益活动，其中扶贫济困 657. 55 万元、资助教育事业 449 万元、资助文化与体育事业 7994. 14 万元、救助灾害 402. 85 万元。

福建中烟工业有限责任公司本部：扶贫济困，向厦门市红十字基金会等捐款 660 万元。资助教育事业，向厦门市教育基金捐款 190 万元；向思明区教育基金会捐款 200 万元。资助卫生事业，捐款 200 万元。救助灾害，捐款 300 万元。

龙岩烟草工业有限责任公司：扶贫济困，向龙岩市慈善总会等捐款 3985 万元。资助教育事业，向希望工程龙岩市基金会捐款 22 万元。

厦门烟草工业有限责任公司：扶贫济困，向厦门市残疾人福利基金会捐款 3000 万元；向厦门市海沧区红十字会捐款 800 万元；向厦门市老年基金会捐款 40 万元。资助教育事业，向厦门市教育基金会捐款 20 万元。

江西省烟草专卖局（公司）

2015 年，江西省烟草商业系统捐款 4357. 15 万元，用于各项社会公益活动。其中，扶贫济困 138. 24 万元，资助教育事业 221. 21 万元；资助乡村、社区建设 264. 44 万元；救助灾害 3733 万元。

江西省烟草专卖局（公司）机关：扶贫济困，参加“慈善一日捐”“春蕾计划捐款”“心系孤儿”活动，捐款 2. 93 万元。资助教育事业，捐款 200 万元用于赣州市安远县长沙乡贫笃村小学建设。

南昌市烟草专卖局（公司）：扶贫济困，向南昌市红十字会捐款 5 万元；向困难卷烟零售客户、留守儿童等捐款 1. 48 万元。资助乡村、社区建设，捐款 31. 8 万元。其他捐款 2. 6 万元。

九江市烟草专卖局（公司）：扶贫济困，捐款 0. 74 万元。资助乡村建设，成立工作队帮扶武宁县罗溪乡坪源村等 12 个村开展新农村基层组织建设，对湖口县流泗镇西塘村等 11 个村开展包村扶贫，捐款 53. 4 万元。

上饶市烟草专卖局（公司）：扶贫济困，向婺源县太白镇新屋村等捐款 19. 6 万元。资助乡村、社区建设，捐款 20. 3 万元。

抚州市烟草专卖局（公司）：扶贫济困，捐款 10. 6 万元。资助乡村、社区建设，向西大街营上巷和东乡仓社区捐款 4. 52 万元，向“四进四联四帮”挂点村捐款 2. 77 万元。救助灾害，向受灾烟农捐款 690. 26 万元。

宜春市烟草专卖局（公司）：资助乡村、社区建设，向奉新县罗市社区、宜丰县芳溪镇庙前村等捐款 17. 5 万元；向袁州区秀江街道崔家园社区捐款 3. 7 万元。救助灾害，向上高县受灾烟农捐款 21. 21 万元。

吉安市烟草专卖局（公司）：资助乡村建设，支援对口帮扶村修建公路、改善住房等，捐款50万元。

赣州市烟草专卖局（公司）：扶贫济困，开展“慈善一日捐”、向红十字会博爱基金捐款活动，捐款1.34万元。资助乡村建设，成立工作队帮扶石城县小松镇罗源村开展新农村基层组织建设，捐款39万元。救助灾害，向烟叶灾区捐款3043万元。

景德镇市烟草专卖局（公司）：扶贫济困，捐款4万元。资助乡村建设，向罗家桥乡宝石村等捐款52.4万元。

萍乡市烟草专卖局（公司）：扶贫济困，向困难群众捐款2.1万元；组织员工个人参加爱心党费捐款、“助残一日捐”等活动，捐款3.3万元。资助社区建设，捐款22.45万元。

新余市烟草专卖局（公司）：扶贫济困，捐款6.6万元。资助乡村、社区建设，捐款20万元。

鹰潭市烟草专卖局（公司）：扶贫济困，向对口帮扶村、困难群众等捐款10.95万元。

中国烟草井冈山传统教育基地：扶贫济困，捐款6万元。

江西中烟工业有限责任公司

2015年，江西中烟工业有限责任公司捐款1.01亿元，用于各项社会公益活动。其中，扶贫济困9.27万元，资助教育事业25万元，资助乡村建设92万元，资助赣南地区等原中央苏区建设1亿元。

江西中烟工业有限责任公司本部：资助教育事业，向50名“金圣学子”捐赠助学款25万元。

江西中烟工业有限责任公司南昌卷烟厂：扶贫济困，参加“轻松筹”活动，捐款4.27万元。资助乡村建设，成立工作队帮扶抚州市乐安县罗陂乡开展新农村基层组织建设，捐款9万元。

江西中烟工业有限责任公司赣州卷烟厂：资助城市建设，向赣州市捐赠专项扶贫资金16万元。

江西中烟工业有限责任公司广丰卷烟厂：资助乡村建设，向上饶市广丰区吴村镇前村等捐款12万元，用于新农村建设。

江西中烟工业有限责任公司井冈山卷烟厂：扶贫济困，向吉安县指阳乡长丰村捐款5万元。资助乡村建设，向吉安县永阳镇、敦厚镇下岭村新农村建设捐款55万元；向吉安县社会治安综合治理建设捐款5万元。

山东省烟草专卖局（公司）

2015年，山东省烟草商业系统捐款7884万元，用于各项社会公益活动。

山东省烟草专卖局（公司）机关：扶贫济困，向帮包村困难群众捐款3.63万元。资助乡村建设，向临沂沂南县、潍坊诸城市分别捐款1280万元、1000万元；向山东省“第一书记”帮扶村捐款301.2万元；向山东省残疾人基金会捐款200万元。资助教育事业，向济南市教育事业捐款2000万元；参加“关爱留守儿童、情系老区未来”主题活动，向留守儿童捐款4.33万元。其他捐款198.84万元。

济南市烟草专卖局（公司）：扶贫济困，参加“慈心一日捐”“助残日”“人口关爱”等活动，捐款63.81万元，其中员工个人捐款6.64万元；参加无偿献血活动，献血1.32万毫升。资助教育事业，参加“真情助学”活动，捐款7.1万元。

青岛市烟草专卖局（公司）：扶贫济困，参加“慈心一日捐”活动，捐款10万元；向“人口关爱基金”捐款1.2万元。

淄博市烟草专卖局（公司）：扶贫济困，参加“慈心一日捐”活动，员工个人捐款25.56万元；向沂源县捐款2万元。资助教育事业，向淄博市慈善总会“齐惠慈善基金”捐款80万元。资助乡村建设，向4个非烟生态村富民工程建设捐款334万元。

枣庄市烟草专卖局（公司）：扶贫济困，向困难卷烟零售客户捐款7.68万元；参加“慈心一日捐”活动，捐款1.95万元。资助乡村建设，向生态村富民工程捐款279万元；向枣庄峄城区阴平镇罗山口村等捐款11.1万元。

东营市烟草专卖局（公司）：扶贫济困，参加“慈心一日捐”活动，向东营市慈善总会捐款6.3万元；参加无偿献血活动，献血2300毫升。资助教育事业，捐款32万元。资助乡村建设，帮扶6个生态村实施富民项目13个，捐款156万元。

烟台市烟草专卖局（公司）：扶贫济困，向困难卷烟零售客户捐款30.92万元；参加“慈心一日捐”活动，捐款73.04万元，其中员工个人捐款25.04万元。资助教育事业，捐款39.97万元。资助乡村建设，向“双联双促”新农村建设工程捐款74.5万元；向生态村富民工程捐款230万元。其他捐款65万元。

潍坊市烟草专卖局（公司）：扶贫济困，向困难卷烟零售客户和烟农捐款17.7万元；参加“慈心一日捐”“温暖过冬”活动，员工个人捐款25.47万元。资助教育事业，向辖区小学捐款5.95万元，并捐赠价值1.7万元的学习用品；向辖区聋哑学校捐款1万元。资助乡村建设，捐款188.7万元，用于硬化乡村道路。

济宁市烟草专卖局（公司）：扶贫济困，向帮扶村捐款200万元。资助乡村建设，捐款38万元。资助环境保护事业，向邹城市田黄镇杨家峪村捐款5万元用于荒山绿化治理。

泰安市烟草专卖局（公司）：扶贫济困，向困难卷烟零售客户捐款10.3万元。资助教育事业，开展“认领微心愿、传递正能量”志愿者服务活动，员工个人捐款1.61万元。

威海市烟草专卖局（公司）：扶贫济困，向困难卷烟零售客户捐款23.3万元；参加“慈心一日捐”活动，捐款10.78万元。资助教育事业，捐款3.8万元并捐赠床上用品100套；参加威海市妇联“社会妈妈”孤贫儿童帮扶活动，向困难学生、孤儿捐款0.61万元。资助乡村建设，捐款65万元用于道路硬化、环境整治等；捐款397万元用于生态村富民工程建设。

日照市烟草专卖局（公司）：扶贫济困，参加“慈心一日捐”活动，捐款4.02万元；向老党员、困难卷烟零售客户子女捐款10.8万元；向未成年人关爱基金捐款1万元；参加无偿献血活动，献血6900毫升。资助乡村建设，向帮扶包联村等捐款63.34万元。

莱芜市烟草专卖局（公司）：扶贫济困，参加“慈心一日捐”活动，捐款1万元。资助教育事业，向困难大学生捐款9万元。

临沂市烟草专卖局（公司）：扶贫济困，参加“慈心一日捐”活动，捐款10万元。资助教育事业，捐款0.4万元。资助乡村建设，捐款63.9万元。其他捐款24万元。

德州市烟草专卖局（公司）：扶贫济困，参加“慈心一日捐”活动，捐款0.95万元；向“第一书记”帮扶村困难群众捐赠价值0.44万元的生活必需品。资助乡村建设，向非烟生态村建设工程捐款149.1万元，用于生态循环、村容村貌建设。

聊城市烟草专卖局（公司）：扶贫济困，参加“慈心一日捐”活动，捐款2.99万元。资助教育事业，向困难大学生捐款13.2万元。

滨州市烟草专卖局（公司）：扶贫济困，参加“情暖万家活动”“慈心一日捐”活动，捐款48.66万元；向“第一书记”帮扶村特困户捐赠价值1.25万元的生活必需品。资助教育事业，参加“朝阳助学”活动，捐款10万元；开展困难卷烟零售客户子女助学活动，捐款7.7万元。资助乡村建设，捐款170.54万元。

菏泽市烟草专卖局（公司）：扶贫济困，向帮扶村捐款110万元，用于道路硬化、饮水工程及街道路灯安装等；向菏泽市慈善总会“情义公益基金”捐款100万元；参加“慈心一日捐”活动，捐款49.5万元。

山东中烟工业有限责任公司

2015年，山东中烟工业有限责任公司捐款181.85万元，用于各项社会公益活动。

山东中烟工业有限责任公司本部：扶贫济困，向山东省慈善总会等机构捐款131万元。

山东中烟工业有限责任公司济南卷烟厂：扶贫助学，开展“小小暖心衣 浓浓泰山情”“关爱小泉娃 爱心大接力”等活动，捐赠款物1.17万元。

山东中烟工业有限责任公司青岛卷烟厂：扶贫济困，参加“慈善一日捐”活动，员工个人捐款28.25万元。

山东中烟工业有限责任公司青州卷烟厂：扶贫济困，向青州市王坟镇西段村捐款10万元，用于帮扶企业驻地特色产业基地发展。

山东中烟工业有限责任公司滕州卷烟厂：扶贫济困，参加“慈善一日捐”活动，员工个人捐款11.43万元。

河南省烟草专卖局（公司）

2015 年，河南省烟草商业系统捐款 696.42 万元，用于各项社会公益活动。扶贫济困，捐款 301.28 万元。资助教育事业，捐款 71.3 万元。资助乡村建设，捐款 122.54 万元。救助灾害，捐款 201.3 万元。

河南省烟草专卖局（公司）机关：扶贫济困，向南阳市内乡县师岗镇曹营村等捐款 19 万元。资助教育事业，向郑州市黄河路第三小学捐款 1 万元。资助乡村建设，向林州市东岗镇砚花水村捐款 10 万元，用于村内道路建设。救助灾害，捐款 200 万元。

郑州市烟草专卖局（公司）：扶贫济困，向郑州市慈善总会、新郑市慈善总会、中牟县慈善总会等捐款 15.5 万元。

开封市烟草专卖局（公司）：扶贫济困，捐款 2.8 万元。资助教育事业，向困难学生、留守儿童捐款 0.6 万元。资助乡村建设，向尉氏县大营乡后郑村捐款 1.5 万元。

洛阳市烟草专卖局（公司）：扶贫济困，参加“爱心圆梦”活动，捐款 2.2 万元。资助乡村建设，向洛宁县小界乡卡村捐款 15 万元。

平顶山市烟草专卖局（公司）：扶贫济困，参加“送温暖、献爱心”活动，捐款 1.6 万元；参加无偿献血活动，献血 8.6 万毫升。资助教育事业，开展“感恩梦想·激励成长”活动，捐款 14.6 万元；向平顶山市特殊教育学校捐赠价值 4.8 万元的学习用品等。

安阳市烟草专卖局（公司）：扶贫济困，向恩施州困难学生、卷烟零售客户等捐款 102 万元；参加“慈善一日捐”活动，捐款 3.21 万元。

鹤壁市烟草专卖局（公司）：扶贫济困，捐款 13 万元。

新乡市烟草专卖局（公司）：扶贫济困，向困难群众捐款 0.85 万元。资助教育事业，捐款 10 万元用于辉县胡桥乡中心学校建设少年宫。资助乡村建设，捐款 7.2 万元帮助封丘县曹岗乡邵寨村解决沟渠和道路问题。

焦作市烟草专卖局（公司）：扶贫济困，参加“爱心一日捐”活动，捐款 4.2 万元。

许昌市烟草专卖局（公司）：扶贫济困，向困难群众、孤寡老人、留守儿童等捐款 5 万元。资助乡村建设，捐款 13 万元。

漯河市烟草专卖局（公司）：扶贫济困，参加“爱心助困”“爱心助学”活动，捐款 10 万元；向结对帮扶村舞阳县章化乡湾李村等捐款 20 万元。资助乡村建设，捐款 51.4 万元。

三门峡市烟草专卖局（公司）：扶贫济困，向“爱心之家”项目捐款 1 万元。资助乡村建设，向陕县西张村镇人马寨村捐款 3 万元。

南阳市烟草专卖局（公司）：扶贫济困，向内乡县、唐河县对口扶贫点捐款 1.67 万元；向留守儿童捐赠图书、学习用品、衣帽等物品 100 余套。资助教育事业，向困难大学生捐款 3 万元。救助灾害，捐款 1 万元。

商丘市烟草专卖局（公司）：扶贫济困，向平台敬老院捐赠价值 0.3 万元的生活必需品。资助教育事业，开展“关爱留守儿童、圆梦微心愿”活动，向睢阳区谢庄小学留守儿童捐赠书包、字典、文具等学习用品；参加“金秋助学”活动，向贫困大学生捐款 1 万元。

信阳市烟草专卖局（公司）：扶贫济困，参加“慈善一日捐”活动，向信阳市慈善总会、新县慈善总会等捐款 11.7 万元；向信阳市儿童福利院捐赠价值 2.35 万元的物品。资助乡村建设，捐款 21.44 万元用于修建公路等。救助灾害，捐款 0.3 万元。

周口市烟草专卖局（公司）：扶贫济困，向郸城巴集乡喻庄村等捐款 46.5 万元。资助教育事业，捐款 21 万元，并向扶沟县等捐赠价值 1 万元的电脑。

驻马店市烟草专卖局（公司）：扶贫济困，向对口扶贫村上蔡县大路李乡陈桥村等捐款 35 万元。资助教育事业，向驻马店市孤儿院、驻马店市特种学校等捐赠价值 14.3 万元的学习用品。

济源市烟草专卖局（公司）：扶贫济困，参加“慈善一日捐”活动，向济源市慈善总会捐款 0.5 万元；向对口帮扶村下冶镇北吴村捐款 2.9 万元。

河南中烟工业有限责任公司

2015年，河南中烟工业有限责任公司积极开展各项社会公益活动。

河南中烟工业有限责任公司本部：资助教育事业，向河南省青少年基金会捐款35万元。

河南中烟工业有限责任公司黄金叶生产制造中心：资助乡村建设，向水泉村捐款52万元。

河南中烟工业有限责任公司安阳卷烟厂：扶贫济困，开展“一帮一”送温暖活动，捐款2.49万元。资助乡村建设，向三里湾村捐款29万元。

河南中烟工业有限责任公司南阳卷烟厂：资助乡村建设，向杨沟村捐款30万元。

河南中烟工业有限责任公司洛阳卷烟厂：扶贫济困，员工个人向大杨村困难家庭捐赠价值0.5万元的学习用品和生活物资等。

河南卷烟工业烟草薄片有限公司：资助教育事业，参加“金秋助学”活动，捐款5万元。资助乡村建设，向郑湾村捐款10万元。

湖北省烟草专卖局（公司）

2015年，湖北省烟草商业系统捐款5427.6万元，用于各项社会公益活动。

湖北省烟草专卖局（公司）机关：扶贫济困，向湖北“616”扶贫工程点来凤县捐款150万元；向三峡工程移民点捐款50万元；向“万名干部进万村惠万民”（简称三万）活动驻点村捐款45万元；向省直新农村建设对口郧县扶贫点捐款30万元。

武汉市烟草专卖局（公司）：扶贫济困，向“三万”活动点捐款35万元；向对口扶贫点新洲区潘塘街汉楼村捐款23万元；向武汉市慈善总会捐款187万元。资助社会公共和福利事业，向见义勇为基金会捐款50万元。其他捐款40.53万元。

黄冈市烟草专卖局（公司）：资助教育事业，向红安县七里坪镇捐款100万元建设苏区小学。资助乡村建设，捐款722万元。

襄阳市烟草专卖局（公司）：扶贫济困，向精准扶贫驻点村南漳县陡山村捐款10万元；向“三万”活动点捐款21.3万元；向其他扶贫点捐款29.86万元；参加“送温暖、献爱心”“关爱未成年人健康成长”活动，捐款4万元。

荆州市烟草专卖局（公司）：扶贫济困，捐款24.41万元，其中员工个人捐款15.16万元、捐赠衣物360余件。资助教育事业，捐款260万元。资助乡村建设，向“三万”活动点和精准扶贫帮扶包点乡镇捐款191.55万元。

十堰市烟草专卖局（公司）：扶贫济困，向河夹镇龙窝村等捐款274万元；员工个人向龙窝村老党员和困难户捐款1万元。

孝感市烟草专卖局（公司）：扶贫济困，捐款197.56万元。资助教育事业，捐款1万元。资助社会公共和福利事业，捐款1.2万元。

恩施土家族苗族自治州烟草专卖局（公司）：扶贫济困，向困难群众捐款10万元用于医疗救助；向精准扶贫、“三万”活动点捐款1051.77万元。资助社会公共和福利事业，捐款4.5万元。

宜昌市烟草专卖局（公司）：扶贫济困，向少数民族区域农村捐款275万元；参加“慈善一日捐”“送温暖、献爱心”活动，捐款17.93万元，其中个人捐款17.01万元；参加无偿献血活动，献血2.94万毫升。资助教育事业，捐款6万元。

咸宁市烟草专卖局（公司）：扶贫济困，向困难群众捐款55.95万元用于医疗救助等；向精准扶贫、“三万”活动驻点村捐款432.11万元。资助教育事业，参加“关爱儿童”等活动，捐款43.52万元。资助社会公共和福利事业，捐款6.3万元。

随州市烟草专卖局（公司）：扶贫济困，向“三万”活动点和精准扶贫活动点捐款229.05万元；向困难卷烟零售客户捐款10万元；向“关爱革命功臣”活动捐款8.5万元。资助教育事业，向困难学生捐款6万元；向“关爱青少年成长系统丛书进校园”活动捐款2万元。

黄石市烟草专卖局（公司）：扶贫济困，参加“慈善一日捐”等活动，捐款108.04万元。资助教育事业，捐款0.2万元。

荆门市烟草专卖局（公司）：扶贫济困，捐款284.55万元，其中员工个人捐款4.3万元；向各地慈善总会捐款5.99万元，其中员工个人捐款0.99万元。资助教育事业，捐款2万元为贫困大学生购置学习用品。资助社会公共和福利事业，向“绿满沙洋”活动捐款4万元。

鄂州市烟草专卖局（公司）：扶贫济困，参加“送温暖、献爱心”活动，向困难群众、卷烟零售客户捐款17.7万元；推进精准扶贫，向沼山镇夏咀村捐款100万元。资助乡村建设，捐款12.3万元。

仙桃市烟草专卖局（公司）：扶贫济困，向精准扶贫对口联系点捐款46.34万元，向“三万”活动点捐款30.62万元。资助乡村建设，捐款13万元。

天门市烟草专卖局（公司）：扶贫济困，向贫困村镇、“三万”活动点等捐款65.04万元。

潜江市烟草专卖局（公司）：扶贫济困，捐款80.36万元；参加无偿献血活动，献血9500毫升。资助教育事业，员工个人向贫困学生捐款0.9万元。资助社会公共和福利事业，捐款19万元。

神农架林区烟草专卖局（公司）：资助乡村建设，捐款1.15万元。资助教育事业，捐款0.5万元。

湖北烟草金叶复烤有限责任公司：扶贫济困，向恩施州恩施市新塘乡下坝村等捐款19万元；向白果乡金龙坝村“大鱼泉”旅游景点基础设施建设捐款9万元；员工个人捐款0.87万元。

湖北中烟工业有限责任公司

2015年，湖北中烟工业有限责任公司积极开展各项社会公益活动。扶贫济困，向湖北省慈善总会捐款1150万元；向咸丰“616”对口支援工程捐款100万元；向利川市黄田村捐赠精准扶贫资金200万元。其他捐款780万元。

湖南省烟草专卖局（公司）

2015年，湖南省烟草商业系统捐款5707万元，积极开展各项社会公益活动。

湖南省烟草专卖局（公司）机关：扶贫济困，向“金叶慈善医疗卡”救助项目捐款50万元；参加“慈善一日捐”活动，员工个人捐款6万余元；向湘西永顺县等捐款293万元。资助教育事业，向天心区红卫小学捐款10万元，向“阳光助学”捐款6万元。资助乡村建设，向湘西永顺县石堤镇捐款40万元，向天心区新开铺街道办事处、金汇社区等捐款15万元。其他捐款25.5万元。

长沙市烟草专卖局（公司）：扶贫济困，向“金叶慈善医疗卡”救助项目捐款85万元；向“双联”企业捐款5万元；向宁乡县偕乐桥镇金农村等捐款143万元；向困难群众捐款9.6万元；向长沙市慈善总会捐款50万元。资助教育事业，开展“文明星城、爱心助学”活动，捐款78万元。

株洲市烟草专卖局（公司）：扶贫济困，向“金叶慈善医疗卡”救助项目捐款85万元；向残疾人捐款22.8万元。资助教育事业，捐款16万元。资助环保、社会公共设施建设，捐款39.8万元。其他捐款258.87万元。

湘潭市烟草专卖局（公司）：扶贫济困，向“金叶慈善医疗卡”救助项目捐款85万元；参加“全国助残日”“爱心助学”活动，捐款9.72万元；开展精准扶贫活动，向湘乡市翻江镇、湘潭县乌石镇等捐款47.59万元。资助乡村建设，向湘乡市金石镇龙潭村捐款12.26万元，其中员工个人捐款1.43万元。资助社区建设，捐款21.64万元。救助灾害，向湘潭县锦石乡捐款4.8万元。

衡阳市烟草专卖局（公司）：扶贫济困，向“金叶慈善医疗卡”救助项目捐款85万元。资助教育事业，参加“爱心助学”活动，捐款5万元。资助乡村建设，成立工作队帮扶衡南县鸡笼镇双溪村开展精准扶贫活动，捐款52.8万元；向衡南县硫市镇新华村捐款20万元。

邵阳市烟草专卖局（公司）：扶贫济困，向“金叶慈善医疗卡”救助项目捐款85万元；开展“小城大爱”活动，捐款1万元。资助乡村建设，成立工作队帮扶邵阳县大兴村开展新农村扶贫建设，捐款12万元，员工个人捐款3.02万元；向回龙寺镇等捐款35万元。资助社区建设，向肖家排社区等捐款33万元。

岳阳市烟草专卖局（公司）：扶贫济困，向“金叶慈善医疗卡”救助项目捐款85万元；向岳阳县毛田镇、黄口镇捐款 177.74 万元。资助乡村建设，向湘阴金龙镇、平江县南江镇等捐款 273.8 万元用于道路硬化、水利设施改善。资助教育事业，向汨罗市沙溪镇农科村小学等捐款 15 万元。其他捐款 130 万元。

常德市烟草专卖局（公司）：扶贫济困，向“金叶慈善医疗卡”救助项目捐款 85 万元；参加“慈善一日捐”“爱心助残”等活动，捐款 329.6 万元。资助教育事业，捐款66.9 万元。资助乡村建设，捐款218.5 万元用于对口帮扶村公共设施建设及产业扶持。

张家界市烟草专卖局（公司）：扶贫济困，向“金叶慈善医疗卡”救助项目捐款85 万元；向困难群众捐款 1.4 万元；参加“慈善一日捐”活动，员工个人捐款 1.8 万元。资助乡村建设，向慈利江垭镇合心村捐款 33.39 万元。资助教育事业，向困难学生捐款 2.3 万元；向张家界市关心下一代委员会捐款 5 万元。

益阳市烟草专卖局（公司）：扶贫济困，向“金叶慈善医疗卡”救助项目捐款 85 万元。资助教育事业，参加“金秋助学”活动，捐款 3 万元。

郴州市烟草专卖局（公司）：扶贫济困，向“金叶慈善医疗卡”救助项目捐款 85 万元；向郴州市志愿者服务基金会捐款 10 万元；开展“心连心”结对帮扶、“一进二访”精准扶贫活动，捐款 35 万元；参加“爱心助学一日捐”等活动，捐款 2.19 万元。资助教育事业，捐款 10 万元。资助乡村建设，捐款 88 万元。救助灾害，捐款 8.8 万元。其他捐款 13.5 万元。

永州市烟草专卖局（公司）：扶贫济困，向“金叶慈善医疗卡”救助项目捐款 85 万元；向困难群众、困难卷烟零售客户等捐款捐物共计 98.78 万元。资助教育事业，参加“安心圆梦慈善助学活动”，捐款 1.1 万元；向困难学生捐款 2.59 万元。资助乡村建设，捐款 76.12 万元。资助社会公共设施建设，捐款 38.53 万元。资助环境保护事业，捐款 5.41 万元。救助灾害，捐款 290.41 万元。其他捐款 12.37 万元。

怀化市烟草专卖局（公司）：扶贫济困，向“金叶慈善医疗卡”救助项目捐款 85 万元。资助乡村建设，捐款 40 万元用于修建公路、修筑水坝等。资助教育事业，捐款 13 万元并捐赠衣物、学习用品 500 余件。

娄底市烟草专卖局（公司）：扶贫济困，向“金叶慈善医疗卡”救助项目捐款 85 万元。资助乡村建设，向涟源市枫坪镇分水坳村等捐款 144 万元。其他捐款 51 万元。

湘西土家族苗族自治州烟草专卖局（公司）：扶贫济困，向“金叶慈善医疗卡”救助项目捐款 85 万元；向“双维”贫困党员基金捐款 15 万元；向困难群众捐款 17.8 万元。资助教育事业，向困难大学生等捐款 16 万元；向龙山县洛塔乡南竹村小、新城学校等捐款 27 万元。资助乡村建设，捐款 130.94 万元。资助环境保护事业，捐款 22.48 万元。资助文化事业，捐款 20 万元。救助灾害，捐款 10.1 万元。

湖南烟叶复烤有限公司：扶贫济困，向“金叶慈善医疗卡”救助项目捐款 85 万元；参加“助残一日捐”“慈善一日捐”“爱心圆梦”等活动，捐款 2.88 万元；向郴州市安仁示范村捐款 5 万元。资助社区建设，向郴州市新泉社区捐款 0.4 万元。

中国烟草湖南进出口有限责任公司：扶贫济困，向“金叶慈善医疗卡”救助项目捐款 30 万元；向精准扶贫项目捐款 1.7 万元；参加“慈善一日捐”活动，捐款 0.36 万元。

湖南中烟工业有限责任公司

2015 年，湖南中烟工业有限责任公司捐款 8332 万元，用于各项社会公益活动。扶贫济困，捐款 346 万元。资助教育事业，捐款 1615 万元。资助乡村建设，捐款 328 万元。资助慈善、文化、公共事业，捐款 5723 万元。救助灾害，捐款 260 万元。其他捐款 60 万元。

湖南中烟工业有限责任公司本部：扶贫济困，捐款 300 万元。资助教育事业，捐款 1460 万元。资助乡村建设，捐款 310 万元。资助慈善、文化事业，捐款 5695 万元。救助灾害，捐款 260 万元。

湖南中烟工业有限责任公司长沙卷烟厂：资助教育事业，向长沙市雨花区王家冲小学等学校捐款 20 万元。资助社区建设，向长沙市雨花区砂子塘街道等捐款 60 万元。

湖南中烟工业有限责任公司常德卷烟厂：扶贫济困，向石门县三圣乡苏家冲村等捐款 37 万元。资助教育事业，捐款 89 万元。

湖南中烟工业有限责任公司郴州卷烟厂：扶贫济困，向汝城县东山村等捐款4.3万元；向桂阳县正和镇西水村图书馆捐赠价值3万元的图书、音响设备等；开展“闲置物品去哪儿”募捐活动，捐赠物品2753件。

湖南中烟工业有限责任公司零陵卷烟厂：扶贫济困，向江华县贫困学生捐款11万元；向永州市公益助学活动捐款10万元。资助乡村建设，向双牌县江村镇金滩村捐款18万元。

湖南中烟工业有限责任公司四平卷烟厂：扶贫济困，向四平市红十字会捐款15万元。资助教育事业，向吉林省四平市铁东区叶赫满族镇中心小学捐款25万元。其他捐款10万元。

湖南中烟工业有限责任公司吴忠卷烟厂：资助社区建设，向吴忠市利通区秦渠社区捐款3.2万元，并捐赠电脑等物品。

常德芙蓉烟叶复烤有限责任公司：扶贫济困，向宜章县新坌村捐款1.16万元。

广东省烟草专卖局（公司）

2015年，广东省烟草商业系统积极开展各项社会公益活动。

中山市烟草专卖局（有限责任公司）：资助文化事业，向中山市“慈善万人行”活动捐款6万元，其中员工个人捐款2.88万元。资助乡村建设，向对口肇庆市怀集县多安村捐款35万元。

东莞市烟草专卖局（有限公司）：扶贫济困，向东莞市企石镇旧围村捐款30万元，参加“广东扶贫济困日暨东莞慈善日”活动，捐款3.93万元。

佛山市烟草专卖局（有限公司）：扶贫济困，捐款36.16万元。

肇庆市烟草专卖局（有限责任公司）：扶贫济困，捐款88.7万元。其他捐款24.3万元。

江门市烟草专卖局（有限公司）：扶贫济困，捐款60.2万元。其他捐款3万元。

茂名市烟草专卖局（有限责任公司）：扶贫济困，向茂名市慈善总会捐款3万元；参加无偿献血活动，献血4800毫升。资助乡村建设，向“第一书记”挂点村、扶贫开发“双到”挂点村捐款93.29万元。

阳江市烟草专卖局（有限责任公司）：扶贫济困，向阳春市合水镇河山村等捐款100.7万元用于基础设施建设和村容村貌改善；参加“广东扶贫济困日”活动，捐款42.15万元。

湛江市烟草专卖局（有限公司）：扶贫济困，向徐闻县前山镇南安村等捐款58.06万元；向挂点帮扶贫困群众捐赠价值3.25万元的慰问品；参加无偿献血活动，献血4600毫升。资助教育事业，捐款2.9万元用于廉江市赤岭小学校舍维修。救助灾害，捐款102.8万元。其他捐款35.35万元。

潮州市烟草专卖局（有限责任公司）：扶贫济困，向困难卷烟零售客户捐款5.94万元，向饶平县扶贫挂钩点等捐款72.39万元。资助乡村建设，捐款21万元。资助教育、文化事业，捐款34.7万元。

汕尾市烟草专卖局（有限公司）：扶贫济困，捐款62万元。

揭阳市烟草专卖局（有限公司）：资助文化事业，捐款20万元。资助社区建设，向揭西县白石村捐款20万元。其他捐款118万元。

韶关市烟草专卖局（有限公司）：扶贫济困，参加“广东扶贫济困日”活动，向韶关市总工会捐款50万元，员工个人捐款2万元；向对口帮扶村捐款86.89万元。资助教育事业，向贫困学生捐款1.2万元。资助乡村建设，捐款19.7万元。

梅州市烟草专卖局（有限公司）：扶贫济困，捐款196万元。

河源市烟草专卖局（有限责任公司）：扶贫济困，向河源市慈善总会捐款14万元。

广东中烟工业有限责任公司

2015年，广东中烟工业有限责任公司捐款3510万元，用于各项社会公益活动。扶贫济困，参加“扶贫济困日”活动，捐款1000万元；向广东梅州、揭阳等地捐款1340余万元，用于贫困地区基础设施改建等项目。资助教育事业，向广东梅州、四川、云南等地捐款140万元。资助卫生事业，捐款90万元。灾害救助，支援四川、广东湛江等地抗旱救灾，捐款128万元。

广东中烟工业有限责任公司广州卷烟厂：扶贫济困，向广州市荔湾慈善会捐款50万元；参加“集善广州 情系残疾人”活动，捐款5.6万元；救助贫困母亲，员工个人捐款2.61万元；参加无偿献血活动，献血2.46万毫升。

广东中烟工业有限责任公司韶关卷烟厂：扶贫济困，向韶关地区扶贫开发工作项目捐款198万元；参加无偿献血活动，献血1.64万毫升。

广东中烟工业有限责任公司梅州卷烟厂：扶贫济困，向兴宁市石马镇马上村捐款75万元并捐赠生活必需品；参加“送温暖、献爱心”“梦想知识包”“爱心父母大联盟”活动，捐款5.2万元；参加无偿献血活动，献血1.15万毫升。

广东中烟工业有限责任公司湛江卷烟厂：扶贫济困，向雷州市贫困学生捐款2.15万元。资助乡村建设，捐款13万元用于湛江市遂溪县港门镇西坡村建设；向雷州市调风镇卜昌村捐款5.45万元。救助灾害，向湛江市捐款50万元，员工个人捐款7.53万元。

广西壮族自治区烟草专卖局（公司）

2015年，广西壮族自治区烟草商业系统共捐款424.48万元，用于各项社会公益活动。

广西壮族自治区烟草专卖局（公司）机关：资助教育事业，向凌云县伶站瑶族乡浩坤村捐款100万元，用于村小学校建设。资助乡村建设，向梧州市长洲区及倒水镇富万村等捐款42万元，用于村容村貌等基础设施建设。

南宁市烟草专卖局（公司）：扶贫济困，向南宁市良庆区等捐款1.75万元；向困难群众捐款0.7万元。资助教育事业，参加“圆梦大学行动”活动，捐款15万元；向武鸣县灵马镇清水小学捐款1万元用于建设校园文化长廊。

柳州市烟草专卖局（公司）：扶贫济困，向三江侗族自治县洋溪乡安马村捐款10.6万元；向柳城县凤山镇“美丽广西·清洁乡村”活动捐赠价值0.5万元的物品。

桂林市烟草专卖局（公司）：扶贫济困，捐款27.3万元；向困难军人等捐款10.66万元，其中员工个人捐款6.37万元；参加无偿献血活动，献血1.47万毫升。资助教育事业，向临桂区两江镇保全小学、灌阳县立强村小学等捐款2.65万元。

梧州市烟草专卖局（公司）：扶贫济困，向梧州市长洲区龙山社区、岑溪市水汶镇等捐款18.3万元。资助教育事业，向梧州市龙圩区广平镇华新小学等捐款4.5万元。资助体育事业，捐款20万元。

北海市烟草专卖局（公司）：扶贫济困，向合浦县西场镇那隆村、常乐镇竹山村等捐款6.6万元；向困难党员捐赠价值3.4万元的慰问品。资助教育事业，向北海市第三小学等捐款15万元。

防城港市烟草专卖局（公司）：扶贫济困，捐款2.72万元；向困难党员、群众捐赠价值0.9万元的物资。资助教育事业，向防城港市实验高级中学捐款18万元。

钦州市烟草专卖局（公司）：扶贫济困，参加无偿献血活动，献血4800毫升。

贵港市烟草专卖局（公司）：扶贫济困，向桂平市、平南县“美丽广西·清洁乡村”活动捐款1.1万元。资助教育事业，向贵港市港北区荷城小学、石羊塘小学等捐款16.5万元。

玉林市烟草专卖局（公司）：扶贫济困，向博白县沙陂镇、容县新南社区等捐款3.5万元；开展“情系客户”慰问活动，向困难卷烟零售客户及留守儿童捐赠价值0.4万元的生活、学习用品等。

百色市烟草专卖局（公司）：扶贫济困，向挂点扶贫村捐款9.51万元；向困难卷烟零售客户及留守儿童捐款捐物共计4.54万元。资助乡村建设，捐款9.6万元。资助教育事业，向百色市教育基金会等捐款12.65万元。救助灾害，捐款15万元。

贺州市烟草专卖局（公司）：扶贫济困，向富川瑶族自治县城北镇泗源村捐款4.4万元；参加“党内关爱一日捐”活动，捐款1.23万元。

河池市烟草专卖局（公司）：扶贫济困，捐款4.61万元。资助教育事业，向困难教师、困难大学生捐款10.8万元。资助乡村建设，向南丹县“美丽广西·清洁乡村”活动捐款3.75万元。救助灾害，向南丹县、凤山县受灾烟农捐款 12 万元。

来宾市烟草专卖局（公司）：扶贫济困，向武宣县仁汉村捐款 3.86 万元；向困难卷烟零售客户捐款捐物共计 1.94 万元。资助教育事业，向特殊教育学校及困难学生捐款 1.75 万元，其中员工个人捐款 0.49 万元。

崇左市烟草专卖局（公司）：扶贫济困，向大新县硕龙镇等捐款 2.2 万元，用于道路、水渠等基础设施建设。

广西中烟工业有限责任公司

2015 年，广西中烟工业有限责任公司捐款 1204.78 万元，用于各项社会公益活动。

扶贫济困：向横县红十字会捐款 7.2 万元；向广西残疾人福利基金会捐款 1 万元；开展关爱留守儿童、困难党员等活动，捐款 3.71 万元。

资助教育事业：向广西希望工程援建项目捐款 500 万元；向广西协力扶助基金会捐款 150 万元；向广西壮族自治区总工会捐款 50 万元，用于开展“真龙金秋助学”活动；向富川瑶族自治县慈善总会捐款 40 万元，用于支持生态移民子女教育活动；向博白县博白镇二区马塘小学等学校捐款 293 万元，用于改善学校办学条件等。

资助乡村建设：向田林县捐款 95 万元，用于乡村道路硬化及排水工程项目；向浮石镇木瓜村捐款 12.83 万元，并选派“美丽广西”乡村建设（扶贫）工作队，帮扶柳州市融安县浮石镇木瓜村开展新农村建设工作。

资助公共事业建设：捐款 52 万元。

海南省烟草专卖局（公司）

2015 年，海南省烟草商业系统捐款 144.76 万元，用于各项社会公益活动。

海南省烟草专卖局（公司）机关：资助乡村建设，向临高县博贤村、富雄村等捐款 86.48 万元。资助体育事业，向海南省青少年足球发展基金捐款 20 万元。

海口市烟草专卖局（公司）：扶贫济困，向文昌市青山村、临高县头稍村等捐款 9.73 万元；向海口留守儿童捐款 0.3 万元；参加无偿献血活动，献血 1.58 万毫升。资助教育事业，向困难学生捐款 10.3 万元。资助乡村建设，捐款 2.6 万元。其他捐款 0.2 万元。

三亚市烟草专卖局（公司）：扶贫济困，向困难群众等捐款 2.5 万元。资助乡村建设，向陵水县小妹村、什坡村捐赠价值 1.5 万元的电脑设备。其他捐款 0.9 万元。

琼海市烟草专卖局（公司）：扶贫济困，向困难群众捐款 0.18 万元；向万宁市和乐镇红旗村、大茂镇袁水村等捐款 3.1 万元。资助教育事业，捐款 4.6 万元。

儋州市烟草专卖局（公司）：扶贫济困，向困难群众捐款 0.9 万元；参加无偿献血活动，献血 1.14 万毫升。资助教育事业，向昌江县石碌镇尖岭小学捐款 3 万元。

重庆市烟草专卖局（公司）

2015 年，重庆市烟草商业系统积极参加各项社会公益活动。

万州区烟草专卖局（分公司）：扶贫济困，向困难卷烟零售客户、贫困移民老人捐款 0.5 万元；向万州区慈善会捐款 11.8 万元；参加无偿献血活动，献血 1.7 万毫升。资助乡村建设，成立扶贫攻坚帮扶队开展精准扶贫，捐款 36.15 万元；向铁峰乡楼坪村捐款 1 万元。

涪陵区烟草专卖局（分公司）：扶贫济困，员工个人向困难烟农捐款 1.4 万元；向涪陵区慈善会捐款 6.2 万元。资助乡村建设，捐款 7.5 万元。其他捐款 363 万元。

黔江区烟草专卖局（分公司）：扶贫济困，向困难烟农、卷烟零售客户等捐款 10.4 万元；向黔江区慈善会捐款 11 万元。资助教育事业，捐款 5.2 万元。

渝中区烟草专卖局（分公司）：扶贫济困，向困难卷烟零售客户捐款 5 万元；参加解放碑街道“稻草援助中心”活动，捐款 1 万元。资助教育事业，捐款 7 万元。

大渡口区烟草专卖局（分公司）：扶贫济困，向困难群众捐款 1.83 万元；向街道“稻草人”基金捐款 2 万元。资助教育事业，向困难学生及教师捐款 2 万元。

江北区烟草专卖局（分公司）：扶贫济困，向困难卷烟零售客户捐赠价值 6.56 万元的慰问品；向困难卷烟零售客户捐款 0.7 万元。救助灾害，捐款 5 万元。其他捐款

0.65万元。

沙坪坝区烟草专卖局（分公司）：扶贫济困，向困难卷烟零售客户、困难群众捐赠价值1.65万元的慰问品。资助教育事业，捐款12.6万元。资助社区建设，捐款0.5万元。

九龙坡区烟草专卖局（分公司）：扶贫济困，参加无偿献血活动，献血1400毫升。

南岸区烟草专卖局（分公司）：扶贫济困，向困难群众捐款捐物0.48万元；参加无偿献血活动，献血500毫升。

北碚区烟草专卖局（分公司）：扶贫济困，向重庆市残疾人福利基金会捐款6万元；向贫困家庭及困难卷烟零售客户等捐款4万元；参加无偿献血活动，献血600毫升。资助教育事业，捐款1.29万元。

万盛经济技术开发区烟草专卖局（分公司）：扶贫济困，向困难卷烟零售客户、老党员捐款2.22万元；参加无偿献血活动，献血4000毫升。资助教育事业，捐款0.9万元。资助乡村建设，向定点帮扶贫困村捐款6万元。

渝北区烟草专卖局（分公司）：扶贫济困，向困难卷烟零售客户捐赠价值5.6万元的慰问品；向渝北区小五村、天堡寨村等捐款7.3万元；参加无偿献血活动，献血6000毫升。

巴南区烟草专卖局（分公司）：扶贫济困，向跳石镇捐款5万元；向困难群众捐款2.19万元。资助教育事业，向石滩中学捐款3万元，向贫困学生捐款1万元。救助灾害，捐款0.5万元。

长寿区烟草专卖局（分公司）：扶贫济困，向困难卷烟零售客户等捐款1.34万元；向长寿区慈善会捐款2.7万元。资助教育事业，向长寿区青云小学捐款1万元。

江津区烟草专卖局（分公司）：资助教育事业，捐款3万元。资助乡村建设，向中山镇政府等捐款6万元。资助社会公共事业，向江津慈善会捐款4万元。

合川区烟草专卖局（分公司）：扶贫济困，向困难群众、卷烟零售客户等捐款7.5万元。资助教育事业，向合川中学优秀贫困学生捐款4万元。资助社会公共事业，向合川区关心下一代工作委员会捐款1万元。

永川区烟草专卖局（分公司）：扶贫济困，向困难党员、困难群众捐款4.44万元。资助文化事业，捐款1万元。资助教育事业，捐款2万元。资助社会公共事业，捐款1.5万元。

南川区烟草专卖局（分公司）：资助教育事业，捐款1.8万元帮助特殊教育学校等购置学习物品；向南川区合溪中心校等捐款5.5万元；参加“向日葵”爱心工程，捐款2万元。资助乡村建设，成立工作队帮扶南川区头渡镇玉台村开展新农村基层组织建设，捐款6.9万元。

綦江区烟草专卖局（分公司）：扶贫济困，向中峰镇中峰村捐款4万元。资助教育事业，向永胜村小学捐款1万元。资助乡村建设，向中峰镇龙山村捐款7万元。其他捐款0.92万元。

大足区烟草专卖局（分公司）：扶贫济困，捐款5.35万元；参加无偿献血活动，献血2400毫升。资助教育事业，捐款0.88万元。

璧山区烟草专卖局（分公司）：扶贫济困，向困难群众、卷烟零售客户捐款1.6万元；参加无偿献血活动，献血1600毫升。资助乡村建设，捐款8万元。资助教育事业，开展“三诚慈善献大爱——璧烟与你同在”主题公益活动，捐款1.56万元。资助体育事业，捐款0.4万元。

铜梁区烟草专卖局（分公司）：扶贫济困，向困难卷烟零售客户、党员等捐赠价值4.6万元的慰问品；参加无偿献血活动，献血400毫升。资助教育事业，捐款2.1万元帮助特殊教育学校等购置学习物品；参加“向日葵”爱心工程，向困难学生捐款3万元。

潼南县烟草专卖局（分公司）：扶贫济困，向卧佛镇文曲村捐款7万元；向困难群众捐款1.5万元。资助教育事业，参加“我们共有一片蓝天”走进特殊教育学校活动，捐款0.63万元。资助社会公共设施建设，捐款0.7万元。

荣昌县烟草专卖局（分公司）：扶贫济困，向昌元街道白象社区贫困学生捐款1.5万元，向吴家镇困难学生捐款7.85万元。

梁平县烟草专卖局（分公司）：扶贫济困，向受灾卷烟零售客户、困难群众捐款1.58万元；参加无偿献血活动，献血1200毫升。资助教育事业，捐款1.64万元。资助乡村建设，捐款5万元。

城口县烟草专卖局（分公司）：扶贫济困，向困难群众等捐款5.5万元；参加无偿献血活动，献血400毫升。

资助教育事业，捐款2万元。

丰都县烟草专卖局（分公司）：扶贫济困，向丰都县暨龙乡乌羊村捐款1.8万元。资助乡村建设，向丰都县武平镇百集山村捐款8.5万元。

垫江县烟草专卖局（分公司）：扶贫济困，向困难家庭等捐款捐物3.12万元。资助教育事业，捐款0.3万元。

武隆县烟草专卖局（分公司）：扶贫济困，向火炉镇徐家村捐款12.75万元，其中员工个人捐款7.75万元。

忠县烟草专卖局（分公司）：扶贫济困，参加“慈善双日捐”活动，向忠县慈善会捐款0.32万元；向忠县石子乡芋溪村贫困户捐款5万元；参加无偿献血活动，献血3000毫升。资助教育事业，向贫困大学生捐款0.6万元。资助社区建设，捐款0.6万元。

开县烟草专卖局（分公司）：扶贫济困，向困难卷烟零售客户捐款捐物2.3万元；成立工作队帮扶开县铁桥镇黄龙村开展“一对一”精准扶贫帮扶工作，捐款13.31万元并捐赠电脑8台；参加无偿献血活动，献血800毫升。资助乡村建设，向开县铁桥镇五福村捐款1万元，用于村级公共设施建设。

云阳县烟草专卖局（分公司）：扶贫济困，向人和镇中兴村捐款2.2万元。资助社区建设，捐款4.5万元。资助文化建设，捐款3万元。

奉节县烟草专卖局（分公司）：扶贫济困，参加无偿献血活动，献血1200毫升。资助教育事业，捐款1.5万元帮助特殊教育学校等购置学习物品。资助乡村建设，成立工作队帮扶奉节县太和乡太和村开展新农村建设，捐款31.5万元。

巫山县烟草专卖局（分公司）：扶贫济困，向困难烟农、群众等捐赠价值3.8万元的慰问品；向巫山县慈善会捐款17.8万元；参加无偿献血活动，献血400毫升。资助教育事业，参加“三诚慈善献大爱、助学济困送真情”爱心工程，捐款0.5万元。

巫溪县烟草专卖局（分公司）：扶贫济困，向巫溪县残联捐款5万元；向巫溪县通城镇玉泉贫困村捐款2万元。资助教育事业，向巫溪县教育基金会捐款3万元。

石柱土家族自治县烟草专卖局（分公司）：扶贫济困，向困难卷烟零售客户、烟农捐赠价值4.35万元的慰问品；向龙潭乡捐款5.3万元。资助教育事业，参加“暖冬计划工程”，捐款1.14万元。资助乡村建设，捐款3万元。

秀山土家族苗族自治县烟草专卖局（分公司）：资助乡村建设，对口联系县龙池镇小坝村实施“精准扶贫”，捐款10.24万元支持饮水工程建设、文化广场建设；向困难群众捐款1万元。资助教育事业，向困难学生捐款5.1万元。资助环境保护事业，捐款1万元。

酉阳土家族苗族自治县烟草专卖局（分公司）：扶贫济困，捐款1万元。

彭水苗族土家族自治县烟草专卖局（分公司）：扶贫济困，向困难烟农、群众捐款4.2万元；向贫困村捐款1万元。其他捐款1万元。

四川省烟草专卖局（公司）

2015年，四川省烟草商业系统捐款6254.68万元，用于各项公益活动。

四川省烟草专卖局（公司）机关：扶贫济困，向甘孜州炉霍县加依达村捐款260万元用于集中供水工程建设；向甘孜州白玉县捐款120万元用于乡村公路建设。资助教育事业，向贫困大学生捐款160万元；参加四川慈善“诚至诚·乐天使”音乐夏令营关爱活动，捐款60万元。资助社会公共事业，参加“关爱抗战老兵 缅怀抗战历史”关爱活动，捐款20万元。

成都市烟草专卖局（公司）：扶贫济困，向成都市青羊区爱心慈善会捐款4.8万元；向蒲江县光明乡石燕村等捐款215万元。

自贡市烟草专卖局（公司）：扶贫济困，开展“春节送温暖”等活动，捐款7.5万元。资助教育事业，捐款7.8万元帮助沿滩区富全镇村级小学建立“爱心书屋”。资助乡村建设，捐款48.7万元。

攀枝花市烟草专卖局（公司）：扶贫济困，捐款35.9万元。资助乡村建设，捐款30万元帮助米易县普威镇开展新农村建设。救助灾害，向受灾烟农捐款200万元。

泸州市烟草专卖局（公司）：扶贫济困，向古蔺县双沙镇普庆村等捐款4.5万元；向困难烟农、群众捐款7.12万元。资助教育事业，捐款11.8万元。

德阳市烟草专卖局（公司）：扶贫济困，向困难群众捐款10.9万元；向中江县仓山镇捐款1.87万元。资助教育事业，向广汉市西高镇学校、绵竹市紫岩小学等捐款11.2万元；向困难学生捐款1万元。资助乡村、社区建设，向中江县仓山镇独楼村等捐款50.23万元。

绵阳市烟草专卖局（公司）：扶贫济困，向江油市云集乡关炉村等捐款12万元。资助教育事业，捐款3万元。资助社区建设，捐款4万元。资助乡村建设，定点帮扶梓潼县双板乡全胜村，捐款12万元；向安县秀水镇新田村捐款3万元。

广元市烟草专卖局（公司）：扶贫济困，向旺苍县深溪村捐款62.4万元，用于产业发展和基础设施建设。

遂宁市烟草专卖局（公司）：扶贫济困，捐款8万元用于射洪县官升镇修建“诚至诚·同心桥”。资助教育事业，向困难学生捐款0.8万元。资助乡村建设，捐款17.8万元。其他捐款1.79万元。

内江市烟草专卖局（公司）：扶贫济困，参加“同在一片蓝天下”活动，向残疾人捐款0.5万元。资助教育事业，向困难学生捐款1.29万元。资助乡村建设，捐款11.9万元。

乐山市烟草专卖局（公司）：扶贫济困，向沐川县黄丹镇铁炉村捐款4.5万元。资助教育事业，向犍为青松小学、乐山市实验中学等捐款51.5万元。资助乡村建设，向井研县东林镇等捐款161.6万元。救助灾害，向金口河永胜乡民主村捐款3万元。

南充市烟草专卖局（公司）：扶贫济困，向定点帮扶村捐款68.37万元；向帮扶孤儿捐款1万元。资助乡村建设，向嘉陵区世阳镇鲜家寺村等捐款170万元。

宜宾市烟草专卖局（公司）：扶贫济困，员工个人向兴文县石海镇顺河村困难群众捐款1.14万元。资助教育事业，向珙县洛表镇初级中学校捐款50万元；参加宜宾市“栋梁工程”扶贫助学公益活动，捐款5万元；向贫困地区小学生“爱心助学包裹”活动捐款5万元。资助乡村建设，向筠连县蒿坝镇合力村捐款4.9万元用于维修公路；员工个人向兴文县石海镇顺河村捐款2万元用于维修公路。

广安市烟草专卖局（公司）：扶贫济困，向困难群众捐款4.52万元；员工个人向社会重病儿童捐款2.83万元。资助乡村建设，向广安区东岳乡方井村等捐款61.5万元。资助教育事业，为“关爱下一代基金”捐款18.8万元。

达州市烟草专卖局（公司）：扶贫济困，向定点扶贫村及社区捐款41.9万元。资助教育事业，捐赠价值2万元的“爱心礼包”，员工个人捐款0.98万元改善贫困学生午餐。救助灾害，捐款50万元。

巴中市烟草专卖局（公司）：扶贫济困，向定点扶贫村捐款43万元。资助教育事业，参加“金秋圆梦”行动，向困难大学生捐款3万元。救助灾害，捐款12万元。

雅安市烟草专卖局（公司）：扶贫济困，参加“暖冬行动”活动，捐款11.09万元。资助教育事业，捐款5.5万元。资助乡村建设，捐款49.41万元。

眉山市烟草专卖局（公司）：扶贫济困，向眉山金叶敬老院、儿童福利院等捐款11万元；参加无偿献血活动，献血3000毫升。资助教育事业，向四川省“圆梦村小”活动捐款1.1万元；向眉山市仁寿景贤学校、青神高台学校等捐款10.6万元。资助乡村建设，向眉山市青神县河坝子镇、仁寿县板燕乡捐款5.8万元。

资阳市烟草专卖局（公司）：扶贫济困，开展“走基层、送温暖”“双报到”“结对帮扶残疾人”“结对帮扶社区”等活动，捐款3.93万元。资助教育事业，捐款2.1万元帮助安岳县岳源乡小学等建设文化宫、改善教学条件；向困难学生、留守儿童捐款0.6万元。资助乡村建设，向安岳县李家镇中沟村等捐款12万元。

凉山彝族自治州烟草专卖局（公司）：扶贫济困，向越西县瓦里觉乡、西昌市琅环乡琅环村等捐款158.3万元；向困难烟农、困难卷烟零售客户等捐款1.64万元；向越西县瓦里觉乡困难村民捐赠价值10万元的生活用品。资助教育事业，向布拖县牛角湾乡中心校捐款25万元，向“手拉手 迎新年 爱心书包公益项目”捐款2万元，向“留守儿童之家”项目捐款2万元；向越西县瓦里觉中心校捐赠价值5万元的学习用品，向贫困大学生捐款4万元。资助乡村建设，向盐源县巴折乡干沟村等捐款17.5万元；向冕宁县哈哈烟区捐款954.52万元，用于修建5座桥梁。救助灾害，捐款520万元。

阿坝藏族羌族自治州烟草专卖局（公司）：扶贫济困，向困难群众捐款22.64万元。资助乡村建设，向汶川、理县等捐款273万元。

甘孜藏族自治州烟草专卖局（公司）：扶贫济困，向甘孜州巴塘县茶洛乡、石渠县虾扎镇等捐款 21.8 万元，员工个人捐款 2.7 万元。资助乡村建设，捐款 15.7 万元。其他捐款 21.2 万元。

川渝中烟工业有限责任公司①

2015 年，川渝中烟工业有限责任公司捐款 795 万元，用于各项社会公益活动。扶贫济困，捐款 700 万元。资助教育事业，捐款 35 万元。救助灾害，捐款 60 万元。

贵州省烟草专卖局（公司）

2015 年，贵州省烟草商业系统捐款 6517.26 万元，用于各项社会公益活动。扶贫济困，捐款 194.19 万元，其中员工个人捐款 15.4 万元。资助乡村建设，捐款 5790.56 万元。资助教育事业，捐款 167.33 万元，其中员工个人捐款 0.2 万元。资助文化事业，捐款 25 万元。资助社会公共事业，捐款 120.44 万元。资助社会发展事业，捐款 219.74 万元，其中员工个人捐款 2.08 万元。

贵州省烟草专卖局（公司）机关：资助教育事业，向中国检察官教育基金会捐款 100 万元。资助文化事业，向贵州省少数民族文学“金贵”奖捐款 25 万元。资助社会公共事业，向贵州省妇女儿童发展基金会捐款 100 万元，向见义勇为基金会捐款 50 万元。资助乡村建设，捐款 600 万元。

贵阳市烟草专卖局（公司）：扶贫济困，向困难群众捐款 24 万元。资助教育事业，向困难学生捐款 11.1 万元。资助乡村建设，向开阳县新农村建设捐款 200 万元。其他捐款 1 万元。

遵义市烟草专卖局（公司）：扶贫济困，向困难群众捐款 85.84 万元，其中员工个人捐款 1.44 万元；向精准帮扶户、孤寡老人等捐款 5.09 万元，其中员工个人捐款 2.08 万元。资助教育事业，参加“金秋助学”活动，捐款 11.59 万元。资助乡村建设，捐款 1311.37 万元。

六盘水市烟草专卖局（公司）：扶贫济困，向困难群众捐款 6 万元。资助社区建设，捐款 2 万元。资助乡村建设，向扶贫新农村建设项目捐款 12 万元。

安顺市烟草专卖局（公司）：扶贫济困，向困难群众、残疾人等捐款 14.31 万元，其中员工个人捐款 11.21 万元。资助教育事业，向困难学生捐款 3.65 万元。其他捐款 16.46 万元。资助乡村建设，向新农村建设项目捐款 400 万元；捐款 37.42 万元用于乡村修建排水沟、厕所、垃圾池、河道步梯等。

毕节市烟草专卖局（公司）：扶贫济困，向对口帮扶贫困村困难群众等捐款 11.83 万元。资助教育事业，捐款 1.4 万元。资助环境保护事业，捐款 3.48 万元。其他捐款 17.02 万元。

铜仁市烟草专卖局（公司）：扶贫济困，向困难群众等捐款 3.58 万元。资助教育事业，捐款 11.74 万元。资助乡村建设，向扶贫新农村建设项目捐款 700 万元。资助环境保护事业，捐款 36.25 万元。其他捐款 6.32 万元。

黔东南苗族侗族自治州烟草专卖局（公司）：扶贫济困，向党建帮扶点、困难群众等捐款 18.67 万元。资助教育事业，向乡镇小学、困难学生等捐款 15.5 万元。资助乡村建设，向扶贫新农村建设项目捐款 600 万元。

黔南布依族苗族自治州烟草专卖局（公司）：扶贫济困，向困难群众等捐款 15.4 万元。资助教育事业，向乡镇小学、困难学生等捐款 2.15 万元。资助乡村建设，向扶贫新农村建设项目捐款 750 万元；向贵定党建帮扶村新华村、德新镇捐款 821.56 万元；捐款 2.82 万元用于维修乡村道路、路面硬化等。

黔西南布依族苗族自治州烟草专卖局（公司）：扶贫济困，向困难群众等捐款 7.11 万元。资助教育事业，捐款 10 万元用于修建幼儿园、帮助学龄留守儿童等。资助乡村建设，向扶贫新农村建设项目捐款 400 万元；捐款 23 万元用于修建乡村道路及其他基础设施。其他捐款 21.85 万元。

---

① 2015 年 10 月，根据《国家烟草专卖局 中国烟草总公司关于进一步深化川渝烟草工业企业改革的批复》（国烟法〔2015〕280 号），撤销川渝中烟工业有限责任公司，原所属四川烟草工业有限责任公司重组更名为四川中烟工业有限责任公司，原所属重庆烟草工业有限责任公司重组更名为重庆中烟工业有限责任公司。本年鉴《公益活动》栏目中，涉及川渝中烟工业有限责任公司按照其续存期间开展的公益活动进行撰写。

贵州烟叶复烤有限责任公司：扶贫济困，向困难村集体、困难群众捐款7.38万元。资助教育事业，员工个人向困难学生捐款0.2万元。资助乡村建设，捐款6万元。其他捐款3万元。

贵州中烟工业有限责任公司

2015年，贵州中烟工业有限责任公司捐款7307万元，用于各项社会公益活动。

贵州中烟工业有限责任公司本部：扶贫济困，向贵州省慈善总会捐款5万元；向贵州省扶贫办捐款5000万元；向六盘水市捐款277万元；向黔西南州晴隆县捐款900万元。资助乡村建设，向赫章六曲河镇捐款600万元，用于示范小城镇建设；向沿河县黑水乡捐款200万元。其他捐款50万元。

贵州中烟工业有限责任公司贵阳卷烟厂：资助乡村建设，向纳雍县龙场镇滑竹箐村捐款30万元。资助教育事业，为“春晖计划”捐款19万元；捐款1万元用于团建工作经费。

贵州中烟工业有限责任公司毕节卷烟厂：资助乡村建设，向纳雍县羊场乡繁荣村等捐款835万元。

贵州中烟工业有限责任公司贵定卷烟厂：资助城市、乡村建设，向贵定县捐款10万元，建设人畜饮水工程；向贵定县捐款20万元，用于配置环保设施。

贵州中烟工业有限责任公司铜仁卷烟厂：扶贫济困，向思南县张家寨镇三联村等捐款80万元。

云南省烟草专卖局（公司）

2015年，云南省烟草商业系统捐款2.53亿元，用于各项社会公益活动。

扶贫济困，向安宁市温泉街道办事处捐款20万元；向施甸县捐款500万元；向麻栗坡县扶贫点捐款150万元；与德宏州阿昌族228户帮扶对象建档，完成第一轮“走转访”。资助乡村建设，向德宏州阿昌族整乡推进整族帮扶捐款2亿元。资助教育事业，向会泽县教育局第四中学捐款600万元；向昭通市教育局“大成学苑”捐款1200万元；向阿昌族困难大学生捐款104.5万元。资助社会公共事业发展，向云南省老龄基金会“彩云百岁寿星关爱行动”捐款2.74万元。救助灾害，向沧源县“3·1”地震灾区捐款300万元；向云南省水利厅“爱心水窖”建设项目捐款2500万元。

云南中烟工业有限责任公司

2015年，云南中烟工业有限责任公司积极开展各项社会公益活动。

云南中烟工业有限责任公司本部：捐款3.27亿元，用于各项社会公益活动。扶贫济困，向云南省扶贫办布朗族整乡推进整族帮扶捐款2亿元；向云南省水利厅“爱心水窖”建设项目捐款2500万元；向玉溪市、楚雄州等地扶贫建设捐款6250万元；向昭通市慈善总会捐款1000万元；员工个人向保山市施甸县整族帮扶项目捐款24万元。资助教育事业，向楚雄州永仁县第一中学等捐款2664万元。其他捐款150万元。

“整族帮扶”项目：2015年7月，云南中烟召开整族帮扶暨“挂包帮、转走访”工作启动大会，对保山市施甸县木老元乡、摆榔乡为主的布朗族整乡推进整族帮扶项目，在3年内投入6亿元资金，帮扶项目区内的安居工程、产业发展、基础设施、社会事业、素质提高、生态环境保护和基层党组织凝聚力战斗力提升等“七大工程”。12月11日，云南中烟将2亿元拨付到云南省扶贫办。

红塔烟草（集团）有限责任公司：扶贫济困，向维西傈僳族自治县等地捐赠扶贫款700万元；向云南省教育基金会捐款5万元。资助教育事业，向玉溪市第一中学等学校捐款296万元，用于校园改造等。资助乡村建设，向大理白族自治州海潮河村等地捐款260万元，用于基础设施建设。其他捐款75万元。

红塔烟草（集团）有限责任公司玉溪卷烟厂：资助教育事业，捐款78万元。资助乡村建设，向峨山彝族自治县富良棚乡塔冲村等地捐款120万元。其他捐款3万元。

红塔烟草（集团）有限责任公司楚雄卷烟厂：资助教育事业，向楚雄彝族自治州青少年教育慈善经费捐款20

万元；向楚雄彝族自治州儿童保护中心孤残儿童救助资金捐款20万元；向楚雄市教育教育基础设施建设捐款150万元；向永仁县第一中学等学校捐款100万元。资助乡村建设，向楚雄市子午镇捐款95万元。

红塔烟草（集团）有限责任公司大理卷烟厂：扶贫济困，向大理白族自治州捐款60万元。资助教育事业，设立“红塔学子”助学金，捐款80万元；向大理州民族中学“宏志班”学生捐款20万元；向大理市新世纪中学等捐款215万元。资助乡村建设，向宾川县鸡足山镇等地捐款180万元。

红塔烟草（集团）有限责任公司昭通卷烟厂：资助教育事业，向昭通市苏家院镇双河小学捐款70万元。资助乡村建设，向盐津县普洱镇桐梓村等捐款256.3万元。

红云红河烟草（集团）有限责任公司：扶贫济困，向昆明市慈善总会捐款50万元；向昆明市贫困地区捐款1000万元；向兴边富民对口帮扶富民、沧源、镇康县等地捐款1650万元。资助教育事业，向“红云园丁奖”“红河助学金”捐款850万元；向曲靖市教育事业发展基金捐款550万元。其他捐款49万元。

红云红河烟草（集团）有限责任公司昆明卷烟厂：扶贫济困，向昆明市五华区扶残助残协会捐款15万元。资助教育事业，向“昆烟园丁奖”“红云园丁奖”捐款190万元。资助社区建设，向昆明市红云街道捐款30万元。其他捐款16万元。

红云红河烟草（集团）有限责任公司红河卷烟厂：扶贫济困，向弥勒市共青团“爱心圆梦大学”活动捐款12万元。资助教育事业，向“红云园丁奖”“红河助学金”等捐款117.2万元。资助乡村建设，向红河县迤萨镇等地捐款26万元。其他捐款104.8万元。

红云红河烟草（集团）有限责任公司红河卷烟厂曲靖卷烟厂：扶贫济困，捐款20万元。资助教育事业，向“红云园丁奖”捐款60万元；向沙坡笼小学等学校捐款40万元；向“优秀教育教学教职工奖励”捐款10万元。资助乡村、社区建设，向宣威市“美丽家园建设”活动捐款45万元；向曲靖市麒麟区太和街道社区捐款15万元。其他捐款65万元。

红云红河烟草（集团）有限责任公司会泽卷烟厂：扶贫济困，向挂钩帮扶单位捐款114万元；向会泽县敬老院捐款13.26万元。资助乡村建设，向会泽县捐款5万元。其他捐款2.7万元。

红云红河烟草（集团）有限责任公司新疆卷烟厂：扶贫济困，向裕民县捐款90万元；向奎屯市福利院捐款5万元；向新疆残疾人福利基金会捐款3.94万元。资助教育事业，向“雪莲”奖学金捐款20万元。其他捐款30.98万元。

红云红河烟草（集团）有限责任公司乌兰浩特卷烟厂：扶贫济困，向兴安盟“援助单身特困母亲行动”捐款20万元；向对口扶贫点捐款19.99万元；向“五个一”专项帮扶活动捐款10万元；向内蒙古自治区兴安盟工会捐款50万元。资助教育事业，向乌兰浩特市捐赠助学款200万元；向兴安盟人民教育基金会捐款60万元。资助乡村建设，向乌兰浩特市葛根庙镇等地捐款40万元。

西藏自治区烟草专卖局（公司）

2015年，西藏自治区烟草商业系统捐款316.89万元，用于各项社会公益活动。

西藏自治区烟草专卖局（公司）机关：扶贫济困，捐款163.19万元。救助灾害，捐款50万元。其他捐款27.48万元。

山南地区烟草专卖局（公司）：扶贫济困，捐款102.7万元。

日喀则市烟草专卖局（公司）：救助灾害，向“4·25”地震灾区捐款9.48万元。

林芝地区烟草专卖局（公司）：救助灾害，向“4·25”地震灾区捐款1.23万元。

阿里地区烟草专卖局（公司）：扶贫济困，向驻村点贫困农牧民家庭捐款1万元。

陕西省烟草专卖局（公司）

2015年，陕西省烟草商业系统捐款1718.83万元，用于各项社会公益活动。扶贫济困，捐款112.1万元。资助乡村建设，捐款415.56万元。资助教育事业，捐款

681.17万元。救助灾害，捐款510万元。

陕西省烟草专卖局（公司）机关：资助教育事业，向富平县学校捐款600万元；向西北大学捐款30万元；向全国“最美孝心少年”冯莫林捐款3.33万元。资助乡村建设，向扶贫帮扶点旬阳县棕溪镇华峡村捐款95万元。

西安市烟草专卖局（公司）：扶贫济困，开展“百人千户”亲情式帮扶工作，为67户困难捐款零售客户申请15万元扶贫基金。资助乡村建设，向蓝田县灞源镇粮房村捐款50万元。

咸阳市烟草专卖局（公司）：资助教育事业，向咸阳市留守儿童小学等捐赠价值4.5万元的学习用具等；开展“希望学子——爱心与你同行”资助贫困大学新生活动，向贫困大学生捐款5.85万元。

宝鸡市烟草专卖局（公司）：扶贫济困，捐款36.1万元。资助教育事业，向陈仓区贾村镇中心小学、赤沙中心小学捐赠价值近1万元的图书等。资助乡村建设，向陇县东风镇枣林寨村、千阳县草碧镇磨朝村捐款9.94万元安装太阳能路灯等；向金河乡谭家坡村捐款3万元建设道路。

渭南市烟草专卖局（公司）：扶贫济困，向结对扶贫桥镇峰塬村捐款2万元。资助教育事业，向城关镇镇基村捐款3万元；捐款4万元用于爱心助学。资助乡村建设，捐款31万元。

铜川市烟草专卖局（公司）：扶贫济困，向王益区金锁关镇何家坊村等捐款1.9万元；参加耀州区“访民意、解民困、送温暖”大走访活动，捐款2.45万元。资助乡村建设，捐款9万元。

商洛市烟草专卖局（公司）：扶贫济困，向山阳县石佛寺镇板庙村捐款50万元。救助灾害，向受灾烟农捐款160万元。

汉中市烟草专卖局（公司）：资助乡村建设，捐款50万元；向勉县阜川镇捐款20万元用于漾家河大桥建设。救助灾害，向1000余户受灾烟农捐款350万元。

安康市烟草专卖局（公司）：扶贫济困，向旬阳县甘溪镇唐坡村困难群众捐款6.5万元。资助教育事业，向困难大学生捐款1.4万元；向宁陕县金川镇小川村捐款20万元；向全国“最美孝心少年”冯莫林捐款2.09万元。资助乡村建设，向对口帮扶的旬阳县甘溪镇唐坡村捐款61万元；向汉滨区新郑富硒茶园捐款5万元。

延安市烟草专卖局（公司）：扶贫济困，向包扶村捐款22万元。资助教育事业，向宝塔区河庄坪镇中心小学捐款5万元。

榆林市烟草专卖局（公司）：扶贫济困，向困难群众捐款2.25万元。资助教育事业，向困难大学生捐款1万元。资助乡村建设，向青山路办事处常乐路社区、吴堡县岔上镇叶家园沟村等捐款46.52万元。其他捐款10万元。

陕西中烟工业有限责任公司

2015年，陕西中烟工业有限责任公司捐款477.04万元，用于各项社会公益活动。

陕西中烟工业有限责任公司本部：扶贫济困，向户县余下镇五庄村捐款20万元；与灰家村贫困户开展“结对连心”扶贫帮困活动，处级以上干部每人帮扶一户贫困户，每人捐款500元；开展“关爱贫困儿童 好猫圆梦行动”活动，员工个人捐款3万余元，并捐赠学习用品；向陕西省青少年儿童基金会捐款3.74万元。资助乡村建设，向灰家镇捐款20万元。救助灾害，向汉中市南郑县洪涝灾区捐款50万元。

陕西中烟工业有限责任公司宝鸡卷烟厂：扶贫济困，参加“情暖冬日，关爱他人”爱心助残公益行动，捐款20万元。资助教育事业，向宝鸡市金陵中学捐款13.3万元。资助乡村建设，向绥德县定仙墕镇王坪山村等地捐款50万元。其他捐款90万元。

陕西中烟工业有限责任公司延安卷烟厂：资助教育事业，向姚店镇中心小学等学校捐款15万元。资助乡村建设，向延川县延川镇杨家塬村捐款20万元；参加“美丽乡村建设”活动，捐款20万元。

陕西中烟工业有限责任公司汉中卷烟厂：资助乡村建设，向佛坪县长角坝镇龙草坪村等地捐款40万元，用于基础设施建设。

陕西中烟工业有限责任公司澄城卷烟厂：资助乡村建设，向澄城县安里镇义井庄村等地捐款40万元，用于基础设施建设。

陕西中烟工业有限责任公司旬阳卷烟厂：资助乡村建

设，向旬阳县捐款72万元。

甘肃省烟草专卖局（公司）

2015年，甘肃省烟草商业系统捐款3253.43万元，用于各项社会公益活动。

甘肃省烟草专卖局（公司）机关：扶贫济困，向甘肃省静宁县红十字会捐款2353万元，用于开展基础设施、富民产业等精准扶贫精准脱贫项目建设。资助乡村建设，向对口援建的天水市张家川县捐款100万元。资助环境保护事业，向甘肃省治理荒漠化基金会捐款50万元。资助社会事业，向甘肃省公安民警英烈基金会捐款50万元。

兰州市烟草专卖局（公司）：扶贫济困，向兰州市慈善总会捐款27.6万元。资助乡村建设，向西固区孟家山村等捐款19.6万元，用于农村基础设施建设和困难户帮扶。

天水市烟草专卖局（公司）：资助乡村建设，向天水市秦州区王沟村和朱山村、麦积区集村等捐款49万元，用于农村基础设施建设。

定西市烟草专卖局（公司）：扶贫济困，向困难卷烟零售客户捐款22万元。资助乡村建设，捐款22.14万元，其中员工个人捐款0.54万元。

酒泉市烟草专卖局（公司）：资助乡村建设，向瓜州县青山村等捐款75万元，用于农村基础设施建设和困难农户帮扶。资助教育事业，参加“关爱工程”中小学生科普图书捐赠活动，员工个人捐款0.1万元。

武威市烟草专卖局（公司）：资助乡村建设，向古浪县一座磨村等捐款83.7万元，用于农村基础设施建设和富民产业发展。

张掖市烟草专卖局（公司）：扶贫济困，向困难卷烟零售客户捐款9.5万元。资助乡村建设，成立工作队帮扶高台县明水村等开展新农村基层组织建设，捐款30万元。资助环境保护事业，捐款0.38万元，其中员工个人捐款0.26万元，用于植树造林。

庆阳市烟草专卖局（公司）：资助教育事业，捐款16.2万元帮助小学生新建灶房、操场以及支付午餐费用。资助乡村建设，成立工作队帮扶开展农村基层组织建设，捐款100.4万元。

平凉市烟草专卖局（公司）：扶贫济困，捐款3万元为困难群众购买米、面、油等生活用品。资助乡村建设，向双联村捐款28万元用于建设千亩果园、山楂园等项目，其中员工个人捐款0.75万元；捐款30万元修建村部、硬化乡村道路。救助灾害，捐款5万元。

陇南市烟草专卖局（公司）：资助乡村建设，向西和县晒经村、文县刘家湾村等捐款15.24万元，用于农村基础设施建设和富民产业发展。

白银市烟草专卖局（公司）：扶贫济困，员工个人向白银区社会福利院的孤寡残障老人及儿童捐赠价值0.44万元的日常用品以及生活必需品；向11户联系贫困户捐赠价值0.27万元的生活必需品等。资助乡村建设，向景泰县峡儿水村、会宁县二十里铺村等捐款34.74万元，用于农村基础设施建设和困难农户帮扶。

金昌市烟草专卖局（公司）：扶贫济困，向金川区三角城村、永昌县唐家坡村捐款7.34万元。

嘉峪关市烟草专卖局（公司）：扶贫济困，向安远沟村困难群众捐款0.25万元并捐赠2台电脑；向嘉峪关市慈善协会捐款2.8万元。

临夏回族自治州烟草专卖局（公司）：扶贫济困，向困难卷烟零售客户捐款14万元；开展福利院慰问活动，员工个人为孤寡老人捐款0.21万元；参加无偿献血活动，献血4000毫升。资助乡村建设，向双联村捐款61万元用于农村基础设施建设和富民产业扶持。

甘南藏族自治州烟草专卖局（公司）：扶贫济困，捐款6.2万元。资助教育事业，捐款0.28万元帮助特殊教育学校等购置学习物品。资助乡村建设，捐款35.72万元用于农村基础设施建设和富民产业扶持。

青海省烟草专卖局（公司）

2015年，青海省烟草商业系统积极开展各项社会公益活动。

青海省烟草专卖局（公司）机关：扶贫济困，成立扶贫工作队，驻村开展扶贫工作，向实施“高原美丽乡村建设”项目的民和县川口镇米拉湾村捐款112.8万元。

海东市烟草专卖局（公司）：扶贫济困，参加“爱心助残”“博爱一日捐”活动，捐款 0.91 万元。资助教育事业，开展“金秋助学”送温暖活动，捐款 1.9 万元。

海西蒙古族藏族自治州烟草专卖局（公司）：扶贫济困，参加“博爱一日捐”等活动，捐款 1.04 万元。

格尔木市烟草专卖局（公司）：扶贫济困，捐款 2 万元。

海北藏族自治州烟草专卖局（公司）：扶贫济困，向定点扶贫点捐款 3 万元，参加“博爱一日捐”等活动，捐款 0.55 万元。

海南藏族自治州烟草专卖局（公司）：扶贫济困，向兴海县恰青村捐款 0.33 万元。资助乡村建设，捐款 5 万元。救助灾害，向西藏自治区地震灾区等地捐款 0.52 万元。

黄南藏族自治州烟草专卖局（公司）：扶贫济困，向困难群众等捐款 3.04 万元。资助教育事业，向贫困大学生捐款 1.8 万元。资助乡村建设，向同仁县兰采乡土房村捐款 0.88 万元。

玉树藏族自治州烟草专卖局（公司）：扶贫济困，向联点帮扶村捐赠面粉、残疾人专用轮椅、衣物等生活必需品，员工个人捐款 3.19 万元。

果洛藏族自治州烟草专卖局（公司）：扶贫济困，参加“青海省扶贫日捐款活动”，捐款 0.16 万元。

宁夏回族自治区烟草专卖局（公司）

2015 年，宁夏回族自治区烟草商业系统捐款 187 万元，用于开展各项社会公益活动。

宁夏回族自治区烟草专卖局（公司）机关：扶贫济困，向吴忠市盐池县王乐井乡双圪垯村捐款 25 万元；向困难群众捐款 3.5 万元。资助乡村建设，向 5 个对口扶贫项目捐款 91.95 万元用于道路硬化、标准化羊圈建设。

银川市烟草专卖局（公司）：扶贫济困，向银川市永宁县闽宁镇玉海村捐款 7.5 万元，用于村民健身娱乐场所道路硬化项目；向困难群众、孤残儿童捐款 1.39 万元。其他捐款 7.9 万元。

石嘴山市烟草专卖局（公司）：扶贫济困，向困难群众捐款 1.15 万元。资助教育事业，向石嘴山市平罗县高庄中心小学捐款 1.2 万元，用于校园基础设施建设。资助乡村建设，捐款 1.4 万元，开展新农村建设帮扶活动。

吴忠市烟草专卖局（公司）：扶贫济困，向困难群众捐款 5.07 万元。资助文化及教育事业，捐款 1.3 万元。资助乡村建设，捐款 4.6 万元。

固原市烟草专卖局（公司）：扶贫济困，向固原市原州区头营镇坪乐村捐款 10 万元。资助教育事业，向“希望工程”和“金秋助学”活动捐款 5 万元。

中卫市烟草专卖局（公司）：扶贫济困，向中卫市沙坡头区永康镇景台村等捐款 4.8 万元。资助教育事业，向“希望工程”捐款 10 万元。资助环境保护事业，捐款 5.6 万元。

新疆维吾尔自治区烟草专卖局（公司）

2015 年，新疆维吾尔自治区烟草商业系统捐款 1.4 亿元，其中员工个人捐款 0.11 万元，用于各项社会公益活动。

新疆维吾尔自治区烟草专卖局（公司）机关：扶贫济困，向高铁医院和会展医院捐款 1.3 亿元，向对口扶贫单位捐款 100 万元，向“访惠聚”活动捐款 246 万元。资助社会公共事业，向蓝盾基金会捐款 200 万元，向见义勇为基金会捐款 51.55 万元。其他捐款 100 万元。

乌鲁木齐市烟草专卖局（公司）：扶贫济困，向空巢老人、爱里福老年院捐赠价值 0.3 万元的慰问品。资助教育事业，捐款 0.99 万元。

昌吉回族自治州烟草专卖局（公司）：扶贫济困，向困难卷烟零售客户、困难党员捐款捐物 3.99 万元。资助乡村建设，捐款 35 万元。

新疆维吾尔自治区烟草专卖局石河子市局、新疆烟草兵团石河子有限公司：扶贫济困，参加“爱心一元捐”活动，员工个人捐款 0.11 万元。资助教育事业，向困难学生捐款 9.97 万元。资助乡村建设，向“访惠聚”工作组驻村工作点捐款 9.93 万元。救助灾害，员工个人向皮山县地震灾区捐款 0.34 万元。

博尔塔拉蒙古自治州烟草专卖局（公司）：资助教育事业，开展校园关爱工程系列丛书认捐活动，向温泉县塔秀乡中心小学捐赠《校园关爱工程系列丛书》；向博州特殊教育学校和博州蒙古中学等捐款 1.67 万元。资助乡村建设，向温泉县扎肯布拉格村、精河县茫丁乡捐款10.8万元。资助社区建设，捐款1.1万元。

伊犁哈萨克自治州烟草专卖局（公司）：扶贫济困，参加“爱心大行动”“第一书记”走访、“送温暖”等活动，捐款3.12万元。资助教育事业，向中小学校捐赠价值0.64万元的图书。资助乡村建设，捐款74.07万元，用于伊宁市、伊宁县、察布查尔锡伯自治县等9县植树造林、安装路灯、修筑公厕、修建道路、桥梁、围墙等。

塔城地区烟草专卖局（公司）：扶贫济困，向托里县多拉特乡贫困村沙依巴克村等捐款1.19万元。资助教育事业，参加塔城地区“爱心图书进校园，我为孩子捐套书”活动，捐款0.39万元、捐书50套。资助乡村建设，参加“访惠聚”活动，向驻村工作点所在地捐款5.89万元。

阿勒泰地区烟草专卖局（公司）：扶贫济困，向吉木乃县托斯特乡喀拉乔克村、哈巴河县萨尔塔木乡加勒帕黑亚克村等困难群众捐款捐物共计1.05万元。资助教育事业，向“爱心图书进校园，我为孩子捐套书”活动捐款0.43万元。资助乡村建设，向福海县阿尔达乡干河子三村捐款0.9万元。救助灾害，捐款0.8万元。

巴音郭楞蒙古自治州烟草专卖局（公司）：扶贫济困，捐款1.82万元开展扶贫助困慰问、帮扶活动。资助乡村建设，参加“访惠聚”活动，捐款30万元建设农村文化广场和活动室。

吐鲁番市烟草专卖局（公司）：扶贫济困，向红十字会捐款0.2万元。资助教育事业，向中小学捐赠价值0.69万元的图书。资助乡村建设，向老城东门社区建设文化大院捐款5万元；向吐鲁番市绿洲社区捐款0.3万元。

哈密地区烟草专卖局（公司）：资助教育事业，向巴里坤哈萨克自治县基层中小学生捐赠《中小学生普法知识》读本15套，价值0.11万元。

阿克苏地区烟草专卖局（公司）：资助教育事业，向新疆大学科学技术学院阿克苏校区捐款30万元购置图书。资助乡村建设，参加“访惠聚”活动，捐款30万元。

喀什地区烟草专卖局（公司）：资助教育事业，向学校捐款2.4万元帮助学校购置图书1750册；向喀什市红十字会捐款1.97万元用于应急救护进校园。资助乡村建设，参加“访惠聚”活动，捐款20.81万元。

和田地区烟草专卖局（公司）：扶贫济困，向困难群众捐赠价值1.36万元的米、面、油等慰问品；参加无偿献血活动，献血800毫升。资助教育事业，向皮山县藏桂乡亚曼亚农场贫困大学生捐款1.2万元。资助乡村建设，向皮山县、墨玉县捐款9.73万元用于乡村建设。

大连市烟草专卖局（公司）

2015年，大连市烟草商业系统捐款212万元，用于各项社会公益活动。

扶贫济困，捐款174.2万元，其中向大连市慈善总会捐款100万元；向西岗区慈善总会捐款49万元；向旅顺口区慈善总会捐款2万元；向金州慈善总会捐款5.2万元；向瓦房店市慈善总会捐款8万元；向普兰店市慈善总会捐款8万元；向庄河市慈善总会捐款2万元。资助乡村建设，向庄河市栗子房村、吴山嘴村、龙母村和普兰店市顾家村、瓦房店市三台满族乡共计捐款29.8万元。资助教育事业，向大连市青少年发展基金会捐款8万元。

深圳市烟草专卖局（公司）

2015年，深圳市烟草商业系统积极开展各项社会公益活动。资助教育事业，向“好日子奖学金”捐款100万元，向“好日子助学金”捐款106万元。

罗湖区烟草专卖局（公司）：扶贫济困，参加“关爱环卫工人”活动，捐款0.4万元；向困难卷烟零售客户捐赠价值0.1万元的慰问品。

龙岗区烟草专卖局（公司）：扶贫济困，参加“关爱环卫工人”活动，捐款1.84万元。

光明新区烟草专卖局（公司）：扶贫济困，参加“关爱环卫工人”活动，捐款0.17万元。救助灾害，捐款0.4万元。

大鹏新区烟草专卖局（公司）：扶贫济困，捐款0.12万元。

（编辑：王东旭　周　佳）

控烟履约

2015 年国家制定的控烟履约相关文件及部分地方性法规

2015 年，中国积极推进控烟履约工作。在《烟草控制框架公约》履约工作部际协调领导小组的统一领导下，各有关部门根据职责认真落实《中国烟草控制规划（2012—2015 年）》，各级政府部门对控烟工作更加重视，积极推进控烟履约工作开展。

【出台相关法律法规及政策措施】 修订实施《广告法》，广泛禁止烟草广告。2015 年 4 月，新修订的《中华人民共和国广告法》（简称《广告法》）正式颁布，9 月 1 日开始实施。新修订的《广告法》明确规定："禁止在大众传播媒介或者公共场所、公共交通工具、户外发布烟草广告。禁止向未成年人发送任何形式的烟草广告。" 新《广告法》进一步明确禁止烟草广告的范围，不再列举公共场所以及大众传播媒介的类别。此外，还禁止利用其他商品或者服务的广告、公益广告，宣传烟草制品名称、商标、包装、装潢以及类似内容。烟草制品生产者或者销售者发布的迁址、更名、招聘等启事中，不得含有烟草制品名称、商标、包装、装潢以及类似内容。

提高卷烟税率，抑制烟草消费。严格落实《公约》第 6 条"减少烟草需求的价格和税收措施"相关规定，2015 年，经国务院批准，财政部、国家税务总局联合下发《关于调整卷烟消费税的通知》（财税〔2015〕60 号），决定从 2015 年 5 月 10 日起，提高卷烟消费税。甲、乙类卷烟批发环节从价税率由 5% 提高至 11%，同时加征从量税 0.005 元/支。在提高税率的同时，国产卷烟和进口卷烟批发环节平均销售价格提高 6%，建议零售价格也同步提高，实行"提税顺价"。通过"提税顺价"把提高税收的效应传导到消费者，从而对减少烟草消费产生积极影响。此次税收调整使得中国卷烟流转税税负水平提高 8%，税收占零售价的比重达到 65.6%。自 2006 年至 2015 年，国内卷烟加权平均零售价格从 5.08 元/盒（20 支）增加到 12.57 元/盒（20 支），年均增长 10.59%。

强化卷烟包装标识警示力度。2015 年 12 月，国家烟草专卖局与国家质检总局联合印发《中华人民共和国境内卷烟包装标识的规定》。要求健康警语内容增加为三组，且所占面积由过去主要可见部分不少于 30% 调整为"不应小于其所在面的 35%"，加大警语字体、增强警语区内文字与警语区背景色差值。同时，还要求卷烟包装体上及内附说明中禁止使用误导性语言，以及"低危害""淡味""柔和""低焦油"等描述用语。

【探讨制订相关法律法规】 2015 年，相关部门加强对控烟履约相关法律法规的探讨制订工作。7 月，国家工商总局发布《互联网广告监督管理暂行办法（征求意见稿）》，向社会公开征求意见，其中，拟禁止利用互联网发布烟草广告。9 月，国务院办公厅印发《国务院 2015 年立法工作计划》，其中《公共场所控制吸烟条例》列入国务院预备立法项目。10月，第十二届全国人大常委会第十七次会议初次审议《中华人民共和国慈善法（草案）》，向社会公开征求意见，其中涉及烟草捐赠条款引起各方讨论。

【部分地方性法规的制定和实施】 2015年，部分地方政府颁布地方性法规和政策，对公共场所禁止吸烟做出明确规定，进一步推进控烟履约工作。4月30日，《福州市公共场所控制吸烟条例》经福州市十四届人大常委会第28次会议通过，并由福建省十二届人大常委会第15次会议批准。该《条例》21条，明确规定妇幼医疗、中小学校、科教文化、公共交通等12类公共场所内禁止吸烟，自2015年8月1日起施行。此外，2015年，杭州市人大常委会评估组提交立法评估报告，建议修改《杭州市公共场所控制吸烟条例》；《上海市公共场所控制吸烟条例》修订列入人大立法预备项目。截至2015年底，全国有18个城市在《公约》生效后制定实施了控烟相关立法，对室内公共场所禁止吸烟做出规定（18个城市分别为银川、上海、哈尔滨、天津、杭州、广州、鞍山、克拉玛依、青岛、绍兴、兰州、深圳、长春、唐山、南宁、西宁、北京、福州）。

国内最严格的一部地方性控烟法规《北京市控制吸烟条例》自2015年6月1日起施行。为推动该《条例》的实施，北京市动员上万名志愿者参与控烟监督和劝阻、宣传，并全面启动“每周三、来控烟”控烟志愿行动。据中国控烟协会调查显示，北京公共场所无烟环境明显好转，公众对该《条例》的知晓率由43.43%提高到82.64%，对控烟的满意度由42.26%提高到81.3%。截至2015年11月底，北京市公共场所吸烟人数比例由11.3%下降到3.8%，有217家单位和98人因违规吸烟受到处罚，累计罚款57万余元。世界卫生组织在2015年“世界无烟日”授予北京市政府“世界无烟日奖”。

此外，各地注重发挥示范引领作用，开展无烟场所创建活动。重点针对政府机关、医院、学校，开展创建“无烟单位”活动，尤其是大力推动领导干部带头在公共场所禁止吸烟。截至2015年底，全国有北京、河北、上海、河南、湖北、广西等6个省（自治区、直辖市）在各地党政机关推广禁止吸烟。

2015年烟草行业控烟履约工作重点

2015年，按照履约工作部际协调领导小组的统一安排，烟草行业认真贯彻落实《中国烟草控制规划（2012—2015年）》确定的目标任务，深入推进控烟履约各项工作，取得明显成效。

【打击烟草制品非法贸易】 打击烟草制品非法贸易是履行《公约》的重要组成部分，是《消除烟草制品非法贸易议定书》（简称《议定书》）的基本要求，也是执行《烟草专卖法》及其实施条例的重要举措。2015年，国家局加强与公安、司法、海关、工商、质检等部门的配合，进一步完善联合打假打私机制，继续保持卷烟打假高压态势，从治理生产源头、断绝售假渠道、切断原辅材料供应等方面有效遏制制售假烟活动，严厉打击烟草制品非法贸易。

2015年，查处案值5万元以上涉烟违法案件2966

起，破获符合国家局标准的网络案件992起，收缴制假烟机293台，查获非法烟丝、烟叶1.42万吨，查获假烟15.72万件、走私烟7.62万件，公安、司法机关依法拘留7486人、追究刑事责任4187人。切实加强卷烟零售市场监管特别是互联网涉烟监管工作，组织开展有针对性的零售市场专项清理行动，有效遏制利用互联网进行涉烟违法犯罪行为逐步蔓延的势头。截至2015年底，全国卷烟市场净化率保持在96%以上，处于全球领先水平。

【推进卷烟提税顺价工作】 全行业认真执行经国务院批准的卷烟提税顺价重大决策，通过分析行业经济运行的基本态势与国际卷烟税收政策，加大调控力度，减缓生产进度，均衡商业批发，实现卷烟零售价格顺价到位，确保提税顺价工作顺利完成。2015年，全国卷烟销量同比减少600.5亿支，降幅2.36%，达到通过提高税收和价格来控制烟草的目的。同时，减少供给，卷烟生产同比减少228.5亿支，下降0.88%；烟叶生产及收购量同比减少5万吨，下降2.22%。提税顺价政策实施后，中国卷烟综合税负提高到65.6%。

【卷烟包装标识监督检查工作】 2015年初，国家局对部分卷烟包装标识进行调整，对“红金龙（软长城）”“黄金龙（硬）”“芙蓉（黄）”“大丰收（软）”“中南海（浓味）”“红山茶（软）”等6个规格卷烟实行扩大警语占用面积、加大警语字体、增强颜色对比度并印制“请勿在禁烟场所吸烟”警示标识等措施，以增强包装标识的警示效果。12月，国家局会同国家质检总局，持续深入开展强化卷烟包装标识健康危害警示的研究工作，制定调整方案，完成对《中华人民共和国境内卷烟包装标识的规定》的修订工作，进一步强化卷烟包装标识警示力度。

【推进烟草制品成分管制相关工作】 坚持以维护消费者利益为着力点，认真履行降焦减害提高品质的行业责任。稳步推进降焦减害工作，卷烟焦油加权平均值和卷烟危害性指数持续降低。坚持履行《公约》关于加强烟草制品成分管制和披露的规定，强化烟草制品质量监督，提高对添加剂、原辅材料和烟草制品内在成分、燃烧释放物的检测检验能力。

组织对烟用添加剂、烟用接装纸、烟用香精香料、卷烟纸等烟用组成成分的市场监督检查和专项检测工作，确保添加剂及材料的安全使用。2015年，组织对68个品牌385个规格卷烟、42家滤棒成形企业生产的118个产品、9家国内外卷烟纸生产企业的34个产品以及1000余批次烟叶等级进行监督检查，产品质量安全体系建设得到进一步加强。

【开展劝阻青少年吸烟活动】 积极采取措施防止未成年人接触烟草，认真履行《公约》关于禁止向未成年人销售和由未成年人销售烟草制品的规定，禁止在境内设立自动售烟机。明确要求烟草配送企业及所辖范围的卷烟零售客户在柜台的醒目位置摆放“禁止中小学生吸烟，不向未成年人售烟”的警示牌，自觉做到不向未成年人售烟，并将其作为专卖管理的一项重要内容加强监督检查。

【其他履约相关工作】 2015年，国家局配合立法部门，做好《广告法》的修订和《公共场所控制吸烟条例》《北京市控制吸烟条例》《互联网广告监督管理办法》的制订工作。下发《关于严格贯彻落实修订后广告法的通知》，加强对新修订《广告法》的宣传培训和贯彻落实，配合工商部门，提前主动自查整改，切实强化行业自我约束和监管，贯彻落实新《广告法》的各项规定。完成《世界卫生组织全球烟草流行报告》的数据提供与审核工作。加强“议定书”研究，组织国内外专家深入开展烟草制品跟踪与追溯机制调查研究活动。贯彻落实《关于领导干部带头在公共场所禁烟有关事项的通知》精神，带头做好公共场所禁烟各项工作，国家局机关带头成为无烟办公楼。

（由国家局办公室、烟草经济研究所提供相关资料；编辑：谢争艳）

大事记

2015年中国烟草大事记

1月

1日，国家烟草专卖局局长、中国烟草总公司总经理凌成兴发布新年贺词，要求全行业全面贯彻落实党的十八大和十八届三中、四中全会精神，按照中央经济工作会议的总体部署，坚持稳中求进工作总基调，坚持烟草专卖制度，主动适应经济发展新常态，扎实推进实践“三大课题”、提升“五个形象”，努力实现烟草行业上缴财政总额接近1万亿元的年度目标。

15—16日，全国烟草行业工作会议在北京召开。工业和信息化部部长苗圩出席会议并讲话。国家局局长凌成兴作题为《坚持稳中求进总基调　适应经济发展新常态　努力实现烟草行业上缴财政总额接近万亿元年度目标》的工作报告。副局长李克明作总结讲话，副局长杨培森、赵洪顺，驻国家局纪检组组长高林，副局长徐瑝，总会计师张玉霞出席会议。

20日，凌成兴、李克明会见意大利G. D公司总经理保罗·克雷莫尼尼（Paolo Cremonini）一行。

20日，凌成兴、李克明、杨培森会见荷兰联一国际公司总裁兼首席执行官薛钧（Pieter Sikkel）一行。

22日，中共中央组织部下发《李克明同志免职》（组任字〔2015〕14号）通知，免去李克明同志的中共国家烟草专卖局党组成员职务。

26日，凌成兴、李克明、杨培森会见美国雷诺公司总裁兼首席执行官苏珊·卡麦隆（Susan Cameron）一行。

29日，凌成兴会见埃森哲全球副总裁、大中华区主席李纲一行。

31日，国务院下发《关于李克明免职的通知》（国人字〔2015〕21号），免去李克明同志的国家烟草专卖局副局长职务。

2月

4日，全国烟草专卖管理工作会议在北京召开。凌成兴作重要批示，赵洪顺出席会议并讲话。

5—6日，全国烟草行业纪检监察工作会议在北京召开。凌成兴出席会议并讲话，杨培森、赵洪顺、徐瑝出席会议，高林作工作报告。

12日，全国烟草行业财务审计工作会议在北京召开。凌成兴作重要批示，徐瑝出席会议并讲话，张玉霞作工作报告。

27日，国家烟草专卖局与中国财贸轻纺烟草工会在北京举行第十一次联席会议。凌成兴出席会议并讲话，杨培森出席会议。

27日，全国烟草行业规范管理工作会议在北京召开。凌成兴作重要批示，赵洪顺出席会议并讲话。

28日，国家局、总公司机关举办落实党风廉政建设主体责任专题培训班。凌成兴作动员讲话，杨培森、赵洪顺、徐瑝、张玉霞出席开班仪式。

28日，全国精神文明建设工作表彰暨学雷锋志愿服务大会公布全国文明城市（区）、文明村镇和文明单位名单。烟草行业有21家企业获“全国文明单位”称号。

3月

4日，国家局组织召开贯彻落实中央八项规定精神专项检查工作动员暨培训会议。杨培森作动员讲话。

9日，国家局在北京召开烟叶生产形势汇报会，听取重点烟叶产区关于烟叶生产情况的汇报，部署烟叶生产工作。杨培森出席会议并讲话。

17日，凌成兴、杨培森在北京会见美国烟草合作社首席执行官斯图尔特·汤普森（Stuart Thompson）一行。

17日，全国烟草行业法规体改工作会议在北京召开。凌成兴作重要批示，赵洪顺出席会议并讲话。

17日，中共中央组织部下发《段铁力同志任职》（组任字〔2015〕66号），任命段铁力为中共国家烟草专卖局党组成员。

19日，凌成兴、徐瑝在北京会见菲莫国际公司首席执行官谭崇博（Andre Calantzopoulos）一行。

19日，凌成兴、徐瑝在北京会见伊士曼化工有限公司董事长兼首席执行官马克·科斯达（Mark Costa）一行。

23日，凌成兴、杨培森、徐瑝在北京会见韩国烟草公司社长闵泳珍（Min Youngjin）一行。双方签署《2015年度中韩烟草技术交流与合作执行计划暨中国烟草国际有限公司与韩国烟草公司合作备忘录》。

24日，全国烟草科技工作会议在北京召开。凌成兴作重要批示，杨培森出席会议并讲话。

25日，国务院下发《关于段铁力任职的通知》（国人字〔2015〕60号），任命段铁力为国家烟草专卖局副局长。

25日，全国烟草行业信息化工作会议在北京召开。凌成兴作重要批示，段铁力出席会议并讲话。

26—27 日，全国卷烟销售工作会议暨省级卷烟营销平台建设推广会在河北石家庄召开。凌成兴作重要批示，徐璒出席会议并讲话。

4月

7 日，凌成兴、段铁力在北京会见埃森哲公司全球董事长兼首席执行官南佩德（Pierre Nanterme）一行。

9 日，全国烟草行业拓展国际市场工作会议在北京召开。凌成兴作重要批示，徐璒出席会议并讲话。

13 日，凌成兴、段铁力在北京会见安姆科集团执行董事兼全球首席执行官麦克文（Ken Mackenzie）一行。

14 日，全国烟草行业离退休干部工作会议在北京召开。凌成兴出席会议并讲话，杨培森主持会议并讲话。

17 日，全国烟草行业多元化投资管理工作会议在北京召开。赵洪顺出席会议并讲话。

19 日，全国烟草行业经济运行工作会在北京召开。段铁力出席会议并讲话。

21 日，凌成兴、赵洪顺在北京会见津巴布韦驻华大使保罗·奇卡瓦（Paul Chikawa）一行。

22 日，全国烟草行业人事工作会议在北京举行。凌成兴出席会议并讲话，杨培森作工作报告。

22 日，根据中共工业和信息化部直属机关委员会工信直党〔2015〕14 号通知，杨培森同志任国家烟草专卖局直属机关党委委员、党委书记；李克明同志不再担任国家烟草专卖局直属机关党委委员、党委书记。

24 日，凌成兴、杨培森在北京会见益升华集团公司首席执行官柯林·戴（Colin Day）一行。

28 日，中国烟草总公司与招商银行股份有限公司在北京签署《战略合作备忘录》。凌成兴、徐璒出席签字仪式。徐璒代表中国烟草总公司签署《战略合作备忘录》。

28 日，庆祝“五一”国际劳动节暨表彰全国劳动模范和先进工作者大会在北京人民大会堂举行。会议宣读《中共中央 国务院关于表彰全国劳动模范和先进工作者的决定》（中委〔2015〕246 号），授予 2064 人“全国劳动模范”荣誉称号、授予 904 人“全国先进工作者”称号。烟草行业有 21 人获得“全国劳动模范”称号。

5月

4 日，凌成兴、赵洪顺在北京会见塞拉尼斯公司董事会主席兼首席执行官罗慕科（Mark Rohr）一行。

6 日，烟草行业中维酒店品牌标准推广委员会第一次会议在云南昆明召开。赵洪顺出席会议并讲话。行业首批 6 家酒店被授予中维酒店品牌，这标志着行业酒店品牌整合取得突破性进展。

7 日，财政部、国家税务总局印发《关于调整卷烟消费税的通知》（财税〔2015〕60 号），要求自 2015 年 5 月 10 日起，将卷烟批发环节从价税税率由 5% 提高至 11%，并按 0.005 元/支加征从量税。

8 日，烟草行业领导干部会议在北京召开。凌成兴出席会议并讲话，杨培森、赵洪顺、高林、徐璒、段铁力、张玉霞出席会议。

8 日，国家局印发《国家烟草专卖局关于调整国产卷烟和进口卷烟价格的通知》（国烟计〔2015〕128 号），决定自 5 月 10 日起对国产卷烟和进口卷烟的批发价格、建议零售价格进行调整。

12 日，凌成兴主讲烟草行业“三严三实”专题教育党课，党课题目为《扎实开展“三严三实”专题教育 努力实现烟草行业上缴财政总额超过万亿元年度目标》。杨培森主持党课，赵洪顺、高林、徐璒、段铁力、张玉霞参加党课学习。

21 日，中国烟草学会 2015 年工作会暨七届三次理事会议在北京召开。赵洪顺出席会议并讲话。

29 日，全国卷烟打假工作电视电话会议在北京召开。凌成兴主持会议并讲话，赵洪顺作工作报告。

6月

16 日，国家局与菲莫国际公司在北京召开加强国际市场拓展合作研讨会。徐璒出席会议。

7月

2 日，国家局召开行政审批改革现场会。凌成兴出席会议并讲话，杨培森、赵洪顺、高林出席会议。会议听取国家局政务服务大厅建设情况汇报，要求进一步推进规范和改进烟草行业行政审批工作。

6 日，国家局政务服务大厅开始试运行，对国家局受理并实施审批的 10 项行政审批事项实现“一口受理、限时办理、规范办理、透明办理、网上办理”。

16—17 日，全国烟叶工作专题研讨会在北京召开。杨培森出席会议并讲话。

17 日，凌成兴在北京会见虹霓机械制造股份公司董事长索姆（Christopher Somm）一行。

24 日，国家局党组中心组（扩大）成员前往中国人民抗日战争纪念馆，参观纪念中国人民抗日战争暨世界反法西斯战争胜利 70 周年主题展览《伟大胜利　历史贡献》。凌成兴参观展览并谈认识和体会，杨培森、高林、徐璒、段铁力参观展览。

8月

18日，烟草行业安全生产工作电视电话会议在北京召开。凌成兴作重要批示，段铁力出席会议并讲话。

25日，广西壮族自治区打私办、广东省海防与打私办在广西南宁联合召开桂粤打击走私烟草专卖品违法犯罪活动联席会议。赵洪顺出席会议并讲话。

9月

2日，工业和信息化部部长苗圩在国家局、总公司调研。中央纪委驻工信部纪检组组长金书波，工信部副部长怀进鹏、刘利华、辛国斌，工信部总工程师张峰一同调研。凌成兴陪同调研并作工作汇报。杨培森、赵洪顺、高林、徐瑝、段铁力陪同调研。

14日，凌成兴、段铁力在北京会见越南工商部副部长胡氏金钗、越南烟草总公司董事长武文强一行。

21—23日，全国烟草行业物流工作现场会在安徽合肥召开。徐瑝出席会议并讲话。

24日，烟草行业直属单位纪检组长会议在北京召开。高林出席会议并讲话。

26日，凌成兴在北京会见施伟策－摩迪国际集团董事长兼首席执行官弗雷德里克·维卢泰（Frederic Villoutreix）一行。

10月

12日，赵洪顺出席原川渝中烟工业有限责任公司干部大会，代表国家局党组宣布深化川渝中烟改革的决定：撤销川渝中烟，分别组建四川中烟工业有限责任公司和重庆中烟工业有限责任公司，两者均为中国烟草总公司全资子公司。

13日，全国烟草行业干部教育培训基地在云南省保山市善洲林场内的杨善洲干部学院揭牌成立。杨培森为基地揭牌并讲话。

13日，2015年《中国烟草》杂志社有限公司工作座谈会暨《中国烟草》杂志创刊30周年座谈会在北京召开。凌成兴作出重要批示，段铁力出席会议并讲话。

15日，全国促进烟农增收座谈会在北京召开。杨培森出席会议并讲话。

21日，凌成兴、赵洪顺在北京会见津巴布韦驻华大使保罗·奇卡瓦（Paul Chikawa）一行。

28—29日，第九届全国评烟委员会成立大会暨第一次年会在云南昆明召开。段铁力出席会议并讲话。

11月

8日，四川中烟工业有限责任公司在成都召开挂牌成立大会。

10日，重庆中烟工业有限责任公司在重庆召开挂牌成立大会。

19日，行业思想政治工作会议暨中烟政研会第八届年会在北京召开。杨培森出席会议并讲话。

20日，中共中央办公厅印发《关于全面落实中央纪委向中央一级党和国家机关派驻纪检机构的方案》（中办发〔2015〕55号）。方案明确，设置中央纪委驻工业和信息化部纪检组，负责综合监督工业和信息化部、国家国防科技工业局、国家烟草专卖局、中国工程物理研究院等4家单位。同时，撤销中央纪委驻国家局纪检组，撤销监察部驻国家局监察局。

21日，凌成兴、徐瑝在北京会见菲莫国际公司首席执行官谭崇博（Andre Calantzopoulos）一行。

24日，行业设备管理精益化推进现场会在湖南长沙召开。段铁力出席会议并讲话。

24—25日，中式雪茄烟品牌推介会暨终端营销现场会在四川成都召开。徐瑝出席会议并讲话。

26日，全国烟叶工作电视电话会议在北京召开。凌成兴、杨培森出席会议并讲话。

26日，云产卷烟品牌培育座谈会在云南昆明召开。徐瑝出席会议并讲话，段铁力出席会议。

26日，《中国烟草学报》编委会会议在广东深圳召开。赵洪顺出席会议并讲话。

28日，2016年度合作生产协调会在云南昆明召开。徐瑝出席会议，段铁力出席会议并讲话。

12月

1日，中国双维投资有限公司与清华控股有限公司在北京签署《战略合作框架协议》。徐瑝出席签字仪式。

8日，凌成兴、徐瑝在北京会见了环球烟叶公司主席、总裁兼首席执行官乔治·佛亦民（George Freeman）一行。

11日，行业新型烟草制品装备工程研究中心成立大会在山东青岛召开。

15日，凌成兴在北京会见伊士曼化工公司首席国际项目执行官钟汉杰一行。

15日，凌成兴在北京会见荷兰联一国际公司总裁兼首席执行官薛钧（Pieter Sikkel）一行。

16日，国家局就烟草行业精准扶贫工作举行新闻发布会。人民日报社、新华社、经济日报社、中央人民广播电台、中央电视台等新闻媒体参加发布会。

16日，烟草种子生产技术视频展示会在北京召开。凌成兴主持会议并讲话，赵洪顺、高林、徐瑝出席会议。

17—18日，全国烟草行业企业管理现场会在上海召开。段铁力出席会议并讲话。

21日，中国烟草学会在北京举行2015年学术年会。赵洪顺出席会议并讲话。

（供稿：国家局办公室；编辑：李　昂）

重要政策法规与文件

重要政策法规与文件选登

综　合

中华人民共和国主席令

（第 26 号）

《全国人民代表大会常务委员会关于修改〈中华人民共和国计量法〉等五部法律的决定》已由中华人民共和国第十二届全国人民代表大会常务委员会第十四次会议于 2015 年 4 月 24 日通过，现予公布，自公布之日起施行。

中华人民共和国主席　习近平
2015 年 4 月 24 日

全国人民代表大会常务委员会关于修改《中华人民共和国计量法》等五部法律的决定

（2015 年 4 月 24 日第十二届全国人民代表大会常务委员会第十四次会议通过）

第十二届全国人民代表大会常务委员会第十四次会议决定，对下列法律中有关行政审批、工商登记前置审批或者价格管理的规定作出修改：

一、《中华人民共和国计量法》作出修改（略）

二、对《中华人民共和国烟草专卖法》作出修改

（一）将第九条第二款修改为："烟草公司或者其委托单位应当与烟叶种植者签订烟叶收购合同。烟叶收购合同应当约定烟叶种植面积、烟叶收购价格。"

删去第三款。

（二）删去第十条第一款中的"价格"。

将第二款中的"国家规定的标准分等定价"修改为"合同约定的收购价格"。

（三）删去第十七条。

（四）删去第二十九条。

（五）将第三十条改为第二十八条，修改为："违反本法规定擅自收购烟叶的，由烟草专卖行政主管部门处以罚款，并按照查获地省级烟草专卖行政主管部门出具的上年度烟叶平均收购价格的百分之七十收购违法收购的烟叶；数量巨大的，没收违法收购的烟叶和违法所得。"

（六）将第三十一条改为第二十九条，第一款修改为："无准运证或者超过准运证规定的数量托运或者自运烟草专卖品的，由烟草专卖行政主管部门处以罚款，可以按照查获地省级烟草专卖行政主管部门出具的上年度烟叶平均收购价格的百分之七十收购违法运输的烟叶，按照市场批发价格的百分之七十收购违法运输的除烟叶外的其他烟草专卖品；情节严重的，没收违法运输的烟草专卖品和违法所得。"

（七）删去第三十四条。

三、对《中华人民共和国保险法》作出修改（略）

四、对《中华人民共和国民用航空法》作出修改（略）

五、对《中华人民共和国畜牧法》作出修改（略）

本决定自公布之日起施行。

《中华人民共和国计量法》《中华人民共和国烟草专卖法》《中华人民共和国保险法》《中华人民共和国民用航空法》《中华人民共和国畜牧法》根据本决定作相应修改，重新公布。

国务院办公厅关于印发自由贸易试验区外商投资准入特别管理措施（负面清单）的通知

（国办发〔2015〕23号）

各省、自治区、直辖市人民政府，国务院各部委、各直属机构：

《自由贸易试验区外商投资准入特别管理措施（负面清单）》已经国务院同意，现印发给你们，请认真执行。实施中的重大问题，要及时向国务院请示报告。

国务院办公厅
2015年4月8日

自由贸易试验区外商投资准入特别管理措施（负面清单）说明

一、《自由贸易试验区外商投资准入特别管理措施（负面清单）》（以下简称《自贸试验区负面清单》）依据现行有关法律法规制定，已经国务院批准，现予以发布。负面清单列明了不符合国民待遇等原则的外商投资准入特别管理措施，适用于上海、广东、天津、福建四个自由贸易试验区（以下统称自贸试验区）。

二、《自贸试验区负面清单》依据《国民经济行业分类》（GB/T4754—2011）划分为15个门类、50个条目、122项特别管理措施。其中特别管理措施包括具体行业措施和适用于所有行业的水平措施。

三、《自贸试验区负面清单》中未列出的与国家安全、公共秩序、公共文化、金融审慎、政府采购、补贴、特殊手续和税收相关的特别管理措施，按照现行规定执行。自贸试验区内的外商投资涉及国家安全的，须按照《自由贸易试验区外商投资国家安全审查试行办法》进行安全审查。

四、《自贸试验区负面清单》之外的领域，在自贸试验区内按照内外资一致原则实施管理，并由所在地省级人民政府发布实施指南，做好相关引导工作。

五、香港特别行政区、澳门特别行政区、台湾地区投资者在自贸试验区内投资参照《自贸试验区负面清单》执行。内地与香港特别行政区、澳门特别行政区关于建立更紧密经贸关系的安排及其补充协议，《海峡两岸经济合作框架协议》，我国签署的自贸协定中适用于自贸试验区并对符合条件的投资者有更优惠的开放措施的，按照相关协议或协定的规定执行。

六、《自贸试验区负面清单》自印发之日起30日后实施，并适时调整。

附件：自由贸易试验区外商投资准入特别管理措施（负面清单）

序　号	领　域	特别管理措施
五、批发和零售业		
（十七）	专营及特许经营	37. 对烟草实行专营制度。烟草专卖品（指卷烟、雪茄烟、烟丝、复烤烟叶、烟叶、卷烟纸、滤嘴棒、烟用丝束、烟草专用机械）的生产、销售、进出口实行专卖管理，并实行烟草专卖许可证制度。禁止投资烟叶、卷烟、复烤烟叶及其他烟草制品的批发、零售。 38. 对中央储备粮（油）实行专营制度。中国储备粮管理总公司具体负责中央储备粮（含中央储备油）的收购、储存、经营和管理。 39. 对免税商品销售业务实行特许经营和集中统一管理。 40. 对彩票发行、销售实行特许经营，禁止在中华人民共和国境内发行、销售境外彩票。

注：该通知只选取与烟草相关部分，其余内容略去。

国务院关于取消非行政许可审批事项的决定

（国发〔2015〕27号）

各省、自治区、直辖市人民政府，国务院各部委、各直属机构：

经研究论证，国务院决定，在前期大幅减少部门非行政许可审批事项的基础上，再取消49项非行政许可审批事项，将84项非行政许可审批事项调整为政府内部审批事项。今后不再保留“非行政许可审批”这一审批类别。

各地区、各有关部门要认真做好取消事项的落实工作，加强事中事后监管，防止出现管理真空，且不得以任何形式变相审批。调整为政府内部审批的事项，不得面向公民、法人和其他社会组织实施审批；审批部门要严格规范审批行为，明确政府内部审批的权限、范围、条件、程序、时限等，严格限制自由裁量权，优化审批流程，提高审批效率。要进一步深化行政体制改革，深入推进简政放权、放管结合，加快政府职能转变，不断提高政府管理科学化、规范化、法治化水平。

国务院

2015年5月10日

附件：国务院决定调整为政府内部审批的事项目录（共80项以及4个子项）

序号	项目名称	审批部门	备　注
10	卷烟生产限额年度计划审批	国家发展改革委	此项为“重要商品年度计划（包括卷烟、食盐生产限额年度计划，天然气商品量分配计划，食盐分配调拨计划和干线运输计划，年度烟草专卖品购销储备计划）审批”项目的子项

注：该决定只选取与烟草相关部分，其余内容略去。

国务院关于“先照后证”改革后加强事中事后监管的意见

（国发〔2015〕62号）

各省、自治区、直辖市人民政府，国务院各部委、各直属机构：

为深化商事制度改革，强化“先照后证”改革后的事中事后监管，提出以下意见。

一、总体要求

（一）指导思想

全面贯彻党的十八大和十八届二中、三中、四中全会精神，认真落实党中央、国务院决策部署，深化商事制度改革，转变市场监管理念，明确监管职责，创新监管方式，构建权责明确、透明高效的事中事后监管机制，正确处理政府和市场的关系，维护公平竞争的市场秩序。

（二）基本原则

职责法定。坚持权责法定、依法行政，谁审批、谁监管，谁主管、谁监管，按照法律、行政法规、国务院决定，厘清各部门市场监管职责，推进市场监管法治化、制度化、规范化、程序化。

信用约束。加快推进全国统一的信用信息共享交换平台和企业信用信息公示系统建设，推进政府部门、行业协会、社会组织信用信息共享共用，强化信用对市场主体的约束作用，构建以信息归集共享为基础，以信息公示为手段，以信用监管为核心的监管制度，让失信主体“一处违法，处处受限”。

协同监管。建立健全登记注册、行政审批、行业主管相互衔接的市场监管机制，实现各部门间依法履职信息的互联互通、联动响应，形成分工明确、沟通顺畅、齐抓共管的监管格局，切实增强监管合力，提升监管效能。

社会共治。推进以法治为基础的社会多元治理，健全社会监督机制，切实保障市场主体和社会公众的知情权、参与权、监督权，构建市场主体自治、行业自律、社会监督、政府监管的社会共治格局。

二、严格行政审批事项管理

各地区各部门要切实落实“先照后证”改革，按照法定条件和法定程序规范审批行为，实现审批行为的公开便利。

（三）实行行政审批事项目录管理

工商总局负责公布工商登记前置审批事项目录。法律、行政法规、国务院决定新增前置审批事项、取消行政审批事项、将前置审批事项改为后置审批事项的，实施审批的国务院相关部门应当及时通知工商总局对目录进行更新，并向社会公布，方便企业、群众办事和监督。除法律、行政法规和国务院决定外，一律不得设定工商登记前置审批事项，也不得通过备案等方式实施变相前置审批。

经营者从事工商登记前置审批事项目录中事项的，应当依法报经相关审批部门审批后，凭许可文件、证件向工商部门申请登记注册，工商部门依法核发营业执照。经营者从事工商登记前置审批事项目录外事项的，直接向工商部门申请登记注册，工商部门依法核发营业执照。

省级人民政府应当于2015年底前依法制定工商登记后置审批事项目录，并向社会公布。

（四）确保审批行为严格依法、公开透明

各审批部门要严格按照法定条件和法定程序，逐项制定审批标准并予以公示。取消重复性、形式化的审批手续，推行网上审批，对审批标准和受理、审查、批准等审批信息通过互联网向社会公示，及时发现和纠正违规审批行为。

各地区各部门要健全对行政审批的监督制约机制，不断提高政府管理科学化规范化水平。

三、厘清市场监管职责

按照谁审批、谁监管，谁主管、谁监管的原则切实履行市场监管职责，加强“先照后证”改革后的事中事后监管，防止出现监管真空。

（五）工商部门履行“双告知”职责

在办理登记注册时，工商部门要根据省级人民政府公布的工商登记后置审批事项目录告知申请人需要申请审批的经营项目和相应的审批部门，并由申请人书面承诺在取得审批前不擅自从事相关经营活动。

在办理登记注册后，工商部门要运用信息化手段，对经营项目的审批部门明确的，将市场主体登记注册信息及时告知同级相关审批部门；对经营项目的审批部门不明确或不涉及审批的，将市场主体登记注册信息及时在企业信息共享平台上发布，相关审批部门或行业主管部门应及时查询，根据职责做好后续监管工作。

（六）明确市场监管责任

法律法规明确市场监管部门和监管职责的，严格依法执行。

法律法规没有规定市场监管部门和监管职责或规定不明确的，工商部门、审批部门和行业主管部门要按照分工履行好市场监管职责，及时发现和查处问题。审批部门或行业主管部门在发现违法违规行为后，有专门执法力量的，由其牵头负责查处；没有专门执法力量或执法力量不足的，应充分发挥工商部门市场监管骨干作用，审批部门或行业主管部门可依法提请工商部门牵头共同予以查处。工商部门在执法过程中，发现违法违规行为线索，属于其他部门监管职责的，应及时告知相关部门。省级人民政府可根据这一原则并结合当地实际确定市场监管部门及监管职责，作出具体规定，确保事有人管、责有人负，实现无缝衔接。积极支持已出台加强事中事后监管文件的地方继续探索。

四、完善协同监管机制

各地区各部门要严格依法履行职责，按照有利于综合执法、重心下沉、强化地方监管责任的原则，在推进政府职能转变、深化商事制度改革中积极探索，创新市场监管体制机制，加强信息互联共享，完善信用监管机制，提高监管效能。

（七）做好信息公示工作

大力建设企业信用信息公示“全国一张网”。工商部门要通过企业信用信息公示系统，认真履行公示市场主体信息的法定职责，督促市场主体履行信息公示义务。其他政府部门要通过企业信用信息公示系统、“信用中国”网站向社会公示行政许可、行政处罚等信息。2016年底前，地方政府要初步实现归集各政府部门在履行职责过程中产生的行政许可、行政处罚以及其他依法应当公示的企业信息。

（八）建立信息互联共享机制

2016年底前，地方政府要初步实现工商部门、审批部门、行业主管部门及其他部门之间的信息实时传递和无障碍交换。区分涉密信息和非涉密信息，依法实施对企业信息在采集、共享、使用等环节的分类管理，依法予以公示，并将有关信息记于相对应企业名下。通过构建双向告知机制、数据比对机制，把握监管风险点，将证照衔接、监管联动、执法协作等方面的制度措施有机贯通，支撑事中事后监管。各部门要建立健全与同级人民法院、人民检察院等司法机关之间的信息共享和协调合作机制，有效形成工作合力。

（九）加强监管风险监测研判

工商部门、审批部门、行业主管部门要按照法定职责牵头组织有关部门加强研判分析，充分运用大数据、物联网等现代信息技术，整合抽查抽检、网络市场定向监测、违法失信、投诉举报等相关信息，掌握相关领域违法活动特征，提高发现问题和防范化解区域性、行业性及系统性风险的能力，做到早发现、早预警。要建立健全网络市场监管分工协作机制，强化线上线下一体化监管。

（十）防范化解风险

工商部门、审批部门、行业主管部门要通过信息公示、抽查、抽检等方式，综合运用提醒、约谈、告诫等手段，强化对市场主体及有关人员的事中监管，及时化解市场风险。要针对存在违法违规行为的市场主体强化事后监管，依法及时认定违法违规行为的种类和性质，组织有关部门依据各自职能共同参与处置。普遍推广随机抽取检查对象、随机选派执法检查人员的“双随机”抽查机制，建立健全市场主体名录库和执法检查人员名录库，通过摇号等方式，从市场主体名录库中随机抽取检查对象，从执法检查人员名录库中随机选派执法检查人员。

（十一）建立健全联合惩戒机制

对违法市场主体加大行政处罚和信用约束力度，依法实施吊销营业执照、吊销注销撤销许可证、列入经营异常名录和黑名单等惩戒措施。2016年底前，要建立健全跨部门联动响应机制和失信惩戒机制，在经营、投融资、取得政府供应土地、进出口、出入境、注册新公司、招投标、政府采购、获得荣誉、安全许可、生产经营许可、从业任职资格、资质审核等工作中，将信用信息作为重要考量因素，对被列入经营异常名录、严重违法失信企业名单、重大税收违法案件当事人名单、失信被执行人名单、行贿犯罪档案等失信主体依法予以限制或禁入，形成“一处违法，处处受限”的联合惩戒机制。

（十二）探索综合执法模式

探索推进统一市场监管和综合执法模式，按照减少层次、整合队伍、提高效率的原则，配置执法力量。大幅减少市县两级政府执法队伍种类。加强执法联动，形成监管合力。

2015年底前，已经建立综合执法机构的地方，要充分发挥执法力量整合优势，通过企业信用信息公示系统和“信用中国”网站公示市场主体登记注册、行政许可、行政处罚等信息，实现联合惩戒。

五、构建社会共治格局

维护市场正常秩序是全社会的共同责任。各地区各部门要在依法履行市场监管职责的同时，充分发挥法律法规的规范作用、行业组织的自律作用以及市场专业化服务组织、公众和舆论的监督作用，促进市场主体自我约束、诚信经营。积极稳妥地推进政府向社会力量购买服务，支持社会力量在市场监管中发挥作用。

（十三）引导市场主体自治

各地区各部门要采取守信激励和失信惩戒措施，促使市场主体强化主体责任，在安全生产、质量管理、营销宣传、售后服务、信息公示等各方面切实履行法定义务。引导市场主体充分认识信用状况对自身发展的关键作用，主动接受社会监督，提高诚信自治水平。鼓励支持市场主体通过互联网为交易当事人提供公平、公正的信用评价服务，客观公正记录、公开交易评价和消费评价信息。

（十四）推进行业自律

各地区各部门要高度重视并切实创造有利条件，充分发挥行业协会商会对促进行业规范发展的重要作用。将行业协会商会的意见建议作为制定法规、重大政策及评估执行效果的重要参考。建立政府与行业协会商会间的信用信息互联共享机制。在事中事后监管的各个环节建立行业协会商会的参与机制。发挥和借重行业协会商会在权益保护、资质认定、纠纷处理、失信惩戒等方面的作用。支持行业协会商会开展行业信用评价工作，建立健全企业信用档案，完善行业信用体系。通过政府购买服务等方式，委托行业协会商会开展信用评价、咨询服务、法律培训、监管效果评估，推进监管执法和行业自律的良性互动。

（十五）鼓励社会监督

各地区各部门要充分发挥市场专业化服务组织的监督作用。大力依靠消费者协会等社会组织，及时了解市场监管领域的突出问题，有针对性地加强监督检查。积极发挥会计师事务所、律师事务所、公证机构、检验检测认证机构等专业服务机构的监督作用。支持仲裁机构、调解组织等通过裁决、调解等方式解决市场主体之间的争议。积极构建第三方评估机制，培育、发展社会信用评价机构，支持开展信用评级，提供客观公正的市场主体资信信息。支持探索开展社会化的信用信息公示服务。各地区各部门要充分发挥社会舆论的监督作用，健全公众参与监督的激励机制，形成消费者“用脚投票”的倒逼机制，创造条件鼓励群众积极举报违法经营行为，充分利用新媒体等手段及时收集社会反映的问题。

六、加强组织实施

实行“先照后证”改革，加强事中事后监管，涉及的部门多、范围广、情况复杂，是一项系统工程。各地区各部门要高度重视、精心组织、周密部署、狠抓落实、强化问责。

（十六）加强组织协调

地方各级人民政府要高度重视，建立健全政府主导、部门主抓、社会参与、统筹推进的工作机制，强化组织保障、机制保障、经费保障。省级人民政府要加强本行政区域内相关改革的统筹推进，市县级政府要强化执行力度，切实解决改革中遇到的具体问题，确保改革措施有序推进、落实到位。各部门要及时掌握和研究改革过程中遇到的新情况、新问题，加强指导，鼓励探索，协调推进。

（十七）加强宣传引导

各地区各部门要通过多种途径、采取多种形式宣传事中事后监管各部门职责、措施、工作进展情况和成效，鼓励和引导全社会参与，形成理解、关心、支持改革的良好氛围和舆论监督环境。

（十八）强化督促检查

工商总局会同有关部门负责对本意见落实工作的统筹协调、跟踪了解、督促检查，确保改革各项工作平稳有序。审计部门要加强对政策落实情况的跟踪审计，加大对设置许可项目、履行法定监管职责等方面的审计力度。

国务院
2015年10月13日

附件：法律法规明确规定监管部门和监管职责的“先照后证”改革相关审批项目（共计186项）

序号	项目名称	审批部门	设定依据	监管部门	对未经审批从事经营活动的监管依据	备注
167	烟草专卖生产企业许可证核发	国务院烟草专卖行政主管部门	《中华人民共和国烟草专卖法》 第三条：国家对烟草专卖品的生产、销售、进出口依法实行专卖管理，并实行烟草专卖许可证制度。 第十二条：开办烟草制品生产企业，必须经国务院烟草专卖行政主管部门批准，取得烟草专卖生产企业许可证，并经工商行政管理部门核准登记；其分立、合并、撤销，必须经国务院烟草专卖行政主管部门批准，并向工商行政管理部门办理变更、注销登记手续。未取得烟草专卖生产企业许可证的，工商行政管理部门不得核准登记。 第二十四条第一款：生产卷烟纸、滤嘴棒、烟用丝束、烟草专用机械的企业，必须报国务院烟草专卖行政主管部门批准，取得烟草专卖生产企业许可证。	烟草专卖行政主管部门	《中华人民共和国烟草专卖法》 第三十条：无烟草专卖生产企业许可证生产烟草制品的，由烟草专卖行政主管部门责令关闭，没收违法所得，并处罚款。 无烟草专卖生产企业许可证生产卷烟纸、滤嘴棒、烟用丝束或者烟草专用机械的，由烟草专卖行政主管部门责令停止生产上述产品，没收违法所得，可以并处罚款。	法律明确的工商登记前置审批事项
168	烟草专卖批发企业许可证核发	国务院烟草专卖行政主管部门	《中华人民共和国烟草专卖法》 第十五条：经营烟草制品批发业务的企业，必须经国务院烟草专卖行政主管部门或者省级烟草专卖行政主管部门批准，取得烟草专卖批发企业许可证，并经工商行政管理部门核准登记。	烟草专卖行政主管部门	《中华人民共和国烟草专卖法》 第三十一条：无烟草专卖批发企业许可证经营烟草制品批发业务的，由烟草专卖行政主管部门责令关闭或者停止经营烟草制品批发业务，没收违法所得，并处罚款。	法律明确的工商登记前置审批事项
169	设立烟叶收购站(点)审批	设区的市级烟草专卖行政主管部门	《中华人民共和国烟草专卖法》 第十条第一款：烟叶由烟草公司或者其委托单位按照国家规定的收购标准统一收购，其他单位和个人不得收购。 《中华人民共和国烟草专卖法实施条例》 第十八条：烟叶由烟草公司或其委托单位依法统一收购。烟草公司或其委托单位根据需要，可以在国家下达烟叶收购计划的地区设立烟叶收购站（点）收购烟叶。设立烟叶收购站（点），应当经省级烟草专卖行政主管部门批准。未经批准，任何单位和个人不得收购烟叶。	烟草专卖行政主管部门	《中华人民共和国烟草专卖法》 第二十八条：违反本法规定擅自收购烟叶的，由烟草专卖行政主管部门处以罚款，并按照查获地省级烟草专卖行政主管部门出具的上年度烟叶平均收购价格的百分之七十收购违法收购的烟叶；数量巨大的，没收违法收购的烟叶和违法所得。	后置审批
170	烟草专卖零售许可证核发	烟草专卖行政主管部门	《中华人民共和国烟草专卖法》 第十六条：经营烟草制品零售业务的企业或者个人，由县级人民政府工商行政管理部门根据上一级烟草专卖行政主管部门的委托，审查批准发给烟草专卖零售许可证。已经设立县级烟草专卖行政主管部门的地方，也可以由县级烟草专卖行政主管部门审查批准发给烟草专卖零售许可证。	工商行政管理部门	《中华人民共和国烟草专卖法》 第三十二条：无烟草专卖零售许可证经营烟草制品零售业务的，由工商行政管理部门责令停止经营烟草制品零售业务，没收违法所得，并处罚款。	后置审批

注：该意见只选取与烟草相关部分，其余内容略去。

发展计划

国家烟草专卖局关于切实加强卷烟价格管理的通知

（2015年5月28日　国烟计〔2015〕146号）

各省级局（公司）、工业公司，中国烟草实业发展中心：

为适应经济发展新常态，围绕实践“三大课题”、提升“五个形象”，不断提升卷烟价格管理水平和效率，为卷烟品牌发展营造公平有序的竞争环境，现将切实加强卷烟价格管理工作有关事项通知如下：

一、严格执行新的卷烟批发毛利率标准

提税顺价后，各价类卷烟新产品批发毛利率如下：

（一）一类卷烟中，含税调拨价171元/200支（含）以上的卷烟为34.91%；含税调拨价171元/200支以下的卷烟为31.13%；

（二）二、三类卷烟为27.36%；

（三）四类卷烟为24.53%；

（四）五类卷烟为19.78%。

各省级工业公司卷烟产品价格申报，必须严格执行上述卷烟批发毛利率标准。

二、进一步明确卷烟价格管理的有关原则

（一）各省级工业公司产品开发（改造）或品牌整合要明晰市场定位，各环节价格申报必须严格执行国家局设定的主流价位。

（二）继续执行“同一品牌卷烟不得跨越三个类别且在同一价位原则上不得超过3个规格”的规定，同一价位已有或超过3个规格，省级工业公司申报产品价格时必须“进一退一”。

（三）《国家烟草专卖局关于进一步加强卷烟价格管理工作的通知》（国烟计〔2012〕288号）中有关破损卷烟的价格管理规定调整为：各省级局（公司）对于确已无法正常销售的破损卷烟，可向工业企业协商调换退货。在调换退货有困难并符合相关财务规定的前提下，以地市级局（公司）为单位，每月单牌号规格小于5万支的，由省级局（公司）核准价格并报国家局备案；每月单牌号规格大于5万支的，由省级局（公司）报国家局核准价格。

（四）国产卷烟价格目录清理、省级卷烟价格目录引进、卷烟批发价格监控、滞销和涉案卷烟价格管理及卷烟明码标价等工作，仍按照《国家烟草专卖局关于进一步加强卷烟价格管理工作的通知》（国烟计〔2012〕288号）相关要求执行。

三、高度重视卷烟零售指导价到位情况

（一）各省级局（公司）要按照《国家烟草专卖局关于调整国产卷烟和进口卷烟价格的通知》（国烟计〔2015〕128号）要求，结合本地区市场情况，在确保零售毛利率不低于10%的前提下，合理确定本地区零售指导价。

（二）各省级局（公司）要继续加强明码标价工作，稳步推进明码标价向明码实价转变，确保零售指导价执行到位。

（三）各省级局（公司）、工业公司均要牢固树立市场意识，加强市场监测，努力把握市场真实状态，保持重点品牌良好的发展态势，确保零售指导价执行到位。

（四）各省级局（公司）要定期开展零售指导价执行到位情况专项检查并认真研究解决实施过程中出现的问题，确保零售指导价执行到位，切实维护零售户利益，防止卷烟市场出现大的波动。

国家烟草专卖局关于印发烟草制品生产企业固定资产投资项目审批管理办法的通知

（2015年7月15日　国烟计〔2015〕201号）

行业各直属单位，国家局、总公司机关各部门、各单位：

现将《烟草制品生产企业固定资产投资项目审批管理办法》印发给你们，请认真执行。

烟草制品生产企业固定资产投资项目审批管理办法

第一条 为规范烟草制品生产企业固定资产投资项目审批行为，实现便利、高效服务和有效管理，根据《中华人民共和国行政许可法》《中华人民共和国烟草专卖法》和《国务院关于发布政府核准的投资项目目录（2014年本）的通知》（国发〔2014〕53号）等有关法律法规，制订本办法。

第二条 本办法适用于卷烟、雪茄烟、烟丝、复烤烟叶等烟草制品生产企业的新建、改扩建、迁建及技术改造项目审批管理。

本办法所称项目审批机关是指国家烟草专卖局。

第三条 项目申请报告应当由项目单位自主组织编制。项目单位不具备项目申请报告编写能力的，应当委托具有相关经验和能力的工程咨询单位编写。项目申请报告应当按照国家发展改革委关于项目申请报告通用文本的有关规定进行编写。

卷烟生产企业申报项目要登录投资项目在线审批监管平台（网址为 http：//www.tzxm.gov.cn）进行在线申报。项目申报单位应当向项目审批机关报送项目申请报告（一式5份）。

第四条 项目申请报告主要包括以下内容：

（一）项目申报单位情况；

（二）拟建项目情况；

（三）拟选建设用地与相关规划；

（四）资源利用和生态环境影响分析；

（五）经济和社会影响分析；

（六）有关法律法规、规章及产业政策规定的其他情况。

项目申报单位在向项目审批机关报送项目申请报告时，应当根据国家法律法规的规定附具以下材料：

（一）企业营业执照或者法人证书复印件，组织机构代码证复印件；

（二）城乡规划行政主管部门出具的选址意见书（仅指以划拨方式提供国有土地使用权的项目）；

（三）国土资源行政主管部门出具的用地预审意见（不涉及新增用地，在已批准的建设用地范围内进行改扩建、技术改造项目，可以不进行用地预审，但需提供已有土地使用权证）；

（四）环境保护行政主管部门出具的环境影响评价审批文件；

（五）项目节能评估报告书；

（六）根据有关法律法规的规定应当提交的其他文件。

项目申报单位应当对所有申报材料的真实性负责。

第五条 项目申报单位应当直接向项目审批机关提交项目申请报告。中国烟草总公司所属企业及其参股企业投资此类项目，还须执行中国烟草总公司投资项目管理办法中有关项目申请材料的编写要求。

第六条 申报材料不齐全或者不符合有关要求的，项目审批机关应当在收到申报材料后5个工作日内，一次告知项目申报单位补正。

项目审批机关做出受理或者不予受理申请的决定，应当出具加盖本行政机关专用印章和注明日期的书面意见。

第七条 项目审批机关在正式受理申报材料后，如有必要进行评估的，应当在4个工作日内，委托工程咨询机构或专家组进行评估。编制项目申请报告的工程咨询机构不得承担同一项目的评估工作。工程咨询机构与项目申报单位存在控股、管理关系或者负责人为同一人的，该工程咨询机构不得承担该项目申报单位的项目评估工作。

接受委托的咨询机构或专家组应当在项目审批机关规定的时间内，提出评估报告并对评估结论承担责任。咨询机构在进行评估时，可以要求项目申报单位就有关问题进行说明。

评估费用由委托评估的项目审批机关承担。

第八条 对于可能会对公众利益构成重大影响的项目，项目审批机关应当采取适当方式，征求公众意见。对特别重大的项目，可以实行专家评议制度。

第九条 项目审批机关应当在受理项目申请报告后20个工作日内，做出对项目申请报告是否审批的决定。在20个工作日内不能做出审批决定的，经本机关负责人批准，可以延长10个工作日并应当及时书面通知项目申报单位，说明延期理由。

项目审批机关委托咨询评估、征求公众意见和进行专家评议的，所需要时间不计算在前款规定的期限内。

第十条 对同意审批的项目，项目审批机关应当出具项目审批文件；对不同意审批的项目，项目审批机关应当出具不予审批决定书并说明不予审批理由。

项目审批机关做出予以审批的决定，应当按照政府信息公开等规定，向社会公开。

第十一条 项目申报单位对项目审批机关的审批决定有异议的，可以依法提出行政复议或者行政诉讼。

第十二条 项目审批机关对企业提交的项目申请报告，应当主要从产业政策和发展规划、合理利用资源、保护生态环境、保障公共利益、维护经济安全等方面依法进行审查，做出是否予以审批的决定，并加强监督管理。项目审批机关应当根据以下条件，对项目进行审查：

（一）符合国家法律法规和宏观调控政策；

（二）不违背《烟草控制框架公约》有关条款规定并符合中国烟草控制规划有关要求；

（三）符合产业政策和产业发展规划；

（四）合理开发并有效利用资源；

（五）不影响我国国家安全、经济安全和生态安全；

（六）对公众利益，特别是项目建设地的公众利益不产生重大不利影响。

第十三条 项目申报单位依据项目审批文件，依法办理规划许可、土地使用、资源利用、安全生产、设备进口和减免税确认等相关手续。

第十四条 项目审批文件自印发之日起有效期2年。项目在审批文件有效期内未开工建设的，项目申报单位应当在审批文件有效期届满前的30个工作日之前，向项目审批机关申请延期1年。

项目审批机关应当在审批文件有效期届满前，做出是否准予延期的决定。

项目在审批文件有效期内未开工建设也未向项目审批机关申请延期的，项目审批文件自动失效。

第十五条 已经审批的项目，有下列情况之一的，项目申报单位应当及时以书面形式向项目审批机关提出调整申请。

（一）项目法人发生变更；

（二）建设地点发生变更；

（三）建设规模、建设内容发生较大变化的；

（四）项目变更可能对经济、社会、环境等产生重大不利影响的；

（五）需要对项目审批文件所规定的内容进行调整的其他情形。

项目审批机关应当根据项目具体情况，在20个工作日内出具书面确认意见，或者要求其重新办理审批手续。

第十六条 工程咨询评估机构及其人员、参与专家评议的专家，在编制项目申请报告、受项目审批机关委托开展评估或者参与专家评议过程中，不遵守国家法律法规及本办法规定的，依法追究其法律责任。

第十七条 项目申报单位以隐瞒有关情况或者提供虚假申报材料等不正当手段申请审批的，项目审批机关不予以受理或者不予审批；已经取得项目审批文件的，一经发现，项目审批机关应当依法撤销该项目审批文件，已经开工建设的，有关部门依法责令其停止建设。

第十八条 对于未依法取得项目审批文件而擅自开工建设的项目，以及未按照项目审批文件的要求进行建设的项目，一经发现，有关部门应当依法责令其停止建设或者限期整改。

第十九条 本办法中的办理期限以工作日计算，不含法定节假日。

第二十条 《国务院关于发布政府核准的投资项目目录（2014年本）的通知》（国发〔2014〕53号）中所规定的卷烟投资项目核准适用本办法。

第二十一条 本办法由国家烟草专卖局负责解释。

第二十二条 本办法自印发之日起施行。以往印发的有关规定与本办法不一致的，以本办法为准。

专卖管理

国家烟草专卖局关于进一步严格规范烟草专卖执法行为有关事项的通知

（2015年6月16日　国烟专〔2015〕163号）

各省级局：

近期，行业内个别单位在查办真烟案件过程中存在违反法律规定罚款放行、拆分案件等执法不严的情况。为进一步严格规范烟草专卖执法行为，全面推进法治烟草建设，现将有关事项通知如下：

一、各单位在依法查处涉烟违法行为过程中，根据法律和司法解释的规定，凡是达到刑事追诉标准、涉嫌犯罪，依法需要追究刑事责任的，必须按照国务院《行政执法机关移送涉嫌犯罪案件的规定》（国务院令第310号），及时移送公安机关立案侦查，不得以行政处罚代替移送，不得以行政处罚代替刑事处罚。

二、各单位要严格按照《中华人民共和国烟草专卖法》及其《中华人民共和国烟草专卖法实施条例》的规定，对涉烟违法行为实施行政处罚，不得擅自改变行政处罚种类、幅度和程序。对符合《中华人民共和国烟草专卖法实施条例》第五十四条（二）规定情形的无证运输真烟案件，必须依法没收违法运输的真烟和违法所得，不得罚款放行。对符合《中华人民共和国烟草专卖法实施条例》第五十四条（一）规定情形的无证运输真烟案件，要按规定的幅度进行罚款，由查案单位监督当事人将违法运输的真烟送回启运地，不得放任违法运输的真烟继续冲击其他地区市场。

三、各单位在查处真烟违法案件过程中，要从询问笔录、银行账号、托运单据等多方面对当事人提供的货主身份证明进行认真审核，防止冒充货主身份认领卷烟导致案件被拆分降格处理的情况发生。

四、各单位要加强烟草专卖执法监督，定期开展专项检查，公开设置举报信箱，拓宽监督渠道，对存在有案不查、有案不移、拆分案件、弄虚作假等执法违法、执法不严行为的，要责令改正、通报批评，并追究主要领导的责任。国家局将加大对各单位烟草专卖执法情况抽查力度，对相关举报线索组织力量进行调查，对问题单位的有关责任人进行严肃处理。

国家烟草专卖局办公室关于印发烟草专卖许可证件办理服务规范的通知

（2015年10月12日　国烟办综〔2015〕488号）

各省级局：

为优化烟草专卖许可证件（包括许可证、准运证）办理服务，规范办证场所设置，改进办证人员工作作风，增强服务意识，树立良好形象，提升烟草专卖行政服务水平，现将《烟草专卖许可证件办理服务规范》印发给你们，请认真执行。

烟草专卖许可证件办理服务规范

一、办证场所规范

（一）固定办证场所。各级烟草专卖局要按照国家烟草专卖局相关要求，设立受理烟草专卖许可证件（包括许可证、准运证）的实体性窗口，要结合实际工作需要完善办证场所设置，配备相应的办证服务设施，提供必要的便民条件。

（二）规范办证场所。办证场所应设置行政审批事项政务公示栏，张贴依法应公开公示的办证信息，以及有关工作纪律和服务承诺等信息。有条件的单位可配置信息查询自助设备、电子显示屏等信息发布设施。办证场所应摆放办证指南等资料，供申请（咨询）人取阅。应在办证窗口显著位置公示办证咨询、投诉举报电话或网站。

二、办证人员仪容举止规范

（一）仪容大方。办证窗口工作人员应着装整洁，有统一制服或工作服的，着制服或工作服上岗。办证窗口工作人员应保持仪表端庄，男性工作人员不蓄长须长发，女性工作人员发型梳理整齐。

（二）举止文明。办证窗口工作人员工作时间内坐、立姿势要端正，工作场合不做任何不雅动作。与申请（咨询）人交流时做到有问必答，面带微笑、亲切自然、言语和气。

三、办证服务规范

（一）首问负责。申请（咨询）人最先询问的办证窗口工作人员为首问责任人。首问责任人负责咨询接待解答，为其办理或引导其办理相关业务，不得推诿和拖沓。

（二）及时准确。对申请人当场提交的申请材料，要及时接收。要一次性告知相关业务需提供的申请材料和办理程序等信息。对能当场受理的申请，应迅速办理，减少申请人等待时间。申请人当场填写申请表单的，应耐心指导并提供示范文本供申请人参考。申请人填妥表单后，应认真审核，发现有填写错误的，应明确指出，允许申请人当场更正。

（三）礼貌细致。进行办证指导和政策解释时，应做到耐心细致。接收材料时轻拿轻放。对因身体原因等需要特殊照顾的申请（咨询）人，要给予必要的照顾和帮助。当申请人的要求不符合法律、法规等规定时，应充分解释，详细说明情况，应详细告知理由和救济途径，做好沟通工作，取得理解和支持。

四、工作纪律规范

（一）严格考勤。办证窗口工作人员应按时上下岗，不得迟到、早退，确保办证窗口在对外承诺接待的法定工作时间内不缺岗、不缺位。办证窗口工作人员应严格按照对外公示的时间办理业务。如有特殊原因经批准停止办理或中断服务的，应事先明示并在办证窗口摆放暂停服务标识。

（二）严守纪律。办证窗口工作人员严禁使用服务禁（忌）语，严禁与申请（咨询）人发生争吵。在工作时间内不得从事与工作无关的事宜。办证窗口工作人员不得有“吃、拿、卡、要”等不廉洁行为。办证窗口工作人员不得阻挠或者干扰申请（咨询）人进行服务满意度评价、举报投诉等。办证窗口工作人员应遵守法纪保守秘密，不得违法违规泄露申请人信息，维护其合法权益。

办证窗口工作人员可通过满意度测评、公开投诉渠道等方式接受申请人和社会公众的监督评议。对投诉或评议反馈的问题要及时调查处理并将处理结果及时反馈。

办证窗口工作人员违反本服务规范规定，未履行或未正确履行职责，所属烟草专卖局应当视情节按有关规定采取相应的惩处措施，追究责任人员的责任。

经济运行

国家烟草专卖局办公室关于认真贯彻落实党中央国务院指示精神切实加强当前安全生产工作的紧急通知

（2015 年 1 月 3 日　国烟办综〔2015〕1 号）

行业各直属单位，中国烟草机械集团有限责任公司，中国烟草实业发展中心，中国双维投资有限公司：

近日，一些地方先后发生多起重特大生产安全事故和群众聚集踩踏事件，给人民群众生命财产造成重大损失。党中央、国务院对此高度重视，习近平、李克强等中央领导同志多次作出重要指示批示，要求把人民群众生命财产安全放在第一位，深刻汲取教训，落实各项防范保障措施，加强各领域各行业安全隐患排查，坚决避免类似事件发生，确保人民群众生命安全和社会稳定。

为认真贯彻落实党中央、国务院指示精神，切实加强当前烟草行业安全生产和人员密集场所的安全管理工作，特紧急通知如下。

一、提高认识，高度重视安全管理工作。各单位、各级领导干部要坚持科学发展、安全发展，充分认识当前安全生产和人员密集场所安全管理工作面临的严峻形势，深刻汲取事故教训，举一反三，增强政治意识、忧患意识和责任意识，精心组织、周密安排，全力做好各项工作，切实维护人民群众生命财产安全和社会稳定。要牢固树立底线思维，坚决克服麻痹思想和侥幸心理，做到居安思危、有备无患。各单位主要负责人要高度重视安全管理工作，亲自部署、亲自检查，认真履行职责，确保各项安全措施到位、安全部署落到实处。

二、突出重点，切实加强安全管控。各单位要进一步加强对生产车间、仓库、施工现场以及宾馆饭店等人员密集场所的安全管控，不留死角。要明确安全管理责任，严格执行烟花爆竹燃放、动火作业、临时用电作业等审批制度，作业时必须配备安全监管人员和灭火器具。要加强重点危险源、重点设施、重点部位的巡查监控，确保设施设备和安全防护系统有效运行。

组织员工进行集体活动或举办商业活动，必须严格执行相关审批报备制度，提前制定安全保障措施，加强巡逻值守、安全防范和应急响应，确保安全出口、消防设施、警示标识齐全有效，坚决防止人员踩踏伤亡等安全事故发生。

强化机动车辆安全管理工作，严格执行机动车辆的维护保养和使用管理制度，加强对冰雪等气象条件和特殊路况的派车管理，不得组织员工集体乘车跨地域长途出行。严格落实驾驶员安全教育和管理，杜绝超载、超速、酒后驾驶、疲劳驾驶等违法行为，坚持车辆回库、定点停放检查制度。

三、强化责任，立即深入排查消除事故隐患。各单位要坚持党政同责、一岗双责、齐抓共管，把责任逐级落实到基层、落实到岗位、落实到人头。要按照全覆盖、零容忍、严执法、重实效的要求，立即组织开展以防火灾、防爆炸、防人身伤亡事故为重点的安全检查。各生产经营单位要迅速安排部署，确保责任落实、措施落实，重点针对消防系统、电气系统、特种设备、燃气管道等设施设备进行全面排查，及时消除事故隐患，保证疏散通道畅通无阻。

各醋纤生产企业要强化锅炉压力容器和管道、危险化学品、受限空间作业、临时用电动火作业安全管理，对燃气管道、化学液体管道、丙酮存储管理等进行严格排查，彻底消除事故隐患，不留死角；煤炭生产企业要突出抓好"一通三防"，全面排查瓦斯、一氧化碳、硫化氢等易燃易爆、有毒有害气体监测系统和火灾防控系统的隐患，必须在符合安全标准的前提下进行生产。因措施不力、监管不到位、失职渎职而发生重大事故的，要严肃追查责任，特别是严格追究相关领导的责任。

四、健全预案，确保应急预防工作落实到位。各单位要针对安全管理的重点和薄弱环节，进一步完善、细化各项应急处置预案，健全应急指挥和处置机制，增强应急处置能力。要加强应急值守，保证信息报送渠道畅通，加强应急预案演练，确保一旦发生安全事故等紧急情况，迅速启动响应，科学有效处置，努力降低人员伤亡和损失。

国家烟草专卖局办公室关于进一步促进细支卷烟发展的通知

（2015 年 1 月 27 日　国烟办综〔2015〕52 号）

各省级局（公司）、工业公司，中国烟草实业发展中心，郑州烟草研究院：

为贯彻落实全国烟草工作会议精神，坚韧不拔加大科技创新力度，不断提高细支卷烟研发水平，提升产品品质，促进细支卷烟持续健康发展，现将进一步加强细支卷烟研发工作有关要求通知如下：

细支卷烟产品研发要坚持以市场为导向，以满足消费需求为目标，以技术创新为支撑，充分发挥"降本降耗、低焦高档、减轻危害"的天然优势，进一步明确"高品质、高技术、高起点、高效益"的细支卷烟产品研发方向。

一、不断提高产品质量控制水平，实现细支卷烟"高品质"

工业企业要结合自身工艺和产品特性，建立并严格执行严于现行"卷烟"国标的细支卷烟产品企业标准，进一步提高细支卷烟产品物理指标的控制精度以及烟气盒标值与实测值偏差的控制水平，有效提升产品品质；研究并建立针对细支卷烟特点的产品检测标准，全面提升细支卷烟产品质量水平。

加强卷制工艺研究。研究确定合理的卷制参数组合，达到理想的物理指标均匀性及烟气指标的稳定性；系统研究卷烟物理指标、烟气指标、感官质量之间的相关性，通过卷制参数优化，实现细支卷烟综合质量的均衡与协调。加强产品感官评价、质量检测标准等方面的基础研究，引导细支卷烟质量的提升发展。

二、持续加强技术创新，实现细支卷烟"高技术"

工业企业要集中技术力量，着重从技术层面系统总结烟叶配方、加工工艺、“三纸一棒”的搭配等对细支卷烟烟气释放和感官质量的影响规律，重点突破技术难题，有效提升细支卷烟的轻松感、舒适感、满足感。

加强烟丝形态研究，探索研究长梗和短梗单独加工工艺；重点研究确定适宜的切丝宽度和切丝长度，提升烟丝与烟支的配伍性。研究细支卷烟燃烧机理，为细支卷烟辅材设计提供科学依据；创新细支卷烟材料设计，增加烟气浓度，降低吸阻。创新细支卷烟调香设计理念，实现优质烟叶原料和天然特色香料的特征互补，提升细支卷烟的香气丰富性和饱满度；强化细支卷烟原料配方技术研究，拓宽原料使用范围。

三、深入推进品类构建，实现细支卷烟“高起点”

工业企业要进一步整合品牌资源，着力开发具有中式卷烟风格特色的细支卷烟产品。通过市场消费调研，开展体现细支卷烟特色的品类构建，丰富完善中式卷烟品类内涵，通过“人有我优、人优我特”，提高细支卷烟产品的市场竞争力；注重产品形象与时代的融合，产品品位与文化的融合，产品功能与消费理念的融合，通过引领时尚消费提升产品的附加值。

四、更加注重市场培育，实现细支卷烟“高效益”

工业企业要根据现有装备、工艺技术条件，结合自身产品特点，通过深入市场调研，精心设计开发具有鲜明特色和市场潜力的细支卷烟产品；针对目标市场和消费人群做好重点培育，确保产品开发的成功率，切忌盲目开发，一哄而上；持续提升产品结构，努力打造一批结构较高、品质较好、特色鲜明的细支卷烟品牌，以此打造行业效益新的增长点。

五、关于细支卷烟规格准产的有关要求

（一）一个品牌如果没有细支卷烟规格，该品牌新准产2个（含）以内细支卷烟规格，不受品牌进退机制限制。

（二）一个品牌如果已经有2个以上细支卷烟规格，该品牌再新准产细支卷烟规格，原则上要执行“进一退一”，退出的卷烟规格不一定是细支卷烟规格。

（三）价类不得低于二类卷烟，且价位要高于该品牌现有产品的平均价格水平（即该品牌已准产的所有品牌规格价位的加权平均值）。

（四）包装设计必须符合国家及行业有关规定。

烟草科技

中国烟草总公司关于印发科技计划项目管理办法的通知

（2015年3月31日　中烟办〔2015〕92号）

行业各直属单位，中国烟草实业发展中心，各有关单位：

现将《中国烟草总公司科技计划项目管理办法》印发给你们，自印发之日起实施，请认真执行。

中国烟草总公司科技计划项目管理办法

第一章　总　则

第一条　为全面实施创新驱动发展战略，加强中国烟草总公司（以下称总公司）科技计划项目的规范化、科学化管理，参照国家科技计划项目管理规定，结合烟草行业

实际情况，特制订本办法。

第二条 总公司科技计划项目（以下简称项目）分为重大专项项目、重点项目、重点实验室项目3类。

第三条 重大专项项目围绕烟草行业科技重大专项进行部署。目标定位是按照“有限时间、有限目标”原则，立足解决制约烟草行业发展的重大瓶颈性、战略性科技问题，力争攻克一批具有突破性、前瞻性的关键共性技术，开发一批具有带动性、关键性的重大产品，推进一批具有全局性、战略性的重大工程。

第四条 重点项目围绕烟草行业科技战略性课题、重点领域、优先主题等重点科技任务进行部署。目标定位是解决制约烟草行业发展的基础性、应用性、长期性的科技问题，以共性和全局性问题为主，兼顾瓶颈性的个性化和局部性问题。

第五条 重点实验室项目围绕烟草行业重点实验室的学科发展进行部署。目标定位是重点实验室在本学科领域自主选题，总公司定向资助，推动本学科领域知识创新，促进重点实验室人才、技术、成果的积累和升级，引领学科发展。

第六条 项目由总公司科技主管部门归口管理。各重大专项牵头部门在总公司科技主管部门的指导下，承担重大专项项目的具体管理工作。总公司财务主管部门负责项目经费的拨付和监督工作。

第二章 项目立项

第七条 总公司分年度编制重大专项项目、重点项目、重点实验室项目3类项目计划。同一年度内，每类项目计划可一次性编制下达，也可分批次编制下达。

第八条 项目立项程序主要为项目申报、项目初审、专家评审、总公司科技主管部门会议审议、国家烟草专卖局办公会审定、项目计划下达等程序。

第九条 项目申报。各单位根据总公司要求，填报项目申报书和项目经费预算报告一式3份，同时在国家烟草专卖局科技业务管理系统上报电子文档。重大专项项目报送至总公司科技主管部门及相应重大专项牵头部门，重点项目报送至总公司科技主管部门，重点实验室项目报送至各相应重点实验室。

申报项目要符合以下基本条件：

（一）项目符合烟草产业发展需要，符合烟草行业科技发展方向，具有技术先进性和明显创新性。

（二）项目技术研究内容充实，目标明确具体且可考核，经费预算科学合理。

（三）项目承担单位具有独立法人资格，具有良好的科研信誉，具有完成项目所必备的条件，在相关技术领域具有一定的优势和工作基础。

（四）项目负责人具有较好的创新能力、学术水平和组织协调能力，以项目负责人身份承担且仍然在研的总公司科技项目不超过2项。

（五）项目实施期限原则上不超过3年。必要时，可分阶段申报立项。

第十条 项目初审。项目初审主要针对申报项目材料的合规性和申报项目基本条件的符合性进行审查。重大专项项目初审由各重大专项牵头部门负责，重点项目初审由总公司科技主管部门负责，重点实验室项目初审由各重点实验室自行负责。

第十一条 专家评审。采取会议评审、函审等方式，遴选相关领域专家组成专家组，对通过初审的项目及其经费预算进行评审把关，提出项目立项（含经费预算）的意见和建议。

重大专项项目专家评审由各重大专项牵头部门在总公司科技主管部门指导下进行组织。各重大专项牵头部门负责根据专家评审结果，编制重大专项项目计划草案（含经费预算），提报总公司科技主管部门。

重点项目专家评审由总公司科技主管部门组织。总公司科技主管部门负责根据专家评审结果，编制重点项目计划草案（含经费预算）。

重点实验室项目专家评审由各重点实验室组织，由重点实验室学术委员会负责评审。重点实验室负责根据学术委员会评审结果，编制重点实验室项目计划草案（含经费预算），提报总公司科技主管部门。

第十二条 总公司科技主管部门司务会审议。总公司科技主管部门对项目计划草案（含经费预算）进行司务会审议，分别形成重大专项项目建议计划、重点项目建议计划、重点实验室项目建议计划。

第十三条 国家烟草专卖局办公会审定。总公司科技主管部门将3类项目建议计划提交国家烟草专卖局办公会审定。

第十四条 项目计划下达。对国家烟草专卖局办公会审定通过的3类项目计划，以总公司文件下达。

第十五条 对于符合招投标条件的项目，参照科技部《科技项目招标投标管理暂行办法》（国科发计字〔2000〕589号）相关规定执行，中标项目列入相应项目计划。

第三章 项目实施

第十六条 项目实行合同制管理。总公司与项目承担单位签订项目合同。

第十七条 项目合同签订程序。

（一）合同填报。项目承担单位根据总公司项目计划，填报项目合同一式8份并在国家烟草专卖局科技业务管理系统同步填报电子文档。由两家以上单位承担的项目，应填报合同附录，明确约定各项目承担单位的任务分工和经费分配。

对于重大专项项目和重点项目，若由烟草行业直属单位的下属企业牵头承担，行业直属单位作为项目合同的第三方保证单位签章。对于重点实验室项目，若不是重点实验室依托单位牵头承担，重点实验室依托单位作为项目合同的第三方保证单位签章。

（二）合同审查。重大专项项目合同由各重大专项牵头部门依据重大专项方案、重大专项项目计划进行审查并盖章确认后，报总公司科技主管部门审核。重点项目、重点实验室项目由总公司科技主管部门依据项目计划进行审查。总公司法规主管部门负责对项目合同进行合法性审查。

（三）合同签订。总公司科技主管部门代表总公司签订合同。项目合同自签订之日起生效。

第十八条 项目合同执行。项目承担单位应按合同约定，认真做好项目的组织实施工作。烟草行业各直属单位科技主管部门、各重大专项牵头部门应加强对项目实施过程中的指导、管理、监督和检查工作，对项目实施过程中出现的问题，及时给予处理和解决。

第十九条 项目执行情况监督检查。总公司对项目执行情况监督检查采取项目年报、项目检查评估等方式进行。

（一）项目年报。项目承担单位于每年12月20日前填报“中国烟草总公司科技项目执行情况年报”一式3份并在国家烟草专卖局科技业务管理系统中同步报电子文档，如实报告项目年度完成情况和经费年度收支情况等。重大专项项目年报由重大专项牵头部门审查并报总公司科技主管部门审核备案。重点项目、重点实验室项目年报由总公司科技主管部门审查。执行期在当年度不足3个月的项目可在下一年度一并上报。

（二）项目检查评估。项目检查评估由总公司定期或不定期组织开展。项目承担单位按照总公司要求填报项目执行情况检查评估材料。重大专项项目检查评估由重大专项牵头部门负责，检查评估结果报总公司科技主管部门审核。重点项目、重点实验室项目检查评估由总公司科技主管部门负责。

第二十条 项目整改。项目未按合同规定执行的，总公司科技主管部门有权要求项目进行整改。重大专项项目由重大专项牵头部门提出项目整改建议，报总公司科技主管部门核准后执行。

第二十一条 项目修订。项目在实施过程中出现下列情况的，应及时进行合同修订。

（一）因技术、需求等情况发生变化，造成项目原定目标、技术路线等需要修改。

（二）自筹资金或其他条件不能落实，影响项目正常实施。

（三）项目的技术骨干发生变化，致使研究工作不能正常进行。

（四）项目未按照合同规定执行，且整改后仍达不到合同要求。

（五）由于其他不可抗拒的因素，致使研究工作不能正常进行。

需要修订合同的项目，由项目承担单位在合同规定执行期内向总公司提报文件申请、填报“中国烟草总公司科技项目合同修订申报书”一式3份并在国家烟草专卖局科技业务管理系统同步填报电子文档，由总公司科技主管部门批准后执行。

必要时，总公司科技主管部门可根据项目实施情况，指令对项目合同进行修订。

第二十二条 涉及烟草专卖品研制的项目，在项目实施期间可根据研究需要试制少量研究、实验用样机、样品。

第四章 项目经费

第二十三条 项目经费管理按照《烟草行业科研项目经费管理办法》（中烟办〔2015〕63 号）的有关规定执行。

第二十四条 项目经费构成。项目经费由总公司拨付经费、项目承担单位自筹经费两部分构成。

（一）重大专项项目、重点项目经费根据项目实际情况，确定总公司拨付经费、项目承担单位自筹经费额度，其中总公司拨付项目经费属引导性经费，主要用于基础性、关键性、共性技术研究，视项目性质分类确定。

1. 由烟草行业内外企业牵头承担的项目，项目经费原则上由项目承担单位自筹。

2. 由烟草行业内外科研单位独立承担的项目，原则上总公司全额拨付项目经费；由烟草行业内外科研单位牵头承担且与行业内企业联合承担的科技项目，项目经费原则上以总公司拨付为主，行业内企业自筹为辅。

3. 项目负责人为烟草行业科技领军人才、学科带头人的项目，依据国家烟草专卖局、总公司关于烟草行业科技领军人才、学科带头人相关管理办法确定的资助资金额度拨付项目经费。

（二）重点实验室项目经费采取总公司定向资助、企业自筹配套相结合的方式落实，其中总公司拨付项目经费在国家烟草专卖局、总公司批准资助的重点实验室项目专项经费额度内确定。若重点实验室依托单位为企业，依托单位要按照不低于总公司拨付经费数额的 1.0 倍予以自筹经费配套。

第二十五条 项目经费开支范围。项目经费用于以下支出：

（一）材料及燃料、动力费。指科技项目直接消耗的试验材料，燃料和动力费用。

（二）人员费用。指在项目研究中聘用的不纳入行业工效挂钩政策范围的研究人员、辅助人员、临时用工等人员所发生的费用。

（三）固定资产费用。指用于科技项目的专用仪器、专用设备等固定资产的租赁费，科研专用仪器设备的运行维护、调整、检验、维修等费用。企业专用科研仪器、设备等固定资产折旧纳入企业管理费用处理，不在科技项目经费中列支。

（四）无形资产费用。指科技项目使用外单位软件、专利权、非专利技术等无形资产的使用费。已购买软件、专利权、非专利技术等无形资产的摊销费用纳入企业管理费用处理，不在科技项目经费中列支。

（五）试验检验费用。指用于科技项目的中间试验和产品试制的模具、工艺装备开发及制造费用，设备调整及检验检测费用，样品、样机及一般测试手段购置费用，样品检测分析费用，试制产品的检验费用等。

（六）中介机构费用。指通过聘请中介机构方式开展的科研成果的论证、评审、验收、评估以及知识产权的申请、注册、代理等费用，但不包括企业为维护知识产权所发生的诉讼、打假等费用支出。

（七）合作外协费用。指通过外包、合作科研等方式，委托其他单位、个人或者与之合作而支付的费用。

（八）其他费用。指因科技项目实施而发生的技术图书、资料翻译、会议、差旅、办公、外事、培训、咨询、宣贯推广等费用；项目的论证、评审、验收、评估等所发生的费用（不包括前述“中介机构费用”）。

第二十六条 经费预算。项目申报单位在申报项目时，应编制项目经费预算报告，作为项目申报的重要材料之一。项目经费预算报告应将第二十五条所列八类费用进行细化分解，详细核定项目经费收入预算和支出预算并提出总公司拨付经费和承担单位自筹经费额度。

项目经费预算经项目立项各程序审批确定后，列入项目计划文件下达，分年度执行。

在项目执行过程中，总公司拨付经费纳入总公司年度预算管理，自筹经费纳入项目承担单位年度预算管理。

第二十七条 经费拨付。总公司拨付项目经费由总公司科技主管部门依据项目计划文件、项目合同，结合项目实施情况，提出经费拨付计划，由总公司财务主管部门拨付项目第一承担单位。

第二十八条 经费使用。项目经费使用要严格按照规定执行。总公司拨付项目经费、项目承担单位自筹经费专款专用，专项专用，不得挪作他用。总公司拨付经费的年度结余，可纳入下一年度项目预算继续使用。项目经费使用情况应在项目年报和项目检查评估材料中如实填报。项目经费核算按照《中国烟草总公司关于印发烟草工商企业会计核算办法的通知》（中烟办〔2014〕248 号）的有关规定执行。

第二十九条 经费监督。总公司科技主管部门通过项目年报和项目检查评估对总公司拨付经费的使用绩效进行跟踪，项目年报和项目检查评估结果，将作为继续拨付项目经费的重要依据。总公司财务主管部门负责对项目经费使用进行监督检查。项目承担单位财务管理部门负责对项目经费使用进行监督检查和管理。

第三十条 经费决算。项目完成后，由项目承担单位对项目经费进行决算形成项目经费决算报告。对于鉴定或验收通过的项目，项目承担单位经履行预算审批程序后，可将总公司拨付经费剩余部分用于补助单位科研发展支出。对于终止项目，总公司拨付经费结余部分应退回总公司。

第五章 项目结题

第三十一条 结题申请。项目承担单位在合同规定执行期结束后3个月内，向总公司科技主管部门提出书面结题申请，提报项目全套结题材料，包括：项目工作报告、项目技术报告、经济和社会效益分析报告、分析测试报告、用户使用报告、经费决算报告、查新报告（申请鉴定或评审需提供，申请验收不需提供）等，同时在国家烟草专卖局科技业务管理系统同步填报。

第三十二条 结题组织。项目结题工作由总公司科技主管部门组织，必要时总公司科技主管部门可委托行业直属单位承担具体工作。

第三十三条 结题方式。根据项目完成情况和研究水平的不同，项目结题采取鉴定（评审）、验收、终止等方式。

第三十四条 项目鉴定（评审）。项目鉴定（评审）既是对项目完成合同任务情况的查验，也是对项目研究成果质量和水平的评价。科学技术研究项目采取鉴定方式，软科学研究项目采取评审方式。项目鉴定（评审）具体要求如下：

（一）项目完成合同要求，且具有明显创新性、较强时效性、显著社会经济效益和较好推广应用前景。

（二）项目不存在无故拖期情况。

（三）项目经费使用符合财务管理规定。

（四）项目技术资料齐全。

项目鉴定（评审）按照国家烟草专卖局关于科学技术成果鉴定（软科学研究成果评审）的有关规定执行。采取会议鉴定、函审鉴定等方式。鉴定（评审）委员会原则上由7～15位专家组成。通过鉴定（评审）的项目，国家烟草专卖局颁发科学技术成果鉴定证书（软科学成果评审证书）。未通过鉴定（评审）的项目，原则上不再组织第二次鉴定（评审），以项目验收结题。

第三十五条 项目验收。项目验收是对项目完成合同任务情况的查验。具体要求如下：

（一）项目基本完成合同要求，有较好的应用价值，但创新性或时效性不够显著。

（二）项目不存在无故拖期情况。

（三）项目经费使用符合财务管理规定。

（四）项目技术资料齐全。

项目验收参照国家烟草专卖局关于科学技术成果鉴定的有关规定执行。采取会议验收、函审验收等方式。验收委员会原则上由7～15位专家组成。通过验收的项目，国家烟草专卖局颁发科技项目验收证书。未通过验收的项目，项目承担单位要在6个月内对项目进行修改完善，申请进行第二次验收，若第二次验收仍未通过，项目以终止方式结题。

第三十六条 项目终止。存在以下情况的，项目采取终止方式结题：

（一）项目到期后，未达到鉴定（评审）、验收标准要求。

（二）项目实施过程中，出现第二十一条中的部分或全部情况且特别严重，项目修订已经不能解决问题。

（三）项目组织管理出现重大问题。包括但不限于：项目承担单位不按时上报年报、或不接受检查评估、或不执行整改，持续1年以上，情节严重；项目超出合同执行期1年以上且项目承担单位在无正当理由情况下未提出项目修订申请；项目经费使用存在严重问题。

项目终止原则上由项目承担单位提出终止申请并提交项目工作报告、技术报告、经费决算报告等资料，报总公司科技主管部门批准。

必要时，总公司科技主管部门可指令终止。在项目终止指令发出之日起30天内，项目承担单位提报项目工作报告、技术报告、经费决算报告等资料，总公司科技主管部门审查后存档备案。项目承担单位未按要求执行的，取消承担总公司科技项目资格并追究责任。

第三十七条 烟草专卖品研制的项目必须经国家烟草专卖局组织鉴定或验收后方可规模化投（量）产，鉴定证书和验收证书作为国家烟草专卖局有关部门发放专卖许可证主要依据之一。

第六章 项目成果

第三十八条 成果登记。项目结题30天内，项目承担单位提报全套技术资料在总公司科技主管部门登记并存档。

第三十九条 成果权属。烟草行业全额经费投入的项目，项目研究成果及其知识产权归总公司所有，行业内项目承担单位代表总公司申报专利、软件著作权等知识产权。烟草行业内单位和烟草行业外单位共同经费投入的项目，项目研究成果及其知识产权归总公司和行业外单位共有，项目研究成果及其知识产权分配原则上与各方实际出资比例一致，烟草行业内单位代表总公司申报相关专利、软件著作权等知识产权。特殊情况，项目研究成果及其知识产权归属由总公司科技主管部门与项目承担单位另行约定并在项目合同中予以明确。科技项目研究形成的知识产权转让、许可、质押等处置，要征得总公司科技主管部门同意。

第四十条 成果发布和推广。总公司科技主管部门通过多种形式发布和推广项目研究成果。项目承担单位对项目研究成果的发布和推广工作承担必要的义务和责任。

第四十一条 成果奖励。通过鉴定（评审）的项目研究成果可申请总公司科技项目成果奖励，具体按照总公司科学技术奖励办法等相关规定执行。

第四十二条 科研信用管理。项目立项、实施、结题、成果情况以及项目经费预算和使用情况，是反映项目承担单位、项目负责人科研信用的重要记录，将作为今后能否承担总公司项目的重要依据。

第七章 附 则

第四十三条 本办法自印发之日起施行，1996年1月8日印发的《国家烟草专卖局科学技术计划管理办法》（国烟法〔1996〕10号）同时废止。

第四十四条 行业各直属单位、科研机构可根据本地区、本部门的具体情况，参照本办法制（修）订本级科技项目管理办法。

第四十五条 本办法由总公司负责解释。

国家烟草专卖局关于印发烟草行业重点标准研究室管理办法（试行）的通知

（2015年10月21日 国烟科〔2015〕277号）

行业各直属单位：

现将《烟草行业重点标准研究室管理办法（试行）》印发给你们，请认真执行。

烟草行业重点标准研究室管理办法（试行）

第一章 总 则

第一条 为加强和规范烟草行业重点标准研究室管理，充分发挥其在标准制修订、标准预研、科技成果转化等方面的重要作用，制订本办法。

第二条 本办法适用于烟草行业重点标准研究室的申请与组建、运行与管理、考核与评估等。

第二章 职 责

第三条 国家局标准化工作主管部门（以下简称国家局主管部门）归口管理并指导行业重点标准研究室相关工作，主要职责是：

（一）依据行业重点工作，确定年度标准研究工作的重点；

（二）组织开展相关专业领域重要标准的预研、制修订等工作；

（三）检查重点标准研究室工作实效，督办重要标准项目的进度和质量等。

第四条 行业各重点标准研究室依托单位（以下简称依托单位）负责所承担重点标准研究室的建设和运行管理，主要职责是：

（一）聘任室主任、（常务）副主任及相关人员，其中室主任及常务副主任需报国家局主管部门备案；

（二）在人、财、物等方面为重点标准研究室的工作提供必要的保障；

（三）负责所承担重点标准研究室年度工作的组织、落实及考核等。

第五条 行业各重点标准研究室要秉持科学、严谨的学风，坚持实事求是的原则，有系统地开展针对性研究，主要职责是：

（一）密切跟踪、及时掌握、科学分析国内外相关领域、特别是涉及烟草业相关工作的最新动态，包括法律、法规、政策和标准并向国家局主管部门提出相应的对策建议。

（二）组织、承担或参与行业标准化工作发展战略、标准制修订规划的研讨和制订，提出本专业领域烟草类国家、行业标准制修订规划建议，构建和完善本专业领域的标准体系。

（三）深入开展具有前瞻性的标准预研，有针对性地分析、研究、验证国内外烟草及相关专业领域发布或在研的有关标准；适时将有利于支撑行业发展的研究成果转化为相应标准。

（四）组织或参与相关拟制修订标准的可行性论证，承担或参与相关标准的制修订工作，为相关专业标准化技术委员会的工作提供技术支撑，承担国家局下达的重点任务等。

（五）培养高素质的标准化工作复合型人才。

（六）每年二月底前，将研究室上年度的工作总结和本年度的重点工作计划报送国家局主管部门备案。

第三章　申请与组建

第六条 组建行业重点标准研究室，原则上应经由行业各直属单位向国家局主管部门提出申请并附详细建设方案。

第七条 国家局主管部门结合行业重点工作，对组建标准研究室的必要性进行考察并视情况组织专家对申请组建的标准研究室及其依托单位的总体情况进行现场考评，符合要求的，批复组建。

第四章　运行与管理

第八条 行业重点标准研究室应实行机构开放、人员流动、资源共享。固定工作人员中应配备必要的高、中级专业技术人员并可根据工作需要聘请客座研究人员。行业重点标准研究室要加强国内外学术交流，促进标准研究工作水平持续提升。

第九条 行业重点标准研究室实行依托单位领导下的主任负责制。主任或常务副主任负责研究室的建设和发展规划制订、标准和相关课题研究、学术交流人员聘任和资金的规范管理等。

第十条 行业重点标准研究室工作经费由各依托单位自筹解决。

第十一条 行业重点标准研究室应结合自身特点制订相应的管理细则并报送国家局主管部门备案。

第五章　考核与评估

第十二条 依托单位对重点标准研究室实行动态考核并在每年二月底前将上一年度考核结果报送国家局主管部门。

第十三条 重点标准研究室考评指标应包括：

（一）运行管理，包括管理体系建设、激励机制、经费投入、人才培养等；

（二）主要成果，包括国内外相关动态分析报告、标准预研成果及预警预报、国际或国家标准的制订、行业或总公司企业标准的制订等；

（三）其他成果，包括专利、论文、获奖情况等。

第十四条 国家局主管部门根据行业各重点标准研究室年初确定的年度工作重点并参照依托单位的考核结果，择时（一般在一季度）对行业重点标准研究室上一年度的工作实效进行考评。

第十五条 国家局遵循优胜劣汰的原则，对业绩突出的行业重点标准研究室给予表彰，对不能胜任工作的予以调整。

第六章　附　则

第十六条 行业重点标准研究室统一命名为“烟草行业××重点标准研究室”，更名或撤消需经国家局核准。

第十七条 本办法由国家局负责解释。

第十八条 本办法自印发之日起施行。

人事政工

中共国家烟草专卖局党组印发关于在行业处级以上领导干部中开展“三严三实”专题教育实施方案的通知

（2015 年 4 月 24 日　国烟党〔2015〕87 号）

行业各直属单位党组（党委）：

现将《关于在行业处级以上领导干部中开展“三严三实”专题教育实施方案》印发给你们，请认真贯彻执行。

关于在行业处级以上领导干部中开展“三严三实”专题教育实施方案

为贯彻落实全面从严治党要求，巩固和拓展行业党的群众路线教育实践活动成果，持续深入推进行业党的思想政治建设和作风建设，按照中央统一部署，从 2015 年 4 月底开始，中共国家烟草专卖局党组决定在行业处级以上领导干部中开展“三严三实”专题教育。根据中共中央办公厅《关于在县处级以上领导干部中开展“三严三实”专题教育方案》（中办发〔2015〕29 号），结合行业实际，制订如下实施方案。

一、充分认识“三严三实”专题教育的重要意义

习近平总书记多次强调，各级领导干部要严以修身、严以用权、严以律己，谋事要实、创业要实、做人要实。这是共产党人最基本的政治品格和做人准则，也是党员、干部的修身之本、为政之道、成事之要。在行业处级以上领导干部中开展“三严三实”专题教育，是行业党的群众路线教育实践活动的延展深化，是持续推进行业党的思想政治建设和作风建设的重要举措，是严肃党内政治生活、严明党的政治纪律和政治规矩的重要抓手，对于进一步增强党的创造力凝聚力战斗力，推进“四个全面”战略布局，实现行业改革发展各项目标任务，具有十分重要的意义。

行业各直属单位党组（党委）要把开展“三严三实”专题教育作为重大政治任务，融入领导干部经常性学习教育，认真谋划安排，精心组织实施。要突出抓好习近平总书记系列重要讲话精神的学习，注重读原著、学原文、悟原理，领会核心要义和精神实质。要坚持以知促行、知行合一，把学习教育和解决问题结合起来，增强思想自觉和行动自觉，认真查摆和解决“不严不实”问题。要坚持以上率下、发挥领导干部的示范带动作用，在全行业上下形成践行“三严三实”要求的浓厚氛围。要以从严从实作风开展专题教育，防止形式主义，确保取得实效。要把开展专题教育与实践“三大课题”、提升“五个形象”，推动行业改革发展各项目标任务结合起来，做到两手抓、两不误。

二、准确把握“三严三实”专题教育的总体要求

深入学习贯彻党的十八大和十八届三中、四中全会精神，深入学习贯彻习近平总书记系列重要讲话精神，紧紧围绕协调推进“四个全面”战略布局，对照“严以修身、严以用权、严以律己，谋事要实、创业要实、做人要实”的要求，聚焦对党忠诚、个人干净、敢于担当，把思想教育、党性分析、整改落实、立规执纪结合起来，教育引导行业各级领导干部加强党性修养，坚持实事求是，改进工作作风，着力解决“不严不实”问题，切实增强践行“三严三实”要求的思想自觉和行动自觉，做到心中有党不忘恩、心中有民不忘本、心中有责不懈怠、心中有戒不妄为，努力在深化“四风”整治、巩固和拓展党的群众路线教育实践活动成果上见实效，在守纪律讲规矩、营造良好政治生态上见实效，在真抓实干、推动改革发展稳定上见实效。

坚持从严要求，强化问题导向，真正把自己摆进去，着力解决理想信念动摇、信仰迷茫、精神迷失，宗旨意识淡薄、忽视群众利益、漠视群众疾苦，党性修养缺失、不讲党的原则等问题；着力解决滥用权力、设租寻租，官商勾结、利益输送，不直面问题、不负责任、不敢担当，顶风违纪还在搞“四风”、不收敛不收手等问题；着力解决无视党的政治纪律和政治规矩，对党不忠诚、做人不老实，阳奉阴违、自行其是，心中无党纪、眼里无国法等问题，推动行业各级领导干部把“三严三实”作为修身做人用权律己的基本遵循、干事创业的行为准则，争做“三严三实”的好干部。

三、严格落实“三严三实”专题教育的方法措施

坚持以上率下、示范带动。国家局党组带头开展“三严三实”专题教育。国家局党组管理的干部特别是行业各直属单位党组（党委）主要负责同志要坚持高标准、严要求，紧密联系实际深学细照笃行，带头学习提高，带头查摆解决“不严不实”问题，以坚定的信念、决心、行动作出示范。地市级局（公司）、卷烟工业企业、烟机制造企业、复烤企业等单位领导班子成员特别是党组（党委）主要负责同志，要立足本职岗位开展专题教育，做好开展“三严三实”专题教育的典范，当好忠诚、干净、担当的标杆，切实从思想深处清除与“三严三实”要求不适应、不符合的突出问题，真正从思想上、工作上、作风上严起来、实起来，把“三严三实”要求体现到履职尽责、做人做事的方方面面。行业各单位领导班子成员要结合深入联系点、到基层调研等工作，对“三严三实”专题教育进行督促指导。

按照中央统一部署，“三严三实”专题教育不分批次、不划阶段、不设环节，不是一次活动。从今年4月底开始，在国家局、总公司机关，行业各直属单位，各地市级局（公司）、卷烟工业企业、烟机制造企业、复烤企业等单位处级以上领导干部中同步开展，各单位按照中央统一部署及国家局党组要求同步进行。

1. 党组（党委）书记带头讲“三严三实”专题党课。结合专题教育动员部署工作，行业处级以上单位党组（党委）书记要紧扣“三严三实”要求，联系本单位实际，联系党员、干部思想、工作、生活和作风实际，带头讲一次党课，党组（党委）其他成员也要在适当范围讲党课。要讲清楚“三严三实”的重大意义和丰富内涵，讲清楚“不严不实”的具体表现和严重危害，讲清楚落实“三严三实”的实践要求，发挥带学促学作用。

2. 党组（党委）中心组开展“三严三实”专题学习研讨。深入学习习近平总书记系列重要讲话精神，学习党章和党的纪律规定，重点研读《习近平谈治国理政》《习近平关于党风廉政建设和反腐败斗争论述摘编》。认真学习焦裕禄、杨善洲、沈浩等先进典型事迹，从周永康、薄熙来、徐才厚、令计划、苏荣等违纪违法案件中汲取教训。在个人自学基础上，重点分3个专题开展学习研讨，大体上每两个月1个专题。

专题一：严以修身，加强党性修养，坚定理想信念，把牢思想和行动的“总开关”。重点学习研讨如何坚定马克思主义信仰和中国特色社会主义信念，增强道路自信、理论自信、制度自信；如何站稳党和人民立场，牢固树立正确的世界观、人生观、价值观和公私观、是非观、义利观，忠于党、忠于国家、忠于人民；如何保持高尚道德情操和健康生活情趣，自觉远离低级趣味，树立良好家风，坚决抵制歪风邪气，坚守共产党人精神家园。

专题二：严以律己，严守党的政治纪律和政治规矩，自觉做政治上的“明白人”。重点学习研讨如何严格遵守党章，落实习近平总书记在十八届中央纪委五次全会上提出的“五个必须”要求，自觉维护党中央权威，任何时候任何情况下都做到在思想上政治上行动上同以习近平同志为总书记的党中央保持高度一致；维护党的团结，做老实人、说老实话、干老实事，不搞团团伙伙，不搞任何形式的派别活动；遵循组织程序，不超越权限办事，不搞先斩后奏；服从组织决定，不跟组织讨价还价，不欺骗组织、对抗组织；管好亲属和身边工作人员，不让他们擅权干政，不让他们利用特殊身份谋取非法利益。

专题三：严以用权，真抓实干，实实在在谋事创业做人，树立忠诚、干净、担当的新形象。重点学习研讨如何坚持用权为民，自觉遵守宪法法律和党的纪律，按规则、按制度、按法律行使权力，敬法畏纪，为政清廉，任何时候都不搞特权、不以权谋私；如何坚持民主集中制，自觉接受监督，不搞大权独揽、独断专行；如何坚持从实际出发谋划事业、推进工作，敢于担责、“为官有为”，努力创

造经得起实践、人民、历史检验的实绩。

3. 召开“三严三实”专题民主生活会和组织生活会。今年底，行业处级以上党员领导干部年度民主生活会和组织生活会，要以践行“三严三实”为主题进行。每名处级以上党员领导干部都要对照党章等党内规章制度、党的纪律、国家法律、党的优良传统和工作惯例，对照正反两方面典型，联系个人思想、工作、生活和作风实际，联系个人成长进步经历，联系教育实践活动中个人整改措施落实情况，深入查摆“不严不实”问题，进行党性分析，严肃认真开展批评和自我批评。

4. 强化整改落实和立规执纪。坚持边学边查边改，主要领导干部带头，列出问题清单，一项一项整改，进行专项整治，严格正风肃纪。对存在“不严不实”问题的领导干部，立足于教育提高，促其改进；对群众意见大、不能认真查摆问题、没有明显改进的，要进行组织调整。针对“不严不实”问题，建制度、立规矩，强化刚性执行，推动践行“三严三实”要求制度化、常态化、长效化。

四、切实加强“三严三实”专题教育的组织领导

行业“三严三实”专题教育在国家局党组领导下进行。国家局、总公司机关各部门各单位开展“三严三实”专题教育由国家局机关党委牵头组织实施。行业各直属单位开展“三严三实”专题教育由国家局人事司牵头组织实施。

行业各直属单位党组（党委）全面负责本单位本系统的专题教育，结合实际作出安排部署，扎实有效推进，党组（党委）主要负责同志要承担起第一责任人的责任。要把抓好专题教育作为履行党建主体责任的重要任务，纳入党建工作述职评议考核的重要内容。要以从严从实作风开展专题教育，坚决防止和杜绝形式主义，对搞形式、走过场的要严肃问责。要结合教育实践活动整改落实工作和巩固拓展活动成果情况专项检查，采取多种形式，加强督促和指导。要充分运用《中国烟草》杂志、《东方烟草报》以及国家局内网等行业媒体，加强宣传引导，营造良好舆论氛围。要积极探索在全面从严治党中加强党的思想政治建设的有效办法和措施。要把开展“三严三实”专题教育与推动行业改革发展各项工作结合起来，与实现上缴财政总额接近一万亿元年度目标任务结合起来，不能以抓集中活动的形式开展专题教育，做到专题教育与日常工作有机融合、相互促进，两手抓、两不误。

行业各直属单位党组（党委）开展“三严三实”专题教育的情况，要及时报国家局党组。

国家烟草专卖局 中国烟草总公司关于印发烟草行业机构编制管理办法的通知

（2015年6月27日　国烟人〔2015〕87号）

行业各直属单位，中国烟草机械集团有限责任公司，中国烟草实业发展中心：

现将《烟草行业机构编制管理办法》印发给你们，请认真执行。

烟草行业机构编制管理办法

第一章　总　则

第一条　为规范行业机构设置，加强编制管理，制定本办法。

第二条　机构编制管理要以职能定位为基础，适应工作需要，遵循精简、统一、效能的原则，做到职责明确、分工合理、精简高效、相对稳定。

第三条　机构编制管理的范围包括：划分、调整职能配置和理顺职责关系、设置与调整机构、核定人员编制。

前款所称编制，包括人员的数量定额和领导职数。

第四条　国家烟草专卖局负责行业机构编制管理，国家烟草专卖局人事司承担行业机构编制管理的具体工作。行业各直属单位负责本系统机构编制管理，行业各直属单位人事部门承担本系统机构编制管理的具体工作。

第五条　国家烟草专卖局对行业机构编制管理事项

包括：

（一）负责审核各级烟草专卖局的设立、撤销、合并、更名；

（二）负责核定行业各直属单位主要职责、内设机构和人员编制；

（三）负责指导监督行业各单位机构编制管理工作；

（四）负责行业各单位系统外调入人员的审核工作；

（五）负责行业各直属单位本系统年度新进人员计划的备案工作；

（六）其他行业机构编制管理事项。

第二章　行业直属单位机构编制管理

第六条　省级烟草专卖局（公司）名称一般为：××省（自治区、直辖市）烟草专卖局 中国烟草总公司××省（自治区、直辖市）公司。

省级工业公司名称按照《中华人民共和国公司法》等相关法规设定。

第七条　省级烟草专卖局（公司）、省级工业公司内设机构分为职能处室（部门）和专业部门，省级烟草专卖局（公司）、省级工业公司内设机构的名称要规范统一（具体名称参见附表1）。

第八条　省级烟草专卖局（公司）、省级工业公司要严格控制管理层级，减少管理层次，职能处室（部门）不设下级机构。省级烟草专卖局（公司）、省级工业公司要结合本单位实际，将职能相近的处室（部门）、业务范围趋同的事项合并，精简内设机构。

第九条　省级烟草专卖局（公司）内设机构、省级工业公司职能部门领导职数按以下原则确定：

（一）编制在3名以下的部门，领导职数为1名；

（二）编制在4至7名的部门，领导职数为2名：设1正1副；

（三）编制在8名以上的部门，领导职数为3名：设1正2副。人数特别多的，可增加1名副职。

省级工业公司专业部门的领导职数根据实际工作需要，按照从严从紧原则确定。

第十条　省级烟草专卖局（公司）、省级工业公司内设机构的非领导职数不得超过核定的部门领导职数的50%。

第十一条　省级烟草专卖局（公司）、省级工业公司领导职数及非领导职数由国家烟草专卖局确定。省级烟草专卖局（公司）、省级工业公司领导职数和非领导职数列入省级烟草专卖局（公司）、省级工业公司人员编制。

第十二条　省级烟草专卖局（公司）、省级工业公司内设机构的增设、撤销、合并、更名以及人员编制总数的调整由省级烟草专卖局（公司）、省级工业公司提出申请，报国家烟草专卖局审批。

第十三条　增设省级烟草专卖局（公司）、省级工业公司内设机构的申请，要包括下列事项：

（一）设立机构的依据及必要性说明；

（二）机构的名称和职能；

（三）机构的人员编制；

（四）与业务相近的内设机构职能的划分。

撤销或者合并省级烟草专卖局（公司）、省级工业公司内设机构的申请，要包括下列事项：

（一）撤销或者合并的理由；

（二）撤销或者合并机构后职能的消失、转移情况；

（三）撤销或者合并机构后编制的调整和人员的分流情况。

省级烟草专卖局（公司）、省级工业公司内设机构更名的申请，要包括下列事项：

（一）机构更名的依据及必要性说明；

（二）机构更名后的名称和职能。

调整省级烟草专卖局（公司）、省级工业公司人员编制总数的申请，要包括下列事项：

（一）调整人员编制的依据及必要性说明；

（二）人员编制总数（含人员的数量定额和部门领导职数）；

（三）各内设机构人员数量和部门领导职数、非领导职数，各类岗位人员编制的结构比例。

第十四条　省级烟草专卖局（公司）、省级工业公司设立专业性公司，须报国家烟草专卖局审批，其内设机构和人员编制方案由国家烟草专卖局机构编制管理部门审核。

第十五条　行业其他直属单位的机构编制管理参照省级烟草专卖局（公司）执行，其主要职责、内设机构和人员编制调整须报国家烟草专卖局审批。

第三章　地市级烟草专卖局（公司）机构编制管理

第十六条　地市级烟草专卖局（公司）名称一般为：××市（地区、州、盟）烟草专卖局××省（自治区、直辖市）烟草公司××市（地区、州、盟）公司。

第十七条　省级烟草专卖局（公司）负责核定下属地市级烟草专卖局（公司）主要职责、内设机构和人员编制并报国家烟草专卖局备案。

第十八条　地市级烟草专卖局（公司）内设机构的名称要规范统一。地市级烟草专卖局（公司）要结合本单位实际，将职能相近的部门、业务范围趋同的事项合并，精简内设机构。

第十九条　地市级烟草专卖局（公司）领导班子职数一般为4～5名，其中局长（经理）1名、副局长（或副经理）2～3名、纪检组长1名。地市级烟草专卖局（公司）可配备总师1名，总师不作为班子成员，不进党组（党委），享受副职待遇。地市级烟草专卖局（公司）党组（党委）书记、局长、经理原则上不分设。地市级烟草专卖局（公司）非领导职数不得超过地市级烟草专卖局（公司）领导职数与总师职数之和的1/3。

第四章　县级烟草专卖局（分公司、营销部）机构编制管理

第二十条　县（市、旗）烟草专卖局（分公司、营销部）名称一般为：××县（市、旗）烟草专卖局××市（地区、州、盟）烟草公司××分公司（营销部）；地级市的市辖区烟草专卖局名称一般为：××市（地区、州、盟）××区烟草专卖局××市（地区、州、盟）烟草公司××分公司（营销部）。

第二十一条　县级烟草专卖局（分公司、营销部）主要职责、内设机构和人员编制由地市级烟草专卖局（公司）提出方案，报省级烟草专卖局（公司）审批。

第二十二条　县级烟草专卖局（分公司、营销部）内设机构的名称要规范统一。县级烟草专卖局（分公司、营销部）要结合本单位实际，将职能相近的部门、业务范围趋同的事项合并，精简内设机构。

第二十三条　县级烟草专卖局（分公司、营销部）领导班子职数一般为3～4名。

第五章　机构编制纪律和监督管理

第二十四条　坚持机构编制的集中统一管理和审批制度，严格遵守机构编制管理权限和程序，机构编制事项统一归口机构编制管理部门专项办理。凡涉及机构编制事项的，要按程序和权限由行业各直属单位机构编制管理部门或国家烟草专卖局机构编制管理部门负责办理。非机构编制管理部门申请办理机构编制事项的，一律不予受理。

第二十五条　严禁超审批权限设置机构。严禁未经批准擅自设立、撤销或合并各级烟草专卖局，严禁擅自增设、撤销或合并内设机构。因工作需要成立的各类领导小组或临时机构，不设置常设办事机构，不核定人员编制，任务完成后即自行撤销。

第二十六条　严禁超出领导职数、人员编制配备干部。严禁以“低职高配”等形式超机构规格提拔干部。严禁出台“土政策”，用职务和职级待遇奖励领导干部，违反规定提高干部职级待遇。严禁违反规定设置“助理”、“顾问”等领导职务名称配备干部。严禁突破比例限额、超出规定范围，以“正副处级干部”“正副科级干部”等名义变相设置非领导职数配备干部。

第二十七条　严禁上级业务部门干预下级机构编制事项。除机构编制管理部门外，上级业务部门不得以任何形式（下发文件、领导讲话、召开会议、打招呼等方式，或以划拨经费、项目审批、检查考核、评比达标等为条件强行要求）干预下级的机构设置、人员编制和领导职数核定等，不得自行出台机构编制有关规定。各业务部门、单位制订的相关标准，不得作为审批机构编制的依据。

第二十八条　行业各单位违反本办法规定，有下列行为之一的，由国家烟草专卖局予以通报批评并责令其限期纠正并参照《党政领导干部选拔任用工作责任追究办法（试行）》（中办发〔2010〕9号）、《关于机构编制违纪行为适用〈中国共产党纪律处分条例〉若干问题的解释》（中纪发〔2009〕15号）和《行政机关机构编制违法违纪行为政纪处分暂行规定》（监察部、人力资源社会保障部令2012年第27号）等有关规定，严肃追究党组（党委）及其机构编制管理部门主要责任人的责任。

（一）擅自设立各级烟草专卖局的；

（二）擅自设立内设机构的；

（三）擅自变更机构名称的；

（四）擅自超过核定编制数配备人员的；

（五）擅自超过核定职数配备领导干部的；

（六）违反机构编制管理审批权限和程序的；

（七）其他违反机构编制管理规定的。

第六章 附 则

第二十九条 本办法由国家烟草专卖局负责解释。

第三十条 行业各直属单位参照本办法制定本系统机构编制管理办法。中国烟草机械集团有限责任公司、中国烟草实业发展中心参照本办法制定下属单位机构编制管理办法。

第三十一条 本办法自印发之日起执行。之前下发的有关规定，凡与本办法不一致的，以本办法为准。

法制建设

国家烟草专卖局关于印发贯彻落实《中共中央关于全面推进依法治国若干重大问题的决定》实施方案的通知

（2015 年 3 月 17 日　国烟法〔2015〕69 号）

行业各直属单位，国家局、总公司机关各部门、各单位：

现将《贯彻落实〈中共中央关于全面推进依法治国若干重大问题的决定〉实施方案》印发给你们，请认真执行。

贯彻落实《中共中央关于全面推进依法治国若干重大问题的决定》实施方案

为贯彻落实党的十八届四中全会通过的《中共中央关于全面推进依法治国若干重大问题的决定》（以下简称《决定》），推进法治烟草建设，保障行业持续健康发展，现制订如下实施方案：

一、指导思想

高举中国特色社会主义伟大旗帜，以邓小平理论、“三个代表”重要思想、科学发展观为指导，深入贯彻落实党的十八大，十八届三中、四中全会精神和习近平总书记系列重要讲话精神，紧紧围绕行业中心工作，全面深入推进法治烟草建设，充分发挥法治对于行业改革与发展的引领和规范作用，不断提高行业依法行政、依法管理、依法组织生产经营的能力和水平，努力实现行业改革与发展的法治化。

二、具体任务

（一）深入开展法治宣传教育。

1. 一年工作目标。

（1）建立健全党组中心组学法制度，增强领导干部法治观念和守法意识。（牵头部门：人事司，配合部门：机关党委、法规司）

（2）完善日常法治宣传教育制度，加强对宪法的宣传培训。每年 12 月份以突出宣传宪法、弘扬法治精神、增强法制意识为重点，组织开展行业“12·4”宪法日及法治宣传日系列宣传活动。（牵头部门：法规司，配合部门：办公室、烟草经济信息中心）

（3）深入开展“三创三征”法治烟草建设主题活动。组织开展全行业“六五”普法检查验收工作。（实施部门：法规司）

（4）加强烟草专卖执法典型案例指导。组织编写烟草专卖执法典型案例汇编，在全行业深入开展“百案鉴评”专卖执法典型案例征集活动，充分发挥典型案例的示范和指导作用。（牵头部门：法规司，配合部门：专卖司）

（5）组织行业法治建设专题培训班。加强对《烟草专卖法律法规以及行政处罚法》《行政许可法》《招标投标法》《合同法》等常用法律的学习培训，结合实际工作中出现的热点、难点法律问题，增强法律理论水平和风险意识。（实施部门：法规司）

2. 三年工作目标。

（1）积极探索完善“依法行政示范单位”和“诚信守法示范企业”创建活动。及时总结创建工作经验，交流、推广示范单位的典型做法。（牵头部门：法规司，配合部门：专卖司、中国卷烟销售公司、董事会工作办公室）

（2）推动落实“谁执法谁普法”的普法责任制。（牵头部门：法规司，配合部门：专卖司）

（3）加强干部任前法律培训，将宪法及与行业密切相关的基本法律学习列入干部培训的必修课，明确课程设置和学习计划。（牵头部门：人事司，配合部门：法规司）

（二）着力提升制度建设能力。

1. 一年工作目标。

（1）修订《烟草行业管理规范备案审查办法（试行）》（国烟法〔2012〕378 号），进一步调整和明确备案审查范围、职责、程序以及监督管理办法，制订印发《烟草行业规范性文件备案审查办法》。督促、指导全行业开展规范性文件备案审查工作，切实做到有件必备、有备必审、有错必纠。（牵头部门：法规司，配合部门：各部门）

（2）健全完善规范性文件制订程序，未经公开征求意见、合法性审查、集体讨论的，不得发布施行。（牵头部门：法规司，配合部门：各部门）

（3）建立健全管理规范的制订程序，加强制订管理规范的计划性，落实管理规范出台前的合法性审查机制。（牵头部门：法规司，配合部门：各部门）

（4）开展规范性文件备案审查信息化建设工作，开发规范性文件备案审查工作系统，实现备案审查的网上办公。（牵头部门：法规司，配合部门：烟草经济信息中心）

2. 三年工作目标。

（1）完善行业规范性文件及管理规范的定期清理制度，及时修改、废止、公布与法律、法规、规章相冲突或者不适应行业发展实际的规范性文件及管理规范。（牵头部门：法规司，配合部门：各部门）

（2）建立规范性文件及管理规范目录，对现行有效的规范性文件及管理规范进行分类汇总并及时更新，提高查询和执行的效率。（牵头部门：法规司，配合部门：各部门）

（三）健全依法决策机制。

1. 一年工作目标。

（1）完善烟草行业重大决策程序规则，加强决策风险评估和合法性审查。（牵头部门：办公室负责局长办公会议决策程序；人事司负责党组决策程序，配合部门：计划司、法规司、财务司）

2. 三年工作目标。

（1）探索建立烟草行业重大决策终身责任追究制度和责任倒查机制。（牵头部门：驻国家局监察局，配合部门：人事司、法规司）

（四）深入推进依法行政。

1. 一年工作目标。

（1）按照《国务院关于规范国务院部门行政审批行为改进行政审批有关工作的通知》（国发〔2015〕6 号）精神和国务院审改办的要求，全面深化我局行政审批制度改革，实现“一口受理、规范办理、限时办结、网上审批、公开透明”的目标任务，进一步规范行政审批行为，提高审批效率。按照简政放权的要求，全面清理行业内部管理事项，建立公开透明的清单制度，对确需保留的内部管理事项，要比照行政审批事项，严格规范管理，优化管理流程，提高管理效率。（牵头部门：法规司，配合部门：办公室、计划司、专卖司、运行司、财务司、科技司、人事司、烟草经济信息中心、中国烟叶公司、中国卷烟销售公司、中国烟草投资管理公司、中国烟草机械集团有限责任公司、中国烟草国际有限公司、中烟商务物流有限责任公司）

（2）指导、督促各级局健全完善行政执法责任制，严格确定各执法部门、岗位的执法权限、职责、程序、责任以及监督和责任追究范围、方式等。（牵头部门：法规司，配合部门：专卖司、驻国家局监察局）

（3）建立健全烟草专卖执法评查制度，将专卖执法制度建设情况和行政处罚办案质量纳入评查范围，明确评查方式、程序、标准等，形成常态化评查机制，持续开展评查工作。（牵头部门：法规司，配合部门：专卖司）

（4）指导、督促各级局健全完善专卖执法案件合法性审查制度，将合法性审查作为作出行政处罚决定的必经程序。（牵头部门：法规司，配合部门：专卖司）

（5）指导、督促各级局与有关部门加强沟通，制定完善行政执法和刑事司法衔接工作机制，完善案件移送标准、程序、信息共享、案情通报等制度机制，防止有案不移、有案难移、以罚代刑等现象。（实施部门：专卖司）

（6）指导、督促各级局健全完善行政处罚自由裁量权规则，进一步规范行政处罚自由裁量的范围、种类、幅度等。（牵头部门：法规司，配合部门：专卖司）

（7）加强专卖执法人员资格管理，严格实行持证上岗。未经执法资格考试合格，不得授予执法资格，不得从事执法活动。（牵头部门：法规司，配合部门：专卖司）

（8）进一步规范行政许可行为。严格按照烟草专卖法及其实施条例、许可证管理办法等规定所明确的条件、程序和时限发放烟草专卖零售许可证，确保行政许可符合公开、公平、公正以及高效、便民原则。（牵头部门：专卖司，配合部门：法规司）

2. 三年工作目标。

（1）贯彻落实行政权力清单制度，指导、督促行业各级局梳理行政权力清单，厘清权力边界并依据权力清单向社会全面公开行政职能、法律依据、实施主体、职责权限、管理流程、监督方式等事项。（牵头部门：法规司，配合部门：办公室、计划司、专卖司、运行司、法规司，中国烟叶公司等）

（2）建立健全烟草行业信息公开制度机制，明确公开的事项、方式、程序等。进一步加强电子政务建设，充分利用现代信息技术，建设好互联网信息服务平台和便民服务网络平台。（牵头部门：办公室，配合部门：烟草经济信息中心、法规司）

（3）建立健全烟草专卖执法公示制度。指导、督促各级局在对外网站或办事大厅公开执法职责、权限、依据、条件、程序、过程、结果及监督方式等事项。（牵头部门：专卖司，配合部门：烟草经济信息中心）

（4）指导、督促各级局建立完善执法全过程记录制度、证据采集制度等、推广使用执法记录仪。（实施部门：专卖司）

（5）建立健全行政纠错问责机制，明确适用的主体、事项、标准、追责程序等方面的内容，落实问责结果。（牵头部门：专卖司负责纠错机制；驻国家局监察局负责问责结果，配合部门：法规司）

（6）探索建立烟草行业行政机关负责人出庭应诉制度机制。（实施部门：法规司）

（7）探索建立烟草行业行政调解制度机制。（牵头部门：办公室，配合部门：法规司、专卖司）

（五）保障守法经营。

1. 一年工作目标。

（1）组织开展知识产权情况摸底调查。对涉及商标、专利、著作等各类知识产权的开发、使用、注册、权利归属等情况进行全面梳理，形成完整、清晰的知识产权清单。（牵头部门：科技司，配合部门：各部门）

（2）建立健全卷烟包装标识风险内控机制，确保包装标识符合法律和国家标准的规定。（牵头部门：科技司，配合部门：法规司、运行司）

（3）加强采购管理。完善以公开招标为主要方式、以合同为核心的采购管理程序，提高采购效率、防控采购风险。（牵头部门：整顿办，配合部门：各部门、各单位）

2. 三年工作目标。

（1）规范卷烟营销。以市场营销和货源供应为重点，对与国家法律法规以及国家局、总公司有关政策要求不一致的行为进行清理规范，严格落实法律关于市场准入和退出的相关规定，制订执行更加公平合理的交易规则，维护卷烟零售户和消费者利益。（牵头部门：中国卷烟销售公司，配合部门：专卖司、法规司）

（2）加强知识产权管理和保护。建立知识产权保护长效机制和监测预警机制，通过制度激励科技创新和成果转化，及时发现和制止侵犯本单位知识产权的行为，维护企业合法权益。完善知识产权的创造、运用、保护和管理等工作流程，明确技术中心、法规、营销等各部门职责，加强协同配合，规避法律风险。（牵头部门：科技司，配合部门：法规司、运行司）

（3）构建“走出去”法律服务平台。充分利用行业境内外资源，为行业各级单位实施“走出去”战略提供高质量法律服务。（牵头部门：中国烟草国际有限公司，配合部门：法规司）

（六）加强法律风险防控体系建设。

1. 一年工作目标。

（1）指导、督促行业各直属单位全面推进法律风险防控体系建设，初步构建起本单位的法律风险防控体系。（牵头部门：法规司，配合部门：各部门）

（2）增强对控烟立法的重视程度。密切关注、积极配合中央及地方控烟立法活动，合法、合情、合理地提出改进完善的意见，提高控烟立法质量。（牵头部门：办公室，配合部门：法规司、研究所）

2. 三年工作目标。

（1）通过汇总、整理、分析全行业2005年至2014年涉诉案件，系统梳理行业各层级、各部门、各岗位存在的法律风险点，同时以此为基础，指导各单位在三年内构建形成较为完备的法律风险点管理、制度流程管控、风险预警及应急体系，运用信息化手段提升法律风险的管控效率，建立法律风险防控的长效机制，不断深入推进法律风险防控工作取得实效。（牵头部门：法规司，配合部门：各部门）

（七）加强法治工作队伍建设。

1. 一年工作目标。

（1）开展法规工作岗位等级序列调研，查找制约法治工作队伍建设的突出问题，并研究加以解决。（牵头部门：法规司，配合部门：人事司）

（2）开展法规人员职前培训和年度法律培训，提升法规工作能力和水平。（牵头部门：法规司，配合部门：人事司）

（3）加强对外聘法律顾问的管理，提升服务水平。（实施部门：法规司）

2. 三年工作目标。

（1）按照中央统一部署，结合行业实际，建立公职律师、公司律师岗位等级序列，明确其资格条件、职责权限以及考核奖惩等内容，推动法规队伍实现正规化、专业化、职业化。（牵头部门：法规司，配合部门：人事司）

（八）建立法治工作考核评价体系。

1. 一年工作目标。

（1）建立法治烟草建设考核评价指标体系，把法治烟草建设成效作为衡量各级领导班子和领导干部工作实绩重要内容，纳入年度工作业绩考核。（牵头部门：人事司，配合部门：法规司）

（2）增加对各级领导干部法律培训的频次，建立领导干部法律培训档案，干部提拔任用将参考法律知识考核情况。（牵头部门：人事司，配合部门：法规司）

2. 三年工作目标。

（1）把能不能遵守法律、依法办事作为考察干部重要内容，在相同条件下，优先提拔使用法治素养好、依法办事能力强的干部。（牵头部门：人事司，配合部门：法规司）

三、工作要求

（一）高度重视、加强领导。

各单位必须深刻认识贯彻落实《决定》、建设法治烟草的重要意义，提高工作的自觉性、主动性。要加强领导，建立党组（委）统一领导、相关职能部门牵头协调、有关部门分工负责，各级党组织积极参与的工作机制，推动形成一级带一级、层层抓落实的工作格局，扎实有序地解决实施过程中遇到的问题，不折不扣的将各项任务落到实处。

（二）精心组织、统筹协调。

各单位要结合自身职责，对照任务清单，抓紧制订落实任务的细化方案。对所有的分工任务，都要建立阶段性时间进度安排表，安排表要报上一级单位备案，以保证贯彻实施工作按进度向前推进。在具体推进过程中要注重统筹协调，确定牵头部门和配合部门。牵头部门负责组织贯彻实施有关分工任务，配合部门要树立全局意识，积极配合、共同努力。各部门要及时沟通协商，发挥主动性、积极性、创造性，形成工作合力。

（三）督促检查、狠抓落实。

各单位要对各项任务做到有布置、有督促、有检查。要按照时间进度表的节点要求，将对应工作纳入年度考核。国家局、总公司将定期对行业贯彻落实此项工作的情况进行检查、汇总，对工作落实不到位、工作进度迟缓的单位，将予以通报批评。各单位要深入基层、深入实际，对于贯彻实施中遇到的重大、敏感问题，要及时向上级单位沟通汇报，推动工作稳妥实施。

国家烟草专卖局　中国烟草总公司关于严格贯彻落实修订后广告法的通知

（2015 年 8 月 31 日　国烟法〔2015〕231 号）

国家局机关各部门、各单位，行业各直属单位，中国烟草实业发展中心：

《中华人民共和国广告法》已经第十二届全国人大常委会第十四次会议修订通过，将于 2015 年 9 月 1 日起施行。修订后《广告法》对烟草广告提出更严格、更明确的规定，行业各级单位要对此高度重视，做好修订后《广告法》的贯彻落实工作，有效规避潜在的法律风险。现就有关工作通知如下：

一、各工业公司要立即开展自查工作。工业公司是贯彻落实工作的第一责任主体，主要领导是第一责任人。对于发现不符合修订后《广告法》规定的烟草广告，要立即撤下；对外签订的广告代理合同已经到期的，不得延续；合同尚未到期的，要及时向广告代理商发出书面通知，监督其撤下烟草广告，留存向广告代理商发出通知的证据，并依法做好相关合同的变更或解除工作。

二、各商业公司要做好配合协助工作。对照修订后《广告法》的规定，对本辖区内出现的烟草广告进行全面排查。各商业企业发现辖区内存在涉嫌违法烟草广告的，要及时通知有关工业公司进行纠正。贯彻落实工作实行一事双责，工业企业因广告违法受到行政处罚，国家局、总公司将同时追究工业企业和广告所在地商业企业的责任。

三、各级烟草专卖局要做好指导监督工作。9月1日前要与本辖区内同级工商行政管理部门进行沟通协调，努力就修订后的《广告法》中涉及烟草广告的条款达成共识；并在此基础上监督指导本辖区内工业和商业企业做好贯彻落实工作。

四、如果发生因烟草广告违法被有关部门处罚案件的，被处罚单位要迅速将有关情况依照《国家烟草专卖局办公室关于上报法律纠纷案件情况的通知》（国烟办综〔2014〕269号）上报。

五、行业各级单位要高度重视修订后《广告法》的贯彻落实工作。一是要树立法治观念，明确责任人员和工作主体，把贯彻落实工作作为重点工作来抓。二是要加强培训教育，充分利用法制宣传栏等各类宣传手段，对全员特别是营销岗位的工作人员进行法治培训。三是要建章立制，采取切实有效措施促进生产经营工作与修订后《广告法》的规定相协调。四是要有效避免系统性法律风险，同时要关注并防范舆论风险，维护行业依法生产经营的良形象。

信息化建设

国家烟草专卖局办公室关于印发烟草行业网站管理办法的通知

（2015年12月11日　国烟办综〔2015〕625号）

行业各直属单位，国家局、总公司机关各部门、各单位：

为贯彻落实国务院办公厅和中央网信办有关文件要求，进一步规范和加强烟草行业网站建设与管理，现将《烟草行业网站管理办法》印发给你们，请认真执行，2009年2月13日印发的《国家烟草专卖局 中国烟草总公司网站管理办法》（国烟办综〔2009〕55号）同时废止。

烟草行业网站管理办法

第一章　总　则

第一条　为加强烟草行业网站管理，规范网站建设，根据《中华人民共和国政府信息公开条例》（国务院令第492号）及《国务院办公厅关于进一步加强政府网站管理工作的通知》（国办函〔2011〕40号）、《关于加强党政机关网站安全管理的通知》（中网办发文〔2014〕1号）、《国务院办公厅关于加强政府网站信息内容建设的意见》（国办发〔2014〕57号），结合烟草行业实际，制订本办法。

第二条　行业网站由国家烟草专卖局、中国烟草总公司（以下简称国家局、总公司）和行业各直属单位开办的内部网站和外部网站组成。

国家局、总公司内部网站（英文域名：www. gjj. yc）和行业各单位内部网站是在行业骨干网上运行的面向行业内部的业务网站，是行业实现信息共享、提高工作效率的信息集成平台。

国家局、总公司外部网站（英文域名：www. tobacco. gov. cn或www. tobacco. cn，中文域名：国家烟草专卖局．政务)，是互联网上唯一以国家局、总公司名义冠名运行的网站，是行业发布烟草信息、服务社会公众、展示行业形象的重要平台和窗口，属政府网站，是行业外部门户网站。

省级局（公司）外部网站是面向社会公众发布信息的省级门户网站，提供信息公开、在线办事、互动交流等服务，是宣传解读国家烟草专卖法规、政策、制度，做好社会热点回应，服务辖区社会公众和展示行业建设风貌的平台，按党政机关网站要求建设和管理。

省级工业公司和其他直属单位外部网站是面向社会公众发布信息的外部企业门户网站，提供信息公开、企业文化宣传等信息服务，是展示企业形象的平台。

第三条　本办法适用于国家局、总公司和行业各单位内外网站的建设、管理和内容保障等工作。

第四条　行业网站以“服务行业、服务企业、服务社会”为宗旨，遵循“统一管理、分级负责、共同建设”的建设原则和“谁主管谁负责、谁运行谁负责、谁发布谁负责”的管理原则。

第二章　职责分工

第五条　国家局、总公司网站由国家局办公室主管，国家局烟草经济信息中心（以下简称国家局信息中心）主办。

国家局办公室负责监督、指导网站媒体的主要业务工作；负责重要信息的发布审核；承担行业政务信息公开和电子政务建设的组织协调工作。

国家局信息中心负责国家局、总公司内外网站建设、日常管理和内容保障工作；指导、协调各单位网站的建设和管理，承担各单位网站开办审核和备案工作；组织开展行业网站通讯员和编辑员业务培训。

国家局、总公司机关各部门、各单位和行业各单位负责国家局网站的内容提供和审核工作。

第六条　各单位负责本单位网站和所属单位子网站的建设和管理工作。主要职责是：

（一）建立网站工作机制和管理制度，明确主管领导、主管和主办部门，落实工作责任，指定专人承担网站具体工作；

（二）统筹下属单位子网站建设与管理，负责国家局网站各栏目的内容提供和审核工作，保障本单位网站与国家局网站之间的互联互通；

（三）规范本单位网站和子网站栏目设置与调整、内容组织、审核把关等，做到定岗、定员、定责，发布及时、准确、权威的信息。

第七条　从事网站运行维护和信息内容保障的工作人员，要具有较高的政治素质、服务意识、保密意识以及相应的专业技术知识并严格执行网站的有关管理规定。

国家局、总公司和行业各单位定期举办网站培训班或交流研讨会，对网站主管、分管负责人和工作人员进行培训，切实提高本单位办网和管网水平。

第三章　网站开办审核

第八条　行业网站开办采取逐级审核和备案制度。国家局外部网站按照国家有关部门规定在中央编办进行开办审核，各级烟草专卖局外部网站按有关规定在同级地方编办审核并在上一级烟草专卖局备案；其他烟草企业和单位的外部网站由上级主管单位负责开办审核和备案；各单位的内部网站统一在上级主管单位备案。

第九条　各单位外部网站要按照国家《非经营性互联网信息服务备案管理办法》（信息产业部令第33号）等有关规定做好网站注册备案。

第十条　为保障网络和信息安全，加强信息资源整合，避免重复投资，国家局、总公司机关各部门和行业各单位机关内设机构原则上不单独建设外部网站。

第四章　网站建设管理

第十一条　网站设计风格应美观大方、简洁庄重，页面布局应科学合理、重点突出、分类准确、层级清晰、便于使用。外部网站首页的显著位置要标注“谢绝18岁以下未成年人访问”等相关警示语。

第十二条　规范行业网站域名。省级局（公司）外部网站的域名为：www. xx. tobacco. gov. cn；省级工业公司外部网站的域名为：www. xxgy. tobacco. com. cn；其他直属单位域名可使用 www. xx. tobacco. org. cn 或 www. xx. tobacco. com. cn；各单位内部网站的域名为：www. xx. yc。注册使用中文域名时，须与国家局批准的单位名称一致或使用规范简称。

已开通网站的域名如不符合规范要求的，需增加使用规范域名，可与现用域名并存，但须以规范域名为主。

第十三条　规范网站标识。各级烟草专卖局网站要按国家有关要求统一加挂党政机关网站标识并显示在网站所有页面底部中间显著位置。各单位要按照《国家烟草专卖局关于规范使用中国烟草视觉识别系统的通知》（国烟办〔2008〕389 号）要求，网站采用中国烟草统一 LOGO 标识。

第十四条 加强外部网站群建设。要以省级单位为主体开展外部网站群建设，保障网站群建设经费，将下属地市级局（公司）和卷烟厂等单位的外部网站归并为网站群，建设统一平台，对网站进行统一管理、统一防护、统一监测。县级及以下烟草机构一律不得单独建设外部网站。

第十五条 加强栏目管理。各单位网站栏目的设置与调整应符合促进政务公开、加强公共服务和扩大公众参与的总体要求，设置烟草特色栏目，不断完善栏目建设，增强网站服务功能。对于内容更新没有保障的栏目要及时归并或关闭。

第十六条 加强链接管理。各单位应定期检查链接的有效性和适用性。属党政机关网站需链接非党政机关或非烟草行业网站的，须经本单位分管网站安全工作的负责同志批准，链接的资源应与政务等履行职能的活动相关。各单位网站必须与国家局网站进行互联互通，在显著位置标注与国家局网站的链接。

单纯的业务系统不按内外部网站管理，但要按照网站安全要求采取相应防护措施。在互联网上运行的业务系统，可链接到外部网站，实现“一站式”服务入口。

第十七条 各单位要将网站内容保障和运行维护等经费列入预算。网站经费中可安排相应的部分，用于信息采编、政策解读、互动交流、回应关切等工作，向聘用的信息员、联络员等支付劳动报酬或稿费。

第十八条 对于网站外包的业务和事项，各单位要严格审查服务单位的业务资质、服务能力、人员素质、核实管理制度、响应速度、应急预案，确保服务人员技术水平能够满足网站运行要求。要签订合作协议，明确网站运行团队、技术运维团队、信息和服务保障团队的职责与关系，细化外包服务人员、服务内容、服务质量等要求，做好监督管理，确保人员到位、服务到位。

第五章 网站内容保障

第十九条 国家局、总公司机关各部门、各单位和行业各单位应将国家局外部网站作为信息公开的第一平台，第一时间发布重要会议、重要活动、重大政策信息。发生突发重大公共事件时，相关单位和部门要主动利用国家局网站及时发布权威信息。

第二十条 发布信息实行审批制度。各单位要安排专职人员负责重要信息内容的发布和把关，确保上网信息的时效性、准确性、权威性、合法性和可公开性。

国家局、总公司机关各部门、各单位和行业各单位要按照“谁制作谁审核谁发布”和“文责自负”的原则，对所发布的信息进行审核。行业重要信息须报国家局办公室审核签发，各单位重要信息上网要经本单位办公室审核签发。行业网站审核发布信息要做到内外有别。

第二十一条 按照《中华人民共和国政府信息公开条例》的规定，由国家局、总公司机关各部门、各单位负责提供政务信息和服务信息，通过国家局外部网站全面、及时、准确发布：

（一）国家局、总公司主要职责、机构设置、主要领导简介；

（二）《中华人民共和国烟草专卖法》《中华人民共和国烟草专卖法实施条例》（国务院令第 223 号）及其他与行业有关的法律法规、政策规定及规范性文件；

（三）按照《中华人民共和国信息公开条例》等规定需要向社会发布政务信息、可依申请公开的信息，各单位组织的招投标、集中采购及人员招聘信息等；

（四）行业专卖管理、生产经营、科技教育、整顿规范、精神文明建设等方面工作的开展情况；

（五）国家局、总公司和行业各单位的政务信息、工作动态及联系方式等；

（六）按照消费者、零售客户、烟农和企业等不同受众提供相应的服务信息；

（七）烟草企业文化、烟草专卖品知识、消费指南等；

（八）行业其他可公开的信息、图片等。

第二十二条 行业新闻报道和信息发布要围绕中心、服务大局，严格遵守《国家烟草专卖局办公室关于印发烟草行业新闻报道和信息发布管理规定等四个管理制度的通知》（国烟办文〔2011〕27 号）的规定。

行业各级网站发布、转载其他网站、媒体的新闻和信息等要依据国家有关规定执行。行业各级外部网站发布信息必须符合《中华人民共和国广告法》及相关法律、法规和规章的规定。

信息发布或更新要及时，原则上应在信息产生5日内发布。

第二十三条 行业网站之间要加强协同联动，发挥网站群效应。国家局、总公司发布对全局工作有指导意义、需要社会广泛知晓的政策信息时，各单位网站应及时转载、链接。

第六章 公共服务和互动交流

第二十四条 各单位要按照行政审批工作“一口受理、限时办结、规范办理、透明办理、网上办理”的要求，通过外部网站开展行政许可事项、非涉密行政审批事项和其他公共服务事项的在线服务工作，根据实际情况，发布办理指南、申请表格、相关材料下载、审批结果等信息。

第二十五条 国家局、总公司机关各部门、各单位和行业各单位要整合与社会公众生活密切相关的各类烟草信息，在国家局网站上提供卷烟产品查询、零售网点、烟叶生产等各类便民服务。

第二十六条 国家局、总公司出台或发布不涉密的规章制度、重要政策、规划和标准时，主办部门或单位要围绕其主要内容及公众、企业关心的问题，同步在网站上进行解读。

第二十七条 行业外部网站应开设领导信箱、公众留言栏目，接收公众的意见和建议并加强对交流互动性栏目的审核管理。要建立完善的留言评论答复机制，按照信息发布审核和保密审查的要求，安排专人协调处置，及时解答公众的业务咨询和其他问题。行业外部网站原则上不开设对社会开放的论坛等功能，确需开办的须经本单位分管网站安全工作的负责同志批准并加强监督管理。互动交流类栏目原则上须在3个月内进行回应。

第七章 网站安全和保密管理

第二十八条 各单位要加强网站的信息安全保密管理工作，增强保密意识，遵守国家及行业有关保密规定，严格信息审核把关，确保涉密信息及行业敏感信息不上网。不能确定信息是否涉密时，须送保密工作部门审核。

第二十九条 任何单位和个人不得在行业各级网站上传送、制作、散布危害国家安全和社会稳定的信息；不得发布违反国家法律法规及损害烟草行业形象的信息。

第三十条 各单位要参照国家及国家局有关标准规范，从业务需求出发，建立以网页防篡改、域名防劫持、网站防攻击以及密码技术、身份认证、访问控制、安全审计等为主要措施的网站安全防护体系。

要切实落实信息安全等级保护等制度要求，做好网站定级、备案、建设、整改和管理工作，加强网站移动应用安全管理，提高网站防篡改、防病毒、防攻击、防瘫痪、防泄密能力。制订完善网站安全应急案，明确应急处理流程、处置权限，落实应急技术支撑队伍，开展网站应急演练，提高应急处置能力。

第三十一条 采购和使用社会力量提供网站和电子邮件等服务时，应进行网络安全审查，加强安全监管。为各单位提供外部网站和邮件服务的数据中心、云计算服务平台等须设在境内。

第三十二条 各单位网站要建立健全信息安全工作制度，加强对网站的日常巡检和节假日、重大政治活动、重要敏感时期的应急值守和实时监控。当网站出现以下所列情况之一时，要确认已达到应急情况标准并迅速启动相应的应急处理程序：

（一）网站无法访问；

（二）网站服务器控制权限被接管；

（三）网站内容被恶意篡改；

（四）上级确定的其他紧急情况。

当网站出现应急情况后，要立即向有关部门逐级报告，重大事件要向国家局信息中心报告，组织采取暂停网站应用、留存日志文件、发布应急通告、恢复备份系统、进行监管值班等相应的应急处理措施，按照有关规定需报案的要及时向当地公安机关报案，要在确保安全前提下方可恢复正常，确保网站安全可靠运行。

第八章 绩效考评

第三十三条 国家局、总公司每季度通报国家局网站和行业各单位网站运行，以及各单位的内容保障等情况。

第三十四条 建立网站建设和管理年度考核评估和督查机制，国家局、总公司将不定期组织对各单位网站建设、管理和内容保障工作情况进行全面普查考评。对在网站建设与管理工作中做出突出成绩的先进单位和个人予以表彰，推广先进经验；对工作不力的单位督促其整改。

第三十五条 各单位要建立网站建设和管理的督查、考评机制，以提升网站的建设和管理水平。

第三十六条 有以下情况的给予通报批评，情节严重的追究有关单位领导和当事人责任：

（一）网站运行不稳定，经常出现无法访问的情况；

（二）网站内容长期不及时更新，链接无效或错误；

（三）未履行有关审核程序擅自在网站上发布信息，造成恶劣影响；

（四）上网内容出现虚假信息或有较多错误；

（五）违反保密规定出现上网信息失泄密；

（六）网站遭到非法入侵；

（七）利用网站非法谋取利益或从事非法活动。

第九章　附　则

第三十七条　本办法由国家局、总公司负责解释。

第三十八条　本办法自印发之日起施行。2009 年 2 月 13 日印发的《国家烟草专卖局 中国烟草总公司网站管理办法》（国烟办综〔2009〕55 号）同时废止。

烟叶生产

国家烟草专卖局关于加强烟叶收购站（点）基础配套设施建设的意见

（2015 年 5 月 25 日　国烟办〔2015〕142 号）

行业各直属单位：

根据《国家烟草专卖局关于加强烟叶基层建设的决定》（国烟办〔2006〕771 号）精神，为切实加强烟叶收购站（点）基础设施建设，完善配套功能，夯实发展基础，现提出以下意见：

一、统一思想，充分认识加强烟叶收购站（点）建设的重要意义

烟叶收购站（点）是烟叶工作的基本单位，行业管理体系的“末梢神经”，原料保障工作的具体承担者，在烟叶生产收购管理中发挥着重要作用。随着现代烟草农业与基地单元建设的深入推进，烟叶收购站（点）被赋予更多职责与任务，烟叶生产方式、组织形式、管理模式的转型升级，都需要基层收购站（点）去具体推进和组织实施。但是，由于很多产区在收购站（点）建设上历史欠账较多，使用年限较长，布局不合理、功能不齐全、基础设施薄弱等问题日益凸显，致使专业化分级散叶收购工作难以正常开展，等级纯度无法保障，烟站职工工作生活条件亟需改善，加强烟叶收购站（点）基础配套设施建设已迫在眉睫。因此，全行业要高度重视，从以人为本、构建和谐烟草的战略高度，按照“重心下移、着眼基层、突出服务、加强基础”的工作要求，加快烟叶收购站（点）新建、扩建与改造工作步伐，有效满足烟叶生产收购需求，努力改善基层烟站人员工作生活条件，夯实烟叶生产发展基础，真正让烟叶生产一线员工安心基层、扎根基层。

二、统筹规划，优化烟叶收购站（点）建设布局

各产区要根据烟叶产业发展基础、烟农生产可靠程度、烟叶生产总体规模，统筹全省（自治区、直辖市）烟叶收购站（点）建设规划。要根据烟叶生产长远发展目标，结合基地单元规划布局，按照一个基地单元对应一个中心站的要求，按 5 万担左右收购规模规划收购站，因地制宜配套建设收购点。3～5 年烟叶规模稳定的，方可规划站（点）建设。要按照“合理规划、相对集中、方便烟农、有利管理”的原则，进一步优化收购站（点）布局，做到既方便烟农，又适当集中、便于管理。新建站（点）优先选址在交通便利、配套较好的集镇。各有关省级局（公司）负责制订全省（自治区、直辖市）3～5 年站（点）建设总体规划，明确全省（自治区、直辖市）站点建设总体目标、建设数量、时间进度、建设标准、投资规模等，同时按照烟叶发展形势适时调整总体规划，保证规划满足实际生产收购需要。要根据总体规划分解制定年度实施计划，有计划、有步骤地推进建设工作，力争 3 至 5 年全面完成收购站（点）建设任务。

三、坚持经济适用，严格烟叶收购站（点）建设标准

一要严格控制投资额度。按照“经济适用、规范高

效、节约从简”的原则，严格控制建设投资额度。烟叶收购站（点）基础配套设施建设要与当地经济发展水平相适应，与当地社会环境相匹配，防止奢华建设、超标准建设。原则上年收购规模2万担的收购站，不含征地和“三通一平”费用投资额度控制在800万元以内，年收购规模每增加0.5万担，可增加投资额度100万元。收购站（点）内建筑用房综合造价控制在2000元/平方米以内。

二要合理控制用地规模。遵循节约用地、合理使用土地资源的原则，按照建设规模、土地资源情况、地价等因素，合理确定烟叶收购站（点）建设用地规模。原则上，年收购规模2万担以内的收购站（点）占地面积不超过10亩；年收购规模超过2万担的，每增加1万担收购规模可增加用地面积3亩左右；年收购规模在5万担以内的收购站占地面积控制在20亩以内。要明晰土地产权归属，烟叶收购站（点）建设用地要确保权证齐全，证载用途与实际用途一致。烟叶收购站（点）要在国有出让土地上进行投资建设。对于建设用地购置存在较大困难的单位，在建设用地手续符合国家相关规定的前提下，可以在划拨用地上进行投资建设，待条件成熟时及时完善土地权属手续。

三要科学确定各功能区建设面积。根据各区域功能需求，科学合理确定面积标准，做到既能够满足需求又不造成浪费。原则上，2万担收购规模的收购站（点）总建筑面积不超过4500平方米；2万担以上的，每增加1万担收购规模，建筑面积可增加1400平方米左右。办公区、生活区的配置要符合国家有关标准和相关规定要求。收购功能主要区域参考面积见下表：

收购功能主要区域参考面积表

年收购规模（万担）	分级区（m^2）	候烟区（m^2）	烟农休息室（m^2）	定级区（m^2）	成包储烟区（m^2）	农资库（m^2）
1	每组分级台设计面积15～20m^2	80	60	每条收购线40m^2	400	100
2		160	90		600	150
3		240	120		800	200
4		320	150		1000	250
5		400	180		1200	300

注：无中心库的收购站（点）成包储烟区面积可适当增加。

四要统一标识标牌。严格按照《中国烟草行业视觉识别系统》要求，统一制作和使用收购站（点）各类标识标牌，对其他宣传展示、企业文化等标识各单位要统一制作和管理，做到相对统一，维护企业形象。

四、盘活存量，改造提升烟叶收购站（点）建设水平

各产区要对现有站（点）进行全面摸底清查，充分利用现有设施资源，规划建设收购站（点）配套基础设施。要强调适修为主、改造提升，避免大面积新建收购站（点）和仓储设施。要根据烟叶发展需求，打破传统行政区划，进一步加大烟叶收购站（点）整合撤并力度，优化整合规模偏小、设施落后、所在地区烟叶种植无发展前景的烟叶收购点，切实提高站（点）资源利用效率。年收购规模达到2万担的方可设置收购站，年收购规模不足2万担的要设置收购点，年收购规模不足1万担的作为临时收购点。收购点原则上以改建为主，利用现有场地和设施进行改造提升，完善功能设施配套；临时收购点原则上不再改建，待时机成熟时予以撤并。烟站仓储设施建设要与卷烟物流中心、复烤企业仓储设施有机结合、统筹考虑，避免重复建设。要妥善处理好烟叶收购点的闲置资产，避免国有资产损失和浪费。

五、综合配套，完善烟叶收购站（点）功能分区

准确定位各区域功能和需求，结合当地实际情况明确收购站（点）建设内容，新建站（点）统一按收购、综合、生活三大功能区进行规划建设，确保烟站功能齐全。

（一）收购区功能配备要求。按专业化分级散叶收购要求规划功能布局，合理配设专业化分级场地，科学规划收购定级区域，配套烟农休息室、候烟区、烟叶仓储区、物资存放区等功能区域，配备分级台、标准光源等相应设施设备，实现站（点）内烟叶物流交接减工降本。

（二）综合区功能配备要求。配套办公室、会议室、培训室、资料室等功能区，配置信息化硬件设备，实现管理、业务、服务全流程信息化支撑。

（三）生活区功能配备要求。配套建设职工宿舍、厨房餐厅、文体活动室等功能区，职工宿舍配备独立卫生间并配备床、桌椅、热水器等相应生活必需设备。根据信息化和安全管理需求，设置监控室、微机室和消防控制室等并按要求配备信息化、安全、监控等设备。

六、加强组织领导，确保收购站（点）建设有序推进

（一）明确各级职责。省级公司作为管理主体，要着力抓好总体规划、标准制订和方案审核工作；地市级公司是建设主体，重点抓好收购站（点）建设的方案设计、实施、监管和验收等工作；县级公司是使用单位，负责做好站（点）建设土地落实、手续办理等相关协调工作。各有关省级公司要按照国家局总体部署和要求，加强组织领导和工作协调，真正把烟叶收购站（点）建设作为“一把手”工程来抓。要协调烟叶、计划、财务、审计、安监等部门力量，明确职责分工，齐抓共管、形成合力，为建设工作提供组织保障。各级单位要做到“上下联动、各司其职”，确保收购站（点）建设工作扎实有效推进。

（二）强化监督管理。各单位要严格按照国家及行业投资项目基本建设程序相关要求，加大收购站（点）建设工作监管力度。一要规范建设程序。要认真落实科学民主决策制度，严格执行《对烟草行业直属单位贯彻落实“三重一大”决策制度的监督管理办法》（国烟党〔2012〕88号）、《烟草行业投资项目管理办法》（国烟计〔2012〕365号）及其他相关规定，规范实施程序，持续提高收购站（点）建设项目决策的科学性和合理性，进一步推进项目标准化、精细化和规范化管理。二要严格内部监管。严格执行《烟草行业办事公开民主管理工作规范（试行）》（国烟办〔2012〕49号）、《〈烟草行业办事公开民主管理工作规范（试行）〉补充规定》（国烟办〔2014〕111号）、《国家烟草专卖局 中国烟草总公司关于印发烟草行业工程建设项目审计管理办法的通知》（国烟审〔2009〕485号）等相关规定，进一步加强烟叶收购站（点）建设项目全过程管理。各监督部门要认真履行监督职责，承担相应监督责任。各单位要建立监督长效机制，加大重大投资项目的督查力度，严格执行资金使用审批制度和监督制度，进一步建立健全内部控制体系，严格规范烟叶收购站（点）建设内部管理监督工作。

（三）加强基层管理。各单位在抓好烟叶收购站（点）基础配套设施建设的同时，要不断夯实烟叶基层管理基础，加大基层烟站人员的引进、培养、使用工作力度，建立健全绩效考核激励机制，加强烟叶收购站（点）规范管理，确保烟叶生产持续健康发展！

本意见自印发之日起施行。

2015年烟草行业部分重要政策法规与文件名录

综　　合

工业和信息化部办公厅关于印发2015年两化融合管理体系贯标试点企业名单的通知

发展计划

国家烟草专卖局关于调整国产卷烟和进口卷烟价格的通知（国烟计〔2015〕128号）

国家烟草专卖局关于印发烟草专用机械购置和出售及转让审批管理办法的通知（国烟计〔2015〕206号）

国家烟草专卖局办公室关于调整部分卷烟价格的补充通知（国烟办综〔2015〕242号）

专卖管理

国家烟草专卖局办公室关于印发2015年度烟草专卖执法案卷评查实施方案的通知（国烟办综〔2015〕104号）

国家烟草专卖局关于进一步严格规范烟草专卖执法行为有关事项的通知（国烟专〔2015〕163号）

国家烟草专卖局办公室关于印发烟草专卖管理师岗位技能标准（2015版）和鉴定要素细目表的通知（国烟办综〔2015〕234号）

国家烟草专卖局办公室关于加强专卖证件岗位管理有关工作的通知（国烟办综〔2015〕530 号）

经济运行

国家烟草专卖局关于印发卷烟来牌或来料加工卷烟品牌许可证生产中外合作开发卷烟牌号规格管理办法的通知（国烟运〔2015〕204 号）

国家烟草专卖局办公室关于公布 2016 年度准产卷烟品牌规格目录的通知（国烟办综〔2015〕621 号）

烟草科技

中国烟草总公司关于发布烟用接装纸安全卫生要求等 13 项标准的通知（中烟办〔2015〕36 号）

国家烟草专卖局关于印发烟草行业标准制修订管理办法的通知（国烟科〔2015〕255 号）

国家烟草专卖局关于印发烟草行业参加国际标准化组织活动管理办法（试行）的通知（国烟科〔2015〕351 号）

人事政工

关于印发《国家局总公司机关开展“爱整洁、办实事”活动工作方案》的通知（国烟机党〔2015〕2 号）

中共国家烟草专卖局党组关于国家局总公司机关贯彻落实全面从严治党要求的实施意见（国烟党〔2015〕71 号）

国家烟草专卖局关于调整机关部分部门（单位）主要职责内设机构和人员编制的通知（国烟人〔2015〕335 号）

国家烟草专卖局办公室关于印发烟草行业教育培训工作考核评价办法的通知（国烟办综〔2015〕475 号）

国家烟草专卖局办公室关于印发烟草行业职业技能鉴定违规行为处理办法的通知（国烟办综〔2015〕532 号）

法制建设

国家烟草专卖局关于印发规范和改进行政审批有关工作实施方案的通知（国烟法〔2015〕78 号）

国家烟草专卖局关于印发 2015 年推进简政放权放管结合优化服务工作方案的通知（国烟法〔2015〕200 号）

国家烟草专卖局关于印发烟草制品生产企业设立和分立及合并与撤销管理办法的通知（国烟法〔2015〕205 号）

国家烟草专卖局关于印发烟草制品批发企业设立和分立及合并与撤销管理办法的通知（国烟法〔2015〕207 号）

整顿规范

国家烟草专卖局办公室关于进一步规范烟草行业内部公务接待的通知（国烟办综〔2015〕322 号）

信息化建设

国家烟草专卖局办公室关于印发烟草行业安全管理信息系统建设总体要求和基本功能框架的通知（国烟办综〔2015〕88 号）

国家烟草专卖局办公室关于印发烟草行业人力资源管理信息系统运行管理规定（试行）的通知（国烟办综〔2015〕123 号）

中国烟草总公司关于推进行业审计信息系统建设工作的指导意见（中烟办〔2015〕177 号）

烟叶生产

国家烟草专卖局办公室关于印发烟叶调制工国家职业技能标准和鉴定要素细目表（2015 版）的通知（国烟办综〔2015〕83 号）

中国烟草总公司关于认定 75 家烟农专业合作社为行业示范社的通知（中烟办〔2015〕311 号）

中国烟草总公司关于印发烟叶生产基础设施年度建设项目抽查管理办法的通知（中烟办〔2015〕332 号）

其　他

中国烟草总公司关于加强烟草工业企业卷烟运输管理工作的通知（中烟办〔2015〕178 号）

国家烟草专卖局办公室关于印发烟草商业企业物流非法人实体化运行管理规范的通知（国烟办综〔2015〕263 号）

中国烟草总公司关于印发烟草行业（卷烟工业企业）设备管理信息系统运行管理办法的通知（中烟办〔2015〕326 号）

国家烟草专卖局办公室关于印发全面推进卷烟工业企业精益研发工作实施方案的通知（国烟办综〔2015〕328 号）

附 录

香港烟草

2015 年中国香港特区烟草发展概况

【概　况】　中华人民共和国香港特别行政区位于中国大陆东南沿海，地处珠江三角洲的西岸，面积 1104.4 平方千米，包括香港岛、九龙和新界及离岛。截至 2015 年底，香港特别行政区有人口 732.48 万人，其中男性 337.02 万人、女性 395.46 万人。2015 年，香港特区有吸烟者 63.42 万人。

表 1　2010—2015 年中国香港特区成年人群吸烟比例

（单位:%）

	2010 年	2011 年	2012 年	2013 年	2014 年	2015 年
成年男性吸烟比例	19.7	19.5	19.4	19.4	19.4	19.4
成年女性吸烟比例	3.1	2.8	2.6	2.5	2.5	2.5
成年人吸烟比例	10.7	10.5	10.3	10.2	10.1	10.1

表 2　2010—2015 年中国香港特区成年人群吸烟人数

（单位：万人）

	2010 年	2011 年	2012 年	2013 年	2014 年	2015 年
成年男性吸烟人数	53.76	53.60	53.95	54.32	54.59	54.98
成年女性吸烟人数	9.92	9.10	8.62	8.57	8.51	8.44
成年人吸烟人数	63.68	62.70	62.57	62.89	63.10	63.42

【主要烟草公司】　中国香港特区卷烟市场竞争激烈，主要有 3 家国际烟草公司：菲利普莫里斯亚洲集团有限公司（简称菲莫亚洲）、英美烟草（香港）有限公司［简称英美烟草（香港）］、日本烟草（香港）有限公司［简称日本烟草（香港）］，其市场份额合计达到 92%。香港特区本土卷烟制造商有南洋兄弟烟草股份有限公司。2015 年，由于新产品开发力度不足，香港特区本土烟草公司市场份额进一步下降，不足 1%，其他跨国烟草公司的份额合计达到 99%。

2015 年，菲莫亚洲的市场份额增长幅度最大，卷烟销量达到 17 亿支，主要是其旗下旗舰品牌“万宝路（Marlboro）”销量强势增长。菲莫亚洲在香港特区市场推出的“万宝路（双爆珠）”［Marlboro（Double Burst）］）反映良好。

其他主要烟草公司通过更新包装和推出少量的新品（新品受控于严格的广告限制），不断加大力度提升市场份额。

表 3　2011—2015 年各烟草公司在中国香港特区卷烟市场份额情况

（单位:%）

	2011 年	2012 年	2013 年	2014 年	2015 年
菲莫亚洲	52.9	53.4	54.9	54.8	54.9
英美烟草（中国香港）	23.9	23.6	23.1	23.0	22.9
日本烟草（中国香港）	14.9	14.7	14.4	14.4	14.3
利是美国际中国有限公司	2.1	2.1	2.1	2.0	2.0
南洋兄弟烟草股份有限公司	0.8	0.8	0.8	0.7	0.7
其他公司	5.5	5.4	4.7	5.0	5.2
合计	100.0	100.0	100.0	100.0	100.0

【卷烟销售】　2015 年，中国香港特区卷烟市场实现卷烟销量 31.58 亿支。低焦油卷烟销量同比增长 3%；高档烟销量占总销量比重达到 92%。香港特区卷烟市场实现卷烟销售额 94 亿港元，同比增长 2%。

就香港特区消费市场而言，零售商品的一个重要发展趋势就是不断的“高端化”。香港特区的烟草产业也正经历“高端化”。2014 年香港特区政府提高卷烟消费税后，每包卷烟的税收平均提高 4 港元。卷烟零售商也因此将每包卷烟价格提高 3～5 港元，而且高档烟的提价幅度要高于中档烟和低档烟。此外，卷烟平均价格的增长幅度要低于总体通货膨胀率，卷烟消费者因此倾向于购买高档烟。卷烟制造商也通过不断提价，将中档烟提升到高档烟。

具体而言，在香港特区卷烟市场销量占比情况方面，细支卷烟占总销量的比重为 3.3%，超细支卷烟占比 1.5%，常规卷烟占比 95.2%。在香港特区卷烟生产和进出口情况方面，2015 年，香港特区卷烟总产量为 261.02 亿支，卷烟出口量为 373.93 亿支，进口量为 216.93 亿支。

表 4　2010—2015 年中国香港特区卷烟市场销量占比情况（按焦油量）

（单位:%）

	2010 年	2011 年	2012 年	2013 年	2014 年	2015 年
高焦油量	10.0	9.5	9.4	9.2	9.1	9.0

续表

	2010 年	2011 年	2012 年	2013 年	2014 年	2015 年
中焦油量	53. 1	53. 0	52. 8	53. 0	53. 0	52. 2
低焦油量	31. 2	31. 7	32. 0	31. 9	31. 9	32. 7
超低焦油量	5. 7	5. 8	5. 8	5. 9	6. 0	6. 1
合 计	100. 0	100. 0	100. 0	100. 0	100. 0	100. 0

表 5 2012—2015 年中国香港特区销量前十名的卷烟品牌市场份额情况

（单位:%）

排名	品牌	公司	2012 年	2013 年	2014 年	2015 年
1	万宝路	菲莫亚洲	26. 3	27. 1	27. 2	27. 3
2	万宝路(Menthol)	菲莫亚洲	9. 2	9. 6	9. 6	9. 6
3	万宝路(Medium)	菲莫亚洲	9. 2	9. 4	9. 4	9. 4
4	沙龙（Menthol Silver）	日本烟草（中国香港）	5. 6	5. 6	5. 6	5. 5
5	万宝路（Ice Mint）	菲莫亚洲	4. 6	4. 8	4. 8	4. 8
6	箭牌（Silver Neo）	英美烟草（中国香港）	4. 6	4. 6	4. 6	4. 7
7	波迈（Blue）	英美烟草（中国香港）	3. 8	3. 6	3. 6	3. 5
8	登喜路（Ultra Gold）	英美烟草（中国香港）	3. 4	3. 3	3. 3	3. 3
9	箭牌	英美烟草（中国香港）	2. 9	2. 9	2. 9	2. 9
10	沙龙（Menthol Green）	日本烟草（中国香港）	2. 2	2. 1	2. 1	2. 0

【卷烟价格】 中国香港特区卷烟市场的品牌结构主要有三类：低档烟、中档烟、高档烟。低档烟是指每包售价在 48 港元以下的卷烟，主要有“温拿（Winner）”。中档烟是指每包零售价在 48. 99 ~ 52. 99 港元之间的卷烟，主要有“波迈（Pall Mall）”。高档烟是指每包零售价在 53 港元及以上的卷烟，主要有“万宝路（Marlboro）”“箭牌（Kent）”“登喜路（Dunhill）”。

表 6 2010—2015 年中国香港特区卷烟市场份额情况（按卷烟价位）

（单位:%）

	2010 年	2011 年	2012 年	2013 年	2014 年	2015 年
高档烟	86. 8	87. 7	88. 7	89. 9	91. 6	92. 1
中档烟	10. 0	9. 3	8. 5	7. 9	6. 9	6. 5
低档烟	3. 2	3. 0	2. 8	2. 2	1. 5	1. 4
合 计	100. 0	100. 0	100. 0	100. 0	100. 0	100. 0

【卷烟生产】 南洋兄弟烟草股份有限公司。南洋兄弟烟草股份有限公司（简称南洋兄弟）前身是由华侨简照南和简玉阶于 1905 年在香港特区成立的南洋兄弟烟草有限公司。1909 年，推出“红双喜”牌卷烟，业务得到发展；1916 年，南洋兄弟在上海设立生产厂，随后在黄河、长江流域和华南沿海 13 个大中城市及新加坡等地相继设立分支机构；1918 至 1919 年间，南洋兄弟进行一系列的改革，将公司总部迁至上海，并向社会招股，改组后业务发展很快，由香港特区、上海再发展到广州、武汉、重庆等地；1951 年，南洋兄弟在中国大陆的工厂实行公私合营，其香港分公司继续在香港经营，由在上海的总管理处控制和管理；1987 年，上海市政府把南洋兄弟的股权转让给上海实业有限公司［上海实业（集团）有限公司前身］；1995 年 1 月 1 日，南洋兄弟烟草股份有限公司在香港重新进行注册，南洋兄弟香港分公司的烟草业务让与“南洋烟草”。“南洋烟草”经过企业重组，1996 年 5 月，并入上海实业控股有限公司在香港联交所挂牌上市。1998 年底，搬迁到屯门，新厂面积 44 万平方米。

2015 年，南洋兄弟烟草股份有限公司成立 110 周年。公司围绕“控制规模、调整结构、稳定业绩、做大品牌”的经营方针，打造持续发展的区域龙头企业。随着整个烟草行业销量下降，原材料价格不断上升，公司迎难而上，完成全年的经营目标。全年实现主营业务收入 31. 16 亿港元，同比下降 1. 7%；实现净利润 9. 3 亿港元，同比增长 2. 5%。

面对国际市场的竞争，南洋兄弟烟草股份有限公司充分发挥自身优势，针对不同市场的变化，作出灵活迅速的调整，完成全年销售目标。2015 年，公司推出 15 个版本的新产品并在多个国家（地区）同时上市，展示公司的营销和新品开发实力。加快装备技术升级改造，确保设备达到行业先进水平，并大大提高生产制丝质量和开发新品的技术。随着原材料价格的大幅度上涨，公司积极拓展烟草采购产区，加强生产管理，确保严格控制成本。

香港红塔国际烟草有限公司。1992 年，楚雄卷烟厂在香港创建控股企业雄伟（国际）烟草有限公司。1998 年 12 月 9 日，雄伟（国际）烟草有限公司更名为香港红塔国际烟草有限公司（简称香港红塔公司），红塔集团控股 55%，仁恒国际投资有限公司持股 30%，云南烟草国际有限公司持股 15%。

2015 年，香港红塔公司生产卷烟 42.67 亿支（8.53 万箱），同比下降 7.62%。销售卷烟 42.59 亿支（8.52 万箱），同比下降 8.2%。实现卷烟销售收入 5.77 亿港元，同比增长 13.58%。实现利润 5602 万港元，同比增长 0.79%。实现净利润 4663 万港元，同比增长 1.11%。

香港红塔公司主要生产云南中烟下属“两红”集团品牌，包括红塔集团的“玉溪”“红塔山”“阿诗玛”“红梅”，以及红云红河集团的“云烟（硬珍）”“云烟（软珍）”等传统烤烟型品牌；此外，生产混合型口味的“BRASS”“MARBLE”“SONBONG”“STRAND”“ESTON”等品牌。产品主要销往东南亚、中东、东欧、南美等地区。

【主要雪茄烟经销商】 太平洋雪茄有限公司（Pacific Cigar Co.）是亚太地区唯一一家负责古巴雪茄的经销商，管理哈瓦那雪茄批发销售。1992 年 6 月，公司的经销权由古巴唯一一家经授权可出口哈瓦那雪茄的公司——哈瓦那股份有限公司［Habanos Sociedad Anonima（Habanos S. A.）］授权。除此之外，太平洋雪茄烟有限公司也是亚太地区领先的雪茄烟零售商。在香港特区，公司经营 13 家店铺。

2015 年，哈瓦那股份有限公司在香港雪茄烟市场的份额达到 44%，主要销售其主打品牌“高斯巴（Cohiba）”“庞趣（Punch）”，这是香港特区最受欢迎的两个品牌，在香港有着稳定的目标客户群体。

表 7　2011—2015 年雪茄烟和小雪茄生产商在中国香港特区市场份额情况

（单位:%）

	2011 年	2012 年	2013 年	2014 年	2015 年
哈瓦那股份有限公司（Habanos S. A.）	43.2	43.9	44.3	44.0	43.7
瑞士博格集团（The Burger Group）	4.6	4.6	4.6	4.6	4.6
日内瓦大卫杜夫公司（Davidoff & Cie, Geneva）	3.5	3.5	3.5	3.5	3.5
其他	48.7	48.0	47.6	48.0	48.2
合计	100.0	100.0	100.0	100.0	100.0

表 8　2012—2015 年雪茄烟和小雪茄品牌在中国香港特区市场份额情况

（单位:%）

	所属公司	2012 年	2013 年	2014 年	2015 年
高斯巴（Cohiba）	哈瓦那股份有限公司（Habanos S. A.）	24.1	24.4	24.2	24.1
罗密欧与朱丽叶（Romeo y Julieta）	哈瓦那股份有限公司（Habanos S. A.）	12.8	12.9	12.8	12.6
丹纳曼所罗门（Dannemann）	瑞士博格集团（The Burger Group）	4.6	4.6	4.6	4.6
大卫杜夫（Davidoff）	日内瓦大卫杜夫公司（Davidoff & Cie, Geneva）	3.5	3.5	3.5	3.5
蒙特克里斯托（Montecristo）	哈瓦那股份有限公司（Habanos S. A.）	1.4	1.5	1.5	1.5
庞趣（Punch）	哈瓦那股份有限公司（Habanos S. A.）	0.9	0.9	0.9	0.9
其他	—	52.7	52.3	52.6	52.9
合计	—	100.0	100.0	100.0	100.0

表 9 2012—2015 年雪茄烟品牌在中国香港特区市场份额情况

（单位:%）

	所属公司	2012 年	2013 年	2014 年	2015 年
大卫杜夫（Davidoff）	日内瓦大卫杜夫公司（Davidoff & Cie，Geneva）	9.6	9.6	9.5	9.6
高斯巴（Cohiba）	哈瓦那股份有限公司（Habanos S. A.）	8.5	8.6	8.5	8.4
罗密欧与朱丽叶（Romeo y Julieta）	哈瓦那股份有限公司（Habanos S. A.）	7.3	7.3	7.2	7.3
蒙特克里斯托（Montecristo）	哈瓦那股份有限公司（Habanos S. A.）	3.9	4.0	4.0	4.0
庞趣（Punch）	哈瓦那股份有限公司（Habanos S. A.）	2.4	2.4	2.4	2.3
其他	—	68.4	68.1	68.4	68.3
合计	—	100.0	100.0	100.0	100.0

表 10 2012—2015 年小雪茄品牌在中国香港特区市场份额情况

（单位:%）

	所属公司	2012 年	2013 年	2014 年	2015 年
高斯巴（Cohiba）	哈瓦那股份有限公司（Habanos S. A.）	33.1	33.5	33.3	33.2
罗密欧与朱丽叶（Romeo y Julieta）	哈瓦那股份有限公司（Habanos S. A.）	16.1	16.1	16.0	15.7
丹纳曼所罗门（Dannemann）	瑞士博格集团（The Burger Group）	7.2	7.3	7.3	7.2
其他	—	43.6	43.1	43.4	43.9
合计	—	100.0	100.0	100.0	100.0

【雪茄烟销售】 2015 年，香港特区市场雪茄烟（cigars）和小雪茄（cigarillos）实现销量近 1200 万支，同比增长 2%，其中小雪茄销量增速最快，达到 3%。按照现价计算，雪茄和小雪茄销售额同比增长 5%，达到 7.38 亿港元。

消费者收入水平的提高和“高端化”是 2015 年雪茄烟销量增长的主要驱动因素。此外，2014 年提税后，卷烟消费者转而购买具有价格优势的小雪茄。2015 年，小雪茄实现销量超 700 万支，超过雪茄销量 72%。而雪茄的销售额达到 6.19 亿港元，是小雪茄销售额的 5 倍。

表 11 2010—2015 年中国香港特区雪茄烟市场实现销量情况（按类别）

（单位：百万支）

		2010 年	2011 年	2012 年	2013 年	2014 年	2015 年
总 计		10.4	10.7	10.9	11.2	11.4	11.6
雪茄（Cigars）		3.9	3.9	4.0	4.1	4.2	4.3
小雪茄（Cigarillos）	价格优势型	2.3	2.4	2.4	2.4	2.4	2.5
	过滤嘴型	2.2	2.3	2.3	2.4	2.5	2.6
	香型	1.4	1.5	1.5	1.5	1.6	1.6
	非过滤嘴和非香型	0.7	0.7	0.7	0.7	0.7	0.8
	合 计	6.5	6.8	6.9	7.1	7.2	7.4

表 12　2010—2015 年中国香港特区雪茄烟市场实现销售额情况（按类别）

（单位：百万港元）

		2010 年	2011 年	2012 年	2013 年	2014 年	2015 年
总　计		549.6	582.8	620.2	662.7	702.1	737.6
雪茄（Cigars）		462.4	489.0	520.4	556.4	589.6	619.3
小雪茄（Cigarillos）	价格优势型	25.5	27.0	28.5	29.5	30.2	31.8
	过滤嘴型	32.8	35.8	38.5	42.1	43.3	45.2
	香型	17.9	19.5	20.8	22.2	26.0	27.8
	非过滤嘴和非香型	11.0	11.5	12.0	12.5	13.0	13.5
	合　计	87.2	93.8	99.8	106.3	112.5	118.3

表 13　2010—2015 年中国香港特区雪茄烟市场份额情况（按尺寸）

（单位:%）

	2010 年	2011 年	2012 年	2013 年	2014 年	2015 年
大雪茄（Large Cigars）	27.7	27.4	27.1	27.0	26.9	26.8
标准雪茄（Standard Cigars）	72.3	72.6	72.9	73.0	73.1	73.2
合　计	100.0	100.0	100.0	100.0	100.0	100.0

【雪茄烟价格】　香港特区便利店售卖的入门级小雪茄售价在 100 港元/盒（20 支），在烟草专卖店售卖的小雪茄售价则在 200 ~ 400 港元/盒（20 支）。

手工雪茄的价格上涨速度要超过机制雪茄的增长，这主要是由于消费者的强劲需求和港元对美元贬值等因素引起的。零售商更倾向于超高档的手工雪茄烟价格上涨，这可以带来巨大的收入。相比之下，小雪茄主要是机制的，且只能通过增税来实现价格上涨。

【销售网络】　香港特区的卷烟零售业态分为连锁便利店、报刊亭、杂货店、加油站、餐厅酒吧等。2015 年，连锁便利店销售的卷烟占总销量的 66%。报刊亭销售的卷烟占总销量的 29%。香港特区政府禁止在自动售卖机和互联网上销售卷烟。

雪茄方面，烟草专卖店是香港特区雪茄和小雪茄的最大分销渠道，销量占总量的 65%，Sogo 等百货商店销售的雪茄和小雪茄占总销量的 21%，酒店、餐馆和酒吧等场所的销量占比为 12%，只有 2% 是通过便利店销售。

【税收政策】　香港特区政府对进口卷烟征收高额税收。自 1990 年以来，卷烟税率由 2 港元/包升至 2014 年的 38.12 港元/包，2012—2014 年烟草税收累计提高 110%。进口雪茄烟的税率为 2455 港元/千克。

2014 年，香港特区政府进一步提高卷烟税收，每包卷烟的税收提高 4 港元，各大烟草公司也相应对卷烟价格进行调整。

【管控政策】　1982 年制订的《吸烟（公众卫生）条例》是香港特区最主要的控烟法规，最近一次修订为 2006 年 10 月 19 日。

自 2007 年 1 月 1 日起，香港特区开始实施室内禁烟，包括室内工作场所和公众场所，以及电梯、公共泳池等部分户外场地。2009 年 7 月 1 日起，所有向 18 岁以上成人开放的酒吧、会所、夜总会、按摩院、麻将馆等室内娱乐场所禁止吸烟，随后香港公共交通设施也成为禁烟区。2009 年 9 月 1 日起，48 个设有顶盖的公共交通设施实施禁烟，《定额罚款条例》也于同日生效，在法定禁烟区吸烟的人员可面临 1500 港元罚款。

2009 年 2 月，烟草税上调 50%。2010 年 8 月 1 日起，限定所有香港市民及入境旅客携带免税烟草产品进入香港，年满 18 岁人员可以免税携带自用卷烟 19 支、雪茄 1 支。2011 年 2 月，每支卷烟税调高 0.5 港元，调整幅度为 41.5%，并按同等比例提高其他烟草产品税率。同时，继

1990年电视、电台全面禁播烟草广告之后，作为卷烟主要销售渠道的香港各零售报摊，自2009年11月1日起禁止展示烟草广告。

【卷烟非法贸易】 自2012年香港特区政府调增卷烟税后，卷烟的非法贸易一直困扰特区政府。某机构的一项研究表明，在亚太地区，香港特区卷烟非法贸易量位列第四，排在文莱、中国澳门特区、马来西亚之后。2014年，每四支卷烟中就有一支是非法卷烟，这给香港特区政府造成25亿港元的税收损失。2015年，香港特区合法销售的卷烟为31.58亿支，据估计，非法销售的卷烟为11.06亿支，非法卷烟占总销量比重为25.9%。

澳门烟草

2015年中国澳门特区烟草发展概况

【概　况】 中华人民共和国澳门特别行政区位于中国大陆东南沿海，地处珠江三角洲的西岸，东临香港，面积为32.8平方千米。根据澳门特区统计暨普查局公布的数据，截至2015年底，澳门特区总人口为63.68万人。

【卷烟生产】 澳门特区产量最大的卷烟工业企业是金叶卷烟厂（澳门）有限公司。金叶卷烟厂（澳门）有限公司（简称金叶澳门公司）成立于1992年，初始投资2476万港元，由原广州卷烟二厂（现划归广东中烟工业有限责任公司）、中国烟草总公司广东省公司、香港永发烟草有限公司、澳门南粤（集团）有限公司共同出资组建，分别占股份的27%、20%、28%、25%。1993年，香港永发烟草有限公司将14%的股份转让给金叶（香港）烟草国际有限公司，股东变为5家。2001年，香港永发烟草有限公司、澳门南粤（集团）有限公司收回投资，股权由金叶卷烟厂（澳门）有限公司收回。经过两次股东变更，公司股东为广东中烟工业有限责任公司、中国烟草总公司广东省公司、金叶（香港）烟草国际有限公司，总投资额8501万港元，分别占股份的55%、26%、19%。

2015年，金叶澳门公司生产销售的卷烟品牌有“双喜”（6个规格）和“五叶神”（5个规格），代加工的卷烟品牌有“黄鹤楼”（1个规格）。生产“双喜”9.25亿支、“五叶神”3.62亿支、“黄鹤楼”3.86亿支。

2015年，金叶澳门公司强化区域“双喜”品牌卷烟市场供应的工作。确保原有市场的稳定供应，同时积极拓展销售渠道，分别在美国、太平洋岛屿、非洲地区、中东地区开拓新市场，进一步扩大品牌的知名度。而在产能有剩余的情况下，加大与湖北中烟统一联邦国际有限公司合作的力度，委托加工量同比增长543%。

金叶澳门公司把拓展全球免税市场，重点推进国内免税市场开拓工作作为主要任务。新开拓中东、非洲、中南美洲、太平洋岛屿等多个新市场；参加中国免税品（集团）有限责任公司的订货会，积极联系各地免税店，针对自有品牌“五叶神”，争取增加产品在免税店中的陈列面及促销推广的机会。同时，将有税市场重点放在中国香港、中国澳门，增加“五叶神”品牌市场曝光率及占有率。2015年，“五叶神（硬金）”在中国香港有税市场销量同比增长5.3%，“五叶神（硬红）”同比增长18.4%。

【卷烟税收政策】 澳门特区加大控烟力度，不断提高烟草产品税率。2009年，每支卷烟的消费税由0.05澳门元上调至0.2澳门元，含烟叶的雪茄和小雪茄的消费税为280澳门元/千克，其他精加工的烟叶和烟叶代用制品的消费税为80澳门元/千克。

2012年，澳门特区政府再次审议通过增加烟草产品的消费税，每支卷烟的消费税由0.2澳门元上调至0.5澳门元，烟丝的消费税由80澳门元/千克调升至200澳门元/千克；而雪茄的消费税由280澳门元/千克调升至1442澳门元/千克。

澳门对进口卷烟征收从量税。每包卷烟进口关税为10澳门元。2012年起每包卷烟增税4澳门元。

2015年7月13日，澳门特区政府颁布相关规定，决定调整烟草消费税，每支香烟的消费税由原来的0.5澳门元大幅增加至1.5澳门元，烟丝的消费税调至600澳门元/千克，雪茄的消费税调至4326澳门元/千克。加税后，烟草消费税将占澳门特区香烟零售价的70%或以上。

【管控政策】 2011年4月，澳门特区政府通过《预防及控制吸烟制度》（俗称《新控烟法》）并于2012年1月1日起实施，《新控烟法》禁止任何形式广告及促销，室内场所全面禁烟。该制度还规定，娱乐场在制度生效后的1年内，即2013年前，须按即将颁布的行政法规规定的标准设立吸烟区，面积不大于总博彩区的50%，并要按规定每月提交吸烟区的空气质量检测报告。

2015 年 7 月，《预防及控制吸烟制度》获得澳门特区立法会的一般性通过。按照修改后的制度，澳门特区将扩大禁止吸烟的范围，几乎所有的公共场所都严禁吸烟。不允许在娱乐场所吸烟，不允许在烟草制品专卖店设置的吸烟室吸烟，以及在高等教育场所和集体客运车辆候车亭全面禁烟；学校及教育机构室外范围也列作禁烟范围；高校内属家庭式的教职员宿舍单位内可吸烟，但集体宿舍则禁烟；公共候车亭无论有无上盖均禁烟，禁烟范围为候车亭的 10 米内等。电子烟也在管制之列。制度规定，供集体使用的地点禁止使用电子烟，同时禁止在澳门特区售卖电子烟。此外，限制烟草及烟草制品的广告及促销，包括烟草制品的价格牌只可以在销售地点内展示，但不能在销售地点以外，尤其是透过其陈列窗看见该价格牌等。

新的制度还大幅提高违法的罚款金额。违法的处罚金额由原规定的 400 澳门元至 10 万澳门元不等，修改为 1500 澳门元至 20 万澳门元，其中在禁止吸烟地点吸烟，可罚款 1500 澳门元；违反禁止向未满 18 岁人士销售烟草制品规定的，可处 2 万澳门元罚款。

同月，澳门特区政府再次修改个人自携入境烟草产品数量（自 2015 年 7 月 14 日生效），其中卷烟由原 100 支减至 19 支。

台湾烟草

2015 年中国台湾地区烟草发展概况

【概　况】 中国台湾地区位于中国大陆东南沿海的大陆架上，面积为 3.62 万平方千米。截至 2015 年底，中国台湾地区总人口为 2349.21 万人。

表 1　2010—2015 年中国台湾地区成年人群吸烟人数

（单位：万人）

	2010 年	2011 年	2012 年	2013 年	2014 年	2015 年
成年男性吸烟人数	320.53	309.53	298.11	296.27	296.92	297.42
成年女性吸烟人数	37.77	40.57	41.53	42.54	43.04	43.99
成年人吸烟人数	358.30	350.10	339.64	338.81	339.96	341.41

表 2　2010—2015 年中国台湾地区成年人群吸烟比例

（单位：%）

	2010 年	2011 年	2012 年	2013 年	2014 年	2015 年
成年男性吸烟比例	35.0	33.5	32.0	31.5	31.3	31.1
成年女性吸烟比例	4.1	4.3	4.4	4.4	4.4	4.5
成年人吸烟比例	19.5	18.9	18.1	17.9	17.7	17.7

一、卷烟市场管理体制

【专卖专营阶段】 中国台湾地区专卖事业起源于日本占领时期，1901 年 1 月，台湾总督府合并原台湾制药厂、台湾盐务局及台湾樟脑局，成立新的“台湾总督专卖局”，专卖品包括烟、酒和食盐、樟脑、鸦片、火柴、汽油、酒精、度量衡等 9 种。1945 年，“台湾行政长官公署”决定继续实施专卖制度，将“台湾总督专卖局”改为“台湾专卖局”，专卖品只限烟、酒、樟脑、火柴等 4 种。1946 年“台湾行政长官公署”颁布新的《台湾烟草专卖规则》及《施行细则》，规定“专卖局”统一管理烟叶生产、收购，卷烟生产和销售，卷烟经营实行许可证制度。1947 年，“台湾行政长官公署”将“台湾专卖局”改组为“台湾烟酒公卖局”，并直接隶属于台湾当局。1951 年，通过修改组织章程，“公卖局”改为隶属“台湾当局财政厅”。1968 年，樟脑取消专卖，改为民营，专卖品仅限于烟、酒两种。“台湾烟酒公卖局”统一管理全岛的烟叶生产、收购，卷烟生产和销售。

“公卖局”为政企合一的机构，下设 4 个事业群，即：烟事业群、啤酒事业群、酒类（除啤酒外）事业群和流通事业群。“公卖局”及所属企事业机构从业人员近万人，其中酒类占大多数。“公卖局”每年向“财政部”上缴 500 亿新台币的公卖利益，其中烟业部分 150 亿 ~ 200 亿新台币，约占财政预算的 1%。所谓公卖利益，是指公卖事业是政府垄断经营行业，对其产品的生产经营不再征税。“公卖局”对其所属企业的生产经营实行统一核算，统收统支。购买原材料款、生产经营中一切费用，从业人员工资等均列入成本。销售收入扣除成本，即公卖利益，全部上交财政。台湾卷烟厂不进行独立核算，没有法人资格，只是一个生产单位，没有原辅材料采购权和产品销售权，生产所需原辅材料由“公卖局”统一采购，再分配给工厂使用，其产品也由“公卖局”统一调拨，交流通事业群销售，并送货到各零售商店。卷烟厂如进行技术改造或需较大的项目投资，则由“公卖局”提出专项申请报“立法院”通过后，交“财政部”列专项开支。

【市场开放阶段】 1987 年，台湾当局颁布《台湾烟酒公卖局办理外国卷烟、葡萄酒、啤酒进口申请作业一般规定》。《规定》指出，进口卷烟由外国烟草公司在台的代理商经营，但岛产卷烟仍由“公卖局”负责和管理；进口卷烟须缴纳公卖利益，公卖利益按照每包 16.6 新台币的标准从量征收，由“公卖局”负责收取。台湾地区由此形成两大进口卷烟的经销商，即经营英美烟草公司卷烟的弘通公司和经营日本烟草公司卷烟的杰太公司；此外，还有其他公司的代理商。

【取消专卖制度】 在贸易自由化的背景下，台湾当局开始考虑开放烟酒产业，废除烟酒专卖。2000 年，当局颁布“台湾烟酒管理法”和“烟酒税法”，并于 2002 年 1 月 1 日起实行。标志着在中国台湾地区实行近百年的专卖制度的废止，台湾烟酒公卖制度取消，公卖利益回归税制。

二、2015 年卷烟市场概况

【卷烟销售】 2015 年，在控烟和调税的双重压力下，台湾卷烟市场实现销量 346 亿支，同比下降 4%。低焦油卷烟销量增长最快，增幅达到 5%；香型爆珠卷烟和薄荷味的非爆珠卷烟销量继续保持增长。越来越多的消费者认为低焦油的卷烟更有利于健康，促进低焦油卷烟销量增长；消费者同时更有意愿购买国际知名品牌的卷烟。具体而言，2015 年，中焦油卷烟销量占卷烟总销量比重为 67.3%，低焦油占比为 17.2%，超低焦油占比为 15.5%。

与总销量下滑形成对比的是，中国台湾地区卷烟市场实现卷烟销售额 1388 亿新台币，同比增长 3%；平均每支卷烟的价格涨至 4 新台币。

表 3 2010—2015 年中国台湾地区卷烟市场销量占比情况（按细支类别）

（单位:%）

	2010 年	2011 年	2012 年	2013 年	2014 年	2015 年
细 支	3.9	3.9	3.9	4.0	4.0	4.0
超细支	1.5	1.6	1.6	1.7	1.7	1.8
微细支	—	—	—	—	—	—

续表

	2010 年	2011 年	2012 年	2013 年	2014 年	2015 年
常 规	94.6	94.5	94.4	94.4	94.3	94.2
合 计	100.0	100.0	100.0	100.0	100.0	100.0

表 4 2010—2015 年中国台湾地区卷烟生产和进出口情况

（单位：亿支）

	2010 年	2011 年	2012 年	2013 年	2014 年	2015 年
卷烟产量	186.99	207.05	219.67	220.39	215.71	205.50
卷烟进口量	184.70	166.19	153.47	164.19	178.05	149.32
卷烟出口量	11.19	19.19	18.65	17.34	26.66	29.36

【卷烟价格】 2015 年，中国台湾地区市场的品牌结构主要有三类：低档烟、中档烟、高档烟。低档烟是指每包零售价在 70 新台币以下的卷烟，主要品牌有“威斯（West）”“新乐园（New Paradise）”“波迈（Pall Mall）”“蓝星（L&M）”。中档烟是指每包零售价在 70 ~ 90 新台币的卷烟，主要品牌有“尊爵（GENTLE）”“长寿（Long Life）”“云丝顿（Winston）”。高档烟是指每包零售价在 90 新台币以上的卷烟，主要品牌有“万宝路（Marlboro）”“七星（Mevius）”“登喜路（Dunhill）”“大卫杜夫（Davidoff）”“百乐门（Parliament）”。

2015 年，高档烟占卷烟总销量的比重为 46.8%，中档烟为 20.5%，低档烟为 32.7%。相对于中、低档烟，绝大多数消费者青睐于高档烟的质量和口感，高档烟在全年的卷烟销量中占居主导地位，据预测在未来一段时间内仍将保持增长。

【主要烟草公司】 2015 年，日本烟草（中国台湾）、台湾烟酒股份有限公司、帝国烟草、英美烟草（中国台湾）、菲莫国际（中国台湾）等五大烟草公司占据台湾地区 93% 的市场份额，市场主导类型为混合型卷烟，且受政策影响，卷烟焦油量逐渐向中、低发展。

2015 年，日本烟草（中国台湾）继续保持市场领导者的地位，在中国台湾地区卷烟市场的份额达到 37%，受到帝国烟草和英美烟草的冲击，较 2014 年略有下降。日本烟草（中国台湾）全年销售的卷烟规格 45 种，拥有广泛的消费群体。

2015年，英美烟草（中国台湾）是唯一一家销量增长的公司。这是由于旗下的“登喜路（Dunhill）”高端品牌以其时尚的形象吸引广大的年轻人和中年商务人士。“好彩（Lucky Strike）”系列的蓝莓与柠檬味道的爆珠卷烟销售情况良好。

表5　2011—2015年各烟草公司在中国台湾地区卷烟市场份额情况

（单位：%）

	2011年	2012年	2013年	2014年	2015年
日本烟草（中国台湾）	38.2	37.7	37.7	37.4	37.3
台湾烟酒	30.5	30.0	29.9	28.2	27.8
帝国烟草	11.3	11.3	11.1	11.1	11.4
英美烟草（中国台湾）	8.4	8.7	8.8	9.2	9.9
菲莫国际（中国台湾）	6.3	6.5	6.5	6.5	6.5
其他	5.4	5.8	6.1	7.5	7.1
合计	100.0	100.0	100.0	100.0	100.0

台湾烟酒股份有限公司。2002年1月1日，随着“台湾烟酒管理法”和“烟酒税法”的实施，烟酒专卖制度在台湾地区被废止，烟酒回归税制。同年4月25日，“立法会”批准通过“台湾烟酒股份有限公司条例”，并于5月15日对外公布；7月1日，“台湾烟酒公卖局”正式更名改制为台湾烟酒股份有限公司（简称台湾烟酒）。2003年1月11日，台湾烟酒股份有限公司的股票开始在台湾股票交易所交易。

台湾烟酒设有流通事业部、酒事业部、啤酒事业部、烟事业部、生技事业部、国际业务处、企划处、财务处、资讯处、法务处、行政处、安全卫生处、会计处、人力资源处、政风处、资产经营管理处、市场调查研究处等，其中烟事业部下辖台北烟厂、内埔烟厂、丰原卷烟研发制造工厂和桃源印刷厂。

发展战略。台湾烟酒的短期规划是强化访销功能、培养具有潜力的渠道，提升对经销商、传统渠道的检查、协销、商品推广、客情建立及市场信息搜集等重要措施的执行效率。针对传统店、超市等具有发展潜力的销售渠道，持续投入资源经营。公司的长期规划是策略性地发展新产品并分众经营市场；整合各品牌的发展方向并分阶段将产品线系列化及定期更新包装，维持品牌创形象并提升竞争力；整合利用营销资源，通过多元化营销手法建立品牌认同度。

卷烟生产经营。2015年，台湾烟酒的卷烟品牌主要有“长寿（Long Life）”“尊爵（GENTLE）”“新乐园（New Paradise）”“宝岛”“王牌”和“La Rose”等6个，其中“尊爵（GENTLE）”市场份额为13.92%，“长寿（Long Life）”为8.94%，“新乐园（New Paradise）”和其他品牌为5.16%。公司于2015年底推出“马尔斯（Mars）”“Vesta”两个新品牌。

2015年，台湾烟酒生产卷烟167.85亿支（33.57万箱），销售卷烟165.18亿支（33.04万箱），其中岛内销售156.69亿支（31.34万箱），实现销售收入404.84亿新台币；岛外销售8.5亿支（1.7万箱），实现销售收入5.66亿新台币。

技术创新。2015年，为掌握市场需求和动向，台湾烟酒建立岛产和进口烟叶分析资料库。研究选用具有特色的原料烟叶、香料，以发展差异化并符合消费者需求的新产品。全年新开发符合日本消费者口味的“Vesta（7mg）”“Vesta（5mg）”，以及中低档价位的“马尔斯（7mg）”、“马尔斯（5mg）”和“La Rose”细支出口卷烟。

原辅料供应。2015年，岛产烟叶、自制膨胀烟丝等分别由丰源卷烟研发制造工厂和内埔烟厂生产供应。铜版卡纸、BOPP薄膜、醋酸纤维丝束以及卷烟纸、滤棒由公司负责统一采购。桃源印刷厂负责生产烟盒、烟标等包装材料供各生产厂使用。

台北烟厂。台北烟厂前身为成立于1912年5月的台湾总督府专卖局台北烟草工场，最初专门生产烟丝；1921年，改为生产卷烟和雪茄；次年，更名为台湾专卖局台北烟草工厂；1947年，随着“台湾烟草烟酒公卖局”的成立，更名为台湾烟草烟酒公卖局台北烟厂；1961年，卷烟厂开始迁往新店市现址，1967年完成搬迁；1988年7月，台北烟厂与松山烟厂合并，产能大幅增加，年卷烟生产能力超过450亿支（90万箱）；2000年7月1日，更名为台湾烟酒股份有限公司台北烟厂。台北烟厂主要业务为卷烟、滤棒生产，1987年全面自动化控制后，产能大量提升。2015年，台北烟厂继续为菲莫国际公司代加工“万宝路（Marlboro）”等品牌香烟。

内埔烟厂。内浦烟厂成立于1986年，位于屏东内浦工业区，占地19万平方米，包括理切、卷包工场、桶烟仓库、桶材仓库、福利大楼等，其中主要厂房面积9.7万平方米。卷烟厂主要业务有卷烟生产、原料加工、膨胀烟丝，以及辅导烟农种烟和核发许可证等。2015年，内埔烟厂继续为杰太日烟国际股份有限公司加工“峰（Mi－Ne）”系列卷烟。

丰原卷烟研发制造工厂。丰原卷烟研发制造工厂前身为成立于1950年12月的丰原烟工场，1964年12月成为直属“公卖局”的丰原烟厂。1966年，丰原烟厂迁址于丰原市中山路一号现址，1968年新厂全部迁入，并陆续增添新设备，更新机器，扩建厂房仓库，正式成为一座较具规模的现代化工厂。2015年，投入14万新台币用于包装机更新，截至年底实际完成投资13.5万新台币。2015年，丰原卷烟研发制造工厂继续为英商台湾物流股份有限公司台湾分公司加工“宝马”系列卷烟。

【卷烟品牌】 2015年，中国台湾地区卷烟市场主要品牌包括：日本烟草（中国台湾）旗下的“七星（Mevius）”“沙龙（Salem）”“峰（Mi－Ne）”，台湾烟酒旗下的“长寿（Long Life）”“尊爵（GENTLE）”“宝岛”“王牌”“La Rose”，帝国烟草旗下的“大卫杜夫（Davidoff）”“威斯（West）”“BOSS”，英美烟草（中国台湾）旗下的“波迈（Pall Mall）”“登喜路（Dunhill）”“555”，菲莫国际（中国台湾）旗下的“百乐门（Parliament）”“蓝星（L&M）”“万宝路（Marlboro）”“维珍妮（Virginia Slims）”。

表6 2012—2015年中国台湾地区销量前十名的卷烟品牌市场份额情况

（单位：%）

排名	品牌	公司	2012年	2013年	2014年	2015年
1	七星（Original Blue）	日本烟草（中国台湾）	18.9	18.9	18.8	18.8
2	七星（Sky Blue）	日本烟草（中国台湾）	6.7	6.7	6.6	6.5
3	七星（Wind Blue）	日本烟草（中国台湾）	5.3	5.3	5.2	5.2
4	长寿（White Mild）	台湾烟酒	5.1	5.1	4.8	4.8
5	长寿（Yellow Mild）	台湾烟酒	5.1	5.0	4.7	4.6
6	尊爵（7mm）	台湾烟酒	4.4	4.3	4.0	3.9
7	大卫杜夫（Lights）	帝国烟草	3.3	3.2	3.3	3.4
8	尊爵（6mm）	台湾烟酒	2.9	2.9	2.7	2.7
9	大卫杜夫（Classic）	帝国烟草	2.3	2.3	2.4	2.6
10	尊爵（1mm）	台湾烟酒	2.8	2.7	2.5	2.4

【雪茄烟销售】 2015年，中国台湾地区市场销售雪茄烟和小雪茄1900万支，同比增长3%。按照现价计算，雪茄烟和小雪茄的销售额为17亿新台币。

【主要雪茄烟经销商】 中国台湾地区雪茄烟和小雪茄市场比较分散。威林格苏尼公司（Villiger Söhne AG）是中国台湾地区雪茄烟和小雪茄市场的领先者之一，2015年其市场份额达到4%，尤其是在小雪茄市场，公司的份额占到8%。旗下品牌“威利（Villiger）”相对于其他品牌而言拥有较强的分销能力。Von Eicken GmbH，Johann Wihelm公司则是中国台湾地区雪茄烟市场的领先者，其份额占到6%。

表 7　2010—2015 年中国台湾地区雪茄烟市场实现销量情况（按类别）

（单位：万支）

		2010 年	2011 年	2012 年	2013 年	2014 年	2015 年
总　计		1520	1640	1740	1800	1850	1910
雪茄（Cigars）		670	710	740	760	780	810
小雪茄（Cigarillos）	价格优势型	—	—	—	—	—	—
	过滤嘴型	—	—	—	—	—	—
	香型	—	—	—	—	—	—
	非过滤嘴和非香型	850	930	1000	1010	1070	1100

表 8　2010—2015 年中国台湾地区雪茄烟市场实现销售额情况（按类别）

（单位：亿新台币）

		2010 年	2011 年	2012 年	2013 年	2014 年	2015 年
总　计		13. 21	14. 30	15. 16	15. 83	16. 58	17. 00
雪茄（Cigars）		10. 39	11. 18	11. 80	12. 30	12. 91	13. 26
小雪茄（Cigarillos）	价格优势型	—	—	—	—	—	—
	过滤嘴型	—	—	—	—	—	—
	香型	—	—	—	—	—	—
	非过滤嘴和非香型	2. 82	3. 12	3. 36	3. 53	3. 67	3. 74

表 9　2010—2015 年中国台湾地区雪茄烟市场份额情况（按雪茄烟类型）

（单位:%）

	2010 年	2011 年	2012 年	2013 年	2014 年	2015 年
标准雪茄（Standard Cigars）	27. 3	27. 5	27. 4	27. 3	27. 2	27. 1
小型雪茄（Small Cigars）	72. 7	72. 5	72. 6	72. 7	72. 8	72. 9
合　计	100. 0	100. 0	100. 0	100. 0	100. 0	100. 0

表 10　2010—2015 年中国台湾地区手工和机制雪茄烟市场份额情况（按雪茄烟类型）

（单位:%）

	2010 年	2011 年	2012 年	2013 年	2014 年	2015 年
手工雪茄（Handmade Cigars）	27. 5	27. 6	27. 6	27. 7	27. 7	27. 7
机制雪茄(Machine-manufactured Cigars)	72. 5	72. 4	72. 4	72. 3	72. 3	72. 3
合　计	100. 0	100. 0	100. 0	100. 0	100. 0	100. 0

表 11　2011—2015 年雪茄烟和小雪茄烟生产商在中国台湾地区市场份额情况

（单位：%）

	2011 年	2012 年	2013 年	2014 年	2015 年
威林格苏尼公司（Villiger Söhne AG）	4.0	4.2	4.3	4.3	4.4
纳特谢尔曼公司（Nat Sherman Inc.）	3.6	3.6	3.6	3.5	3.4
Von Eicken GmbH，Johann Wihelm	2.8	2.7	2.7	2.7	2.6
丹尼曼雪茄公司（Dannemann Cigarrenfabrik GmbH）	2.6	2.5	2.5	2.5	2.5
利是美烟草公司（Reemstsma Cigarrenfabriken GmbH）	2.0	2.2	1.7	1.7	1.7
三商行（Mercuries&Associates Ltd.）	1.6	1.7	1.7	1.7	1.7
通用雪茄控股公司（General Cigar Holdings Inc.）	1.3	1.2	1.2	1.2	1.2
帝国烟草集团（Imperial Tobacco Group Plc）	0.9	0.9	0.9	0.8	0.8
哈瓦那股份有限公司（Habanos S. A.）	0.6	0.7	0.7	0.7	0.7
其 他	80.4	80.2	80.8	80.9	80.9
合 计	100.0	100.0	100.0	100.0	100.0

表 12　2011—2015 年雪茄烟和小雪茄烟生产商在中国台湾地区市场份额情况

（单位：%）

	2011 年	2012 年	2013 年	2014 年	2015 年
Von Eicken GmbH，Johann Wihelm	6.5	6.5	6.4	6.3	6.2
三商行（Mercuries&Associates Ltd.）	3.8	3.9	4.0	4.0	4.1
通用雪茄控股公司（General Cigar Holdings Inc.）	3.1	2.9	2.9	2.9	2.8
帝国烟草集团（Imperial Tobacco Group Plc）	2.2	2.0	2.0	1.9	1.8
哈瓦那股份有限公司（Corporacion Habanos S. A.）	1.4	1.7	1.8	1.8	1.7
其 他	83.0	82.9	82.9	83.2	83.3
合 计	100.0	100.0	100.0	100.0	100.0

表 13　2011—2015 年小雪茄烟生产商在中国台湾地区市场份额情况

（单位：%）

	2011 年	2012 年	2013 年	2014 年	2015 年
威林格苏尼公司（Villiger Söhne AG）	7.1	7.3	7.4	7.5	7.6
纳特谢尔曼公司（Nat Sherman Inc.）	6.4	6.3	6.2	6.0	5.9
丹尼曼雪茄公司（Dannemann Cigarrenfabrik GmbH）	4.5	4.4	4.3	4.3	4.2
利是美烟草公司（Reemstsma Cigarettenfabriken GmbH）	3.6	3.8	2.9	3.0	3.1
其 他	78.4	78.2	79.2	79.2	79.2
合 计	100.0	100.0	100.0	100.0	100.0

【雪茄烟品牌】

表 14　2012—2015 年雪茄烟和小雪茄烟品牌在中国台湾地区市场份额情况

（单位:%）

品牌	所属公司	2012 年	2013 年	2014 年	2015 年
Villiger	威林格苏尼公司（Villiger Söhne AG）	4.2	4.3	4.3	4.4
Nat Sherman	纳特谢尔曼公司（Nat Sherman Inc.）	3.6	3.6	3.5	3.4
Candlelight	Johann Wihelm Von Eicken GmbH	2.7	2.7	2.7	2.6
Livarde	丹尼曼雪茄公司（Dannemann Cigarrenfabrik GmbH）	2.5	2.5	2.5	2.5
Davidoff	利是美烟草公司（Reemstsma Cigarettenfabriken GmbH）	2.2	1.7	1.7	1.7
Puros	三商行（Mercuries&Associates Ltd.）	1.7	1.7	1.7	1.7
Hav-A-Tampa	帝国烟草集团（Imperial Tobacco Group Plc）	0.9	0.8	0.8	0.8
Cohiba	哈瓦那股份有限公司（Habanos S. A.）	0.7	0.7	0.7	0.7
Macanudo	通用雪茄控股公司（General Cigar Holdings Inc.）	0.6	0.6	0.6	0.6
Don Tomas	通用雪茄控股公司（General Cigar Holdings Inc.）	0.6	0.6	0.6	0.6
其　他	—	80.2	80.8	80.9	80.9
合　计	—	100.0	100.0	100.0	100.0

表 15　2011—2015 年雪茄烟品牌在中国台湾地区市场份额情况

（单位:%）

品牌	所属公司	2012 年	2013 年	2014 年	2015 年
Candlelight	Johann Wihelm Von Eicken GmbH	6.5	6.4	6.3	6.2
Puros	三商行（Mercuries&Associates Ltd.）	3.9	4.0	4.0	4.1
Hav-A-Tampa Jewel Berry	帝国烟草集团（Imperial Tobacco Group Plc）	2.0	2.0	1.9	1.8
Cohiba	哈瓦那股份有限公司（Habanos S. A.）	1.7	1.8	1.8	1.7
Macanudo	通用雪茄控股公司（General Cigar Holdings Inc.）	1.5	1.5	1.5	1.5
Don Tomas	通用雪茄控股公司（General Cigar Holdings Inc.）	1.4	1.4	1.4	1.4
其　他	—	82.9	82.9	83.2	83.3
合　计	—	100.0	100.0	100.0	100.0

表 16　2012—2015 年小雪茄烟品牌在中国台湾地区市场份额情况

（单位:%）

品牌	所属公司	2012 年	2013 年	2014 年	2015 年
Villiger	威林格苏尼公司（Villiger Söhne AG）	7.3	7.4	7.5	7.6
Nat Sherman	纳特谢尔曼公司（Nat Sherman Inc.）	6.3	6.2	6.0	5.9
Livarde	丹尼曼雪茄公司（Dannemann Cigarrenfabrik GmbH）	4.4	4.3	4.3	4.2
Davidoff Mini	利是美烟草公司（Reemstsma Cigarettenfabriken GmbH）	3.8	2.9	3.0	3.1
其　他	—	78.2	79.2	79.2	79.2
合　计	—	100.0	100.0	100.0	100.0

【流通渠道】 2015年，便利店仍然是中国台湾地区最重要的卷烟销售渠道，销量占总销量的54%。各生产商大力扩展销售渠道，如街边摊和食杂店，并通过各种不同焦油量和包装的产品来扩大展示货柜。在中国台湾地区，通过互联网、自动售卖机等销售卷烟的行为是违法并被禁止的。

【税收政策】 中国台湾地区对卷烟制品征收高额税收。各种税费征收情况如下：一是对于WTO成员，卷烟进口关税按到岸价的27%征收；非WTO成员则是按照到岸价的50%征收。二是烟草税按每件（万支）5900新台币征收（含本地产卷烟）。三是销售税按完税价格的4.8%征收（含本地产卷烟）。四是健康福利捐按每件（万支）10000新台币征收（含本地产卷烟）。五是对于进口雪茄烟等其他烟草制品，进口关税按照20%的税率征收；烟草税方面，雪茄烟及其他烟草制品按照每千克590新台币征收。

表17 2010—2015年中国台湾地区卷烟市场卷烟税收情况

	2010年	2011年	2012年	2013年	2014年	2015年
从价消费税（%）	0.0	0.0	0.0	0.0	0.0	0.0
增值税/销售税（%）	4.8	4.8	4.8	4.8	4.8	4.8
烟草税(新台币/千支)	590.0	590.0	590.0	590.0	590.0	590.0
健康福利捐（新台币/千支）	1000.0	1000.0	1000.0	1000.0	1000.0	1000.0
进口关税（WTO成员）（%）	27.0	27.0	27.0	27.0	27.0	27.0
进口关税（非WTO成员）（%）	50.0	50.0	50.0	50.0	50.0	50.0

【非法卷烟贸易】 2015年，中国台湾地区的非法卷烟持续对烟草公司产生负面影响。据统计，90%的非法卷烟都源于韩国、印度等国家及东南亚、欧洲地区的烟草公司。非法卷烟的销售途径主要是小型食杂店、书报亭以及街头小卖店等，购买者主要是低收入人群。据估计，2015年非法卷烟贸易量占卷烟总销量的14%。

（编辑：王东旭）

资料来源：

1. 欧睿信息咨询有限公司（Euromonitor International）调研报告；
2. 香港特别行政区政府统计处网站（www.censtatd.gov.hk）；
3. 澳门特别行政区政府统计暨普查局网站（www.dsec.gov.mo）；
4. 2015年《澳门特别行政区公报》；
5. 台湾烟酒股份有限公司网站（www.ttl.com.tw）；
6. 上海实业（集团）有限公司网站（www.siic.com）。

国际烟草

2015年世界烟草发展状况

2015年，全球经济复苏缓慢，烟草控制不断推进，卷烟需求总体平稳，细支卷烟、爆珠烟等细分产品增长迅猛，非卷烟类烟草制品及电子烟销量持续增长，但增速明显放缓。世界烟草业巨头一方面积极研发新产品占领细分市场，另一方面通过国际并购努力扩大市场份额，国际竞争日益激烈。

一、烟草业发展环境

【税收负担持续加重】 总体来看，实施加税提价的国家和地区数量增加、加税提价的幅度扩大。据世界卫生组织《2015年世界烟草流行报告》，2012年以来，106个国家和地区提高烟草消费税水平。截至2014年底，对烟草制品实行高税率（税收占零售价格的75%以上）的国家和地区共33个，较2008年增加11个，其中中低收入国家和地区13个，占中低收入国家和地区总数的9%；实行中等以上税率（税收占零售价格的50%~75%）的国家和地区97个，其中低收入国家和地区5个，占低收入国家和地区总数的16%，中等收入国家和地区52个，占中等收入国家和地区总数的49%，高收入国家和地区40个，占高收入国家和地区总数的72%。从加权平均税率来看，高收入国家和地区为64.8%，中等收入国家和地区为55.1%，低收入国家和地区为45.8%。

几个重要的烟草消费国也实施力度较大的加税提价政策。俄罗斯自2014年起连续提高卷烟消费税，2015年1月1日再次提税，从量税从每1000支800卢布提高到每

1000 支 960 卢布，从价税从 8.5% 提高到 11%，每 1000 支卷烟的消费税总额不低于 1330 卢布。由于近年来的连续加税以及公共场所禁烟政策，俄罗斯卷烟销量大幅下降，对本土烟草生产商造成严重打击，对全球烟草行业也产生较大影响。韩国 2015 年 1 月 1 日上调卷烟税率和价格，是近期加税提价幅度最大的国家之一，卷烟均价从每包 2500 韩元上涨至每包 4500 韩元。据韩国政府数据，2015 年 1—6 月，烟草税收收入约为 4.3 万亿韩元，同比增长 38%，销量同比下降 28.3%，但 3—6 月环比增速较快，市场恢复能力较强。

【经营行为日益受限】 2015 年，卷烟素包装的快速推进使得烟草业经营进一步受限。据世界卫生组织统计，预计到 2018 年，实施卷烟素包装的国家将增加到 30 个左右。澳大利亚、英国、法国、北爱尔兰、瑞典、匈牙利、挪威、新西兰、南非、乌拉圭等 10 国政府官员在巴黎召开会议，提出推行烟草制品素包装的计划，得到世界卫生组织的高度支持。截至 2015 年底，实施素包装的国家有澳大利亚、爱尔兰、英国、法国。

卷烟素包装自实施以来一直饱受争议。澳大利亚实施素包装之后，吸烟率不降反升，烟草制品非法贸易大幅增加。截至 2015 年底，有关素包装的多起法律诉讼尚未终结。但近年来新加入国家的数量和增速仍呈上升态势。烟草制品素包装的快速推行，与其他控烟政策的诞生、发展轨迹具有高度相似性。在其他控烟政策已经达到一定覆盖率的情况下，素包装容易受到广泛关注。有分析认为，素包装作为一项烟草控制措施的有效性仍需要更多时间和证据来证明，烟草控制应防止关注核心由控制烟草流行向单纯对抗烟草业转变。

【消费群体主要变化】 *吸烟人口增加，吸烟率下降。*截至 2015 年底，全球约有 13 亿烟民，且随着世界人口数量仍在不断增加，但吸烟率却在持续下降。据世界卫生组织测算，1980—2012 年，全球 15 岁以上男性吸烟率从 41.2% 降到 31.1%，15 岁以上女性吸烟率从 10.6% 降到 6.2%，近年来女性吸烟率下降快于男性；15 岁以上成年人总体吸烟率年均下降 0.9%，其中 1996—2006 年间下降速度较快，年均下降 1.7%，2006 年之后逐步趋缓。当前，男性吸烟率较高的地区主要分布于欧亚大陆、西太平洋和南美洲南部，女性吸烟率较高的地区主要分布于欧洲中部和南部，青少年吸烟率较高的地区主要分布于欧洲中部和东部、部分西太平洋岛国、南美洲南部和美国、南非等地。吸烟率与收入、受教育程度有明显关系，收入越高、受教育程度越高的人群吸烟率越低，但人均吸烟量却明显较高。

*总体人均吸烟量基本稳定。*据世界卫生组织测算，1980—2012 年，全球吸烟人群人均吸烟量基本保持稳定，约 18 支/天。人均吸烟量与所在地吸烟率之间没有明显的关系，较高的人均吸烟量不仅出现在俄罗斯及部分周边国家等吸烟率较高的地区，同时出现在澳大利亚、美国、加拿大、巴西等国家及北欧、北非、海湾等吸烟率为中低水平的地区。有分析认为，部分国家和地区吸烟率的下降是因为烟草控制力度的加大，而尚未戒烟的烟民往往日均吸烟量较大，因此出现低吸烟率和高人均吸烟量并存的情况。

二、主要烟草制品市场

卷烟仍是全球烟草制品的主要品类，也是烟草控制主要针对的品类，在许多国家和地区的销量均呈现下降趋势。与此同时，非卷烟类烟草制品，包括雪茄烟、细切烟丝等燃烧类烟草制品，口含烟、鼻烟等无烟气烟草制品，总体销量均呈现上升趋势。卷烟与非卷烟类烟草制品之间的替代关系较为显著。

【卷烟】 *全球及分区域卷烟销量情况。*2015 年，全球卷烟销量（不含中国）约 6000 万箱，总量基本保持平稳。从区域来看，卷烟消费量由大到小依次为欧洲、美洲、东南亚、西太平洋、地中海东部、非洲地区，其中，地中海东部地区是 2000 年以来卷烟消费量增速最快的地区，累计增长近三分之一，主要原因是人口持续增长和经济发展；非洲销量基数最低且增速缓慢，但人口众多，是增长潜力最大的地区；其他地区销量均呈下降趋势，其中美洲地区下降速度最快。从收入水平来看，发达国家卷烟销量下降趋缓，部分发展中国家卷烟销量有所增加，主要受所在国家的宏观经济形势、人口增长、卷烟价格、非法贸易数量等因素影响。

*部分重点国家和地区卷烟销量情况。*2015 年，欧盟地区宏观经济有所好转，廉价细切烟丝增速放缓，各国卷烟消费税率差距缩小，卷烟非法贸易量下降，电子烟管制加强，电子烟销量增速显著下降，从而导致卷烟销量下降速

度显著减缓。俄罗斯国内卷烟消费税的连续提高、公共场所禁烟等措施的实施以及宏观经济的低迷，导致卷烟销量延续过去两年下降势头。北非地区销量下降，主要是受到埃及卷烟消费税提高、销量下降的影响。韩国销量大幅下降，主要是受到卷烟消费税大幅提高的影响。土耳其、乌克兰销量实现增长，主要原因是非法贸易数量的下降。

从品类细分来看，细支卷烟近十年来发展势头迅猛。韩国烟草人参公社的超细支卷烟“爱喜（ESSE）”是2015年全球销量最大的超细支卷烟品牌，2014年实现出口72.2万箱，同比增长30.2%，为公司奠定全球超细支卷烟领导地位。其他著名细支卷烟品牌包括菲莫国际公司的“Virginia”、英美烟草的“Vogue”、日本烟草的“Glamour”等。全球最大的细支卷烟市场在俄罗斯，其次为韩国、波兰、日本、美国、乌克兰、巴西、意大利等。细支卷烟迎合卷烟低焦化、时尚化的两大发展趋势，预计未来仍将在全球范围保持快速增长。

表1　2015年世界部分国家和地区合法卷烟销量

国家或地区	销量（万箱）	同比增长（%）	国家或地区	销量（万箱）	同比增长（%）
欧　盟	1015	-0.9	菲律宾	180	-4.9
印　尼	628	0.0	乌克兰	141	1.3
俄罗斯	589	-6.2	韩　国	135	-23.6
美　国	491	-0.4	阿根廷	82	-2.5
日　本	365	-2.1	墨西哥	67	0.4
北　非	277	-3.4	加拿大	53	-2.3
土耳其	206	9.0			

注：数据来源于菲莫国际公司2015年快报，其中欧盟、乌克兰销量数据较上年有较大调整；奥驰亚集团2015年快报。

从产品性质来看，全球打击非法贸易力度不断加强，非法贸易数量显著减少。2014年，欧盟地区假烟和走私烟消费量为113.2万箱，同比下降3.3%，为市场总量的10.4%。法国、德国、英国绝对量最大，分别为17.8万箱、16.3万箱、12.6万箱；挪威、拉脱维亚、立陶宛、希腊占比最高，均在20%以上；英国、希腊、意大利同比增长最为显著。由于欧盟提高对烟草最低消费税的要求，欧盟东部国家普遍加税提价，导致内部价差迅速缩小，但与周边国家价差扩大，从而导致非法制品大量流入，该地区占欧盟全部假烟和走私烟总量的85%以上。2014年，澳大利亚假烟和走私烟折合约为260万千克，占烟草制品消费量的14.5%，较上年增加1个百分点。主要原因是无品牌散烟数量大幅增长，增幅达到43%，占非法烟草制品的一半以上，造成税收损失13.5亿澳元。卷烟消费税的连续提高使得澳大利亚成为走私烟目的地，烟草消费结构也在下降，高档产品占比13%，同比下降3个百分点；中档产品占比39%，同比下降6个百分点；低档产品占比47%，同比提高9个百分点。

【雪茄烟】　雪茄烟销量整体处于上升态势。北美和欧洲是世界主要雪茄烟消费市场，占比在90%以上，以机制大雪茄烟为主。2014年美国机制雪茄烟（不含小雪茄烟）市场规模约50亿支，较上年增长9%，手卷雪茄烟基本持平。自2015年起，预计未来5年雪茄烟仍将保持3%以上增长速度，其中机制大雪茄烟增速相对更快。受到经济环境及供应方市场拓展的影响，整体市场价格有下行趋势，女性、青年是新生消费群体，调味雪茄烟受到欢迎。受到美国与古巴外交关系改善的影响，古巴雪茄烟市场前景大幅提振。2014年欧洲机制雪茄烟市场规模约53亿支，较上年略有下降。由于经济复苏乏力，消费结构有下行趋势。

世界雪茄烟生产集中度很高，帝国烟草集团子公司阿塔迪斯是全球最大的优质手卷雪茄烟制造商，销售额位列第一，并与古巴雪茄烟制造商哈伯纳斯（Habanos）

有合资公司，二者在高端雪茄烟领域占据绝对领导地位。斯堪的纳维亚烟草集团（Scandinavian Tobacco Group）是全球销量最大的雪茄烟制造商，年产雪茄烟约30亿支，销售额位列第二，其第二大股东瑞典火柴公司年产雪茄烟约11亿支，二者在机制雪茄烟市场占据较大份额。

【无烟气烟草制品】 无烟气烟草制品主要包括鼻烟、嚼烟、口含烟等传统品类，以及瑞典口含烟等新型品类，近年来总体销量不断增加，但增速有所减缓。世界卫生组织调查显示，2014年无烟气烟草制品覆盖全球70个国家和地区，占总人口的73%，其中使用范围最广的类型是鼻烟，覆盖52个国家和地区，人口比例65%；其次瑞典口含烟，覆盖21个国家和地区，人口比例55%；第三是嚼烟，覆盖55个国家和地区，人口比例51%。东南亚是最大的无烟气烟草制品市场，拥有全球89%的无烟气烟草制品消费者，主要消费鼻烟、嚼烟等传统品类。欧洲、美国是瑞典口含烟等新型品类的主要市场。受到卷烟价格上涨、公共场所禁烟、健康意识提高等因素影响，无烟气烟草制品销量自2000年后一直处在上升态势。2015年，美国无烟气烟草制品销量同比增长2.5%。2014年，主要口含烟生产商瑞典火柴公司在欧洲的口含烟销量同比增长3%。但由于瑞典口含烟是近年来作为减害产品上市的，因此电子烟、加热不燃烧卷烟等产品的兴起也一定程度影响这一品类的发展。

三、两大新型制品发展态势

受烟草控制加强、健康意识提高的影响，新型减害制品增长迅速，是各大烟草公司的重点研发和推广方向。

【电子烟】 世界卫生组织调查显示，2014年电子烟普及全球62个国家和地区，覆盖总人口的50%左右。2014年全球销售额60亿美元，同比增长约一倍。受到管制政策、产业调整等因素影响，2015年增速明显放缓。当前，美国为第一大消费市场，占全球销售额的一半左右，其次依次是英国、法国、意大利、波兰，部分亚洲国家电子烟市场也在快速发展。

2015年是电子烟管制的重要转折点，全球多个国家和地区实施针对电子烟的管制措施。据世界卫生组织统计，2015年有39个国家和地区限制电子烟广告促销，30个国家和地区禁止在室内公共场所使用电子烟，19个国家和地区要求产品注册，9个国家和地区要求销售许可证，29个国家和地区设定最低使用年龄。各国对电子烟的界定不尽相同，世界卫生组织2014年的一项调查表明：对含尼古丁的电子烟，有22个国家和地区作为烟草制品监管（此区域人口数量占全球总人口比例为10%），14个国家和地区作为一般消费品监管（此区域人口数量占全球总人口比例为27%），12个国家和地区作为药品监管（此区域人口数量占全球总人口比例为6%）；对不含尼古丁的电子烟，有18个国家和地区作为烟草制品监管（此区域人口数量占全球总人口比例为7%），有23个国家和地区作为一般消费品监管（此区域人口数量占全球总人口比例为35%）；有13个国家和地区禁止电子烟销售。

美国、欧洲是电子烟的主要消费市场，日本、韩国及部分东南亚国家是新兴的电子烟消费市场。2014年，美国电子烟市场销售额25亿美元，为传统烟草制品的3%，消费者占烟民总数的10%。美国针对电子烟的管制措施主要包括不得向未成年人销售、产品登记等，暂不适用烟草广告管制办法，有个别州对电子烟征收消费税。美国市场规模大、消费能力强、认可度高、监管稳定，仍有较大发展空间。欧盟新烟草制品管制指令加强对电子烟的监管，但同时提高卷烟消费税水平，在二者叠加作用之下，电子烟市场增速显著放缓，但仍有较大发展潜力。意大利、葡萄牙是首批对电子烟征收消费税的国家，销量大幅下降，反映出电子烟市场对价格具有较高的敏感性。受到传统烟草制品加税提价等因素影响，亚洲部分国家电子烟快速升温，引起监管部门的高度重视，可能会陆续出台管制措施。

由于门槛较低，电子烟市场竞争异常激烈。首先是产品不断推陈出新。机械式电子烟取代一次性、卷烟外观类电子烟成为市场主力，口味多样化、个性化，细节创新层出不穷，如软过滤棒、机械加热、指纹解锁等。其次是企业间不断并购重组。日本烟草收购美国老牌电子烟制造商逻辑技术公司（Logic）和英国“E－Lites”电子烟品牌，英美烟草收购波兰电子烟领导者CHIC集团。此外，关联企业之间也试图合作开发市场。菲莫国际公司与奥驰亚集团互授新型烟草制品独家经营权，英美烟草与雷诺美国达成技术共享协议，未来电子烟市场集中度可能会有较大提高。

【加热不燃烧卷烟】 加热不燃烧卷烟通过加热烟草但不燃烧产生烟雾，既可以实现近似卷烟的满足感，又可以减少燃烧过程中有害物质的产生和吸入，是最可能对卷烟产生颠覆性影响的创新产品。目前市场上较为成熟的产品是菲莫国际公司推出的加热装置 iQOS，于 2014 年底在意大利米兰和日本名古屋首次上市，2015 年 8 月起在瑞士全境推广，9 月起在日本全境推广，11 月起在葡萄牙里斯本、罗马尼亚布加勒斯特、俄罗斯莫斯科等城市推广。菲莫国际公司看好减害产品前景，不断加大减害产品的研发和推广力度，2015 年菲莫国际公司追加的投资额占到总成本的 1.7%，2016 年预计总投入 11 亿美元。除 iQOS 外，菲莫国际公司还有 2 款重点研发的加热不燃烧装置。

R. J. 雷诺烟草公司也是加热不燃烧卷烟研发的先行者。2003—2007 年，曾在美国推出第一个加热不燃烧卷烟产品"Eclipse"，但因市场反应不佳而退出。2015 年 2 月，在美国威斯康星州试销加热不燃烧卷烟"Revo"，但 7 月 28 日暂停二次试销计划。这与 R. J. 雷诺烟草公司并购罗瑞拉德获得批准几乎是同一时点，联系到并购所需的各类业务调整，二者之间可能存在一定联系。并购完成后，在减害烟草制品方面，R. J. 雷诺烟草公司的主打产品是电子烟品牌"Vuse"。

加热不燃烧卷烟等类型的烟草制品最受关注的问题是安全性和减害能力。菲莫国际公司已经建立完善的研发和临床试验体系，加热不燃烧卷烟装置第一期试验报告于 2016 年初公布，iQOS 相对于普通卷烟的减害能力可能高达 90%。但帝国烟草发布的研究成果显示，iQOS 使用时会产生测流烟气，因此建议将其等同于传统卷烟进行监管。作为最接近卷烟的非燃烧类烟草制品，如果减害能力得到证实，将可能对烟草业产生重大影响。

四、国际烟叶市场

国际烟叶市场需求主要受到烟草制品需求的影响，烟叶供给则受到产地的经济状况、贸易政策、替代作物种植、农业生产波动等因素的综合影响。2015 年，国际烟叶市场主要有以下两个特点。

【供过于求逐步缓解】 近年来，国际烟叶市场总体处在供大于求状态，尽管从 2014 年开始压力有所缓解，但尚未走出困境。2015 年，全球烤烟产量（不含中国）202.5 万吨（4046 万担），同比下降 10%，白肋烟产量 63.2 万吨（约 1264 万担），同比下降 9%，未签约的烤烟和白肋烟库存 13.1 万吨（约 262 万担），同比增长 176%。非洲、巴西和美国供应世界 60% 以上的烤烟和白肋烟。近年来，巴西烟叶产量不断减少，而非洲烟叶种植范围不断扩大，产量不断增加，可能成为未来国际烟叶供应方的领导者。

国际烟叶市场是高度竞争市场，对烟叶价格非常敏感。除了烟草产品供需关系之外，烟叶产地的其他农产品价格也是影响烟叶价格的重要因素。受到烟叶市场供过于求的影响，新收获烟叶价格持续低迷。根据联一国际公司披露的数据，其 2015 年销售成品烟叶 37.8 万吨（756 万担），同比下降 10.9%。平均销售价格为 5.15 美元/千克，同比下降 3.6%。烟叶平均成本 4.59 美元/千克，同比下降 5.5%。其中，南美地区销售成品烟叶 8.72 万吨（174.4 万担），同比下降 36.2%。销售均价 5.02 美元/千克，同比下降 6%。烟叶成本 4.6 美元/千克，同比下降 4%。

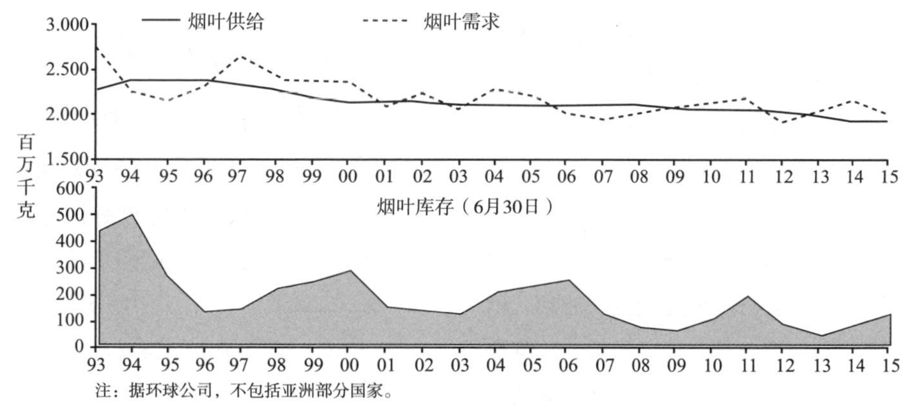

图 1 全球烟叶供需情况

表 2　2012—2016 年全球烟叶产量

（单位：百万千克）

烤　烟	2012 年	2013 年	2014 年	2015 年*	2016 年*
中北美洲及加勒比地区（含美国）	233	227	271	226	225
南美（含巴西）	697	701	713	675	595
欧洲及独联体	132	126	135	124	126
非洲及中东	327	366	461	420	385
亚洲及太平洋地区（不含中国）	578	607	648	578	516
总计	1967	2027	2228	2023	1847
白肋烟	**2012 年**	**2013 年**	**2014 年**	**2015 年***	**2016 年***
中北美洲及加勒比地区（含美国）	110	109	122	80	87
南美（含巴西）	137	142	156	124	106
欧洲及独联体	44	45	46	40	41
非洲及中东	147	244	273	271	262
亚洲及太平洋地区（不含中国）	83	107	132	117	110
总计	521	647	728	632	605
香料烟	**2012 年**	**2013 年**	**2014 年**	**2015 年***	**2016 年***
总计	210	209	237	202	183

注：环球公司 2015 年 11 月 4 日发布；由于各地烟叶种植季节不同，* 表示预测值。

【采购方式有所转变】　烟叶采购的两种主要形式有拍卖场交易和合同采购。其中，拍卖场交易量较少，主要集中在印度、马拉维、津巴布韦等地，大部分的烟叶通过合同采购方式交易。合同采购又分为烟草公司直接与烟农签订采购合同和通过烟叶公司采购两种。总体来看，全球三分之一的烟叶由跨国烟草公司直接采购，三分之一通过跨国烟叶公司采购，三分之一被产地公司采购。近年来，美国、墨西哥、巴西、多米尼加等地的烟叶通过烟叶公司采购转售烟草公司的比例增加，菲莫国际公司自 2014 年起也逐步扩大通过烟叶公司采购烟叶的比重。

引起烟叶采购方式转变的主要原因是烟草公司降低成本的需要。比较烟草公司直接采购和通过烟叶公司采购的利弊可以发现，烟草公司直接采购可以更好地保证烟叶质量以及供应链效率和安全，但从种子直至采收全过程需要更大的人、财、物投入，除需自行承担农业生产波动、供需不匹配等风险，还要面临汇率波动、地区局势、政策变化等国际贸易风险。而跨国烟叶公司的全球网络布局已经比较成熟，不仅可以有效的分散农业生产波动的风险，在烟叶品种、等级等方面匹配的选择更多样，还可以有效规避国际贸易风险。总体来看，分工有利于提高效率、降低成本，通过专业化的烟叶公司采购是烟草公司降低成本的有效途径。

五、主要烟草企业

经营烟草相关业务的国际公司主要有跨国烟草公司、区域性烟草公司、跨国烟叶公司等。

（一）跨国烟草公司①

【菲莫国际公司（Philip Morris International Inc.）】　2008 年菲莫国际公司从奥驰亚集团独立出来，经营奥驰亚集团美国以外的全部烟草业务。总部位于美国纽约，运营中心位于瑞士洛桑，现为全球第

① 菲莫国际公司财务报表年度为 2015 年 1 月 1 日到 12 月 31 日。英美烟草财务报表年度为 2015 年 1 月 1 日到 12 月 31 日。日本烟草公司财务报表年度为 2015 年 1 月 1 日至 12 月 31 日。帝国烟草公司财务报表年度为 2014 年 10 月 1 日到 2015 年 9 月 30 日。

一大跨国烟草公司，在全球拥有48家工厂，业务遍及全球180余个国家和地区，国际市场占有率约25%。2015年，菲莫国际公司投入研发经费4.2亿美元，占营业利润的4.0%。截至2015年底，菲莫国际公司拥有总资产339.6亿美元。员工总数8.02万人，同比减少2300人。

2015年主要经营举措。随着消费需求的多元化、个性化，创新产品开拓细分市场成为赢得市场份额的重要途径，口味、包装、低焦油等是主要创新点。公司升级“万宝路（Marlboro）”的外观设计，推出红、金、银蓝及白薄荷等款式，包装更为时尚现代。通过添加爆珠不断丰富卷烟口味，尤其是“万宝路（Marlboro）”推出多款爆珠类规格，在吸引消费者方面效果显著。

2015年品牌和市场占有率。全球销量前15位的烟草品牌中，公司拥有7个。其中，“万宝路（Marlboro）”高居榜首，超过第二、第三位品牌销量之和，“蓝星（L&M）”排在全球第四位。其他主要国际大品牌包括“百乐门（Parliament）”“邦德街（Bond Street）”“切斯特菲尔德（Chesterfield）”“菲莫（Philip Morris）”“云雀（Lark）”等。

表3　2015年菲莫国际公司主要市场占有率

国家	销量（万箱）	份额（%）	同比*	国家	销量（万箱）	份额（%）	同比*
印　尼	219.7	35.0	0.1	墨西哥	46.5	69.2	-2.6
俄罗斯	168.8	28.4	0.9	乌克兰	38.3	30.1	-2.6
菲律宾	132.5	73.4	1.4	法　国	37.9	41.6	0.6
土耳其	98.0	43.8	-0.2	韩　国	28.4	21.2	1.5
日　本	91.3	25.3	-0.6	波　兰	33.5	40.8	0.7
意大利	79.4	53.7	-1.2	西班牙	30.9	33.4	1.3
阿根廷	63.8	78.2	1.0	加拿大	19.9	37.3	-0.3
德　国	59.5	37.2	0.6				

注：数据来源于菲莫国际公司2015年报；*表示市场份额较上年变化的百分点数。

2015年经营业绩。菲莫国际公司全年实现卷烟销量1694.6万箱，同比下降1%，其中欧盟市场销量389.2万箱，同比下降0.1%，东欧、中东和非洲地区销量558.8万箱，同比增长0.4%，亚洲地区销量562.7万箱，同比下降2.4%，南美和加拿大销量183.8万箱，同比下降2.9%。实现销售收入（含消费税）739.08亿美元，同比下降7.7%。产品消费税471.14亿美元，同比下降6.4%。利润总额106.23亿美元，同比下降9.2%。

【英美烟草（British American Tobacco）】 成立于1902年，总部位于英国伦敦，现为全球第二大跨国烟草公司。英美烟草拥有200余个品牌，业务遍及全球200余个国家和地区，在全球41个国家拥有44家工厂，并在55个国家中市场份额排名第一，国际市场占有率为20%。截至2015年底，公司拥有总资产481.5亿美元。员工总数5.47万人，同比减少2000人。公司名列伦敦股票交易所的十大公司之一。

2015年主要经营举措。英美烟草积极实施国际并购，拓展新兴市场。收购其巴西控股子公司的全部股份，该子公司为巴西最大的卷烟制造商，在巴西的市场占有率高达80%；收购中欧地区最大的独立卷烟制造商TDR，该公司在克罗地亚卷烟市场占据领先地位，在波斯尼亚和塞尔维亚也有一定竞争力。收购波兰电子烟公司——CHIC集团，该公司在波兰有800余家零售网点，拥有几个在波兰国内著名的电子烟品牌，是波兰领先的电子烟公司。与雷诺美国公司达成电子烟技术共享协定，授权对方使用电子烟技术成果。

2015年品牌和市场占有率。公司旗下主要国际品牌包括“登喜路（Dunhill）”“健牌（Kent）”“好彩（Lucky Strike）”“波迈（Pall Mall）”“乐富门（Rothmans）”等。

表4　2015 年英美烟草在主要市场的占有率

国家或地区	份额（%）	同比*	国家或地区	份额（%）	同比*
智　利	94.7	-0.1	波　兰	27.0	0.0
委内瑞拉	92.4	0.0	荷　兰	26.3	0.2
南　非	80.5	-2.5	阿根廷	24.3	-0.4
巴　西	78.1	-0.3	乌克兰	21.6	2.1
丹　麦	73.6	-1.2	俄罗斯	21.2	0.1
新西兰	70.9	0.1	土耳其	20.7	1.2
巴基斯坦	68.8	1.8	捷　克	20.1	-0.5
马来西亚	62.1	0.9	意大利	20.0	-0.5
罗马尼亚	53.9	0.3	德　国	19.4	0.1
加拿大	49.1	-1.0	法　国	17.4	0.4
哥伦比亚	49.0	0.7	韩　国	15.0	2.0
孟加拉国	47.6	1.3	哈萨克斯坦	14.1	3.0
墨西哥	40.2	2.0	日　本	12.8	0.5
澳大利亚	39.7	0.0	西班牙	10.7	-0.4
瑞　士	38.5	-1.5	中国台湾	10.2	0.1
海湾合作委员会	31.4	-1.4	英　国	9.8	0.9
比利时	31.0	-0.9	印　尼	6.7	0.6
越　南	30.1	0.0	菲律宾	0.7	0.3
瑞　典	28.5	0.3			

注：数据来源于英美烟草 2015 年快报；*表示市场份额较上年同期变动的百分点数。

2015 年经营业绩。公司全年销售卷烟 1326 万箱，同比下降 0.5%，但重点品牌卷烟销量增幅达到 8.5%。亚太地区卷烟销量 396 万箱，同比增长 0.5%；美洲地区卷烟销量 248 万箱，同比下降 5.2%；西欧地区卷烟销量 224 万箱，同比增长 0.5%；东欧、中东、非洲地区卷烟销量 458 万箱，同比增长 1.1%。实现销售收入（不含消费税）131.04 亿英镑，同比下降 6.2%，不变汇率下增长 5.4%。实现利润总额 45.57 亿英镑，同比增长 0.2%，不变汇率下同比增长 13.6%。盈利水平受到汇率波动的负面影响。

【日本烟草公司（Japan Tobacco Inc.）】　公司于 1985 年私有化改制，总部位于日本东京，现为全球第三大跨国烟草公司，拥有 90 余个卷烟品牌，烟草业务遍及 120 余个国家和地区，国际市场占有率为 17%，主要多元化业务包括食品、饮料、制药。截至 2015 年底，日本烟草公司拥有总资产 376.4 亿美元，员工总数 4.45 万人。公司拥有 39 家制造厂（含 31 家卷烟厂），其中 8 家在日本境内（5 家卷烟厂和 3 家原料厂）。

2015 年主要经营举措。日本烟草公司明确提出成为世界第一大跨国烟草公司的战略目标，国际市场并购和新产品推广非常活跃。收购伊朗第四大烟草公司（市场占有率约 14%），在伊朗的市场占有率提高至 40%，成为伊朗第一大烟草公司。收购美国高端卷烟品牌“天然美国精神（Natural American Spirit）”的国际市场经营权，该品牌在美国、日本、德国、瑞士、意大利、西班牙、英国等国家均有较高增长率，主打“纯天然、无添加”。计划收购比利时散烟制造商 Gryson 公司，在欧洲低价自卷烟市场占有重要市场份额，2014 年销量折合卷烟 100 万箱。先后收购英国电子烟品牌“E - Lites”和美国老牌电子烟公司 Logic，及电子烟公司 Ploom 的相关知识产权。在开发新产品方面，日本烟草推出采用特殊卷烟纸的“云丝顿（Winston）”新品，能够延长每支卷烟的燃烧时间，提供持久香气；在日本国内重新设计“七星（Mevius）”包装，在英国推出“Mayfair”品牌限量版时尚新包装；“七星（Mevius）”品牌推出具有多重香味变化的爆珠型规格；推出超大号滤棒卷烟，其中有极小的纵向微孔，据称可以提供“深入的吸烟体验”。

2015 年品牌和市场占有率。公司旗舰品牌有“云丝顿（Winston）”“骆驼（Camel）”“七星（Mevius）”“乐迪（L&D）”等。

表 5　2015 年日本烟草主要市场占有率

国家或地区	份额（%）	同比*	国家或地区	份额（%）	同比*
日　本	59.9	-0.4	罗马尼亚	25.4	0.1
爱尔兰	56.7	1.6	乌克兰	23.8	1.2
英　国	42.0	0.7	西班牙	22.3	0.6
中国台湾	39.2	0.8	马来西亚	21.7	0.2
瑞　典	38.9	0.5	法　国	21.4	0.6
哈萨克斯坦	35.2	-0.7	意大利	21.1	1.2
俄罗斯	33.6	-1.2	瑞　士	17.5	0.4
奥地利	31.2	-0.2	波　兰	16.4	0.5
土耳其	30.2	1.2	加拿大	15.9	0.6

注：数据来源于日本烟草公司 2015 年快报；* 表示市场份额较上年同期变动的百分点数。

2015 年经营业绩。公司全年销售烟草制品（含非卷烟类产品）1006.2 万箱，同比下降 1.4%，其中，国内烟草制品销量 218.4 万箱（不含国内完税和对中国业务），同比下降 2.8%；国际烟草制品销量 787.8 万箱（不含合同委托生产、水烟产品、新型烟草制品等），同比下降 1%，其中旗舰品牌销量 547.2 万箱，同比增长 4.3%，增长主要来自捷克、法国、德国、伊朗、意大利、土耳其市场占有率的提高，尽管俄罗斯市场紧缩仍有负面影响。烟草业务销售收入（不含消费税）2.25 万亿日元，同比下降 0.3%，调整后利润总额 6485 亿日元，同比下降 5.4%，其中国际烟草业务同比增长 10.8%（不变汇率），国内烟草业务同比增长 6.4%。

【帝国烟草集团（Imperial Tobacco Group，PLC）】　公司成立于 1901 年，总部位于英国布里斯托尔，现为全球第四大跨国烟草公司，业务遍及 160 余个国家和地区，国际市场占有率为 13%。除烟草主营业务外，子公司 Fontem Ventures 经营电子烟、饮料业务，子公司 Logista 经营欧洲地区烟草物流业务。

2015 财政年度品牌和市场占有率。公司将旗下品牌划分为成长型、专业型，成长型品牌是指广泛销售的主力卷烟品牌，包括“大卫杜夫（Davidoff）”等 10 个品牌；专业型品牌是指针对部分消费群体的多样化烟草制品品牌，含卷烟、细切烟丝、雪茄烟、无烟气烟草制品等。公司将目标市场划分为回报型、成长型，回报型市场是指帝国烟草所占份额超过 15%、有稳定回报的市场，主要包括英国、法国、德国、西班牙、澳大利亚等 10 个国家；成长型市场是指帝国烟草所占份额低于 15%、有增长潜力的市场，主要包括美国、土耳其、俄罗斯、意大利、希腊等 10 个国家和地区。2015 年收购 R. J. 雷诺烟草公司和罗瑞拉德部分资产后，公司在美国市场占有率由 3% 提高到 9.5%，美国市场净利润占比达到 11.3%。

2015 财政年度经营业绩。公司全年烟草制品销量 570.2 万箱，同比下降 3.1%，下降幅度较上年收窄。成长型品牌销量 290 万箱，同比增长 10.7%；专业型品牌销售收入（不含消费税）6.93 亿英镑，同比下降 6.8%。2015 年部分品牌定位有改变，同比变化率数据相应调整。成长型市场不含税销售收入 14.49 亿英镑，不变汇率同比增长 4.2%，实际同比下降 4.2%，平均市场占有率 6.1%，同比下降 0.3 个百分点，俄罗斯、挪威、中国台湾市场收益良好，伊拉克、叙利亚市场收益不佳；回报型市场销售收入（不含税）40.95 亿英镑，不变汇率同比增长 1%，实际同比下降 7%，平均市场占有率 26.2%，同比下降 0.2 个百分点，德国、奥地利市场收益良好，欧洲南部市场收益不佳；美国市场烟草制品实现销量 26.4 万箱，同比增长 45%，销售收入（不含消费税）7.07 亿英镑，同比增长 39%。公司销售收入（含税）252.89 亿英镑，同比下降 4.4%；销售收入（不含消费税）127.04 亿英镑，同比下降 6.2%。所得税前利润 17.56 亿英镑，同比增长 15.6%。

【韩国烟草人参公社（KT&G）】 韩国最大的烟草公司，烟草制品出口 50 余个国家和地区，在俄罗斯、土耳其、印尼、伊朗设有卷烟生产厂，在美国、中国、菲律宾、哈萨克斯坦、黎巴嫩设有分公司。除烟草业务外，还经营人参、食品、地产等。

2015 年品牌和市场占有率。公司于上世纪 90 年代初涉足国际市场，主要出口地为俄罗斯和中东地区，境外卷烟销量从 1999 年的 5.2 万箱增长到 2015 年的 92.8 万箱，出口占比达到 53.4%。公司旗舰品牌为超细支卷烟“爱喜（ESSE）”，2001 年出口 1.2 万箱，2006 年出口 20 万箱，2011 年出口 42 万箱，2014 年达到 72.2 万箱，同比增长 30.2%，实现销售额 5331 亿韩元，同比增长 17.8%，国内市场占有率 17%。2014 年新大田卷烟厂建成投产，是目前全球最大的超细支卷烟生产厂，年卷烟设计产能 170 万箱，可同时生产 25 种规格，实际产量 120 万箱，占全球超细支卷烟产量的 40% 以上。

2015 年经营业绩。公司卷烟总销量 174 万箱，其中，国内卷烟销量 81.2 万箱，同比下降 27.1%，国内市场占有率 58.8%，较上年降低 3 个百分点；境外卷烟销量 92.8 万箱，同比增长 6.9%。卷烟销售收入（不含税）2.6 万亿韩元，同比增长 4%，其中，国内卷烟销售收入（不含税）1.93 万亿韩元，同比下降 2%，出口卷烟销售收入（不含税）6810 亿韩元，同比增长 27.8%。公司实现净利润 9879 亿韩元，同比增长 32.2%。

表 6　2015 年四大跨国烟草公司烟草业务比较

公　司	销　量（万箱）*	销售收入（亿美元）	消费税（亿美元）	利润总额（亿美元）
菲莫国际	1694.6	739.1	471.1	106.2
英美烟草	1326.0	595.9	405.4	66.2
日本烟草	1006.2	198.0*	—	57.1
帝国烟草	570.2	367.6	182.9	28.9

注：销量为含非卷烟类产品折算后的总销量；日本烟草销售收入不含消费税，其他公司含消费税；按 1 英镑 = 1.4534 美元，1 日元 = 0.0088 美元折算。

表 7　2012—2015 年国际品牌全球销量

（单位：万箱）

品　牌	公司	2012 年	2013 年	2014 年	2015 年
万宝路（Marlboro）	菲莫国际、奥驰亚	836	805	782	787
云丝顿（Winston）	日本烟草、帝国烟草	279	281	260	280
波　迈（Pall Mall）	英美烟草、雷诺美国	210	217	225	224
蓝　星（L&M）	菲莫国际	187	190	188	196
健　牌（Kent）	英美烟草	134	130	128	132
骆　驼（Camel）	日本烟草、雷诺美国	124	122	135	153
登喜路（Dunhill）	英美烟草	98	108	111	118
乐富门（Rothmans）	英美烟草	43	52	71	104
七　星（Mevius）	日本烟草	110	115	108	104
乐　迪（L&D）	日本烟草	90	90	90	99
百乐门（Parliament）	菲莫国际	79	87	94	90
邦德街（Bond Street）	菲莫国际	90	94	87	87
切斯特菲尔德（Chesterfield）	菲莫国际	73	71	83	84

注：数据来源于各烟草公司年报。

（二）区域烟草公司①

【奥驰亚集团（Altria Group, Inc.）】 奥驰亚集团前身为菲莫公司，2003 年 1 月，菲莫公司正式更名为奥驰亚集团。2008 年 3 月，菲莫国际公司从奥驰亚集团分离出来，经营奥驰亚集团在美国以外的全部烟草业务。经重组后的奥驰亚集团则经营美国国内烟草业务以及多元化业务，现为美国国内第一大烟草公司。2015 年，集团卷烟销量 252.2 万箱，同比增长 0.5%；雪茄烟销量 13.25 亿支，同比增长 4.2%。有烟气烟草制品含税销售收入 227.9 亿美元，同比增长 3.9%；不含税销售收入 163.7 亿美元，同比增长 5.4%。2015 年，奥驰亚集团在美国国内的卷烟市场份额为 51.3%，同比提高 0.4 个百分点，销售“万宝路（Marlboro）”216 万箱，同比持平，市场份额为 44%，同比提高 0.2 个百分点；雪茄烟市场份额为 27.7%，同比降低 1 个百分点。无烟气烟草制品销量 8.14 亿盒，同比增长 2.5%，实现销售收入 17.46 亿美元（不含消费税），同比增长 4.5%，市场份额 54.9%，同比略降。

【雷诺美国公司（Reynolds American Inc.）】 美国第二大烟草公司，2015 年成功收购美国第三大烟草公司罗瑞拉德，由此获得美国第一大薄荷烟品牌、第二大卷烟品牌“新港（New Port）”，将高端卷烟品牌“天然美国精神（Natural American Spirit）”的国际经营权出售给日本烟草公司。2015 年各子公司销量：R. J. 雷诺烟草公司（R. J. Reynolds Tobacco Company）销售卷烟 142.6 万箱，同比增长 17%，美国市场占有率 32%；美国鼻烟公司（American Snuff Company, LLC）销售产品 5 亿听，同比增长 4.3%，美国市场占有率 33.5%，同比提高 0.6 个百分点；圣塔菲天然烟草公司（Santa Fe Natural Tobacco Company, Inc.）在美国销售高端卷烟“天然美国精神（Natural American Spirit）”9.6 万箱，同比增长 23.1%，美国卷烟市场占有率 1.9%，同比提高 0.3 个百分点，为美国销量增长最快的卷烟品牌。

2015 年，雷诺美国公司实现销售收入（不含消费税）106.75 亿美元，同比增长 26%。缴纳税收 42.09 亿美元，同比增长 16.11%。实现利润 69.53 亿美元，考虑到并购影响，利润增长率不具可比性。

【印尼盐仓集团（PT. Gudang Garam Tbk.）】

印尼领先的丁香烟制造商，自 2004 年起国内市场占有率逐年下降，主要原因是丁香烟这一品类所占市场份额不断下降。在国内最大的竞争对手为菲莫国际印尼分公司，市场占有率不相上下，但菲莫国际印尼分公司在高端烟市场竞争优势更为明显。

2014 年，印尼国内烟草制品实现销量 151.8 万箱，同比增长 4.8%，市场占有率为 21.9%，同比提高 1.3 个百分点。出口烟草制品 9.4 万箱，同比增长 15.2%。2014 年销售收入（不含消费税）65.2 万亿印尼盾，同比增长 17.6%。净利润（不含所得税）5.4 万亿印尼盾，同比增长 24%。

【印度烟草公司（I. T. C Limited）】 印度第一大烟草公司，经营三类烟草产品——卷烟、电子烟、尼古丁口香糖，但烟草业务收入占比仅 60%，且有不断下滑趋势，其他业务包括快速消费品、酒店、造纸印刷、信息技术、农产品等。2014 年 7 月、2015 年 2 月两次提高消费税，65 毫米以下卷烟消费税率累计提高 115%。2013—2015 年，卷烟消费税、增值税平均分别累计提高 98%、104%。卷烟的市场占有率不到 12%，仅占全球卷烟消费 1.8%。

2015 财政年度，印度烟草公司的卷烟业务实现销售收入（含消费税）3045.24 亿卢比，同比增长 4.7%。缴纳消费税 1388.16 亿卢比。

【埃及东方烟草公司（Eastern Company S. A. E)】 埃及以及中东地区最大的烟草制造商，在埃及国内为垄断经营，由于法律禁止种植烟叶，原材料全部依靠进口。2015 年，埃及东方烟草公司决定在马拉维共和国投资建厂，是公司国际化战略的重要里程碑。2015 年，卷烟税率提高 50%，但销量仍取得增长。2015 财政年度，公司生产卷烟 164 万箱，同比增长 8.5%，其中国内销售约 122 万箱，净利润（不含所得税）10.8 亿埃及镑，同比增长 19.2%。政府卷烟税收入是苏伊士运河税

① 奥驰亚集团财务报表年度为 2015 年 1 月 1 日到 12 月 31 日，雷诺美国公司财务报表年度为 2015 年 1 月 1 日到 12 月 31 日，印尼盐仓集团财务报表年度为 2015 年 1 月 1 日到 12 月 31 日，印度烟草公司财务报表年度为 2014 年 4 月 1 日到 2015 年 3 月 31 日，埃及东方烟草财务报表年度为 2014 年 7 月 1 日到 2015 年 6 月 30 日，瑞典火柴公司财务报表年度为 2015 年 1 月 1 日到 12 月 31 日。

收收入的2倍。

【瑞典火柴公司（Swedish Match）】 成立于1915年，总部位于瑞典斯德哥尔摩，瑞典口含烟制造商，拥有世界最大的雪茄烟和斗烟制造商斯堪的纳维亚烟草集团49%的股份。在6个国家拥有12家生产厂，销售集中于斯堪的纳维亚地区和美国。主要经营瑞典口含烟、湿润鼻烟、雪茄烟、嚼烟等烟草制品以及火柴等打火产品。公司持续剥离卷烟类业务，认为新式口含烟作为减害产品将替代卷烟成为主流，并于2014年提出“无卷烟世界”口号。

2015年，瑞典口含烟在斯堪的纳维亚地区实现销量2.38亿听，同比持平，市场占有率69.3%，同比下降1.2个百分点；瑞典口含烟和湿润鼻烟在美国实现销量1.32亿听，同比持平。2015年，美国雪茄烟实现销量12.56亿支，同比增长11.64%。2015年，实现销售收入144.86亿瑞典克朗，同比增长8.8%。实现利润2.8亿瑞典克朗，同比下降6.7%。

（三）跨国烟叶公司

【环球公司（Universal Corporation）】 公司成立于1918年，总部位于美国弗吉尼亚州里士满，现为全球第一大跨国烟叶公司，烟叶采购业务遍及35个国家和地区、销售业务覆盖90多个国家和地区。环球烟叶公司为其子公司。2015财政年度，公司实现销售收入22.72亿美元，同比下降10.6%。净利润1.15亿美元，同比下降23.4%。2015年，成立一家合资公司，生产电子烟所需的液态尼古丁制品。此外，还成立一家多元化合资公司，经营蔬菜饮料业务。

【联一国际公司（Alliance One International, Inc.）】 公司成立于2005年，总部位于美国北卡罗来纳州罗利，现为全球第二大烟叶公司，烟叶采购业务遍及45个国家，销售业务遍及90余个国家，在全球拥有24个加工厂。2015财政年度，烟叶销量3.78亿千克，同比下降10.9%，销售收入20.66亿美元，同比下降12.27%，主要受到烟叶需求下降、烟草公司去库存、出售巴西分公司股权等因素影响，净亏损1543万美元，同比下降82.20%。尽管部分地区烟叶供应已经收紧，但是供过于求仍需一段时间才能缓解。公司计划未来缩减一部分采购区域，重点投资核心市场，以降低成本、提高收益。

（执笔：骆　晨；编辑：王东旭）

抗战胜利纪念章获得者名单

【烟草行业获得“中国人民抗日战争胜利70周年纪念章”的老战士老同志名单】①

国家烟草专卖局机关（3人）

马尔赤　郑　旭　贾宝珍

中国烟草机械集团有限责任公司（2人）

郜　冉　孔令田

中国烟草实业发展中心（10人）

王　峰　张二功　刘新兰　杨步云　张振英　单连振
戴璞玉　候兴存　孙凤洲　李银珍

北京市烟草专卖局（公司）（1人）

张锡山

河北省烟草专卖局（公司）（7人）

尹秀珍　齐继芳　乔承俊　宋子财　梁秀阁　田月芬
王秀庭

河北中烟工业有限责任公司（8人）

张胜利　吕汝林　齐奉武　李银娥　王有贵　王家奎
李　财　魏兆岐

山西省烟草专卖局（公司）（4人）

曲换梅　裴子文　刘志英　李建庭

内蒙古自治区烟草专卖局（公司）（2人）

郭林清　张　明

辽宁省烟草专卖局（公司）（5人）

---

① 2015年9月，在隆重纪念中国人民抗日战争暨世界反法西斯战争胜利70周年之际，中央决定，以中共中央、国务院、中央军委名义，向全国所有健在的抗战老战士老同志、抗日将领、为中国抗战胜利作出贡献的国际友人或其遗属颁发“中国人民抗日战争胜利70周年纪念章”，其中烟草行业共有257位抗战老战士老同志获颁纪念章。这次纪念章发放的主要对象有：一是参加过抗日战争的八路军、新四军、中国共产党领导的华南抗日游击队、东北抗日联军和各地游击队健在的老战士；二是抗日战争时期在中国共产党领导下从事地方工作和地下工作的健在的老同志；三是曾在国民党军队参加抗战并于解放战争时期及其以后参加革命工作（或入伍）以及回乡务农的老战士、老同志；四是为中国人民抗日战争胜利作出贡献的海内外爱国人士、抗战将领中的代表人士；五是为中国人民抗日战争胜利作出贡献的国际友人中的代表人士。2015年1月1日以后去世的抗战老战士老同志也在此次发放范围内。

李建民　王海清　王乐义　张翰卿　李进省

吉林省烟草专卖局（公司）（2 人）

刘　文　张敬礼

黑龙江省烟草专卖局（公司）（1 人）

徐文先

上海烟草集团有限责任公司（7 人）

刘玉珍　刘寿峰　张　湘　王天增　宋文道　朱　力
李肖克

江苏省烟草专卖局（公司）（17 人）

罗桂英　沈裕安　张贵政　朱振英　刘宝贵　王歧云
张俊华　曹作美　刘志勇　王洪飞　陈彦堂　朱长发
赵继文　徐立宇　徐乃章　寒　星　孙应民

江苏中烟工业有限责任公司（10 人）

王松林　罗　荣　沈怀余　梁　英　骆炳车　阎秀杰
王福全　朱技能　郭　明　赵盛福

浙江省烟草专卖局（公司）（4 人）

唐明义　王　信　胡宽广　蔡文彬

安徽省烟草专卖局（公司）（20 人）

余　平　戴春富　胡富根　李训崇　王祖佑　刘文昌
罗　崇　漆延年　陈友明　王昌国　杨　坤　王继荣
刘道先　常开文　郧家贵　姜寿峰　贾云生　甄俊希
陈学新　解大举

安徽中烟工业有限责任公司（4 人）

尹计高　徐梦岐　王太传　葛同裕

福建省烟草专卖局（公司）（1 人）

巩桂香

福建中烟工业有限责任公司（1 人）

张　华

江西省烟草专卖局（公司）（3 人）

张桂根　汪洪坤　邵纯志

江西中烟工业有限责任公司（1 人）

张树云

山东省烟草专卖局（公司）（32 人）

龚若青　左兴峰　李嘉隆　史　光　许明宇　李瑞亭
曹广文　任良忠　王修宪　王吉庆　徐世平　张友林
李玉珍　刘乃芝　赵景祥　李振功　张长江　戚瑞庭
张崇礼　刘　刚　孔政协　韩廷宝　刘林贤　马继周
曲世平　杜守荣　乔汝鹏　王复来　林昌义　宋宪玺
张玉爱　苏玉伦

山东中烟工业有限责任公司（23 人）

张大发　史学良　张伯春　郗传声　葛学远　田　力
初培文　黄立民　刘长银　郭东淮　张新奇　王秀英
储连玉　武永山　肖金凤　黄根富　高若冰　付际友
李秀红　王香英　王桂凤　胡书元　黑玉玲

河南省烟草专卖局（公司）（7 人）

白桂清　张振德　张瑞泽　王惠安　吴玉华　范　杰
张来玉

河南中烟工业有限责任公司（5 人）

苏光荣　史绍春　刘玉科　石增奇　戚广贵

湖北省烟草专卖局（公司）（7 人）

陆保平　王培东　程秀峰　汪金保　韩新志　阎凤山
刘万森

湖北中烟工业有限责任公司（1 人）

朱幕尧

湖南省烟草专卖局（公司）（1 人）

谭永善

广东省烟草专卖局（公司）（5 人）

林金娣　陈明洛　李延哲　柴福印　王　欣

广东中烟工业有限责任公司（2 人）

王　双　李　立

广西壮族自治区烟草专卖局（公司）（4 人）

刘振南　宋维义　陈正玉　王　智

重庆市烟草专卖局（公司）（4 人）

谭　鼐　王启发　文代贤　李　锋

四川省烟草专卖局（公司）（7 人）

张秀兰　王景洪　王改梅　陈宗典　马　力　房玉可
丁致祥

川渝中烟工业有限责任公司①（2 人）

马海云　张润梅

贵州省烟草专卖局（公司）（5 人）

刘继善　潘国玉　周继忠　吴国本　吕元海

---

① 2015 年 10 月，根据《国家烟草专卖局 中国烟草总公司关于进一步深化川渝烟草工业企业改革的批复》（国烟法〔2015〕280 号），撤销川渝中烟工业有限责任公司，原所属四川烟草工业有限责任公司重组更名为四川中烟工业有限责任公司；原所属重庆烟草工业有限责任公司重组更名为重庆中烟工业有限责任公司。本年鉴《附录》栏目中，涉及川渝中烟工业有限责任公司按照其续存期间的情况进行撰写。

贵州中烟工业有限责任公司（11 人）

何 颖 魏有才 刘云甫 李敬一 毕信章 邱克顺 罗清记 韩 志 武朝山 邓培文 夏应忠

云南省烟草专卖局（公司）（3 人）

李水旺 廖必均 刘巨德

云南中烟工业有限责任公司（8 人）

李世正 张天福 赵 印 毛金安 贾双丑 贾星则 李福堂 赵玉生

陕西省烟草专卖局（公司）（12 人）

陈忠武 张连书 薛生旺 鲁忠华 杨文经 窦鸿志 蒋志应 姚学武 杨发林 张德芳 吕新录 张焕增

陕西中烟工业有限责任公司（1 人）

孟宪彬

甘肃省烟草专卖局（公司）（2 人）

史 池 杜修祥

新疆维吾尔自治区烟草专卖局（公司）（1 人）

李树森

中国烟草总公司郑州烟草研究院（1 人）

姜彭彬

先进人物名单

【烟草行业获评 2015 年全国劳动模范名单】

（中共中央 国务院关于表彰全国劳动模范和先进工作者的决定）（中委〔2015〕246 号）（2015 年 4 月 28 日公布）

胡自强 张家口卷烟厂有限责任公司党委副书记、总经理、工程师

辛刚刚 内蒙古昆明卷烟有限责任公司动力车间主任、工程师

于晓江 红塔辽宁烟草有限责任公司营口卷烟厂卷包车间卷烟机维修工人、高级技师

金 明（朝鲜族）吉林烟草工业有限责任公司延吉卷烟厂制丝车间主任、工程师

阮 见 黑龙江烟草工业有限责任公司绥化卷烟厂党委书记、厂长、工程师

俞佳俊 上海烟草集团有限责任公司上海卷烟厂制丝维修技师

孙桂泉 南通醋酸纤维有限公司党委书记、总经理、高级经济师

关 军 江苏中烟工业有限责任公司淮阴卷烟厂党委书记、厂长、工程师

兰志勇（畲族）厦门烟草工业有限责任公司维修电工、助理工程师

王 彬 山东中烟工业有限责任公司青岛卷烟厂维修主管、助理工程师

高卫军 河南中烟工业有限责任公司安阳卷烟厂卷包车间工人

陈广慧 河南中烟工业有限责任公司南阳卷烟厂卷包车间工人

陈 超 湖北中烟工业有限责任公司襄阳卷烟厂工人、工程师

喻树洪 湖南中烟工业有限责任公司长沙卷烟厂卷包车间工艺技术管理员

饶智华 广东中烟工业有限责任公司梅州卷烟厂副厂长、助理经济师

张雨夏 广西中烟工业有限责任公司党组书记、总经理、高级经济师、高级政工师

付孝刚 重庆烟叶复烤有限公司彭水复烤厂副厂长、会计师

刘玉勇（苗族） 贵州中烟工业有限责任公司铜仁卷烟厂二车间主任、工程师

缪明明 云南中烟工业有限责任公司技术中心副主任、研究员

祁 磊 陕西中烟工业有限责任公司宝鸡卷烟厂卷包车间卷接修理组组长

田 成 甘肃烟草工业有限责任公司党组书记、总经理、工程师

【烟草行业科技领军人才名单】

（国家烟草专卖局 中国烟草总公司关于聘任谢剑平同志和武怡同志为烟草行业科技领军人才的决定）（国烟人〔2015〕81 号）（2015 年 3 月 25 日公布）

谢剑平 中国烟草总公司郑州烟草研究院

武 怡 云南中烟工业有限责任公司

【烟草行业2014年度拓展国际市场先进个人名单】

（中国烟草总公司关于授予吕艳萍等33名同志2014年度拓展国际市场先进个人的决定）（中烟办〔2015〕90号）（2015年3月31日公布）

一、国内拓展国际市场先进个人

吕艳萍　云南烟草国际有限公司部门经理

李伟庆　广东中烟工业有限责任公司投资管理部部长

白　钢　陕西中烟工业有限责任公司进出口部副部长

张　劲　安徽中烟工业有限责任公司进出口部部长

洪树义　浙江中烟工业有限责任公司进出口部经理

谭尉闻　湖南中烟工业有限责任公司进出口部主任科员（经济师）

甘方韬　湖北中烟工业有限责任公司国际部销售经理

崔　勇　福建中烟工业有限责任公司进出口处处长

王照军　山东中烟工业有限责任公司国际运营中心总经理

舒佳明　上海烟草集团有限责任公司卷烟出口（销售）业务主管

朴光石　吉林烟草工业有限责任公司国际部总监

二、国外拓展国际市场先进个人

周应奎　老挝寮中红塔好运烟草有限公司总经理

罗志雄　缅甸掸邦第一特区果敢卷烟厂厂长

蒋志松　金叶卷烟厂（澳门）有限公司生产部经理

黎海腾　威尼顿集团有限公司国际业务拓展部经理

黎燕萍　威尼顿集团有限公司生产部卷包车间主管

冯中根　蒙古烟草有限责任公司厂长

赵冬清　中烟国际欧洲有限公司总经理

于会东　浙江中烟工业有限责任公司中东市场区域经理

罗春雷　浙江中烟工业有限责任公司阿联酋合资公司质量主管

易　广　湖南中烟工业有限责任公司进出口部巴拿马项目经理

卜灿洙　平壤白山烟草有限责任公司技术总监

姜龙范　平壤白山烟草有限责任公司财务总监

吴成焕　大同江烟草有限公司副社长（中方代表）

金明孙　罗先新兴烟草会社社长

孙卫国　天利国际经贸有限公司财务部经理

张　恒　天泽烟草有限责任公司总经理

袁鹏宇　中烟菲莫国际有限公司财务与战略发展部经理

赵　俊　中烟菲莫国际有限公司市场部品牌经理

袁　炜　中烟英美烟草国际有限公司市场部副总监

梁占华　中烟国际（北美）股份有限公司总裁

叶　海　中烟国际巴西有限公司副总经理

张家伟　中烟国际阿根廷有限责任公司烟叶运营部经理

【烟草行业优秀研究员和优秀政研会工作者名单】

（中国烟草职工思想政治工作研究会关于表彰行业优秀政研会 优秀研究员和优秀政研会工作者的决定）（中烟政研〔2015〕6号）（2015年10月29日发布）

一、优秀研究员

贾安才　山西省烟草专卖局（公司）政工处处长

林　蕾　上海烟草集团有限责任公司政工处处长

徐大跃　江苏省烟草专卖局（公司）政工处处长

阮锦琛　浙江省烟草专卖局（公司）政工处处长

金　峰　安徽省烟草专卖局（公司）政工处处长

李公勋　山东省烟草专卖局（公司）政工处处长

陈明蓉　湖北省烟草专卖局（公司）政工处调研员

郑　钢　湖南省烟草专卖局（公司）政工处处长

邓湘军　广东省烟草专卖局（公司）政工处处长

陈卫红　广西壮族自治区烟草专卖局（公司）政工处处长

杨小秋　四川省烟草专卖局（公司）政工处处长

任　晖　海南省烟草专卖局（公司）政工处处长

毛化贤　贵州省烟草专卖局（公司）政工处处长

邱庆伟　甘肃省烟草专卖局（公司）政工处处长

白向勤　宁夏回族自治区烟草专卖局（公司）政工处处长

张　乐　重庆市烟草专卖局（公司）政工处处长

李成家　大连市烟草专卖局（公司）政工处处长

杨　军　江苏中烟工业有限责任公司党群工作部部长

张健源　浙江中烟工业有限责任公司政工部主任

金　翔　江西中烟工业有限责任公司政工部部长

于长坤　山东中烟工业有限责任公司政工部部长

龚道国　湖南中烟工业有限责任公司文化总监

唐格莲　广西中烟工业有限责任公司政工部部长

何开诚　四川中烟工业有限责任公司政工部部长

谭跃辉　贵州中烟工业有限责任公司政工部部长

张　军　云南中烟工业有限责任公司政工部部长

二、优秀政研会工作者

方建中　北京市烟草专卖局（公司）政工处主任科员

石　锦　天津市烟草专卖局（公司）政工处主任科员

邢晓英　河北省张家口市烟草专卖局（公司）政工科科长

刘　刚　山西省烟草专卖局（公司）政工处主任科员

王永宏　内蒙古呼和浩特市烟草专卖局（公司）政工科副科长（主持工作）

陈　军　辽宁省葫芦岛市烟草专卖局（公司）党总支书记

李春祥　吉林省长春市烟草专卖局（公司）政工处处长

侯晓华　黑龙江省哈尔滨市烟草专卖局（公司）政工处处长

高长正　上海烟草集团有限责任公司政工处干部

桑天婵　上海烟草集团有限责任公司上海卷烟厂政工科科长

张建华　江苏省徐州市贾汪区烟草专卖局（分公司）局长、经理、党组书记

孙宏星　浙江省衢州市烟草专卖局（公司）人事劳资处（思想政治工作处）处长

姜正才　安徽省蚌埠市烟草专卖局（公司）政工科科长

张永成　福建省厦门市烟草专卖局（公司）纪检组组长

骆有生　江西省九江市烟草专卖局（公司）纪检组组长

董海燕　山东省青岛市烟草专卖局（有限公司）党委委员、纪委书记、工会主席

于习晓　山东省济南市烟草专卖局（有限公司）团委副书记

仝宝莲　河南省开封市烟草专卖局（公司）工会主席

王宇红　河南省三门峡市烟草专卖局（公司）政工科科长

郭开胜　湖北省黄冈市烟草专卖局（公司）调研员兼副局长、副经理

陈　昊　湖北省武汉市烟草专卖局（公司）政工处处长

黄国联　湖南省郴州市烟草专卖局（公司）局长、经理、党组书记

谭　毅　广东省烟草专卖局（公司）政工处副科长

刘志斌　广东省惠州市烟草专卖局（有限责任公司）党组书记、局长、总经理

王瑞芸　广西壮族自治区百色市烟草专卖局（公司）政工科干部

邓晶华　四川省烟草专卖局（公司）政工处主任科员

曹爱洪　四川省乐山市烟草专卖局（公司）政工科科长

刘晶晶　海南省三亚市烟草专卖局（公司）机关党委（工会）干部

陈文相　贵州省毕节市烟草专卖局（公司）党委书记、局长、经理

唐清清　贵州省遵义市烟草专卖局（公司）法规与企业管理科科长

张　雄　云南省昭通市烟草专卖局（公司）党委副书记

李　琳　云南省大理州烟草专卖局（公司）党群工作部干部

姜保信　陕西省商洛市烟草专卖局（公司）副经理

田　勃　甘肃省嘉峪关市烟草专卖局（公司）政工科科长

巨　俊　青海省格尔木市烟草专卖局（公司）政工科科长

邹振军　宁夏回族自治区固原市烟草专卖局（公司）党组书记、局长、经理

郭明霞　新疆维吾尔自治区巴音郭楞蒙古自治州烟草专卖局（公司）政工科科长

候　军　西藏自治区烟草专卖局（公司）政工处干部

文　淋　重庆市烟草投资管理有限公司党组书记、总经理

高　鹏　大连市烟草专卖局（公司）政工处干部

周培春　深圳市烟草专卖局（公司）机关党委专职副书记

张俊杰　秦皇岛烟草机械有限责任公司党群工作部副主任

徐克林　吉林烟草工业有限责任公司党群工作部部长

周新宇　内蒙古昆明卷烟有限责任公司政工部部长

李继明　河北中烟工业有限责任公司教育培训中心副主任

姚　立　江苏中烟工业有限责任公司南通烟滤嘴有限责任公司办公室（政工处）干部

张立新　浙江中烟工业有限责任公司杭州卷烟厂党委书记

刘允胜　安徽中烟工业有限责任公司营销中心政工部副部长

徐辉广　江西中烟工业有限责任公司广丰卷烟厂党委书记、副厂长

郭利峰　山东中烟工业有限责任公司济南卷烟厂政工处处长

黄如瑞　厦门烟草工业有限责任公司党办副主任

王秋领　河南中烟工业有限责任公司漯河卷烟厂党委副书记（主持工作）

程　翔　湖北中烟工业有限责任公司武汉卷烟厂办公室副主任

刘少云　湖南中烟工业有限责任公司政工部报社主编

许小伟　广东中烟工业有限责任公司广州卷烟厂党办副主任

倪　敏　广西中烟工业有限责任公司真龙实业公司副处级干部

胡宗俊　四川中烟工业有限责任公司政工部干部

刘　华　贵州中烟工业有限责任公司政工部干部

马　洪　红云红河集团红河卷烟厂党群工作部部长

朱雄伟　红塔集团玉溪卷烟厂党委书记

刘光彦　陕西中烟工业有限责任公司汉中卷烟厂政工科科长

【2015 年度全国烟草技术能手名单】　（国家烟草专卖局关于授予 2015 年度烟草行业职业技能竞赛优秀选手烟草行业技术能手荣誉称号的决定）（国烟人〔2016〕51 号）（2016 年 2 月 18 日公布）

一、2015 年中国技能大赛——第十三届全国烟草行业职业技能竞赛暨第六届烟叶分级职业技能竞赛

梅玲丽　云南中烟工业有限责任公司
沈　力　湖南省烟草专卖局（公司）
肖亦雄　湖南省烟草专卖局（公司）
李正付　湖南省烟草专卖局（公司）
韦　斌　贵州省烟草专卖局（公司）
张刚领　贵州省烟草专卖局（公司）
刘艳芳　河南省烟草专卖局（公司）
苏红标　湖南省烟草专卖局（公司）
梁　伟　广西中烟工业有限责任公司
彭丽芳　湖南省烟草专卖局（公司）
秦　凌　湖南省烟草专卖局（公司）
李　桃　贵州省烟草专卖局（公司）
王　飞　福建省烟草专卖局（公司）
冉跃峰　河南省烟草专卖局（公司）
蒋建军　湖南省烟草专卖局（公司）
杜为明　福建省烟草专卖局（公司）
李秉裕　福建省烟草专卖局（公司）
李春燕　云南中烟工业有限责任公司
李永新　河南中烟工业有限责任公司
蔡惠仙　云南中烟工业有限责任公司
赖劲鹏　江西省烟草专卖局（公司）
白金莹　河南中烟工业有限责任公司
李兴华　福建省烟草专卖局（公司）
金　楹　云南省烟草专卖局（公司）
张坤兰　云南中烟工业有限责任公司
张美明　福建省烟草专卖局（公司）
尹作现　河南省烟草专卖局（公司）
姚先洪　四川省烟草专卖局（公司）
牛慧伟　江西省烟草专卖局（公司）
赵浩宾　河南省烟草专卖局（公司）

二、行业省级职业（岗位）技能竞赛获奖选手名单

（一）第一届陕黔烟草系统烟叶分级职业技能竞赛

胡　碧　贵州省遵义市烟草专卖局（公司）
叶征宇　贵州省遵义市烟草专卖局（公司）

郝　斌　贵州省毕节市烟草专卖局（公司）

马秋霞　贵州省遵义市烟草专卖局（公司）

胡兴海　贵州省毕节市烟草专卖局（公司）

黄玉春　贵州省毕节市烟草专卖局（公司）

邵　波　贵州省烟草专卖局（公司）

梁　冰　贵州省黔西南州烟草专卖局（公司）

（二）第三届中国烟草实业发展中心烟叶分级职业技能竞赛

陈长清　深圳烟草工业有限责任公司

王胜利　内蒙古昆明卷烟有限责任公司

陈祝斌　甘肃烟草工业有限责任公司

（三）第四届内蒙古自治区烟草专卖局卷烟商品营销职业技能竞赛

马　兰　内蒙古包头市烟草专卖局（公司）

石培霞　内蒙古巴彦淖尔市烟草专卖局（公司）

王建峰　内蒙古乌海市烟草专卖局（公司）

（四）第二届安徽省烟草专卖局（公司）卷烟商品营销职业技能竞赛

晁治国　安徽省宣城市烟草专卖局（公司）

汪美丽　安徽省黄山市烟草专卖局（公司）

王　丽　安徽省六安市烟草专卖局（公司）

刘　婉　安徽省亳州市烟草专卖局（公司）

马大彪　安徽省蚌埠市烟草专卖局（公司）

杨　毅　安徽省合肥市烟草专卖局（公司）

（五）第三届山东省烟草专卖局（公司）烟叶分级职业技能竞赛

王永立　山东省临沂市烟草专卖局（有限公司）

杜从伍　山东省临沂市烟草专卖局（有限公司）

张功起　山东省临沂市烟草专卖局（有限公司）

（六）第四届河南省烟草专卖局（公司）烟叶分级职业技能竞赛

刘振乾　河南省洛阳市烟草专卖局（公司）

张振芳　河南省漯河市烟草专卖局（公司）

（七）第三届湖北省烟草专卖局（公司）烟叶分级职业技能竞赛

卢红良　湖北省襄阳市烟草专卖局（公司）

李明刚　湖北省十堰市烟草专卖局（公司）

杨郑东　湖北省宜昌市烟草专卖局（公司）

（八）第五届湖南省烟草专卖局（公司）烟叶分级职业技能竞赛

郑陶娟　湖南省永州市烟草专卖局（公司）

（九）第四届广东烟草商业系统烟叶分级职业技能竞赛

汤海雄　广东省梅州市烟草专卖局（有限公司）

（十）第二届重庆市烟草系统卷烟商品营销职业技能竞赛

朱　霞　重庆市渝中区烟草专卖局（分公司）

任战斌　重庆市烟草专卖局（公司）销售分公司

许　波　重庆市江北区烟草专卖局（分公司）

冉　伟　重庆市云阳县烟草专卖局（分公司）

刘　庆　重庆市永川区烟草专卖局（分公司）

谢　琳　重庆市江津区烟草专卖局（分公司）

（十一）第四届四川省烟草专卖局（公司）烟叶分级职业技能竞赛

鲁　平　四川省泸州市烟草专卖局（公司）

袁朝军　四川省凉山州烟草专卖局（公司）

（十二）第六届陕西省烟草专卖局（公司）职业技能竞赛暨第三届烟叶分级职业技能竞赛

杨青玺　陕西省商洛市烟草专卖局（公司）

陈昌海　陕西省安康市烟草专卖局（公司）

袁学现　陕西省安康市烟草专卖局（公司）

（十三）第二届江西中烟工业有限责任公司烟机设备修理职业技能竞赛

彭　云　江西中烟工业有限责任公司南昌卷烟厂

邓时辉　江西中烟工业有限责任公司南昌卷烟厂

（十四）“黄金叶杯”第二届河南中烟工业有限责任公司烟叶分级职业技能竞赛

刘　凌　河南中烟工业有限责任公司黄金叶生产制造中心

（十五）“真龙杯”第三届广西中烟工业有限责任公司烟机设备修理职业技能竞赛

庄代魁　广西中烟工业有限责任公司柳州卷烟厂

罗　峰　广西中烟工业有限责任公司柳州卷烟厂

（十六）第五届川渝中烟工业有限责任公司烟机设备修理职业技能竞赛

黄　勇　四川中烟工业有限责任公司什邡卷烟厂

王　强　四川中烟工业有限责任公司绵阳卷烟厂

【烟草行业“十二五”科技创新工作先进个人名单】 （中国烟草总公司关于表彰奖励烟草行业“十二五”科技创新工作先进集体和先进个人的决定）（中烟办〔2016〕61号）（2016年3月9日公布）

聂　聪　郑州烟草研究院烟草化学重点实验室
范　黎　中国烟草标准化研究中心
郑赛晶　上海新型烟草制品研究院
陈荣平　中国烟草总公司黑龙江省公司牡丹江烟草科学研究所
李文卿　福建省烟草专卖局烟草农业科学研究所
张启明　江西省烟叶科学研究所
许家来　山东烟草研究院
徐　宸　重庆烟草科学研究所
成巨龙　陕西省烟草研究所
庄亚东　江苏中烟工业有限责任公司技术研发中心
王　韵　浙江中烟工业有限责任公司技术中心
舒俊生　安徽中烟工业有限责任公司技术中心
范坚强　福建中烟工业有限责任公司技术中心
邓　宇　江西中烟工业有限责任公司技术研发中心
彭桂新　河南中烟工业有限责任公司技术中心
张耀华　湖北中烟工业有限责任公司技术研发中心
任建新　湖南中烟工业有限责任公司技术研发中心
赵瑞峰　广东中烟工业有限责任公司技术中心
冯守爱　广西中烟工业有限责任公司技术中心
戴　亚　重庆中烟工业有限责任公司技术研发中心
惠建权　贵州中烟工业有限责任公司技术中心
李雪梅　云南中烟工业有限责任公司技术中心
张天栋　云南中烟工业有限责任公司技术中心
郭志刚　陕西中烟工业有限责任公司技术中心
安　毅　黑龙江烟草工业有限责任公司
朴永革　吉林烟草工业有限责任公司
刘晓晖　深圳烟草工业有限责任公司
许淑红　河南中烟工业有限责任公司黄金叶生产制造中心
王先兵　湖南中烟工业有限责任公司常德卷烟厂
葛孚明　红塔烟草（集团）有限责任公司
宋新华　颐中烟草（集团）有限公司
于　勤　上海烟草包装印刷有限公司
盛培秀　南通烟滤嘴有限责任公司
高前进　珠海醋酸纤维有限公司
赵宝生　许昌烟草机械有限责任公司
岳雪梅　北京市烟草专卖局（公司）综合计划处
周　玮　浙江省烟草质量监督检测站
王　锴　西北烟草质量监督检测站
汤层层　湖南省烟草质量监督检测站
王　茜　重庆市烟草质量监督检测站
楼小华　贵州省烟草质量监督检测站
王道支　安徽皖南烟叶有限责任公司
徐　茜　福建省烟草公司南平市公司
王　瑞　湖北省烟草公司恩施州公司
田　峰　湖南省烟草公司湘西州公司
屈建康　四川省烟草公司技术中心
陈　雪　贵州省烟草公司毕节市公司
解　燕　云南省烟草公司曲靖市公司
王新中　云南省烟草公司大理州公司
杜阅光　天昌国际烟草有限公司
王以兵　江苏省烟草公司扬州市公司
史广礼　湖北省烟草公司武汉市公司
赵毅然　河北省烟草公司邯郸市公司
杨　峰　内蒙古包头市烟草专卖局（公司）物流中心
姜守信　辽宁省烟草公司本溪市公司
宋　牧　吉林省烟草公司白城市公司
于得水　大连市烟草专卖局（公司）综合计划处
林北森　广西壮族自治区烟草公司百色市公司
周执海　海南省烟草公司海口市公司
张亚平　宁夏回族自治区烟草公司银川市公司

【烟草行业获全国“六五”普法中期先进个人名单】 （国家烟草专卖局关于表彰烟草行业“六五”普法先进单位和先进个人的决定）（国烟法〔2016〕78号）（2016年3月25日公布）

崔　燕　北京市烟草专卖局法规处主任科员
和剑锋　北京市西城区烟草专卖局副局长
张云武　天津市烟草专卖局法规处主任科员
王　影　天津市西青区烟草专卖局法规员
崔　峰　河北省烟草专卖局法规处主任科员
李晓海　山西省大同市烟草专卖局法规科科长

丁艳红　内蒙古自治区烟草专卖局法规处副处长

杜景峰　辽宁省锦州市烟草专卖局法规办主任

张　鹏　吉林省白城市烟草专卖局法规科副科长

杨兴忠　吉林省长春市烟草专卖局法规处处长

高元杰　黑龙江省绥化市烟草专卖局党组书记、局长、经理

王　平　上海市烟草专卖局法规处处长

葛　晨　江苏省烟草专卖局法规处副主任科员

陈修年　浙江省台州市烟草专卖局局长

周宏亮　安徽省烟草专卖局法规处处长

倪　晖　福建省福州市烟草专卖局法规科科长

邹　勇　江西省烟草专卖局法规处副处长

张衍峰　山东省济南市烟草专卖局法规处副处长

蒋中升　山东省济宁市烟草专卖局副局长

李会玲　河南省烟草专卖局法规处主任科员

任海伟　湖北省烟草专卖局法规处处长

曾　超　湖南省烟草专卖局法规处主任科员

潘　妍　广东省烟草专卖局法规处科长

陈宇华　广西壮族自治区烟草专卖局法规处副处长

李贺男　海南省烟草专卖局法规处副主任科员

范　涛　重庆市烟草专卖局法规处处长

王　强　四川省内江市烟草专卖局法规科科长

石　勇　贵州省黔南州福泉市烟草专卖局法规员

梁　兵　云南省红河州烟草专卖局党委书记、局长、经理

德吉卓嘎　西藏自治区山南地区烟草专卖局法规员

马向荣　陕西省宝鸡市烟草专卖局法规科法律监督员

袁　瑞　陕西省烟草专卖局法规处主任科员

陈　军　甘肃省崇信县烟草专卖局局长

李　杰　青海省西宁市烟草专卖局法规员

刘　军　宁夏回族自治区银川市烟草专卖局法规科科长

李卫东　新疆维吾尔自治区塔城地区烟草专卖局党组书记、局长、经理

朱红军　大连市烟草专卖局法规处处长

范德安　深圳市烟草专卖局法规处主任科员

白　超　河北白沙烟草有限责任公司保定卷烟厂法律事务管理员

范希予　江苏中烟工业有限责任公司法改部副部长

李　彬　浙江中烟工业有限责任公司杭州卷烟厂思想政治工作办公室宣传管理员

张　伟　安徽中烟工业有限责任公司合肥卷烟厂办公室主任兼法改科科长

沈　吉　福建中烟工业有限责任公司法改部副主任科员

卢纯珏　龙岩烟草工业有限责任公司企管部科员

刘沪明　江西中烟工业有限责任公司井冈山卷烟厂厂长、党委副书记

刘爱国　山东中烟工业有限责任公司济南卷烟厂厂长、党委副书记

张　超　河南中烟工业有限责任公司法改部部长

杨志明　湖北中烟工业有限责任公司办公室主任

陈湘龙　湖南中烟工业有限责任公司法改部副主任科员

徐韵蕙　广东中烟工业有限责任公司法改部科员

胡正祥　广东中烟工业有限责任公司广州卷烟厂党委办公室主任、监察科科长

刘丹丹　广西中烟工业有限责任公司法改部科员

张建伟　四川中烟工业有限责任公司长城雪茄烟厂厂长、党委副书记

黄国跃　贵州中烟工业有限责任公司法改部部长

顾　波　云南中烟工业有限责任公司副总经理

沈凌华　云南中烟工业有限责任公司法改部部长

沈　刚　陕西中烟工业有限责任公司旬阳卷烟厂办公室主任

吴高永　中国烟草实业发展中心法改部主任

刘延红　吉林烟草工业有限责任公司法规办主任

孟庆华　中国烟草总公司郑州烟草研究院科技管理岗位高级工程师

杨保吉　中国烟草总公司职工进修学院副院长

王纪营　南通醋酸纤维有限公司法务管理师

吴永锋　昆明醋酸纤维有限公司工会主任干事、团委书记

刘国成　珠海醋酸纤维有限公司采购主管

高浩淼　中国双维投资有限公司法律部副主任科员

（编辑：李　昂）

先进集体名单

【全国烟草行业第二十六届优秀质量管理小组成果发布会获奖名单】 （中国烟草总公司关于表彰全国烟草行业第二十六届优秀质量管理小组成果的通报）（中烟办〔2015〕251 号）（2015 年 8 月 28 日公布）

商业企业质量管理小组获奖名单

一等奖

名次	单位名称	课题名称	小组名称
1	山东省烟草公司济南市公司	创建一种卷烟货款虚拟结算模式	最强大脑 QC 小组
2	江苏省烟草公司徐州市公司	研制自动合单到户的异型卷烟分拣打码系统	寻梦 QC 小组
3	浙江省烟草公司杭州市公司淳安县分公司	办公用品信息化精益管理模式研发	胖头鱼 QC 小组
4	江西省烟草公司新余市公司	缩短新办证零售户首次订货时间	奋斗 QC 小组
5	湖南省烟草公司长沙市公司浏阳市分公司	降低烟叶收购单担费用	紫荆进取 QC 小组
6	安徽省烟草公司蚌埠市公司	提升货币资金利息净收益率	账户管家 QC 小组

二等奖

名次	单位名称	课题名称	小组名称
1	江苏省烟草公司泰州市公司	构建推进全员精益小改善“六步三维”工作法	岗位出彩 QC 小组
2	山东省烟草公司临沂市公司	提高烤烟漂浮育苗壮苗率	金色希望 QC 小组
3	湖南省烟草公司常德市公司物流中心	瀑布式滑道烟条纠偏装置的研制	D&T 探索者 QC 小组
4	四川省烟草公司成都市公司	基于银联系统的零售客户货款跨行结算平台的研发	财智 QC 小组
5	山西省烟草公司太原市公司	新型机械划箱机构的研制	精细严 QC 小组
6	山东省烟草公司潍坊市公司	烟苗深栽牵引式刨坑机的研制	小石头 QC 小组
7	江西省烟草公司抚州市公司资溪县分公司	降低隧道悬浮式双炉膛密集烤房烟叶供烤燃料成本	灵光 QC 小组
8	福建省烟草公司三明市公司	简易条沟施肥机的研制	勇往直前 QC 小组
9	广西壮族自治区烟草公司柳州市公司	卷烟市场智能化信息管理 APP 研发	雄鹰 QC 小组
10	湖南省烟草公司益阳市公司沅江市分公司	手持式卷烟标签打印系统的研发	源 QC 小组
11	安徽省烟草公司马鞍山市公司	分拣机条烟固定装置研发	风暴 QC 小组
12	湖北省烟草公司宜昌市公司	烟叶抑芽喷药枪的研制	金枪鱼 QC 小组
13	中国烟草总公司北京市公司营销中心	提高网上配货准确率	小水滴 QC 小组
14	宁夏回族自治区烟草公司银川市公司营销中心	提高全市月度卷烟需求预测准确率	“X” QC 小组
15	中国烟草总公司深圳市公司物流中心	提高实时分拣模式下的补货成功率	行动者 QC 小组

三等奖

名次	单位名称	课题名称	小组名称
1	福建省烟草公司龙岩市公司	烟叶装烤轨道车的研制	责任 QC 小组
2	广西壮族自治区烟草公司南宁市公司	提升隆安县城镇零售户标准烟柜使用率	硬派 QC 小组
3	贵州省烟草公司遵义市公司务川县分公司	水肥一体化施肥器研制	仡乡金叶 QC 小组
4	广东省烟草公司梅州市公司	卷烟送货服务无纸化确认方法的研制	精益 QC 小组
5	浙江省烟草公司丽水市公司	混合烟仓条烟差错检测装置的研制	金点子 QC 小组
6	江西省烟草公司吉安市公司	提高烤烟施肥方案的精准度	先锋 QC 小组
7	广东省烟草公司惠州市公司	提升偏远区域客户经理日均拜访户数	钢铁侠 QC 小组
8	云南省烟草公司红河州公司	缩短同城生产卷烟分拣前单车周转时间	珍珠项链 QC 小组
9	广东省烟草公司韶关市公司	减少烟叶种植收购合同管理表格的数量	金叶飘香 QC 小组
10	四川省烟草公司广元市公司	异型烟塑封进料装置的研制	合金 QC 小组
11	湖北省十堰市竹山县烟叶分公司	烟苗井窖式移栽陪嫁土施配器的研制	小蚂蚁 QC 小组
12	广西壮族自治区烟草公司桂林市公司	缩短仓储卷烟成品备货时间	奇思妙想 QC 小组
13	山西省烟草公司临汾市公司	降低 LJKX－05 开箱机故障处理时间	行动者 QC 小组
14	贵州省烟草公司毕节市公司纳雍县分公司	烤烟简易拔杆器研制	金叶之光 QC 小组
15	河南省烟草公司安阳市公司	提升条烟分拣线通道机补货效率	辣棒 QC 小组

工业企业质量管理小组获奖名单

一等奖

名次	单位名称	课题名称	小组名称
1	红塔烟草（集团）有限责任公司玉溪卷烟厂	通用型双排滚子链条快速维修工具的研制	地平线 QC 小组
2	江西中烟工业有限责任公司广丰卷烟厂	SJ1513 梗丝加料机滤网内部清洗装置的研制	开拓 QC 小组
3	广东中烟工业有限责任公司广州卷烟厂	研制制丝排潮管道新型清理装置	三力 QC 小组
4	广西中烟工业有限责任公司技术中心检测站	“真龙”细支卷烟工艺技术的研发	精准 QC 小组
5	山东中烟工业有限责任公司济南卷烟厂	原梗柜布料行车托辊清理机的研制	启明星 QC 小组
6	浙江中烟工业有限责任公司技术中心	构建精益营销市场状态评价体系	精益营销 QC 小组
7	河北白沙烟草有限责任公司保定卷烟厂	缩短 ZJ17 卷烟机不同规格产品设备切换时间	突破 QC 小组
8	陕西中烟工业有限责任公司汉中卷烟厂	加料雾化介质自动切换系统的研制	制丝拼搏 QC 小组
9	江苏中烟工业有限责任公司徐州卷烟厂	卷烟主流烟气指标含量单口测定方法的开发	亮剑 QC 小组
10	河南中烟工业有限责任公司许昌卷烟厂	降低无铝箔内衬纸包装质量缺陷率	精诚 QC 小组

二等奖

名次	单位名称	课题名称	小组名称
1	江苏中烟工业有限责任公司淮阴卷烟厂	流化床床体平衡监测装置的研制	奋进 QC 小组
2	广西中烟工业有限责任公司柳州卷烟厂	提高“真龙（中国龙）”卷制与包装质量得分	协作 QC 小组
3	龙岩烟草工业有限责任公司	丝束拼接头检测剔除装置的研制	合力 QC 小组
4	湖南中烟工业有限责任公司长沙卷烟厂	国产高速包装机 ZB48 新型条包提升机的研制	卷包车间技术管理 QC 小组
5	安徽中烟工业有限责任公司合肥卷烟厂	提高循环烟箱上机使用率	扬帆 QC 小组
6	河南中烟工业有限责任公司黄金叶生产制造中心	降低规模线松散回潮机粘料量	制丝车间精细 QC 小组
7	安徽中烟工业有限责任公司蚌埠卷烟厂	SQ317 型切丝机下铜排链在线自动清洁装置的研制	永不止步 QC 小组
8	贵州中烟工业有限责任公司贵定卷烟厂	研制 YJ27 烟支切割鼓轮吸风清洁装置	兴黔 QC 小组
9	张家口卷烟厂有限责任公司	YP11 装箱机防倒垛装置的研制	超越 QC 小组
10	广东中烟工业有限责任公司梅州卷烟厂	基于 Web 自动生成精益能源报表系统方法的研制	新动 QC 小组
11	红云红河烟草（集团）有限责任公司昆明卷烟厂	FOCKE700 铝纸新型折叠套口的研制	奥妙 QC 小组
12	川渝中烟工业有限责任公司重庆卷烟厂	新型搀配定量装置的研制	探索 QC 小组
13	红云红河烟草（集团）有限责任公司曲靖卷烟厂	新型烟丝振筛的研制	创源 QC 小组

三等奖

名次	单位名称	课题名称	小组名称
1	陕西中烟工业有限责任公司宝鸡卷烟厂	“好猫（天赋）”酵母菌工业发酵方法的研发	微视界 QC 小组
2	厦门烟草工业有限责任公司	气流烘丝机（CTD）排潮粉尘沉降装置的研制	星空 QC 小组
3	红塔烟草（集团）有限责任公司昭通卷烟厂	降低 ZJ19B 卷烟机烟支填充密度偏差	初恋 QC 小组
4	贵州中烟工业有限责任公司贵阳卷烟厂	降低封箱机使用回收烟箱的停机频次	二车间攻关 QC 小组
5	浙江中烟工业有限责任公司杭州卷烟厂	双通道卷烟机烟支快速识别装置的研制	工装先锋 QC 小组
6	江西中烟工业有限责任公司南昌卷烟厂	提高 K5 空调温湿度合格率	温湿度保供 QC 小组
7	山东中烟工业有限责任公司青岛卷烟厂	研制 YP18 装封箱机使用再用包装箱的部件	泰山之巅 QC 小组
8	红塔辽宁烟草有限责任公司营口卷烟厂	振槽输送机物料均衡调校装置的研发	开拓 QC 小组
9	湖南中烟工业有限责任公司常德卷烟厂	新型三级梗丝分离装置的研发	芙蓉王 QC 小组
10	上海烟草集团北京卷烟厂	降低成品烟库滑靴分拣线故障停机率	经营部纯净奉献 QC 小组
11	湖北中烟工业有限责任公司襄阳卷烟厂	提高加料润叶出口水分仪检测准确度	科技之星 QC 小组
12	秦皇岛烟草机械有限责任公司	提高烟片低强度条件下的松散率	研发 QC 小组
13	南通醋酸纤维有限公司	降低醋酸回收装置溶剂消耗	制备回收 QC 小组

【烟草行业优秀政研会名单】（中国烟草职工思想政治工作研究会关于表彰行业优秀政研会 优秀研究员和优秀政研会工作者的决定）（中烟政研〔2015〕6号）（2015年10月29日发布）

中国烟草总公司北京市公司职工思想政治工作研究会

中国烟草总公司天津市公司职工思想政治工作研究会

中国烟草总公司内蒙古自治区公司职工思想政治工作研究会

中国烟草总公司辽宁省公司职工思想政治工作研究会

中国烟草总公司吉林省公司职工思想政治工作研究会

中国烟草总公司黑龙江省公司职工思想政治工作研究会

上海烟草集团有限责任公司职工思想政治工作研究会

中国烟草总公司浙江省公司职工思想政治工作研究会

中国烟草总公司安徽省公司职工思想政治工作研究会

中国烟草总公司福建省公司职工思想政治工作研究会

中国烟草总公司河南省公司职工思想政治工作研究会

中国烟草总公司湖北省公司职工思想政治工作研究会

中国烟草总公司湖南省公司职工思想政治工作研究会

中国烟草总公司海南省公司职工思想政治工作研究会

中国烟草总公司贵州省公司职工思想政治工作研究会

中国烟草总公司云南省公司职工思想政治工作研究会

中国烟草总公司陕西省公司职工思想政治工作研究会

中国烟草总公司青海省公司职工思想政治工作研究会

中国烟草总公司西藏自治区公司职工思想政治工作研究会

中国烟草总公司重庆市公司职工思想政治工作研究会

中国烟草总公司大连市公司职工思想政治工作研究会

中国烟草总公司深圳市公司职工思想政治工作研究会

中国烟草总公司郑州烟草研究院职工思想政治工作研究会

中国烟草总公司职工进修学院职工思想政治工作研究会

中国烟草总公司合肥设计院职工思想政治工作研究会

南通醋酸纤维有限公司职工思想政治工作研究会

昆明醋酸纤维有限公司职工思想政治工作研究会

珠海醋酸纤维有限公司职工思想政治工作研究会

河北中烟工业有限责任公司职工思想政治工作研究会

江苏中烟工业有限责任公司职工思想政治工作研究会

浙江中烟工业有限责任公司职工思想政治工作研究会

安徽中烟工业有限责任公司职工思想政治工作研究会

江西中烟工业有限责任公司职工思想政治工作研究会

山东中烟工业有限责任公司职工思想政治工作研究会

河南中烟工业有限责任公司职工思想政治工作研究会

湖北中烟工业有限责任公司职工思想政治工作研究会

湖南中烟工业有限责任公司职工思想政治工作研究会

广东中烟工业有限责任公司职工思想政治工作研究会

广西中烟工业有限责任公司职工思想政治工作研究会

四川中烟工业有限责任公司职工思想政治工作研究会

贵州中烟工业有限责任公司职工思想政治工作研究会

云南中烟工业有限责任公司职工思想政治工作研究会

陕西中烟工业有限责任公司职工思想政治工作研究会

龙岩烟草工业有限责任公司职工思想政治工作研究会

上海烟草机械有限责任公司职工思想政治工作研究会

海南红塔卷烟有限责任公司职工思想政治工作研究会

河北省烟草公司石家庄市公司职工思想政治工作研究会

山西省烟草公司太原市公司职工思想政治工作研究会

江苏省烟草公司南京市公司职工思想政治工作研究会

江西省烟草公司南昌市公司职工思想政治工作研究会

山东省烟草公司青岛市公司职工思想政治工作研究会

广东省烟草公司广州市公司职工思想政治工作研究会

广西壮族自治区烟草公司南宁市公司职工思想政治工作研究会

四川省烟草公司成都市公司职工思想政治工作研究会

甘肃省烟草公司兰州市公司职工思想政治工作研究会

宁夏回族自治区烟草公司银川市公司职工思想政治工作研究会

新疆维吾尔自治区烟草公司乌鲁木齐市公司职工思想政治工作研究会

【烟草行业“精益十佳”标兵单位名单】（中国烟草总公司关于表彰烟草行业“精益十佳”标兵单位的决定）（中烟办〔2015〕321号）（2015年12月5日公布）

一、精益生产

红塔烟草（集团）有限责任公司玉溪卷烟厂

上海烟草集团有限责任公司上海卷烟厂

红云红河烟草（集团）有限责任公司昆明卷烟厂

山东中烟工业有限责任公司青岛卷烟厂
浙江中烟工业有限责任公司杭州卷烟厂
江苏中烟工业有限责任公司南京卷烟厂
湖南中烟工业有限责任公司常德卷烟厂
龙岩烟草工业有限责任公司
河南中烟工业有限责任公司黄金叶生产制造中心
湖北中烟工业有限责任公司武汉卷烟厂
贵州中烟工业有限责任公司贵阳卷烟厂
广东中烟工业有限责任公司广州卷烟厂
安徽中烟工业有限责任公司合肥卷烟厂
陕西中烟工业有限责任公司宝鸡卷烟厂
江西中烟工业有限责任公司南昌卷烟厂
深圳烟草工业有限责任公司

二、精益研发

浙江中烟工业有限责任公司技术中心
湖北中烟工业有限责任公司技术中心
河南中烟工业有限责任公司技术中心
云南中烟工业有限责任公司技术中心
湖南中烟工业有限责任公司技术研发中心

三、精益物流

湖南省常德市烟草专卖局（公司）
福建省泉州市烟草专卖局（公司）
浙江省嘉兴市烟草专卖局（公司）
安徽省合肥市烟草专卖局（公司）
上海海烟物流发展有限公司
江苏省徐州市烟草专卖局（公司）
山东省济南市烟草专卖局（公司）
陕西省宝鸡市烟草专卖局（公司）
贵州省毕节市烟草专卖局（公司）
云南省大理州烟草专卖局（公司）
江西省赣州市烟草专卖局（公司）
湖北省十堰市烟草专卖局（公司）
河南省安阳市烟草专卖局（公司）
辽宁省辽阳市烟草专卖局（公司）
河北省唐山市烟草专卖局（公司）

四、精益营销

商业组：
北京市烟草专卖局（公司）
江苏省南京市烟草专卖局（公司）
湖北省武汉市烟草专卖局（公司）
福建省厦门市烟草专卖局（公司）
山东省青岛市烟草专卖局（有限公司）
安徽省芜湖市烟草专卖局（公司）
宁夏回族自治区银川市烟草专卖局（公司）
贵州省遵义市烟草专卖局（公司）
四川省成都市烟草专卖局（公司）
湖南省长沙市烟草专卖局（公司）
浙江省宁波市烟草专卖局（公司）
深圳市烟草专卖局（公司）
内蒙古自治区包头市烟草专卖局（公司）
江西省九江市烟草专卖局（公司）
广西壮族自治区柳州市烟草专卖局（公司）
甘肃省兰州市烟草专卖局（公司）
工业组：
上海烟草集团有限责任公司市场营销中心
浙江中烟工业有限责任公司市场营销部
江苏中烟工业有限责任公司市场营销中心

【全国烟草行业2014—2015年度会计信息质量先进单位名单】（中国烟草总公司关于对2014—2015年度会计信息质量先进单位的通报）（中烟办〔2015〕322号）（2015年12月5日公布）

一等奖
山东中烟工业有限责任公司
二等奖
中国烟草总公司江苏省公司
中国烟草总公司江西省公司
三等奖
浙江中烟工业有限责任公司
贵州中烟工业有限责任公司
中国烟草总公司重庆市公司

【2014年11月至2015年9月烟草部督打假打私重大案件和专项行动表彰名单】（国家烟草专卖局关于烟草打假打私重大案件和专项行动的表彰通报）（国烟专〔2015〕377号）（2015年12月24日公布）

一、2014 年 11 月至 2015 年 9 月烟草打假打私重大案件表彰名单（部督）

天津“1·28”利用微信销售假烟网络案件

河北石家庄“11·13”利用互联网销售假烟网络案件

河北石家庄“12·15”特大销售假烟网络案件

河北邯郸“5·20”非法制售烟丝网络案件

河北衡水“11·15”销售假烟网络案件

内蒙古呼和浩特市“12·25”销售假冒卷烟网络案件

上海嘉定“8·03”运销假烟网络案件

浙江杭州市“1·01”制售假烟网络案件

浙江永嘉县“1·17”制售假烟网络案件

浙江苍南县“4·03”烟用原辅材料网络案件

浙江义乌市“8·16”运销假烟网络案件

浙江兰溪市“1·06”运销假烟网络案件

山东淄博市张店区“11·06”互联网非法经营假冒卷烟网络案件

山东潍坊市奎文区“4·25”非法经营假冒卷烟网络案件

湖北黄冈“12·23”特大制售假烟案件

湖北十堰“4·24”制售假烟案件

湖北孝感“1·03”制售假烟案件

海南三亚“7·01”销售假烟网络案件

二、2014 年 11 月至 2015 年 9 月烟草打假打私专项行动表彰名单

北京市 2015 年卷烟打私专项行动

天津市“两节”卷烟市场清理整顿专项行动

河北省“护航一号”市场整治专项行动

山西省“晋剑护航”维护卷烟市场秩序百日专项行动

内蒙古自治区“飓风七号”清理整顿卷烟市场专项行动

辽宁省 2015 年“元旦、春节”卷烟市场集中整治专项行动

吉林省“断网打非”专项行动

黑龙江省“龙啸六号”专项行动

上海市打击卷烟非法流通、市场综合整治“申剑一号”专项行动

江苏省“冬季会战”专项行动

浙江省 2015 年打击涉烟违法犯罪“天网一号”专项行动

安徽省“护航 2015”烟草市场整治专项行动

福建省厦门市物流快递领域非法寄运假烟专项整治行动

江西省“金网 9 号”打击制售假烟网络专项行动

山东省日照市烟草市场“三打一保”专项整治行动

河南省“雷霆五号”卷烟打假专项行动

湖北省卷烟市场“双节净化”集中整治行动

湖南省衡阳市“2015 雁城风暴”清理整顿烟草市场专项行动

广东省 2015 年打击非法走私烟草专卖品专项行动

广西壮族自治区“利剑”专项行动

海南省三亚市“今冬明春”卷烟专项治理行动

重庆市“利剑 1 号”市场检查专项行动

四川省烟草打假“天府金剑”专项行动

云南省昆明市整治呈贡区“回回营区域”非法经营烟叶专项行动

云南省 G213 线“三线联动”整治非法走私烟叶专项行动

陕西省“非法卷烟治理”专项行动

陕西省西安市“五一”卷烟市场专项整治行动

宁夏回族自治区“维权使命 2015－Ⅰ”市场综合治理专项行动

青海省海东市 2015 年“元旦、春节”期间卷烟市场治理专项行动

新疆维吾尔自治区“春雷”卷烟市场清理整顿专项行动

大连市烟草卷烟市场“猎鹰 2015”专项整治行动

打击非法售烟淘宝店铺专项行动

【中国烟草总公司第四届标准创新贡献奖获奖项目名单】（中国烟草总公司关于公布第四届标准创新贡献奖获奖项目的决定）（中烟办〔2015〕355 号）（2015 年 12 月 28 日公布）

序号	项目中文名称	项目类别	获奖等级	主要完成人	主要完成单位	推荐单位
1	烟草添加剂安全性评估技术体系研究	预研、总公司企标	一等奖	谢剑平、孙宝国、朱茂祥、缪明明、张建勋、宗永立、刘百战、刘惠民、李雪梅、卢斌斌、夭建华、孙世豪、谢复炜、陈永宽、徐济仓、李炎强、孟昭宇、罗昌荣、杜　文、李　峰	中国烟草总公司郑州烟草研究院 云南烟草科学研究院 军事医学科学院放射与辐射医学研究所 上海烟草集团有限责任公司 广东中烟工业有限责任公司 红塔烟草（集团）有限责任公司 湖南中烟工业有限责任公司 福建中烟工业有限责任公司 湖北中烟工业有限责任公司	中国烟草总公司郑州烟草研究院
2	烟用材料安全性控制体系研究	预研、总公司企标	一等奖	刘惠民、陈连芳、唐纲岭、杜　文、孟昭宇、赵　乐、王洪波、牛佳佳、李中皓、范子彦、叶长文、吴　达、徐济仓、戴云辉、李中昌、彭桂新、谢　卫、郭吉兆、郭军伟、李雪梅	中国烟草总公司郑州烟草研究院 中国烟草标准化研究中心 国家烟草质量监督检验中心 湖南中烟工业有限责任公司 红塔烟草（集团）有限责任公司 上海烟草集团有限责任公司 云南烟草科学研究院 福建中烟工业有限责任公司 河南中烟工业有限责任公司 广东中烟工业有限责任公司	中国烟草总公司郑州烟草研究院
3	烟草企业安全生产标准化规范	行标	二等奖	谢亦三、张一峰、孙　胤、唐春宝、徐建宁、蔡汉力、褚娴娟、牛进坤、杨达辉、李世冲、卢俊权、赵　亮、赵小骞、张博为	国家烟草专卖局经济运行司 上海烟草集团有限责任公司 云南中烟工业有限责任公司 福建中烟工业有限责任公司 川渝中烟工业有限责任公司 河北中烟工业有限责任公司 中国烟草总公司吉林省公司	上海烟草集团有限责任公司
4	卷烟零售市场信息采集和分析应用基本规范	行标	二等奖	李念庆、王　宏、张海滨、杨　煜、巩红卫、贺连军、李敏刚、孙衍刚、朱光胜、马　明、杨志军、邹　勇、王兴利、王嘉力、范　黎	中国卷烟销售公司 山东省烟草专卖局（公司） 中国烟草标准化研究中心 德州市烟草专卖局（有限公司）	全国烟草标准化技术委员会企业分技术委员会
5	卷烟　全烟气暴露的体外毒理学测试方法	预研	三等奖	李　翔、刘惠民、聂　聪、谢复炜、尚平平、沈光林、孔浩辉、朱茂祥、杨陟华、潘秀颉	中国烟草总公司郑州烟草研究院 广东中烟工业有限责任公司	中国烟草总公司郑州烟草研究院
6	吸烟机的附加抽吸条件—深度抽吸	预研	三等奖	王　芳、王　奕、王　冲、李　颖、刘　剑、陈再根、赵　冰、苗　芊、郑捷琼、徐海涛	深圳烟草工业有限责任公司 云南中烟工业有限责任公司 贵州中烟工业有限责任公司 福建中烟工业有限责任公司 安徽中烟工业有限责任公司	中国烟草实业发展中心
7	卷烟和滤棒物理性能综合测试台检定规程及检定装置计量标准	计量	三等奖	苗　芊、杨荣超、张　勍、赵　航、范　黎、马　明、蒋志才、方　婷、沈　军、张胜华	中国烟草标准化研究中心 浙江中烟工业有限责任公司 湖北中烟工业有限责任公司 贵州中烟工业有限责任公司 川渝中烟工业有限责任公司	中国烟草总公司郑州烟草研究院
8	烟草工作站安全生产系列标准	地标	三等奖	周义云、郭　勃、吴　震、张建文、王建平、曹　健、肖汉乾、李　云、吴昌文、廖　敏	湖南省烟草公司郴州市公司	湖南省烟草专卖局（公司）

【中国烟草总公司2015年度科学技术进步奖名单】 （中国烟草总公司关于2015年度科学技术奖励的决定）（中烟办〔2016〕45号）（2016年2月14日公布）

序号	项目中文名称	项目类别	获奖等级	主要完成人	主要完成单位	推荐单位
1	全国烟草有害生物调查研究	应用基础研究与应用技术研究类	特等奖	王凤龙、秦西云、任广伟、贺可太、孔凡玉、陈德鑫、莫笑晗、余　清、张成省、王新伟、方敦煌、时　焦、李义强、杨金广、赵廷昌、赵洪海、武　侠、王　静、王秀芳、申莉莉、吕国忠、商胜华、赵秀香、陈　涛、李锡宏、成巨龙、周本国、王海涛、孙剑萍、李文卿	中国农业科学院烟草研究所 云南省烟草农业科学研究院 北京科技大学 中国烟草总公司云南省公司 贵州省烟草科学研究院 中国烟草总公司四川省公司 中国烟草总公司湖南省公司 中国烟草总公司河南省公司 中国烟草总公司福建省公司 中国烟草总公司湖北省公司 中国烟草总公司重庆市公司 中国烟草总公司黑龙江省公司 中国烟草总公司江西省公司 中国烟草总公司陕西省公司 中国烟草总公司山东省公司	中国农业科学院烟草研究所
2	云产卷烟自主调香核心技术研究及应用	应用基础研究与应用技术研究类	一等奖	武　怡、冯　斌、王明锋、者　为、李智宇、朱保昆、廖头根、冒德寿、王　凯、陈章玉、蒋举兴、段焰青、刘　强、曾晓鹰、王　慧、党立志、申晓锋、张　伟、张翼鹏、陶　鹰	云南中烟工业有限责任公司	云南中烟工业有限责任公司
3	卷烟滤嘴吸附材料评价体系构建与应用	应用基础研究与应用技术研究类	二等奖	谢雯燕、郑赛晶、刘百战、陈　敏、华　青、郭寅龙、王　申、张怡春、王昊阳、吴　达、沙云菲、林华清	上海烟草集团有限责任公司 中国科学院上海有机化学研究所	上海烟草集团有限责任公司
4	ZJ116型（16000支/分钟）卷接机组	应用基础研究与应用技术研究类	二等奖	杜国锋、康　瑛、周诗伟、鲁方霞、王　亮、侯昌信、孙　斌、赵朝阳、胡燕鹰、刘　云、甘胜勇、张吉军、张道东、洪　杰、李立成	中烟机械技术中心有限责任公司 常德烟草机械有限责任公司	中国烟草机械集团有限责任公司
5	七种元素在卷烟中的迁移率的影响因素研究	应用基础研究与应用技术研究类	二等奖	胡清源、陈再根、侯宏卫、谢　卫、秦云华、李东亮、黄　菲、庞永强、朱风鹏、李　雪、张　华、陈开波、姜兴益、罗彦波、张洪非	国家烟草质量监督检验中心 红塔烟草（集团）有限责任公司 安徽中烟工业有限责任公司 福建中烟工业有限责任公司 湖北中烟工业有限责任公司 广东中烟工业有限责任公司 川渝中烟工业有限责任公司	中国烟草总公司郑州烟草研究院
6	烤烟膜下小苗移栽技术研究及推广	科学技术成果推广类	二等奖	余云东、邵　岩、梁　兵、吴立著、余砚碧、曹敬东、计思贵、邓小鹏、李　俊、李再光、杨军章、徐兴阳、贺　彪、张兴慧、吴　剑	中国烟草总公司云南省公司 云南省烟草公司曲靖市公司 云南省烟草公司红河州公司 云南省烟草公司玉溪市公司 云南省烟草农业科学研究院 云南省烟草公司楚雄州公司 云南省烟草公司大理州公司	云南省烟草专卖局（公司）
7	烤烟品种“云烟99”的选育及示范推广	科学技术成果推广类	二等奖	李永平、卢秀萍、曾建敏、张谊寒、焦芳婵、肖炳光、吴兴富、殷红慧、张　强、杨军章、寸锦芬、赵志明、马文广、李梅云、许美玲	云南省烟草农业科学研究院 云南省烟草公司保山市公司 云南省烟草公司文山州公司 中国烟草总公司陕西省公司 云南省烟草公司丽江市公司 云南省烟草公司临沧市公司 云南省烟草公司昭通市公司	云南省烟草专卖局（公司）

续表

序号	项目中文名称	项目类别	获奖等级	主要完成人	主要完成单位	推荐单位
8	基于“兰州”品牌绵香风格的降焦减害关键技术研究与应用	科学技术成果推广类	二等奖	田　成、翟玉俊、谢玉龙、谭　涛、何东香、马永峰、赵　斌、李星亮、王泽理、张志军、朱先约、花　蕾、王田田、于　涛、张红玉	甘肃烟草工业有限责任公司	中国烟草实业发展中心
9	皖南烤烟浓香型焦甜香特色彰显关键技术研究与开发	应用基础研究与应用技术研究类	二等奖	王道支、董建江、王传义、朱启法、程　森、易建华、邵伏文、季学军、张　国、王新胜、张继光、张　骏、杨翠清、薛　琳、徐　刚	中国烟草总公司安徽省公司 湖南中烟工业有限责任公司 上海烟草集团有限责任公司 安徽皖南烟叶有限责任公司	安徽省烟草专卖局（公司）
10	卷烟主流烟气中苯并［a］芘的降低技术及应用研究	应用基础研究与应用技术研究类	二等奖	缪明明、牟定荣、刘志华、向能军、陈永宽、谢　卫、王昆淼、刘凌璇、赵　伟、何　沛、夏建军、苏明亮、张　涛、沈艳飞、李世卫	云南中烟工业有限责任公司 福建中烟工业有限责任公司	云南中烟工业有限责任公司
11	70万箱规模“白沙（精品）”双低改造关键技术研究及推广应用	科学技术成果推广类	三等奖	金　勇、刘建福、赵　瑜、谭新良、黎艳玲、李　克、王　謇、喻赛波、陈　潜、李亚白	湖南中烟工业有限责任公司	湖南中烟工业有限责任公司
12	卷烟烟气中氨、氰化氢和苯酚形成机理研究	应用基础研究与应用技术研究类	三等奖	谢复炜、夏巧玲、郭吉兆、王洪波、李　丹、戴　亚、徐海涛、孟昭宇、郭寅龙、杨　柳	中国烟草总公司郑州烟草研究院 中国科学院上海有机化学研究所 中国科学院大连化学物理研究所 红塔烟草（集团）有限责任公司 山东中烟工业有限责任公司	中国烟草总公司郑州烟草研究院
13	四川植烟土壤质量演变与精准高效施肥技术研究及应用	应用基础研究与应用技术研究类	三等奖	肖　瑞、王昌全、雷　强、李　冰、伍仁军、蔡　艳、李启权、李　斌、曾庆宾、罗定棋	四川农业大学 中国烟草总公司四川省公司 四川省烟草公司攀枝花市公司 四川省烟草公司凉山州公司 四川省烟草公司泸州市公司	四川省烟草专卖局（公司）
14	平原烟区烤烟成穴覆膜移栽与辅助采收机械的研制与应用	科学技术成果推广类	三等奖	武常青、门艳忠、齐虹凌、那明君、赵　亮、孙宏宇、李洪亮、李恒全、贺国强、刘德育	中国烟草东北农业试验站 黑龙江科技大学 哈尔滨东大烘贮设备有限公司 现代农装科技股份有限公司 中船重工特种设备有限责任公司	黑龙江省烟草专卖局（公司）
15	贵州烟叶GAP生产体系研究与应用	应用基础研究与应用技术研究类	三等奖	陈风雷、孙光军、王　霞、王仕海、何　轶、陈　雪、贺方云、李家俊、焦　剑、肖兴基	中国烟草总公司贵州省公司 环境保护部南京环境科学研究所 贵州省烟草公司毕节市公司 贵州省烟草公司遵义市公司 贵州省烟草科学研究院	贵州省烟草专卖局（公司）
16	ZB48型（800包/分钟）硬盒硬条包装机组	应用基础研究与应用技术研究类	三等奖	吴　旭、张红代、陈　黎、杨　军、简龙晖、任　鸣、何霄峰、陈振东、陈祁华、黄黎忠	中烟机械技术中心有限责任公司 上海烟草机械有限责任公司	中国烟草机械集团有限责任公司
17	“武夷”清香优质烟叶研究与开发	应用基础研究与应用技术研究类	三等奖	白万明、戴培刚、谢廷鑫、陈爱国、徐　茜、徐辰生、陈志厚、杨占伟、林　勇、刘雪刚	福建省烟草公司南平市公司 中国农业科学院烟草研究所	福建省烟草专卖局（公司）
18	选择性降低氰化氢和巴豆醛技术研究及在黄金叶品牌的应用	应用基础研究与应用技术研究类	三等奖	马宇平、聂　聪、刘惠民、孙学辉、赵　乐、张　展、彭　斌、郝　辉、周　浩、杨　松	河南中烟工业有限责任公司 中国烟草总公司郑州烟草研究院	河南中烟工业有限责任公司

续表

序号	项目中文名称	项目类别	获奖等级	主要完成人	主要完成单位	推荐单位
19	湖南浓香型特色优质烟叶研究与开发	应用基础研究与应用技术研究类	三等奖	周清明、陈江华、赵松义、杨虹琦、邓小华、肖春生、屠乃美、朱列书、孙焕良、肖汉乾	中国烟草中南农业试验站 湖南农业大学 湖南省烟草公司郴州市公司 湖南省烟草公司永州市公司 湖南省烟草公司长沙市公司	湖南省烟草专卖局（公司）
20	“利群”品牌口碑驱动的策略与应用研究	公益类	三等奖	孟伟刚、储国海、张德春、马秋莲、卢彤生、李士贵、张益明、陈　芳、王　韵、胡雅军	浙江中烟工业有限责任公司 浙江大学	浙江中烟工业有限责任公司
21	卷烟烟气有害成分在滤嘴中的截留分布规律和机理研究	应用基础研究与应用技术研究类	三等奖	文建辉、杜　文、张晓兵、彭　斌、陈小明、谢复炜、黄溢清、金　勇、颜权平、戴云辉	湖南中烟工业有限责任公司 中国烟草总公司郑州烟草研究院 常德芙蓉大亚化纤有限公司 湘潭大学	湖南中烟工业有限责任公司
22	“金圣”本草香降低卷烟烟气有害成分研究及应用评价	应用基础研究与应用技术研究类	三等奖	郑　伟、王迪汗、蔡继宝、周会舜、邓　宇、苏加坤、廖　堃、谭明杰、王华君、樊海燕	江西中烟工业有限责任公司 江西中医药大学	江西中烟工业有限责任公司
23	基于大数据的企业运营决策支持系统研究与应用	应用基础研究与应用技术研究类	三等奖	叶献忠、卢　平、刘建福、吴高峰、王治国、徐远兵、余　军、张孝堂、钟科军、李　立	湖南中烟工业有限责任公司	湖南中烟工业有限责任公司
24	重庆优质烤烟土壤生态环境优化调控关键技术研究与应用	应用基础研究与应用技术研究类	三等奖	周鑫斌、徐　宸、石孝均、刘洪斌、李常军、许安定、刘　峰、杨　超、刁向银、郭　涛	中国烟草总公司重庆市公司 西南大学	重庆市烟草专卖局（公司）
25	降低烟气中氨含量的材料筛选、合成及应用	应用基础研究与应用技术研究类	三等奖	戴　亚、马扩彦、郑赛晶、周国俊、黄朝章、俞海军、陈超英、储国海、冯广林、夏巧玲	川渝中烟工业有限责任公司 上海烟草集团有限责任公司 浙江中烟工业有限责任公司 福建中烟工业有限责任公司	川渝中烟工业有限责任公司
26	河南浓香型优质烟叶原料保障体系研究	应用基础研究与应用技术研究类	三等奖	郜　强、李俊成、孙　平、赵建州、李柏杰、张伟峰、郑劲民、程　森、蔡宪杰、尹启生	中国烟草总公司河南省公司 上海烟草集团有限责任公司 中国烟草总公司郑州烟草研究院 河南省农业科学院烟草研究所	河南省烟草专卖局（公司）

【中国烟草总公司2015年度技术发明奖名单】（中国烟草总公司关于2015年度科学技术奖励的决定）（中烟办〔2016〕45号）（2016年2月14日公布）

序号	项目中文名称	获奖等级	主要完成人	推荐单位
1	基于烟丝流态化特征的梗签含丝量测定仪器研制及应用	三等奖	孔　臻、江　威、李　斌、冯志斌、朱文魁、鲁端峰	中国烟草总公司郑州烟草研究院
2	能增加回甜感的卷烟盘纸添加剂及其制备方法	三等奖	詹建波、曾晓鹰、张天栋、余振华、冯　斌、李　赓	云南中烟工业有限责任公司
3	滤棒发送柔性连接实时监控系统关键技术的开发及应用	三等奖	朱立明、张思荣、黄卫忠、楼卫东、王　韵、钱　杰	浙江中烟工业有限责任公司
4	烟用凉味香精的开发与应用	三等奖	任建新、银董红、罗　嘉、刘建福、李亚白、谭新良	湖南中烟工业有限责任公司

【烟草行业“十二五”科技创新工作先进集体名单】 （中国烟草总公司关于表彰奖励烟草行业“十二五”科技创新工作先进集体和先进个人的决定）（中烟办〔2016〕61号）（2016年3月9日公布）

上海烟草集团有限责任公司技术中心
江苏中烟工业有限责任公司技术研发中心
浙江中烟工业有限责任公司技术中心
河南中烟工业有限责任公司技术中心
湖北中烟工业有限责任公司技术研发中心
湖南中烟工业有限责任公司技术研发中心
云南中烟工业有限责任公司技术中心
广东中烟工业有限责任公司技术中心
甘肃烟草工业有限责任公司
河南省烟草专卖局科技处
郑州烟草研究院烟草工艺研究开发中心
贵州省烟草科学研究院
云南省烟草育种创新团队
国家烟草质量监督检验中心
北京市烟草质量监督检测站
湖北省烟草质量监督检测站
广东省烟草质量监督检测站
四川省烟草质量监督检测站
云南省烟草公司玉溪市公司
贵州省烟草公司遵义市公司
山东临沂烟草有限公司
福建省烟草公司三明市公司
江西省烟草公司赣州市公司
浙江省烟草公司绍兴市公司
湖南省烟草公司长沙市公司
陕西省烟草公司西安市公司
宁夏回族自治区烟草公司银川市公司
南通醋酸纤维有限公司纤维及过滤技术研究部
华环国际烟草有限公司
安徽中烟工业有限责任公司合肥卷烟厂

【烟草行业“六五”普法先进单位名单】 （国家烟草专卖局关于表彰烟草行业“六五”普法先进单位和先进个人的决定）（国烟法〔2016〕78号）（2016年3月25日公布）

北京市烟草专卖局（公司）
北京市西城区烟草专卖局（公司）
天津市烟草专卖局（公司）
天津市津南区烟草专卖局（分公司）
河北省张家口市烟草专卖局（公司）
河北省邢台市烟草专卖局（公司）
山西省临汾市烟草专卖局（公司）
山西省太原市烟草专卖局（公司）
内蒙古自治区呼和浩特市烟草专卖局（公司）
内蒙古自治区包头市烟草专卖局（公司）
辽宁省辽阳市烟草专卖局（公司）
辽宁省葫芦岛市烟草专卖局（公司）
吉林省吉林市烟草专卖局（公司）
吉林省通化市烟草专卖局（公司）
黑龙江省烟草专卖局（公司）法规处
黑龙江省哈尔滨市烟草专卖局（公司）
上海市烟草专卖局、上海烟草集团有限责任公司
上海市宝山区烟草专卖局、上海烟草集团宝山烟草糖酒有限公司
江苏省淮安市烟草专卖局（公司）
江苏省南通市烟草专卖局（公司）
浙江省烟草专卖局（公司）
浙江省杭州市烟草专卖局（公司）
安徽省马鞍山市和县烟草专卖局（营销部）
安徽省宣城市烟草专卖局（公司）
福建省烟草专卖局（公司）
福建省龙岩市烟草专卖局（公司）
江西省烟草专卖局（公司）
江西省赣州市烟草专卖局（公司）
山东省烟草专卖局（公司）法规处
山东省烟台市烟草专卖局（有限公司）
河南省烟草专卖局（公司）
河南省安阳市烟草专卖局（公司）
湖北省烟草专卖局（公司）
湖北省武汉市烟草专卖局（公司）
湖南省长沙市烟草专卖局（公司）
湖南省岳阳市烟草专卖局（公司）
广东省广州市烟草专卖局（有限公司）
广东省惠州市烟草专卖局（有限责任公司）

广西壮族自治区贵港市烟草专卖局（公司）
广西壮族自治区柳州市烟草专卖局（公司）
海南省海口市烟草专卖局（公司）
重庆市烟草专卖局（公司）
重庆市大渡口区烟草专卖局（分公司）
四川省烟草专卖局（公司）
四川省成都市烟草专卖局（公司）
贵州烟叶复烤有限责任公司
贵州省遵义市烟草专卖局（公司）
云南省昆明市烟草专卖局（公司）
云南省烟草烟叶公司
西藏自治区拉萨市烟草专卖局（公司）
陕西省宝鸡市烟草专卖局（公司）
陕西省西安市烟草专卖局（公司）
甘肃省定西市烟草专卖局（公司）
青海省西宁市烟草专卖局（公司）
宁夏回族自治区银川市烟草专卖局（公司）
新疆维吾尔自治区烟草专卖局（公司）法规处
新疆维吾尔自治区和田地区烟草专卖局（公司）
大连市瓦房店市烟草专卖局（分公司）
深圳市烟草专卖局（公司）
河北中烟工业有限责任公司
张家口卷烟厂有限责任公司
江苏中烟工业有限责任公司淮阴卷烟厂
浙江中烟工业有限责任公司
浙江中烟工业有限责任公司宁波卷烟厂
安徽中烟工业有限责任公司蚌埠卷烟厂
福建中烟工业有限责任公司
福建金闽再造烟叶发展有限公司
江西中烟工业有限责任公司南昌卷烟厂
江西中烟工业有限责任公司广丰卷烟厂
山东中烟工业有限责任公司法改部
河南中烟工业有限责任公司
河南中烟工业有限责任公司洛阳卷烟厂
湖北中烟工业有限责任公司
湖北中烟工业有限责任公司武汉卷烟厂
湖南中烟工业有限责任公司郴州卷烟厂
湖南中烟工业有限责任公司吴忠卷烟厂
广东中烟工业有限责任公司
广东中烟工业有限责任公司韶关卷烟厂
广西中烟工业有限责任公司
四川中烟工业有限责任公司成都卷烟厂
贵州中烟工业有限责任公司法治宣传领导小组办公室
红塔烟草（集团）有限责任公司
红云红河烟草（集团）有限责任公司昆明卷烟厂
陕西中烟工业有限责任公司宝鸡卷烟厂
陕西中烟工业有限责任公司旬阳卷烟厂
吉林烟草工业有限责任公司
海南红塔卷烟有限责任公司
中国烟草总公司郑州烟草研究院
中国烟草总公司职工进修学院
中国双维投资有限公司

【烟草行业入选“2015 年度中国企业 500 强”单位名单】（中国企业联合会、中国企业家协会发布）

(2015 年 8 月 22 日发布)

排　　名	企业名称
120	上海烟草集团有限责任公司
140	红塔烟草（集团）有限责任公司
159	红云红河烟草（集团）有限责任公司
186	浙江中烟工业有限责任公司
202	湖北中烟工业有限责任公司
350	贵州中烟工业有限责任公司
363	安徽中烟工业有限责任公司
427	福建中烟工业有限责任公司

【烟草行业入选“2015年度中国制造业企业500强”单位名单】 （中国企业联合会、中国企业家协会发布）（2015年8月22日发布）

排　名	企业名称
47	上海烟草集团有限责任公司
57	红塔烟草（集团）有限责任公司
67	红云红河烟草（集团）有限责任公司
84	浙江中烟工业有限责任公司
93	湖北中烟工业有限责任公司
174	贵州中烟工业有限责任公司
180	安徽中烟工业有限责任公司
219	福建中烟工业有限责任公司
281	广西中烟工业有限责任公司
333	江西中烟工业有限责任公司
449	黑龙江烟草工业有限责任公司
468	张家口卷烟厂有限责任公司

2015年行业获评高级专业技术资格人员名单

经中国烟草总公司各系列高级专业技术资格评审委员会评审通过，中国烟草总公司职称改革工作领导小组审定，中国烟草总公司印发《中国烟草总公司关于确认李锡宏等484人高级专业技术资格的通知》（中烟办〔2016〕5号），同意确认李锡宏等10人研究员资格，时间从2015年9月11日起算；曹伏军等10人副研究员资格，时间从2015年9月11日起算；孟鹏等168人高级工程师资格，时间从2015年10月22日起算；包勤等54人高级农艺师资格，时间从2015年10月28日起算；王毅敏等63人高级经济师资格，时间从2015年9月17日起算；于芳菲等106人高级会计师资格，时间从2015年9月25日起算；任静等53人高级政工师资格，时间从2015年10月14日起算。经中国烟草总公司委托地方人力资源社会保障厅（局）评审通过，中国烟草总公司职称改革工作领导小组审定，结合公示情况，同意确认肖霞等20人高级专业技术资格。

【研究员名单】

李锡宏　湖北省烟草专卖局（公司）
易　浩　湖南中烟工业有限责任公司
金　勇　湖南中烟工业有限责任公司
陈章玉　云南中烟工业有限责任公司
杨　柳　云南中烟工业有限责任公司
杨光宇　云南中烟工业有限责任公司
者　为　云南中烟工业有限责任公司

段焰青　云南中烟工业有限责任公司
于川芳（女）　中国烟草总公司郑州烟草研究院
胡红春　中国烟草总公司职工进修学院

【副研究员名单】

曹伏军　上海烟草集团有限责任公司
佘世科　安徽中烟工业有限责任公司
陈芝飞　河南中烟工业有限责任公司
孔　波　湖南中烟工业有限责任公司
于海芹（女）　云南省烟草专卖局（公司）
李军营　云南省烟草专卖局（公司）
王　岚（女）　云南中烟工业有限责任公司
周　博　云南中烟工业有限责任公司
乔学义　中国烟草总公司郑州烟草研究院
曹培健　中国烟草总公司郑州烟草研究院

【高级工程师名单】

孟　鹏　中国烟草机械集团有限责任公司
金风凯　中国烟草机械集团有限责任公司
王聪慧（女）　中国烟草机械集团有限责任公司
石中金　中国烟草实业发展中心
金　哲　中国烟草实业发展中心
邱宝平　中国烟草实业发展中心
安鹏启　中国烟草实业发展中心
韩伟中　中国烟草实业发展中心
文　杰　中国烟草实业发展中心
陈　平　北京市烟草专卖局（公司）
李　慧（女）　北京市烟草专卖局（公司）
柳　昕　北京市烟草专卖局（公司）
李晓堂　河北中烟工业有限责任公司
陈文清　河北中烟工业有限责任公司
鲍峰伟　河北中烟工业有限责任公司
郝红玲（女）　河北中烟工业有限责任公司
张艳芳（女）　河北中烟工业有限责任公司
陈伟华（女）　河北中烟工业有限责任公司
张进鸿　河北中烟工业有限责任公司
田亚雷　河北中烟工业有限责任公司
任志强　河北中烟工业有限责任公司
赵　亮　吉林省烟草专卖局（公司）
栾晓宇　上海烟草集团有限责任公司
李　钢　上海烟草集团有限责任公司
田书霞（女）　上海烟草集团有限责任公司
叶鸿宇　上海烟草集团有限责任公司
邢伟标　上海烟草集团有限责任公司
张朝平　上海烟草集团有限责任公司
肖迎宾　江苏中烟工业有限责任公司
张合川　江苏中烟工业有限责任公司
李朝建（女）　江苏中烟工业有限责任公司
刘献军　江苏中烟工业有限责任公司
丁　超　江苏中烟工业有限责任公司
倪　敏（女）　江苏中烟工业有限责任公司
颜时锋　浙江省烟草专卖局（公司）
徐　赢　浙江中烟工业有限责任公司
张　勇　浙江中烟工业有限责任公司
夏耀光　浙江中烟工业有限责任公司
张利宏　浙江中烟工业有限责任公司
杜芳琪（女）　浙江中烟工业有限责任公司
王　辉　浙江中烟工业有限责任公司
汤德芳（女）　浙江中烟工业有限责任公司
袁凯龙　浙江中烟工业有限责任公司
戴　路　浙江中烟工业有限责任公司
李　霞（女）　浙江中烟工业有限责任公司
吴继忠　浙江中烟工业有限责任公司
程昌合　浙江中烟工业有限责任公司
林建南　浙江中烟工业有限责任公司
陆明华（女）　浙江中烟工业有限责任公司
林　聪　浙江中烟工业有限责任公司
许小双　浙江中烟工业有限责任公司
孙高军　安徽省烟草专卖局（公司）
赵建安　安徽省烟草专卖局（公司）
杨　波　安徽中烟工业有限责任公司
童保云　安徽中烟工业有限责任公司
姚　猛　安徽中烟工业有限责任公司
易学庆　安徽中烟工业有限责任公司
王建新　安徽中烟工业有限责任公司

邵　伟　安徽中烟工业有限责任公司
杨　波　安徽中烟工业有限责任公司
林　凯　福建中烟工业有限责任公司
蔡国华（女）　福建中烟工业有限责任公司
鹿洪亮　福建中烟工业有限责任公司
李清华　福建中烟工业有限责任公司
郭剑华　福建中烟工业有限责任公司
廖和滨　福建中烟工业有限责任公司
苏汉明　福建中烟工业有限责任公司
邵　柱　福建中烟工业有限责任公司
徐明发　江西省烟草专卖局（公司）
郑　路　江西中烟工业有限责任公司
张　翼（女）　江西中烟工业有限责任公司
宋　楠　山东省烟草专卖局（公司）
吕　健　山东中烟工业有限责任公司
王青海　山东中烟工业有限责任公司
刘　杰　山东中烟工业有限责任公司
王聚军　山东中烟工业有限责任公司
牛序策　山东中烟工业有限责任公司
王先明　山东中烟工业有限责任公司
王培琛　山东中烟工业有限责任公司
宋　涛　山东中烟工业有限责任公司
潘广全　山东中烟工业有限责任公司
丁美宙（女）　河南中烟工业有限责任公司
苏东赢　河南中烟工业有限责任公司
王宏伟　河南中烟工业有限责任公司
李震宇　河南中烟工业有限责任公司
李秀芳（女）　河南中烟工业有限责任公司
戴建国　河南中烟工业有限责任公司
张明琰　河南中烟工业有限责任公司
许绍迅　河南中烟工业有限责任公司
刘惠芳（女）　河南中烟工业有限责任公司
罗　健　河南中烟工业有限责任公司
肖少红　湖北省烟草专卖局（公司）
毕　业　湖北省烟草专卖局（公司）
袁建华　湖南中烟工业有限责任公司
范胜兴　湖南中烟工业有限责任公司
陈　雄　湖南中烟工业有限责任公司
丁　多　湖南中烟工业有限责任公司
罗　嘉　湖南中烟工业有限责任公司
毛伟俊　湖南中烟工业有限责任公司
秦亮生　湖南中烟工业有限责任公司
席建平　湖南中烟工业有限责任公司
陈翠玲（女）　广东中烟工业有限责任公司
单　婧（女）　广东中烟工业有限责任公司
江　威　广东中烟工业有限责任公司
林　翔　广东中烟工业有限责任公司
容秀英（女）　广东中烟工业有限责任公司
邵干辉　广东中烟工业有限责任公司
施文庄（女）　广东中烟工业有限责任公司
谢定海　广东中烟工业有限责任公司
易伟文　广东中烟工业有限责任公司
钟龙圣　广东中烟工业有限责任公司
田兆福　广西中烟工业有限责任公司
周肇峰　广西中烟工业有限责任公司
刘　政　广西中烟工业有限责任公司
孟冬玲（女）　广西中烟工业有限责任公司
房华伟　广西中烟工业有限责任公司
李朝海　川渝中烟工业有限责任公司
杨文敏　川渝中烟工业有限责任公司
宋光富　川渝中烟工业有限责任公司
孙玉峰　川渝中烟工业有限责任公司
薛　芳（女）　川渝中烟工业有限责任公司
寇明钰（女）　川渝中烟工业有限责任公司
黄玉川　川渝中烟工业有限责任公司
李　宁　川渝中烟工业有限责任公司
李学军　川渝中烟工业有限责任公司
黄　治　川渝中烟工业有限责任公司
兰中于　川渝中烟工业有限责任公司
雷金山　川渝中烟工业有限责任公司
费　翔　川渝中烟工业有限责任公司
魏　鹰　贵州中烟工业有限责任公司

刘晓东　贵州中烟工业有限责任公司
赖东辉　贵州中烟工业有限责任公司
曾中良　云南省烟草专卖局（公司）
葛　文　云南中烟工业有限责任公司
杨晶津　云南中烟工业有限责任公司
侯　春　云南中烟工业有限责任公司
王　涛　云南中烟工业有限责任公司
谭国治　云南中烟工业有限责任公司
易　斌　云南中烟工业有限责任公司
范多青　云南中烟工业有限责任公司
陶　鹰（女）　云南中烟工业有限责任公司
王　凯　云南中烟工业有限责任公司
龚荣岗　云南中烟工业有限责任公司
武　凯　云南中烟工业有限责任公司
段黎跃（女）　云南中烟工业有限责任公司
赵英良　云南中烟工业有限责任公司
纪文伟　陕西中烟工业有限责任公司
高雪峰　陕西中烟工业有限责任公司
赵乐阳　陕西中烟工业有限责任公司
冯　云　甘肃省烟草专卖局（公司）
张玉海　中国烟草总公司郑州烟草研究院
郭军伟（女）　中国烟草总公司郑州烟草研究院
尚平平（女）　中国烟草总公司郑州烟草研究院
孙培健　中国烟草总公司郑州烟草研究院
何保江　中国烟草总公司郑州烟草研究院
马　骥　中国烟草总公司郑州烟草研究院
毛　健　中国烟草总公司郑州烟草研究院
王　燃　中国烟草总公司郑州烟草研究院
刘亚丽（女）　中国烟草总公司郑州烟草研究院
赵继俊　中国烟草总公司郑州烟草研究院
杨荣超　中国烟草总公司郑州烟草研究院
董　浩　国家烟草质量监督检验中心
荆　熠　国家烟草质量监督检验中心
范子彦　国家烟草质量监督检验中心
刘　洋　国家烟草质量监督检验中心
张　丽（女）　南通醋酸纤维有限公司
陶冬梅（女）　昆明醋酸纤维有限公司
秦伦斌　昆明醋酸纤维有限公司

【高级农艺师名单】

包　勤（女）　中国烟叶公司
杨庆民　河北中烟工业有限责任公司
冯春才　黑龙江省烟草专卖局（公司）
焦玉生　黑龙江省烟草专卖局（公司）
邵伏文　安徽省烟草专卖局（公司）
张　国　安徽省烟草专卖局（公司）
曾　强　福建省烟草专卖局（公司）
谢廷鑫　福建省烟草专卖局（公司）
陈义强　福建中烟工业有限责任公司
钟玉德　江西省烟草专卖局（公司）
黄　建　江西中烟工业有限责任公司
王暖春　山东省烟草专卖局（公司）
管志坤　山东省烟草专卖局（公司）
张玉芹　山东省烟草专卖局（公司）
杜兆生　山东省烟草专卖局（公司）
姜鹏超　山东省烟草专卖局（公司）
刘光友　山东省烟草专卖局（公司）
孟凡武　山东省烟草专卖局（公司）
孙伟奇　山东省烟草专卖局（公司）
梅兴霞（女）　山东省烟草专卖局（公司）
王家民　山东省烟草专卖局（公司）
刘　莉（女）　山东省烟草专卖局（公司）
杨清林　山东中烟工业有限责任公司
翟文汇　河南省烟草专卖局（公司）
李海江　河南省烟草专卖局（公司）
闵亚屏　湖北省烟草专卖局（公司）
黎妍妍（女）　湖北省烟草专卖局（公司）
彭家宇　湖北省烟草专卖局（公司）
魏国胜　湖北省烟草专卖局（公司）
吴文昊　湖北省烟草专卖局（公司）
黄松青　湖南省烟草专卖局（公司）
李永富　湖南省烟草专卖局（公司）
许清孝　湖南省烟草专卖局（公司）

彭 宇 湖南中烟工业有限责任公司
谢晓斌 广东中烟工业有限责任公司
周文亮 广西壮族自治区烟草专卖局（公司）
吴 峰 广西中烟工业有限责任公司
龙章德 广西中烟工业有限责任公司
金亚波 广西中烟工业有限责任公司
张文平 重庆市烟草专卖局（公司）
张隆伟 四川省烟草专卖局（公司）
李 斌 四川省烟草专卖局（公司）
向先友 贵州省烟草专卖局（公司）
霍沁建 贵州省烟草专卖局（公司）
韩孝六 贵州省烟草专卖局（公司）
欧阳进 云南省烟草专卖局（公司）
苏家恩 云南省烟草专卖局（公司）
李永亮 云南省烟草专卖局（公司）
夏玉珍（女） 云南中烟工业有限责任公司
徐 洁（女） 云南中烟工业有限责任公司
饶 智 云南中烟工业有限责任公司
李东阳 陕西省烟草专卖局（公司）
徐世峰 陕西省烟草专卖局（公司）
张仕祥 中国烟草总公司郑州烟草研究院

【高级经济师名单】

王毅敏（女） 国家烟草专卖局
张鹏飞 国家烟草专卖局
霍 晨 国家烟草专卖局
安 菁（女） 国家烟草专卖局
张建民 中国烟草机械集团有限责任公司
李珊珊（女） 中国双维投资有限公司
王智誉 北京市烟草专卖局（公司）
郝 欣（女） 北京市烟草专卖局（公司）
陆 军 河北省烟草专卖局（公司）
黄赵敏 河北中烟工业有限责任公司
贾 炜 山西省烟草专卖局（公司）
丁艳红（女） 内蒙古自治区烟草专卖局（公司）
刘铁梅（女） 内蒙古自治区烟草专卖局（公司）
王 畯 内蒙古自治区烟草专卖局（公司）
王韶波 辽宁省烟草专卖局（公司）
张大明 吉林省烟草专卖局（公司）
孙承华 黑龙江省烟草专卖局（公司）
牛 涛 黑龙江省烟草专卖局（公司）
张 锐 上海烟草集团有限责任公司
李敏刚 上海烟草集团有限责任公司
陶亦筠（女） 上海烟草集团有限责任公司
王 斌 江苏中烟工业有限责任公司
蔡萍萍（女） 浙江省烟草专卖局（公司）
龚一正 浙江省烟草专卖局（公司）
蒋水英（女） 浙江省烟草专卖局（公司）
谢琪君（女） 浙江中烟工业有限责任公司
陈爱群 安徽省烟草专卖局（公司）
杨成明 安徽省烟草专卖局（公司）
程学文 安徽省烟草专卖局（公司）
程华良 安徽中烟工业有限责任公司
夏雪梅（女） 安徽中烟工业有限责任公司
尤清河 福建省烟草专卖局（公司）
陈泉根 福建中烟工业有限责任公司
雷水秀（女） 江西省烟草专卖局（公司）
方士浩 山东省烟草专卖局（公司）
牛智战 山东省烟草专卖局（公司）
高中昌 山东省烟草专卖局（公司）
姜茂启 山东省烟草专卖局（公司）
郑成德 山东省烟草专卖局（公司）
孙衍刚 山东省烟草专卖局（公司）
王建军 山东省烟草专卖局（公司）
左永亮 山东中烟工业有限责任公司
邱在伦 山东中烟工业有限责任公司
孙长江 河南省烟草专卖局（公司）
陈 若 湖北省烟草专卖局（公司）
曾 超 湖南省烟草专卖局（公司）
邹 瑾（女） 湖南省烟草专卖局（公司）
高志强 湖南省烟草专卖局（公司）
杨伟平 广东省烟草专卖局（公司）
唐 健 广东中烟工业有限责任公司

李兴鹏　广西中烟工业有限责任公司
孔　敏（女）　广西中烟工业有限责任公司
叶　宁（女）　广西中烟工业有限责任公司
符　青（女）　海南省烟草专卖局（公司）
谭新生　四川省烟草专卖局（公司）
冯清德　四川省烟草专卖局（公司）
赵屹峰　四川省烟草专卖局（公司）
樊宣刚　川渝中烟工业有限责任公司
周杜浪　贵州省烟草专卖局（公司）
赵新刚　贵州中烟工业有限责任公司
李晓樵（女）　陕西中烟工业有限责任公司
王永毅　甘肃省烟草专卖局（公司）
李建波　大连市烟草专卖局（公司）

【高级会计师名单】

于芳菲（女）　国家烟草专卖局
李　佳（女）　国家烟草专卖局
于　乐（女）　中国烟草国际有限公司
曲志刚　中国烟草实业发展中心
翟　旭（女）　中国双维投资有限公司
何俊花（女）　中国双维投资有限公司
吴宇辉　北京市烟草专卖局（公司）
王　月（女）　北京市烟草专卖局（公司）
王雪喆　河北省烟草专卖局（公司）
李海燕（女）　河北中烟工业有限责任公司
王　宏　山西省烟草专卖局（公司）
康志英（女）　内蒙古自治区烟草专卖局（公司）
高　刚　辽宁省烟草专卖局（公司）
白冬冬　吉林省烟草专卖局（公司）
白立红（女）　吉林省烟草专卖局（公司）
王晓坤（女）　黑龙江省烟草专卖局（公司）
太明海（女）　黑龙江省烟草专卖局（公司）
范雪萍（女）　上海烟草集团有限责任公司
石　磊　上海烟草集团有限责任公司
沈　华　江苏省烟草专卖局（公司）
宋　昀（女）　江苏省烟草专卖局（公司）
管孝永　江苏省烟草专卖局（公司）
蒋小花（女）　江苏中烟工业有限责任公司
赵秀丽（女）　江苏中烟工业有限责任公司
韦俊娟（女）　浙江省烟草专卖局（公司）
熊林峰　浙江省烟草专卖局（公司）
何华月　安徽省烟草专卖局（公司）
黄　芳（女）　安徽省烟草专卖局（公司）
潘武兵　安徽省烟草专卖局（公司）
沐　浴　安徽省烟草专卖局（公司）
张永秀（女）　安徽省烟草专卖局（公司）
韩宏源　安徽省烟草专卖局（公司）
王　鹏　安徽省烟草专卖局（公司）
张　志　安徽省烟草专卖局（公司）
卫　薇（女）　安徽省烟草专卖局（公司）
张　静（女）　安徽中烟工业有限责任公司
杨　艳（女）　安徽中烟工业有限责任公司
洪　芳（女）　安徽中烟工业有限责任公司
袁荣昌　安徽中烟工业有限责任公司
阮　蔚　福建省烟草专卖局（公司）
陈丁琨　福建中烟工业有限责任公司
储昭宪　福建中烟工业有限责任公司
方德兴（女）　福建中烟工业有限责任公司
李晓霞（女）　福建中烟工业有限责任公司
曹良美（女）　江西省烟草专卖局（公司）
刘志辉　江西中烟工业有限责任公司
王传冬　山东省烟草专卖局（公司）
傅　晓（女）　山东省烟草专卖局（公司）
丁红霞（女）　山东省烟草专卖局（公司）
盖　峰（女）　山东省烟草专卖局（公司）
王秀红（女）　山东省烟草专卖局（公司）
窦艳红（女）　山东省烟草专卖局（公司）
于明丽（女）　山东省烟草专卖局（公司）
刘青华　山东省烟草专卖局（公司）
李荣刚　山东省烟草专卖局（公司）
张树辉　山东中烟工业有限责任公司
何世森（女）　山东中烟工业有限责任公司
孙明明　山东中烟工业有限责任公司

李志玉（女） 山东中烟工业有限责任公司
李永红（女） 山东中烟工业有限责任公司
邱尚艳 山东中烟工业有限责任公司
王志安 河南中烟工业有限责任公司
李晓红（女） 河南中烟工业有限责任公司
罗民军 湖南省烟草专卖局（公司）
范静晖（女） 湖南中烟工业有限责任公司
任志能 湖南中烟工业有限责任公司
徐争梅（女） 湖南中烟工业有限责任公司
肖 栋 广东中烟工业有限责任公司
颜 俊 广东中烟工业有限责任公司
许雪峰 广东中烟工业有限责任公司
李凤莲（女） 广西壮族自治区烟草专卖局（公司）
雷 平（女） 广西中烟工业有限责任公司
林雪松（女） 海南省烟草专卖局（公司）
余小可 重庆市烟草专卖局（公司）
陈 丽（女） 重庆市烟草专卖局（公司）
舒海彬（女） 重庆市烟草专卖局（公司）
刘 忠 重庆市烟草专卖局（公司）
莫 炜 四川省烟草专卖局（公司）
陈红英（女） 四川省烟草专卖局（公司）
于 翔 川渝中烟工业有限责任公司
邓 超 川渝中烟工业有限责任公司
李文芳（女） 川渝中烟工业有限责任公司
黄大军 川渝中烟工业有限责任公司
陈 君（女） 川渝中烟工业有限责任公司
邱沾一 川渝中烟工业有限责任公司
任立平 贵州省烟草专卖局（公司）
姜 凯 贵州省烟草专卖局（公司）
马世跃 贵州省烟草专卖局（公司）
饶承军 贵州省烟草专卖局（公司）
杨 忠 贵州省烟草专卖局（公司）
刘 谷 贵州省烟草专卖局（公司）
罗治文 贵州中烟工业有限责任公司
龙 飞 贵州中烟工业有限责任公司
肖 黎（女） 贵州中烟工业有限责任公司
金从林（女） 贵州中烟工业有限责任公司
张潇月（女） 云南省烟草专卖局（公司）
骆 彤 云南中烟工业有限责任公司
屈彦民 陕西省烟草专卖局（公司）
庞锋利（女） 陕西省烟草专卖局（公司）
孙凌燕（女） 陕西省烟草专卖局（公司）
邢明元 陕西中烟工业有限责任公司
朱英梅（女） 陕西中烟工业有限责任公司
卜 妍（女） 宁夏回族自治区烟草专卖局（公司）
王 蓉（女） 宁夏回族自治区烟草专卖局（公司）
高丽平（女） 新疆维吾尔自治区烟草专卖局（公司）
李 新 中国烟草总公司郑州烟草研究院

【高级政工师名单】

任 静（女） 《中国烟草》杂志社有限公司
侯 伟 中国烟草实业发展中心
梁生龙 中国烟草实业发展中心
马学雷 河北省烟草专卖局（公司）
柳晓琴（女） 河北省烟草专卖局（公司）
王寒松 河北中烟工业有限责任公司
张爱军（女） 山西省烟草专卖局（公司）
段重博（女） 辽宁省烟草专卖局（公司）
邹存伟 辽宁省烟草专卖局（公司）
毛元国 吉林省烟草专卖局（公司）
赵宏军 吉林省烟草专卖局（公司）
侯晓华（女） 黑龙江省烟草专卖局（公司）
张艳辉（女） 黑龙江省烟草专卖局（公司）
韩贤芬（女） 黑龙江省烟草专卖局（公司）
陈燕萍（女） 上海烟草集团有限责任公司
张文江 上海烟草集团有限责任公司
刘彦博 上海烟草集团有限责任公司
胡伟坚 上海烟草集团有限责任公司
林镇南 上海烟草集团有限责任公司
汤连松 上海烟草集团有限责任公司
陈锦敏 江苏省烟草专卖局（公司）
徐 云 浙江省烟草专卖局（公司）
张健源 浙江中烟工业有限责任公司

童　萍（女）　安徽中烟工业有限责任公司
王怀宇　安徽中烟工业有限责任公司
刘伙根（女）　福建省烟草专卖局（公司）
顾厚武　江西省烟草专卖局（公司）
李公勋　山东省烟草专卖局（公司）
宋洪润　山东省烟草专卖局（公司）
赵丕磊　山东省烟草专卖局（公司）
张美娟（女）　山东省烟草专卖局（公司）
赵友亮　河南省烟草专卖局（公司）
张俊峰　河南省烟草专卖局（公司）
韩李利（女）　河南中烟工业有限责任公司
朱学锋　湖北省烟草专卖局（公司）
邝玲亚（女）　湖北省烟草专卖局（公司）
肖　春（女）　广西中烟工业有限责任公司
周国辉　广西中烟工业有限责任公司
曹鲜会　海南省烟草专卖局（公司）
郝　进　重庆市烟草专卖局（公司）
梁　辉　四川省烟草专卖局（公司）
申一梅（女）　川渝中烟工业有限责任公司
黄　玲（女）　川渝中烟工业有限责任公司
尹志云　贵州中烟工业有限责任公司
郭海燕（女）　贵州中烟工业有限责任公司
蒋成彬　贵州中烟工业有限责任公司
董立群　贵州中烟工业有限责任公司
樊绍君　云南省烟草专卖局（公司）
田　婕（女）　云南省烟草专卖局（公司）
张树荣　云南中烟工业有限责任公司
王发令　大连市烟草专卖局（公司）
朱允智　大连市烟草专卖局（公司）
刘　丽（女）　大连市烟草专卖局（公司）

【委托地方人力资源和社会保障厅（局）评审通过名单】

肖　霞　高级统计师　河北省烟草专卖局（公司）（资格起算时间为2013年12月15日）

温丽娟　高级统计师　黑龙江省烟草专卖局（公司）（资格起算时间为2015年1月15日）

杨　波　高级审计师　安徽省烟草专卖局（公司）（资格起算时间为2014年12月10日）

蒋兴恒　高级统计师　安徽中烟工业有限责任公司（资格起算时间为2015年4月）

韦　红　高级审计师　江西中烟工业有限责任公司（资格起算时间为2014年12月6日）

刘青华　高级审计师　山东省烟草专卖局（公司）（资格起算时间为2015年7月4日）

朱振芳　高级讲师　山东省烟草专卖局（公司）（资格起算时间为2014年11月27日）

李国全　高级讲师　河南省烟草专卖局（公司）（资格起算时间为2014年12月3日）

赵红霞　高级讲师　河南省烟草专卖局（公司）（资格起算时间为2014年12月3日）

贾郑雷　高级工艺美术师　河南中烟工业有限责任公司　（资格起算时间为2014年12月24日）

刘晓东　高级审计师　广东省烟草专卖局（公司）（资格起算时间为2014年12月27日）

方细玲　高级工艺美术师　广东中烟工业有限责任公司（资格起算时间为2014年11月28日）

周瑜玫　高级审计师　广西壮族自治区烟草专卖局（公司）（资格起算时间为2014年12月）

龙　毅　高级审计师　广西中烟工业有限责任公司（资格起算时间为2014年12月）

潘　洁　高级审计师　广西中烟工业有限责任公司（资格起算时间为2014年12月）

陈洁清　副研究馆员　广西中烟工业有限责任公司（资格起算时间为2014年12月）

严　佳　高级审计师　川渝中烟工业有限责任公司（资格起算时间为2014年12月15日）

刘　江　高级审计师　陕西中烟工业有限责任公司（资格起算时间为2014年12月1日）

蒙红霞　高级统计师　陕西中烟工业有限责任公司（资格起算时间为2013年12月30日）

张艳萍　高级审计师　大连市烟草专卖局（公司）（资格起算时间为2015年10月22日）

（编辑：李　昂）

索　引

索引使用说明

一、本索引采用关键词索引法编制。本卷中有实质检索意义的内容均予以标引，以供检索使用。

二、本索引基本上是按汉语拼音音序排列。具体排列规律如下：以数字开头的标目，排在最前面；以英文字母打头的标目，列于其次；汉字标目则按首字的音序、音调依次排列，首字相同时则以第二个字排序，并依次类推。

三、索引标目后的数字，表示检索内容所在本卷的正文页码，如果一个关键词在同一页中出现多次，页码只标一次。

索 引

图书在版编目（CIP）数据

中国烟草年鉴. 2016/国家烟草专卖局编.
—北京：中国经济出版社，2016. 12
ISBN 978－7－5136－4582－9
Ⅰ. ①中… Ⅱ. ①国… Ⅲ. ①烟草工业－中国－2016－年鉴 Ⅳ. ①F426. 89－54
中国版本图书馆CIP数据核字（2016）第322893号

中国烟草年鉴（2016）

责任编辑：李祥柱 郑　潇
封面设计：吉天虹
彩插设计：张晨艳 华　眉 许双慧 李西屹 卢　旋 张盛楠 王雨婷
出版发行：中国经济出版社（100037・北京市西城区百万庄北街3号）
网　　址：www.economyph.com
电　　话：（010）64477990 64477170
经　　销：各地新华书店
承　　印：北京科信印刷有限公司
开　　本：889mm×1194 mm 1/16
插页印张：6　　字　　数：2100千字
版　　次：2016年12月第1版　　印　　张：46.5
书　　号：ISBN 978－7－5136－4582－9　　印　　次：2016年12月第1次印刷
广告经营许可证：京西工商广字第8179号　　定　　价：350.00元

中国烟草年鉴 2016
CHINA T
YEAR